# 中国检察年鉴

PROCURATORIAL YEARBOOK OF CHINA

最高人民检察院《中国检察年鉴》编辑部 编

2006

中国检察出版社

## 《中国检察年鉴》编辑部各省、自治区、直辖市人民检察院军事检察院，新疆生产建设兵团人民检察院联系人

| | |
|---|---|
| 徐向丽 | 北京市人民检察院 |
| 郑志敏 | 天津市人民检察院 |
| 党效群 | 河北省人民检察院 |
| 周淑芳 | 山西省人民检察院 |
| 武天舒 | 内蒙古自治区人民检察院 |
| 牛凤祥 | 辽宁省人民检察院 |
| 马晓梅 | 吉林省人民检察院 |
| 矫季仁 | 黑龙江省人民检察院 |
| 丁　雁 | 上海市人民检察院 |
| 李　坚 | 江苏省人民检察院 |
| 陈　艳 | 浙江省人民检察院 |
| 常海蓉 | 安徽省人民检察院 |
| 滕　忠 | 福建省人民检察院 |
| 宋尚华 | 江西省人民检察院 |
| 李双赤 | 山东省人民检察院 |
| 周登敏 | 河南省人民检察院 |
| 王　磊 | 湖北省人民检察院 |
| 张湘中 | 湖南省人民检察院 |
| 赖润敏 | 广东省人民检察院 |
| 邓志杰 | 广西壮族自治区人民检察院 |
| 邢　姑 | 海南省人民检察院 |
| 杜　颖 | 重庆市人民检察院 |
| 赵秉恒 | 四川省人民检察院 |
| 张晓强 | 贵州省人民检察院 |
| 吴　江 | 云南省人民检察院 |
| 廖红荣 | 西藏自治区人民检察院 |
| 刘池阳 | 陕西省人民检察院 |
| 任　洁 | 甘肃省人民检察院 |
| 何育秀 | 青海省人民检察院 |
| 韩　冰 | 宁夏回族自治区人民检察院 |
| 张　艺 | 新疆维吾尔自治区人民检察院 |
| 刘　明 | 中国人民解放军军事检察院 |
| 杨英华 | 新疆生产建设兵团人民检察院 |

2005年11月28日，中共中央政治局常委、中央政法委书记罗干，全国人大常委会副委员长顾秀莲，最高人民检察院检察长贾春旺等领导同志与王书田先进事迹报告团成员合影留念。

肖杰 摄

2005年11月28日，最高人民检察院检察长贾春旺为王书田颁发“模范检察官”奖章和证书。

肖杰 摄

2005年9月29日，最高人民检察院检察长贾春旺等领导看望2005年第一期全国地市级检察院检察长轮训班的全体学员。

刘勇 摄

2005年12月8日，最高人民检察院检察长贾春旺会见以总检察长若泽·莫拉为团长的葡萄牙检察代表团。

肖杰 摄

2005年2月4日，最高人民检察院邀请30余位专家咨询委员会委员、特约检察员就如何进一步做好检察工作进行座谈。

肖杰 摄

2005年2月5日，全国先进检察院暨首届全国十佳检察院表彰电视电话电话会议在北京召开。

刘勇 摄

2005年7月28日至30日，全国检察长座谈会在内蒙古自治区呼和浩特市召开。

肖杰 摄

2005年12月9日至12日，亚欧会议总检察长会议在广东省深圳市召开。

肖杰 摄

2005年9月8日至10日，全国检察机关第六次反贪污贿赂侦查工作会议在吉林省长春市召开。

刘勇 摄

2005年5月25日至27日，全国检察机关第三次公诉工作会议在广东省广州市召开。

刘勇 摄

2005年2月26日，最高人民检察院、中共山东省委授予白云同志荣誉称号命名表彰大会在山东省聊城市召开。

刘勇 摄

2005年6月2日，最高人民检察院、中共浙江省委追授吴顺海同志荣誉称号命名表彰大会在浙江省杭州市召开。

刘勇 摄

# 编辑说明

一、《中国检察年鉴》是一部记载中国检察工作情况，及时反映检察工作全貌和各个年度的新发展、新成就的大型资料性年刊。年鉴以法律赋予检察机关的任务为轴心，收集了丰富、翔实的信息、数据和来自检察工作实践的第一手资料。年鉴所采用的资料都是由最高人民检察院各业务部门和省、自治区、直辖市人民检察院，军事检察院，新疆生产建设兵团人民检察院组织专业人员撰写和提供的，具有准确性和权威性。

二、《中国检察年鉴》从 1988 年创刊开始，每年编辑出版一期。《中国检察年鉴》2006 年刊反映的是 2005 年的情况，内容包括 12 个部分。

三、《中国检察年鉴》收录的资料，均未包括台湾省和香港、澳门特别行政区。

四、《中国检察年鉴》收录的资料，均截止到当年 12 月 31 日。

五、《中国检察年鉴》的编辑工作，得到各省、自治区、直辖市人民检察院，军事检察院，新疆生产建设兵团人民检察院和最高人民检察院有关业务部门的大力支持和协助，谨在此表示衷心的感谢。

六、《中国检察年鉴》在编辑工作中的缺点和不足，恳请读者提出宝贵意见。

**中国检察年鉴编辑部**

2006 年 12 月

# 目　录

· 第一部分 ·

特　载



· 第二部分 ·

最高人民检察院负责人重要报告和讲话选载



· 第三部分 ·

省、自治区、直辖市人民检察院工作报告

## 第四部分 检察工作概况

### 全国检察工作

## 地方、军事检察工作

## 第五部分
## 最高人民检察院重要文件选载

## 第六部分

## 最高人民检察院司法解释选载



## 第七部分

## 案例选载

## 第八部分
## 对外交流与合作



## 第九部分
## 检察理论 报刊出版 学院协会 技术信息



## 第十部分
## 大事记



## 第十一部分
## 统计资料

## 第十二部分
## 名 录

# 第一部分

# 特载

# 在亚欧会议总检察长会议开幕式上的讲话

全国人大常委会委员长 吴邦国

(2005年12月9日 深圳)

各位来宾、各位朋友,女士们、先生们:

很高兴有机会出席亚欧会议总检察长会议。首先,我谨代表中国政府和人民,并以我个人的名义,对会议的召开表示热烈的祝贺!向出席会议的各位来宾和朋友表示诚挚的欢迎!

今天,来自亚欧各国的总检察长、司法部长和有关国际组织负责人汇聚在中国经济特区——深圳,以"合作打击跨国有组织犯罪,建设和谐稳定繁荣社会"为主题,分析形势,交流经验,探讨加强合作的途径和方式,对于增进相互了解,落实《联合国打击跨国有组织犯罪公约》,共同打击跨国有组织犯罪,促进亚欧地区乃至世界的和谐繁荣具有十分重要的意义。

亚洲和欧洲山水相连,历史悠久,文化灿烂,为人类社会的文明进步做出过伟大贡献。今天,亚欧两大洲在世界和平、发展、合作的崇高事业中发挥着越来越重要的作用。亚洲人口众多、资源丰富、市场广阔,是世界上最具经济活力的地区。欧洲资本充裕、科技先进、一体化程度高,是世界上最大的发达地区。两地区政治上共识多,经济上互补性强,文化上各具特色,加强对话与合作符合双方的共同利益,有利于世界的和平与发展。令人高兴的是,亚欧会议的成立与发展,为亚欧合作构筑了新机制,双方合作领域持续拓展,合作内容不断充实,合作成果日益增多,有力地推动了亚欧新型伙伴关系的深入发展。

当今世界正经历复杂而深刻的变化。和平、发展、合作仍是时代的主流。但是,世界并不太平,亚欧地区也不太平。地区安全与稳定面临严峻威胁与挑战,局部冲突还在继续,传统与非传统安全威胁相互交织,安全形势错综复杂。一些新型犯罪不断滋长,特别是恐怖犯罪、腐败犯罪、洗钱犯罪、毒品犯罪等跨国有组织犯罪已成为国际社会的公害。虽然亚欧国家间经济发展不平衡的问题还相当突出,亚洲国家和欧洲国家在历史进程、社会制度、经济水平、文化传统和司法制度等方面存在差异,但亚欧各国人民都有追求美好生活、构建和谐繁荣社会的共同愿望。加强国际合作,共同打击跨国有组织犯罪,是亚欧各国人民的共同心声,也是亚欧各国检察机关义不容辞的责任。

中国一直重视解决犯罪问题,通过制定和严格执行刑事法律和其他相关法律,加大预防和惩治犯罪的力度,维护国家安全和社会稳定,尊重和保障人权。中国是《联合国打击跨国有组织犯罪公约》、《联合国反腐败公约》等多个国际公约的成员国。中国一贯重视国际司法合作,已与包括亚欧会议成员国在内的48个国家签订了72项司法协助条约和合作协定,与24个国家签订了引渡条约,还参加了25项含有国际司法合作内容的多边国际公约。中国作为国际社会负责任的国家,将继续承担和履行在打击跨国有组织犯罪中的责任和义务。我们愿在相互尊重、平等相待的基础上加强与亚欧各国的司法合作,加强信息交流、建立合作机制、拓宽合作渠道、充实合作内容、提高合作效率,共同打击跨国有组织犯罪。

女士们、先生们:

在座的各位外国朋友,有的已多次到过中国,有的是第一次来中国,对中国的发展都很关心。借此机会,我愿向各位简要介绍一下中国的经济社会发展情况。实行邓小平先生倡导的改革开放政策27年以来,中国的面貌发生了巨大而深刻的变化。国民经济持续快速发展,27年的年均增长速度达9.4%,预计到今年年底国内生产总值将超过1.8万亿美元,进出口总额将超过1.4万亿美元,累计实际利用外资将超过6000亿美元,批准外商投资企业50多万家,并形成年进口6500亿美元的巨大市场。经济体制改革不断深化,社会主义市场经济体制初步建立,全方位对外开放格局基本形成,科技教育文化卫生事业全面发展,人民生活总体上实现了由温饱到小康的历史性跨越。政治体制改革逐步深化,民主法制建设不断加强。以宪法为核心的中国特色社会主义法律体系初步形成,除现行宪法和四个宪法修正案外,中国全国人大及其常委会制定了220多件现行有效的法律,国务院制定了670多件现行有效的行政法规,地方人大及其常委会制定了近8000件现行有效的地方性法规,民族自治地方制定了600多件自治条例和单行条例。国家政治、经济和社会生活的主要方面基本做到有法可依,中国公民的自由和权利依法得到维护和保障。

我们已经明确本世纪头20年的奋斗目标,准备再用15年时间,把国内生产总值提高到4万亿美元,人均达到3000美元。今后五年,也就是我们的国民经济和社会发展第十一个五年规划期间的主要目标是:在优化结构、提高效益和降低消耗的基础上,实现2010年人均国内生产总值比2000年翻一番;单位国内生产总值能源消耗比现在降低20%左右。为实现这一目标,我们将坚持以科学发展观统领经济社会发展全局,坚持扩大内需的方针,坚持走新型工业化道路,加快结构调整,转变经济增长方式,提高自主创新能力,继续深化改革,不断扩大开放,促进区域协调发展,加强和谐社会建设,切实把经济社会发展转入科学发展的轨道。

中国的发展离不开世界,更离不开亚欧地区。同样,世界的发展、亚欧地区的发展也离不开中国。中国的发展给世界各国尤其是亚欧各国带来重要机遇。中国稳定和谐的政治社会环境、丰富优秀的劳动力资源和潜力巨大的市场,为与世界尤其是亚欧各国开展互利互惠的经济合作提供了理想的场所。中国将坚定不移地走和平发展道路,始终不渝地奉行独立自主的和平外交政策。将继续坚持与邻为善、以邻为伴的周边外交方针和睦邻、安邻、富邻的周边外交政策,把同周边国家的交流与合作推向新的水平。将继续发展同发达国家的关系,在和平共处五项原则的基础上,扩大共同利益的汇合点。将继续增强同发展中国家的团结,扩大互利合作,共同维护发展中国家的权益。中国过去是、现在是、将来永远是维护世界和平、促进共同发展的坚定力量。

女士们、先生们:

让我们以这次会议为新的起点,携起手来,加强合作,共同打击跨国有组织犯罪,为促进社会的安宁与祥和,维护地区的和平与稳定,建设和谐世界而努力奋斗!

最后,预祝亚欧会议总检察长会议圆满成功!

谢谢各位。

# 第十届全国人民代表大会第三次会议关于最高人民检察院工作报告的决议

(2005年3月14日第十届全国人民代表大会第三次会议通过)

第十届全国人民代表大会第三次会议听取并审议了贾春旺检察长所作的最高人民检察院工作报告,决定批准这个报告。会议要求最高人民检察院切实履行宪法和法律赋予的职责,进一步做好检察工作,维护司法公正,为促进经济与社会全面发展和构建社会主义和谐社会做出新的贡献。

# 最高人民检察院工作报告

——2005年3月9日在第十届全国人民代表大会第三次会议上

最高人民检察院检察长　贾春旺

各位代表：

现在，我代表最高人民检察院向大会报告工作，请予审议，并请全国政协各位委员提出意见。

2004年，最高人民检察院以邓小平理论和"三个代表"重要思想为指导，认真贯彻十届全国人大二次会议的要求，树立和落实科学发展观，领导各级人民检察院，坚持"立检为公、执法为民"，围绕党和国家工作大局，切实履行宪法和法律赋予的职能，检察工作取得新的进展。

**一、认真履行法律监督职能，为全面建设小康社会提供司法保障**

一年来，全国检察机关深入实践"强化法律监督，维护公平正义"的工作主题，针对人民群众反映强烈和影响司法公正的突出问题，开展专项法律监督，不断加大工作力度，努力为改革发展稳定大局服务。

（一）依法惩治刑事犯罪，积极化解矛盾纠纷，维护社会和谐稳定

面对刑事犯罪多发、治安形势严峻的状况，各级检察机关认真履行批准逮捕、提起公诉职能，与有关部门密切配合，对重大案件适时介入侦查，加强监督，依法快捕快诉，始终保持对严重刑事犯罪的高压态势。严厉打击黑恶势力犯罪、严重暴力犯罪和盗窃、抢夺等多发性侵财犯罪，坚决打击危害国家安全的犯罪，严惩民族分裂势力、宗教极端势力、暴力恐怖势力的犯罪活动，积极参加禁毒、打击淫秽色情网站、打击利用手机短信及网络进行诈骗等专项整治行动，全力维护社会安定。全年共对公安、国家安全等机关侦查的犯罪嫌疑人批准逮捕811102人，提起公诉867186人，分别比上年增加8.3%和9.3%。

按照中央部署，最高人民检察院组织开展了集中处理涉法上访问题专项工作。全国检察机关对受理的涉法上访案件进行全面清理，逐案排查，认真解决申诉难的问题。对属于检察机关管辖的案件，实行首办责任制和检察长包案制，依法办结涉法上访案件20306件，其中群体性上访案件1107件，长期上访案件2001件，最高人民检察院直接办理和督办861件，妥善处理了一批上访多年、久诉不息的案件。

各级检察机关积极参与社会治安防控体系建设、平安创建活动和对突出治安问题的集中整治；结合办案进行法制宣传；配合有关部门深化监外执行罪犯社区矫正试点工作；继续开展创建优秀"青少年维权岗"活动；加强对未成年违法犯罪人员的教育、感化和挽救，防止和减少违法犯罪的发生。

（二）依法惩治破坏市场经济秩序犯罪，促进社会主义市场经济健康发展

各级检察机关积极参加整顿和规范市场经济秩序工作，依法打击走私、金融诈骗、偷税骗税等严重经济犯罪活动，共批准逮捕犯罪嫌疑人20425人，提起公诉22179人，分别比上年增加6.3%和3.4%。为了解决行政执法中对一些涉嫌犯罪案件不依法移送司法机关的问题，最高人民检察院会同全国整顿和规范市场经济秩序领导小组办公室、公安部联合下发了《关于加强行政执法机关与公安机关、人民检察院工作联系的意见》，推动建立行政执法与刑事司法相衔接的工作机制，加大了打击破坏社会主义市场经济秩序犯罪的力度。

针对一些地方制售假冒伪劣商品、侵犯知识产权犯罪活动猖獗的情况，开展打击这两类犯罪的专项监督。依法严惩制售劣质奶粉、假酒、假药、假化肥、假农药等严重危害人民群众生命健康和财产安全的犯罪，批准逮捕犯罪嫌疑人2505人，提起公诉

2124人,分别比上年增加56.9%和56.2%。批准逮捕假冒注册商标、假冒专利、侵犯著作权等犯罪嫌疑人602人,提起公诉638人,分别比上年增加13.4%和6.3%。加强对有罪不究、以罚代刑问题的立案监督,监督公安机关立案684件,是上年的2.9倍,建议行政执法机关向公安机关移交涉嫌犯罪案件937件。最高人民检察院会同最高人民法院发布《关于办理侵犯知识产权刑事案件具体应用法律若干问题的解释》,加强了对知识产权的刑事司法保护。

(三)依法查办和积极预防职务犯罪,推动反腐败斗争深入开展

一年来,各级检察机关坚决贯彻党中央关于反腐败斗争的总体部署,认真履行查办贪污贿赂、渎职侵权等职务犯罪的职责,立案侦查涉嫌职务犯罪的国家工作人员43757人,比上年增加0.6%,其中涉嫌贪污贿赂犯罪35031人,渎职侵权犯罪8726人;共提起公诉30788人;通过办案为国家挽回直接经济损失45.6亿元。

集中力量查办大案要案。发挥上级检察院的领导作用,加强对侦查工作的统一指挥和协调,采取提办、派员参办、异地交办等方式,增强办案合力,排除干扰,查办了一批大案要案。立案侦查贪污贿赂、挪用公款百万元以上案件1275件,比上年增加4.9%。立案侦查涉嫌犯罪的县处级以上国家工作人员2960人,其中厅局级198人、省部级11人,已提起公诉1980人。加强与有关部门配合和国际司法合作,建立境内外追逃、追赃协作机制,共抓获在逃职务犯罪嫌疑人614人,一批携款外逃的重大犯罪嫌疑人被缉捕归案。

严肃查办社会关注的行业和领域发生的职务犯罪案件。在有关主管部门的支持下,加大对这类犯罪的查办力度,深挖窝案串案。立案侦查在公路建设、房屋拆迁、药品购销、土地征用中涉嫌贪污、受贿等犯罪的国家工作人员4414人,在企业改革和经营活动中侵吞、挪用、私分国有资产涉嫌犯罪的国有企业人员10407人,滥用职权、玩忽职守、索贿受贿、徇私舞弊的行政执法和司法人员9476人,严重失职渎职造成交通、煤矿、环境污染等重大安全责任事故的国家机关工作人员2892人。

积极开展预防职务犯罪工作。立足检察职能,结合典型案例研究防范对策,开展个案预防12856项,深入重点行业和领域开展系统预防14073项,在重大公共投资和国家建设工程项目中开展专项预防7760项,广泛开展预防宣传、咨询和警示教育。最高人民检察院会同建设部、交通部、水利部,在五个省开展工程建设领域行贿犯罪档案查询试点,为遏制贿赂犯罪进行了有益探索。

(四)加强对诉讼活动的法律监督,维护司法公正

各级检察机关针对诉讼活动中执法不严、司法不公的突出问题,完善监督机制,强化监督措施,增强监督实效。

加强对侦查活动的监督。对应当立案而不立案的,依法监督侦查机关立案20742件;对不应当立案而立案的,监督撤案2699件。对应当逮捕而未提请批捕的,追加逮捕10660人;对不应当逮捕的,决定不批捕67904人。对应当起诉而未移送起诉的,追加起诉5670人;对不应当起诉的,决定不起诉21225人。对违法取证、违法采取强制措施等情形提出纠正意见7561件次。

加强对审判活动的监督。在刑事审判监督中,对认为确有错误的刑事判决、裁定提出抗诉3063件,对审判活动中的违法情况提出纠正意见1387件次。在民事审判和行政诉讼监督中,平等保护诉讼主体的合法权益,重点监督严重违反法定程序,贪赃枉法、徇私舞弊导致裁判不公,以及侵害进城务工人员、下岗职工利益的案件,对认为确有错误的民事行政判决、裁定提出抗诉13218件,提出再审检察建议4333件;依法维护人民法院的正确裁判,对53581件申诉案件认真做好服判息诉工作。

加强对刑罚执行活动的监督。针对减刑、假释、保外就医中存在的问题,最高人民检察院会同公安部、司法部组织开展了减刑、假释、保外就医专项检查活动。截至去年底,全国检察机关共清理减刑、假释、保外就医案件1209247件。对检查发现的问题提出纠正意见20472件次,有关部门已纠正17431件,其中对不符合保外就医条件的罪犯重新收监1247人,从中立案侦查涉嫌职务犯罪的案件97件107人。推行监所网络化管理和动态监督,对刑罚执行和监管活动中的违法情况提出纠正意见9299人次。

(五)贯彻宪法规定,加强对人权的司法保障

检察机关认真落实尊重和保障人权的宪法原则,在打击犯罪、保护人民的同时,强化保障人权的观念和措施。

严肃查办侵犯人权的犯罪。为了切实保障公民的人身权利和民主权利,促进依法行政,检察机关认真履行法律监督职能,组织开展了查办国家机关工作人员利用职权侵犯人权犯罪案件专项活动,重点查办非法拘禁、非法搜查、刑讯逼供、暴力取证、虐待被监管人、破坏选举,以及严重渎职造成人民生命财产重大损失的案件,共查办涉嫌犯罪的国家机关工作人员1595人,比上年增加13.3%。最高人民检察院直接督办了82起重大案件。

依法维护诉讼参与人的诉讼权利。增强证据意识和程序意识,保障犯罪嫌疑人、被告人、被害人、证人等诉讼参与人的合法权益,做到有罪追究、无罪保护、严格依法、客观公正。在审查批捕和起诉中,注意听取犯罪嫌疑人辩解和律师意见,强化证据审查,防止错捕错诉。落实《关于人民检察院保障律师在刑事诉讼中依法执业的规定》,为律师会见犯罪嫌疑人、查阅案卷材料等提供便利。切实保障案件当事人的申诉权,对不服检察机关处理决定的申诉案件依法复查,决定纠正786件。

注重保障在押犯罪嫌疑人的合法权益。最高人民检察院会同公安部部署开展了"加强监管执法、加强法律监督,保障刑事诉讼顺利进行、保障在押人员合法权益"示范单位创建活动,防止体罚虐待、违法提审等问题的发生,促进依法文明管理。完善防止和纠正超期羁押的长效机制,落实实地督办、定期通报、责任追究等制度,纠正超期羁押7132人。到去年底,检察机关办案环节继续保持了无超期羁押;各个诉讼环节无超期羁押的省、自治区、直辖市由2003年底的14个上升到29个。

在全面履行法律监督职能中,检察机关自觉为党和国家工作大局服务。最高人民检察院继下发《关于充分发挥检察职能积极为西部大开发服务的意见》之后,又下发了《关于发挥检察职能为振兴东北地区等老工业基地服务的意见》。各级检察机关严格执行法律和刑事政策,改进执法方式,努力实现办案的法律效果与社会效果的统一。加强国际交流和司法协助,举办中国与东盟成员国总检察长会议,扩大了与周边国家在打击犯罪、维护稳定方面的检察合作。

**二、自觉接受监督,保障检察权的正确行使**

加强监督是实现司法公正的重要保障。人民检察院作为国家法律监督机关更要增强接受监督的意识,不断深化检察改革,完善自身监督制约机制,努力做到严格、公正、文明执法。

自觉接受人大监督和政协民主监督。坚持把检察工作置于人大的监督之下,向人大及其常委会报告工作,执行人大及其常委会的决议和决定。加强与人大代表、政协委员的联系,邀请代表、委员视察和评议工作,在检察日报创办《声音周刊》,听取代表、委员的批评、意见和建议。共办理各级人大代表和政协委员提出的建议和提案2499件。全国人大代表、政协委员提出的建议和提案,最高人民检察院全部在规定期限内办结。各级检察机关就工作中的重大问题和事项,向同级人大常委会专题汇报5015次。最高人民检察院就加强基层检察院建设情况向全国人大常委会作了专题报告,就2004年检察工作情况向在京全国人大代表作了书面汇报。各级人大常委会听取汇报后,提出了加强和改进法律监督的意见,对检察工作给予了有力的监督和支持。

推进人民监督员制度试点工作。自2003年开展人民监督员制度试点工作以来,最高人民检察院坚持把这项工作作为检察改革的重点,在总结试点经验、组织专家论证并广泛听取意见的基础上,从去年10月起扩大试点范围。各省级院、349个地市级院和2407个基层院开展了试点,经各级人大、政协和有关部门推荐,共选任人民监督员18962名。各试点单位对职务犯罪案件中拟作撤案、不起诉处理和犯罪嫌疑人不服逮捕决定的,一律启动监督程序,由人民监督员独立评议,提出监督意见。在监督结案的3341件中,人民监督员不同意原拟定意见的152件,检察机关采纳70件,对未采纳的依据事实和法律作出说明,得到人民监督员的认同。通过监督,促进了办案人员执法观念的转变,提高了办案质量,也减少了办案的阻力和干扰,促进了公正执法。

深化检务公开。坚持新闻发言人制度,向社会适时通报检察工作部署和重大案件办理情况,促进法律监督与舆论监督、群众监督的良性互动。推进检察工作机制改革,落实诉讼参与人权利义务告知制度,完善检察人员违法违纪行为投诉机制,实行不起诉案件公开审查和多次上访案件听证制度,健全专家咨询委员会和特约检察员制度,增强执法透明度,拓宽了接受社会各界和人民群众监督的渠道。

加强执法规范化建设。建立和完善一批规范办案程序、严格监督制约、保证办案质量和办案安全的制度,强化了对初查、撤案、不批捕、不起诉、采取强制措施等容易发生问题环节的管理和监督。最高人民检察院制定查办职务犯罪案件工作考评办法,初步形成全国统一的考评机制,促进了办案工作的健康发展和办案质量的提高,全国检察机关直接立案侦查案件的撤案率和不起诉率分别比上年下降了1.5和3.4个百分点。

**三、加强检察队伍建设,提高公正执法水平**

各级检察机关以公正执法为核心,以领导班子和基层检察院建设为重点,以提高干警素质为目标,继续狠抓检察队伍建设。

深化主题教育活动,着力解决影响公正执法的突出问题。在2003年开展"强化法律监督,维护公平正义"主题教育活动的基础上,采取切实措施把教育活动引向深入。一是组织广大干警深入学习"三个代表"重要思想和宪法,开展执法思想讨论,引导干警牢固树立立检为公、执法为民的观念。学习牛玉儒、任长霞等模范党员干部及方工、白云等模范检察官的先进事迹,弘扬"忠诚、公正、清廉、严明"的检察职业道德,运用典型违法违纪案例进行警示教育,筑牢拒腐防变的思想道德防线。二是针对群众反映比较强烈的问题,在全国检察机关统一部署了职务犯罪案件扣押冻结款物处理情况专项检查、不起诉案件专项复查和纠正违法插手经济纠纷的工作。共清退2001年以来违规处理的款物1053万元;全面复查2003年办理的不起诉案件,纠正处理不当的424件;严肃查处了10起违法插手经济纠纷案件。三是全面修订《检察人员纪律处分条例》,严明执法纪律,落实办案责任制和错案追究制。全年有345人因违法违纪被查处,比上年减少18.6%。

强化对领导干部的管理和监督。最高人民检察院在深入剖析领导干部违法违纪案件、总结教训的基础上,明确提出:严禁办关系案、人情案、金钱案;严禁违反法定程序干预办案;严禁买官卖官、跑官要官,违反规定任免干部;严禁插手工程投标招标、政府采购等经济活动,谋取私利;严禁接受可能影响公务活动的吃请和礼物;严禁利用职权为亲属子女或身边工作人员谋取利益。要求各级领导干部特别是检察长必须严格遵守,违者一律严肃追究,决不姑息。建立巡视、诫勉谈话等制度,加强了上级院对下级院领导班子和领导干部的监督。各级检察长和领导班子成员普遍作出廉洁从检的承诺,接受干警和社会监督。

加强业务培训,提高检察队伍专业化水平。最高人民检察院制定和实施全国检察人才队伍建设规划和培训计划。培训地县两级院分管职务犯罪侦查工作的副检察长和部门负责人18000多人;培训各类业务骨干37500余人。适应检察官法的要求,选送8000多名干警参加本科学历教育。选派年轻检察官攻读硕士、博士学位。广泛开展了业务竞赛、岗位练兵活动。培养和选调了一批专门人才。推行检察官逐级遴选制度,最高人民检察院在全系统公开选拔了一批高级检察官。

深入推进基层检察院建设。最高人民检察院召开了全国基层检察院建设会议,制定了基层检察院建设工作指导意见和规范化建设考核办法。把领导班子建设作为首要环节来抓,对基层检察长进行了轮训,商地方党委对少数软弱涣散的领导班子作了调整,加大了领导干部交流力度。坚持示范建设与重点帮促相结合,深入开展争创先进检察院活动,最高人民检察院表彰了200个先进基层检察院,与中央新闻媒体联合组织评选出首届全国十佳基层检察院;确定重点帮促院227个,建立上级检察院领导联系基层制度,最高人民检察院和省级检察院领导确定工作联系点530个。坚持东西部地区检察院互派干部挂职锻炼,继续选派优秀检察官到西部地区巡回授课,进一步加强援藏工作。与团中央联合选派首批300多名大学本科毕业的青年志愿者到西部地区基层检察院工作。争取各级政府和有关部门的支持,加大对办案和基础设施建设的经费投入。在全国人大常委会和国务院的关心支持下,为基层检察院增补编制,缓解了部分地区人员紧张的状况。

各位代表,一年来检察工作取得的成绩,是在党中央的正确领导下,各级党委、人大、政府、政协的领导、监督、支持和社会各界的关心、帮助的结果。在此,我代表最高人民检察院表示诚挚的感谢!

当前,我国正处在体制深刻转换、结构深刻调整和社会深刻变革的历史时期,构建社会主义和谐社会对人民检察院的工作提出了新的更高的要求。面对新的形势和任务,检察机关的法律监督能力还不适应,检察工作中还存在不少问题。一是法律监督工作的力度与人民群众的要求存在差距,有的对诉讼活动中执法不严、司法不公的现象不敢监督、不善监督,有的查办职务犯罪态度不坚决、措施不得力,对民事审判和行政诉讼的监督仍然薄弱。二是少数干警执法思想不端正，缺乏职业道德，有的执法作风简单粗暴，对群众态度冷漠，有的甚至执法犯法，办关系案、人情案、金钱案，少数领导干部特别是个别省级检察长以权谋私、贪赃枉法，在社会上造成了恶劣影响。三是有的不严格依照程序办案，办案质量和效率不高，有的违反规定扣押冻结款物，甚至越权插手经济纠纷。四是中西部和贫困地区基层检察院难以招录和留住人才，检察官断层的问题日益严重，一些实际困难依然存在。对于这些问题，最高人民检察院负有领导责任，我们要通过扎扎实实的工作和不懈努力，认真加以解决。

**四、坚持"强化法律监督，维护公平正义"的工作主题，努力做好2005年的检察工作**

2005年，检察机关要深入贯彻党的十六大，十六届三中、四中全会精神和全国人大有关决议，进一步落实科学发展观，加强法律监督能力建设，提高打击刑事犯罪，维护社会稳定的能力；惩治和预防职务犯罪，促进廉政建设的能力；化解矛盾纠纷，促进社会和谐的能力；敢于监督、善于监督，促进司法公正的能力；强化自身监督制约，严格、公正、文明执法的能力，努力推进各项检察工作，为全面建设小康社会创造和谐稳定的社会环境和公正高效的法治环境。

（一）紧紧围绕改革发展稳定大局，全面履行法律监督职能。坚决打击各种危害国家安全、社会治安和市场经济秩序的犯罪活动。依法严惩严重暴力犯罪、黑恶势力和有组织犯罪以及多发性侵财犯罪，积极参加禁毒、禁赌等专项行动。认真贯彻中央关于建立健全惩治和预防腐败体系实施纲要，加大查办大案要案力度，依法严肃查办国家机关工作人员利用职权，贪污受贿、侵犯人权等犯罪案件；严肃查办玩忽职守、滥用职权，造成国家利益和人民生命财产重大损失的渎职犯罪案件；严肃查办在国有企业重组改制中导致国有资产严重流失的职务犯罪案件。进一步加强预防职务犯罪工作，研究犯罪规律，提出对策建议，增强预防实效，推动建立与社会主义市场经济体制相适应的教育、制度、监督并重的惩治和预防腐败体系。在对刑事诉讼、民事审判和行政诉讼的法律监督中，重点纠正群众反映强烈的执法不严和司法不公问题，维护司法公正。认真办理涉军人、军属的案件，依法维护军人、军属的合法权益。继续做好集中处理涉法上访工作，建立健全工作机制，依法及时解决群众的合理诉求。尊重和保障人权，依法保护当事人的诉讼权利，切实维护妇女、儿童、残疾人、进城务工人员、下岗职工等群体的合法权益。

（二）深化检察改革，完善法律监督体制和工作机制。按照中央关于司法体制改革的部署和要求，抓紧制定和落实检察体制和工作机制改革的实施方案，强化法律监督职能，促进公正司法。重点研究对民事、行政诉讼实施法律监督的范围和程序，积极提出立法建议；完善对超期羁押和刑罚执行的监督机制，进一步加强对减刑、假释、暂予监外执行的监督；健全司法人员渎职行为监督机制，对徇私枉法、刑讯逼供或其他严重损害当事人合法权益的举报和投诉，及时受理和进行调查；逐步设立办理未成年人犯罪案件的工作机构，完善未成年人检察制度；认真总结经验，不断深化和规范人民监督员制度试点工作。推动业务建设、队伍建设和信息化建设相结合的检察管理机制的建立，规范检察机关的司法鉴定活动，完善检务公开的各项制度和措施，加强内部和外部监督制约，保证依法独立公正行使检察权。

（三）加大从严治检力度，推进检察队伍专业化建设。认真开展保持共产党员先进性教育活动，深入查摆、着力解决在理想信念、纪律作风和法律监督工作中存在的突出问题，宣传公正执法的先进典型，进一步树立立检为公、执法为民的执法观。突出抓好领导班子建设，加强对各级领导班子及其成员特别是检察长的管理和监督，严格落实"六个严禁"的要求，以班子建设带动队伍建设。以基层检察院为重点，深入推进执法规范化、队伍专业化和管理科学化建设。推行检察人员分类管理制度，完善检察官职业保障。改革初任检察官选拔、任用制度，逐步实行上级检察院检察官主要从下级检察院检察官中选任。强化业务培训，组织全员岗位技能训练，加大对中西部和贫困地区基层检察院干警的培训力度，优化队伍结构，提高整体素质。完善检察官职业道德准则，严肃执法纪律，对违法违规办案和利用检察权谋取私利的，一律从严处理。

（四）自觉接受人大、政协和社会各界监督，保证法律监督职能正确履行。不断强化接受监督的意识，拓宽接受监督的渠道。坚持向人大及其常委会报告工作，认真落实人大的决议和要求。进一步加强与人大代表、政协委员的联系，自觉接受政协民主监督和社会监督，主动听取各民主党派、工商联和无党派人士的意见,加强和改进检察工作。

各位代表,在新的一年里,全国检察机关要在以胡锦涛同志为总书记的党中央领导下,高举邓小平理论和“三个代表”重要思想伟大旗帜,求真务实,开拓创新,努力做好各项法律监督工作,为推进依法治国、构建社会主义和谐社会做出新的贡献!

# 最高人民检察院关于检察机关开展法律监督工作情况的报告

——2005年10月25日在第十届全国人民代表大会常务委员会第十八次会议上

最高人民检察院检察长　贾春旺

委员长、各位副委员长、秘书长、各位委员:

现在,我代表最高人民检察院,向会议报告检察机关开展法律监督工作的情况,请予审议。

**一、2003年以来的工作情况**

我国宪法规定,人民检察院是国家的法律监督机关。法律规定检察机关通过批准逮捕、提起公诉、查办国家工作人员职务犯罪、对诉讼活动是否合法实行监督等来履行法律监督职能。2003年以来,最高人民检察院领导地方各级人民检察院和专门人民检察院,认真贯彻十届全国人大历次会议要求,切实履行宪法和法律赋予的职责,重点抓了以下几项工作:

(一)确立并实践新时期检察工作主题,增强监督意识,注重监督实效

党的十六大明确提出,社会主义司法制度必须保障在全社会实现公平和正义,强调要加强对司法工作的监督,维护司法公正,确保法律的严格实施。十届全国人大一次会议关于最高人民检察院工作报告的决议,要求检察机关强化法律监督,采取切实有效措施保证公正司法。根据党中央、全国人大和人民群众的要求,最高人民检察院确定了“强化法律监督,维护公平正义”的检察工作主题,提出了“加大工作力度,提高执法水平和办案质量”的总体要求,持续开展了为期两年的主题教育活动,引导广大检察人员统一执法思想,增强做好法律监督工作的责任感。各级检察机关紧紧围绕检察工作主题和总体要求,努力加强法律监督能力建设,探索强化法律监督的措施,推动法律监督工作取得了新的成效。2003年1月至2005年8月,共依法批准逮捕各类刑事犯罪嫌疑人2163821人,提起公诉2309258人,立案侦查国家工作人员职务犯罪案件103308件,提出刑事、民事和行政抗诉41138件,对诉讼活动中的违法情况提出纠正意见143251件次,为维护社会稳定、深入开展反腐败斗争、促进社会公平和正义发挥了积极作用。

(二)进一步加强对诉讼活动和刑罚执行活动的法律监督,保障法律的正确实施

依法开展立案监督。主要是防止和纠正有案不立、有罪不究、以罚代刑和不该立案而立案等执法不严问题。2003年以来,共要求侦查机关说明不立案理由61318件,促使侦查机关主动立案42149件,对不立案理由不成立的,通知侦查机关立案12343件。对不应当立案而立案的,监督侦查机关撤销案件6874件,依法纠正了一批动用刑事手段插手民事经济纠纷,以及出于地方和部门保护主义违法立案等问题。

依法开展侦查活动监督。在审查逮捕和审查起诉工作中,坚持打击犯罪与保障人权相统一,执行实体法与执行程序法相统一,严把事实关、证据关、程序关和适用法律关,努力做到有罪追究、无罪保护、严格依法、客观公正。对应当逮捕而未提请逮捕、应当起诉而未移送起诉的,决定追加逮捕27411人、追加起诉14687人;对不符合法定逮捕、起诉条件的,决定不批准逮捕177847人、不起诉53983人;对刑讯逼供、违法取证等侦查活动中的违法情况提出纠正意见18776件次。

依法开展刑事审判监督。主要是对确有错误的判决、裁定提出抗诉,对审判活动中的违法情况提出纠正意见。在抗诉工作中,强调既要坚持原则、依法抗诉,又要严格掌握抗诉条件,维护公正审判,明确抗诉案件必须经检察委员会讨论决定,并实行抗诉案件向同级人大常委会报告的制度。共向人民法院提出抗诉 7798 件;对审判活动中的违法情况提出纠正意见 3375 件次。

依法开展对刑罚执行和监管活动的监督。对刑罚执行活动中违法减刑、假释、保外就医和不按规定交付执行等情况提出纠正意见 7039 人次;对监管活动中体罚虐待被监管人和违法会见、通信、提审等情况提出纠正意见 16532 人次。注重维护被监管人员的合法权益,探索建立权利告知制度和被监管人员约见检察官制度,及时受理被监管人员的控告和申诉。在有关部门支持下,推行与看守所、劳教所、监狱的计算机联网,加强了对监管活动的动态监督。

依法开展民事审判、行政诉讼监督。近年来检察机关受理民事行政申诉案件呈增多趋势。各级检察机关把办理这类案件作为维护司法公正、体现执法为民的重要任务,认真履行监督职责,平等保护各类诉讼主体的合法权益。对认为确有错误的民事和行政判决、裁定提出抗诉 33340 件,人民法院审结 18908 件,其中改判 9919 件,调解结案 3013 件。对不服人民法院正确裁判的 149485 件申诉,注意从化解矛盾纠纷、促进社会和谐出发,做好当事人的服判息诉工作。为了提高办案效率,减轻当事人讼累,推行向同级人民法院提出再审检察建议、由同级人民法院自行启动再审程序的监督方式。共提出再审检察建议 9943 件,人民法院采纳 4401 件。

(三)严肃查处司法人员职务犯罪,增强法律监督效力

依法查办司法人员职务犯罪案件,既是惩治腐败犯罪的重要内容,也是强化法律监督、维护司法公正的重要手段。检察机关认真贯彻党的十六大关于惩治司法领域中的腐败的要求,认真对待和审查群众反映的执法不严、司法不公案件,注意分析造成执法不严、司法不公的原因,发现贪赃枉法、徇私舞弊等职务犯罪线索,依法严肃查究,惩治腐败分子,有效制止执法不严、司法不公案件的继续发生,彰示法律监督的效果。全国检察机关共立案侦查涉嫌贪污、受贿、徇私舞弊、枉法裁判等职务犯罪的司法人员 10453 人,对纯洁政法队伍,促进司法公正起到了积极作用。

(四)开展专项监督,有针对性地解决执法中存在的突出问题

各级检察机关在全面履行法律监督职责的同时,围绕党和国家的中心工作,按照"立检为公、执法为民"的要求,抓住人民群众反映强烈的突出问题,集中时间、集中力量开展专项监督活动,取得了较好效果。

依法开展对破坏社会主义市场经济秩序犯罪的立案监督。为了促进整顿和规范市场经济秩序工作,针对一些地方在行政执法中对经济违法犯罪行为行政处罚多、移送司法机关追究刑事责任少的现象,2003 年检察机关组织开展了经济犯罪立案监督专项行动,根据群众举报或反映,共监督有关部门立案 1541 件。2004 年以来,针对制售伪劣食品、药品、农资等严重损害人民群众生命健康和切身利益的犯罪,以及假冒注册商标、侵犯著作权等严重扰乱市场经济秩序的犯罪,开展打击制假售假、侵犯知识产权犯罪专项立案监督,共建议行政执法机关向公安机关移送此类犯罪案件 1319 件,监督公安机关立案 953 件。

严肃查办国家机关工作人员利用职权侵犯人权的犯罪。为了贯彻宪法关于"国家尊重和保障人权"的规定,加强对人权的司法保障,检察机关从 2004 年 5 月起开展了为期一年的查办国家机关工作人员利用职权侵犯人权犯罪专项工作。今年 5 月,最高人民检察院又部署了以纠正刑讯逼供为重点的专项侦查监督活动,依法监督纠正以刑讯逼供等非法方法收集证据的行为,严肃查办刑讯逼供致人伤亡等犯罪案件。

集中处理涉法上访问题。根据中央的统一部署,检察机关从 2003 年起连续三年开展了集中处理涉法上访问题专项工作。在工作中,坚持检察长接待日制度和控告申诉首办责任制,对受理的涉法上访案件进行全面清理,逐案排查,努力把问题解决在基层,解决在首次办理环节。共办结属于检察机关管辖的上访案件 34278 件,依法妥善处理了一批上访多年、久诉不息的案件,解决了群众反映的一些实际问题。同时以办理上访案件为切入点,认真总结分析执法工作中存在的问题和教训,加大监督纠正力度,促进规范执法。

集中清理纠正超期羁押。2003 年,在全国人大

常委会的支持下,最高人民检察院会同有关部门部署开展了集中清理纠正超期羁押专项工作。检察机关坚持从自身做起,首先解决检察环节的超期羁押问题,同时认真履行监督职责,督促和配合其他有关部门开展清理工作,当年共监督纠正超期羁押25736人次。在此基础上,最高人民检察院会同最高人民法院、公安部下发了《关于严格执行刑事诉讼法,切实纠防超期羁押的通知》,制定了《关于在检察工作中防止和纠正超期羁押的若干规定》,实行羁押期限告知、期限届满提示、超期投诉和责任追究等制度,初步建立起纠防超期羁押的长效机制。经过有关部门的共同努力,一批长期超期羁押的案件得到纠正;新发生的超期羁押案件也逐年大幅度减少,2003年为24921人次,2004年为4947人次,今年1至8月为165人次;目前有28个省份实现了各个诉讼环节无超期羁押。超期羁押这个刑事诉讼中的"顽症"基本得到解决。

开展减刑、假释、保外就医专项检查。为保障刑罚的正确执行,更好地实现惩治和教育改造罪犯的目的,2004年,最高人民检察院会同最高人民法院、公安部、司法部组织对2002年以来的减刑、假释、保外就医案件进行了集中清理和检查。对检查发现的问题提出纠正意见26171件次,其中对不符合保外就医条件的重新收监1300人,从中立案侦查涉嫌徇私舞弊减刑、假释、暂予监外执行和私放在押人员等职务犯罪案件104件。

(五)强化对自身执法活动的监督制约,确保公正执法

检察机关坚持把强化对自身的监督制约作为业务建设、队伍建设和检察改革的重点,增强监督者更要接受监督的意识,坚持党对检察工作的领导,自觉接受各级人大及其常委会的监督、政协的民主监督和人民群众的监督,不断深化检务公开,努力做到公正、严格、文明执法。

开展人民监督员制度试点工作。为了更好地接受外部监督,保障职务犯罪检察权的正确行使,最高人民检察院经过认真研究论证并报告党中央、全国人大常委会,决定建立人民监督员制度,于2003年9月部署开展了试点工作,并按照合法、规范、高效的要求,制定了相关监督规程和制度。规定凡试点单位办理的职务犯罪案件中拟作撤案、不起诉处理和犯罪嫌疑人不服逮捕决定的三类案件,一律启动监督程序,由人民监督员进行独立评议并提出监督意见。同时人民监督员还可以接受并转交人民群众对检察人员的检举和控告,对发现的违法办案问题实施监督。目前试点范围已扩大到各省级检察院、大部分地市级检察院和基层检察院,共选任人民监督员19015人,监督"三类案件"6719件。在已经监督结案的案件中,人民监督员不同意检察机关原拟定意见的315件,检察机关采纳155件。试点情况表明,实行人民监督员制度,是新时期专门工作与群众路线相结合的有益探索,强化了人民群众对检察工作的监督,在规范执法行为、保证办案质量等方面发挥了积极作用。

依法接受公安机关、人民法院对检察机关执法活动的制约。贯彻宪法关于公、检、法三机关在办理刑事案件中分工负责、互相配合、互相制约的规定,在依法履行职责和与有关部门加强配合的同时,自觉接受制约。对不批捕、不起诉的案件,公安机关要求复议的,另行指派办案人员复议;经复议公安机关仍提请复核的,上一级人民检察院依法及时复核。共受理公安机关要求复议和复核的案件10285件,改变原决定1075件。在公诉工作中准确把握起诉条件,确保事实清楚,证据确实、充分。对人民法院判决无罪的案件,逐案认真查找和分析原因,不断加强和改进公诉工作。

改革完善内部监督制约机制,制定《关于人民检察院办理直接受理立案侦查案件实行内部制约的若干规定》,明确职务犯罪案件的受理、立案侦查、审查逮捕、审查起诉由不同内设机构承办,前后环节互相制约。发挥纪检监察部门对自身执法活动的监督作用,对各级检察院领导班子成员提出"六个严禁"的要求,制定《检察人员纪律处分条例》,加大对违法违规办案人员的惩戒力度,查处违法违纪检察人员911人,追究刑事责任48人。认真复查不服检察机关处理决定的刑事申诉13300件,对确有错误的1623件予以纠正,依法决定给予刑事赔偿1550件。

对自身执法活动中存在的突出问题进行集中清理。2003年,对检察机关办理的不立案、不批捕、不起诉、撤案、法院判无罪等案件进行了重点清理和检查,共复查各类案件41万多件,对存在办案程序不严格、法律文书不规范、处理不当等问题的6000多件案件进行了整改和纠正。2004年,又开展了职务犯罪案件扣押冻结款物处理情况专项检查、不起诉案件专项复查和纠正违法插手经济纠纷

工作,清退违规处理的款物 1053 万元,纠正处理不当的不起诉案件 424 件,查处了 10 起严重违法插手经济纠纷案件。

开展"规范执法行为,促进执法公正"专项整改活动。按照中央政法委的统一部署,从今年 5 月开始,全国检察机关开展了"规范执法行为,促进执法公正"专项整改活动。根据检察工作实际,我们把职务犯罪侦查、公诉、侦查监督、民事行政检察、控告申诉检察等作为重点整改环节和部位,重点整改徇私枉法、权钱交易,执法不文明、违法违规办案,玩忽职守、执法不作为,不能依法独立行使检察权等问题。坚持把制度建设作为中心环节,对原有制度和规范性文件进行全面清理,围绕重点问题、重点环节和重点部位建章立制。以各个工作岗位的基本技能和基本规范为重点,对全体检察人员进行集中培训考核。

在专项整改活动中,最高人民检察院选择引起社会各界广泛关注的湖北佘祥林案等典型案件,进行了深入剖析,认真查找产生冤错案件的原因。在检察环节,主要是一些办案人员观念陈旧、素质不高,在审查批捕、审查起诉中把关不严、监督不力,对发现的问题没有坚持原则,有的甚至放弃监督职守,使本应避免的冤错案件未能避免。为了吸取教训,最高人民检察院将剖析材料印发全国检察机关学习讨论、对照反思。同时,还有针对性地制定了《关于进一步加强公诉工作,强化法律监督的意见》等规范性文件,并正在研究制定加强对证据合法性审查的措施,以强化对刑讯逼供、暴力取证等严重违法行为的监督,更好地保障当事人的诉讼权利,切实防止冤错案件的发生。

**二、当前法律监督工作中存在的主要问题**

近年来检察机关在强化法律监督方面采取了不少措施,取得了新的成效。但是,法律监督工作还存在力度不够、水平不高、监督不到位的问题,与人民群众的要求还有不小的差距。

一是一些检察人员执法思想不够端正,监督意识不强。有的对宪法和法律赋予检察机关的法律监督职责缺乏全面正确的认识,在实际工作中往往仅满足于做好批准逮捕、起诉和侦查工作,没有把依法监督纠正违法的工作摆到应有位置。有的执法观念不适应现代法治要求,重打击犯罪轻保障人权,重实体轻程序,在诉讼活动中与其他部门重协调配合轻监督制约。

二是一些检察人员有畏难情绪,不敢监督。对诉讼活动的监督难度大,有的认为监督多了可能"伤和气",怕影响与有关部门的关系。有的在审查案件中把关不严,即使发现问题也打不破情面,不能坚持原则,该监督的不监督,该纠正的不纠正。有的面对干扰阻力和地方保护主义影响,缺少敢于碰硬的勇气,不敢监督,不能秉公执法。

三是检察队伍的整体素质不高,不善监督。一些检察人员的法律监督能力不强,不善于及时发现执法和司法活动中的违法问题,致使一些违法现象没有得到依法纠正。一些地方检察机关自身执法不规范,办案质量不高,工作方式方法简单。有的检察人员执法作风不好,法治意识、群众意识和职业道德意识淡薄,违法违规办案,甚至贪赃枉法、徇私舞弊,损害了检察机关的执法形象。

四是法律监督的程序和手段规定得不够完备,影响了监督效力。现行法律对法律监督规定得比较原则,有的规定在实际工作中难以操作。比如,由于法律对检察机关的知情渠道和监督手段规定得不具体,检察机关难以及时发现违法情况,即使发现也缺乏必要手段进行调查核实;由于法律对有关部门接受监督的义务规定得不明确,监督的效力受到局限。

五是法律监督的外部环境和保障机制有待进一步改善。检察机关的法律监督工作在一些地方得不到有关部门的理解、支持和配合,有的检察人员因依法履行法律监督职责受到不公正对待甚至打击报复。宪法规定的检察机关领导体制没有得到很好落实,影响了依法独立公正行使检察权。中西部地区的一些基层检察院经费保障不足、检察官队伍面临断档,东部地区的一些检察院人员编制紧张与任务繁重的矛盾十分突出,在一定程度上影响了法律监督工作的开展。

以上问题,经过多年努力有的仍未得到较好解决。最高人民检察院在解决上述问题和对下工作领导,以及支持下级检察机关依法履行职责等方面都还存在差距。这些都需要在今后的工作中继续努力,认真加以改进。

**三、下一步加强法律监督工作的主要措施**

(一)统一思想,提高认识,增强做好法律监督工作的责任感和使命感。当前,我国经济社会发展进入了一个关键阶段。国家法治化进程的加快,人民群众法律意识的不断增强,给检察机关提出了新的更高的要求,法律监督工作任重道远。面对新的形势,全国检察机关要深入开展"强化法律监督,维护公平正义"的主题教育和现代执法观教育,引导广大检察人员从落实科学发展观、推进依法治国和构建社会主义和谐社会的高度,充分认识做好法律监督工作的重要意义,克服各种模糊思想。要增强现代法治意识,坚决纠正与依法治国和社会主义市场经济不适应的陈旧执法观念;增强保障人权意识,坚持以程序公正促进实体公正,切实维护诉讼参与人的诉讼权利,保障无罪的人不受刑事追究;增强法律监督意识,提高依法履行职责的自觉性和主动性,不断加强和改进法律监督工作,维护法律的统一正确实施。

(二)突出重点,加大力度,全面履行法律监督职责。在认真履行批捕、起诉、查办职务犯罪等法律监督职责的同时,进一步加强对诉讼活动的法律监督,重点监督纠正执法不严、司法不公的突出问题。在刑事诉讼监督中,重点监督纠正有案不立、有罪不究以及违法插手经济纠纷、不该立案而立案等问题,坚决纠正侵犯诉讼参与人诉讼权利等违法情况。在民事审判和行政诉讼监督中,重点监督严重违反法定程序以及因贪赃枉法、徇私舞弊而导致错误裁判的案件。严肃查处司法人员职务犯罪,坚决清除司法领域中的腐败现象。改进监督方式,创新监督机制,从制约司法公正的重点环节和人民群众反映强烈的突出问题入手,适时开展专项监督活动,推动法律监督工作深入开展。

(三)推进检察改革,完善法律监督体制和工作机制。按照中央关于司法体制和工作机制改革的部署,落实《最高人民检察院关于进一步深化检察改革的三年实施意见》,加大检察工作改革的力度。探索对民事审判、行政诉讼实施法律监督的手段和程序;完善对刑事立案和侦查活动中刑讯逼供等违法行为的监督查处机制,以及对超期羁押和刑罚执行活动的监督制度;探索对司法人员职务犯罪案件的发现和查办机制;健全和完善检察机关领导体制,增强法律监督的整体合力。

(四)加强对自身执法活动的监督制约,确保公正、严格、文明执法。以强化对职务犯罪侦查的内部监督制约为重点,推行讯问犯罪嫌疑人全程同步录音录像,建立职务犯罪案件撤案、不起诉报上一级检察院批准,以及立案、逮捕报上一级检察院备案制度。继续完善人民监督员制度,发挥人民监督员在促进检察机关公正执法方面的作用。落实错案责任追究制度,对因故意或者重大过失造成错案的,严肃追究有关人员的法律责任或纪律责任。在抓好"规范执法行为,促进执法公正"专项整改活动的基础上,用三年左右的时间,全面加强检察工作规范化建设,推进业务、队伍、信息化"三位一体"建设,使检察机关的各项执法活动更加规范和有序。

(五)加强队伍建设,提高法律监督能力。把思想政治建设放在首位,牢固树立"立检为公、执法为民"的执法观。加大业务培训力度,开展多种形式的岗位练兵,努力提高检察人员敢于监督、善于监督、规范监督,促进严格执法和公正司法的能力。坚持把做好法律监督工作的重心放在基层,围绕加强基础工作、提高基本素质和落实基本保障,深入推进基层检察院建设,提高基层检察工作和队伍建设的整体水平。

全国人大及其常委会对加强检察机关的法律监督工作一直高度重视,每年都提出明确要求,本次会议又专门听取我们开展法律监督工作情况的报告。这些都是对检察工作的有力监督和支持。为了促进人民检察院更好地履行宪法和法律赋予的职责,我们建议和希望:一是从立法上进一步完善关于检察机关法律监督的规定。中央批准的司法体制和工作机制改革意见中,关于改革和完善检察监督体制的措施许多需要通过制定和修改法律来落实。建议在修改人民检察院组织法和刑事诉讼法、民事诉讼法、行政诉讼法等有关法律时,根据改革意见,进一步明确法律监督的范围,增加法律监督的手段,完善法律监督的程序,健全法律监督的保障体制和机制。二是建议全国人大进一步加大执法检查的力度,组织人大代表视察检察工作,对检察机关执法情况和人民检察院组织法、检察官法落实情况进行检查,监督检察机关依法开展各项工作,协调和督促解决存在的问题,使检察机关更好地依法履行法律监督职责。

委员长、各位副委员长、秘书长、各位委员:

人民检察院作为国家法律监督机关,是由我国的国体和政体决定的,充分反映了人民代表大会制度下加强监督制约的客观要求,是中国特色社会主义司法制度的重要组成部分。全国检察机关要在以胡锦涛同志为总书记的党中央的领导下,在全国人大及其常委会的监督下,高举邓小平理论和"三个代表"重要思想伟大旗帜,牢固树立和落实科学发展观,不断提高法律监督能力,恪尽职守,不辱使命,为维护社会公平和正义,为构建社会主义和谐社会和全面建设小康社会做出新的贡献!

**附:名词解释**

1. 立案监督:是指人民检察院依法对侦查机关(包括公安机关、国家安全机关、监狱等,下同)的刑事立案活动是否合法进行的专门的法律监督。主要包括两个方面的内容:(1)对应当立案而不立案的监督。刑事诉讼法第八十七条规定,“人民检察院认为公安机关对应当立案侦查的案件而不立案侦查的,或者被害人认为公安机关对应当立案侦查的案件而不立案侦查,向人民检察院提出的,人民检察院应当要求公安机关说明不立案的理由。人民检察院认为公安机关不立案理由不能成立的,应当通知公安机关立案,公安机关接到通知后应当立案”。(2)对不应当立案而立案的监督。在实践中,不应当立案而立案的情况主要表现为滥用刑事手段、违法插手民事经济纠纷,以及出于地方和部门保护主义、违法立案管辖刑事案件。除可以通过不批捕、不起诉进行纠正外,检察机关对于侦查机关不应当立案而立案又未提请批捕或者未移送起诉的案件,可以提出书面纠正意见。

2. 侦查活动监督:是指人民检察院依法对侦查机关的侦查活动是否合法进行的专门的法律监督。人民检察院组织法第五条中规定,各级人民检察院“对于公安机关的侦查活动,实行监督”。对侦查活动的监督主要包括:(1)追加逮捕。根据刑事诉讼法第六十六条的规定,“公安机关要求逮捕犯罪嫌疑人的时候,应当写出提请批准逮捕书,连同案卷材料、证据,一并移送同级人民检察院审查批准”。人民检察院在审查中,发现侦查机关对应当提请批捕的犯罪嫌疑人未提请批捕的,人民检察院可以建议侦查机关提请批捕或者直接决定逮捕。(2)追加起诉。刑事诉讼法第一百三十六条、第一百三十七条规定,“凡需要提起公诉的案件,一律由人民检察院审查决定”;人民检察院审查案件的时候,必须查明“是否遗漏罪行和其他应当追究刑事责任的人”。对于应当追究刑事责任而侦查机关移送审查起诉时遗漏的涉嫌犯罪事实或犯罪嫌疑人,检察机关可以建议其移送或者直接决定起诉。(3)不批准逮捕。刑事诉讼法第六十八条规定,“人民检察院对公安机关提请批准逮捕的案件进行审查后,应当根据情况分别作出批准逮捕或者不批准逮捕的决定。……对于不批准逮捕的,人民检察院应当说明理由,需要补充侦查的,应当同时通知公安机关”。(4)不起诉。刑事诉讼法第一百四十二条第一款规定,犯罪嫌疑人有该法第十五条规定的情形之一的,人民检察院应当作出不起诉决定;第二款规定,“对于犯罪情节轻微,依照刑法规定不需要判处刑罚或者免除刑罚的,人民检察院可以作出不起诉决定”。第一百四十条第四款规定,“对于补充侦查的案件,人民检察院仍然认为证据不足,不符合起诉条件的,可以作出不起诉的决定”。(5)纠正违法。刑事诉讼法第七十六条规定,“人民检察院在审查批准逮捕工作中,如果发现公安机关的侦查活动有违法情况,应当通知公安机关予以纠正,公安机关应当将纠正情况通知人民检察院”。第一百三十七条中规定,人民检察院对案件审查起诉的时候,必须查明“侦查活动是否合法”。

3. 刑事审判监督:是指人民检察院依法对人民法院的刑事审判活动是否合法及所作的刑事裁判是否正确进行的专门的法律监督。人民检察院组织法第五条中规定,人民检察院“对于人民法院的审判活动是否合法,实行监督”。刑事审判监督的手段,一是根据刑事诉讼法第一百八十一条、第二百零五条第三款的规定,对确有错误的判决、裁定向人民法院提出抗诉;二是根据刑事诉讼法第一百六十九条的规定,“人民检察院发现人民法院审理案件违反法律规定的诉讼程序,有权向人民法院提出纠正意见”。刑事抗诉包括两种形式:一种是第二审程序抗诉,即根据刑事诉讼法第一百八十一条的规定,“地方各级人民检察院认为本级人民法院第一审的判决、裁定确有错误的时候,应当向上一级人民法院提出抗诉”;另一种是审判监督程序抗诉,即根据刑事诉讼法第二百零五条第三款的规定,“最高人民检察院对各级人民法院已经发生法律效力的判决和裁定,上级人民检察院对下级人民法院已经发生法律效力的判决和裁定,如果发现确有错误,有权按照审判监督程序向同级人民法院提出抗诉”。

4. 刑罚执行监督:是指人民检察院依法对执行刑事判决、裁定的活动是否合法进行的专门的法律监督。人民检察院组织法第五条中规定,各级人民检察院“对于刑事判决、裁定的执行和监狱、看守所、劳动改造机关的活动是否合法,实行监督”。刑事诉讼法第二百二十四条规定:“人民检察院对执行机关执行刑罚的活动是否合法实行监督。如果发现有违法的情况,应当通知执行机关纠正。”监狱法第六条规定:“人民检察院对监狱执行刑罚的活动是否合法,依法实行监督。”刑罚执行监督的具体职责主要有:(1)刑事判决、裁定交付执行的监督。即监督有关机关是否按规定将罪犯送交监狱等执行机关执行。(2)刑罚变更执行的监督。即对减刑、假释和暂予监外执行是否合法进行监督。刑事诉讼法第二百二十二条规定,“人民检察院认为人民法院减刑、假释的裁定不当,应当在收到裁定书副本后二十日以内,向人民法院提出书面纠正意见。人民法院应当在收到纠正意见后一个月以内重新组成合议庭进行审理,作出最终裁定”。刑事诉讼法第二百一十五条规定,“人民检察院认为暂予监外执行不当的,应当自接到通知之日起一个月以内将书面意见送交批准暂予监外执行的机关,批准暂予监外执行的机关接到人民检察院的书面意见后,应当立即对该决定进行重新核查”。(3)死刑临场监督,刑事诉讼法第二百一十二条第一款规定,“人民法院在交付执行死刑前,应当通知同级人民检察院派员临场监督”。

5. 监管活动监督:是指人民检察院对看守所收押、监管、释放犯罪嫌疑人、被告人的活动以及劳动教养机关的活动是否合法进行的专门的法律监督。国务院发布的《看守所条例》第八条规定,“看守所的监管活动受人民检察院的法律监督”。《国务院关于劳动教养的补充规定》第五条规定,“人民检察院对劳动教养机关的活动实行监督”。

6. 民事审判监督:是指人民检察院依法对人民法院的民事审判活动进行的专门的法律监督。民事诉讼法第十四条规定,“人民检察院有权对民事审判活动实行法律监督”。与刑事审判监督不同,民事审判监督只能就已经发生法律效力的民事判决、裁定按照审判监督程序提出抗诉。民事诉讼法第一百八十五条规定,“最高人民检察院对各级人民法院已经发生法律效力的判决、裁定,上级人民检察院对下级人民法院已经发生法律效力的判决、裁定,发现有下列情形之一的,应当按照审判监督程序提出抗诉:(一)原判决、裁定认定事实的主要证据不足的;(二)原判决、裁定适用法律确有错误的;(三)人民法院违反法定程序,可能影响案件正确判决、裁定的;(四)审判人员在审理该案件时有贪污受贿、徇私舞弊、枉法裁判行为的。地方各级人民检察院对同级人民法院已经发生法律效力的判决、裁定,发现有上述规定情形之一的,应当提请上级人民检察院按照审判监督程序提出抗诉”。

7. 行政诉讼监督:是指人民检察院依法对人民法院的行政诉讼活动是否合法进行的专门的法律监督。行政诉讼法第十条规定,“人民检察院有权对行政诉讼实行法律监督”。与民事审判监督一样,行政诉讼监督只能就已经发生法律效力的行政判决、裁定按照审判监督程序提出抗诉。行政诉讼法第六十四条规定,“人民检察院对人民法院已经发生法律效力的判决、裁定,发现违反法律、法规规定的,有权按照审判监督程序提出抗诉”。

8. 羁押期限告知制度:最高人民检察院制定的《关于在检察工作中防止和纠正超期羁押的若干规定》规定,人民检察院在办理直接受理立案侦查的案件中,对于被逮捕的人,应当由承办部门办案人员在逮捕后的二十四小时以内进行讯问;讯问时即把逮捕的原因、决定机关、羁押起止日期、羁押处所以及在羁押期间的权利、义务用犯罪嫌疑人能听(看)懂的语言和文书告知犯罪嫌疑人;人民检察院在逮捕犯罪嫌疑人以后,除有碍侦查或者无法通知的情形以外,应当把逮捕的原因和羁押的处所,在二十四小时以内通知被逮捕人的家属或者他的所在单位,并告知其家属有权为犯罪嫌疑人申请变更强制措施,对超期羁押有权向人民检察院投诉。

9. 羁押期限届满提示制度:最高人民检察院制定的《关于在检察工作中防止和纠正超期羁押的若干规定》规定,人民检察院监所检察部门对本院办理的案件,在犯罪嫌疑人羁押期限届满前七日制发《犯罪嫌疑人羁押期满提示函》,通知办案部门犯罪嫌疑人羁押期限即将届满,督促其依法及时办结案件;《犯罪嫌疑人羁押期满提示函》应当载明犯罪嫌疑人的基本情况、案由、逮捕时间、期限届满时间、是否已经延长办案期限等内容;案件承办人接到提示后,应当检查案件的办理情况并向本部门负责人报告,严格依法在法定期限内办结案件。

10.“六个严禁”:是指严禁办理关系案、人情案、金钱案;严禁违反职责分工或规定程序干预办案;严禁买官卖官、跑官要官,违反规定任免干部;严禁插手工程招标投标、政府采购等经济活动,谋取私利;严禁接受可能影响公务的宴请、礼物或娱乐活动;严禁利用职权为亲属子女或身边工作人员谋取利益。

# 第二部分

# 最高人民检察院负责人重要报告和讲话选载

# 在全国先进检察院暨首届全国十佳检察院表彰电视电话会上的讲话

最高人民检察院检察长　贾春旺

（2005年2月5日）

今天最高人民检察院召开全国检察机关电视电话会议，对在基层检察院建设中涌现出来的先进单位进行表彰。我代表最高人民检察院，向荣获全国先进检察院、全国十佳检察院和全国检察机关基层建设组织奖的252个单位表示热烈的祝贺！向支持参与首届全国十佳检察院评选活动的中华全国记者协会、中央各新闻单位和社会各界表示诚挚的谢意！

近年来，全国检察机关认真贯彻中央领导同志和十届全国人大二次会议关于加强基层检察院建设的要求，坚持把基层检察院建设摆在突出位置，采取有效举措，着力解决基层检察工作中存在的突出问题和实际困难，推动基层检察院建设迈出了新的步伐，队伍素质和执法形象发生了新的变化，基层检察工作的整体水平有了新的提高。广大基层检察院按照最高人民检察院的部署，深入开展争创先进检察院活动，全面加强自身建设，充分履行法律监督职责，为维护社会和谐稳定，推进依法治国进程，全面建设小康社会做出了积极贡献，涌现出一大批先进典型。这次受到表彰的全国先进检察院和十佳检察院，就是其中的优秀代表。他们的先进事迹，集中展示了新时期检察机关的良好形象，展示了基层检察院建设的丰硕成果。他们的先进性主要体现在：

一是法律监督工作业绩突出。受到表彰的全国先进检察院和十佳检察院，在工作任务繁重、人力和保障不足的情况下，迎难而上，顽强拼搏，取得了令人信服的成绩。广东省广州市海珠区检察院三年来共查办职务犯罪案件129件，全部都是大案要案，其中处级以上干部39人。北京市海淀区检察院三年来共批捕、起诉犯罪嫌疑人各1万多人，查办贪污贿赂案件137件，其中处级以上干部46人。安徽省马鞍山市金家庄区检察院是一个只有40人的检察院，三年中办理职务犯罪大案24件，其中百万元以上大案3件，要案4件。福建省晋江市检察院76名干警一年共加夜班6000多人次、休息日加班2000多人次，批捕、起诉部门每年人均办案逾百件，有罪判决率达到百分之百，2002年以来还通过立案监督和追捕、追诉，将89名犯罪嫌疑人送上法庭。他们凭着优良的敬业精神，认真贯彻“强化法律监督，维护公平正义”的检察工作主题和“加大工作力度，提高执法水平和办案质量”的总体要求，出色地履行了宪法和法律赋予的职责。

二是领导班子过硬。这些受表彰检察院的领导班子有着共同的特点，都具有强烈的事业心、责任感和勇于开拓的创新精神，想干事、能干事；团结协作，关心干警，带出了好队伍；秉公执法、廉洁自律，经得住考验。山东省乳山市检察院在新领导班子的带领下，奋发图强，创新办案机制和管理机制，经过三年努力，把一个队伍老化、工作成绩一般的检察院带入全国十佳检察院行列。江苏省张家港市检察院领导班子从一件件小事入手，通过一份健康档案、一张生日贺卡、一次家访谈心的方式，赢得了干警的真心拥护，增强了队伍的凝聚力。他们的事迹再次证明，一个好班子必能带出好队伍、创出好业绩。

三是有一支素质较高、公正执法的好队伍。事业是靠人干出来的，优质的工作要靠优质的队伍来保证。这些先进检察院和十佳检察院的一条重要经验，就是长期以来坚持不懈地抓队伍建设，培养了一支具有良好政治素质、业务素质和职业道德素质的检察队伍。他们认真践行“三个代表”重要思想,忠于法律,面对办案中的压力和干扰,执法如山,不徇私情;他们坚持学习,认真钻研业务,执法水平和办案质量不断提高,不少人成为全省或全国有名的办案能手和业务尖子;他们热爱检察事业,热爱自己的岗位,一心扑在工作上,无私奉献。湖南省长沙市雨花区检察院树立"人才资源是第一资源"的观念,坚持向素质要战斗力,高质量引进人才,高强度培养人才,高效率使用人才,先后有9名干警在业务竞赛中获得全国优秀公诉人等省级以上荣誉称号。云南省昆明市五华区检察院干警三年来共拒收钱物57人次,顶住说情32人次,保持建院25年无违纪。正是靠着这样的好队伍,这些单位的各项工作才做得有声有色,才在全国先进检察院和十佳检察院评选中脱颖而出。

四是与时俱进,自强不息。在这次评选出的先进典型中,不少都是曾经荣获"全国模范检察院"称号等多种荣誉的老先进。他们没有躺在功劳簿上不思进取,而是自我加压,通过改革创新,不断超越自己。河南省郑州市二七区检察院把已经取得的荣誉变成继续前进的动力,积极探索建立业务建设、队伍建设和信息化建设相结合的长效管理机制,推动全院工作上了一个新台阶,提高到新水平,为全国检察机关提供了宝贵经验。在这次评选出的先进典型中,也有一些是原来各方面工作相对后进的检察院,经过长期艰苦的努力,改变了落后面貌。陕西省永寿县检察院,三年前曾是一个各项业务工作考核均为本市最后一名、连续两年"五好"考核不达标的后进检察院。在新班子的带领下,他们提出一年争创"五好"和市级先进、两年争创省级先进、三年争创全国先进的目标,全体干警齐心协力,跨入了全国先进检察院的行列。他们的经验充分说明,无论是基础好的单位,还是基础差的单位,只要保持奋发向上的精神状态,明确奋斗目标,坚定地朝着这个目标去努力、去拼搏,就会不断实现新的突破,创造出优异的业绩。

五是执法形象好,人民满意,社会公认。这些先进检察院和十佳检察院,都善于把执法工作与改革发展稳定的大局联系在一起,与人民群众的要求和愿望联系在一起,通过履行检察职能,维护国家和人民利益,为受到冤屈的人伸张正义,为需要法律帮助的人排忧解难。他们有的通过查办农村基层干部在土地征用中的贪污案件,及时把被冒领、侵吞的征地补偿款返还给农民;有的依法为当事人要回了因有关机关违法插手经济纠纷,被长期违法扣押的现金和补偿金;有的建立司法快速通道,在第一时间处理群众到检察院控告的案件。河北省石家庄市裕华区检察院坚持做到对群众提出的事项应该受理的,给一个满意的结果;对群众的咨询应该答复的,给一个满意的答复;对群众提出的问题应该解释的,给一个满意的解释,从而把控告申诉接待室变成了"百姓满意之家"。贵州省贵阳市南明区检察院提出要"用心为老百姓做好每一件事",推出"检察长首问约见制",两年来共接待和妥善处理200多件上访案,有的是上访十余年的"老大难"问题。正是这一桩桩、一件件实事,使他们赢得了人民群众的满意和信赖,得到了社会各界的认可。

总之,这次受到表彰的全国先进检察院和十佳检察院,是实践"三个代表"重要思想,"立检为公、执法为民"的模范,是贯彻落实新时期检察工作主题和总体要求的模范,是公正执法、文明执法、廉洁执法的模范,是全国检察机关学习的榜样。

在充分肯定基层检察院建设成效的同时,也要清醒地看到,我们基层检察工作的整体水平、队伍的整体状况等与党和人民的要求、与检察机关肩负的职责相比,还有不小差距,基层检察院建设的任务仍然十分艰巨;先进检察院包括十佳检察院取得的成绩只是一个历史阶段的成绩,有的还是暂时的,工作中也还有不足,并不是十全十美,人民群众也还有不满意的地方。因此,我们要继续坚持把加强基层检察院建设摆在突出位置,结合当前正在开展的保持共产党员先进性教育活动,以公正执法为核心,以强化法律监督为目标,以推进执法规范化、队伍专业化和管理科学化为内容,把争创先进检察院活动进一步推向深入。

**一、扎实开展保持共产党员先进性教育活动,加强基层检察院党的建设**

在全党开展以实践"三个代表"重要思想为主要内容的保持共产党员先进性教育活动,是党中央为加强党的执政能力建设作出的重大决策。先进性教育活动的目标之一,就是要加强基层党组织建设。这为我们推进基层检察院建设提供了良好契机和强大动力。全国广大基层检察院要充分认识开展先进性教育活动的重大意义,根据地方党委的统一部署,加强领导,精心组织,确保先进性教育活动取得扎扎实实的成效。要按照中央确定的"提高党员素质、加强基层组织、服务人民群众、促进各项工作”的目标，紧密联系基层检察工作和队伍建设的实际，大力加强检察机关基层党组织和党员队伍建设。要把深化主题教育活动和执法观教育作为检察机关先进性教育活动的重要内容，继续运用具有检察特点的教育方式，增强教育活动的针对性、实效性。通过教育活动，进一步树立“立检为公、执法为民”的执法观，广泛听取人民群众的批评意见，深入查摆、着力解决单位和干警在思想观念、法律监督工作和执法作风等方面存在的突出问题特别是人民群众反映强烈的问题，努力使广大基层检察干警特别是广大党员的素质有新的提高，精神面貌有新的变化，执法观念有新的转变，各项工作有新的发展。

**二、加强基层检察院法律监督能力建设，全面履行法律监督职责**

人民检察院作为国家法律监督机关，根本任务就是正确履行宪法和法律赋予的法律监督职责。检察机关80%以上的执法办案任务是由基层检察院承担的，基层检察工作在全部检察工作中占有非常重要的地位。只有基层检察工作做好了，法律监督职能切实履行好了，人民群众才能满意。所以，加强基层检察院建设，必须始终围绕不断提高法律监督能力、履行好法律监督职责这个根本。我们要坚持以业务工作为中心开展争创先进检察院活动，切实把业务工作与队伍建设结合起来，善于在抓业务工作中解决队伍存在的问题，通过抓队伍建设推动业务工作的开展。要紧紧围绕“强化法律监督，维护公平正义”的主题，认真落实“加大工作力度，提高执法水平和办案质量”的总体要求，努力提高法律监督能力，加强各项检察业务工作，更加充分地发挥检察机关维护社会稳定、推动廉政建设、服务经济发展和促进社会公平与正义的作用，不断开创法律监督工作的新局面。

**三、开展向先进检察院和十佳检察院学习活动，充分发挥先进典型的示范作用**

加强基层检察院建设，关键是要充分调动基层检察院自身的积极性和创造性。我们要通过这次评选表彰活动，大力宣传先进检察院和十佳检察院的模范事迹，宣传基层检察院建设的成果，增进社会各界对检察工作和基层检察院建设的了解，在全国检察机关深入开展向先进检察院学习的活动。广大基层检察院都要认真学习、借鉴这些先进典型的宝贵经验，对照他们的事迹，查找自身差距，明确创建目标，强化创建措施，争取进入先进行列。同时，也希望所有受到表彰的先进单位再接再厉，不断做出新的成绩，为加强基层检察院建设创造出新的经验。各省级检察院要统一组织这次受到表彰的先进单位，与工作暂时相对滞后或者各方面困难较多的基层检察院结成对子，互帮互学，进一步丰富争创活动的形式和内容，在全国检察机关形成先进更先进、后进赶先进的良好氛围。

**四、深入推进基层检察院执法规范化、队伍专业化和管理科学化建设，提高基层检察工作的总体水平**

针对当前基层检察工作的实际，要把执法规范化、队伍专业化和管理科学化作为今后一个时期基层检察院建设的重要方向，采取有力措施加以推进。要全面规范执法活动，严格办案程序，建立权责明确、行为规范、监督有效的执法体制和工作机制，健全完善业务规范体系和考评指标体系，加强对办案工作的流程管理和质量控制，提高办案质量，强化法律监督的效果。要树立科学的人才观，坚持政治素质、业务素质和职业道德素质一起抓，加强对基层干警的思想政治教育，抓好理论武装，坚定理想信念；落实检察人才队伍建设规划和教育培训计划，加大教育培训和岗位练兵力度，引进高素质人才，培养专业人才和业务骨干，优化基层检察队伍结构；坚持把领导班子建设放在突出位置，按照政治坚定、求真务实、开拓创新、勤政廉政、团结协作的要求，把基层检察院领导班子建设成为领导基层检察工作不断创新发展的坚强集体。要把提高基层检察院的管理水平作为一项重要的、基础性的工作来抓，切实改变一些基层检察院管理薄弱的状况，重点建立业务建设、队伍建设和信息化建设相结合的长效管理机制，带动整个检察机关管理水平和执法水平的全面提高。

同志们，再过几天，就是中华民族的传统节日春节了。借此机会，我代表最高人民检察院，向全国各级检察机关和辛勤工作在检察战线上的20万检察干警，以及长期以来无私支持检察工作的干警家属表示亲切的慰问！祝大家新春愉快，身体健康，工作顺利，阖家幸福！

# 在全国检察机关纪检监察工作会议上的讲话

最高人民检察院检察长　贾春旺

(2005 年 2 月 28 日)

这次全国检察机关纪检监察工作会议,是贯彻落实中央纪委五次全会和全国检察长会议精神的一次重要会议。会议开始时青纯同志的报告,回顾总结了去年检察机关的反腐倡廉工作,对今年的工作作了部署,我都赞成。下面,我讲三点意见。

**一、认真贯彻党的十六届四中全会和中央纪委五次全会精神,坚持不懈地抓好检察机关反腐倡廉工作**

党的十六届四中全会从提高党的执政能力、巩固党的执政地位的战略高度,对加强党风廉政建设提出了新的要求,强调加大预防腐败的工作力度,建立与社会主义市场经济体制相适应的教育、制度、监督并重的惩治和预防腐败体系。中央纪委五次全会明确提出,要坚持标本兼治、综合治理、惩防并举、注重预防的方针,在坚决惩治腐败的同时,用发展的思路和改革的办法,不断提高有效预防腐败的能力和水平,逐步把腐败现象减少到最低程度。胡锦涛总书记在中央纪委五次全会上的重要讲话,深刻阐述了新形势下推进反腐倡廉工作的极端重要性,精辟论述了构建教育、制度、监督并重的惩治和预防腐败体系,加大预防腐败工作力度的必要性,并对做好这项工作提出了具体要求。胡锦涛总书记的重要讲话和党的十六届四中全会、中央纪委五次全会精神,对于全面加强党的建设,深入开展党风廉政建设和反腐败斗争,具有十分重要的指导意义。检察机关贯彻这些重要精神,一方面要充分发挥法律监督职能作用,依法履行查办职务犯罪职责,加强预防职务犯罪工作,促进反腐败斗争深入开展;另一方面,要坚持从严治检的方针,认真落实党中央关于党风廉政建设和反腐败斗争的新要求,推动检察机关自身的反腐倡廉工作不断取得新成效。

2004 年底召开的全国检察长会议,向全国检察机关提出了加强法律监督能力建设的新任务。检察机关的反腐倡廉工作,是法律监督能力建设的有机组成部分,也是提高法律监督能力的重要保障。人民检察院作为国家法律监督机关,是保障社会公平正义的一道重要防线,是维护社会稳定的一支重要力量,是反腐败的一个重要职能部门。腐败现象与法律监督的职能、维护公平正义的使命和维护社会稳定的任务都是不相容的。因此,我们检察机关抓好反腐倡廉工作尤其重要。如果任凭消极腐败现象发展蔓延,就会涣散队伍的斗志,使队伍受到腐蚀,逐渐丧失创造力、凝聚力、战斗力,我们就难以有效地贯彻落实党的路线方针政策,难以履行宪法和法律赋予的职责。只有切实抓好党风廉政建设和反腐败工作,使检察队伍始终坚持立检为公、执法为民,做到廉洁执法、公正司法,我们才能不断提高法律监督能力,真正担负起宪法和法律赋予的职责,完成好党和人民交给的任务。

近两年来,各级检察机关通过持续开展“强化法律监督,维护公平正义”教育活动、加强检察队伍建设和基层检察院建设、着力解决业务工作和队伍建设相关联的突出问题等,推动党风廉政建设和自身反腐败工作取得了比较明显的成绩。检察人员违纪违法呈下降趋势,2004 年受到查处的干警人数比 2003 年减少 18.6%,一些群众反映强烈的执法办案中的突出问题和不正之风在不少地区得到初步遏制,检察机关的社会形象进一步好转。但是,我们要清醒地看到,目前检察队伍中仍然存在不少问题,有些还很严重。一是领导干部违纪违法的问题相当突出。2004 年查处的案件中,担任各级检察院领导职务和部门领导职务的占违纪违法干警总数的 42.7%。特别是省级院检察长的违纪违法案件，在社会上造成恶劣影响，严重败坏了党的形象，败坏了检察机关的形象。二是发生在执法办案环节的违纪违法案件仍占较大比例。查处的贪污受贿、违反办案纪律的案件占立案总数的52.1%，业务部门仍然是违纪违法案件的多发部门。三是因违法违规办案致涉案人员死亡事故仍有发生。经过两年来的整治，这类事故逐步减少，2004年也是近几年来最少的。在这里我之所以把它作为一个突出问题提出来，是因为在严查严治的情况下仍然发生了这些事故，说明一些地方不依程序和规定办案的情况还较为严重，值得我们认真关注。总之，目前检察机关反腐倡廉的任务仍然比较艰巨。各级检察机关特别是领导干部对此一定要保持清醒的头脑，任何时候都不能掉以轻心、麻痹大意。要进一步增强政治意识、大局意识、忧患意识和责任意识，从加强党的执政能力建设和检察机关法律监督能力建设的高度，始终把党风廉政建设和反腐败斗争作为大事来抓，努力做到认识上更加提高，体系上更加健全，工作上更加扎实，成效上更加明显，为检察事业的发展提供更加有力的政治和纪律保障。

**二、按照标本兼治、惩防并举的要求，完善检察机关反腐倡廉的工作体系，加大预防违纪违法的工作力度**

最近，党中央颁布了《建立健全教育、制度、监督并重的惩治和预防腐败体系实施纲要》，明确提出了惩治和预防腐败体系建设的指导思想、主要目标和基本要求。《纲要》充分体现了注重治本、加大预防腐败工作力度的精神，反映了我们党对反腐倡廉规律认识的深化，是当前和今后一个时期深入开展党风廉政建设和反腐败工作的指导性文件。各级检察院要认真学习，深刻领会《纲要》精神，结合检察工作实际认真研究贯彻落实《纲要》的具体措施，建立健全符合检察机关特点的惩治和预防腐败体系，努力从源头上预防和解决检察工作和检察队伍中存在的消极腐败问题。当前要着重抓好三个方面的工作：

（一）大力加强思想道德教育和纪律教育，筑牢干警拒腐防变的思想道德防线。思想政治教育和职业道德教育是反腐倡廉的基础性工作。检察干警能否经得起腐蚀与反腐蚀的考验，能否在各种不良诱惑面前立得稳、行得正，能否真正做到廉洁从检、公正执法，从根本上说，就在于是否牢固树立起马克思主义的世界观、人生观、价值观，是否树立起正确的权力观、地位观、利益观。在新的历史条件下，在市场经济的大潮中，在复杂的执法环境里，只有不断加强教育，才能使干警经受住权力、金钱和美色等各种诱惑和腐蚀的考验，立于不败之地。2004年全国人大常委会第十二次会议审议最高人民检察院关于加强基层检察院建设情况的报告时，一些人大常委会委员就指出，解决司法领域中的腐败问题，关键是提高司法人员的思想政治素质，仅有文凭是不够的。事实也是如此，一些人出了问题，特别是贪赃枉法、以权谋私等严重问题，主要原因往往不在于工作能力和执法水平方面，而是由于理想信念发生了动摇，由于人生观、价值观发生了扭曲、蜕变，由于没有正确地对待个人所处的地位和手中所握的权力，没有践行"立检为公、执法为民"的执法观。因此，加强检察机关的反腐倡廉工作，一定要十分重视思想教育。要坚持对干警进行党的基本理论、基本路线、基本纲领和基本经验教育，加强理想信念、法律纪律和优良传统教育，使广大干警牢记党的宗旨和奋斗目标，常修为检之德、常思贪欲之害、常怀律己之心。要进一步深化职业道德教育，使"忠诚、公正、清廉、严明"的检察职业道德在全体检察人员中内化于心、外践于行。要利用检察系统正、反两方面的典型，增强教育的针对性和有效性，一方面大力宣传和学习方工、白云等模范检察官公正执法、廉洁从检的先进事迹，另一方面要注意总结我们查处的典型案件中的教训，开展警示教育。当前的一项重要任务，是要按照党中央的统一部署，扎扎实实地抓好检察机关保持共产党员先进性教育活动。各级检察机关一定要高度重视，抓住这个契机，结合检察工作实际，把深化检察工作主题教育、执法观教育和反腐倡廉教育，作为开展保持共产党员先进性教育活动的重要内容，进一步树立"立检为公、执法为民"的执法观，联系实际、对照典型，认真解决检察机关和干警在贯彻党的路线方针政策、执法思想、执法观念、执法作风等方面存在的突出问题，增强检察机关广大党员的先进性意识，增强广大干警反腐倡廉的自觉性。

（二）建立健全反腐倡廉制度体系，为反腐倡廉工作提供有效的制度保障。加强制度建设是公正执法的客观要求，也是反腐倡廉工作的重要保证。检察队伍中发生的违纪违法问题，除了个人自身的原因外，也与执法机制和工作制度不健全、不完善有关。近年来，检察机关在加强反腐倡廉制度建设方面做了很多工作。最高人民检察院制定了办理直接受理案件内部制约的若干规定、加强办案安全防范的规定、防止和纠正超期羁押的若干规定、检察人员纪律处分条例,以及巡视、上级检察院负责人与下级检察院领导班子成员谈话、上级检察院派员参加下级检察院党组民主生活会等制度,各地也制定了一批规范办案程序、保证办案质量和办案安全、加强监督制约的规定。这些制度在保障公正执法、促进检察机关党风廉政建设方面起到了积极作用。但是也要看到,我们在制度建设方面还存在不少问题,主要是适应新形势下反腐倡廉要求的制度体系还不健全;有的制度不够细化,在实践中不便于落实;一些好的制度没有得到严格执行,没有发挥出应有作用。针对当前检察机关队伍建设和执法工作的实际,我们要从公正执法、廉洁从检的要求出发,抓紧建立健全符合检察机关特点的反腐倡廉制度体系。一是要围绕建立健全民主集中制,完善各级检察院党组、检察委员会讨论重大问题、作出重大决策的制度,充分发扬民主,防止个人专断,进一步推进决策的民主化和科学化。二是要围绕规范执法活动,建立健全执法办案过程中的监督制约机制,强化对线索受理、初查、撤案、不批捕、不起诉、采取强制措施等关键环节的管理,把执法办案活动置于有效的内外部制约和监督之下,保证检察权的正确行使。特别是要针对2004年开展的职务犯罪案件扣押冻结款物处理情况专项检查、不起诉案件专项复查、集中纠正违法插手经济纠纷三项清理工作中发现的问题和其他可能发生问题、发生腐败的环节,抓紧制定一批切实管用的制度。三是要围绕人、财、物的管理,建立健全干部选拔任用、财务管理等方面的规章制度,包括完善干部选拔任用监督制度,建立健全政府采购、重大工程建设招标投标、经济责任审计等制度,完善扣押冻结款物管理制度。要把制度建设与工作机制创新结合起来,通过深化改革,努力形成用制度规范执法行为、按制度办事、靠制度管人的有效机制。

(三)以领导干部为重点,加强对检察权行使的制约和监督。加强对检察权运行的监督,是有效预防腐败的关键。从这几年查处的检察干警违纪违法案件看,几乎都存在监督缺位或流于形式的问题。对执法活动的监督措施不具体、监督不到位,有的地方一些不规范的执法行为长期得不到纠正;对干警特别是领导干部的监督乏力,有的甚至对干部的家庭住址、家庭成员等情况都不掌握。这些都说明我们在管理和监督防范方面还存在薄弱环节。为此,必须抓紧健全完善依法行使检察权的监督制约机制,建立业务建设、队伍建设和信息化建设相结合的管理机制,加强对重点环节和重点部位的监督,特别是要加强对执法活动的事前、事中监督,将监督关口前移,防范和减少违纪违法现象。要进一步加强对各级检察院领导干部特别是检察长的监督。从检察机关执法活动的特点来看,办案中一些重要环节的决定权主要掌握在各级领导手里,加上管理人、财、物的权力,领导干部的权力相对集中,他们也往往会成为拉拢腐蚀的重点对象。在这种情况下,加强对领导干部行使权力的监督和制约就成为关键中的关键。这方面,除了做好其他各项监督工作外,当前要重点抓好最高人民检察院"六个严禁"要求的落实。这"六个严禁",是我们在总结一些领导干部违纪违法案件的教训、结合检察权行使的实际提出来的,涵盖了对检察机关领导干部的基本要求,必须严格遵守。凡是违反这些纪律和要求的,要发现一起,从严查处一起。最高人民检察院的巡视制度已经建立,上半年要把巡视工作开展起来,加强对下级检察院领导班子特别是检察长执行党的路线方针政策和最高人民检察院的工作部署、遵守"六个严禁"等情况的监督检查,充分运用巡视成果,及时发现和解决存在的问题。各级领导干部也要加强党性修养,强化接受监督的意识,认真执行廉洁自律的各项规定,自觉地用手中权力服务于人民、造福于人民,任何时候都不能滥用职权、以权谋私,做接受监督的模范,做公正执法、廉洁执法的表率。

这里需要指出的是,建立健全惩治和预防腐败体系,本身就包含着严肃查办违纪违法案件的要求。我们讲加大预防腐败的工作力度,决不是要放松查办违纪违法案件的工作。任何时候都必须坚持从严治检方针,对检察队伍中的违纪违法问题,决不能姑息迁就。要通过坚决查办违纪违法案件,严肃党的纪律和检察纪律,使广大干警受到教育,时刻保持警醒。只有认真查办违纪违法案件,同时又加强教育和监督,三者缺一不可,才能使违法违纪者减少,党风好转,干警素质不断提高。在工作中,还要注意解决损害群众利益的问题,这是"立检为公、执法为民"的内在要求。现实生活中,往往涉及到的是吃拿卡要、耍特权、逞威风等群众看得见、摸得着的问题。这类现象看起来没有大案要案那么严重,但伤害群众感情,影响执法形象。而且这些问题不纠正,也会发展成大问题。所以对此不能掉以轻心,要强调“执法无小事、群众利益无小事”,对损害群众利益的行为,该纠正的要纠正,该批评教育的要批评教育,该查处的要严肃查处。

**三、提高纪检监察工作能力,保证反腐倡廉各项任务的完成**

提高纪检监察工作能力,是加强党的执政能力建设和检察机关法律监督能力建设的重要组成部分。就检察机关纪检监察部门而言,提高纪检监察工作能力就是要提高监督能力和执纪能力。在这方面要做的工作很多,这里我强调四点:

一是要充分发挥执法监察职能,强化对执法活动的监督。检察机关的纪检监察工作应该包括两项基本职能,即纪律检查和执法监察。检察工作是围绕执法办案开展的,这个特点决定了反腐倡廉工作必须突出加强对执法活动的监督,只有这样,才能从源头上防止和减少腐败问题。从这个意义上来讲,执法监察与检察机关加大反腐败治本力度的关系更加密切。提高纪检监察能力,很重要的一点就是要提高执法监察的能力和水平。各级检察机关的纪检监察部门都要增强大局意识,真正重视并切实把执法监察工作开展起来,把监督工作的重点放到促进依法正确行使检察权上,加强对检察机关及各部门行使权力、履行职责以及遵守执法程序的监督检查,坚决纠正和查处有法不依、执法不严、违法违规办案等问题。

二是在严肃查办违纪违法案件的同时,要深入研究案件发生的深层次原因及对策,增强反腐倡廉工作的预见性和针对性,不断提高纪律检查工作的能力。纪检监察工作不能停留在查办违纪违法案件上,更重要的是要通过个案和类案分析,追溯发案原因,从权力运行的过程中,发现体制、机制、制度和管理上的漏洞,寻找带倾向性、普遍性和规律性的问题,探索加强防范的途径和办法,加强教育、管理和监督。也就是说,案件办结并不意味着工作终结,惩治不是唯一的目的。纪检监察部门既要当“外科医生”,开刀除瘤,又要当“保健医生”,防范在先。

三是要提高抓落实的能力,确保各项部署和制度见到实效。各项工作都贵在落实。对于纪检监察工作来说,这一点尤为重要。前面提到,在党风廉政建设方面,最高人民检察院每年都作出部署,制定了一些制度。但不可否认,这些部署和制度在一些地方和部门还没有得到落实,有的甚至不闻不问,我行我素,所以就必然会发生严重违法违纪问题。2004 年主题教育活动中部署的三项清理工作,有的地方也是表面化,走了过场。部署和制度不落实,有关单位和部门有责任,纪检监察部门也有责任。各级纪检监察部门一定要增强抓落实的意识,提高抓落实的能力,加强对反腐倡廉工作部署和制度贯彻落实情况的监督检查,确保收到预期的成效。

四是要加强纪检监察部门自身建设,提高纪检监察干部队伍素质。纪检监察部门的职责和工作性质,决定了纪检监察干部必须具有较高的政治素质和业务素质。要大力加强思想政治建设和作风建设,发扬对工作极端负责的精神,公正无私、刚直不阿、不徇私情、敢于碰硬。同时要加强学习,搞好业务培训,掌握纪检监察工作必须的知识和本领,提高同各种违纪违法行为作斗争的能力和水平。要按照最高人民检察院的要求,健全纪检监察部门的机构设置,配备政治强、懂检察业务、作风过硬的干部来从事纪检监察工作。纪检监察干部要从严要求自己,带头遵守党的纪律和检察纪律,自觉接受监督,切实履行好党和人民赋予的职责。

最后还要强调,检察机关党风廉政建设和反腐败工作是各级检察院党组的职责。党组要认真落实党风廉政建设责任制,对抓好本地区本部门的反腐倡廉工作切实担负起领导责任。检察机关各部门的领导也要对本部门的党风廉政建设负起责任,不能片面地认为这只是纪检监察部门的事。纪检监察部门也要充分发挥职能作用,积极协助党组研究、部署和督促反腐倡廉工作,协调各有关部门的力量,共同落实好反腐倡廉工作的各项任务,推进反腐倡廉工作深入开展。

一年来,全国检察机关纪检监察部门的同志们做了大量工作,为加强检察机关党风廉政建设、促进更好地履行法律监督职能作出了积极努力,付出了辛勤汗水,收到了明显的成效。在此,我代表最高人民检察院向同志们表示衷心的感谢和亲切的慰问!希望大家高举邓小平理论和“三个代表”重要思想伟大旗帜,在以胡锦涛同志为总书记的党中央领导下,求真务实,开拓进取,扎扎实实地做好检察机关的反腐倡廉工作,为检察事业的发展做出更大的贡献!

# 在学习贯彻十届全国人大三次会议精神电视电话会议上的讲话

最高人民检察院检察长　贾春旺

(2005年4月5日)

这次电视电话会议的主要任务是,认真学习贯彻十届全国人大三次会议精神,按照会议要求和人大代表的意见、建议,进一步加强、改进和推动今年的各项检察工作。下面,我讲四个问题。

**一、深刻领会十届全国人大三次会议精神,切实增强大局意识和责任意识,努力加强和改进检察工作**

十届全国人大三次会议是在我国改革发展关键时期召开的一次重要会议。会议以邓小平理论和"三个代表"重要思想为指导,深入贯彻党的十六大和十六届三中、四中全会精神,听取和审议了《政府工作报告》和其他重要报告,选举产生了中华人民共和国中央军事委员会主席,审议并一致通过了《反分裂国家法》。这次会议取得的重要成果,集中体现了科学发展观的要求,反映了构建社会主义和谐社会的需要,充分表达了全国人民的共同意愿,必将极大地鼓舞全国各族人民更加紧密地团结在以胡锦涛同志为总书记的党中央周围,同心同德,开拓进取,为全面推进社会主义物质文明、政治文明、精神文明建设与和谐社会建设而努力奋斗。

各级检察机关要把学习贯彻十届全国人大三次会议精神作为当前的一项重要任务,与贯彻党的十六大和十六届三中、四中全会精神结合起来,与贯彻全国检察长会议精神结合起来,与正在开展的保持共产党员先进性教育活动结合起来,组织广大干警认真学习吴邦国委员长、温家宝总理所作的工作报告以及最高人民检察院工作报告,学习《反分裂国家法》,用会议精神统一思想、指导实践、推动工作。要通过学习,正确把握改革开放和现代化建设的全局,深刻认识构建社会主义和谐社会的本质要求,深入了解我国民主法制建设的新形势,进一步明确检察机关在推进经济社会发展和构建社会主义和谐社会中的重大责任,不断增强大局意识和责任意识,紧紧围绕党和国家的中心工作,充分发挥法律监督职能,努力为全面建设小康社会创造良好的法治环境和社会环境。

这次会议审议和批准了最高人民检察院工作报告,要求最高人民检察院切实履行宪法和法律赋予的职责,进一步做好检察工作,维护司法公正。"两会"期间,全国人大代表和政协委员在审议、讨论最高人民检察院工作报告时,对检察工作给予了充分肯定。一些代表指出,2004年检察工作中有不少亮点,比如抓住人民群众反映强烈的问题,开展四个专项业务工作,并继续解决超期羁押问题,有效地维护了司法公正,得民心、顺民意;查处了一批有影响、有震动的职务犯罪大案要案,体现了党和国家反腐败的决心;深化"强化法律监督,维护公平正义"主题教育活动,开展专项清理和检查,制定"六个严禁"的规定,加强了检察队伍建设,特别是对领导干部的监督;全面加强基层检察院建设,下大力气解决基层存在的问题,基层队伍素质和工作水平有了新的进步;积极推行人民监督员制度,建立了接受外部监督的有效机制,增强了检察工作的透明度,体现了司法民主,增进了人民群众对检察工作的了解、信任和支持。

在肯定成绩的同时,代表和委员们也指出了检察工作存在的问题,对进一步做好检察工作提出了许多宝贵的意见和建议。归纳起来,主要有以下几个方面:一是在当前社会矛盾比较突出,治安形势比较严峻的情况下,检察机关要积极发挥职能作用,严厉打击严重刑事犯罪,特别是"两抢一盗"、制售假冒伪劣商品等严重影响群众安全感、损害群众切身利益的犯罪,全力维护社会稳定。要进一步做好处理涉法上访工作,热情对待上访群众,切实为群众解决实际问题。二是要继续加大查办和预防职务犯罪的力度。很多代表和委员认为,当前腐败现象仍然比较严重,群众对惩治腐败的要求非常强烈。检察机关要坚持查办大案要案,特别是对发生在重点行业和领域的职务犯罪,以及隐藏在重大责任事故背后的国家机关工作人员渎职犯罪,一定要依法严肃查处。要加大追逃追赃的力度,坚决将携款外逃的贪官绳之以法。要发挥检察机关的职能优势,努力做好预防职务犯罪工作。三是要加强对诉讼活动的法律监督。特别是要加强对民事审判活动和刑罚执行活动的监督,切实解决监督不力的问题。四是要进一步规范执法活动。不仅要关注办案数量,更要关注办案质量,使所办案件经得起历史的检验。要着力解决执法随意性大、违法违规办案以及抗诉准确率不高等问题。五是要坚持不懈地抓好队伍建设。加强对干警的教育、管理和监督,进一步解决检察队伍中存在的问题,在加强思想政治建设的同时,注重提高队伍的业务素质和专业化水平。不少代表和委员指出,检察机关的领导干部违法违纪,社会影响坏。特别是个别领导干部,在那么高的位置上,从事这么神圣的职业,出现严重问题,对检察机关的整体形象影响太大了。加强检察队伍建设,首先必须狠抓领导班子建设,加强对领导干部的监督。六是要积极推进检察改革,解决好制约法律监督职能发挥的体制和机制方面的问题,保证依法独立公正行使检察权。继续深化人民监督员制度试点工作,进一步规范和完善这项制度,保证人民监督员切实履行监督职责,使这一制度真正发挥作用。

应当看到,2004年的检察工作之所以得到代表和委员们的肯定,是与全国各级检察机关在党中央领导下,上下一心,团结奋斗,脚踏实地,认真履行宪法和法律赋予的职责分不开的,广大检察干警为此付出了辛勤的汗水。同时也要清醒地认识到,代表和委员对我们工作的要求和期望也更高了,我们肩负的责任更重了;2004年检察工作的成绩来之不易,保持和发扬这一良好势头更不容易。检察工作中确实还存在着许多问题和不足,有的还很严重;许多工作我们没有做好,与党和人民的要求还有很大差距;不少代表和委员对检察工作还不满意,一些批评和意见也很尖锐。对此,我们要高度重视,把代表和委员的批评、意见作为加强和改进工作的动力,深入查找工作中的缺点和不足,更加严格地要求自己,振奋精神,顽强拼搏,把今年的各项检察工作做得更好,让人民群众更加满意。

**二、突出重点,加大力度,抓紧抓好各项检察业务工作**

贯彻十届全国人大三次会议精神,加强和改进检察工作,关键是要进一步落实新时期检察工作的总体思路,坚持"强化法律监督,维护公平正义"的检察工作主题,坚持"加大工作力度、提高执法水平和办案质量"的总体要求,坚持以业务工作为中心,围绕提高法律监督能力,加强业务建设、队伍建设和保障建设。两年多来检察工作的实践表明,这个总体思路符合发展社会主义市场经济、推进依法治国的客观需要,符合检察机关的性质、职能和检察工作的内在规律,符合人大代表、政协委员和人民群众对检察机关的希望和要求。在今年和今后的工作中,我们要继续用这个总体思路来统一广大干警的思想,指导各项检察工作,切实把力量凝聚到落实检察工作的主题和总体要求上来,把精力集中到履行宪法和法律赋予的职责上来,再接再厉,埋头苦干,在新的起点上把检察工作提高到新的水平。

关于2005年的业务工作,2004年底的全国检察长会议已经作了全面部署,各级检察机关要认真贯彻落实。要根据"两会"精神和代表、委员们的意见、建议,进一步采取有效措施,把"两会"的要求体现到各项业务工作中去。

(一)要切实保持各项业务工作的力度

当前,我国正处在体制深刻转换、结构深刻调整、社会深刻变革的历史时期,各种违法犯罪仍然易发多发,执法不严、司法不公的问题也比较突出,客观上要求检察机关必须加大各项法律监督工作的力度。综合研究"两会"代表和委员们的意见,比较集中的是要求检察机关认真履行宪法和法律赋予的职责,进一步加强各项工作,加大打击刑事犯罪、查办职务犯罪的力度,切实解决好人民群众反映强烈的问题,维护司法公正,实现社会公平与正义。今年头两个月,各项检察业务工作总的发展态势是好的,全国检察机关批捕、起诉、立案监督等办案数量均有所上升,办案质量有所提高,特别是在直接立案侦查的职务犯罪案件中,大案要案的比例进一步增加,撤案率、不起诉率继续下降。但值得关注的是,职务犯罪案件总体立案数下降幅度较大。一、二月份,全国共立案侦查各类职务犯罪案件3850件4490人,同比分别下降了17.2%和12.7%。对此,一定要引起高度重视。目前反腐败斗争的形势依然严峻,人大代表和人民群众对惩治腐败的呼声仍很强烈,要求我们必须始终把查办职务犯罪工作摆在突出位置来抓。各地对今年以来的办案情况和存在的问题要进行认真分析,查找原因,及时采取有效措施,把办案工作抓上去。要进一步加强对诉讼活动的法律监督。在这方面人大代表和广大群众对检察机关的期望很高,要求我们切实履行监督职责,对诉讼活动进行更有效的监督。各级检察机关要坚持把诉讼监督作为履行法律监督职能的一项重要内容,加强对侦查活动、审判活动和刑罚执行活动的监督,切实解决监督不力的问题,在维护司法公正中发挥更大的作用。在加强办案工作的同时,根据党中央颁布的建立健全惩治和预防腐败体系实施纲要的要求,要切实做好预防职务犯罪工作,立足检察职能,认真总结经验,进一步分析和研究新形势下加强预防职务犯罪工作的途径和办法,突出预防重点,改进预防措施,增强预防工作的针对性和实效性。总之,要按照"加大工作力度、提高执法水平和办案质量"的总体要求,把主要心思和精力放在抓业务、抓办案上,切实做到工作不松、力度不减,保证各项业务工作的平稳健康发展。

(二)要突出抓好专项工作

2004年我们开展的四个专项工作,都取得了较好的成效,确实起到了强化法律监督、推动全局的作用。按照最高人民检察院的部署,制假售假、侵犯知识产权犯罪立案监督、严肃查办国家机关工作人员利用职权侵犯人权犯罪案件、集中处理涉法上访问题这三个专项工作,还要延续到今年。对这些方面的工作,"两会"代表和委员十分关注,希望我们进一步突出重点、加大力度,抓出更大的成效。总的看,目前各地对专项工作比较重视,抓得也比较紧,但也存在一些问题。有的地方认为专项工作已经取得明显成绩,产生了松口气的思想;有的地方对办理难度大的案件缺乏信心,存在畏难情绪;有的地方小胜即满,过早进入了总结收尾阶段。还有少数地方从一开始就没有认真对待,专项工作并没有真正开展起来。各级检察机关要充分认识开展专项工作对于解决人民群众反映强烈的问题,加强法律监督工作的薄弱环节,推动业务工作全面发展的重要意义,针对这些问题开展一次"回头看",进行再动员、再推动,善始善终、保质保量地把三个专项工作抓紧抓好,抓出实效。

在全面落实专项工作有关部署和要求时,要结合代表、委员的意见和建议,把工作重点放在涉及人民群众切身利益、社会反映强烈的问题上。在制假售假、侵犯知识产权犯罪立案监督专项工作中,要重点监督制售劣质、有毒有害食品和假药等严重损害人民群众身体健康,以及制售假化肥、假农药等坑农、害农的犯罪案件。在严肃查办国家机关工作人员利用职权侵犯人权犯罪案件专项工作中,要注重查办重大责任事故背后的国家机关工作人员渎职犯罪案件,以及司法人员刑讯逼供、暴力取证等犯罪案件。目前,这方面的案件我们查办得还很少,与人民群众的要求还有不小的差距。一些地方重大责任事故频繁发生,但对相关的失职渎职行为没有依法严肃查处,这是重大责任事故不能有效遏制的重要原因之一。还有一些地方,群众对司法人员侵犯人权犯罪举报得比较多,检察机关查办得却很少,有的地方有案不办、压案不查,甚至对上级检察院督办的案件消极应付。对这些问题,一定要认真加以解决。在集中处理涉法上访专项工作中,要加强对涉法上访案件的清理排查,找准症结,把重点放在解决实际问题、息诉罢访上。对多次上访的,要从县市开始逐级逐案认真研究解决,不得扯皮推诿。要从构建和谐社会的高度,努力改进工作,提高办案质量,从源头上减少涉法上访。总之,要抓住重点案件、重点领域、重点问题,集中力量,推动专项工作的深入开展。

要加强督促检查。上级检察院要及时掌握专项工作的进展情况,对工作力度不大、成效不明显的地方,要派人深入下去,查找原因,进行重点帮促,在狠抓落实上下功夫,在增强实效上下功夫。特别要加强对办案工作的督促检查,切实采取有效措施推动办案工作。要进一步加强与有关部门的沟通联系,关注新闻媒体和人民群众的反映和呼声,及时排查案件线索,做好扩大案源和查办案件工作。尤其是在严肃查办国家机关工作人员利用职权侵犯人权犯罪案件专项工作中,要对掌握的线索重新梳理审查,加强线索的统一管理,分州市院要将专项活动的重点案件线索报省级检察院统一管理,省级检察院要将典型案件、特大案件以及新闻媒体曝光的重大案件及时报最高人民检察院备案。最高人民检察院将确定第四批挂牌督办案件,各省级检察院也要确定一批挂牌督办案件,落实办案责任和督办责任。要充分发挥侦查一体化机制的作用,对重点案件实行上级检察院交办、提办、参办,增强突破案件能力,使工作取得更大成效。为了进一步加大查办渎职犯罪案件力度,促进整顿和规范市场经济秩序,下半年还要开展查办扰乱和破坏市场经济秩序的渎职犯罪专项工作,最高人民检察院将适时作出专门部署。

(三)要进一步加强规范化建设,提高执法水平和办案质量

近几年来,检察机关的执法规范化建设有了长足的发展,执法水平和办案质量不断提高,但在一些地方和一些环节,执法不规范、办案质量不高的问题仍然存在。在这次"两会"上,代表和委员对这方面的意见也比较多。我们一定要高度重视这个问题。今年要着力从三个方面,进一步提高检察机关的执法规范化水平。

一是要进一步规范职务犯罪侦查工作。要重点解决违法违规办案问题,加强对侦查活动的监督制约,严格办案程序,严明办案纪律,决不允许刑讯逼供、体罚或变相体罚犯罪嫌疑人,决不允许违法搜查和违法扣押、冻结款物,决不允许故意规避法律侵犯当事人的诉讼权利,坚决防止办案安全事故的发生。要坚持依法办案,严格执行法律关于拘留、逮捕后及时通知犯罪嫌疑人家属或所在单位的规定及有关权利义务告知制度,确保执法程序规范。2004年直接受理案件侦查分工调整后,监所部门负责侦查的案件范围扩大,民事行政检察部门也承担一定的初查和侦查工作任务,这两个部门从一开始就要注重规范、注重质量,保证侦查权的正确行使。要进一步完善办案工作考评机制。最高人民检察院制定的查办职务犯罪案件工作考评办法经过一年的实施,对促进侦查工作的健康发展起到了较好的作用。根据各地的意见和建议,我们将对考评办法进行适当修改和完善,进一步增强科学性和可操作性,更好地发挥考评机制在加大力度、提高质量、保证安全方面的导向作用。

二是要进一步规范抗诉工作。抗诉是检察机关对审判活动实施法律监督的主要形式,是一项严肃的诉讼行为。抗诉的水平和质量是法律监督工作水平和质量的重要体现。近年来,无论是刑事抗诉,还是民事、行政抗诉,都存在需要进一步提高质量的问题。从检察系统的统计数据看,2004年的抗诉案件中,有相当一部分经法院审理被维持原判或检察机关抗诉后又撤回。如果按照法院系统的统计,这方面的比例更高。对抗诉质量不高的问题,我们要着重从自身查找原因。各地要对2003年、2004年的抗诉工作进行一次全面的梳理和分析,坚持一要依法抗诉,二要提高抗诉案件质量。既要认真总结抗诉工作的成功经验,更要深入分析存在的问题,研究提出规范抗诉程序、提高抗诉质量的有效措施,还要注意发现确实存在的裁判不公背后的职务犯罪,增强审判监督的效果。

三是要完善业务规范体系。针对执法实践中的突出问题,分别研究制定各项业务工作的规范化建设标准,进一步规范各个环节的执法活动,逐步实现对办案工作的规范化流程管理,强化对办案质量的考核监督,促进严格、公正、文明执法。

**三、积极推进检察改革,不断完善法律监督体制和工作机制**

今年是推进司法体制改革的重要一年。如何在司法体制改革中推进检察体制和工作机制改革,强化法律监督职能,人大代表、政协委员和社会各界十分关注,广大检察干警也十分关心。最高人民检察院在向十届全国人大三次会议的报告中提出了今年检察改革的主要任务和工作重点,关键要抓好落实。

一是根据中央关于司法体制和工作机制改革的意见,抓紧制定和落实检察机关的实施方案。最高人民检察院已经组织了专门力量,成立了有关机构,制定了工作方案。要根据这个工作方案,开展深入的调查研究,提出检察体制和工作机制改革的具体意见。重点要研究以下几个问题:第一,如何改革和完善检察监督体制,包括改革和完善人民检察院对诉讼活动的监督制度、对司法人员渎职行为的监督制度,完善对职务犯罪侦查的监督制约制度,加强对检察机关的监督和制约。第二,如何改革和完善有关的诉讼制度,包括改革和完善未成年人检察制度,改革和完善对超期羁押的监督机制,完善司法解释制度,规范检察机关司法鉴定活动。第三,如何改革和完善检察干部管理体制。第四,如何改革和完善检察机关经费保障机制。第五,如何改革有关部门、企业管理人民检察院的体制。人民检察院组织法修改已列入本届全国人大立法规

划,这是与检察体制改革密切相关的一件大事。各地要围绕检察体制改革的重点问题和组织法的修改,加强调研和论证,积极向最高人民检察院提出意见和建议。

二是继续推进、完善和规范人民监督员制度及其试点工作。要进一步明确人民监督员的职责,完善选任条件和程序,规范相关工作制度,保证监督工作的公正性。要通过定期通报情况、提供法律资料、邀请列席会议、实地观摩等形式,使人民监督员了解相关法律规定和检察机关办案工作流程,更加客观、有效地实施监督。加强办事机构建设,做好试点工作各方面的保障。加强理论研究,为人民监督员制度的发展和完善,提供更加有力的理论支撑。加强舆论宣传,积极向社会宣传人民监督员制度的主要内容和试点工作的成效。主动配合地方人大开展立法调研,推动人民监督员制度的法制化进程。

三是深化检务公开。要进一步完善检务公开的各项制度,在公开的形式、载体、内容等方面不断深化。凡是能够公开的,都要尽量向社会公开。要落实好犯罪嫌疑人权利义务告知制度,扩大公开审查案件的范围和种类,研究公布重大案件办理情况的时机、办法和途径,增强执法的透明度,更好地接受人民群众和社会监督,以公开促公正。

**四、以领导班子和基层检察院为重点,进一步加强检察队伍建设**

加强队伍建设,是检察机关的一项长期任务。近年来,经过各级检察机关的共同努力,检察队伍建设取得了比较明显的成效。但是,随着检察工作的发展,队伍建设也出现了一些新情况、新问题。“两会”期间,代表和委员对检察队伍特别是一些领导干部、基层检察院建设和纪律作风建设方面的意见仍然比较集中,要求我们下大力气解决队伍中存在的突出问题,提高队伍整体素质,保证公正执法。各级检察机关一定要充分认识队伍建设的长期性、艰巨性,时刻保持头脑清醒,更多地看到存在的问题和不足,切实从加强党的执政能力建设和检察机关法律监督能力建设的高度,始终把检察队伍建设摆在重要位置常抓不懈。

一是要扎扎实实地抓好保持共产党员先进性教育活动。在全党开展保持共产党员先进性教育活动,是深入贯彻“三个代表”重要思想,加强党的执政能力建设,推进党的建设新的伟大工程的重大举措。这次教育活动,为我们全面加强检察机关党的建设和队伍建设,加强法律监督能力建设,提供了很好的契机。各级检察机关从党组到基层党组织和每一个党员,都要深刻认识开展这次教育活动的重要性、必要性和对推动检察队伍建设的重要意义,切实按照中央的要求,认真扎实地搞好教育活动。要把开展先进性教育活动,与深化主题教育、执法观教育和开展争先创优活动结合起来,与加强党员干部的思想作风建设结合起来,紧密结合检察机关的实际,在坚定理想信念、端正执法思想、提高执法水平、改进工作作风方面狠下功夫,深入查找问题,切实解决问题。按照中央有关要求,对教育活动的每个阶段都要加强组织领导,认认真真地搞,使每个党员干部在每一阶段都有新的收获和进步。这样才能通过整个教育活动,达到提高觉悟、解决突出问题、促进工作的目的。

二是要毫不放松地抓好领导班子建设。抓队伍建设,首先要从领导班子和领导干部抓起。只有把各级领导班子抓好了,才能真正带出一支清正廉洁、作风过硬的队伍。当前一个重要任务,就是严格落实最高人民检察院对领导干部提出的“六个严禁”的要求。通过开展巡视工作和完善有关制度等措施,加强对“六个严禁”执行情况的检查督促,切实做到令行禁止。凡是违反“六个严禁”要求的,必须严肃追究,决不姑息。上级检察院要进一步加强对下级检察院领导班子和领导干部的管理和监督,领导班子内部要加强互相监督,特别是各级检察长,既要自觉接受监督,发挥表率作用,又要承担起对其他班子成员的监督职责,对发现的苗头性、倾向性问题要早提醒、早解决,防止违法违纪问题的发生。

三是要毫不放松地抓好基层检察院建设。从“两会”代表和委员审议、讨论的情况看,对基层检察工作社会比较关注,群众意见还比较多。一些代表、委员说,基层建设很重要,难点、热点、亮点都在基层,基层检察干警与人民群众接触最多,其执法行为与人民群众的利益直接相连,现在基层工作的差距还不小。有的代表投反对票,也主要是对基层存在的司法不公问题表示不满。无论从当前检察队伍建设的实际状况,还是从代表、委员和人民群众的要求看,我们都必须继续坚持把工作重点放在基层,持之以恒地加强基层检察院建设。要认真落实青岛会议以来最高人民检察院关于基层检察院建设的一系列部署和要求，总结推广全国十佳基层检察院和先进检察院的典型经验，开展业务、队伍、信息化三位一体建设，推进基层检察院的执法规范化、队伍专业化和管理科学化建设，不断提高基层干警素质和执法水平。要坚持上级院领导联系基层制度，真正关心基层、爱护基层，帮助解决制约工作和队伍发展的实际问题，对一些困难较多的基层检察院在政策、人才、经费等方面加大扶持力度，改善执法条件，推动基层检察院建设不断取得新的成效。

四是要毫不放松地抓好纪律作风建设。要深入贯彻全国检察机关纪检监察工作会议精神，认真分析队伍纪律作风方面存在的突出问题，继续加强检察系统领导干部廉洁自律、查处违法违纪案件和纠正不正之风等工作。在“两会”上，一些代表、委员指出，有的检察人员行为不检点，办人情案、关系案、金钱案，存在吃拿卡要的现象；有的在公共场合不注意形象，耍特权、逞威风。最近一段时间，全国连续发生了几起检察干警酒后驾车造成交通事故，甚至肇事后逃逸的事件，性质恶劣，社会影响极坏。针对这一情况，最高人民检察院将就此向全系统发通报，并作出规定，各地要坚决贯彻执行。检察机关是法律监督机关，自身的执法作风不好，执法形象不佳，就没有资格监督别人。各级检察机关一定要正视纪律作风方面存在的问题，进一步采取有效措施，强化思想政治教育和职业道德教育，加强作风建设，严明检察纪律，切实把那些伤害群众感情的不良风气刹住，树立检察机关的良好形象。

最后，我再强调三点：一是要牢固树立接受监督的意识，更加自觉地接受人大监督，主动向人大常委会报告工作，依靠人大的监督和支持解决法律监督工作中存在的问题。要按照“两会”代表和委员提出的建议，改进和完善与代表、委员的联络方式，真心实意地、及时地听取批评意见，不断改进检察工作。今年10月，最高人民检察院将就加强法律监督、维护司法公正向全国人大常委会作专题汇报。为此上半年要组织专题调研，请各省级检察院做好相关准备工作，积极提供情况和建议。二是要进一步加强检察宣传工作，充分利用新闻媒体和其他途径向社会宣传检察机关的性质、地位和职能，宣传检察机关的工作部署和工作成效，宣传公正清廉、为民执法的先进典型，使检察工作得到社会各界和人民群众更多的了解、理解和支持。三是要发扬求真务实的作风，力戒形式主义，真正做到鼓实劲、干实事、求实绩。特别是领导机关和领导干部，一定要扑下身子，深入基层调查研究，多听取基层意见，加强具体指导，促进各项法律监督工作的深入开展。

同志们，当前检察工作的任务十分繁重，党和人民对我们寄予厚望。全国检察机关和广大检察干警要坚持以邓小平理论和“三个代表”重要思想为指导，牢固树立科学发展观，认真贯彻十届全国人大三次会议精神，进一步落实全国检察长会议的部署，振奋精神，扎实工作，努力开创检察工作新局面，为促进经济社会全面发展和构建社会主义和谐社会做出新的贡献！

# 在全国检察理论研究工作会议暨第六届年会上的讲话

最高人民检察院检察长　贾春旺

(2005年4月22日)

这次会议本来是一次检察理论研究年会。考虑到新形势下加强检察理论研究的重要性,最高人民检察院决定对会议的内容作一下调整,开成一次全国检察理论研究工作会议,同时也作为第六届理论研究年会。会议期间,还要就研究室工作进行座谈,听取对人民检察院组织法的修改意见。我到最高人民检察院工作已经两年多了,这一时期正是贯彻党的十六大精神、推进司法体制改革的重要时期。在工作中,我也经常思考检察理论方面的问题,深感检察理论研究确实需要加强,专门召开一次会议对这项工作进行部署和推动,很有必要。下面,我讲几点意见。

**一、深刻认识加强检察理论研究的重要性和紧迫性**

我们党历来重视理论建设和理论指导。坚持以反映时代特征和实践要求的科学理论指导实践,通过理论创新推动其他各方面的创新,不断在实践中探索前进,是我们党在长期革命和建设过程中积累的宝贵经验。检察工作是党和国家工作的重要组成部分,检察工作的健康发展也离不开正确理论的指引。加强检察理论研究,繁荣发展检察理论,对于更好地推进中国特色社会主义检察事业,具有非常重要的意义。

第一,加强检察理论研究,是发展和完善中国特色社会主义检察制度的必然要求。我国检察制度是在马克思主义理论指导下建立和发展起来的。早在新民主主义革命时期,我们党就在根据地政权中建立了检察机构,这是人民检察制度的发端。新中国成立后,特别是党的十一届三中全会以来,经过长期的探索和实践,逐步形成了现行的检察制度。我国宪法和有关法律规定,人民检察院是国家的法律监督机关;各级人民检察院由人民代表大会产生,对它负责,受它监督;人民检察院行使审查批准和决定逮捕、公诉、对职务犯罪案件直接立案侦查以及对诉讼活动和判决、裁定的执行活动实行法律监督等职权;人民检察院依照法律规定独立行使检察权,不受行政机关、社会团体和个人的干涉;最高人民检察院领导地方各级人民检察院和专门人民检察院的工作,上级人民检察院领导下级人民检察院的工作;各级人民检察院设立检察委员会,实行民主集中制,等等。这些关于检察制度的法律规定,都是在深刻总结历史经验和教训基础上,以马克思主义基本理论和人民民主专政政权建设的基本理论为指导作出的,蕴含着我们党关于社会主义检察制度的基本观点。这些基本理论观点为当代中国检察制度和检察理论的发展奠定了最重要的基础。

与其他国家的检察制度相比,我国检察制度有许多自己的鲜明特色。这些特色是由我国社会主义性质,特别是中国共产党的领导和人民代表大会制度所决定的,是与我国历史文化传统和社会主义初级阶段的基本国情相适应的。正因为如此,中国特色社会主义检察制度不可能用资本主义的政治理论和检察理论来说明,而必须从我们党关于新中国检察制度的基本理论观点出发,努力构建我们自己的检察理论体系,对涉及检察制度的重大理论问题作出全面、系统的回答,对中国特色社会主义检察制度作出科学的理论概括和说明,这个使命要通过加强检察理论研究来完成。不仅如此,在我国改革开放不断深化、市场经济迅速发展、依法治国深入推进的时代背景下,必须大力推进理论创新,通过理论创新带动制度创新,使中国特色社会主义检察制度与时俱进，不断汲取新的理论成果、新的实践经验而向前发展，这个使命也要通过加强检察理论研究来完成。

第二，加强检察理论研究，是推动检察工作深入发展的客观需要。理论是实践的先导和行动的指南。检察理论有许多是实践经验的总结与概括，而且越是实践中急需解决的问题，越要首先在理论上作出回答，以便通过理论研究及其成果来指导实践。不善于用理论指导实践，难以干好工作；不善于把实践中的经验上升到理论，再反过来更好地指导实践，也难以干好工作。改革开放以来，在党的领导和人大监督下，各级检察机关紧紧围绕党和国家工作大局，认真履行宪法和法律赋予的职责，检察工作在改革创新中不断取得新的成绩，这与检察理论的研究，与我们注意发挥检察理论的指导作用是分不开的。随着全面建设小康社会的推进以及科学发展观、构建社会主义和谐社会等一系列重要思想的提出，法律监督工作面临着许多新的要求，检察机关的任务越来越繁重而艰巨。要做好新时期的检察工作，必须高度重视和善于运用检察理论，充分发挥检察理论的指导作用。这就要求我们以与时俱进的精神，认真研究和解决检察工作面临的新情况、新问题，把在实践中探索出的新经验及时上升为理论，探求检察工作规律，指导检察工作创新，增强工作主动性和预见性，促进法律监督能力不断提高，推动检察工作取得更大的成效。

第三，加强检察理论研究，是建设高素质、专业化检察队伍的重要途径。按照政治坚定、业务精通、作风优良、执法公正的要求，努力建设高素质、专业化的检察队伍，是检察机关一项长期的战略任务。加强检察队伍建设，关键是要提高检察干警的整体素质。理论素质是人的素质的灵魂，理论上成熟是政治上、工作上成熟的基础。检察干警仅具备法律知识和实践经验是远远不够的，如果不掌握党的基本理论和检察理论，就不可能保持清醒的政治头脑，不可能树立正确的执法观，不可能履行好法律监督职责。特别是领导干部，如果不具备较高的理论素养，不善于运用检察理论分析和解决实际问题，就很难适应领导岗位的职责要求。通过加强检察理论研究，多为广大干警提供容易掌握、便于运用的理论成果，不仅是他们忠于中国特色社会主义检察事业，努力实现社会公平与正义的基础，而且也是拓宽他们的知识面，增强他们的思维能力，提高他们的执法水平，更好地履行法律监督职责的需要。所以，我们要把强化理论武装作为检察队伍建设的一项重要任务来抓，不仅要倡导学习理论，还要倡导研究理论，使检察理论研究与检察队伍建设有机地结合起来，做到相辅相成、互相促进。

第四，加强检察理论研究，是积极应对检察制度和检察理论面临的各种挑战的迫切任务。检察制度作为我国政治制度的重要组成部分，与中国共产党领导下的社会主义制度和人民代表大会制度紧密联系在一起。当前我国正处在改革和发展的关键时期，社会情况正在发生复杂而深刻的变化，西方敌对势力通过各种途径加紧进行思想和文化渗透，思想领域的矛盾和斗争错综复杂，不仅存在着一些非马克思主义的意识形态，甚至出现了一些否定马克思主义的错误观点。这些问题在法学研究和检察理论研究领域也有所反映。在近几年来关于司法体制改革的讨论中，有的言必称英美的法律体系和检察制度，有的主张削弱检察机关的法律监督职能，甚至取消检察机关的法律监督地位，将检察机关变为单纯的公诉机关。这些观点，有的是针对检察制度和检察工作中存在的问题提出的，出发点是为了更好地保障司法公正，推进社会主义民主法制建设；有的是以西方司法制度为标准，以此来衡量和批评中国的检察制度、司法制度；有的则实质上是主张在中国套用西方国家的检察制度和司法制度，企图通过司法体制改革削弱甚至剥夺中国共产党在司法领域的发言权、监督权和领导权，进而为取消共产党领导打开缺口，这是非常有害和危险的。面对这种情况，我们要坚持百家齐放、百家争鸣的方针，以海纳百川的胸怀，吸收各种合理的意见，借鉴、吸收人类司法文明的成果，不断完善和发展我国的检察制度。对那些似是而非的观点，要认真论证，作出科学的回答。同时还要增强政治鉴别力，警惕资产阶级法学观的渗透，对那些实质上主张否定中国共产党领导、否定社会主义制度、否定人民代表大会制度的观点，给予有力的驳斥，决不能任其泛滥。为此，我们必须做好应对挑战的充分的理论准备，这就使加强检察理论研究更具有现实的紧迫性。

总之，加强检察理论研究，繁荣发展检察理论，是做好检察工作的重要基础。它关系检察制度的前途，关系检察工作的全局，关系检察事业的根本，是我们必须高度重视、着力抓好的一项重要工作。

党的十六大和十六届四中全会强调,必须使全党始终保持与时俱进的精神状态,不断开拓马克思主义理论发展的新境界;必须坚持马克思列宁主义、毛泽东思想和邓小平理论在意识形态领域的指导地位;必须把党的思想理论建设摆在更加突出的位置,积极推进理论创新,加强马克思主义理论研究和建设。胡锦涛总书记深刻指出,全党同志必须认识到,我国社会主义的自我完善和发展还有许多重大课题需要进一步探索和回答,还有大量工作需要去做;必须坚持解放思想、实事求是、与时俱进,从理论和实践的结合上不断研究新情况、解决新问题,不断有所发现、有所创造、有所前进。各级检察机关和全体检察干警特别是广大检察理论研究工作者,一定要认真学习、深刻领会党的十六大、十六届四中全会和胡锦涛总书记重要指示精神,充分认识加强检察理论研究的重要性和紧迫性,以高度的责任感和使命感,抓紧抓好检察理论研究工作,努力推出更多有深度的理论成果,增强创造力、说服力和感召力,使马克思主义牢牢占据检察理论研究阵地,在科学理论的指引下把中国特色社会主义检察事业不断推向前进。

**二、进一步明确检察理论研究的目标和主要任务**

近年来,检察理论研究工作有了长足的进步。各级检察机关认真落实最高人民检察院《关于进一步加强检察理论研究的意见》,通过推行课题制、年会制和建立激励机制等措施,调动了广大干警和专家学者参与检察理论研究的积极性,初步形成了良好的理论研究氛围,产生了一批优秀的理论研究成果,检察理论研究的总体水平不断提高。特别是围绕检察体制和工作机制改革以及检察工作中的重大问题,进行了一些调查研究和理论探讨,为检察改革的深入和检察工作的发展发挥了积极作用。同时也要看到,检察理论研究总体上依然比较薄弱,工作中还存在不少问题:一是一些地方对检察理论研究的重要性认识不到位,推进这项工作的办法不多、力度不大。二是检察理论研究的前瞻性、科学性和系统性亟待加强。特别是在基础理论研究方面,有分量、有影响的成果不多,对一些重大理论问题研究得不深入,面对各种理论观点的挑战,暴露出理论创新不够、理论储备不足、理论观点说服力和吸引力不强等弱点。三是理论研究滞后于实践。对检察工作中一些新的实践和探索没有及时从理论上予以概括,对检察干警在执法办案中遇到的一些具体问题没有及时从理论上予以回答。检察理论研究成果的转化应用不够,指导实践的作用还没有充分发挥出来。四是检察理论研究工作机制还不健全,人才队伍需要进一步壮大,研究能力有待进一步提高。对这些问题,我们一定要高度重视,采取有效措施认真加以解决,努力推动检察理论研究工作有一个新的更大发展。

加强检察理论研究,首先必须明确检察理论研究的目标和主要任务。当前和今后一个时期检察理论研究的目标,概括而言,就是要建立科学的中国特色社会主义检察理论体系,为完善检察制度、强化法律监督、推进检察事业创造良好的理论环境,提供有力的理论支持和科学的决策依据。要实现这个目标,必须坚持基础研究和应用研究"两手抓",尤其要针对检察理论研究的实际状况,把加强基础研究摆上更加重要的位置。当前,要重点围绕检察制度和检察工作面临的重大理论和实践问题,突出抓好以下几个方面的研究工作:

第一,要加强对中国特色社会主义检察制度合理性和必然性的研究。现行的检察制度,是马克思列宁主义普遍真理同中国具体实际相结合的产物,是历史的选择、人民的选择。检察机关恢复重建以来在我国改革、发展、稳定大局中发挥的巨大作用和取得的显著成就充分说明,在马克思主义理论指导下建立和发展起来的中国特色社会主义检察制度具有其内在的合理性。如果检察制度不合理、不科学,检察工作就不可能取得今天的成绩,不可能得到党和人民的肯定。针对那些关于我国检察制度合理性的种种质疑,我们不仅要用检察制度的成功实践来说明,而且要把检察制度在理论上的合理性、优越性充分地揭示出来,从理论和实践的结合上作出有力的回应。

检察机关作为国家法律监督机关,这是中国特色社会主义检察制度的本质特征。关于检察制度合理性的争论,核心也就在于坚持还是取消检察机关的法律监督地位。对这一问题,要从我国社会主义宪政体制的角度分析。任何国家都必须建立对权力的监督制约机制。我国实行共产党领导下的人民代表大会制度,而不是三权分立下的议会制度。在我们国家,对执政党的监督、对国家机关及其工作人员的监督不可能采取西方那种分权制衡、党派对立的模式,必须形成一个健全的社会主义监督体系,其中包括由专门的机关实施强有力的法律监督,以保证法律的统一正确实施,保证各种权力在法治的轨道上运行。可以说,中国的具体国情特别是国体和政体,决定了检察机关作为法律监督机关的合理性和必然性。在这个问题上,希望大家进一步加强研究,拿出有深度、有说服力的理论成果。

第二,要加强对检察权配置的研究。检察机关的职权配置,关系到检察机关能不能履行好宪法和法律赋予的法律监督职责。在关于司法体制改革的讨论中,一些同志对检察权的配置提出了不同意见,主要是主张取消检察机关的职务犯罪侦查权。对此,最高人民检察院党组经过认真研究,态度非常明确,一致认为法律赋予检察机关现有的职权都是法律监督权的重要组成部分,都是履行法律监督职能所必需的。关于职务犯罪的侦查权,鉴于职务犯罪是指国家工作人员贪污贿赂、渎职侵权犯罪,主要发生在履行职务的执法活动中,而在国家工作人员中行政机关工作人员占有很大比例,因此这项权力不由行政机关行使,而由独立于行政机关、专门负责法律监督的检察机关行使,是适宜的,是完全正确的。这也是我国最高权力机关立法时的原意,并得到党和国家领导的赞同和全国人大的通过。相反,取消了检察机关职务犯罪侦查权,检察机关的法律监督就是软弱的、苍白无力的,宪法规定的这种法律监督也就形同虚设了。在这次司法体制改革中,我们的意见得到了中央的采纳,不仅要保留检察机关的职务犯罪侦查权,而且要进一步加强和改进这方面的工作。所以,加强对检察权配置的研究非常重要。我们不仅要对现行检察权配置的合理性进行深入研究,包括对法律监督与职务犯罪侦查权的关系作出更加科学的阐释,而且要认真研究如何通过进一步完善检察权的配置,促进检察机关更好地发挥法律监督职能作用。

第三,要加强对检察工作实践经验的理论概括。近年来,检察机关坚持以邓小平理论和"三个代表"重要思想为指导,树立和落实科学发展观,深入贯彻党的十六大和十六届三中、四中全会精神,提出了新时期检察工作的总体思路,采取了一些新的工作措施和改革举措。比如,我们确定了"强化法律监督,维护公平正义"的检察工作主题,明确了"加大工作力度,提高执法水平和办案质量"的总体要求;提出了以业务工作为中心,以队伍建设和后勤建设为保障的工作格局;着力解决队伍建设与业务建设相关联的突出问题;要求进一步牢固树立"立检为公、执法为民"的执法观;从五个方面加强法律监督能力建设;从人民群众反映强烈的问题和法律监督的薄弱环节入手,开展一系列专项工作;深入推进检察工作的改革创新,在强化法律监督工作的同时,采取有效措施自觉接受外部监督,开展人民监督员制度试点工作;加强执法规范化、管理科学化、队伍专业化建设,积极探索业务、队伍与信息化"三位一体"的建设,等等。这些新的工作思路、工作措施和改革举措都涉及检察事业发展全局,是我们为推进新时期检察工作进行的实践和探索。检察理论研究要紧跟检察实践的新发展,把那些来源于实践、行之有效的经验及时总结和升华为理论,巩固其理论根基,丰富其理论内涵,进一步揭示检察工作的内在规律,更好地指导实践,从而使检察工作更好地体现时代性,把握规律性,富于创造性。

第四,要围绕强化法律监督职能,为检察体制和工作机制改革提供有力的理论支撑。当前检察机关一项重要而紧迫的任务,就是要按照中央批准的司法体制和工作机制改革的意见,抓紧研究制定检察体制和工作机制改革的具体方案。要落实好司法体制改革方案,通过改革进一步强化法律监督职能、推动检察工作创新发展,还有大量艰苦细致的工作需要做,其中很重要的工作就是要加强对有关问题的研究和论证。我们提出的具体改革方案,既要符合党中央的指示精神,切合检察工作的实际,又要有充分的理论依据。只有在理论上站得住脚,在实践中切实可行,检察改革才能得到社会各界的支持,才会积极稳妥、少走弯路。各级检察机关要按照最高人民检察院的要求,重点围绕改革和完善法律监督体制、有关的诉讼制度、检察干部管理体制、检察机关经费保障机制和改革有关部门、企业管理人民检察院的体制这五个方面的内容,加强调研和论证,集思广益,群策群力,把这件关系司法体制改革和检察事业长远发展的大事抓好。同时,还要配合人民检察院组织法和刑事、民事、行政诉讼法等法律的修改,加强理论研究,积极提出意见和建议。

第五,要从理论上阐明检察工作与构建社会主义和谐社会的关系,研究如何在构建和谐社会中发挥检察机关的职能作用。构建社会主义和谐社会,是我们党从全面建设小康社会、开创中国特色社会主义事业新局面的全局出发提出的一项重大任务,是在新的国内外形势下提高党的执政能力、贯彻落实科学发展观、更好地推进我国经济社会发展的战略举措。社会主义和谐社会是民主法治、公平正义、诚信友爱、充满活力、安定有序、人与自然和谐相处的社会,这六个方面的特征无一不与检察工作密切相关。检察机关作为法律监督机关,是维护社会稳定的重要力量,是保障公平正义的重要防线,在构建社会主义和谐社会中肩负着重大责任。这就要求我们必须深刻把握构建社会主义和谐社会的要求,认真研究和思考如何加强和改进检察工作,通过履行批捕、公诉、职务犯罪侦查和诉讼监督等职能,有效惩治犯罪,化解矛盾纠纷,调节社会关系,维护社会稳定,促进在全社会实现公平与正义,为检察机关更好地服务于构建社会主义和谐社会,从理论上指明努力的方向。

**三、坚持检察理论研究的正确方向和科学方法**

立场、观点和方法,是理论研究工作中至关重要的问题。研究的立场、观点和方法不同,得出的结论往往截然不同。检察理论研究不只是学术研究工作,更是一项政治性很强的工作。所以,加强检察理论研究,繁荣发展检察理论,不仅要遵循理论研究的自身规律,还必须坚持正确的政治方向,运用科学的研究方法。这里,我强调三点:

一是要坚持马克思主义的指导地位。贯彻正确的指导思想,是做好理论研究工作的根本前提。马克思主义是指导人们正确认识和改造世界的强大理论武器。检察理论研究工作只有以马列主义、毛泽东思想、邓小平理论和"三个代表"重要思想为指导,才能坚持正确的政治方向,才能从全局上、本质上把握检察工作的内在规律,才能形成真正有价值的理论成果。我们必须旗帜鲜明地反对指导思想的多元化,坚持指导思想的一元化,这是一个基本原则,丝毫不能含糊。

马克思主义理论具有不断创新的鲜明特点,检察理论也应当是随着实践不断创新发展的理论。坚持以马克思主义为指导,不仅要注意消除西方资产阶级理论的影响,也要注意克服教条主义和思想僵化。我国检察制度是以列宁的法律监督思想为指导建立起来的,在发展过程中也不断吸取了我们党关于马克思主义的最新理论成果,包括毛泽东思想、邓小平理论和"三个代表"重要思想关于法律监督的一系列重要论述。我们要坚持继承与创新有机统一的科学态度。不仅要加强对列宁法律监督思想的研究,分析哪些是应当长期坚持的马克思主义基本原理,哪些是需要结合新的实际加以丰富发展的理论判断,而且要认真研究检察制度的其他思想理论基础,加以梳理、提炼和概括。更重要的是必须坚持与时俱进,着眼于对现实问题的思考,着眼于新的实践和新的发展,在原有理论基础上不断创新,使检察理论站在时代前列,体现时代精神,反映时代要求,这样才能有效应对面临的各种挑战。

二是要坚持立足中国国情。我们的检察制度是与我国历史文化传统和政治、经济、社会发展状况紧密联系的,检察理论也必须与这些具体国情相适应。脱离了中国的具体国情,再好的理论也是不起作用的,是不能被人民群众接受的,是没有生命力的。所以,检察理论研究必须从中国的国情出发,形成有中国特点的理论成果。什么是我国的国情?最重要的一点,就是我国是共产党领导的,以人民代表大会制度为根本政治制度,处于初级阶段的社会主义国家。从这个基本国情出发,检察理论必须有利于坚持共产党的领导,有利于坚持社会主义道路,有利于坚持人民代表大会制度。同时还应当看到,在社会主义初级阶段的历史条件下,我国经济社会发展还处于发展中国家的基本国情,在很大程度上决定着我国的检察制度,也制约着检察工作的发展水平。开展检察理论研究,要充分考虑历史文化传统,充分考虑经济社会发展状况,充分考虑司法工作实际,既不能落后于时代,又不能超越历史阶段。

在立足国情的同时,也要解放思想,注意吸收和借鉴国外检察制度和检察理论发展的有益成果。要认真研究英美法系、大陆法系和其他社会主义国家的检察制度,尤其要注重研究与我国检察制度比较相近的大陆法系国家检察制度。要加强比较研究,分析各国检察制度的不同特点和优势,追踪各国检察改革的动向。不仅要关注各国检察制度的差别,还要关注造成这些差别和进行检察改革的深层次原因,从而更加准确地把握现代检察制度的发展趋势,把那些适合我国国情、符合检察制度发展共同规律的东西借鉴过来。对外国的检察理论,也要注意分析是在什么样的政治、经济和社会背景下产生的,哪些与我国国情相似、可以借鉴,哪些不符合我国国情、不能借鉴,决不能不加分析地照搬照抄。

三是要理论联系实际,服务检察工作。理论联系实际是我们党的三大优良作风之一,也是党的理论研究工作的正确方针。科学的理论来源于实践,反过来又可以指导实践。早在六十多年前,毛泽东同志就在《实践论》中深刻指出:"认识从实践始,经过实践得到了理论的认识,还必须再回到实践去。认识的能动作用,不但表现于从感性的认识到理性的认识之能动的飞跃,更重要的还必须表现于理性的认识到革命的实践这一个飞跃。"检察理论如果不能指导检察实践,无助于推动检察工作,这样的理论是没有多少价值的。广大检察理论研究工作者要深入基层,深入实际,通过各种形式参与检察工作,在实践中研究新情况,回答新问题,总结新经验,提出新见解。要根据检察工作发展的需要确定研究课题,既要研究检察工作中面临的重大理论和实践问题,也要研究基层干警在执法办案中遇到的具体问题,多出高质量的精品力作,更好地为基层服务,为干警服务,为检察工作的发展服务。

**四、加强领导,采取有效措施,开创检察理论研究工作新局面**

抓好检察理论研究工作,关键是各级检察院党组特别是一把手,要在思想上引起高度重视,切实采取有效措施,加强对这项工作的领导。抓业务、抓队伍固然重要,但是检察理论研究工作也很重要。不仅最高人民检察院要下大力气抓,各级检察机关都要把这项工作摆在重要位置来抓。领导同志要关注法学理论和检察理论研究的动向,不仅要带头研究理论,还要给研究部门和研究人员出题目、派任务,引导他们把主要精力集中到研究与检察工作相关的重大问题上来。还要注意把优秀成果运用到各项决策中,运用于解决检察工作中的实际问题,发挥理论研究对检察工作的推动作用。

要加强经费保障,进一步健全检察理论研究工作机制。加大对检察理论研究的经费投入,改革课题研究经费管理和拨付办法。积极构建年会制、课题制、专题研讨等多种形式的研究、交流平台,加强重点课题研究的管理,改进课题研究成果评审方式,提高检察理论研究的质量。要建立健全激励机制,除对优秀理论研究成果进行评奖以外,要把开展检察理论研究的情况作为部门考核、选拔干部的重要内容之一,促进在全系统进一步形成钻研理论的良好风气。

要加强有关职能部门之间的配合,形成抓检察理论研究工作的合力。最高人民检察院在做好自身研究工作的同时,要进一步加强对全系统检察理论研究工作的指导。各级检察机关法律政策研究室或办公室作为主要职能部门,既要带头开展理论研究,及时有效地完成领导交办的研究任务,又要切实发挥组织作用,主动向领导进言献策,为领导决策当好参谋、提供好思路,组织、引导和带动广大干警参与检察理论研究。各部门都要结合自身的职能,开展检察理论研究工作。总之,要努力建立检察长统一领导,研究室(办公室)组织协调,各部门广泛发动,广大干警和法学界专家学者积极参与的检察理论研究组织体制。

要加强检察理论研究队伍建设。繁荣检察理论,推进理论创新,人才是关键。要尊重知识、尊重人才,加大培养高层次检察理论研究人才特别是中青年专门人才的力度,造就一批具有扎实理论功底、勇于开拓创新的理论研究带头人,形成一支政治坚定、年富力强、精通业务的理论研究骨干队伍。其中有的人不仅是检察机关检察理论研究的中坚,在法学界也应有一定影响,还应争取在国际司法界占有一席之地。要充分发挥理论研究人才的作用,支持有培养潜力的干部多参加有关学术活动,改善他们从事理论研究的条件,激发他们的积极性和创造性,努力形成有利于优秀人才脱颖而出的良好机制。广大检察理论研究工作者要树立正确的世界观、人生观和价值观,注意加强学习,不断更新知识,努力提高理论水平和研究能力。

要采取切实措施,与学术界扩大交流、深化合作。加强与高等院校、科研机构特别是在法学研究领域有影响的专家学者的沟通联系,虚心听取他们的意见和建议,为他们深入了解检察工作实践创造条件,鼓励、吸引他们参与检察理论研究,帮助我们建立科学的检察理论体系。要进一步做好法学专家到检察机关挂职的工作,有条件的地方可以商当地党委组织部门,选派一些政治上可靠、有较高学术造诣的专家学者到检察机关任职,特别是要注意多吸纳一些从事宪法学、法理学、诉讼法学、司法制度学研究的学者,以及在学术界有较大影响的中青年学者,同时还要加强与高等院校的联系,采取组织推荐与个人推荐相结合、检察机关推荐与高等院校提名相结合等方式,选派理论水平较高的检察官到高等院校兼职任教。要积极主动地选择一些重点课题,通过组织专题座谈会等形式,与专家学者互相交流、共同讨论,促进学术界和检察机关在一些重大问题上加深了解、增进共识。要加强对检察理论的宣传和普及,充分利用新闻媒体和其他途径向社会宣传检察机关的性质、地位和职能,宣传我国检察制度的优越性,让人民群众了解法律监督工作,为检察事业的发展创造有利的外部环境。

同志们,在全面建设小康社会、加快推进社会主义现代化建设的新的发展阶段,检察理论研究工作面对新的时代课题,肩负着重要使命。我们要坚持以邓小平理论和“三个代表”重要思想为指导,大力加强检察理论研究,推动检察工作深入开展,为推进依法治国和建设社会主义和谐社会做出新的更大贡献!

# 在全国检察机关“规范执法行为促进执法公正”专项整改电视电话会议上的讲话

最高人民检察院检察长　贾春旺

(2005 年 5 月 20 日)

同志们:

这次电视电话会议的主要任务是,认真贯彻中央政法委的部署,动员全国检察机关和全体检察干警,深入扎实地开展“规范执法行为,促进执法公正”专项整改活动,进一步加强检察机关的执法规范化建设,推动检察工作和检察队伍建设取得新的进步和新的发展。下面,我讲三个问题。

**一、统一思想,提高认识,增强搞好专项整改活动的自觉性**

罗干同志在中央政法委召开的电视电话会议上深刻指出,开展“规范执法行为,促进执法公正”专项整改活动,是构建社会主义和谐社会的必然要求,是确保保持共产党员先进性教育活动取得实效的重要措施,是从源头上减少涉法涉诉信访的治本之策,是司法体制和工作机制改革的重要内容。会议对专项整改要解决的突出问题,以及如何抓好专项整改提出了明确要求,强调各级政法机关必须紧紧抓住当前开展先进性教育活动的有利时机,采取有力措施,确保专项整改活动取得预期效果。各级检察机关和全体检察干警一定要认真学习领会中央领导同志的重要讲话精神,充分认识开展“规范执法行为,促进执法公正”专项整改活动的重要意义,并紧密结合检察机关实际,从人民检察院的性质、地位和职责出发,深刻认识开展这次专项整改活动对于加强法律监督工作的特殊重要意义。

第一,开展专项整改活动,是实践新时期检察工作主题,加强法律监督能力建设的必然要求。“强化法律监督,维护公平正义”的检察工作主题,是我们根据党的十六大对检察工作的新要求和宪法规定的检察机关的性质、职能所确定的,是检察工作总体思路的核心内容。检察机关要更好地肩负起法律监督职责,维护法律统一正确实施,维护社会公平正义,必须一以贯之地坚持并不断丰富和完善这个主题的内容。在 2004 年底的全国检察长会议上,最高人民检察院根据党的十六届四中全会精神,提出了加强法律监督能力建设的重大课题,要求各级检察机关紧扣检察工作主题,在落实工作主题的实践中不断提高法律监督能力,并把推进执法规范化建设作为加强法律监督能力建设的一项重要措施。当前,我们的法律监督工作还存在许多薄弱环节,监督的力度、质量、水平与人民群众的要求还有很大差距。究其原因,很重要的一个方面,就是我们的法律监督工作还不够规范,依法办案和照章办事还没有成为自觉行动,导致对诉讼活动中的一些执法不严、司法不公问题,该监督的没有监督,或者不会监督,甚至不敢监督。规范执法不仅是检察机关自身公正执法的保证,也是提高法律监督能力的途径。因此,我们必须从加强法律监督能力建设、实践新时期检察工作主题的高度，认真搞好这次规范执法行为的专项整改活动。

第二，开展专项整改活动，是落实检察工作总体要求，推动检察工作深入发展的客观需要。“加大工作力度，提高执法水平和办案质量”这个总体要求，是科学发展观在检察工作中的具体化。检察工作能不能实现全面、健康、协调发展，关键在于这个总体要求能不能在日常工作中落到实处。总体要求既有力度的要求，又有水平和质量的要求，而力度、水平、质量都要通过执法的规范化来体现、来保障。当前，各级检察机关贯彻总体要求的情况是好的，但也存在一些问题。主要是有的地方在理解、把握和落实总体要求上仍然存在偏差，不能很好地处理力度与水平和质量之间的关系，有时左右摇摆，顾此失彼。这一点突出表现在职务犯罪侦查工作上。今年一季度，有的地方查办职务犯罪工作又出现了大幅度下滑的情况。这种不正常起伏的现象，前两年也曾经出现过。究其原因，也与我们的执法工作没有完全步入规范化轨道有较大关系。如果业务工作的规范化建设加强了，每项工作都有科学的标准和要求，每个环节、每个流程都有严密的制度和规定，人为因素就会大大减少，办案工作大起大落、忽紧忽松的现象就能很好地避免，落实“加大工作力度、提高执法水平和办案质量”的总体要求就有了保证。

第三，开展专项整改活动，是切实解决检察工作和检察队伍中存在的突出问题，提高队伍素质，进一步树立法律监督权威的重要途径。近年来，全国检察机关通过不断深化主题教育活动，开展集中处理涉法上访问题、纠正超期羁押、清理违法扣押冻结款物、复查不起诉案件等专项工作，解决了一些群众反映强烈的问题，并有针对性地加强制度建设，在规范执法方面取得了较好成效。但是，执法不够规范仍然是当前法律监督工作中存在的一个比较突出的问题，执法办案中有的工作还没有规范，有不少工作还缺乏完善、系统、有效的规范性制度，更突出的问题是不少规范化要求在实践中没有得到很好的落实。有的地方执法办案的随意性比较大，有的执法不文明，不注重保障当事人的诉讼权利，有的因违法违规办案造成安全事故，有的在办案中搞利益驱动，有的办关系案、人情案、金钱案，等等。这些问题虽然不普遍，但危害很大，直接损害公正执法，损害执法的公信度。检察机关作为国家法律监督机关，如果自身执法水平不高，执法不规范，不断发生问题，甚至出现重大冤案错案，我们的法律监督就无法令人信服，也就不会取得好的效果。只有加强规范化建设，建立健全能够有效防止违法违纪和冤假错案发生的制度，才能从根本上解决队伍建设和业务工作相关联的突出问题，树立检察机关良好的执法形象，增强法律监督工作的权威性和实效性。

总之，各级检察机关特别是领导同志一定要从全局和战略的高度，从保障检察事业长远发展的高度，充分认识新形势下规范执法行为的重要性和紧迫性，把思想统一到中央领导同志讲话和中央政法委的部署上来，统一到最高人民检察院的部署和要求上来，采取切实有力的措施，把“规范执法行为，促进执法公正”专项整改活动抓出明显成效，把检察工作和检察队伍建设提高到一个新的水平。

**二、明确任务，突出重点，深入扎实地开展专项整改活动**

根据中央政法委的部署，最高人民检察院制定了全国检察机关开展“规范执法行为，促进执法公正”专项整改活动工作方案，明确了专项整改活动的指导思想、目标，以及整改的重点、方法步骤、组织领导和具体要求。按照这个方案，规范执法行为这项工作分为两个时间段。一个时间段是专项整改，用半年时间集中解决当前检察机关执法活动中的突出问题。另一个时间段是在专项整改的基础上，按照着眼长远、突出重点、整体推进的思路，用三年左右的时间，全面加强检察业务工作的规范化建设，推进业务、队伍、信息化“三位一体”建设，把执法规范化与队伍专业化、管理科学化有机结合起来，使检察机关的各项执法工作步入规范、有序的轨道。各级检察机关要结合实际，认真落实工作方案确定的各项部署和要求。在第一个时间段即专项整改活动中，要着力抓好集中整改、健全制度、培训考核三个阶段的工作：

（一）深入查找，认真整改，切实解决执法不规范的突出问题。这是专项整改活动的首要任务，也是确保专项整改活动取得实效的关键环节。各级检察机关、检察机关各部门和每一个检察干警都要认真查找工作中存在的执法不规范的突出问题和薄弱环节。既要查找本单位、本部门曾经发生过的问题，又要查找哪些工作环节可能或者容易发生问题；既要从发生的错案、从查处的违法违纪案件特别是办案安全事故中查找问题,又要从与检察工作有关的涉法上访案件中查找问题;既要通过保持共产党员先进性教育活动查找问题,又要开门整改,接受监督,通过广泛征求党委、人大、政府、政协和社会各界意见查找问题,切实把本单位、本部门存在的执法不规范的突出问题,特别是人民群众最关心、反映最强烈的问题找准。在此基础上,抓住重点环节和重点问题,认真分析原因,有针对性地制定整改措施。

根据中央政法委的部署,从检察机关的实际出发,最高人民检察院确定这次专项整改活动的重点部门和环节是职务犯罪侦查、公诉、侦查监督、民事行政检察和控告申诉检察。罗干同志的讲话和中央政法委的部署,要求检察机关对"审查批捕、起诉和职务犯罪侦查"三方面工作进行重点整改和规范,这完全符合检察机关的实际。从近些年检察机关查处的违法违纪案件看,这三方面工作确实比较容易发生问题,必须作为重点加以整改和规范。对这些工作的规范化建设,近几年最高人民检察院也很重视,下了不少功夫,但仍然存在不少突出问题。比如,在职务犯罪侦查工作中,有的地方线索管理混乱,个别人甚至利用线索收受贿赂或敲诈勒索;有的地方初查、立案、撤案不规范,存在随意性;有的地方在初查阶段就对涉案人员采取侦查措施,侵犯人权;有的地方违规办案导致涉案人员自杀死亡;有的受利益驱动,随意将扣押款物认定为非法所得,不该上缴的上缴,该返还的不依法返还,甚至截留、挪用。在侦查监督和公诉工作中,有的监督意识不强,忽视监督纠正诉讼中的违法行为;有的不严格执行办案程序,不履行告知义务,不及时送达文书,不注意听取无罪辩解,不依法保障律师执业;有的内部制约不力,职务犯罪案件不起诉存在随意性;有的证据意识不强,对明显不符合法定条件的,勉强或强行批捕、起诉,最后被作无罪判决,甚至造成错案。我们一定要抓住这次专项整改活动的契机,高度重视,扎实整改,切实把这些问题解决好,在规范职务犯罪侦查、公诉和侦查监督工作方面取得明显进步。

至于民事行政检察和控告申诉检察,这两个部位和环节是检察机关的窗口部门,直接与人民群众和当事人接触,其工作水平和规范化程度直接关系到检察机关的社会形象。从前一时期集中处理涉法上访问题和我们掌握的情况来看,这些工作还存在一些亟待规范的地方。比如,在民事行政检察工作中,有的办案人员单独或在非办公场所与当事人和律师接触,各地对抗诉的条件把握不一,一些案件抗诉质量不高,对有的申诉案件未严格依法受理。在控告申诉检察工作中,有的干警群众观念不强,"冷、硬、横、推"的现象仍然存在,有些案件的当事人长期申诉,问题总得不到解决,有的案件该纠正的不予纠正,导致越级上访、进京上访,有些案件从初次申诉到最后改正历经七八年甚至十几年时间才得到解决。这些环节和部门的执法不规范问题,都要在这次专项整改活动中认真加以整改。

最高人民检察院的工作方案中确定了要重点进行整改的四个方面的问题,即徇私枉法、权钱交易的问题,执法不文明、违法违规办案的问题,玩忽职守、执法不作为的问题和不能依法独立行使检察权的问题。各级检察机关都要围绕这些重点问题,紧密结合本地区、本单位实际,从自身执法工作和履行监督职责两个方面对照检查,坚持什么问题突出就重点解决什么问题,哪个工作环节薄弱就重点加强哪个工作环节。其他部门也都要主动把自身置于专项整改活动之中,深入分析哪些办案环节和工作部位问题比较突出,在第一时间段有针对性地解决一两个重点问题。6月下旬,最高人民检察院要就各地对重点环节和重点问题的整改情况组织一次检查,促进集中整改措施的落实。

(二)建立健全规章制度,加强对执法活动的监督制约。这次专项整改活动的重要特点,就是着眼于规范,着眼于建设。所以,一定要把制度建设放在重要位置,通过完善各项规章制度,规范执法行为,使每一个执法环节和执法行为都有章可循。在这次专项整改活动中,要对各项检察业务工作制度进行一次认真清理,对制度的执行情况进行全面检查。对虽有制度但没有落实的,要认真分析原因,提出落实措施。在检查清理的基础上,进一步建立健全规范执法的制度,该废除的废除,该修订的及时修订,该完善的及时完善,该建章立制的抓紧建立。重点要从三个方面入手:一是细化办案流程,减少执法随意性。既要注意从执法工作的最基础环节和最基本要求抓起,从看得见、摸得着、短期内易见效的事情抓起,对查找出来的问题及时进行规范;又要着眼长远,研究制定各项业务工作规范体系和考评体系,逐步实现对办案的流程管理和动态监督,力求达到办案工作项项有规定,件件有标准,事事有程序，使检察机关每个执法环节和每个执法行为都处在严密的制度规范和指导之下。二是要完善执法责任制和责任追究制度，增强办案责任制的针对性和可操作性，把责任明确到每个人、每个岗位。要严明纪律，对于我行我素践踏制度规范的，要坚决追究，切实维护法律规定和工作规范的严肃性。三是健全内外部监督制约机制，增强监督的刚性和效力。要进一步加强检察机关内部各个诉讼环节之间的制约，特别是加强举报、立案、侦查、审查批捕、审查起诉、申诉几个环节的相互制约，强化上级检察院对下级检察院业务工作的领导和监督，强化巡视、督察工作。在查办职务犯罪工作中，要推广讯问全程同步录音录像，案件移送审查批捕、公诉部门时，随案移送录音录像资料。有条件的地方要抓紧推行，暂时不具备条件的，也要积极创造条件，尽快实行。要进一步完善外部监督机制，深入推进人民监督员制度试点，健全和规范检务公开，增强执法透明度，更好地接受人民群众和社会各界的监督。

（三）认真抓好培训考核，提高干警规范化执法水平。要在完善规章制度的基础上，加强对检察干警的业务培训，把执法规范化与管理科学化、队伍专业化结合起来，互相推动，共同发展，促进执法公正。按照“干什么、练什么，缺什么、补什么”的原则，以执法规范为重点，坚持全员参与、重在基层、立足岗位、注重实效，通过培训使广大干警准确把握岗位要求，明确业务规范和职业纪律。按照中央政法委的要求，要抓好五项工作：一是8月份，最高人民检察院要制定并下发各个执法岗位的培训考核内容和组织实施办法。二是根据各个执法岗位的培训考核内容，采取集中授课与个人自学相结合等方式，在全国检察机关开展岗位培训，组织干警学习与本职工作有关的基本法律、执法程序和工作规范，提高岗位技能和执法水平。三是在培训结束时要组织考试考核。考试考核不合格的，离岗培训；经培训仍不合格的，再进行培训；三次培训考核都不合格的，通过法定程序免去法律职务，调整工作岗位。四是对近几年因工作失误导致重大涉法上访案件或有其他严重执法过错的检察干警，由省、地两级检察院组织离岗培训。通过有针对性的教育培训，帮助这些检察人员查找工作失误的原因，提高规范执法、公正执法的水平。五是研究建立岗位练兵的长效机制，推动练兵活动的制度化、经常化和规范化。

**三、加强领导，狠抓落实，确保专项整改活动取得实效**

这次“规范执法行为，促进执法公正”专项整改活动要求高、任务重。各级检察院党组要高度重视，加强领导，精心组织，坚持高标准、严要求，采取有效措施，解决突出问题，务求见到明显成效。

（一）要把学习和教育贯穿始终，进一步牢固树立正确的执法观，提高规范执法、公正执法的自觉性。要在前一段先进性教育活动学习的基础上，结合专项整改活动的需要，组织广大干警深入学习《为人民服务》等经典著作和“三个代表”重要思想，学习掌握科学发展观，学习中央和最高人民检察院关于规范执法、公正执法的文件精神，采取多种形式，开展向方工、白云等先进人物和执法规范化建设走在前列的先进检察院学习的活动，充分发挥先进典型的示范带动作用。同时，要选择一些因办案不规范而导致的冤案错案，从执法思想、执法观念、执法作风、执法行为等方面进行深入剖析，开展警示教育。通过学习教育，引导干警真正从思想深处解决为谁执法、为谁服务的问题，在树立“立检为公、执法为民”的执法观、树立与依法治国和社会主义市场经济体制相适应的执法理念方面取得新的进步，为规范执法、公正执法奠定扎实的思想基础。

（二）要深入扎实地做好组织推动工作。这次会议后，各地要根据中央政法委的要求和最高人民检察院的部署，结合实际制定本地区的具体实施方案。要实行严格的责任制，各级检察长负总责，建立工作机构具体抓，各职能部门特别是重点部门要分工负责，一级抓一级，逐级抓落实，确保各个环节的要求落到实处。各省级检察院都要确定一两个基层检察院作为示范院，树立典型，以点带面。省级检察院和地市级检察院的领导同志都要联系一个基层检察院，抓一两项具体工作规范。上级检察院在各个阶段都要深入基层进行具体指导，加强检查督促，及时掌握进展情况，帮助查找问题、理清思路、进行整改。在建立健全重要业务工作规范方面，上级检察院要发挥主要作用，需要基层建立规范化制度的，上级检察院也要给予有力的支持和帮助。

（三）要把专项整改活动与其他工作紧密结合起来。一是要与先进性教育活动紧密结合，把专项整改活动作为先进性教育活动整改提高阶段的重点来抓,凡是能列入先进性教育整改内容的可以合在一起,凡是能在先进性教育活动中整改的要在先进性教育活动中解决,用专项整改的成效来衡量和检验先进性教育活动的成效。二是要与推进检察改革紧密结合。目前最高人民检察院正在按照中央批准的司法体制改革方案,研究制定推进检察体制和工作机制改革的意见。要把这次规范执法行为专项整改方案中第二时间段完善工作机制、规范执法行为的任务,作为今后三年检察改革的重要内容,积极探索建立有利于强化法律监督、保障公正执法的机制,从制度上保证依法独立公正行使检察权,强化检察机关的法律监督职能。三是要与"三位一体"机制建设紧密结合,建立业务、队伍和信息化"三位一体"机制,是落实新时期检察工作主题和总体要求的重要措施。"三位一体"机制建设从根本上讲就是规范化建设。在专项整改活动中,要抓好一批"三位一体"机制建设的试点,推广经验,加快建设步伐,及时巩固和发展专项整改的成果,使执法规范通过科学管理得到落实。四是要与队伍建设和基层检察院建设紧密结合。这次专项整改活动,涵盖了队伍建设和基层检察院建设的方方面面。在专项整改中,既要加强教育,完善管理,强化监督,把执法规范化与队伍专业化和管理科学化有机结合,进一步解决业务工作与队伍建设相关联的突出问题;又要坚持把规范执法行为作为队伍建设和基层检察院建设的重要内容,作为整顿和加强领导班子的重要内容,努力提高队伍的整体素质和执法水平,促进广大检察干警自觉地更新执法观念,转变执法作风,严守检察纪律,促进检察队伍的执法形象有一个新的变化。

(四)要认真搞好检查验收和总结。检察机关专项整改活动基本结束后,要认真进行检查验收和总结。要按照统一制定的验收指导标准,在政法委组织检查验收前,由各省级检察院统一组织自查,通过明查暗访、重点抽查、交叉检查等多种形式,深入基层和执法一线,督促专项整改任务的落实。最高人民检察院要根据各地工作情况进行抽查。要主动接受、积极配合当地政法委统一组织的执法检查。经检查不符合要求的,必须在规定时间内补课;补课后仍然不能通过验收的,上级检察院要给予通报批评,取消两年之内评选先进单位的资格,并采取措施帮助整改。在检查验收的基础上,各地要全面做好总结工作,发现先进典型,推广先进经验,巩固整改成果。各省级检察院要在11月底之前将本地区开展专项整改活动的总体情况报告最高人民检察院。

(五)要通过专项整改活动推进业务工作。要从保障检察事业全面健康发展的高度,准确地理解和把握执法规范化建设的深刻内涵,正确处理好抓专项整改与抓业务工作的关系,做到两不误、两促进。在抓专项整改的同时,不能放松业务工作,不能把规范执法与创造性地加强和改进各项工作对立起来,而是要通过规范执法行为,更好地落实新时期检察工作主题和总体要求,按照全国检察长会议和全国检察机关学习贯彻十届全国人大三次会议精神电视电话会议的部署,认真抓好打击刑事犯罪、查办职务犯罪和诉讼监督等各项检察业务工作,促进工作力度不断加大,执法水平和办案质量不断提高,履行法律监督职责更加到位。

同志们,这次专项整改活动是一项全局性的工作,是一项长远和现实相结合的根本性建设。各级检察机关一定要高度重视,精心组织,以求真务实的态度,认真抓好各个环节的工作,确保专项整改活动取得实效。通过专项整改活动,全面加强检察机关的执法规范化建设,推动检察工作健康发展,为构建社会主义和谐社会和在全社会实现公平与正义做出新的贡献!

# 在纪念法官法检察官法实施十周年座谈会上的讲话

最高人民检察院检察长　贾春旺

（2005年7月5日）

今天，我们在这里聚会，隆重纪念法官法、检察官法实施十周年。中央领导同志亲临会议，罗干同志还将作重要讲话，这充分体现了党中央对推进依法治国进程，对人民法院、人民检察院工作的高度重视，是对广大法官、检察官的有力的鞭策和鼓舞。

1995年2月28日，八届全国人大常委会第十二次会议审议通过了《中华人民共和国检察官法》。同年7月1日，检察官法正式实施。这部法律是新时期加强检察官队伍规范化管理，保障检察官依法行使职权、正确履行法律监督职责的重要法律，也是规范我国人民检察工作的基本法律之一。它的颁布和实施，标志着我国检察官的管理走上了法制化轨道，是中国特色社会主义检察制度发展史上的一个里程碑，也是社会主义民主法制建设的一项重要成果。

十年来，检察机关认真贯彻落实检察官法，坚持依法管理检察官队伍，努力改善检察官队伍结构，提高检察官队伍素质，取得了积极而显著的成果。

——检察官法的实施，促进了检察官队伍管理的规范化。各级检察机关积极采取措施，完善配套制度，推动检察官法的全面落实。通过实行省级以下统一招录检察人员、初任检察官统一考试和落实全国统一司法考试制度，严格检察官准入，保证了检察官素质；建立健全检察官培训机制，形成了以国家检察官学院为主体的多层次、多渠道的培训体系；制定了检察官考核、奖惩等制度规定，强化了检察官职业保障；制定了《廉洁从检十项纪律》、《检察人员纪律处分条例》等纪律规范，对领导干部提出“六个严禁”的要求，建立错案责任追究制，不断深化检务公开，加强了对检察官的教育、管理和监督；积极推进干部人事制度改革，实行竞争上岗、双向选择和检察官逐级遴选，开展检察人员分类管理试点，推进检察官岗位交流，增强了检察官队伍的活力。经过十年的努力，我们已经初步建立了以检察官法为基本法律依据，适应检察职业特点的比较规范的检察官管理制度。

——检察官法的实施，促进了检察官队伍素质的明显提高。检察官法颁布实施以后，检察官队伍建设进入新的发展阶段。各级检察机关坚持按照检察官法规定的任职条件和程序，选拔任用了一批政治素质和专业水平较高的检察官。在不断加强思想政治教育的同时，按照检察官法的要求，大力开展学历培训、任职资格培训和岗位技能培训，有计划地培养专家型人才，初步形成了一支政治、业务素质良好的骨干队伍。坚持依法严格管理，对违法任命检察官的现象坚决予以纠正，对不符合法定条件、不适应职责要求的检察官依法免除职务。目前，全国检察官中具有大学本科以上学历的，从十年前的12724人增加到77686人；具有硕士研究生以上学历的，从十年前的216人增加到4690人。检察官队伍的素质结构明显优化，执法水平不断提高，在人民群众心目中的形象日益改善，涌现出了以方工、白云为代表的一批恪尽职守、秉公执法、清正廉明、无私奉献的先进典型。

——检察官法的实施，促进了检察工作的全面发展。检察官法明确规定了检察官的职责、权利、义务、奖惩、待遇等，为检察官依法履行职责提供了法律保障，进一步调动了检察官的积极性。十年来，各级检察机关和广大检察官牢记宪法和法律赋予的法律监督职责，始终以维护法制统一和尊严为己任，把全心全意为人民服务作为检察工作的根本出发点和落脚点,坚持严格、公正、文明执法,开拓进取,扎实工作,推动检察事业不断取得新的发展,为维护社会稳定,推进依法治国,保障人民群众安居乐业,保障改革开放和社会主义现代化建设顺利进行做出了积极贡献。

党的十六大为我们描绘了全面建设小康社会的宏伟蓝图,鲜明指出社会主义司法制度必须保障在全社会实现公平和正义,强调要建设一支政治坚定、业务精通、作风优良、执法公正的司法队伍。新的形势和任务,要求我们必须进一步深入贯彻检察官法,大力推进检察队伍专业化建设,努力提高法律监督能力和公正执法水平,为全面履行宪法和法律赋予的职责,完成好党和人民赋予的使命,提供坚强的组织保障。

要依法加强对检察官的教育,不断提高检察官的政治素质和职业道德素质。检察官法要求,检察官必须具备良好的政治素质,恪守职业道德。我们要始终坚持把思想政治建设放在首位,不断把学习贯彻“三个代表”重要思想引向深入,把保持共产党员先进性教育活动引向深入,引导广大检察官牢固树立马克思主义的世界观、人生观和价值观,牢固树立“立检为公、执法为民”的执法观,牢固树立和落实科学发展观,增强政治意识、法律意识、大局意识和责任意识。要建立健全与依法治国和社会主义市场经济相适应的职业道德体系,大力弘扬“忠诚、公正、清廉、严明”的检察职业道德,保证广大检察官始终忠于党、忠于祖国、忠于人民、忠于法律,做到一身正气、两袖清风、刚正不阿、执法如山,把人民赋予的权力真正用来为人民谋利益。

要依法加强对检察官的培训,不断提高检察官履行法律监督职责的能力和水平。检察官法要求,对检察官应当有计划地进行理论培训和业务培训。我们要进一步加大教育培训投入,加强培训基地建设,创新教育培训方式,拓宽教育培训渠道,努力建立多层次、覆盖广的教育培训网络,推进以提高法律监督能力为核心的正规化分类培训。要按照中央政法委的要求,深入开展“规范执法行为,促进执法公正”专项整改活动,研究建立岗位练兵的长效机制,认真组织岗位练兵活动,提高检察官的业务技能和执法水平。要加快实施以高层次人才为重点的人才培养工程,努力培养一批专家型、复合型和专门型人才,进一步改善检察官队伍的素质结构。要深入开展创建学习型检察院活动,形成钻研业务、自我提高的良好氛围,引导检察官在执法实践中积累经验、更新知识、增长才干,更好地担负起法律监督的职责。

要依法加强对检察官的管理,不断完善检察官队伍管理体制和工作机制。认真总结检察官法实施十年来的经验,完善检察官法的配套规定和措施,进一步落实检察官法的有关规定。加强上级检察院对下级检察院及其领导班子的领导和管理;完善检察官资格认定标准,加快推进以检察官为核心的检察人员分类管理改革,设立单独的检察官职务序列,合理确定检察官员额比例;完善检察官晋升、奖惩、工资、津贴、退休、抚恤等职业保障制度;健全对检察官执法行为的监督制约,推行执法资格认证制度,完善和规范执法责任制与责任追究制,惩治和预防检察官队伍中的腐败现象。通过深化改革,形成一套较为完备、具有中国特色、符合检察工作规律和职业特点的检察官队伍管理体制和工作机制。

同志们,回顾检察官法实施十年来我国法制建设和检察事业的发展历程,在看到成绩和进步的同时,我们深感法律监督工作和检察官队伍建设的任务仍然十分艰巨繁重。全国检察机关要在以胡锦涛同志为总书记的党中央领导下,坚持以邓小平理论、“三个代表”重要思想和科学发展观为指导,进一步贯彻落实好检察官法,紧紧围绕“强化法律监督,维护公平正义”的检察工作主题,锐意进取,开拓创新,谱写人民检察事业的新篇章,为推进依法治国进程,构建社会主义和谐社会,在全社会实现公平与正义,做出新的更大的贡献。

# 在全国检察长座谈会上的讲话

最高人民检察院检察长　贾春旺

（2005年7月30日）

同志们：

这次全国检察长座谈会主要是交流上半年工作情况，部署下半年的任务，重点研究如何抓好“规范执法行为，促进执法公正”专项整改活动和检察改革，进一步推动今年的各项检察工作。会议开始时，专门安排了一整天时间，请各位检察长作大会发言。大家都做了充分准备，讲得都很好。从这些发言可以看出，全国检察机关贯彻检察工作主题和总体要求认识一致，态度积极，成效明显。每个地方的工作都有特色、有亮点、有创新。发言中介绍的经验和做法，值得互相学习和借鉴，我听了也很受启发。会议期间还讨论了最高人民检察院起草的三个文件，我们将根据大家的意见作进一步修改。

今年以来，全国检察机关坚持以邓小平理论和“三个代表”重要思想为指导，树立和落实科学发展观，紧紧围绕改革发展稳定大局和“强化法律监督，维护公平正义”的工作主题，认真贯彻全国检察长会议和最高人民检察院今年4月贯彻十届全国人大三次会议精神电视电话会议的部署，着力加强法律监督能力建设，继续在加大工作力度、提高执法水平和办案质量上下功夫，业务工作、队伍建设和检察改革等都取得了很大进展。突出体现在以下几方面：一是深入开展保持共产党员先进性教育活动，推动队伍建设取得了新的进步。各级检察机关对这次教育活动高度重视，领导干部率先垂范，广大党员积极参与，按照党中央确定的指导思想、目标要求、指导原则和方法步骤，结合检察工作和检察队伍实际，精心组织学习讨论，认真开展党性分析和评议，深入进行查摆和整改。通过先进性教育活动，在提高党员素质、加强党的基层组织建设、服务人民群众、促进各项工作方面收到了较为明显的成效。广大党员普遍接受了一次深刻的马克思主义再教育，进一步坚定了理想信念，强化了宗旨意识，增强了贯彻“三个代表”重要思想和立检为公、执法为民的自觉性，激发了爱岗敬业、立足本职、无私奉献的积极性，政治素质和职业道德素质有了新的提高。二是各项业务工作协调发展，专项工作深入推进。各级检察机关坚持教育活动和业务工作“两手抓”、“两促进”，统筹兼顾，合理安排，在教育活动取得成效的基础上，各项检察业务工作全面推进。上半年，共批准逮捕刑事犯罪嫌疑人404115人，提起公诉407872人，同比分别上升6.2%和9.5%；立案侦查各类职务犯罪案件19748件，起诉8248件，同比略有下降。诉讼监督工作进一步加强，共监督公安机关立案7320件，对刑事判决、裁定提出抗诉1290件，对民事、行政判决和裁定提出抗诉4637件、再审检察建议1547件，对诉讼活动中的违法情况提出书面纠正意见6543件次。办案质量有了新的提高，直接受理立案侦查案件的撤案率和不起诉率进一步下降，涉案人员自杀死亡事故得到有效遏制。在继续开展集中处理涉法上访问题，打击制假售假、侵犯知识产权犯罪立案监督，以及严肃查办国家机关工作人员利用职权侵犯人权犯罪案件三个专项工作的同时，最高人民检察院又部署开展了以纠正刑讯逼供为重点的侦查监督和集中查办破坏社会主义市场经济秩序渎职犯罪专项工作。各地认真落实最高人民检察院的部署，结合本地实际，强化工作措施，在解决人民群众反映强烈的突出问题和法律监督工作的薄弱环节上取得了新的成效。三是“规范执法行为，促进执法公正”专项整改活动全面启动并初见成效。根据中央政法委的部署，最高人民检察院制定了全国检察机关开展专项整改活动的工作方案，并召开电视电话会议进行了部署,明确了检察机关开展专项整改活动的指导思想、目标、重点、各阶段任务和具体要求。各地结合先进性教育活动,采取多种形式,对本地区、本单位、本部门特别是重点部门、重点环节执法活动中存在的问题进行了认真查摆和深刻剖析,制定了切实可行的整改方案,开始解决一些执法不规范的突出问题,取得了阶段性成果。四是积极推进检察体制改革,检察理论研究工作进一步加强。根据中央关于司法体制和工作机制改革的初步意见,最高人民检察院制定了贯彻落实的工作方案,把改革任务落实到最高人民检察院机关的有关内设机构,明确了负责人,提出了具体要求,检察改革正在扎实推进。认真贯彻全国检察理论研究工作会议精神,围绕检察体制改革等重点问题,推出了一批理论研究成果,进一步加强和推动了检察机关的理论研究工作。各项检务保障工作也取得了新的进展。总的看,在全国检察机关和广大检察干警的共同努力下,上半年工作保持了良好的发展势头,为做好下半年工作、全面完成今年各项检察工作任务,奠定了扎实基础。

当前我国经济社会发展进入了一个关键阶段,深化改革、扩大开放、加快发展、保持稳定的任务繁重艰巨,各种矛盾错综复杂。面对新的形势,以胡锦涛同志为总书记的党中央深刻总结改革开放以来的经验,从新世纪新阶段发展全局出发,对我们党的发展理论、发展观念、发展思路作出了新的总结和概括,明确提出了科学发展观、加强党的执政能力建设和构建社会主义和谐社会等重大的理论思想和战略部署。今年2月19日,胡锦涛总书记在省部级主要领导干部专题研讨班上发表重要讲话,深刻阐明了构建社会主义和谐社会的重大意义、科学内涵、基本特征、重要原则和主要任务。构建社会主义和谐社会的提出,既是广大人民群众的企盼和要求,也是巩固我们党执政的社会基础,实现党的执政历史任务的现实需要;既是对中国特色社会主义理论的丰富和发展,也是对马克思主义关于社会主义社会建设理论的丰富和发展,标志着我们党对中国特色社会主义建设规律的认识达到了一个新的高度,对于推进全面建设小康社会的历史进程具有重大指导意义,也为我们做好检察工作提出了新的要求,指明了努力方向。民主法治、公平正义、安定有序是社会主义和谐社会的重要特征,也是其科学内涵的重要方面,这些都同检察工作密切相关。全国检察机关和广大检察干警要认真学习胡锦涛总书记的重要讲话,认清检察机关在构建社会主义和谐社会中所肩负的重大责任,全面落实科学发展观,进一步统一执法思想,转变执法观念,深入实践"强化法律监督,维护公平正义"的检察工作主题和"加大工作力度,提高执法水平和办案质量"的总体要求,不断加强和改进检察工作,为全面建设小康社会创造稳定的社会环境和良好的法治环境;要在各项检察工作中充分体现以人为本的思想,以维护、实现和发展人民群众的根本利益为出发点,着力解决关系人民群众切身利益的突出问题,切实尊重和保障人权,维护公民的合法权益;要严肃查办职务犯罪,坚决打击各种刑事犯罪,促进党风廉政建设和反腐败斗争,维护国家安全和社会稳定;要进一步强化法律监督,依法纠正诉讼活动中的违法现象,维护国家法制统一,保障在全社会实现公平和正义;要贯彻宽严相济的刑事政策,正确处理新形势下的人民内部矛盾,依法妥善化解和消除不安定因素,维护社会和谐;要全面推进检察改革,加强检察队伍建设和基层检察院建设,规范执法行为,促进执法公正,不断提高法律监督能力,在构建社会主义和谐社会中充分发挥检察机关的职能作用。

下半年,全国检察机关要深入贯彻党的十六大和十六届三中、四中全会精神,按照全国检察长会议和今年以来最高人民检察院一系列重要会议的部署,突出重点,狠抓落实,扎实开展"规范执法行为,促进执法公正"专项整改活动,全面推进检察改革,进一步加强各项业务工作和队伍建设,巩固和发展先进性教育成果,努力在实践检察工作主题和总体要求上取得新的明显成效,确保今年检察工作任务的顺利完成。下面,我就下半年的工作讲几点意见:

**一、扎扎实实地抓好"规范执法行为,促进执法公正"专项整改活动,确保取得实效**

深入扎实地抓好专项整改活动,是检察机关下半年的一项重要任务。中央领导同志对这次专项整改活动非常重视。6月底,罗干同志专门听取了政法各部门的汇报,作出了重要指示,强调要按照构建社会主义和谐社会的要求,以更高的认识,更大的决心和力度,更加扎实的措施,确保专项整改活动取得预期效果。各级检察机关要按照中央领导同志的要求和最高人民检察院的部署,切实抓好以下工作：

（一）提高认识，增强搞好专项整改的自觉性和责任感。这次专项整改活动，既是保持共产党员先进性教育活动的重要内容，又是巩固、扩大先进性教育活动成果的重大措施，是从源头上解决群众反映强烈的执法工作中的突出问题、确保执法公正的治本之策。从前一段的情况看，检察机关的专项整改活动总体上开局良好、进展顺利。各地高度重视，精心组织，措施有力，初见成效。但是工作开展还很不平衡，有的地方工作不够主动，存在消极厌倦情绪；有的地方联系实际不够紧密，工作一般化；有的地方查摆不深入，整改重点不突出，没有真正在重点部门、重点环节和重点问题上下功夫。之所以出现这些问题，重要原因之一就是认识还不到位，思想上重视不够。所以，抓好下半年的专项整改活动，必须进一步提高认识，有针对性地解决思想认识上存在的问题。要组织广大干警深入学习罗干同志的重要讲话精神和中央政法委的工作方案以及最高人民检察院的部署，引导大家深刻认识开展专项整改活动不仅是党中央的要求，是人民群众的热切期盼，也是贯彻新时期检察工作主题和总体要求，加强法律监督能力建设，推动检察工作深入发展的客观需要，从而把思想真正统一到罗干同志的重要讲话精神上来，充分认识规范执法行为的必要性和紧迫性，增强搞好专项整改活动的自觉性。在专项整改活动的全过程中，都要注意加强思想政治工作，提高认识，既要运用先进典型的模范事迹，推动整个活动深入开展，又要注意运用反面典型和冤案错案开展警示教育。最近最高人民检察院组织对佘祥林等5个冤案错案和执法不规范的典型案例进行了深入剖析，分析了检察机关执法办案中存在的问题和应该吸取的教训，材料已经印发各地。各级检察机关要把这5个典型案例作为重要的警示教材，组织干警认真学习讨论，举一反三，引以为戒，增强公正、严格、文明执法和依法履行法律监督职责的意识，真正使专项整改活动变成广大干警的自觉行动。

（二）认真抓好制度建设这一中心环节。制度建设是专项整改活动的重要阶段。抓好这一阶段的工作非常关键，因为这次专项整改活动的一个重要目标，就是要通过健全制度来规范执法行为，促进执法公正。集中整改的成果，最终也要通过制度的建设和认真执行以及突出问题的解决来体现。要按照最高人民检察院工作方案的要求，在对原有制度规范进行清理的基础上，围绕重点部门、重点环节和重点问题，逐一列出需要立、改、废的制度和规范性文件。制度不在于多，而在于针对性强、管用、能解决问题。各地要作出具体的工作安排，列出时间表，分别轻重缓急，有计划、有分工地抓紧制定出一批急需、管用的规章制度，有的还要公开听取意见或向社会公布。在制度建设中，要明确哪些制度和规范性文件应该由最高人民检察院制定，哪些应该由省级检察院制定，哪些应该由地市级检察院和基层检察院制定，从而避免重复劳动和相互矛盾。涉及法律、政策和检察工作全局的制度和规范性文件，主要由最高人民检察院制定。其他的工作制度，各省级检察院可以根据本地实际组织协调，具体制定。最高人民检察院下半年拟制定的十项制度和规范性文件，近期已通过简报向各地通报，同时要选择一批规范化建设的典型经验予以转发，供各地学习和参考借鉴。

这里要强调指出，制度制定之后，一定要抓好落实。不仅对这次专项整改活动中制定的制度，而且对原有的还在实行的制度，都要狠抓落实。一要树立制定制度重要，落实制度更艰巨、更重要的观念。应当说，检察机关的一些基本制度不是没有，但一些地方之所以在执法中发生这样那样的问题，主要是对已有的制度没有认真执行。有的制度制定了一大本，但管用的不多，真正管用的也只是停留在纸面上和口头上。所以，对已经制定的制度，一定要在抓落实上狠下功夫，使之落实到每一个基层单位、每一个具体案件、每一个办案人员和每一个办案环节，不能搞形式主义的花架子。二要加强督促检查。对制度的执行情况，要进行经常性的监督检查，逐项、逐条、逐个环节地对照检查，既要进行定期检查，又要进行不定期的抽查；既要明查，还要暗访。发现违反法律和制度的做法，要及时、坚决纠正。三要通过典型来推动制度的落实。对认真执行法律和落实各项规章制度成效突出的，要给予表扬；对我行我素，不按制度办事的，要严肃批评，造成严重后果的要坚决查处。

（三）认真组织好全员培训考核。开展全员培训和考试考核是中央政法委提出的明确要求，是这次专项整改活动的一项硬性任务，也是搞好规范化建设的人才、组织保证。为了搞好培训考核，最高人民检察院研究起草了培训考核实施办法，并征求了各地意见,这次又印发会议讨论,会后将根据大家的意见和建议进一步修改,尽快下发。培训考核的目的是促进广大干警加强学习,提高岗位技能和执法水平,培训考核的内容主要是与本职工作有关的基本的法律规定、执法程序、工作规范和职业纪律,力求少而精。从现在开始,各地要及早做好相关准备工作,结合实际制定计划,周密安排,坚持标准,严格要求,以适当方式抓好培训考核。考试的内容要实用,题目的分量和难度要适当,不要搞得大多数干警很紧张,用很多时间去背那些用途不大、不常用的边角条条。要注意做好干警的思想工作,处理好工学关系,合理安排培训时间,确保培训考核取得实效。

(四)突出抓好重点部门、重点环节、重点问题的整改和规范。专项整改工作是不是取得实效,关键是看重点部门、重点环节整改得如何,重点问题解决得如何。在专项整改活动中,要始终注意突出重点,无论是健全制度、培训考核还是思想教育,都要着眼于解决执法不规范的突出问题,也就是影响公正、严格、文明执法的问题。最高人民检察院工作方案中确定的重点部门,要找准自身执法活动中存在的突出问题,提出切实有效的整改措施,有针对性地制定一批制度和规范性文件。上级检察院要加强督促检查。前一段时间,最高人民检察院派出了7个督查组,分赴各地督查指导。各地也要组织督查组对重点部门、重点环节和重点问题的整改情况进行检查,总结经验,查找不足,督促和推动整改任务的落实。上级检察机关的业务部门要增强责任感,认真研究,切实加强对口指导和督查,找出本系统执法活动中带有普遍性的突出问题,拿出解决问题的办法。要分析这些突出问题的存在,是由于法律和制度没有规定造成的,还是已有规定,只是由于没有执行,或者没有认真执行造成的。如果是前者,就要抓紧制定或完善规范性的规定;如果是后者,就要狠抓法律和制度贯彻执行情况的检查落实。还要强调,在专项整改活动中一定要坚持边查边改、边整边改、能改的立即改,不要等到半年以后、三年以后再去改。对人民群众反映强烈、自身能够解决的问题,以及与其他部门比较容易协商解决的问题,要及早解决,以便使这次专项整改活动能尽早取得一些实际效果,取信于民。规范执法行为是这次专项整改的重点,要保证执法行为的规范,其他方面工作的规范化建设也要相应跟上。检察机关的综合、研究部门,政工、技术、后勤部门,都要在这次规范执法行为的专项整改中找出自身存在的问题,抓住重点,认真整改,规范各项工作,以保证和促进检察机关执法的规范化,通过执法规范带动整个检察工作的规范,把各项检察工作提高到一个新的水平。

**二、推进检察改革,完善检察体制和工作机制**

2004年年底,中央转发了《中央司法体制改革领导小组关于司法体制和工作机制改革的初步意见》,确定了司法体制改革的基本原则,部署了今后一个时期我国司法体制和工作机制改革的主要任务,这是贯彻落实党的十六大精神,推进司法体制改革,完善中国特色社会主义司法体制和工作机制的纲领性文件。《意见》下发后,最高人民检察院党组高度重视,充实和健全了司法体制改革领导小组及其办事机构,抓紧进行有关工作。根据中央确定的改革的指导思想、目标任务、工作原则和责任分工,制定了贯彻落实《意见》的2005~2006年工作计划,对在现行法律框架内,可以由检察机关决定或者有可能与相关部门达成共识的改革措施,定出了出台时间,已经下发。同时还研究起草了《关于进一步深化检察改革的三年实施意见》,对今后三年的检察改革进行了全面规划和部署,内容既包括中央确定的有关司法体制和工作机制改革任务,也包括检察机关自身要抓好的主要改革及其措施。这个实施意见要根据这次会议讨论的情况修改后下发。最高人民检察院根据中央关于司法体制改革的总体部署所制定的这两个文件,勾画了未来几年检察工作改革和发展的蓝图。我们要按照这两个文件确定的任务,一项一项地付诸实施,把中央关于司法体制和工作机制改革的意见落到实处,通过深化检察改革推进检察工作的创新和发展。

(一)明确检察改革的指导思想、目标和任务。根据党的十六大精神和党中央的部署,结合检察工作实际,检察改革的指导思想是:以邓小平理论、"三个代表"重要思想和科学发展观为指导,全面贯彻中央关于司法体制和工作机制改革的部署,落实检察工作主题和总体要求,总结我国检察工作的实践经验,从提高检察机关法律监督能力、适应构建社会主义和谐社会的实际需要出发,积极稳妥地推进体制创新和机制创新。今后三年检察改革的目标,就是要通过深化改革,重点解决当前制约检察工作发展的体制性、机制性问题,努力做到检察体制更加合理,检察工作机制更加完善,检察业务保障更加有力,检察人员素质进一步提高,全面增强检察机关法律监督能力,发展完善中国特色社会主义检察制度。

围绕这个指导思想和总体目标,今后三年检察改革的主要任务:一是改革和完善对诉讼活动的法律监督制度,切实维护司法公正,保障人权;二是完善检察机关接受监督和内部制约的制度,保障检察权的正确行使;三是创新检察工作机制,规范执法行为;四是完善检察机关组织体系,改革有关部门、企业管理检察院的体制;五是改革和完善检察干部管理体制,建设高素质、专业化检察队伍;六是改革和完善检察机关经费保障体制,切实解决基层人民检察院经费困难问题。对这六个方面,在检察改革三年实施意见中都提出了具体的改革任务。

(二)以落实中央关于司法体制改革的部署为重点,有计划、有步骤、积极稳妥地抓好各项检察改革措施的落实。中央司法体制和工作机制改革初步意见中确定了35项改革措施,按照中央政法委的分工方案,其中由最高人民检察院牵头实施的有6项,协办的有19项。这些改革任务,已经体现在最高人民检察院制定的两个改革文件中。各级检察机关要按照最高人民检察院的统一部署,以落实这些任务为重点,加强领导,精心组织,有计划、分步骤地加以推进。检察改革是一项复杂的系统工程,需要全国检察机关的共同努力。三年实施意见下发以后,各省级检察院都要组织专门班子,根据最高人民检察院的部署,结合本地实际作出具体安排,做好组织实施工作。下半年,最高人民检察院将按照2005~2006年改革工作计划和检察改革三年实施意见的安排,结合"规范执法行为,促进执法公正"专项整改活动,制定和出台一批体现改革精神的工作规范。这些工作规范包括,省级以下人民检察院直接受理侦查案件作撤销案件、不起诉决定报上一级检察院批准,以及对职务犯罪案件启动侦查程序、决定逮捕报上一级检察机关备案的规定,讯问职务犯罪嫌疑人、询问证人等收集言词证据活动逐步实行全程录音、录像的规定,职务犯罪侦查一体化建设指导方案,办理审查逮捕、审查起诉案件依法排除非法证据的规定,以及健全民事、行政抗诉案件办案规则,规范对行政执法机关不移交涉嫌犯罪案件的监督制度等。通过制定、实施这些规范,让人民群众看到检察机关推进改革和规范执法的实际成果。

推进检察改革,要坚持党的领导,坚持从国情出发,坚持有利于强化检察机关的法律监督职能,坚持有利于改革发展稳定的大局,坚持依法进行、循序渐进,决不能违背和超越法律。凡是不涉及立法或修改法律,属于检察机关内部工作机制改革的,要抓紧推出;凡是与现行法律有冲突,或需要通过立法加以规范的,应当在全国人大及其常委会制定、修改有关法律后才能实施;对于法律没有明确规定的,可以根据宪法和法律的基本原则和基本精神,进行试点和探索,但试点必须经最高人民检察院向中央或全国人大报告后统一作出安排。凡未经最高人民检察院研究批准的,不能随意试点。改革涉及广大人民群众权益,我们要加强宣传,注意听取社会各界和人民群众包括广大检察干警的意见,使检察改革既符合人民群众的意愿,体现人民群众的要求,又能够健康有序地开展。

(三)进一步深化人民监督员制度试点工作。试行人民监督员制度,是检察体制和工作机制改革的重点之一。目前最高人民检察院正在就人民监督员制度试点工作的情况进行调查研究和专项检查,分析试点工作中存在的问题和原因,进一步完善和规范人民监督员的产生方式、职责权限、组织形式和监督程序。比如根据中央关于改革和完善对职务犯罪侦查的监督制约制度的要求,今后职务犯罪案件撤案、不起诉要报上一级检察院批准,人民监督员制度的有些规定也需要作相应的调整,使这两项改革更好地衔接起来。我们实行人民监督员制度,绝不是为了摆样子,而是要真心实意地接受监督。在继续抓好对"三类案件"监督的基础上,要积极探索对"五种情形"进行监督的程序和方式,使人民监督员充分发挥作用,更好地促进检察机关公正、严格、文明执法。为了进一步规范试点工作,最高人民检察院正在根据各地摸索的经验,研究制定关于人民监督员监督"五种情形"的实施规则。这次会上有的省也介绍了开展"五种情形"监督的经验和做法,各地可以借鉴。各级试点检察院要利用这项改革推行两周年之机,广泛宣传人民监督员制度及其试点的成效。要进一步加强对人民监督员制度的理论研究,组织人员对重点课题进行攻关,积极推动人民监督员制度的法制化。

**三、认真落实总体要求,推进各项检察业务工作**

抓专项整改、抓检察改革,最终都要落实到搞好业务工作、强化法律监督职能上来。今年以来,最高人民检察院先后召开几个重要的业务会议,在全国检察长会议的基础上,对有关业务工作作了进一步的部署,各方面工作都在积极展开。但从上半年的情况看,还存在一些值得重视的问题,主要是有的业务工作力度有所减弱。下半年,要继续贯彻落实检察工作的主题和总体要求,落实最高人民检察院一系列业务会议的部署,突出重点,加大力度,确保质量,推动各项检察工作取得新的进步。

(一)一定要把专项工作抓出成效。开展专项工作是现阶段我们抓好业务的一项重要措施,实践证明也是行之有效的。我们部署的专项工作,都是针对人民群众反映强烈的突出问题,是服务党和国家中心工作的重要内容,是检察机关履行法律监督职能的重点所在。开展这些专项工作,不仅是立检为公、执法为民的要求,也是强化法律监督职能、加强法律监督薄弱环节的客观需要,可以起到突出重点、以点带面、推动全局的作用。下半年,我们要认真抓好已部署的四个专项工作,即集中处理涉检信访问题,制假售假、侵犯知识产权犯罪专项立案监督,以纠正刑讯逼供为重点的专项侦查监督,以及集中查办破坏社会主义市场经济秩序渎职犯罪专项活动。这四个专项工作,有的是2004年部署延续到今年的,如集中处理涉检信访问题和制假售假、侵犯知识产权犯罪专项立案监督工作,要认真贯彻中央的新精神、新要求,按照最高人民检察院有关会议的部署,进一步抓好落实,确保工作不松、力度不减。进展缓慢、成效不大的地方,要认真分析原因,加强检查、督促和指导,切实扭转被动局面。特别是对集中处理涉检信访问题工作,各级检察长要作为一项重要的政治任务来抓,按照7月21日中央召开的第三次全国集中处理信访突出问题及群体性事件电视电话会议的要求,强化分级负责,加大督查力度,着眼于维护人民群众的根本利益,继续落实"人要回去,事要解决"的要求,进一步健全和完善长效工作机制,努力把问题解决在基层,把进京信访攀升的势头遏制住。有的专项工作是刚刚部署的,如以纠正刑讯逼供为重点的专项侦查监督活动和集中查办破坏社会主义市场经济秩序渎职犯罪专项活动,要按照最高人民检察院制定的方案,周密安排,上下联动,扎扎实实地推进。这些专项工作涉及面广、难度大,单靠一个业务部门的力量难以做好,检察长要加强协调,有关业务部门要密切配合,形成合力。在专项工作中查处的重大案件和遇到的重大问题,要及时向党委、人大汇报,争取支持,保证专项工作的顺利开展。总之,要把专项工作摆在业务工作的重要位置,下功夫抓紧、抓实、抓出成效。

(二)全面推进各项检察业务工作。当前,我国正处在人民内部矛盾凸显、刑事犯罪高发、对敌斗争复杂的时期,维护稳定的任务十分繁重。腐败现象滋生蔓延的土壤和条件尚未消除,职务犯罪在一些领域易发多发,反腐败斗争的形势依然严峻。诉讼活动中执法不严、司法不公的现象仍然存在,有的还比较突出,社会各界和人民群众反映强烈。所有这些都要求我们必须进一步增强政治责任感,切实担负起宪法和法律赋予的法律监督职责。

要做好批捕、起诉工作。在改革发展不断推进的过程中,保持社会和谐稳定,是维护重要战略机遇期的重大任务,也是构建社会主义和谐社会的必然要求。各级检察机关要充分认识维护社会和谐稳定的极端重要性,认真贯彻落实上半年召开的全国侦查监督工作会议和公诉工作会议精神,与有关部门密切配合,依法履行批捕、起诉职责,切实做好检察环节维护稳定的各项工作。要坚持贯彻"严打"方针,继续突出重点,依法严厉打击"三股势力"等危害国家安全的犯罪,严厉打击严重暴力犯罪、黑恶势力和有组织犯罪以及"两抢一盗"等多发性侵财犯罪,严厉打击严重破坏社会主义市场经济秩序的犯罪。要积极推进侦查监督和公诉工作机制改革,增强打击犯罪的内外合力,努力提高办案质量和效率。要按照构建社会主义和谐社会的要求,认真研究贯彻宽严相济刑事政策的措施,对各种轻微犯罪案件简化办案程序,改进办案方式,教育挽救失足者,减少社会对立面,化解矛盾纠纷,促进社会和谐稳定。

要切实加大查办和预防职务犯罪的力度。努力提高发现线索、突破案件的能力,突出查办大案要案。坚持"抓系统、系统抓",深入人民群众反映强烈、职务犯罪易发多发的重点领域、行业和部门,集中力量查办一批案件。特别是立案数下降幅度大的地方,要采取有力措施,把办案工作抓上去。要下功夫抓好查办渎职侵权案件工作。现在发生的一些造成重大经济损失和重大人身伤亡的事件,还有一些制假售假等严重破坏市场经济秩序的犯罪,往往与少数国家机关工作人员严重失职渎职有关系，党委、政府和人民群众对此都十分关注，但是一些地方检察机关对查办这类犯罪思想认识有误区，工作长期打不开局面。我们一定要从维护国家和人民利益出发，严肃认真地对待并不断改进和加强反渎职侵权工作，更好地为党和国家工作大局服务。要加快推进侦查一体化机制建设，充分发挥这个机制在加强上下协调和统一指挥、排除干扰阻力和突破大案要案中的作用。在加大办案力度的同时，要进一步规范办案程序，强化办案管理，加强对职务犯罪侦查工作的内部制约和外部监督，不断提高办案质量，严防办案安全事故的发生。要认真贯彻党中央关于建立健全惩治和预防腐败体系实施纲要的精神，按照年初召开的全国检察机关第二次预防职务犯罪工作会议的要求，进一步深化、发展预防职务犯罪工作。

要进一步强化对诉讼活动的法律监督。对诉讼活动的法律监督，是检察机关法律监督性质和宪法地位最直接的体现。对此，党中央、全国人大和人民群众都非常重视和关注。党中央关于司法体制和工作机制的改革意见中，提出了不少检察改革的具体措施，其核心就是进一步强化法律监督职能。今年10月，全国人大常委会还要听取最高人民检察院关于加强法律监督、维护司法公正的专题汇报。我们一定要进一步增强法律监督意识，切实把加强对诉讼活动的法律监督作为实践检察工作主题和“立检为公、执法为民”思想的重要工作来抓，克服将诉讼监督当作软任务的观念，认真解决不愿监督、不敢监督、不善监督等问题。要紧紧围绕人民群众反映强烈的突出问题，充分运用法律赋予的职权和监督手段，在抓好专项监督工作的同时，加强对有案不立、有罪不究、裁判不公、侵犯人权等违法现象的监督，促进公正司法。特别是要进一步加大刑事和民事抗诉的力度，努力提高抗诉和再审检察建议的质量和效率。监所检察工作要重点抓好对减刑、假释、保外就医的监督，继续巩固集中清理纠正超期羁押的成果，在认真总结专项工作经验的基础上，进一步完善刑罚执行监督的长效机制。同时要针对监所检察的体制、机制性问题，深入进行调研，稳步推进改革。

（三）正确处理业务工作和其他工作的关系。宪法赋予我们的法律监督职责，是通过各项检察业务工作来完成的。业务工作是检察工作的中心，各项检察工作都要围绕这个中心，服从于这个中心。不论是贯彻落实检察工作主题和总体要求，还是加强法律监督能力建设，归根到底都是为了搞好业务工作；不论是加强检察队伍建设，还是加强后勤保障建设，目的也都是为了更好地促进业务工作发展；不论是开展保持共产党员先进性教育活动，还是进行“规范执法行为，促进执法公正”专项整改活动，其成效也要通过业务工作的成效来体现和检验。只有各项检察业务工作完成了、做好了，才能保证履行好法律监督职能。现在有的地方之所以出现查办职务犯罪、诉讼监督等一些主要业务工作下滑的问题，其中一个重要原因就是没有处理好业务工作和其他工作特别是先进性教育和专项整改活动的关系，没有把两者很好地结合起来，搞成了“两张皮”，结果就可能相互影响。要坚持以业务工作为中心，就必须妥善处理好抓业务工作与抓其他工作的关系，在研究和部署工作时搞好统筹协调，把先进性建设、专项整改以及教育培训、检察改革与推进业务工作有机地结合起来，切实做到两不误、两促进，保证各项检察业务工作的正常开展。

**四、坚持“两手抓”，加强队伍建设特别是领导班子建设**

加强检察队伍建设，是做好各项检察工作的保障。2004年底的全国检察长会议，从提高法律监督能力出发，对加强检察队伍建设作出了部署。在贯彻十届全国人大三次会议精神电视电话会议上最高人民检察院又强调要毫不放松地抓好领导班子建设，毫不放松地抓好基层检察院建设，毫不放松地抓好纪律作风建设。下半年的队伍建设，要继续按照这些部署和要求抓下去。这里我强调三点：

（一）队伍建设必须常抓不懈。近几年来，通过有针对性地开展教育活动，检察队伍建设不断得到加强，在解决业务工作与队伍建设相关联的突出问题上取得了良好成效，队伍素质有了明显提高，在人民群众心目中的形象日益改善。今年上半年，全国检察机关共受理群众举报检察干警违法违纪案件线索2153件，比2004年同期下降13.3%；立案查处119人，同比下降31.2%。这与我们几年来反复强调队伍建设，大力加强教育、管理和监督是分不开的，是全国检察机关各级领导干部和广大检察人员，特别是广大政治工作、纪检监察工作人员共同努力的结果，来之不易。但是也要看到，检察队伍中还存在不少问题，领导干部违法违纪仍然比较突出，发生在执法办案环节的违法违纪问题仍占较大比例。同时还要看到,有的深层次问题,如世界观、执法观、职业道德、纪律作风方面的问题,还没有很好地解决;有些问题只是初步得到了解决,稍有放松还有可能反弹。这几年尽管我们在队伍建设方面下了很大力气,取得了明显进步,但社会各界和人民群众对检察机关的队伍建设仍然十分关注。今年以来发生的几起检察干警无视法律法规、要威风、交通肇事事件,以及被媒体曝光的几起冤案错案,在社会上产生很坏影响,也充分说明了这一点。社会反映之所以如此强烈,就是因为我们是法律监督机关,我们的干警都是执法者,社会各界和人民群众对我们的要求更高。所以,检察队伍建设一刻也不能放松,必须常抓不懈。要把工作的重点放在基层,切实抓好基层检察院建设和基层干警队伍建设。特别是在各方面工作进展比较顺利的情况下,要保持清醒的头脑,始终坚持"两手抓",把队伍建设抓紧、抓好。

(二)要充分利用开展先进性教育和专项整改活动的有利契机推进队伍建设。这两项活动既是中央的部署,也是检察机关抓队伍建设的主要载体,对于我们深化"强化法律监督,维护公平正义"主题教育活动,加强检察机关党的建设、队伍建设特别是领导班子建设,是很好的机会。从某种意义上说,今年的检察工作和队伍建设,就是要抓好先进性教育和专项整改,进一步发挥检察机关党员的先进性,规范执法行为,推动检察工作主题的落实。要通过专项整改活动,进一步解决检察队伍在执法观念、执法作风、执法行为等方面存在的突出问题,在规范执法行为的同时,推动检察干警的政治素质、业务素质和职业道德素质全面提高。最近,中央下发了《关于认真做好第一批先进性教育活动巩固和扩大整改成果工作并进行回头看的通知》。各级检察机关要按照中央的要求,结合正在开展的专项整改活动,对前一段先进性教育活动认真组织一次"回头看",回顾检查教育活动各项工作要求的落实情况,重点是解决突出问题和建立健全长效机制的情况,进一步做好深化整改工作,巩固和扩大先进性教育的成果。加强党的先进性建设是一项长期任务,但像今年这样的集中教育活动今后不可能年年搞。各级检察机关要认真总结先进性教育中一些好的经验和做法,如有针对性地加强对党的基本知识、基本理论的学习,结合先进事迹报告和警示教育过好组织生活,谈体会、找差距,开展批评和自我批评等等,形成长效机制,促进思想政治教育的经常化、制度化。

(三)各级检察院领导班子和领导干部要带头加强先进性建设。加强领导班子建设,是队伍建设的关键之举,对于检察事业的顺利发展至为重要。检察机关是党和国家的一个重要机关,是担负法律监督职责的一个具体职能部门,而这一职责的履行是通过各级检察机关和广大检察干警的具体执法活动来实现的。要把检察机关建设好,把宪法和法律赋予的职责履行好,关键是把队伍建设好;加强队伍建设,关键是把各级领导班子,尤其是主要负责同志建设好、管理好。对各级检察机关的领导同志特别是主要负责同志而言,除了要按照党中央的要求和法律规定,明确工作的指导思想、任务和要求,提出有效的工作措施,组织好贯彻落实外,非常重要的就是要不断加强自身的先进性建设,以实际行动为广大干警做出表率。

一是要增强大局意识和全局意识。善于把握全局、服务大局,是领导干部抓好工作的基本要求。检察机关是上下一体的,每一个检察院、每一位检察干警的工作都关系到检察事业的全局。今年以来最高人民检察院根据党中央、全国人大的要求,从全国的情况出发,先后召开几次会议对工作进行部署,也提出了一些新的要求。这些任务是全国检察机关的任务,是检察工作的大局,只有各级检察机关上下齐心、共同努力才能完成。各地既要结合本地实际创造性地加以落实,又要增强全局意识和大局意识,使本地区、本单位的检察工作更好地服务改革发展稳定的大局,推动全国检察工作的发展。对最高人民检察院和上级检察院的工作部署和要求,包括一些制度规定,都要坚决贯彻执行,认真加以落实,不能强调本地特殊情况而敷衍应付、各行其是。对上级检察院的工作部署和要求不认真执行,这些地方的工作也不可能做好。

二是要树立强烈的事业心和责任感。事业心和责任感,是每一个检察干警特别是领导干部必须具备的基本政治素质。检察工作是党和国家的重要工作,我们肩负的责任重大,人民群众对我们的要求也很高。特别是随着经济社会全面发展和依法治国深入推进,检察工作的任务越来越繁重,面临着不少新的挑战,如果没有强烈的事业心和责任感,不把主要精力放在履行职责上,工作也是不可能做好的。一些地方之所以工作没有起色,与少数领导同志责任心不强、怠于职守、得过且过有很大关系。对这样的干部一定要加强教育,限期改正;对这样的班子一定要加强领导,及时调整。全国检察机关的各级领导干部一定要认清自己肩负的责任,以对党的事业、对检察工作高度负责的态度,不辞辛劳,恪尽职守,用心工作,努力工作,履行好自己的职责,不负党和人民的信任与重托。

三是要发扬改革的精神和良好的作风。改革是任何一项事业发展进步的不竭动力。对检察机关来说,落实新时期检察工作主题和总体要求,强化法律监督,推进检察事业,都需要不断改革和创新。现实中存在这样的现象,一些新到一个地区、部门或岗位工作的同志,往往有较强的改革意识和进取精神,也非常注意自己的思想作风、工作作风,努力学习,工作干得有声有色,而有的长期在一个部门或岗位上工作的同志,反而缺乏主动性和创造性,工作老一套,停滞不前。这种现象在我们检察机关也有表现。作为一名党的领导干部,一定要树立强烈的改革意识,永远保持奋发有为和开拓进取的精神状态,切实克服吃老本,靠老办法、老资格的现象。要注意研究新情况,总结新经验,解决新问题,以改革的精神推动各项工作的开展;要不断改进工作作风,真抓实干,坚持重实际、说实话、务实事、求实效,防止官僚主义,不搞形式主义;要增强组织纪律观念,严格执行党的纪律和检察纪律,认真落实上级的部署和要求,带头遵守中央关于领导干部廉洁自律的各项规定。

四是要加强学习,不断提高领导能力。我们正处于一个日新月异的时代,新事物、新情况、新矛盾层出不穷,新科学、新技术、新知识不断涌现,检察工作也处在不断改革和发展过程中。面对发展变化的新形势,我们不懂得、不熟悉的东西很多。只有不断地加强学习,才能很好地应对。我们要求广大检察干警提高法律监督能力,领导同志要以身作则。一定要注意防止和克服不认真学习党的理论和路线方针政策,不注意学习法律知识和检察业务,不注意汲取群众创造的新鲜经验,思想、工作严重落后于客观实际的现象。一定要重视学习、善于学习,努力建设学习型检察院,再忙、再累也要挤出时间坚持学习,努力学习马克思主义,努力领会我们党的最新理论成果和中央的方针政策,努力掌握与本职工作相关的新知识。只有使自己成为时代需要的合格领导者,才能掌握工作的主动权,才能不断提高领导水平和法律监督能力,更好地担负起党和人民赋予的重大责任。

同志们,今年的时间已经过半,下半年的工作任务很重。各级检察机关要坚持以邓小平理论、"三个代表"重要思想和科学发展观为指导,紧紧围绕"强化法律监督,维护公平正义"的主题,认真落实最高人民检察院的部署和这次会议的要求,振奋精神,开拓进取,推动各项检察工作取得新的明显成效,为构建社会主义和谐社会和在全社会实现公平与正义做出新的更大的贡献!

# 在全国检察机关第六次反贪污贿赂侦查工作会议上的讲话

最高人民检察院检察长 贾春旺

(2005年9月8日)

全国检察机关第六次反贪污贿赂侦查工作会议的主要任务是,深入贯彻党的十六大、十六届三中、四中全会精神,总结五年来的反贪污贿赂侦查工作经验,围绕"强化法律监督,维护公平正义"的工作主题,研究部署当前和今后一个时期提高反贪侦查能力、推进反贪侦查工作的措施。下午振川同志还要讲话,这里我先讲几点意见。

**一、深刻认识反贪污贿赂工作面临的新形势、新要求,增强做好工作的责任感**

全国检察机关第五次反贪污贿赂侦查工作会议以来,各级检察机关紧紧围绕党和国家工作大局,认真贯彻党中央关于反腐败斗争的总体部署,查办了一大批贪污贿赂犯罪案件,为推动党风廉政建设和反腐败斗争深入开展,促进经济社会发展,维护社会和谐稳定作出了积极贡献。各级反贪部门在人员少、任务重、要求高的情况下,尽职尽责,开拓进取,秉公执法,无私奉献,付出了艰辛努力,取得了很大成绩。在此,我代表最高人民检察院,向战斗在反贪第一线的全体干警表示亲切的慰问!

当前,我国政治稳定、经济发展、民族团结、社会进步,总的形势很好。经过全党的共同努力,党风廉政建设和反腐败斗争不断取得新的成效。检察机关的反贪污贿赂工作按照"加大工作力度,提高执法水平和办案质量"的总体要求,呈现出健康发展的良好态势。与此同时,我们对当前反贪工作面临的新形势和新要求要有一个清醒的认识。

(一)加强党的执政能力建设给反贪工作提出了新要求。党的十六届四中全会在全面分析党的建设面临的形势和任务的基础上,作出了《关于加强党的执政能力建设的决定》。《决定》鲜明指出:"党风廉政建设和反腐败斗争关系党的生死存亡。党越是长期执政,反腐倡廉的任务越艰巨,越要坚定不移地反对腐败,越要提高拒腐防变能力。"特别强调要把党风廉政建设和反腐败斗争作为提高党的执政能力、巩固党的执政地位的一项重大政治任务抓紧抓实。这是深刻总结世界各国执政党和我们党自身执政经验所得出的科学结论。

《决定》指出,"党的执政地位不是与生俱来的,也不是一劳永逸的。"这句话十分发人深省。任何执政党的根基,都在于人民的拥护。政风廉洁,从来是赢得民心,实现社会安定繁荣的重要环节。纵观当今世界,一些长期执政的政党纷纷丢掉政权,包括近年来一些国家发生的所谓"颜色革命",原因很复杂,情况也各不相同,但很重要的一点,就是执政党严重脱离群众,腐败蔓延,失去民心。实践表明,执政党的作风正,为政清廉,形象就好,就会得到人民广泛的认可和支持;反之,作风不正,腐败严重,党就会失去先进性,最终丧失执政地位。

改革开放以来,我们党在反腐败问题上态度坚决,措施有力,成效显著。一批社会蛀虫包括极少数担任高级领导职务的腐败分子受到惩处,党政机关和干部队伍中腐败现象蔓延的势头不同程度地得到遏制。但是必须看到,斗争的形势依然严峻,腐败多发易发的土壤和条件尚未消除,一些地方、部门和单位腐败现象仍比较严重,贪污贿赂犯罪大案要案时有发生,人民群众对此深恶痛绝。这些问题不解决,直接危及党的执政地位,危及国家的长治久安。党中央在总结历史经验、科学判断形势的基础上,提出反腐倡廉能力是党的执政能力的重要体现,是巩固党的执政地位的重要保证,强调对腐败现象要坚持标本兼治、综合治理,惩防并举、注重预防,抓紧建立健全与社会主义市场经济体制相适应的教育、制度、监督并重的惩治和预防腐败体系。检察机关作为法律监督机关,承担着查办职务犯罪的职责,是反腐败斗争的重要力量。我们必须增强忧患意识和责任意识,从提高党的执政能力、巩固党的执政地位的高度,充分认识新形势下加强党风廉政建设的重要性和紧迫性,切实履行好查办贪污贿赂等职务犯罪的职责,深入扎实地推进新时期的反贪污贿赂工作。

(二)构建社会主义和谐社会给反贪工作提出了新要求。构建社会主义和谐社会是以胡锦涛同志为总书记的党中央,从全面建设小康社会、开创中国特色社会主义事业新局面的全局出发提出的重大战略思想。我们所要建设的社会主义和谐社会,是民主法治、公平正义、诚信友爱、充满活力、安定有序、人与自然和谐相处的社会。这一重大战略思想给我们党和国家的各项工作都提出了新的要求,也给检察工作包括反贪污贿赂工作提出了新的课题。

就反贪污贿赂工作来说,它与构建和谐社会的关系是十分密切的。比如,公平正义是和谐社会形成的重要前提和基本条件,涉及社会生活的各个方面,包括分配的合理、权利的平等、司法的公正,等等。当前存在的分配不公、一些地方贫富差距扩大,以及司法不公等问题,原因是多方面的,腐败就是其中一个重要原因。有的国家工作人员利用权力寻租,获取大量非法收入;有的不法分子通过贿赂等手段,迅速致富甚至暴富;有的司法人员贪赃枉法、徇私舞弊,引起人民群众强烈不满。再比如,安定有序是和谐社会的必要条件和基本标志,不安定则无和谐可言。我国正处于人民内部矛盾凸显的时期,由各种矛盾引发的群体性事件已经成为影响社会稳定的突出问题。深入分析这些群体性事件,其中也有不少与腐败相关。有的是国企职工反映企业干部贪污、私分国家财产,有的是农民反映村干部侵吞公款,有的是城镇居民反映干部贪污拆迁补偿款,等等。还比如,充满活力是和谐社会建设的力量源泉。一个社会要保持活力,必须保证每个社会成员都享有发展、竞争和创造机会。但是少数国家工作人员的腐败行为,以及与此相联系的一些商业贿赂问题,造成机会不均等、竞争不公平,损害人民群众积极性,抑制经济社会的发展活力。另外,民主法治本身就包含着依法查办贪污贿赂犯罪的要求;诚信友爱需要良好的社会道德体系来维系,而贪污贿赂蔓延必然导致社会道德沦丧和诚信缺失;人与自然和谐相处对环境保护提出了很高要求,而一些重大环境污染事件的背后,往往也存在程度不同的腐败现象。从这些分析可以看出,在构建社会主义和谐社会的整个过程中,必须惩治腐败、惩治贪污贿赂犯罪,这是构建社会主义和谐社会的必然要求。检察机关的反贪污贿赂工作是顺民心、平民怨的重要工作,是化解社会矛盾、促进社会稳定的重要工作,是一项只能加强、不能削弱的重要工作。

(三)深入实践检察工作主题给反贪污贿赂工作提出了新要求。2003年,根据党的十六大精神,检察机关确立了"强化法律监督,维护公平正义"的工作主题。两年多来的实践表明,这个主题顺应了时代发展的要求,反映了检察工作的本质属性,凝聚了全国检察机关和广大检察干警的力量,推动检察工作取得了明显进展。在2004年底的全国检察长会议上,最高人民检察院强调要通过进一步实践和深化这个主题,提高法律监督能力,开创法律监督工作的新局面。这就对我们的各项法律监督工作包括反贪污贿赂工作提出了新的更高的要求。

我国检察机关是国家的专门法律监督机关,其法律监督性质和地位,是由我国国体和政体决定的。这是社会主义制度区别于资本主义制度,人民代表大会制度区别于三权分立制度的一个重要体现,是对社会主义检察机关本质属性的科学揭示,也符合中国的具体国情。为了保证检察机关履行法律监督职能,法律赋予检察机关审查和批准逮捕、提起公诉、职务犯罪侦查和诉讼监督等具体职权。这些具体职权都是检察机关履行法律监督职能所必需的。尤其是职务犯罪侦查权,是与法律监督职能不可分割的重要组成部分。依法治国,重在依法治权、依法治吏。职务犯罪是国家工作人员利用职务实施的犯罪,是行使权力过程中的腐败现象。这种行为严重亵渎职守,破坏国家法律的正确实施。检察机关对国家工作人员职务犯罪依法进行立案侦查和追诉,目的是保障国家工作人员正确行使权力,促使其严格执法、廉政勤政。检察机关行使职务犯罪侦查权,也是对诉讼活动实施法律监督的重要保障。实践表明,执法不严、司法不公现象的背后往往隐藏着职务犯罪,主要是行贿受贿。要解决执法不严、司法不公问题,仅仅监督纠正诉讼中的违法行为是远远不够的,必须依法严肃追究其背后的职务犯罪,而这种追究只有通过侦查才能实现。离开了职务犯罪侦查权,检察机关就难以查清执法和诉讼活动中的违法情况,更不可能发现和证实背后的职务犯罪,对执法和诉讼活动的法律监督就会变得软弱无力。由此可以看出,职务犯罪侦查不同于一般刑事侦查,具有明显的法律监督性质,不仅与检察机关履行法律监督职能密不可分,而且对检察机关履行好宪法和法律赋予的法律监督职能具有特殊重要的意义。这也就决定了实践和深化检察工作主题,很重要的一点就是要进一步加强反贪污贿赂工作。

总之,新的形势给反贪污贿赂工作带来了新的要求和新的挑战,我们肩负的责任更加重大,任务更加艰巨。当前和今后一个时期,各级检察机关要坚持以邓小平理论和"三个代表"重要思想为指导,牢固树立科学发展观,认真贯彻党中央关于党风廉政建设和反腐败斗争的总体部署,紧紧围绕检察工作主题和总体要求,采取有力措施加强侦查能力建设,把反贪污贿赂工作提高到一个新的水平,更好地担负起宪法和法律赋予的职责。

**二、反贪污贿赂工作要全面落实"加大工作力度,提高执法水平和办案质量"的总体要求**

这个总体要求是落实科学发展观在检察工作中的重要体现,对于反贪污贿赂工作具有特别重要的指导意义。近几年来,各级检察机关反贪污贿赂部门贯彻这个总体要求是坚决的,取得了明显成效。突出的表现就是在总体上保持办案力度的同时,大案要案比例增加,办案质量明显提高,撤案比例和不起诉比例下降,起诉比例和有罪判决比例大幅度上升,办案安全事故基本得到遏制。这些成绩得到了党委、人大和社会各方面的充分肯定。但是工作中也存在一些问题。一是有的地方还是不能正确处理办案数量和办案质量的关系,一强调积极办案就不顾办案质量甚至违法办案,一强调依法办案就畏首畏尾,对落实总体要求存在消极畏难情绪,工作力度减弱。二是有的地方办案工作不时出现大幅度的不正常起伏。立案数在一定幅度内的升降应该是正常的,但不应当大起大落。三是有的地方近几年工作力度一直上不去,查办案件的数量明显下降。解决这些问题,推动反贪污贿赂工作平稳、健康、规范地发展,关键还是要一以贯之地抓好总体要求的落实。

关于加大工作力度。党中央历来强调要坚决惩治腐败分子。胡锦涛总书记深刻指出:"必须严肃查处违法违纪案件,特别是要坚决查处大案要案。对腐败分子,发现一个就要坚决查处一个,绝不能手软,绝不能姑息。"当前,我国正处于体制深刻转换、结构深刻调整和社会深刻变革的时期,体制、机制和制度建设还不完善,监督体系还不健全,监管工作还不完全到位,诱发腐败的因素仍然存在,大案要案时有发生。从检察机关查办案件的情况看,一些地方和部门的贪污贿赂犯罪案件增多,犯罪数额增大,要案居高不下;犯罪领域变宽,垄断行业、资金高密集领域等成为贪污贿赂犯罪的多发部位;跨地区、跨国(境)犯罪增多,犯罪分子携款潜逃问题突出。人民群众和社会各界对推进反腐败斗争、加强反贪污贿赂工作的呼声强烈。这些都表明,反贪污贿赂工作的任务仍然十分繁重,加大工作力度是客观要求。检察机关是法律规定的查办贪污贿赂犯罪的职能部门,我们必须以坚定的决心,认真抓好办案工作,不断加大力度,取得新的成效,履行好法律赋予的职责,不负重托,不辱使命。

王振川同志在讲话中还要就如何进一步加大办案力度作出具体要求和部署。这里我强调三点:一是各级检察长要切实负起领导责任。反贪污贿赂工作是关系检察事业发展的重要工作,各级检察长要从政治和全局的高度,始终把这项工作摆在突出位置,切实加强对这项工作的领导。要注重从宏观上分析和把握本地区贪污贿赂犯罪的发案趋势和反贪部门的办案形势,认真研究部署工作,加强督促检查,积极帮助解决工作中遇到的具体问题和困难。对重大案件特别是那些干扰多、查处难度大的疑难复杂案件,要旗帜鲜明,排除干扰,及时搞好沟通协调,为办案创造良好环境,必要时亲自组织查办。二是上级检察院要加强对下级检察院办案工作的指导。上级机关不仅自身要带头办案、办好案,还要做好对下指导工作。既要搞好宏观指导,也要加强个案指导和督办。对工作打不开局面的地区或单位,要重点帮助,加强督促,积极推动;对办案中遇到干扰、阻力的,要大力支持,有的可以指定其他检察院办理或直接提上来办理。三是在突出办案重点的同时,对发生在基层、人民群众反映强烈、证据充分的案件,虽然不是大案要案,也要依法查办。这类案件有的虽然涉案金额不大,但发生在群众身边,直接关系人民群众的切身利益,人民群众眼见身受,呼声强烈。不少的群众上访就是由于这类案件引起的。依法查办这类案件是落实"立检为公、执法为民"的要求,是构建和谐社会的要求,也是得民心、树形象的好事情,一定要引起重视、切实办好。

关于提高执法水平和办案质量。执法水平和办案质量,事关检察机关的执法形象,事关检察工作的健康发展。经过这几年坚持不懈的努力,反贪污贿赂部门的执法水平和办案质量有了明显提高。但是也要注意到,一些地方执法不严格、不规范、办案质量不高的问题依然存在,有的对线索管理不严,不按规定进行初查,甚至瞒案不报、压案不查;有的不严格依据法定条件立案,超越管辖立案、重复立案,该立案的不及时依法立案,不该立案的强行立案;有的证据收集不扎实,对诉讼参与人的权利保障不够,甚至变相体罚、刑讯逼供;有的受利益驱动违规扣押、挪用款物,等等。这些都说明,反贪污贿赂侦查工作的规范化建设有待进一步加强,执法水平和办案质量有待进一步提高。

检察机关的反贪污贿赂工作,一举一动社会上都很关注。侦查工作的一些措施,需要限制公民和法人的人身权利和财产权利,我们办案对象的特殊性也决定了侦查工作的每一步都会产生较大的社会影响。工作不规范、执法不严格,不但侵犯当事人的诉讼权利,也会影响我们的执法效果,损害执法形象,甚至会导致办案人员发生问题。当前,全国检察机关正在按照中央政法委的统一部署,深入开展"规范执法行为,促进执法公正"专项整改活动。反贪污贿赂部门作为重点部门之一,一定要把这次专项整改活动作为解决反贪污贿赂工作突出问题的重要契机,从全局和战略的高度,从保障检察事业长远发展的高度,充分认识开展专项整改活动的重要性和紧迫性，认真落实最高人民检察院的各项要求和部署。要紧紧抓住制度建设这个中心环节，对现行的侦查业务规范进行全面梳理。既要抓好现有制度规范的落实，又要从线索管理、初查、立案、侦查、侦查终结、移送起诉以及扣押、冻结款物的保管、处理等各个环节着手，制定一批管用的制度。要通过培训考核，使每一个反贪污贿赂干警掌握本岗位必须的基本制度规范，牢记在脑子里，落实到行动上。要在强化对执法活动的监督制约上下功夫，进一步深化人民监督员制度的试点，落实当事人权利告知制度，支持律师依法履行职责，增强执法透明度，主动接受外部监督。要进一步强化、完善侦查部门与侦查监督、公诉、控告申诉、监所检察部门的内部制约，促进公正执法。总之，反贪污贿赂部门要通过这次专项整改活动，真正达到解决突出问题、规范侦查工作，提高队伍素质和执法水平的目的。

**三、反贪污贿赂工作要与时俱进，改革创新**

检察机关的反贪污贿赂工作发展到今天，应该说基本形成了一套较为成熟的做法，积累了不少成功经验。但是也要看到，随着形势的发展变化，反贪污贿赂工作在执法观念、工作机制、工作的方式方法等方面都有许多不适应的地方，面临的考验和挑战比较严峻。我们必须适应形势发展的需要，以改革的精神，探索出一条符合反贪污贿赂工作特点和规律的新路子，加强侦查能力建设，推动这项工作不断创新发展。

（一）要认真落实党中央关于司法体制和工作机制改革的部署，强化对贪污贿赂犯罪侦查的监督制约。2004年年底，中央转发了《中央司法体制改革领导小组关于司法体制和工作机制改革的初步意见》，部署了今后一个时期我国司法体制和工作机制改革的主要任务。这个《意见》明确提出，省级以下（含省级）人民检察院启动职务犯罪侦查程序或作出逮捕决定的，应报送上一级人民检察院备案；对职务犯罪案件作出撤销案件、不起诉决定的，应报经上一级人民检察院批准；上级人民检察院对下级人民检察院立案实行监督；依法规范并不断完善人民监督员制度。这是检察机关职务犯罪侦查工作机制的重大改革，对于强化内外部监督制约，保证职务犯罪侦查权的正确行使具有重要意义。最高人民检察院将在《关于进一步深化检察改革的三年实施意见》中作出相应的部署，同时正在制定两个具体的制度规定。三年改革实施意见和有关规定下发后，各级检察机关要认真贯彻执行。

（二）要加快侦查一体化机制建设，提高检察机关的整体办案能力。当前贪污贿赂犯罪窝案、串案增多，查办一个案件往往涉及十几、几十名犯罪嫌疑人，在短时间内需要向几十甚至上百名证人取证，跨地域和跨国（境）取证、追逃、追赃工作量增大，办案任务明显加重，办案难度明显加大。按照传统侦查模式，仅仅依靠一个检察院的力量，已经很难及时有效地查办一些贪污贿赂犯罪案件，特别是大案要案。所以这几年最高人民检察院一直在探索建立侦查一体化机制，也取得了一定成效。目前有关的组织机构已经初步建立，现在的主要问题是在有的地方这个机制还没有很好地运转起来，作用发挥得还很不够。应该强调，完善侦查一体化机制是当前侦查改革的重点，是提高侦查工作水平、加大办案力度的重要措施，也是这次会议要研究的一个重要问题，各级检察院领导一定要高度重视，认真规划，加快建设，务求实效。要紧密结合办案实际，突出抓好案件线索的统一管理、侦查活动的统一组织指挥、跨地域侦查的统一协调配合、侦查资源的统一配置使用等各项工作。通过侦查一体化机制改革，逐步将过去那种各个检察院孤立分散的侦查模式改变为纵向指挥有力、横向协作紧密的新的侦查模式。

（三）要积极创新工作方法，不断改进工作方式。当前反贪污贿赂工作中存在的问题，不少与一些地方的工作方法简单，固守传统的思维方式，主动性、创造性不强有很大关系。反贪污贿赂工作要发展，必须坚持与时俱进，在实践中积极探索新的工作方式和方法。比如，“抓系统、系统抓”就是在总结以往经验的基础上创造出的一种有效办法。不同领域犯罪具有特殊性，同一领域犯罪具有共同性。在办案工作中，我们抓住犯罪易发多发、人民群众意见集中的领域，深入研究并掌握其犯罪的共同特征及侦查规律，用来指导对该领域犯罪的查处，有利于对这一领域职务犯罪进行集中打击，有利于形成一定的办案规模，不仅办案力度大，而且社会效果也好。这个方法应该进一步推广。又如，对我们办理的贪污贿赂案件中撤案、不批捕、不起诉、判无罪的案件，检察机关也要做好善后工作。这是构建社会主义和谐社会对我们的工作方式提出的新要求，也是保障人权的要求。实际工作中，有些矛盾的产生是由于当事人及其亲属对法律规定不熟悉,对依法处理的结果不满意。对此,检察机关在工作中要认真听取当事人及其家属的意见,及时做深入细致的法律解释工作,耐心解答他们的疑问,尽力使当事人对案件处理结果信服或认同。这样既可化解社会矛盾,又节约了有限的司法资源。再比如,对初查后认为没有问题的,也要认真负责地及时向有关单位反馈,澄清事实,还当事人以清白,不能不了了之。在改进工作方式和方法上,类似的问题还有很多,希望大家注意研究和探索。

(四)要提高侦查工作的科技含量。随着科学技术的发展,各种高技术手段在经济和社会领域得到了广泛运用,反贪污贿赂工作也面临着犯罪分子高智能化、犯罪手段高技术化的挑战,侦查工作必须加大科技含量。现在一提到这个问题,不少同志就把它理解为只是技术侦查手段,这是不够的,实际上我们可做的工作很多。运用计算机管理案件线索、收集案件信息,侦查工作的远程指挥等都是办案中运用科技手段的体现。目前,需要注意抓好的一项工作就是对讯问犯罪嫌疑人实行全程同步录音录像。这是提高侦查工作科技含量的重要方面,它对于固定证据、提高办案水平、加强办案监督等都有十分重要的作用。这次会议要对这项工作作出部署,各地要抓紧做好有关准备和实施工作,在规定的时间内推行。现在有的同志还有不同认识,主要是担心束缚了自己的手脚。对此一定要加强学习,提高认识。从某种意义上讲,就是要通过这样的方式,把我们的侦查工作“逼”出一个新水平。

**四、要高度重视并毫不放松地抓好反贪队伍建设**

做好反贪污贿赂工作,必须建设一支政治坚定、公正清廉、纪律严明、业务精通、作风优良的高素质专业化侦查队伍。近几年来,通过狠抓教育和管理,反贪污贿赂队伍的政治素质和业务素质都有明显提高,形象日益改善。但是也要看到,这些成绩还只是初步的,队伍中的问题还不少,反贪污贿赂部门干警违法违纪案件总量虽然逐年下降,但在检察机关各部门中所占的比例仍然处在第一、二位。2004年1月至今年6月,全国共查处反贪污贿赂干警违纪117人,占检察干警违纪总数的22.4%,其中正副反贪局长37人。还要看到,市场经济的负面效应和社会消极腐败现象对反贪污贿赂队伍的影响在短期内难以完全消除;反贪污贿赂队伍的执法活动直接面对腐败分子,广大反贪污贿赂干警经常接触社会阴暗面,容易受到腐蚀诱惑。反贪污贿赂队伍建设一刻也不能放松。

反贪污贿赂队伍首先在政治上要过得硬。反贪污贿赂工作是一项政治性很强的工作,也是社会关注的一项热点工作,反贪污贿赂队伍引人注目,其形象与检察机关的形象、与党的形象紧密相连。这种性质、特点,决定了我们必须以更高的要求抓好反贪污贿赂队伍的思想政治建设,保证这支队伍忠于党、忠于人民、忠于法律,保证秉公执法、清正廉洁。要坚持用“三个代表”重要思想武装干警头脑,加强对党的基本理论、基本路线和方针政策的学习,自觉坚持党对检察工作的领导,不断强化政治意识、大局意识、责任意识和廉洁从检意识。要牢固树立“立检为公、执法为民”的执法观,时刻把人民群众关注的热点、难点作为我们工作的重点,依法履行职责,坚决地与一切贪污贿赂等腐败现象作斗争。

反贪污贿赂队伍在纪律作风上要过得硬。我们这支队伍肩负特殊使命,手中握有很重要的权力,查办的犯罪嫌疑人及其关系人也往往是位高权重,可以利用多种手段对抗侦查,拉拢腐蚀干警,甚至干扰施压,这就要求每个干警具有更坚强的意志品质和反腐蚀能力。在2004年至今年上半年查处的反贪污贿赂干警违纪案件中,与办案活动直接相关的占了四分之三,其他如违反警用车辆管理、违反财经纪律等,不少也与案件有联系。这说明,对反贪污贿赂队伍不仅要进一步强化教育和管理,加强纪律作风建设,而且要把抓队伍与抓业务有机结合起来,既要管好人,又要管好案件。要严格执法执纪,对反贪污贿赂部门发生的违法违纪行为要从严查处,不遮丑、不护短,对极少数“害群之马”要坚决予以清除。只有这样才是对干警的教育、挽救和真正爱护,才能有效防止和减少各种违法违纪甚至犯罪行为的发生,才能把反贪污贿赂队伍真正建设好。

反贪污贿赂队伍在业务素质上要过得硬。当前贪污贿赂犯罪的形式、手段越来越复杂多样,随着全社会法治意识的增强,人民群众对我们的要求也越来越高,这对我们的业务素质和工作水平是一个很大的考验。现在的突出问题是我们的整体侦查能力与形势的发展还不太适应，精通侦查业务、善于办理大案要案的专门人才不多，致使不少贪污贿赂案件发现不了，突破不了，处理不了。因此，一定要把反贪污队伍的侦查能力建设放到突出位置、作为一项战略任务来抓，既要培养一批智勇兼备、调度有方的指挥员，又要培养一批能征善战、精通侦查的战斗员。要认真落实全国检察机关职务犯罪侦查人才培养计划，积极创造条件，大力开展以提高业务技能为核心的正规化培训，加强实战训练，改善和优化反贪污贿赂队伍的素质结构。广大反贪污贿赂干警一定要认清肩负的责任，自觉坚持学习，刻苦钻研业务，努力使自己成为反贪污贿赂的行家里手。反贪污贿赂工作政治性、专业性都很强，培养一名优秀的侦查人才需要较长时间，轮岗交流要有计划、有步骤地进行，充分考虑人才培养周期和规律，防止短期内侦查骨干大量流失，出现人才断档，影响办案工作。

对反贪污贿赂队伍要坚持严管厚爱。反贪污贿赂工作任务重，难度大，干警不但在时间和精力上付出很多，而且承受了巨大的心理和人际关系的压力。广大干警长期战斗在办案第一线，秉公执法、无私无畏、任劳任怨，作出了很大的牺牲和奉献。各级领导在坚持对反贪污贿赂队伍严格管理的同时，还要在政治上关怀、工作上支持、生活上关心。对工作实绩突出的干部要表彰奖励、提拔使用；对因办案遭到打击报复的，要旗帜鲜明地予以保护。2004年最高人民检察院组织了“百优双十佳”评选活动，今后还要继续组织这样的评选活动，以表彰在反贪污贿赂工作中涌现出来的先进集体和先进个人，弘扬正气，鼓舞士气。要积极主动地为干警排除工作中遇到的干扰、阻力，承担责任，分担压力，为干警大胆开展工作提供坚强后盾。要理解体谅办案一线的风险和艰苦，积极协调解决干警家属就业、子女入学等实际困难，切实解决好干警的后顾之忧，努力创造拴心留人的环境。要加强装备建设，为反贪污贿赂工作配备必需的交通、通讯工具和侦查技术装备，特别是要优先配备业务用车和侦查指挥、通讯设备，确保办案中的联络畅通、反应快捷。要完善执法保障，建立大案要案专项经费保障制度，积极争取财政支持，确保办案经费，切实为反贪污贿赂部门办案工作提供必要的物质条件。总之，要把严管和厚爱结合起来，增强反贪污贿赂队伍的凝聚力和战斗力。

同志们，反贪污贿赂工作使命崇高，任务艰巨。让我们紧密团结在以胡锦涛同志为总书记的党中央周围，高举邓小平理论和“三个代表”重要思想的伟大旗帜，树立和落实科学发展观，与时俱进，开拓创新，求真务实，扎实工作，努力开创反贪污贿赂工作新局面，为促进党风廉政建设和反腐败斗争，为构建社会主义和谐社会、全面建设小康社会做出新的更大的贡献！

# 在全国检察机关深化“规范执法行为促进执法公正”专项整改活动电视电话会议上的讲话

最高人民检察院检察长 贾春旺

（2005年9月28日）

今天电视电话会议的主要任务是，认真学习贯彻中央政法委最近召开的全国规范执法行为经验交流会精神，动员各级检察机关进一步统一思想、提高认识，采取更加有力的措施，把“规范执法行为，促进执法公正”专项整改活动推向深入。刚才，四个省检察院从不同侧面介绍了他们开展专项整改活动的情况和经验，讲得都很好，可供各地学习借鉴。

规范执法行为专项整改活动开展以来,各级检察机关高度重视,按照中央政法委和最高人民检察院的要求,深入进行思想发动,成立专门工作机构,制定工作方案,围绕最高人民检察院确定的重点环节、重点部门和重点问题,采取多种形式,广泛征求社会各界的意见和建议,深入查摆本地区、本单位、本部门执法中存在的突出问题,集中力量进行整改,有针对性地建立健全了一批规范执法的工作制度,总结推广了一批规范化建设先进典型的经验和做法,结合学习讨论最高人民检察院印发的湖北佘祥林案等5个典型案件的剖析材料,开展了广泛深入的警示教育。经过各级检察机关的共同努力,广大检察人员规范执法的自觉性进一步增强,一些影响公正执法的突出问题得到初步解决,检察工作规范化建设有了新的加强,检察队伍的执法形象进一步改观,专项整改活动取得了阶段性成效。

9月13日,中央政法委召开了全国规范执法行为经验交流会,罗干、周永康同志作了重要讲话,对推进下一步的专项整改工作提出了明确要求。各级检察机关要认真学习罗干同志和永康同志的重要讲话,深入查找思想和工作中的不足,按照中央政法委会议精神,进一步深化和落实各项工作措施,确保专项整改活动取得预期效果。下面,我讲几点意见。

**一、要把深化认识贯穿始终,进一步增强抓好专项整改活动的责任感和紧迫感**

开展“规范执法行为,促进执法公正”专项整改活动,是中央政法委为巩固保持共产党员先进性教育活动成果而采取的一项重大举措,也是加强政法工作的一项根本性措施。中央政法委对专项整改活动抓得非常紧,召开了多次会议研究推动各个阶段的工作,提出明确的要求和措施,强调这次专项整改活动的实质,是政法部门根据新形势的需要,进一步端正执法指导思想,规范执法行为,提高执法水平,使各项执法工作更好地为构建社会主义和谐社会服务,必须抓紧、抓好、抓实,切实抓出成效。在全国规范执法行为经验交流会上,罗干同志深刻指出,要真正从保持共产党员先进性、提高党的执政能力的高度,从促进构建社会主义和谐社会、保障社会公平正义的高度,从政法工作的本质要求、顺应人民群众愿望的高度,不断加深对专项整改活动重要意义的认识,增强规范执法行为的责任感和自觉性。讲话不仅对检察机关深入开展专项整改活动,而且对推动整个检察工作和队伍建设的全局,都具有重要的指导意义。各级检察机关要认真组织学习中央领导同志的讲话精神,切实把思想统一到中央的要求和部署上来。

把检察机关作为国家的法律监督机关,是我国社会主义司法制度的重要特色。在规范化建设方面,检察机关可以借鉴的各国检察制度的经验和做法比较有限,更多的是需要我们在党中央的领导下,立足于国情和检察工作实际,在实践中不断探索。新中国成立以来,检察机关的发展历经波折,甚至一度被撤销,规范化建设的基础薄弱。恢复重建以后,检察工作改革和发展的步伐较快,业务工作的领域不断有新的变化和拓展,许多工作的规范化建设没有及时跟上。正因为如此,加强规范化建设,对检察机关来说具有特殊的重要意义。中央政法委部署的专项整改活动,对于我们全面规范检察工作、提高法律监督能力,是一个十分有利的契机。我们一定要紧紧抓住这个契机,努力把检察工作的规范化建设提高到一个新的水平。

几年来,各级检察机关在党的领导和人大的监督下,坚持“立检为公、执法为民”,深入实践“强化法律监督,维护公平正义”的检察工作主题,认真贯彻“加大工作力度,提高执法水平和办案质量”的总体要求,各方面工作取得了很大的进步。但是,在检察机关和检察工作中还存在不少问题,人民群众对我们履行法律监督职责还有许多意见。我们执法中不仅存在不公正、不严格、不文明、不到位的问题,还存在不作为甚至乱作为、以案谋私等问题,侵犯公民合法权益的现象时有发生。如果法律监督机关执法工作存在随意性和不规范,自身的工作做不好,就谈不上对其他部门的执法活动实施有效的法律监督,宪法赋予我们的职责也不可能履行好。因此,扎扎实实地搞好这次专项整改活动,是实践检察工作主题,提高法律监督能力,全面正确履行法律监督职责的迫切要求。

前一段的专项整改工作虽然已经取得了一定的成效,但不能估计过高,无论是在认识上、措施上,还是在抓落实上都还有不小的差距。一是思想认识不到位。有的地方对开展专项整改活动的重要性、紧迫性认识不足,存在消极应付的思想和厌战情绪。有的检察长满足于在行风评比中排在前列,自我感觉良好,甚至有些飘飘然,对执法中存在的问题及其危害性重视不够,以致对工作要求不高，安于现状。二是工作措施不够有力。有的单位和部门整改的积极性、主动性不够，联系自身实际不紧密，对上级的部署照本宣科，对本单位、本部门存在的执法不规范的问题，以及需要通过规范哪些工作来提高执法水平和办案质量，没有认真研究，并采取有力措施加以解决。有的满足于领导讲话部署了事，既不检查，也不督促指导，整改措施不到位、不落实。三是整改重点不够突出。有的地方没有真正在重点部门、重点环节和重点问题上下功夫，对存在的突出问题没有认真加以整改，边整边犯，新问题没有解决、老问题仍然一再重复，置执法规范、办案纪律于不顾，造成工作重大损失的现象，再也不能继续下去了。因此，在专项整改的过程中，我们要始终注意提高认识，充分看到规范执法行为对公正执法的重要性，对照中央政法委和最高人民检察院的部署，对照人民群众反映强烈的问题，对照其他政法机关专项整改活动的先进经验，正视我们工作上的差距，进一步增强抓好专项整改活动的责任感和紧迫感，切实按照中央的要求把专项整改活动推向深入。

**二、在解决群众反映强烈的突出问题上下功夫**

解决执法中的突出问题，确保执法公正，是规范执法行为的根本目的。各级检察机关要按照中央政法委的要求，把排查和整改贯彻始终。排查一定要认真，整改一定要扎实。要突出重点，紧紧围绕重点部门、重点环节和重点问题开展整改，落实各项整改措施。各级检察机关特别是重点整改部门都要在前一阶段查摆问题的基础上，继续深入查找执法工作中带有普遍性、典型性和群众反映强烈的问题，提出解决措施，明确解决时限，扎扎实实加以整改，让人民群众切实感受到检察机关专项整改的决心和成果。

最近，最高人民检察院再一次对涉检信访案件进行了分析，反映检察机关执法中存在的突出问题主要是以下几个方面：一是在查办职务犯罪工作中该立案不立案或不该立案而立案，在审查批捕和审查起诉工作中错误批捕或不批捕、错误起诉或不起诉。有的办案人员证据意识薄弱，关键证据没有及时固定和完善，使得案件只能不了了之；有的随意立案，导致立案多，撤案也多；有的对法律规定不熟悉，导致定性错误；有的不能准确把握批捕、起诉条件，对证据事实审查不严格，不注意听取无罪辩解，应该讯问犯罪嫌疑人的不讯问，对刑讯逼供投诉不调查核实，导致作出错误决定；有的监督意识弱化，不敢监督、不善监督，甚至放弃职守，使本应避免的冤错案件没有避免。二是违法查封、扣押、冻结或追缴财产。有的不立案就查封扣押；有的违法查封扣押案外人财产；有的超范围扣押与案件无关的合法财产；有的过早地在侦查阶段处置扣押款物；有的将查封扣押款物发还给与案件无关的人；有的在查封扣押的法定情形消失后仍然继续查封扣押等。这类问题在涉检信访案件中占相当一部分。三是越权办案、违法插手经济纠纷，以及办案中非法拘禁、刑讯逼供、暴力取证，甚至贪赃枉法、徇私舞弊、索贿受贿等。四是案件处理不及时，主要是对群众举报未查处或反馈，有的案件久拖不决，该赔偿不赔偿等。出现这些问题的原因，有的是因为法律规定不完善，有的是由于一些单位受利益驱动造成的，有的则属于极少数干警贪赃枉法。但更多、更大量的是由于办案人员执法不规范、不守规矩、不依法办事，是由于检察人员素质不高造成的。前一段时间，最高人民检察院对已经发现的错捕、错诉以及错判的案件进行了复查和剖析，对其中6件重大疑难、涉嫌重罪的案件进行了重点复查，发现这6起案件在办案过程中没有一件按照办案制度提交检察委员会会议讨论，就直接提起公诉，以致造成重大错案。可见执法不规范、制度不落实在一些检察机关严重到了什么程度。

涉检信访是检察机关执法状况的一个晴雨表，它所反映的问题虽然大部分是过去办案中发生的，通过这些年的不断规范和改进，这些问题有的已经得到了解决，但还有一些问题在目前的执法工作中仍然不同程度的存在。为了突出重点，增强针对性和实效性，最高人民检察院决定下一步的专项整改活动要以处理涉检信访案件为切入点，抓住上述四个方面的重点问题，进一步深入扎实地进行查摆和整改。从9月下旬到10月底，各级检察机关都要对本地区的涉检信访案件再进行一次梳理和分析，针对存在的尚未解决的突出问题，制定必要的规范，采取有效的措施切实整改。工作中，要采取开门接访、带案下访等方式，实行严格的案件催办、督办制度，以解决实际问题、息诉罢访为目标，逐案抓好落实。要认真执行检察长接待日制度，重点案件领导要亲自抓，亲自督办，负责到底。各业务部门要切实负起责任，对涉检信访中反映的本部门执法不规范的问题，要主动研究措施，认真加以解决。

凡在专项整改中应该纠正的案件不纠正,应该解决的信访问题不解决的,必须追究领导者及办案人员的责任。

**三、狠抓制度规范的完善和落实**

制度建设和制度的落实是专项整改活动的核心,必须贯穿专项整改活动的全过程。一要从实体和程序两个方面,健全各个检察环节的规章制度。对涉及的立法问题,要积极提出立法建议。对于检察机关自身工作制度和规定方面的问题,按照实体上要明确、程序上要严密的要求,在认真梳理的基础上,及时制定一批管用的、操作性强的制度规范。要针对重点问题特别是重点整改部门发现的突出问题,有针对性地建章立制,防范类似问题的再次发生。规范执法的制度建设,责任主要在最高人民检察院和省级检察院。最高人民检察院要切实抓好十项制度的建设,对已经完成的要尽快审批下发实施,没有完成的要抓紧按时按质完成,并按照中央政法委的要求写出专题报告。省级检察院也要从本地区的实际出发,根据工作需要制定规范执法的具体制度。对新制定的制度,能够向社会公布的要及时公布,把知情权和监督权交给群众,自觉接受群众的监督。对于分市院和基层检察院来说,除了从工作实际出发制定一些具体要求、措施外,主要责任在于落实上级检察院的各项制度,确保制度得到严格执行。二要抓责任落实和责任追究。责任不明确,追究不严肃、不及时,是造成执法不公、违法办案以及办案质量问题的重要原因之一。所以,抓规范执法一定要健全责任制,加强责任追究机制建设和责任追究的落实,把执行法律和制度、规范执法的责任严格落实到每个具体的环节和人员。对无视法律和制度违法违规办案的,要坚决进行追究。除追究直接责任人外,该追究领导责任的也要严肃追究。要通过严格的责任追究,树立法律和制度的权威。三要抓监督检查。制度制定实施后,执行情况如何,要加强监督检查,对已有和新建立的制度执行情况都要进行检查,确保落实。结合年底的工作总结,各级检察机关纪检监察部门要选择几项群众比较关注、出现问题较多的工作和环节,就相应制度的制定和落实情况进行一次检查,分析存在的问题,提出改进对策。制度建设是一项长期任务,要与落实检察改革三年实施意见和规范执法工作三年任务目标结合起来,抓好规范执法行为的长效机制建设。最高人民检察院要对涉及的有关制度建设作出时间进度规划,落实责任单位和责任人员,各级检察院要积极配合,抓好落实。与此同时,要注意及时总结“三位一体”机制建设的经验,认真研究制定“三位一体”的规范化建设标准和绩效考核体系,推进检察机关的管理科学化建设。

**四、认真组织开展培训考核**

当前,检察机关专项整改活动已进入培训考核阶段。培训考核是专项整改工作的一项硬任务,也是确保专项整改取得实效的有力措施。这一阶段是检察人员集中培训学习的时期。各级领导务必高度重视,切实抓紧抓好,精心组织实施,务必保质保量地完成任务。要按照中央政法委关于培训考核的指导性意见以及最高人民检察院培训考核大纲和实施方案的要求,借鉴先期试点地区的经验,结合实际制定计划,周密安排,抓好落实。一是要明确培训考核的重要意义和基本定位,确立检察人员的现代法治理念。这次全员培训考核是提高检察人员素质和执法水平,促进规范执法、公正执法的重大举措。制度建设固然重要,但再好的法律和制度,最终总是要由人来执行和落实。从当前检察队伍的现状和执法实际看,执法不规范等问题发生的根本原因在于检察人员的素质还不够高,现代法治理念没有牢固确立起来。当前人民群众的法制意识不断增强,对社会公平和正义的要求越来越强烈,对我们法律监督机关的工作越来越关注,而检察工作中还存在不少不规范的问题,人民群众还有许多不满。对此我们一部分检察人员,包括领导干部还认识不足,缺乏紧迫感,有的觉得近几年工作还可以,文凭也拿到了,社会上的批评意见也有所减少,沾沾自喜,盲目乐观,这种状况必须改变。而要提高执法水平,改变这种状况,只有通过学习,通过培训,通过长期的、有针对性的、不同类型的培训,首先是通过这次集中培训考核来解决。因此所有的检察人员都要自觉加强学习,积极参加培训考核,着力提高自身素质和执法水平。二是在组织培训考核时,必须坚持标准,突出重点。按照最高人民检察院提出的“少而精,要管用”的要求,培训考核内容一定要具有针对性,紧紧围绕各个执法岗位应知应会的基本制度、基本规范和基本技能来进行,确保以岗定训、以考促学、学以致用。三是培训考核工作要面向全体人员,但重点是各级领导干部和一线执法人员,特别是基层检察院的领导干部和重点岗位的执法人员。四是各地要统一按照最高人民检察院印发的培训考核实施方案的规定组织培训考核工作,不能降低要求。该集中培训的人员一定要集中培训,不能借口工作需要,不参加培训;该闭卷考试的人员一定要闭卷考试,不能违反纪律,弄虚作假;该调离执法岗位的一定要调离执法岗位,不能碍于情面,放任不管。各省级检察院要加强对培训考核工作的指导和监督,确保培训考核收到实效,不走过场。

**五、坚持开门整改,接受社会监督**

专项整改工作是否真正取得实效,关键要看人民群众反映强烈的突出问题是否得到切实解决,因此要始终把人民群众满意不满意作为检验整改成果的标准。检察机关作为法律监督机关,更要牢固树立自觉接受监督的意识,把这次专项整改活动作为新形势下坚持群众路线的实践,作为密切检民关系的契机,探索新的经验,开创新的局面。一是要面向社会、面向广大人民群众,广泛听取意见和建议。要坚持检务公开,把检察工作制度、工作程序、法律要求等,通过各种形式公之于众,增强执法工作的透明度,使人民群众对检察机关的执法工作有知情权、参与权和监督权。二是要加强与人大代表、政协委员的联系,邀请代表、委员视察和评议专项整改工作,广泛征求人大代表和政协委员的意见。三是要充分发挥人民监督员的作用。要在完善"三类案件"监督的基础上,进一步深化对检察机关在查办职务犯罪案件中,应当立案而不立案或者不应当立案而立案的,超期羁押的,违法搜查、扣押、冻结的,应当给予刑事赔偿而不依法予以确认或者不执行刑事赔偿决定的,检察人员在办案中徇私舞弊、贪赃枉法、刑讯逼供、暴力取证等违法违纪情况的"五种情形"的监督工作,增强执法工作的透明度,促进执法规范化。各地都要在近期集中征求一次人民监督员对检察机关执法工作存在问题的意见,通报专项整改工作情况,听取批评和建议。四是要认真接受舆论监督。要通过新闻媒体深入宣传检察机关推进专项整改活动的决心和信心,宣传检察机关在专项整改中采取的措施和取得的成效,特别是解决问题、纠正失误、改进工作的情况,让人民群众感受到专项整改活动带来的实际效果。同时,要认真对待媒体反映的检察机关执法不规范的突出问题,促进法律监督与舆论监督、群众监督的良性互动。要请新闻媒体深入基层检察院对专项整改工作实地进行采访报道,宣传先进,督促后进,促进检察机关专项整改活动的深入开展。五是要认真听取其他政法部门的意见,自觉接受他们的制约。政法各部门与检察机关工作联系多,能更加直观地看到检察工作中存在的问题,我们要主动征求党委政法委及政法各部门的意见,从兄弟单位对检察工作的意见、建议中发现问题,深入整改。

**六、加强领导和督促检查**

这次专项整改活动,事关检察工作的根本性建设。各级检察机关要把这项工作纳入党组重要议事日程,切实加强领导。一把手要负总责,分管领导要全力抓。要通过专项整改进一步加强领导班子建设,把专项整改工作是否取得扎扎实实的效果,是否取得人民群众的支持和拥护,是否切实纠正了执法中的不规范行为,是否解决了人民群众反映突出的问题,作为考核班子的重要依据。领导干部既要认真抓好规范执法工作,又要不断提高自身管理能力和业务水平,努力杜绝和减少执法不规范的问题。对问题较多、整改不力的班子,要配合当地党委进行调整。对重点单位和部门,要派工作组蹲点抓。对行动滞后的地区和单位,要派得力干部进行实地督导。在整改中边整边犯,对整改中出现的重大问题或涉检上访案件不但没有妥善解决,反而因检察机关违法违规办案导致继续增加的,一定要追究责任。除严肃处理当事人外,属于领导班子工作不力的,要追究有关领导的责任,并进行必要的调整。要注意树立专项整改工作中的先进典型,充分发挥典型的示范和引导作用,推动专项整改活动更好地全面均衡发展。

要加大督促检查力度。督促检查是保证专项整改工作落到实处的重要工作措施。这次电视电话会议后,各省级检察院要组织力量认真开展专项整改督促检查工作。督促检查要和解决实际问题结合起来,督查组下去前,要将所去地区存在的突出问题,包括需要整改的问题、信访案件的处理情况等进行搜集整理,带着问题开展督查,通过督查解决实际问题,督办涉检信访案件,以此检验整改效果。10月中下旬,最高人民检察院将组成若干由院领导带队的督导组,采取暗访与明察相结合的办法,深入基层对专项整改活动进行督促检查。

专项整改活动是推动检察工作的重要载体和动力,也是当前检察机关的一项中心任务。现在距离年底只有三个月时间,各级检察机关要进一步振奋精神,狠抓落实,在巩固、深入、提高上下功夫,确保专项整改活动取得实实在在的成效,推动检察工作取得更大成绩!

# 在全国检察机关深入开展打击制假售假侵犯知识产权犯罪专项立案监督和以纠正刑讯逼供为重点的专项侦查监督活动电视电话会议上的讲话

最高人民检察院副检察长　张　耕

(2005年8月24日)

这次电视电话会议的主要议题是通报前一阶段检察机关开展打击制假售假、侵犯知识产权犯罪专项立案监督和以纠正刑讯逼供为重点的专项侦查监督活动的情况,根据前不久召开的全国检察长座谈会精神,对进一步深入开展这两个专项监督活动进行再动员、再部署,推动这两个专项工作在今年后几个月取得新的更加明显的成效。我受贾春旺检察长的委托,讲两方面的意见。

## 一、关于前一阶段开展两个专项活动的主要情况

2004年3月和今年5月,最高人民检察院先后部署在全国检察机关开展打击制假售假、侵犯知识产权犯罪专项立案监督和以纠正刑讯逼供为重点的专项侦查监督活动。各级检察机关认真落实最高人民检察院的部署,加强领导,精心组织,强化工作措施,保证了两个专项监督活动的顺利开展,取得了一定的成效。

(一)打击制假售假、侵犯知识产权犯罪专项立案监督活动取得了较为明显的成效。主要体现在以下几个方面:

一是批捕、起诉制假售假、侵犯知识产权的犯罪案件上升幅度较大。各地与公安机关密切配合,适时介入对重大案件的侦查活动,坚决、及时地批捕、起诉制假售假、侵犯知识产权的犯罪分子。2004年4月至12月,检察机关共批捕生产、销售伪劣商品和侵犯知识产权犯罪嫌疑人2660人,起诉2305人,分别比上年同期上升56.9%和45.3%;今年1月至7月,共批捕上述两类犯罪嫌疑人1862人,起诉1625人,同比分别上升5.2%和29.7%。特别是2004年底最高人民法院、最高人民检察院《关于办理侵犯知识产权刑事案件具体应用法律若干问题的解释》发布后,检察机关批捕、起诉涉嫌侵犯知识产权犯罪的案件明显增加。今年1月至7月,共批捕侵犯知识产权犯罪嫌疑人493人,起诉454人,同比分别上升54.5%和44.6%。对在全国有影响的阜阳伪劣奶粉案、广州"5·11"毒酒案等重大制假恶性案件,有关地方检察机关集中力量办理,在较短时间内批捕、起诉,使犯罪分子受到了法律的严惩。

二是督办了一批制假售假、侵犯知识产权的大案。2004年,最高人民检察院从公安部通报、人民群众举报、新闻媒体报道、相关行政执法部门移送及中国外商投资企业协会优质品牌保护委员会反映的案件线索中,确定了近百起有影响的重大案件予以挂牌督办,推动这些重大案件得到了及时处理。今年6月,最高人民检察院侦查监督厅、公诉厅又联合下发了《关于抓紧批捕、起诉一批制假售假、侵犯知识产权大要案件的紧急通知》,对56件制假售假、侵犯知识产权的大案挂牌督办。相关检察院按照最高人民检察院的要求,把这些案件作为重点案件来办理,对已进入检察环节的案件,在6月下旬、7月上中旬抓紧批捕、起诉了一批;对未进入检察环节的案件,督促有关部门及时移送或立案侦查。据统计,目前这56起案件中,法院已判决9件,正在审理7件,检察环节正在审查起诉16件,公安机关正在侦查13件,未进入刑事诉讼程序的

11件。不少地方也都排出并督办了一批当地有影响的案件，推动了办案工作的深入。

三是强化立案监督，依法督促有关部门移送、立案了一批案件。各地主动加强与行政执法机关、公安机关的联系配合，发现未移送或未立案侦查的涉嫌犯罪的案件线索，依法提出监督纠正意见。开展专项监督活动以来，共建议行政执法部门向公安机关移送生产、销售伪劣商品等案件1234件1562人，监督公安机关立案侦查762件976人；建议行政执法部门向公安机关移送涉嫌侵犯知识产权犯罪案件157件185人，监督公安机关立案侦查191件239人。一些长期滞留在行政执法环节的涉嫌犯罪案件，经检察机关监督后进入刑事诉讼程序，有效地防止了犯罪分子逃避刑事法律的制裁，在促进行政执法机关严格执法、防止和纠正以罚代刑方面发挥了积极作用。

四是依法查办了一批与制假售假、侵犯知识产权违法犯罪相关的国家工作人员职务犯罪案件。在专项活动中，各级检察机关积极整合检察资源和办案力量，侦查监督部门与职务犯罪侦查部门密切配合，通力合作，深挖严查隐藏在制假售假、侵犯知识产权犯罪活动背后的国家工作人员职务犯罪。2004年4月至2005年7月，检察机关共立案查办徇私舞弊不移交刑事案件、涉嫌犯罪的案件251件310人，放纵制售伪劣商品犯罪行为罪的职务犯罪案件34件44人。

五是结合专项立案监督活动，积极推动了行政执法与刑事司法相衔接工作机制的建立和完善。2004年3月，最高人民检察院与全国整顿和规范市场经济秩序领导小组办公室、公安部联合下发了《关于加强行政执法机关与公安机关、人民检察院工作联系的意见》。各级检察机关认真落实该意见的要求，积极与当地的行政执法部门会签了加强工作联系的文件，在加强信息沟通、建立联席会议制度、督促移送案件、加强工作配合等方面制定了具体措施，初步建立起行政执法与刑事司法相衔接的工作机制。为进一步解决行政执法机关移送涉嫌犯罪案件中存在的问题，今年最高人民检察院又会同全国整顿和规范市场经济秩序领导小组办公室等部门研究起草了《关于在行政执法中及时移送涉嫌犯罪案件的规定(试行)》稿，7月初已在《检察日报》社主办的正义网上公布，广泛征求国内外各界人士的意见。

检察机关开展专项立案监督活动得到了中央领导同志的充分肯定，在社会上也产生了积极的影响。开展这一活动不仅有力地配合了整顿和规范市场经济秩序工作，也有力地配合了我国的对外经贸工作。在今年7月召开的第十六届中美商贸联委会及在此之前召开的中美商贸联委会知识产权工作组第二次会议上，检察机关开展专项立案监督活动的情况被列为中方加大对知识产权刑事保护力度的一项重要成果。实践证明，最高人民检察院关于开展打击制假售假、侵犯知识产权犯罪专项立案监督活动的决策是正确的，不仅推动了检察机关法律监督工作的开展，而且体现了检察机关践行“三个代表”重要思想，服从和服务于党和国家工作大局的自觉性和积极性。

(二)以纠正刑讯逼供为重点的专项侦查监督活动开局良好并初见成效。今年5月最高人民检察院下发《关于开展以纠正刑讯逼供为重点的专项侦查监督活动的通知》和工作方案后，各级检察机关迅速行动，及时向当地党委、人大汇报，向公安、法院、司法行政机关通报，争取各方面的理解和支持；普遍成立了专项监督活动领导小组，有的省级检察长亲自担任领导小组组长，加强对专项监督活动的领导；采取多管齐下的工作方法，整合力量，控告申诉检察、监所检察、反渎职侵权、反贪污贿赂、侦查监督、公诉等部门联动，各司其责，密切配合，认真开展线索排查。专项监督活动开展三个月以来，全国检察机关共受理刑讯逼供案件线索224件，排查140件，立案侦查69件111人，决定逮捕22件40人，提起公诉10件14人。一些检察机关在加强揭露和查办刑讯逼供犯罪案件工作的同时，注意总结经验，探索建立发现、纠正和查处刑讯逼供等违法犯罪行为的长效工作机制。总的看，这项工作开局良好，发展健康，正在引向深入。

在肯定成绩的同时，我们应当清醒地看到，两个专项活动取得的成效离党和人民群众的要求还有不小的差距，工作中也还存在不少问题：一是有的地方检察院对开展这两个专项活动的重要意义认识不足，重视不够，工作部署一般化，抓得不够扎实、具体，措施不够有力。二是有的地方对开展以纠正刑讯逼供为重点的专项侦查监督活动思想上消极畏难，行动上被动应付，不敢监督、不善于监督，排查线索、查办案件的力度不够。三是有的上级检察院督促检查、协调指导不够有力；有的业务部门立足本职、协同作战不够,信息沟通不畅,上报信息不及时,专项活动尚未形成上下联动、左右配合、整体作战的工作氛围。四是在推进行政执法与刑事司法相衔接工作机制方面,大多数地方还停留在一般工作联系层面,没有深入到加强案件移送层面。对这些问题,各地要高度重视,认真研究解决。

**二、关于深入开展两个专项监督活动的意见**

根据全国检察长座谈会的部署,深入扎实地抓好打击制假售假、侵犯知识产权犯罪专项立案监督和以纠正刑讯逼供为重点的专项侦查监督活动,是检察机关下半年的两项重要任务。贾春旺检察长在会上对此提出了新的具体的要求,明确指示:"要把专项工作摆在业务工作的重要位置,下功夫抓紧、抓实、抓出成效。"我们要认真落实全国检察长座谈会的部署和贾春旺检察长的重要指示,以更高的认识,更大的决心和力度,更加扎实的措施,把两个专项监督活动抓出成效。

(一)提高认识,加强领导。从前一阶段工作情况看,一些地方打击制假售假、侵犯知识产权犯罪专项立案监督活动的工作力度有所减弱,特别是以纠正刑讯逼供为重点的专项侦查监督活动工作进展缓慢、成效不大,重要原因之一就是认识不到位,思想上重视不够。因此,今年后几个月要把这两项工作抓出成效,必须有针对性地解决思想认识上存在的问题,引导广大检察人员从落实科学发展观、维护公平正义、构建社会主义和谐社会的高度,进一步提高认识,克服消极、厌倦、畏难情绪,把思想统一到最高人民检察院的决策和部署上来。

要进一步提高对继续深入开展打击制假售假、侵犯知识产权犯罪专项立案监督活动必要性、重要性的认识。当前,我国制假售假、侵犯知识产权违法犯罪活动依然十分突出,严重破坏社会主义市场经济秩序,侵害人民群众的生命健康权利,败坏我国商品信誉,引发社会诚信危机,影响对外开放,阻碍科技自主创新。人民群众对伪劣商品泛滥、侵犯知识产权违法犯罪严重的状况反映十分强烈。为此,党中央、国务院对打击制假售假、保护知识产权工作极为重视,多次指示"继续加大对违法犯罪案件惩处力度"。因此,深入开展打击制假售假、侵犯知识产权犯罪专项立案监督活动,是维护社会主义市场经济秩序,保障人民群众生命健康权利,促进对外开放和对外商贸,推进科技自主创新的需要,也是检察机关为党和国家工作大局服务的一项重大举措。各级检察机关要进一步增强责任感和使命感,认真贯彻中央的指示精神,按照贾春旺检察长关于"确保工作不松,力度不减"的要求,在前一阶段所取得成果的基础上,再接再厉,继续把专项立案监督活动进一步推向深入。

要进一步提高对开展以纠正刑讯逼供为重点的专项侦查监督活动必要性、重要性的认识。近年来,随着依法治国进程的加快,侦查机关执法活动日趋规范,但刑讯逼供的顽症远未根除,办案中刑讯逼供、暴力取证等问题仍然不少。最近最高人民检察院组织对几起典型冤错案件进行了调查分析,发现其中都不同程度地存在着刑讯逼供、暴力取证现象。这些情况表明,集中开展以纠正刑讯逼供为重点的专项侦查监督活动十分必要。它是检察机关贯彻党的十六大和十六届四中全会精神,坚持"立检为公、执法为民",落实宪法关于"国家尊重和保障人权"的规定,为构建社会主义和谐社会服务的重要体现;是"规范执法行为,促进执法公正"专项整改活动的重要工作部署,是解决人民群众反映强烈的执法活动中的突出问题的重要举措。各级检察机关特别是领导同志一定要从这样的高度进一步认识开展专项侦查监督活动的重大意义,切实克服消极畏难情绪,以对党、对人民高度负责的精神,进一步抓紧抓好这项工作。要按照最高人民检察院制定的方案,精心组织,扎扎实实地推进。上级检察院要加强领导,对进展缓慢、成效不大的地方,要认真分析原因,加强检查、督促和指导,切实扭转被动局面。

(二)主动出击,拓宽发现案件的渠道。发现和掌握案件线索,是深入推进两个专项监督活动的基础。要"深入",就必须以积极主动的姿态,努力拓宽发现案件线索的渠道。要通过接待群众控告、进行市场调查、听取社会各界反映以及新闻媒体报道等多种途径,广泛了解案件信息,掌握本地制假售假、侵犯知识产权违法犯罪的线索。要通过加强与当地整规办及其他行政执法机关、公安机关联系,及时掌握行政执法机关查处案件的情况,发现该查处不查处、该移送追究刑事责任不移送、搞以罚代刑的,依法提出监督纠正意见。

发现刑讯逼供案件线索的难度更大,更需要通过深入细致的排查工作来发现和掌握。检察机关各有关部门要立足本职,注意在工作中发现线索。控告申诉检察部门要注意从受理举报、控告和申诉中发现线索，从党委政府信访部门、纪检监察等机关转办的案件材料中掌握线索；侦查监督、公诉等部门要注意从审查案卷和讯问犯罪嫌疑人、提前介入重特大案件、听取律师意见中发现线索；监所检察部门要注意从看守所、监狱在押人员的申诉、控告中发现线索。特别要注意从冤错案件的复查中发现刑讯逼供的线索。对发现和掌握的刑讯逼供线索，要认真核查，对可能涉嫌犯罪的线索，及时移交反渎职侵权部门查处；对一般的违法行为要及时向有关侦查机关提出纠正意见。

（三）突出办案，集中力量办理一批重特大案件。加大办案力度，是开展两个专项监督活动的重点，能否揭露和查办一批案件特别是有影响、有震动的案件，是衡量专项监督活动成效的重要标志。在开展两个专项监督活动中，各级检察机关要紧紧抓住办案这个重点。

鉴于目前制假售假、侵犯知识产权犯罪活动严重的实际，从现在到今年底以前，检察机关要再督促行政执法机关移送一批、监督公安机关立案一批、抓紧审查批捕起诉一批此类案件。对建议移送、监督立案的案件，要注意跟踪案件处理情况，防止案件流失。对涉嫌犯罪的案件，检察机关在向行政执法机关提出移送建议的同时，要向当地整顿规范市场经济秩序领导小组办公室通报或向政府主管领导报告，请他们协调行政执法机关及时移送；对监督立案的，要报告当地党委政法委，请他们督促公安机关及时立案侦查。要把专项立案监督活动与查办破坏社会主义市场经济秩序渎职犯罪专项工作结合起来，坚决依法查办国家机关工作人员为制假售假、侵犯知识产权违法犯罪活动充当“保护伞”，涉嫌贪赃枉法、徇私舞弊、玩忽职守等职务犯罪，以及行政执法人员徇私舞弊不移交刑事案件、放纵包庇制售伪劣商品犯罪行为的案件。

在以纠正刑讯逼供为重点的专项侦查监督活动中，要集中力量查办一批涉嫌刑讯逼供犯罪的案件。对于性质严重、手段恶劣、社会影响较大、群众反映强烈的刑讯逼供案件，特别是致人重伤或死亡、造成冤错案件的，要发现一件，坚决查办一件，不论案件涉及到谁，都要排除阻力和干扰，坚决一查到底。要注意从近年来发现的冤错案件入手，深挖严查刑讯逼供案件。由于刑讯逼供犯罪的主体是侦查人员，又发生在执行公务之中，发现难、取证难、阻力大是办理此类案件的特点。各级检察长要加强对办案工作的领导和协调，抓实抓具体。查办的重大案件和遇到的重大问题，要及时向党委、人大汇报，争取支持。对一些重大、疑难、复杂、阻力大的案件，要采取上级检察院提办、参办、督办、异地交办等方式，排除阻力和干扰，确保办案工作顺利进行。最高人民检察院将挂牌督办一批重大案件，省级检察院、分市检察院也都要分别督办一批重点案件，层层加强对办案工作的领导，落实办案责任制，以利于突破案件，确保办案质量。

开展专项侦查监督活动，不仅要查处其他侦查机关的刑讯逼供问题，同时要认真查处检察机关自侦工作中的刑讯逼供问题。反贪污贿赂、反渎职侵权部门要结合专项监督活动和“规范执法行为，促进执法公正”专项整改活动，认真开展自查自纠；纪检监察部门要加强监督，对自侦工作中的刑讯逼供，要坚决从严查处，决不能手软。对于检察人员涉嫌刑讯逼供的线索，要由上一级检察院纪检监察部门立案查处，其所在检察院要予以配合，涉嫌犯罪的，要及时移送反渎职侵权部门查处。

（四）各司其职，密切配合，形成合力。专项立案监督活动和专项侦查监督活动是当前检察机关的重点工作，不是某一个部门的事，而是整个检察机关的事。这两项工作难度大、涉及面广，各级检察长要加强协调，整合检察资源，侦查监督、公诉、反贪污贿赂、反渎职侵权、控告申诉检察、监所检察等有关业务部门要有“一盘棋”观念，各司其职，密切配合，上下联动，左右联动，相互协作，形成合力，共同推进。综合后勤部门也要积极发挥作用，在综合调研、后勤保障特别是经费、交通、通讯等方面，全力配合两个专项监督活动的开展。最高人民检察院有关业务部门和上级检察院要加强督促检查、具体指导，及时总结推广开展专项活动的好经验和好做法，帮助下级检察院解决工作中遇到的困难和问题。要主动向党委政法委汇报，加强同政法各部门的联系，积极争取党委政法委和公安、司法行政等有关部门的理解和支持，使专项活动取得更好的成效。要进一步做好专项活动的信息工作，最高人民检察院确定由侦查监督厅负责两个专项活动信息情况的汇总，各级检察机关的侦查监督部门要切实负起责任，指定专人负责信息、情况的汇总、整理、报送工作；相关业务部门也要确定联系人，及时提供有关情况，保证信息渠道的畅通。各省级检察院侦查监督部门要按照最高人民检察院工作方案的要求,及时上报专项活动阶段性工作情况、数据和其他信息,对重大案件、重要问题要及时上报。要加强对打击制假售假、侵犯知识产权专项立案监督活动的宣传,对某些重大典型案件应予跟踪报道,以扩大声势,教育群众,促进专项活动的深入。但对以纠正刑讯逼供为重点的专项监督活动的宣传则要慎重,应严格按最高人民检察院工作方案的要求报批。

(五)积极探索,建立长效机制。探索建立长效工作机制,是两个专项活动的重要目标。要结合专项立案监督活动,进一步推动行政执法与刑事司法相衔接工作机制的完善,当前要注重把与行政执法机关的一般工作联系深入到加强案件移送的层面,使衔接机制发挥更大的作用。各地对正义网上公布的《关于在行政执法中及时移送涉嫌犯罪案件的规定(试行)》(征求意见稿)要认真研究,在9月中旬以前向最高人民检察院提出修改意见。我们将在认真研究各方面意见的基础上,抓紧修改,争取早日与有关部门共同会签下发。该文件会签下发后,各地可结合实际制定具体实施办法,增强可操作性,保证规定切实得到落实。

要结合专项侦查监督活动,探索建立健全预防、发现、纠正和查办刑讯逼供的有效机制,这是治本之举。一是要注意研究刑讯逼供发生的规律、特点,有针对性地提出对策;涉及修改法律的问题,应积极提出完善立法的建议和意见。二是在审查批捕、起诉工作中,要增强监督意识,严格审查,严格把关,及时发现刑讯逼供问题,并提出纠正意见,防止由于刑讯逼供而造成新的冤错案件。今后由于审查批捕、审查起诉把关不严,对刑讯逼供问题该发现而未发现,对刑讯逼供获取的言词证据该排除而未排除,从而造成冤错案件的,要按照错案责任追究制,严肃追究案件承办人和有关领导的责任。三是按照全国检察长座谈会关于推进检察改革的部署,最高人民检察院将抓紧研究制定"办理审查逮捕、审查起诉案件依法排除非法证据的规定"和"讯问职务犯罪嫌疑人、询问证人等收集言词证据活动逐步实行全程录音、录像的规定"。通过制定、实施这些规定,加大排除非法证据的力度,规范自侦办案工作,提高执法水平和办案质量。各地都要从本地实际出发,积极探索和建立有关长效机制。

今年底,两个专项监督活动告一段落后,各省级检察院要认真总结,形成书面材料,于明年1月15日前报最高人民检察院。

同志们,深入开展打击制假售假、侵犯知识产权犯罪专项立案监督和以纠正刑讯逼供为重点的专项侦查监督活动,意义重大,任务繁重而艰巨。我们要以邓小平理论和"三个代表"重要思想为指导,落实科学发展观,以战斗的姿态,扎实的作风,把这两个专项活动抓出明显成效,为社会主义市场经济秩序的进一步完善,为保障人权,维护公平和正义,构建社会主义和谐社会,做出新的更大的贡献!

# 深入贯彻落实检察工作主题<br>努力推动公诉工作全面健康协调发展

最高人民检察院副检察长　邱学强

(2005年5月25日)

我们这次会议是适应构建社会主义和谐社会的新形势,根据全面加强法律监督工作的需要召开的一次重要会议,主要任务是围绕深入实践检察工作主题,明确当前及今后一个时期加强公诉工作、强化法律监督的总体任务,动员全国各级检察机关和公诉干警进一步统一思想,振奋精神,凝聚力量,努力推动公诉工作全面健康协调发展。最高人民检察院党组对这次会议高度重视,会前专门研究了公诉工作,贾春旺检察长作出了重要指示,为我们开好这次会议、做好公诉工作指明了方向。下面,我讲几点意见。

**一、正确把握公诉工作面临的形势和任务,进一步用检察工作主题统一执法思想**

党的十六大以来,我国进入了全面建设小康社会的新的发展阶段。各级检察机关及公诉部门紧紧围绕党和国家的工作大局,认真贯彻落实检察工作主题和总体要求,依法履行公诉职能,维护社会稳定,保障司法公正,为全面建设小康社会做出了重要贡献,公诉改革和队伍建设也取得了新的发展。为了完成好法律赋予的光荣使命,广大公诉干警顽强拼搏,秉公执法,无私奉献,表现出了忠诚敬业的宝贵精神,涌现出了以方工等同志为代表的一大批模范检察官和优秀公诉人。实践证明,公诉队伍是一支担得起重任、打得了硬仗、经得起考验的优秀队伍。在这里,我代表最高人民检察院和贾春旺检察长,向所有从事公诉工作的同志表示崇高的敬意和亲切的慰问,并向支持公诉工作的广大干警家属表示诚挚的感谢!

当前,在以胡锦涛同志为总书记的党中央的正确领导下,我国正在按照科学发展观的要求和党的十六届三中、四中全会提出的任务,努力构建社会主义和谐社会。胡锦涛总书记强调,构建社会主义和谐社会,必须切实落实依法治国的基本方略,切实维护和实现社会公平和正义,切实处理好新形势下的人民内部矛盾,切实做好维护稳定的工作。这些要求都同公诉工作密切相关,并且对公诉工作提出了新的更高的要求。各级检察机关必须清醒地认识到构建和谐社会的重大意义以及公诉工作所肩负的重要责任,积极迎接各种新的挑战。当前,我国正处在加快发展的重要战略机遇期,同时又是人民内部矛盾凸显、刑事犯罪高发、对敌斗争复杂的时期,维护稳定的任务十分繁重;随着依法治国进程的深入推进,人民群众的民主法治意识逐步增强,而当前在刑事诉讼中违法办案、侵犯人权、司法不公、贪赃受贿、徇私枉法等现象依然存在,有的比较突出,社会各界对检察机关法律监督的期望越来越高。同时,构建和谐社会这一重要执政理念的提出,还为检察机关的法律监督工作带来了新的理念、新的认识,在新的时代背景下,我们必须自觉用中央提出的构建和谐社会的思想来指导法律监督工作,用是否有利于实现社会和谐来检验法律监督工作。这就要求我们必须真正站在为构建和谐社会服务的战略高度,全面正确把握公诉工作的全局和使命,积极更新公诉工作的执法理念,紧紧围绕"强化法律监督,维护公平正义"的检察工作主题,提高法律监督能力,切实全面履行好依法指控犯罪和诉讼监督的公诉职责,努力为构建和谐社会创造稳定的社会环境和良好的法治环境。面对新的形势和新的要求,我们必须清醒地看到,公诉工作无论是在指导思想和执法理念上,还是在履行职能、队伍素质、工作机制、执法保障上,都还存在很多不相适应的地方,一些问题甚至还相当突出。集中表现在部分公诉干警对我国公诉权的法律监督性质认识模糊,导致贯彻检察工作主题不自觉,履行诉讼监督职能不到位,一些地方公诉环节的诉讼监督有逐步萎缩弱化的倾向;有些干警执法思想趋于僵化,本本主义、经验主义等比较严重,工作中固步自封、机械执法,政治意识和大局意识还不够强;特别是今年以来发现的几起重大冤案错案,既有有失职守、监督不力的原因,也有在公诉环节对案件质量把关不严的问题。对这些问题如果不抓紧研究解决,势必会制约公诉工作的全面健康深入发展。

根据最高人民检察院党组和贾春旺检察长对公诉工作的指示,适应新的形势发展的需要,当前和今后一个时期公诉工作的总体任务是:坚持以邓小平理论和"三个代表"重要思想为指导,认真贯彻落实"强化法律监督,维护公平正义"的检察工作主题,依法指控犯罪,强化诉讼监督,提高办案质量,积极推进公诉改革,加强公诉队伍专业化建设,全力维护社会稳定,切实保障人权,为构建社会主义和谐社会做出积极贡献。这一总体任务,既是我们站在历史唯物主义的基石上,对检察工作主题的自觉认识和深入思考,同时也是对公诉工作思路的基本概括,体现了我们对公诉工作规律认识的进一步深化和发展。要完成好这一总体任务,切实加强公诉工作、强化法律监督,首先必须在以下三个重大问题上进一步统一执法思想:

第一,在总的指导思想上,必须坚持用检察工作主题统揽全部公诉工作。我国的检察制度具有鲜明的中国特色,其本质特征就是检察机关的法律监督性质,这是由我国的具体国情特别是国体和政体所决定的,体现了人民代表大会制度下对国家权力进行监督制约的思想,有其内在的科学性和合理性。最高人民检察院党组确定的“强化法律监督,维护公平正义”的检察工作主题,之所以一经提出就得到了整个检察系统乃至全社会的广泛认同,就是因为它鲜明反映了我国检察制度的根本特色,充分体现了党的十六大关于社会主义司法制度必须保障在全社会实现公平和正义的根本要求,对保证检察工作的正确方向、指导检察工作改革和发展具有重要意义和作用。因此,包括公诉在内的全部检察工作都必须坚决地而不是敷衍地、具体地而不是笼统地把这个主题贯彻落实到实际行动上。公诉权虽然是世界各国检察机关普遍拥有的一项基本职能,但是我国的公诉权从属于检察机关的法律监督权,我国检察权的根本性质决定了公诉权的法律监督性质,在公诉工作中,无论是指控犯罪还是诉讼监督,都属于法律监督的范畴,这也正是我国公诉制度有别于其他国家的本质特色。然而,我们有些同志特别是从事公诉工作的同志,却对中国特色社会主义检察制度下公诉权的根本性质认识模糊,看不到中外公诉权性质的本质区别,把我们的公诉简单等同于外国的公诉,有的甚至盲目崇拜西方的检察制度,把公诉与监督割裂开来,这在思想上是非常危险的,在具体工作中也是十分有害的。当前,社会上有的人主张削弱甚至取消检察机关的法律监督地位,将检察机关变为单纯的公诉机关,有的出发点是好的,有的是片面以西方司法制度为标准来评判我们的检察制度,也有极个别的实质上是主张在中国套用西方的检察制度和司法制度,企图在中国搞“三权分立”,对此我们必须增强政治敏锐性和政治鉴别力,决不能不辨是非,盲目跟着跑。我们今天在公诉工作中讲法律监督、讲贯彻落实检察工作主题,可以说并非无的放矢,而是具有特殊的现实意义,如果公诉工作只抓办案、不重监督,路子肯定将越走越窄;只有牢牢抓住法律监督这个根本,路子才会越走越宽,才能把全部职能作用充分释放出来,无愧于公诉工作的重大使命。因此,各级检察机关和公诉干警必须进一步统一执法思想,正确认识公诉权的法律监督性质,增强贯彻落实检察工作主题的自觉性,全面准确把握公诉工作的职能和任务,保证强化法律监督的要求在公诉工作中得到充分有效的贯彻和落实。

第二,在基本工作格局上,必须坚持认真贯彻检察工作总体要求,全面抓好依法指控犯罪、强化诉讼监督、提高办案质量三项工作。最高人民检察院党组确定的“加大工作力度,提高执法水平和办案质量”的总体要求,是在认真总结检察工作经验教训的基础上提出来的,符合检察工作的客观规律,是科学发展观在检察工作中的具体化和具体运用,对于保证检察工作健康发展具有重要意义。基于这一总体要求,我们必须按照依法指控犯罪、强化诉讼监督、提高办案质量的基本格局,全面正确履行好公诉职责。从公诉权的职能配置看,指控犯罪和诉讼监督是公诉工作的两项基本职能,其中指控犯罪、维护稳定是检察机关的首要任务,而公诉权的法律监督性质集中体现在诉讼监督上。所以,这两项工作都必须纳入公诉工作的基本格局,同样重视、同时抓好,做到两手抓、两手都要硬。从它们相互之间的辩证关系看,依法指控犯罪和强化诉讼监督有机地统一于法律监督之内,都主要通过办案来实现,提高办案质量是依法履行好指控犯罪和诉讼监督职能的前提和保障;诉讼监督寓于指控犯罪的过程之中,离开指控犯罪工作,诉讼监督就失去了有效载体,而强化诉讼监督又有利于依法指控犯罪、提高办案质量,三者之间互相依托,缺少任何一个都不够科学、全面。从公诉实践看,有些地方在工作中之所以常常重此轻彼、顾此失彼、忽左忽右、起伏波动,指控犯罪与诉讼监督一手硬、一手软,力度与质量、配合与监督的关系处理不够好,重要的原因就是割裂了三项工作的有机联系,片面强调、重视其中的一两个方面而忽略了其他方面,违背了科学发展观的要求。因此,在公诉工作中必须坚持三项重点工作并重的新格局,以法律监督为主线,以办案为载体,以质量作保障,努力使公诉工作真正走上符合检察工作总体要求、全面健康协调发展的轨道。

第三,在公诉指导原则上,必须坚持六条基本原则。即坚持指控犯罪与诉讼监督并举,坚持忠实于事实和法律,坚持惩治犯罪与保障人权并重,坚持力度、质量和效率的有机统一,坚持分工负责、互相配合、互相制约,坚持正确贯彻党和国家的刑事政策和严格执行法律并行不悖的原则。这六条原则,都是依据宪法和法律、紧密结合公诉工作实际总结概括出来的,在公诉工作中都是最基本、最重要的原则,各条原则既各具丰富内涵,相互之间又存在着密切联系,它们与公诉工作的总体思路具有一脉相承的内在联系,可以说是总体思路与具体公诉工作之间的重要桥梁和纽带,不仅对正确理解和贯彻总体思路具有重要意义,而且对解决当前公诉工作中的突出问题具有很强的现实针对性。坚持了这六条基本原则,公诉工作就能够坚定中国特色社会主义检察制度的方向,检察工作主题和总体要求就会得到比较好的贯彻;就能够坚定地实践和捍卫法治,坚决依法独立公正行使检察权,维护法律的统一正确实施,维护社会公平和正义;就能够在执法办案中充分体现以人为本、保障人权,既坚决依法惩治犯罪,维护最广大人民的根本利益,同时又依法尊重和保障犯罪嫌疑人及其他诉讼参与人的合法权益;就能够比较好地处理指控犯罪与诉讼监督、加大力度与保证质量、相互配合与监督制约等问题之间的辩证统一关系,促进公诉工作的科学发展;就能够使我们站在更高的层次上执行法律,注重法律效果与社会效果的有机统一,更好地服务构建和谐社会的大局。因此,我们必须把这些原则作为统一执法思想的重要内容,深刻理解并认真贯彻落实到各项具体公诉工作之中。

**二、依法全面正确履行指控犯罪和诉讼监督职能,努力提高执法水平和办案质量**

依法指控犯罪、强化诉讼监督,为党和国家的工作大局服务,是公诉工作的根本职责之所在,而依法履行好公诉职责是现实的和具体的,评价公诉工作的优劣与得失,归根到底就是要看其职能履行得是否充分而又有效,是否真正把执法为民作为最高准绳。各级检察机关及公诉部门必须按照三项工作格局,突出主题,抓住重点,强化措施,全面加强公诉工作、强化法律监督,确保在依法履行职能上见到明显成效。

(一)依法惩治各类犯罪,全力维护社会稳定

稳定是压倒一切的政治任务。胡锦涛总书记最近在接见全国社会治安综合治理先进集体、先进工作者表彰大会代表时指出,实现全面建设小康社会的宏伟目标,需要有一个和谐稳定的社会环境,当前维护稳定、综合治理的任务十分艰巨,需要我们继续不懈努力。各级检察机关必须深刻理解总书记的讲话精神,清醒认识当前犯罪的严峻形势,切实增强政治意识、大局意识和责任意识,充分运用公诉职能全力维护社会稳定,促进和谐社会建设。

第一,要坚定不移地贯彻"严打"方针,有效防止打击不力,坚决维护社会稳定。多年来的经验表明,"严打"是遏制严重刑事犯罪的有效措施,当前犯罪高发的严峻形势,决定了我们必须长期坚持"严打"方针,充分发挥公诉职能,进一步加大对各类严重犯罪的打击力度。要突出打击重点,坚决依法严惩危害国家安全犯罪,"三股势力"以及"法轮功"等邪教组织犯罪;严重暴力犯罪、黑恶势力及有组织犯罪,抢劫、抢夺、盗窃等多发性侵财犯罪;金融诈骗、非法集资、制假售假、侵犯知识产权和走私等严重破坏社会主义市场经济秩序犯罪;人民群众反映强烈的重大贪污贿赂、渎职侵权等职务犯罪。对一个时期内比较突出、严重影响社会稳定和市场经济秩序的犯罪,检察机关要与公安机关、人民法院配合开展专项行动、集中打击。对严重刑事、经济犯罪要坚持依法从重从快、从重从严处理,必要时公诉部门要提前介入,对有重大影响的案件上级检察机关要挂牌督办。针对一些重大犯罪案件被告人在法庭上翻供比较突出的问题,要采取有效的防范措施和斗争策略,确保圆满完成出庭公诉、指控犯罪的任务。对检察机关立案侦查的职务犯罪案件和重大疑难复杂的刑事、经济犯罪案件,公诉环节讯问犯罪嫌疑人,要逐步实行全程录音、录像,有效固定关键证据。遇到被告人翻供、证人翻证,公诉人要沉着应变,综合运用全案证据,有力地揭露和证实犯罪,必要时要果断依法建议延期审理,对翻供、翻证问题进行深入调查,搞清事实真相,发现涉嫌包庇、伪证和其他犯罪的,坚决依法追究刑事责任。对社会关注的重大案件和疑难、复杂案件,要选派优秀公诉人出庭支持公诉,检察长、主管副检察长和公诉处(科)长要带头出庭。要依法对案件实行繁简分流,充分适用简易程序,进一步推行被告人认罪案件普通程序简化审理,努力提高办案效率,增强打击犯罪的时效性。但是也要特别强调,即使办案任务再重,也都必须严格遵守法定办案时限,切实防止滥用退回补充侦查权,坚决杜绝在公诉环节发生超期羁押。

第二,要严把事实关、证据关和适用法律关,有效防止冤假错案。在公诉工作中,检察机关不能单纯指控犯罪,既要坚决依法惩治犯罪,更要依法保护无辜,"依法"二字最为重要,必须尽一切努力有效防止冤假错案。针对造成错案的原因,今后要重点采取以下三条措施:一是坚持以证据为本。办案中必须坚持客观公正的原则,既依法查明有罪、罪重的证据,又查明无罪、罪轻的证据,高度重视犯罪

嫌疑人的辩解和辩护人提供的证据材料,切实防止重打击轻保护,主观片面、先入为主;坚持重证据、重调查研究、不轻信口供的原则,依法全面审查判断证据,对于有疑点、有矛盾的证据,决不轻易放过,一定要认真核实甄别,确保真实可靠;在公诉证明标准上要遵循正向思维与逆向思维相结合的司法认知规律,凡是提起公诉的案件,必须达到犯罪事实清楚、证据确实、充分。证据之间存在矛盾或者有疑问的,必须排除合理怀疑。二是坚决排除非法证据。在办案中必须切实加强对证据合法性的审查,凡是以刑讯逼供、暴力取证或者威胁、引诱、欺骗等非法方法收集的犯罪嫌疑人供述、被害人陈述、证人证言,应当依法坚决予以排除;对于其他未严格遵守法律规定收集的证据,必须依法重新收集或者采取其他补救措施后,才能作为指控犯罪的根据。三是为了支持下级检察院依法独立公正行使检察权,最高人民检察院决定建立案件特别备案审查制度。今后凡属于职务犯罪大案要案,在当地有较大社会影响的敏感案件和新闻媒体关注的案件,协调意见与检察机关意见不一致的案件,以及参与协调的司法机关之间意见分歧较大的案件,必须及时将情况报上一级检察院公诉部门特别备案,上级检察院应当认真审查,发现问题及时纠正。应当特别备案而未按规定上报的,如果发生错案要严肃追究责任。这里要特别强调,各地发现重大冤假错案,必须按照规定及时上报、不得隐瞒,由于故意隐瞒造成不应有的恶劣影响的,也要严肃追究责任。

第三,要正确处理贯彻刑事政策与严格执行法律的关系,努力追求法律效果和社会效果的有机统一。刑事政策和策略集中反映了我们党和国家对司法工作的根本政治主张,蕴含着符合司法规律的社会主义法治理念和深刻的政治要求,是指导执法的灵魂。因此,在执法实践中,既要防止搞法律虚无主义,用政策代替法律,又要防止搞"法律至上",要善于从党和国家刑事政策和策略所体现的社会政治意义上加以理解和把握,使公诉工作真正体现党和国家的意志,反映最广大人民的根本要求。在构建和谐社会的新形势下,坚持用党和国家的刑事政策指导公诉工作,把执行法律与执行刑事政策统一于办案实践的全过程,意义更加重大。我们必须打破习惯思维的定势,拓宽观察和思考问题的视野,站在全力维护社会稳定大局的高度,把依法指控犯罪置于构建和谐社会这个总任务下,重新思考和认识它的职能、任务,创新执法的思路和方式,努力提高执法的艺术,积极运用公诉职能化解人民内部矛盾,促进和谐社会建设。要注意运用宽严相济、区别对待的刑事政策,加强对失足者的教育、感化和挽救,努力化不和谐为和谐,化消极因素为积极因素。对未成年人犯、初犯、偶犯、从犯、过失犯等主观恶性较小、犯罪情节轻微的,要根据案件具体情况掌握政策,可诉可不诉的不诉,依法起诉的也要积极向人民法院建议从宽处理。对因人民内部矛盾引发群体性事件、涉嫌刑事犯罪的,更要严格掌握刑事政策,正确区分罪与非罪,避免扩大打击面,激化社会矛盾。

(二)加大刑事诉讼监督力度,努力维护司法公正

公诉环节的诉讼监督覆盖刑事诉讼全过程,在检察机关法律监督整体格局中具有重要地位。各级检察机关及公诉部门要切实深入实践检察工作主题,强化法律监督意识,按照依法、坚决、准确、有效的原则,加大诉讼监督力度,树立法治权威,努力保障法律的统一正确实施。

第一,要深刻理解和正确把握诉讼监督的原则。最高人民检察院在认真总结公诉环节诉讼监督经验的基础上,确定了"依法、坚决、准确、有效"的监督原则,其本质是坚持公平、正义,核心是依法、坚决,关键是准确、有效。各级检察机关及公诉部门要认真按照这八字原则来开展诉讼监督,切实解决不愿监督、不敢监督的问题,解决监督手段不够有力、监督水平和质量不高、监督效力不强等问题。既要充分履行诉讼监督职责,充分用好法律赋予的监督手段,加大诉讼监督的力度,又要注意提高监督的质量,改进监督的方式方法,加强与被监督机关的沟通和联系,共同维护司法权威,防止监督无序、适得其反。

第二,要突出诉讼监督重点,加大诉讼监督力度,全面加强对侦查、审判活动的监督和检察机关办理职务犯罪案件的内部监督制约。

在侦查监督方面,要进一步加强追诉漏罪漏犯工作,强化对另案处理、随意改变逮捕等强制措施、退回补充侦查后对案件自行消化处理等问题的监督,有效防止有罪不究、以罚代刑、放纵犯罪;对于滥用刑事手段插手民事经济纠纷、违法立案管辖刑事案件、侵犯诉讼参与人特别是犯罪嫌疑人诉讼权利和其他合法权益等侦查违法行为,要坚决依法监督,切实保障无辜者不受刑事追究,侦查活动严格

依法进行。刑讯逼供严重侵犯人权，同时又是冤假错案的温床，不仅人民群众反映强烈，而且严重损害党和国家以及司法机关的形象，危害十分严重，必须作为侦查监督的重中之重，坚决拔掉这颗刑事诉讼的“毒瘤”。要严格执行诉讼权利告知制度，从程序上设置发现刑讯逼供的途径，注意从犯罪嫌疑人的各种异常现象中发现刑讯逼供的线索，高度重视当事人及其律师、亲友等提出的控告。发现刑讯逼供必须深入调查核实，依法严肃提出监督意见，涉嫌犯罪的坚决排除干扰阻力，依法追究刑事责任。

在刑事审判监督方面，要着力运用抗诉手段加强对审判不公的监督，切实扭转刑事审判监督弱化无力的被动局面。根据当前刑事抗诉工作实践，对于人民法院采信自行收集的证据，未经庭审质证即作为裁判的根据，导致错误裁判的；不采纳公诉人庭前收集并经庭审质证的有效证据，仅因被告人翻供而判决无罪或改变事实认定，导致错误裁判的；审判活动严重违反法定诉讼程序，或者审判人员在审理案件过程中有贪污受贿、徇私舞弊等行为，影响公正裁判的；判决、裁定认定事实或者适用法律错误，量刑虽然未致畸轻畸重，但社会影响恶劣的；因重要事实、法定情节认定错误而导致错误裁判，或者因判决、裁定认定犯罪性质错误，可能对司法实践产生不良效应的，也应依法提出抗诉。上级检察院对下级检察院抗诉或者提请抗诉的案件，符合抗诉条件的要坚决依法予以支持。要努力提高抗诉案件的质量，衡量抗诉案件的质量，最终要以事实为根据、以法律为准绳，不能简单以是否改判为标准。对于人民法院正确的判决、裁定，应当做好当事人的息诉工作，共同维护审判权威。

在死刑复核和死刑执行活动监督方面，要进一步引起高度重视，切实依法履行监督职责。死刑案件人命关天，社会高度关注。最高人民检察院要适应司法体制改革的要求，加强调研论证，认真研究有效开展死刑复核监督的措施，规范监督工作程序，依法强化对人民法院死刑复核活动的监督。要研究制定死刑执行临场监督工作规则，严格依照有关规定派员监督死刑执行活动。发现存在不应当执行死刑情形的，应当立即建议人民法院停止执行；对违反法定死刑执行程序，侵犯被执行人人身权、名誉权，应当及时监督纠正。

在检察机关内部监督制约方面，要重点规范职务犯罪案件不起诉工作，防止滥用职务犯罪侦查权和不起诉权。当前，一些地方在查办职务犯罪案件工作中，利用不起诉办关系案、人情案、台阶案、利益驱动案的现象仍然存在。最高人民检察院对此非常重视，明确要求要制定职务犯罪案件三类不起诉的具体标准，规范不起诉程序。各级检察机关及公诉部门要切实严格掌握职务犯罪案件不起诉标准，对于依法应当起诉的，严禁作相对不起诉处理；所有拟作不起诉处理的案件，必须报经检察委员会讨论决定。对于立案、侦查环节中存在的问题，公诉部门要坚持原则，不徇情面，依法监督制约，各级检察长要支持公诉部门发挥职能作用，不能越俎代庖，包办代替。

第三，要综合运用各种方法和手段，推动公诉环节诉讼监督工作的深入开展。强化法律监督是检察机关共同的任务，各有关业务部门必须密切配合，有效形成法律监督的整体合力，增强监督实效。一是要建立完善检察机关内部诉讼监督衔接机制。公诉部门要主动加强与其他部门的沟通配合，及时根据控告申诉、监所检察等部门提供的有关情况，有针对性地加强公诉环节的诉讼监督；对侦查监督部门立案监督和侦查监督的案件，继续实行跟踪监督，并及时将有关情况向侦查监督部门反馈。二是要建立查办司法人员职务犯罪诉侦协作机制，坚决查处司法不公背后的职务犯罪。司法人员贪赃枉法、徇私舞弊是造成司法不公的重要原因，依法查处司法不公背后的职务犯罪则是最有力的法律监督手段，许多地方都是以此为突破口，有效打开了诉讼监督的局面。因此，要有效加强诉侦协作，公诉部门既要对司法不公的案件进行监督，更要注意从司法不公的案件中发现司法人员职务犯罪的线索，并积极配合职务犯罪侦查部门立案查处，各级检察机关要把公诉部门发现司法人员职务犯罪的情况和侦查部门是否有效进行查处作为考核公诉和侦查工作的重要内容。三是各级检察机关及公诉部门要灵活运用监督手段，采取口头监督与发检察建议书、纠正违法通知书相结合，即时监督与事后监督相结合，个案监督与类案监督相结合等方式，加大诉讼监督力度，增强诉讼监督效果。要积极创新监督方法，大力加强宏观监督，注意对一个时期内侦查、审判活动中较为突出的问题进行归纳、分析，提出监督意见和建议，促使侦查、审判机关集中纠正解决。对所有提出的监督意见，都要采取有效措施，实行跟踪监督，力求件件见到效果。对于被监督机关拒绝或者排斥监督的,要向上级检察机关报告,并积极争取同级党委、人大的支持,检察机关抗诉的案件要坚持按照规定向人大常委会备案。

(三)集中整改和规范公诉工作,提高办案质量,确保公诉权依法正确行使

公正执法是检察工作主题的内在要求,而规范执法则是公正执法的前提和保障。各级检察机关及公诉部门要认真贯彻中央政法委和最高人民检察院关于开展"规范执法行为,促进执法公正"专项整改活动的重大部署,集中整改不规范的公诉执法行为,全面加强公诉工作规范化建设,为依法正确履行公诉职能奠定坚实基础。

首先,要结合公诉实际扎实整改,集中解决公诉环节执法不规范的突出问题。开展"规范执法行为,促进执法公正"专项整改活动,是结合政法工作实际、进一步把先进性教育活动引向深入而采取的重大举措。在中央政法委和最高人民检察院的整改活动方案中,公诉都被确定为重点部门和环节,各级公诉部门必须高度重视,正确对待,紧密结合公诉工作实际,集中整改执法不规范的各种突出问题。对最高人民检察院整改活动方案中确定的四个方面的整改内容,各级公诉部门要逐条对照检查,逐项进行认真整改。要重点抓住当前公诉工作和队伍建设中最突出的三个问题进行集中整改,确保见到实效:一是针对办案质量不高的问题进行集中整改。从最高人民检察院公诉厅到各级检察院公诉部门,都要对所办案件进行重点复查,尤其是对近年来暴露出来的冤假错案要集中进行深刻剖析,分析原因,总结教训,找出规律,拿出有效防范措施。对于明显错误、由于各种因素纠正监督不力的,上级检察院要挂牌督办,限期纠正。二是针对公诉干警违法违纪案件相对高发的问题进行集中整改。要从思想教育、业务管理、监督制约、业外活动等各个方面查找原因,堵塞漏洞,有针对性地采取有力措施,确保这种状况得到根本性扭转。三是针对公诉业务流程和重要的制度规范不统一、管理比较混乱的现象进行集中整改,深刻反思上级检察院在公诉工作宏观指导上的职能缺位,最高人民检察院公诉厅和省级检察院公诉部门要集中精力强化对公诉工作的宏观管理,尽快对公诉业务流程和重要的业务制度进行统一和规范。

其次,要在专项整改的基础上,全面推进公诉业务规范化建设。中央政法委提出要用三年左右时间,在全国范围内推进执法规范化建设,把各项执法全面纳入规范、有序的轨道。最高人民检察院公诉厅和省级检察院公诉部门要按照这个目标和任务,全面梳理现行公诉业务规范,该整合的整合,该修订完善的修订完善,该废止的废止,并根据需要研究制定一批新的制度规范,其中重要的业务规范必须要由最高人民检察院统一制定。最高人民检察院近期将重点制定检察机关审查公诉案件排除非法证据的若干意见、审查不起诉案件的规定、进一步加强刑事抗诉工作的意见、公诉案件证据标准和公诉案件考评办法。下一步最高人民检察院还将重点制定公诉工作细则、公诉工作流程和公诉业务规范化建设标准等一系列重要的制度和规范,力争在三年内或者更短的时间,构建一套比较科学、完备、统一的公诉工作规范化制度体系。

第三,要强化公诉工作考评,落实执法责任制和责任追究制度。当前执法规范化建设中存在的一个突出问题,是不少规范化要求在实践中没有很好地得到落实,这个问题不解决,制度再好、再多都没有用。为此,今后要从最高人民检察院做起,分级实施公诉工作量化考评,强化工作考核和责任落实。最高人民检察院对各省的公诉工作进行量化考核,核心目的有两个:一是树立正确的公诉工作导向,引导全系统紧紧围绕检察工作主题、按照总体要求来开展公诉工作,促进指控犯罪与诉讼监督相统一,力度、水平与质量相统一,推动公诉工作科学发展。二是加强对公诉工作的宏观管理,评价一个地区的工作不是凭印象,而是凭工作数据;不是只看单项工作,而要看整体发展;不是只下达一般任务、提一般要求,而是要有部署、有检查、有考核监督,并且使落实任务与责任追究相衔接。最高人民检察院公诉厅要将考核结果向各省逐个反馈,各省级检察院要真正把考评结果与干部使用、评先评优等挂起钩来。各省级检察院要进一步制定考评细则,使考评的作用逐级传导到市分院和基层检察院,并提前作用于办案过程之中。要认真落实公诉执法责任制和责任追究制度,坚决维护法律、制度的权威性和有效性,上级检察院要加强巡视、检查,确保制度得到有效落实。

**三、深化公诉改革,为公诉工作发展注入新的生机与活力**

我国现行检察制度下的公诉制度,具有鲜明的中国特色和制度优势,但仍然需要通过不断改革创

新,实现与时俱进。各级检察机关及公诉部门要认真贯彻落实中央批准的关于司法体制和工作机制改革意见的部署,在最高人民检察院的统一领导下,围绕检察工作主题,着眼公诉实践需要,在现行法律的框架内,积极、稳妥地依法推进公诉改革,创新公诉工作机制,探索完善中国特色社会主义检察制度,推动公诉工作不断前进发展。当前,要在巩固深化过去公诉改革成果的基础上,根据最高人民检察院的统一部署,抓好以下五项改革:

(一)完善和落实职务犯罪不起诉案件监督制约制度

依法直接立案查办职务犯罪是检察机关法律监督权的重要内容,检察机关必须从侦查、公诉等多个环节,维护这一神圣权力的公正性和严肃性。根据中央司法体制改革的部署和最高人民检察院的实施方案,加强对检察机关职务犯罪不起诉案件的外部监督和内部制约,要实行两项改革:一是继续深化人民监督员制度。作为检察机关接受外部监督的一项制度创新,人民监督员制度试点取得了良好效果,并且已经正式纳入司法体制改革的范畴。各级检察机关要进一步完善和规范人民监督员制度的运行,重点是注意防止由检察机关控制人民监督员的监督,防止将明显有问题的案件绕开监督,防止擅自突破最高人民检察院规定的监督范围和程序,防止乱提口号,把这项严肃的改革形式化、庸俗化,努力在扎实推进、务求实效上下功夫。二是实行职务犯罪不起诉案件报上一级检察院批准制度。凡是经检察委员会研究决定作不起诉的职务犯罪案件,今后都要按照最高人民检察院即将制定的规定报上一级检察院审查批准。各级检察机关及公诉部门要深刻认识这两项制度出台的背景,正确对待改革,把人民监督员制度和上报审批制度有机衔接起来,切实加强对职务犯罪不起诉案件的外部监督和上级监督,确保依法正确行使不起诉权。

(二)推进未成年人犯罪案件公诉方式改革

近年来,未成年人犯罪呈上升趋势,成为一个相对严重的社会问题。党中央对未成年人犯罪问题高度重视和关心,将未成年人犯罪案件诉讼方式改革纳入司法体制改革范畴。在检察机关办理的刑事案件中,未成年人犯罪占到了7%,这些案件相当一部分属于比较轻微的犯罪,很多未成年犯罪嫌疑人属于初犯、偶犯、从犯。未成年人是国家的未来,有些未成年人由于思想不够成熟稳定,缺乏法制观念和辨别是非的能力,偶然走上了犯罪道路,但往往主观恶性较小,易于教育感化挽救,对他们依法采取轻缓的刑事政策,实践证明更有利于实现法律效果与社会效果的有机统一。各级检察机关要认真落实中央司法体制改革的部署,以党和国家的刑事政策为指导,积极探索推进未成年人犯罪案件公诉方式改革。未成年人犯罪案件较多的地方,可以在公诉部门建立专门的未成年人犯罪工作机构;对未成年人犯罪,可诉可不诉的不起诉,可判可不判实刑的依法建议人民法院判处缓刑;对未成年人与成年人共同犯罪的案件,要探索实行分案处理的制度和适合未成年人特点的出庭支持公诉方式。各地要注意总结经验,同时也要注意防止借改革之名突破法律、滥用权力。

(三)探索开展量刑建议试点工作

量刑建议是公诉主张的重要内容,根据公正处理案件的需要,公诉人代表检察机关依法向法庭明确提出量刑建议,是公诉工作发展的必然要求。要结合我国的司法实际,认真研究借鉴国外检察机关量刑建议制度的理论与实践,积极稳妥地开展量刑建议试点工作。公诉人在必要时,可以根据罪刑相适应的原则和案件的具体情况,就量刑的基本幅度提出明确建议,供法庭量刑时参考。在试点工作中要注意掌握几条原则:一是要坚持依法建议。检察机关应当主要针对法定量刑幅度较大的案件、社会民愤极大的案件和社会关注的其他案件等,依据从重、从轻、减轻等法定情节提出量刑建议,而不是件件都提建议,要切实防止建议过多、过滥,影响监督权威。二是要尊重法庭的量刑裁量权。根据刑事诉讼分工,定罪量刑是人民法院审判权的内容,检察机关的量刑建议不能过于绝对化。当然也不能幅度过大,否则就失去了提出量刑建议的意义。三是要严格程序。在试点阶段,量刑建议必须经过检察长的批准,必要时应当经检察委员会研究决定。要把探索量刑建议制度与加强对刑事审判活动的监督结合起来,通过量刑建议强化对人民法院量刑裁量权的监督,通过监督促进量刑建议工作的顺利开展。要特别强调,量刑建议是一项既十分重要、又难度很大的改革,试点工作一定要慎重稳妥,开始阶段试点范围要严格控制,试点单位都要报最高人民检察院审批,试点中遇到的问题要及时向最高人民检察院报告。要加强对量刑建议改革的研究,在探索中逐步积累经验,形成制度,渐进推行。

(四)加快建立公诉一体化机制

公诉一体化是检察机关领导体制和检察一体化原则在公诉工作中的内在要求和具体体现。上级检察院要通过指定管辖、督办协调、备案审查等方式,帮助下级检察院排除干扰阻力,支持依法办案;通过依法支持抗诉、提出抗诉,积极协调同级公安机关、人民法院督促其下级机关接受监督,加大对下级检察院诉讼监督工作的支持力度;通过对跨地区案件的组织协调,加强系统内部的横向配合。同时,上级检察院可以根据需要整合人力资源,选调优秀公诉人或者公诉骨干参与办理在一省、一地有重要影响的重大、复杂案件。要通过建立公诉一体化机制,切实强化公诉工作的上下领导、横向配合和对外协调,充分发挥检察机关领导体制的优势,形成公诉工作的整体合力,推动公诉工作的深入发展。

(五)进一步深化主诉检察官办案责任制

主诉检察官办案责任制是一项成功的公诉改革,实践证明主诉检察官办案责任制有利于提高公诉队伍素质,发挥主诉检察官在办案中的作用,明确和落实办案责任,符合公诉办案工作的自身规律,应当继续积极推行,并针对改革中遇到的新情况、新问题进一步予以深化,重点是完善办案机制和监督制约机制,落实激励机制。要正确处理好放权与收权、放权与监督的关系,根据规定应当放权于主诉检察官的,要解放思想、大胆放权;根据规定不能放权的案件和事项,必须严格审批决策程序;对于放权于主诉检察官的案件,部门负责人和主管检察长仍要切实履行好审查监督职责,防止主诉检察官滥用权力和办案质量不高。要真正落实激励机制,从岗位津贴、法律职务、职级待遇、培训机会等方面体现政策激励。

公诉工作的发展特别是公诉改革的深化,离不开公诉理论的支撑。在当今各国公诉制度互相吸收借鉴、渗透融合的趋势下,在我国积极推进司法体制改革的背景下,加强公诉理论研究显得更为重要和迫切。要在公诉部门大力倡导理论研究的风气,高度重视公诉理论人才的培养,积极加强与学术界、与境外检察机关的交流合作。公诉理论研究必须坚持正确的政治方向,坚持中国社会主义检察制度的公诉特色。要加强中外检察制度的比较研究,注意追踪世界上检察改革的发展趋势,积极探索公诉工作的规律,从理论上对公诉改革进行研究论证,对公诉实践的新发展作出科学概括,为丰富和完善中国特色社会主义公诉制度提供理论支撑。

**四、结合公诉职业特点,大力加强队伍专业化建设**

在全部公诉工作中,队伍建设是根本、是保证。国家公诉人和法律监督者的特殊身份和使命,对公诉队伍提出了特殊的要求。各级检察机关及公诉部门必须从公诉的职业特点出发,全面加强公诉队伍的专业化建设,提升公诉队伍的整体素质和战斗力。

(一)加强公诉队伍的思想政治和职业道德建设,牢固树立正确的执法观

政治素质永远是第一位的素质,良好的职业道德是公诉人的立身之本。各级检察机关和公诉部门要结合目前正在全党开展的保持共产党员先进性教育活动,进一步加强公诉队伍的思想政治建设,用邓小平理论和“三个代表”重要思想武装广大公诉干警的头脑,以理论上的清醒,确保政治上的坚定。要牢固树立正确的执法观,始终坚持“立检为公、执法为民”,牢记检察工作主题,强化政治意识、法治意识和大局意识,恪守“忠诚、公正、清廉、严明”的检察职业道德,真正做到忠于党、忠于人民、忠于事实和法律,坚决捍卫国家法治权威,维护社会公平和正义。公诉人代表国家指控犯罪,公诉工作的好坏关系到人民群众对整个司法制度的信赖。广大公诉干警要切实增强职业荣誉感和职业责任感,当对案件认识存在分歧、遇到干扰阻力的时候,一定要有检察官秉公执法、刚直不阿的独立精神,勇于对证据负责、对事实负责、对法律负责,要努力造就一批像方工、白云、蒋汉生等同志这样敢于坚持党性原则、法治原则的先进典型,鼓舞和激励广大公诉干警崇尚法治、公正执法,做新时期检察工作主题的坚定实践者和忠诚捍卫者,靠我们的不懈努力积极推动依法治国的历史进程。

(二)加强公诉能力建设,努力提高公诉队伍的执法水平

公诉工作是检察机关专业性强、专业素质要求高的一项业务,要依法履行好公诉职责,必须认真贯彻全国检察长会议的部署,按照专业化的要求,下大力量加强公诉业务能力建设。根据公诉工作的职责和办案的实际需要,要着重提高审查判断证据的能力、正确适用法律的能力、出庭支持公诉的

能力、履行诉讼监督职责的能力和公诉业务领导、指导的能力。最高人民检察院要制定公诉人基本素质标准,各级检察院要逐步把通过国家司法考试的人员充实进公诉队伍,不断优化公诉队伍的文化、专业结构。要加强业务培训、注重岗位实践,切实保证公诉人每年脱岗培训的时间不少于十五天,通过出庭实践、庭审观摩、案例研讨和业务竞赛等多种形式,更新法律知识,积累办案经验,提高执法水平。要大力加强公诉人才队伍建设,以优秀公诉人为基础,建立专家型、复合型公诉人才库,培养造就一批精于公诉业务、善于办理各类重大、疑难、复杂案件的公诉专家。

(三)坚持从严治检与从优待检相结合,严明公诉职业纪律,关心和爱护公诉队伍

公诉权是国家的一项重要公权力,为了维护这一权力的公正性和廉洁性,对代表检察机关具体行使这一权力的公诉队伍,必须坚持从严治检的方针,坚持严格管理、严格监督、严明纪律。要特别注意发现和查处公诉不公背后隐藏的公诉人员违法违纪案件,凡是利用职权贪污受贿、徇私枉法,私放犯罪嫌疑人、帮助串供、毁灭或者伪造证据以及通风报信、泄露办案机密,私自办案或者违法干预下级检察院办案,私自会见案件当事人及其辩护人、代理人、申诉人、亲友或者接受上述人员财物、宴请、娱乐活动,在办案中刑讯逼供、暴力取证或者有其他严重侵犯诉讼参与人诉讼权利行为,因违法违规办案、玩忽职守造成犯罪嫌疑人等脱逃、死亡、严重伤残的,都要先停职离岗,再区分性质和情节轻重,依纪严肃处理,构成犯罪的依法追究刑事责任。这六条要作为硬性的纪律规定来严格执行,公诉部门要欢迎纪检监察部门监督,积极配合纪检监察部门介入调查,坚决扭转公诉干警违法违纪相对多发的状况。同时,要健全完善公诉工作责任追究制度,对于办案质量不高和办案责任心不强、造成一般性工作失误的,要及时给予诫勉,两次诫勉无效的离岗培训,离岗培训不合格的要依法免除检察官职务、调离公诉部门或办案岗位;对于造成错案的,要严格按照错案责任追究制落实责任;因管理存在疏漏导致发生严重违法违纪的,出问题检察院的主管副检察长和公诉部门主要负责人要到上级检察院检讨责任,并且按照党风廉政建设责任制追究有关负责人的责任。

公诉工作任务重、责任大、风险高,许多干警长期超负荷工作,为党和国家、为检察事业作出了无私的奉献和重要的贡献,各级检察机关在严格要求的同时,一定要切实关心爱护公诉队伍和公诉干警,努力做到用事业留人、用感情留人、用适当的待遇留人。要关心他们政治上的成长和进步,对符合任职条件、工作实绩突出的,应当及时解决法律职称和职级待遇,能担当重任的要提拔重用;要支持他们坚持原则、秉公执法,帮助排除外部干预,遇到打击报复、诬告陷害要坚决给予保护;要注意关心他们的身体和心理健康,定期组织体检,发现疾病及时安排治疗;要尽力解决他们生活上的各种困难,确保广大公诉干警能够全身心投入工作。

**五、加强领导,求真务实,确保各项公诉工作部署落到实处**

这次会议围绕检察工作主题,明确了今后一个时期公诉工作的总体任务和基本思路,提出了许多具体的措施和要求,要真正把会议的各项部署落到实处,关键是要加强领导,求真务实,在狠抓贯彻落实上下大功夫。这里我向各级检察院党组和公诉部门提出三点要求:

第一,各级检察院党组和检察长要切实加强对公诉工作的领导。各级检察院党组对公诉工作在检察工作中的重要地位都很清楚,历来也比较重视公诉工作。但是也要看到,当前公诉工作中还存在不少问题和困难,各级检察院党组对公诉工作必须进一步加强领导。首要的是加强思想政治上的领导,把好大方向,保证公诉部门紧紧围绕着党和国家工作大局、检察工作全局开展工作,保证检察工作主题和总体要求在公诉工作中得到贯彻落实。各级检察院党组和检察委员会要经常分析研究公诉工作,及时研究公诉部门提请讨论的案件和其他重要问题。要选好配强公诉部门的领导干部,切实把那些政治上靠得住,工作上有本事,作风上过得硬的干部选拔到公诉部门领导岗位上来。为了便于工作,公诉部门的主要负责人应当担任检察委员会委员。要切实解决公诉工作中存在的实际困难,加强公诉部门的办案力量,稳定公诉队伍,采取有效措施缓解公诉部门的办案压力,有条件的地方要为公诉部门适当增加人员编制。要加强公诉部门的物质装备和信息化建设,提高公诉工作的科技含量和现代化管理水平,加快实现从传统管理模式向现代管理模式的转变,把科技手段有效地转化为现实战斗力。

第二,高度重视和加强基层公诉工作。公诉干警的五分之四在基层,公诉工作的办案一线在基层,公诉工作的难点和问题也主要在基层,基层公诉工作事关社会稳定的大局和公诉工作的全局。当前,基层公诉工作中存在不少困难,特别是在西部地区,很多基层检察院公诉人才出现断层,业务培训严重不足,经费保障十分困难,制约了公诉工作的发展。各级检察机关要认真贯彻最高人民检察院关于加强基层检察院建设的战略部署,重视加强基层公诉工作,在干部交流、人员培训、装备建设等方面要向西部地区重点倾斜。检察机关新增编制,应当主要充实办案任务繁重的基层检察院;上级检察院公诉部门新进大学生,一律要先到基层公诉部门锻炼,干部挂职主要应当安排到公诉人才匮乏的基层检察院。最高人民检察院公诉厅和各省级检察院今后每年要专门举办一至两期专门针对基层公诉干警的业务培训,通过几年时间为基层公诉部门培养一批业务骨干。上级公诉部门要切实加强同基层的联系,落实基层联系点制度,对基层创造的经验要注意总结,及时推广。

第三,各级公诉部门要统一思想,转变作风,狠抓工作落实。各级公诉部门必须切实把这次会议的精神学习好、领会透,真正把广大公诉干警的思想统一到检察工作主题和总体要求上来,统一到公诉工作的总体思路上来,不折不扣地按照会议的部署抓好各项任务的落实,决不允许无动于衷、我行我素,各取所需、各行其是,这要作为组织原则和工作纪律来强调。要从最高人民检察院公诉厅做起,细化分解有关任务,明确责任人和时间表,逐项抓好落实,一级抓一级,层层抓落实。上级检察院公诉部门要准确把握职能定位,加强对下指导和督促检查,特别是最高人民检察院公诉厅和省级检察院公诉部门,要从侧重办案转变为在不放松办案的同时,有力地加强宏观指导和分类指导,切实担负起指导公诉工作全局的重要责任。

同志们,公诉工作使命崇高、责任重大,发展前景十分广阔。让我们在以胡锦涛同志为总书记的党中央的领导下,团结一致,奋发进取,恪尽职守,扎实工作,全面加强公诉工作,强化法律监督,为构建社会主义和谐社会做出新的更大的贡献!

# 在全国检察机关"两房"建设汇报会上的讲话

最高人民检察院副检察长　胡克惠

(2005 年 12 月 9 日)

这次会议开得很好。会议期间,大家集中汇报了"两房"建设进展、基层检察院公用经费标准制定以及换装工作等情况,并提出了不少好的意见和建议。刚才,李文生同志对会议作了小结,总结了今年以来计财装备工作的主要成绩,分析了存在的问题,并提出了明年工作的初步安排意见,我都同意。总的来说,今年以来,在党中央、国务院和地方各级党委、政府以及各级财政、发展和改革委员会等有关部门的大力支持下,在最高人民检察院和地方各级检察院的高度重视下,各级检察院计财装备部门紧紧围绕检察工作主题和总体要求,充分履行服务和保障职能,在加强经费保障、加快"两房"建设、推进信息化建设和科技装备建设、强化财务和资产管理等方面,做了大量卓有成效的工作,取得了明显成绩,为保障和促进检察业务工作的开展和检察改革的推进做出了积极的贡献,受到了各级检察院领导和同志们的充分肯定。其中,值得一提的是,几年来,全系统财务报表编报工作和财务基础工作不断完善,为反映检察机关困难、争取各方面支持,提供了充分、翔实的基础数据,受到了最高人民检察院的多次表扬,财政部也对此给予了充分肯定,并拨出专款予以支持。全体财务人员为此做了大量艰苦细致的工作,付出了辛勤的汗水。在此,我代表贾春旺检察长向同志们表示亲切的慰问和衷心的感谢。

在充分肯定成绩的同时，我们也要清醒地认识到，当前检察机关尤其是中西部地区基层检察院在经费和物质保障方面还存在诸多困难，我们的检务保障条件还不能适应检察工作新形势、新任务的要求，计财装备工作任重而道远。党的十六届五中全会以科学发展观为指导，通过了《中共中央关于制定国民经济和社会发展第十一个五年规划的建议》，明确了今后一个时期我国经济和社会发展的指导思想、发展目标和主要任务。刚刚结束的中央经济工作会议和全国政法工作会议根据十六届五中全会精神，提出了明年我国国民经济发展和维护稳定工作的目标和主要任务。这些都对检察机关提出了新的要求。根据检察工作面临的新形势和新任务，为了使计财装备工作更好地服务于检察工作主题和总体要求，努力实现“服务大局、保障有力”的目标，这里，我强调四点要求：

**一、集中精力，攻坚克难，确保“两房”建设任务如期完成**

在2008年底以前基本完成全系统“两房”建设任务，是最高人民检察院党组立足于加强检务保障作出的重大部署。从这次会上大家汇报的情况看，距离这一目标还有20%的工作量，还有600多个检察院需要完成新建“两房”的任务。为此，必须进一步振奋精神，持之以恒、一鼓作气地打好“攻坚战”。

第一，各级检察院党组必须高度重视，一把手要亲自过问，分管领导要直接抓。今后三年内虽然剩下的新建单位不多，但大都是基础差、难度大的单位，都是“难啃的骨头”，因此，更需要加强组织领导。省级检察院必须有专门的领导小组、专门的人员负责对这些单位的督促落实。要组织专门调研，对这些单位逐个摸清情况，看看症结在哪里，是地皮没有落实，还是投资不到位，分别情况排好队，制定切实的建设计划。省级检察院领导要对这些单位采取对口承包的办法，加大指导协调力度，落实责任制。2006年是“两房”建设的关键年，必须克服困难，想尽办法，争取尽可能多的单位早立项、早开工、早建设。

第二，要落实好地方投资，切实解决好基建欠款问题。目前没有动工的单位，主要是由于投资不落实，完工项目也存在大量基建欠款问题，成为检察机关的沉重负担。其原因在于相当多的单位一味地把目光盯在中央补助投资上，在积极努力地争取地方政府投资上做得不够。随着党中央、国务院从实施积极财政政策到稳健财政政策的转变，国债发行规模将逐步缩小，中央财政对地方公、检、法、司部门建设项目的补助力度将会随之减小，今后各地的“两房”建设将只能基本依靠地方财力解决。因此，必须改变没有中央投资就不能开工建设的习惯思维，树立没有中央投资也要上的精神。在积极争取地方党委政府部门支持、落实好新建项目建设投资、防止出现新的拖欠的同时，要将已有的基建欠款纳入地方政府“清欠”总体计划，积极争取分期分批逐步解决。

第三，坚持“实用、适用”原则，把好项目审查关。最近，国家发展和改革委员会在对部分省、自治区公、检、法、司建设项目的稽查通报中指出了北京、新疆部分“两房”建设项目存在的自行扩大建设规模和投资规模、建筑面积超过国家规定标准等问题。贾春旺检察长对此高度重视，作出了重要批示：“对违规的建设项目要严格管理，加强监督检查，并以此为例对全国各地检察机关建设项目加强指导，按规定办，注意实用，不要忘了国情，不要追求豪华，否则影响也不好”。根据贾春旺检察长的批示精神，今后，各省级检察院要严格对照“两房”建设标准，对新建项目逐个审查把关，及时纠正和处理发现的问题。要引导基层检察院把“两房”建设的重心放在注重内涵、提高建筑质量和科技含量上来，坚决防止和纠正盲目攀比建设标准和规模、片面追求豪华，避免对检察机关形象的不良影响。这也是落实科学发展观的重要方面。

第四，严格基建程序，加强基建财务管理。国家发展和改革委员会稽查通报中还指出了个别“两房”建设项目中出现的违反基本建设程序、贷款进行项目建设、账目处理不清楚、工程款支付手续不健全等问题。对此，各级检察院必须高度重视，引以为戒。为防止再次发生此类问题，必须重申昆明会议的要求，所有的建设项目都必须严格履行基本建设程序，健全基建投资管理制度，严格按照主管部门指定的项目和用途使用建设资金，严格审批手续，严格财会制度，严禁挪用、挤占专项资金，坚决防止资金管理上的违纪违法甚至犯罪现象，努力建设“阳光工程”、“廉政工程”。要通过制度建设，加强监督和防范，加强审计，坚决避免“工程上马、干部下马”的问题出现，实现“工程优质，干部优秀”的目标。

2006年,最高人民检察院将组织若干个检查组,对各地"两房"建设进展、执行"两房"建设标准和基建财务管理等情况进行专项检查。

**二、以制定和落实县级检察院公用经费保障标准为契机,加大经费保障工作力度**

经费保障始终是计财装备工作的重中之重。2006年,要以制定县级检察院公用经费保障标准为契机,以落实好经费预算、抓好中央补助专款配套资金、加强财务管理为重点,努力取得新突破。

第一,要抓住时机,制定和落实好县级检察院公用经费保障标准。制定和落实县级检察院公用经费保障标准,是当前经费保障工作的当务之急。对这项工作,最高人民检察院、财政部已经联合印发了指导意见,明确提出了制定县级检察院公用经费保障标准工作的原则、范围、方法和要求,为各地提供了基本政策依据。这项工作的责任在省一级,任务也主要在省一级。各省级检察院必须用好政策,抓住时机,积极主动地争取省级财政部门的支持,按照规定的时限,科学合理地制定出保障标准,确保保障标准适应县级检察院工作发展的需要。更重要的是,要配合省级财政部门采取落实措施,建立督察机制,使保障标准成为核定和调整县级检察院经费预算的基本依据,实现"保障有力、促进执法"的目标。最高人民检察院将对各地制定和落实标准的情况随时予以通报,加大督导力度。

第二,要抓好中央专款配套资金的落实,发挥规模效益。近几年来,最高人民检察院党组对争取中央补助专款高度重视,贾春旺检察长亲自出面协调,计划财务装备局做了大量艰苦细致的工作,财政部对我们检察机关大力支持,使得中央财政对检察机关的支持力度逐年加大。这对缓解贫困地区基层检察院办案、装备经费的困难状况发挥了重要的作用。但是,也存在两个突出的问题:一是多数地区配套资金落实得不好,相当多的地方几乎没有配套资金。这有客观原因,但更主要的是主观努力不足,主动争取不够,工作不到位。不少地方检察院包括少数省级检察院存在着依赖、等待的思想,眼睛向上,消极等待上级补助,主观不努力,或者努力不到位。这种状况必须改变。二是在专款的分配使用上,资金投向不尽合理,存在"撒胡椒面"的现象,规模效益不太明显。今后,在最高人民检察院继续加大力度争取中央补助的同时,地方各级检察院尤其是省级检察院要按照财政部规定的配套比例,加大争取力度,落实好省地县各级地方配套资金。同时,在专款分配使用上,要争取财政部门的理解和支持,将中央专款和地方配套资金统筹使用,集中财力办大事、办实事,进一步发挥好规模效益。办案专款要结合业务工作量进行分配使用。项目专款要继续坚持省级集中采购,集中用于信息化建设、交通装备和侦查诉讼装备等重点项目上。

第三,要加强财务管理和监督,提高理财水平。争取财源和用好财源同样重要。随着财政改革的不断深入,财政和审计部门对财务管理工作的要求越来越高,监管越来越严。今后,各级检察院要在财务管理和自我监督上下更大的功夫。省级检察院要进一步加大对地县级检察院财务管理工作的指导力度,严格落实"收支两条线"管理的有关规定,提高预算管理和财务管理水平,实现"四个要"的工作要求,即:要按照建设节约型社会的要求,坚持节俭办事的原则,厉行节约,杜绝浪费;要根据工作重点和实际需要,合理调整支出结构,保证重点工作需要,把钱用在刀刃上;要合理规划和配置资源,提高现有设施、装备利用率,避免重复购置等不必要的消耗和浪费;要加强财务归口管理,理顺财务管理关系,做到财权统一、财力集中,切实提高经费使用效益。

**三、加快"科技强检"步伐,大力抓好信息化和科技装备建设,努力提高检察工作中的科技含量**

信息化和科技装备建设,是当前计财装备工作的重点之一。最高人民检察院党组对检察信息化建设和科技装备建设高度重视,贾春旺检察长多次作出重要指示,要求我们以科学发展观为指导,加快"科技强检"步伐,立足于提高检察工作的科技含量,提高检察机关整体侦破案件能力和快速反应能力,加强信息化和科技装备建设,用高科技手段改变检察机关传统的工作模式,全力推进检察机关业务建设、队伍建设、信息化建设"三位一体"目标的实现,为全面履行法律监督职能提供保障。为此,要努力做好三个方面的工作:

第一,要继续推进信息化建设。要通过加强信息化建设,以现代信息网络技术为手段,以统一的检察管理系统软件为平台,促进检察业务、队伍和信息化"三位一体"管理机制的建立,推动执法规范化和管理科学化建设。在这方面,最高人民检察院已经采取了三项有力措施:一是2004年组织召开了全国检察机关信息化工作会议,研究部署了今后一个时期的工作任务和措施；二是启动并正在顺利实施一级专线网升速扩容工程；三是在2004年争取国务院信息化工作办公室原则同意将全国检察机关信息化建设纳入国家电子政务建设总体规划的基础上，今年由计划财务装备局牵头，正在组织编制电子检务工程项目建议书。目前，已经组织一次专家论证，下一步，将在进一步修改完善的基础上形成送审稿，正式报送国家发改委和国家信息办申请立项。此项工作完成后，最高人民检察院将进一步修改完善信息化建设规划。

信息化建设重在应用。下一步，各地要本着“边建设、边应用”的原则，以局域网、专线网、互联网门户网站三大网络平台为基础，以检察信息发布系统、综合事务管理系统、检察业务动态管理系统、侦查指挥系统、网上举报受理系统等应用为核心，突出抓好检察信息化的应用工作。要切实抓好信息资源的开发利用，重点抓好办案流程管理和办公自动化的应用，形成建设促应用、应用促建设的良性循环，充分发挥信息网络在办案、办公和事务管理中的作用，推动检察工作创新发展。

第二，要大力抓好侦查装备建设。要认真落实《全国检察机关器材设备配备纲要》，用好中央财政补助装备专款，加大投入，不断推进科技装备建设，完善侦查诉讼手段和设施体系，以科技手段提高检察机关的战斗力。一要抓好通讯设备装备，提高指挥协调能力；二要抓好侦查设备装备，提高侦查能力。重点抓好办理职务犯罪案件讯问犯罪嫌疑人全程同步录音录像装备的配备工作等；三要抓好诉讼设备装备，提高案件审查能力；四要抓好检验鉴定设备装备，提高检验能力；五要抓好保密安全防范设备装备，确保保密和安全。

第三，要积极抓好交通装备工作。要通过加快业务用车更新，改善办案交通条件，增强检察机关的快速反应能力。一要督促落实《地方各级人民检察院业务用车配备标准》，加快业务用车配备和更新进度，增加数量，提高质量。二要认真研究开发检察机关适用的通信指挥车配备标准，并逐步予以推广。三要研究制定人民检察院警车管理办法，进一步加强警车的规范化管理，充分发挥警车在促进业务工作中的作用。

**四、以专项整改活动为契机，全面加强计财装备工作规范化建设**

根据中央政法委的统一部署，从2006年开始，“规范执法行为，促进执法公正”专项整改活动将从半年的集中整改转入三年为期的规范化建设。为此，最高人民检察院党组把执法规范化、队伍专业化和管理科学化“三化”建设，作为提高检察机关法律监督能力的基本途径，作为今后一个时期检察工作的重要着力点。计财装备工作作为检察工作总体格局中的重要组成部分，也要以规范执法行为专项整改活动为契机，立足长远，从制度上、根本上研究制定计财装备工作规范化建设的目标和措施。

首先，要大力加强计财装备业务工作的规范化建设。一是要加强规章制度建设。要对计财装备工作现有的各项制度和规范进行认真梳理，该修改的修改，该完善的完善，该制订的制订，努力形成一套全国检察机关统一适用、涵盖经费物质保障各项工作的计财装备工作制度规范体系，使各项计财装备工作都有章可循，走上制度化、规范化管理的轨道。最高人民检察院计划财务装备局要加强系统的研究和指导，各省级检察院也要结合自身实际，加强整改。二是要严格规范各项工作程序。要认真执行党中央、国务院和各级财政部门关于预算管理、财务管理、资产管理、政府采购、招标投标等工作的各项规章制度，严格照章办事，以制度规范和约束我们的行为，防止出现漏洞，影响工作，毁坏干部。三是要贯彻落实科学发展观，大力加强计财装备工作标准化建设，加强基础工作。这几年的实践充分证明，按标准抓建设、以标准促保障，是确保计财装备工作持续、健康发展的最有效途径，是落实科学发展观的具体实践。今后，要像制定和落实“两房”建设标准、县级检察院公用经费保障标准那样，在信息化建设、科技装备建设等方面，也要积极探索和推进标准化建设。抓好标准化建设的基础和前提，是做好财务报表等基础工作。为此，各级检察院领导要更加重视财务基础工作，切实加强组织领导，充分发挥财务统计数据和资料对经费保障工作的指导和促进作用。

其次，要进一步加强计财装备队伍建设。要以规范化促进队伍专业化。一是要大力加强思想政治建设。以班子建设为重点，按照“好班长带好班子，好班子带好队伍”的思路，切实抓好队伍建设，转变工作作风，提高思想政治素质。二是要大力加强业务素质建设。最高人民检察院要分期组织对省级检察院计财处长、科长进行财务管理、资产管理、科技管理、“两房”建设等业务知识的培训。各省级检察院也要逐级抓好地县级检察院计财装备人员的业务培训,达到更新知识、培养能力、提高检务保障能力的目标。三是要大力加强检察职业道德建设,进一步严明纪律,增强勤政廉政意识。要进一步强化内部监督,落实廉政措施,防止和杜绝各种违法违纪现象的发生,坚决维护计财装备部门廉洁自律的良好形象,以队伍建设促进业务建设。在抓好以上几项重点工作的同时,各地要保证换装所需经费,继续强化枪支安全管理,确保各项工作都有序推进。

同志们,2006年是"十一五"计划的开局之年,也是检察事业发展承前启后的重要一年。希望大家继续发扬团结拼搏的精神,持之以恒,扎实工作,努力推动检务保障建设的新发展,为各项检察工作的顺利开展提供更加有力的经费和物质保障。

## 在全国一级规范化检察室授牌仪式上的讲话

最高人民检察院副检察长　赵　虹

(2005年3月22日)

今天,在这里举行全国一级规范化检察室授牌仪式。刚才,最高人民检察院监所检察厅白泉民厅长宣读了关于授予北京市海淀区人民检察院驻区看守所检察室、江苏省张家港市检察院驻市看守所检察室等95个派驻检察室为一级规范化检察室的决定。这95个检察室都是监所检察职能发挥好、工作出色、执行派驻检察制度严格、派驻检察干警素质较高的检察室。在此,我代表最高人民检察院向这些获得一级规范化检察室称号的单位表示热烈的祝贺!

人民检察院派驻监狱、看守所、劳教所等监管场所的检察室是开展监所检察工作的基层单位。加强派驻检察室规范化建设,是检察机关有效开展刑罚执行、监管活动和羁押期限监督工作的重要组织保障。2003年,最高人民检察院《关于加强派驻监管场所检察室规范化建设的意见》下发后,各级检察院对检察室规范化建设和等级管理工作十分重视,按照最高人民检察院关于派驻检察室规范化建设的目标和要求,加大检察室软件和硬件建设的力度,实实在在地为派驻检察室的规范化建设创造条件。全国29个省级检察院和新疆生产建设兵团检察院根据最高人民检察院的通知要求,制定了开展规范化检察室等级评定工作的实施方案或评定细则。截至目前,已有28个省级检察院进行了派驻检察室规范化建设等级评定工作,评出了二级和三级规范化检察室,并积极向最高人民检察院申报一级规范化检察室279个。最高人民检察院对各地申报的检察室进行严格审查,好中选优,最后评出了95个优秀检察室为一级规范化检察室。

各地检察机关通过派驻检察室规范化建设和等级管理工作,细化检察职责,调整充实检察人员,加强制度建设,使派驻检察机构的队伍素质、干警面貌、工作条件和执法水平等都有了很大改变,有力地推动了监所检察工作的开展。一是派驻检察队伍得到了明显优化,干警素质有了很大提高。例如,目前江苏省派驻检察干警具有本科以上学历的达到了53%,取得计算机等级证书的达到了65%。二是派驻检察室的办公条件和装备设施得到明显改善。上海、江苏、浙江三省、市分别投入了1000多万元,用于改善检察室的办公条件;四川省90%以上的检察室配备了电脑。新疆维吾尔自治区脱里县,是一个国家级贫困县,县检察院在财力非常紧张的情况下,毅然投资2万元用于检察室规范化建设。三是派驻检察工作制度进一步完善。很多地方的检察机关制定了派驻检察人员目标管理责任制和各种具体的检察监督工作机制。四是促进了监所检察网络化建设。为达到一级检察室必须实现与监管场所信息联网的标准,各级检察机关通过规范化建设,大力加强网络化建设。据统计,目前全国已经有1800多个检察室实现了与监管场所的信息联网。山西省、广东省100%的检察室实现了网络化管理。

前一阶段全国派驻检察室规范化建设工作和等级管理工作虽然取得了一定的成绩,但是也存在一些不容忽视的问题:一是有的地方检察机关的领导对检察室规范化建设重视不够,认识不到位,个别地方还没有开展规范化检察室的评定工作。二是有的地方检察室软硬件建设落后,物质装备差、经费短缺,派驻检察干警人员配备不足、业务素质差、年龄偏大的老问题仍然没有从根本上解决。三是派驻检察机构的管理体制还没有理顺。各级检察院监所检察部门与派驻检察室、派出检察院的管理体制和业务指导关系还不顺畅。四是有的地方的检察室没有很好地发挥法律监督作用。监所检察干警不善于监督、不敢监督,工作作风不深入、不细致,监督工作流于形式等问题还比较突出。

针对上述问题,我就今后一段时期加强派驻检察室规范化建设工作讲几点意见:

**一、领导重视,提高认识**

要提升监所检察部门的地位,发挥监所检察的作用,首先在认识上要提高。派驻检察室承担了监所检察的基础工作,是开展监所检察工作最重要的载体。加强派驻检察室规范化建设,就是为监所检察工作夯实基础。同时,检察室直接面向在押人员及其亲属,面向监管干警,面向社会,因此它们又是监所检察工作的窗口。检察室的工作开展得好坏,直接决定了监所检察工作的成败;检察室的形象也代表着我们监所检察部门乃至整个检察机关的形象。各级检察院领导要高度重视监所检察工作,充分认识做好检察室规范化建设工作的重要性,检察室建设落后的地方要尽快把这项工作摆上议事日程。要想方设法,切实解决长期困扰监所检察工作的困难和问题,努力提升派驻检察室的软硬件建设水平。一是要加大检察室硬件建设的投入,在办公条件、网络化建设方面舍得花钱,积极向党委和人大汇报工作、反映问题,争取当地政府和财政部门的支持。二是要给检察室配备一批政治业务素质高、年富力强的检察干警。对于干部素质偏低、年龄大的问题,要逐步调整解决,选调政治、业务素质都比较高的干警到派驻检察机构工作。同时,还要做好派驻检察干警的定期轮岗交流工作。三是要切实提高派驻检察干警的福利待遇。检察室工作环境比较艰苦,我们要在从严治警的同时做到从优待警,使他们能够安心工作。

**二、充分发挥省级检察院在检察室规范化建设中的指导作用**

一个省监所检察工作做得好坏,往往同省级检察院监所检察处作用发挥得如何有很大关系。在派驻检察室规范化建设和检察室等级管理工作中,各省级检察院要切实担负起领导职责,充分发挥指导作用。一是要认真贯彻执行最高人民检察院关于加强检察室等级管理的精神,积极向领导汇报本省检察室规范化建设的情况,争取领导的支持。二是各省级检察院监所检察处要深入基层,就本省、自治区、直辖市派驻检察室规范化建设情况进行调查研究,注意发现问题,研究问题,并提出切实可行的解决问题的对策。对不同地区的检察室建设,要本着实事求是、分类指导的原则进行。对于特别困难地区的派驻检察室建设,省级检察院可以通过协商省级财政部门争取专项经费补贴,或者经济发达地区结对帮扶欠发达地区等方式,帮助他们解决经济困难问题。对于人员编制不足的问题,省级检察院要积极协调组织人事部门,争取在增加的检察编制中对派驻检察室予以倾斜。三是要通过组织监所检察业务培训、加强教育整顿、组织轮岗交流等方式,加强派驻检察队伍建设,提高派驻检察干警队伍的政治素质和执法监督能力。

**三、充分发挥一级规范化检察室的典型示范作用**

这次获得一级规范化检察室称号的检察室,荣誉来之不易。但是荣誉只代表过去,不代表将来,大家要珍惜荣誉,继续保持一级检察室的先进性和示范性。各地要加强对这些一级规范化检察室的重点指导,防止一级检察室工作滑坡。如果发现这些检察室有不符合一级规范化检察室条件的,该摘牌的坚决予以摘牌。

要充分发挥一级规范化检察室的典型示范作用。各地要以点带面,以一级检察室带动二级、三级检察室和没有参评或者没有评上等级的检察室的规范化建设工作。可以通过组织到一级检察室参观学习、召开现场交流经验会等方式,推动落后地区的检察室规范化建设,争取在较短时间内实现所有派驻检察室都达到规范化等级标准。我们这次之所以选择在江苏召开这次会议,就是因为江苏省在检察室规范化建设方面工作做得比较好,积累了许多好的经验。各地要以张家港市检察院驻所检察室等一级检察室为榜样,认真、虚心地学习这些先进检察室规范化建设的经验,使我们学有典型、赶有目标,真正抓好派驻检察室的规范化建设。

要严格检察室评定标准。各地对检察室的等级管理不能降低标准、搞平衡照顾。按照最高人民检察院关于规范化检察室建设的意见,对于规范化等级实行动态管理,评定等级的检察室根据实际情况,可以晋升等级或者降低、撤销等级。对于符合条件的检察室要按照最高人民检察制定的标准评定相应的等次;对于已经评为规范化检察室的,要实行动态管理、定期考察,如果发现不符合条件的该摘牌的就摘牌,该降级的就降级。已经完成检察室等级评定工作的省份,下一步要把工作重点放在改进派驻检察工作作风、规范工作行为、增强监督实效上来。

**四、结合保持共产党员先进性教育活动,切实加强派驻检察队伍建设**

目前,全国正在开展保持共产党员先进性教育活动。要把先进性教育活动与我们所从事的具体检察工作结合起来,通过做好监所检察工作来体现党员的先进性。检察机关监所检察部门加强刑罚执行和监管执法的法律监督工作,是加强党的执政能力建设的一个组成部分,是履行检察机关法定的法律监督职责的重要内容。提高对刑罚执行和监管执法的法律监督能力,是监所检察部门贯彻"三个代表"重要思想、保持共产党员先进性的最重要体现。要结合开展先进性教育活动,抓好派驻检察队伍建设,努力提高派驻检察干警的政治素质和业务素质。

一是要进一步增强做好派驻检察工作的责任感和使命感。监所检察是人民检察院一项重要的法律监督职能,对于保障刑事诉讼顺利进行,保证刑罚正确执行,保障人权,实现司法公正,惩治司法腐败,维护社会稳定具有十分重要的意义。监所检察干警要从贯彻"三个代表"重要思想、维护最广大人民的根本利益的高度,充分认识监所检察工作的重要意义和作用,认真负责地履行好监所检察职能。

二是要牢记"两个务必",发扬艰苦奋斗的优良作风,努力学习、勤奋工作。派驻检察室一般都远离城市、远离机关、远离亲属,生活和工作条件相对比较艰苦。但是艰苦的环境更能考验人、锻炼人。我们的派驻检察干警要吃得起苦,耐得住寂寞,把"立检为公、执法为民"的执法理念体现在各项监所检察工作中;要学习白云、刘邦闻、王为祥等优秀党员、检察官的先进事迹,牢记全心全意为人民服务的宗旨,牢记党员和人民检察官的神圣使命,本着对人民、对法律高度负责的精神,立足本职,努力创造一流的检察工作业绩;要用实实在在的工作去实践"三个代表"重要思想,用严格执法、认真履行各项监所检察职责的具体行动来体现共产党员的先进性;要认真学习各项监所检察工作业务知识,努力提高自己的政治素质和业务素质。只有我们的各项素质提高了,党性增强了,做好监所检察工作的能力提高了,才能创造一流的成绩,真正发挥党员的先锋模范作用。

三是要廉洁自律。我们是监督监管干警的,俗话说"打铁还要自身硬",因此我们要树立正确的世界观、人生观和价值观,筑牢拒腐防变的思想道德防线,增强拒腐防变的能力;在监所检察工作中,要自觉遵守中央和最高人民检察院廉洁从政、廉洁从检的各项规定,经得起权力、金钱、美色的考验,经得起公与私、权与法、情与法的考验,做一个合格的党员和检察官。

同志们,最后希望大家借这次会议之机,把好的经验带回去,认真向院领导汇报这次授牌仪式的情况,并结合本地区的实际,在今后的工作中,再接再厉,把检察室规范化建设和整个监所检察工作推向深入,力争取得更大的成绩!

# 加强侦查能力建设，实践检察工作主题 努力推动反贪污贿赂工作深入健康发展

——2005年9月8日在全国检察机关第六次反贪污贿赂侦查工作会议上的讲话

最高人民检察院副检察长 王振川

全国检察机关第六次反贪污贿赂侦查工作会议，是在党中央提出树立和落实科学发展观、加强党的执政能力建设、构建社会主义和谐社会的新形势下召开的，会议的主题就是加强职务犯罪侦查能力建设，实践“强化法律监督，维护公平正义”的检察工作主题，努力推动反贪污贿赂工作深入健康发展。最高人民检察院党组对这次会议高度重视，贾春旺检察长专程到会作重要讲话，充分肯定了近年来反贪污贿赂工作的成绩，深刻分析了当前的形势，明确了今后一个时期反贪污贿赂工作的指导思想、工作任务和目标要求，为我们指明了努力的方向，各级检察机关和广大反贪污贿赂干警一定要认真学习领会，坚决贯彻落实。

下面，我围绕这次会议的主题，就贯彻落实贾检察长讲话精神，全面推进新形势下的反贪污贿赂工作，讲几点意见。

**一、认真总结“五侦会”以来的成绩和经验，进一步明确新形势下反贪污贿赂工作的使命和任务**

自2000年9月全国检察机关第五次反贪污贿赂侦查工作会议以来，特别是党的十六大以来，全国检察机关和广大反贪污贿赂干警在以胡锦涛同志为总书记的党中央的正确领导下，坚持以邓小平理论和“三个代表”重要思想为指导，紧紧围绕党和国家的工作大局，坚决贯彻党中央关于反腐败斗争的方针部署，努力实践最高人民检察院确定的检察工作主题，认真落实“加大工作力度，提高执法水平和办案质量”的总体要求，依法积极履行查办贪污贿赂犯罪的检察职责，大力加强自身建设，反贪污贿赂侦查工作取得了很大成绩，为推动党风廉政建设和反腐败斗争的深入开展、保障改革开放和现代化建设做出了重要贡献。

（一）努力加大办案力度，惩治贪污贿赂犯罪取得新的成绩。五年来，各级检察机关始终坚持把办案作为反贪污贿赂工作的中心任务，不断强化办案措施，加大办案力度。2001年至2005年7月，共立案侦查贪污贿赂案件152440件170087人，为国家挽回经济损失189.6亿元。一是查办大案要案成绩显著。共查办贪污贿赂大案78202件，占立案总数的51.3%，其中百万元以上案件5816件；查办县处级以上干部11971人，占立案总人数的7.04%，其中厅局级干部820人，省部级干部29人。与2001年以前相比，大要案的立案数有所增长，大要案比例稳步提高，有力地惩治了腐败分子，昭示了党和国家反腐败的决心。二是查办司法人员和行政执法人员案件取得明显成效，共立案16823件18304人，分别占立案总数的11.04%和10.76%，有力促进了司法公正和依法行政。三是查办重点领域、行业犯罪持续深入。坚持“抓系统、系统抓”，根据贪污贿赂犯罪的行业特点深挖犯罪，共查办国有企业人员71231人，金融保险系统人员10439人，各地还在医疗卫生、交通基础设施建设、教育等领域集中查办了一大批案件，保障了国家重大改革和建设工程的顺利实施，有效减少了国有资产流失。四是防逃、追逃工作不断加强。共抓获在逃犯罪嫌疑人5400多人，境外追逃工作取得重大突破，成功将余振东等一批潜逃境外的犯罪嫌疑人缉捕归案，树立了国家的法制威严，有力震慑了犯罪分子。

（二）严格规范执法办案活动，办案质量逐步提高，办案安全防范明显加强。注意从端正执法思想抓起，把依法办案作为铁的纪律，广大反贪污贿赂干警的程序意识、质量意识、安全意识明显增强，依法、文明、规范、安全办案逐步成为自觉行动。为落

实检察工作总体要求,制定了《最高人民检察院考评各省、自治区、直辖市检察机关查办贪污贿赂犯罪案件工作办法(试行)》,形成了比较科学的业务评价体系,强化对各个办案环节的管理和监督,实行了办案质量"一案一考评"制度,有效防止了片面追求立案数的现象,减少了立案、撤案的随意性,促进了办案质量和效率的提高。全国检察机关贪污贿赂案件的移送审查起诉率和有罪判决率分别由2001年的88.74%、98.3%,提高到2005年的95.37%、99.1%;撤案率和不起诉率分别由5.61%、12.46%下降到2.47%、7.94%。专门召开加强办案安全防范工作会议,建立健全办案安全防范工作制度,落实办案安全防范责任制,大力推广办案工作区规范化建设,近年来,办案事故逐年减少,办案安全事故频发的问题得到了有效遏制。

(三)积极推进反贪污贿赂工作机制创新,侦查改革迈出重要步伐。全面推进侦查一体化机制建设,地级以上检察院普遍设立了侦查指挥中心,建立侦查人才库,纵向指挥有力、横向协作紧密的侦查指挥协作机制基本形成,提高了反贪污贿赂侦查的整体作战能力。完善案件分级管辖制度,建立以省级检察院为指导、地级检察院为主体、县级检察院为基础的查办重大案件工作机制,有力强化了上级检察院对办案工作的领导。探索、规范以事立案在反贪污贿赂工作中的运用,拓宽了立案方式。进一步完善职务犯罪侦查监督制约机制,特别是最高人民检察院部署人民监督员制度这项重大改革后,各试点单位认真开展试点工作,诚心诚意接受人民监督员的监督,保证了职务犯罪侦查权的正确行使,取得了良好的法律效果和社会效果。

(四)坚持不懈狠抓队伍建设,反贪污贿赂干警的整体素质和执法水平有了新的提高。坚持业务工作和队伍建设"两手抓、两手硬",结合反贪污贿赂工作特点,深入开展"强化法律监督,维护公平正义"教育活动和保持共产党员先进性教育活动,加强思想政治、纪律作风和职业道德建设,广大反贪污贿赂干警自觉用"三个代表"重要思想武装头脑,通过办案具体实践"立检为公、执法为民",纪律作风明显好转,违法违纪现象日趋减少。大力加强专业化建设,积极优化反贪污贿赂队伍的文化和专业结构,组织开展专项业务培训和侦查技能研讨,重视选拔培养专家型人才和侦查能手,加强侦查理论和侦查经验的研究、总结和推广应用,促进了干警执法水平和实战技能的提高。最高人民检察院组织了首次"百优双十佳"评选活动,表彰了"全国十佳反贪局"、"全国十佳反贪局长"等一批先进典型,极大地激发了反贪污贿赂部门和干警争先创优的积极性,在社会上树立了反贪污贿赂队伍的良好形象。

(五)加强侦查装备建设,反贪污贿赂侦查工作的科技含量逐步提高。各级检察院高度重视反贪污贿赂工作,切实保障办案经费,不断加大侦查装备投入,侦查装备现代化的进程加快,一大批检察院相继建成了办案监控指挥系统,实现了远程指挥和同步录音录像,有的还装备了技术先进、功能齐备的侦查指挥车等,在办案中有效发挥了科技的威力,有力促进了反贪污贿赂侦查工作的发展。

几年来,各级检察机关努力实践检察工作主题和总体要求,不断丰富和深化对反贪污贿赂侦查工作的理性认识,创造和积累了不少好的经验。归纳起来主要是:必须始终坚持和依靠党的领导,找准反贪污贿赂工作在反腐败总体格局中的职能定位,依法独立行使检察权,切实承担起查办贪污贿赂犯罪的神圣使命;必须紧紧围绕党和国家的大局开展反贪污贿赂工作,用党和国家的刑事政策指导办案,努力追求法律效果与社会效果的有机统一;必须认真贯彻落实检察工作主题和总体要求,正确处理打击与保护、力度与质量、实体与程序、办案与预防等关系,保证反贪污贿赂侦查工作深入健康发展;必须从基础上加强反贪污贿赂侦查专门工作建设,努力提高发现犯罪、突破案件、证实犯罪的能力;必须全面加强反贪污贿赂工作规范化建设,强化内外监督制约机制,保障职务犯罪侦查权的正确行使;必须坚持解放思想、实事求是、与时俱进,着眼于反贪污贿赂工作实践,积极探索改革创新,不断完善中国特色社会主义检察制度;必须结合反贪污贿赂工作的职业特点,坚持不懈地抓好队伍建设,努力造就高素质的专业化反贪污贿赂侦查队伍;必须不断提高反贪污贿赂侦查工作的科技含量,努力实现由传统办案方式向现代办案方式的转变。以上八条,既是多年来反贪污贿赂工作的基本经验,也是今后工作中必须遵循的重要原则,更是反贪污贿赂工作深入健康发展的根本保证,必须在实践中长期坚持并不断丰富和完善。

在总结成绩的同时,也必须看到我们的工作离党和人民的要求还有差距,工作中还存在不少问题。主要是：一些同志包括少数检察长、反贪局长对反腐败斗争的重要性、长期性、复杂性和艰巨性认识不到位，办案不力，工作长期打不开局面；反贪污贿赂的队伍素质还不能很好地适应新形势的需要，部分干警发现和突破犯罪的能力不强，执法水平和办案质量有待提高；一些地方工作发展不平衡、不平稳的问题比较突出，在处理力度与质量、安全等的关系上常常顾此失彼；少数干警执法思想不够端正，执法行为不规范，违法违纪问题仍然时有发生，有的性质十分恶劣；反贪污贿赂工作的经费保障、侦查装备、基础设施尚需进一步改善，侦查工作的科技含量和现代化水平还不高。这些问题需要引起高度重视，采取有力措施加以解决。

依法查办贪污贿赂犯罪，是检察机关法律监督工作的重要内容，是强化法律监督的重要途径。当前，我国改革发展正处在一个关键时期。以胡锦涛同志为总书记的党中央提出了树立和落实科学发展观、加强党的执政能力建设、构建社会主义和谐社会等一系列新的执政理念；中央颁布的《建立健全教育、制度、监督并重的惩治和预防腐败体系实施纲要》，要求进一步加大惩治和预防腐败的力度；"国家尊重和保障人权"已经写入宪法，国家司法体制改革稳步推进，社会各界对反贪污贿赂侦查工作的要求越来越高；我国积极参与并签署的《联合国反腐败公约》即将实施。这些新的形势，都对反贪污贿赂工作提出了新的更高的要求。由于诱发腐败因素的存在，贪污贿赂犯罪在一些领域仍然易发、多发，人民群众对此反映十分强烈，反腐败斗争的形势依然比较严峻，任务仍然繁重。各级检察机关必须从提高党的执政能力、巩固党的执政地位的高度，从维护公平正义、构建和谐社会的高度，从强化法律监督、发展检察事业的高度，充分认识反腐倡廉工作的重大意义，进一步把反贪污贿赂侦查工作抓出更大的成效。当前和今后一个时期反贪污贿赂侦查工作的指导思想和主要任务是：以邓小平理论和"三个代表"重要思想为指导，树立科学发展观和正确执法观，紧紧围绕改革发展稳定大局和党中央关于反腐败斗争的总体部署，深入实践检察工作主题和总体要求，坚持以办案工作为中心，以侦查能力建设为主线，以改革完善工作机制和制度为动力，依法全面正确履行查办贪污贿赂犯罪职责，全面加强侦查一体化、执法规范化、管理科学化、队伍专业化和装备现代化建设，努力推动反贪污贿赂工作深入健康发展，为促进党风廉政建设和反腐败斗争、构建社会主义和谐社会做出新的更大的贡献。

**二、深入贯彻落实检察工作主题和总体要求，依法全面正确履行反贪污贿赂侦查职责**

查办贪污贿赂犯罪是反腐败的重要任务，是检察机关履行法律监督职能的重要组成部分。反贪污贿赂部门主要职责任务是办案，离开了办案，就偏离了检察工作主题，体现不出自身的地位和作用。各级检察机关反贪污贿赂部门必须恪尽法律职责，始终坚持以办案工作为中心，不断强化工作措施，加大办案力度，提高办案质量，规范执法行为，确保办案安全，通过依法积极查办贪污贿赂犯罪，具体实践检察工作主题和总体要求，促进党风廉政建设和反腐败斗争的深入开展。

（一）采取有效措施，切实加大办案力度。加大办案力度，是贯彻落实党中央《建立健全教育、制度、监督并重的惩治和预防腐败体系实施纲要》的具体体现；是积极应对当前反腐败形势的必然选择；也是昭示党和国家反腐败的决心，取信于民的实际行动。办案力度主要体现在两个方面：一是办案的数量规模。没有一定的办案数量，就体现不出办案的力度。办案数量要与当地反腐败斗争的形势、人民群众的反映和贪污贿赂犯罪的发案实际基本适应。从多年的实践看，一个地区和单位的办案数量大致有一个合理的上下波动范围，大幅度下滑是不正常的，问题主要是出在办案力度不够上。在这个问题上，既不能违背侦查规律，硬性下达办案数量指标，片面追求办案数量；更不能放弃职责，有案不办，压案不查。二是大要案的比例。在保持一定办案规模的前提下，大要案比例的高低是衡量办案工作是否深入、力度大小的重要标准。在当前腐败犯罪易发多发的趋势尚未得到根本遏制，而反贪污贿赂侦查力量又较为有限的情况下，各级反贪污贿赂部门要敢于攻坚碰硬，集中力量查办有影响、有震动的大案要案，彰显反贪污贿赂工作的力度。要坚定不移地突出查办大案要案和其他在当地有影响的案件，也要及时、认真查办那些数额虽然较小，但与人民利益密切相关、社会反映强烈或者给国家造成严重损失的腐败案件。

首先，要突出办案重点。要按照党中央关于反腐败斗争的总体部署，集中力量查办大案要案，重点查办发生在党政领导机关和领导干部中的贪污贿赂犯罪案件;国家工作人员利用人事权、审批权进行权钱交易的犯罪案件;国有企业重组、改制、破产和经营活动中贪污、挪用、私分国有资产的犯罪案件;司法人员、行政执法人员利用司法、执法权索贿受贿、贪污、挪用公款等犯罪案件;重大工程项目建设、金融、土地管理等领域中的贪污贿赂犯罪案件。对那些为谋取不正当利益拉拢腐蚀干部、危害严重的行贿犯罪,也要坚决依法查处。尤其要主动适应国企改制带来的办案形势变化,在继续认真查处国有企业案件的同时,进一步加大对国家机关工作人员贪污贿赂犯罪案件的查处力度,积极查办发生在新经济领域、资金高度密集领域、垄断性行业中的贪污贿赂犯罪案件。要特别强调的是,最近胡锦涛总书记等中央领导同志就治理商业贿赂作了重要批示。各级检察机关要深入学习和领会中央的精神,切实提高对惩治商业贿赂犯罪重要性和紧迫性的认识,充分发挥职能作用,进一步加大惩治商业贿赂犯罪的力度,努力维护市场经济秩序。

其次,要加强与有关部门的协调配合。党的十五大确立的反腐败领导体制和工作机制,完全符合我国新时期反腐败工作的客观规律和反腐败斗争的现实需要,是一条用以统揽反腐败工作大局的指导方针。反贪污贿赂侦查工作是党和国家反腐败斗争的重要组成部分,难度大、任务重、要求高,必须坚定不移地坚持这个方针。要坚持并运用反腐败领导体制和工作机制所形成的优势,进一步加强与纪检监察、审计、公安、法院等的协调配合,健全案件线索移送和工作联系配合制度,完善工作协作方式,努力营造良好的外部执法环境。要进一步加强举报工作,落实举报奖励制度,对实名举报特别是联名举报的,更要及时查办、反馈,做到件件有着落、件件有回音,保护群众举报的积极性并防止因工作不力而出现涉检上访。

第三,要整合法律监督资源。做好反贪污贿赂工作,反贪污贿赂部门责无旁贷。但检察机关各有关内设机构也要在分工负责、互相制约的基础上,加强协作,形成工作合力。尤其是查办司法不公、执法不公背后的职务犯罪,更需要侦查与侦查监督、公诉、民事行政检察等部门的相互支持和通力合作。要把查办职务犯罪与诉讼监督、反贪污贿赂与反渎职侵权有机结合起来,建立侦诉协作机制,共同努力,在加强诉讼监督中加大查处司法不公、执法不公背后的职务犯罪力度,以查办职务犯罪的成效来强化诉讼监督,使查办职务犯罪工作与诉讼监督工作相互促进、相得益彰、一举多得,增强法律监督工作的整体效能。

第四,要强化反贪污贿赂信息情报工作。要把信息情报工作作为一项重要的基础性工作来抓,积极争取有关部门的支持,下功夫全面收集办案所需的基础资料,加强对已办案件档案信息资料的整理,注意从新闻媒体报道、社情民意调查等多种渠道获取贪污贿赂犯罪信息情报,逐步建立门类齐全、内容准确、检索便利的反贪污贿赂信息情报数据库,加强对信息情报的分析、研究,准确把握贪污贿赂犯罪的动态、规律、特点和趋势,为工作决策和侦查办案服务。最高人民检察院反贪污贿赂总局将设立专门机构,开拓这项工作。

第五,要努力提高自行发现和突破案件的能力。这是实现依法治国的必然要求,也是强化法律监督职能的客观需要。随着纪委对"两规"措施使用越来越严格、规范等客观形势的变化,我们更有必要把提高自行发现和突破案件的能力作为一项战略任务,在提高依法独立行使检察权的能力和水平上下功夫。要增强侦查意识和职业敏锐性,克服依赖、等靠思想,加强对贪污贿赂犯罪特点、规律和发案趋势的研究,善于依法主动出击,努力改变获取案件线索的被动状况,不断提高自行发现犯罪的能力。要强化案件线索管理和利用,加强和规范初查工作,认真甄别筛选案件线索,慎重选择初查时机和突破口,提高初查成案率,切忌盲目行动,浪费宝贵的线索资源。要加强侦查谋略的学习、研究和运用,重点围绕初查、讯问和询问、强制措施的使用和变更、搜查、追逃追赃等关键环节来设计和使用谋略,善于以智取胜和在办案中滚动深挖,不断提高突破犯罪和深挖窝案、串案的能力。

第六,要坚持"抓系统、系统抓"。要根据贪污贿赂犯罪的行业性特点,转变过去各自为战、等案上门的办案模式,拓宽思维视野,深入到人民群众反映强烈、案件多发的重点领域和行业,加强调查研究,了解其内部工作机制和权力运行方式,找出犯罪易发多发的主要环节、部位、人员和作案手段,掌握贪污贿赂犯罪的规律特点。在此基础上,积极争取有关主管部门的支持配合,集中查处一批窝案、串案、类案,形成较大的规模和声势,带动和促进反贪污贿赂办案工作的整体发展。

第七,要进一步加强追逃工作。积极应对当前贪污贿赂犯罪嫌疑人携款潜逃尤其是潜逃境外日益增多、国际司法合作和个案协查任务繁重的严峻形势，在继续做好境内追逃工作的同时，进一步加大境外追逃、追赃工作的力度，不让犯罪分子逃脱法律的制裁。要充分发挥职能作用，及时总结推广境外追逃工作的成功经验，积极探索境外缉捕、追赃及取证的有效途径和方法，增强快速反应和整体作战能力，提高自身境外追逃水平。要主动加强与公安、外事等相关部门的协作配合，建立在逃嫌疑人的信息交换和情报交流机制，加强通缉、边控等工作，形成境外追逃工作的强大合力。要深入研究《联合国反腐败公约》实施后与各国反腐败执法机构进行直接合作的机制和方式，拓宽合作渠道。要认真分析腐败分子外逃的特点、规律，推动建立健全防范嫌疑人外逃和向外转移赃款的长效机制。

（二）提高执法水平和办案质量，确保办案安全。办案质量并不仅仅是单纯的业务问题，它关系到反腐败斗争的健康发展，关系到社会主义法治文明，关系到检察机关的执法形象，是反贪污贿赂工作的生命线。办案质量既体现在实体公正、不办错案上，也体现在程序和效率上，每个反贪污贿赂案件都应当做到办案程序合法、证据扎实可靠、适用法律正确、尽快侦查结案；各级检察机关在反贪污贿赂工作中都应当努力做到无程序违法、无错案、无超期羁押和久侦不结案件、无办案安全事故。

从总体上看，全国检察机关反贪污贿赂案件的质量近年来在稳步提高，但一些地方仍然存在质量不高的问题。必须强调，任何一个错案，对当事人来说都是百分之百的不幸；办案质量上的任何瑕疵，都会影响到办案的整体效果。各级检察机关和全体反贪污贿赂干警必须进一步强化质量意识，提高工作标准，把保证办案质量作为永恒的追求，坚持严格依法办案，努力提高执法水平。一是要严格遵守法定办案程序，严把程序关。程序公正是刑事诉讼制度的基本价值目标，是人类司法文明的重要进步。程序公正不仅有利于保障实体公正，而且具有限制公权滥用、保障公民人权的独立意义。反贪污贿赂干警必须彻底摒弃重实体、轻程序的传统思维，进一步强化人权保障意识和程序公正意识，坚决杜绝违法办案行为，不折不扣地按照法定程序侦查办案。要尊重犯罪嫌疑人的人格尊严，严格执行诉讼权利告知制度，保障犯罪嫌疑人依法所享有的诉讼权利；尊重证人的合理要求，严禁非法限制证人的人身自由或侵犯证人的其他合法权利；积极支持律师依法履行职责，严禁限制律师依法为犯罪嫌疑人提供法律服务。二是要依法全面客观收集证据，严把证据关。证据是证实犯罪的核心和保证案件质量的基础。贪污贿赂犯罪固有的隐蔽性，要求我们必须进一步加强审讯工作，努力提高讯问犯罪嫌疑人的水平。但重视口供不等于依赖口供，要变“由供到证”为“由证到供”，切实把功夫下在正面接触犯罪嫌疑人之前，下在收集、固定和完善口供以外的证据上，注意通过收集间接证据和犯罪嫌疑人实施反侦查的再生证据，揭露和证实犯罪。要严格依法收集证据，严禁刑讯逼供、暴力取证和以威胁、引诱、欺骗以及其他非法方法收集言词证据，凡是以上述非法手段收集的言词证据，一律不能作为认定犯罪的根据，并要严肃追究有关人员的责任。要充分保障犯罪嫌疑人举证和提供证据线索证明自己无罪或罪轻的权利，除法律另有规定外，不得要求犯罪嫌疑人承担证明自己无罪的责任。犯罪嫌疑人及其委托的律师提供证明犯罪嫌疑人无罪、罪轻的证据线索、申请予以查明的，应当及时查证。三是要坚持“一要坚决，二要慎重，务必搞准”的办案原则，严把法律适用关。当前，我国正处在新旧体制交替的转型期，反贪污贿赂办案工作面临许多新情况和新问题，并且给正确把握法律政策界限带来一定的难度。对这些新情况、新问题，要认真进行调查研究，及时提出应对措施，使反贪污贿赂办案工作更好地适应新情况、新形势的客观需要。在具体的办案工作中，要正视某些带有计划经济特征的立法和市场经济条件下执法之间的矛盾，正视法律的相对稳定性与改革开放过程中政策的变动性之间的矛盾，依法正确区分劳动经营所得与贪污受贿、经济纠纷与职务犯罪、不正之风与行贿受贿等的界限。对法律明确规定为犯罪的行为，要坚决依法查处；对法律政策界限不清或者证据上拿不准的案件，要慎重对待，确保案件立得准、诉得出、判得了，防止发生错案。确实办错了的，要坚决及时纠正。

要高度重视办案安全问题。办案安全是办案工作最基本、最起码的要求。经过上下共同努力，反贪污贿赂办案安全事故大幅下降，办案安全防范工作取得了明显成效，但千万不可因此而产生松懈、麻痹思想，要继续绷紧办案安全防范这根弦，始终把办案安全防范工作作为一项重要的、经常性的工作来抓,坚决克服侥幸心理,确保万无一失。要正确处理加大力度与确保安全的关系,既不能因为强调加大力度,就盲目蛮干、违法办案,也不能因为强调严格执法和办案安全,就缩手缩脚、有案不办。要认真落实最高人民检察院关于办案安全防范的规定,落实安全防范预案审批制度、看审分离制度、办案安全责任检讨制度和责任追究制度,用严格的制度规范办案活动,用严明的纪律和到位的监督保证办案安全。要进一步加强办案工作区的规范化建设,充分发挥司法警察的作用;定期或不定期地对办案安全防范措施的落实情况进行检查,及时发现并消除事故隐患,坚决杜绝重大办案安全事故的发生。

(三)正确运用党和国家的刑事政策指导反贪污贿赂侦查工作,努力实现办案的法律效果与社会效果的有机统一。党和国家的刑事政策是立法的重要依据和执法工作活的灵魂。反贪污贿赂侦查工作具有很强的政治敏感性和执法复杂性,社会各界都很关注。特别是在构建社会主义和谐社会的新形势下,只有正确运用刑事政策指导反贪污贿赂侦查工作,才能取得良好的政治、法律和社会效果。各级检察机关必须从讲政治的高度,从提高法律监督能力的高度,从为党和国家改革发展稳定大局服务的高度,认真贯彻运用党和国家的刑事政策,推动办案工作的深入开展,促进社会的和谐稳定,努力实现最佳的办案效果,真正做到对法律负责,让党和人民满意。

要树立正确的执法理念,妥善处理好几个关系。刑事政策集中体现了党和国家对刑事司法工作的政治主张,蕴含着科学而丰富的社会主义法治理念。正确把握党和国家的刑事政策,最重要的是要深刻理解这些政治主张和法治理念,抓住刑事政策的精髓。在实际工作中,一要正确处理讲政治与讲法治的辩证关系。坚决反对和防止腐败,是全党一项重大的政治任务。反贪污贿赂工作和反贪污贿赂干警在任何时候都必须讲政治,坚持党的领导,善于从政治上研究思考问题,服从和服务于党和国家的大局;而检察机关作为法律监督机关,也必须讲法治,坚持依法独立行使检察权,严格依法办案,忠于事实和法律。二要正确处理刑事政策与法律的关系。用刑事政策指导反贪污贿赂侦查工作,根本目的是为了按照法律的精神,更好地贯彻执行法律。在执法实践中,既不能完全拘泥于法律条文,简单机械执法,也不能随意突破法律的界限,用政策代替法律。三要正确处理办案与服务的关系。办案是反贪污贿赂工作的法律职责所在,反贪污贿赂工作的成果和作用主要通过办案来体现,办案工作任何时候都不能放松,否则就是失职;但也不能单纯就案办案,为办案而办案,而必须把办案工作置于党和国家工作大局之中,办案不忘服务,通过办案来体现服务,否则办案的效果就会大打折扣。为大局服务决不是有案不办,依法该办的案件必须坚决办,办案才是最好的服务,但是办案要讲究方式方法,努力防止因方式不当而造成负面影响。

正确运用刑事政策,努力追求办案的最佳效果。各级检察机关要有效运用宽严相济、区别对待等刑事政策,分化瓦解贪污贿赂犯罪分子,推动反腐败斗争的深入开展;对于涉案人数众多、在一个地区有重大影响的案件,要从维护社会政治稳定的大局出发,正确把握政策尺度和办案策略;对罪与非罪法律界限不清的行为,不轻易作犯罪处理,保护投资者、创业者、改革者的正当权益,为市场经济发展创造有利的法治环境;要从构建和谐社会出发,在执法方式上充分体现对犯罪嫌疑人及其亲属的司法人文关怀,并加强对失足者的教育挽救,对犯罪情节轻微、主动坦白交待罪行、积极退还赃款赃物的犯罪嫌疑人,依法从宽处理。要注意改进办案的方式方法,慎重采取查封、扣押、冻结等侦查措施,维护发案单位的正常工作、经营秩序和声誉;对经查确属错告、诬告或者检举失实,且对被举报人造成不良影响的,要主动在一定范围内公开澄清事实,消除影响;对容易激化社会矛盾的案件,要积极妥善处理,防止因工作方式方法不当引发群体性事件。要充分发挥反贪污贿赂部门的优势,把办案工作向后延伸,结合办案积极开展贪污贿赂犯罪预防工作,加强法制宣传教育,向党委、政府、主管部门和发案单位提出遏制和预防犯罪的检察建议,为建立健全教育、制度、监督并重的惩治和预防腐败体系做出积极贡献。

**三、全面加强反贪污贿赂侦查能力建设,为反贪污贿赂工作深入健康发展提供有力保障**

党的十六届四中全会作出了加强党的执政能力建设的战略部署,2004 年底召开的全国检察长会议提出全面加强检察机关的法律监督能力建设。具体落实到反贪污贿赂工作中,就是要努力加强侦查能力建设,这是推动工作发展的迫切需要和根本途径。反贪污贿赂侦查能力包括多种具体的能力，如发现犯罪能力、侦查证实犯罪能力、正确适用法律能力、追逃追赃能力，以及宏观指导、决策指挥、组织协调能力，运用刑事政策、侦查谋略、科技手段的能力，等等。反贪污贿赂侦查能力建设涵盖了反贪污贿赂工作的各个方面，是一项庞大的系统工程，其主要任务是有效提高惩治贪污贿赂侦查犯罪的能力，并确保反贪污贿赂工作严格在法治的轨道上运行。当前和今后一个时期，各级检察机关必须着眼于反贪污贿赂事业的实践需要和长远发展，紧紧抓住侦查能力建设这根主线，以改革的精神，大力加强侦查一体化、执法规范化、管理科学化、队伍专业化和装备现代化建设，进一步发展完善有中国检察特色的反贪污贿赂侦查制度，从整体上把反贪污贿赂工作提高到一个新的水平。

（一）加强侦查一体化建设，进一步提升检察机关整体侦查能力。实行侦查一体化，是检察机关上下级领导关系的重要实现形式，是从制度上保证依法独立行使检察权的有效途径，符合反贪污贿赂侦查工作的客观规律和实践需要，也是提高反贪污贿赂侦查能力的关键之举。近年来，贪污贿赂犯罪的群发性、跨地域性、高智能性等特点日益突出，犯罪分子的反侦查能力增强，这就要求我们改变过去各自为营、分散作战的方式，按照侦查一体化机制的要求，实现由分兵作战向整体作战的转变。建立侦查一体化机制，根本目的就是通过整合侦查资源配置，形成纵向指挥有力、横向协作紧密、运转高效有序的侦查运行机制，发挥检察机关的整体效能，有效排除办案的干扰阻力，推动反贪污贿赂侦查工作的发展。

加强侦查一体化建设既是反贪污贿赂侦查改革的重点，也是这次会议的中心议题。提交会议讨论的《最高人民检察院关于贪污贿赂犯罪侦查一体化的若干规定》，对深入推进侦查一体化机制建设、规范这一机制的运行作出了全面规定。下一步关键是要努力做好以下工作：一是进一步加强侦查指挥中心建设。地级以上检察院要尽快在反贪污贿赂部门设立机构独立、人员编制单列的指挥中心办公室，为实施侦查一体化提供组织保障。必须明确，在查办重大案件工作中，侦查指挥中心同本级检察院反贪局之间是决策和执行的关系，同下级检察院之间是上下一体的指挥与被指挥关系，三者之间要根据这样的职能定位履行职责，避免职能冲突和工作扯皮。二是切实强化上级检察院对办案工作的统一组织、统一指挥和统一协调。要强化最高人民检察院对副厅级以上、省级检察院对正副处级、地级检察院对正副科级干部职务犯罪线索的备案管理，实现对侦查信息的统一管理；加大上级检察院交办、提办、参办、督办和指定异地管辖的力度，适时组织开展专项侦查行动和专案侦查等活动，强化对侦查工作的统一组织指挥；有效整合侦查资源，上级检察院在必要时可以根据办案需要，调用本级侦查人才库的办案骨干，或者调集其他办案力量，调用辖区内的侦查装备，实现对侦查力量、侦查装备的统一调度使用；加大侦查协作力度，各地在办案工作中都要相互支持、密切合作，实现跨区域侦查协作的统一协调。三是积极探索解决制约侦查一体化建设的各种问题。要积极争取党委、政府及财政部门的支持，逐步建立交办案件补助经费、追逃奖励经费、协查协作补助经费、调用人员补助经费等经费保障制度。完善考评机制的有关内容，对被抽调办案力量、提供侦查协作的单位，要在考评计分上予以体现。四是提升侦查指挥中心的权威。下级检察院必须服从命令、听从指挥、积极协作。对拒不服从指挥协调、不执行侦查指挥中心决定，贻误侦查时机、给反贪污贿赂工作造成损失的，要严肃追究有关人员的责任。各级侦查指挥中心要做到科学决策、正确指挥、有效协调，对盲目指挥造成重大侦查失误的，也要追究有关人员的责任。五是充分发挥一体化机制的实战功能。要运用一体化机制组织查办一批有影响、有震动的大案要案、窝案串案，在办案实践中探索完善一体化机制的具体运行模式，提升一体化机制的实战功能，推动一体化机制建设不断深化。

（二）加强执法规范化建设，进一步提高公正执法的能力。加强执法规范化建设，是提高反贪污贿赂侦查能力、依法正确履行法律监督职能的内在要求，核心是要确保反贪污贿赂侦查工作严格依法进行，防止反贪污贿赂侦查权滥用、误用。当前，按照中央政法委的统一部署，全国检察机关正在深入开展“规范执法行为，促进执法公正”专项整改活动，反贪污贿赂工作被确定为整改的重点之一。各级检察机关及反贪污贿赂部门必须端正态度，坚决落实最高人民检察院的部署和要求，抓住反贪污贿赂工作的关键环节和突出问题，认真进行整改规范，确保取得扎实成效。在此基础上，全面推进执法规范化建设,力争用三年左右时间,构建一套比较科学、完备、统一的反贪污贿赂侦查工作规范化制度体系,把反贪污贿赂工作完全纳入规范、有序的轨道。

加强反贪污贿赂执法规范化建设,要重点从三个方面入手:一是规范反贪污贿赂办案流程。要从办案工作最基础的环节和最基本的要求抓起,根据刑事诉讼法和检察机关的办案规定,由反贪污贿赂总局统一设计《反贪污贿赂办案工作规程》,严格按照程序流程操作运行,使反贪污贿赂侦查工作的每个办案环节都处在严密的流程控制之下,从程序上减少执法办案的随意性。同时,从线索受理、初查、立案、讯问、采取强制措施到侦查终结、移送审查起诉、赃款赃物管理,逐个细化基本办案环节的执法规范,明确工作要求、质量标准和纪律规定,逐步做到标准化执法。为切实加强和规范初查工作,最高人民检察院将尽快下发《人民检察院直接受理侦查案件初查细则》。二是完善内外监督制约机制。要严格执行查办职务犯罪案件内部制约制度,强化举报、立案侦查、审查逮捕、审查起诉、申诉等诉讼环节的相互制约,重点规范贪污贿赂犯罪案件撤案和不起诉工作。要加强上级检察院对下级检察院反贪污贿赂侦查工作的领导和监督,按照中央司法体制和工作机制改革的意见,最高人民检察院正在制定省级以下检察院启动职务犯罪侦查程序和作出逮捕决定报上一级检察院备案审查制度,以及作出撤案和不起诉决定报上一级检察院审批制度。相关文件下发后,各地要严格执行。要进一步深化人民监督员制度,按照全国检察长座谈会的部署,"三类案件"和"五种情形"都要自觉接受人民监督员的监督。要通过落实上述措施,切实加强对自身办案活动的监督,形成有效的、强有力的、内外结合的监督体系。三是完善反贪污贿赂办案责任制和责任追究制度。要切实增强办案责任制的针对性和可操作性,落实从承办人、反贪污贿赂部门负责人到检察长、检察委员会的办案责任,形成环环相扣的办案责任体系。强化办案责任追究制度,对于违反办案规定的人员,严格按照规定追究责任,切实维护法律规定和工作规范的权威性和严肃性。

(三)加强管理科学化建设,进一步提高反贪污贿赂侦查管理和宏观指导的能力。侦查管理科学化,是提升反贪污贿赂侦查整体水平的迫切需要,也是促进反贪污贿赂工作健康发展的有力保障。加强管理科学化建设,就是要在反贪污贿赂工作中树立和落实科学发展观,按照职务犯罪侦查工作的自身规律和要求,运用现代管理科学的方法和手段,依法加强对执法办案活动的管理和宏观指导,促进反贪污贿赂工作整体水平的提高。

当前,各级检察机关关于反贪污贿赂工作管理的制度规定并不少,但总的来看,针对具体问题的多,宏观管理比较薄弱,反贪污贿赂管理基本上还处于传统的粗放型管理阶段,这也是一些地方办案力度时起时落、办案质量时高时低、各种问题时有发生的重要原因。加强管理科学化建设、提高侦查管理水平,是反贪污贿赂侦查能力建设的一个重要课题,在这方面上级检察院尤其负有重要责任。一是运用现代信息技术手段创新管理方式,提升反贪污贿赂业务基础管理水平。要认真贯彻落实最高人民检察院关于建立业务、队伍和信息化"三位一体"机制的部署,修改、扩充和完善适应反贪污贿赂侦查工作需要的管理软件或模块,逐步实现办案工作的网上运行、计算机管理,从线索受理到侦查终结,对各个办案环节实行全程控制,所有举报线索全部实行计算机管理,各种办案信息一经输入计算机,就不能擅自删改、变更。二是进一步落实反贪污贿赂工作考核评价机制。今年初最高人民检察院按照下发的考评办法,对各地2004年的反贪污贿赂工作进行了综合考评,总的效果不错,表明考评办法对促进反贪污贿赂工作健康发展具有良好的、重要的导向作用。同时,根据考评中反映出来的某些细节性问题,在广泛征求各地意见的基础上,对考评办法的个别规定作了适当调整,使之更为科学合理。加强考评是强化反贪污贿赂工作宏观指导和管理的重要途径,各级检察机关要结合本地实际,坚定不移地抓好考评办法的落实,通过科学的考评机制,引领反贪污贿赂工作深入健康发展,推动检察工作主题和总体要求的贯彻落实,检验各方面工作的实际成效。三是抓住关键环节、针对突出问题加强管理。要进一步加强和规范对案件线索、扣押款物的管理,健全完善办案质量和安全防范保障体系,努力从制度和机制上解决当前反贪污贿赂工作中存在的突出问题,保证反贪污贿赂侦查活动依法进行。

(四)加强队伍专业化建设,进一步提高反贪污贿赂干警的侦查实战能力。高素质的反贪污贿赂侦查队伍,是提高反贪污贿赂侦查能力的根本保证。反贪污贿赂队伍处在反腐败的第一线,面临的考验比较多,提高队伍素质,首先要坚持不懈地狠抓思想政治、职业道德和纪律作风建设,高度重视反贪污贿赂队伍的党风和廉政建设,确保反腐败的队伍自身不腐败,经得起腐蚀与反腐蚀的考验。各地要结合实际,提出防止、抵制诱惑的具体措施,坚决防止腐败现象的发生。反贪污贿赂侦查又是一项专门性的业务,而且带有很大的挑战性,反贪污贿赂工作的这种专业性特点,决定了反贪污贿赂队伍建设还必须坚定不移地走专业化的道路,着眼于执法办案的实践需要,大力引进和培养专门人才,努力提高反贪污贿赂干警的侦查技能和突破案件的能力。

加强反贪污贿赂侦查队伍专业化建设,必须立足实际,注重实战,着眼长远,务求实效。一是立足办案实践,强化岗位练兵。要紧密结合办案实际,明确各个办案岗位的职责要求,按照"干什么,练什么,缺什么,补什么"的原则,有针对性地组织开展岗位技能训练、竞赛和考核,坚持在干中学,学中干,边办案边提高。要研究建立长效机制,推动岗位练兵活动的制度化、经常化和规范化,在反贪污贿赂系统形成钻研业务、提高技能的良好氛围。二是以提高实战技能为重点,加大正规化培训力度。要改变"普法式"的培训方式,完善培训机制,创新培训方法,增强培训的针对性和实效性,紧紧围绕提高关键办案环节的侦查技能和解决办案实战中的难点问题,以反贪污贿赂侦查业务系列教材为依托,以提高全国检察机关反贪污贿赂侦查技能研讨会上提出的"十种能力"为内容,大力开展正规化业务培训,力争在三年内对反贪污贿赂干警进行一次全员轮训,切实提高发现犯罪、突破犯罪、证实犯罪和制服犯罪的实战技能。三是要着眼长远,加快专业化人才培养步伐。要研究制定专家型侦查人才管理办法,在全国范围内评选出一批侦查专家。规范侦查人才库的日常管理,定期对三级侦查人才库进行动态更新。认真落实《2004 年 ~ 2008 年全国检察机关职务犯罪侦查人才培养计划》,采取分级负责的方式,选拔培养侦查人才,重点抓好侦查预审、侦查指挥、综合指导、专业技术四类侦查人才的培养,进一步改善和优化反贪污贿赂侦查队伍结构。同时,要注意稳定侦查骨干队伍,培养一个侦查骨干不容易,干部交流、轮岗是必要的,但也要注意尊重司法规律,考虑侦查队伍专业化建设的实际需要。四是加强侦查理论研究,积极推进侦查理论建设。要逐步建立侦查理论研究骨干队伍,搭建侦查理论研究平台,把多年来反贪污贿赂办案实践中积累的成功经验,从理论的高度予以整理、提炼和升华,逐步将实战经验系统化、规律化。加强对贪污贿赂犯罪的特点、规律、发案趋势及其对策的研究,加强对反贪污贿赂侦查工作特殊性、规律性的系统研究,逐步形成一套较为完整的反贪污贿赂侦查理论体系,指导反贪污贿赂办案实践,强化反贪污贿赂侦查工作的理性思维,为反贪污贿赂工作发展提供理论支撑。

(五)加强装备现代化建设,进一步提高运用科技手段侦查破案的能力。邓小平同志指出,科学技术是第一生产力。加强侦查装备现代化建设,是提高反贪污贿赂侦查能力的重要途径,也是时代发展的必然要求和同贪污贿赂犯罪作斗争的客观需要。当今时代科学技术的发展日新月异,反贪污贿赂侦查工作要跟上时代的脚步,必须在办案中加强科技手段的运用,而贪污贿赂犯罪高智能化、高科技化的趋势和反侦查能力的增强,使办案的难度不断增大,也要求我们必须不断提高侦查工作的科技含量,向科技要水平,要战斗力。各级检察机关要深刻认识科技手段对反贪污贿赂侦查工作的重要意义,积极推进侦查装备现代化建设。

近年来,反贪污贿赂部门的装备水平有了较大提高,但各地发展很不平衡,同办案实际需要还有不小差距,总的来看,侦查装备现代化建设还处于起步阶段,必须进一步加大投入、强化应用、依法规范。一是确保侦查工作的基本装备。办案专用车辆、通讯工具、摄像录像录音器材、侦查包箱等装备,是开展反贪污贿赂工作的基本条件和保障。各地要摸清现有侦查装备底细,搞好装备规划,根据办案需要为反贪污贿赂部门配备必需的交通、通讯和侦查技术装备,增添一批先进的侦查技术装备,确保办案中的联络及时通畅、反应灵敏快捷。二是重点加强侦查信息化建设。要依托全国检察数字专线网,抓紧建立案件侦查指挥室,尽快建成安全高效、覆盖全国的远程侦查指挥系统,逐步实现远程的案件指挥、案情通报、案件讨论、协查联络、证据传送、信息共享、实时决策等功能;抓紧建立典型案件数据库和情报信息库,便利情报线索和案件信息的收集、存储和检索查询;努力争取联通公安、工商、税务、电信、金融、房地产等部门的信息数据库,实现网上直接查询和信息共享。三是依法规范侦查技术的运用。侦查技术无论在公开侦查还是秘密侦查中都是允许使用的,对办案中确需使用技侦手段的,则要严格审批程序,依法商请有关部门办理。既要鼓励各地在办案中有效运用先进侦查技术手段,又要依法加强规范。如心理测试仪作为办案的辅助工具,可以探索运用,但在测试的对象、程序、内容设置等方面都必须进行规范,测试结论只能为侦查工作提供方向,帮助审查、判断证据,不能作为认定犯罪的证据使用。四是要强化应用,切实把先进的科技装备转化为现实战斗力。要积极引进一批专门技术人才,加强科技装备应用培训,努力提高反贪污贿赂干警的科技素质,使侦查技术装备在办案中充分发挥作用。对讯问犯罪嫌疑人实行同步录音录像,有利于及时固定证据,防止犯罪嫌疑人翻供;有利于强化对讯问工作的监督,防止违法办案;有利于避免犯罪嫌疑人诬陷干警,加强对干警的保护;有利于促使侦查人员转变执法观念和执法作风、提高办案水平、规范办案行为,各地要尽快予以推行,有条件的地方实行同步录像,条件暂不具备的地方实行同步录音。今年年底前,各省级检察院、中东部地区的分市检察院和西部地区省会城市检察院要对讯问犯罪嫌疑人实行全程同步录像,其他检察院要对讯问犯罪嫌疑人实行全程同步录音;明年年底前,所有检察院都要对讯问犯罪嫌疑人实行全程同步录像。提交这次会议讨论的《人民检察院办理职务犯罪案件讯问犯罪嫌疑人实行全程同步录音录像的规定》,对同步录音录像工作进行了全面规范,会后将尽快修改下发。各地要抓紧做好准备工作,配备必要的装备和器材,加强对干警的培训,使干警能够适应新的办案要求。

我们必须深刻认识到,以上"五化"建设是科学指导当前反贪污贿赂工作深入开展的重要措施,更是正确引领反贪污贿赂工作长远发展的一项带有根本性、长期性的重大工程。我们着眼于反贪污贿赂工作的新实践和新发展,提出建设"五化"的新举措,既是在继承基础上的创新和进步,也是适应新形势新任务新要求的必然选择。"五化"之间相辅相成,是一个统一的有机整体。其中,侦查一体化是重点,执法规范化是关键,管理科学化是途径,队伍专业化是根本,装备现代化是依托,出发点和落脚点是提高反贪污贿赂侦查能力。只要扎实推进"五化"建设,反贪污贿赂侦查能力就会大大提高,我们就会更加坚定做好反贪污贿赂工作的信心,更加坚定反贪污贿赂工作正确的前进方向,更好地落实检察工作主题和总体要求,更好地实现"立检为公、执法为民"。各地必须把"五化"建设始终贯穿于当前和今后一个时期反贪污贿赂工作的全过程,结合当地实际坚持不懈地抓下去,力争在三年内抓出实实在在的成效。

同志们,新时期反贪污贿赂工作的任务已经明确,关键是狠抓落实。让我们以这次会议为契机,进一步振奋精神,开拓创新,扎实工作,努力开创反贪污贿赂工作新局面,为推动反腐败斗争深入开展、推进依法治国历史进程和构建社会主义和谐社会做出新的更大的贡献!

# 在全国检察机关第二次侦查监督工作会议上的讲话

最高人民检察院副检察长　朱孝清

(2005年5月11日)

最高人民检察院党组对我们这次会议非常重视,会前专门听取了侦查监督厅关于召开全国检察机关第二次侦查监督工作会议的汇报。贾春旺检察长在听取汇报后指出:"会议准备的材料很好,既回顾总结了近几年来侦查监督工作的成绩,又分析了形势,提出了今后一个时期侦查监督工作的任务、指导原则和措施。党组同志对侦查监督工作的成绩给予了充分肯定,一致同意召开全国第二次侦查监督工作会议。侦查监督在打击犯罪、维护稳定、保障人权、构建和谐社会等方面担负着重要职责，发挥着重要作用，又处于强化法律监督、维护公平正义的前沿阵地，非常重要。要通过这次会议，认真总结工作经验，明确当前的形势和任务，进一步加强和改进侦查监督工作。”贾春旺检察长的指示，言简意赅，既阐明了侦查监督工作的地位、作用，给了我们极大的鼓舞，又为开好本次会议指明了方向。我们要认真贯彻落实。杨振江同志的工作报告，认真总结了全国检察机关第一次侦查监督工作会议以来侦查监督工作的情况和经验，对今年的重点工作进行了部署，讲得很好，我完全同意。我围绕会议的主题，再讲几点意见。

**一、认清形势，明确任务，从实现公平正义、构建和谐社会的高度，增强做好侦查监督工作的责任感、使命感**

2000年9月全国检察机关第一次侦查监督工作会议以来，全国各级检察机关侦查监督部门在邓小平理论和“三个代表”重要思想指引下，紧紧围绕党和国家的工作大局，按照“强化法律监督，维护公平正义”的检察工作主题和“加大工作力度，提高执法水平和办案质量”的总体要求，认真履行审查逮捕、立案监督和侦查活动监督三项职责，在任务重、人员少的情况下，较好地完成了各项工作任务。总的看，这五年，是侦查监督工作取得显著成绩，为维护社会稳定与公正、促进经济社会发展做出积极贡献的五年；是业务领域依法拓展，工作格局初步开创，职能定位从审查逮捕向侦查监督转变的五年；是队伍素质不断提高，侦查监督能力进一步增强的五年。在这五年中，全国广大侦查监督工作人员克服困难，开拓进取，团结拼搏，无私奉献，付出了艰苦努力，做出了突出贡献。实践证明，侦查监督队伍是党和人民可以信赖的队伍，是有战斗力的队伍。在这里，我代表最高人民检察院，向全国检察机关从事侦查监督工作的领导和同志们表示崇高的敬意和亲切的慰问！

在充分肯定成绩的同时，我们对侦查监督工作面临的形势必须有清醒的认识。首先，党中央、最高人民检察院工作思路的新发展对侦查监督工作提出了新的更高的要求。以胡锦涛同志为总书记的党中央继承和发展邓小平理论和“三个代表”重要思想，提出了树立和落实科学发展观、加强党的执政能力建设、构建社会主义和谐社会等一系列新的执政理念。党的十六大报告强调尊重和保障人权，要求社会主义司法制度必须保障在全社会实现公平和正义。宪法修正案明确规定“国家尊重和保障人权”。新一届最高人民检察院党组确立了“强化法律监督，维护公平正义”的工作主题和“加大工作力度，提高执法水平和办案质量”的总体要求，并要求加强法律监督能力建设。最近中央政法委员会召开电视电话会议，部署在全国开展“规范执法行为，促进执法公正”专项整改活动。这些都对侦查监督工作提出了新的更高的要求。特别是中央明确提出构建社会主义和谐社会的重大任务，具有重大的理论意义和实践意义。根据胡锦涛总书记明确指出的社会主义和谐社会的特征，认真实施依法治国基本方略，努力维护社会公平和正义，正确处理新形势下的人民内部矛盾，切实保持社会稳定，都是构建和谐社会的基本要求。侦查监督工作在构建社会主义和谐社会中担负着重大的责任。其次，当前和今后一个时期，维护社会稳定与公正的任务十分艰巨。当前我国经济持续快速增长，各项社会事业全面发展，社会大局保持稳定，总的形势很好。但维护社会稳定与公正的工作面临着严峻的挑战。国际经验表明，人均国内生产总值在一千美元至四千美元之间，通常是一个国家的社会结构变动最剧烈，各种矛盾最为突出的时期。目前，我国人均GDP已经超过一千美元，正处于这样一个特殊的历史时期，呈现出人民内部矛盾凸显、刑事犯罪高发、对敌斗争复杂的新特点：经济社会发展的不平衡和社会利益分配的不均衡，工业化、城镇化中流动人口大量增多，以及企业改制、征地拆迁、下岗就业、劳资纠纷等方面，都会引发大量的矛盾和问题，这些矛盾和问题如果处置不当或被坏人利用，就会引发犯罪或群体性事件；刑事犯罪不仅总量增加，而且组织化程度提高，恶性增大，危害性更趋严重；西方敌对势力继续对我实施“西化”、“分化”战略，以“人权”为借口对我施压，在民族、宗教和新疆、西藏、台湾、香港等问题上对我进行渗透破坏活动，民族分裂势力、宗教极端势力和暴力恐怖势力已经成为影响我国国家安全和社会政治稳定的重要因素。与此同时，执法机关执法不公、执法违法现象仍然比较突出，随着依法治国方略的深入推行和人民群众民主法制意识的增强，人民群众对严格执法、公正执法、文明执法的要求日益高涨，要求加强法律监督的呼声越来越强。再次，侦查监督工作还存在不少问题和困难。一些侦查监督干部执法理念陈旧,有的领导同志对侦查监督职能的认识不够全面;履行"三项职责"不平衡,一些地方重办案、轻监督,重配合、轻制约,立案监督和侦查活动监督仍是薄弱环节,监督重点不突出,监督效果不明显;少数案件质量不高,存在不该捕而捕和该捕不捕的情况,据统计,2004 年捕后不诉13163 人,判无罪 519 人,二者共占当年批捕总人数的 1.7%,不批捕后经复议复核改变原决定 394 人,特别是最近发现的几起重大冤错案件,侦查监督部门很可能负有审查把关不严和侦查活动监督不力的责任;侦查监督部门人员少、任务重、装备差的矛盾突出,特别是一些干部的素质还不适应形势发展的要求。总之,我们既要充分肯定取得的成绩,又要正确估量存在的问题和不足;既要看到大好形势和有利条件,又要清醒地看到面临的压力和挑战,进一步增强政治意识、大局意识、忧患意识和责任意识,以强烈的事业心和责任感去迎接挑战,以饱满的热情和良好的精神状态去完成新形势下侦查监督工作的任务。

按照新形势对侦查监督工作提出的新要求,当前和今后一个时期侦查监督工作的指导思想和主要任务是:以邓小平理论和"三个代表"重要思想为指导,牢固树立和落实科学发展观,坚持"立检为公、执法为民"的执法思想,围绕"强化法律监督,维护公平正义"主题,以实现公平正义、构建和谐社会为目标,以强化法律监督为主线,以提高办案质量和监督实效为基本要求,以改革完善工作制度和机制为动力,以提高队伍侦查监督能力为保障,努力开创侦查监督工作新局面。

要完成好上述任务,侦查监督工作必须坚持以下四个指导原则:

第一,坚持贯彻"双重"方针与区别对待、少捕慎捕政策的统一。对严重刑事犯罪从重从快、对严重经济犯罪从重从严,和对有法定从轻条件的依法从宽,是我国刑事方针政策的两个方面,二者相辅相成,缺一不可。我们必须全面贯彻,做到该严则严,当宽则宽,宽严相济。一方面,维护社会政治稳定是构建和谐社会的前提和必然要求,侦查监督工作必须始终把维护稳定作为首要的任务,而"双重"方针是保持对严重犯罪活动高压态势,遏制犯罪上升,维护社会稳定的有效方针,因而必须长期坚持,毫不动摇。要防止离开我国将长期处于社会主义初级阶段、社会转型期维护稳定形势严峻这一实际,片面强调"轻刑化"和"低羁押率"。要继续重点打击危害国家安全的各种犯罪活动、"三股势力"的分裂破坏活动、暴力恐怖活动和"法轮功"等邪教组织的犯罪活动;严重暴力犯罪、毒品犯罪、黑恶势力犯罪以及有组织犯罪;严重危及群众安全感的多发性侵财犯罪;金融、财税、证券期货等事关国家经济安全的严重经济犯罪;非法集资等事关群众切身利益、影响社会稳定的严重经济犯罪;生产、销售伪劣商品,走私、商业欺诈、侵犯知识产权等破坏市场经济秩序的严重犯罪;贪污受贿等严重职务犯罪。另一方面,慎捕少捕,对具有法定从轻条件的依法从宽处理,也是构建和谐社会的题中应有之义。因此,要坚持逮捕的"谦抑性"原则,对轻微犯罪慎用逮捕强制措施,可捕可不捕的坚持不捕,以尽量化解社会矛盾,减少社会对立面。当前,要特别注意处理好以下三类案件:一是群体性事件。群体性事件往往参与者的合理诉求与不合法的手段交织,多数人的合理诉求与少数人的无理取闹交织,群众的自发行为与别有用心者的插手、利用交织,一般性的聚集活动与极少数坏人打砸抢等暴力活动交织,问题十分复杂。必须正确区分两类不同性质的矛盾,坚持分化、瓦解和打击少数、教育团结多数的原则。对极少数插手群体性事件,策划、组织、指挥闹事的敌对分子,以及借机打砸抢的犯罪分子,要适时依法严厉打击;对一般参与者,要立足于教育,不要轻易逮捕。二是对因人民内部矛盾引发的案件,如因邻里纠纷引起的轻伤害等案件,要本着冤宜解不宜结的原则,慎用逮捕措施。对加害方和受害方已经和解,或者加害方真诚悔罪、积极赔偿并得到受害方谅解的轻微犯罪案件,不要适用逮捕措施。三是对未成年人犯罪、主观恶性较小的初犯、偶犯和过失犯罪,要立足于教育挽救,慎用逮捕措施;对于法律、政策界限不明确,以及犯罪情节轻微,可捕可不捕的,不要逮捕。

第二,坚持打击犯罪与保障人权的统一。准确及时地打击犯罪,是司法机关的职责;尊重和保障人权,同样是司法机关的职责,也是司法文明进步的重要标志。侦查监督工作的"三项职责",都体现打击犯罪与保障人权的有机统一。审查逮捕的任务,一是保证准确有力地打击犯罪;二是防止错捕无辜,保障公民权利包括犯罪嫌疑人的合法权益不受侵害。立案监督的目的是使有罪的人受到刑事追究,无罪的人免受刑事追究。侦查活动监督的目的是保证侦查活动依法进行,既有保证准确打击犯罪的任务,也有保证公正、严格执法、防止侵犯人权的职责。特别是逮捕,它是刑事诉讼中最为严厉的强制措施,是一把双刃剑,准确适用可以有力地打击犯罪,用的不准则会侵犯人权。我们必须在惩罚犯罪与保障人权上寻求最佳结合点,达到二者的有机统一。在当前刑事犯罪严重、社会治安形势严峻的情况下,打击犯罪的力度必须加大。同时,又要防止和克服重打击轻保护的观念,从落实宪法关于"国家尊重和保障人权"的规定和实现社会公平正义的高度,确保无辜者不被追究,切实保障人权包括犯罪嫌疑人的合法权益,维护司法公正。

第三,坚持数量、质量、效果的统一。无论是审查逮捕还是立案监督、侦查活动监督,都要坚持数量、质量、效果的有机统一和协调发展,这是科学发展观对侦查监督工作的必然要求。加大侦查监督力度,必然表现为一定的数量,没有一定的数量,也就没有质量和效果;同时,质量又是侦查监督工作的生命,只有以质量作保证的数量,才能产生打击犯罪、保障人权、维护稳定、实现公正、促进社会和谐的作用,否则,就有可能适得其反,不仅浪费司法资源,而且不利于和谐社会的构建;效果既是数量、质量的综合反映,又是开展侦查监督工作的出发点和归宿。因此,必须把数量、质量、效果三者统一起来,整体加以把握,防止相互割裂,顾此失彼,一讲加大力度就片面追求数量,一讲提高质量就减小工作力度,一讲讲究效果就偏离事实法律或检察职能。当前,我们既有某些方面工作力度不大、数量不够的问题,更有片面追求数量而忽视质量和效果的问题,这都不符合科学发展观的要求,必须加以纠正。

第四,坚持监督、制约与配合的统一。公、检、法三机关互相配合、互相制约,是刑事诉讼的一项基本原则。一方面,打击犯罪是公、检、法三机关的共同职责,只有加强配合,才能形成合力。同时,检察机关的监督需要在配合中开展,监督措施也往往需要侦查机关配合才能落实。另一方面,刑事诉讼是对既往案件事实的回复、审查和认定,其思维具有逆向性,需要对案件事实作多角度的审视。侦、诉、审分离,对某些侦查措施实行司法控制,正是根据诉讼的这一特点而创设的,因而必须加强监督制约。我国检察机关是专门的法律监督机关,因而更要注重监督制约。侦查监督是检察机关的一项重要职责,必须把"监督"作为主线,贯穿于审查逮捕、立案监督和侦查活动监督的全部工作之中,其中立案监督和侦查活动监督自不待言,审查逮捕所体现的是对侦查活动的司法控制,也应以监督为主线。因此,既要防止重监督制约轻配合,更要防止重配合轻监督制约。要进一步加大监督制约的力度。在监督制约中,既要重视实体监督,也要重视程序监督;既要加强对公安等机关侦查活动的监督,又要加强对检察机关自侦活动的制约。

**二、全面履行侦查监督职责,努力提高办案质量和监督实效**

(一)进一步提高审查逮捕案件的质量。审查逮捕是侦查监督的首要职责,是开展立案监督、侦查活动监督的重要基础,也是侦查监督工作为构建和谐社会服务的重要途径。审查逮捕必须以提高案件质量为核心,因为案件质量是审查逮捕的生命,审查逮捕所具有的打击犯罪、保障人权、维护稳定、促进公正、服务和谐社会建设的功能,必须通过提高案件质量来实现,审查逮捕贯彻"双重"方针和区别对待政策,也要通过案件质量来体现。我们必须进一步增强质量意识,把它放到突出重要的位置,使案件的审查逮捕不错不漏,合乎法律规定。

1. 正确掌握逮捕条件。对逮捕的三个条件要全面把握,整体衡量,其中"有证据证明有犯罪事实"这一条件,要以"证据所证明的事实构成犯罪"为原则,"证据所证明的事实基本构成犯罪"为例外。基本构成犯罪确需逮捕的,一是现有证据所证明的事实必须基本构成犯罪,即要达到"八九不离十"的程度;二是根据现有证据综合分析,案件经过进一步侦查,能够取到定罪所必须的证据。此外,还必须符合逮捕的可能处刑条件和社会危险性条件。为了保证这类案件的逮捕质量,在批捕时,要采取两条保障措施:一是要给侦查机关发补充证据通知书,并跟踪掌握其补证情况;二是对侦查机关经过努力仍然难以取到证明构成犯罪的充足证据的,要及时撤销批捕决定。

2. 强化责任,认真审查把关。案件承办人、部门负责人和检察长都应高度负责地对待每一起案件,并对案件的事实证据、定性、适用法律和捕或不捕意见负全部责任,其中承办人侧重于对事实证据负责,部门负责人侧重于对关键性证据、承办人提出的问题和捕或不捕意见负责,检察长侧重于对部门负责人提出的问题和捕或不捕决定负责。承办人是确保审查逮捕质量的基础,“基础不牢,地动山摇”,承办人必须把好第一道关,特别要认真审查、鉴别、比对、认定证据,对案件中存在的问题要及时发现,并在《审查逮捕案件意见书》中认真分析,需要提请负责人注意和把握的要明确提出;部门负责人和检察长要对下属提出的问题和捕或不捕意见特别是重大疑难复杂案件、基本构成犯罪案件、拟不捕案件的捕或不捕问题认真审查把关。承办人对案件中的问题未能发现,或虽已发现但未予重视,因而造成错案的,承办人负主要责任;部门负责人、检察长对下属提出的问题未予重视,或对捕或不捕不认真审查把关,因而造成错案的,部门负责人或检察长负主要责任。

3. 做好讯问犯罪嫌疑人工作。在审查逮捕阶段讯问犯罪嫌疑人,有利于防止错捕,保证办案质量,有利于全面履行侦查监督职能,及时发现和纠正侦查活动中的违法行为,有利于保护犯罪嫌疑人的合法权益。因此,要尽可能每案讯问犯罪嫌疑人。案多人少矛盾突出、难以每案讯问的地方,对下列四类案件必须讯问犯罪嫌疑人:一是有疑点的案件,包括:罪与非罪界限不清、捕与不捕难以确定的,刑事责任年龄不清的,犯罪嫌疑人供述前后矛盾或供述违背常理的,据以定罪的主要证据存在矛盾的。二是特殊案件,包括命案(指杀人案或者被告人可能被判处死刑的案件)等重大、疑难、复杂案件,未成年人犯罪案件,争议较大的案件。三是犯罪嫌疑人要求讯问的案件。四是侦查活动可能违法的案件。对其他案件,应尽量扩大讯问的范围,确实难以全部讯问的,要给犯罪嫌疑人送达《听取辩解告知书》,以便与审查案卷结合起来,决定是否需要讯问。在讯问中,既要认真听取犯罪嫌疑人的有罪供述,也要重视其无罪或罪轻的辩解。犯罪嫌疑人提出受到过刑讯逼供的,要立即认真核查。查证属实的,对刑讯逼供获得的口供要坚决排除,不能作为逮捕的依据;一时无法查清的,对口供要持慎重态度,注意审查其他证据是否据以逮捕。要摒弃重口供轻其他证据的观念。需要注意的是,允许案多人少矛盾突出的地方对部分案件不讯问,其目的是为了集中精力办好重大、疑难、复杂案件,确保办案质量,防止出现重大冤错。

4. 认真履行对自侦案件的审查逮捕职责。既要积极配合自侦部门工作,依法及时逮捕应当逮捕的职务犯罪嫌疑人,又要认真落实最高人民检察院关于加强内部制约的规定,防止因为是自侦案件而放松要求,防止因院领导已有意向而放弃职守,以切实保证职务犯罪案件的逮捕质量。根据职务犯罪案件的特点,对主要靠言词证据定案而口供又尚未固定的案件,侦查部门认为不讯问为宜的,侦查监督部门在审查逮捕时可以不讯问犯罪嫌疑人,但应当派员旁听侦查人员对犯罪嫌疑人的讯问,或者观看审讯同步录像。凡是实行人民监督员制度试点的地方,职务犯罪嫌疑人不服逮捕决定的,审查逮捕工作要认真接受人民监督员的监督。

5. 加强与侦查机关(部门)的沟通联系,统一执法思想,研究解决办案工作中遇到的问题。要经常将不批准逮捕和批捕后撤案、不起诉、判无罪的数据、情况分析等与侦查机关(部门)沟通,使侦查机关(部门)充分认识正确收集证据的重要性,切实提高侦查取证质量。要及时沟通协商个案、类案或某方面问题存在的分歧,增进共识。要共同加强对刑事政策的研究,统一执法思想和宽严尺度。要通过召开联席会议、开展联合调研、制定规范性文件等形式,研究提出提高办案质量的措施。总之,要通过沟通联系,增进共识,减少分歧,提高办案质量。

6. 坚持服从党的领导和依法办案的统一。检察机关办理审查逮捕案件,要严把事实关、证据关、法律关和程序关。要正确对待群众舆论和媒体的涉案报道,坚持依法独立行使检察权,依据事实和法律处理案件。

7. 坚持捕、诉分离。捕、诉分离是诉讼规律的科学总结,也是国际通行做法。目前一些地方进行的所谓捕诉合一“改革”,削弱了捕诉两个环节的相互制约,不利于保证办案质量,也不利于加强监督制约,还会给主张取消检察机关批捕权的观点提供口实。因此,必须坚持捕诉分设的正确方向。捕诉已经合一的,除个别经过批准进行机构设置整体改革试点的以外,一律要纠正过来。个别整体改革试点单位将捕诉两个机构合署办公的,在审查批捕、公诉环节必须由不同的承办人办理,同时要重视立案监督和侦查活动监督工作。

8. 加强对质量不高案件的分析总结工作。对捕后不起诉、判无罪案件和经复议、复核改变原不捕决定的案件,各级检察院每年都要进行一次检查,分析原因,总结经验教训,研究提出提高办案质量的措施,写出书面报告,并在次年1月底前由省级检察院综合报最高人民检察院。其中捕后判无罪又不抗诉和复议、复核改变原不捕决定的,相关检察院要逐案剖析,在判决后一个月之内报省级院,并由省级检察院报最高人民检察院。对近期媒体报道的几起冤假错案,有关省级检察院要指导原办案单位进行认真剖析,在本月底前报最高人民检察院。因主观过错导致错捕和错不捕的,要严肃追究有关人员的责任。分析总结质量不高案件的目的是为了化经验教训为财富,提高办案水平和质量,各地要正确引导和把握。各省级检察院每年都要做好案件质量总结分析的部署、督促检查和指导总结经验教训工作。要重视已被投牢罪犯及其家属、律师的申诉,案件可能有冤情的,要及时移送申诉部门复查。

(二)强化立案监督和侦查活动监督。立案监督和侦查活动监督总的要求是:加大力度,突出重点,提高实效。其中,加大力度是前提,突出重点是关键,提高实效是目的。"实效"所体现的是监督过程与监督结果的统一,数量、质量和效果的统一,加大力度和突出重点最终都要体现在实效上。

1. 立案监督要加大力度,突出重点,跟踪监督,提高侦结率、有罪判决率和重刑率。据统计,2003年1月至2004年10月,检察机关监督公安机关立案的案件,起诉的仅占39.6%,起诉后判处三年以下有期徒刑、拘役、管制、单处罚金或免刑的占判决数的62.2%。这说明立案监督还存在重点不突出、跟踪监督不到位等问题。今后,要把立案监督的重点放在社会危害大、影响大和违法立案造成严重后果的案件上,并加强对立案后侦查情况的跟踪监督,对立而不侦、久侦不结的,要适时发出《立案监督案件催办函》;对犯罪嫌疑人在逃的,要督促公安机关尽快抓捕。要拓宽立案监督的领域,既要监督该立不立,又要监督不该立案而立案;既要监督公安机关管辖的案件,又要监督检察机关管辖的案件;要加大对经济领域犯罪案件的监督力度,加强对行政执法机关不依法移送、公安机关不依法立案的案件的监督。要继续深入开展打击制假售假、侵犯知识产权犯罪专项立案监督活动。根据中央有关部署精神,这一专项活动延长到今年年底,专项立案监督活动结束后,最高人民检察院将开展先进集体、先进个人表彰活动。要进一步推动行政执法与刑事执法相衔接工作机制的完善,努力从目前一般的工作联系层面深入到案件移送层面,在促进行政执法机关移送涉嫌犯罪案件方面取得明显成效。

2. 加强对逮捕执行情况的监督。逮捕执行监督有较明确具体的法律依据,要切实开展。要逐案跟踪批捕或不批捕决定的执行情况及变更、撤销逮捕的情况,对不执行批捕或不批捕决定以及违法变更、撤销逮捕的,要及时监督纠正。对因事实不清、证据不足而不予批捕并附补查提纲的,要加强对公安机关补查情况的跟踪监督,及时催办,发现问题及时纠正并查明原因,防止案件流失。

3. 加强对侦查活动合法性的监督。要重点抓好对徇私枉法、刑讯逼供、暴力取证、非法动用侦查手段、违法取保候审等违法行为的监督,其中对刑讯逼供的监督要作为今年的重中之重。为贯彻中央政法委员会最近召开的"规范执法行为,促进执法公正"专项整改电视电话会议精神,保障人权,维护司法公正,准确打击犯罪,防止因刑讯逼供等违法犯罪行为导致冤假错案的发生,最高人民检察院决定从今年5月中旬至年底开展以纠正刑讯逼供为重点的专项侦查监督活动,近日最高人民检察院将下发专项监督工作方案。各级检察院领导要高度重视这项工作,整合各部门力量,认真落实工作方案,确保专项监督活动取得明显成效。要通过开展专项监督活动,监督纠正或查处一批刑讯逼供违法犯罪案件,并建立健全发现、纠正和查办刑讯逼供等违法侦查行为的长效工作机制。

4. 侦查监督工作要与查办职务犯罪形成良性互动机制。立案监督、侦查活动监督和审查逮捕都要着力发现执法违法、执法不公背后的涉嫌职务犯罪的案件线索,及时移送反贪污贿赂、渎职侵权检察部门依法查办。如线索性质不明,侦查监督部门可以开展初步调查,发现涉嫌犯罪后,再移送有关职能部门。

(三)结合侦查监督职能,做好疏导化解矛盾纠纷和预防犯罪工作。党的十六届四中全会决定中明确强调,要"有效发挥司法机关惩治犯罪、化解矛盾和维护稳定的职能作用"。罗干同志在全国政法工作会议上,把"高度重视和正确处理人民内部矛盾,维护社会和谐稳定"作为今年要重点抓好的七项工作的第一项。在侦查监督工作中,既要依法打击犯罪,监督纠正违法,又要结合侦查监督职能,做好疏导化解矛盾纠纷和预防犯罪工作。这是构建和谐社会对侦查监督工作提出的新要求。一要根据党委的要求,参与处理突发事件,做好平息事态工作。二要把疏导化解矛盾贯穿在侦查监督工作的各个环节、各个方面,防止因侦查监督工作不当或不周,而出现新的矛盾纠纷或涉法上访,着眼于社会的和谐稳定和国家的长治久安。三要坚持侦查监督环节社会治安综合治理的好经验、好做法,如结合办案开展法制宣传教育、根据党委要求参加平安创建活动、配合有关部门创建优秀"青少年维权岗"等,为构建和谐社会做出积极贡献。

**三、完善工作制度和机制,提高工作效率和质量**

最高人民检察院正在按照中央关于司法体制和工作机制改革的初步意见,对司法体制和工作机制改革中涉及检察工作的问题开展研究,其中有的问题涉及侦查监督工作。改革措施出台后,各地要认真贯彻落实;在改革措施出台之前,我们要在现有法律框架内,积极推进侦查监督工作改革,完善工作制度和机制,提高工作效率和质量。

(一)坚持并完善介入侦查制度。检察工作介入重大有影响案件的侦查,既有利于促使侦查机关完善证据,提高侦查质量,从快批捕,又有利于发现侦查活动中的违法情况,加强监督,在实践中发挥了积极的作用。为了规范这一工作,需对介入侦查的原则、范围、方式、程序等作出规定。为此,最高人民检察院草拟了一个文件稿,提交会议讨论,待进一步修改后,争取与公安部联合下发。

(二)继续深化审查逮捕方式改革。当前,侦查监督工作案多人少的矛盾较为突出。为了在确保案件质量的前提下提高工作效率,可根据案件的不同情况,对《审查逮捕案件意见书》的制作实行繁简分流。凡是事实清楚、证据充足,对犯罪嫌疑人明显应当逮捕的,文书可以适当从简。其他案件仍要按照原有规定办理,但要提高分析和说理水平,减少不必要的摘抄。对《审查逮捕案件意见书》实行繁简分流,是为节省司法资源、减少重复劳动,提高工作效率,以确保对重大、疑难和有影响案件的审查把关。同时,对部分案件的《审查逮捕案件意见书》简化制作,是对法律文书的简化,而不是对案件审查的简化,各地务必正确把握。

(三)继续推进主办检察官办案责任制试点。目前已经开展主诉检察官办案责任制试点的单位,具备条件的,都可开展侦查监督主办检察官办案责任制试点工作;尚未进行主诉检察官办案责任制试点,但具备条件又有必要的,也可进行试点。选任主办检察官必须坚持标准,保证质量。同时,要健全与主办检察官办案责任制相配套的激励机制和监督机制。要参照主诉检察官的待遇标准,认真落实主办检察官的有关待遇。要加强对主办检察官行使权力的监督制约,防止权力的滥用。我国法律明确规定,逮捕权由检察长或者检察委员会行使。在试点中,不能将逮捕权授予主办检察官,已经授予的,要依法收回。

(四)完善捕、诉衔接机制。侦查监督部门要加强与公诉部门的沟通联系,相互通报办案情况,交流办案经验,研究解决办案中存在的问题。对批准逮捕的案件,侦查监督部门要注意了解案件的起诉、判决和作其他处理的情况;公诉部门要将起诉、不起诉和判决情况及时通报侦查监督部门。特别是对立案监督的案件,公诉部门拟作不诉的,要及时通知侦查监督部门。要在捕、诉之间建立"预警通道",对批准逮捕但需要补充证据的案件,侦查监督部门要将补查提纲副本移送公诉部门,公诉部门审查起诉时,应核查侦查机关的落实情况,共同提高批捕案件的起诉率和起诉案件的有罪判决率。

(五)运用现代科学技术,建立业务工作、队伍建设和信息化建设相结合的长效管理机制。推进侦查监督工作的办公办案现代化,改变人工抄写的落后方式,有利于提高工作效率,有利于规范化管理,也有利于捕、诉工作的衔接。各级检察院应当予以高度重视。有条件的地方,应推进与公安机关、行政执法机关的数据信息共享。

**四、加强对侦查监督工作的领导,提高侦查监督能力**

侦查监督部门既是检察机关打击犯罪的前沿阵地,又是诉讼监督的前沿阵地,在打击犯罪、保障人权、维护稳定、促进公正、构建和谐社会中责任重大。同时,侦查监督工作业务种类多,技能要求高,法律规定又很不完善。它既要有审查把关之术,又要有主动出击之能;既有办案之累,又有监督之难;工作不显山露水,也少有立功受奖机会。各级检察长要进一步重视侦查监督工作,给予更多的关心、理解和支持,特别要转变那种认为侦查监督工作就是单纯审查批捕的片面认识,真正从保证公正司法、构建和谐社会的高度,充分认识强化侦查监督工作的重要意义,采取有力措施切实加强对侦查监督工作的领导。

(一)明确思路,抓住重点。各级检察长要根据新的形势和任务，把侦查监督工作置于构建和谐社会的大目标和改革、发展、稳定的大局之中，摆上重要的位置，紧紧围绕检察工作的主题和总体要求，结合各地的实际，确定侦查监督工作的思路。要抓住重点，包括重大部署、重点问题、重点环节、重点案件。要及时了解当地集中打击、重点整治的部署，组织侦查监督部门积极参与，提高工作的预见性和主动性；要经常听取侦查监督工作情况的汇报，及时掌握薄弱环节和倾向性问题，提出强化和改进侦查监督工作的措施；对重大疑难复杂的案件，要抓住不放，认真审查把关或亲自组织调查，直接指挥侦查监督部门及时准确地办理，从而带领侦查监督部门全面履行宪法和法律赋予的职责，努力开创侦查监督工作的新局面。

（二）协调内外，完善保障。侦查监督工作协调任务重，对外涉及公安、海关及其他行政执法机关，内部与公诉、自侦、控申举报、监所检察等部门的工作有相互衔接、配合的问题，各级检察长要加强组织协调，与有关部门建立协调、沟通机制，以统一思想，减少分歧，共同研究解决存在的问题。要根据侦查监督工作的需要，加强和完善人财物保障。要配好配强侦查监督部门力量。当前，一些地方的侦查监督部门人员少、任务重的矛盾十分突出，一些地方人员数量、年龄结构、文化程度、业务素质已不能适应工作任务的要求。各级检察院要根据侦查监督工作任务的需要调整充实侦查监督部门人员，尤其要在检察机关增编时，给侦查监督部门增加必要的力量。要保证侦查监督部门出现场、讯问犯罪嫌疑人、调查线索、跟踪监督所必需的车辆，落实出现场补贴和主办检察官等待遇，为他们创造必要的工作条件。

（三）建设队伍，提高能力。要根据贾春旺检察长在全国检察长会议上关于提高法律监督能力的要求，努力提高侦查监督队伍的侦查监督能力，具体主要包括五个方面的能力：及时准确地打击犯罪，维护社会稳定的能力；敢于监督、善于监督、规范监督，促进严格执法和公正司法的能力；化解矛盾纠纷，促进社会和谐的能力；正确执行法律和刑事政策的能力；探求侦查监督规律，加强业务建设的能力。各级检察长要围绕上述目标，大力加强侦查监督队伍建设。一要提高侦查监督队伍的政治素质。要抓住目前开展的保持共产党员先进性教育活动的有利契机，加强侦查监督队伍的思想政治建设，使全体侦查监督干部树立正确的执法思想、执法理念，最根本的是要努力实践“三个代表”重要思想，坚持“立检为公、执法为民”，真正从思想上解决“为谁执法、为谁服务”的问题，牢固树立正确的世界观、人生观和价值观。要增强侦查监督干部的政治意识、大局意识、忧患意识和责任意识，提高服务大局的自觉性。侦查监督干部握有一定程度的审查逮捕权、立案监督权、侦查活动监督权，受腐蚀的可能性大。要通过加强教育管理、完善程序制度、强化监督制约、严格责任追究等措施，使干部自觉恪守检察职业道德和检察纪律，永远忠实于案件事实真相，忠实于宪法法律，忠实于党和人民利益，自觉抵制说情、请客、送礼风的侵蚀和金钱、美色的诱惑，最大限度地降低违法违纪的发生率。一旦发现违法违纪，要坚决严肃查处，决不姑息。二要提高侦查监督干部的业务素质。侦查监督工作业务种类多，涉及知识领域广，技能要求高，法律法规专业性强。要教育引导干部认真学习科技、经济、金融、财税、股票、证券、期货等方面知识，加强知识储备，以满足办案之需。有条件的，要在侦查监督部门内部实行专业化分工，使干部学有专攻。要教育引导干部认真学习侦查学，掌握侦查基本知识和技能，以便监督中问题能发现，意见提得准，不说外行话；认真学习相关法律法规和刑事政策，刻苦钻研业务，开展岗位练兵和技能培训，总结正反两方面的典型经验特别是办错案的教训，探索工作规律，加强理论研究，使干部人人成为侦查监督工作的行家里手，并从中涌现出一批专家、权威。今年最高人民检察院侦查监督厅要办好侦查监督负责人轮训示范培训班和业务骨干培训班。三要关心侦查监督干部的健康成长。要加强对优秀干部的培养，在侦查监督系统造就一支政治上靠得住、工作上有本事、作风上过得硬的带头人队伍。对在工作中做出突出成绩的，该记功表彰的要记功表彰，该提拔重用的要提拔重用。广大侦查监督干部应根据外因与内因关系的原理，进一步增强提高自身政治素质和业务素质的自觉性、主动性，努力使自己成为高素质、专业化、有较高侦查监督能力的干部，并以突出的作为赢得领导的关心和同志们的尊重。

同志们，侦查监督工作是一项艰巨而光荣的工作。让我们紧密地团结在以胡锦涛同志为总书记的党中央周围，根据最高人民检察院的统一部署，全面履行宪法法律赋予的职责，振奋精神，开拓进取,恪尽职守,扎实工作,努力开创侦查监督工作的新局面,为打击犯罪,保障人权,维护稳定,促进公正,构建社会主义和谐社会,做出新的更大的贡献!

# 在全国铁路检察工作会议上的讲话

最高人民检察院副检察长　姜建初

(2005年10月14日)

昨天,阎敏才同志(最高人民检察院铁路运输检察厅厅长)对一个时期以来的铁路检察工作作了全面总结,分析了铁路检察工作面临的形势和任务。各铁路检察分院检察长也作了工作汇报,总结了铁路检察工作的成绩和经验,并谈了下一步的工作目标和措施。通过这次会议,大家互相交流学习,增进了解,取长补短,对搞好今后的铁路检察工作,起到了良好作用。下面我着重就如何做好今后的铁路检察工作,讲几点意见。

**一、认真开展专项整改活动,完善铁路检察工作监督制约机制**

根据中央政法委员会和最高人民检察院关于开展"规范执法行为,促进执法公正"专项整改活动的部署,各级铁路检察机关已经开展了第一阶段的专项整改活动,认真查找了工作中存在的执法不规范的突出问题和薄弱环节及其原因,为集中解决这些突出问题打下了坚实的基础。可以说,专项整改活动开局良好,进展顺利,初见成效。在今年全国检察长座谈会上,贾春旺检察长对切实抓好专项整改活动作出重要指示,我们一定要认真领会,深入贯彻。为确保铁路检察机关专项整改活动取得预期效果,这里,我再强调几点:

(一)抓好重点部门、重点环节、重点问题的整改和规范。专项整改活动的重点部门和环节是职务犯罪侦查、公诉、侦查监督、民事行政检察和控告申诉检察,这六个环节也是社会上对检察机关所反映问题的集中所在。当前,我们的法律监督工作还存在许多薄弱环节,监督的力度、质量、水平与法治社会的建设、人民群众的要求和检察事业的发展还有较大差距。很重要的原因之一就是法律监督工作还不够规范,导致对诉讼活动中的一些执法不严、司法不公问题,该监督的没有监督,或者不会监督,甚至不敢监督。近年来,铁路治安与法律秩序不断好转,但人民群众仍然还有许多不满意的地方。今年初,在最高人民检察院铁路运输检察厅组织、协调、指导成都铁路运输检察分院查办的成都火车站派出所十几名民警与盗窃团伙相互勾结的案件当中,涉案时间长达数年之久,损害人民群众的利益,且长时间没有得到查处,社会影响极为恶劣。对这些涉铁刑事犯罪问题要有清醒的认识。既要看到已经惩处一批犯罪分子的严打成绩,还应该看到没有被发现、查处的案件还不少,任务还很艰巨。要从已经查办的案件中总结经验,吸取教训,真正的把"立检为公,执法为民"的思想贯穿于铁路检察工作的全部和始终。

(二)认真组织好全员培训考核。开展全员培训和考试考核是专项整改的硬性任务之一,也是搞好规范化建设的人才、组织保证。最高人民检察院已下发了培训考核实施办法,各级铁路检察机关要在省检察院领导下,结合铁路检察实际制定学习计划,并正确处理好工学关系,合理安排培训时间,确保培训考核取得实效。要继续落实《2004~2007年全国检察人员培训计划》,整合培训资源,完善培训机制,创新培训方法,提高培训质量,开展以提高业务技能和执法水平为核心的正规化分类培训,针对铁路检察工作的特点,培养一批专家型、复合型、专门型人才。昨天,广州、南昌等几个铁路检察分院在汇报工作时也突出了这一点,他们多年来在培训方面坚持不懈,对队伍建设、对规范化建设打下了一个非常好的基础。同志们可以从身边的这些检察院当中学习一些经验，把这一次全员培训搞好，把长期的培训搞好，进一步改善和优化铁路运输检察队伍的素质结构。

（三）建立健全制度，抓好制度落实。专项整改活动的中心环节是建立健全制度。要认真清理近几年来下发的过时的、不符合法律、法规的有关文件。目前，最高人民检察院铁路运输检察厅已清理出《关于1999年全国铁路检察机关深入查办贪污贿赂等经济犯罪案件的工作意见》，这个文件提出“对一万元以下、无深挖可能的（贪污贿赂）案件，原则上不立案”，这是不符合法律规定的。因此，该文件应予撤销。以此为例，大家回去认真地查摆一下，对各项检察业务工作制度和规范性文件，进行一次认真清理，逐一列出需要立、改、废的制度和规范性文件。专项整改的第二阶段要通过制度的认真执行以及突出问题的解决来实现，要对制度的执行情况进行全面检查，对过去执法过程中发生的问题进行综合分析。如果是由于没有规范性规定所致，则要有针对性地建立制度规范；对虽有制度但没有落实的，要认真分析原因，提出整改措施。在检查清理的基础上，进一步建立健全规范执法的各项制度，重点要从三方面入手：一是细化办案流程，减少执法随意性，加强执法的严格性。我们可以回去看一看，我们的执法规范是不是在执行，是不是仍然仅仅被写在文件里挂在墙上，而没有落实在办案流程当中，导致办案中的随意性就很大。执法的随意性给违法违纪埋下了隐患。二是完善执法责任制和责任追究制，增强办案责任制的针对性和可操作性。一定要把责任明确到每个人、每个岗位。我们履行的是国家的职责，有一份权力就要有一份责任，没有无责任的权力，所以我们对责任追究一定要抓紧，如果不能这样，我们就不能出一个钢班子、铁队伍。三是要探索发展并健全内外部监督制约机制。没有监督的权力一定会导致腐败的，所以增强监督的刚性和效力，是十分必要的和十分紧迫的。

（四）完善内部监督制约的长效机制。要在巩固专项整改已取得成果的基础上，再用三年左右的时间，全面加强检察业务工作的规范化建设，努力推进业务、队伍、信息化“三位一体”建设，把执法规范化与队伍专业化、管理科学化有机结合起来，努力地形成一套符合检察工作规律、长期有效的内部监督制约机制，使检察机关的各项执法工作步入规范、有序的轨道。这次专项整改活动是一项全局性、长期性的工作，要求高、任务重、时间长，各级铁路检察机关一定要高度重视。要认真学习贯彻9月28日全国检察机关“规范执法行为，促进执法公正”专项整改活动电视电话会议精神，总结交流规范执法行为的经验，进一步明确专项整改的任务和措施，精心组织，抓好落实。开展专项整改活动不仅是中央政法委员会的要求，是人民群众的热切期盼，也是贯彻新时期检察工作主题和总体要求，加强法律监督能力建设的需要。要充分认识规范执法行为的必要性和紧迫性，增强搞好专项整改的自觉性。

要按照最高人民检察院《关于进一步深化检察改革的三年实施意见》，进一步强化、完善侦查部门与侦查监督、公诉、控申、监所等部门的相互监督制约机制。我们现在这样一个机构的设置，其中一个重要的原因，就是要体现检察机关内部的监督制约，互相配合。如果我们忘掉了这一点，搞部门化，检察工作就会被分割。所以，我们在做工作的时候，一定要看到检察工作的整体性，要在加强各部门互相配合的同时，更要强调相互监督的监督制约。否则，案件质量就难免会出问题。要健全对检察人员渎职行为、腐败行为的监督机制，对徇私枉法、刑讯逼供或其他严重损害当事人合法权益的举报和投诉，要认真地及时受理和真正地进行调查。对铁路的涉检上访，要认真做好接访工作。实行严格的案件催办、督办制度，以切实、及时解决实际问题。要以息诉罢访为目标，逐案抓好落实。最近，最高人民检察院决定要对有关省市的专项整改活动进行督查，其中一个重要的任务，就是要带具体的案件下来，检查你到底办得怎么样了。我们经常讲“迟到的正义就是非正义”，不能把问题及时地解决，实际上也是损害了老百姓的利益，影响了检察机关的威信，也带来了不公正。最高人民检察院组织对佘祥林等5个冤案错案和执法不规范的典型案例进行了深入剖析，分析了检察机关执法办案中存在的问题和应吸取的教训。各级铁路检察机关要把这5个典型案例作为重要警示教材，组织干警认真学习、科学分析、严肃讨论，举一反三，引以为戒。与此同时，公诉部门还总结出6个典型案件，这6个案件，都是应该上检察委员会研究的案子，却没有上检察委员会研究，所以会出现问题。我们要引以为戒，警钟长鸣。“立检为公、执法为民”绝对不是一句口号,而是要体现在我们时时刻刻的工作当中,体现在我们所处理的每一个案件当中。我们一定要再接再厉,把今年的专项整改工作圆满地结束。同时为明年、后年的专项整改工作打下扎实的基础。

**二、加强法律监督能力建设,促进构建和谐社会**

建设一支政治坚定、业务精通、作风优良、执法公正的铁路检察队伍,是提高法律监督能力,推动铁路检察工作深入发展,切实履行宪法和法律赋予的检察监督职责的重要组织保障。贾春旺检察长在2004年全国检察长会议的报告中明确地指出:法律监督能力包括打击刑事犯罪,维护社会稳定的能力;依法打击预防职务犯罪,促进廉政建设的能力;正确处理群众诉求,化解矛盾纠纷,促进社会和谐的能力;敢于监督、善于监督、规范监督,促进严格执法和公正司法的能力;强化自身监督和制约,严格、公正、文明执法的能力,等等。我们一定要认真学习贾检察长的报告,充分地认识到加强监督能力建设,对整个检察事业,也包括对我们铁路检察事业发展的重要意义。铁路检察机关提高法律监督能力,重点应抓好以下几项工作:

(一)加强政治能力建设。国家、政治与法律从来都是联系在一起的,没有纯粹的、单独的那种法律。"强化法律监督,维护公平正义"的检察工作主题符合宪法定位的检察院的基本性质,符合构建社会主义和谐社会的要求,也是建设中国特色社会主义法制,维护和实现社会公平正义,加强党的执政能力建设的客观要求和重要内容。各级铁路检察机关要有强烈的政治责任感,重点纠正群众反映强烈的执法不严和司法不公问题,维护司法公正,维护法制统一。要始终践行"三个代表"的重要思想和科学发展观,把全心全意为人民服务的宗旨贯彻到铁路检察的每一项工作和每一个工作环节中去。通过加强思想建设、组织建设、作风建设,增强铁路检察机关党组织的创造力、凝聚力、战斗力,为建设社会主义和谐社会,为铁路的跨越式发展提供有力的司法保障。铁路是国民经济的大动脉,是重要的宏观经济的调节工具,是我们国家经济和社会发展的重要保证。在社会主义现代化建设中,尤其是近一个时期,起着举足轻重的作用。铁路检察机关要有政治意识、大局意识、责任意识和服务意识,为铁路的运输生产安全和铁路的快速发展、铁路的改革发挥应有的职能作用。服务大局、服务政治、服务社会、服务铁路不要当成一种口号来看,我们要真正地体现在我们铁路检察工作的方方面面。我们每一个人、每一个部门、每一级检察院都应该把稳定社会、建设和谐社会、维护铁路的改革与发展作为我们神圣的职责。这样,检察工作才有了基础,才有了评价的标准。铁路检察工作做得好不好,不仅仅在于你办理了多少案件,还在于老百姓的安全感增加了几个百分点,快捷感增加了多少。我们已经到了21世纪,现在很多东西的衡量不能像过去一样,用一些硬指标,钢多少,棉花多少,粮食多少,和谐社会当中很多指标都是一些软指标,是一些感觉,安全感、方便感、舒适感、幸福感,我们要用我们的工作把这些软指标搞上去,这样我们才能提高我们铁路检察服务大局、服务政治、服务铁路、服务社会的真正的水平。

(二)加强法律监督职能。铁路的改革现在非常快。建国五十多年来,铁路建设才到了七万多公里,现在再用十年左右的时间,就要发展到十万公里。相应的,铁路投资主体也呈现出了多元化的趋势,地方资本、民营资本、外国资本都被允许投入铁路建设,投资体制的变化必然引起组织体制的变化,组织体制的变化又必然引起管理体制的一些变化。很多同志总是对铁路检察工作抱有一种悲观的心理,企业中的社会职能分离了以后,主辅分离了以后,认为案件必然下降,确实有必然性,很多单位分离出去了,学校、医院、铁通、一些工程部门都分离出去了,我们的案件因为这些单位分离出去了,案件数必然下降。但是同时,我们也要看到,投资主体的多元化和建设的大发展是不是给铁路检察又带来了新的发展机遇,需要我们去探索。要针对铁路改革的新形势和投资主体的多元化,铁路组织体制、管理体制的变革,以及铁路办理案件中的突出问题,加强对涉铁犯罪案件的主体、罪名、案件管辖的调研,没有调研,认不清形势,看不到在发展当中产生出来的问题,铁路检察工作就不会有发展。我多次讲,改革当中谋发展。铁路检察工作在改革这样一种情况下,在加快发展的情况下,一定要有新思路。

针对人民群众反映强烈的问题和法律监督工作的薄弱环节,最高人民检察院部署了四个专项业务工作,即集中清理涉检信访问题,制假售假、侵犯知识产权犯罪专项立案监督,以纠正刑讯逼供为重点的专项侦查监督，以及集中查办破坏社会主义市场经济秩序渎职犯罪专项活动。铁路检察机关要加强监督职责，使有错的案件得到纠正，使枉法的行为受到处理，使漏网的犯罪分子受到打击，使被冤枉的当事人得到保护，对违反法定程序及侵犯当事人合法权益的问题及时提出纠正意见，督促改正。尊重和保障人权，切实维护人民群众的合法权益，切实针对铁路检察本身的职能维护好铁路的建设和铁路的运营。

在这里想重点讲的是铁路检察机关的民事行政监督工作。这项工作正在成为铁路检察工作新的增长点。铁路检察工作要有自己的特色、要有亮点、有创新，民事行政工作是一个重要的方面。对铁路检察的民事行政工作一定要更新观念，不要简单地去类比于地方检察机关的民事行政工作，要针对铁路特点，进一步加大工作力度。我记得广州铁路检察分院管区有这么一个案件，铁路在输了官司后面临被执行，开始法院准备对铁路的流动资金、资产进行执行，但这么一执行，就影响了铁路的运营，在这种情况下，衡阳铁路运输检察院就主动地与法院去沟通，跟法院沟通了之后，法院就改变了执行的方式，保证了铁路的正常运营。这类案件很有它的特点，所以铁路检察的民事行政工作要开阔思路，除依法监督铁路法院民事审判案件外，要广开案源，与铁路企业法律咨询部门以及各铁路单位建立广泛的民事法律监督联系。因为，铁路建设大发展，铁路工程单位已经分离出去了，大量的建设任务，是由非铁路的建设单位在建设，他们的交易关系、工程质量等方面的问题就社会化了。在这里面涉及大量的与民事行政业务工作相关的东西，如铁路资产的流失，国有资产的安全，招投标、工程检验，等等。因此，铁路检察民事行政工作一定要针对铁路检察工作的性质，针对铁路的特点，要开阔思路，要开拓创新。党的十六届五中全会有一个新提法，叫“均衡与创新”。社会发展得非常快，如果我们不创新，就必然落后于社会的发展。因此，要了解铁路改革的情况，从铁路的发展当中，保护铁路的国有资产和铁路的运营秩序。

（三）加强业务能力建设。要进一步加强监督的刚性和效力，强化管理措施，提高法律监督能力和水平。更新观念，创新机制，改进和加强检察管理工作，把建立业务、队伍和信息化“三位一体”机制作为推动检察机关加强业务能力建设的一项系统工程，立足当前，着眼长远，总结经验，逐步推行。要提高铁路检察办案人员的素质能力，包括敬业精神、案件突破能力、取证能力、法律水平等，在履行工作主题的实践中不断磨练和增长履行职责的本领。铁路检察机关与地方检察机关相比，有一个很大的特点，就是他本身是个半军事化管理的部门。长期以来，铁路检察机关有着抓管理的传统，我们的队伍在这样一个长期半军事化管理之下，本身对管理就有着一些非常强的感受。要发挥自身的优势，把这种严格管理的精神，纳入到业务能力建设当中来。

加强业务能力建设，要注重多方面采取有效措施：一是要高度重视队伍建设，调配政治素质高、具有检察业务特长的精兵强将，打好检察业务工作的基础。我们的干部队伍由于进出口的不畅，一个是老化，一个是队伍得不到更新，使得新人进不来。在目前的体制下，如果不能突破体制的束缚，那我们一定要想办法把检察业务的精兵强将调配好，把各项检察业务工作做好。检察业务能力的建设，要注意几个方面，一是个人能力，一个是整体能力，还有一个是结构能力，我们可以去分一分，我们要在能力建设上多想一些办法，把我们管理的能力运用到建设上来。像哈尔滨铁路运输分院搞的绩效管理就挺成功，要加强研究，继续深化。二是加强实践锻炼与培训提高，针对新情况新变化，研究铁路检察的对策，指导并付诸实践。三是科学组织指导，发挥整体力量的优势。四是依靠科技强检，注重引进科技手段，提高侦查取证、审查复核、准确认定案件的能力。科技强检不一定非得有大投入。比如大同铁路运输检察院给侦查人员都配备了一个小侦查箱，当场就可以照相、打印，搜集、固定证据非常便利，不用来回地跑，这就适合铁路路线长、异地办案的特点。因此，加强铁路检察业务能力的建设，要多想办法。要把加强业务能力建设作为加强法律监督能力建设的中心内容。

（四）加强铁路检察队伍建设。要以党员先进性教育和规范化建设为契机，围绕提高法律监督能力建设，推动队伍建设。要把工作重点放在基层，切实抓好铁路检察基层检察院建设和基层干警队伍建设。坚持用“三个代表”重要思想武装队伍，牢固树立执法为民的宗旨意识，树立强烈的事业心、神圣的荣誉感和责任感。坚持从严治检方针，加强和改进铁路检察队伍的纪律作风建设，把检察文化建设作为队伍建设的重要内容。要大力推进铁路检察队伍的专业化,加强计算机等专业技能学习,让科技化的含量更高,打造一支高素质的有特点的铁路检察队伍,实现人才兴检的目标。

我重点讲一下铁路检察文化建设。为什么要提文化建设,因为,文化建设是在思想深处去影响一个人的。检察文化建设,对于培养一个检察官的职业荣誉感,是很重要的。我过去从事教学,有些学生做律师,做律师挣钱是很多的,他们给我提了一个问题:"你怎么能够保证检察官比律师强?第一点,我这个律师,一年只办几个案子,而你一个检察官一年的办案数量要比我多多少,你花费在这个案子上,与这个案子相关的专业上的能力、时间,你不可能比我多,在这种情况下,你怎么能保证你比我高明呢?第二点,我办这个案子,可以拿几万、几十万,你拿多少钱,你一年办几十个、几百个案子,一年能有个三四万,你怎么跟我比?"他问的很对呀,这确实是一个客观的存在,我们靠什么,我回答的是"你无论在哪里,你都是为了钱,但我们每一个检察官都是在国徽之下,代表国家去公诉的,这样一种荣誉感,是你作为律师永远都没有的。"有了荣誉感,你就不会亵渎这份神圣,就会履行好这种职责,那么,你还会对老百姓不好,还会去做坏事吗?伸手拿一拿,吃一吃,就把你那份职责给丢掉了。因此,我们一定要注意,铁路检察队伍有管理、有传统,但是在文化建设方面,恐怕还有欠缺。所以,我非常赞赏广州铁路运输分院把文化建设作为队伍建设的一个重要内容。我们国家发展很迅速,很多思想都在迅速地变化,过去讲"三位一体",物质文明、精神文明、政治文明,现在又加了一个社会文明,变为"四位一体",因此,我们要讲软实力,讲一讲检察事业的软实力,要把检察文化建设作为队伍建设的重要内容。

(五)加强领导班子建设。强化领导干部的自律和监督,突出抓好各级检察院领导班子建设,是提高铁路检察机关法律监督能力,搞好各项工作的关键。我们有深刻的教训,有一些分院和基层院长期以来,班子不齐,一把手不到位,工作懒懒散散、松松垮垮,问题不断,队伍萎靡不振。领导班子是一个核心,班子不齐、班子不团结、班子不强,工作肯定上不去。我们检察人员,不是个人独立办案,这样的工作特点决定了我们一定要有一个坚强的领导班子,要始终坚持把领导班子建设作为一项重要工作来抓,做到严格教育、严格管理、严格监督。检察工作的兴衰成败,领导班子建设是至关重要的内容之一。各级铁路检察机关的领导同志特别是一把手,除了做好领导职责外,还要不断加强自身的先进性建设,要有表率的作用,要有楷模的风范,要加强党风廉政建设,以实际行动为广大干警做出表率。

要继续试行分院、基层院向上级述职、述廉制度,加强领导班子的述职和考评。今年先抓分院,明年把面扩大到基层院。实践证明,一把手不强,工作就不得力,各方面都会受影响。要加强述职、巡视工作,对分院工作可以试行搞一个训诫工作制度,对工作不力的进行提示,把述职和巡视结合起来。

**三、做好新形势下的铁路检察工作,推进铁路检察体制改革**

铁道部决定撤销41个铁路分局,实行铁路局直接管理站段的体制,这是铁路改革体制的重大发展,同时也是铁路检察机关在改革中求发展的重要机遇。铁路的投资和经营管理模式正在不断发生变化,由高度集中的计划经济向社会主义市场经济过渡,这个进程正在加深。根据当前铁路管理体制改革的重大发展,以及铁路检察体制改革的迫切需要,我们要加强调研,确保各项铁路检察工作的健康发展。

(一)根据铁路管理体制的变化,明确铁路检察机关的案件管辖。今年全国铁路检察机关职务犯罪侦查工作座谈会上,我们明确了铁路检察机关职务犯罪案件的管辖范围。这里,我再重申一下:对发生在铁路主辅改革前和改革过程中的原属铁路管理的单位国家工作人员职务犯罪案件,应由铁路检察机关管辖。对铁路主辅分离后发生的有关案件,如果由铁路检察机关最初受理的,可以由铁路检察机关管辖,也可以移交地方检察机关管辖;对铁路人员的职务犯罪案件,与铁路人员共同犯罪危害铁路国有资产管理、铁路经营管理秩序的职务犯罪案件,以及其他与铁路运输有关的职务犯罪案件,由铁路检察机关管辖。这一点,各省级检察院予以重视,以免因为管辖,影响检察院内部的分工。今后在实际的工作当中,对遇到有关机关提出争议的案件,要报上级协调处理。对于管辖不明的案件,或者在当地有一定影响的案件,查办案件干扰阻力大、内部关系复杂的案件,由最高人民检察院、省级检察院或分院来指定管辖。

要建立铁路检察系统案件线索统一管理制度。加强案件线索备案审查制度，推行分院管理、督办各类举报、移送、发现线索的制度。继续督办有关重要职务犯罪线索初查、侦查工作。上级人民检察院对下级人民检察院立案进行监督。严格执行大要案分级管理制度，分院管一级，铁路运输检察厅管一级，铁路运输检察厅对涉铁局级以上的案件管起来，分院管辖的案件要报铁路运输检察厅备案。要加大对线索直管力度，防止有案不查，瞒案不报。要重点把好初查、立案、采取强制措施等关键环节，把住事实与证据关，规范执法行为，努力提高执法水平，坚决做到不错拘、不错捕，办案过程中不发生严重安全事故。提高起诉率，把撤案和不起诉率控制在全国平均水平以下。职务犯罪案件撤案、不起诉要严格把关，要报上一级检察院批准，铁路检察分院报省检察院的同时，也应报铁路运输检察厅备案审查。

(二)严打涉铁刑事犯罪，加强诉讼监督。严厉打击涉铁刑事犯罪、保证铁路运输生产安全是铁路检察工作重中之重。要在铁路检察系统开展为期一年的侦查监督专项活动。监督要突出重点，要符合铁路运输的规律，解决与铁路运输密切相关，以及群众反映强烈的问题。这次专项活动应把破坏、拆盗铁路交通设施、客盗、货盗、倒卖车票等社会影响大、群众反映强烈的这些犯罪案件作为重点，监督这些案件中是否存在以罚代刑、有案不立，该侦查没有侦查，该起诉没有起诉的情况。要结合春运、暑运、黄金周期间发生的涉及人民群众切身利益的问题，配合有关部门，对铁路的重点站车进行整治，为打造平安铁路，把铁路建成治安稳定、人民群众安全感强、方便舒适的行业，发挥积极的作用。要结合铁路设备安全、货运、客运安全特点，把破坏铁路设施和危害铁路安全的案件列为打击的首位和重点。没有这一点，就失去了所谓保障铁路、服务铁路的基础。铁路分局撤销后，铁路局直管站段，社会治安综合治理难度加大，要针对刑事案件的管辖、来源、发案率，以及路内职工犯罪案件发案率的变化，及时做好调研，做好提前介入工作。我调研时做了调查，铁路检察机关办理的普通刑事案件罪名大体上是在60个左右，其中60%～70%的案件又集中在20个左右。所以，打击的重点一定要与统计的数字结合起来。在其他的罪名上铁路检察机关不好与地方检察机关比。我们应该在这20多个罪名中，加强理论研究，拿出几篇漂亮的文章、几本像样的专著，来体现铁路检察工作的特色。

(三)集中力量查办社会影响大的涉铁职务犯罪案件。重点查办铁路系统贪污贿赂犯罪案件以及渎职侵权等犯罪案件。如以车谋私、以票谋私犯罪案件；建设工程招投标、工程建设、铁路多元经营、物资采购和产权交易、公司改制等方面的职务犯罪案件；司法、执法人员利用职权实施的非法拘禁、刑讯逼供、徇私舞弊、枉法裁判等侵权渎职犯罪案件。特别是要严肃查处执法人员与犯罪嫌疑人、被告人内外勾结，侵犯公民人身权利、财产权利的犯罪案件，这些案件社会影响大，人民群众反映强烈，一定要严肃查处。上级检察机关要注意对社会影响大的案件，给予督办、参办。像郑州铁路运输分院查办的兰州铁路局张宁等人特大贪污、贿赂、挪用公款的案件，成都铁路运输分院查办的成都铁路公安人员重大徇私枉法案件，这两个大案的查办体现了上下一体、指挥有力、协调高效的侦查一体化机制正在形成。实践证明，侦查一体化机制对于突破案件、排除干扰和阻力，提高检察机关的整体办案能力具有重要作用。各级铁路运输分院在突出查办大要案，严把案件质量关的同时，一定要注意加快侦查一体化机制建设。该办的案子一定要办，使办案数量和质量在较短的时间之内，较快地有所提高，为铁路检察机关的改革与发展提供有说服力的依据。

(四)抓好铁路重点环节的预防工作。随着铁路跨越式发展，工程建设的数量急剧增加，不做好预防工作，就是我们的失职。上海铁路运输分院有一个比较好的例子，一个铁路建设项目做了预防工作，迄今为止，已经过去好几年了，没有发现有职务犯罪的情况，但另一条铁路没有搞预防工作，建成没有多长时间，就抓出来了一大批窝案、串案，很典型，所以我们现在对铁路检察预防工作提出来一个“双优”的目标，即保工程优质，保干部优秀。对铁路检察来讲，铁路改革这两年的大建设是我们预防部门要重点抓紧的一个方面，要加大预防职务犯罪工作力度，标本兼治，综合治理。今年初，铁路运输检察厅调集全路检察系统的40多名办案骨干，成立“4·05”办案组，组织查办兰州铁路局涉及90多亿元资金的职务犯罪案件，这个案子涉案的时间长达十余年。这说明铁路管理工作在某些方面还存在较大的漏洞,我们的预防工作还有很大的发挥空间。预防犯罪要与办案结合,不是光宣传,光喊口号,要有实效。要看通过预防发现了多少线索,制止了多少可能发生的犯罪,堵塞了多少漏洞,到工程结束之后,几年、十几年干部不出问题,工程不出问题,我们要放在这样一个长远的时间段来衡量我们的预防工作做得怎么样。

预防犯罪要扩大范围,视野要开阔,要有超前意识。铁路投资主体多元化,施工单位多元化,案件管辖越来越复杂,要主动出击,预防犯罪要广开思路,不能光瞄准铁路局范围,要向铁路建设领域、合资铁路逐步延伸。要加大对铁路建设领域的专项预防力度,努力打造铁路检察预防工作品牌,防止国有资产流失。要针对投资主体多元化,铁路建设任务重的现实,调研现有投资、运营体制、管辖问题有可能引起的问题,积累资料。只有对铁路改革深入了解,才能更好地谋划铁路检察的发展。

(五)进一步深化人民监督员制度试点工作。人民监督员试点工作是我们检察系统对自己进行监督的重要的一个方面,也是政治民主、司法民主的一个重要的方面。各级铁路检察机关要严格执行最高人民检察院有关规定,保障人民监督员独立、公正地行使监督权。推动人民监督员制度的法制化进程,加大领导力度,加强办事机构建设,在人力物力上给予保障。进一步完善和规范人民监督员的产生方式、职责权限、组织形式和监督程序、监督方式以及监督的效率问题,促进人民监督员制度的有效运行,以完善外部监督机制。作为国家的法律监督机关,铁路检察机关既要认真履行对其他机关执法和司法工作的监督职责,也要自觉接受人民群众和社会各界的监督,增强检察工作的透明度,增强检察工作的公信力,以保障法律监督权的正确行使,保障检察权威,更好地促进铁路检察机关公正、严格、文明执法。

在继续抓好对"三类案件"监督的基础上,要积极探索对"五种情形"进行监督的程序和方式,使人民监督员充分发挥作用。今后,对职务犯罪案件中拟作撤案、不起诉,以及犯罪嫌疑人不服逮捕决定的,一律启动监督程序,由人民监督员独立评议,提出监督意见,促进职务犯罪侦查工作的健康发展。

(六)加强铁路检察机关与最高人民检察院、地方检察院以及各部门之间的联系。随着铁路投资主体的多元化、铁路建设的进一步发展,铁路检察工作必然越来越多地与地方检察工作有交叉,有重叠、有需要相互协助的地方,尤其是需要地方给予协助的地方。所以,在这里要强调,各级铁路检察机关要主动加强与地方检察院的联系。铁路运输检察厅自身应加强与最高人民检察院各部门以及各省级检察院的联系与协调。从2004年开始,我们这两次会议,都专门邀请了14个分院所在地省级检察院的主管副检察长。这里面体现了两个意思:一个意思是14个分院是14个省级检察院的派出院,在名义上你们应该承担这样一个义务,虽然在铁路局党委的领导下,但在名义上是你们的派出院,他们的检察长、检察人员是你们提请地方人大任命的。出了问题,你们也是要负责任的。第二个方面,就是随着铁路的改革和发展,铁路检察工作与地方工作的联系会越来越广,越来越多地要求助于地方检察院,因此,省级检察院一定要加强对铁路运输分院、基层院的指导、协调和联系。在今年查办的"4·05"案件中,由于是指定的异地管辖,案情涉及铁路与地方众多企业和人员,取证工作涉及多个省、市,跨地区办案的工作量很大。为确保专案工作顺利进行,需要有关涉案地检察机关充分发挥侦查一体化优势,在专案开展异地调查取证、追缴赃款赃物、抓捕案犯、派员协助办案、协调各方面关系、办理有关法律手续和定罪起诉等方面给予更加有力的支持配合,为专案查办创造有利条件。根据最高人民检察院的指示,铁路运输检察厅积极争取,得到了河南、甘肃、上海等省、市检察机关的大力支持配合。为把这个案件办好,有关省检察院还责成专人与专案组建立联系制度,解决办案中遇到的困难。需要地方检察院解决的问题,省检察院努力做好领导和沟通工作;需要其他部门单位配合的,省检察院负责做好沟通协调,保证了办案的顺利进行,确保了办案质量。

当前,铁路投资主体的多元化和铁路管理体制的改革,铁路检察机关的案件管辖和涉案主体也随之会发生变化,各级铁路检察机关应加强与地方检察机关的联系与沟通。分院应加强与所在地的省级检察院的上下级关系,加强业务的联系与沟通。基层院也要加强与所在地及案件所在地的地方检察机关的联系,为各项检察业务工作的开展创造有利条件。为体现检察的一体化,为共同推进检察事业的发展共同进行奉献。

(七)进一步理顺铁路检察机关的管理体制。

针对铁路局直接管理站段的体制改革中铁路检察机关遇到的新情况、新问题，我们已就铁路检察院系统党组织设置、干部、财务、计划管理和有关机构设置问题提出具体意见，拟商铁道部会签落实。各检察院要加强领导，精心组织，严格纪律，确保铁路改革中，各项检察工作的延续性。这个过渡的阶段一定要过渡好，这一点哈尔滨铁路运输分院就做得比较突出，马林检察长服务大局的思想非常积极、主动，一说改革，立即组织专人深入到各个站段调研，提出了解决问题的办法，得到了铁路局党委的肯定，稳定了队伍，保障了改革。

要加大上级铁路检察机关的领导力度，进一步完善和落实宪法和法律规定的上下级检察机关的领导关系。要进一步明确铁路检察机关党组织与铁路局党委的关系，明确铁路检察机关党组织的职权、产生方式、组织作用、对党员的管理模式，明确铁路检察机关干部人事制度的任免、调配职权范围，明确分院和基层院经费的管理和划拨模式。通过这些措施，加强检察院上下级关系，有利于检察机关对国家法律负责，对上级检察机关负责，有利于加强检务保障，有利于检察机关依法独立行使检察权。铁路局直管站段是铁路检察改革的一次契机，尽管还需要磨合，还需要协调，但要抓住这个契机，去谋取发展。

各级铁路检察机关要尽快适应新的管理机制，在新的管理机制中进一步加强人员和财物的管理力度，在任免、调动铁路检察干部时，需经铁路党委和检察机关双方协商、考察后，按管理权限报有关党组织审批。如果任免法律职务的，再按有关规定办理法律职务的任免手续。铁路运输检察机关的经费、财务的计划管理实行由铁路局予以保障，由铁路运输分院统一管理的制度。

目前，铁路检察工作面临着铁路体制改革和司法改革这两重改革的特殊时期，在错综复杂的情况下，要坚持和依靠铁路党委对检察工作的领导，积极争取对铁路检察机关建设和办案两个方面的支持，要积极地稳定人心。鉴于铁路检察改革前景不明，涉及铁路检察体制改革至今未有确定的落实的方案，以致人心不稳，导致铁路检察队伍有一些骨干流失。我觉得大家应该有一份信心，大家为这样一个职责，这样一个事业，已经干了这么多年了，相信国家，相信上级领导，不会抛弃你们。最近，林业公安已经改了，经过考核，把符合条件的，转为公务员了。铁路检察机关的大多数人，符合条件的人，公务员的身份是应该得到解决的，有了这一点，稳定军心是不是就好做一些。

同志们，在构建社会主义和谐社会中，检察机关任重道远。在今后十年中，随着“十一五”规划的制定、公布和落实，铁路的改革、铁路的建设也会进一步的发展，我们要清醒地认识形势和肩负的重任，要以专项整改活动为契机，全面加强铁路检察机关执法规范化建设，推动铁路检察工作健康发展。

# 严肃执纪，注重预防<br>深入开展党风廉政建设和反腐败工作

——2005年2月26日在全国检察机关纪检监察工作会议上的讲话

中央纪委驻最高人民检察院纪检组组长　叶青纯

这次会议的任务是：以邓小平理论和“三个代表”重要思想为指导，深入学习贯彻中央纪委五次全会和全国检察长会议精神，总结2004年检察机关纪检监察工作，贯彻标本兼治、综合治理、惩防并举、注重预防的方针，按照建立健全与社会主义市场经济体制相适应的教育、制度、监督并重的惩治和

预防腐败体系的要求,研究部署2005年工作任务。

下面,我代表中央纪委驻最高人民检察院纪检组、最高人民检察院监察局讲几点意见。

**一、2004年主要工作回顾**

最高人民检察院党组高度重视检察机关党风廉政建设和反腐败工作。2004年2月,贾春旺检察长在全国检察机关纪检监察工作会议上指出:"检察机关要履行好法律监督的职责,就必须自身做到严格、公正、文明执法,做到清正廉洁。""法律监督机关绝不能执法犯法,查办职务犯罪的人绝不能贪污受贿,否则,就没有资格去监督别人,也不可能履行好宪法和法律赋予的法律监督职责。"8月,贾春旺检察长在全国检察长座谈会上进一步指出:"检察机关的性质和执法工作的特殊性决定了我们的领导干部特别是检察长要严格自律、廉洁自律,正确行使人民赋予的权力,真正做到立检为公、执法为民。""要切实加强对领导干部特别是检察长的监督,对那些不守规矩、不听招呼、顶风违纪的领导干部,要按照有关纪律严肃查处。""对于违纪违法的人和事,不管涉及谁,都要依纪依法严肃查处,不得大事化小、小事化了,更不得袒护和包庇。"11月,贾春旺检察长在全国检察机关电视电话会议上强调指出:"没有严明的纪律,就难以有效地遏制队伍和班子中发生违法违纪问题,检察队伍特别是领导班子的战斗力就没有保证。"最高人民检察院党组多次听取纪检组、监察局的汇报,作出重要指示,提出明确要求。各级检察机关纪检监察部门按照中央纪委的要求和最高人民检察院的部署,紧紧围绕检察工作大局,切实履行职责,认真落实各项工作任务,推动检察机关党风廉政建设和反腐败工作取得新的进展。

领导干部廉洁自律工作稳步推进。各级检察机关以深化"强化法律监督,维护公平正义"教育活动为契机,组织领导干部和干警深入学习江泽民反腐倡廉重要思想和党内法规、检察纪律条规。以权力观教育为重点,加强思想道德教育和纪律教育,广泛开展学习先进典型活动和警示教育活动,增强了领导干部公正执法、廉洁从检的自觉性。贾春旺检察长向各级检察院领导干部提出了"六个严禁"的要求,并带头作出承诺。各级检察长和领导班子成员普遍作出廉洁从检的承诺,主动接受干警和社会监督,并把执行廉洁自律各项规定情况作为民主生活会和述职述廉的重要内容。认真落实领导干部个人及家庭重要事项报告制度,有4251名领导干部报告了个人及家庭重要事项。认真治理领导干部违反规定收送现金、有价证券和支付凭证以及领导干部的配偶、子女违反规定经商办企业等问题。各级检察院领导干部上交收受的现金、有价证券和支付凭证折合人民币24万余元,有4人因违反规定被查处;纠正领导干部配偶、子女违反从业规定24人;纠正超标准配备小汽车46辆;清理出领导干部拖欠公款196万余元;清理出违反规定用公款为干部职工购买商业保险15万余元。一些地方还结合本地实际开展了清理用公款赊账吃喝、变相旅游等专项工作。

查办违纪违法案件工作深入开展。2004年,全国检察机关纪检监察部门共受理举报检察干警违纪违法案件线索5313件,同比下降6%,初核3714件;立案314件403人,结案295件379人;给予党纪政纪处分345人,同比下降18.6%,移送司法机关追究刑事责任26人,同比下降45.8%。最高人民检察院颁布实施了《检察人员纪律处分条例(试行)》,进一步严明了纪律,促进了办案工作的制度化和规范化;召开了全国检察机关纪检监察案件检查审理工作会议,推动了办案工作深入开展。各级检察机关纪检监察部门加强对办案工作的领导和组织协调,完善办案工作机制,增强办案的整体合力,提高了办案工作的整体水平。严格依纪依法办案,加强案件审理,严明办案纪律,保证了办案质量和效果。坚持惩处与保护相结合,为一些受到诬告、错告的干警澄清是非,维护了干警的合法权益。

纠正损害群众利益的不正之风取得新成效。按照最高人民检察院的统一部署,各级检察机关开展了检察机关自侦案件扣押、冻结款物专项检查和违法插手经济纠纷专项清理。各地按照最高人民检察院的要求,精心组织,全面检查,认真整改,解决了一批社会关注、群众反映强烈的突出问题,促进了严格公正文明执法。共清理2001年以来办结的"三类案件"27996件,涉及扣押、冻结款物16.2亿元,发现违规使用款物1136万元,已依法处理1053万元。对发现的10起违法插手经济纠纷案件进行了纠正,并对有关责任人作出严肃处理。最高人民检察院将对这次专项检查工作中涌现出的105个先进单位、102名先进个人予以表彰。一些地方还对私设"小金库"、乱收费、乱罚款、拉赞助等问题进行了专项清理。

监督工作迈出新的步伐。各级检察机关认真学习贯彻《中国共产党党内监督条例(试行)》、《中国共产党党员权利保障条例》、《中国共产党纪律处分条例》和《检察人员纪律处分条例(试行)》,并加强对执行情况的监督检查。最高人民检察院制定下发了《最高人民检察院巡视工作暂行规定》、《关于上级人民检察院负责人与下级人民检察院负责人谈话的暂行规定》、《关于上级人民检察院派员参加下级人民检察院党组专题民主生活会的暂行规定》,强化了上级检察院对下级检察院的监督。全年共对815名领导干部进行了任期经济责任审计,其中正副检察长464人,审计出违规金额91万余元,对有关责任人员依纪作出了处理。加强对执法办案活动监督,总结推广监督工作经验,推动监督工作经常化、制度化和规范化。最高人民检察院召开了执法办案监督工作现场会,总结并推广了山东省检察机关加强对执法办案活动监督的经验和做法。中央纪委驻最高人民检察院纪检组、最高人民检察院监察局对最高人民检察院机关重大工程建设项目、大额经费开支实行了全程跟踪监督。不少地方的检察机关纪检监察部门参与了对政府采购和招标投标活动的监督,涉及政府采购金额7亿余元、招标投标金额21亿余元。

党风廉政建设责任制得到较好落实。各级检察院党组认真执行《检察机关党风廉政建设责任制实施办法》,普遍采取签订党风廉政建设责任书、建立廉政档案等行之有效的措施,推动党风廉政建设各项任务的落实。各级检察长把党风廉政建设摆上重要议事日程,做到与业务工作一起部署、一起落实、一起检查。纪检监察部门与有关部门密切配合,加强对党风廉政建设责任制落实情况的监督检查,对违反责任制的领导干部予以追究。全年共有68人被追究责任,其中给予党纪政纪处分52人,组织处理11人。领导干部任前廉政谈话、诫勉谈话、述职述廉等制度得到较好落实,共进行任前廉政谈话9371人次、诫勉谈话1656人次、述职述廉19145人次。

各级检察机关在认真落实反腐倡廉各项任务的同时,大力加强纪检监察队伍自身建设。最高人民检察院下发了《关于健全检察机关纪检监察机构设置等问题的通知》。基层检察院纪检监察机构设置、监察部门正职负责人参加或列席检察委员会、专职纪检监察干部配备等要求正在逐步落实。目前,全国检察机关纪检监察部门共有专职干部5021人,兼职干部2498人。全国3113个基层检察院中已有993个建立了监察机构。其中编制在60人以上的1019个基层检察院中,已设立监察机构的有581个;编制在30至59人的1634个基层检察院中,已配备专职监察干部的有753个;编制在29人以下的460个基层检察院中,已配备兼职监察干部的有308个。

一年来,检察机关党风廉政建设和反腐败工作继续加强并取得新的成效,领导干部廉洁自律意识进一步增强,检察干警违纪违法案件有所下降,执法作风进一步好转,队伍形象不断改善。这些成绩的取得,是各级纪委和检察院党组正确领导、各有关部门关心支持的结果,也是各级检察机关纪检监察部门和广大纪检监察干部求真务实、扎实工作的结果。在此,我代表中央纪委驻最高人民检察院纪检组、最高人民检察院监察局,向检察机关纪检监察部门的同志们表示衷心的感谢和崇高的敬意!

在肯定成绩的同时,我们也要清醒地看到,当前检察队伍建设和检察机关纪检监察工作中仍然存在不少问题。一是领导干部违纪违法案件一再发生,有的还相当严重,败坏了检察机关的形象;二是少数干警贪赃枉法、徇私舞弊、索贿受贿等问题仍比较突出;三是违法违规办案致涉案人员自杀死亡事件屡有发生。从检察机关纪检监察部门自身工作来看,一是主动监督和抓落实不够,一些制度没有得到严格执行;二是执纪不严的问题仍然存在,有的案件没有得到及时查处,有的处理不严;三是纪检监察机构不健全,队伍素质不完全适应工作需要,监督能力和执纪能力,特别是监督领导干部的能力和突破案件的能力都亟待提高。对这些问题,我们要高度重视,认真加以解决。

**二、2005年主要工作任务**

2005年,检察机关纪检监察部门要深入贯彻党的十六大和十六届三中、四中全会精神,按照中央纪委五次全会和全国检察长会议的部署,紧紧围绕"强化法律监督,维护公平正义"的检察工作主题,坚持从严治党、从严治检,严肃查处违纪违法案件,加强对执法办案活动监督,提高纪检监察工作能力,推动党风廉政建设和反腐败工作深入开展。

(一)维护党的纪律和检察纪律,促进领导干部廉洁从检

要进一步严明纪律。各级检察机关广大党员

干部特别是党员领导干部,要严格遵守“四大纪律八项要求”,严格遵守党的政治纪律和组织纪律,严格执行领导干部廉洁从检的各项规定。在严肃执纪的同时,要加大组织处理力度,特别是对顶风违纪的领导干部,必须依纪依法严肃处理。按照中央纪委的要求,今后,凡违反规定收送现金、有价证券和支付凭证的,按照组织程序一律先免职,再依据规定处理。对“跑官要官”的,要批评教育,不能提拔重用,在重要岗位上的要予以调整,已得到提拔的要坚决撤下来;对“跑官要官”制止不力造成用人严重失察失误的,要严肃追究责任。放任、纵容配偶、子女及其配偶和身边工作人员利用领导干部职权和职务影响经商办企业或从事中介活动谋取非法利益的,要辞去现任职务或者由组织责令辞职,并按照规定给予纪律处分。参加赌博的,应予以免职,再依据规定处理;到国(境)外赌博的,要从严惩处。

各级领导干部要严格遵守最高人民检察院“六个严禁”的要求:(1)严禁办关系案、人情案、金钱案;(2)严禁违反法定程序干预办案;(3)严禁买官卖官、跑官要官,违反规定任免干部;(4)严禁插手工程招标投标、政府采购等经济活动,谋取利益;(5)严禁接受可能影响公务活动的吃请和礼物;(6)严禁利用职权为亲友子女或身边工作人员谋取利益。凡违反上述要求的,一律依纪依法严肃处理。

各级检察机关要按照中央的要求和最高人民检察院的部署,认真开展以实践“三个代表”重要思想为主要内容的保持共产党员先进性教育活动,组织广大党员学习党章、学习胡锦涛同志在新时期保持共产党员先进性专题报告会上的重要讲话、学习《“三个代表”重要思想反腐倡廉理论学习纲要》、学习《中国共产党党员权利保障条例》等党内条规,坚定理想信念,发扬优良传统,认真解决在执法思想、执法作风以及法律监督工作方面存在的突出问题,促进广大党员特别是党员领导干部秉公执法、廉洁从检。各级检察机关纪检监察部门要积极参加保持共产党员先进性教育活动,并会同有关部门加强监督检查,保证教育活动扎实有效地开展。

(二)坚持从严治党、从严治检,严肃查处违纪违法案件

检察干警特别是检察机关领导干部违纪违法,严重败坏党和检察机关的形象,损害司法公正,人民群众对此反映强烈。各级检察机关纪检监察部门要始终把查办案件工作摆在突出位置,继续加大办案力度,决不能有丝毫放松。要以查办领导干部违反“六个严禁”的案件为重点,严肃查办贪赃枉法、徇私舞弊、索贿受贿等影响公正执法的案件,严肃查办参与涉黑犯罪、充当黑恶势力“保护伞”等执法犯法的恶性案件,严肃查办违法违规办案侵犯当事人合法权益的案件。要加强对《检察人员纪律处分条例(试行)》执行情况的监督检查,对违纪违法者,发现一个,查处一个,决不姑息袒护。

要加强对办案工作的领导,建立健全工作机制,增强整体合力,保证办案工作顺利进行。各级检察院党组特别是检察长要加强领导,支持纪检监察部门依纪依法查处案件。上级检察院纪检监察部门要加强领导和组织协调,对下级检察院办理确有困难的案件,上级检察院要派员参办,必要时也可直接办理或交由异地院办理。纪检监察部门要在本院党组、上级检察院纪检监察部门和同级纪委的领导和支持下,积极主动地履行办案职责。要认真做好信访举报工作,严格执行案件线索备案制度,切实防止和纠正瞒案不报、压案不查问题。最高人民检察院将制定《人民检察院纪检监察部门办案工作细则》,进一步推动办案工作的规范化和制度化。

要把严格依纪依法办案的要求,贯穿到立案、调查、审理、处分、执行等各个环节。要树立惩治与保护并重的意识,既要依纪依法严肃查处案件,又要坚决保护干警的合法权益。对违纪干警,要坚持惩前毖后、治病救人,在给予批评教育的同时,综合运用纪律处分和组织处理两种手段。对受到诬告陷害的干警,要及时澄清是非,坚决予以保护。要对案件进行深入剖析,研究检察干警违纪违法案件原因,有针对性地提出对策,发挥查办案件在治本方面的作用。

(三)以解决群众反映的突出问题为重点,坚决纠正损害群众利益的不正之风

各级检察机关要继续加强执法作风建设,切实解决办事不公、作风粗暴、损害群众利益等问题,把“立检为公、执法为民”的要求落实到具体的执法活动和各项工作中去,更好地维护和实现人民群众的根本利益。

坚决纠正执法办案中侵犯涉案人员人身权利的问题。严禁逼供、诱供和暴力取证;严禁体罚虐待或者侮辱案件当事人;严禁超期羁押犯罪嫌疑

人、被告人或者违法剥夺、限制当事人人身自由。

坚决纠正利用执法办案之机或检察人员身份吃、拿、卡、要等以案谋私、以案谋利问题。严禁私自办理案件或者干预他人办案；严禁接受案件当事人及其辩护人、代理人、亲友提供的宴请、娱乐等活动；严禁利用检察权插手经济纠纷；严禁违法扣押、冻结款物或者不依法返还扣押、冻结款物；严禁违反规定占用单位或个人的交通、通讯工具，或者要求单位和个人报销费用；严禁私设"小金库"，乱罚款，乱收费，拉赞助。

坚决纠正"特权思想、霸道作风"和工作中的"冷、硬、横、推"等问题。严禁耍特权、逞威风，欺压群众；不得对求助群众敷衍塞责、无故推诿。

各级检察机关纪检监察部门要加强对执法作风的监督检查，严肃处理损害群众利益的人和事。对损害群众利益的不正之风长期得不到有效治理的，要按照规定追究主要领导的责任。

（四）坚持教育、制度、监督并重，不断推进源头治理工作

党中央颁布的《建立健全教育、制度、监督并重的惩治和预防腐败体系实施纲要》，深刻阐述了建立健全惩治和预防腐败体系的重大意义，总结了党的反腐倡廉基本经验，明确了惩防体系建设的指导思想、主要目标和工作原则，是当前和今后一个时期深入开展党风廉政建设和反腐败工作的指导性文件。各级检察机关纪检监察部门要充分发挥组织协调作用，协助党组抓好建立健全惩治和预防腐败体系各项任务的落实。当前，要着力抓好以下几个方面的工作：

一是加强反腐倡廉思想教育，筑牢拒腐防变的思想道德防线。要以目前正在开展的保持共产党员先进性教育活动为契机，认真开展反腐倡廉思想教育，使干警牢固树立马克思主义的世界观、人生观、价值观，坚持正确的权力观、地位观、利益观，牢记立检为公、执法为民的执法理念，自觉抵御各种腐朽思想的侵袭，真正为人民掌好权、执好法。要加强纪律教育和职业道德教育，大力宣传勤政廉政先进典型，利用反面典型开展警示教育，在检察系统形成以廉为荣、以贪为耻的良好风尚。

二是推进改革和制度创新，提高反腐倡廉的制度化水平。建立健全惩防并举的反腐败体系，加大预防腐败的工作力度，必须坚持用改革的办法解决产生腐败现象的深层次问题，健全制度，创新体制和机制。要针对工作中的漏洞和薄弱环节，建立健全相关的规章制度，更好地用制度规范权力的运行、约束干警的执法行为。要切实加强对制度落实情况的监督检查，逐步完善惩处机制，及时发现和纠正违反制度、破坏制度的行为，做到有章可循、令行禁止、违者必究，坚决维护制度的严肃性。

三是加强对权力的制约和监督，保证权力正确行使。要对检察权实施有效监督，做到权力运行到哪里，监督就延伸到哪里。要强化上级检察院对下级检察院领导班子的监督，认真执行巡视制度、上级检察院负责人与下级检察院负责人谈话制度和上级检察院派员参加下级检察院党组专题民主生活会制度。今年，最高人民检察院将派巡视组赴有关省级检察院开展巡视工作，省级检察院也要结合实际开展巡视工作，切实加强上级检察院对下级检察院的领导、管理和监督。要切实加强对执法办案活动的监督，以基层检察院为重点，全面推行"一案三卡"等行之有效的监督措施，确保严格公正文明执法。加强对《党政领导干部选拔任用工作条例》执行情况的监督检查，落实联席会议制度，坚决预防和治理选人用人上的不正之风和腐败现象。继续推行政府采购、招标投标、领导干部任期经济责任审计等制度，强化对重大经费开支、重大建设工程项目的管理和监督。

（五）严格落实党风廉政建设责任制，确保检察机关党风廉政建设和反腐败各项任务的顺利完成

近年来，各级检察机关在贯彻落实党风廉政建设责任制方面做了大量的工作，探索出不少有益的经验和做法，取得了一定成效。但也存在着一些问题和薄弱环节，主要是个别地方责任考核不到位、责任追究不严肃，有的地方以扣发奖金、批评教育代替纪律处分。落实党风廉政建设责任制，是深入推进党风廉政建设和反腐败工作的重要保障。各级检察机关要认真贯彻 2004 年 11 月党中央国务院关于在全国落实党风廉政建设责任制电视电话会议精神，把反腐倡廉工作纳入检察工作的整体之中，统一部署，统一实施。继续采取签订党风廉政建设责任书等行之有效的办法，推动党风廉政建设责任制的落实。要建立健全有效运行的工作机制，确保组织领导、责任分解、责任考核、责任追究和奖惩落实到位。检察长要对本系统本单位反腐倡廉工作负总责，对重要工作和重大问题亲自抓，其他成员要分别负起职责范围内的直接领导责任。纪

检监察部门要认真履行组织协调职责,协助党组研究、部署、督促落实责任制的各项工作。要进一步严格责任考核和责任追究,对依照规定应当追究领导责任的,要坚决予以追究。这里再重申:凡辖区内在办案中发生重大安全事故的,在追究有关人员责任的同时,省级检察院检察长、主管副检察长和纪检组长要到最高人民检察院检讨责任。下半年,最高人民检察院将召开全国检察机关落实党风廉政建设责任制座谈会,进一步总结经验,查找问题,研究对策,推动党风廉政建设和反腐败工作的开展。

(六)加强纪检监察队伍自身建设,提高纪检监察工作能力

加强党的执政能力建设和检察机关法律监督能力建设,对纪检监察队伍自身建设提出新的更高要求。纪检监察部门担负着内部监督和查处违纪违法案件的重要职责,这就要求我们必须把监督能力和执纪能力建设摆在重要位置。加强监督能力和执纪能力建设,第一,要大力加强思想政治建设。要深入学习邓小平理论和“三个代表”重要思想,增强大局意识、责任意识和忧患意识,忠于党、忠于人民、忠于检察事业,保证党的路线方针政策的贯彻执行,维护司法公正和检察机关的良好形象。要通过保持共产党员先进性教育活动,进一步提高纪检监察干部的思想政治素质,始终保持共产党人的先进性,发挥先锋模范作用。第二,要大力加强业务建设。认真学习检察业务、纪检监察业务及相关知识,完善知识结构,提高业务素质。加强对新情况新问题的调查研究,积极探索新形势下检察机关反腐倡廉工作的特点和规律,努力提高监督能力和执纪办案水平。从今年开始,最高人民检察院将分批对省、市两级检察院纪检监察部门负责人和业务骨干进行培训,各地也要结合实际有计划地做好培训工作。第三,要大力加强作风建设。发扬公正无私、刚直不阿、不徇私情、敢于碰硬的精神,坚决同各种腐败现象和不正之风作斗争。继续保持谦虚谨慎和艰苦奋斗的工作作风,树立纪检监察干部可亲、可信、可敬的形象。第四,要大力加强组织建设。目前,有438个基层检察院没有按照要求设立监察机构,有881个没有配备专职监察干部,有152个没有配备兼职监察干部。希望各级检察院高度重视这项工作,积极协调有关部门落实基层检察院监察机构的设置,配齐配强人员。各级检察院党组要关心、支持纪检监察工作,及时研究解决纪检监察工作中遇到的困难和问题,充分发挥纪检监察部门在党风廉政建设和反腐败斗争中的职能作用。今年,最高人民检察院将开展纪检监察工作先进单位和先进个人评选表彰活动,以进一步宣传典型、弘扬正气,促进各项工作的开展。

同志们,反腐倡廉,责任重大,纪检监察部门担负着艰巨而繁重的任务。我们要按照中央纪委五次全会和全国检察长会议的部署,脚踏实地、扎扎实实地抓好检察机关党风廉政建设和自身反腐败各项工作,为全面完成今年任务而共同努力!

# 紧密结合检察机关实际<br>扎实搞好保持共产党员先进性教育活动

——2005年3月4日在全国检察机关政治部主任会议上的讲话

最高人民检察院政治部主任　张常韧

这次全国检察机关政治部主任会议,是最高人民检察院党组决定召开的一次重要会议,重点是研究如何扎实地搞好检察机关的保持共产党员先进性教育活动,推动检察政治工作全面深入发展。最高人民检察院党组对这次会议高度重视,贾春旺检察长指出,开好这次会议对扎实推进检察机关先进

性教育活动关系极大。此前，利用赴山东召开白云表彰会的间隙，贾春旺检察长对会议的指导思想、会议文件的主要内容、开法提出了明确、重要的指导意见。张耕常务副检察长对落实贾春旺检察长的指示、开好会议提出了具体要求，亲自审改会议文件。上午，贾春旺、张耕两位领导同志在参加十届全国人大三次会议预备会后，专门抽时间来看望大家，听取了会议发言。四川、北京等5个单位分别介绍了开展先进性教育活动的做法和检察政治工作的经验，大家讨论热烈，畅所欲言，讲实情，谈体会，发表了自己的意见和建议，讲得都很好。下午，又实地参观了北京市朝阳区人民检察院建设情况。这次会议时间虽然不长，但开得很好。大家都表示要认真贯彻好会议精神，推动教育活动深入开展，取得实实在在的成效。下面，我代表最高人民检察院党组讲几点意见：

**一、抓住机遇，深化认识，全面落实先进性教育活动的目标要求**

在全党开展保持共产党员先进性教育活动，是党中央经过深思熟虑、审时度势作出的重大决策，是坚持用“三个代表”重要思想武装全党、实现全面建设小康社会宏伟目标、推进党的建设新的伟大工程的重大举措，也是检察机关进一步加强理论武装、推进党的建设和促进工作发展的难得机遇。目前，作为第一批参加先进性教育活动的单位，包括最高人民检察院在内的全国3600多个检察院的教育活动已全面展开。从大家介绍的情况看，绝大多数检察院认识到位，行动迅速，开局良好。各级检察院领导高度重视，率先垂范，党员参与积极踊跃，注重实效，上下结合，一级抓一级，一级带一级，整体推进，势头强劲。但我们不能对取得的成绩估计过高，要确保教育活动不走过场、扎实有效、善始善终，还有大量工作要做。各级检察机关一定要从党和人民事业发展全局的高度，从推进检察事业改革发展的高度，深刻认识开展先进性教育活动的重大意义，抓住这一机遇，用好这一机遇，进一步增强搞好教育活动的责任感和紧迫感。中央对教育活动的指导思想、目标要求、方法步骤都非常明确，最高人民检察院对检察机关开展教育活动也提出了具体要求。各地要紧密结合实际，按照中央的精神和最高人民检察院的要求，以大事大抓的态势，高标准地抓好教育活动各项目标要求的落实，力求使党员素质有新的提高，基层组织有新的加强，服务人民群众有新的进步，各项检察工作有新的发展。

一是要紧紧围绕提高党员素质的目标，坚持用“三个代表”重要思想武装全体检察干警头脑。中央明确，这次先进性教育活动是一次普遍的马克思主义教育，用“三个代表”重要思想武装全党是教育活动的主线。检察机关要围绕“主线”抓教育，始终坚持用“三个代表”重要思想武装检察干警头脑，在坚定理想信念、坚持党的宗旨、增强党性观念的基础上，全面提高检察队伍的思想政治素质。一定要坚持潜心读书这一条，将理论学习贯穿教育活动的全过程，努力做到学之求深、悟之求透、信之求诚、用之求效，真正使“三个代表”重要思想在广大干警的思想深处扎下根，行动上见成效。

二是要紧紧围绕加强基层组织的目标，进一步推进“以党建带队建”工作。检察队伍是一支以共产党员为主体的队伍，正如贾春旺检察长指出的那样，加强检察队伍建设必须首先抓好检察机关党的建设；提高检察机关的法律监督能力和战斗力，必须首先增强党组织的凝聚力和战斗力；树立检察机关的良好形象，必须首先保持党的组织和每个党员的先进性。多年来，各级检察机关十分重视队伍建设，并取得了明显成效。但是，队伍建设不能代替党的建设。在先进性教育活动中要牢固树立党建意识，深化“以党建带队建”的政治工作思路，防止出现“以队建替代党建”的倾向，增强抓好党的先进性建设的自觉性和主动性。要注意总结党建工作经验，摸索党的建设和队伍建设相互促进的规律，创新方式方法，努力形成“以党建带队建”的良性工作机制。

三是要紧紧围绕服务人民群众的目标，进一步落实“立检为公、执法为民”的本质要求。坚持党的根本宗旨，始终不渝地做到立党为公，执政为民，是党章对每个党员的基本要求，也是这次教育活动基本目的之一。检察机关是人民的检察机关，人民检察必须为人民；我们党员干部都是来自于人民，必须牢记宗旨、服务人民、不忘本色。能否坚持党的宗旨、维护群众利益，不仅是检验我们工作作风的一个根本标准，更是反映我们每名党员干部对人民群众态度的重大问题。教育活动中，要强化广大党员的宗旨意识、公仆意识和服务意识，牢固树立和落实“立检为公、执法为民”的执法观，进一步从思想上解决好“为谁执法，为谁服务”这一根本问题。要进一步增进对人民群众的深厚感情，增强与人民群众的血肉联系,把维护人民群众的根本利益放在首位,以人民群众满意不满意作为我们工作的根本准则,真正做到情为民所系,权为民所用,利为民所谋。

四是要紧紧围绕促进各项工作的目标,进一步推动检察工作健康发展。教育活动效果如何,质量怎样,最终要体现在提高党员素质、解决突出问题、改进和推动各项工作上。教育活动不能空对空,必须在改进工作、促进落实上下功夫。要通过教育活动,提高检察机关法律监督工作的质量和水平,提高党的建设和队伍建设的能力和水平。要达到这一目标,就必须在教育活动中做到有的放矢,通过教育活动促进和保障检察工作和检察队伍建设的健康发展;就要注意处理好教育活动与日常工作的关系,做到统筹兼顾,合理安排,既要保证教育活动时间、人员、内容和效果的落实,又要注重把教育活动中焕发出来的热情引导到高标准地做好各项检察工作中去,真正使教育活动成为推进检察改革和事业发展的强大动力。

**二、紧密结合检察机关实际,有针对性地解决队伍建设和法律监督工作中的突出问题**

中央明确提出,这次先进性教育活动,要坚持正面教育、自我教育为主,调动党员的主观能动性。但坚持正面教育,决不是不开展批评、不解决问题。任何教育归根结底都是为了解决问题、推动工作。正如胡锦涛总书记所指出的,能否解决好党员和党组织中存在的突出问题,是衡量先进性教育活动有没有取得实效的一个重要标志。因此,教育活动必须紧密结合检察机关实际,在解决队伍建设和法律监督工作中的突出问题、取得实效上下功夫。检察机关是国家的法律监督机关,担负着维护宪法和法律统一正确实施的重要职责,不仅自身要严格执法,而且还要监督别人执法,对先进性教育活动的要求就要更高一些。既要按照中央的统一部署和要求,扎实搞好“规定动作”,解决理想信念、宗旨意识、思想作风等方面的共性问题,使全体党员人人受教育、人人有提高,又要紧密联系检察工作实际,力求“自选动作”抓出特色。每个阶段都要从检察实际出发,根据各个单位、部门和干警个人的不同情况,有针对性地解决各自的突出问题,力求使队伍建设和业务建设不断有新提高、新发展。在整个教育活动中,要重点解决以下三个方面的问题:

第一,切实解决执法观念上存在的突出问题,下大力打牢干警的思想根基。

近两年来,通过开展主题教育活动,检察队伍中群众反映强烈的问题得到了一定解决,检察干警的思想政治素质有了新的提高,绝大多数干警的思想观念有了较好改观。但一些深层次问题还没有很好解决,尤其是队伍的执法思想、执法观念与“三个代表”重要思想的要求还有不小差距。主要表现在:有的宗旨意识淡薄,“立检为公、执法为民”思想不牢,“为谁执法,为谁服务”问题尚未根本解决;有的地方党的意识不强,自觉接受党委领导、人大监督做得不够;有的地方组织观念淡薄,对上级检察院的要求和办案纪律置若罔闻,自行其是;有的执法思想不端正,重打击、轻保护,重实体、轻程序;有的大局意识、服务意识、创新意识不强,工作方法简单,就案办案,不注重办案的社会效果;有的缺乏职业道德、职业荣誉、职业良心,对群众态度冷漠,缺乏正义感;有的执法观念僵化,不能正确处理办案数量与办案质量的关系,强调数量就不顾质量,甚至违法办案,强调质量就缩手缩脚、不敢办案、不愿办案。这些问题虽然表现形式不同,但根子都在于没有树立正确的执法观。执法观是执法活动的灵魂,决定着执法行为和执法效果。只有牢固树立正确的执法观,才能保证法律监督职能的有效发挥,为做好法律监督工作奠定坚实的思想基础。树立正确的执法观,最根本的就是要努力实践“三个代表”重要思想,坚持“立检为公、执法为民”,真正从思想上解决“为谁执法,为谁服务”的问题。因此,在整个教育活动中,各地要加强对干警树立正确执法观的教育,认真组织学习中央规定的必读书目和有关文件,使广大干警充分认识检察权是人民赋予的,必须接受人民的监督,为人民服务,把维护广大人民的根本利益作为检察工作的出发点和落脚点。要认真贯彻全国检察长会议精神,正确处理好法律效果与社会效果、打击犯罪与保障人权、办案数量与办案质量、事后监督与主动监督、执行实体法与执行程序法、检察工作的全局与局部的关系,使重程序、重证据、重人权等执法观念变成干警的理性认识和自觉行动。

第二,切实解决执法作风上存在的突出问题,下大力促进严格、公正、文明、廉洁执法。

执法作风建设关系到检察机关的形象和法律监督的成效。从总体上看,检察队伍是一支能够担负起新形势下法律监督神圣职责的队伍,是完全可以信赖的有战斗力的队伍。但从调查了解的情况看,检察队伍的执法作风、整体形象与党和人民的要求确实还有一定距离。主要表现在:有的敬业精神不强,精神状态不佳,缺乏事业心和责任感,工作松懈,得过且过,不求进取;有的工作效率低下,质量不高,推诿扯皮,拖沓松散,消极应付;有的执法作风简单粗暴,架子大,口气大,要特权,逞威风;有的法纪观念淡薄,非法扣押当事人财物,挪用、截留、冻结款物,越权插手经济纠纷;有的甚至执法犯法,办关系案、人情案、金钱案,吃拿卡要,以权谋私,贪赃枉法,在社会上造成了恶劣影响。在作风上保持先进性,要求检察机关的共产党员务必正确对待名利、地位和权力,严于律己,无私奉献,确保检察权行使的公正和廉洁。公正是执法工作的核心,只有公正,老百姓才放心,群众才拥护。公正执法,要求廉洁从检。各地要认真组织党员查摆理想信念、宗旨意识、组织纪律、大局观念、精神状态等方面的问题,认真查摆执法作风上存在的问题,并从世界观、人生观、价值观的高度认真剖析思想根源。领导干部要带头检查在履行领导职责和行使领导权力上存在的问题,从权力观、地位观、利益观方面进行深入剖析,强化自身监督。要从严治检,坚持"两个务必",认真贯彻"八个坚持,八个反对",时刻保持警醒,慎重对待手中权力,坚持严格、公正、文明、廉洁执法,切实为人民执好法、服好务,实现保持共产党员先进性和保持检察官本色的统一,坚决做到任何时候都不滥用职权,不拿权力做交易,不以权谋私。要按照胡锦涛总书记建立先进性长效工作机制的要求,继续在加强内部执法监督上下功夫,抓住那些容易出问题的关键环节,不断加强执法规范化建设,建立完善职业准入机制、业务工作标准、办案工作流程、质量考核体系、竞争激励机制、监督制约机制等制度,用制度和机制保证检察权的正确行使。

第三,切实解决法律监督能力不强的问题,下大力提高检察工作本领。

党的十六届四中全会从巩固党的执政地位、完成党的执政使命的高度,作出了加强党的执政能力建设的重大决策。检察机关贯彻党的十六届四中全会精神,开展先进性教育,一个重要的方面,就是要着力提高自身的执法本领,大力加强法律监督能力建设。应当看到,经过多年的学习培训和实践锻炼,检察队伍的整体素质在逐年提高,较好地完成了党和人民交给的检察工作任务。但用更高的标准来衡量,检察队伍的整体素质、执法能力、办案水平还不能完全适应深化检察工作主题、落实总体要求和形势发展需要。主要表现在:有的干警素质不高,工作能力不强,不会调查研究和综合分析,不能独立办案;有的在查办职务犯罪中发现和证实犯罪的能力不高,指挥、协调、突破案件的能力不强,证据意识和办案安全意识差;有的办案急于求成,轻信口供,草率立案捕人;有的批捕、起诉审查把关不严,办案质量不高;有的法律文书制作不规范、不严谨;有的对业务学习抓得不紧,热情不高。贾春旺检察长在全国检察长会议上对加强法律监督能力建设作了具体阐述,明确提出了增强"五种能力"的要求。在教育活动中,尤其是在整改提高阶段,要根据检察干警法律监督能力的状况,明确重点,制定长远规划和具体措施,一步一步抓好落实。要引导广大党员深刻认识加强法律监督能力建设的重要性和紧迫性,深入领会提高"五种能力"的内涵、要求和途径,切实增强提高自身能力的自觉性和主动性。要通过教育、培训、使用、管理等途径,加强检察队伍的法律监督能力建设。要养成自觉学习的习惯,形成勤奋学习的风气。要全面加强实践锻炼,在检察实践中不断提高队伍的法律素养、业务水平和整体素质。

检察队伍和法律监督工作中存在的上述问题,从根本上讲,是一些党员、一些干警的党性观念不强,党员意识淡化,少数党员干部放松了思想改造,理想信念动摇。个别人的世界观、人生观、价值观发生扭曲,经受不住权力、金钱、美色的考验。我们要以学习实践"三个代表"重要思想为主要内容,引导广大党员认真学习贯彻党章,坚定理想信念,坚持党的宗旨,增强党的观念,发扬优良传统,不断增强党员队伍和党组织的创造力、凝聚力和战斗力。对存在的问题,要坚持边学边改的原则,能改的要立即改;对一时难以解决的问题,要拿出切实可行的办法,有计划、分步骤地逐一解决。特别是对群众普遍关注、反映强烈的热点问题,要认真研究,下大力气尽早解决,让群众感受到先进性教育的成果,感受到先进性教育带来的新气象、新面貌。要通过每一阶段扎扎实实的工作,使党的路线方针政策在检察机关进一步贯彻落实,检察机关的工作主题和总体要求进一步深化实施,执法中的突出问题得到切实解决,科学的发展观和正确的执法观进一步树立,执法水平、办案质量和工作效率明显提高,检察机关队伍专业化、执法规范化和管理科学化建设进一步加强,履行法律监督职责的能力进一步提高,执法形象得到进一步改善。

**三、切实加强组织指导,确保先进性教育活动取得实效**

胡锦涛总书记最近强调指出,开展先进性教育活动,关键是要取得实效。要通过这次教育活动,努力做到在对党的先进性建设的思想认识上有新提高,在解决一些党员和党组织存在的突出问题和影响改革发展稳定、涉及群众切身利益上有新进展,在坚持党要管党、永葆先进性的长效工作机制方面有新收获,切实把党的执政能力建设和先进性建设推向前进。各级检察机关要认真学习贯彻总书记的重要论述,采取有效措施,确保检察机关的先进性教育活动取得明显实效。

根据中央安排,这次先进性教育活动是在地方党委的统一领导下进行。各级检察机关要坚决贯彻当地党委的部署和要求,及时向党委汇报工作情况,自觉接受党委的领导。同时,上级检察机关也要积极配合地方党委,加强组织指导,扎实有效地搞好系统的先进性教育活动。

(一)紧密联系检察职业特点,深入开展检察官党员先进性具体要求的大讨论。胡锦涛总书记指出:“抓住了先进性建设,就抓住了党的建设的根本,就抓住了加强党的执政能力建设、巩固党的执政地位的关键。”贾春旺检察长在最高人民检察院机关教育活动动员大会上,结合检察工作和检察队伍实际,提出检察机关保持共产党员先进性六个方面的基本要求。这六个方面涵盖和揭示了检察机关党员先进性的基本要义和主旨。要引导广大党员深刻理解和准确把握新时期党员先进性的基本内涵和基本要求,牢固树立党员意识和先进性意识。同时要看到,党员先进性的标准是继承性与时代性的统一、普遍性与特殊性的统一、抽象性与具体性的统一。具体到一个单位、一个部门、一个岗位,其标准要求又是有差异的。检察官是以党员为主体的队伍,又是以法律监督为其职责的特殊群体。这个特殊群体的先进性具体表现在哪些方面,要在学习阶段组织干警进行深入讨论。要联系检察工作实际,联系检察官职业特点,依据党章和中央要求,细化提炼出检察官党员先进性的具体要求。要积极开展不同层面、不同部门、不同阶段、不同环节和不同内容的交流活动,做到互相学习,互相启发,互相帮助,共同提高。

(二)认真进行对照检查,切实搞好分析评议。要在学习提高、广泛征求意见、认真开展谈心活动的基础上,采取“五对照”的方法,搞好学习查摆和分析评议,每个党员都要勇于把自己摆进去,真正触及思想。要组织党员对照党章规定的党员义务和党员领导干部的基本条件,对照新时期共产党员先进性的基本要求,对照检察机关法律监督职责和各个部门的任务,对照检察机关涌现出来的先进典型事迹,对照人民群众反映的突出问题和殷切期望,全面回顾自己近年来的思想、工作和作风等方面的情况,深刻检查在履行检察职能、树立正确执法观、提高法律监督能力和执法作风等方面存在的问题,从世界观、人生观、价值观的高度认真剖析思想根源,深入总结自己在教育活动中变化和提高的体会。在此基础上,每个党员都要形成有内容、有深度的党性分析材料,把分析评议阶段的各项要求落到实处。

(三)借鉴主题教育活动经验,丰富先进性教育活动的方式方法。要充分运用开展“强化法律监督,维护公平正义”主题教育活动的经验和做法,坚持实事求是的精神,在教育活动的各个环节,都紧密结合检察工作实际,创新方式方法,增强教育实效。最近,最高人民检察院机关组织了两场报告会,一是请专家讲增强党员意识和理想信念,二是请白云等五位模范检察官组成报告团介绍先进事迹,分别从理论和实践上回答践行“三个代表”、保持共产党员先进性的问题,引起了强烈反响。在潜心读书基础上精心组织一些高质量的活动,是开展理论武装的好方法。要在学懂弄通基本理论的基础上,大力弘扬“忠诚、公正、清廉、严明”的检察职业道德,使之内化于心、外践于行。要紧密结合业务工作和队伍建设的实际,坚持自己查、开门查、相互查、析案评查、以案析理、以案释法、运用反面典型开展警示教育等方法,认真扎实排查问题,深入进行分析评议。要紧紧围绕检察工作主题和总体要求,制定整改措施,明确整改重点,确定整改时限,落实整改责任。要做好巩固和扩大整改成果的工作,对各项工作制度进行梳理,形成党员长期受教育、永葆先进性的长效机制。

(四)上级检察机关要充分发挥表率作用,一级给一级做出榜样,尤其是领导干部要切实做出表率。上级检察机关肩负着搞好自身教育活动和对下指导的双重责任。自身的教育活动搞得如何,不仅关系到自身教育活动的质量,而且直接影响到下级检察院乃至整个系统教育活动的效果。上级检察院要带头严格标准,不折不扣地贯彻落实好教育活动的部署要求;带头学习提高,在真学、真信、真用上下功夫,做到先学一步、学深一点、多学一些,不断用自身学习培训的成果推动系统教育活动的开展;带头结合实际,紧密联系检察机关职能和工作特点,把树立正确的执法观、进一步实践检察工作主题和总体要求,作为教育活动的重要内容来抓;带头查摆整改,既要认真查找和解决与党员先进性要求相悖的问题和苗头,更要从理想信念和服务宗旨的高度深挖思想根源;带头推动工作,进一步调动广大检察人员的积极性,推动检察工作创新发展。要通过抓好自身教育活动,认真积累经验,带动和指导好下级检察院先进性教育活动深入开展。

(五)建立健全相关工作制度,推动先进性教育活动有序进行。一是建立工作报告制度。下级检察院要及时将教育活动的主要文件材料和相关情况报送上级检察院,上级检察院要派员参加下级检察院召开的专题民主生活会。二是建立领导联系点制度。上级检察院党组成员要确定系统联系点。联系点一般为加强基层检察院建设中确定的联系点。要安排时间到联系点调查研究,听取意见,进行指导,总结经验,发挥以点带面的作用。三是建立工作联系制度。加强上下级检察院教育活动领导机构的工作联系,了解掌握教育活动的进展情况,总结推广教育活动的经验,及时发现并帮助解决教育活动中出现的问题。四是建立部门对口指导制度。上级检察院各部门特别是业务部门,要紧密结合各自的工作特点,加强对口指导,形成工作合力。五是坚持"回头看"制度。根据中央有关要求,教育活动每个阶段都要进行"回头看"。学习动员阶段结束前,尤其要按照中央通知要求,切实从六个方面搞好"回头看",为扎实开展分析评议工作打好基础。

借这个机会,我再讲一讲今年的检察政治工作。

对今年的检察政治工作,在全国检察长会议上贾春旺检察长已经作了强调,《2004 年～2007 年全国检察人员培训计划》、《2004～2008 年全国检察人才队伍建设规划》和《2005 年检察政治工作要点》也已下发,工作的指导思想、目标任务都非常明确。各地要突出重点,统筹兼顾,结合实际认真贯彻落实。总的要求是,上半年要集中精力抓好先进性教育,同时有条不紊地抓好各项工作。下半年要继续深化教育活动,切实巩固教育成果,并以此推动检察政治工作。在这里,我着重强调四点:

第一,要紧紧围绕检察工作主题和总体要求开展检察政治工作。

"强化法律监督,维护公平正义"的工作主题和"加大工作力度,提高执法水平和办案质量"的总体要求,体现了检察工作的本质特征和规律性,顺应了时代发展的要求,符合检察工作的发展方向,已成为检察机关统一思想、凝聚力量、统领和推动工作的一面旗帜。我们提出了主题教育活动,并坚持抓了两年,不能就此止步,束之高阁。检察政治工作作为检察工作的重要组成部分,必须把贯彻落实工作主题和总体要求作为最重要最根本的任务,努力提高为工作主题和总体要求服务的意识和水平。各级检察机关政工部门要真正把注意力、着力点放到工作主题和总体要求的落实上来,切实围绕工作主题和总体要求来部署、思考工作。无论是领导班子建设,还是检察队伍建设,无论是教育培训、人才管理,还是基层建设、检察宣传,都必须始终牢牢抓住工作主题,把握总体要求,使之体现于检察政治工作的方方面面,真正落实到基层,进一步提高队伍的政治素质、业务素质和职业道德素质,为加强法律监督能力建设和检察工作健康协调发展,提供有力的精神动力、组织保证和智力支持。要在不断深化和落实检察工作主题的实践中提高检察政治工作能力,用服务工作主题和总体要求的成效检验我们的思想政治工作水平。

第二,要通过创新长效管理机制推进基层检察院建设整体水平的提高。

构建和创新长效管理机制,是推进基层检察院建设整体上水平的必由之路。从总体上看,基层检察院最薄弱的是管理,而管理最大的问题是机制。要充分认识加强机制建设的重要性,按照贾春旺检察长的要求,把探索建立业务建设、队伍建设和信息化建设相结合的长效管理机制作为基层检察院建设的重点,不断推进基层检察院的执法规范化、队伍专业化和管理科学化建设。当前,一些检察院在建立业务建设、队伍建设和信息化建设相结合的长效管理机制方面进行了有益的探索和试验,取得了积极的进展。我们要认真总结各地经验,加强研讨和论证,适时予以推广。要针对基层执法中存在的突出问题,深入调查研究,推动完善业务规范体系和考评指标体系,加强对办案工作的流程管理和质量控制,促进业务工作的标准化、程序化和规范化。要积极探索用信息化手段管理业务和队伍的有效途径,不断提高检察工作的信息化管理水平。

第三,要注意培养运用先进典型推动检察工作。

一个先进典型就是一面旗帜。近年来,我们陆续推出了以"公正执法的楷模"方工、"时代先锋"白云为代表的一大批在全国、全系统产生巨大影响的先进典型,在群众中引起了很好反响,弘扬了正气,鼓舞了士气,进一步树立了检察机关的良好形象,形成了争先创优的可喜局面。最高人民检察院准备组织宣讲团在全国巡回演讲,并制成光盘下发。要进一步加大正面宣传力度,挖掘和树立更多富有时代气息的先进典型。各地区、各单位、各部门都要注意发现、培育和树立先进典型,大力弘扬在实践工作主题和总体要求、不断提高法律监督能力建设中涌现出的英模人物的先进事迹,力求一个阶段推出一个不同类型的先进典型。要引导广大干警学习自己周围的先进人物,寻找自己身边的"闪光点",增强先进典型的感染力和号召力,使干警学有目标,赶有榜样。要大力推进典型宣传工作的制度化和规范化,认真总结宣传先进典型的经验,不断探索创新宣传模式。同时,也要注意防止典型宣传的攀比凑数,过多过滥。要从政治上、工作上、生活上真正关心和爱护先进典型,切实帮助他们解决一些实际困难和后顾之忧,不能让英模人物流血流汗之后再流泪。明年初,最高人民检察院将召开全国检察机关第六次"双先"表彰大会,各地要认真做好推荐工作,掀起新的争先创优热潮。

当前,要重点围绕"两会"做好检察宣传工作,集中展现和宣传检察机关履行法律监督职能、为建设社会主义和谐社会服务的成果,为检察工作营造良好的舆论氛围。要抓住检察官法实施十周年的契机,开展实际、有效的宣传和纪念活动,推动检察官法的全面落实,扩大检察工作的社会影响。

第四,要努力提高政工部门自身的建设水平。

检察政工部门是院党组的办事机构,只有不断加强党的建设,提高思想政治工作能力,才能更好地履行职能。各级检察机关政工部门要认真落实党员先进性要求,切实加强自身建设,努力建设一支党性强、业务精、作风正、纪律严、服务优的高素质的检察政工干部队伍。

一是要带头搞好先进性教育活动。各级检察机关政工部门要坚持高标准、严要求,带头学习,带头查摆问题,带头开展批评与自我批评,带头搞好整改,切实解决自身存在的问题,确保取得实效。要深入开展政工干部保持党员先进性具体要求的讨论,明确政工部门党员保持先进性的具体要求是什么,不符合先进性的表现在哪里。要从实际出发,广泛讨论,形成共识。最高人民检察院政治部在讨论中初步提出了检察政工部门保持党员先进性"十要十不要"的要求,具体内容是:一要政治坚定,头脑清醒,不要随波逐流,左右摇摆;二要顾全大局,真诚服务,不要脱离中心,自行其是;三要任人唯贤,五湖四海,不要任人唯亲,拉帮结伙;四要主持公道,坚持原则,不要趋炎附势,讨好买好;五要爱才育才,知人善任,不要嫉贤妒能,埋没人才;六要淡泊名利,甘为人梯,不要追逐名利,损人利己;七要清正廉明,作风正派,不要以权谋私,卖官鬻爵;八要与人为善,谦虚谨慎,不要心存偏私,口大气粗;九要细致高效,严守秘密,不要拖拉敷衍,跑风漏气;十要求真务实,开拓创新,不要虚假飘浮,墨守成规。大家对此可以提出修改意见和建议,会后我们根据大家意见修改后下发执行。要继续深化和拓展"树检察政工干部形象"教育活动成果,努力践行"对己清正、对人公正、对内严格、对外平等"的要求,把坚持公道正派转化为加强自身建设的自觉行动,树立政工干部队伍的良好形象,使共产党员的先进性和检察政工干部的优秀品质通过一言一行体现出来。

二是要按照先进性要求提高检察政治工作能力。加强检察政工部门的能力建设,是政工部门贯彻落实党的十六届四中全会精神的重要举措,也是政工部门开展先进性教育活动的重要内容。各级检察机关政工部门要按照党员先进性要求,进一步加强政工部门的能力建设,不断提高广大政工干部的能力和水平。一是要提高准确把握检察队伍思想脉搏的能力。善于开展调查研究,摸实情,想实招,求实效,准确把握检察队伍的思想动态,增强工作的主动性、预见性和针对性,使政治工作更加富有成效和活力。二是要提高运用理论政策指导队伍建设的能力。加强理论武装,着力提高理论思维和战略思维水平,提高理论与实践的结合水平,用科学的理论和正确的政策指导实践、推动工作。三是要提高帮助基层和干警解决实际问题的能力。真正为基层和干警千方百计解难事,真心实意办实事,坚持不懈做好事,使思想政治工作和解决实际问题有机结合起来。四是要提高创造性开展检察政治工作的能力。求真务实,攻坚克难,与时俱进,改革创新,努力做到在队伍建设上有新思路,在破解难题上有新手段,在推进工作上有新举措。五是要提高服务保证法律监督工作的能力。坚持以业务工作为中心,服务于检察工作主题和总体要求,进一步提高服务保证法律监督工作的本领。

三是要依据先进性标准加强政工部门的规范化建设。规范化建设是提高政工部门工作水平的重要途径,也是政工部门落实党员先进性要求的有效措施。要健全完善科学、规范、有效的工作标准、要求和制度,形成保持公道正派、保证检察事业发展的长效机制。要增强规范化管理意识,逐步形成"以制度管人、按制度办事"的良好机制,把规范化建设贯穿于队伍管理全过程。要建立保障机制,落实工作责任制,加强检查、考核和监督,确保各项制度规范落到实处。今年,要大力加强政工系统的信息化建设,提高检察队伍管理的信息化水平。

同志们,检察政治工作任务艰巨,责任重大,使命光荣,大有可为。我们要高举邓小平理论和"三个代表"重要思想伟大旗帜,以昂扬向上的精神状态、开拓创新的实际行动、求真务实的工作作风,推动先进性教育活动和检察政治工作全面深入发展,为把检察队伍建设和检察工作提高到一个新水平而不懈努力!

# 第三部分

# 省、自治区、直辖市人民检察院工作报告

# 北京市人民检察院工作报告(摘要)

——2005 年 1 月 25 日在北京市第十二届人民代表大会第三次会议上

北京市人民检察院检察长　许海峰

(2005 年 1 月 27 日北京市第十二届人民代表大会第三次会议通过)

## 2004 年的主要工作

2004 年,我们在市委、最高人民检察院的领导下和市人大的监督下,以邓小平理论和"三个代表"重要思想为指导,深入学习贯彻党的十六大和十六届三中、四中全会精神,牢固树立科学发展观,认真落实市委九届八次、九次全会和市第十二届人民代表大会第二次会议决议,坚持"强化法律监督,维护公平正义"和"执法为民、服务发展"的工作主题,加大执法力度,提高办案质量,为首都创造和谐稳定的社会环境和公正高效的法制环境努力工作。

一、全面履行法律监督职责,积极为首都工作大局服务

人民检察院是国家的法律监督机关。全市各级检察院通过依法履行审查批准逮捕、提起公诉、诉讼监督和侦查职务犯罪等重要职责,不断强化法律监督,维护公平正义,积极为首都改革发展稳定大局服务。

第一,认真履行审查批准逮捕和提起公诉职责,努力维护社会和谐稳定。我们把维护首都和谐稳定作为首要任务,严把事实关、证据关、程序关,全年共批准逮捕刑事犯罪嫌疑人 20568 人,提起公诉 23611 人。在惩治刑事犯罪过程中,一是突出打击重点。对危害国家安全的犯罪,杀人、抢劫、绑架等严重危害社会治安秩序的重大犯罪,依法及时批捕、起诉。二是积极参与专项打击活动。与公安、法院等部门紧密配合,认真开展打击利用淫秽色情网站犯罪和制假售假、侵犯知识产权等破坏社会主义市场经济秩序犯罪的专项活动。三是加大出庭支持公诉力度。努力提高控辩水平,严格依据事实和法律,有力指控和证实犯罪,成功地办理了一批疑难复杂有重大社会影响的案件,使刑事被告人受到了应有的惩处,维护了人民群众的切身利益。同时,还积极研究金融、证券、网络等新型犯罪的特点,以适应新形势下打击犯罪的需要。四是积极参加社会治安综合治理。结合办案发出检察建议,帮助发案单位堵塞漏洞,防患未然。积极参与对监外服刑人员的社区矫正工作。专门成立未成年人犯罪办案组,认真做好教育、感化和挽救工作,有 6 个区、县检察院被评为全国"优秀青少年维权岗"先进单位。我们还深入开展法制宣传,提高群众的法律意识。

第二,加大查办和预防职务犯罪力度,积极推进反腐倡廉工作深入开展。一是加强与纪检、监察、工商、审计等部门的联系,推出奖励举报有功人员工作办法,主动拓展案件线索来源渠道;二是建立由市检察院统一指挥、上下联动、协调作战的侦查一体化办案机制,统筹调配全系统的侦查力量,增强突破案件的能力;三是充分发挥主侦检察官的骨干作用,带动整体侦查水平不断提升。重点查办了国家工作人员贪污、贿赂、挪用公款等职务犯罪大案要案,查办借国有企业改革转制之机侵吞、挪用、私分国有资产的案件,尤其注意查办发生在房屋拆迁、土地征用、医疗卫生、教育收费等方面群众反映强烈的案件和司法人员、行政执法人员的贪污贿赂案件。按照属地管辖原则,全年共立案侦查发生在市属单位和中央驻京单位的贪污贿赂等职务犯罪 357 件 408 人。其中,县处级干部犯罪要案 79 人,局级以上干部犯罪要案 27 人,百万元以上大案 80 件,为国家挽回经济损失 4.6 亿元。我们与市纪委紧密配合,立案侦查了首都高速公路发展有限公司原董事长毕玉玺等人贪污受贿窝案;集中力量侦查了最高人民检察院指定管辖的一批案情重大复

杂的职务犯罪大案要案。依法侦破了国有重点金融机构原监事会主席胡楚寿利用职权受贿案,黑龙江省绥化市原市委书记马德、市长王慎义等受贿案,审查起诉了贵州省原省委书记、人大主任刘方仁受贿案等。我们还对全市涉嫌职务犯罪的在逃人员采取集中抓捕措施,为反腐败大局贡献了力量。

加强了对渎职侵权犯罪案件的侦查。按照最高人民检察院的统一部署,全面开展"严肃查办国家机关工作人员利用职权侵犯人权犯罪案件"专项活动,重点查办因渎职造成人民生命财产重大损失的案件,刑讯逼供、暴力取证案件,破坏选举、侵犯公民民主权利案件和虐待被监管人的案件。全年共立案侦查渎职侵权犯罪案件50件60人,同比上升47%和100%。其中,局、处级干部犯罪要案18件19人,司法人员渎职侵权犯罪24件30人。严肃查办了密云县公安分局城关派出所原所长、政委玩忽职守案等,努力维护国家利益和公民的人身权利、民主权利。

在查办职务犯罪的同时,我们还立足检察职能,不断加强预防职务犯罪工作。按照中央标本兼治、综合治理、惩防并举、注重预防的方针和源头治理的要求,制定了《职务犯罪预防工作规定》,并狠抓落实。一是进一步完善社会大预防网络,积极协助全市18个区县构建了由党委统一领导、检察机关发挥职能作用的社会大预防格局;二是加大行业预防力度,与市国资委和市银监局联合建立涉及全市130多个企事业单位和33家金融机构的预防体系;三是与市纪委等有关部门配合,对一批在建项目开展职务犯罪预防工作;四是积极推出预防职务犯罪立项制,确定预防重点,提高了预防工作的针对性和实效性;五是进一步拓宽宣传教育渠道,配合区县建立警示教育基地,对促进干部廉洁自律和依法行政起到了积极作用。

第三,依法开展诉讼监督,努力维护司法公正和法制统一。本着有罪追究、无罪保护、严格依法、客观公正的原则,加强对司法活动的监督,努力维护司法公正。

切实加强刑事诉讼监督。一是依法开展刑事立案监督。对公安机关没有立案的,要求说明不立案理由,经审查,不立案理由不成立,依法通知立案。二是切实加强侦查监督。对应当提请逮捕而未提请、应当移送起诉而未移送的,决定追捕48人,追诉93人;针对公安机关违法取证、违法采取强制措施等行为,及时发出纠正违法通知书。三是认真开展刑事审判监督。对法院的判决、裁定,严格审查,认为其中确有错误的,依法提起抗诉;对法院不按时送达法律文书、庭审中限制当事人权利等情况,提出纠正意见。四是不断强化刑罚执行监督。重点开展了"减刑、假释、保外就医"专项检查活动,复查了2002年以来法院、监狱、看守所办理的减刑、假释和保外就医案件,对存在的问题均提出纠正意见,有效维护刑罚执行的严肃性。

不断加强民事行政诉讼监督。重点办理侵害国家利益和社会公共利益的案件、严重违反法定程序的案件以及涉及下岗职工和妇女、儿童、残疾人权益的案件。全年共办理民事行政申诉案件2529件,对法院判决、裁定确有错误的,依法提出抗诉,或向法院发出再审检察建议,维护当事人的合法权益。对不服法院正确判决、裁定的申诉案件,做了大量的息诉服判工作,努力维护司法权威。

第四,认真落实便民维权措施,不断加强人权保障。认真贯彻"国家尊重和保障人权"的宪法规定,努力实践"立检为公、执法为民",切实维护人民群众的合法权益。

继续深化便民维权举措。进一步落实维护诉讼参与人合法权益工作规则六十九条,与市律师协会联合签署《进一步加强工作联系保护诉讼参与人合法权益的意见》,推出法律监督规则,把法律监督贯穿于各个诉讼环节;完善便民维权二十条措施,在检察环节优先处理侵害城乡贫困人口、残疾人等社会群体合法权益的案件,努力为群众服务。改善接待环境,开设无障碍通道,设置举报电话自动受理系统等,切实方便当事人。市检察院,西城、房山、密云等13个检察院的控申接待室被评为"全国文明接待室",顺义、海淀、东城、朝阳检察院控申接待室被评为"文明接待示范窗口"。

依法维护犯罪嫌疑人和服刑人员的合法权利。我们坚持宽严相济的刑事政策,保障无罪的人不受刑事追究。认真审查每起案件,对不够逮捕和起诉条件的,依法不予批捕和起诉。继续巩固清理超期羁押的成果,开展"加强监管执法、加强法律监督、保障刑事诉讼顺利进行、保障在押人员合法权益示范单位"的"双加强、双保障"创建活动,建立在押人员诉讼时限登记和预警制度,与看守所、监狱等监管部门一道,杜绝了超期羁押现象的发生。

深入做好人民群众的来信来访工作。坚持把维护人民群众的合法权益作为执法的出发点和落脚点，认真办理人民群众来信、来访和控告、申诉案件。坚持实行首办责任制和检察长接待制度，严格执行当事人申诉权利义务告知制度；推行立案时、结案后同当事人“双见面”制度，当面倾听诉求理由和答复处理结果，切实方便群众；对集体访和重复访，坚持法律与政策相结合，依法妥善处置，努力化解矛盾；对部分群众申诉难、来访不便的情况，我们主动把司法服务送到群众身边，积极为群众解决实际问题。坚持实事求是，依法及时纠正检察环节出现的错误，切实保障刑事赔偿请求人的合法权益。

二、不断加强执法能力建设和执法保障建设，确保检察工作顺利开展

全市各级检察机关紧紧围绕法律监督职责的履行，采取多项措施，狠抓队伍的执法能力建设和执法保障建设。

第一，深化改革，创新机制，提高检察工作水平。一是积极开展人民监督员制度试点。按照最高人民检察院的要求，选任部分人大代表和人民群众担任检察机关的人民监督员，对自行侦查的职务犯罪案件中犯罪嫌疑人不服逮捕决定、拟撤销、拟不起诉的三类案件进行监督，让人民群众直接监督检察机关职务犯罪案件的办理过程，确保司法公平公正。二是加强执法办案专业化机制建设。进一步完善落实主诉检察官办案责任制，不断充实和更新公诉人才队伍，加强公诉能力的培养和锻炼；积极探索实行金融犯罪审控组、毒品犯罪审控组、走私犯罪审控组、侵犯知识产权犯罪审控组等专业化办案模式。全面推开主侦检察官办案责任制，侦破职务犯罪的能力不断增强。三是深化干部人事制度改革。采取公平竞争、群众评议、组织考核的办法，选拔、任用了一批优秀的领导干部和检察官，有效地调动了干部的积极性和创造性。四是创新检察理论研究机制。实行课题招标、调研成果点评反馈等制度，激发调研积极性，编撰出版了《法律监督的理论与实证研究》和涉及法律监督各环节的典型案件系列丛书，为公正高效执法办案提供了有效的借鉴和指导。

第二，健全制度，规范管理，确保检察工作质量。全市各级检察院把管理纳入日常工作，作为提高检察工作质量的基本方法。一是以案件质量复查为切入点，全面推行案件质量考评机制。以提高案件质量和执法水平为重点，组织专人，对2003年度批准逮捕后作不起诉和无罪判决的案件进行逐案复查，对存在的问题，深入分析原因，提出整改措施，进一步完善案件质量考评制度和责任追究制度。二是加强干部考核管理。实行领导干部公开述职制度，组织检察人员并邀请部分人大代表参与考评，增强了干部使用管理的透明度和公正性；实行检察官效能考核办法，突出考核履行职责的能力和绩效。三是健全并实行了涵盖各项检察工作的《北京市检察机关工作规范》，确保各项检察工作规范、有序、高效运转。

第三，坚持以人为本，狠抓队伍建设和基层检察院建设，为履行法律监督职责提供组织保证。坚持以人为本，以不断提升法律监督水平为重心，全面加强检察队伍的素质和能力建设。一是加强各级领导班子建设。调整充实了力量，优化了班子结构；加强学习教育，不断提高理论水平和领导能力；严明了纪律，改进了作风，出现了团结和谐、奋发进取、自觉发挥表率作用的良好局面。二是进一步改善队伍结构。按照“结构合理、素质优良、富有活力”的队伍建设目标，积极引进人才，目前全系统大学本科以上人员已达89.2%。三是加强执法能力培养。积极探索新的教育模式，采取集中培训、网络教学、技能比武、岗位练兵、挂职锻炼、出国深造等多种措施，大力开展检察专门人才培养，增强岗位实践能力，努力锻造一支高素质、高能力、高水平的检察官队伍。四是发挥典型引路作用。深入学习“公正执法的楷模”方工同志先进事迹，推出办理大要案能手、全国十佳公诉人等一批首都检察系统先进典型，同时开展向优秀法官宋鱼水等同志先进典型学习的活动。五是加强基层检察院建设。制定并落实《关于加强基层建设的意见》，切实强化基层基础工作，为检察工作发展奠定坚实基础。

第四，接受人大监督，强化内部制约，确保检察权正确行使。自觉地把检察工作置于人大的监督之下。主动向人大报告工作，接受审议，听取意见；认真办理人大代表的议案、建议和人大交办的事宜；多次召开监督员座谈会，经常邀请人大代表、政协委员视察指导工作，参加重大疑难案件讨论，积极采纳建议，不断改进工作。进一步加强了与公安、法院等单位的联系，做到互相配合，互相制约。同时，还加强了检察机关内部各个环节之间的监督和制约，进一步完善落实《加强内部执法监督的实

施办法》,及时推出《五项检察纪律》,建立检察人员廉政信用档案,基本形成程序严密、制约有效的内部监督机制;坚持严格要求、严格教育、严格管理、严格监督,狠抓队伍的纪律作风建设,对内部违法违纪行为坚决查处,决不手软,有力促进廉洁、文明、公正执法。

在回顾过去一年工作的同时,我们清醒地认识到,目前检察工作还存在一些问题和不足:一是履行法律监督职责的力度还不够,效果还不够理想,在探索监督途径、拓宽监督渠道、创新监督方法上仍需继续下功夫;二是队伍的素质和能力还不完全适应形势发展需要,离党和人民的要求还有差距;三是全市检察工作发展不平衡,一些区县检察院和部门仍然存在案件多与人员少、工作任务重与业务经费紧的矛盾;四是队伍中个别人员执法作风不够端正,违法违纪现象仍有发生,还必须加强教育和监督;五是检察宣传还不够有力,影响了人民群众对我们的了解,制约了检察机关更好地为人民提供司法服务,等等。这些问题,我们将采取有力措施,积极加以解决。同时,诚恳地希望人大代表和社会各界进一步加强对检察机关的监督和指导,帮助我们不断改进工作,提高水平。

**2005 年的主要任务**

2005 年,是推进首都经济社会全面协调可持续发展和实施"新北京、新奥运"战略构想的重要一年。全市检察机关要紧紧围绕首都工作大局,坚持以邓小平理论和"三个代表"重要思想为指导,认真贯彻党的十六届四中全会精神,牢固树立和认真落实科学发展观,以加强法律监督能力建设为中心,认真履行宪法赋予检察机关的各项职责,不断开创首都检察工作新局面。

一、坚持检察工作主题,全面加强法律监督能力建设。要牢固树立为首都发展大局服务的意识,继续坚持"强化法律监督,维护公平正义"和"执法为民、服务发展"的主题,提高打击和预防刑事犯罪的能力,维护首都社会稳定;提高打击和预防职务犯罪的能力,促进党风廉政建设和反腐败斗争深入开展;提高诉讼监督的能力,维护公平正义;提高正确处理群众诉求、化解矛盾纠纷的能力,促进社会安定和谐;提高强化自身监督和制约的能力,加大检察职能宣传,促进严格文明和公正高效执法。

二、进一步加强队伍建设,为提高法律监督能力提供人才支持。要立足于提高队伍的素质和能力,认真开展保持共产党员先进性教育活动,牢固树立正确的执法观和正确的政绩观,真正做到"立检为公、执法为民";加强领导班子建设,努力做到"为民、务实、清廉";坚持以人为本,努力培养造就专家型、复合型人才,学习先进典型,逐步实现"政治坚定、业务精通、作风优良、执法公正"的队伍建设目标,确保法律监督职责的落实。

三、深化改革和管理,为提高法律监督能力提供新的动力。要完善办案机制,深化主诉、主侦、主办检察官办案责任制,实现执法专业化;完善用人机制,深化公平竞争、优胜劣汰的用人制度,实现干部管理的制度化、民主化;完善管理机制,落实各项制度,确保工作规范高效运行;完善监督机制,积极推进人民监督员制度试点,健全内部制约办法,促进检察权正确行使;完善保障机制,积极推进检察人员分类管理试点,加强科技强检,为提高法律监督能力提供动力和保障。

四、扎实推进基层检察院建设,为提高法律监督能力夯实基础。基层检察院是全部检察工作的基础。全市检察机关 80% 以上的人员和业务在基层。要以公正执法为核心,以强化法律监督为目标,以争创先进检察院为载体,以推进执法规范化、队伍专业化、管理科学化为内容,加强分院、区县院和铁路运输检察院的建设。大力开展争创先进检察院活动,充分发挥东城、丰台等全国模范检察院和海淀、朝阳、西城、昌平等市级先进检察院的示范作用;切实加强基本功和基本能力的训练,全面提高执法水平、管理水平和保障水平,固本强基,夯实履行法律监督职责的基础。

五、坚持党的领导,自觉接受人大监督,保证法律监督职责正确履行。要坚决贯彻党的路线方针政策,自觉执行党的决定和部署,忠于党,忠于人民,坚定不移地为党和国家大局服务;要不断增强接受人大监督的意识,拓宽接受人大监督的渠道,提高监督效果;进一步加强人民监督员和特约监督员、特约检察员工作,积极采纳合理意见和建议,确保检察权的正确行使。

新的一年,我们要在市委和最高人民检察院的正确领导下,在市人大的有效监督下,在市政府、市政协和全市人民的大力支持下,认真落实宪法要求,着力提高法律监督能力,锐意进取,扎实工作,为推进首都改革发展和构建和谐稳定的首善之区做出新的贡献!

# 天津市人民检察院工作报告(摘要)

——2005年1月25日在天津市第十四届人民代表大会第三次会议上

天津市人民检察院检察长 李宝金

(2005年1月27日天津市第十四届人民代表大会第三次会议通过)

2004年,全市各级检察机关认真贯彻市委八届五次全会精神和市十四届人大二次会议决议,全面履行检察职责,努力实践强化法律监督、维护公平正义的工作主题,各项检察工作取得了新的进展。2004年初,市人民检察院认真分析新的形势,客观估价工作现状,提出了"四零一降"的检察工作总体目标,即:涉检涉诉案件经检察机关处理后进京上访为"零",自侦案件无罪判决为"零",办案安全事故为"零",刑事诉讼超期羁押为"零",干警违法违纪举报数和处理数下降。"四零一降"是我们学习贯彻"三个代表"重要思想和科学发展观,适应社会法治进步,自加压力,对业务工作和队伍建设提出的新目标、新要求,是检察工作朝着更加注重办案质量和执法效果方向的重要转变。经过全市检察机关艰苦努力,2004年全面实现了"四零一降"的工作目标。

涉检涉诉案件经检察机关处理后进京上访为"零"。随着市场经济的发展和改革的进一步深化,由于利益关系调整等原因引发的上访问题明显增多。妥善处理群众来信来访,及时化解矛盾纠纷,直接关系社会和谐稳定。全市各级检察机关把办理好信访案件作为重大政治任务来抓,严格实行领导责任制、首办责任制,坚持"群众利益无小事",积极运用检察职能解决涉及群众切身利益的各种信访问题。对不属管辖、不够立案的案件,不是三言两语草草打发申诉人或以一纸法律文书结案了事,而是耐心细致地说理讲法,引导群众通过正常途径依法表达合理诉求。对有可能进京上访的涉检涉诉案件,更是进行不间断地排查和疏导,一方面积极解决实际问题,另一方面深入细致地做好思想工作,把每一起信访解决在基层、解决在检察环节、解决在天津。2004年,办理各类信访案件8623件,同比上升22.1%,依法妥善处理了144件涉检涉诉等重大上访案件。积极办理民事行政申诉案件,对确有错误的判决和裁定,及时立案,依法抗诉,共抗诉131件,法院经审理依法改变原判决85件;对正确的判决和裁定,主动做好工作,维护司法权威,使当事人服判息诉。通过上下共同努力,经检察机关处理后的涉检涉诉案件实现了"零"进京上访,得到市委和最高人民检察院的充分肯定。

检察机关自行侦查案件无罪判决为"零"、办案安全事故为"零"。严肃查办国家工作人员职务犯罪,既是检察机关的重要职责,也是增强党的执政能力,巩固党的执政地位的迫切需要。全市各级检察机关坚决贯彻中央、市委关于反腐败斗争的部署和要求,在不断加大查办大案要案工作力度的同时,始终把质量作为办案工作的生命线,坚持"质量为本,务必搞准"的原则,重事实、重证据、重程序,慎重初查,准确立案,把住起诉,使办理的每一起案件都完全符合法律的规定,都能经得起历史的检验。2004年,共查办贪污贿赂、渎职侵权等职务犯罪案件495件,其中,大案409件,要案37件,大要案比例为85.7%。通过办案挽回经济损失5000多万元。截至目前,2004年立案侦查的职务犯罪案件,没有出现无罪判决,实现了办案数量与办案质量的有机统一,办案的法律效果与社会效果的有机统一。在查办职务犯罪过程中,我们要求全体办案人员站在对党负责、对当事人负责、对检察事业负责的高度,严格按程序办案,认真落实各项安全防范措施,坚决杜绝犯罪嫌疑人、证人在讯(询)问过程中自杀伤亡、逃跑事故的发生,确保了办案安全。

刑事诉讼超期羁押为"零"。严厉打击严重刑事犯罪是维护社会稳定的重要手段。各级检察机关充分履行批捕、公诉和刑事诉讼监督职能,与有关部门密切协作,保持对刑事犯罪活动的高压态势。2004 年批准逮捕 9150 人,提起公诉 10751 人。监督公安机关立案 36 件,追捕 38 人,同比上升 65.2%,追诉 42 人,同比上升 61.5%。对认为确有错误的刑事判决、裁定提出抗诉 20 件。对违法减刑、假释、暂予监外执行等问题提出纠正意见 59 件。在打击刑事犯罪过程中,各级检察机关增强保障人权意识,牢固树立执行实体法与执行程序法并重、打击犯罪与保护人权并重的观念,依法维护犯罪嫌疑人的合法权益。把防止超期羁押作为严格执法、公正执法的重要内容来抓,建立健全防止和纠正超期羁押的长效机制,首先从检察机关做起,在保证检察环节"零"超期羁押的同时,积极督促公安机关、人民法院严格执行程序法,使我市做到了月月无超期羁押。

检察干警违法违纪举报数和处理数下降。执法犯法、徇私枉法是人民群众最关注、反映最强烈的问题之一,也是妨碍检察事业发展、损害检察机关形象的最突出的问题。群众举报干警违法违纪问题的多少,反映着一个单位队伍建设和管理的总体状况,是对执法队伍综合素质的实际检验。我们把群众举报检察干警违法违纪数作为一项硬指标每季通报,要求各级检察机关采取坚决有效的措施,最大限度地减少违法违纪问题的发生。全市各级检察机关认真落实这一要求,采取教育、制度、监督多管齐下,全面加强队伍管理。认真开展"立检为公、执法为民"思想教育,督促检察干警特别是领导干部严格要求自己,深刻认识到权力越大,就意味着责任越重、受腐蚀的危险也就越大,时刻保持警醒,慎重行使手中权力,自觉抵御各种腐朽思想的侵蚀,从根本上解决"为谁执法、为谁服务"的问题。建立和完善各项办案工作制度,规范执法办案行为,修订和制订了《审查逮捕办案规则》、《刑事立案监督工作暂行规定》、《检察机关工作人员辞退和限期调离暂行规定》等二十余项规章制度,形成了用制度规范从检行为、按制度办事、靠制度管人的有效机制。采取与各单位、各部门一把手签订严格遵守"六个严禁"保证书的形式,督促各级领导干部带头接受监督,模范遵守纪律。开展了不起诉案件专项复查和自侦案件扣押、冻结款物专项检查,坚决纠正处理不当的案件,坚决返还违法扣押的款物,坚决处理违法违纪的干警。2004 年全市检察机关受理群众举报检察干警违法违纪案件 52 件,依法依纪处理 6 人,同比分别下降了 16.1%和 40%。

回顾总结 2004 年的工作,我们感到,做好新形势下的检察工作,不断提高检察工作水平和质量,必须始终把握以下四点:

一、必须牢固树立"立检为公、执法为民"的执法观。用"三个代表"重要思想指导检察工作,就要牢固树立正确的执法观,把维护人民群众的根本利益作为检察工作的出发点和落脚点,时时、事事、处处坚持"立检为公、执法为民",用党和人民赋予的权力为人民谋利益。我们结合检察机关的自身特点,深入开展了向任长霞、牛玉儒等先进典型学习的活动,大力加强理想信念教育、权力观教育和职业道德教育,带着对人民群众的深厚感情执法,以对人民利益高度负责的精神办案。站在来信来访群众的立场上,满腔热情地对待群众诉求,顺应人民群众的呼声,真正做到为民执法,决不伤害群众感情,决不损害群众利益。

二、必须坚持服从大局、服务经济的根本方向。加快发展、改善生活是广大人民群众的迫切要求,检察工作落实科学发展观,就要通过充分履行检察职能为经济发展提供强有力的法治保障。我们自觉地把检察工作与全市的大局紧密联系起来,运用检察职能促进经济社会协调发展。依法查办利用国有企业结构调整、资产重组之机贪污、私分、挪用国有资产的职务犯罪案件,保障改革措施实施和国有资产安全,维护社会主义市场经济秩序。积极查办行政执法人员和司法人员索贿受贿、滥用职权的职务犯罪案件,努力营造廉洁高效的政务环境和公平正义的司法环境。认真贯彻标本兼治、综合治理、惩防并举、注重预防的方针,深入天钢东移、地铁一号线、城市快速路等重点工程开展职务犯罪专项预防,采取向市、区各系统党校选派法制副校长、共建预防教育基地等形式深化法制教育,从源头上减少职务犯罪的发生,努力使改革少受挫折、经济少受损失、干部少犯错误。各级检察长带队深入机关、企业调查研究,主动登门服务。市人民检察院还出台了《关于为扩大对外开放,加快开放型经济发展服务的意见》等服务举措,引导全市检察机关综合运用打击、监督、预防、保护等手段保障和促进经济的发展。

三、必须把尊重和保障人权作为检察工作的重要原则。尊重和保障人权是我国宪法的一项重要原则，也是社会进步和司法文明的标志。我们从建设社会主义政治文明的高度，进一步强化尊重和保障人权的观念，坚持打击与保护并重，在立案、侦查、起诉等各个办案环节主动提示和依法保护被害人、犯罪嫌疑人、被告人、证人和其他诉讼参与人的诉讼权利，强化检察环节的人权保障，主动创造一种权利受尊重、利益有保障、纠纷可诉求的社会氛围，切实做到有罪追究、无罪保护、严格依法、客观公正。2004 年，决定不批准逮捕 617 人，不起诉 146 人。全面试行人民监督员制度，建立外部监督制约机制，聘任 261 名人民监督员对检察机关自身的执法办案活动进行监督，既提高了执法透明度，又规范了检察权的运行。

四、必须把执法能力建设摆在更加突出的位置。检察工作水平的高低，关键取决于队伍的整体素质，取决于队伍的执法能力。我们以提高执法能力为核心，加大检察队伍教育培训力度，提高学历层次，优化专业结构，培养专业人才和业务骨干，2004 年举办了基层检察院检察长、反贪局长及侦查监督、公诉等各类业务培训班 35 期，2700 名干警参加培训学习，进一步提高了各级检察长总揽全局、指导推动工作的能力，检察干警执法办案、开展法律监督的能力。狠抓基层检察院建设这个前沿和基础，在领导精力、办案力量、经费装备上向基层、向第一线倾斜，切实帮助基层解决了一些困难和问题，提高了基层检察院全面履行法律监督职责的能力。强化科技强检意识，建立了检察业务、检察队伍和信息化建设相结合的“三位一体”的工作管理机制，进一步提高了依靠科技开拓创新的能力。

检察工作的发展离不开各级人大和政协的监督和支持。2004 年市人大常委会专门听取了检察机关开展人民监督员试点情况的汇报，组织人大代表到市检察院、分院和一些基层检察院视察评议检察工作，市政协专门组织了帮助政法机关加强基层建设调研工作，为我们做好检察工作提供了有力帮助。

回顾 2004 年的检察工作，仍然存在一些问题和差距，主要是：检察工作为大局服务、为经济社会协调发展服务的水平还不高；检察机关的法律监督能力和水平还不适应形势发展的要求，诉讼监督工作与人民群众惩治司法腐败的要求还有一定差距；检察队伍素质和基层检察院建设水平有待进一步提高。对存在的差距和问题，我们将认真对待，积极加以解决。

2005 年是贯彻落实科学发展观，巩固宏观调控成果，加快实施“三步走”第二步战略部署的关键一年，也是检察机关加强执法能力建设，推动工作再上新水平的重要一年。前不久，我们召开了全市检察长会议，根据市委八届七次全会“适应新形势，抓住新机遇，再上新水平”的总要求和全国检察长会议的部署，研究确定 2005 年检察工作总的任务是，坚持以邓小平理论、“三个代表”重要思想为指导，认真贯彻党的十六届四中全会和市委八届七次全会精神，牢固树立科学发展观和正确执法观，紧紧围绕改革发展稳定的大局和“强化法律监督，维护公平正义”的工作主题，加强执法规范化、队伍专业化和管理科学化建设，努力提高法律监督能力，推动检察工作深入发展，为构建和谐社会，保障天津发展做出新贡献。做好 2005 年的检察工作，我们要着力抓好“一个教育”，强化“五个意识”，提高“五个能力”，即：按照中央和市委的部署，深入开展保持共产党员先进性教育活动，促进检察干警特别是共产党员的素质有新的提高，精神面貌有新的变化，执法作风有新的转变。强化大局意识、宪法意识、责任意识、质量意识和主动接受人大监督的意识。提高履行检察职能，打击预防刑事犯罪，维护社会稳定的能力；依法查处职务犯罪，促进廉政建设的能力；正确处理群众诉求，化解矛盾纠纷，促进社会和谐的能力；敢于监督、善于监督、规范监督，促进严格执法和公正司法的能力；强化自身监督和制约，严格、公正、文明执法的能力。通过加强执法能力建设，进一步加大打击严重刑事犯罪、查办和预防职务犯罪、开展诉讼监督的力度，提高执法水平，巩固和保持“四零一降”工作成果，不断开创检察工作新局面，为维护我市社会和谐稳定，促进经济平稳较快发展，提供坚强有力的法治保障。

# 河北省人民检察院工作报告(摘要)

——2005年1月13日在河北省第十届人民代表大会第三次会议上

河北省人民检察院检察长 侯 磊

(2005年1月15日河北省第十届人民代表大会第三次会议通过)

2004年,全省检察机关在各级党委正确领导和人大及其常委会的监督下,认真贯彻中央、省委及最高人民检察院各项部署,按照省十届人大二次会议审议批准的工作安排,深化"强化法律监督,维护公平正义"的检察工作主题,践行"立检为公、执法为民"的检察执法观,认真开展工作。

**一、关于履行各项法定检察职能方面**

履行好法定检察职能,是检察机关的神圣使命。2004年我们按照最高人民检察院关于"以检察业务建设为中心","加大工作力度,提高执法水平和办案质量"的总体要求,在履行检察职能中坚持公正执法、文明执法、廉洁执法,主要做了以下工作:

1. 深化推进反腐败斗争。全省检察机关坚决贯彻中央和省委关于反腐败斗争的总体部署,强化对职务犯罪查处工作的统一指挥和协调,特别是对重点领域、重点部门的职务犯罪案件,实行"提办、参办、督办、异地查办"的办案制度,提高现代科技在办案中的应用水平。全年共立案查办贪污贿赂、渎职等职务犯罪案件3035人,立案起诉率、立案有罪判决率分别比上年提高7.5%、17.4%。

2. 认真查办国家机关工作人员利用职权侵犯人权犯罪。2004年全国人大通过《宪法修正案》后,省检察院根据宪法关于"尊重和保障人权"的要求,在全省检察机关部署开展了"查办国家机关工作人员利用职权侵犯人权犯罪案件专项活动",重点查处司法、行政执法和行政管理领域中职务侵权犯罪案件。2004年5月,最高人民检察院在全国部署了这一专项活动。全年共立案查处职务侵权案件130件256人。如查处的霸州市康仙庄派出所原民警刘志庚、苑景武等5人刑讯逼供致人死亡并"埋尸灭迹"案等,都是十分典型的案件。

3. 切实加强批捕、起诉工作。继续贯彻严打方针,在省委政法委部署的"严打整治百日会战"专项活动中,与公安、法院、司法等部门形成整体打击合力,依法严惩严重刑事犯罪。全年共批准逮捕各类刑事犯罪嫌疑人33727人,提起公诉34879人,在审查批捕、审查起诉中,追捕追诉漏犯916人。进一步搞好社会治安综合治理工作,努力维护社会稳定。

4. 加强各个诉讼环节的法律监督工作。刑事立案监督工作,对该立案而未立案的,监督公安机关立案1635件,对不应当立案而立案的,监督纠正122件;刑事审判监督工作,对认为确有错误的刑事判决、裁定提出抗诉188件;民事行政检察工作,对认为确有错误的民事行政判决、裁定提出抗诉978件;刑事申诉检察工作,立案复查刑事申诉案件136件;刑罚执行监督工作,共监督纠正不符合减刑条件或法律文书不完备的123件。针对超期羁押问题比较严重的情况,开展了专项清理活动,共纠正超期羁押1125人,全省已基本实现无超期羁押。

5. 努力做好职务犯罪预防工作。在大力查办职务犯罪案件的同时,认真贯彻中央"标本兼治、综合治理、惩防并举、注重预防"的方针,深入研究职务犯罪的发案规律与原因,向各级党委、政府及有关部门提出检察建议、调研报告等2178份,其中被采纳或批转1295份;对全省96个投资一千万元以上的重大建设项目开展专项预防,收到了良好效果;广泛开展反腐倡廉教育,组织警示教育118场、参加人员32074人次;与金融、工商行政管理、质量技术监督等部门联合开展系统预防,有效地促进了行业管理,为推动我省建立教育、制度、监督并重的惩防体系发挥了应有作用。

**二、关于检察改革和工作创新方面**

深化检察改革,推动工作创新,是检察事业与时俱进的强大动力。2004 年我们围绕职能创新,主要抓了以下工作:

1. 全面开展人民监督员制度试点工作。根据形势需要,最高人民检察院推出了人民监督员制度的改革举措。我省作为全国首批十个省级试点院之一,抓紧工作,先试点,后经批准在全省推开。目前,共聘请人民监督员 1551 名。人民监督员共对 120 件检察机关直接受理的案件进行了监督评议,其中,犯罪嫌疑人不服逮捕决定的 4 件,拟撤销案件的 45 件,拟不起诉的 71 件。经评议,不同意检察机关原拟定意见的 1 件,人民监督员的意见经检察委员会讨论后被采纳。此项制度的实行,强化了外部监督,使检察人员的执法观念、执法作风有了明显进步。

2. 推进民事行政审判"再审检察建议"改革。在省十届人大二次会议上,我们汇报了石家庄、廊坊等市检察机关针对民事行政审判监督中抗诉程序复杂,周期过长,诉讼成本高等问题,探索利用检察建议启动同级法院再审程序的做法。2004 年,我们在全省推行,共向法院提出再审检察建议 478 件,法院已采纳 380 件。这一创新做法增强了民事行政审判监督的质量和效果。

3. 推行"阳光公诉"制度。即把检察院受理的公诉案件,从涉案嫌疑人、涉案事由、诉讼阶段、主办检察官姓名等,通过大屏幕定期滚动公布,增强透明度,接受群众监督。这一制度对促进公正执法起到了积极作用。

4. 深化自侦工作改革。积极探索建立纵向指挥有力、横向协作紧密的侦查一体化机制。最高人民检察院于 2004 年 11 月在石家庄召开了全国部分省(区、市)检察机关侦查一体化机制建设现场会。

**三、关于服务大局,努力为优化河北发展环境办实事方面**

通过履行检察职能服务大局,是检察工作的一项重要价值追求。2004 年我们以开展"我为优化河北发展环境办实事"活动为载体,主要做了以下工作:

1. 严厉打击破坏市场经济秩序犯罪。围绕维护正常的市场经济秩序,一方面加大力度严肃查处滥用职权,破坏市场化配置资源的职务犯罪;查处玩忽职守,不认真履行市场监管职责的职务犯罪;查处枉法裁判,侵害市场主体合法权益的职务犯罪。另一方面,加大对侵犯市场主体合法权益案件应立案未立案的监督。上述两方面共办理案件 497 件。

2. 积极做好为企业提供法律服务工作。为了解企业对法律服务的需求,2004 年仅走访民营企业 3715 家,为民营企业办实事 1092 件,挽回直接经济损失 5515 万元。另外,在国有企业改制中,围绕提供法律服务也做了大量工作。

3. 开展"保护财政周转金"专项活动。财政周转金是特殊形式的国有资产。针对前些年发放的此项资金流失严重的问题,2004 年选择了 33 个检察院开展"保护财政周转金"专项活动试点。通过回收现金、"债转股"、签订续展协议等方式,防止国有资产流失 83717.5 万元。

4. 搞好涉检上访工作。推行"人民群众来访代办制"、"检察官法律服务进社区、进集镇"、"创建百姓满意之家"等做法,处理好涉检上访问题。2004 年,全省检察机关共受理各类群众来信来访 15115 件。我省赴最高人民检察院上访人数由前几年一直位列前三位,在 2004 年有 11 个月降为全国 20 位以后,一批上访老户息诉罢访。

5. 积极开展青少年维权工作。全省检察机关充分发挥"青少年维权岗"的作用,加强对校园及周边治安环境的治理整顿,加强预防青少年犯罪工作,收到了良好的社会效果。在第四届全国优秀"青少年维权岗"表彰中,省检察院助理检察员杨丽芳被评为全国优秀"青少年维权岗"创建活动先进个人,沧县、清苑和霸州市检察院被授予全国优秀"青少年维权岗"。

**四、关于抓队伍建设和基层检察院建设方面**

基层检察院的院数、人数、办案数、队伍发生问题数都占全省检察系统的 80% 以上,为此,2004 年省检察院大力加强基层检察院建设。工作中我们以深化最高人民检察院部署的"强化法律监督,维护公平正义"教育活动为载体,坚持以人为本,把重点放在领导班子建设、队伍建设和管理规范化建设上。

1. 加强各级检察院领导班子建设。坚持把政治思想建设放在首位,深入学习"三个代表"重要思想、党内监督条例和党员纪律处分条例,大力弘扬

"树正气、讲团结、求发展"主旋律,努力形成"干事、创业、为民"的浓厚氛围。加强制度建设,制定了《关于对全省检察机关各级领导干部实行廉政谈话制度的规定》、《关于对检察人员执法活动加强监督的暂行规定》,加强对行使检察权的监督。总体上看,各级检察院领导班子的思想建设、组织建设和作风建设进一步加强,领导能力和领导水平有新的提高。

2. 着力解决检察队伍中存在的突出问题。2004年年初,省检察院原助理检察员高艳涉嫌严重犯罪被查处,我们以此为反面教材深入开展警示教育。针对社会关注、群众反映强烈的突出问题,开展了不起诉案件复查、扣押冻结款物检查及纠正违法插手经济纠纷三项专项清理工作。共排查2003年办理的不起诉案件728件;对办案中扣押、冻结款物6734万元,逐案审查,对其中扣押、冻结不当的已分别依法上缴、移送、解除或返还当事人。

3. 对基层检察院实行分类管理。制定了《河北省县(市、区)级人民检察院分类管理实施办法(试行)》,将全省174个基层检察院分四个类别进行管理。按规定标准审核后,确定一类院49个,二类院44个,三类院45个,四类院36个。并确定了"一类院要提高水平,增加比例;二、三类院要改进工作,进档升级;四类院要奋发图强,改变面貌"的建设目标。从年终考核情况看,分类管理激发了基层检察院的内在动力,都在原来基础上有了新的进步。2004年,全省检察系统涌现出一批先进典型,有荣获"中国十大杰出检察官"称号的贾春梅等186名个人和59个集体受到表彰。

4. 切实加强教育培训工作。按照2004年检察人员培训计划,积极开展正规化教育培训,全年共举办专项业务培训班287期,岗位技能培训班209期。省检察院利用视频网络在全省检察系统举办12次专题讲座,邀请了省委常委、省政府常务副省长郭庚茂,香港律政司首席副检察官沈仲平,北京大学、河北政法学院教授等领导和专家授课。实行系统内上下互派干部挂职锻炼制度,全省检察系统共选派干部185人进行挂职锻炼,初步形成了学习培训、岗位提高、交流任职的教育培训体系。

5. 深入开展"创建学习型检察院"活动。以文化环境建设为切入点,在省检察院机关开展征集名言警句活动,在机关办公楼和院落内悬挂了150余块内容深刻、图面美观的"名言警句牌",营造机关文化氛围,对检察人员起到了潜移默化的教育作用。创办了"检察理论与实践研究小组"、"冀检论坛"等学习型载体,积极引导创建活动向检察业务、检察管理和检察人员生活领域延伸。

6. 加强管理信息化建设。全省检察机关已建成局域网160个,局域网终端机3627个;有46个基层检察院完成三级网建设,有近百个基层检察院正在施工中。办公办案管理软件开发工作取得突破性进展,秦皇岛市检察院研制开发的检察办公办案软件已通过信息产业部组织的专家鉴定。加强现代化办案场所建设,建成了135个具有安全防范功能、数字化证据采集固定功能和前沿指挥功能的"警务区"。2004年6月,最高人民检察院在衡水召开了全国现场会进行推广。

7. 大力推进"两房"建设。按照最高人民检察院"两房"建设标准,2003年我省检察机关办案用房、技术用房达标的只有54个检察院,达标率仅占29%,建设任务达25.4万平方米。2004年,在各级党委、政府及有关部门的大力支持下,有60个检察院启动"两房"建设,有12个检察院全部完工,建筑面积22562平方米,超额完成了2004年规划目标。

接受人大监督,是检察机关必须遵循的宪法原则。一年来,全省检察机关认真向人大及其常委会报告检察工作,坚决执行人大及其常委会的决议,加强与人大代表的联系,邀请代表视察,配合省人大常委会组织代表对庭审活动进行评议,认真听取代表的意见和建议,对1588件代表建议,全部在法定时限内办结并答复代表。全省检察机关共向人大代表、政协委员寄送材料1万余份,走访8万余人次。

回顾过去的一年,我们在如何实现检察工作与时俱进方面有了更深切的体会:搞好检察工作,必须高举邓小平理论和"三个代表"重要思想伟大旗帜,进一步统一执法思想,转变执法理念,始终坚持立检为公、执法为民,牢固确立"三个代表"重要思想在检察工作中的指导地位;必须始终坚持党委领导,主动接受人大监督,进一步增强党的观念,不断强化接受人大监督的意识,保证法律监督职能正确履行;必须紧紧围绕"强化法律监督,维护公平正义"的检察工作主题,不断深化对检察职能的认识,坚持科学发展观,保持办案工作"力度、质量、水平、安全"协调并进;必须认真研究社会对检察工作的需求,找准检察工作在大局中的位置,自觉服从和服务于发展这个党执政兴国的第一要务；必须不断深化改革，按检察工作规律勇于创新，推动检察工作不断发展；必须把队伍建设和基层检察院建设放到重要位置，以提高素质为核心，有计划、有目标、有载体地常抓不懈，努力造就一支政治坚定、业务精通、作风优良、执法公正的高素质检察队伍。

我们也清醒地认识到，检察工作中还存在许多缺点和不足，既有不愿监督、不敢监督、不善于监督，履行职责不到位的问题，也有超越职权、滥用职权，甚至执法犯法的问题。对工作中的种种问题分析后我们认识到，归根结底是人的因素。一是人才短缺，有的基层检察院出现检察官断层问题；二是现有人员素质偏低，不能适应现代法制的要求；三是监督乏力，监督的有效性差；四是管理理念、制度、方式、手段落后等。另外，技术手段落后、经费保障不足、办案条件困难等问题，也对履行好检察职能有一定的影响。这些问题需要我们在今后的工作中努力解决。

2005年是全党认真落实十六届四中全会《决定》，大力推进执政能力建设的一年，检察机关的法律监督能力是党的执政能力的一项重要内容。2005年我们将围绕“一个任务”，加强“三项建设”，即围绕“提高法律监督能力”这个任务，加强“业务、队伍、保障”三项建设，努力践行“立检为公、执法为民”的执法观，为建设“和谐河北”做出积极贡献。

在新的一年里，我们将紧紧围绕“强化法律监督，维护公平正义”的检察工作主题，加强法律监督能力建设。着力提高“五种能力”，即：履行检察职能，打击预防刑事犯罪，维护社会稳定的能力；依法打击和预防职务犯罪，促进廉政建设的能力；正确处理群众诉求，化解矛盾纠纷，促进社会和谐的能力；敢于监督、善于监督、规范监督，促进严格执法和公正司法的能力；强化自身监督和制约，严格、公正、文明执法的能力，深入推进各项检察工作。

在新的一年里，我们将以改革为动力，进一步推动检察工作创新发展。积极推进以人民监督员制度为重点的各项检察改革，完善法律监督体制和机制，整合检察资源，形成更强的系统集合力，增强监督效能，保持我省检察工作的勃勃生机。

在新的一年里，我们将以领导班子建设为重点，进一步提高检察队伍整体素质。认真落实《2004年～2008年全国检察人才队伍建设规划》，着力培养专业人才和业务骨干，开展检察业务岗位技能竞赛等活动，努力打造一支专业化、现代型的检察队伍。

在新的一年里，我们将进一步推动基层检察院建设，使每个检察院都有新进步、新变化。进一步深化分类管理机制，开展争创先进检察院活动，加大后进检察院帮促力度，努力提升基层检察院的规范化建设水平。

在新的一年里，全省检察机关将在省委和最高人民检察院的领导下，在人大及其常委会的监督下，认真贯彻落实本次人大会议精神，与时俱进，奋发有为，求真务实，全力履行好各项检察职能。恳请各位人大代表、政协委员及社会各界进一步加强对检察人员行使检察权的监督。

# 山西省人民检察院工作报告(摘要)

——2005年1月24日在山西省第十届人民代表大会第三次会议上

山西省人民检察院检察长 陈大豪

(2005年1月27日山西省第十届人民代表大会第三次会议通过)

2004年，全省检察机关以邓小平理论和“三个代表”重要思想为指导，坚持科学发展观，认真贯彻党的十六大，十六届三中全会、四中全会和省委八届六次全会、省人大十届二次会议精神，紧紧围绕我省改革发展稳定大局，全面履行宪法和法律赋予的职责，各项工作都取得了新的进展。

**一、严厉打击严重刑事犯罪，努力营造和谐稳定的社会环境**

全省检察机关与公安、法院等机关密切配合，加快办案节奏，依法快捕快诉，对重大案件适时介入，引导侦查，进一步加大了对各类严重刑事犯罪的打击力度。全年共受理提请审查逮捕各类案件11043件17697人，经审查，批准和决定逮捕10238件16291人，同比分别上升11.2%和10.7%；共受理移送审查起诉各类案件14454件22052人，提起公诉11848件17609人，同比分别上升20.2%和14.7%。起诉案件有罪判决率达到99.8%。

严厉打击侵犯公民人身、财产权利犯罪。全省检察机关重点打击严重影响群众安全感的黑恶势力犯罪，杀人、放火、爆炸、抢劫等暴力犯罪和盗窃、抢夺等多发性犯罪，全年共批捕各类侵犯公民人身、财产权利犯罪案件8262件12842人，占批捕总人数的78.8%；提起公诉9256件13371人，占提起公诉总人数的78.1%。共批准逮捕各类安全生产事故犯罪886件942人，提起公诉1067件1136人。

依法打击破坏市场经济秩序犯罪。全年共批准逮捕各类破坏社会主义市场经济秩序犯罪案件263件438人，同比分别上升20.6%和39%，提起公诉238件382人，同比分别上升7.21%和1.87%。其中，扰乱市场秩序犯罪104件152人，破坏金融管理秩序犯罪40件90人，金融诈骗犯罪47件80人，危害税收征管犯罪38件54人，生产、销售伪劣商品犯罪和侵犯知识产权犯罪24件45人。

集中力量办理涉检上访案件。全省检察机关坚持以事实为依据，以法律为准绳，对属于检察机关管辖的140件上访案件，由领导包案，确定专人限期办理，已办结138件。全年共受理刑事申诉案件157件，已审查处理124件，审结率为79%；在受理民事行政申诉案件中，除依法提出抗诉的案件外，依法息诉401件，支持弱势群体起诉87件。

**二、加大查办和预防职务犯罪力度，推进反腐败斗争和党风廉政建设**

全省检察机关继续按照查办职务犯罪“稳定数量，提高质量，突出查办大要案”的总体要求，坚持办案数量与质量并重、实体与程序并重、加大办案力度与依法文明办案并重、查处与预防并重、法律效果与社会效果并重的原则，查办职务犯罪工作取得了新进展。全年共立案侦查职务犯罪案件1150件1334人，其中贪污、贿赂、挪用公款等犯罪案件809件923人，渎职侵权犯罪案件341件411人。

突出查办大案要案。2004年，共查办贪污贿赂、挪用公款大案420件，其中百万元以上特大案件31件43人；立案侦查县处级以上要案82人。大要案数占到了立案侦查案件总数的54.3%。

努力提高办案质量。全省检察机关始终坚持“一要坚决，二要慎重，务必搞准”的原则，对看准了的案件，坚决查办到底，并严把事实关、证据关和程序关，确保案件能够立得住、诉得出、判得了；对一时看不准的案件，持慎重态度，不拔高、不凑数。查办职务犯罪案件质量逐年提高，2004年的有罪判决率分别比2003年、2002年、2001年提高了7.4、25.4、33个百分点。

严肃查处国家机关工作人员侵犯公民合法权益犯罪案件。全年共立案侦查党政机关、司法机关、行政执法机关工作人员滥用职权、玩忽职守、徇私枉法、非法拘禁、刑讯逼供等侵犯公民合法权益的犯罪案件261件300人。

立足检察职能，积极开展职务犯罪预防工作。一年来，针对发案单位存在的突出问题，选择典型案例开展个案预防302次，及时提出预防性检察建议504份，与971个单位建立了预防职务犯罪工作的联系机制，参与工程建设领域的专项预防110项，组织重点、热点部门工作人员参加的警示教育活动58场次，开展法制教育活动290场次，直接受教育人数达9万余人。

**三、全面强化诉讼监督，努力维护司法公正**

加强对侦查活动的监督。2004年，全省检察机关对侦查机关应当立案而不立案的1467件案件，要求说明不立案理由，侦查机关主动立案849件913人，执行检察机关通知立案306件346人；对侦查活动中的违法行为提出书面纠正意见和检察建议1072件，侦查机关已经纠正815件；对应当逮捕而未提请逮捕的，依法纠正漏捕146人，对应当起诉而未移送起诉的，依法决定追诉38人。

加强对行政执法机关移送涉嫌犯罪案件的监督。2004年，全省检察机关共查询行政执法机关办理的案件10676件，建议行政执法机关移送涉嫌犯罪案件79件85人；行政执法机关主动向司法机关移送案件61件123人；检察机关立案查处涉嫌徇私舞弊不移送刑事案件犯罪8件10人。

加强对审判活动的监督。全省检察机关共对刑事审判活动中存在违法问题的118案发出纠正违法通知和检察建议；对认为确有错误的刑事判决、裁定，提出抗诉150件，已审结案件中抗诉成功率为84.6%，同比上升32.5个百分点；对认为确有错误的民事行政诉讼案件生效判决、裁定，提出抗诉257件，法院已再审119件，再审后改判69件，撤销原判发回重审7件，调解处理14件，改变率为77%，有24名审判人员因涉嫌职务犯罪被检察机关立案查办。

加强对刑罚执行活动的监督。全省检察机关对2002年以来监管机关对在押犯减刑、假释、保外就医活动进行了集中检查。共查出违法减刑、假释、保外就医244人。立案查处监管干警职务犯罪案件38件40人，其中，违法减刑、假释、保外就医背后的职务犯罪案件11件13人。继续清理纠正超期羁押，全年共纠正超期羁押454人，检察机关实现了年底无超期羁押的工作目标。

加强对检察机关自身执法办案活动的监督。重点对2001年以来自侦案件扣押款物进行了集中清理。共清理扣押款物7208万元，依法退还当事人及发案单位2157万元，上缴财政4107万元，随案移送841万元，其余103万元正在处理之中。对检察机关自身错捕、错诉的案件，坚决依法纠正。对2003年做出不起诉决定的760案952人进行了专项复查，对其中处理不当的18件20人进行了纠正；共受理刑事赔偿案件57件，依法对其中的14件予以赔偿。

**四、进一步加强检察队伍建设，努力提升干警整体素质**

坚持以从严治长带动从严治检。2004年年底，省、市检察院对全省123个基层检察院检察长进行了民主测评，对不称职票超过30%的，由市检察院检察长对其进行了诫勉谈话，半年之内工作仍无改进的，要商组织部门进行调整。同时，省检察院对基层检察长的任免和交流对象实行了备案制度，建立了市级检察院领导班子成员的廉政档案，坚持上级检察院领导列席下级检察院党组民主生活会。坚持从严治检方针，对10名违规违纪的检察人员进行了严肃处理。

强化素质教育培训，着力提高队伍执法水平。2004年，省检察院培训基层检察长119名，市、县检察院反贪部门、渎职侵权检察部门和公诉部门负责人426名。各级检察机关共组织各类业务培训2100人次，有553人取得了法学本科学历，32人取得研究生学历，14人取得法学硕士学位，检察队伍的学历层次和专业结构得到了进一步改善。

深入开展争先创优活动，继续推进精神文明建设。2004年，全省检察机关共有14个先进集体和7名先进个人受到国家有关部委表彰；共有29个先进集体和6名先进个人受到省政府和有关部门表彰。通过开展争先创优活动，进一步推动了检察机关的精神文明建设。目前，全省135个检察院中，精神文明单位达到126个，占到了93.3%。

全面推进基层检察院建设，不断夯实检察工作基础。省检察院制定下发了《关于进一步加强基层检察院建设的决定》，推动了基层检察院的班子建设、队伍建设和业务建设。坚持凡进必考原则，严把队伍“入口”关，有效地防止了违规进人的现象。加强对基层“五好”检察院的动态管理，对发生违法违纪问题的三个基层检察院撤销了“五好”命名。实行联系基层检察院工作制度，省检察院党组成员、各处处长、各市检察院党组成员每人负责联系一个基层检察院，对全省123个基层检察院实行面对面的指导。

**五、狠抓后勤保障工作，确保检察工作的顺利开展**

继续抓好“两房”建设。全省检察机关积极争取各界支持，努力克服困难，加大办案用房和专业技术用房建设力度，执法办案条件进一步改善。截至2004年年底，已完成“两房”建设项目4个，有44个“两房”项目正在建设之中，已建和在建项目占到全省135个检察院的67.4%。

积极推进检察信息化建设。全省检察机关继续实施“科技强检”战略，按照省政法综合信息网建设的规划要求，加快网络通信机房等基础设施建设；有5个市级检察院和34个县级检察院建成了计算机局域网。省检察院在全国检察系统首家开通了三级加密传真网，密码机房首家全部达一级标准，首家开通了二级机要通道，实现了文件拨号上网传输。保密工作受到中央保密委和国家保密局表彰。监所检察实现了网络动态监督。

努力做好经费保障和装备改善工作。2004年，省检察院新建了视频会议室、侦查讯问室和监控室。在做好自身经费保障工作的同时，积极向中央和省里争取财政专项资金，努力帮助基层检察院排忧解难。

**六、自觉接受人大监督，不断加强和改进检察工作**

自觉接受人大及其常委会的监督。省检察院坚持向省人大及其常委会负责，认真执行省人大及其常委会的决议、决定，重要问题主动报告，认真听取意见，不断改进工作。加强与人大代表的联系，全年共向省人大代表寄送《山西检察要况》10期，让代表及时了解全省检察工作的主要情况。全年各级检察机关共向各级人大常委会报告工作360多次，征求省人大代表意见500多人次。省检察院对省人大常委会和人大代表转交办的49件案件已全部办结回复。

开展人民监督员制度试点工作，加强对检察机关直接侦查案件的外部监督。根据最高人民检察院安排部署，经省委批准，全省检察机关从2004年10月1日起，全面开展了人民监督员制度试点工作。经有关机关、团体、企事业单位和基层组织民主推荐，全省三级检察院共选任了863名人民监督员，其中人大代表321名，政协委员203名。从2004年10月至年底，全省检察机关共有48起案件进入人民监督员的监督程序，其中，有45起案件人民监督员同意检察机关承办部门的拟定意见；对人民监督员不同意检察机关承办部门拟定意见的3起案件，经过检察委员会研究，有2起案件决定采纳人民监督员的意见。

2005年，全省检察工作的总体思路是：以邓小平理论和“三个代表”重要思想为指导，深入贯彻党的十六大、十六届四中全会和全国检察长会议、全省政法工作会议精神，牢固树立科学发展观和正确执法观，紧紧围绕我省改革发展稳定大局，继续坚持“强化法律监督，维护公平正义”的工作主题和“进一步加大工作力度，提高执法水平和办案质量”的工作要求，全面履行法律监督职能，加强执法规范化、队伍专业化和管理科学化建设，深化检察改革，加强检务保障，努力提高法律监督能力，推动各项检察工作创新发展，为构建社会主义和谐稳定社会、实现社会公平与正义做出新的贡献。按照这一思路，2005年要着重抓好以下六方面的工作：一是认真贯彻党的十六届四中全会精神，大力加强法律监督能力建设，为实现社会公平和正义提供法律保障。二是充分发挥检察职能，努力营造和谐稳定的社会环境，为营造“平安三晋”尽职尽责。三是进一步加大查办和预防职务犯罪工作力度，积极推进反腐败斗争和党风廉政建设。四是强化诉讼监督，维护司法公正和司法权威。五是以保持共产党员先进性教育为契机，全面提高检察队伍素质。六是加强基层基础建设，为强化法律监督奠定坚实基础。

2005年，是我省深入贯彻党的十六届四中全会精神，进一步推进经济结构调整，加快新型能源和工业基地建设的重要一年，全省检察机关要在省委和最高人民检察院的领导下，在人大监督，政府、政协和社会各界的支持下，认真贯彻本次会议精神，振奋精神、开拓进取、求真务实，扎扎实实做好各项检察工作，为我省全面建设小康社会做出新的更大的贡献！

# 内蒙古自治区人民检察院工作报告(摘要)

——2005年1月11日在内蒙古自治区第十届人民代表大会第三次会议上

**内蒙古自治区人民检察院检察长　邢宝玉**

(2005年1月14日内蒙古自治区第十届人民代表大会第三次会议通过)

**一、2004年检察工作的主要情况**

2004年，全区各级检察机关以邓小平理论、“三个代表”重要思想为指导，认真贯彻党的十六大和十六届三中、四中全会以及区党委七届六次、八次全委会议精神，按照自治区十届人大二次会议的要求，牢固树立科学发展观，紧紧围绕全区改革发展稳定的大局，自觉实践“强化法律监督，维护公平正义”的检察工作主题，全面落实“一个加大、两个提高”(即加大工作力度，提高执法水平和办案质量)的总体要求，积极履行法律监督职责，努力创造和谐稳定的社会环境和公正高效的法制环境，为保障和促进我区经济社会全面发展，做出了应有的贡献。

(一)全面落实“一个加大、两个提高”的总要求，各项检察业务工作全面发展

一是依法严惩刑事犯罪，维护社会稳定的工作力度加大。认真落实自治区党委关于构筑祖国北疆国家安全和社会稳定屏障的要求，始终把维护社会稳定作为首要政治任务，认真履行批准逮捕和提起公诉职责，与公安、法院等有关方面密切配合，依法打击“法轮功”等邪教组织犯罪，严厉打击爆炸、杀人、抢劫、绑架等严重暴力犯罪，盗窃、抢夺等影响人民群众安全感的多发性犯罪，严惩生产销售假冒伪劣商品、金融诈骗等破坏社会主义市场经济秩序的犯罪，保持了对各种刑事犯罪的高压态势。全年共受理公安机关提请逮捕的各类犯罪嫌疑人13504人，经审查，批准逮捕12412人，同比分别上升13.4%和13.8%；受理移送审查起诉17709人，经审查，提起公诉14099人，同比分别上升8.3%和9.3%。认真落实检察环节的社会治安综合治理措施，积极参与矛盾纠纷排查调处工作，积极开展创建优秀“青少年维权岗”活动，为保持社会稳定做出了积极努力。

二是查办和预防职务犯罪工作力度加大。全区各级检察机关把查办职务犯罪作为拉动各项业务工作的“火车头”，集中精力突出查办大案要案，依法妥善处理小案，努力保持办案规模，适时组织开展办案专项行动，集中整治群众反映强烈的突出问题；积极探索侦查一体化办案模式，不断提高发现和突破案件的能力。全年共初查1542件，立案侦查660件774人，其中贪污贿赂案件499件571人，渎职侵权案件161件203人。与上年相比，查办职务犯罪案件呈现出三个上升：即五万元以上贪污贿赂、十万元以上挪用公款大案，渎职侵权重特大案件和县处级以上干部犯罪要案上升，共查办236件，同比上升38%；占立案总数的35.8%，同比上升11.2个百分点。查办行政执法人员犯罪案件上升，共查办144人，同比上升34.6%。通过办案为国家挽回的直接经济损失上升，共挽回4549.17万元，同比上升31.4%。各级检察机关立足法律监督职能，加大预防职务犯罪工作的力度，通过查办贪污贿赂渎职侵权罪案，发现、总结发案特点和规律，研究提出防范对策，推动建立健全防范体系。在208个重点建设工程开展了专项预防，在275个发案单位开展了个案预防，提出检察建议337件，组织大型宣传活动224次，举办法制讲座405次。

三是加强诉讼监督，维护司法公正的工作力度加大。坚持打击犯罪与保障人权并重，既注意收集和审查有罪、罪重的证据，又注意收集和审查无罪、罪轻的证据；既防止打击不力，又防止冤及无辜。严肃实施侦查监督，介入侦查、引导取证工作进一步加强，全年对应当立案而不立案的，要求公安机关说明不立案理由431件，公安机关直接立案和接通知立案350件，同比分别上升1.4和16.3%；对不应当立案而立案的，监督公安机关撤销案件27件。参与公安机关现场勘查308件、重大案件讨论753件，对侦查活动中的违法情况提出书面纠正意见35件次；对应当逮捕而未提请逮捕，应当起诉而未移送起诉的，追捕93人，追诉66人；对不符合法定逮捕、起诉条件的，决定不批准逮捕1055人，不起诉967人。依法实施审判监督，对确有错误的判决裁定，依法提出抗诉103件，法院审结的76件中已改判23件；对审判活动中的违法情况提出书面纠正意见11次。

为了加大诉讼监督力度，根据最高人民检察院的部署，针对人民群众反映强烈的执法不严、司法不公等问题，适时开展了四个专项行动，取得了较为明显的成效：

——认真开展打击制假售假、侵犯知识产权犯罪专项立案监督工作。以防止和纠正以罚代刑问题为重点，主动加强与行政执法机关的联系配合，共向行政机关查阅案件4308件，建议移交涉嫌犯罪案件34件49人，监督公安机关立案14件21人。

——认真开展减刑假释保外就医专项检查工作，共检查减刑罪犯16253人、假释罪犯179人、保外就医罪犯382人，从中发现违反法定条件和程序以及法律文书不完备的444人，提出口头或书面纠正意见167人，已纠正106人，并查办了2起徇私舞弊减刑案件。清理纠正超期羁押的成果得到巩固，全年检察环节保持了无超期羁押，6个盟市实现了

各个办案环节无超期羁押。与公安机关联合开展了“双加强、双保障”示范单位创建活动,对促进监管机关依法文明管理和维护在押人员合法权益起到了良好作用。

——认真开展严肃查办国家机关工作人员利用职权侵犯人权犯罪专项活动。全面清理排查线索,集中力量查办案件。5月份以来,共初查渎职造成人民生命财产重大损失的案件,非法拘禁、非法搜查案件,刑讯逼供、暴力取证案件,破坏选举侵犯公民民主权利案件,虐待被监管人案件五类重点案件83件,立案侦查46件62人,其中重特大案件10件17人,要案3件3人。

——认真开展集中处理涉法上访问题专项工作,在办案上下功夫,在息诉上求实效。先后摸排出进京到呼涉法上访案件210件,其中属于检察机关管辖的106件,已办结98件。这一专项工作,促进了刑事申诉案件公开审查制度、检察长接待日制度和首办责任制的健全和完善。先后有2796位(次)检察长接待3194人,批办案件831件。共受理首次申诉2544件,审查处理2559件,立案复查96件,办结107件,改变原决定19件。

在民事审判和行政诉讼监督中,重点监督纠正严重侵害社会公益的案件,因贪赃枉法、徇私舞弊导致裁判不公的案件,侵害农民工、下岗职工利益的案件。对认为确有错误的民事、行政判决裁定提出抗诉268件,法院已再审审结152件,其中改判、调解结案和撤销原判发回重审101件。积极探索运用检察建议加强对同级法院生效判决的监督,向法院提出再审检察建议61件,法院已采纳14件。对不服正确裁判的1427件申诉,下力做好息诉服判工作,维护司法权威。

四是执法水平和办案质量有了新的提高。全区各级检察机关正确认识和处理加大工作力度与提高执法水平和办案质量的关系,全面抓力度,重点抓质量,积极推进执法规范化建设。在查办职务犯罪工作中,强化了案件线索管理;推行了办案工作流程管理;建立了以质量为核心的办案工作考核评价体系、内部监督制约机制、办案质量预警机制,加强了对侦结率、撤案率、不诉率和无罪判决率的监控;全面落实安全办案、文明办案、严格依法办案的保障措施,认真实行执法过错追究制。自治区检察院评选表彰了10个办案优胜单位和10件优质案件,激励各地多办案、办大案、办铁案。2004年,查办贪污贿赂罪案的侦结率和起诉率分别达到74.7%和71.7%,同比分别上升6.1和10.5个百分点;撤案率和无罪判决率分别降到2.3%和1.5%,同比分别下降0.5和0.6个百分点。查办渎职侵权罪案的侦结率和起诉率分别达到67.7%和63.0%,同比分别上升6.9和27.5个百分点;撤案率降到3.6%,同比下降6个百分点;有罪判决率继续保持100%。审查批捕、审查起诉质量进一步提高,捕后不起诉的和判无罪的明显下降。民事行政抗诉案件改判、调解结案和撤销原判发回重审的上升27个百分点。全年未发现超期办案、违法办案和办案安全事故。

(二)继续深化“强化法律监督,维护公平正义”教育活动,检察队伍建设得到加强

全区各级检察机关按照自治区检察院提出的在强化理论武装、统一执法思想上深化,在解决队伍建设与业务工作相关联的突出问题上深化,在积极争创先进检察院、加强基层建设上深化,在推进业务工作上深化的要求,继续深化“强化法律监督,维护公平正义”主题教育活动,并与“执政为民、加快发展”、“公正执法树形象”教育活动和向牛玉儒同志学习活动有机结合起来,把理论武装贯穿教育活动的始终,组织干警深入学习“三个代表”重要思想和科学发展观、修订后的宪法、党内监督条例和党员纪律处分条例,开展各种形式的大讨论,运用正反两个方面的典型进行激励、鼓舞和警示教育。使广大干警进一步增强了践行“三个代表”重要思想、落实科学发展观的自觉性,增强了“立检为公、执法为民”的宗旨意识,确立了与依法治国、社会主义市场经济和科学发展观相适应的执法观念。

结合教育活动,针对群众反映强烈的突出问题,组织开展了不起诉案件专项复查、扣押冻结款物专项检查、集中纠正违法插手经济纠纷三项清理工作。对全区2003年作出的1070件1325人不起诉案件进行了全面复查,依法纠正处理不当的案件20件21人;对检察机关2001年以来直接受理的案件中撤案、不起诉、无罪判决案件扣押、冻结款物进行了全面清理,清理出的145.3万元已全部上交或者返还。

采取措施狠抓检察队伍的教育、管理和监督,积极构建严以自律不想为、严肃查处不敢为、严格管理不能为的检察廉政建设体系。认真贯彻执行最高人民检察院对各级检察院领导干部特别是一

把手提出的“六个严禁”。各地先后建立了上级检察院派员参加下级检察院党组民主生活会、领导干部廉政档案、任前廉政谈话、诫勉谈话及述职述廉等制度。对6名违法违纪的干警进行了严肃查处，其中2人受到刑事处罚。

通过不断深化主题教育活动，使检察队伍建设与业务工作紧密结合，促进检察工作主题和总体要求的落实，解决了检察工作中影响公正执法的问题，带动了各项检察业务工作的发展，涌现了一批先进集体和个人。年内全区共有418个集体和226名个人受到表彰。其中，受到最高人民检察院和自治区检察院表彰的有139名干警和85个集体，受到盟市以上党政机关表彰的有279名干警和141个集体。

（三）全面试行人民监督员制度，检察改革不断深入

最高人民检察院为加强对检察机关查办职务犯罪案件工作的外部监督，决定对检察机关直接受理侦查的案件试行人民监督员制度。我区作为首批10个试点省、自治区、直辖市之一，于2003年8月在32个检察院先行试点，2004年8月扩大到全区三级检察院。到目前，全区共选任人民监督员801人，其中，少数民族230人，人大代表和政协委员409人。

经过一年多的试点，人民监督员制度的作用逐步显现出来。一是成功地监督了一批案件，维护了司法公正。共监督案件110件127人。经人民监督员表决，对办案部门原拟定意见，同意的98件111人，不同意的12件16人。对人民监督员提出的不同意见，经检察长同意或检委会决定，采纳了8件11人。有3件拟不起诉的案件按照人民监督员意见起诉，其中2件已作了有罪判决。二是促进了干警执法观念和执法方式的转变，推进了严格、公正、文明执法。三是推动了查办职务犯罪案件工作，保障了检察权的正确行使。四是排除了办案中的一些干扰和阻力，改善了执法环境。五是密切了检察机关同人民群众的联系，增进了人民群众对检察机关和检察工作的了解、理解和支持。

其他各项检察改革也有新的进展。主诉主办检察官办案责任制、保障律师在检察环节依法履行职责的工作机制逐步健全完善；对重大刑事案件介入侦查、引导取证，被告人认罪案件简化审理等进一步落实；职务犯罪侦查一体化机制初步形成；检务公开进一步深化，自治区检察院提出的十项便民利民措施逐步落实；不起诉案件和当事人多次上访申诉案件公开审查、未成年人犯罪公诉改革试点等工作逐步推进。

（四）大力加强基层基础工作，素质兴检、基础固检、科技强检三项工程扎实推进

一是以提高法律监督能力为目标，认真实施素质兴检工程。认真贯彻人才强检战略，实施素质兴检工程，努力建设学习型检察院。积极组织开展学历教育，队伍的文化专业结构有所改善。年内又有957名干警取得了法律本科学历，66名干警参加了法律研究生学习。全区检察干警中本科学历的达到45.9%，比上年上升了10个百分点。采取多种方式在实践中培养干部。全年选派193名干警到上级或下级检察院、地方党政机关、公安部门挂职锻炼。切实加强岗位技能培训，全年培训干警2500多人。自治区检察院重点培训了基层检察院检察长和分管侦查工作的副检察长以及盟市旗县两级反贪局长、渎检处（科）长。广泛开展岗位练兵活动，在三级检察机关全面开展的侦查监督、公诉、反贪、渎检四项岗位技能竞赛，参赛人数达2400多人，占干警总数的40%。这次活动以赛促学，在全系统形成了学业务、强素质的风气，逐级选拔了一批优秀人才，并为新形势下坚持实用性和先进性，提高检察人员的业务素质，探索出了一条成功的路子。

二是以创建先进检察院为载体，认真实施基础固检工程。自治区检察院高度重视并大力加强对基层检察院建设的组织领导和督促检查，先后召开了基层检察院建设工作会议，制定了《关于加强基层检察院建设的意见》。积极引导各地以领导班子建设为重点，以公正执法为核心，以强化法律监督为目标，以推进执法规范化、队伍专业化、管理科学化为内容，以开展争创先进检察院活动为载体，努力提高基层检察院建设的水平。自治区检察院确定了基层建设联系点14个，示范院21个。年内评选出自治区先进检察院25个。

中央和自治区财政对全区检察机关的扶持力度明显加大，全年补贴基层检察机关装备和办案专款达2330万元，比上年增加37.8%，补助基础建设投资4150万元。各盟市、旗县政府对检察机关的投入也有增长，“两房”建设规划正在落实，全年有41个检察院新建、扩建了办案用房和专业技术

用房。

三是以信息化建设为龙头,认真实施科技强检工程。全区一级专线网升速扩容工作即将完成,二级专线网已开通9个盟市,二级机要通道已开通14个分市地区检察院。1689名干警通过了国家计算机等级考试,干警运用计算机办公办案的能力有了新的提高。

检察技术、法律政策研究、信息调研、统计档案、蒙文蒙语诉讼、检察宣传、后勤保障等工作,也都有新的发展。

自治区检察院在加强对下级检察院领导、协调和督查的同时,不断加强自身办案工作和机关建设。大力弘扬干事业的风气、学本领的风气、守规矩的风气,谋发展的风气,大力推进干部选任工作改革,大力加强干警的学历教育和业务培训,努力实现把自治区检察院建设成为在全区检察机关中执法力度最大、执法水平最高、执法作风最好、执法行为最规范的检察院的目标。在完成肖占武受贿、巨额财产来源不明案起诉之后,2004年又查办了发生在党政机关和重要企业中的贪污贿赂、挪用公款大要案件12件14人,玩忽职守、滥用职权重特大案件2件4人,其中县处级以上干部6人。自治区检察院带头办案,促进了全区检察机关办案力度的加大和办案水平的提高,又在实践中为分市检察院和基层检察院培养了办案骨干。

党的领导和人大监督,是做好检察工作的根本保证。一年来,全区各级检察机关坚决贯彻党的路线方针政策,自觉接受党委领导,主动向人大及其常委会报告工作。2004年自治区人大常委会第十一、十二次会议,先后听取和审议了自治区检察院关于清理超期羁押、关于查办和预防职务犯罪、关于试行人民监督员制度三项报告;常委会领导同志还多次听取检察院的专题汇报、出席检察院的重要会议,常委会有关部门组织部分全国和自治区人大代表视察了检察工作。全年各盟人大工委、市和旗县区人大常委会听取和审议当地检察院的专题工作报告170次,1732位人大代表应邀出席了检察院召开的座谈会、征求意见会或参与问卷调查,对加强和改进检察工作提出了宝贵意见。各级政府、政协、司法机关、人民团体、新闻单位,也从各方面对检察工作给予了大力支持,为做好检察工作创造了良好的环境。

在肯定成绩的同时,也要清醒地认识到工作中还有不少问题。在履行职责方面,有的地方法律监督不够有力,不敢监督、不愿监督、不会监督的问题没有完全解决;有的地方查办职务犯罪工作力度不大,突破案件的能力不强,办案质量和效率不高;少数干警执法思想不够端正,执法行为不规范,个别干警甚至违法违规办案;有的地方执法环境需要改善。队伍的专业化程度和执法水平不高,不少地方人员不足与任务繁重的矛盾突出,少数检察院检察官队伍甚至面临断层危机。在检务保障方面,基层经费不足,装备落后,仍是困扰检察工作的重要因素。对此,我们要高度重视,积极争取有关方面支持,逐步加以解决。

**二、2005年的主要任务**

2005年是贯彻落实科学发展观、巩固宏观调控成果、保持经济社会良好发展态势的关键一年,也是全面实现"十五"计划目标、衔接"十一五"发展的重要一年。在新的一年里,根据全国全区政法工作会议和全国检察长会议的部署,全区各级检察机关要以邓小平理论、"三个代表"重要思想为指导,认真贯彻党的十六大、十六届四中全会和区党委七届八次全委会议、自治区十届人大三次会议精神,牢固树立科学发展观和正确执法观,加强法律监督能力建设,紧密围绕全区改革发展稳定的大局,坚持"强化法律监督,维护公平正义"的检察工作主题和"一个加大、两个提高"的总体要求,全面履行法律监督职责,提高执法规范化、队伍专业化和管理科学化水平,深化检察改革,推动检察工作深入发展,努力为我区经济社会全面发展创造和谐稳定的社会环境和公正高效的法制环境。

(一)紧密围绕全区工作大局,全面履行法律监督职责。积极参与创建安全稳定地区、构筑祖国北疆国家安全和社会稳定屏障的工作,认真履行批捕、起诉职责,充分发挥惩治犯罪、化解矛盾、维护稳定的职能作用。坚持严打方针,始终保持对严重刑事犯罪的高压态势,依法严厉打击暴力恐怖活动和"法轮功"等邪教组织的破坏活动,重点打击严重暴力犯罪,黑恶势力及有组织犯罪,抢劫、抢夺、盗窃等侵财性犯罪。依法惩治各类扰乱和破坏社会主义市场经济秩序的犯罪,重点打击金融诈骗、非法集资、制假售假、侵犯知识产权和走私等犯罪活动。进一步完善行政执法与刑事执法相衔接的工作机制,努力纠正以罚代刑问题。正确运用宽严相济的刑事政策,对未成年人犯罪、初犯、偶犯、过失犯、主观恶性小、犯罪情节轻微的,分别情况从宽处理。积极参加矛盾纠纷排查调处工作,从源头治理入手,努力把涉法上访问题解决在首次办理环节。

认真贯彻党中央、自治区党委和最高人民检察院关于反腐败斗争的部署,进一步加大查办和预防职务犯罪工作力度。集中力量查办大案要案,重点查办发生在党政领导机关和领导干部中的职务犯罪案件;严肃查办国家机关工作人员利用职权非法拘禁、刑讯逼供等侵犯人权的犯罪案件和滥用职权、玩忽职守造成重大损失的犯罪案件,重大工程项目建设、金融、土地管理等领域中的职务犯罪案件,国企改制、破产和经营活动中贪污、挪用、私分国有资产的犯罪案件,以及其他人民群众反映强烈的职务犯罪案件。同时,对于为谋取不正当利益拉拢腐蚀干部、危害严重的行贿犯罪,要坚决依法查处。要进一步提高发现案件线索的能力,提高突破案件的能力。要大力加强职务犯罪预防工作,结合办案加强对职务犯罪发案规律的研究,深入开展发案单位的个案预防,配合有关部门,针对公共投资和公共建设项目以及案件多发易发行业领域,认真开展专项预防和系统预防。积极推动有关单位、行业建立内控机制。大力加强预防宣传和警示教育。

要进一步强化诉讼监督,努力维护司法公正和司法权威。继续深入开展集中处理涉法上访问题,制假售假、侵犯知识产权犯罪立案监督,严肃查办国家机关工作人员利用职权侵犯人权犯罪案件,违法减刑假释保外就医专项检查四个专项工作。对有案不立、漏捕、漏诉的依法予以监督纠正,对确有错误的判决裁定依法提出抗诉。全面落实防止和纠正超期羁押的措施。重点办理严重违反法定程序导致错误裁判、群众反映强烈、社会影响大的民事行政案件。注意发现并严肃查办执法不公和司法不公背后的腐败案件。

要始终把质量作为办案工作的生命线,坚持用严格的程序保证执法规范,用扎实的证据保证事实准确,用严明的纪律和有效的监督保证办案安全。

(二)以提高法律监督能力为目标,进一步加强队伍建设。紧密联系检察工作实际,认真贯彻党的十六届四中全会精神,大力加强检察队伍的法律监督能力建设,努力增强全区检察机关履行检察职能,打击和预防刑事犯罪,维护社会稳定的能力;依法打击职务犯罪,促进廉政建设的能力;正确处理群众诉求,化解矛盾纠纷,促进社会和谐的能力;敢于监督、善于监督、规范监督,促进严格执法和公正司法的能力;强化自身监督和制约,严格、公正、文明执法的能力。认真开展保持共产党员先进性教育活动,认真开展向牛玉儒同志学习活动,牢固树立"立检为公、执法为民"的执法观。把领导班子建设放在队伍建设的首位,严格落实最高人民检察院"六个严禁"的要求,不断强化领导干部的自律和监督。抓住学历教育、业务培训、岗位练兵、实践锻炼等重要环节,大力推进素质兴检工程建设,深入开展创建学习型检察院活动,努力提高队伍素质。

(三)继续推进检察改革,全面加强基层基础建设和检务保障建设。组织干警认真学习党中央批准的司法体制和工作机制改革的意见,正确把握司法体制改革的方向。进一步深化人民监督员制度试行工作,切实保障人民监督员独立、公正地行使监督权。

继续推进基础固检工程建设。深入开展争创先进检察院活动,促进基层检察院的执法规范化、队伍专业化和管理科学化,全面提升基层工作水平。

继续推进科技强检工程建设。积极构建以检察业务需求为主导、网络为基础、资源为核心、安全可靠、管理规范的检察综合信息网络,建立业务工作、队伍建设和信息化建设相结合的长效管理机制。抓住时机,加快"两房"建设步伐,提高"两房"的科技含量。

进一步加强和改进自治区检察院机关自身工作。加强党组和检察委员会建设,整合人力资源;提高机关工作效率和质量。继续强化自身办案工作,为下级检察院作出表率。增强针对性和及时性,提高对下指导水平,积极推动全区检察工作迈上新的台阶。

自觉接受党的领导和人大监督,是检察机关必须坚持的重大政治原则。在新的一年里,全区各级检察机关要进一步增强党的观念,坚决贯彻党的路线方针政策和重要决策部署,坚持向党委请示报告制度,充分发挥检察职能作用,为全区工作大局服务。不断强化接受人大监督的意识,认真向人大及其常委会报告工作,执行人大及其常委会的决议,加强与人大代表的联系,认真听取代表的意见和建议。加强与各级政协的联系,认真办理政协提案。要把坚持党的领导、接受人大监督与依法独立公正地行使检察权统一起来,把执行党的政策、人大决议与执行法律统一起来,把党的主张和人民的意志落实到具体的执法办案实践中,不断加强和改进检察工作,为保障和促进我区经济社会全面协调持续发展做出新的贡献!

# 辽宁省人民检察院工作报告(摘要)

——2005年2月25日在辽宁省第十届人民代表大会第三次会议上

辽宁省人民检察院检察长 王振华

(2005年2月27日辽宁省第十届人民代表大会第三次会议通过)

## 一、2004年全省检察工作基本情况

过去的一年,省检察院在省委和最高人民检察院的正确领导下,在省人大及其常委会的监督、省政府的大力支持和省政协的民主监督下,坚持以邓小平理论和“三个代表”重要思想为指导,树立科学的发展观,认真贯彻党的十六大和十六届三中、四中全会精神,坚决落实省委九届七次全会的要求,坚持“立检为公、执法为民”宗旨,突出“强化法律监督,维护公平正义”主题,按照省十届人大二次会议通过的省检察院工作报告关于2004年的各项工作安排,依法履行职责,加强自身建设,推动全省检察工作取得了新的成绩。

(一)认真履行法律监督职责,积极为辽宁老工业基地振兴服务。依法打击各类刑事犯罪活动,维护社会稳定。全年共批准逮捕各类刑事犯罪嫌疑人32124人,代表国家提起公诉39669人。密切与公安、法院等部门的配合,加大对严重刑事犯罪的打击力度。及时批捕、起诉了被公安部列为“东北第一大毒品案”的宋晓东等18人特大贩毒案等一批重大案件。批准逮捕走私贩私、金融诈骗、偷税漏税、侵犯知识产权以及生产销售伪劣商品等各类犯罪嫌疑人761人,提起公诉871人。积极开展了打击制假售假、侵犯知识产权犯罪专项立案监督工作。高度重视群众来信来访,坚持检察长接待日制度和申诉案件首办责任制,集中开展了处理涉法上访问题专项工作。共办理涉法上访案件467件,已办结455件,办结率为97.4%。全省检察环节涉法进京上访案件数量在全国检察系统排名位次后移的势头得到有效巩固。省检察院和40个基层检察院被最高人民检察院授予“全国文明接待室”称号。

依法查办和预防国家工作人员职务犯罪,推进反腐败斗争持续深入。立案侦查贪污贿赂、渎职侵权等职务犯罪案件1572件1912人,侦查终结1499件1814人,已提起公诉1411人。通过办案为国家挽回经济损失2.4亿元。立案侦查涉嫌贪污贿赂、挪用公款大案553件,其中涉案金额一百万元以上案件48件;查处涉嫌犯罪的县处级以上领导干部159人,其中地厅级干部10人、省部级干部1人。立案侦查刑讯逼供、非法拘禁、非法搜查、暴力取证、虐待被监管人员等案件96件。

坚持为经济建设服务的指导思想,在办案中注意办案的法律效果和社会效果的统一。坚持把办案工作放在改革、发展、稳定大局中来谋划,省检察院制定了《关于为振兴辽宁老工业基地服务的意见》,依法、平等保护各类市场主体的合法权益。注重查办在国有企业改制中侵害职工利益、征用土地中侵害农民利益、城市拆迁中侵害居民利益、工程建设中侵害农民工利益的职务犯罪案件。共立案查办涉嫌贪污、贿赂、挪用公款犯罪的国有企业管理人员704人,农村基层组织人员138人。

坚持标本兼治、惩防并举,努力从源头上遏制和减少职务犯罪。积极开展法制宣传教育活动,共深入工厂、农村、机关、学校、社区讲法制课891次,建立预防职务犯罪警示教育基地109个。积极推

动预防职务犯罪的法制化进程。各级检察院配合老工业基地振兴中的327项重大工程项目建设开展了同步专项预防，结合办案开展个案预防778项，发出检察建议678件。

依法履行诉讼监督职责，促进社会的公平正义。加强刑事诉讼监督，既防止和纠正打击不力，又注重保障人权。认真执行保障律师参与诉论活动的规定，完善当事人权利义务告知制度，切实保护诉讼当事人的合法权利。在刑事立案监督中，对侦查机关应当立案而不立案的，监督立案927件；对不应当立案而立案的，监督撤销案件102件。在侦查监督中，对不符合法定逮捕、起诉条件的，依法决定不批准逮捕4321人、不起诉1859人；对侦查机关漏提请逮捕、漏移送起诉的，依法追加逮捕155人、追加起诉198人。在刑事审判监督中，对认为确有错误的判决、裁定，依法提出刑事抗诉97件。在刑罚执行监督中，与公安、法院、司法行政等部门密切配合，依法纠正超期羁押176人。在省委政法委的直接领导和省人大内司委的监督支持下，落实防止和纠正超期羁押的工作机制，全省实现了无超期羁押，因此，省检察院被最高人民检察院荣记集体一等功。省检察院组织开展了清理纠正违法减刑、假释、保外就医专项行动和监外罪犯刑罚执行专项检查监督工作，共清理减刑、假释、保外就医罪犯39902人，纠正问题113件，监督收监执行52人；清理纠正监外脱漏管罪犯2756人，全省监外执行罪犯脱漏管人数由年初的4306人下降至目前的832人，下降率达64%。

加强民事审判和行政诉讼监督，既重视纠正解决司法不公问题，又重视维护司法权威。立案审查不服法院民事、行政判决、裁定的申诉2056件，审结2028件。对认为确有错误的民事、行政判决、裁定依法提出抗诉1073件，再审检察建议335件。对认为法院判决、裁定正确的案件，认真做好当事人的服判息诉工作，维护了司法权威。

坚持诉讼监督与查处司法不公背后的职务犯罪案件相结合，增强监督实效。立案侦查涉嫌徇私舞弊、枉法裁判的司法人员86人。

（二）大力加强队伍建设，努力提高履行检察职责的能力和水平。一是进一步加强思想政治建设，统一执法思想。省检察院落实"立检为公、执法为民"的宗旨要求，向社会公布了20项执法便民措施。开展了不起诉案件专项复查、直接受理案件扣押冻结款物专项检查和集中纠正违法插手经济纠纷三项清理工作，共排查处理不起诉案件2028件；清理扣押冻结款7144万元，已上交、返还和移送6735万元。二是以党风廉政建设为重点，进一步加强领导班子建设。省检察院从抓教育、制度、监督、管理、表率五个环节入手，促进领导干部以及队伍整体的廉洁自律。会同有关部门对全省14个市检察院领导班子进行了全面调研考察；配合省委组织部和省委政法委，对14个市检察院的反贪局局长进行了异地交流，并正在着手对所有基层检察院的反贪局局长进行异地交流。三是加强了规范化管理。省检察院制订和实施了市、县检察机关《执法质量考评体系》和《队伍建设考评体系》，建立和完善了绩效考核制度，建立保证执法质量和队伍公正文明廉洁的长效管理机制。四是加强教育培训，提高干警的综合素质。省检察院组织基层检察院的检察长和反贪局局长、渎职侵权检察处（科）长进行了全员培训。举办了我省检察系统首届百名硕士理论成果交流会。全省共举办各类培训班854期，培训检察人员1.7万余人次。提前两年完成了检察官续职资格培训任务，提前四年完成了最高人民检察院下达的学历教育指标。五是以公正执法为核心，扎实推进基层检察院建设。重心下移，抓好基层。省检察院主要领导深入71个县区基层检察院，收集基层反映强烈的问题152个，逐一研究解决并及时反馈。进一步落实基层检务保障工作。在省发改委、省财政厅的大力支持下，有28个基层检察院新建或改善了办案和技术用房。六是坚持从严治检。全年查处内部违法违纪干警19人，同比下降了47%。

（三）自觉接受人大及其常委会和人民群众的监督，进一步完善对自身执法活动的监督制约机制。一是在认真向人民代表大会报告工作、接受审议的同时，及时向人大常委会报告检察工作的重大部署和重要事项。二是认真办理人大及其常委会交办的人民群众控告申诉案件，对49件省人大及其常委会交办的案件，在规定期限内全部办结。三是对人大代表提出的议案、建议、批评和意见，实行领导包案、专人办理、及时反馈的工作制度。针对人大代表关注的重点案件和重要问题，省检察院领导成员不定期地与代表见面，研究解决办法。四是坚持走访人大代表，邀请代表视察、评议检察工作，征求代表对检察工作的意见和建议，认真答复人大代表个人提出的意见和询问。省检察院邀请部分省人大代表对基层检察院进行了“暗访”,针对发现的问题,及时进行整改。同时,不断加强与省政协的联系,主动向省政协通报工作,听取政协意见。

全省检察机关全面开展了人民监督员制度试点工作,全省共推荐产生人民监督员939名。检察机关查办的职务犯罪案件中,拟作撤案、不起诉处理以及犯罪嫌疑人不服逮捕决定的案件,毫无例外地进入了人民监督员监督程序。

认真落实内部制约机制。省检察院制订了《辽宁省检察机关内部执法办案监督办法》等规定,加强对执法活动过程的监督。

**二、2005年全省检察工作安排**

党的十六届四中全会通过的《中共中央关于加强党的执政能力建设的决定》,对加强党的执政能力建设做出了全面部署。省委九届八次全会提出,要把加强执政能力建设作为党的建设的重中之重,作为最重要、最根本的建设。同时,省委提出要加快辽宁老工业基地全面振兴的步伐,做出了建设“和谐辽宁”的重大战略决策。检察机关是国家的法律监督机关,贯彻好党的十六届四中全会和省委九届八次全会精神,必须着力提高自身的执法能力,也就是提高法律监督能力。通过全面提高法律监督能力,带动各项检察工作的创新发展,在老工业基地的全面振兴与“和谐辽宁”建设中发挥出应有的积极作用。根据面临的新形势、新任务,2005年全省检察工作的指导思想是:以邓小平理论和“三个代表”重要思想为指导,深入贯彻党的十六大,十六届三中、四中全会和省委九届八次全会精神,认真落实全国检察长会议和全省政法工作会议部署,坚持“立检为公、执法为民”宗旨,突出“强化法律监督,维护公平正义”主题,不断加快执法规范化、队伍专业化和管理科学化进程,加强法律监督能力建设,切实提高检察工作的实效性,推动检察工作创新发展,努力为辽宁老工业基地的全面振兴与建设“和谐辽宁”做出积极的贡献。

(一)努力提高法律监督能力,在老工业基地的全面振兴与建设“和谐辽宁”的进程中充分履行检察职责。提高打击刑事犯罪的能力,促进社会安定。把维护社会稳定继续放在工作的首位,坚持“严打”方针,严厉打击严重暴力犯罪、黑恶势力犯罪和有组织犯罪,积极参加整顿和规范市场经济秩序工作,坚持不懈地打击金融诈骗、非法集资、制假售假、侵犯知识产权等严重破坏市场经济秩序的犯罪;坚持惩办与宽大相结合,对未成年人犯罪、初犯、偶犯、过失犯,主观恶性较小、犯罪情节轻微、社会危害不大的,分别不同情况,依法采取轻缓的刑事政策从宽处理。

提高正确处理群众诉求、化解矛盾纠纷的能力,促进社会和谐。认真开展矛盾纠纷大排查、大调处活动和涉法涉诉等专项治理工作,妥善处理群众上访。继续高度关注并妥善处理涉及“三农”、下岗职工和农民工等问题的案件,依法保护弱势群体的合法权益。大力支持、积极引导合法经营、公平竞争,维护交易安全。在履行检察职责中,积极促进社会和谐。

提高依法惩治和预防职务犯罪的能力,促进廉政建设。继续贯彻中央和省委关于反腐败斗争的总体部署,持之以恒地把查办职务犯罪摆在重要位置。进一步加大查办和预防职务犯罪的工作力度,集中力量查办大案要案,重点查办发生在党政领导机关和领导干部中的职务犯罪案件,严肃查办国家机关工作人员利用职权侵犯人权的犯罪案件和滥用职权、玩忽职守造成重大损失的犯罪案件,突出查办重大工程项目建设和金融、土地管理、国有企业改制中发生的职务犯罪案件以及在集中打击赌博违法犯罪专项行动中揭露出来的贪污贿赂、挪用公款等职务犯罪。紧密结合老工业基地振兴的整体规划和实施进程,针对重大投资项目和重点工程,立足检察职能做好职务犯罪预防工作。

提高敢于监督、善于监督、规范监督的能力,促进司法公正。继续加大诉讼监督的力度,努力扩大监督的效果。对有案不立、有罪不究、漏捕漏诉和违法插手经济纠纷,违法立案、无罪也究的都要依法进行监督。对判决不公,特别是有罪判无罪和无罪判有罪的依法提出抗诉;继续落实防止和纠正超期羁押的各项措施,建立健全纠正违法减刑、假释、保外就医专项工作的监督机制;努力提高民事、行政抗诉案件和再审检察建议的质量和效率,切实纠正裁判不公案件;注意发现、查办执法和司法不公背后的司法腐败案件。

提高强化自身监督和制约的能力,促进严格、公正、文明执法。加强对办案工作的科学化管理,坚持在办案中严把事实关、证据关、程序关和适用法律关。完善绩效考核制度。引导各级检察院将工作重点放到提高执法水平和办案质量上来。从执法观念、工作原则、办案程序、办案纪律、办案责任等方面进一步规范办案工作。

(二)突出抓好队伍这一根本,为履行检察职责提供坚强有力的组织保障。扎扎实实地抓好保持共产党员先进性教育活动,引导全体检察人员牢固树立"立检为公、执法为民"的执法观。严格按照《检察官法》的要求抓好队伍建设。认真搞好基层建设和检务保障工作。坚决贯彻执行党中央制定的《建立健全教育、制度、监督并重的惩治和预防腐败体系实施纲要》,抓好领导班子和检察队伍的廉政建设。严格落实最高人民检察院关于领导干部"六个严禁"的要求。

(三)深入推进检察改革,不断完善和创新工作机制。认真贯彻中央批准的司法体制和工作机制改革的意见。扎扎实实地抓好开展人民监督员制度试点、实行"正名制"、加强监狱检察院改革、健全防止和纠正超期羁押长效机制、建立保障律师在检察环节依法履行职责机制等改革措施的落实,力争取得新的成效。

(四)自觉接受党的领导和人大的监督,不断加强和改进检察工作。进一步增强党的观念,坚决贯彻党的路线方针政策,坚决执行党的决策部署,与党中央保持高度一致。进一步增强组织观念,健全向党委的请示报告制度,及时报告检察机关的重大工作部署、重要改革措施、重要工作事项。从维护我国根本政治制度和宪法原则的高度,坚持对人大负责,自觉接受人大监督,认真向人大及其常委会报告检察工作,坚决执行人大及其常委会的决议,加强与人大代表的联系,虚心听取、认真办理代表的建议、批评和意见,以保证检察权的正确行使。主动接受政协的民主监督,不断加强和改进检察工作。

# 吉林省人民检察院工作报告(摘要)

——2005 年 1 月 27 日在吉林省第十届人民代表大会第三次会议上

吉林省人民检察院检察长　索维东

(2005 年 1 月 29 日吉林省第十届人民代表大会第三次会议通过)

2004 年,全省检察机关以公正执法为核心,切实履行宪法和法律赋予的职责,全面落实省委、省人大决定、决议和最高人民检察院的工作部署,服从服务于全省工作大局,各项检察工作取得新的进展,为促进我省经济发展和社会进步作出了应有的努力。

**一、依法履行刑事检察职责,有效维护社会稳定**

全省检察机关认真履行审查批捕、审查起诉职责,依法打击各类刑事犯罪,保持了"严打"的高压态势,促进了社会稳定。

严厉打击严重刑事犯罪。突出打击黑恶势力、严重暴力、多发性犯罪等严重危害社会治安的刑事犯罪。省检察院对特别重大、全省有影响的案件,高度重视,逐级挂牌督办,全程跟踪,加强指导,保证了打击效果。

重点打击破坏市场经济秩序犯罪。积极参加整顿和规范市场经济秩序工作,依法打击偷税骗税、诈骗、洗钱等犯罪,制售伪劣食品、药品等危害群众身体健康和生命安全的犯罪,以及坑农害农、侵害弱势群体利益的犯罪。积极参与构建"重法制、讲信誉、高效率、优服务"的投资环境,认真办理外商和港澳台商的投诉申诉案件,平等保护各类市场主体的合法权益。认真开展林业检察工作,打击盗伐林木等犯罪,保护了森林资源,促进了生态省建设。

认真办理控告、申诉案件,依法化解和处理社会矛盾。尊重群众的合理诉求,努力化解社会矛盾。坚持检察长接待日制度和控告申诉首办责任制,完善重大突发事件预警机制,依法处置群体性事件。认真接待群众来信来访,全年受理来信来访8719件,及时妥善处理集体访、告急访等重大信访案件175件,处理老户访91件。依法办理刑事申诉和刑事赔偿案件,维护了当事人的合法权益。省检察院等26个接待室被最高人民检察院评为"全国文明接待室"。

**二、依法履行查处和预防职务犯罪职责,促进国家工作人员廉洁从政**

坚持"一要坚决,二要慎重,务必搞准"的原则,不断加大查处职务犯罪工作力度,共立贪污贿赂、渎职侵权等职务犯罪案件1167件1266人,侦查终结1074件1166人,挽回直接经济损失1.45亿元。不断强化预防措施,推动了反腐败斗争深入开展。

严肃查处贪污贿赂犯罪。共立案857件936人,突出查办了一批大案要案。查办贪污贿赂五万元以上、挪用公款十万元以上大案528件;四千万元以上的3件。查办县处级以上领导干部犯罪要案82件82人,大要案占立案总数的63.9%,办案质量明显提高。按照"上下一体,资源整合,统一指挥,紧密协作"的思路,充分发挥省检察院大要案指挥中心的作用,与公安、监察、审计等有关部门密切配合,坚持"系统抓、抓系统"的办法,突破了一批窝案串案。如查办了长春粮食集团原副总经理齐魁范巨额贪污、贿赂等26件系列案件,吉林市公安局交警支队原支队长赵恩才受贿等13件系列案件等。加大追捕在逃犯罪嫌疑人力度,采取多种措施,共追捕60名在逃犯罪嫌疑人。

认真查处渎职侵权犯罪。共立案310件330人,其中重特大案件98件,要案52件。查办涉嫌滥用职权、徇私舞弊犯罪的党政机关、行政执法机关、经济管理部门人员176人,努力促进依法行政。严肃查办涉嫌徇私枉法、刑讯逼供等犯罪的司法人员113人,维护诉讼参与人的合法权益,有效促进了公正司法。

推进预防职务犯罪工作的社会化、法制化建设。认真贯彻中央标本兼治、惩防并举,从源头上治理腐败的要求,立足检察职能,积极推进预防职务犯罪工作。开展发案单位的个案预防435件,重大建设工程的专项预防121项,重点行业和领域的系统预防236个。认真贯彻执行《吉林省预防职务犯罪工作条例》,发起成立了省预防职务犯罪协会,有5个市州建立了党委领导下的职务犯罪预防机构,进一步健全和完善预防工作机制,初步形成了以个案预防为点,以行业预防为线,以社会预防为面,点、线、面相结合的预防工作格局,努力保障振兴吉林老工业基地各项改革措施的顺利实施。

**三、依法履行诉讼监督职责,促进司法公正**

从监督违反诉讼程序入手,以惩治司法腐败为重点,不断强化诉讼监督,保障法律的统一正确实施。

刑事立案监督重点解决有案不立、执法不严、以罚代刑等突出问题,对应当立案而未立案的,监督侦查机关立案597件,法院作出有罪判决203人,其中判处有期徒刑十年以上的16人,无期徒刑1人,死刑2人。主动加强与工商、税务、质量技术监督等11个部门的联系配合,建立和完善了刑事司法与行政执法相衔接机制,有效防止和减少了以罚代刑等问题的发生。

侦查监督重点纠正侦查活动中的违法行为,注意防错防漏。对违反程序非法收集证据、滥用和随意改变强制措施等问题提出书面纠正意见43次,对不构成犯罪或者不应逮捕、起诉的,依法决定不批准逮捕、不起诉,对应当追究刑事责任的,依法追捕、追诉,确保了不枉不纵。

刑事审判监督重点监督纠正有罪判无罪、重罪轻判、轻罪重判、严重违反诉讼程序等违法行为,努力促进审判公正,对认为确有错误的刑事判决、裁定提出抗诉83件,法院审结70件,改判和发回重审24件。同时,坚持抗诉标准,严格抗诉条件,维护了法院的正确判决。

民事审判、行政诉讼监督共对认为确有错误的民事、行政判决、裁定依法抗诉407件,发出再审检察建议122件,法院审结334件,改判和发回重审137件,调解结案36件。坚持抗诉与息诉并重,对判决、裁定正确的申诉案件,认真做好息诉工作,共息诉805件。对国家和社会公共利益受到严重损害的案件,尝试通过支持起诉的方式给以司法救济,共办理26件,协助国有资产管理部门挽回经济损失3400余万元。

刑罚执行监督以解决超期羁押为突破口,重点监督纠正判决后不依法交付执行和违法变更执行等问题,开展了加强监管执法、加强法律监督,保障刑事诉讼顺利进行、保障在押人员合法权益的"双加强、双保障"示范单位创建活动,进一步规范了刑事羁押行为。继续巩固清理超期羁押的成果，落实防止超期羁押的长效机制，保障了犯罪嫌疑人、被告人的合法权益。

开展专项监督活动，增强监督力度和实效。根据省十届人大二次会议代表们要求加大监督力度的意见，针对人民群众反映强烈的突出问题，全省检察机关认真开展了四个专项行动和三项清理检查。一是开展了打击制假售假、侵犯知识产权犯罪专项立案监督行动。二是开展了违法减刑、假释、保外就医专项检查，发现存在各类违法情况的400人，已监督纠正323人。三是开展了严肃查处国家机关工作人员利用职权侵犯人权犯罪专项行动，查办侵犯公民人身权利、民主权利犯罪60件65人。四是开展了集中处理涉法上访专项行动，受理涉法上访案件243件，办结223件。对2001年以来办理的职务犯罪案件扣押、冻结款物，2003年度不起诉案件，检察人员非法插手经济纠纷等问题开展了专项检查，清理出扣押未处理款417.6万元、物品82件，分别上缴财政或返还当事人，纠正不起诉不当的案件5件。通过开展专项活动，既解决了一批群众反映强烈的突出问题，又规范了检察权的行使，提高了法律监督的水平。

**四、进一步深化检察改革，推动工作创新发展**

全省检察机关坚持宪法原则，依靠党的领导，遵循司法规律，继续深化检察改革，不断推进诉讼机制创新和检察管理创新。

试行人民监督员制度。为了确保检察权的公正行使，主动接受社会监督，按照最高人民检察院的部署，从10月开始，在省检察院等50个检察院开展了人民监督员制度试点工作，共选任人民监督员327人，对办理职务犯罪案件中犯罪嫌疑人不服逮捕决定、拟撤销案件、拟不起诉三类案件，由人民监督员进行监督，人民监督员提出不同意见的，检察机关按照程序再进行审议。目前监督评议案件17件，已采纳人民监督员意见，改变原拟处理决定2件。

改革业务工作运行机制。制定常见犯罪案件的批准逮捕和提起公诉证据参考标准，建立健全适时介入侦查、引导侦查取证机制，配合审判机关深入推行对适用普通程序的被告人认罪案件的简化审理改革，与司法行政部门共同制定并落实依法保障律师执业的规定，进一步理顺诉侦、诉审、诉辩关系，优化配置了诉讼资源，提高了诉讼效率。

改革办案管理机制。为强化对自身执法活动的监督，省检察院开展了以办案全流程控制为手段，以信息技术为支撑的案件管理改革试点，目前正在二市二县试行，将适时在全省推开，逐步建立符合司法规律和检察工作实际需求的检察业务、队伍和信息化"三位一体"的管理模式。

**五、进一步强化检察官管理，推进队伍专业化建设**

本着政治建检、素质兴检、从严治检的思路，把以人为本的理念贯穿于检察官管理全过程，努力培养造就一支政治坚定、业务精通、作风优良、执法公正的检察官队伍。

坚持政治建检，提高检察官思想政治素质。紧紧围绕振兴大局，在全省检察机关深入开展了"公正执法树形象，我为振兴作贡献"教育活动。对全省各级检察长进行了培训，培养树立"立检为公、执法为民"的思想，增强大局观念、责任意识，在工作中正确处理讲政治与讲法治、依靠党的领导与独立行使检察权、履行检察职能与服务发展、办案的法律效果与社会效果、打击犯罪与保障人权、维护司法公正与提高诉讼效率的关系，为检察工作健康发展提供思想政治保障。

坚持素质兴检，提高检察官职业能力。牢固树立科学的人才观，制定《检察人才培养四年规划》，推进业务培训正规化、检察官研修制度化和人才培养系统化建设。针对不同层次、不同岗位开展了学历教育、续职培训、专题研讨，共培训人员6208人次。通过开展岗位练兵和业务竞赛，发现和培养各类专业型业务骨干348名，初步构建符合检察职业特点和工作需要的职业素质养成体系。

坚持从严治检，强化检察官职业纪律。坚持严格要求、严格教育、严格管理、严格监督，建立完善《检察人员廉政守则》、《执法办案纪律规则》和《案件跟踪回访制度》等制度规范，着力解决执法不严、不公、不廉、不文明等群众反映强烈的问题。全年共查处检察人员违法违纪案件12件17人，同比下降了29.4%。不断强化廉洁自律、遵纪守法、不谋私利、令行禁止的检察官职业纪律建设，培养树立了以全国十佳检察官丁树达为代表的一批先进典型，广大检察官严格、公正、文明执法的自觉性普遍提高。

**六、自觉接受人大监督，认真改进检察工作**

一年来，我们组织全省检察人员认真落实省十届人大二次会议的决议,联系思想工作实际对照代表们的批评、意见和建议,采取有效措施,加强和改进检察工作,并于2004年12月将相关情况形成材料分送各位代表。各级检察机关定期向人大及其常委会报告工作。2004年5月,省检察院向省人大常委会报告了贯彻实施《中华人民共和国检察官法》的情况,受到了委员们的关注。省人大已将审议情况呈报省委和全国人大常委会。加强与人大代表的联系,邀请各级人大代表视察、检查工作87次,依法及时办理人大交办案件和代表提出的议案、建议207件,建立健全了接受人大监督的经常化和规范化工作机制。同时,积极发挥特约检察员的作用,广辟渠道,主动接受政协和各民主党派以及社会各界的监督。实践证明,高度重视、正确对待人大代表的意见和建议,诚心诚意地接受人大及社会各界的监督,是做好检察工作、推进检察事业发展的重要保障。

过去的一年,全省检察工作虽然取得了一定成绩,但我们也深知,我们的工作与宪法和法律的要求、与党和人民的期望还有很大的差距。一是在服务大局上,为振兴吉林老工业基地创造良好法治环境的自觉性还有待于进一步增强,在个别地方、有些案件的处理上,依然存在着机械执法、就案办案的问题。二是在诉讼监督工作中,仍然存在着不敢监督、不善监督的问题,有些监督工作的力度和效果还不很理想,还存在案件质量不高的问题。三是在检察队伍中,有些检察官的程序意识、人权意识不强,办案中存在违反诉讼程序,甚至侵犯当事人诉讼权利的问题,个别检察官执法思想不端正,存在办关系案、人情案的问题,违法违纪问题仍时有发生。对上述问题和不足,我们将以积极有为的态度努力解决。

在国际国内诸多因素的影响下,我们正处于经济社会转型、人民内部矛盾凸显、刑事犯罪高发、对敌斗争复杂的时期。全省检察机关要审时度势,切实增强责任意识,正确行使检察权,确保重要战略机遇期的社会和谐稳定。面对新的形势和任务,2005年全省检察工作的总体要求是:以邓小平理论和"三个代表"重要思想为指导,认真贯彻十六届四中全会、省委八届六次全会和全国检察长会议、全省经济工作会议、政法工作会议精神,牢固树立科学发展观,以公正执法为核心,加强法律监督能力建设,不断深化检察改革,推进业务规范化、队伍专业化、管理科学化,充分发挥检察职能作用,全面推进各项检察工作,为振兴吉林老工业基地、建设和谐社会提供有力的司法保障。为此,我们要在2005年突出抓好以下几个方面的工作:

加强法律监督能力建设,服务改革发展稳定大局。认真履行刑事检察职责,增强维护社会稳定的能力。依法严惩"三股势力"的分裂活动、暴力恐怖活动以及"法轮功"等邪教组织的破坏活动,维护国家安全。继续重点打击严重暴力犯罪、黑恶势力及有组织犯罪,尤其要把侵财性犯罪作为打击的重中之重,增强群众的安全感。坚决依法惩治各类扰乱和破坏社会主义市场经济秩序的犯罪,重点打击金融诈骗、非法集资、制假售假、侵犯知识产权和走私等犯罪活动。正确运用宽严相济的刑事政策,使办案取得更好的法律和社会效果。认真履行查办和预防职务犯罪职责,增强促进国家工作人员廉洁从政的能力。集中力量查办大案要案,重点查办发生在党政领导机关和领导干部中的职务犯罪案件。严肃查办国家机关工作人员利用职权非法拘禁、刑讯逼供等侵犯人权的犯罪案件和滥用职权、玩忽职守造成重大损失的犯罪案件;重大工程项目建设,金融、土地管理等领域中的职务犯罪案件;在国有企业重组改制、破产和经营活动中贪污、挪用、私分国有资产的犯罪案件,以及其他人民群众反映强烈的职务犯罪案件。进一步加强预防职务犯罪工作,在国企改革、重大工程、重点项目中开展犯罪预防,健全和完善惩治和预防并重的工作机制。认真履行诉讼监督职责,增强维护司法公正的能力,推动法律监督工作全面开展。

突出检察官职业特点,不断提高检察官的综合素质。按照"为民、务实、清廉"的要求,认真抓好保持共产党员先进性教育活动。强化领导干部的自律和监督,突出抓好各级检察院领导班子建设。坚持文化育检,深化以检察官职业责任、职业道德、职业精神、职业纪律、职业形象为内容的教育活动。进一步加大教育培训工作力度,改善和优化检察队伍的素质结构。

继续深化改革,推动检察工作创新发展。按照中央司法体制改革意见的要求,着力推进检察体制与管理机制创新,逐步建立起与社会主义市场经济体制相协调的检察监督机制。进一步深化人民监督员制度试点工作,探索形成一种有具体监督内容和刚性监督程序的外部监督机制,建立检察业务、队伍和信息化"三位一体"的长效管理机制，从制度上保证检察权的公正行使，推动检察机关管理水平和执法能力的全面提高。

坚持党的领导，自觉接受人大监督。进一步增强党的观念，坚决贯彻执行党的路线方针政策和决策部署。不断强化接受人大监督的意识，及时向人大及其常委会报告检察工作，认真执行人大及其常委会的决议。加强与人大代表的联系，主动邀请代表视察，认真听取代表的意见和建议，抓紧办理并及时答复代表转办的案件。主动接受政协及社会各界监督，不断加强和改进检察工作。

# 黑龙江省人民检察院工作报告（摘要）

——2005 年 1 月 27 日在黑龙江省第十届人民代表大会第四次会议上

黑龙江省人民检察院代检察长　姜　伟

（2005 年 1 月 29 日黑龙江省第十届人民代表大会第四次会议通过）

## 一、2004 年的检察工作

2004 年，全省检察机关以邓小平理论和"三个代表"重要思想为指导，在省委和最高人民检察院的正确领导下，在省人大、政府、政协及社会各界的监督和支持下，深入学习党的十六届三中、四中全会精神，树立和落实科学发展观，认真履行检察职责，各项检察工作取得了新的进展。

（一）全面履行检察职责。全省检察机关紧紧围绕"努力快发展，全面建小康"的发展目标，积极为我省经济发展和社会稳定服务。严厉打击严重刑事犯罪。共批捕刑事犯罪 18164 件 24230 人，提起公诉 20203 件 27639 人。严厉打击破坏社会主义市场经济秩序犯罪，批捕 346 件 536 人，公诉 304 件 470 人。共受理、接待群众来信来访 18490 件，受理群众集体上访 167 件，按照"三个百分之百"的要求，依法妥善处理了一批社会各界关注的上访案件。深入查办和预防职务犯罪。共立案查办职务犯罪 1879 件 2012 人，为国家挽回直接经济损失 16182 万元。其中，查办五万元以上大案和渎职侵权重特大案件 826 件，查办县处级以上干部 154 人，其中厅局级 18 人。检察机关广泛宣传落实预防职务犯罪工作条例，全面启动了预防职务犯罪二期工程。共对 703 件大要案开展了个案预防，对 293 个工程项目开展了专项预防，由省检察院牵头对粮食系统进行了重点预防。不断强化法律监督。在刑事立案监督方面，共发现公安机关应立案未立案线索 957 件，通知公安机关立案 726 件，公案机关已立案 664 件。在侦查活动监督方面，共纠正漏捕 177 件 268 人，追诉漏罪漏犯 23 件 54 人。在刑事审判监督方面，共提出刑事抗诉 83 件，法院再审审结 14 件，改判 7 件。在民事行政检察监督方面，共受理不服法院民事行政裁判申诉案件 2532 件，立案 1372 件，提出抗诉 875 件，法院再审审结 409 件，其中改变原审结果 310 件。在其他监督方面，继续加大纠正和防止超期羁押的工作力度，实现了检察环节零超期的目标。加大了对监管场所职务犯罪的查办力度，共立案查办监管人员职务犯罪 83 件 89 人。积极抓好四项专项工作。在开展制售假冒伪劣商品、侵犯知识产权犯罪立案监督专项工作中，监督公安机关立案 72 件 20 人；在集中处理涉法上访专项工作中，排查出 222 件疑难涉检上访案件，现已全部办结，其中息诉停访 217 件；在"减、假、保"专项检查中，对全省 2002 年以来办理的减刑、假释和保外就医的 37731 人，进行了全面清理，共发现违法问题 5012 件，提出纠正意见 4997 件，已纠正 4924 件；在严肃查办国家机关工作人员利用职权侵犯人权专项活动中，查办国家机关工作人员利用职权侵犯人权犯罪案件 236 件 251 人。

(二)稳步推进人民监督员制度试点工作。我省从2004年10月起,全面开展了人民监督员制度试点工作。省检察院下发了人民监督员制度试点方案,共选任人民监督员1137人,其中人大代表、政协委员占81.3%。全省已有100件案件启动了监督程序,经人民监督员独立评议和表决,全部同意检察机关的决定。

(三)狠抓队伍建设和基层检察院建设。全省检察机关以深化"强化法律监督,维护公平正义"教育活动为主题,以创建"学习型检察院"为载体,积极推进队伍建设和基层检察院建设。开展主题教育活动。围绕执法思想、执法行为、执法作风、执法安全,有针对性地解决队伍建设与业务工作相关联的突出问题。对2003年办理的1217件不起诉案件进行了专项复查,对11件存在实体问题的不起诉案件,撤销原不起诉决定提起公诉。在自侦案件违法扣押、冻结款物专项清理中,纠正违法扣押款物113.7万元。全省检察干警的执法思想、办案质量、工作效率和执法力度得到进一步强化。深化"两风"建设。开展了"四承诺、两禁止,树立检察干警良好形象"活动。省检察院制定了诫勉谈话制度、礼品礼金上交登记制度,对15种违反廉洁从检要求的行为规定了处理办法。全省检察机关普遍建立了党风廉政建设责任制,重点加强对领导班子特别是一把手的教育、监督和管理。加大了对检察干警特别是领导干部违法违纪案件的查处力度,共查处16件27人,其中追究刑事责任4人。推进基层检察院建设。省检察院领导班子按照分片包院责任制,组成工作组,深入到分市检察院和54个基层检察院,着重解决基层检察院领导班子精神状态和工作力度问题。对全省确定的25个示范院、20个工作相对滞后院,实行动态管理和重点包扶帮促。强化教育培训工作。省检察院先后举办了基层检察院检察长、分市检察院副检察长和基层检察院主管侦查工作副检察长、反贪局长、渎检局长培训班,省检察院和各分市检察院共举办学历教育和岗位培训班104期,培训干警5422人次。省检察院开展了"十佳"公诉人评选、民事行政检察业务大比武、计算机应用大赛活动。加强典型选树工作。在全省树立了张会杰、常贵文、魏艳玲等先进典型,对1个集体和26名个人予以记功表彰。

(四)扎实推进检察保障工作。全省检察机关在各级党委、政府的大力支持下,共投入资金3500余万元用于信息网络化建设。全省分市检察院二级网已开通运行,实现了视频会议、专线电话、数据传输"三网合一",共有31个基层检察院开通了三级网。省检察院和部分基层检察院实现了公文网上流转、案件网上管理、目标网上考核。

(五)主动接受党的领导和人大监督。全省检察机关坚持重大工作部署、重要改革措施等向党委请示报告制度,紧紧依靠党的领导开展检察工作。进一步建立健全了与人大及代表联系制度,每半年向人大及代表报告工作并征求意见,邀请人大领导及代表视察检察工作。省检察院2004年就"两风"建设、民事行政检察和全年检察工作情况,三次邀请省人大领导到省检察院视察;三次派员就有关检察工作征求各地人大代表、政协委员意见。对人大及代表提出的意见和建议认真整改落实,逐一向提出意见的代表本人反馈落实情况。对全国人大和省人大交办的16起案件,除最近交办的4起案件外,其余12件已全部办结。

认真反思一年的工作,我们也清醒地认识到检察工作仍存在一些不容忽视的问题:在执法思想上,一些检察院为大局服务的意识不强。在执法能力上,有些检察人员业务素质偏低。在执法作风上,有的检察人员仍然存在特权思想和冷、横、硬、冲等不文明执法行为。在廉洁自律上,少数检察人员包括个别领导干部存在从检不廉,甚至贪赃枉法等问题。在执法保障上,一些检察院经费保障程度较低。对于这些问题,我们要高度重视,采取有效措施加以解决。

**二、2005年的主要任务**

2005年是我省加快发展、推进老工业基地振兴战略的关键之年。全省检察机关要以邓小平理论和"三个代表"重要思想为指导,认真贯彻落实党的十六届四中全会和省委九届六次全会精神,以科学发展观统领检察工作,全面履行检察职责,坚持"立检为公、执法为民",按照省委、最高人民检察院的要求与部署,围绕改革发展稳定大局,加强执法规范化、队伍专业化和管理科学化建设,努力提高法律监督能力,维护社会公平与正义,为构建和谐社会,为我省"努力快发展,全面建小康"营造良好的法治环境。

(一)更新执法理念,以科学发展观统领检察工作。深刻认识、充分尊重司法规律、检察工作规律,按客观规律办事,严格依法办案。树立和落实科学的执法观，以“立检为公、执法为民”为宗旨，在执法观念上实现由权力本位向权利本位转变，尊重和保障公民的合法权益，由查明犯罪向证实犯罪转变，实现执法的制度化、程序化和规范化，促进检察机关公正、文明执法；树立和落实合理的监督观，以维护司法公正为目标，解决在监督工作中的缺位、越位和错位问题，做到敢监督、会监督、善监督，维护国家法制的统一正确实施；树立和落实正确的政绩观，以求真务实为主题，建立全面、科学的考评机制，实现工作的力度与水平、案件的数量与质量、执法的效率与效果的统一。在履行法律监督职责中，我们要自觉地强化政治意识，坚持党对检察工作的绝对领导，始终保持正确的政治方向；强化大局意识，把检察工作融入党和国家的工作大局之中，把发展视为第一要务，把稳定作为第一责任，为龙江的改革发展稳定服务；强化责任意识，以维护法律统一正确实施为己任，提高检察队伍的法律监督能力；强化质量意识，把案件质量作为检察工作的生命线，每一起案件都要追求结果正确、实体正义、程序合法、社会反映良好，经得起法律的检验、证据的检验、历史的检验，省检察院决定用三年时间实现检察工作整体质量的明显提高；强化人权意识，强调公正执法，注重文明办案，增强程序意识、证据意识、维权意识，把检察环节的人权保障落到实处。

（二）维护社会稳定，努力为大局服务。围绕改革发展稳定的大局和人民群众的根本利益，重点打击严重暴力犯罪、黑恶势力及有组织犯罪和侵犯人民生命财产安全的犯罪，始终保持对严重刑事犯罪的高压态势。加大惩治破坏社会主义市场经济秩序犯罪的力度，为经济发展创造诚信的市场环境。严格区分罪与非罪的界限，严禁检察机关插手经济纠纷。注意办案的方式方法，决不能因查办案件影响企业声誉，阻碍经济发展，更不能因办案方式不当引发群体性事件，影响社会稳定。破除不平等待遇的歧视性观念，对国有经济、非公有制经济、个体经营者，对省内企业与外来投资者，特别是“三资”企业一视同仁，提供法律咨询，帮助解决涉及司法方面的具体问题，营造公平的市场竞争环境。进一步做好涉检信访工作。继续坚持“三个百分之百”的承诺，落实首办责任制、检察长和内设机构负责人接待来访制度，完善公开答复制度，切实维护人民群众的合法权益。正确运用宽严相济的刑事政策，对未成年人犯罪、过失犯罪等轻罪，采取轻缓的刑事政策，取得更好的法律效果和社会效果。

（三）加大惩治和预防职务犯罪力度，推进反腐败斗争的深入开展。重点查办利用人事权、司法权、审批权贪赃枉法的职务犯罪案件，严肃查办国家机关工作人员利用职权非法拘禁、刑讯逼供等侵犯人权的犯罪案件，司法人员和行政执法人员为黑恶势力充当“保护伞”的犯罪案件，在国有企业重组改制中贪污、挪用、私分国有资产的犯罪案件，重大工程项目建设中的职务犯罪案件，以及其他人民群众反映强烈的职务犯罪案件。对那些为谋取不正当利益拉拢腐蚀干部、危害严重的行贿犯罪，要坚决依法查处。健全侦查一体化工作机制，提高突破大案要案的能力；建立督导督查机制，防止有案不查、查处不力现象；建立严格的内部制约机制，规范检察机关的侦查活动；全面试行人民监督员制度，确保自侦案件质量；完善错案责任追究制度，实行责任倒查制度、办案事故检讨制度，使造成案件质量问题和安全事故的有关人员受到追究。进一步贯彻落实《黑龙江省预防职务犯罪工作条例》，深入开展预防职务犯罪二期工程。结合办案开展个案预防、重大项目专项预防、重点行业系统预防，做好国家和省内重大工程项目专项预防等过程性预防和利用典型案例进行警示教育的惩教性预防。

（四）强化法律监督，维护公平正义。深入开展打击制假售假、侵犯知识产权犯罪专项立案监督活动，加强对有案不立、有罪不究、以罚代刑等问题的监督；进一步规范介入侦查、引导取证的方式，重点监督刑讯逼供、变相体罚等违反程序法、侵犯人权问题；加强对量刑畸轻畸重的案件，特别是因徇私枉法造成裁判不公案件的监督；实行无罪案件问责检讨机制，判决错误的依法抗诉，起诉失误的追究责任；建立案件催告制度、超期质询制度，加大对超期羁押的监督和纠正力度；深入开展违法减刑、假释、保外就医的专项清理工作；民事行政检察监督要重点办理因地方或部门保护主义导致错误裁判的案件，审判人员贪赃枉法、徇私舞弊的案件，尤其是人民群众反映强烈、社会影响大的案件。检察机关既要及时纠正裁判不公的案件，维护司法公正，又要着力做好正确裁判的服判息诉工作，维护司法权威。

（五）坚持从严治检，切实加强队伍建设和基层检察院建设。坚持从严治检、从严治长、从严治己，严格教育、严格管理、严格监督，把“严”字贯穿到整个队伍建设的始终。深入开展保持共产党员先进性教育活动,深入开展“正确处理情与法关系”大讨论,引导干警树立正确的世界观、人生观和价值观,提高干警的政治素质。进一步完善培训机制,大力加强以通过国家司法考试为重点的素能培训,深入开展各种形式的岗位练兵活动,切实提高干警的业务素质。坚持党的民主集中制原则,健全党内生活制度,实行上级检察院党组成员参加下级检察院班子专题民主生活会制度、下级检察院检察长每年向上级检察院党组述职报告制度、上级检察院对下级检察院巡视制度、诫勉警示谈话制度、工作失误责任追究制度、不称职领导干部调整制度、检察长离任审计制度等,用制度保证检察权的正确行使。按照省委“两风”建设的要求,认真查找廉洁自律存在的突出问题,切实解决以权谋私、以案谋私、违法办案等腐败现象。对检察人员的违法违纪行为严肃查处,绝不姑息。深入推进基层检察院执法规范化、队伍专业化和管理科学化建设,继续开展评先帮后活动,进一步抓好示范检察院建设,重点帮促后进检察院。完善业务管理体系和分类考评体系,积极探索业务工作、队伍建设和信息化建设相结合的检察工作管理机制,应用信息技术加强队伍管理、办案流程管理及质量控制,全面提高基层检察工作的整体水平。以创建“学习型检察院”为载体,开展争做学习型、专家型、实干型、廉洁型的检察干警活动,在全省检察系统形成学本领的风气、守规矩的风气、干事业的风气、谋发展的风气。

在新的一年里,我们将进一步振奋精神,认真践行“三个代表”重要思想,在省委和最高人民检察院的正确领导下,与时俱进,扎实工作,按照本次代表大会关于检察工作的决议,不断开创检察工作的新局面,为我省加快发展和老工业基地的全面振兴做出新的贡献。

# 上海市人民检察院工作报告(摘要)

——2005年1月20日在上海市第十二届人民代表大会第三次会议上

上海市人民检察院检察长 吴光裕

(2005年1月22日上海市第十二届人民代表大会第三次会议通过)

过去的一年,全市检察机关在市委和最高人民检察院的领导下,在市人大及其常委会的监督下,紧紧围绕党和国家的工作大局,坚持不懈地抓好队伍建设,从不断端正和统一执法思想着眼,从切实增强法律监督着力,从进一步提高检察工作的质量与效率着手,以专项活动和“旁听百例庭审”工作为重点,带动检察工作全面发展,各项工作取得了新的进展。

**一、依法打击刑事犯罪,全力维护社会稳定**

全市检察机关始终把维护稳定作为检察工作的重中之重,切实履行审查批捕、审查起诉职责,与公安、国家安全机关、人民法院等密切配合,从重从快打击严重刑事犯罪和危害国家安全的犯罪。全年共批准逮捕犯罪嫌疑人18158人,同比上升23.7%;提起公诉13697件19850人,同比分别上升15.4%和20.3%。

发挥刑事检察职能作用,严厉打击严重刑事犯罪。共批准逮捕故意杀人、绑架、抢劫、强奸等“八类”重大案件犯罪嫌疑人3203人,提起公诉2461件3593人。配合公安机关开展“打击色情淫秽网站”、“打击散布恐怖信息犯罪”等活动,对重大案件适时介入,组织集中公诉,取得了阶段性成果。依法严惩破坏社会主义市场经济秩序的犯罪,共批准逮捕走私贩私、制售假冒伪劣商品、侵犯知识产权、金融诈骗等经济犯罪嫌疑人311人,提起公诉294件418人。依法打击“法轮功”等邪教组织的犯罪活动，共批准逮捕32人，提起公诉32件43人。

加大打击力度，增强办案效果。针对刑事案件的高发态势，加强与有关部门的工作协调，审查批捕、起诉了“5·13”世贸商城钻石盗窃案，闸北区原平路入室抢劫、杀人案等一批重大、有影响的案件。制定常见多发性犯罪案件的逮捕证据、公诉证据参考标准，强化证据意识。在确保质量的前提下，公诉案件适用简易程序、被告人认罪案件实行简化审理的比例达到72.4%，并由专人办理这两类案件，提高了诉讼效率。

积极参加社会治安综合治理。开展集中处理群众涉法上访问题专项活动，强化工作责任制，积极探索从源头上防止和减少涉法上访的工作机制。共排查涉法上访81件，已办结74件，其中已化解或息诉65件。结合检察工作，落实加强未成年人思想道德建设的各项措施，完善“捕、诉、防一体化”的工作模式，为积极探索未成年人刑事检察制度积累了经验。在党委领导下，与社会各界积极配合，共同推动预防和减少犯罪工作的开展。如在开展社区矫正工作中，对发现的被暂予监外执行、管制、缓刑、假释人员存在脱管、失管的问题，提出了意见和建议，使问题得到及时解决。结合办案，运用检察建议、法制宣传等多种形式，加强综合治理，取得了办理一案、教育一片的良好社会效果。

**二、依法履行查办和预防职务犯罪职责，深入推进反腐败斗争**

全市检察机关坚决贯彻落实中央、市委关于推进党风廉政建设、加强反腐败斗争的总体部署，认真履行查办和预防职务犯罪的职责，努力在突出办案重点、提高办案质量、强化预防效果上下功夫。共立案侦查职务犯罪案件439件501人。

突出工作重点，加大查办贪污贿赂、挪用公款等犯罪案件力度。坚持集中力量查办大案、要案和严重侵犯群众切身利益的犯罪案件。立案侦查贪污贿赂、挪用公款等犯罪案件402件459人。其中，贪污、受贿五万元，挪用公款十万元以上大案355件；立案侦查副处级以上干部77人，其中局级干部4人。大案、要案占立案总数的88.3%。立案侦查发生在国有企业的犯罪案件249件。进一步加强与有关部门的协作配合，共追捕潜逃的职务犯罪嫌疑人7人。

严肃查办国家机关工作人员渎职侵权犯罪案件。共立案侦查37件42人。其中，重特大案15件，要案6件。属于行政执法人员和司法人员渎职侵权犯罪案件20件。开展查办国家机关工作人员利用职权侵犯人权犯罪专项活动，共立案侦查5件。

积极开展预防职务犯罪工作，努力从源头上减少职务犯罪。继续加强同有关主管部门和单位的联系和协作，根据作案的特点和规律，研究提出防范对策，推动建立防范体系，加强预防宣传和警示教育。结合典型案件深入发案单位开展个案预防159项。在行政执法机关、国有企业、医疗保险等行业和领域中开展系统预防30项。如浦东新区检察院为确保2010年上海世博会会址动迁工作顺利进行，抓住动拆迁工作中容易发生职务犯罪的环节，建议区有关部门健全和规范了动拆迁工作制度，共同做好预防职务犯罪工作。继续以开展“工程优质、干部优秀”活动为载体，围绕上海国际航运中心洋山深水港、铁路上海南站等重大建设工程开展专项预防44项，受到工程建设、管理单位的欢迎。

**三、依法履行诉讼监督职责，努力维护公平正义**

促进司法公正，维护司法权威是全市的重点工作之一，检察机关高度重视，认真落实，扎实推进，在做好日常监督工作的同时，针对人民群众反映强烈的执法不严、不公、透明度不高等问题，重点开展专项监督活动，切实加大诉讼监督力度，促进司法公正，维护司法权威。

进一步加强立案监督和侦查监督。对公安机关应当立案而不立案的，共监督立案93件。开展打击制售假冒伪劣商品、侵犯知识产权犯罪立案监督专项活动，共监督立案13件。在领导机关和有关部门的支持下，加强与公安机关和工商等12家行政执法部门的联系、沟通，建立了行政执法与刑事司法相衔接的工作机制，扩展了检察机关立案监督的信息渠道。共建议行政执法机关向公安机关移送案件55件，公安机关已立案侦查50件。在侦查监督中，对应当逮捕而未提请逮捕、应当起诉而未移送起诉的，决定追捕292人，追诉132人；对不符合法定逮捕、起诉条件的，决定不批准逮捕862人，不起诉140人。对侦查活动中的违法情况提出纠正意见24件。

进一步加强刑事、民事审判监督和行政诉讼监督。对认为有错误的刑事裁判提出抗诉23件，法院已审结的案件中改判12件。对认为有错误的民事、行政裁判提出抗诉44件，提出检察建议63件，法院已审结的案件中再审变更原裁判34件。对不服法院正确裁判的677件申诉案件,全力做好当事人服判息诉工作。

进一步加强刑罚执行和监管活动监督。开展减刑、假释、保外就医专项检查活动,共清理检查案件17060件。坚持严格执法和依法维护被监管人员合法权益并重,对监狱提请减刑、假释、保外就医案件实行同步检察,共提出不同意意见264件。会同公安机关在看守所开展了"加强监管执法、加强法律监督,保障刑事诉讼顺利进行、保障在押人员合法权益"示范单位创建活动,进一步理顺了工作关系,增强了工作合力,优化了执法环境。对超期羁押问题进行了跟踪监督,建立了羁押期限告知、期限届满提示、检查通报、超期投诉和责任追究等多项制度,有效解决了超期羁押问题。

进一步加强对检察权行使的监督制约。严格落实扣押、冻结款物管理规定,对近年来撤案、不起诉、法院判无罪案件所扣押、冻结的款物开展专项清理活动,未发现有挪用、私分扣押款物的问题。开展集中纠正违法插手经济纠纷专项检查,经过自查、抽查和走访,未发现检察人员违法插手经济纠纷的问题。开展不起诉案件专项复查活动,对2003年的127件不起诉案件逐一进行了复查,对诉讼程序存在问题的26件案件依法进行了整改,对确有错误的1件案件启动了纠正程序。认真履行刑事申诉案件复查职责,共对10件案件改变原决定或提出抗诉意见。认真开展刑事赔偿工作,共对14件案件依法作出国家赔偿。

**四、继续深化检察改革,强化和保障法律监督职能作用的发挥**

全市检察机关以强化对自身执法活动的监督制约为重点,继续深化和不断推进检察改革。

试行人民监督员制度。人民监督员制度是最高人民检察院推出的一项重要改革举措,目的在于加强对检察机关查办职务犯罪工作的外部监督,从制度上保障检察权的正确行使。人民监督员由机关、团体和企事业单位推荐产生,主要对检察机关查办职务犯罪案件中,拟作撤案、不起诉以及犯罪嫌疑人不服逮捕决定的案件实行监督。全市检察机关从2004年5月起先在徐汇、嘉定区检察院开展人民监督员制度试点工作,并于10月1日起扩大试点范围。目前,全市有人民监督员65人,有8件案件进入了人民监督员监督程序。从试点情况看,实行人民监督员制度,增强了执法透明度,强化了人民群众对检察工作的监督,促进了办案质量和执法水平的提高。

健全检察工作机制,不断提高工作水平。继续完善案件质量保障体系,健全案件质量评估标准,探索建立科学的考核机制。修订《检察实务手册》,制定初查工作规则,进一步规范业务流程,加强案件管理。各级检察院检察委员会每季度检查评析办案质量,加强对疑难、复杂案件的研究、指导。积极推行绩效管理,试行检务效能监察。大力加强检察信息化建设,努力提高检察工作的科技含量。通过努力,办案质量进一步提高,犯罪嫌疑人逮捕后作不起诉处理或被判无罪的16件,同比下降42.9%;公诉案件撤诉的17件,同比下降34.6%;自侦案件撤案的11件,同比下降11.4%。

**五、加强检察队伍建设,努力提高执法能力和执法水平**

全市检察机关坚持一手抓业务工作,一手抓队伍建设,坚持不懈地把队伍建设的着力点放到加大工作力度、提高执法水平和办案质量上,促进了检察队伍的规范化建设和执法水平的提高。

树立和落实科学发展观,端正和统一执法思想。认真思考检察工作落实科学发展观的途径与措施。坚持不断端正和统一执法思想,使符合社会主义政治文明要求的司法理念和执法思想逐步成为检察人员的自觉追求,并贯彻落实到执法办案的各个环节。进一步强化法律监督职能,努力为上海全面深化改革,进一步完善社会主义市场经济体制服务。

开展深化"强化法律监督,维护公平正义"教育活动。继续深入查找并切实解决业务工作和队伍建设中的突出问题,促进法律监督职能的全面正确履行。坚持统筹兼顾,使教育活动与日常学习教育,与"让人民高兴、让党放心"、"坚持执法为民,确保公正司法"等其他教育活动,与学习各类先进典型、争先创优活动结合起来,互相融合、互相促进,共同推进队伍建设和业务工作的发展。

加强基层检察院建设。重点抓好基层检察院领导班子建设,采取市检察院领导参加区县检察院领导班子民主生活会、区县检察院检察长向市检察院述职、不定期巡视区县检察院工作等措施,进一步加大对区县检察院领导班子管理、考核和监督的力度,先后对17个检察院领导班子的22名成员进行了交流、调整。继续深入开展先进检察院和文明单位创建活动。进一步发挥市检察院在基层检察院建设工作中的领导作用,帮助基层检察院解决工作中遇到的困难和问题。在加强基层检察院建设的同时,继续抓好市、分院机关建设,为基层检察院做好表率。

加强人才培养工作。制定《2004~2008年上海检察人才发展规划》,落实各类检察人才的培养、选拔、使用制度。通过评选十大"检察标兵"、检察业务专家以及优秀公诉人、优秀侦查员等业务骨干,努力建设上海检察人才高地。积极推行公开遴选检察官制度。改革干部教育培训机制,推行"逢晋必考"。目前,全市检察人员中本科以上学历的占75.7%,同比上升17.1个百分点,其中获得硕士以上学位的占3.1%。

加强检察机关廉政勤政建设。坚持从严治检,认真吸取近年来检察人员发生违法违纪问题的深刻教训,加强教育、严格管理、努力防范。制定领导干部诫勉谈话制度,重点加强对党员领导干部的教育和管理。制定检察人员业余时间自律要求,加强对检察人员业余时间的延伸监督。2004年未发现检察人员违法违纪。

**六、自觉接受人大及其常委会的监督,不断改进检察工作**

自觉接受人大及其常委会的监督,是做好检察工作的重要保证。去年,市人大常委会进一步加强对检察工作的监督,开展了"旁听百例庭审"调研活动。其中,旁听和评议公诉案件38件。对此,全市检察机关高度重视,要求以此为契机,推动出庭公诉工作再上新水平。针对各阶段的反馈意见,我们及时加以整改。市检察院和各级检察院检察委员会加强了对出庭公诉工作的指导,对主诉检察官开展集中业务培训,对制作出庭预案、检察官出席刑事法庭提出了统一的要求,促进了出庭公诉工作的规范化。重视检察长向人大常委会述职工作。去年,一分院就前年检察长述职后的评议意见认真作了整改,并向市人大常委会作了书面汇报,另外还有五位基层检察院的正、副检察长向区人大常委会进行工作述职。针对去年"两会"期间人大代表、政协委员提出的关于进一步提高工作水平、加强队伍建设等方面的建议,认真落实改进措施。受理并办结市人大及其常委会交办件、人大代表提出的书面意见以及市政协提案32件,及时地做好反馈、答复工作。定期邀请人大代表、政协委员以及特约检察员、廉政监督员、人民监督员等视察检察工作,倾听社会各界对检察工作的意见和建议,主动接受监督。

一年来,检察工作取得了新的进展,但也存在一些问题,主要是:法律监督工作的力度、深度、广度与人民群众的期望相比还有不小的差距,特别是对诉讼活动中有法不依、执法不严、司法腐败等问题监督力度还不够;有效处理和解决群众涉法上访,化解矛盾纠纷,促进社会和谐稳定的能力还不强;检察队伍的执法水平还不能完全适应新形势的需要,能够独立办理重大复杂案件的业务骨干还不够多,个别案件办案质量不高,出庭效果欠佳;少数检察人员事业心、责任心不强,公众形象不理想。对此,我们正在采取措施,努力加以解决。

2005年,全市检察机关要以邓小平理论、"三个代表"重要思想为指导,牢固树立和全面落实科学发展观,认真贯彻落实党的十六届四中全会精神,按照市委八届六次全会和全国检察长会议的工作部署,坚持以实施科教兴市主战略、加强法律监督能力建设为主线,以维护社会稳定、构建和谐社会为重点,以深化检察改革为动力,以公正执法为核心,全面加强队伍专业化、执法规范化和管理科学化建设,努力为上海进一步推进改革开放,促进全面发展做出贡献。

第一,深入贯彻落实党的十六届四中全会精神,进一步提高检察机关的法律监督能力。

要按照加强党的执政能力建设的总要求,结合检察工作实际,切实提高全市检察机关和全体检察人员的法律监督能力,即:不断增强履行检察职能,打击和预防刑事犯罪,维护社会稳定的能力;打击和预防职务犯罪,促进廉政建设的能力;正确处理群众诉求,化解矛盾纠纷,促进社会和谐的能力;敢于监督、善于监督、规范监督,促进严格执法和公正司法的能力;强化自身监督和制约,严格、公正、文明执法的能力。要深刻领会胡锦涛总书记在上海考察时的重要讲话精神,全面正确履行法律监督职能,加大工作力度,进一步提高执法水平和办案质量。

第二,全面履行检察职能,努力为改革发展稳定大局服务。

把维护稳定作为检察工作的首要任务,努力营造和谐稳定的社会环境。坚持依法妥善处理群众涉法上访,正确处理好人民内部矛盾,努力化解不安定因素。继续重点打击严重暴力犯罪、黑恶势力及有组织犯罪,尤其要把抢劫、抢夺、盗窃等侵财性犯罪作为打击的重中之重,增强群众的安全感。坚决依法惩处金融诈骗、非法集资、制假售假、侵犯知识产权和走私等破坏社会主义市场经济秩序的犯罪。进一步加强未成年人刑事检察工作,教育、感化、挽救失足未成年人。坚持"打防结合,预防为主",积极参与构建预防和减少犯罪的工作体系,全力维护社会稳定。

加大执法办案力度,保持查办和预防职务犯罪工作深入、健康发展。集中力量查办国家工作人员职务犯罪大案、要案,重点查办发生在党政领导机关和领导干部中的职务犯罪案件。严肃查办行政执法和司法不公背后的腐败犯罪案件,查办发生在重大工程项目建设、金融、土地管理等领域以及在国有企业改制、破产和经营活动中的职务犯罪案件。对重大责任事故、重大违法案件和重大侵民事件中涉及的国家机关工作人员渎职侵权犯罪案件,要抓住不放,一查到底。同时,对那些为谋取不正当利益拉拢腐蚀干部、危害严重的行贿犯罪,也要坚决依法查处。要继续立足检察职能,做好预防职务犯罪工作,努力实现预防和查案的有机结合。

全面加强诉讼监督,努力营造公正高效的法治环境。坚持打击犯罪与保障人权相结合、加强诉讼监督与查处司法腐败相结合,努力促进司法公正,维护司法权威。继续推进监所检察工作规范化建设,巩固清理纠正超期羁押的成果。严格规范自身执法活动,切实提高执法水平和办案质量,全面准确地行使检察权。

继续深化检察改革,确保人民监督员制度试点取得实效。按照中央、市委、最高人民检察院关于司法体制和检察体制、机制等方面改革的要求,进一步推进和深化检察改革。扎实做好人民监督员制度试点工作,及时总结经验,推动人民监督员制度的规范化。

第三,继续加强队伍建设,不断提升检察人员的综合素质和执法水平。

认真抓好保持共产党员先进性教育活动,加强思想政治建设,树立正确的执法观。综合运用教育、监督、管理等多种手段,进一步加强各级检察院领导班子建设,提高领导干部素质。坚持和完善市检察院对下级检察院的巡视制度、上级检察院检察长和纪检监察部门负责人同下级检察院检察长谈话制度、反贪局正副局长定期轮岗交流制度。抓紧落实检察人才发展规划中提出的目标和要求,加快实施人才强检战略。加强检察国际交流与合作,拓宽检察官的培训渠道。开展以提高业务技能为核心的正规化分类培训,进一步改善和优化检察队伍的素质结构。积极探索并适时推广检察业务建设、队伍建设和信息化建设相结合的管理机制,全面提升检察机关的执法能力和管理水平。

在新的一年里,我们将在市委和最高人民检察院领导下,在市人大及其常委会的监督下,进一步振奋精神,务实开拓,强化法律监督,维护公平正义,在为上海改革发展稳定的服务中努力做出新的贡献。

# 江苏省人民检察院工作报告(摘要)

——2005 年 1 月 21 日在江苏省第十届人民代表大会第三次会议上

江苏省人民检察院检察长　周振华

(2005 年 1 月 22 日江苏省第十届人民代表大会第三次会议通过)

2004 年,全省检察机关在省委和最高人民检察院的领导下,在省人大及其常委会的监督下,以"三个代表"重要思想和科学发展观为指导,认真贯彻党的十六大和十六届三中、四中全会精神,根据全省法院检察院工作会议的部署，突出“强化法律监督，维护公平正义”的工作主题，认真履行法律监督职责，为维护我省社会稳定，建设“法治江苏”，推进“两个率先”进程，发挥了积极的作用，取得了新的成效。

**一、紧紧围绕“两个率先”大局，全面履行检察职能**

全省检察机关自觉把检察工作融入“两个率先”大局，突出工作重点，加大工作力度，努力为我省经济社会发展创造稳定的社会环境和良好的法治环境。

全力维护社会稳定。积极开展创建“平安江苏”活动。依法严厉打击各类严重刑事犯罪。全年共受理公安机关、国家安全机关、海关走私犯罪侦查部门提请批准逮捕的各类犯罪嫌疑人47228人，经审查批准逮捕42814人；受理移送审查起诉61208人，提起公诉54191人。坚持适时介入重特大案件，积极引导侦查取证。加强控告申诉接待工作，落实首办责任制，就办理群众来信来访向社会作出八项公开承诺，及时解决群众反映的问题，共受理来信来访35126件次，妥善处理集体访、告急访299次；对人民法院正确的民事、行政判决、裁定，认真做好申诉人的息诉服判工作，全年共息诉2414件。积极参与社会治安防控体系建设和社区矫正工作；深入开展创建优秀“青少年维权岗”活动，不断探索新形势下维护青少年合法权益的新途径。

深入查办和预防职务犯罪。全年共立案查办贪污贿赂、渎职侵权等职务犯罪案件1812件1910人，为国家挽回直接经济损失3.6亿元。立案查办贪污贿赂五万元以上、挪用公款十万元以上大案1204件，大案率上升了23个百分点；立案查办县处级以上干部111人，其中厅级干部7人。深入查办热点领域和热点行业的职务犯罪案件，共立案查办发生在医疗、教育、建筑等领域的职务犯罪案件227件233人；立案查办行政执法人员、司法人员职务犯罪案件282件290人。大力推进侦查一体化建设，增强发现和突破大要案件的能力。积极开展预防职务犯罪工作，共结合办案开展个案预防1156件，向有关部门和单位发出预防职务犯罪的检察建议1043件，其中被采纳621件。省检察院根据省人大常委会的立法规划，认真开展《江苏省预防职务犯罪条例》的立法调研和草案起草工作；组织了“预防职务犯罪我们共同参与”有奖征文评选活动；会同省建设厅等部门开展了工程建筑领域行贿档案查询试点工作。

进一步强化诉讼监督。刑事立案监督工作共对应当立案而未立案的，监督侦查机关立案580件759人。侦查监督工作共对应当提请批准逮捕而未提请、应当移送审查起诉而未移送的，依法追加逮捕535人、追加起诉191人；对不符合逮捕、起诉条件的，依法决定不批准逮捕2875人、不起诉886人；对侦查工作中的违法情况提出纠正意见391件次。刑事审判监督工作共对认为确有错误的刑事判决、裁定提出抗诉47件。刑罚执行监督工作共对刑罚执行活动和监管活动中的违法情况提出书面纠正意见29人次；纠正超期羁押3人。民事审判、行政诉讼监督工作共对确有错误的民事、行政判决、裁定提出抗诉406件，提出再审检察建议193件。法院审结249件，其中改判94件，调解75件。

**二、坚持执法为民，认真解决人民群众反映的突出问题**

全省检察机关自觉把“立检为公、执法为民”的要求落实到检察工作中，针对人民群众反映强烈的突出问题，认真开展了四个专项活动。

集中处理涉法涉诉信访。全面梳理了2003年以来检察机关接访的案件，对属于检察机关管辖的2634件涉法涉诉信访案件，落实办案责任制，定领导、定人员、定方案、定时限，使每一件案件都有明确的责任人和办结的时间表。省检察院先后派出13个督查组，对各地的工作情况进行督查、督办。各级检察院根据信访工作的新情况、新问题，建立健全工作机制，促进信访问题的解决。全年共办结涉法涉诉信访案件2265件，最高人民检察院和省检察院交办、督办的案件全部办结。

开展打击制假售假、侵犯知识产权犯罪专项立案监督工作。建立健全行政执法与刑事执法相衔接的工作机制，完善联席会议、案件查询和备案审查等制度，加强与行政执法机关的联系，形成合力，加大打击力度。各级检察院共走访行政执法机关692次，查询案件2196件；建议行政执法机关移送涉嫌犯罪案件102件115人，监督公安机关立案25件27人。

严肃查办侵犯人权职务犯罪。对2002年以来涉及侵犯人权的职务犯罪举报线索逐一分析、认真排查，对重点线索挂牌督办。共立案查办国家机关工作人员利用职权侵犯人权犯罪案件62件70人，其中非法拘禁案件19件，刑讯逼供案件6件。

对减刑、假释、保外就医工作进行专项检查。与省公安厅、省司法厅联合对2002年以来减刑、假释、保外就医的65508人次逐案逐人进行检查，发现并纠正违反法定条件、法定程序和有关规定减刑、保外就医57人，对保外就医条件消失的督促收监42人，立案查办涉嫌徇私舞弊减刑、保外就医的犯罪案件2件3人，促进了刑罚执行活动和监管活动的依法开展。

**三、建立健全监督制约机制，保障公正执法**

全省检察机关进一步加强执法规范化建设，完善内外部监督制约机制，规范执法行为，促进执法水平和办案质量的提高。

全面开展人民监督员制度试点工作。经省检察院积极筹备、省委和最高人民检察院批准，省检察院和南京等5个市检察机关于2004年6月1日起先行开展人民监督员制度试点工作，10月1日起在全省检察机关全面推开。经民主推荐，相关部门审核，人大常委会备案，全省共选任人民监督员1219名，其中各级人大代表412名，政协委员307名。人民监督员认真履行监督职责，敢于监督，善于监督，有力地促进了检察机关办案质量的提高。到2004年年底，全省共有82件案件进入了人民监督员监督程序，人民监督员经过监督提出不同意见的4件。

积极推进执法规范化建设。认真落实《关于进一步加强和规范职务犯罪侦查办案工作的意见》，不断加强职务犯罪侦查工作流程管理，规范办案程序，保证办案质量，促进公正执法、文明执法。严格执行《关于进一步加强检察执法活动内部监督制约的意见》，强化对初查、逮捕、撤案、不起诉等环节的内部监督制约，规范检察权的运行。重新修订了查办职务犯罪案件工作考评办法，逐步建立起全省统一的办案工作考评机制，引导和促进检察业务工作规范发展。严肃办案纪律，落实错案责任追究制和工作责任追究制，切实防止和纠正不规范的执法行为。

自觉接受人大和社会各界监督。主动向同级人大常委会报告重大工作部署和重要情况384次；邀请人大代表、政协委员视察检察工作295次。认真办理人大代表、政协委员提出的建议、提案和转交的案件，共受理218件，办结211件，还有7件正在抓紧办理之中。自觉接受社会各界的监督，不断改进工作。省检察院对特约检察员进行了换届，进一步加强与民主党派、无党派人士的联系；走访了省政协、统战部等11家单位，听取对省检察院机关作风建设的意见。

**四、深化教育活动，不断加强队伍建设**

全省检察机关坚持以提高队伍整体素质为目标，以基层检察院建设为重点，坚持从严治检，突出班子建设，加强人才培养，努力建设一支高素质的检察队伍。

深化“强化法律监督，维护公平正义”教育活动。按照“重在深化，务求落实，突出重点，解决问题，分工负责，整体推进”的要求，把深化教育活动与争创先进检察院、公正执法树形象等活动有机结合起来，认真解决队伍建设和业务工作中存在的监督不到位、执法不公正、作风不文明等问题。坚持把理论武装贯穿教育活动的始终；坚持典型引路，用身边人、身边事教育和激励干警；坚持查摆问题，完善机制，开展了不起诉案件专项复查、职务犯罪案件扣押冻结款物专项检查和集中纠正违法插手经济纠纷清理工作，深入查找执法观念、执法作风和执法行为等方面存在的问题，不断完善长效管理机制。进一步加大自身执法执纪力度，全年共查处违法违纪检察人员24人。

突出领导班子建设。严格执行最高人民检察院提出的关于严禁违法干预办案、插手经济纠纷、利用职权谋取私利等“六个严禁”的要求。完善了上级检察院派员参加下级检察院党组民主生活会制度，建立了领导干部任前廉政谈话、诫勉谈话及述职述廉等制度。主动加强与地方党委的联系和沟通，加大协管力度，加强下级检察院领导班子建设。对全省基层检察院领导班子建设进行全面调查，及时掌握情况，总结经验，解决突出问题。对全省252名基层检察院检察长、分管职务犯罪侦查工作的副检察长进行了培训，提高基层检察院领导班子的执法能力和管理水平。省检察院针对班子建设的新情况，从健全制度着手，强化班子的思想、纪律、作风建设，作出了秉公执法、严格自律、管好身边人等廉洁从检的五项承诺。

培养检察人才。以能力建设为主线，抓好岗位人才、专门型人才和专家型人才的培养。省检察院制定了《关于进一步加强检察人才队伍建设的意见》，逐步建立科学的人才培养、评价、考核和管理使用机制。积极开展岗位练兵、业务竞赛，增强岗位技能。省检察院组织了全省公诉人素质考试、优秀侦查员、“十佳侦查监督办案能手”和“民事行政检察办案能手”考核评选活动，共有61名干警获得“十佳”或“办案能手”称号。全面开展教育培训，提高干警业务素质。共举办培训班357期，培训干警15376人次。

加强基层检察院建设。广泛开展争创先进检察院活动。省检察院制定了《2004年度基层检察院建设工作实施意见》，召开了全省检察长工作会议，坚持“抓两头、促中间”，充分发挥18个省级示范检察院的榜样作用，同时确定8个重点帮促检察院，建立了上级检察院领导联系基层制度，实行领导包干责任制，帮助基层检察院解决存在的困难和问题，促进后进检察院的转化，确保基层检察院建设整体推进。省、市两级检察院下派49名干部到基层检察院挂职或任职，进一步充实加强基层检察院领导班子力量。经过严格的考评，有8个基层检察院被推荐为全国先进检察院。

2004年，全省检察工作取得了新的成绩。这些成绩的取得，离不开党委的正确领导、人大的有力监督和政府以及社会各界的大力支持。2004年，省委召开了全省法院检察院工作会议，作出了《关于进一步加强法院检察院工作的决定》，对检察工作提出了新的要求，指明了发展方向。各地党委、人大、政府认真贯彻全省法院检察院工作会议精神，进一步加大了对检察工作的领导、监督和支持力度，专题研究检察工作，切实为检察机关解决问题和困难，创造良好的执法环境和执法条件，对检察工作的发展起到了强有力的推动作用。面对良好的发展机遇，我们深感责任重大，唯有切实加强法律监督能力建设，不断提高服务“两个率先”的水平，才能不辜负省委和全省人民对检察机关的期望。

在看到成绩的同时，我们也清醒地认识到，检察工作中还存在着一些问题和不足，主要表现在：新的执法观念还没有完全落实到检察实践中去；法律监督工作的力度还不够，与党和人民群众的要求还有一定的差距；执法不规范、执法不文明、作风简单粗暴的现象仍有发生；随着案件数量的上升和新情况、新问题不断呈现，检察队伍的力量和能力还不能适应工作的需要；队伍的教育管理还存在一些问题，个别干警严重违法违纪，影响极坏。对这些问题，我们将在今后的工作中，在各方面的关心支持下，采取有效措施，认真加以解决。

2005年是全面实现第十个五年计划目标的最后一年，也是推进“两个率先”进程的重要一年。全省检察机关将坚持以邓小平理论、“三个代表”重要思想和科学发展观为指导，认真贯彻党的十六大和十六届四中全会精神，按照全省法院检察院工作会议、全省政法工作会议的部署，坚持“立检为公、执法为民”，紧紧围绕改革发展稳定大局和“强化法律监督，维护公平正义”的工作主题，全面履行检察职能，加强执法规范化、队伍专业化和管理科学化建设，深化检察改革，加强检务保障，努力提高法律监督能力，推动检察工作创新发展，为构建和谐社会，建设“法治江苏”，实现“两个率先”提供有力的司法保障。我们将按照这一工作思路，着重抓好以下几个方面：

一是深入开展“平安江苏”创建活动，全力维护社会稳定。加强与公安、法院等部门的配合，依法从重从快打击各类严重刑事犯罪。正确运用宽严相济的刑事政策，实现法律效果和社会效果的有机统一。高度重视解决检察环节的涉法涉诉信访问题，积极排查和化解各类矛盾纠纷，促进社会和谐发展。

二是严肃查办和积极预防职务犯罪，促进党风廉政建设和反腐败斗争的深入开展。集中力量查办贪污贿赂等职务犯罪大案要案，严肃查办国家机关工作人员利用职权侵犯人权犯罪案件。加强对办案工作的流程管理，提高执法水平。按照省人大常委会的要求，认真做好预防职务犯罪立法的相关工作，着力推动预防职务犯罪工作社会化、专业化、法制化进程，努力从源头上遏制和减少职务犯罪的发生。

三是强化法律监督职能，维护司法公正和司法权威。坚决纠正有案不立、有罪不究、裁判不公，违法减刑、假释、保外就医，以及超期羁押、随意变更强制措施等问题。加大民事审判、行政诉讼监督力度，不断提高抗诉和再审检察建议的质量和效率。严肃查办执法不公背后隐藏的司法人员贪赃枉法、徇私舞弊等职务犯罪案件，努力促进司法公正。

四是持之以恒地加强队伍建设，不断提高法律监督能力。认真开展保持共产党员先进性教育活动。进一步加强领导班子建设，强化领导干部的自律和监督。坚持从严治检，大力加强作风建设。积极推进人才建设,加强教育培训,优化队伍素质结构。采取扎实有效的措施,加强法律监督能力建设。不断增强打击和预防刑事犯罪,维护社会稳定的能力;依法查办和预防职务犯罪,促进廉政建设的能力;正确处理群众诉求,化解矛盾纠纷,促进社会和谐的能力;敢于监督、善于监督、规范监督,促进严格执法和公正司法的能力;强化自身监督和制约,严格、公正、文明执法的能力。

五是扎实推进检察改革,完善法律监督体制和机制。认真贯彻中央和省委关于司法体制和工作机制的改革意见,结合江苏检察工作实际,制定切实可行的实施方案。深化人民监督员制度试点工作。完善内部执法机制,深化检务公开,落实办案责任制和错案追究制,提高执法水平和办案质量。

六是进一步推动基层检察院建设,奠定履行法律监督职能的坚实基础。以公正执法为核心,以强化法律监督为目标,以争创先进检察院活动为载体,认真落实加强基层检察院建设的各项措施。推动建立业务工作、队伍建设和信息化建设相结合的长效管理机制,提高基层检察院建设水平。

在新的一年里,我们将在省委和最高人民检察院的领导下,在省人大及其常委会的监督下,认真实践"三个代表"重要思想,紧紧围绕"两个率先"大局,全面履行检察职能,大力加强法律监督能力建设,为建设社会主义和谐社会,实现社会公平与正义,做出新的更大的贡献!

# 浙江省人民检察院工作报告(摘要)

——2005年3月1日在浙江省第十届人民代表大会第三次会议上

浙江省人民检察院代检察长　陈云龙

(2005年3月3日浙江省第十届人民代表大会第三次会议通过)

2004年是我省全面落实科学发展观,深入实施"八八战略",建设"平安浙江",推进经济社会全面协调发展取得重大进展的一年。省人民检察院在省委和最高人民检察院的领导下,在省人大及其常委会的监督支持下,带领全省检察机关,以"三个代表"重要思想、科学发展观和党的十六大、十六届三中、四中全会精神为指导,按照省委的决策部署,认真贯彻落实省十届人大二次会议关于检察工作的决议,紧紧围绕改革发展稳定的大局,加大工作力度,提高执法水平和办案质量,全面履行法律监督职责,加强检察队伍和基层检察院建设,努力为我省的改革,建设和发展创造和谐稳定的社会环境和公正高效的法治环境,工作取得了新的成效。

**一、依法打击各类严重刑事犯罪,全力维护社会稳定**

维护社会稳定,是全面建设小康社会的重要保证,是建设"平安浙江"的重要内容。全省检察机关把维护社会稳定作为首要任务,充分发挥职能作用,与公安、法院等部门密切配合,加大打击各类严重刑事犯罪力度,狠抓综合治理措施的落实,努力维护我省的社会稳定。共依法批准逮捕各类刑事犯罪嫌疑人61559人,提起公诉73928人,比上年分别增加25.2%和28%。

严厉打击严重刑事犯罪。增强国家安全意识,坚决打击境内外敌对势力、宗教极端势力以及"法轮功"等邪教组织的犯罪活动。共批准逮捕间谍犯罪嫌疑人5人,起诉5人;批准逮捕利用"法轮功"等邪教组织危害国家安全和政治稳定的犯罪嫌疑人66人,起诉62人。坚持严打方针不动摇,对爆炸、杀人、绑架等严重暴力犯罪,黑恶势力犯罪,重大盗窃、抢夺等侵财性犯罪和毒品犯罪,适时介入公安机关侦查活动,上级检察院加强指导和督办,依法快捕快诉,保持对严重刑事犯罪的高压态势。共批准逮捕严重暴力犯罪、黑恶势力犯罪、侵财犯罪和毒品犯罪嫌疑人52060人，起诉57834人，同比分别增加22.8%和25.7%。同时，针对突出的社会治安问题，检察机关与公安、法院等部门密切配合，开展专项集中打击和整治行动，维护了社会治安秩序的稳定。

依法打击破坏市场经济秩序犯罪。积极参加整顿和规范市场经济秩序工作，综合运用批捕、起诉和诉讼监督等职能，重点打击走私、诈骗、偷税骗税、制假售假、侵犯知识产权等经济犯罪，维护社会主义市场经济的法律秩序。共批准逮捕各类破坏市场经济秩序犯罪嫌疑人1114人，起诉2103人。对人民群众反映强烈、严重危害群众身体健康、生命安全的制售有毒有害食品、伪劣药品等犯罪活动，坚持依法从重从严予以惩处。全省共批准逮捕生产、销售伪劣商品的犯罪嫌疑人107人，起诉155人。

改进和加强审查批捕审查起诉工作。针对刑事犯罪案件大幅上升，案多人少矛盾突出的实际，坚持严格依法办案，通过实行案件分类办理，依法适用简易程序和被告人认罪案件普通程序简化审理等，加快办案节奏，增强打击犯罪的及时性。继续抓好庭审考核、观摩评议等工作，推进多媒体示证，落实检察长出庭支持公诉的制度，提高出庭支持公诉、运用证据揭露证实犯罪的能力。坚持宽严相济、区别对待，集中力量打击严重犯罪，对具有法定从宽条件的依法从宽处理，立足于教育挽救，使办案有好的效果。保障律师在诉讼程序中依法行使权利，开展批准逮捕后撤案、不起诉和判决无罪案件专项检查，加强刑事诉讼中的人权保障。

认真落实社会治安综合治理措施。结合办案，分析管理和建设中存在的问题，提出检察建议，帮助发案单位及有关部门堵漏建制。深入开展创建“优秀青少年维权岗”活动，加强对青少年的法制教育和对犯罪青少年的教育、感化、挽救工作。参与社区矫正活动，配合有关部门做好对社区矫正人员的帮教工作。高度重视加强群众信访工作，落实群众信访工作一把手负责制和控告申诉首办责任制，推行重大疑难信访案件领导包案制，对久诉不息的重大疑难信访案件实行公开听证、公开答询，“阳光操作、公开息诉”，化解矛盾，消除不安定因素。一年来，共接待和处理群众控告、举报、申诉26475件。

**二、加大惩治和预防职务犯罪力度，促进反腐败斗争的深入**

惩治和预防贪污贿赂、渎职侵权等职务犯罪，是推进反腐败斗争深入的重要举措。全省检察机关认真贯彻标本兼治、综合治理，惩防并举、注重预防的方针，加强惩治和预防职务犯罪工作。共立案查处贪污贿赂、渎职侵权等职务犯罪案件1368件1566人，立案的案件数同比下降1.9%，立案查处的人数同比上升6.1%。通过办案挽回直接经济损失2.46亿元。

突出查办贪污贿赂犯罪大案要案。重点查办发生在县处级以上领导干部中的犯罪大要案，以及其他严重损害群众利益、犯罪金额大、影响大的案件。共查办贪污贿赂在五万元、挪用公款在十万元以上的大案729件，其中一百万元以上的案件49件，同比增加32.4%。查办科局级以上领导干部犯罪案件390件，其中县处级领导干部犯罪案件105件，厅级以上干部犯罪案件4件，要案数同比增加29.8%。查办拉拢腐蚀干部、危害严重的行贿犯罪嫌疑人219人。

加大查办渎职侵权犯罪案件力度。以开展严肃查办国家机关工作人员侵犯人权犯罪专项行动为契机，紧紧围绕群众反映强烈的问题，加大办案力度。共立案查办国家机关工作人员渎职侵权犯罪案件171件，同比增加13.2%。其中，徇私舞弊案19件，滥用职权案79件，玩忽职守案62件，刑讯逼供、非法拘禁等侵犯公民人身民主权利案8件；重特大案件61件，同比增加22%；科级以上干部62人，同比增加14.8%。

提高办案的质量和社会效果。建立案件线索移送的责任制和激励机制，加强侦查一体化建设，提高自行发现线索、自行突破案件的能力；加强对讯问犯罪嫌疑人全程同步录音录像制度落实情况的检查督促，并在部分检察院试行案件提请批捕移送起诉时随案移送录音录像制度，规范侦查行为，推进依法独立办案。深化对办案质量的认识，坚持“一要坚决，二要慎重，务必搞准”的原则，严把案件的事实关、证据关、程序关和法律适用关，把案件办准；同时注意把握办案的时机、策略和方法，结合办案做好服务经济社会发展的具体工作，使案件的办理既有好的法律效果，又有好的社会效果。一年来，职务犯罪案件的办理质量进一步提高。立案查处的职务犯罪案件中，已侦查终结1328件，经审查已起诉1135件,起诉率为93.6%。

加强预防职务犯罪工作。认真抓好省委《反腐倡廉防范体系实施意见》在检察环节的落实。结合办案,继续深入开展发案单位个案预防、多发行业系统预防、重大工程专项预防、法制宣传警示预防。全省检察机关会同建设管理部门,在工程建设领域全面启动了行贿行为档案查询试点工作和建设市场不良行为记录与公示工作,在金融、海关、医药卫生、国土管理等系统,与809个单位和部门联合开展了行业预防工作,对499个重大工程开展了专项预防,向有关单位提出检察建议557份,配合有关单位和部门开展警示教育活动393次。省人民检察院会同省监察厅、省发展和改革委员会等成立了"五大百亿"工程职务犯罪预防工作领导小组,重点抓了"五大百亿"工程的职务犯罪预防工作。省人民检察院还对上年立案查办的处级以上领导干部犯罪要案和司法人员职务犯罪案件进行了剖析,提出了加强预防的意见和建议。

**三、强化诉讼监督,维护司法公正**

强化诉讼监督,维护司法公正,是创造公正高效的法治环境的必然要求,是检察机关的重要职责。全省检察机关以惩治司法腐败为重点,紧紧抓住执法中存在的突出问题,加强监督。

深挖查办隐藏在司法不公背后的腐败案件。调整人民检察院直接受理案件的侦查分工,明确各业务部门发现和查办司法腐败案件的职责,把对诉讼活动的监督职能与对职务犯罪的侦查职能有机结合起来,加强对司法腐败案件的查处。全省共立案查办司法人员职务犯罪案件59件。

加强刑事立案监督。省人民检察院会同省公安厅与省工商行政管理局等14家行政执法机关联合下发规范性文件,在全省建立起刑事执法与行政执法相衔接的工作机制,防止和纠正以罚代刑。加强立案监督,重点对社会危害大、群众反映强烈、可能判处有期徒刑以上刑罚的该立不立案件进行监督,防止和减少有罪不究。共监督侦查机关对710件该立案而未立案的案件作出了立案侦查的决定,其中提起公诉后被判处五年有期徒刑以上刑罚的34人,同比增加88.9%。同时,对侦查机关不该立案而立案的监督工作也有加强,共监督侦查机关对145件不该立案而立案的案件作了撤案处理,同比增加96%。

加强对刑事侦查、审判和刑罚执行活动的监督。对侦查活动的监督,既注重加大追捕追诉力度,防止打击不力,又注意加强对严重违反程序、侵犯人权以及违法改变强制措施等问题的监督纠正。共依法追捕268人,追诉252人,对2588人作出了不批准逮捕决定,对699人作出了不起诉决定,同时向侦查机关发出纠正违法通知书69件(次),已纠正49件。刑事审判监督以纠正有罪判无罪、重罪轻判、轻罪重判为重点,突出抓确有错误判决裁定的抗诉,共提出刑事抗诉93件。刑罚执行监督继续重点加强对违法减刑、假释、保外就医和超期羁押问题的监督纠正,共纠正暂予监外执行、减刑、假释裁定不当案件308件,纠正超期羁押被监管人14人(次),超期羁押在我省已基本杜绝。

加强民事审判和行政诉讼监督。把侵害国家利益、社会公共利益、人民群众关注以及审判人员枉法裁判的案件作为民事行政抗诉的重点。共提出民事行政抗诉案件509件,法院已审结433件,其中改判、调解结案和撤销原判发回重审295件。探索保护国有资产和公共利益的新途径,依法支持、督促民事起诉156件,挽回国有资产损失8000余万元。省人民检察院与省高级人民法院还联合下发《关于办理民事行政抗诉案件若干问题的意见》,就民事行政抗诉案件的审理法院、期限以及运用检察建议启动再审程序等作出规定,为民事行政检察工作的深入开展提供制度保障。

**四、提高执法能力和水平,推进公正执法**

依法治国、依法治省进程的加快和经济社会的快速发展,对检察机关公正执法提出了新的更高要求。全省检察机关积极采取措施,提高执法能力和水平,推进公正执法。

加强调查研究,提高服务大局的自觉性。深入实施"八八战略"、建设"平安浙江",是省委作出的重大战略决策。为把检察工作融入大局之中,省人民检察院组织全省检察机关成立由检察长挂帅的调研组,深入开展"'八八战略'与检察工作"课题调研,把握经济社会发展对检察工作提出的新要求,研究检察工作适应新形势、强化职能服务大局的具体措施,并开展调研成果的讨论和交流,增强各级检察院和检察长的大局意识和全局观念,提高为大局服务的自觉性和主动性。在此基础上,立足检察职能,着眼于建设"平安浙江"的目标、任务和要求,制定实施了《浙江省检察机关建设"平安浙江"、服务"八八战略"的若干意见》,引导全省检察机关树立和落实科学发展观，强化"立检为公、执法为民"的宗旨观念，全面履行法律监督职责，在建设"平安浙江"中充分发挥检察职能作用。

组织开展专项行动，使执法办案紧贴群众。针对群众反映强烈、迫切需要加以解决的问题，根据最高人民检察院的部署，省人民检察院组织全省检察机关先后开展了打击制假售假、侵犯知识产权犯罪专项立案监督，减刑、假释、保外就医专项检查，集中处理涉法上访问题，严肃查办国家机关工作人员利用职权侵犯人权犯罪，自侦案件扣押、冻结款物检查清理，不起诉案件专项复查，纠正违法插手经济纠纷七个专项行动。在专项行动中，监督侦查机关立案侦查制假售假、侵犯知识产权犯罪案件59件67人；纠正违法减刑、假释、保外就医案件15件；办理涉法上访案件1186件，已办结1171件，内已息诉罢访968件，占办结数的82.7%；立案查处国家机关工作人员利用职权侵犯人权犯罪案件28件；对2001年以来查办职务犯罪案件中扣押、冻结款物情况，2003年检察机关作出不起诉决定的案件，以及检察干警违法插手经济纠纷问题进行全面检查，对工作中存在的扣押款物返还不够及时等问题进行了纠正。

深化改革，健全检察工作机制。扩大人民监督员制度试点工作，加强检察机关查办职务犯罪案件的外部监督，促进侦查权的正确行使。全省开展人民监督员制度试点的检察院已由上年的26个扩大到97个，占全省检察院总数的95%；人民监督员由原来的308名增加到964名，并已对84件检察机关立案侦查后拟作撤销案件或不起诉处理决定，以及犯罪嫌疑人不服逮捕决定的案件进行了监督，人民监督员的意见特别是不同意见，均依照程序得到依法处理。继续加强检察业务改革，强化内部制约，提高检察监督的效能。省人民检察院制定了《关于主诉检察官选任、管理和使用的若干规定》，深化主诉检察官办案责任制；在侦查部门开展主侦检察官办案责任制试点；在民事行政检察工作中推行民行抗诉书说理改革，增强监督的实效。干部人事制度改革继续深化。按照专业化的要求和人才成长规律，对中层干部竞争上岗和一般干部双向选择作了改进；积极探索检察官遴选制度，加大了检察官上挂下派的力度。

自觉接受人大监督，强化执法保障。中国特色社会主义检察制度是人民代表大会制度的重要组成部分，人大及其常委会的监督是检察机关公正执法的坚强后盾。全省检察机关增强接受人大及其常委会监督的意识，自觉把检察工作置于各级人大及其常委会的监督之下。主动向人大及其常委会汇报工作，认真贯彻落实人大及其常委会的决议，进一步密切与人大代表的联系，广泛听取人大代表对检察工作的意见，及时改进工作。对人大代表的议案、批评、意见和建议，认真办理，及时反馈。对人大及其常委会交办的案件，落实专人，限时办结，发现确有错误的坚决纠正。2004年，省人大内务司法委员会组织了执行刑事诉讼法、清理超期羁押情况和执行看守所条例情况的检查，部分在杭的省人大代表对省人民检察院的监所检察工作进行了视察，对此省人民检察院高度重视，负责地作出情况报告，狠抓代表意见、建议的落实。人大的监督支持有力地保障和促进了我省检察工作的健康深入发展。在接受人大监督的同时，检察机关进一步密切与人民政协的联系，加强特约检察员对检察工作的民主监督，促进了执法能力的提高。

**五、固本强基，加强队伍和基层检察院建设**

加强检察工作，队伍建设是根本，基层检察院建设是重点。全省检察机关坚持以高素质专业化为目标，以争创先进检察院和示范检察院为抓手，进一步加强队伍和基层检察院建设。广大检察干警表现出了良好的精神风貌，涌现出了一批先进集体和个人。全省有53个集体和33名个人受到省级以上记功表彰。金华市人民检察院党组成员、反贪局局长李斌同志被授予"中国十大杰出检察官"称号，以身殉职的东阳市人民检察院反贪局副局长吴顺海同志被最高人民检察院授予全国"模范检察官"称号、被省委授予"优秀共产党员"称号，成为全省检察干警的杰出代表。

加强领导班子建设。重点是提高班子的领导能力和加强廉洁自律工作。举办基层检察院检察长轮训班，对全省基层检察院的领导班子建设情况进行全面调查摸底，为采取措施优化班子结构、提高班子战斗力打下了基础。坚决执行省委的"六项"廉政承诺、最高人民检察院的七项具体规定和省委对政法领导班子提出的争做"八个典范"的要求，认真落实上级检察院检察长和纪检组长同下级检察院主要领导谈话制度，上级检察院派员参加下级检察院领导班子民主生活会制度，同时明确"三个不准"：不准一把手具体经手管理钱物，不准领导成员介绍工程,不准检察长擅自驾驶公车。强化对各级领导班子特别是一把手的监督,促进领导班子和领导干部的廉洁自律。

加强思想纪律作风建设。坚持用"三个代表"重要思想和科学发展观武装干警头脑,组织干警深入学习党的十六大,十六届三中、四中全会精神,坚定理想信念,自觉在思想上、政治上和行动上同以胡锦涛同志为总书记的党中央保持高度的一致。认真开展深化"强化法律监督,维护公平正义"主题教育活动和机关效能建设,以教育为先导,以健全和完善制度、规范办案办事的行为为重点,着力解决业务工作与队伍建设相关联的突出问题,促进干部工作作风的转变。广泛开展学习先进的活动,大力弘扬正气,激励广大干警奋发进取,争先创优。认真贯彻《党内监督条例(试行)》、《党纪处分条例》和《检察人员纪律处分条例(试行)》,进一步落实队伍建设和党风廉政建设责任制,坚持教育、制度和监督相结合,提高广大检察干警廉洁自律的自觉性,把干警的违法违纪减少到最低限度。

加强专业化建设。制定实施《2004~2007年人才发展规划》,引导人才培养工作向更高的目标迈进。继续坚持学历教育、业务培训、岗位技能训练、培养高层次人才、理论研讨五管齐下,推进队伍的专业化建设。通过加强学历教育,全省本科以上学历的干警比例数已达62.8%,另有76人参加了法律研究生在职学习。省市两级检察院举办了72期培训班,对2600多人进行了业务培训。在全省侦查、公诉和民事行政检察部门组织开展了初查、侦查预案制定、公诉人庭审考评和民事行政案件审结报告说理训练和竞赛活动,其他各部门也结合实际开展了全员岗位技能训练。推进"一五三"人才工程建设,加大对专家型、复合型和业务尖子三类人才的培养力度,优化队伍结构,发挥高层次人才的引领作用。以解决执法办案中的实际问题为目标,以课题制研究为抓手,加强检察理论研究,在干警中形成学习知识、钻研业务的浓厚氛围,促进干警业务素质和执法水平的提高。

加强基层基础建设。完善"先进检察院"的考核标准,强化动态考核,激发基层检察院争先创优的积极性,全省有7个基层检察院被评为全国先进检察院。开展创特色工作,全省确定了17个基层检察院为规范化管理、队伍建设、业务建设和科技强检示范检察院,鼓励各个检察院创造出自己的亮点和特色,丰富基层检察院建设的内涵。落实上级检察院领导直接联系基层的制度,帮助工作和基础相对落后的基层检察院解决突出问题和实际困难,促进基层检察院建设工作的全面加强。制定实施2004~2007年全省检察机关科技强检和办案用房、专业技术用房建设规划,以信息化为龙头,以科技强侦为重点,逐步建立有检察特色的科技装备体系。在各级党委、人大和政府的重视支持下,集数据、视频、语音于一体的全省检察机关三级综合信息广域网已基本建成,办公办案条件继续得到改善。

全省检察工作有成绩,但也存在问题和不足。主要是:(1)业务工作还存在薄弱环节。特别是依法独立查办有影响、有震动的职务犯罪大要案的能力需进一步提高;诉讼监督的力度仍有待加大;少数案件办理质量还不高。(2)一些地方案多人少的矛盾突出,影响执法办案;有的基层检察官队伍面临着断层的危机。(3)对干部的教育、监督和管理还需要加强,个别地方不依法办案、不文明办案的现象尚未得到根本杜绝,干部违法违纪仍有发生。(4)检务保障机制还不健全。有的地方经费困难,办案装备落后,难以适应惩治高隐秘化、高科技化犯罪的需要。一些基层检察院的办案和技术用房仍没有达到国家建设部、发展和改革委员会与最高人民检察院提出的基本建设标准。这些问题的存在,说明省人民检察院的领导作用有待进一步强化,工作仍有待改进和加强。我们要高度重视,采取针对性措施,认真加以解决。

2005年是全面贯彻科学发展观、巩固宏观调控成果、保持经济社会良好发展态势的关键一年,是深入实施"八八战略"、全面推进"平安浙江"建设的重要一年,也是全面完成"十五"计划、衔接好"十一五"发展承前启后的一年,做好2005年的检察工作,具有十分重要的意义。全省检察机关要坚持以邓小平理论、"三个代表"重要思想为指导,认真贯彻党的十六大、十六届四中全会和省委十一届七次全会精神,牢固树立科学发展观和正确执法观,着力提高建设"平安浙江"、服务"八八战略"的能力,依法独立办案、打击和预防职务犯罪的能力,强化诉讼监督、维护司法公正的能力,接受制约监督、严格公正执法的能力,改革创新、推进检察工作深入发展的能力,加强检察队伍建设,为我省加快全面建设小康社会创造和谐稳定的社会环境和公正高效的法治环境。着重要抓好以下工作：

1. 牢固树立科学发展观和正确执法观，更好地为大局服务。坚持以人为本，把维护最广大人民的根本利益作为检察工作的出发点和落脚点，践行"立检为公、执法为民"的宗旨。坚持以发展为第一要务，把严格、公正、文明执法，维护社会公平和正义，作为服务发展、服务人民群众的基本途径和方法，全面履行检察职责，自觉为经济社会的发展和人的全面发展服务。坚持党的领导、自觉接受监督和依法独立公正行使检察权的统一，保障检察权的正确行使，充分发挥检察职能作用，积极推进"平安浙江"建设，自觉服务"八八战略"的实施。

2. 坚持以办案为中心，推进各项检察业务的健康协调发展。加强审查批捕、审查起诉工作，从重从快打击严重刑事犯罪，从重从严打击严重经济犯罪，在检察环节保持对严重刑事犯罪的高压态势。继续集中力量查办大案要案，重点查办发生在党政领导机关和领导干部中的职务犯罪案件，严肃查办其他人民群众反映强烈的案件，促进反腐败斗争的深入。坚持查处司法腐败案件和监督纠正违法问题相结合，加强诉讼监督，维护司法公正和司法权威。认真做好社会治安综合治理和预防职务犯罪的工作，高度重视群众信访工作，积极构建做好群众信访工作的长效机制，及时化解矛盾，促进和谐社会的建设。

3. 积极稳妥地推进检察改革，完善法律监督体制和机制。紧紧依靠党委的领导和人大监督，根据最高人民检察院的部署，认真贯彻中央司法体制改革和工作机制改革的意见，有计划、有步骤地推进检察改革。把深化人民监督员制度试点工作作为落实司法体制改革方案的重点工作，采取措施，扎实加以推进。继续抓好已经开展的各项改革，着力加强检察机关的侦查一体化建设，推进依法独立办案；以实体正确、程序合法、监督到位、办理及时、效果良好为办案质量要求，进一步完善案件质量考核评价体系，健全内部执法机制，规范执法行为，提高法律监督能力和公正执法水平。

4. 加强检察队伍建设，打实基层基础。认真开展保持共产党员先进性教育活动，深入查摆、认真解决在理想信念、纪律作风和法律监督工作中存在的突出问题，增强检察机关共产党员的先进性意识，确保检察队伍的政治本色。加强领导班子建设，增强各级领导班子的创造力、凝聚力和战斗力。坚持严格要求，严格教育，严格管理，严格监督，大力提高队伍的整体素质，加强队伍的廉洁自律。以公正执法为核心，进一步加强基层检察院建设，推进执法规范化、队伍专业化和管理科学化。紧紧依靠党委的领导、人大的监督和政府的重视与支持，加强科技装备和办案用房、专业技术用房建设，改善检务保障，促进检察工作的发展。

# 安徽省人民检察院工作报告(摘要)

——2005年1月27日在安徽省第十届人民代表大会第三次会议上

安徽省人民检察院检察长　柯汉民

(2005年1月29日安徽省第十届人民代表大会第三次会议通过)

2004年，全省检察机关在省委和最高人民检察院的领导下，在省人大及其常委会的监督下，按照省十届人大二次会议关于检察工作的决议要求，围绕全省发展大局，突出检察工作主题，坚持以检察业务为中心，加强检察队伍建设，积极推进检察改革，努力改善检务保障，各项工作健康协调发展，取得了新的成绩。

## 一、检察业务整体推进

充分发挥检察职能，全力维护社会稳定。2004年，全省检察机关共批准逮捕各类刑事犯罪嫌疑人

19385 人,提起公诉 21317 人。突出打击严重暴力犯罪、黑恶势力犯罪和多发性犯罪,共批捕此类犯罪嫌疑人 8911 人,提起公诉 9001 人。依法打击破坏市场经济秩序的犯罪,共批捕各类经济犯罪嫌疑人 666 人,提起公诉 620 人。坚持"打防结合",积极参与突出治安问题的集中整治,配合有关部门创建平安社区。大力开展集中处理涉法上访专项工作,共清理各类涉法上访 550 件,已办结 444 件,为化解矛盾、促进稳定做出了贡献。

依法查办和预防职务犯罪,深入推进反腐败斗争。2004 年,全省检察机关共立案侦查职务犯罪案件 1523 件 1737 人,其中贪污贿赂五万元以上大案 678 件;百万元以上的特大案件 27 件;查办县处级以上干部要案 74 人。通过办案为国家挽回直接经济损失 1.06 亿元。省检察院加强自身办案工作,立案侦查有影响的大要案 7 件,其中厅级干部要案 6 人,同时加强对全省办案工作的指挥协调。在省检察院组织下,合肥、滁州等市检察院在公路交通系统查办了 51 件窝案、串案,淮北市检察院查办了金蟾药业集团原董事长尹西才等 15 人特大贪污窝案。

严肃查办国家机关工作人员渎职侵权犯罪。全年共立案侦查国家机关工作人员渎职侵权犯罪 255 人。深入开展严肃查办国家机关工作人员利用职权侵犯人权犯罪专项活动,查办刑讯逼供、非法拘禁等侵犯公民人身权利、民主权利犯罪 51 人。

大力提高办案质量。坚持把办案质量作为检察工作的生命线,进一步规范受理、立案、侦查等环节的业务流程,完善办案质量保障体系,办案质量有了新的提高。全省职务犯罪案件起诉率达 88.66%,同比上升 3.4 个百分点,不起诉率、撤案率分别下降 3.4 和 2.18 个百分点。

积极推进预防职务犯罪工作。认真贯彻《安徽省预防职务犯罪工作条例》,立足检察职能,深入开展系统预防、专项预防和个案预防。一年来,全省检察机关在十多个行业和领域的 831 个单位开展了系统预防,在 721 个重点建设项目开展了专项预防,提出检察建议 884 份。

切实履行诉讼监督职责,维护司法公正和法制统一。坚持把加强诉讼监督与查办职务犯罪紧密结合起来,加大对执法不公背后的司法人员职务犯罪案件的查处力度。全年共立案侦查各类司法人员职务犯罪 141 人。

加强立案监督和侦查活动监督。2004 年,全省共受理立案监督案件 1822 件,监督公安机关立案 1732 件。针对一些行政执法部门以罚代刑等问题,积极开展制假售假、侵犯知识产权专项立案监督,共查询行政执法案件 677 件,监督行政执法部门移送刑事案件 40 件 43 人。在侦查活动监督中,严格把握刑事政策,依法追捕 276 人,追诉 255 人;决定不批捕 442 人,不起诉 659 人。

加强刑事审判监督和刑罚执行监督。认真审查法院刑事判决裁定,依法提出抗诉 123 件。深入开展"加强监管执法,加强法律监督,保障刑事诉讼顺利进行,保障在押人员合法权益"示范单位创建活动,全年共纠正刑罚执行违法 59 件。认真开展减刑、假释、保外就医专项检查,共排查 2002 年以来的减刑案件 47627 件、假释案件 1415 件、保外就医案件 1211 件,发现违法 872 件,已纠正 784 件。

加强民事审判和行政诉讼监督。对认为确有错误的民事行政判决、裁定,依法提出抗诉 1024 件,向法院提出再审检察建议 181 件。同时,对不服法院正确裁判的当事人,积极做好息诉工作。

加强控告申诉检察工作。坚持和完善检察长接待日制度和控告申诉首办责任制,努力解决群众告状难的问题。全年受理群众举报 14749 件,控告 3269 件,申诉 4367 件,并按照"分级负责,归口办理"的原则,认真予以分流、办理。立案复查刑事申诉案件 772 件,依法改变原决定 59 件,立案办理刑事赔偿案 49 件,依法决定赔偿 22 件。

**二、队伍素质不断提高**

深入开展"坚持执法为民大讨论",深化"强化法律监督,维护公平正义"教育活动。各级检察机关坚持把政治思想教育作为教育活动的首要内容,组织干警深入学习"三个代表"重要思想和党的十六届三中、四中全会精神,树立执法为民的宗旨。坚持以解决队伍建设和业务工作相关联的突出问题为重点,认真开展不起诉案件复查、扣押款物检查和集中纠正违法插手经济纠纷等专项工作。共排查 2003 年度不起诉案件 974 件,纠正处理不当的案件 12 件;清理了 2001 年以来的扣押冻结款物,督促办案单位依法上缴财政 2439 万元,返还发案单位和当事人 1961 万元,对发现的其他违规违纪问题,认真进行了纠正,落实了整改措施。

加强领导班子建设。省检察院和各市检察院积极发挥干部协管作用,对需要调整的下级检察院领导班子，依照《检察官法》严把任职资格和条件关。加强领导班子政治、思想、作风纪律建设，严格执行最高人民检察院关于领导干部廉洁自律“六个严禁”的规定，加大对领导干部的监督力度。省检察院党组公开向全省检察干警作出廉政建设“六项承诺”，并认真接受干警监督。

大力开展教育培训。按照分级负责、分级培训的原则，加强岗位技能培训，提高执法办案的实战能力。加强高层次人才培养工作，积极探索人才培养的方式和途径。认真开展优秀侦查员、优秀侦查监督员、优秀公诉人和优秀理论调研文章评选活动，激发了广大干警精通检察业务、钻研理论知识的积极性。

严格执行检察纪律。深入贯彻《检察人员职业道德规范》，大力弘扬忠诚、公正、清廉、严明的检察职业道德。认真落实党风廉政建设责任制，强化检察长和部门负责人抓廉政、带队伍的领导责任。针对容易发生违法违纪问题的关键环节，加强监督制约机制建设。积极运用典型案例，加强警示教育。坚决执行《检察人员纪律处分条例》，检察人员违法违纪现象大幅减少。

积极开展创建先进检察院活动。坚持以争创先进检察院活动为载体，深入贯彻落实《基层检察院建设纲要》，建立基层检察院队伍建设、业务建设和信息化建设相结合的三位一体的管理机制。省检察院在深入调查研究的基础上，进一步完善了基层检察院考核标准，加强了示范检察院建设和滞后检察院的帮促工作，促进了检察工作的全面发展。2004 年，全省检察机关共有 185 个集体、229 人次受到市级以上党政机关表彰，其中有 25 个基层检察院被评为全省先进检察院，有 24 个检察院被评为省级“文明单位”，省检察院和 27 个市、县(区)检察院控申举报接待室被最高人民检察院评为全国检察机关“文明接待室”和“文明接待示范窗口”，利辛县检察院荣获全国“五一”劳动奖状，马鞍山市金家庄区检察院被评为全国“十佳检察院”，黄山市黄山区检察院朱双喜被最高人民检察院授予“全国模范检察干部”称号。

**三、检察改革稳妥深入**

全面推行人民监督员制度试点工作。为加强对查办职务犯罪工作的外部监督，省检察院决定在全省检察机关开展人民监督员制度试点工作，规定凡拟作撤案、不起诉处理以及犯罪嫌疑人不服逮捕决定的职务犯罪案件，必须纳入人民监督员监督程序。这项改革举措已于 2004 年 10 月 1 日正式实施，取得了初步成效。全省经民主推荐选任人民监督员 813 人。到 2004 年底，进入监督程序的案件 72 件。经人民监督员独立评议，同意检察机关拟定意见的 66 件，不同意的 6 件，检察委员会讨论决定采纳人民监督员意见的 4 件。

继续深化检察业务工作机制改革。积极推行审查逮捕方式改革，全面实行了办理审查逮捕案件听取犯罪嫌疑人陈述和辩解、听取律师意见的“双听取”制度。与人民法院共同推行被告人认罪案件普通程序简化审理，促进了刑事案件繁简分流，提高了诉讼效率。加强职务犯罪侦查一体化建设，提高了检察机关的整体侦查能力。

建立防止和纠正超期羁押的长效机制。全面推行羁押期限告知、期限届满提示、定期检查通报、超期羁押投诉、超期羁押“一票否决”和责任追究六项制度，加强动态管理，逐步建立了防止和纠正超期羁押长效机制，有效防止了超期羁押、侵犯人权现象的发生。

建立保障律师在检察环节依法执业的工作机制。省检察院和司法厅联合下发了《关于建立检察机关执法与律师执业联系制度的意见》，要求检察机关对律师依法提出会见犯罪嫌疑人、查阅案卷材料、申请收集和调取证据的，均应在规定时间内予以办理或答复。检察人员违反规定的，律师可以投诉，受理的检察机关必须认真处理。这项制度既保障了律师和案件当事人的权益，又强化了对检察执法活动的监督。

**四、检务保障逐步改善**

加强办案用房和专业技术用房建设。到 2004 年底，全省新建办案用房和专业技术用房竣工面积达 28.5 万平方米，有 18 个检察院正在建设中，另有 38 个检察院已经立项。各级检察院以办案用房和专业技术用房建设为契机，加强警务区规范化建设，完善各项配套设施，保障了办案安全，促进了检察工作。

抓好检察技术装备建设。认真落实《全省检察机关科技强检发展纲要》，加强开展办案工作必需的侦查取证、检验鉴定装备和多媒体示证系统、举报自动受理系统、讯问监控系统建设。大力开展检察技术工作，共办理各类技术案件 9166 件，出具各类证据材料 9323 份，较好地发挥了先进技术装备在办案中的作用。

推进检察机关信息化建设。坚持以需求为导向,以应用促发展,加强检察信息网络建设和推广应用。2004 年,全省有 15 个市检察院、67 个县(区)检察院完成或正在进行信息化网络建设,有 4650 名检察干警通过了计算机应用能力等级培训,办公办案效率进一步提高。

回顾一年来的检察工作,我们也清醒地看到还存在一些问题和不足:一是查办职务犯罪大要案工作与党的要求和人民群众的期望还有不小差距。二是诉讼监督仍然存在薄弱环节,有监督力度不大、不到位的问题。三是基层检察院人才流失严重,高层次人才缺乏,业务骨干断层日益凸显。少数干警执法观念不够端正,存在执法不严、不文明的现象。四是检察经费不足、基础设施和技术装备落后的问题没有根本改观,检察工作依然面临很多困难。对此,我们将以求真务实的精神,认真研究,努力解决。

2005 年是我省发展历史上具有重要意义的一年。在新的一年里,全省检察工作的主要任务是:以邓小平理论和"三个代表"重要思想为指导,牢固树立科学发展观和正确执法观,紧紧围绕改革发展稳定大局和检察工作主题,增强法律监督能力,推进执法规范化、队伍专业化、管理科学化、保障现代化建设,深化检察改革,推动检察工作深入发展,为建设社会主义和谐社会,实现社会公平正义做出新贡献。

一、增强打击、预防刑事犯罪的能力,促进社会稳定。坚持把维护国家安全和社会稳定作为重大政治任务,充分发挥批捕起诉职能,依法严惩分裂国家活动、暴力恐怖活动和"法轮功"等邪教组织的破坏活动,重点打击暴力犯罪、黑恶势力及有组织犯罪和抢劫、抢夺、盗窃等多发性犯罪,依法惩治破坏市场经济秩序的犯罪,积极参加突出社会治安问题集中整治活动,落实好检察环节的各项综合治理措施。

二、增强打击、预防职务犯罪的能力,促进反腐倡廉。坚决贯彻中央关于反腐败斗争的总体部署,集中力量查办大要案,重点查办发生在党政机关和领导干部中的职务犯罪案件。加强举报工作,推进侦查一体化建设,增强发现和突破职务犯罪案件的能力。深入开展预防职务犯罪工作,努力探索预防工作的新途径,促进预防工作取得新成效。

三、增强依法履行诉讼监督职责的能力,促进公平正义。坚持与公安、法院分工负责、互相配合、互相制约的原则,加强立案监督、侦查活动监督、刑事审判监督、刑罚执行监督以及民事审判和行政诉讼监督,强化诉讼监督效能。坚持把查办职务犯罪与诉讼监督有机结合,严肃查办执法和司法不公背后的职务犯罪,维护司法公正。

四、增强严格、公正、文明执法的能力,促进保障人权。坚持把尊重和保障人权的原则贯彻到检察工作的各个环节,坚决打击犯罪,切实保障无罪的人不受刑事追究。坚持依法办案,维护所有诉讼参与人的诉讼权利,防止和纠正刑讯逼供、体罚虐待、超期羁押等问题。

五、增强正确处理群众诉求、依法化解矛盾纠纷的能力,促进社会和谐。高度重视和正确处理人民内部矛盾,认真办理群众控告申诉,依法解决群众的合理诉求。积极参加各级党委统一部署的矛盾纠纷排查调处活动,进一步做好集中处理涉检上访工作。加强法律监督能力建设,落实今年检察工作的各项任务,我们将采取如下措施:大力加强执法规范化建设。大力加强队伍专业化建设。大力加强管理科学化建设。大力加强保障现代化建设。

# 福建省人民检察院工作报告(摘要)

——2005 年 1 月 20 日在福建省第十届人民代表大会第三次会议上

福建省人民检察院检察长 倪英达

(2005 年 1 月 23 日福建省第十届人民代表大会第三次会议通过)

2004 年,全省检察机关以邓小平理论、“三个代表”重要思想为指导,树立和落实科学发展观,在省委、最高人民检察院的坚强领导下,深入贯彻党的十六大、十六届三中、四中全会和省委七届七次、八次全会精神,认真执行省十届人大二次会议决议,坚持“立检为公、执法为民”,突出“强化法律监督,维护公平正义”的工作主题,全面履行法律监督职责,推进检察改革和机制创新,加强检察队伍和基层检察院建设,各项检察工作有了新的发展。

**一、进一步统一执法思想,为建设海峡西岸经济区提供法律服务和法治保障**

全省检察机关进一步把学习贯彻“三个代表”重要思想引向深入,联系全面履行法律监督职责的实际,开展“学习与贯彻实施宪法”、“建设海峡西岸经济区检察机关怎么办”、“强化检察职业责任”三项大讨论,引导广大检察人员牢固树立宪法意识,忠实履行宪法和法律赋予的职责,努力践行执法为民的要求;坚决捍卫宪法所规定的国家根本政治制度、公民的基本权利,尊重和保障人权,平等保护各类市场主体的合法权益;紧紧围绕大局开展检察工作,综合运用打击、监督、预防和保护职能,既打击犯罪、惩治腐败,又维护稳定、促进发展。省人民检察院及时制定并实施《关于为建设海峡西岸经济区服务的意见》,针对改革和发展中出现的新情况、新问题,正确把握法律政策的界限,从执法理念、执法方式和执法作风等八个方面,切实把省委的发展战略决策具体化,落实到检察工作的全过程。各级检察机关结合履行法律监督职责,提出了为改革发展稳定服务的具体措施,在执法实践中产生了积极的效果。

**二、积极融入党和国家工作全局,全面履行法律监督职责**

全省检察机关进一步增强全局意识,立足法律监督职能,服务发展第一要务,加大工作力度,提高执法水平和办案质量,以实际成效取信于民。

(一)依法严厉打击严重刑事犯罪,维护社会稳定和市场经济秩序。围绕省委建设“平安福建”的部署要求,研究制定具体实施方案,健全贯彻严打方针的经常性工作机制,充分发挥法律监督职能作用,增强打击犯罪实效。全年共批捕各类刑事犯罪嫌疑人 29303 人,提起公诉 31877 人,比 2003 年分别上升 11.3% 和 10.1%。一是加强新形势下的对敌斗争,依法打击境内外敌对势力、间谍活动和“法轮功”等邪教组织的犯罪活动,共批捕 56 人,起诉 61 人。二是保持对严重刑事犯罪的高压态势,严厉打击爆炸、杀人、抢劫、绑架等严重暴力犯罪,黑恶势力犯罪,盗窃、抢夺等多发性侵犯财产犯罪和毒品犯罪,共批捕 20126 人,起诉 20793 人;依法严惩制假售假、金融诈骗、走私贩私、偷税骗税等破坏市场经济秩序犯罪,共批捕 898 人,起诉 1093 人。密切配合有关部门,集中开展打击虚假信息诈骗、淫秽色情网站犯罪等专项行动,促进解决一些社会治安的突出问题。三是坚持“两个基本”原则,及时介入重大刑事案件侦查,只要基本事实清楚,基本证据确凿,就依法快捕快诉,稳、准、狠地打击犯罪。全年共对重大刑事案件介入侦查 1315 件,参与现场勘查 285 件,依法引导侦查取证,提高办案质量和效率。长汀县人民检察院在审查批捕林某等 4 人拐卖儿童案中,就重大遗漏线索提出检察建议,引起公安机关的重视,被公安部列为跨省重大案件挂牌督办。福建、云南警方共抓获犯罪嫌疑人 110

人,查明被拐卖儿童53人,已解救31人,在我省已批捕犯罪嫌疑人32人。四是正确运用宽严相济的刑事政策,对未成年人犯罪、初犯、偶犯和过失犯,主观恶性小、犯罪情节轻微的,加大教育挽救力度,依法不捕1805人,不诉922人。五是积极参与社会治安防控体系建设、平安创建活动和社区矫正试点等工作,配合有关部门开展重大安全事故、偷私渡、"六合彩"、制种贩毒等专项治理,深入开展创建优秀"青少年维权岗"活动,协同做好刑释解教人员、未成年犯和监外执行人员的管理帮教,检察环节的社会治安综合治理措施进一步落实。

(二)查办和预防职务犯罪工作健康发展,推动了反腐败斗争持续深入。坚持"一要坚决,二要慎重,务必搞准"的原则,正确处理工作力度、质量和效果的关系,不断提高发现和突破案件的能力,查办职务犯罪工作健康发展。全年共立案侦查贪污贿赂、渎职侵权等职务犯罪案件1146件1310人,其中大案504件,占立案总数的51.1%,内有百万元以上30件;县处级以上领导干部80人,同比上升15.9%,内有厅级干部6人。通过办案为国家挽回直接经济损失8400万元。

坚持反腐败斗争的领导体制和工作机制,突出抓好重大案件的查处工作。在省委的强有力领导下,与公安、法院等部门密切配合,集中力量做好陈凯黑社会性质组织犯罪案件的检察工作。陈凯黑社会性质组织涉及故意伤害,组织卖淫,容留他人吸毒,赌博,合同诈骗,非法拘禁,寻衅滋事,虚报注册资本,偷税,行贿,隐匿、故意销毁会计凭证、会计账簿等12个罪名,犯罪成员21人,已全部提起公诉。检察机关受理和立案侦查与之相牵连的职务犯罪案件91件91人,涉及副厅级干部7人、处级干部43人,已侦查终结88件,起诉81件。陈凯黑社会性质组织犯罪案件的查处,昭示了省委反腐败的坚定决心,在社会上产生积极的反响。

深入查办行业性的职务犯罪案件。全年共立案侦查涉嫌侵吞、挪用、私分国有资产犯罪的国有企事业单位工作人员502人。在医药、土地、交通、电力等行业和领域查办102起窝串案,从中立案侦查364件434人。三明市检察机关继查办多起国税、烟草等部门人员职务犯罪案件,通过挖掘线索,侦破了该市烟草专卖局原局长许锡明涉嫌个人贪污、与他人共同贪污、受贿、挪用公款的特大案件。

坚决查处行政执法和司法领域的职务犯罪案件。全年共立案侦查涉嫌贪赃枉法、徇私舞弊犯罪的行政执法人员和司法人员336人,其中行政执法人员179人,司法人员157人。继续加大对渎职侵权犯罪的查处力度,强化对公民人身权利、民主权利的司法保障,共立案侦查181人。结合纠正诉讼活动中的违法情况,突出查处了一批执法不公、司法不公背后的职务犯罪案件,促进依法行政,维护司法公正。

加强预防职务犯罪工作。坚持惩治与预防并举,建立查办和预防职务犯罪"一体化"机制,实行统一领导、统一指挥、统一部署,改进预防方式,规范工作流程,努力从源头上预防和减少职务犯罪的发生。紧密结合办案,研究防范对策,开展个案预防175件,提出检察建议232件;针对公共投资和公共建设领域的重大项目开展专项预防39项;积极配合烟草、税务、金融、建筑、医药等行业和系统,加强警示教育,健全防范机制;不少地方积极探索建筑行业、医药采购"廉洁准入"等制度,预防工作的效果进一步增强。

(三)全面加强诉讼监督,维护司法公正和法制统一。不断增强监督意识,积极探索监督的有效途径,强化对各个诉讼环节的监督。全年共监督公安机关立案448件、撤案53件,依法追捕、追诉543人;提出刑事抗诉76件,法院已改判29件;改进民事和行政诉讼监督方式,提出抗诉164件,法院已再审改变原裁判89件,提出再审检察建议99件,法院已采纳58件,对裁判正确的,及时做好息诉工作,维护司法权威。从监督违反诉讼程序入手,依法保护人权,维护当事人的合法权益。共对侦查、审判和刑罚执行活动中侵犯诉讼权利等违法情况,提出监督意见287件次。全面落实防止和纠正超期羁押的长效机制,共纠正超期羁押131人次,检察环节保持无超期羁押。

根据最高人民检察院的统一部署,按照尊重和保障人权、平等保护各类市场主体的宪法原则,针对群众反映强烈的问题和法律监督工作的薄弱环节,集中开展四个专项工作,进一步落实执法为民的要求。一是开展打击制假售假、侵犯知识产权犯罪专项立案监督,以防止和纠正以罚代刑为重点,共向行政执法机关查询案件1966件,建议移送涉嫌犯罪案件53件,监督公安机关立案21件,批捕生产销售伪劣商品、侵犯知识产权犯罪嫌疑人125人,从中立案查处涉嫌放纵、包庇制假售假的犯罪嫌疑人16人。二是开展严肃查办国家机关工作人员利用职权侵犯人权犯罪案件专项活动,共立案侦查65人,同比上升2.4倍,涉及19个部门和单位,拓展了监督领域;严肃查办9起司法人员刑讯逼供、虐待被监管人员等侵权案件;及时查处重大安全事故背后的玩忽职守、滥用职权犯罪案件36件,促进了安全生产。三是开展集中处理涉法上访问题专项工作,按照各级党委的统一部署,积极参加矛盾纠纷排查调处活动,实行领导负责制,上下联动,着力在息诉息访、解决问题上下功夫,共办理涉法上访案件752件,已办结644件,其中息诉514件。认真排查举报类涉法上访问题,从中深查职务犯罪案件51件。四是开展违法减刑、假释、保外就医专项检查,共检查37788人次,发现存在问题173件,已纠正119件;从中查处涉嫌职务犯罪的监管场所干警5人。通过这些专项工作,集中纠正诉讼活动中存在的突出问题,有效提高监督水平,增强诉讼监督的实效。

**三、推进检察改革和机制创新,确保公正高效行使检察权**

遵循检察改革的指导原则,以人民监督员制度为重点,从制约司法公正的环节入手,积极探索从机制和制度上解决问题的有效途径和办法。

深入开展人民监督员制度试点工作。为加强对检察机关查办职务犯罪案件的外部监督,从制度上保证检察权的正确行使,根据最高人民检察院的部署安排,从2003年10月开始,我们在全省检察机关推行人民监督员制度试点工作。全省共产生人民监督员777名,其中人大代表和政协委员占55.3%。我们严格按照试点工作规定,对查办职务犯罪案件中,犯罪嫌疑人不服逮捕决定、检察机关拟作撤案和不起诉处理的三类案件,无一例外地进入人民监督员监督程序。截至目前,已监督结案250件,其中人民监督员同意检察机关拟定意见的236件,不同意的14件。检察机关决定采纳人民监督员意见的6件。同时,实行检察长约见制度,对人民监督员反映检察工作和队伍中的问题,及时认真地办理,并作出负责任的反馈。积极开展立法调研,为推动人民监督员制度法制化进行了有益探索。

积极探索检务督察机制,加强对自身执法活动的内部监督制约。按照决策、执行和监督相分离的原则,设立检务督察机构,受检察长和检察委员会的委托行使督察职能,将检察机关该立不立、该捕不捕、违法取证、超期羁押等12种情形以及十类复杂敏感案件,纳入督察范围,并从监督机构、监督范围、监督方式上与人民监督员制度互为补充、相互衔接,提高发现和解决自身问题的能力。针对执法办案过程中与当事人接触等容易产生执法随意性的部位和环节,颁布实行《关于检察人员与案件当事人及其委托人接触的六条禁止性规定》及处理办法,实行专项督察,加大对违禁行为的刚性处罚力度,有效防止了检察人员违法违纪问题的发生。

整合侦查资源,推进侦查一体化建设。加强省检察院和设区市检察院职务犯罪大案要案侦查指挥中心建设,初步形成"上下一体、区域联动、指挥有力、协调高效"的工作格局,加大对重大复杂案件的交办、提办、参办、督办力度,提高了侦查大案要案的能力;经过合理调整侦查分工,推进侦查资源的有效配置,建立整体作战的侦查工作机制,提高了发现和突破犯罪的能力;加强案件管理,规范办案程序,促进内部配合协作,增强了法律监督的合力。通过整合侦查资源,在一些重点行业和领域突破了多起职务犯罪窝案串案。

继续深化其他改革措施。建立保障律师在检察环节依法履行职责的工作机制;实行重大刑事案件介入侦查、引导取证,被告人认罪案件普通程序简化审理,法庭审理多媒体示证等制度,促进提高办案质量和效率;开展不起诉案件和当事人多次上访申诉案件公开审查、未成年人犯罪案件公诉改革试点等工作;一些地方在业务、队伍和信息化三位一体建设方面进行积极探索;加强司法警察建设,在提审、看押和安全防范方面发挥积极作用。

**四、深化"强化法律监督,维护公平正义"主题教育活动,加强检察队伍和基层检察院建设**

坚持把深化"强化法律监督,维护公平正义"主题教育活动作为总的抓手,推动检察队伍建设不断深入。一是把理论武装贯穿教育活动的始终,组织检察人员重点学习"三个代表"重要思想、修订后的宪法、党内监督条例和纪律处分条例,深入开展"公正执法为人民"等形式多样的教育活动,引导检察人员把正确的思想观念变成公正执法的实际行动。二是针对执法中存在的突出问题,集中开展专项清理工作,共排查2003年办理的不起诉案件1026件,依法纠正不当处理9件;全面清理扣押冻结款物,依法分别上缴、移送或返还,发现和查处2起违纪问题;清理历年未执行赔偿案件11件,依法妥善予以解决。三是深入查摆剖析,着力解决业务工作和队伍建设相关联的突出问题,各地共解剖典型案件和事例55个,举一反三,吸取教训,促进整改提高。四是严肃查处检察人员违法违纪问题,共立案查处26人,已对20人作了党政纪处分,移送司法机关处理5人。

坚持把领导班子建设作为检察队伍建设的关键,加强思想政治建设、党风廉政建设、职业道德建设,加大对领导干部的教育、管理和监督力度。实行上级检察院派员参加下级检察院党组民主生活会制度,建立领导干部廉政档案、任前廉政谈话、诫勉和述职述廉制度,开展领导干部任期经济责任审计;逐级签订党风廉政建设和检察队伍建设责任状,分解细化责任,落实责任追究;坚持"两个务必",增强领导干部的责任意识和自律意识,各级检察院领导班子作出廉洁从检的郑重承诺,自觉接受监督。加大领导干部交流和轮岗的力度,福州、厦门、泉州等地对基层检察院检察长和中层干部进行了轮岗交流,促进干部队伍建设。实施人才强检战略,加大人才培养和教育培训力度。2004年选调50名应届优秀本科毕业生、研究生充实基层检察院,全省选调生总数达到276人。举办全省性的业务培训班13期,重点轮训基层检察院检察长、分管自侦工作副检察长、反贪局长和渎检处(科)长;组织法律业务巡讲团,推动检察实务和办案技能的培训。检察队伍的学历层次、专业结构和实际工作水平有新的提高。

全面加强基层检察院建设。突出以工作业绩为主要标准,实行分类指导、分类考核和规范管理;深入开展争创先进基层检察院活动,促进争先创优;省检察院和设区市检察院领导共建立基层检察院联系点30个,指导和推动工作开展;继续开展跨地区基层检察院"结对子"活动,有40个基层检察院结成"对子",促进了各项工作协调发展。省委、省人大、省政府对基层检察院建设给予了高度重视和大力支持。2004年9月,省委常委会听取省检察院关于队伍建设和基层检察院建设情况的汇报,对进一步推进基层检察院建设,加强和改进检察工作提出了明确要求,就基层检察院在经费保障、人员编制、干部职级等具体问题提出了明确的解决意见,为检察工作深入发展创造了良好条件。省十届人大常委会第十一次会议听取和审议了加强基层检察院建设情况的报告,就维护司法公正、提高队伍素质、加强检务保障等方面提出意见和建议。在各级党委、人大和政府的重视支持下,全省检察经费保障力度进一步加大,信息化建设得到加强,检察机关的办公、办案条件明显改善。

**五、坚持党的领导,自觉接受人大监督,推动检察工作深入发展**

全省检察机关进一步增强党的观念,不断强化接受人大监督的意识,认真贯彻《中共福建省委关于进一步加强人大工作的决定》,更加自觉地把检察工作置于党的领导和人大监督之下。坚持重大问题、重要部署、重要情况和重大案件,主动请示报告,紧紧依靠党委的领导、人大监督,协调解决工作中的困难和问题。认真执行省人大及其常委会的决定、决议,不断加强和改进检察工作。加强与人大代表的联系工作,定期向人大代表寄送《闽检要况》和《福建检察》,及时通报检察工作情况。积极开展走访人大代表、政协委员活动,邀请视察、评议检察工作,当面听取意见。对人大代表、政协委员的意见、批评、建议和提案,及时研究办理,逐件反馈。一年来,全省检察机关共发出征求意见函7502份,组织座谈、邀请视察170场次。省人民检察院共办理省人大及其常委会、省政协交办事项和人大代表、政协委员反映的案件和问题21件,均已办结反馈。

在执法实践中,我们深切体会到:一是必须坚持党的领导,自觉接受人大监督,既要依法独立公正行使检察权,又要与政法各部门形成打击犯罪、惩治腐败、维护稳定、促进发展的合力。二是必须牢固树立"立检为公、执法为民"的执法观,深刻认识检察权是人民赋予的,要始终用来为人民谋利益,为党和国家工作大局服务,为社会公平和正义服务。三是必须深化实践"强化法律监督,维护公平正义"的工作主题,全面落实"加大工作力度,提高执法水平和办案质量"的总体要求,全面履行法律监督职责。四是必须坚持以改革的精神推进工作,清醒地把握司法公正要靠正确执行实体法和程序法来保障,坚持用严格的程序保证执法规范,用严明的纪律和有效的监督保证办案的质量、文明和安全。五是必须坚持以领导班子建设为重点,加强对领导干部的教育、管理和监督,带动检察队伍和基层检察院的建设。六是必须珍惜和维护全省上下呈现的风正气顺、人和业兴的趋势,在检察系统营造积极奋进、团结和谐的氛围，凝聚全省检察人员的力量，推动检察工作健康深入发展。这些基本原则和要求，我们要在实践中长期坚持并继续完善。

同时，我们也清醒地看到，检察工作在发展过程中还存在不少问题和困难，主要是：有的地方法律监督工作不够有力，不敢监督、不愿监督、不会监督的问题没有完全解决；有的地方查办职务犯罪工作力度不大，突破案件的能力不强，办案质量和效率有待进一步提高；少数干警执法思想不够端正，执法行为不够规范，违法违纪问题仍时有发生；检察队伍专业化水平不高、工作科技含量低的状况还没有得到很好解决，影响和制约了检察工作开展。对这些问题，我们要继续依靠各方面的支持和帮助，努力加以解决。

2005 年是全面完成“十五”计划、加快建设海峡西岸经济区的重要一年。我们要以邓小平理论、“三个代表”重要思想为指导，全面贯彻党的十六届四中全会、省委七届八次全会和省十届人大三次会议精神，牢固树立科学发展观和正确执法观，紧紧围绕改革发展稳定大局和“强化法律监督，维护公平正义”工作主题，加强执法规范化、队伍专业化和管理科学化建设，深化检察改革和机制创新，提高法律监督能力，为建设海峡西岸经济区创造和谐稳定的社会环境和公正高效的法制环境。

**一、牢固树立正确执法观，加强法律监督能力建设**

加强法律监督能力建设，是加强党的执政能力建设在检察机关的具体化。要树立“立检为公、执法为民”的执法观，真正解决“为谁执法、为谁服务”的问题。全省检察机关要紧紧围绕保障和服务海峡西岸经济区建设，按照科学发展观的要求，坚持打击、保护和预防职能的有机统一，更加注重促进社会和谐稳定；坚持监督、制约和配合的有机统一，更加注重以程序规范保证司法公正；坚持力度、质量和效果的有机统一，更加注重办案质量；坚持事前、事中和事后监督的有机统一，更加注重法律监督效力；坚持检察机关的全局和局部的有机统一，更加注重整体合力。着力提高履行检察职能，打击和防范刑事犯罪，维护社会稳定的能力；依法查办和预防职务犯罪，促进廉政建设的能力；正确处理群众诉求，化解矛盾纠纷，促进社会和谐的能力；敢于监督、善于监督、规范监督，促进严格执法和公正司法的能力；强化自身监督和制约，严格、公正、文明执法的能力。

**二、围绕“强化法律监督，维护公平正义”工作主题，加大工作力度，提高执法水平和办案质量，全面履行法律监督职责**

一要全力维护社会和谐稳定。要以扎实推进“平安福建”建设为主线，坚持把严打方针贯彻到审查批捕、起诉等工作中，始终保持对严重刑事犯罪的高压态势。依法严惩敌对势力和“法轮功”等邪教组织的渗透破坏活动；继续重点打击严重暴力犯罪、黑恶势力及有组织犯罪、“两抢一盗”等侵财性犯罪，增强群众安全感；依法惩治金融诈骗、非法集资、制假售假、侵犯知识产权和走私等犯罪，维护市场经济秩序。正确运用宽严相济的刑事政策，坚持惩办与宽大相结合，能不捕的依法不予批捕，能不起诉的依法不予起诉，或者建议法院从轻判处，以便节约诉讼资源，集中力量打击严重犯罪，挽救失足者，化消极因素为积极因素，取得更好的法律效果和社会效果。

进一步做好集中处理涉法上访的工作。要按照中央的要求和各地党委的统一部署，积极参与矛盾纠纷排查调处活动和涉法涉诉等专项治理工作。重点办理涉检上访案件，依法解决群众的合理诉求，把息诉息访作为结案的标准，既要按法律程序办理，又要落实善后工作，做好疏导教育，避免矛盾激化。积极参加社会治安防控体系建设，落实好检察环节的各项综合治理措施。

二要严肃查办和积极预防职务犯罪。要从实现经济社会发展战略任务和提高党的执政能力、巩固党的执政地位的战略高度，坚决贯彻中央关于反腐败斗争的部署，充分发挥查办职务犯罪的职能作用。要集中力量查办大案要案，重点查办发生在党政领导机关和领导干部中的职务犯罪案件；严肃查办国家机关工作人员利用职权非法拘禁、刑讯逼供等侵犯人权的犯罪案件和滥用职权、玩忽职守造成重大损失的犯罪案件；重大工程项目建设，金融、土地管理等领域中的职务犯罪案件；在国有企业重组改制、破产和经营活动中贪污、挪用、私分国有资产的犯罪案件，以及其他人民群众反映强烈的职务犯罪案件。加强侦查谋略和侦查技能研究，努力提高侦查人员发现犯罪、初查、讯问、收集和固定证据、排除干扰阻力的能力，以及追逃追赃、运用刑事政策和现代科技手段等方面的实际工作能力。

要做好职务犯罪预防工作。立足检察职能,结合办案加强对职务犯罪发案原因、特点和规律的研究,积极开展发案单位的个案预防;配合有关部门,针对公共投资和公共建设项目以及案件易发多发的行业和领域,深入开展专项预防和系统预防。积极开展预防对策研究,运用检察建议推动有关单位、行业建立内控机制。继续配合预防职务犯罪地方立法,健全和完善预防工作机制,深化探索"廉洁准入"等预防方式,提高预防工作的规范化和专业化水平。

三要加强对刑事、民事和行政诉讼的法律监督。坚持纠正打击不力和保障人权相结合,加大刑事立案、侦查、审判和刑罚执行的监督力度,重点监督纠正有案不立、不该立案而立案、有罪不究、量刑畸轻畸重等问题,坚决纠正侵犯当事人诉讼权利等违法情况。坚持维护司法公正和维护司法权威相结合,加大对民事、行政诉讼活动的监督力度,重点办理因地方和部门保护主义、严重违反法定程序以及审判人员贪赃枉法、徇私舞弊而导致错误裁判的案件。坚持强化诉讼监督和查办职务犯罪相结合,坚决查处执法不公、司法不公背后的司法腐败案件,增强法律监督实效。继续开展集中处理涉法上访问题,制假售假、侵犯知识产权犯罪立案监督等专项工作,不断深化措施,取得新的成效。完善行政执法与刑事执法相衔接的工作机制,拓宽监督途径,改进监督方式,提高监督水平。

**三、继续深化检察改革,推进工作机制创新**

认真学习贯彻中央关于司法体制和工作机制改革的意见,正确把握改革的性质、任务、指导思想和原则,加强调研论证,研究制定改革实施方案,保证改革健康顺利进行。认真总结人民监督员制度试点工作经验,继续探索完善人民监督员行使监督权的有效方式,加强理论研究和立法调研,推动人民监督员制度的法制化进程。建立和完善检务督察机制,重点完善与人民监督员制度相衔接的工作机制;继续深化整合侦查资源,构建侦查一体化的工作机制,提高执法办案的能力和水平。探索建立业务、队伍与信息化建设相结合的长效管理机制,有效地把信息技术运用于检察业务和队伍管理,提高管理科学化的水平。

**四、全面加强检察队伍和基层检察院建设,为提高法律监督能力提供组织保障**

建设一支政治坚定、业务精通、作风优良、执法公正的高素质检察队伍,是提高法律监督能力、推动检察工作深入发展的重要组织保障。要按照中央、省委的统一部署,扎实开展保持共产党员先进性教育活动,把深化检察工作主题教育、执法观教育作为重要内容,切实抓好学、摆、改、立四个环节,着力解决在贯彻党的路线方针政策、执法观念、执法方式、执法作风等方面存在的突出问题。

坚持不懈地抓好检察队伍建设,加强对领导干部的监督和自律。认真落实党风廉政建设和队伍建设责任制,提高领导班子发现和解决自身问题的能力。加强对履行责任制和重要情况落实的督促检查,对不履行或不正确履行职责,特别是因疏于教育、管理不力、失察失究造成严重后果的,要严肃责任追究。坚持以公正执法为核心,以争创先进检察院为载体,以推进执法规范化、队伍专业化、管理科学化为内容,进一步推动基层检察院建设。认真组织实施检察人员培训计划,重点开展领导素质培训、专项业务培训、任职资格培训和岗位技能培训,开展业务竞赛,加强实战训练,促进提高法律监督能力。要大力弘扬正气,表彰公正执法的先进典型。

在新的一年里,我们决心以邓小平理论、"三个代表"重要思想为指导,牢固树立科学发展观和正确执法观,努力提高法律监督能力,全面履行法律监督职责,为推进海峡西岸经济区建设、全面建设小康社会做出新的贡献。

# 江西省人民检察院工作报告(摘要)

——2005年1月26日在江西省第十届人民代表大会第三次会议上

江西省人民检察院代检察长 孙 谦

(2005年1月28日江西省第十届人民代表大会第三次会议通过)

2004年,全省检察机关认真贯彻党的十六大和十六届三中、四中全会精神,在中共江西省委和最高人民检察院的领导下,按照省十届人大二次会议决议的要求,围绕"强化法律监督,维护公平正义"的工作主题,落实"加大工作力度,提高执法水平和办案质量"的总体要求,克服困难,振作精神,认真履行法律监督职责,各项检察工作取得了新的进展。

## 一、认真履行法律监督职责

——严厉打击严重刑事犯罪,维护社会稳定。面对复杂、严峻的社会治安形势,全省检察机关认真履行批准逮捕和公诉职能,与公安机关、人民法院密切配合,依法严厉打击严重刑事犯罪,配合有关部门开展社会治安防控体系建设,落实检察环节的社会治安综合治理措施,努力促进社会治安的进一步好转。工作中,对严重刑事犯罪依法快捕、快诉,增强打击实效;对群众反映强烈的爆炸、杀人、抢劫、绑架等严重暴力犯罪和黑恶势力犯罪适时介入侦查,引导取证;积极参加打击淫秽色情网站等违法犯罪的专项整治行动;及时总结打击严重刑事犯罪的经验,促进经常性工作机制的建立和完善。全年共批准逮捕各类刑事犯罪嫌疑人18002人,提起公诉17825人,比上年分别上升6.6%和17.8%。其中,批准逮捕爆炸、投放危险物质等危害公共安全的犯罪嫌疑人1774人、起诉1959人;批准逮捕故意杀人、抢劫、强奸、绑架等严重暴力犯罪嫌疑人3592人、起诉3543人;批准逮捕盗窃、诈骗、抢夺等侵犯财产犯罪嫌疑人9217人、起诉8746人。以刘建华为首的38人特大犯罪团伙,犯有抢劫、故意杀人、抢夺、敲诈勒索、盗窃等罪行,经抚州市人民检察院提起公诉后,主犯刘建华被判处死刑,其他被告人分别被判处无期徒刑和有期徒刑。依法打击破坏市场经济秩序的各类犯罪活动,批准逮捕生产销售伪劣商品、侵犯知识产权、破坏金融管理秩序、扰乱市场经济秩序、危害税收征管等犯罪嫌疑人814人、起诉635人。被告人王树文生产假冒伪劣产品,非法经营额140余万元,进贤县人民检察院已将此案向人民法院提起公诉。

——依法严肃查办国家工作人员职务犯罪案件,促进反腐败斗争持续深入。全省检察机关坚持把查办国家工作人员职务犯罪工作摆在突出位置,加大办案力度,全年共立案侦查国家工作人员贪污贿赂、渎职侵权等职务犯罪案件1582件1752人,已向法院提起公诉1176人。其中,立案侦查贪污、贿赂等犯罪案件1229件,决定逮捕577人,起诉1022人;立案侦查渎职、侵犯公民权利犯罪案件353件,决定逮捕39人,起诉154人。通过办案为国家挽回经济损失1.17亿元。工作中,一是集中力量查办大案要案。共立案侦查贪污贿赂五万元以上、挪用公款十万元以上大案706件,重特大渎职侵权案件67件,查处县处级以上领导干部90人,其中厅级干部5人,查办的大案要案占查办案件总数的54.6%。九江市原副市长吕明、省纪委纪检监察二室原主任漆后星、中共上饶市委原副书记胡发群、新余市政协原巡视员钟宜彩、中共抚州市委原常委、宣传部长曾志勇均因涉嫌受贿等职务犯罪被检察机关立案侦查,其中吕明、漆后星已分别被判处有期徒刑十一年和十四年,胡发群、钟宜彩、曾志勇案正在侦查中。二是深挖窝案串案。共查处交通、土地管理、医疗卫生等系统贪污贿赂窝案串案206件346人。三是依法查办危害国有企业改革的职务犯罪案件。共立案侦查国有公司、企业工作人员借改革之机贪污、挪用、私分国有资产等犯罪案件191件208人,为国家挽回经济损失3665万元。四是加大了查办行政执法和司法人员职务犯罪案件力度。共立案侦查行政执法人员贪污贿赂、滥用职权犯罪案件248件261人,司法人员贪赃枉法、徇私舞弊犯罪案件133件152人。同时,认真贯彻执行省人大常委会颁布的《江西省预防职务犯罪工作条例》,立足检察职能,积极开展预防职务犯罪工作。

——强化诉讼监督,维护公平正义。全省检察机关进一步增强监督意识,积极探索监督的有效途径,注重实际效果,既防止打击不力,又注意保障人权。一是加强对刑事立案和侦查活动的监督。要求侦查机关说明不立案理由1235件;通知侦查机关立案118件。对侦查活动中的违法情况提出纠正意见83件(次);对侦查机关提请批准逮捕、移送起诉,经审查认为不构成犯罪或缺乏充足证据的,决定不批准逮捕2284人、不起诉1296人。二是加强对刑事审判活动的监督。对认为确有错误的刑事判决、裁定提出抗诉94件,对审判活动中的违法情况提出纠正意见12件(次)。三是加强对民事行政审判活动的监督。对认为确有错误的民事行政判决、裁定提出抗诉238件,法院改判88件、调解53件。四是加强对监管改造机关执行刑罚和监管活动的监督。加大对刑事判决、裁定执行情况的监督力度,继续清理和纠正超期羁押,建立和完善防止超期羁押的长效机制。

——狠抓专项业务工作,增强监督力度和实效。根据最高人民检察院的统一部署,集中力量开展了对制售假冒伪劣商品、侵犯知识产权犯罪的专项立案监督;对减刑、假释、保外就医案件的专项检查;严肃查办国家机关工作人员利用职权侵犯人权犯罪案件等专项工作,取得了明显成效。在专项工作中,各地行动迅速,措施得力,共建议行政执法机关向公安机关移交涉嫌制假售假、侵犯知识产权犯罪案件66件,监督公安机关立案44件;发现2002年1月至2004年4月各类违法、违规减刑、假释、保外就医案件846件,均已向有关部门提出纠正意见;立案侦查国家机关工作人员利用职权侵犯人权犯罪案件78件,提起公诉31件,法院判决22件。共青地区公安分局刑侦大队大队长刘翰等人刑讯逼供致人死亡、金溪县双塘镇武装部部长周前进滥用职权致人死亡等案件,性质严重,影响恶劣,被检察机关依法立案侦查。这些专项工作的开展,对于维护社会主义市场经济秩序,保障人民群众的民主权利、人身权利和财产安全,及时解决群众反映的突出问题,化解社会矛盾,促进司法公正,发挥了积极作用。

——切实提高执法水平和办案质量。办案质量是检察工作的生命线,是公正执法的根本体现。针对全省检察机关在查办职务犯罪案件中积压案件较多、不诉率和撤案率较高等问题,从2004年8月开始,省人民检察院把确保办案质量作为全省检察工作的重中之重,采取了坚决措施:一是开展办案质量大检查。省检察院派出工作组,由领导带队,分别到各市检察院检查办案质量,重点检查了近几年来不起诉、撤案和法院判无罪的职务犯罪案件,从中抽取了20%的案件进行全面阅卷审查,发现问题,分析原因,研究措施,有针对性地对市、县两级检察院进行业务指导。二是认真清理积案。全省检察机关对2003年底以前立案侦查未结案的职务犯罪案件进行了全面清理,共清理出积案1137件,截至2004年底,已对其中1030件依法分别作出起诉、不起诉、撤案处理,占积案的90.6%,还有107件积案正在办理中。三是要求各级检察院和全体检察人员必须贯彻"立检为公、执法为民"的思想,明确和重申"一要坚决,二要慎重,务必搞准"的原则和各项办案纪律,克服单纯追诉、先入为主的观念,树立依法、文明、客观、公正的执法理念。四是完善绩效考核制度。坚决纠正片面追求办案数量的倾向,把办案质量作为绩效考核的主要内容,引导各级检察院将工作重心放到提高办案质量上来。五是建立保证办案质量的长效机制。省人民检察院研究制定了《关于确保查办职务犯罪案件质量的二十条规定》,从执法观念、工作原则、办案程序、办案纪律、办案责任等方面进一步规范了办案工作。通过采取这些措施,我省检察机关在提高办案质量方面取得了明显实效。

**二、加强检察队伍建设**

加强队伍建设,是做好检察工作的组织保证。全省检察机关按照省委的要求和最高人民检察院的部署,把提高检察队伍整体素质和执法能力作为基础性和战略性任务来抓,不断加强检察队伍和基层检察院建设。认真学习贯彻党的十六届四中全会精神,深入开展"强化法律监督,维护公平正义"教育活动,加强思想政治建设、职业道德建设和纪律作风建设，引导广大检察人员树立和践行“立检为公、执法为民”的思想，弘扬“忠诚、公正、清廉、严明”的检察官职业道德，努力提高检察队伍的执法能力。为适应检察官法的新要求，加强了业务学习，省人民检察院带头建立集体业务学习制度，规划了学习内容，采取自学与辅导相结合、学习与考核相结合的方法，增强了学习效果。把钻研业务与晋职、晋级挂起钩来，树立正确的用人导向。加强了教育培训和引进人才工作，2004 年全省又有 109 名检察人员取得法律本科学历，目前具有法律本科学历的检察人员已占到检察人员的 54%；对 1200 多名检察人员进行了岗位培训，对 83 名基层检察院正副检察长进行了领导素能培训，对 100 多名基层检察院反贪骨干进行了轮训；全省检察机关向社会公开招考检察人员 123 名；省人民检察院和省司法厅联合举办了全省首届公诉人和律师“诉辩对抗赛”。围绕业务工作、队伍建设、检务保障，加强了基层检察院规范化建设。全省确定了 12 个工作业绩突出的基层检察院作为“示范院”，在全省检察系统推广他们在执法办案、队伍建设和科学管理方面的经验，提高了基层检察院建设的整体水平。同时，严明纪律，坚决查处违法违纪的检察人员。全年受到党纪政纪处分的检察人员 5 人，其中 1 人被司法机关立案侦查，1 人被调离检察机关。

2004 年 7 月，省人民检察院原检察长丁鑫发因严重违法违纪问题被中央纪委立案审查；12 月，经党中央批准，中央纪委作出了开除丁鑫发党籍、将其移送司法机关查处的决定。现丁鑫发违法犯罪案已被司法机关立案侦查。丁鑫发案件的发生，损害了检察工作，玷污了国家司法，在社会上造成了恶劣影响。在中央纪委对丁鑫发案件的查处过程中，全省检察机关认真执行中央、省委和最高人民检察院的有关决定和指示。一是深入做好全体检察人员的思想工作，保持全省检察队伍思想稳定和检察工作平稳发展。同时，积极配合做好丁鑫发案件的相关调查核实工作。二是认真吸取发生丁鑫发违法犯罪案件的教训，开展警示教育。2004 年 9 月底，省人民检察院领导班子召开了民主生活会，对丁鑫发问题进行深刻反思，认真查摆和整改检察工作特别是检察队伍和领导班子建设中存在的问题。随后，在省人民检察院开展了认真吸取丁鑫发违法犯罪教训的警示教育活动。丁鑫发作为检察机关的高级干部，滥用权力，以权谋私，走上犯罪道路，教训极为深刻。省人民检察院要求全省检察人员一定要以丁鑫发为鉴，坚定理想信念，防微杜渐，坚决抵制各种诱惑和腐朽思想的侵蚀，正确认识和对待手中的权力，做到公正执法，廉洁从检，警钟长鸣。三是加强了对各级检察院领导干部特别是检察长的监督。实行上级检察院检察长和纪检组长同下级检察院检察长“诫勉谈话”制度以及上级检察院派员参加下级检察院民主生活会制度。四是加强检察队伍纪律和廉政建设，重申“五个严禁”：严禁办关系案、人情案、金钱案；严禁违反法定程序干预办案；严禁插手工程招投标、政府采购等经济活动；严禁接受可能影响公务活动的吃请和礼物；严禁利用职权为亲属子女或身边工作人员谋取利益，防止检察权滥用。经过几个月的努力，全省检察队伍建设和业务工作正朝着积极、健康的方向发展。

**三、自觉接受人大及其常委会和人民群众的监督**

全省检察机关不断增强宪法意识，正确处理好接受人大监督与依法独立行使检察权的关系，自觉把各项检察工作置于人大及其常委会的监督之下。在认真向人民代表大会报告工作的同时，对检察工作的重要部署、重要事项及时向人大常委会报告。全省各级检察机关共向同级人大常委会专题报告工作 224 次。加强了与人大代表、政协委员的联系，邀请人大代表、政协委员视察工作，广泛听取对检察工作的意见和建议。2004 年 11 月底，省人民检察院邀请部分全国和省人大代表视察了赣州、宜春、南昌等地的检察工作，人大代表对改进检察工作提出了很多好的意见和建议。认真办理人大代表的建议、批评、意见及转办案件，严格办理程序，确保办理质量，提高办理效率。全年共办理人大代表、政协委员的转办案件、意见和建议 196 件，已办结 184 件，并及时反馈办理结果，其余正在办理之中。

为了加强对检察机关查办职务犯罪案件工作的外部监督，2004 年 8 月，经党中央批准，最高人民检察院决定在全国各省、自治区、直辖市的部分检察机关试行人民监督员制度。人民监督员对检察机关查办职务犯罪案件中犯罪嫌疑人不服逮捕决定、拟作撤销案件决定和拟作不起诉决定的三类案件进行评议、表决，参加评议的人民监督员如果多数对检察机关的决定有异议，案件即进入检察委员会讨论以及由上一级检察院复核的程序。同时,人民监督员发现检察机关应当立案而不立案或者不应当立案而立案、超期羁押、检察人员徇私舞弊、贪赃枉法等违法情形的,可以提出纠正意见。人民监督员制度是检察机关的一项重要改革措施,是一种对职务犯罪侦查工作的外部监督、提醒机制,可以促使办案工作更加规范,使检察机关对案件的处理受到有效的外部监督。根据最高人民检察院的统一部署,2004 年 10 月,省人民检察院在本院和赣州、上饶、新余三个市检察院及其所辖基层检察院开展人民监督员制度试点工作。各试点检察院在当地党委、人大、政府、政协的高度重视和大力支持下,经过民主推荐、考察、确认等程序,按照政治素质好、工作能力强、处事公道正派的标准,选任了人民监督员 265 名。截至 2004 年底,试点地方的人民监督员对 41 件职务犯罪案件进行了监督,其中人民监督员不同意检察机关决定的 5 件,经上级检察院复核决定,均采纳了人民监督员的意见。人民监督员对具体案件的监督,增加了检察机关办案的透明度,促进了检察机关执法水平和办案质量的提高。

过去的一年,我省检察工作虽然取得了一些成绩,但还存在不少问题和困难:一是检察队伍的专业、文化结构与检察官法的要求存在明显的差距,部分检察人员执法能力不适应形势需要。一些检察人员政治、业务素质不高,极少数检察人员执法犯法受到查处。二是诉讼监督工作亟待加强,对侦查、审判、刑罚执行等诉讼活动中执法不严、违反诉讼程序、侵犯当事人合法权益等违法情况监督纠正的力度还不够;在查办职务犯罪工作中,有的存在畏难情绪,有的执法活动不规范,办案质量需要进一步提高。三是执法保障机制不健全。人员少与任务重的矛盾比较突出,特别是一些基层检察院由于条件艰苦、待遇较低,难以招录具备任职资格的人员,检察官断层的问题日益严重。经费困难、装备落后的问题在基层检察院仍然比较普遍。对于这些问题,我们要加强调查研究,紧紧依靠各级党委、人大和政府,努力加以解决。

**四、努力做好 2005 年的检察工作**

2005 年,全省检察机关将以邓小平理论和"三个代表"重要思想为指导,认真贯彻党的十六大、十六届四中全会和中共江西省委十一届八次全体(扩大)会议精神,坚持科学发展观,按照最高人民检察院的要求,突出"强化法律监督,维护公平正义"主题,践行"立检为公、执法为民"思想,切实加强法律监督能力建设,依法履行各项检察职能,惩治犯罪,化解矛盾,全力维护社会和谐稳定;严肃查办职务犯罪,促进党风廉政建设和反腐败斗争深入发展;强化诉讼监督,维护司法公正,提高司法效率。要以改革的精神应对面临的困难,解决存在的问题。为完成上述任务,我们要在以下三个方面做出努力:

——加强队伍专业化建设,下大力气提高检察队伍的政治、业务素质和履行法律监督职责的能力。按照党中央和省委的部署,认真、深入、扎实地开展保持共产党员先进性教育活动,有针对性地解决检察机关党员和党组织存在的突出问题,提高党员的政治素质和各级党组织的凝聚力、战斗力;着力加强职业操守教育,使检察人员坚定理想信念,树立正确执法观,始终保持对党和人民、对法律、对事实的忠诚;认真贯彻检察官法的要求,坚持凡进必考,严把进人关;充实一批法律本科以上人员,优化办案队伍的学历层次和专业结构;建立完善业务学习和教育培训制度;继续开展警示教育,进一步吸取队伍建设中的经验和教训,严格对检察人员的教育和管理,切实加强对领导干部特别是检察长的监督,严格执行纪律,确保检察队伍廉洁从检,公正执法。

——加强执法规范化建设,切实提高办案质量。忠实履行检察职能,保证办案质量,在办案中充分尊重和保障人权。完善检察业务工作流程,从制度和程序上保证依法办案、文明办案、安全办案;坚决禁止越权办案、利益驱动办案;建立和完善办案质量督察员制度、定期检查制度和个案评估制度;加强对办案工作的内外部监督制约,认真开展人民监督员制度试点工作,并不断总结经验,切实发挥人民监督员的监督作用。

——加强管理科学化建设,改进机关作风,提高工作效率。完善检察工作绩效考核机制,在全省检察机关形成求真务实、锐意进取的良好氛围;完善机关管理和工作管理制度,健全检察人员的行为规范,切实改进工作作风;加强信息化建设,把现代化科技手段有效地运用于检察工作管理、案件管理之中,增加检察工作的科技含量,提高工作效率和管理水平。

在新的一年里,全省检察机关将在中共江西省委和最高人民检察院的领导下，在各级人大及其常委会的监督下，团结一致，积极进取，扎实工作，努力完成各项工作任务，为建设和谐平安江西，为在新的起点上实现全省经济社会更快更好的发展，为维护社会稳定与秩序、公平与正义做出新的贡献！

# 山东省人民检察院工作报告(摘要)

——2005 年 1 月 19 日在山东省第十届人民代表大会第三次会议上

山东省人民检察院检察长　国家森

(2005 年 1 月 22 日山东省第十届人民代表大会第三次会议通过)

2004 年，全省检察机关在省委、最高人民检察院的领导下，在省人大的监督和省政府、省政协及社会各界的支持下，以“三个代表”重要思想和科学发展观为指导，认真贯彻省委和最高人民检察院的工作部署，全面落实省十届人大二次会议决议，努力实践“强化法律监督，维护公平正义，服务加快发展”的主题，依法认真履行职责，大力加强自身建设，各项检察工作取得了新的进展。

**一、积极投入“平安山东”建设，努力维护社会公平正义和长治久安**

2004 年，省委、省政府作出了建设“平安山东”的重大部署，全省上下按照“三个体系”的要求，用心落实，齐抓共管，取得了显著成效，保持了全省大局的和谐稳定。一年来，全省检察机关紧跟省委、省政府的部署，充分发挥职能作用，全力以赴投入“平安山东”建设，为全省的持续稳定作出积极的努力。

——深化“严打”整治斗争，维护社会治安稳定。认真履行批准逮捕和提起公诉的职责，与公安、法院等部门密切配合，依法严厉打击严重刑事犯罪活动。全年共批捕各类刑事犯罪嫌疑人 39992 人，起诉 50227 人，其中批捕爆炸、杀人、抢劫、绑架等严重暴力犯罪嫌疑人 15192 人，起诉 17632 人；批捕金融诈骗、制假售假、非法经营等严重破坏市场经济秩序的犯罪嫌疑人 1013 人，起诉 1275 人。通过加强监督，坚决防止和纠正打击不力的问题，对应当逮捕、起诉而未提请批捕和移送起诉的，依法追捕追诉 1659 人；对有案不立、有罪不究的，依法监督立案 1804 件，起诉后法院已判决 1220 人，其中有 63 人被判处十年以上有期徒刑或无期徒刑。积极参与社会治安防控体系建设，深入社区、街居、学校，建立综合治理联系点 1115 个，配合有关部门集中整治突出治安问题，大力加强未成年人犯罪预防，积极开展监外执行罪犯社区矫正试点工作，有效遏制和减少了违法犯罪的发生。

——集中处理涉法上访，努力化解社会矛盾。遵照中央和省委的部署，在全系统集中开展了处理涉法上访专项工作，以对人民、对法律高度负责的态度，坚持真理，修正错误，真心实意解决群众反映的涉法问题。一是全面摸清底数，逐案落实责任。年初全省三级检察院统一行动，对过去所有涉及检察机关的上访案件，作了拉网式清理，共排查出涉法上访 815 件，其中属检察机关管辖的 212 件。在此基础上，逐案落实了定领导、定人员、定措施、定期限、包处理的“四定一包”责任制。省检察院先后三次派出 20 多个工作组协办和督办，截止到年底，已将这些案件全部办结。二是以解决群众反映的实际问题为治本措施，依法妥善做好息诉罢访工作。对反映检察机关执法问题、上访有理的，勇于纠正错误，该赔偿的赔偿，该道歉的道歉，共依法纠正 42 件，给予赔偿 17 件，返还上访人合法财产 130 多万元，支付赔偿金 14.8 万元；对上访有一定道理，但要求超出法律政策规定的，既公正合理地解决问题，又耐心细致地讲清法律政策，靠过细工作息诉罢访;对无理缠访缠诉的,召开听证会,邀请人大代表、政协委员、法律专家和当事人亲属参加,公开案件事实和处理程序、处理结果及处理依据,消除误解,化解矛盾。全省共召开听证、答询会114次,使108名长期缠访者息诉罢访。对不属于检察机关管辖的603件涉法上访,负责地向上访人答询,并尽力帮助解决问题,努力让群众满意。无棣县70多岁的农民赵某,孤寡一人,二十多年前被人误伤,因伤口长期未愈,无人照顾,无钱治病,多年来反复上访。省检察院发现这一情况后,协调当地民政部门为赵治疗,并将其安置到敬老院,使这一上访老户从此息诉罢访。三是积极构建以预防控制、信息传输、快速反应处置、协调配合等为内容的处理涉法上访长效机制,做到有上访随时发现,随时有人做工作,随时妥善处理,努力不使信访转化为来访、初访转化为重访、个体访转化为集体访、本地访转化为越级访。

——强化执法监督,维护社会公平正义。公正是社会稳定的基石。针对某些方面执法不严、司法不公的问题,加大对执法活动的监督力度,努力维护公平正义和群众的合法权益,促进社会的和谐稳定。一是强化刑事诉讼监督,既严惩犯罪,又保障人权,对不应当立案而立案的,依法监督纠正277件;对不符合逮捕、起诉条件的,决定不捕不诉5140人;对认为确有错误的刑事判决裁定,提出抗诉78件,法院已改判25件。二是强化民事审判和行政诉讼监督,坚决纠正因裁判不公,严重损害当事人合法权益的问题,对认为确有错误的民事行政判决裁定,提出抗诉1388件,法院已改判、发回重审和调解结案522件;对正确的裁判积极做好服判息诉工作,共帮助息诉1797件。沂水县农民肖某与他人宅基地使用权、损害赔偿纠纷案,因有关部门出具虚假证据,被判败诉并强制执行,肖某服毒身亡,其妻李某数年流浪外地,边捡破烂边申诉。检察机关受理申诉后,查明事实,依法提出抗诉,经法院再审,撤销原审判决,终于使李某讨回了公道。三是围绕解决群众反映强烈的突出问题和法律监督的薄弱环节,组织开展了制假售假、侵犯知识产权犯罪立案监督专项活动,依法监督立案76件91人;开展了对违法减刑、假释、保外就医专项检查,依法监督纠正175件,其中重新收监执行23人;开展了打击侵犯人权犯罪专项活动,查办国家机关工作人员利用职权实施的非法拘禁、非法搜查等犯罪案件157件,维护了公民的人身权利和民主权利。四是严惩司法不公背后的司法腐败,依法立案查处执法犯法,以案谋私,勒索钱财,枉法裁判和非法拘禁,刑讯逼供等严重损害当事人合法权益,败坏党和政府形象的司法人员职务犯罪案件124件163人。对于纯洁政法队伍,维护法律的尊严和司法公正,起到了积极作用。

**二、正确把握法律政策,积极查办和预防职务犯罪**

全省检察机关坚决贯彻中央、省委的指示精神,从提高党的执政能力,巩固党的执政地位的高度,深刻认识反腐败斗争的极端重要性,认真履行职责,依法严肃查办职务犯罪大案要案,严厉惩处腐败分子。全年共立查各类职务犯罪案件2882件,其中大案要案1968件。一是严肃查办了发生在领导干部中滥用权力,谋取非法利益的犯罪案件937人,其中县处级干部168人,厅级干部3人。济宁市原副市长兼高新技术开发区管委会主任李信利用职权,涉嫌多次收受、索要贿赂,群众反映强烈。省检察院依法严肃查处李信犯罪案件,有效消除了社会不良影响,受到了广大干部群众的拥护和称赞。二是严肃查办了城市建设、土地审批、企业注册、产权交易等领域,国家工作人员滥用职权,以权谋私,严重损害国家和群众利益,侵害投资者合法权益的犯罪案件204件。曹县原县长李安现、原常务副县长刘怀柱等人,在城镇开发建设、房屋拆迁和项目引进中,向开发商及投资者索要、收受巨额贿赂,严重损害了群众利益,影响了当地投资环境。菏泽市检察院依法查处李安现等人的问题,有力地惩治了犯罪,维护了社会稳定,优化了发展环境。三是严肃查办了国企人员损公肥私,中饱私囊,造成国有资产严重流失、企业经营管理混乱、职工群体上访的犯罪案件447件。中石化齐鲁股份公司原董事长张深(正厅级)等21人,利用企业改制之机,内外勾结,大肆贪污私分国有资产。检察机关在有关单位的配合支持下,严厉查处了张深等人犯罪窝案,维护了国有资产安全,促进了企业经营管理和改革的顺利进行。

正确把握法律政策,努力实现法律效果与政治效果、社会效果的统一。一是从有利于惩治腐败,有利于维护稳定和促进发展,有利于教育大多数出发,正确处理打击犯罪与促进发展、惩治腐败与保护干事创业、履行职责与服务大局的关系,把执行法律和执行政策有机结合起来，准确区分罪与非罪、违法与违纪的界限，该打击的坚决打击，该保护的依法保护，能挽救的尽力挽救。通过办案，为151名因敢抓敢管、干事创业受到错告、诬告的领导干部和企业负责人，澄清了问题，保护了他们的积极性；对60名偶然失足犯罪、情节轻微、认罪态度好的关键岗位人员和业务技术骨干，依法作了妥善处理。二是认真贯彻“一要坚决、二要慎重、务必搞准”的原则，严格依据事实和法律办事，不轻信口供，不轻信传言，实事求是，有一是一，有二是二，既不扩大也不缩小，切实做到有罪追究、无罪保护、严格依法、客观公正，使所办案件经得起历史的检验。三是讲究办案的策略和方法。对职务犯罪从立案、采取强制措施、起诉到案件处理的各个环节，坚持依法稳妥进行，特别是查办涉及企业和投资者的案件，注意维护企业声誉和正常生产经营秩序，积极追缴涉案款物，帮助建章立制，加强管理，争取查办一起案件，挽救一个企业。结合办案，为国家挽回经济损失3.2亿元；配合主管部门帮助68个濒临破产倒闭的企业走出了困境。兰陵集团是临沂的国有支柱企业，由于负责人严重腐败，大肆贪污受贿，侵吞国有资财，导致企业管理混乱，负债过亿元，职工群众强烈不满。临沂市检察机关在市委的领导下，集中查处了集团26名犯罪分子，挽回损失1600多万元，并积极协助整改建制，调整领导班子，使这个濒临破产倒闭的企业迅速恢复了生机，全年销售额同比增长1.5倍，利税过千万元。

坚持惩治腐败与预防犯罪相结合，大力开展预防职务犯罪工作，促进从源头上预防和治理腐败。结合办案，针对发案单位存在的问题，帮助综合治理，提出检察建议3836条，协助建章立制3889项；认真研究职务犯罪的规律和原因，向党委、政府提出预防建议、调查报告等680份，已被采纳310份；选择经济热点部位和职务犯罪易发的行业，与主管部门联手开展系统预防，收到了明显成效，其中全省金融、工商、税务系统去年的职务犯罪发案数，都大幅度下降；针对以往大型建设工程中暴露出的问题，在投资60亿元的胶州湾新产业区、3.9亿元的黄河济南标准化堤防建设等2035个重大建设项目中开展专项预防，有效防范了违法犯罪的发生。烟台市检察机关在投资6.9亿元的206国道烟蓬段工程中，配合开展预防工作，推行廉政准入制度，加强对招投标、施工、监理和物资采购等关键环节的监督，节约资金数千万元，工程合格率达100%，实现了无职务犯罪和工程优质的目标。

**三、以基层检察院建设为重点，大力加强自身建设**

全省检察机关认真落实科学发展观，坚持以人为本，重心下移，以加强基层检察院建设为重点，结合“强化法律监督，维护公平正义，服务加快发展”主题教育活动，全面加强自身建设，努力实现“五个转变”。

一是以立检为公、执法为民为核心，转变思维方式和执法观念。联系日常执法活动中暴露出的执法思想、执法作风方面的问题，引导干警从单纯强调专政观点，执法者以管人自居、重打击轻保护、重实体轻程序和株连无辜等陈旧的执法观念和做法中解放出来，牢固树立“立检为公、执法为民”的执法观，带着对人民群众的深厚感情执法，本着对法律高度负责的精神办案，努力把“为民、公正、文明、服务”的要求贯彻到执法办案的全过程，既坚决打击犯罪，又切实尊重和保障人权，维护公民的合法权益，充分体现现代司法文明和人文关怀。济南市长清区检察院在办理一起刑事案件时，发现犯罪嫌疑人被捕后，家中5岁的孩子无人抚养。公民犯罪，其子无辜。该院检察长亲自出面协调有关部门，帮助妥善安排了孩子的学习和生活，犯罪嫌疑人由衷感激，表示彻底悔罪服法，重新做人。

二是以引进人才和教育培训为主要途径，转变队伍构成和知识结构。为了尽快改变人员和专业知识结构不合理的状况，在省委、省政府的关心支持下，建成了山东检察官培训学院，展开全员正规化培训，现已培训基层检察院检察长和反贪、渎检局(科)长及部分业务骨干近1500人；在组织人事部门的帮助下，连续四年选调招录了990余名大学毕业生充实到基层检察院；启动复合型、专门型人才工程，从全省选拔458名专业人才进行重点培养，组织1783名干警参加专升本教育和攻读法律硕士；采取模拟法庭、主题论辩、业务竞赛和网上讲座、案例分析等形式，大搞岗位练兵，提高专业技能和执法水平，使全省本科以上学历干警的比例提高到了73.7%，为建立一支年轻化、知识化和专业化的检察官队伍打下了坚实基础。

三是以提高执法水平和办案质量为着力点，转变执法行为和执法作风。围绕解决少数地方受利益驱动办案、违反程序办案和忽视安全防范等问题,集中开展了职务犯罪案件质量、办案安全防范、扣押涉案款物等专项检查,对清理出的涉案款物,全部上缴或返还了当事人;对处理不当的11件不起诉案件,依法进行了纠正。大力加强执法规范化建设,推行办案流程管理和质量控制,实行“一案三卡”和全程监督、网上监督,促进了执法活动由随意、粗放向规范、文明的转变。为建设高素质的反贪、渎检队伍,在全省开展了资格重新认定工作,对少数执法不规范、不文明,考核认定不合格的干警,坚决调离了反贪、渎检部门。全面开展人民监督员制度试点工作,各级检察院共聘请了865名人大代表、政协委员和有关方面人士担任人民监督员,对检察机关自己查办的案件拟作撤案、不起诉处理和犯罪嫌疑人不服逮捕决定的三类案件,以及干警的执法作风、执法行为等实施监督,增强了对办案活动的刚性约束,促进了干警执法观念的转变和办案质量的提高。2004年职务犯罪案件的起诉率、有罪判决率,分别提高了8个和16.1个百分点。

四是以完善落实“决策目标、执行责任、考核监督”三个体系为主线,转变队伍管理和工作机制。进一步明确了各项工作的任务目标,将各级的权力责任细化分解,落实到了每个单位、部门和干警;省检察院建立了督察巡视制度和专门机构,对落实情况明查暗访,发现问题,即时查究;年底对照责任目标的要求,对省检察院机关和各市分院的工作进行了严格考核,对落实好的,将给予表彰奖励,对落实不力甚至发生问题的,将视情给予通报批评或组织处理。深化检察改革,进一步健全职务犯罪侦查一体化机制,全面推行主诉检察官办案责任制和行政执法与刑事执法相衔接、保障律师依法履行职责等工作机制,探索建立业务、队伍和信息化建设“三位一体”的管理机制,建成了全省三级检察专线网,开展远程侦查指挥和网上办公、办案,提高了工作质量和执水平。坚持从严治检,从检察长到一般干警,层层签订了党风廉政建设责任书,实行检察长廉洁从检公开承诺,严肃查处干警违法违纪问题,对极个别害群之马,坚决从严惩处。共查处违法违纪检察人员7件12人,其中追究刑事责任2人,开除1人,撤职1人。

五是以让党放心、人民满意为目标,转变队伍素质和执法形象。大力加强形象建设,教育干警服务大局要用心,执法办案要公正,队伍管理要严格,对待群众要真诚,待人接物要和气,靠“为民、务实、清廉”塑造形象。积极培养树立先进典型,组织开展了全省首届“十佳基层检察院”、“十佳基层检察长”评选活动。2004年,全省有80个检察院、259名检察干警受到省级以上表彰,有26个市县党委作出了向检察院或检察干警学习的决定。聊城市东昌府区检察院副检察长、中国十大杰出检察官白云,二十多年如一日,以对党和人民的无限忠诚,清正廉洁,秉公办案,服务群众,他主持开通的“白云热线”,一年接听咨询和求助电话4800余个,接待群众来访800多人次,化解社会矛盾近百起,得到了中央和省委领导同志的高度评价。这些事迹极大教育和鼓舞了干警,推动了队伍和业务建设的不断深入,基层基础工作整体上了一个新台阶。2004年,最高人民检察院在青岛召开全国基层检察院建设工作会议,推广了我省的经验,中央新闻媒体采访团也对我省基层检察院建设情况集中作了宣传报道。

一年来,各级党委和人大、政府、政协高度重视关心和支持检察工作。省委从战略和全局的高度,从政治上、思想上、组织上实施了强有力的领导。省委书记、省人大常委会主任张高丽同志,省委副书记、省长韩寓群同志先后19次作出重要批示,提出明确要求,鼓励和支持检察机关的工作,省委常委会专门听取了全省基层检察院建设情况的汇报,并批转了《省检察院党组关于进一步加强全省基层检察院建设的意见》,14个市级党委也作出决定,提出了具体落实措施,给予了有力的领导和支持。省人大常委会从信任支持的基点出发,对检察工作进行了有效监督,帮助排除干扰阻力,支持检察机关依法办案。省政府充分理解检察机关的困难,在财政支付压力比较大的情况下,对检察信息化建设、科技强检、基础设施建设等,给予了有力支持,帮助解决了大量实际问题。省政协以其联系广泛的优势,带动和影响社会各界对检察机关进行了民主监督和支持。各级人大代表、政协委员在实施监督的同时,对加强和改进检察工作,提出了许多宝贵的意见和建议。

我们也清醒地看到,工作中还存在不少问题和不足。一是法律监督的能力和水平还不够高,履行职责还不到位,诉讼监督工作相对薄弱,维护公平正义、服务加快发展的作用发挥不够充分;二是队伍整体素质还不适应,少数干警执法思想不端正,对群众耍特权、逞威风的霸道作风没有根除,个别人执法不公正、办案不文明，甚至执法犯法；三是有些地方抓落实的力度不够，省委和最高人民检察院的有些部署要求，没有切实落实到基层；四是有的地方人员不足，经费紧张等问题仍没有很好解决。对这些问题，我们将以改革的精神和务实的作风，认真研究解决。

**四、深入学习贯彻党的十六大和十六届四中全会精神，切实做好2005年的检察工作**

2005年是加强党的执政能力建设，加快经济社会全面发展的重要一年。全省检察机关要在省委、最高人民检察院的正确领导和人大、政府、政协的监督支持下，深入贯彻党的十六大、十六届四中全会精神和省委、最高人民检察院的部署要求，全面落实本次大会决议，认真开展保持共产党员先进性教育活动，牢固树立科学发展观和正确执法观，依法认真履行检察职责，大力加强执政能力和法律监督能力建设，推动检察工作整体再上新水平。

一是进一步提高把握大局、服务中心的能力。强化大局观念和服务意识，站在全局看检察找准定位，立足检察想全局用心服务，把党委的部署、群众的意愿与职责要求有机统一起来，把检察工作与党的中心工作有机结合起来，充分发挥惩治犯罪、化解矛盾和维护稳定的职能作用，努力为全省加快发展，建设和谐社会，提供公正高效的法律服务。

二是进一步提高履行职责、公正执法、维护社会公平正义的能力。牢固树立“立检为公、执法为民”的执法观，正确处理法律效果与社会效果、打击犯罪与保障人权、办案数量与质量、执行实体法与程序法的关系，不断提高法律监督水平。依法严厉打击严重刑事犯罪，健全处理涉法上访的长效机制，深入推进“平安山东”建设；严肃查办和积极预防职务犯罪，集中力量查办发生在党政机关和领导干部中的犯罪案件，国家机关工作人员利用职权非法拘禁、刑讯逼供等侵犯人权的犯罪案件和滥用职权、玩忽职守造成重大损失的犯罪案件，重大工程建设、金融、土地管理等领域和国有企业重组改制、破产、经营活动中的犯罪案件，以及拉拢腐蚀干部、危害严重的行贿犯罪案件，推动建立与市场经济体制相适应的惩治和预防腐败体系；全面加强诉讼监督，坚决监督纠正执法不严、司法不公等问题，严惩司法腐败，维护司法公正，促进在全社会实现公平与正义。

三是进一步提高处理复杂矛盾和突发事件的能力。适应社会形势的新情况、新变化，增强工作的预见性和应变能力，对打击刑事犯罪、查办职务犯罪、处理涉法上访等复杂问题，要用心把握，充分预测工作中可能出现的问题，及早做好应对预案，既严格执法，又尽力做好相关工作，防止因执法不当引发影响经济发展和社会稳定的问题。

四是进一步提高解决自身问题、创造和谐环境的能力。增强党的观念，坚持和依靠党委领导、人大监督和政府、政协的支持，加强与政法各部门的监督与配合，协力维护稳定，共同促进发展。通过开展保持共产党员先进性教育活动，认真解决党员和党组织在思想、组织、作风以及工作方面存在的突出问题，增强党员队伍和党组织的创造力、凝聚力、战斗力，为履行检察职责创造和谐环境、提供政治和组织保证。

五是进一步提高工作创新的能力。努力把上级的部署要求与我省检察工作实际结合起来，创造性地开展工作。认真贯彻落实中央司法体制改革的意见，大力推进检察改革，不断完善法律监督工作机制和队伍管理机制，推动检察事业创新发展。

六是进一步提高求真务实、用心工作、狠抓落实的能力。坚持重心下移，深入推进“三个体系”建设，切实抓好省委、最高人民检察院一系列部署要求的贯彻落实，努力建设一支“为民务实清廉”的检察队伍，营造“想干会干干好”的浓厚氛围，取得法律监督的良好效果和党委放心、人民满意的工作业绩。

新的一年里，我们决心在省委和最高人民检察院的坚强领导下，更加积极地争取人大监督和政府、政协及社会各界的支持，牢记全省人民的期望和重托，振奋精神，开拓创新，努力工作，为服务加快发展和“平安山东”建设做出新的贡献！

# 河南省人民检察院工作报告(摘要)

——2005年1月27日在河南省第十届人民代表大会第三次会议上

河南省人民检察院检察长　王尚宇

(2005年1月30日河南省第十届人民代表大会第三次会议通过)

2004年,全省检察机关在省委、各级党委和最高人民检察院领导下,在各级人大监督和政府支持下,围绕"强化法律监督,维护公平正义"的工作主题,全面履行检察职责,各项工作取得了新的进展。

**一、认真履行法律监督职责,积极为改革发展稳定大局服务**

(一)依法打击各种刑事犯罪活动,积极参与化解社会矛盾,努力维护社会的和谐稳定。共受理公安、国家安全机关提请批准逮捕各类刑事犯罪嫌疑人53243人,经审查,依法批准逮捕46515人;受理移送审查起诉50255人,经审查,依法提起公诉41709人。

严厉打击严重刑事犯罪活动,维护社会治安秩序。坚决贯彻依法从重从快的"严打"方针,突出打击爆炸、杀人、抢劫、绑架等严重暴力犯罪,黑恶势力犯罪,盗窃、抢夺等影响人民群众安全感的多发性犯罪。批准逮捕上述三类重点案件犯罪嫌疑人31524人,已提起公诉28705人。对重大案件,坚持适时介入公安机关侦查活动,依法快捕快诉。宋留根等人组织领导黑社会性质组织犯罪特大案件,犯罪分子多达67人,涉及故意杀人、抢劫、绑架、敲诈勒索等19种罪名100多起犯罪事实。检察机关受理该案后,组织专门力量,抓紧审查材料,补查、固定证据,及时批捕、起诉,使严重刑事犯罪分子受到了法律的严惩。

依法打击严重经济犯罪活动,维护市场经济秩序。从严从重打击金融诈骗、偷税骗税、侵犯知识产权、制售假冒伪劣产品,尤其是制售伪劣食品、药品等严重危害人民群众身体健康和生命安全的犯罪。批准逮捕上述各类犯罪嫌疑人1510人,已提起公诉1006人。组织开展打击制假售假、侵犯知识产权犯罪立案监督专项行动,监督公安机关立案136件213人,其中省检察院直接挂牌督办重大案件7件。王登春等27人在三年多的时间内,先后在河南、山东、山西等地大肆生产假药,销往全国各地。此案经省检察院和省公安厅、省药监局共同督办,濮阳市检察机关共批准逮捕19人、追捕8人。目前此案已起诉到法院。

与有关部门密切配合,积极开展专项斗争和专项活动,增强打击实效。积极参与党委政府统一部署的禁毒、打击淫秽色情网站等专项整治行动,运用审查批捕、审查起诉等检察职能,配合有关部门集中整治一个时期的突出社会治安问题。共批准逮捕制毒贩毒、制黄贩黄等涉毒、涉黄犯罪嫌疑人1449人,已提起公诉1189人。与公安机关一道,对2003年因证据不足作出存疑不捕决定的4529名犯罪嫌疑人进行了专项清理,公安机关补充侦查后重新提请逮捕609人,直接移送起诉318人。与人民法院共同开展超时限审理案件专项清理活动,对提高办案效率、保证打击效果起到了积极作用。

积极化解社会矛盾,努力减少社会不稳定因素。高度重视群众来信来访,坚持检察长接待日制度和控告申诉首办责任制,努力把人民群众反映的实际问题解决在基层,解决在首办环节。加强文明接待室建设,开通举报电话自动受理系统,实行密码举报、预约接待、上门接待等便民利民措施,努力解决群众告状难、申诉难问题。开展对涉检上访的专项清理工作,对上访案件逐案定人、限时办结,对重点、疑难案件以及上级督办的案件,实行领导包案、公开听证、公开审查、公开答复、结案时当面听取当事人意见等制度,努力提高息诉率。2004年9月,根据省委统一部署,全省检察机关抽调102名干警组成下访工作组，深入基层，解决问题，取得良好效果。检察机关排查出884起涉检上访案件，已结案849件，息诉779件。贯彻宽严相济、惩教结合的刑事政策，对主观恶性较小、犯罪情节轻微的未成年人犯罪、过失犯罪，能不捕、不诉的依法不予批捕、起诉，加强教育和挽救。结合检察工作加强法制宣传，引导群众走依法维权之路。积极参加社会治安防控体系建设，认真落实检察环节各项社会治安综合治理措施。

（二）依法查办和预防国家工作人员职务犯罪，促进反腐败斗争深入开展。坚决贯彻中央、省委关于反腐败工作的总体部署，立案侦查国家工作人员涉嫌职务犯罪案件3248件3608人，其中，贪污贿赂犯罪案件2203件2395人，渎职侵权犯罪案件1045件1213人。侦查终结3131件3468人，已提起公诉2405人。通过办案为国家挽回直接经济损失3亿多元。

突出重点，集中精力查办贪污贿赂犯罪大案要案。立案侦查涉嫌贪污贿赂五万元以上、挪用公款十万元以上大案852件，内有一百万元以上案件74件。立案查办涉嫌贪污贿赂犯罪的县处级以上领导干部98人，内有厅级干部3人。平顶山市社会保险事业局原局长陈振方贪污、受贿、挪用社会保险基金，于2003年12月28日潜逃。平顶山市人民检察院接到举报后，于2004年1月5日依法立案侦查，经过两个月调查取证和艰苦追捕，于3月5日在哈尔滨将陈抓获。陈振方已被一审判处死刑缓期二年执行。检察机关查办的影响比较大的案件还有：河南省电力公司原副总经理李俊杰（副厅级）贪污、受贿、巨额财产来源不明案，河南省黄金管理局原纪检组长水国芳（副厅级）贪污、受贿案，确山县原县长李剑华受贿案，许昌市国税局原局长姜国仕受贿、巨额财产来源不明案等，上述被告人均已被判处十年以上有期徒刑。这些案件的查处，昭示了党和政府惩治腐败的决心，对国家工作人员起到了一定警示作用。

围绕促进依法行政，严肃查办国家机关工作人员渎职犯罪案件。立案侦查国家机关工作人员对工作严重不负责任、不履行或不认真履行职责，致使国家和人民利益遭受重大损失的渎职犯罪案件780件。其中，玩忽职守案337件，滥用职权案281件，徇私舞弊案162件。内有重特大案件402件。重视同期介入重大安全生产事故的调查，依法查办事故背后隐藏的国家机关工作人员渎职犯罪案件57件61人。登封市白坪乡煤管站站长梁文俭、工作人员刘洪涛，在查出东风煤矿存在重大安全隐患的情况后，没有按规定要求该矿立即停产整顿，致使该矿继续违规生产，发生特大透水事故，造成21人死亡。二人被登封市人民检察院以玩忽职守罪立案侦查、提起公诉后，法院已作出有罪判决。

落实"国家尊重和保障人权"的宪法原则，加大查办国家机关工作人员侵犯公民人身权利、民主权利犯罪案件力度。根据最高人民检察院的部署，组织开展查办国家机关工作人员侵犯公民人身权利、民主权利犯罪案件专项活动，共立案侦查该类案件207件，其中，刑讯逼供案17件，非法拘禁案171件，非法搜查案6件，虐待被监管人案12件，暴力取证案1件。

坚持为经济建设服务的指导思想，努力保证办案的法律效果和社会效果的统一。坚持"一要坚决，二要慎重，务必搞准"的原则，对构成犯罪的，依法查处，决不手软；对法律政策界限不清的，调查研究，暂缓处理；对生产经营岗位上的重要人员涉嫌犯罪的，及时与有关方面沟通情况，确保生产经营秩序；对犯罪情节轻微，依照刑法规定不需要判处刑罚的，移送有关部门作党政纪处理；对经查证属于被错告、诬告的，澄清事实，予以正名；对借举报之名故意诬告陷害的，依照法律，严肃处理。坚持把办案工作放在改革、发展、稳定大局中来谋划，注重查办在国有企业改制中侵害职工利益、征用土地中侵害农民利益、城市拆迁中侵害居民利益、工程建设中侵害农民工利益的职务犯罪案件。共立案查办涉嫌贪污、贿赂、挪用公款的国有企业管理人员913人，农村基层组织人员271人。落实省检察院制定的《关于为国有企业改革发展服务的六项措施》和《关于为非公有制经济服务的意见》，依法、平等保护各类市场主体的合法权益。加强上级检察院对重大案件侦查工作的统一管理，确保侦查工作有序进行；加强检察机关内部侦查、批捕、公诉、技术等部门的配合，提高诉讼效率；实行严格的案件质量管理、个案质量考评和错案责任追究制度，确保办案质量。

坚持标本兼治、惩防并举，努力从源头上遏制和减少职务犯罪。在办案中我们体会到，职务犯罪既给国家和社会造成严重损害，同时也毁掉了一批党和国家培养多年的干部，教训十分深刻。在不放松查案工作的同时,我们立足检察职能,采取多种形式,积极开展了预防职务犯罪工作。坚持结合办案在发案单位开展个案预防,在重大建设工程中开展专项预防,在重点行业开展系统预防。省检察院组成预防职务犯罪宣讲团,到部分省直单位和市县进行了专题宣讲。焦作、鹤壁、三门峡等地检察机关在当地党委政府的重视及有关部门支持配合下,建立了预防职务犯罪警示教育基地。积极推动预防职务犯罪的法制化进程。经省人大常委会批准,洛阳市人大常委会颁布实施了《洛阳市预防职务犯罪条例》。

(三)依法履行诉讼监督职责,努力维护社会公平和正义。公正是社会和谐的基础。执法不严、司法不公严重损害社会的公平和正义。检察机关以促进司法文明、实现社会公平正义为目标,进一步加强了各项诉讼监督工作。

加强刑事诉讼监督,既防止和纠正打击不力,又注重保障人权。认真执行保障律师参与诉讼活动的规定,完善当事人权利义务告知制度等,切实保护诉讼当事人的各项合法权利。在刑事立案监督中,要求公安机关说明不立案理由2920件,公安机关直接立案2557件,对认为公安机关不立案理由不成立的,依法监督公安机关立案247件。在侦查监督中,对不符合法定逮捕、起诉条件的,依法决定不批准逮捕6595人、不起诉2080人;对侦查机关漏提请逮捕、漏移送起诉的,依法追加批捕2594人、追加起诉895人。平顶山市人民检察院在审查起诉黄有志等12人团伙抢劫案时,察微析疑,查出彭付贵等5名漏犯伙同黄有志等人持枪抢劫7起、致1人死亡的犯罪线索。经与公安机关联合补查,提起公诉后,5名漏犯中3人被判处死刑,2人被判处十年以上有期徒刑。在刑事审判监督中,对认为确有错误的判决、裁定依法提出抗诉208件。南阳市人民检察院提出抗诉的张长省故意杀人案、许昌市人民检察院提出抗诉的赵新建抢劫案,经省检察院出庭支持抗诉,省高级法院二审,两名被告人均由原判死刑缓期二年执行改判为死刑立即执行。在刑罚执行监督中,与公安、法院、司法行政等部门密切配合,依法纠正超期羁押157人;组织开展清理纠正违法减刑、假释、保外就医专项行动,全年共监督纠正违法减刑、假释、保外就医605人。

加强民事审判和行政诉讼监督,既重视纠正解决司法不公问题,又重视维护司法权威。重点监督严重侵害社会公共利益、当事人合法权益以及因枉法裁判导致司法不公的案件。共受理不服法院民事、行政判决、裁定的申诉4405件,经审查,对认为确有错误的民事、行政判决、裁定依法提出抗诉1233件,法院再审审结854件,其中改判、调解结案和撤销原判发回重审640件。依法提出再审检察建议290件,被法院采纳209件。对认为法院判决、裁定正确的1580件申诉案,认真做好当事人的服判息诉工作,维护了司法权威。

坚持诉讼监督与查处司法不公背后的职务犯罪案件相结合,增强监督实效。立案侦查涉嫌徇私舞弊、枉法裁判的司法人员103人。西平县物价局原财务股长兼出纳关春节贪污12万元,一审法院仅认定贪污1.7万元,判处其有期徒刑三年。驻马店市检察机关围绕造成判决不公的原因展开调查,查出了县法院主管副院长、主审法官、检察院公诉人、公安局看守所民警及被告人亲属等12人行贿受贿、徇私舞弊等犯罪问题,起诉后已有8人被作出有罪判决。关春节贪污案经检察机关抗诉,法院重新审理,关春节被改判为有期徒刑十二年。

**二、加强检察队伍建设,努力提高履行职责的能力和水平**

坚持把检察队伍建设作为一项战略性任务来抓。一是加强思想政治建设,进一步统一执法思想。开展"强化法律监督,维护公平正义"教育活动,深入学习实践"三个代表"重要思想,引导干警牢固树立"立检为公、执法为民"的执法观。省检察院根据省委七届七次全会精神,就全面落实执法为民要求出台了6个方面23项承诺,并通过新闻媒体向社会公开,接受监督。各级检察院也从制度建设、服务设施、责任落实等方面完善了为民服务的措施。二是加强教育培训,提高执法水平。举办各类培训班121期,培训检察人员2977名。2071人正在参加本科学历教育,116人正在攻读法律硕士学位。三是以党风廉政建设为重点,进一步加强领导班子建设。加强领导干部的党性修养,常修为检之德、常思贪欲之害、常怀律已之心。健全党内生活制度,提高领导班子解决自身问题的能力。加强上级检察院对下级检察院领导班子的管理和监督,认真落实检察机关党风廉政建设责任制、上级检察院负责人同下级检察院领导班子谈话制度、上级检察院派员参加下级检察院党组民主生活会制度。省检察院领导班子带头作出了廉洁从检五项承诺。

围绕进一步增强把握大局和依法履行职责的能力，分三期对基层检察院检察长和分管侦查工作的副检察长进行了轮训。四是以提高公正执法能力为核心，扎实推进基层检察院建设。确立了执法规范化、队伍专业化、管理科学化的基层检察院建设目标；明确了省检察院统筹协调、整体推进，市级检察院一线指挥、具体帮扶，基层检察院自身努力、全面建设等各级检察院的责任；实施了区别情况、分类指导，领导联系、定点帮扶，政策倾斜、智力支持，争先创优、机制激励等措施。省检察院抓基层检察院建设的做法和郑州市二七区人民检察院建立业务、队伍、信息化建设相结合长效管理机制的经验，得到最高人民检察院的肯定。五是大力开展争先创优活动，严肃查处违法违纪案件。组织开展争创先进检察院、争创"五好"处（室）活动，在全系统营造奋发有为、干事创业的浓厚氛围。全年共有45个集体、16名个人受到省部级以上表彰。坚持从严治检，对举报检察干警违法违纪线索，及时受理，严肃查处，决不护短。处理违法违纪检察人员54名，其中6人被追究刑事责任。

**三、自觉接受人大和人民群众的监督，进一步完善自身执法活动的监督制约机制**

自觉接受人大及其常委会监督。不断增强接受监督的意识，主动向人大报告检察工作中的重要情况和重大活动，邀请人大代表和政协委员视察评议检察工作，虚心听取批评、意见和建议。省检察院向省人大常委会专题报告了全省检察机关渎职侵权检察工作情况。认真办理并及时反馈人大常委会交办的案事件和人大代表提出的建议。省检察院共办理人大代表建议7件，已全部办结；办理省人大常委会交办和人大代表转交的案事件30件，已办结29件，另1件正在抓紧办理。

积极开展人民监督员制度试点工作。根据最高人民检察院的统一部署，从2004年10月份开始，在省检察院、各市级检察院和107个县级检察院启动了人民监督员制度试点工作。全省共推荐产生人民监督员1073名，其中人大代表460名，政协委员265名，其他社会各界人士348名。检察机关查办的职务犯罪案件中，拟作撤案、不起诉处理以及犯罪嫌疑人不服逮捕决定的案件，毫无例外地进入了人民监督员监督程序。这项制度刚开始实施，还需要继续深化和完善。

认真落实内部制约机制。严格执行《人民检察院办理直接受理立案侦查案件内部制约的若干规定》、《河南省检察机关内部执法办案监督办法》等规定，加强对执法活动过程的监督。对不服检察机关处理决定的申诉案件，由专门部门复查。全年共复查不服检察机关不批准逮捕、不起诉、撤案的申诉案件326件，依法改变原处理决定80件；依法办理刑事赔偿案件205件，决定给予赔偿100件，支付赔偿金75.76万元。对检察机关直接受理侦查案件扣押、冻结的款物进行专项检查，检查出违规扣押、未及时返还上缴的款物297.8万元，已全部纠正。

一年来的检察工作实践，加深了我们对检察工作特点、规律的认识和把握。我们深深体会到：做好检察工作，推进检察事业发展，必须坚持党对检察工作的绝对领导、自觉接受人大监督，确保检察工作的正确方向；必须坚持"强化法律监督，维护公平正义"主题，通过履行法律监督职责，积极为党和国家工作大局服务；必须坚持"立检为公、执法为民"，进一步树立正确的执法理念；必须坚持围绕业务抓队伍，注重解决队伍建设与业务工作相关联的突出问题，增强队伍建设的针对性和有效性；必须坚持发挥机制的引导作用，重视用制度建设促进各项检察工作水平的提高。

当前检察工作还存在不少问题和困难：一是检察队伍的执法观念还不完全适应完善社会主义市场经济体制、民主法治进步、人权入宪等新形势的要求，一些单位、干警履行职责的能力和水平还有不小差距。二是法律监督工作存在一些薄弱环节。有的地方查办职务犯罪力度不够大，办案质量和效率不高；有的地方诉讼监督工作不够有力，不敢监督、不善监督的问题没有完全解决。三是执法活动中存在一些执法不规范、不文明等不严格执法、不依法办案的情况。少数干警执法为民意识树得不牢，执法作风粗暴；个别干警甚至贪赃枉法、以权谋私，造成很坏影响。四是基层检察院具有检察官资格的人员断层问题比较突出，一些地方检察业务经费短缺，检察装备落后，影响和制约了法律监督职能的充分有效发挥。对这些问题，我们将在各级党委领导下，在各级人大监督和政府的支持下，切实加以解决。

**四、加强法律监督能力建设，努力做好2005年检察工作**

2005年，全省检察机关要坚持以邓小平理论和

“三个代表”重要思想为指导，牢固树立科学发展观和正确执法观，紧紧围绕改革发展稳定大局和“强化法律监督，维护公平正义”主题，认真履行法律监督职责。继续坚持“严打”方针，严厉打击严重暴力犯罪、黑恶势力犯罪和有组织犯罪，积极参加整顿和规范市场经济秩序工作，坚持不懈地打击金融诈骗、非法集资、制假售假、侵犯知识产权等严重破坏市场经济秩序的犯罪，积极化解社会矛盾，为维护社会和谐稳定做出新贡献；进一步加大查办和预防职务犯罪的工作力度，集中力量查办大案要案，重点查办发生在党政领导机关和领导干部中的职务犯罪案件，严肃查办国家机关工作人员利用职权侵犯人权的犯罪案件和滥用职权、玩忽职守造成重大损失的犯罪案件，突出查办重大工程项目建设和金融、土地管理等领域以及国有企业改制中发生的职务犯罪案件，坚持“标本兼治、综合治理、惩防并举、注重预防”方针，立足检察职能做好职务犯罪预防工作，在推进党风廉政建设和反腐败斗争方面取得新成效；大力强化刑事诉讼、民事审判和行政诉讼监督，依法监督纠正诉讼活动中的违法行为，在维护司法公正和法制统一方面取得新进展，努力为全面建设小康社会、实现中原崛起创造良好的法治环境。为完成上述任务，我们将重点在以下三个方面做出努力：

(一)认真贯彻党的十六届四中全会精神，加强法律监督能力建设。着力提高履行检察职能，打击预防刑事犯罪，维护社会稳定的能力；依法打击职务犯罪，促进廉政建设的能力；正确处理群众诉求，化解矛盾纠纷，促进社会和谐的能力；敢于监督、善于监督、规范监督，促进严格执法和公正司法的能力；强化自身监督和制约，严格、公正、文明执法的能力。

(二)进一步加强检察队伍建设，为提高法律监督能力提供人才支持和组织保障。认真抓好保持共产党员先进性教育活动，以党建带队建，引导全体检察人员牢固树立“立检为公、执法为民”的执法观。继续加大教育培训工作力度，提高检察人员业务素质。加强基层检察院建设，进一步打牢检察事业发展的基础。按照“政治坚定、求真务实、开拓创新、勤政廉政、团结协调”的要求，重点抓好各级检察院领导班子建设。严格落实最高人民检察院对各级检察院领导干部“六个严禁”的要求：严禁办关系案、人情案、金钱案；严禁违反法定程序干预办案；严禁跑官要官、买官卖官，违反规定任免干部；严禁插手工程招标投标、政府采购等经济活动，谋取私利；严禁接受可能影响公务活动的吃请和礼物；严禁利用职权为亲属子女或身边工作人员谋取利益。

(三)深化检察改革，不断完善和创新工作机制。深化人民监督员制度试点工作。完善内部执法机制，规范执法行为，全面落实办案责任制和错案追究制。加强管理科学化建设，完善检察工作绩效考核、机关管理和工作管理制度，健全检察人员的行为规范。加强信息化建设，把现代化科技手段有效地运用于检察业务管理、检察队伍管理、检察政务管理之中，提高工作效率和管理水平。

在新的一年里，全省检察机关将继续高举邓小平理论和“三个代表”重要思想伟大旗帜，在省委、各级党委和最高人民检察院领导下，更加自觉地接受人大及其常委会监督，依靠政府和社会各界的大力支持，与时俱进，扎实工作，全面履行法律监督职责，为实现本次会议确定的任务，为建设和谐稳定河南，促进我省经济社会全面发展做出新的贡献！

# 湖北省人民检察院工作报告(摘要)

——2005年1月26日在湖北省第十届人民代表大会第三次会议上

湖北省人民检察院检察长　靳　军

(2005年1月30日湖北省第十届人民代表大会第三次会议通过)

2004年,全省检察机关在省委和最高人民检察院领导、省人大及其常委会监督下,坚持以邓小平理论、"三个代表"重要思想和科学发展观为指导,认真贯彻省十届人大二次会议决议,突出"强化法律监督,维护公平正义"主题,紧紧围绕加快湖北经济社会发展,全面履行宪法和法律赋予的职责,各项检察工作取得新的进展。

——严肃查办职务犯罪。坚决贯彻中央、省委关于反腐败斗争的部署,始终坚持把查办职务犯罪工作摆在突出位置。共立案侦查贪污贿赂、渎职侵权等职务犯罪案件1643件1791人。通过办案,为国家挽回直接经济损失1.5亿元。一是集中力量查办大案要案。立案侦查重特大职务犯罪案件798件,其中涉案金额一百万元以上的68件,一千万元以上的13件;立案侦查县处级以上领导干部犯罪要案193人,其中厅级干部15人。二是突出查办"三机关"工作人员职务犯罪案件。立案侦查398人,其中党政领导机关86人,政法机关116人,行政执法机关196人。三是积极查办改革改制和群众反映强烈的热点部位职务犯罪案件。立案侦查国有企业工作人员贪污、受贿、挪用、私分国有资产犯罪案件712人,金融保险、教育、医药卫生等国有事业单位工作人员职务犯罪315人,国债、基金、重大工程专项资金等管理使用中的职务犯罪429件。四是深入查办窝案串案。立案侦查819人,占立案总人数的45.7%。五是办案质量进一步提高,职务犯罪案件起诉率为88%。

——认真履行审查批捕和公诉职能。依法批准逮捕各类刑事犯罪案件16321件24365人,提起公诉15362件22991人。坚持"严打"方针,突出打击重点,依法批准逮捕危害国家安全犯罪30人,提起公诉28人;依法批准逮捕黑恶势力犯罪、严重暴力犯罪、多发性侵犯财产犯罪17054人,提起公诉16328人;依法批准逮捕破坏市场经济秩序犯罪736人,提起公诉644人。加快办案节奏,提高办案效率,适时介入1428件重大案件侦查工作,引导取证,依法稳、准、狠地打击犯罪。

——积极开展预防犯罪和社会治安综合治理工作。认真落实省委关于预防职务犯罪工作的部署,推动建立健全预防职务犯罪工作体系,专门预防和社会化预防相结合的工作格局初步形成。结合查办案件,开展个案预防288件,重大工程专项预防99项,提出预防职务犯罪的检察建议328件。抓住易发、多发犯罪环节,深入调查研究,形成138项调研报告,提出预防对策。加强预防宣传教育,推出预防职务犯罪警示教育电视系列片。积极参与预防立法,协助省人大内司委起草《湖北省预防职务犯罪条例》,已提请省人大常委会审议。坚持打防并举,认真落实检察环节社会治安综合治理措施。积极参与治安防控体系建设,通过开展法制宣传、提出检察建议、参与重点整治、创建青少年维权岗等形式,防止和减少刑事犯罪发生。加强信访接待工作,推行首办责任制,依法审查处理群众举报、控告11683件。积极参与排查调处人民内部矛盾纠纷,依法妥善处理集体上访、告急上访93起。

——大力加强刑事侦查、刑事审判监督。对侦查机关应当立案而不立案的,依法监督立案653件;对侦查机关不应当立案而立案的,依法监督撤销案件182件;对不符合法定逮捕、起诉条件的,决定不批准逮捕、不起诉2104人;对应当逮捕而未提请逮捕、应当起诉而未移送起诉的,依法追捕、追诉252人;对认为确有错误的刑事判决、裁定提出抗诉

129 件。

——认真开展刑罚执行监督。对刑罚执行和监管活动中的违法情况提出书面纠正意见 633 人次,已纠正 568 人次;监督纠正超期羁押 69 人;依法查办监管活动中发生的犯罪案件 15 件 24 人。通过推行监所网络化管理和动态监督,建立防止和纠正超期羁押的长效机制;与公安机关联合开展文明管理示范单位创建活动,加强对监管执法的法律监督,促进监管机关依法文明管理。

——积极开展民事审判、行政诉讼监督。共立案审查民事行政申诉案 1556 件,提出抗诉 587 件,提出检察建议 109 件。同时,对不服法院正确裁判的 441 件申诉案件,做好当事人息诉工作,维护司法权威。

一年来,我们不断加强和改进检察工作,采取了以下措施:

(一)统一执法思想,努力服务大局。坚持把全面履行检察职责作为检察工作服务大局的根本体现和有效途径。在全省检察机关开展为期半年的"立检为公、执法为民"大讨论,进一步统一执法思想,更新执法观念,教育和引导广大检察干警牢固树立服务发展的大局观、执法为民的权力观、打击犯罪与保障人权并重的人权观、实体公正与程序公正相统一的公正观,推动检察工作健康协调发展。按照"三个代表"重要思想和科学发展观的要求,自觉把检察工作融入到大局之中,在大局中找准位置、发挥作用。继续落实服务国有企业改革发展的八条措施,适时制定保护和促进民营经济发展的八条指导性意见。正确处理执行法律与执行政策、打击与服务、惩治与预防、法律效果与社会效果的关系,综合运用保护、打击、监督、预防等手段,努力为改革开放和经济建设提供法制保障和服务,取得良好效果。

(二)加大执法力度,提高法律监督水平。认真贯彻落实加大工作力度、提高执法水平和办案质量的总体要求,进一步明确工作目标,突出工作重点,强化工作措施。按照"稳中求深、准中求好"的目标要求,不断加大查办职务犯罪工作力度,排除干扰阻力,深入推进反腐败斗争。加强侦查一体化机制建设,改进侦查方法,提高侦查技战术水平,增强组织指挥、突破案件的能力。全省三级检察长加强对办案工作的领导,亲自上阵,靠前指挥。充分发挥侦查指挥中心指挥协调作用,组织办理重大疑难案件 257 件。按照"贯彻严打方针、突出打击重点、依法快捕快诉、确保办案质量"的目标要求,建立健全贯彻"严打"方针的经常性工作机制,始终保持对刑事犯罪的高压态势。按照"加大力度、突出重点、全面推进、增强实效"的目标要求,增强诉讼监督意识,强化诉讼监督措施,维护司法公正和法律统一正确实施。坚持把办案质量作为检察工作的生命线,进一步完善以质量为核心的案件综合评价体系,逐步实现办案数量、质量和效果的统一,增强检察机关依法监督的公信度。

(三)狠抓"专项工作",促进严格公正执法。针对人大代表和社会各界反映强烈的执法不严、司法不公、监督不力等突出问题,组织开展专项活动。开展打击制假售假、侵犯知识产权犯罪专项立案监督工作,建议有关行政执法部门移送涉嫌经济犯罪案件 185 件 218 人,监督侦查机关立案 126 件 151 人;开展减刑、假释、保外就医专项检查工作,纠正违法减刑、假释、保外就医 520 人次。开展严肃查办国家机关工作人利用职权侵犯人权犯罪专项工作,立案侦查侵犯公民人身权利、民主权利犯罪案件 47 件 64 人;开展集中处理涉法上访专项工作,共清理检察环节涉法上访案件 486 件,已办结 473 件。加强对自身执法活动的监督制约,开展不起诉案件专项复查和直接受理案件扣押款物专项检查工作,对 2003 年办理的 842 件不起诉案件逐件复查,依法纠正处理不当的案件 9 件;清理扣押冻结款 6446.7 万元,已全部依法上交、返还;立案复查不服检察机关决定的申诉案件 62 件,改变原决定 23 件;清理刑事赔偿请求积案 167 件,依法给予赔偿 65 件。

(四)推进规范化建设,建立检察管理长效机制。把规范化建设作为加强法律监督能力建设、推动检察工作持续健康发展的重要举措和保障。积极完善规范化建设的制度体系,探索建立检察业务工作、队伍建设和检务管理的良性运行机制;组织部分基层检察院开展规范化建设综合试点工作,初步形成具有检察特色的现代管理模式。把建立全省统一的业务规范制度体系作为工作重点,组织制定全省检察机关《业务工作质量标准》、《业务工作规程》、《业务工作运行表》、《业务工作流程图》等业务规范,明确工作规程、办案流程、质量标准和考核办法,为规范执法提供制度保障。

(五)深化检察改革,推动检察工作创新发展。

积极稳步推进人民监督员制度试点工作，加强制度建设，规范监督程序，注重监督实效。检察机关直接受理侦查的案件中，被逮捕的犯罪嫌疑人不服逮捕决定和拟作撤销、不起诉处理的266件案件，全部进入监督程序，其中同意检察机关业务部门拟定意见的251件，不同意的15件，检察委员会决定采纳监督意见改变原拟定意见5件。不断规范和完善主诉检察官办案责任制；建立健全保障律师在检察环节依法履行职责的工作机制；建立行政执法与刑事执法衔接机制；试行侦查活动监督投诉机制；推行重大刑事案件介入侦查、引导取证，提高办案质量与效率。

（六）加强队伍建设，为检察工作发展提供可靠组织保障。坚持把领导班子建设作为队伍建设的关键。主动配合地方党委，加大协管力度，完成4个市级检察院、84个基层检察院的检察长换届选举，调整配强领导班子，优化年龄、知识和专业结构。加强检察领导干部的严格自律，各级检察院检察长和领导班子带头作出廉洁从检承诺。举办全省三级检察长加强执法能力建设研讨班，努力提高领导干部素质和能力。加强队伍专业化建设，组织培训检察长、业务部门负责人和办案骨干3800人次。积极开展学历教育、岗位练兵和业务竞赛，努力提高队伍业务素质和执法水平。大力加强基层检察院建设，坚持示范建设和重点帮促相结合，积极开展争创先进检察院和文明创建活动，推动基层检察院建设深入发展。截至2004年底，全省109个基层检察院中，已有103个达到"五好"基本标准，其中16个被评为全国模范检察院和人民满意检察院，67个被评为全省模范检察院和人民满意检察院；有104个被评为县级以上文明单位，其中34个被评为省级文明单位；2004年，共有134个集体和194名个人受到省级以上单位表彰。坚持从严治检，严肃查处16名违纪违法的检察人员。

（七）坚持党的领导，自觉接受人大监督，确保检察工作正确政治方向。切实增强党性观念，坚决维护党的领导权威，重大情况和重大工作部署及时向党委请示报告，自觉把检察工作置于党的领导之下。牢固树立宪法意识，自觉接受人大监督，认真贯彻人大的决议。邀请部分全国人大代表视察查办和预防职务犯罪工作，向省人大常委会主任会议报告有关检察工作，向人大内司委专题报告队伍建设和检察业务工作情况，按照任免程序提请省人大常委会任免干部31名，对30件人大、政协交办事项和代表、委员转办案件，已办结回复28件，近期受理的2件案件正在抓紧办理。进一步建立健全接受人大监督的经常化和规范化工作机制，组织全省三级检察院走访各级人大代表，邀请代表座谈，主动接受监督。同时，积极争取政协和社会各界的监督。

当前，我省检察工作中的问题和困难是：执法思想、执法观念、执法水平还不适应检察工作发展的客观需要，加强法律监督能力建设的任务还很艰巨；查办职务犯罪的侦查能力、办案质量与效率有待提高；诉讼监督工作仍比较薄弱，不敢监督、不愿监督、不会监督的问题有待进一步解决；检察人员违法违纪现象仍有发生；部分基层检察院人员结构不合理、办案骨干青黄不接，有些基层检察院经费困难、装备落后。对此，我们将通过自身努力和争取各方支持加以解决。

2005年是贯彻落实科学发展观、全面实现"十五"计划目标、保持经济社会良好发展态势的关键一年。全省检察机关要认真贯彻党的十六届四中全会、省委八届七次全会和全国检察长会议精神，坚持以邓小平理论、"三个代表"重要思想为指导，树立科学发展观和正确执法观，紧紧围绕"强化法律监督，维护公平正义"主题和"加大工作力度，提高执法水平和办案质量"总体要求，以法律监督能力建设为主线，以检察改革为动力，加强查办和预防职务犯罪，加强批捕起诉和综合治理，加强诉讼监督，加强执法规范化、队伍专业化、管理科学化建设，推动检察工作持续健康协调发展，为建设"和谐湖北"，实现社会公平正义做出新的贡献。一是认真贯彻十六届四中全会精神，大力加强法律监督能力建设。积极开展保持共产党员先进性教育活动，切实加强法律监督能力建设，不断提高立检为公，执法为民，服务经济社会发展能力；查办、预防职务犯罪，推进反腐败斗争能力；打击、预防刑事犯罪，维护社会稳定能力；强化诉讼监督，维护司法公正能力；依法建院，从严治检，严格公正文明执法能力。二是积极查办和预防职务犯罪。集中力量查办大案要案，重点查办发生在党政领导机关和领导干部中的职务犯罪案件。严肃查办国家机关工作人员利用职权徇私枉法、非法拘禁、刑讯逼供等犯罪案件和滥用职权、玩忽职守造成重大损失的犯罪案件；重大工程、重点领域发生的职务犯罪案件；在国有企业重组改制、破产和经营活动中贪污、挪用、私分国有资产的犯罪案件,以及其他人民群众反映强烈的职务犯罪案件。对拉拢腐蚀干部、危害严重的行贿犯罪,坚决依法查处。坚持严格执法,秉公办案,不管案件涉及什么单位、什么人,都一查到底,决不手软。进一步加强预防职务犯罪工作,健全和完善预防工作机制,积极推动预防工作法制化建设。三是严厉打击严重刑事犯罪。坚持严打方针,加大严打力度,与有关国家机关密切配合,依法严惩颠覆国家政权、危害国家利益、制造暴力恐怖事件以及利用“法轮功”等邪教组织进行破坏活动的犯罪分子,继续重点打击严重暴力犯罪、黑恶势力及有组织犯罪、多发性犯罪。正确运用宽严相济的刑事政策,集中力量打击严重犯罪,挽救失足者,实现法律效果和社会效果的有机统一。认真落实检察环节社会治安综合治理措施,积极参加专项斗争和专项治理活动,妥善处理涉法上访问题和群体性事件,化解和减少不安定因素,维护社会稳定。四是全面加强诉讼监督。强化对刑事立案、侦查、审判、刑罚执行和民事审判、行政诉讼监督,注意监督纠正打击不力、裁判不公、程序违法、侵犯人权的案件,依法查办执法不公背后的职务犯罪,维护司法公正和司法权威。五是深入推进检察改革。认真贯彻中央关于司法体制和工作机制的改革方案,积极稳妥地推进检察改革,完善法律监督体制和机制,增强法律监督效能。扎实推进人民监督员制度试点工作,进一步改革创新检察业务工作机制、监督制约机制和队伍管理机制,完善落实办案责任制和错案追究制,使改革不断深化。六是大力加强检察队伍和基层检察院建设。加强思想政治建设,树立正确执法观,确保检察队伍政治坚定。加强领导班子的思想、组织、作风和廉政建设,建立健全领导干部选拔任用、管理监督机制和实绩考核评价体系,不断提高领导班子的政治水平、管理水平和决策水平。积极推进检察队伍专业化建设,加强教育培训工作,大力培养检察人才,改善和优化检察队伍的素质结构。加强基层检察院建设,深入开展“创先进检察院、争先进科(处)室、当先进检察官”活动,充分发挥先进典型的示范带动作用,加强宏观指导和重点帮促力度,提高基层检察院建设的水平,为检察事业发展奠定坚实基础。

2005年,全省检察机关将在省委的坚强领导,人大及其常委会的有力监督,政府、政协及社会各界的大力支持下,认真贯彻本次大会的决议,奋发进取,开拓创新,求真务实,为建设“和谐湖北”,实现社会公平正义做出新的贡献。

# 湖南省人民检察院工作报告(摘要)

——2005年1月30日在湖南省第十届人民代表大会第三次会议上

湖南省人民检察院检察长　何素斌

(2005年2月1日湖南省第十届人民代表大会第三次会议通过)

**一、进一步加大查办和预防职务犯罪力度,推动反腐败斗争深入开展**

一是查办领导干部犯罪要案有新进展。坚持把查办县处级以上领导干部职务犯罪案件作为重点,2004年立案侦查领导干部犯罪要案107人,比上年上升7%。依法查处了省人民政府原副秘书长王道生(正厅级)受贿案,省进出口总公司原副总经理刘金宝(副厅级)贪污案,省民政厅助理巡视员朱海棠(副厅级)等人滥用职权、受贿系列案等8名厅级干部案件。

二是查办百万元以上特大案件有新进展。立案侦查贪污受贿五万元以上、挪用公款十万元以上大案651件,占立案总数的53.4%,比上年上升3.96%;内有一百万元以上的特大案件69件,占立案总数的5.7%,比上年上升2.2%。依法查处了郴州市住房公积金管理中心原主任李树彪挪用公款案。

三是查办司法人员和行政执法人员渎职侵权犯罪案件有新进展。针对当前人民群众反映强烈的执法和司法不公问题,努力查办行政执法人员和司法人员滥用职权、玩忽职守、徇私舞弊等犯罪案件。共立案侦查此类涉嫌犯罪人员479人,比上年增加24.4%。如安化县环保局原副局长胡亚琛环境监管失职致使85名师生集体中毒案等。同时,依法查办了因严重渎职导致人员伤亡的渎职犯罪案件200件241人。宜章县梅田镇罗卜远煤矿发生瓦斯泄漏造成10人死亡1人重伤的特大事故,该镇安监员黄新云因玩忽职守被立案查处。

全省各级检察机关在依法严肃查办职务犯罪案件的同时,认真贯彻省人大常委会《关于加强预防职务犯罪工作的决议》,结合检察职能开展个案预防1256件,立项完成重点个案、系统和专项预防项目307个,提出检察建议和预防对策1255份(件)。

**二、进一步加强打击刑事犯罪和调处矛盾纠纷工作,全力维护社会稳定**

一是突出打击重点,严惩严重刑事犯罪。各级检察机关把暴力恐怖犯罪,爆炸、杀人、抢劫、绑架等严重暴力犯罪,黑恶势力犯罪,毒品犯罪和盗窃抢夺等多发性犯罪以及生产销售伪劣商品、金融诈骗、走私、危害税收征管等破坏市场经济秩序的犯罪作为打击重点,依法予以严惩。全省共批捕上述各类犯罪嫌疑人16227人,占批捕总数的46.52%。对重特大案件提前介入、挂牌督办,对重大疑难案件加强会商研究,坚持推行办案期限预警机制,确保不在批捕、起诉环节贻误战机。一批重特大案件,如株洲县侯忠于、马卫红等9人多次携带凶器在京珠高速公路抢劫过往车辆的系列抢劫案,张家界市永定区吴长利、丁玉明绑架杀人案等,均被及时批捕、起诉,有力打击了犯罪分子的嚣张气焰。

二是加强协调配合,积极主动参与专项整治行动。各级检察机关按照党委政府的统一部署,进一步加强与公安、法院等部门的协调配合,将集中打击、专项斗争和日常检察业务工作紧密结合起来,积极参加了"扫黄打非",打击街头"两抢"犯罪、毒品犯罪、"地下六合彩"赌博犯罪、淫秽色情网站、伪造货币犯罪等专项整治行动。

三是落实综合治理措施,切实做好矛盾纠纷调处工作。各级检察机关坚持"打防结合、预防为主"的社会治安综合治理方针,积极参加社会治安防控体系建设、"平安湖南"创建活动、社区矫正试点、优化学校周边环境等工作,继续开展创建优秀"青少年维权岗"活动,加强对刑满释放人员特别是未成人犯的回访帮教工作。同时充分运用检察职能,排查调处矛盾纠纷,依法妥善处置群体性事件,消除不安定因素。华容县检察院在办理付某某上访案件中,工作认真细致,一方面深入做好说服教育工作,一方面认真履行法律监督职能,不仅通过提请抗诉为其挽回经济损失17万元,而且促使其放弃了报复杀人计划,主动交代了自制50多公斤炸药隐藏于某单位宿舍楼准备实施爆炸的情况,及时避免了一起严重危及公共安全的特大爆炸事故。

**三、进一步强化诉讼监督职能,努力促进司法公正**

一是加强刑事诉讼监督。在对刑事立案和刑事侦查活动的监督中,重点对该立案不立案、该提请逮捕不提请、该移送起诉未移送以及违法取证等情况进行了监督。监督公安机关依法立案56件、撤销立案61件;依法追捕588人,追诉296人。如永顺县检察院一次监督公安机关立交通肇事案11件;怀化市洪江检察院在审查批捕向占江等人故意伤害一案中追捕5人,起诉后均被判处有期徒刑,其中1人被判处死刑。在对刑事审判活动的监督中,重点纠正有罪判无罪、重罪轻判的问题。对认为确有错误的刑事判决裁定提出抗诉152件,法院已审结69件,改判30件。在对刑罚执行活动的监督中,对各类违法情况提出书面纠正意见855人次。继续抓好防止和纠正超期羁押工作,共清理纠正超期羁押165人。

二是加强民事审判和行政诉讼监督。各级检察机关以质量和效率为目标,重点纠正因审判人员贪赃枉法、徇私舞弊以及严重违反法定程序导致裁判不公的案件。对民事行政判决、裁定提出抗诉507件,提出再审检察建议273件,法院已审结295件,改判182件;对105起侵害国家利益和社会公共利益的民事行政案件支持起诉、提起刑事附带民事诉讼,或者代表国家提起民事公诉。省检察院直接立案办理的省医疗器械药品公司申诉案,一审、二审判决该公司承担省新药经营公司不能归还的银行贷款218万元本息的担保责任。省检察院依法抗诉后,省高级法院再审改判其不承担担保责任,依法维护了该公司的合法权益。

三是开展专项监督行动。针对法律监督工作的薄弱环节,深入开展了打击制假售假、侵犯知识产权犯罪专项立案监督,违法减刑、假释、保外就医案件专项检查,严肃查办国家机关工作人员利用职权侵犯人权犯罪专项活动以及集中处理涉法上访专项工作。在四个专项行动中,共建议行政执法机关移送涉嫌犯罪案件40件,公安机关立案25件;发现违反减刑、假释、暂予监外执行(保外就医)法定条件的案件1390件,都及时提出了检察建议或纠正意见;立案侦查侵犯公民人身权利、民主权利犯罪案件94件128人;办理涉及检察机关的上访案件413件,已办结409件,息诉389件。同时,各级检察院还把诉讼监督与查办违法问题背后的职务犯罪结合起来,共立案查处涉嫌徇私舞弊、枉法裁判等犯罪的司法人员98人。

**四、进一步加强检察队伍建设,切实提高整体素质**

一是加强领导班子建设。省检察院对各级检察院领导干部特别是一把手提出了"六个严禁"的明确要求。各级检察院检察长和领导班子带头作出廉洁从检的郑重承诺,完善了民主集中制和党组民主生活会制度,领导干部离任前经济责任审计制度,领导干部廉政档案、廉政谈话和诫勉谈话制度等。省检察院和市州检察院积极发挥干部协管职能,协助当地党委对部分基层检察院的领导班子进行了调整。省检察院还对全省124名基层检察院检察长、300名副检察长和326名反贪局长、渎侦局长进行了政治理论和检察业务培训。

二是深化主题教育活动。各级检察机关认真开展了深化"强化法律监督,维护公平正义"主题教育活动。针对社会关注、群众反映强烈的突出问题,组织开展了复查不起诉案件、清理扣押冻结款物和纠正违法插手经济纠纷三项清理工作。共排查2003年办理的不起诉案件941件,依法纠正处理不当的案件14件;检查清理2001年以来办结的"三类案件"扣押、冻结款1.17亿元,除原已依法处理的外,退库返还给涉案单位和涉案人员290.86万元,移送42万元。

三是全面推行执法质量考评。省检察院在2003年试行执法质量考评的基础上,进一步完善了考评办法。2004年底,省检察院对全省检察机关的执法质量进行了认真考评,有98个市州检察院和基层检察院达到优秀,仅1个不合格。

四是切实加强基层检察院建设。为了持续推进基层检察院建设,省检察院制订了《全省基层检察院建设指导意见》,明确了基层检察院建设的目标、任务和措施。省检察院和市州检察院以"四先六优"争创活动为载体,坚持"抓两头、带中间",加强分类指导,加大帮促力度。2004年省检察院确定6个检察院为基层建设示范院,推广了他们在抓队伍、抓业务、抓管理等方面的经验。同时确立6个检察院为重点帮促院,由院领导挂点帮促,进行面对面的指导,使其面貌得到明显改观,其中宜章、东安两个县检察院成了全省的先进检察院。省委、省政府分别组织召开了全省加强人民法院、人民检察院基层建设工作会议和全省检察机关"两房"(办案用房、专业技术用房)建设工作会议,下发了《中共湖南省委关于进一步加强人民法院人民检察院基层建设的意见》,对全省基层检察院建设起到了巨大的推动作用。

**五、进一步增强自觉接受党的领导和人大监督意识,不断改进检察工作**

全省各级检察机关进一步加强了党的观念,把服从党的领导与依法独立行使检察权统一起来,在党的领导下开展检察工作,为党和国家的工作大局服务。进一步增强自觉接受监督意识,建立健全联系人大代表、政协委员的工作制度,自觉接受人大、政协和广大人民群众的监督。同时,各级检察机关根据最高人民检察院和省检察院的统一部署,自2004年10月1日起,全面启动了人民监督员制度试点工作,加强对检察机关立案侦查的拟作撤案、不起诉处理以及犯罪嫌疑人不服逮捕决定的职务犯罪案件的监督。目前已选任人民监督员1100名,已依照程序监督上述三类案件54件62人。人民监督员制度在促进检察机关公正执法、保证办案质量、排除干扰阻力等方面发挥了积极作用。

2005年全省检察工作的总体思路是:坚持以邓小平理论和"三个代表"重要思想为指导,牢固树立科学发展观和正确执法观,紧紧围绕改革发展稳定大局和强化法律监督、维护公平正义的工作主题,以提高法律监督能力为主要任务,以加强业务建设、队伍建设、保障建设为重点,不断提高执法水平和办案质量,努力推进检察工作创新发展,为全省改革发展稳定做出新贡献。

一、以科学发展观为指导，加强法律监督能力建设。认真学习贯彻十六届四中全会精神，进一步端正“立检为公、执法为民”的执法思想，树立科学的发展观，把维护最广大人民的根本利益作为检察工作的出发点和落脚点。进一步强化责任意识，努力提高履行检察职能，打击刑事犯罪，维护社会稳定的能力；依法打击预防职务犯罪，促进廉政建设的能力；正确处理群众诉求，化解矛盾纠纷，促进社会和谐的能力；敢于监督、善于监督、规范监督，促进严格执法和公正司法的能力；强化自身监督和制约，严格、公正、文明执法的能力。

二、以业务工作为中心，全面履行检察职能。坚持稳定压倒一切的方针，切实增强忧患意识和国家安全、稳定意识，充分发挥批捕起诉和控告申诉职能，严厉打击严重刑事犯罪和扰乱破坏社会主义市场经济秩序的犯罪，抓好集中处理涉法涉诉工作，全力维护社会稳定。坚决贯彻中央关于反腐败斗争的部署，始终把查办职务犯罪工作摆在突出位置，进一步加大查办和预防贪污贿赂、渎职侵权等职务犯罪工作力度，促进党风廉政建设和反腐败斗争的深入开展。全面强化诉讼监督和刑罚执行监督工作，维护司法公正和司法权威。

三、以规范执法为核心，努力提高办案质量。按照《基层人民检察院规范化建设考核办法》的要求，完善检察业务规范体系和执法质量考评体系，加强办案流程管理，规范各个环节的执法活动，确保办案质量。进一步加强人民监督员制度试点工作，加强对检察权的监督制约，促进严格、公正、文明执法。

四、以班子建设为重点，切实提高队伍素质。把领导班子建设作为队伍建设的首要任务来抓，做到严格教育、严格管理、严格监督，全面提高凝聚力和战斗力。认真开展保持共产党员先进性教育活动，加强教育培训和岗位技能训练，严肃查处干警违法违纪行为，努力建设一支政治坚定、业务精通、作风优良、执法公正的高素质的检察队伍。深化检察改革，完善法律监督机制，改进和加强检察管理工作。认真落实省委《关于进一步加强人民法院人民检察院基层建设的意见》，大力推进基层检察院的队伍建设、业务建设和信息化建设，继续深入开展评先帮后工作，努力提高基层整体水平。

# 广东省人民检察院工作报告（摘要）

——2005年1月23日在广东省第十届人民代表大会第三次会议上

广东省人民检察院检察长　张学军

（2005年1月28日广东省第十届人民代表大会第三次会议通过）

2004年，全省检察机关在中共广东省委和最高人民检察院领导下，在人大监督和政府、政协支持下，以邓小平理论和“三个代表”重要思想为指导，坚持科学发展观，牢固树立“立检为公、执法为民”的观念，按照省委和最高人民检察院的工作部署以及省十届人大二次会议的要求，紧紧围绕“强化法律监督，维护公平正义”的检察工作主题，充分履行宪法和法律赋予的职责，加大工作力度，提高执法水平，狠抓队伍建设，各项工作取得了新的成绩。

**一、严厉打击严重刑事犯罪，全力维护社会稳定**

全省检察机关共批准逮捕刑事犯罪嫌疑人97939人，向法院提起公诉92481人。在任务极其繁重的情况下，努力克服人力不足的困难，加强管理，挖掘潜力，改革机制，进一步提高了办案效率和质量，较好地完成了严打任务。

积极参加打击走私、贩毒、六合彩、非法传销等多个专项行动，突出打击故意伤害、杀人、爆炸等恶性犯罪和抢劫、抢夺、盗窃等严重影响群众安全感的多发性犯罪。仅在“打击街头犯罪百日行动”中就批捕抢劫、抢夺犯罪10160人,起诉11447人;批捕盗窃犯罪5735人,起诉6319人。批捕制售假冒伪劣商品、侵犯知识产权犯罪1091人,同比上升89.4%;起诉929人,同比上升150.4%,保护了知识产权,维护了市场秩序。

在加大打击力度的同时,注意增强实体和程序并重、打击犯罪和保障人权并重的观念,体现宽严相济的刑事政策,保障犯罪嫌疑人的合法权利。

**二、突出重点,依法查办和预防职务犯罪**

立案侦查贪污、受贿、挪用公款等职务犯罪案件1326件1509人。其中,大案1187件,占90%;一百万元以上的案件162件;县处级干部124人,厅局级干部10人。为国家挽回直接经济损失3.65亿元。立案侦查渎职侵权案件238件281人,其中处级干部13人,厅级干部4人,为国家挽回和避免经济损失2.3亿元。加强追逃工作。在最高人民检察院和中央有关部门支持下,将潜逃到美国的原中国银行开平支行行长余振东缉捕归案。检察机关很快查清了余振东十年贪污、挪用公款的犯罪事实,依法追究了刑事责任。

进一步加强涉外案件协查工作。协助内地检察机关从港澳地区收集了大量证据材料,使一批贪污贿赂大案要案得以顺利侦结。同时,与越南、泰国、柬埔寨等东南亚国家的司法机构建立了良好的关系,开展了实质性的合作。

进一步深化和拓展预防职务犯罪工作。省检察院与建设厅联合发文,把2004年新开工的141个重点建设项目的同步预防,按属地管辖的原则全部落实到当地检察机关。省检察院与暨南大学共同预防职务犯罪已取得初步成效。广州市检察院同市建委、市监察局一起制定了建筑市场廉洁准入规定,于2004年11月公布试行。深圳市人大常委会通过了由检察院起草的预防职务犯罪条例,在社会各界引起了积极的反响。

**三、强化诉讼监督,维护法律正确统一实施**

通知公安机关立案43件46人。向公安机关提出书面纠正违法意见112件。纠正漏捕173人、漏诉39人;提出刑事抗诉119件。纠正超期羁押3644人。2004年全年检察环节无超期羁押。到2004年11月底,全省的超期羁押已经全部清理纠正完毕。监督纠正了减刑、假释、保外就医处理不当的案件1802宗。

对734件民事、行政判决裁定依法提出抗诉,向法院提出再审检察建议127件。在加强监督的同时,对不服法院正确裁判的4377件申诉,依法做好息诉工作,维护司法权威和社会稳定。

加强控告申诉检察工作,切实解决人民群众反映的实际问题。立案复查申诉案件238件。排查涉法上访640件,办结592件,息诉息访543件。省检察院及时写出了调查报告,分析当前涉法上访的特点、原因,对建立经常性工作机制提出对策、建议。

加强与人大代表的联系,自觉接受人大及其常委会的监督。省十届人大二次会议交办的6件代表建议已全部办结;办理省人大督办和代表转办的案件16件,已办结14件,正在抓紧办理的2件。

**四、坚持执法为民,服务工作大局**

全省检察机关把依法办案与服务大局有机统一起来,不断提高服务党和国家工作大局的能力和水平。注意正确适用法律和政策,营造有利于改革发展的社会氛围;平等保护各类市场主体的合法权益,为发展社会主义市场经济创造良好的法治环境;妥善处理各种社会矛盾,切实维护群众合法权利,促进社会和谐稳定。佛山市检察机关为防止国有资产流失,加大了对国企和金融部门中职务犯罪的打击力度,集中力量查办了此类案件26件30人,挽回经济损失5710多万元。省检察院在调查某大型国企的财务公司案件时,及时纠正违规行为,协助追回不良贷款1.4亿元,避免了国有资产的流失。为了保护人民群众的生命和健康,我省检察机关监督有关执法部门立案查处了一批制售毒酒、毒奶粉、毒咸鱼、毒罐头的案件,查办了这些案件背后的国家机关工作人员渎职犯罪24件28人。督促有关部门检查整改,严格执法,依法行政。

为泛珠三角区域经济合作与发展创造良好的法治环境,于2004年11月在广州成功召开了第一次泛珠三角区域检察长联席会议,探讨在打击跨区犯罪方面加强交流与合作。

**五、积极开展人民监督员制度试点工作**

根据最高人民检察院的部署,2004年10月开始在省检察院和广州、深圳、珠海、汕头、肇庆、梅州、惠州、韶关、佛山、中山、广铁分院11个市分院及其所辖的71个县区检察院开展人民监督员制度试点工作。到2004年底,全省共选任人民监督员498名,其中人大代表187名,政协委员121名,合计占61.18%;法律大专以上学历97人,有法律工作经历的94人。共对42宗检察机关立案侦查的职务犯罪案件进行了监督,其中犯罪嫌疑人不服逮捕决定的6宗,拟撤销案件的4宗,拟不起诉的32宗。经人民监督员评议,同意检察机关意见的41宗,提出不同意见的1宗。从试点效果看,增强了检察机关执法透明度,强化了人民群众对检察工作的监督,提高了人员素质和办案质量。

**六、加强队伍建设,提高整体素质**

全省检察机关坚持以提高队伍整体素质为目标,以领导班子建设为关键,以基层检察院建设为重点,全面加强检察队伍建设,取得了新的成效。

一是突出抓好领导班子建设。举办了领导素能培训班,对全省市分院和县区检察院领导及省检察院正副处长共377人进行了培训。二是抓专业化建设。对816名业务骨干进行了业务技能培训,提高办案能力和执法水平。2004年共有263人通过国家司法考试,通过率为18.25%,高出全国检察系统7个百分点。三是加强监督管理,预防违法违纪。省检察院在预测可能出现违纪违法和重大事故之前,及时发出"第一责任人通知",早敲警钟,防患未然。由于队伍建设抓得紧,违纪违法大大减少。全年共立案查处检察人员违纪违法案件13件14人。2004年受到中央和省级领导机关表彰的单位129个,个人178名。涌现出阳江市江城区监所检察科长陈奇劲等四起基层检察官奋不顾身、勇斗歹徒、保护人民群众生命财产安全的先进典型。四是深入开展规范化建设。省人大常委会对检察机关的规范化建设进行了专题评议。

全省各级检察机关在各级党委和政府的关心和支持下,加大了基础建设力度。全省22个市分院建成了二级网,65个县区检察院建成了三级网,98个检察院建成了计算机局域网,提高了信息化水平。省政府有关部门大力支持,先后安排下拨了一批资金,补助贫困地区基层检察院购买基本的办公办案设备,支持建设办案用房和技术用房,全省检察机关的办公条件正在逐步改善。

在肯定成绩的同时,我们也清醒地看到存在的问题和不足。主要是:队伍的整体素质和执法能力还不够高;对诉讼活动的监督还不全面、不平衡,纠正违法的力度还不够大;经济发达地区案件多、办案力量不足的矛盾比较突出;贫困地区检察院招录不到符合条件的人才,原有人才逐渐流失;执法保障机制不健全,一些基层检察院办案经费紧缺;队伍违法违纪时有发生。对此我们要高度重视,采取有力措施加以解决。

新的一年我们将以求真务实的精神继续做好各项检察工作。

2005年,全省检察机关要坚持以邓小平理论和"三个代表"重要思想为指导,认真学习贯彻胡锦涛总书记视察广东时的重要讲话精神,深入贯彻党的十六大,十六届四中全会,省委九届五次、六次全会和全国政法工作会议、全国检察长会议、全省政法工作会议精神,牢固树立科学发展观和正确执法观,紧紧围绕改革发展稳定大局和"强化法律监督,维护公平正义"的工作主题,加强执法规范化、队伍专业化和管理科学化建设,进一步深化检察改革,加强检务保障,努力提高法律监督能力,开创检察工作新局面,为建设经济强省、文化大省、法治社会、和谐广东,实现富裕安康目标,提供法治保障。

第一,认真学习贯彻"三个代表"重要思想和胡锦涛总书记视察广东时的重要讲话精神,树立和落实科学发展观,不断提高法律监督能力。坚持用"三个代表"重要思想统揽各项检察工作,牢固树立科学发展观,推动检察工作全面、协调发展。坚持以维护公平正义为核心,进一步统一执法思想,增强为全面建设小康社会服务的大局意识,努力提高为第一要务服务的能力。紧紧围绕提高法律监督能力,在更新执法观念、规范执法行为、提高监督水平上下功夫。坚持把维护稳定、促进发展作为检察工作的根本任务,为发展生产力,弘扬先进文化,维护最广大人民的根本利益服务。

第二,加强批捕、起诉工作,全力维护社会治安。认真落实中央和省委关于维护稳定的各项工作部署和要求,坚持严打,努力做好批捕、起诉工作,始终保持对严重刑事犯罪的高压态势。继续重点打击严重暴力犯罪、黑恶势力及有组织犯罪,尤其要把抢劫、抢夺和盗抢机动车的犯罪作为打击的重中之重,依法快批捕快起诉。加强与行政执法部门的联系和协调,严厉打击危害市场经济秩序的犯罪。进一步完善行政执法与刑事执法相衔接的工作机制,加强对有案不立、有罪不究、以罚代刑的监督。依法平等保护各类市场主体的发展,支持和引导企业诚实守信、合法经营,保障合同自由和交易安全,促进社会主义市场经济秩序的健康发展。正确适用宽严相济的刑事政策。积极参加社会治安防控体系建设尤其是“和谐平安社区”建设工作,落实好检察环节各项综合治理措施。

第三,正确处理人民内部矛盾,切实维护社会和谐稳定。进一步加强控告申诉检察工作,落实控告申诉首办责任制,完善和规范信访接待制度,切实解决涉法涉诉上访问题,依法妥善处理人民内部矛盾、纠纷以及群体性事件,有效化解和减少各种不安定因素。

第四,加大查办和预防职务犯罪工作力度,促进党风廉政建设和反腐败斗争。按照中央、省委关于反腐败斗争的总体部署和最高人民检察院的要求,始终把查办职务犯罪工作摆在突出位置,集中力量查办大案要案。重点查办发生在党政领导机关和领导干部中的职务犯罪案件。严肃查办国家机关工作人员利用职权非法拘禁、刑讯逼供等侵犯人权的案件和滥用职权、玩忽职守造成重大损失的案件;重大工程项目建设,金融、土地管理等领域中的职务犯罪案件;在国有企业重组改制、破产和经营活动中贪污、挪用、私分国有资产的案件,以及其他人民群众反映强烈的职务犯罪案件。同时,对那些为谋取不正当利益拉拢腐蚀干部、危害严重的行贿犯罪,要坚决依法查处。立足检察职能,进一步深化预防职务犯罪工作,努力从源头上遏制和减少犯罪,使改革少受挫折、经济少受损失、干部少犯错误。

第五,全面强化诉讼监督,维护社会公平正义。进一步采取有力措施,加大刑事立案监督、侦查监督、审判监督、执行监督以及民事审判和行政诉讼监督力度,切实解决群众反映强烈的问题。依法查办执法不公背后的腐败案件,促进依法行政、公正司法。

第六,加强基层检察院建设和队伍建设。认真开展保持共产党员先进性教育活动和省委部署的“理想、责任、能力、形象”教育活动,大力加强思想政治建设和职业道德建设,坚定理想信念,牢固树立“立检为公、执法为民”的观念,弘扬“忠诚、公正、清廉、严明”的检察职业道德。强化对各级检察机关领导干部的监督,以班子建设带动队伍建设。强化教育培训,提高干警的业务素质和执法水平。省检察院把2005年作为“规范化培训年”,开展以专业化、规范化、实战化为主的检察业务大培训,把广东检察干警的法律监督能力大大提高一步。优化基层检察队伍的学历、专业结构,大力培养公诉专家、侦查能手等专业人才和业务骨干。继续办好司法考试培训班,使更多的干警取得办案资格,不断充实办案第一线的力量。强化队伍管理监督,减少违纪违法现象。加强基层检察院建设和基层基础建设,夯实检察工作的基础。加强分类指导,促进全省检察工作全面协调发展。

在新的一年里,全省检察干警将继续高举邓小平理论和“三个代表”重要思想的伟大旗帜,紧密团结在以胡锦涛同志为总书记的党中央周围,在中共广东省委和最高人民检察院的正确领导下,在人大监督和政府、政协以及全省人民支持下,求真务实,扎实工作,努力开创检察工作新局面,为我省建设经济强省、文化大省、法治社会、和谐广东,实现富裕安康目标,创造稳定和谐的社会环境和公正高效的法治环境而努力奋斗!

# 广西壮族自治区人民检察院工作报告(摘要)

——2005年1月22日在广西壮族自治区第十届人民代表大会第三次会议上

广西壮族自治区人民检察院检察长　郭永运

(2005年1月25日广西壮族自治区第十届人民代表大会第三次会议通过)

**2004年工作情况**

2004年,全区检察机关在各级党委和最高人民检察院的领导下,在各级人大及其常委会的监督,各级政府、政协和有关部门及社会各界的支持下,深入学习贯彻"三个代表"重要思想和党的十六大、十六届三中、四中全会精神，牢固树立"立检为公、执法为民"的执法思想，围绕"强化法律监督，维护公平正义"的主题，按照"加大工作力度，提高执法水平和办案质量"的总体要求，切实履行法律监督职责，执法能力和办案水平不断提高，执法形象不断改善，检察业务、检察队伍、检察改革呈现出互相促进、协调发展的良好局面，检察工作在服务改革发展稳定大局中做出了新的贡献。

一、认真履行法律监督职责，检察业务工作取得了新进展

一年来，全区检察机关依照法律规定，认真履行批捕起诉、查办和预防职务犯罪、诉讼监督等各项职责，在维护稳定、建设社会主义和谐社会、实现社会公平正义中发挥了应有作用。

（一）充分发挥刑事检察职能作用，努力维护社会稳定

全区检察机关始终把维护社会稳定作为首要任务，认真履行对刑事案件的审查逮捕和审查起诉职能，坚持实体与程序并重，打击犯罪与保障人权并重，依法快捕快诉，始终保持对严重刑事犯罪的高压态势。

坚持"严打"方针，严厉打击严重刑事犯罪。与公安、法院等部门密切配合，重点打击杀人、抢劫、绑架、强奸等严重暴力犯罪，毒品犯罪，"法轮功"等邪教犯罪，以及盗窃、抢夺等严重影响群众安全感的多发性侵财犯罪，积极配合有关部门开展的"命案必破"、打击"两抢一盗"、查禁淫秽网站等专项行动。全年共受理公安等部门提请批准逮捕案件25202件38219人，经审查批捕22951件34081人；受理移送起诉案件24251件36522人，经审查提起公诉21741件31843人。

坚决打击破坏社会主义市场经济秩序犯罪。积极参加整顿和规范市场经济秩序工作，共批捕走私贩私、制售伪劣商品、金融诈骗、偷税骗税、侵犯知识产权等严重扰乱市场经济秩序、危害人民生命健康的犯罪案件336件535人，起诉236件403人。针对当前制假售假、侵犯知识产权犯罪较为突出，但行政处罚多，追究刑事责任少的问题，开展了打击制售假冒伪劣商品和侵犯知识产权犯罪立案监督专项活动，加强与有关行政执法机关的联系，密切关注社会各界、新闻媒体和人民群众的反映和呼声，积极排查案件线索，并督促有关部门依法处理。专项行动中共走访行政执法机关1518次，查询案件3299件，查询案件卷宗2497件，建议行政执法机关向公安机关移交制假售假、侵犯知识产权犯罪案件线索43件49人，监督公安机关立案12件19人。

认真开展检察环节的社会治安综合治理工作。在党委领导下，积极参加矛盾纠纷排查调处工作，及时化解矛盾，妥善处置检察机关接待的集体性上访529件，告急访54件。为了化解矛盾、维护稳定、为群众排忧解难，认真组织开展了集中处理涉法上访问题专项行动，通过实行领导责任制、分级负责制和重点疑难案件领导包案制，逐案分解落实办理责任，依法解决群众的合理诉求。2003年至2004年12月受理的属检察机关管辖的2418件涉法上访案件已办结2256件，69件到最高人民检察院上访的案件全部妥善息诉。配合有关部门开展社会治安防控体系建设和平安创建工作，积极参与对治安混乱地区和突出治安问题的整治以及对刑释解教人员、未成年人犯的管理帮教。

（二）查办和预防职务犯罪工作健康发展，推动反腐败斗争不断深入

全区检察机关认真履行法律赋予的查办和预防职务犯罪职责，加强侦查对策研究，开展侦查技能训练，加大交办、督办、提办、参办力度，不断提高发现和突破案件的能力。在加大查办工作力度的同时，坚持办案的数量、质量和效果并重，查办和预防职务犯罪工作继续保持深入健康发展的良好势头。

办案力度持续加大，办案重点更加突出。全年共查办贪污贿赂、渎职侵权等职务犯罪案件1407件1568人，同比分别增加3.4%和5.7%，其中贪污贿赂案件1192件1341人，渎职侵权案件215件227人，为国家挽回直接经济损失1.2亿元。集中力量查办大案要案，全年共立查大案525件，同比上升0.4%，其中涉案金额在一百万元以上的特大案36件，同比上升12.5%。严惩官吏腐败和司法腐败，查办涉嫌职务犯罪的县处级以上干部59人（副厅级以上2人）；司法人员113人，行政执法人员195人，同比分别上升17.7%和6.6%。为深入贯彻落实宪法修正案"国家尊重和保障人权"的精神，集中开展了严肃查处国家机关工作人员利用职权侵犯人权犯罪专项行动，查办了国家机关工作人员利用职权实施刑讯逼供、非法拘禁、非法搜查等影响恶劣的侵权犯罪案件55件55人，同比分别增

加1.3倍和1.1倍。2004年8月24日,最高人民检察院检察长贾春旺就我区专项行动批示:广西查办侵权犯罪案件认真,敢于排除干扰,冲破阻力,取得较好效果。

办案节奏加快,办案质量稳定。全年侦查终结职务犯罪案件1334件1490人,同比增加40件72人;移送起诉1241件1382人,移送起诉率同比上升1.6个百分点。同时,在规范执法行为、提高办案质量方面采取了一系列有效措施,健全完善了查办职务犯罪案件的考评指标体系和考核标准,应用"案件管理系统"对办案质量实施管理和监控,强化了对初查、逮捕、撤案、不起诉等环节的监督。在侦结案件中,撤案率略有降低,起诉率维持稳定,有罪判决率有所提高。加大对在逃犯罪嫌疑人的缉捕力度,组织开展分级督捕专项行动,共抓获在逃职务犯罪嫌疑人15人,另有33人慑于法律威严投案自首。加强安全防范,全年无重大办案安全事故发生。

深挖系统窝案串案效果明显。针对职务犯罪的关联性、行业性特征,坚持"抓系统、系统抓",及时总结发现和突破行业性犯罪、同类型犯罪的经验,深挖彻查系统职务犯罪的窝案串案,深入群众关注的行业和领域查办了一批贪污贿赂案件,其中医疗系统35件36人,交通系统33件34人,土地管理系统50件59人,金融系统57件58人,形成了一定的打击声势。

预防职务犯罪工作不断深入发展。立足检察职能,积极探索从源头上防范和减少职务犯罪的有效机制。至2004年底,全区有67个市县党委成立了预防职务犯罪工作领导小组,其中市一级的10个,党委领导下的预防职务犯罪工作机制初步形成。结合办案发现的漏洞和问题开展个案预防416件,向发案单位和有关部门提出检察建议386份。针对职务犯罪易发、高发的重点行业、重点部门开展行业预防297项,促进有关单位建立健全规章制度,完善内部防范机制。在重大工程建设项目中开展承包合同与廉政合同"双签"的专项预防工作,至2004年底,共在127个国家和地方重点建设项目中开展了预防工作。扎实开展工程建设领域行贿犯罪档案查询试点工作,自9月份试点工作开展以来,受理了27份查询申请。

(三)全面加强诉讼监督工作,监督力度和实效明显增强

全区检察机关进一步强化监督意识,坚持有罪追究、无罪保护、严格依法、客观公正的原则,以办案促监督,切实强化对各个诉讼环节的法律监督,不断增强监督实效。

依法开展刑事诉讼监督。以纠正"有案不立、有案不查、不该立案而立案"为重点,监督公安机关立案1016件,纠正公安机关不应立案而立案130件。以防止错捕错诉、漏捕漏诉为重点,对应当逮捕而未提请逮捕的,决定追捕513人,对应当起诉而未移送起诉的,决定追诉224人;对证据不足、事实不清,不符合逮捕、起诉条件的,依法不批捕3493人,不起诉1145人。对认为确有错误的刑事判决、裁定提出抗诉128件。对刑罚执行和监管活动中的各类违法情况依法督促纠正134人次。针对群众反映强烈的问题,开展了减刑、假释、保外就医案件专项检查,对全区2002年至2004年4月办理的50795件减刑、假释和保外就医案件逐件逐人进行清理审查,发现违法减刑、假释、保外就医129件,已监督纠正112件。继续巩固清理超期羁押的成果,着力于建立预防和纠正超期羁押长效机制,共对违法超期羁押提出书面纠正意见84份,已纠正104人次(含积存),目前,全区各办案环节均已实现无超期羁押,检察机关保持全年无超期羁押。与公安机关联合开展了"双加强、双保障"示范单位创建活动,促进监管机关规范执法,保障在押人员合法权益。

加强民事审判和行政诉讼监督。对认为确有错误的民事行政判决和裁定依法提出抗诉366件,同比增加34.6%,对审判活动中存在的问题提出再审检察建议86件。注重对劳动争议和医疗纠纷等涉及弱势群体利益的案件进行监督,2004年办理劳动争议案件的提请抗诉率和抗诉率分别比上年上升3.8倍和2.7倍,依法维护了劳动者的合法权益。对认定事实清楚、适用法律正确的判决、裁定积极予以维护,做好息诉服判工作,维护司法权威。

依法办理刑事申诉和刑事赔偿案件。共立案复查不服检察机关决定的刑事申诉案件291件,依法改变原决定14件。坚持实事求是、有错必纠、依法赔偿的原则,立案办理刑事赔偿案件58件,依法决定赔偿27件。

检察理论研究、信息、宣传、对外交往等工作也取得了新的进展。进一步加强与东盟国家检察机关的联系和合作,2004年11月与越南谅山、广宁、

高平、安沛省检察院签署了会谈纪要,建立了经常性联络机制和直接合作机制,加强了双方在打击跨境犯罪方面的合作。

**二、切实加强基础工作,队伍建设和基层检察院建设取得了新成效**

一年来,全区检察机关以提高队伍整体素质和执法水平为目标,采取多种措施,坚持不懈地狠抓队伍建设和基层检察院建设,为检察工作的发展提供了有力保障。

(一)深化"强化法律监督,维护公平正义"教育活动,重点解决队伍建设与业务工作相关联的突出问题

在2003年"强化法律监督,维护公平正义"教育活动取得初步成效的基础上,坚持把主题教育活动作为推进队伍建设的载体,不断拓展和深化教育活动。采取查找剖析问题、以案析理等形式,广泛深入地开展"十查",加强对检察干警的理想信念教育、职业道德教育和纪律作风教育。针对队伍执法中存在的突出问题,统一开展了不起诉案件专项复查、三类案件扣押冻结款物专项检查和立案后未继续侦查也未移送起诉的自侦案件专项检查三项清理工作。对检查出的问题,认真进行纠正,并深入剖析原因,落实整改措施。至2004年底,共清理排查2003年办理的不起诉案件851件1060人,经逐案复查,维持原不起诉决定825件,纠正原不起诉决定26件;清理2001年以来检察机关办理的撤案、不诉和法院判无罪三类案件855件,涉及扣押冻结款7390.6万元,已上缴财政、退还当事人或移送发案单位7149.3万元,待处理241.3万元,没有发现违规使用扣押款物的问题。在此基础上,进一步强化办案质量意识,规范办案程序,依法办案。坚持从严治检,共立案查处违纪干警9件10人。两年来不断深入进行的主题教育活动,使检察队伍的面貌发生了积极变化,队伍建设与业务工作结合得更加紧密,促进了检察工作主题和总体要求的落实。

(二)大力加强领导班子建设和教育培训,不断提高队伍的整体素质

坚持把领导班子建设作为队伍建设的重点和关键来抓,加强各级检察院领导班子的思想政治建设、廉政建设和作风建设。认真落实最高人民检察院对各级检察院领导干部提出的"六条要求",严禁办关系案、人情案、金钱案和违反法定程序干预办案。逐步完善了巡视制度、上级检察院派员参加下级检察院党组民主生活会制度。坚持把教育培训作为提高队伍素质和战斗力的主要途径,大力加强教育培训工作,努力提高检察干警的整体素质和执法水平。2004年,突出抓了检察人员续职资格培训、"专升本"学历教育以及以提高专业技能为重点的专项业务培训和岗位技能培训,完成了对基层检察院检察长、反贪局长、渎职侵权检察处、科长轮训一遍的任务。全区76名检察干警通过2004年国家统一的司法考试,参考干警合格率为14%,高于全国平均通过率2.46个百分点。大专以上学历人员占全区检察干警总数的94%,本科以上学历人员占总数的48.6%,比上年提高了12个百分点。队伍的学历、专业结构进一步优化,履行法律监督职责的基本素质进一步提高。

(三)持续推进基层检察院建设,基层基础建设和检务保障进一步加强

继1998年以来开展以争创"五好""两满意"为主要内容的基层检察院建设之后,2004年,按照最高人民检察院的部署,开展了新一轮基层检察院创建工作。自治区检察院制定了《关于进一步加强基层检察院建设,创建"四化"检察院的意见》,明确了基层检察院"队伍专业化、办案规范化、管理制度化、办公现代化"的建设目标,力争全区基层检察院在2006年至2008年内分期分批达到"四化"标准。采取"抓两头,带中间"的方法,确定6个基层检察院为"四化"示范院,16个工作相对滞后的基层检察院为重点帮促院,由自治区检察院和市分院领导挂钩联系,跟踪帮扶。对示范院帮助引导总结经验,发挥示范和辐射作用;对帮促院加强面对面指导,帮助解决存在的突出问题和面临的实际困难,限期改变面貌。为调动市分院在基层检察院建设中的积极性和主观能动性,在继续实施《基层检察院量化考核标准》的基础上,新制定了《市分院量化考核标准及评比表彰办法》,对市分院和所辖基层检察院的业务工作和队伍建设实行一体量化考核,促进全面、协调发展。

在各级党委、政府的高度重视、关心和支持下,基层基础建设和检务保障进一步加强。自治区各级财政加大了对基层检察院的经费保障力度,同时,经过多方努力,争取到一批中央预算内基建专项补助资金、中央政法装备补助经费、办案补助经费,比2003年有较大幅度增加。基层检察院办公

用房和专业技术用房以及业务技术状况进一步改善,促进了基层检察院工作的发展。有9个基层检察院被推荐参加"全国先进检察院"评比,有379个(次)基层集体和1331人(次)个人受到各级党政机关和检察系统内部表彰。

三、不断创新工作机制,检察改革迈出了新步伐

一年来,全区检察机关以公正和效率为目标,围绕检察理念、工作机制、工作方法等积极探索,不断创新,积极稳妥地推进各项检察改革,取得了良好效果。

试行人民监督员制度,强化人民群众对检察工作的监督。为有效加强对检察机关查办职务犯罪工作的外部监督,从制度上保障检察权的正确行使,按照最高人民检察院的统一部署,经自治区党委同意并报告自治区人大,2004年10月起,自治区检察院、8个市检察院和69个基层检察院开展了人民监督员制度试点工作。由人民监督员对检察机关查办的拟作撤案、不起诉处理以及犯罪嫌疑人不服逮捕决定的职务犯罪案件进行监督,提出监督意见。检察机关认真听取人民监督员的意见,依据事实和法律作出对案件的处理决定。至2004年底,试点单位共选任人民监督员420名,有61件案件进入监督程序,人民监督员有不同意见的3件,经检察机关研究,已决定采纳人民监督员意见1件。实行人民监督员制度,增强了执法透明度,强化了人民群众对检察工作的监督,促进了办案质量的提高。

建立行政执法与刑事执法相衔接的工作机制,防止以罚代刑。为加强检察机关与行政执法机关在办理破坏市场经济秩序案件中的联系,切实解决涉嫌犯罪案件移送中存在的突出问题,实现行政执法与刑事执法活动的有效衔接,自治区检察院与自治区整顿和规范市场经济秩序领导小组办公室、公安厅等12个单位联合制发了《关于加强工作联系,建立行政执法与刑事执法相衔接工作机制的意见》,定期召开联席会议和联络员会议,初步建立了互相移送案件线索、资源共享、信息互通的工作机制。此外,全区还有11个地级市和部分县市建立了衔接机制,在加强打击经济领域犯罪方面起到了积极的作用。在制售假冒伪劣商品、侵犯知识产权犯罪立案监督专项行动中,检察机关监督立案的11件案件中就有7件线索是通过这一机制发现和移送的。

大力推进职务犯罪侦查一体化建设,提高突破大案要案的能力。针对当前职务犯罪智能化高、隐蔽性强,干扰多、阻力大,案件的复杂程度和查处难度增大等新情况,我们根据最高人民检察院有关侦查机制改革创新的要求,探索构建了职务犯罪侦查一体化工作机制。建立了侦查指挥系统和案件线索信息库,对重大疑难案件,在全区或全市范围内统一调配使用侦查力量,加强异地协作,统一指挥办案。这一机制的建立,对充分发挥有限的侦查资源,排除办案阻力,提高办案质量和效率起到了重要作用。目前,贵港、梧州、百色市检察院三个试点单位已运用一体化机制查办职务犯罪案件108件115人,其他不少检察院也就建立侦查一体化机制进行了有益探索,在实战中取得良好效果。

积极推进信息化建设,提高检察工作的科技含量。各级检察机关积极探索业务建设、队伍建设和信息化建设有机结合的"三位一体"的长效管理机制,用信息技术等高科技手段来提高检察业务和检察队伍的管理水平。检察机关二级专线网全面投入使用,三级网正在筹建;122个检察院建成了计算机局域网,建立了内部信息发布系统;一些地方检察院配置了讯问监控系统和多媒体示证系统,为增强发现、揭露和证实犯罪能力,创新办案模式发挥了积极作用。我区检察机关信息化建设工作得到了最高人民检察院表彰。

其他检察改革不断深化。主诉检察官办案责任制运行良好,实行主诉制的单位增加到126个,占96.18%。普通程序"被告人认罪案件"简化审理逐步纳入规范轨道。重特大案件提前介入侦查、引导取证取得实效。保障律师在检察环节依法履行职责的工作机制正在逐步落实。特约检察员和专家咨询委员的作用得到了进一步发挥。

一年来,全区检察机关进一步增强自觉接受人大监督的意识,加强同各级人大及其常委会和人大代表的联系,坚持定期向人大报告工作,接受审议、评议。自治区检察院先后就办案质量和办理议案、建议工作向自治区人大常委会会议作专题报告。办理自治区人大常委会及自治区人大代表交办案件、事项8件,议案、建议2件,均及时反馈了结果和办理情况。加强与人大代表的联系,邀请代表视察检察工作,认真听取代表的意见和建议,对促进检察工作起到了重要作用。

2004 年自治区检察工作虽然取得了新的进展，但是，工作中的不足和差距也是明显的，主要有：检察队伍的整体素质和法律监督能力还不完全适应形势发展的需要，执法观念陈旧、执法方式落后、执法水平不高的问题在少数干警中仍然存在；有的地方查办职务犯罪工作的力度不大，突破案件的能力不强，办案水平和质量还有差距；基层基础薄弱的问题还没有从根本上得到解决，特别是由于编制短缺、进人不畅等原因，基层检察官队伍面临断层危机，人少案多的矛盾更加突出；检察工作的经费保障不足、科技含量不高的状况依然存在，等等。对上述问题，我们将加强调查研究，积极采取措施，切实加以解决。

**2005 年工作安排**

2005 年全区检察工作的总体思路是：坚持以邓小平理论、“三个代表”重要思想为指导，认真贯彻党的十六大、十六届四中全会以及自治区党委八届四次、五次全会精神，牢固树立科学发展观和正确执法观，按照全国政法工作会议和全国检察长会议的部署，围绕检察工作主题和总体要求，以业务工作为中心，以司法体制改革为动力，以基层基础建设为基础，以建设高素质队伍为保证，加强执法规范化、队伍专业化和管理科学化建设，深化检察改革，加强检务保障，全面履行法律监督职责，努力提高法律监督能力，推动检察工作全面、协调、健康、持续发展，为促进我区经济发展和社会全面进步创造和谐稳定的社会环境和公正高效的法治环境。

一、认真贯彻党的十六届四中全会精神，努力提高法律监督能力。在科学发展观和正确执法观指导下，全面加强思想建设、队伍建设、业务建设和检务保障建设，重点提高检察机关履行检察职能，打击刑事犯罪，维护社会稳定的能力；依法打击预防职务犯罪，促进廉政建设的能力；正确处理群众诉求，化解矛盾纠纷，促进社会和谐的能力；敢于监督、善于监督、规范监督，促进严格执法和公正司法的能力；强化自身监督和制约，严格、公正、文明执法的能力。正确处理法律效果与社会效果的关系，打击犯罪与保障人权的关系，办案数量与办案质量的关系，事后监督与主动监督的关系，执行实体法与执行程序法的关系，检察工作的全局与局部的关系。更加自觉地履行宪法和法律赋予的各项职责，不断提高维护法律统一正确实施的本领。

二、紧紧围绕党和国家工作大局，全面履行法律监督职责。坚定不移地把维护稳定作为首要任务，重点打击严重暴力犯罪，黑恶势力及有组织犯罪，加强对多发性侵财犯罪、破坏市场经济秩序、黄赌毒和网络犯罪的打击力度。正确运用宽严相济的刑事政策，对严重危害社会治安的犯罪活动依法严厉打击，对未成年人犯罪、初犯、偶犯、过失犯，主观恶性小、犯罪情节轻微的，分别不同情况采取轻缓的刑事政策从宽处理。积极参加“平安广西”创建活动。进一步加大查办职务犯罪工作力度，采取措施提高侦查水平和办案质量，集中力量查办大案要案，严肃查办发生在“三机关一部门”和群众反映强烈的热点部位、热点行业的职务犯罪案件；在国有企业重组改制、破产和经营活动中贪污、挪用、私分国有资产的犯罪案件；以及国家机关工作人员利用职权侵犯人权和滥用职权、玩忽职守造成重大损失的犯罪案件。坚持行之有效的预防经验，努力从源头上减少和预防职务犯罪的发生。强化监督意识，完善监督机制，创新监督方式，注重监督效果，切实加强各个诉讼环节的法律监督工作，重点监督纠正有罪不究、裁判不公、违法办案等突出问题，努力维护司法公正和社会公平正义。根据最高人民检察院的部署，针对行政执法部门存在的以罚代刑问题，选择一至两个行政执法部门开展法律监督试点工作。

三、进一步加强检察队伍建设，提高整体素质。扎实抓好以实践“三个代表”重要思想为主要内容的保持共产党员先进性教育活动，重点解决贯彻党的路线方针政策、执法思想、执法观念、执法作风等方面存在的突出问题。继续抓好各级检察院领导班子建设，进一步落实党风廉政建设责任制，强化领导干部的自律和监督。加大教育培训工作力度，切实提高检察队伍的政治素质、业务素质和职业道德素质。坚持从严治检，严肃查处检察队伍中的违法违纪问题。

四、持之以恒地加强基层检察院建设，夯实检察事业发展的基础。坚持把工作重心放在基层，将基层检察院建设作为一项长期任务，持之以恒地抓下去。以公正执法为核心，深入推进基层检察院队伍专业化、办案规范化、管理制度化、办公现代化建设。对确定的重点帮促院，落实责任，两年为期，务求改变面貌。紧紧依靠党委、人大以及政府的支持，逐步解决基层检察院建设过程中遇到的困难，不断优化执法环境。

五、深化检察改革,创新和逐步完善法律监督工作机制。巩固、完善和深化人民监督员制度试点,职务犯罪侦查一体化机制以及行政、刑事执法衔接机制等改革,认真总结经验,逐步做到规范化、制度化。认真组织学习中央批准的司法体制和工作机制改革方案,领会改革精神实质,结合新的实践,积极探索和创新符合执法实践和司法规律,体现现代法治精神的业务工作、队伍管理和执法保障机制。

六、更加自觉地接受监督,确保检察权的正确行使。继续加强与人大代表的联系,认真听取人大代表的建议、批评和意见,依法办理各级人大及其常委会监督的案件以及人大代表的举报、控告、申诉案件,及时反馈办理结果。自觉接受人民政协的民主监督、新闻媒体的舆论监督和社会各界的监督。进一步完善和落实内部制约机制,把检察权的运行置于有效的监督制约之下。

在新的一年里,全区检察机关和全体检察干警一定努力实践"三个代表"重要思想,团结一致,奋力拼搏,锐意进取,努力实现检察工作的新发展,为我区改革开放和现代化建设做出新的贡献!

# 海南省人民检察院工作报告(摘要)

——2005年1月30日在海南省第三届人民代表大会第三次会议上

海南省人民检察院检察长　张德利

(2005年2月1日海南省第三届人民代表大会第三次会议通过)

2004年,全省检察机关以邓小平理论和"三个代表"重要思想为指导,紧紧围绕全省的工作大局,突出"强化法律监督,维护公平正义"的工作主题,进一步加大工作力度,提高执法水平和办案质量,依法履行法律监督职责,大力加强队伍建设,为维护海南社会稳定、推动党风廉政建设和反腐败斗争、促进司法公正做出了积极贡献。

**一、全面开展各项检察业务工作,发挥职能作用,为我省改革发展稳定大局服务**

(一)依法打击各种刑事犯罪,积极化解社会矛盾,全力维护海南和谐稳定。全省检察机关把维护社会稳定作为首要任务,坚持"严打"方针,依法严厉打击各种严重危害社会治安和严重破坏市场经济秩序的刑事犯罪活动,重点打击黑恶势力犯罪,抢劫、杀人等严重暴力犯罪,抢夺、盗窃等多发性犯罪和毒品犯罪,积极参加禁赌和打击淫秽色情网站等专项整治行动。全年共批准逮捕犯罪嫌疑人5648人,提起公诉5266人。认真开展矛盾纠纷排查调处工作和涉法上访专项治理工作,通过开展网上举报、完善检察长接待日制度和检察长阅批群众来信制度、组织检察人员主动到基层接访等措施,解决群众控告难、申诉难问题,妥善处理信访突出问题和群体性事件。全年共受理群众来信来访3842件次,从中排查出的34件集体访、重复访等重点涉法上访案件已办结32件。万宁市结核病防治所所长符平钊被该所医生冯俊德持刀刺伤后死亡,被害人亲属对一审判处冯俊德死缓不服,结集130多人打着横幅、抱着遗像到省检察院集体上访,我们耐心细致地向群众讲解有关法律规定,说服他们通过法律程序解决问题,及时平息了一场行为激烈的大规模集体访。该案经海南检察分院依法提出抗诉后,省高级人民法院二审已改判冯俊德死刑。儋州市原商贸公司47名下岗职工到该市检察院上访,反映公司经理谢某冒领下岗职工的基本生活费,儋州市检察院受理后及时立案侦查,查实谢某确有贪污下岗工人"活命钱"的行为并构成犯罪,提起公诉后谢某被判处有期徒刑二年六个月。对有些经过依法处理但当事人仍然上访不止的案件,通过召开听证会、答询会等形式，邀请有关部门或专业人士一起解答上访群众提出的问题，宣传法制，做思想工作，息诉罢访，取得了较好的效果。

（二）依法查办和预防职务犯罪，推动党风廉政建设和反腐败斗争深入发展。全省检察机关认真落实中央和省委关于加强党风廉政建设和反腐败斗争的部署，加大查办贪污贿赂、渎职侵权等职务犯罪工作力度，共立案侦查206件239人，通过办案为国家挽回直接经济损失1900多万元。办案重点更加突出。所立案件中大案87件，县处级以上领导干部24人，司法和行政执法人员53人。依法查办了省委党校原副校长叶斌受贿案，省高级法院原副院长娄小平受贿、巨额财产来源不明案，省纪委第一派驻纪检组原副组长张庆贪污、受贿、巨额财产来源不明案等一批大案要案。发现和突破案件的能力增强。所立案件中检察机关自行发现的占32.8%，同比上升7.9个百分点；查办窝案串案42件54人，其中通过办理农行临高支行原副行长陈建学特大贪污、挪用公款案，挖出职务犯罪案件22件。办案质量进一步提高。立案后作不起诉和撤案处理的比例比上年下降了12.2个百分点。加大对侵害农民利益的职务犯罪和为谋取不正当利益拉拢腐蚀干部的行贿犯罪的打击力度，查办农村基层组织人员犯罪案件21件28人，行贿犯罪案件8件8人。

按照中央关于建立教育、制度、监督并重机制的要求，结合办案，积极开展预防职务犯罪工作。根据省人大常委会的立法计划，经过认真调查研究，起草了《海南省预防职务犯罪工作条例（草案）》，已提交省人大常委会；进一步健全了与25个行政执法机关查办和预防职务犯罪工作的协作机制，与省监狱管理局共同在海口监狱建立了职务犯罪警示教育基地；举办专题报告、讲座等216场次，与有关单位共同召开预防职务犯罪研讨会26次，提出检察建议67件，推动建立监督管理制度7项；在农垦系统探索建立职务犯罪预警机制，聘任预防督察员550名。文昌市检察院认真分析近年来公款私存和设立“小金库”引发的职务犯罪案件的特点和原因，向市委专题报告后得到高度重视，市委组织有关部门对全市公款私存和设立“小金库”问题进行了清理整顿。

（三）加强诉讼监督工作，促进司法公正，维护公平正义。全省检察机关进一步加强诉讼监督工作，开展专项活动，解决司法和行政执法工作中执法不严、执法不公的问题，惩治犯罪，纠正违法，保障人权。

开展打击制售假冒伪劣商品、侵犯知识产权犯罪立案监督专项活动，重点解决行政执法机关该移送不移送、公安机关该立案不立案的问题。审查了1442件行政处罚案件，建议行政执法机关向公安机关移送涉嫌犯罪的案件线索15件，监督公安机关立案12件13人。省检察院挂牌督办了一批在全省有较大影响的生产销售假药、有毒椰果、伪劣奶粉、伪劣种子案件。

开展侦查活动监督专项活动，重点解决公安机关在办理刑事案件过程中违反法定程序、侵害当事人合法权益的问题。审查公安机关2003年办理的刑事拘留犯罪嫌疑人后取保候审或撤案的案件1088件，针对发现的问题，向公安机关发出纠正违法通知书184份、检察建议书59份。

开展查办国家机关工作人员利用职权侵犯人权犯罪案件专项活动，重点解决人权的司法保障问题。排查出案件线索29件，立案侦查7件7人。2002年8月29日，琼海市东平农场职工方思海闯进东平派出所，当着所长符传浩的面，将正在被传唤的农场职工赖作斌殴打昏迷，后赖作斌经抢救无效死亡。公安机关立案侦查后，因法医鉴定认为赖作斌的死亡与方思海的伤害行为没有直接因果关系，符传浩与方思海订立攻守同盟掩盖事实真相，导致方思海被释放。死者亲属不服，一家老少三代四处奔走上访。2004年初省检察院受理此案后，会同琼海市检察院深入案发地认真调查取证，并委托最高人民检察院组织专家开棺验尸，对死亡原因重新鉴定，查清了方思海故意伤害致赖作斌死亡的犯罪事实，同时查清了省公安厅原法医卿太苏收受2万元贿赂后徇私枉法作虚假鉴定，符传浩玩忽职守、徇私枉法的犯罪事实。经检察机关提起公诉，法院判处卿太苏有期徒刑六年、符传浩有期徒刑五年六个月、方思海有期徒刑十二年。

开展减刑、假释、保外就医案件专项检查，重点解决刑罚执行不严，“前门进、后门出”的问题。对全省2002年以来办理的减刑、假释、保外就医案件进行全面清理，共清查减刑10629人次、假释161人、保外就医487人，监督纠正不当减刑、假释案件4件，刑期计算有误的11人，监督有关部门将107名违法保外就医或保外就医条件消失的罪犯重新收监,其中包括4名原处级干部和2名原副厅级干部。

在全省开展的禁赌专项斗争中,要求公安机关说明不立案理由26件,监督立案18件。

各级检察院坚持把开展专项活动与加强经常性监督工作紧密结合起来,通过专项活动解决突出问题,同时总结经验、摸索规律,进一步规范和强化经常性的监督工作。一年来共监督公安机关立案334件,追加逮捕35人、纠正漏诉24人。对认为人民法院判决裁定有错误的49件刑事案件、46件民事行政案件依法提出抗诉,现法院已审结70件,其中改判42件,改判率同比上升15个百分点。监督纠正超期羁押30人次。从2004年10月起,全省公安、检察、法院各个办案环节都实现了无超期羁押。对侦查、审判和刑罚执行活动中的违法问题发出纠正通知书358份。各级检察院在诉讼监督过程中,把纠正违法与查办职务犯罪紧密结合,重视发现和查办执法不严、执法不公背后的职务犯罪案件。2004年全省检察机关立案查办的渎职侵权案件中,50%的线索是在诉讼监督工作中发现的。

**二、围绕提高法律监督能力,加强检察队伍建设、规范化建设和信息化建设**

(一)认真解决存在的突出问题,进一步加强队伍建设。在全省检察机关深入开展了"强化法律监督,维护公平正义"教育活动,进行典型示范教育和警示教育,集中解决队伍建设与业务工作相关联的突出问题。通过开展扣押款物、无罪判决案件、不起诉案件、检察人员违法插手经济纠纷、长期拖欠农村信用社贷款和本单位财务资金等专项清理工作,复查2003年检察机关办理的不起诉案件125件、无罪判决案件7件,认真查找了工作中存在的问题,对其中不应作不起诉决定的2件依法进行了纠正;清理出历年来未处理的扣押款350多万元、扣押物品2950件,现绝大部分已依法处理,有的上缴财政,有的返还给发案单位或当事人;清理出检察人员拖欠农村信用社贷款本息173万元、借用本单位财务资金没有按时归还59万元,已督促归还信用社本息76万元、财务资金34万元;调查处理检察人员违法插手经济纠纷的举报线索2件。针对专项清理中发现的问题,各级检察院认真分析原因,深入开展执法为民的思想教育,进行整改。以班子建设带动队伍建设,配合有关市县党委对部分基层检察院领导班子进行调整充实;举办基层检察长培训班,进行政治业务素质和领导能力的专门培训;建立领导干部述职述廉制度、上级检察院负责人与下级检察院领导班子成员谈话制度、上级检察院派员参加下级检察院党组民主生活会制度,加强对领导干部特别是一把手的监督。加大教育培训力度,举办各类专业知识和专业技能培训班23期,参训干警911人次。一年来,全省检察队伍建设取得了新的成效,整体素质进一步提高,反映干警违法违纪的投诉明显减少,干警受党纪政纪处分和刑事追究的大幅度下降。

(二)从保障正确行使检察权、提高执法水平和办案质量出发,大力加强规范化建设。实施了办理直接受理案件考评办法,制定了办理审查批捕案件、公诉案件的质量标准,严格了案件请示报告和备案审查制度,推行了办案质量和执行办案纪律情况的跟踪监督制度和诫勉谈话制度,强化了各业务部门之间的监督制约。各级检察院共清理修订工作制度430多项,进一步明确了各内设机构和岗位的职责权限,规范了办案、办事程序。2004年5月起在屯昌县检察院开展规范化建设试点工作,探索建立涵盖领导决策、业务工作、队伍管理、检务保障和监督制约等方面的长效管理机制,取得了阶段性成果。

(三)增强运用现代科技手段同违法犯罪作斗争的能力,加快信息化建设步伐。省检察院与24个分、市、县(区)院的专线网已互联互通,网络覆盖率达到96%。完成了全省检察机关机要通道系统和专线网线路加密设施建设,视频会议系统、侦查指挥系统、办案工作区建设即将完成,法律法规查询系统、信息发布系统和办公办案软件正在试运行。通过国家计算机应用一级考试的检察人员新增231人,累计达到499人。完成了全省检察机关门户网站"天涯正义网"的改版工作。省检察院、海口市检察院和龙华、屯昌、文昌等基层检察院的局域网已开始运行。

**三、牢固树立监督者更要接受监督的意识,自觉接受监督**

进一步增强接受人大监督的自觉性。全省检察机关认真贯彻人大及其常委会的决议、决定,及时向人大及其常委会报告重要工作情况,加强与人大代表的联系,依法办理人大及其常委会交办的事项和案件。2004年全省检察机关共收到各级人大交办并要求报结果的案件66件,已办结60件,其余6件正在抓紧办理。省检察院先后两次邀请人大代表、政协委员视察检察工作。

进一步拓宽接受外部监督的渠道。为了加强对检察机关直接受理案件的监督，经中央批准，最高人民检察院部署在全国检察机关开展人民监督员制度试点工作。我省经过推荐、考察，从国家机关、企事业单位、教育界、群众团体、部队、农民中选任了25名海南省检察机关人民监督员，其中人大代表和政协委员占84%，民主党派和无党派人士占28%，少数民族占28%。人民监督员的职责主要是，对检察机关直接受理侦查的案件中检察机关拟撤销案件的、拟不起诉的和被逮捕的犯罪嫌疑人不服逮捕决定的三类案件进行监督。监督的主要方式是，听取检察官介绍案情及有关法律适用情况，向检察官提问，经检察长批准旁听检察官讯问犯罪嫌疑人、询问证人，查阅有关案件材料，在此基础上独立评议，并按少数服从多数的原则表决形成监督意见。检察长对人民监督员的表决意见进行审查，同意人民监督员意见的，按此意见执行；不同意的，由检察委员会讨论决定。这项试点工作于2004年10月1日在全省检察机关正式启动，至年底有1件拟撤案、2件拟不起诉、3件不服逮捕决定的案件进入人民监督员监督程序。上述案件经人民监督员评议并进行表决，均同意检察机关的处理意见。

2004年全省检察工作中存在的主要问题是：在业务工作方面，发现和突破职务犯罪案件的能力还有待提高；不敢监督、不愿监督、不会监督的现象不同程度地存在；有的案件审查起诉把关不严，提起公诉后法院作了无罪判决；执法办案的规范化程度还不高。在队伍建设方面，“立检为公、执法为民”的思想在一些干警中还没有牢固树立起来，对干警在执法办案中泄露案情，办人情案、金钱案、关系案，拿案件作交易的反映还时有发生。检察人员学历偏低，本科以上学历的仅占37.5%，比全国平均水平低6.4个百分点。有326名检察官还没有达到《检察官法》规定的学历要求，占现有检察官总数的27.3%。在检务保障方面，保障机制不健全，基层检察院办案经费短缺、装备落后的问题仍然比较突出，办案用房和专业技术用房建设资金缺口较大。对上述问题，我们将认真研究，制订具体措施，同时积极争取有关方面的支持，在今后工作中切实加以解决。

2005年全省检察工作的总体思路是，以邓小平理论和“三个代表”重要思想为指导，深入贯彻党的十六大、十六届四中全会精神，坚持科学发展观和正确执法观，紧紧围绕改革发展稳定的大局和“强化法律监督，维护公平正义”的工作主题，全面开展各项检察工作，加强执法规范化、队伍专业化和管理科学化建设，努力提高法律监督能力，为构建和谐海南、加快海南发展作出新的贡献。为此，我们将着重抓好以下几方面工作：

（一）认真学习贯彻党的十六届四中全会精神，加强法律监督能力建设。牢固树立“立检为公、执法为民”的执法观，把维护最广大人民群众的根本利益作为检察工作的出发点和落脚点。进一步实践和深化“强化法律监督，维护公平正义”的工作主题，正确认识和处理办案的法律效果与社会效果、打击犯罪与保障人权、办案数量与办案质量、事后监督与主动监督、执行实体法与执行程序法以及检察工作全局与局部的关系，不断提高法律监督能力。

（二）坚持以执法办案为中心，全面正确履行法律监督职责。继续坚持“严打”方针，依法严厉打击各种严重危害社会治安和严重破坏市场经济秩序的刑事犯罪，努力化解矛盾纠纷，全力维护海南的和谐稳定。加大查办和预防职务犯罪工作力度，提高执法水平和办案质量，增强预防工作的针对性和实效性。加强诉讼监督工作，敢于监督，善于监督，促进严格执法、公正司法。

（三）以强化执法为民的思想为核心，进一步加强检察队伍建设。结合开展保持共产党员先进性教育活动，继续深化执法为民思想教育和“强化法律监督，维护公平正义”主题教育，切实解决队伍建设中存在的突出问题。加强领导班子建设，加大教育培训力度，全面提高检察队伍的政治素质和业务奉质，提高干警的实际工作能力和执法水平。

（四）推进检察改革，创新工作机制。按照省委和最高人民检察院的部署，以强化法律监督职能、加强对检察权的监督制约为重点，加快检察改革步伐。进一步加强职务犯罪侦查工作一体化建设；强化对办案过程的监督制约；健全行政执法和刑事执法相衔接的工作机制；积极探索检察人员分类管理；完善检务保障机制。全面推广屯昌县检察院规范化建设试点的经验，以规范执法办案为重点，加强业务建设、队伍建设和信息化建设，努力实现业务工作程序化、队伍管理科学化、机关管理制度化和工作运行高效化。

在全省上下深入贯彻党的十六届四中全会和省委四届五次会议精神,努力构建和谐海南、加快海南发展的大好形势下,全省检察机关将认真落实省委和最高人民检察院的各项工作部署,更加自觉地接受各级人大及其常委会的监督,忠实地履行检察职责,全面开展各项检察工作,为人民执法,受人民监督,让人民满意。

# 重庆市人民检察院工作报告(摘要)

——2005年1月14日在重庆市第二届人民代表大会第三次会议上

重庆市人民检察院检察长　秦信联

(2005年1月17日重庆市第二届人民代表大会第三次会议通过)

2004年,市人民检察院在中共重庆市委和最高人民检察院的领导下,在市人大及其常委会的监督支持下,以邓小平理论和"三个代表"重要思想为指导,认真落实科学发展观,紧紧围绕重庆改革、发展、稳定大局,突出"强化法律监督,维护公平正义"的检察工作主题,带领全市检察机关和广大检察干警,认真履行宪法和法律赋予的法律监督职责,大力加强队伍建设,各项检察工作都取得了新的进展,为保障和促进我市的经济建设和改革发展做出了积极努力。

**一、依法严厉打击严重刑事犯罪,全力维护社会政治稳定**

稳定是改革、发展的前提,是实现最广大人民群众根本利益的重要保障。全市检察机关坚持"稳定压倒一切"的指导思想,积极投入"创建平安区县,建设平安重庆"活动,充分发挥检察职能,依法严厉打击严重刑事犯罪,努力维护社会稳定。全年共批准逮捕各类刑事犯罪嫌疑人16963人,提起公诉14307件20605人。

(一)严厉打击严重危害社会治安的犯罪。坚持把有组织犯罪、黑恶势力犯罪,杀人、抢劫、绑架等严重暴力犯罪,毒品犯罪以及重大盗窃、抢夺等严重危害群众安全的犯罪作为打击重点,切实加大打击力度,共批准逮捕上述四类犯罪嫌疑人11574人,起诉8916件13164人。为增强打击实效,全市检察机关坚持对重特大案件提前介入,适时提出收集、固定和完善证据的意见,引导取证,确保稳、准、狠地打击犯罪,始终保持了对严重刑事犯罪的高压态势。从快批捕、起诉了施日芳等4人在解放碑袭警抢枪案,曾文忠等12人黑社会性质组织案,廖江淋、刘泗洋等7人贩卖、运输海洛因32.8千克案等一批重大有影响的案件,有力地打击了犯罪分子的嚣张气焰。同时,还依法批捕、起诉了一批危害国家安全和组织、利用"法轮功"等邪教组织破坏法律实施的犯罪嫌疑人,维护了社会稳定和国家安全。

(二)坚决打击破坏市场经济秩序的犯罪。积极参加整顿和规范市场经济秩序工作,与有关行政执法部门密切配合,依法从严打击了走私、偷税骗税、金融诈骗、侵犯知识产权以及生产、销售假冒伪劣产品等严重破坏市场经济秩序的犯罪活动,共批准逮捕此类犯罪嫌疑人257人,起诉216件328人。针对制假售假、侵犯知识产权犯罪较为突出,但行政处罚多、追究刑事责任少的问题,开展了立案监督专项行动,监督有关部门立案17件,并依法查办了放纵制售假冒伪劣商品、涉嫌职务犯罪的行政执法人员。市检察院还与市整顿规范市场经济秩序办公室和市公安局会签下发了《关于加强工作联系建立行政执法与刑事执法相衔接工作机制的意见》,指导各级检察院加强与行政执法部门的联系,增加打击破坏市场经济秩序犯罪的合力。

(三)积极开展集中处理涉法上访等专项工作。按照中央的统一部署,全市检察机关积极开展了集中处理涉法上访专项工作和集中处理信访突出问题及群体性事件工作。对清理出属于检察机关管辖的268件涉法上访案件和19件信访突出问题，采取上级检察院挂牌督办、检察长包案督办和“定领导、定专人、定方案、定时限、包复查、包处理、包息诉、包稳控”的“四定四包”等方式，切实加大办理力度，已办结284件，一批群众反映合理的问题得到了妥善解决。

（四）认真做好检察环节的社会治安综合治理工作。坚持“打防结合、预防为主”的方针，紧密结合检察职能，积极探索检察机关开展社会治安综合治理工作的有效途径。认真落实中央《关于进一步加强和改进未成年人思想道德建设的若干意见》，积极参加打击淫秽色情网站专项行动，配合有关部门开展网吧整治，深入学校开展法制宣传教育，创建“青少年维权岗”，努力为青少年健康成长营造良好的环境。同时，检察机关还结合办案发出检察建议，督促发案单位加强管理，堵塞漏洞。开县“12·24”特大井喷事故发生后，市检察院在指导下级检察院依法批捕、起诉相关责任人员的同时，针对办案中发现的生产单位在安全管理方面存在的突出问题，及时向主管单位四川石油管理局发出了《检察建议书》，引起了该局的高度重视，采取七条措施认真加以整改。

**二、积极查办和预防职务犯罪，推动反腐败斗争不断深入**

惩治和防止腐败，是维护党政廉洁、巩固党的执政地位的重大举措。全市检察机关坚决贯彻中央关于反腐败斗争的总体部署，不断加大查办和预防职务犯罪工作力度。共立案查办职务犯罪案件680件780人。其中贪污贿赂案件587件680人，渎职侵权案件93件100人。通过办案，为国家挽回经济损失1.2亿元。

（一）突出查办贪污贿赂大案要案。坚持查办县处级以上领导干部犯罪案件和金额大、社会影响大的贪污贿赂案件作为工作重点，共查办贪污贿赂五万元、挪用公款十万元以上大案380件，占立案总数的64.7%，其中涉案金额在一百万元以上的32件，一千万元以上的2件；查办县处级以上干部128人，占立案总人数的18.8%，其中厅级干部6人。典型案件有：万州区原副区长康宏达受贿案，南川市原市委常委、副市长刘泽亮受贿案，市国土资源和房屋管理局原副局长李后蜀、胡绪清涉嫌受贿案，涪陵建设路市粮食储备库原主任兰中建贪污、挪用公款案等。针对犯罪嫌疑人携款潜逃有所增多的情况，我们加大了追逃力度，抓获在逃贪污贿赂犯罪嫌疑人22人。

（二）深入查办重点、热点领域的职务犯罪案件。围绕重庆的改革发展，在继续着力查办党政机关、国企、移民、工程建设等重点、热点领域职务犯罪的同时，根据群众的反映，重点查办了医疗卫生系统和地质灾害防治领域的职务犯罪案件。如针对医疗机构人员在购买药品和医疗器械过程中收受贿赂，造成药价虚高、医疗费用昂贵、严重侵害人民群众利益的情况，组织查办了医疗卫生系统职务犯罪案件66件，在一定程度上遏制了医疗行业的“回扣”风。又如三峡库区二期蓄水后，国家拨付了大量专项资金用于库区地质灾害防治，为确保库区群众生命财产安全和国家资金安全，积极查办了在地质灾害防治工作中的贪污贿赂案件39件。

（三）严肃查办国家机关工作人员渎职侵权犯罪。贯彻“国家尊重和保障人权”的宪法精神，集中开展了“严肃查办国家机关工作人员利用职权侵犯人权案件专项活动”。市检察院与《重庆晨报》共同开设了“人权热线”电话，接受人民群众的咨询和举报，并积极查办国家机关工作人员利用职权侵犯公民人身、民主权利案件20件。为促进国家机关及其工作人员依法行政，认真履职，我们还加大了对国家机关工作人员玩忽职守、滥用职权、徇私舞弊等渎职犯罪案件的查处力度，共查办此类案件73件。

（四）大力加强职务犯罪预防工作。全市检察机关坚持反腐败斗争“标本兼治、重在治本”的方针，进一步加大了预防职务犯罪工作力度。各地检察机关主动向党委、人大建言献策，积极争取对预防工作的领导和支持。不少地方党委专门召开了预防职务犯罪工作会议，专题研究和部署预防职务犯罪工作。已有13个区县（市）的人大常委会专门作出了加强预防职务犯罪工作的决议，有的还对决议的执行情况进行了专项执法检查，极大地推动了预防职务犯罪工作的开展，全市检察机关还与有关部门密切配合，在380多个涉及公共投资和公共建设的重大项目中开展了专项预防。市检察院在市委、市政府的大力支持下，建立了行贿犯罪档案和行贿记录查询系统，协助有关部门实行廉洁准入制。

**三、强化诉讼监督,维护社会公平和正义**

诉讼监督是维护司法公正、实现社会公平与正义的重要保障。全市检察机关紧紧抓住执法违法、司法不公等突出问题,强化对各个诉讼环节的法律监督,并注重把诉讼监督与查办职务犯罪结合起来,不断增强监督实效。

(一)加强刑事立案、侦查活动和刑事审判监督。对公安机关应当立案而未立案的,依法监督立案321件;对公安机关不应当立案而立案的,建议公安机关撤案91件。对应当逮捕、起诉而未提请逮捕、移送起诉的,依法决定追加逮捕200人,追加起诉547人,其中被判处有期徒刑十年以上的23人;对不符合法定逮捕、起诉条件的,依法决定不批准逮捕914人,不起诉884人。对认为确有错误的刑事判决、裁定,提出抗诉56件,法院已审结38件,改判12件。彭水县村民向寿华为骗取保险金将年仅10岁的干女儿向某某杀害,并谎称其是摔死。彭水县检察院根据群众举报,监督公安机关立案后,向寿华被法院一审判处死刑。

(二)加强刑罚执行监督和监管活动监督。监督纠正减刑、假释、交付执行等刑罚执行中的违法违规行为2050件,特别是针对群众反映强烈的问题,开展了减刑、假释、保外就医专项检查活动,对2002年以来的27552件案件进行了全面清理检查,发现并纠正减刑、假释、保外就医不当569人;监督纠正监管活动中违法违规行为3049件,并与公安机关密切配合,在全市看守所和驻所检察室开展了"双加强、双保障"创建活动,促进监管机关规范执法,保障在押人员合法权益。继续深入开展纠防超期羁押工作,有效防止了超期羁押的发生,并在建立纠防超期羁押长效机制方面进行了积极探索,一些地方推行了刑事案件"一证通"、超期羁押责任追究等制度,社会反响较好。市检察院还被评为"全国检察机关清理纠正超期羁押先进集体"。

(三)加强民事审判、行政诉讼监督。对认为确有错误的生效民事行政判决、裁定依法提出抗诉183件,法院已审结160件,改判88件;对人民法院民事行政判决、裁定和审判活动中存在的问题发出检察建议236件,法院采纳159件;对人民法院判决、裁定正确的申诉案件,耐心细致地做好当事人的服判息诉工作,维护了审判权威和社会稳定。

在加强诉讼监督的同时,全市检察机关坚持把查办执法不公背后的职务犯罪作为一项重要工作来抓,共查办涉嫌贪赃枉法、徇私舞弊的司法人员19人,对促进公正执法起到了积极作用。酉阳县检察院在开展监管活动监督中,发现县民爆公司原经理罗龙芝被二审法院错误改判,在提请上级检察院依法抗诉的同时,立案查办了派出所副所长、法庭副庭长、司法局法律援助中心律师和看守所民警等4人涉嫌徇私枉法,伪造证据,帮助罗逃避处罚的案件。

**四、大力加强队伍建设,努力提高整体素质和执法能力**

加强队伍建设是做好检察工作,确保严格公正执法的根本保障。一年来,全市检察机关以加强领导班子建设为关键,以教育活动为载体,以执法规范化建设为重点,以基层检察院建设为基础,以检察改革为动力,大力加强队伍建设,队伍的整体素质和执法能力有了新的提高。

(一)加强领导班子建设,提高驾驭全局的能力。领导班子建设是队伍建设的关键。市检察院领导班子坚持从自身做起,深入学习"三个代表"重要思想和十六大、十六届三中、四中全会精神,强化理论武装,并运用科学发展观积极谋划重庆检察工作的发展思路。在认真回顾总结直辖以来重庆检察工作经验、科学分析面临的形势和任务的基础上,提出了重庆检察工作创新发展"三步走"战略,确立了"突出特色创品牌,全面发展争一流"的总体思路和奋斗目标,提出要发挥重庆自身优势,创造一批在全国检察机关"推得出"、"叫得响"、"立得住"的经验和典型,以特色和品牌带动重庆检察工作全面发展。为此,市检察院还制定了《重庆市检察机关2004~2008年"创品牌、争一流"战略实施规划》,确定了12个创建重点,研究制定了具体实施方案。同时,市检察院还制定了《关于进一步加强检察机关领导班子思想政治建设的意见》,建立完善了对下级检察院领导班子管理、监督制度,并依托国家检察官学院对全市基层检察院检察长进行了为期一个月的集中培训,促进各级检察机关领导班子提高领导水平和驾驭全局的能力。

(二)深化主题教育活动,树立正确的执法观。全市检察机关把深化"强化法律监督,维护公平主义"教育活动作为加强队伍建设的有效载体,采取理论学习、执法思想讨论、查找剖析问题等方式,加强对检察干警的理想信念教育、职业道德教育和纪律作风教育,引导干警牢固树立"立检为公、执法为民"的执法观,强化公正、人权、平等、程序、效率等现代执法理念。在教育活动中,我们针对社会关注、群众反映强烈的突出问题,组织开展了对2001年以来查办职务犯罪案件中扣押、冻结款物的处理情况,2003年检察机关作出不起诉决定的案件,以及检察干警违法插手经济纠纷问题三个专项清理检查活动,对检查出的问题,认真进行了纠正,并深入剖析原因,落实整改措施。同时,坚持从严治检,做到有反映必查,决不护短,共立案查处违纪干警6人。

(三)加强执法规范化建设,提高办案质量。队伍建设的成效最终要通过执法办案来体现。办案质量的高低,直接关系到司法的公正。为提高办案质量,市检察院从查找问题入手,开展了对近两年来不起诉、撤诉、抗诉的刑事案件和抗诉后法院维持原判的民事行政案件的执法检查,对公诉后被判无罪案件和刑事赔偿案件进行了专题调研,深入剖析原因。针对容易发生问题的重点执法环节,大力加强制度建设,建立了无罪案件逐案分析、立案监督个案评析、查办职务犯罪案件月分析和办案预警等一系列制度,规范了办案流程体系,完善了案件质量考核标准,健全了监督制约机制。通过执法规范化建设,全市检察机关依法办案、注重质量的意识得到进一步强化,办案质量有了较大提高。

(四)加强基层检察院建设,筑牢检察工作基础。继1998年开展以争创"五好"为主要内容的基层检察院建设之后,2004年,我们根据最高人民检察院部署,开展了新一轮基层检察院建设工作。市检察院确立了"以履行法律监督职责为中心,以创建学习型检察院为载体,以业务、队伍、信息化'三位一体'长效管理机制建设为重点,提高基层检察院检察人员政治素质、业务素质和职业道德素质"的工作思路,建立了领导定点联系基层制度,完善了对基层检察院的年度目标考核办法,开展了先进检察院、优秀检察长和优秀侦查员评选活动,促进基层检察工作健康发展。为充实和加强基层特别是边远山区检察院执法办案一线力量,培养锻炼人才,市检察院积极配合市人事局,为21个基层检察院统一招录了67名大学本科以上毕业生,并从市检察院、分院选派优秀大学毕业生到基层锻炼,从基层检察院选调业务骨干到上级检察院挂职。还对全市职务犯罪侦查局长、侦查监督和公诉部门负责人进行了集中轮训,组织了主诉检察官统一考试,开展了计算机应用技能培训。全市已有1745名干警通过了国家计算机等级考试,占干警总数的50%。在各级党委、政府的高度重视、关心和支持下,基层检察院的基础设施建设也取得了明显成效,办公、办案条件得到了改善,信息化水平进一步提高,覆盖全市三级检察机关,具有视频、数据、语音三大信息系统的二级检察专线网已建成开通。

(五)积极推进检察改革,增强检察工作活力。根据十六大关于推进司法体制改革的部署,我们积极探索建立职务犯罪侦查一体化机制,开展了检察人员分类管理试点。为有效加强对查办职务犯罪工作的外部监督,从制度上保障检察权的正确行使,按照最高人民检察院的统一部署,从2004年10月1日起,在市检察院、4个分院和23个基层检察院开展了人民监督员试点工作,从社会各界选任人民监督员160人,其中人大代表、政协委员108人。在实行人民监督员制度的地方,凡是职务犯罪嫌疑人不服逮捕决定、检察机关拟撤销案件、拟不起诉的案件,一律纳入人民监督员监督程序,由人民监督员进行独立评议,提出监督意见。目前,人民监督员已对40件案件实施了监督,其中同意检察机关意见38件,不同意2件。对不同意的2件又进行了认真研究,采纳人民监督员意见改变原拟决定1件,另1件正在上级检察院复核中。

**五、进一步加强与人大代表联系,主动接受人大及其常委会和人大代表的监督**

全市检察机关进一步强化接受监督意识,坚持做好与人大代表的联系工作,紧紧依靠人大和人大代表的监督、支持,做好各项检察工作。一是坚持重大事项报告制度。对检察工作的重大部署、重大事项都主动向人大常委会报告,争取支持。市检察院先后向市人大主任会议专题报告了清理纠正超期羁押工作和诉讼监督工作,向市人大常委会汇报了开展人民监督员制度试点工作。二是认真办理人大交办案件和人大代表的建议。市检察院共办理市人大交办案件3件、人大代表书面及口头建议12件,政协委员提案及口头建议7件。办理中坚持检察长亲自阅批,专人督办,主动听取代表、委员意见。代表、委员对办理情况和结果均表示满意和理解。市检察院被评为办理代表建议、政协提案先进单位。三是加强与人大代表的经常性联系。市检察院坚持半年向全体市人大代表通报一次全市检察工作情况,并先后就我市检察工作、检察队伍建设和基层检察院建设情况征求代表意见、建议。各级检察机关也加强了与代表的经常性联系,走访代表,召开座谈会,邀请代表视察工作,认真听取批评、意见和建议,不断改进检察工作。

一年来,我市检察工作虽然有了新的进步,但也还存在一些不足和亟待解决的问题:一是少数干警服务意识和大局意识不强,执法为民的观念不牢,执法不规范、不文明,要特权、逞威风的现象仍有发生,律师会见犯罪嫌疑人难的问题还未得到很好解决。二是诉讼监督方面还存在不敢监督、不愿监督、不善监督的问题,发现和查处执法不公背后的腐败犯罪需进一步加大力度。三是一些基层检察院办案经费短缺、装备落后,在一定程度上制约了检察工作的深入开展。对上述问题,我们将积极采取措施,切实加以解决。

2005年全市检察工作的总体思路是:以邓小平理论和"三个代表"重要思想为指导,认真贯彻党的十六大、十六届三中、四中全会和全国、全市政法工作会议精神,牢固村立科学发展观和正确执法观,紧紧围绕富民兴渝、建设长江上游经济中心、全面建设小康社会目标,突出"强化法律监督,维护公平正义"的检察工作主题,大力加强检察队伍法律监督能力建设,积极推进执法规范化、队伍专业化和管理科学化,努力提高检察工作水平,为促进我市经济发展和社会全面进步创造和谐稳定的社会环境和公正高效的法治环境。

牢固树立科学执法观,加强法律监督能力建设。以科学发展观为指导,围绕保障和促进经济社会全面、协调、可持续发展这个大局,牢固树立"立检为公、执法为民"的执法观,增强服务大局的主动性和自觉性。深入贯彻十六届四中全会精神,加强法律监督能力建设,努力提高打击和惩治各类犯罪的能力,勇于监督、善于监督的能力,公正执法的能力,正确执行法律和刑事政策的能力,提高服务大局的水平和成效。

依法严厉打击严重刑事犯罪,努力维护社会稳定。继续投入"创建平安区县,建设平安重庆"活动,坚持把"严打"方针贯彻到批捕、起诉等工作中,突出打击严重暴力犯罪、黑恶势力犯罪、有组织犯罪和盗窃、抢夺等多发性犯罪,增强群众的安全感。坚决依法惩治各类扰乱和破坏社会主义市场经济秩序的犯罪,重点打击金融诈骗、非法集资、生产销售伪劣商品和侵犯知识产权等犯罪。积极参与社会治安综合治理和预防未成年人犯罪工作。进一步做好集中处理涉法上访工作,积极参加各级党委统一部署的矛盾纠纷排查调处活动和涉法专项治理工作,认真总结研究检察机关在建立健全社会稳定长效工作机制中的作用和途径,正确运用法律和政策手段,减少和化解不稳定因素。

加大查办和预防职务犯罪的力度,推动反腐败斗争的深入开展。集中力量突出查办大案要案,重点查办发生在党政领导机关和县处级以上领导干部中的职务犯罪案件。严肃查办利用审批权、人事权、司法权实施的职务犯罪案件;国家机关工作人员利用职权非法拘禁、刑讯逼供等侵犯人权的犯罪案件和滥用职权、玩忽职守造成重大损失的犯罪案件;在国有企业改制、破产和经营活动中贪污、挪用、私分国有资产的犯罪案件,以及其他人民群众反映强烈的案件。要针对职务犯罪的行为特点,继续坚持深入查办重点、热点领域和行业的职务犯罪。进一步推进侦查一体化机制建设和侦查指挥中心建设,增强排除干扰阻力、有效突破大要案的能力。立足检察职能,积极做好职务犯罪预防工作,努力从源头上减少和预防职务犯罪的发生。

大力加强诉讼监督,促进司法公正。认真落实市人大主任会议对检察机关诉讼监督工作的要求,在加大监督力度、完善监督措施、解决薄弱环节上狠下工夫。刑事诉讼监督,要着力监督纠正有案不立、有罪不究、以罚代刑等突出问题,加强对漏犯、漏罪的追捕、追诉;对量刑畸轻畸重,特别是有罪判无罪的要依法提出抗诉;继续落实防止和纠正超期羁押的各项措施,加强刑罚执行中违法行为的监督纠正。民事审判和行政诉讼监督,要重点监督纠正因行政干预、地方保护主义和审判人员贪赃枉法、徇私舞弊以及严重违反法定程序导致的错误裁判案件,尤其是人民群众反映强烈、社会影响大的案件。要注意发现、查办执法和司法不公背后的职务犯罪案件,维护司法公正。

进一步加强队伍建设,为检察工作发展提供坚强的组织保障。以保持共产党员先进性教育为载体,大力加强思想政治建设,提高领导班子和队伍的政治素质和职业道德素质;积极开展教育培训、岗位练兵和业务竞赛,提高队伍的业务素质和执法能力;加强执法规范化建设,健全完善业务规范体系和考评指标体系,对办案工作实行流程管理、质量控制;加强管理科学化建设,重点探索建立业务建设、队伍建设和信息化建设相结合的管理机制，加大内部管理和监督制约的力度，扩大检察人员分类管理试点，增强队伍活力。

更加自觉地接受监督，确保检察权的正确行使。牢固树立“监督者更要接受监督”的观念，不断强化接受人大及其常委会和人大代表监督的意识，自觉主动把检察工作置于人大监督之下。同时，自觉接受人民政协的民主监督、新闻媒体的舆论监督和社会各界的监督。在重点抓好人民监督员制度试点工作，确保取得实效的同时，进一步拓宽和健全监督渠道，完善和落实内部制约机制，把检察权的运行置于有效的监督制约之下，确保严格、公正、文明执法。

在新的一年里，我们将认真贯彻本次会议精神，凝聚全市检察干警的智慧和力量，坚定信心，振奋精神，求真务实，开拓进取，努力推进我市检察工作创新发展，为富民兴渝、建设长江上游经济中心、全面建设小康社会创造良好的法治环境。

# 四川省人民检察院工作报告（摘要）

——2005 年 1 月 23 日在四川省第十届人民代表大会第三次会议上

四川省人民检察院检察长　陈文清

（2005 年 1 月 26 日四川省第十届人民代表大会第三次会议通过）

2004 年，全省检察机关在中共四川省委和最高人民检察院的领导下，在省人大及其常委会和各级人大的监督下，在政府的支持和政协的民主监督下，以邓小平理论和“三个代表”重要思想为指导，用科学发展观统揽检察工作，坚持“立检为公、执法为民”的宗旨，认真贯彻省十届人大二次会议精神，紧紧围绕依法治国的基本方略，始终突出“强化法律监督，维护公平正义”的检察工作主题，进一步强化守法监督、执法监督、司法监督，强化监督制约和监督能力，在深入推进“三个转变”、实现四川发展新跨越进程中，做出了新的贡献。

**一、强化守法监督，确保社会稳定**

守法是实现法治的基础，是确保社会稳定的根本，是履行法律义务和行使法律权利的有机统一。2004 年，全省检察机关不断强化守法监督，通过严厉打击严重刑事犯罪，依法保障公民合法权益，维护了社会和谐稳定。

严厉打击严重刑事犯罪。共审查批捕犯罪嫌疑人 38009 人，提起公诉 40732 人。严厉打击危害国家安全犯罪，组织利用“法轮功”等邪教组织破坏法律实施的犯罪，黑恶势力犯罪和杀人、强奸、爆炸等严重暴力犯罪，批捕 3152 人，起诉 2952 人；严厉打击抢劫、抢夺、盗窃等多发性侵财犯罪，批捕 19671 人，起诉 20095 人；严厉打击走私、贩卖、运输、制造毒品的犯罪活动，批捕 2244 人，起诉 2002 人；严厉打击虚假注册资本、抽逃出资、非法经营等破坏社会主义市场经济秩序的犯罪，批捕 668 人，起诉 705 人。积极参与打击制售有毒有害食品，伪劣药品综合整治联合行动，组织开展了打击制售假冒伪劣商品、侵犯知识产权立案监督专项行动，监督公安机关立案 125 件。强化追诉职能，通过审查案件，依法追捕 796 人，追诉 225 人。华蓥市人民检察院在审查一抢劫案时，发现该市双河镇村民向桂林涉嫌抢劫犯罪未被追究，经监督公安机关立案侦查，向桂林被判处死刑。

依法保障公民合法权益。着力保护公民的人身权利。通过审查案件，依法不捕 3594 人，不诉 821 人；组织开展了查办国家机关工作人员利用职权侵犯人权犯罪专项活动，共查办 106 件 134 人。着力保护公民的财产权利。对土地征用中侵害农民利益、城市拆迁中侵害居民利益、国企改革中侵害职工利益、工程建设中侵害农民工利益的问题依法监督,立案查办其中的职务犯罪42件58人。着力保护青少年等社会特殊群体的合法权益。加强对未成年犯罪嫌疑人的教育、感化和挽救工作,宜宾县人民检察院等20个单位被评为全国、全省优秀"青少年维权岗";集中清理纠正了未按规定交付执行的未成年犯333名。着力保护涉法涉诉群众的切身利益。组织开展了集中处理涉法上访问题专项行动,排查检察机关管辖的案件361件,已结案347件,依法做出退赔、抗诉和立案监督决定42件,对原决定正确的案件依法调解息诉;认真落实检察长接待来访和控告申诉案件首办责任制,全年处理来信来访26194件,一批上访老案得到解决。成都市龙泉驿区人民检察院接待6起涉及拖欠300余名农民工工资的上访案件后,积极引导他们通过法定程序维护合法利益,依法支持其提起民事诉讼,追回拖欠工资36.7万元,维护了农民工的利益和社会稳定。

**二、强化执法监督,促进廉洁从政**

执法是实现法治的核心,是促进廉洁从政的关键。强化执法监督,从严查办职务犯罪,对于提高党的执政能力,巩固党的执政地位至关重要。2004年,全省检察机关坚持反腐败领导体制和工作格局,不断加大查办和预防职务犯罪工作力度。全省检察机关共立案查办贪污贿赂、渎职侵权等职务犯罪2055件2462人,其中省人民检察院立案查办18件19人;抓获在逃职务犯罪嫌疑人61人,通过办案挽回经济损失2.7亿元。省人民检察院在去年召开的全国检察长座谈会上,介绍了做法。

突出查办大案要案,促进党风廉政建设。共查办大案1137件,同比上升11.1%;查办县处级以上要案207人,同比上升46.8%,其中厅级干部10人。成都市委原常委、宣传部部长高勇(正厅级),在担任副州长、证监会贵阳特派办主任期间,涉嫌巨额索贿受贿、巨额财产来源不明;凉山州委原副书记曹永葆,涉嫌巨额受贿、巨额财产来源不明;省机械设备成套局原局长郑安卡(正厅级),巨额贪污、受贿;犍为县委原书记田玉飞,涉嫌巨额受贿,均被省人民检察院立案查办,郑安卡已被判处十五年有期徒刑。成都市龙泉驿区同安镇党委原书记朱福忠涉嫌巨额受贿、贪污,已被提起公诉。

突出查办妨碍市场经济的职务犯罪,推进"三个转变"。当前一些国家工作人员不依法管理市场主体、规范市场行为,却滥用权力,充当配置资源的主角,严重妨碍市场配置资源。省人民检察院与有关部门密切配合,集中力量查办典型案件。甘洛县原县长巫林、县委原常委何玉彬等5人,在资源开发中越权审批,致使当地矿业秩序混乱,环境污染严重,安全事故频发。检察机关对其立案查处,推动了市场配置资源。雅安市原副市长、汉源县委原书记汤福锦和县委原副书记白然高等人,涉嫌收受巨额贿赂后,利用权力配置资源,破坏平等主体的公平竞争,被省人民检察院依法逮捕,该案行贿人被立案侦查。资阳市天台化工有限责任公司原董事长何辉玉,在国有企业改制过程中,采取虚增债务,低价评估资产等手段,贪污国有资产,挪用公款,经资阳市人民检察院立案查办后,被数罪并罚判处二十年有期徒刑。

突出查办侵害群众利益的职务犯罪,着力解决事关民生的热点问题。严肃查办发生在教育系统的职务犯罪189人。省内13所大中专院校45名工作人员,在教材教辅订购等环节,涉嫌贪污、受贿,导致学生经济负担加重,被检察机关立案查办。严肃查办发生在医药卫生系统的职务犯罪108人。原巴中市药品监督管理局局长姜大富,收受药品经销商等人贿赂,被判处七年有期徒刑。严肃查办发生在农村基层的职务犯罪199人。蓬安县植保植检站专职检疫员杨顺金等人,明知某公司出售的300余万株柑桔苗无植物检疫证,不履行检疫职责,导致当地柑桔溃疡病流行,造成果农直接经济损失300余万元,被判处有期徒刑。

突出查办滥用职权、玩忽职守等渎职犯罪,促进依法行政。当前,少数国家机关工作人员履职"越位、缺位、错位",严重妨碍依法行政。2004年,共立案查办滥用职权、玩忽职守等渎职犯罪402人。其中,重特大安全责任事故中暴露出的渎职犯罪49人。青白江区环保局原副局长宋世英等人,不依法履行法定职责,对沱江流域特大水污染事故负有环境监管失职责任,被提起公诉。峨边县水利局原局长刘天华,滥用职权,擅自强行废止合法采砂许可证,最终酿成2人死亡的自杀性爆炸事件,被判处有期徒刑。自贡"3·31"造成15人死亡的特大交通事故发生后,经查明,与市车管所签证科长胡新奇玩忽职守,不按审批职责办理驾照有关,胡新奇被判处有期徒刑。

立足检察职能,进一步加强预防职务犯罪工作。在23个重点行业开展"系统预防"。省人民检察院撰写的关于系统预防的调研报告，引起国务院领导同志的高度重视。在225个重点工程中开展“同步预防”，配合相关执法部门，加强对工程规划、项目审批、招标投标、材料采购等环节的监督，探索并建立建设领域廉洁准入制度，促进发包、承包、监理单位完善内控机制。强化“个案预防”，提出检察建议1004份，促进发案单位堵漏建制。加强预防职务犯罪法制宣传和警示教育，举办讲座700余次，与有关部门配合，建立警示教育基地47个，组织警示教育活动400余次。

**三、强化司法监督，维护公平正义**

司法是实现法治的保障，是维护公平正义的“天平”。强化司法监督，维护司法公正和司法权威，保障国家法律的正确统一实施，是检察机关的法定职责。

强化侦查监督，依法纠正有案不立和违法插手经济纠纷。通过立案监督程序，监督侦查机关立案1057件，其中，杀人、抢劫、故意伤害等危害群众生命财产安全的案件564件，破坏市场经济秩序的案件125件；对侦查机关利用刑事手段违法插手经济纠纷等不应当立案而立案问题，加强监督，依法纠正317件。同时，监督纠正侦查活动的中的违法行为566件。

强化刑事审判监督，依法纠正确有错误的判决、裁定以及审判程序违法。对认为量刑畸轻畸重、有罪判无罪的案件提出抗诉153件，向人民法院提出书面纠正违法意见35件。

强化民事审判、行政诉讼监督，依法纠正裁判不公。认真审查处理民事行政申诉案件，对认为裁判不公的提出抗诉594件，其中省人民检察院抗诉88件。法院已审结395件，改判、撤销原判发回重审、调解结案284件，占71.9%；对认为裁判正确的2145件案件，认真做好当事人服判息诉工作。提出再审检察建议324件。

强化刑罚执行监督，依法纠正监管活动中的违法行为。全省检察机关对2002年以来所有的54610件减刑、假释、保外就医案件逐一进行清理，提出纠正意见498件，已纠正412件。对刑罚执行活动中的违法行为，提出书面纠正意见279件。不断完善防范超期羁押的工作机制，继续保持全省政法机关各办案环节“零超期”。

强化司法行为监督，突出查办司法人员职务犯罪。共查办191人。威远县公安局碗厂镇派出所民警梁德忠，明知清溪夜总会老板逼迫一15岁被拐卖少女卖淫，不但不履行解救职责，反而徇私枉法作“民事调解”，经检察机关查办后，被判处有期徒刑。成都法官曾林，涉嫌在办案中受贿，向上级法院法官介绍贿赂，被检察机关立案查办提起公诉。

**四、强化监督制约，保证公正办案**

全省检察机关认真接受人大、政协和人民群众的外部监督，同时有针对性地加强内部监督制约。

自觉接受人大的权力监督、政协的民主监督。全省检察机关向同级人大及其常委会报告工作552次，邀请代表、委员视察425次。省人民检察院向省人大常委会及其专门委员会专题报告了查办贪污贿赂等职务犯罪、深化人民监督员制度试点和开展刑罚执行监督的工作情况，向全国人大执法检查组、省人大汇报了贯彻执行宪法、农村土地承包法、土地管理法等法律的情况。省人民检察院对受理的32件议案、提案和转办的案件，逐件督办，现已办结30件，另外2件正在办理中。

自觉接受人民群众的社会监督，深化人民监督员制度试点工作。全省检察机关主动将自侦案件中拟作撤案、不起诉处理和犯罪嫌疑人不服逮捕决定的468件案件，全部提交人民监督员监督，进一步显现了人民监督员制度在保证办案质量、促进公正执法、保障文明司法等方面的强大生命力。2004年，最高人民检察院在成都召开了试点工作现场会。省人民检察院积极协助省人大内司委开展地方立法可行性调研，省人大常委会在全国率先通过了《关于加强全省检察机关人民监督员试点工作的决议》。

自觉强化内部监督制约，进一步规范办案行为。为了加强对职务犯罪侦查的监督，由检察机关纪检监察部门牵头，组织开展了自侦案件撤案、不起诉和法院判无罪案件暂扣、冻结款物专项检查。共清理涉案金额8129万元，对未处理的22件物品和315万元，已全部退还当事人或上缴财政。为了加强对公诉工作的监督，由控申部门组织开展了不起诉案件专项复查活动，对公诉部门2003年作出的955件1186人不起诉案件，逐案复查，对确有错误的案件依法进行纠正。为了防范检察权滥用，开展了案件质量评查，对2001年以来是否有超越管辖办案、违反程序办案、利益驱动办案、违法插手经济纠纷问题进行了专项清理。坚持从严治检，对34

名违法违纪干警依法依纪予以严肃处理,其中追究刑事责任1人。成都市人民检察院法警杨序学,冒充反贪局领导,伙同他人敲诈勒索被举报人,被判处有期徒刑。

**五、强化监督能力,提高监督水平**

强化法律监督,能力建设是根本。2004年,全省检察机关认真贯彻省委提出的“举旗帜、抓班子、带队伍、促发展”的总体要求,不断强化自身监督能力,提高监督水平。

举旗帜,以理论武装为关键,进一步统一执法思想。通过深入学习“三个代表”重要思想,进一步强化了“立检为公、执法为民”的宗旨意识;通过深化“强化法律监督,维护公平正义”主题教育活动,着力解决业务工作和队伍建设相关联的突出问题,进一步强化了法律监督意识;通过处理不敢监督、不愿监督、不善监督,失职渎职的干警,对工作不负责任办错案的,提请人大依法免去其检察员职务,进一步强化了职业责任意识。通过教育活动,涌现出南充市人民检察院反贪局局长杨子富、屏山县人民检察院女检察官李帆等一批执法为民的先进典型。

抓班子,以建章立制为重点,进一步加强监督管理。在全国检察系统率先建立起巡视督查制度,目前已完成对两个市级检察院班子的巡视工作,查实和处理了发现的问题,澄清是非保护了干部。建立起下级检察院领导班子成员向上级检察院党组集体述职、重大工作失误检讨、错案责任追究制度,有3个市级检察院班子因监督不力导致错案,集体到省人民检察院检讨。建立了市级检察院班子成员任前考试制度,已对两批拟任人选进行了考试。

带队伍,以人才强检为载体,进一步提高业务素质。强化实战练兵,分别组织了全省“十佳”公诉人、侦查员、办案能手、书记员的业务竞赛,并着手从中遴选优秀人才到省市检察院工作;强化在职培训,在成都集中培训了193个基层检察院检察长、分管自侦工作的副检察长、反贪局长、渎检处(科)长;强化激励机制,使司法考试和学历教育通过率大幅上升。同时,加大选调优秀大学生和公开招录干部的力度,共有247名大学生充实基层。

促发展,以创新机制为动力,进一步推进检察改革。深化检察工作机制改革,驻监狱检察室改由市级检察院派驻,保证了机构、人员、监督三到位;检察鉴定权统一由市级以上检察院行使,取消对外司法鉴定,提高了鉴定质量;加强外部协调配合,积极推动建立行政执法和刑事执法相衔接的机制,强化了对经济犯罪的追诉实效,2004年7月以来,共督促行政执法机关向公安机关移交涉嫌犯罪案件39件44人。基层检察院通过引入国际质量管理体系,推进了由传统经验管理向现代科学管理的转变。

全省检察工作取得的新成效,是党委坚强领导、人大加强监督、政府大力支持、政协民主监督和人民群众支持的结果。在此,我代表省人民检察院和全省检察干警表示衷心感谢!

2004年,全省检察工作虽然取得了新的进展,但也存在不少问题和不足:

一是面对加速转型期的大变革,如何更好地履行法律监督职责,确保社会稳定,研究不够,监督不力。当前,正处于人民内部矛盾凸现、刑事犯罪高发、对敌斗争复杂时期,经济社会发展的不平衡和社会利益分配的不匀衡,使得利益冲突明显加剧,征地拆迁、企业改制等方面的矛盾不断增多,各类社会群体的利益诉求难以完全满足,特别是一些群众的合理诉求与他们的不合法方式交织在一起,多数人的合理诉求与少数人的无理取闹交织在一起,群众的自发行为与一些别有用心的人插手利用交织在一起。对此,检察机关如何强化法律监督,才能既促进改革发展和稳定,又保护公民的合法权益,调查不够,认识不深,监督不准。

二是与发展市场经济相适应的法律监督能力有待提高。从计划经济到市场经济的改革,实质上是一场革命。这对检察工作提出了全新的挑战。当前,作为市场经济标志的合同关系,往往民事欺诈与刑事诈骗相交织,使法律监督难度更大。检察机关在计划经济条件下形成的重刑事轻民商、重身份轻契约、重服务公有制经济轻服务非公有制经济等传统司法观念,还没有根本转变;个别干警对社会主义市场经济的基本属性和特点,了解不多,知之不深,导致对某些破坏市场经济的新型犯罪构成要件把握不准。

三是法律监督工作还存在一些薄弱环节。有效整合监督资源的意识不强,综合运用监督手段的能力不够,没有很好形成法律监督合力。有的对在国有企业重组改制、破产和经营活动中,运用“市场化”手段侵吞国有资产的职务犯罪查办不力;对群众反映强烈的新型渎职犯罪危害性认识不足,查办不及时。有的对社会治安的严峻形势认识不清，依法打击犯罪的主动性不强，在办理具体案件时，重审查证据的证明力，轻审查证据来源的合法性，把关不严，导致个别案件错捕、错诉。一些地方特别是三州民族地区、边远贫困地区的基层检察院，经费紧、装备差、保障难，影响了法律监督实效。

四是班子和队伍建设还存在一些突出问题。个别检察院班子成员安于现状，只满足于完成上级的规定目标，没有把群众呼声作为第一信号，把群众满意作为第一标准。少数干警司法行为不规范、不文明，有的为了突破案件，不按规定程序收集证据，扣押与案件无关的物品。在市场经济条件下，引进、培养人才的机制不健全，一些贫困地区基层检察院出现了检察员断层的现象。

面对新任务新挑战，2005年全省检察工作的总体思路是：以邓小平理论、"三个代表"重要思想为指导，全面落实科学发展观，认真贯彻党的十六大、十六届四中全会以及省委八届四次全会和全国检察长会议精神，按照本次人代会的要求，紧紧围绕建设法治四川、和谐四川，深入推进"三个转变"，牢固树立正确的执法观，深化"强化法律监督，维护公平正义"的主题，全面加强法律监督能力建设，切实履行法律监督职责，为实现四川发展新跨越，全面建设小康社会提供有力的法治保障。

第一，牢固树立正确的执法观，从根本上解决为谁执法、怎样执法的问题。

进一步强化党的领导是根本政治保证的观念。把依法独立行使检察权与对党负责、对人民负责，统一于检察工作全过程，把强化法律监督职责与服务改革发展稳定大局，贯穿于执法办案工作始终，确保检察工作持续健康发展。

进一步强化人民利益高于一切的观念。人民群众是立检之本、力量之源。检察权是人民赋予的，只能用来为人民谋利益，实现社会的公平正义。我们将认真倾听人民群众的意见和呼声，满腔热情地对待人民群众的诉求，带着对人民群众的深厚感情执法，把维护最广大人民群众的根本利益作为检察工作的出发点和落脚点。

进一步强化以科学发展观指导执法的观念。正确处理法律效果与社会效果的关系，正确处理打击犯罪与保障人权的关系，正确处理办案数量与办案质量的关系，正确处理执行实体法与执行程序法的关系。坚持办案中的唯物辩证法，不断推进检察工作协调发展。

进一步强化监督者也要接受监督的观念。依法治国的重点是依法治官、以法治权，而不是以法治民、以权治民。我们要增强接受人大及其常委会的监督、政协的民主监督和社会监督的自觉性，完善接受外部监督的工作制度和长效机制，确保检察机关公正执法。

第二，大力加强检察队伍建设，不断提高法律监督能力。

始终把思想政治建设放在首位。以党员先进性教育为契机，在全省检察系统深化执法为民的宗旨教育、检察职业道德教育、纪律作风教育，着力解决执法思想、执法观念、执法作风等方面存在的突出问题。进一步加强对领导干部的监督，深入推进巡视督查制度，省人民检察院年内将完成对10个市级检察院领导班子的巡视督查。继续推进基层检察院规范化建设，加强对检察干警执法活动的监督和管理，建立从下级检察院遴选优秀检察官、检察人员分类管理、竞聘主诉检察官制度。深入推进队伍专业化、执法规范化、管理科学化，不断提高服务大局的能力，增强服务的针对性和实效性；不断提高依法办案的能力，促进社会公平正义；不断提高化解矛盾的能力，维护社会和谐稳定；不断提高协调配合的能力，形成法律监督合力；不断提高开拓创新的能力，增强法律监督的效果。

第三，努力实践检察工作主题，忠实履行法律监督职责。

进一步贯彻严打方针。继续重点打击危害国家安全犯罪、严重暴力犯罪、黑恶势力及有组织犯罪，把"两抢一盗"等侵财性犯罪作为重中之重，增强群众安全感。坚决依法惩治各类破坏社会主义市场经济秩序的犯罪，重点打击金融诈骗、非法集资、制假售假、侵犯知识产权等犯罪活动。同时，正确运用宽严相济的刑事政策，对未成年人犯罪、初犯、偶犯、过失犯，主观恶性较小、犯罪情节轻微的，采取轻缓的刑事政策从宽处理，能不捕的依法不批捕，能不诉的依法不起诉，以便节约诉讼资源，有利于集中力量打击严重犯罪，有利于挽救失足者，有利于化消极因素为积极因素，取得更好的法律效果和社会效果。积极参与社会治安综合治理工作。

进一步加大查办职务犯罪工作力度。集中力量查办有影响、有震动和群众反映强烈的大案要案。严肃查办经济犯罪背后的行贿受贿、徇私舞弊等职务犯罪案件;重大工程项目建设,金融、土地管理等领域中的职务犯罪案件;在国有企业重组改制、破产和经营活动中贪污、挪用、私分国有资产等,导致国有资产流失的职务犯罪案件;玩忽职守、滥用职权造成重大损失和侵犯人权的职务犯罪案件;重大责任事故、重大违法案件中暴露出的职务犯罪案件。从严查办行政执法人员新型渎职犯罪,形成用权受监督、侵权必追究的社会氛围,营造公平公正的法治环境、竞争有序的市场环境、诚实守信的社会环境。

进一步加强职务犯罪预防工作。落实教育是基础、制度是保障、监督是关键的要求,既从严治标,更着力治本,努力从源头上减少和预防职务犯罪的发生。加强对职务犯罪发案原因、特点、规律的研究,积极开展个案预防。配合有关部门,开展专项预防和系统预防。运用检察建议推动有关单位、行业完善内控机制。运用典型案例开展预防宣传和警示教育。

进一步加强诉讼监督工作。继续加大对有案不立、以罚代刑和违法插手经济纠纷的监督力度。加强对侦查活动中严重违反程序、侵犯人权问题的监督。加大对明显错判案件的抗诉力度。加强对刑罚执行活动的日常监督,坚决查办发生在监管场所的职务犯罪。

第四,紧紧围绕公正司法,深入推进检察改革

认真贯彻中央有关司法体制和工作机制改革的意见,坚持检察改革的正确方向,紧紧围绕解决人民群众关注的司法热点难点问题,不断提出加强法律监督工作的新思路,开拓法律监督工作的新领域,探求法律监督工作的新举措,开创法律监督工作的新局面。

面对依法治国的新形势,在立法、守法、执法、司法和法律监督的法治体系中,检察机关作为国家法律监督机关,任务更加繁重。全省检察机关决心认真贯彻本次会议精神,以代表、委员的批评、意见和建议为动力,知难而进、求真务实,为实现四川发展新跨越、全面建设小康社会做出新的更大贡献。

# 贵州省人民检察院工作报告(摘要)

——2005年1月22日在贵州省第十届人民代表大会第三次会议上

贵州省人民检察院检察长　陈俊平

(2005年1月25日贵州省第十届人民代表大会第三次会议通过)

2004年,全省检察机关在各级党委和上级检察院的领导下,在各级人大及其常委会的监督和各级人民政府以及社会各界的支持下,坚持以邓小平理论和"三个代表"重要思想为指导,认真学习贯彻党的十六大和十六届三中、四中全会精神,省委九届五次、六次全会精神,十届全国人大和省十届人大二次会议精神,牢固树立科学发展观和"立检为公、执法为民"的执法观,突出"强化法律监督,维护公平正义"的工作主题,根据全国全省政法工作会议和检察长会议的工作部署,按照省检察院提出的"强班子,带队伍,抓办案,重质效,打基础,上台阶"的工作思路,认真履行宪法和法律赋予的法律监督职责,以基层检察院建设为重点,加强检察队伍建设,推进检察改革,各项工作取得了新的进展。

**一、依法履行批准逮捕和提起公诉职责,严厉打击严重刑事犯罪,努力维护社会稳定**

全省检察机关坚决贯彻依法"从重从快"的方针和"稳、准、狠"的原则,加强与公安机关、人民法院等部门密切配合,依法履行批准逮捕和提起公诉职责。全年共批准逮捕各类刑事犯罪嫌疑人26015人,提起公诉26359人。重点打击了爆炸、杀人、抢劫、绑架等严重暴力犯罪、带有黑社会性质的团伙

犯罪和严重影响群众安全感的多发性犯罪，全年共批准逮捕上述“三类案件”犯罪嫌疑人14912人，提起公诉14463人。配合我省“西电东送”工程建设，对盗窃、破坏电力设备犯罪活动及查处情况进行专项调查分析，提出治理、打击的对策和检察建议，增强打击合力，加大打击力度，全年共批准逮捕此类犯罪嫌疑人146人，提起公诉人167人。

积极参加整顿和规范市场经济秩序工作，依法严惩破坏社会主义市场经济秩序犯罪。全年共批准逮捕走私贩私、制售伪劣商品、金融诈骗、偷税骗税、侵犯知识产权等经济犯罪嫌疑人267人，提起公诉258人。贵阳市检察机关对群众反映强烈的危害食品安全的劣质奶粉案、“吊白块”问题米粉系列案，及时派员提前介入侦查活动，从快批准逮捕和提起公诉，依法打击了犯罪。

认真落实检察环节的社会治安综合治理措施，积极开展矛盾纠纷排查调处工作，妥善处理群体性上访116件；加强对犯罪情节轻微的未成年人的教育挽救工作，依法不批准逮捕488人，不起诉54人，定期组织回访563人（次），为维护社会稳定做出了积极努力。

**二、依法履行查办职务犯罪职责，加强预防工作，深入推进反腐败斗争**

省检察院通过召开全省检察机关查办大案要案工作现场会，采取统一调度使用侦查力量、直接查办或异地交办重大复杂案件等措施，增强了侦破大案要案的整体能力，推动了全省检察机关查办大案要案工作。全年共立案侦查贪污贿赂、渎职侵权等职务犯罪案件1160件1320人。其中贪污贿赂案件984件1109人，渎职侵权案件176件211人。通过办案挽回直接经济损失9041.02万元。

2004年，全省检察机关查办职务犯罪工作有以下几个特点：一是突出查办大案。共立案侦查贪污贿赂犯罪大案426件，占立案总数的43.3%，同比上升11.2个百分点，其中涉案金额一百万元以上的13件。二是重点查办要案。共立案侦查涉嫌职务犯罪的县处级以上干部62人，其中地厅级干部4人。典型案件有中国农业银行贵州省分行原副行长李云受贿案，省公路局原副局长宋礼国受贿案等。三是查办贪污贿赂窝案成效明显。共查办此类案件415件，占贪污贿赂案件总数的42.2%。四是坚决查办行政执法人员和司法人员职务犯罪案件。共立案查办228件261人，其中司法人员95件116人，行政执法人员133件145人。典型案件有：通过办理罪犯宋晓峰在服刑期间又犯罪案，一举侦破背后隐藏的宁谷监狱原监狱长吴永刚、平坝监狱原副政委王宏、安顺市中级法院原审判监督庭副庭长郑辉等8人徇私舞弊减刑、受贿、玩忽职守系列司法腐败案，提起公诉后，8人均作有罪判决；还有遵义市工商局原局长赵善民受贿案等。五是办案质量进一步提高。贪污贿赂案件和渎职侵权案件的撤案率、不起诉率明显下降，提起公诉率明显上升。

在查办职务犯罪的同时，全省检察机关立足法律监督职能，积极开展预防职务犯罪工作。省检察院积极参与省委领导下的省预防职务犯罪工作领导小组的工作，拟写了《关于进一步加强全省预防职务犯罪工作的意见》。在省人大有关专门委员会的指导下，开展了起草《贵州省预防职务犯罪工作条例（草案）》的立法调研等前期工作。省检察院针对查办案件中发现的中国农业银行贵州省分行管理方面存在的问题，提出检察建议，引起了中国农业银行总行的重视，收到了良好的效果。

**三、依法履行诉讼监督职责，维护司法公正和法制统一**

一是加强刑事诉讼监督。在侦查监督中，对侦查机关应当立案而不立案的，监督立案400件，同比上升94.2%；对不应当立案而立案的，监督撤销案件74件，同比上升9.6倍。对应当逮捕而未提请逮捕、应当起诉而未移送起诉的，决定追加逮捕218人、追加起诉88人，追加逮捕同比上升1.01倍。对不符合法定逮捕、起诉条件的，决定不批准逮捕3511人、不起诉1020人。在刑事审判监督中，对确有错误的判决、裁定依法提出抗诉162件，同比上升1.1倍。对侦查、审判活动中侵犯诉讼参与人诉讼权利等违法情况，提出书面纠正意见238件（次）。在刑罚执行和监管活动监督中，对不依法交付执行、体罚虐待被监管人等违法情况依法提出监督意见496人（次）。

二是加强民事审判和行政诉讼监督。对确有错误的生效民事行政判决、裁定，依法向法院提出抗诉101件，提出再审检察建议69件。另一方面，对正确的判决、裁定积极配合法院做好息诉服判工作801件（次），维护了司法权威。

三是继续开展清理、纠正和防止超期羁押工作。全省检察机关继续保持了清理、纠正和防止超期羁押工作力度,建立完善了羁押期限告知制、期限届满提示制、检查通报制、超期投诉制和责任追究制等。从自身做起,在实现检察环节无超期羁押的同时,监督侦查机关、审判机关纠正和防止超期羁押,有效地遏制了诉讼活动中超期羁押。

四是加强控告申诉检察工作,努力解决人民群众的法律诉求。通过坚持检察长接待制度和实行控告申诉首办责任制,努力把问题解决在首次办理环节、解决在基层。全年共办理各类控告申诉案件628件;办理群众来信来访15420件,其中,检察长接待2304人(次),阅处来信3184件。省检察院、六盘水市检察院控告申诉检察处被省委办公厅、省政府办公厅授予"全省信访文明接待室"称号。

**四、认真开展七个专项工作,强化对诉讼活动中突出问题和自身执法活动的监督制约**

(一)开展打击制假售假、侵犯知识产权犯罪专项立案监督。重点解决有关行政执法机关以罚代刑、有案不立的问题。从2004年4月开展专项工作以来,全省检察机关共向行政执法机关查询案件6225件,建议移交涉嫌制假售假、侵犯知识产权犯罪案件50件66人,监督公安机关立案12件18人。

(二)开展减刑、假释、保外就医专项检查。共清理这三类案件36115件(次),从中发现处理不当提出纠正意见的244件(次),已纠正238件(次)。依法立案查办了监管场所司法人员涉嫌职务犯罪案件13件14人。

(三)开展集中处理涉法上访工作。共清理出在检察环节上的涉法上访案件327件,其中重点案件191件,采取逐案定人限时办、检察长包案督办的方法,现已全部办结,其中已息诉318件。对最高人民检察院和省涉法涉诉问题工作领导小组交办的25件案件,按时全部办结并报送结果,一批长期上访的案件得到解决。

(四)开展严肃查办国家机关工作人员利用职权侵犯人权犯罪专项工作。自2004年5月开展专项工作以来,共排查线索177件。经初查,决定立案侦查非法拘禁、刑讯逼供等侵权犯罪案件19件25人。

(五)开展不起诉案件专项复查工作。对2003年全省检察机关作出不起诉决定的案件1119件1434人逐案进行了审查。经认真分析研究,发现适用法律不当的案件16件18人,已全部纠正,其中改变原决定提起公诉5件6人。

(六)开展对检察机关直接受理案件扣押款物专项检查。对2001年以来撤案、不起诉和法院判无罪的798件职务犯罪案件进行了排查,共涉及扣押款1742.4034万元,扣押物品269件。扣押款已退还当事人及发案单位567.8271万元,上缴财政1150.654万元,随案移送23.9223万元;扣押物品已退还当事人及发案单位247件,上缴财政20件,随案移送2件。扣押款物已全部清理处理完毕。

(七)开展集中纠正违法插手经济纠纷工作。通过受理举报、复查案件、征求有关单位意见等方式和渠道全面清理检查,全省检察机关未发现违法插手经济纠纷问题。

**五、积极探索和推进以建立人民监督员制度为重点的检察改革**

全省检察机关按照最高人民检察院的部署,开展了以人民监督员制度试点工作为重点的检察改革。人民监督员由机关、团体、企事业单位推荐产生,并经同级人大常委会或检察机关认可,主要对检察机关查办职务犯罪案件中犯罪嫌疑人不服逮捕决定、拟作撤销案件、拟作不起诉处理的这三类情况实行监督,由人民监督员独立评议,提出监督意见。检察机关听取人民监督员的意见后,依据事实和法律作出对案件的处理决定。从2004年10月1日起,此项改革在省检察院、9个市州分检察院和52个县级检察院正式开展试点工作。在各级党委、人大、政府、政协和社会各界的高度重视和大力支持下,全省各试点检察院共选任人民监督员345名,其中人大代表138名,政协委员99名。开展试点工作以来,共有31件案件进入监督程序,人民监督员独立评议后,同意检察机关拟定处理意见30件,不同意检察机关拟定处理意见1件,检察机关采纳人民监督员意见1件。

在重点抓好人民监督员制度试点工作的同时,全省检察机关继续抓好其他各项检察改革措施的落实。省检察院会同省公安厅、省工商局14家单位制定了《关于建立行政执法与刑事执法衔接工作机制的意见(试行)》、《贵州省行政执法机关公安机关检察机关移交涉嫌犯罪案件的规定》,实施以来效果良好,批准逮捕的经济犯罪嫌疑人同比上升4.7个百分点。

**六、继续加强以基层检察院建设为重点的检察队伍建设**

一是加强政治理论学习。全省检察机关始终

坚持把政治理论学习作为队伍建设的首要任务，组织干警重点学习“三个代表”重要思想、修订后的宪法、党的十六届四中全会和省委九届五次、六次全会精神等，教育引导广大干警特别是各级领导干部进一步增强宪法意识，牢固树立“立检为公、执法为民”的执法观，围绕提高打击刑事犯罪，维护社会稳定的能力；依法打击预防职务犯罪，促进廉政建设的能力；正确处理群众诉求，化解矛盾纠纷，促进社会和谐的能力；敢于监督，善于监督、规范监督，促进严格执法和公正司法的能力；强化自身监督和制约，严格、公正、文明执法的能力，全面加强全省检察机关的法律监督能力建设。

二是深化“强化法律监督，维护公平正义”主题教育活动。全省检察机关按照最高人民检察院的统一部署，开展了为期半年的深化主题教育活动，重点解决队伍和工作中存在的监督不到位、执法不公正、为检不清廉、作风不文明等问题。通过对2001年以来撤案、不批捕、不起诉案件，无罪判决案件以及扣押款物情况和违法插手经济纠纷情况进行重点清理和专项检查，以案查事，以事追责，深入查找执法观念、执法作风、执法行为等方面存在的偏差和问题，有针对性地进行整改，促进了检察队伍建设和检察业务工作。结合主题教育活动，全省检察机关规范化建设进一步推进，省检察院制定了《贵州省人民检察院机关工作规则》、《贵州省检察机关国有资产管理制度（试行）》。

三是加强党风廉政建设和自身反腐败工作。省检察院制定了《关于进一步贯彻从严治检方针切实加强队伍建设的六条措施》、《关于加强和改进检察机关思想政治工作的指导意见》、《关于在全省检察机关开展检务效能监察的意见》，开展了省检察院领导班子成员和中层领导干部述职述廉和民主评议活动，开展了向任长霞、廖兴国、蒋庆等先进模范人物的学习活动和争先创优、建功立业活动，有效地促进了检察队伍党风廉政建设。2004年全省检察机关查办违法违纪检察干警10件12人，与2003年20件29人相比，减少10件17人，同比人数下降58.6%。

四是加强业务培训工作。省检察院先后举办9期各类业务培训班，重点培训基层检察院检察长、反贪局局长和渎职侵权检察处（科）长，共培训干警686名。完成了全省检察机关公开招考278名干部和新录用人员的上岗培训工作。

五是全面加强基层检察院建设。检察机关做好工作的关键在基层，基层检察院的数量、人数和办案数，都占到全省检察系统的80%以上。对此，省、地两级检察院始终把基层检察院建设放在十分突出的位置，坚持把抓好基层检察院的领导班子建设、队伍素质建设、检察业务建设、基础设施建设和保障机制建设作为重点，积极引导基层检察院建立业务建设、队伍建设和信息化建设“三位一体”的管理机制。在各级党委、人大和政府的重视与支持下，全省检察机关的“两房”（办案用房和专业技术用房）建设发展较快，信息化建设已经启动。目前，全省地、县两级检察院已建成“两房”的有44个单位，正在建设的有46个单位；已建成计算机局域网的有17个单位，正在建设的有12个单位。

一年来，全省检察机关广大检察干警恪尽职守、严格执法、勤奋工作，涌现出一批先进集体和先进个人，全年有5个集体、44名个人受到省级以上领导机关表彰。

自觉接受人大及其常委会的监督是做好检察工作的重要保证。省十届人大二次会议结束后，省检察院迅速将人大代表审议检察工作报告时提出的意见和建议进行整理，专门召开会议进行研究，并以文件形式下发市州分检察院和省检察院各内设机构，要求对照检查，认真整改。省检察院就清理和纠正超期羁押的情况、开展人民监督员制度试点工作向省人大常委会和有关专门委员会分别作了专题汇报，就全省检察工作情况向在黔全国人大代表作了汇报。全国人大、省人大向省检察院交办的13件案件和事项，现已办结11件，并报送了办理情况和结果，2件正在办理。

一年来，检察工作虽然取得了新的进展，但是我们清醒地认识到，在工作中还有一些问题和困难，主要是：检察机关的法律监督能力与建设社会主义法治国家的新形势新任务的需要还有差距；有的查办职务犯罪工作力度不够；有的办案质量有待提高；有的诉讼监督依然薄弱；有的缺乏创新精神，工作一般化；有的对干警教育管理监督不严，干警违法违纪情况仍有发生。有些基层检察院经费仍不能得到有效保障，“两房”建设和信息化建设困难较多。对此，全省检察机关要以求真务实的态度，通过自身的努力和争取有关方面的支持，认真加以解决。

2005年是全面实现“十五”计划目标、衔接“十一五”发展的重要一年,全省检察机关要坚持以邓小平理论和“三个代表”重要思想为指导,牢固树立科学发展观和正确执法观,深入贯彻党的十六大和十六届三中、四中全会,省委九届五次、六次全会和本次省人大会议精神,紧紧围绕改革发展稳定大局和“强化法律监督,维护公平正义”的工作主题,按照全国全省政法工作会议和检察长会议的工作部署,重点抓好以下工作:

第一,认真抓好批捕、起诉工作,全力维护社会稳定。坚持“严打”方针,继续重点打击严重暴力犯罪、黑恶势力及有组织犯罪,把“两抢一盗”等侵财性犯罪作为打击的重中之重,增强群众的安全感;坚决依法惩治各类扰乱和破坏社会主义市场经济秩序的犯罪,重点打击金融诈骗、非法集资、制假售假、侵犯知识产权和走私等犯罪活动;积极参加社会治安防控体系建设和平安工程;进一步做好集中处理涉法上访工作。

第二,严肃查办和积极预防职务犯罪,促进党风廉政建设和反腐败斗争的深入发展。坚持“一要坚决、二要慎重、务必搞准”的原则,集中力量查办大案要案,重点查办发生在党政领导机关和领导干部中的职务犯罪案件,严肃查办国家机关工作人员利用职权侵犯人权的犯罪案件,滥用职权、玩忽职守造成重大损失的犯罪案件,重大工程项目建设、金融、土地管理等领域中的职务犯罪案件,国有企业重组改制、破产和经营活动中贪污、挪用、私分国有资产的犯罪案件,以及其他人民群众反映强烈的职务犯罪案件。同时,对那些为谋取不正当利益拉拢腐蚀干部、危害严重的行贿犯罪,要坚决依法查处。牢固树立质量第一的思想,进一步提高执法水平和办案质量。立足检察职能,做好预防职务犯罪工作,努力从源头上减少和预防职务犯罪。

第三,强化诉讼监督,维护司法公正和司法权威。进一步加大立案监督、侦查监督、审判监督和刑罚执行监督的力度,进一步加大民事审判和行政诉讼活动的法律监督力度。根据人民群众的要求和结合本地实际,有针对性地、少而精地开展专项监督工作。注意发现和查办司法不公背后的司法腐败案件,使查办职务犯罪工作与诉讼监督工作相互促进。

第四,进一步加强检察队伍建设。认真开展保持共产党员先进性教育活动,加强思想政治建设,树立正确的执法观。突出抓好各级检察院领导班子建设,围绕提高法律监督能力,进一步加强教育培训工作。创新机制,改进和加强检察管理工作。加强党风廉政建设和自身反腐败工作,严肃查处违法违纪行为。

第五,大力推进检察改革,完善法律监督体制和机制,增强监督效能。认真贯彻中央批准的司法体制和工作机制改革的意见。进一步深化人民监督员制度试点工作,注意总结推广试点经验,逐步扩大试点单位。继续完善行政执法与刑事执法衔接制度、防止和纠正超期羁押的长效机制以及保障律师在检察环节依法执业的工作机制。全面落实错案责任追究制。继续推进各级检察院规范化建设,努力提高办案的质量和效率。

第六,进一步推动基层检察院建设。基层检察院是全部检察工作的基础。全省检察机关将坚持以公正执法为核心,以强化法律监督为目标,以争创先进检察院为载体,以推进执法规范化、队伍专业化、管理科学化为内容,认真抓好各项工作措施的落实。

省人民代表大会听取并审议检察院工作报告,是对检察机关各项工作的有力监督与支持,全省检察机关将以此为动力,高举邓小平理论和“三个代表”重要思想伟大旗帜,认真贯彻落实本次人大会议精神,再接再厉,发奋进取,求真务实,认真履行好法律监督职责,努力创造和谐稳定社会环境和公正高效法制环境,为抢抓机遇,加快发展,加快富民兴黔的宏伟目标做出新的贡献!

# 云南省人民检察院工作报告(摘要)

——2005 年 1 月 21 日在云南省第十届人民代表大会第三次会议上

云南省人民检察院检察长 李春林

(2005 年 1 月 23 日云南省第十届人民代表大会第三次会议通过)

**一、以执法为民、公正执法为核心,依法履行法律监督职能,执法水平和办案质量不断提高**

(一)加大打击刑事犯罪和调处矛盾纠纷的工作力度,努力维护社会的和谐稳定。2004 年共依法批准逮捕刑事犯罪嫌疑人 39389 人,提起公诉 40910 人。依法批准逮捕杀人、抢劫、强奸、绑架、爆炸等严重暴力犯罪嫌疑人 6809 人,起诉 7135 人;批准逮捕盗窃、抢夺等严重影响人民群众正常生活和社会安定的多发性案件犯罪嫌疑人 11247 人,起诉 11612 人;批准逮捕毒品犯罪嫌疑人 10739 人,起诉 9883 人;批准逮捕涉外案件犯罪嫌疑人 257 人;批准逮捕销售伪劣商品、金融诈骗等破坏市场经济秩序犯罪嫌疑人 487 人,起诉 494 人。积极参加了“扫黄打非”、“禁赌”、打击淫秽色情网站以及打击“两抢”犯罪、毒品犯罪和“拐卖儿童”犯罪等专项整治行动。积极参加社会治安防控体系建设、“平安云南”创建活动,做好在押人员特别是在押未成年人的感化、教育和挽救工作,创建优秀“青少年维权岗”。开展了集中处理涉法上访专项工作,积极化解社会矛盾,办理控告、申诉案件 11773 件,依法妥善处理了 49 件集体上访事件。

(二)查办和预防职务犯罪工作健康发展,促进了反腐败斗争的开展。确立了“依法打击犯罪者,保护无辜者,支持改革者,挽救失足者,教育失误者”的查办职务犯罪的总体思路,坚持“一要坚决,二要慎重,务必搞准”的办案原则,加大了查办和预防职务犯罪的力度。共依法立案侦查贪污贿赂、渎职侵权等职务犯罪案件 920 件 1043 人。通过办案,为国家挽回直接经济损失 8536.9 万余元。一是突出查办贪污贿赂犯罪大案要案。立案查办贪污贿赂犯罪案件 787 件 882 人。其中,涉嫌犯罪的县处级以上领导干部 54 人(地厅级 3 人),重特大犯罪案件 365 件(犯罪金额五十万元以上的 38 件)。抓获在逃职务犯罪嫌疑人 17 人,有 4 名潜逃境外多年的重大案犯被缉捕归案。二是加大力度查办渎职侵权犯罪案件。立案查办渎职侵权犯罪案件 133 件 161 人,其中涉嫌犯罪的县处级领导干部 12 人,重特大案件 40 件。组织开展了查办国家机关工作人员利用职权侵犯人权犯罪专项活动,立案侦查该类犯罪案件 15 件 24 人。三是注重办案质量和社会效果。始终坚持打击与保护并重,立案查办拉拢腐蚀干部数额巨大、情节严重的行贿犯罪嫌疑人 81 人,办理诬告陷害案件 5 件 5 人;对受到诬告陷害或者依法可不追究刑事责任的 843 件 1279 人,及时查清问题,澄清事实,依法保护了一批干部。全年共侦查终结职务犯罪案件 904 件 1016 人,提起公诉 542 件 641 人,侦结率、起诉率同比分别上升 2.3 和 3.5 个百分点,侦查水平和办案质量有了新的提高。四是深入开展预防职务犯罪工作。结合办案,开展个案预防 150 多件,提出检察建议 140 多件;针对涉及公共投资和公共建设领域的重大项目开展专项预防 120 多项;围绕西部大开发等国家重大战略部署,开展预防调研、对策分析、法制宣传和警示教育,在 5 个监狱建立了“警示教育基地”,组织预防警示教育和宣讲法制课 232 次。

(三)诉讼监督工作全面加强,促进了司法公正。针对人民群众反映强烈的问题和法律监督工作的薄弱环节,组织开展专项监督活动。一是加强刑事立案监督、侦查监督和审判监督。依法监督公安机关立案 110 件;对不应当立案而立案的,建议撤案 14 件。组织开展了打击制假售假、侵犯知识产权犯罪专项立案监督工作,建议有关行政执法机关移交涉嫌犯罪的此类案件4件4人,监督公安机关立案11件14人。对应当逮捕、起诉而未提请逮捕、移送起诉的,依法决定追加逮捕44人,追加起诉45人;对不符合逮捕、起诉条件的,依法决定不批准逮捕3423人,不起诉1780人;对侦查和审判活动中违反法定程序的,进出监督意见37件次;对认为确有错误的刑事判决、裁定提出抗诉186件。二是加强刑罚执行监督。监督纠正超期羁押183人次,全省检察环节保持了无超期羁押;开展了减刑、假释、保外就医专项检查,共清理检查减刑、假释、保外就医91496人,发现并纠正违法减刑、假释、保外就医2953人;发现并依法监督纠正刑罚执行和监管活动中的各类违法情况508件次。三是加强民事审判和行政诉讼监督。对认为确有错误的生效民事行政判决、裁定提出抗诉188件;向人民法院提出再审检察建议34件。对到检察机关申诉的原判决、裁定正确的当事人,进行法律宣传和疏导教育,使2314名案件当事人服判息诉。

在加强诉讼监督的同时,一是注重查办违法问题背后的职务犯罪。立案侦查涉嫌徇私舞弊、枉法裁判等犯罪的司法人员7人。二是强化内部监督制约。立案复查刑事申诉案件417件,改变原处理决定22件;办理刑事赔偿案件64件,决定赔偿13件,支付国家赔偿金15.3万余元。三是自觉接受人大监督和政协民主监督。主动向人大报告重大检察工作情况,邀请人大代表和政协委员视察评议检察工作,虚心听取批评、意见和建议,认真办理并及时反馈人大、政协及其代表、委员转交的案件,发挥特约检察员的监督作用。

(四)坚持检察工作为大局服务,注重办案的法律效果和社会效果的统一。为保障国有企业改革,依法查办涉嫌贪污、贿赂、挪用公款、私分国有资产的国有企业人员269人。为保护和促进非公经济的发展,深入11个州市和部分非公企业调研,依法查办因"吃拿卡要"和玩忽职守等危害非公经济发展的职务犯罪案件128件135人;依法批准逮捕侵犯非公经济组织人员人身权利和财产权利的绑架、敲诈勒索等犯罪嫌疑人319人,起诉289人。为保护弱势群体的合法权益,依法查办在征用土地中侵害农民利益、城市拆迁中侵害居民利益、工程建设中侵害农民工利益,以及其他发生在群众身边、直接侵害群众利益、人民群众反映强烈的职务犯罪案件56件62人。

**二、以提高执法能力为重点,加强队伍建设,检察改革和检务保障工作全面发展**

(一)以政治建设为先导,检察队伍素质有新的提高。一是组织检察人员认真学习党的十六届三中、四中全会精神,学习修订后的宪法,树立正确的执法观。二是加强检察机关基层党组织建设,积极开展"云岭先锋"工程活动。三是加强领导班子建设,建立和试行党风廉政建设巡视、党员领导干部个人重大事项报告、上级检察院检察长和纪检部门负责人与下级检察院检察长谈话、检察长离任经济责任审计、检察长上党课五项制度。四是积极创建学习型检察院,拓宽人才培养方式和途径,队伍的学历层次、实际工作水平进一步提高。现有102人正在攻读硕士、博士研究生;1044人正在参加本科远程教育;4600多人通过了全国计算机等级考试。

(二)以"专项清理"为重点,深化"强化法律监督,维护公平正义"教育活动成效明显。开展了对不起诉案件专项复查、自侦案件扣押冻结款物专项检查和违法插手经济纠纷专项检查三项清理工作,依法纠正了处理不当的不起诉案件14件,未发现违法使用扣押冻结款物以及越权办案或为单位和个人出具经济担保、追讨债务等情况。教育活动中查摆出来的问题得到了较好的纠正,共立案查处涉法违纪检察人员5人。

(三)以人民监督员制度试点为契机,检察改革扎实推进。在全省检察机关全面开展了人民监督员制度试点工作。现共选任人民监督员754名,其中人大代表321人,政协委员268人;有法律工作经历和法律专业知识的228人。共监督结案31件,其中人民监督员不同意检察机关拟定意见的1件,检察机关采纳了人民监督员的意见。继续深化和完善主诉检察官办案责任制;保障律师在检察环节依法履行职责的工作机制正在逐步落实;职务犯罪侦查一体化机制进一步健全;实行了重大刑事案件适时介入侦查、引导取证,被告人认罪案件简化审理,法庭审理多媒体示证等制度;开展了不起诉案件和当事人多次上访申诉案件公开审查、未成年人犯罪案件公诉改革试点等工作,检察改革稳步推进。

(四)大力加强基层检察院建设,夯实检察工作的基础。举办了全省基层检察院检察长培训班;完成了全省检察机关反贪局长、渎职侵权检察处(科)

长的业务培训。对28个先进基层检察院进行了表彰,对21个重点帮扶检察院进行了重点扶持。

(五)信息化建设成效显著,为检察工作发展提供了新的动力。初步建设完成了覆盖全省149个检察院的集语音、数据、电视电话会议系统功能为一体的检察综合信息网络,以及信息发布、电子邮件、网络电子教育、举报电话自动受理等办公自动化系统。

当前检察工作存在的主要问题是:全省检察机关公正执法的能力还亟待提高,有的法律监督工作不够有力,不敢监督、不会监督的问题没有完全解决;有的查办职务犯罪工作的力度不大,突破案件的能力不强,办案质量和效率不高;少数检察人员执法思想不够端正,执法行为不规范,违法违规办案的问题还没有根本解决;一些检察院编制紧缺与任务繁重的矛盾突出等。

**三、以科学发展观为指导,加强法律监督能力建设,推动检察工作深入发展**

2005年全省检察工作的总体思路是:坚持以邓小平理论和"三个代表"重要思想为指导,牢固树立科学发展观和正确执法观,紧紧围绕改革发展稳定大局和"强化法律监督、维护公平正义"的工作主题,坚持执法为民、公正执法,加强执法规范化、队伍专业化和管理科学化建设,进一步深化检察改革,加强检务保障,努力提高法律监督能力,为实现公平与正义,构建稳定和谐的"平安云南"和全面建设小康社会提供有力的法制保障。

(一)深入学习贯彻党的十六届四中全会精神,加强法律监督能力建设。牢固树立"执法为民、公正执法"的执法观,着力提高履行检察职能,打击预防刑事犯罪,维护社会稳定的能力;依法查办和预防职务犯罪,促进廉政建设的能力;正确处理群众诉求,化解矛盾纠纷,促进社会和谐的能力;敢于监督、善于监督、规范监督,促进严格执法和公正司法的能力;强化自身监督和制约,严格、公正、文明执法的能力。

(二)紧紧围绕党和国家工作大局,全面履行法律监督职责。一是充分发挥批捕起诉和控告申诉职能,依法打击各种刑事犯罪,积极参加社会治安防控体系建设和"平安云南"建设,参加矛盾纠纷排查调处和涉法涉诉等专项治理工作,落实好检察环节的各项综合治理措施,全力维护社会的和谐稳定。二是充分发挥检察机关查办和预防职务犯罪的职能作用,促进反腐败斗争的深入开展。按照中央关于反腐败的新部署,坚持惩防并举、注重预防,以查办发生在领导机关和领导干部中滥用权力、谋取非法利益的犯罪案件,以及发生在基层的以权谋私的犯罪案件为重点,严肃查处利用审批权、人事权、司法权犯罪的案件;重大工程项目、金融、土地管理、商品采购等领域中的职务犯罪案件;国有企业中贪污、挪用、私分国有资产的犯罪案件;党政干部、执法人员为黑恶势力充当"保护伞"的案件。切实加大预防职务犯罪的工作力度,坚持"三防并举",注重从源头上预防,对制度不够完善、可能发生腐败犯罪案件的地方,及时提出检察建议;抓好过程性预防,结合办案,针对公共投资和公共建设项目以及案件易发多发的行业和领域,深入开展专项预防、系统预防和重大工程项目预防;开展惩教性预防,利用反面典型案例进行警示教育。三是强化诉讼监督,维护司法公正和司法权威。加强对有案不立、有罪不究、以罚代刑等问题的监督;加强对漏犯、漏罪的追捕、追诉,加强对量刑畸轻畸重特别是有罪判无罪、无罪判有罪案件的抗诉工作;继续落实防止和纠正超期羁押的各项措施,加强对减刑、假释、保外就医的监督。加强民事审判、行政诉讼监督,重点办理因严重违反法定程序或审判人员贪赃枉法、徇私舞弊等导致错误裁判的案件,群众反映强烈、社会影响大的案件。注意发现、查办执法和司法不公背后的司法腐败案件。

(三)进一步加强队伍建设,为提高法律监督能力提供人才支持和组织保障。一是认真开展保持共产党员先进性教育,深入实施"云岭先锋"工程,解决在执法思想、执法观念、执法作风等方面存在的问题。二是突出抓好各级检察院领导班子建设,进一步落实检察机关党风廉政建设责任制,加强各级检察院党外领导干部的选拔和培养,力争2005年有三分之一的州市检察院配备党外副检察长。三是大力加强队伍教育培训,开展全员岗位技能训练,对分州市院检察长以及地县两级检察院侦查监督、公诉工作的分管副检察长和部门负责人进行业务轮训。

(四)大力推进检察改革,完善法律监督体制和机制。进一步深化人民监督员制度试点工作。积极推进以检察官为主体的检察人员分类管理改革试点。改进和完善检察人员招录方式,规范检察官遴选任用制度。进一步完善内部执法机制,逐步建立业务工作、队伍建设和信息化建设一体化的长效管理机制。

(五)进一步加强基层检察院建设,为履行法律监督职能奠定坚实基础。以公正执法为核心,以强化法律监督为目标,以争创先进检察院为载体,以推进执法规范化、队伍专业化、管理科学化为内容,进一步推进基层检察院建设。

(六)坚持科技强检,继续推进检察信息化建设。强化网络办案、侦查指挥、远程教育等系统的管理和使用,努力运用信息化手段提高工作效率和办案质量。

# 西藏自治区人民检察院工作报告(摘要)

——2005年5月13日在西藏自治区第八届人民代表大会第四次会议上

西藏自治区人民检察院检察长　张培中

(2005年5月15日西藏自治区第八届人民代表大会第四次会议通过)

2004年,西藏自治区检察机关认真贯彻党的十六大和十六届三中、四中全会精神,在各级党委的正确领导和人大及其常委会的监督下,在各级政府的大力支持和政协的民主监督下,认真贯彻落实中央和区党委、最高人民检察院的各项工作部署,按照自治区八届人大三次会议审议批准的工作安排,深化"强化法律监督,维护公平正义"的工作主题,践行"立检为公、执法为民"的执法思想,克服困难,振作精神,认真开展各项检察工作。

**一、认真履行法律监督职责**

履行好法定检察职能,是检察机关的神圣使命。一年来,全区检察机关在履行各项法律监督职能中,坚持公正执法、严格执法、文明执法、廉洁执法,主要做了以下工作:

——以反分裂斗争为首要任务,切实加强批捕和公诉工作,全力维护社会稳定。全区检察机关认真履行审查批捕、审查起诉和出庭支持公诉等职能,与公安机关、国家安全机关、人民法院密切配合,依法严厉打击达赖集团分裂破坏活动和严重刑事犯罪,配合有关部门开展社会治安防控体系建设,落实检察环节的社会治安综合治理措施,努力促进社会治安的进一步好转。全年共批准逮捕各类刑事犯罪嫌疑人2136人,提起公诉1764人。

突出打击各种危害国家安全的分裂渗透破坏活动。全年共批准逮捕危害国家安全犯罪嫌疑人14人,提起公诉12人。

严厉打击杀人、抢劫、盗窃等严重暴力犯罪和侵财犯罪。其中,批准逮捕杀人、抢劫等暴力犯罪嫌疑人320人,同比上升18.08%;提起公诉267人,同比上升了42.02%。批准逮捕盗窃、诈骗等侵财犯罪嫌疑人735人,同比上升30.09%;提起公诉606人,同比上升了49.63%。

依法打击破坏市场经济秩序的犯罪。全年批准逮捕制假售假、偷税骗税、金融诈骗等破坏市场经济秩序的犯罪嫌疑人43人,提起公诉17人。

——依法查办和预防国家工作人员职务犯罪,推进反腐败斗争深入开展。全年共立案侦查贪污贿赂、渎职侵权等职务犯罪案件41件49人,侦查终结28件35人,提起公诉21件24人。通过办案为国家挽回直接经济损失910.69万元。

突出重点,集中精力查办大案要案。共查办大案18件,查办涉嫌犯罪的县处级干部8人。在办案中严把立案关、撤案关和起诉关,保证了案件质量。全年职务犯罪案件初查率58.17%、侦结率45.61%、起诉率68.57%,呈现出查办大要案上升、起诉率上升、无罪判决率下降的良好态势。

坚持"标本兼治、综合治理、惩防并举、注重预防"的方针,努力从源头上遏制和减少职务犯罪。

在办案中我们深深体会到，职务犯罪既给国家和社会造成重大损失，同时也毁掉了一批党和国家培养多年的干部，教训十分深刻。因此，我们在不放松查办职务犯罪案件的同时，对职务犯罪的发案规律与原因认真开展调研，并提出预防对策；开展个案预防5件，专项预防9件，提出检察建议5件，并对重大工程建设项目适时开展了专项预防，收到了良好效果；广泛开展反腐倡廉教育，组织警示教育14场，参加人员1100人次；积极参与职务犯罪预防的法制建设，自治区人大常委会审议通过的《西藏自治区预防职务犯罪工作条例》，为全区深入开展预防职务犯罪工作提供了法律依据。

——加强各个诉讼环节的法律监督工作。全区检察机关进一步增强监督意识，积极探索有效的监督途径和方法，注重监督效果。一是加强对刑事立案和侦查活动的监督。要求公安机关说明不立案理由14件，公安机关主动立案5件，通知公安机关立案9件；对不符合法定逮捕和公诉条件的案件，决定不批准逮捕285人，不起诉81人。二是加强对刑事审判活动的监督。对认为确有错误的刑事判决、裁定提出抗诉16件，法院改判了7件。三是加强对民事、行政案件审判活动的监督。对认为确有错误的民事行政判决、裁定提出抗诉7件，法院改判了2件；对51件不服正确判决、裁定案件的申诉人进行了耐心细致的息诉工作，维护了司法权威。四是加强对监管改造机关执行刑罚和监管活动的监督。全年审查减刑、假释裁定926份，劳教人员减期86人。进一步落实督办、定期通报、责任追究等制度，纠正超期羁押7人。在打击刑事犯罪过程中，各级检察机关增强保障人权意识，牢固树立执行实体法与执行程序法并重、打击犯罪与保障人权并重，依法维护犯罪嫌疑人的合法权益，把防止超期羁押作为严格执法、公正执法的重要内容来抓，建立健全防止和纠正超期羁押的长效机制。首先从检察机关抓起，在保证检察环节“零”超期羁押的同时，积极督促公安机关、人民法院严格执法，使我区司法机关从2004年6月份起做到了无超期羁押。

——狠抓专项业务工作，增强监督力度和效果。根据最高人民检察院的统一部署，我们集中力量开展了三个专项监督工作。在对制售假冒伪劣商品、侵犯知识产权犯罪的立案监督专项活动中，监督公安机关立案侦查5件8人，批准逮捕5件8人，督办4件7人；建议行政执法机关移交涉嫌犯罪案件1件2人，发现国家机关工作人员渎职犯罪案件线索1件1人。在减刑、假释、保外就医的专项监督中，共清理罪犯减刑2754人、假释13人、保外就医254人，监督补办续保手续60人、收监58人，对存在的问题提出纠正意见22件，对83名保外就医人员进行了病情复查，对54名罪犯被不当减刑的案件进行了调查，并监督有关部门进行纠正。在集中处理涉法上访专项工作中，共受理上访案件17件17人，已全部办结，涉检上访案件处理后进京上访为“零”。

——落实“国家尊重和保障人权”的宪法原则，依法保护公民合法权益。按照最高人民检察院的统一部署和要求，在全区检察机关开展了查办国家机关工作人员利用职权实施的非法拘禁、非法搜查、刑讯逼供、暴力取证、虐待被监管人，以及严重渎职造成人民生命财产重大损失等侵权犯罪案件专项活动。共受理案件线索33件，经初查立案侦查2件6人，做不立案处理9件，转其他部门办理8件，发检察建议1件。

——坚持为经济建设服务的指导思想，注重法律效果与社会效果的有机统一。坚持把办案工作放在改革、发展、稳定大局中来谋划，在推进跨越式发展中，依法平等保护各类市场主体的合法权益。在查办生产经营岗位上的重要人员涉嫌职务犯罪案件时，及时与有关方面沟通情况，确保企业生产经营活动不受影响；对犯罪情节轻微，依照法律规定不需要判处刑罚的，移送有关部门做党纪政纪处理；对经查证属实属于被错告、诬告或举报失实的澄清事实，予以“正名”；对借举报之名故意诬告陷害的严肃处理，切实做到有罪追究、无罪保护、严格执法、客观公正。

**二、加强队伍和基层检察院建设**

队伍建设是做好检察工作的关键，基层检察院建设是做好全区检察工作的基础。一年来，我们坚持以制度建设为根本，以抓好落实为主线，在人员素质建设、思想政治建设、作风建设、基层检察院建设、领导班子建设以及援藏工作等方面狠下功夫，各级检察院基础性工作得到了全面的加强。

——切实在提高检察队伍整体素质上下功夫。把思想政治建设放在首位，坚持用邓小平理论和“三个代表”重要思想武装干警的头脑，不断加强检察队伍的思想政治建设、职业道德建设和纪律作风建设,努力提高检察队伍的执法能力。为适应《检察官法》的需要,加强业务学习,自治区检察院带头建立集体学习制度,规范了学习内容,并采取自学与辅导相结合、学习与考核相结合的办法,增强了学习的效果。加强教育培训和引进人才工作,全年举办了12期培训班,对646名干警进行了学历和专业培训,有272名检察人员取得法律大专或本科学历,全区已有84%的检察人员达到大专以上学历,有7名干警通过了司法考试;全区检察机关在内地大专院校招录和引进84名应届毕业生,向社会公开招考18名干警,进一步充实了检察队伍。

——切实在改进执法作风上下功夫。针对有些检察人员执法中存在的执法不公、执法不严、执法不廉甚至执法犯法等问题,加强了执法作风建设,对干警执法思想、执法观念、执法行为、执法作风、执法水平、执法质量等方面的问题进行深入排查,共查摆出6大类73个问题。对查摆出来的问题,逐个剖析,分析原因,制定整改措施,建立健全了一批队伍建设的长效机制。全年仅自治区检察院就建立规章制度39个。其中,涉及班子和队伍建设的11个,业务工作的22个,行政管理的6个。同时,各级检察院还严肃法纪,严厉查处少数干警违法违纪行为,全年查处干警违法违纪案件9件14人。

——切实在加强基层检察院建设上下功夫。基层检察院建设事关全区检察工作全局和检察事业长远发展。在基层检察院建设中,我们始终坚持"一个重点、三个倾斜"。坚持以基层检察院检察长建设为重点,先后对50个基层检察院的领导班子进行了届中考察,对13个基层检察院的领导班子进行了调整。加强了对检察长的培训工作,全年共培训基层检察院正、副检察长91人,大专以上学历提高了27%。坚持"三个倾斜":一是编制和人员向基层检察院倾斜。根据工作需要,在新招录和引进的84名应届大学本科毕业生中,有78名充实到基层。二是业务指导向基层检察院倾斜。自治区检察院确定了7个基层检察院为重点帮促对象,由自治区检察院领导具体负责指导,帮助其尽快改变面貌。自治区检察院领导还先后带领10个工作组(44人次),分赴6个分市院及32个基层检察院调研和指导工作,形成10篇近6万字的调研报告,有的调研报告得到了区党委领导和有关部门的充分肯定。三是经费和装备向基层检察院倾斜。自治区检察院从中央补助的2280万元办案经费和装备补助款中,下拨2001万元,解决了7个分市院和45个基层检察院的交通工具、办案设备以及部分基层检察院的办案经费紧缺等困难。2004年,全区基层检察院共有18个"三房"建设项目投入建设,总建筑面积31311平方米,总投资5404万元,目前已完成建设项目13个。

——切实在加强各级检察院领导班子建设上下功夫。始终坚持"从严治检"的方针,把领导班子特别是检察长建设放在突出位置来抓,强化对各级检察院领导班子的管理和监督。实行了上级检察院检察长和纪检组长同下级检察院检察长的诫勉谈话制度,以及巡视、派员参加下级检察院民主生活会制度。加强检察队伍纪律和廉政建设,坚决贯彻执行最高人民检察院关于检察机关领导干部的"六个严禁",即:严禁办关系案、人情案、金钱案;严禁违反法定程序办案;严禁买官卖官、跑官要官,违反规定任免干部;严禁插手工程投标招标、政府采购等经济活动,谋取私利;严禁接受可能影响公务活动的吃请和礼物;严禁利用职权为亲属子女或身边工作人员谋取利益。要求各级检察院领导干部特别是检察长必须严格遵守,违者一律严肃追究,决不姑息。开展了检察长抓业务带头办案的活动,大力倡导检察长率先垂范,要求检察长一年至少要办一两个好案件,搞一次好调查,写一篇好文章,提一个好建议;要求检察长优化思维过程,提高思维品质,增强思维能力,提高决策水平。通过深化"强化法律监督,维护公平正义"主题教育活动,增强了依法监督意识;通过协助主管部门对正副检察长的考察、调整,增强了战斗力;通过抓检察长这个关键,抓班长带班子,抓班子带队伍,增强了队伍的整体素质。这些措施不仅促进了班子建设,也带动了队伍建设。

——检察对口援藏工作取得新进展。2004年,自治区各级检察机关高度重视对口援藏工作。一是对口援藏工作的思路进一步清晰明确。形成了"以项目援藏为基础,以智力援藏为根本"的新时期检察援藏工作思路和意见。二是经费和物资援藏力度进一步加大。全区检察机关共争取援藏资金和物资等合计501.17万元,为改善我区检察机关办公、办案条件起到了一定的作用。三是智力援藏工作取得新进展。全区检察机关共接受援藏干部34名,最高人民检察院和各对口援藏单位还帮助我们对564名检察人员进行了业务培训。四是援藏工作机制进一步形成。为进一步规范援藏工作,在向最高人民检察院汇报援藏工作的基础上,初步形成了援藏工作领导协调机制、项目和经费援藏机制、援藏工作责任制和协调会议机制,为做好今后的援藏工作提供了保障。

**三、自觉接受人大及其常委会和人民群众的监督**

全区检察机关不断增强宪法意识,始终坚持党对检察工作的绝对领导,正确处理好接受人大监督与依法独立行使检察权的关系,自觉把检察工作置于人大及其常委会和人民群众监督之下。

自觉接受各级人大及其常委会的法律监督和政协的民主监督。接受人大及其常委会的监督是检察机关必须遵循的宪法原则。一年来,全区检察机关认真落实工作报告制度,将检察工作的重要部署、重要事项及时向人大及其常委会报告,共向人大及其常委会报告工作82次,并坚决执行人大及其常委会的决议。加强了与人大代表、政协委员的联系,全年先后邀请人大代表、政协委员视察和评议检察工作98次282人,虚心听取他们对检察工作的意见和建议,对他们就检察机关加大法律监督力度、加强基层检察院建设、深化教育活动和提高队伍素质等方面的建议、批评和意见,认真进行研究,严格办理程序,提高办理效率,确保办理质量。全年共办理人大代表和政协委员转办的案件、意见和建议8件,全部在规定期限内办结,做到件件有结果、有回复。

积极开展人民监督员制度改革试点。为了加强对检察机关查办职务犯罪案件工作的外部监督,根据最高人民检察院的部署,结合我区实际,在自治区检察院和7个分市院及地市所在地基层检察院等15个单位开展了人民监督员制度试点工作。全区共选任人民监督员80人。其中,人大代表30名,政协委员21名,有法律工作经验和法律专科以上学历的人士29名。检察机关在查办职务犯罪案件中,对拟作撤案、不起诉处理和犯罪嫌疑人不服逮捕决定的案件,一律启动监督程序,由人民监督员独立评议,提出监督意见。人民监督员对具体案件的监督,增强了检察机关办案的透明度,促进了检察机关执法水平和办案质量的提高。如拉萨市人民检察院启动监督程序,将一起拟作不起诉的挪用公款案件提交人民监督员监督,取得了较好的法律效果和社会效果。

一年来的检察工作实践,使我们加深了对检察工作特点、规律的认识和把握,深深体会到:做好检察工作,推动检察事业发展,必须坚持党对检察工作的绝对领导,自觉接受人大监督;必须坚持"强化法律监督,维护公平正义"的工作主题;必须牢固树立"立检为公、执法为民"的执法思想;必须坚持"加大工作力度,提高执法水平和办案质量"的总体工作要求;必须坚持服从大局、服务经济的根本方向;必须把尊重和保障人权作为检察工作的重要原则;必须把法律监督能力建设摆在更加突出的位置来抓;必须把改革创新作为检察工作发展的动力。一年来,我区检察工作得到了各级党委、人大、政府、政协和全区各族人民的真诚关怀和大力支持。我们表示由衷的感谢!

回顾2004年的检察工作,我们也清醒地认识到,我区检察工作中仍然存在一些不足和差距。既有不愿监督、不敢监督、不善监督,履行职责不到位的问题,也有极少数检察人员发生违法违纪问题等。通过对工作中的种种问题分析后,我们认识到归根结底是人的因素。一是检察队伍的专业、文化结构与《检察官法》的要求存在明显的差距,部分检察人员政治业务素质不高,执法水平低,不适应工作的需要。二是基层检察院工作和生活条件十分艰苦,难以招录、引进和留住人才,加之业务骨干流失严重,普遍出现检察官断层、专业人才缺乏等问题,人员少、任务重的矛盾比较突出。三是诉讼监督活动中执法不严,对违反诉讼程序、侵犯当事人合法权益等违法情况监督乏力,监督的有效性差。在查办职务犯罪中,有的存在畏难情绪,有的执法活动不规范,办案质量需要进一步提高。四是管理理念、制度、方式和手段落后,管理效果不好。五是执法保障机制不健全,经费不足和装备短缺的问题有待于继续解决,"三房"建设资金到位率不高、建设进展缓慢等。对于这些问题,自治区检察院负有领导责任,我们要紧紧依靠各级党委、人大和政府,以求真务实的精神,认真加以解决。

**四、努力做好2005年的检察工作**

2005年全区检察机关将以邓小平理论和"三个代表"重要思想为指导,坚持科学发展观,认真贯彻落实党的十六大和十六届三中、四中全会精神及本次会议有关决议,按照自治区党委和最高人民检察院的要求,坚持连续性,体现创新性,突出"强化法律监督,维护公平正义”的工作主题,落实“立检为公、执法为民”的执法思想,切实加强法律监督能力建设,提高检察机关打击分裂破坏活动和刑事犯罪,维护社会稳定的能力;敢于监督、善于监督、规范监督,促进严格执法和司法公正的能力;依法打击与预防职务犯罪,促进廉政建设的能力;加强基层检察院建设,正确处理群众诉求,化解矛盾纠纷,促进社会和谐的能力;强化自身监督和制约,严格、公正、文明执法的能力,深入推进各项检察工作。为完成上述任务,我们要在以下五个方面做出努力:

(一)以先进性教育活动为契机,搞好队伍建设。按照党中央和自治区党委及最高人民检察院的要求和部署,认真扎实地抓好以实践“三个代表”重要思想为主要内容的保持共产党员先进性教育活动,引导全体检察人员牢固树立“立检为公、执法为民”的执法思想,有针对性地解决检察机关党员和党组织中存在的突出问题,提高党员的政治素质和各级党组织的凝聚力、战斗力;着力加强职业操守教育,使检察人员坚定理想信念,坚定政治立场,坚持为民宗旨,坚持第一要务,坚持实干兴检,始终保持对党、对人民和对法律的忠诚;认真贯彻《检察官法》,坚持凡进必考,严把进人关,充实一批法律本科以上人员,优化办案队伍的学历层次和专业结构,健全和完善业务学习和教育培训制度;着力加强检察队伍的党风廉政建设,落实党风廉政建设责任制,严格对检察人员的教育和管理,切实加强对领导干部特别是检察长的监督,严格执行纪律,确保检察队伍廉洁从检、公正执法。

(二)以发展为要务,搞好服务大局工作。发展是党执政兴国的第一要务,是执政兴藏的第一任务,也是检察机关的第一要责。一是突出“强化法律监督,维护公平正义”的工作主题。按照党的十六大和十六届三中、四中全会精神,完善诉讼监督机制,维护公民和法人的合法权益;加强对执法活动和司法活动的监督,惩治司法和行政执法领域的腐败,促进依法行政,维护司法公正。2005 年我们要从监督违反诉讼程序入手,以惩治司法领域中的腐败现象为重点,以维护司法公正、实现社会公平正义为目标,把强化诉讼监督作为工作重点,放在突出位置,不断加大工作力度,提高执法水平和办案质量,切实做出新成绩。二是突出抓好为发展这一执政举国、执政兴藏“第一要务”的服务工作。结合检察职能,把为“第一要务”服务作为我区检察机关的第一要责,努力研究检察机关保护先进生产力、促进生产力发展的工作规律,探索检察机关为“第一要务”服务的有效途径和方法,为促进我区经济跨越式发展做出应有的贡献。

(三)以强化监督为重点,搞好各项法律监督工作。业务工作是检察工作的中心,质量是检察工作的灵魂。2005 年我们将以强化监督为重点、提高办案质量和增强办案效果为主线,全面加大法律监督力度。一是履行审查批捕、审查起诉等职能,全力维护社会稳定。保持严厉打击达赖集团分裂破坏活动和严重刑事犯罪的高压态势,深化打击严重破坏市场经济秩序犯罪立案监督专项活动;在控告申诉检察部门开展抓工作规范、畅信息渠道、促社会稳定的活动,努力消除不安定因素;积极配合有关部门对重点行业、重点领域开展集中整治,抓好检察环节的综合治理工作,充分发挥检察机关在维护社会稳定中的职能作用。二是履行好查办和预防职务犯罪职能,大力推进反腐败斗争。重点查办县处级以上领导干部犯罪案件,国家机关工作人员利用职权包庇、纵容和参与破坏市场经济秩序的犯罪案件,严重渎职以及严重侵犯公民人身权利、民主权利的犯罪案件,司法人员和行政执法人员贪赃枉法、滥用职权的犯罪案件,国有企业工作人员贪污、受贿、挪用公款、私分国有资产的犯罪案件。加强侦查机制建设,增强发现和突破职务犯罪大案要案的能力。立足检察职能,按照预防职务犯罪工作特点,坚持行之有效的预防经验,深入贯彻《西藏自治区预防职务犯罪工作条例》,完善预防体系,推动预防职务犯罪工作深入发展。三是履行好诉讼监督职能,维护公平正义。把诉讼监督贯穿刑事诉讼活动的全过程,严把事实关、证据关、程序关和适用法律关,切实加强各个诉讼环节的法律监督工作。针对执法、司法活动中存在的漏洞和问题,实行刑事执法活动全程跟踪监督机制,逐案建立“跟踪监督卡”,保证国家法律统一正确实施。要继续加强对民事、行政审判活动和刑罚执行活动的监督,促进公正司法,维护诉讼参与人和在押人员的合法权益。

(四)以抓保障为主线,搞好基础性工作。基础薄弱是制约检察工作发展的一大问题。抓好基础性工作的当务之急是在检察队伍、基层检察院建设、检察科技方面,按照既定部署,抓好落实,夯实基础。一是加强检察队伍和基层检察院建设,以领导班子建设为重点,进一步提高队伍素质,健全和完善基础设施,使每一个基层检察院都有新进步、有新变化。进一步强化分类管理机制,开展争创先进检察院活动,加大对后进检察院的帮扶力度,努力提升基层检察院的规范化水平,强化组织和物质保障。二是加快检察改革步伐,积极推进人民监督员制度为重点的各项检察改革,建立和健全工作运行机制、侦查一体化机制、办案责任制等,进一步推动检察工作创新发展,强化机制保障。三是加强信息化建设,把现代科技手段有效地运用于检察工作和案件管理工作中,提高检察工作现代化水平,强化科技保障。四是加强检察作风建设,形成求真务实,锐意进取的良好氛围,规范执法行为,严肃纪律,强化纪律保障。

(五)以接受监督为原则,搞好主动接受党的领导和人大监督工作。进一步增强党性观念,坚决贯彻党的路线方针政策,坚决执行党的决策部署,与党中央保持高度一致。进一步增强组织观念,健全向党委的请示报告制度,及时报告检察机关的重大工作部署、重要改革措施、重要工作事项等。从维护我国根本政治制度和宪法原则的高度,坚持对人大及其常委会负责,自觉接受人大及其常委会的监督。认真向人大及其常委会报告检察工作,坚决执行人大及其常委会的决议。主动接受政协的民主监督,不断加强和改进检察工作。加强与人大代表和政协委员的联系,虚心听取和认真办理他们对检察工作的批评、建议和意见,以保证检察权的正确行使。

2005年全区检察机关将高举邓小平理论和"三个代表"重要思想的伟大旗帜,紧密团结在以胡锦涛同志为总书记的党中央周围,在区党委和最高人民检察院的领导下,在人大及其常委会的监督下,认真贯彻落实本次会议精神,与时俱进,抓住机遇,扎实工作,团结奋进,认真履行好各项检察职能,不断开创检察工作的新局面,为全面推进我区"一加强、两促进"历史任务和建设和谐西藏做出新的贡献!

# 陕西省人民检察院工作报告(摘要)

——2005年2月2日在陕西省第十届人民代表大会第三次会议上

陕西省人民检察院检察长 张文宣

(2005年2月5日陕西省第十届人民代表大会第三次会议通过)

## 一、2004年全省检察工作的主要情况

在省委和最高人民检察院的正确领导下,在人大及其常委会的有力监督和政府、政协的大力支持下,全省检察机关以邓小平理论和"三个代表"重要思想为指导,深入贯彻党的十六大,十六届三中、四中全会及省十届人大二次会议精神,坚持"立检为公、执法为民",紧紧围绕"强化法律监督,维护公平正义"的工作主题,切实加强队伍建设和基层检察院建设,全面履行法律监督职责,各项检察工作呈现出相互促进、全面发展的势头,较好地完成了全年的工作任务。

(一)认真履行法律监督职责,服务改革发展稳定大局

全省检察机关按照党委的统一部署和人代会决议的要求,严厉打击严重刑事犯罪,积极查办和预防职务犯罪,切实加强诉讼监督,着力提高执法水平和办案质量,为维护社会稳定,促进经济发展,构建和谐社会,做出了不懈的努力。

严厉打击严重刑事犯罪,积极维护社会治安秩序。全省检察机关把维护社会稳定作为服务大局的首要任务,立足职能,发挥作用,坚持"严打"方针,保持了检察环节的打击力度。2004年共受理公

安、安全机关提请批准逮捕各类刑事犯罪嫌疑人15319人,经审查批准逮捕14490人;受理移送审查起诉17074人,提起公诉14218人。在打击刑事犯罪中,突出了重点。依法批捕起诉了一批组织利用“法轮功”等邪教组织破坏法律实施的犯罪嫌疑人,维护了国家安全;集中打击了黑恶势力犯罪、严重暴力犯罪、侵财性犯罪和毒品犯罪,共批捕上述犯罪嫌疑人11018人,提起公诉10481人,维护了社会治安秩序。如批捕起诉的“1·27”高德隆等4人系列爆炸案,王波等15人犯罪团伙强奸、抢劫、盗窃案等案件。依法严惩制假售假、偷税骗税、金融诈骗等严重破坏社会主义市场经济秩序犯罪,共批捕上述犯罪嫌疑人245人,提起公诉228人,维护了市场经济秩序。如批捕起诉的崔克谦诈骗案,柯宽强等4人虚开增值税发票案等案件。着力提高办案质量和效率,进一步健全了与公安、法院等单位的联席会议制度、重特大案件提前介入制度和挂牌督办制度。提前介入重特大案件3723件,挂牌督办了一批有影响的案件,加快了办案节奏,保持了“严打”声威。如柏兴胜为首的恶势力团伙犯罪案,公安机关报捕后检察机关仅用了4天就对25名犯罪嫌疑人作出了批捕决定;在审查“8·13”简学良特大杀人案中,检察机关提前介入侦查活动,及早熟悉了案情和证据,案件报捕的当日就作出了批捕决定,移送起诉后2日内就作出了起诉决定。积极参加“安全陕西”创建活动。配合有关部门开展专项打击和重点整治,参与社会治安防控体系建设和矛盾纠纷排查调处工作。落实检察环节的社会治安综合治理措施;开展“青少年维权岗”创建活动,对未成年人犯罪实行轻缓的刑事政策,加大了教育、感化、挽救工作力度;加强信访接待工作,共审查处理各类控告、举报、申诉11337件,各级检察院检察长接待来访群众3017人次,协助有关单位依法妥善处置群体性事件133件,及时化解了社会矛盾。

积极查办和预防职务犯罪,促进党风廉政建设。全省检察机关坚持把查办职务犯罪案件作为服务大局的重要途径,突出办案重点,加大工作力度,办案数量稳中有升,质量明显提高,工作取得了新的进展。2004年,共查办贪污贿赂、渎职侵权等职务犯罪案件1174件1343人,同比均有上升。通过办案,为国家挽回直接经济损失7433.8万元。集中力量查办大案要案,共查办贪污贿赂等职务犯罪大案351件,同比上升19%;查办涉嫌职务犯罪的县处级以上干部109人(其中厅局级干部9人),同比上升38%。如查办的“3·25”体彩造假案背后的省体彩中心原主任贾安庆等17人受贿、渎职案,西安市外经贸局原局长陈宽明受贿案;正在查办的省地方电力(集团)公司个别领导干部职务犯罪案件等,均取得了较好的效果。坚持把办案质量作为查办职务犯罪工作的生命线,不断强化程序意识、证据意识、人权保障意识。制定了案件管理细则,实行了办案流程化管理;落实办案质量责任制,明确各办案环节的任务、期限和责任;完善以质量为核心的案件考评体系,加强对办案质量的监控;加大指导工作力度,实行大要案分级管理和备案审查制度,形成了抓办案质量的合力。起诉率同比上升,不起诉率、撤案率同比下降,执法水平和办案质量有了新的提高。同时,坚持标本兼治,深入开展预防职务犯罪工作。紧紧围绕西部大开发,在180个重点工程项目建设中开展了以“工程优良、干部优秀”为主题的专项预防,帮助290个发案单位加强教育、强化监督,整章建制、堵塞漏洞,开展了预防工作,取得了较好的社会效果。充分利用省人大常委会听取和审议省检察院关于预防职务犯罪工作情况的报告,省委、省政府及省委政法委对五年来开展预防工作的先进集体和先进个人进行表彰的有利时机,加大预防工作力度,有力地推动了预防工作的深入开展。

加强诉讼监督,努力维护司法公正。全省检察机关坚持把诉讼监督作为促进司法公正的有效手段,强化措施,加大力度,积极开展对刑事诉讼各个环节的监督,坚决维护法律的严肃性,依法保护当事人的合法权益。刑事立案监督,共要求公安机关说明不立案理由1107件,公安机关已立案侦查1154人;侦查活动监督,共纠正漏捕616人,追诉272人,依法不批准逮捕416人,不起诉309人;刑事审判监督,重点加强了对有罪判无罪、量刑畸重畸轻案件的抗诉,依法提出抗诉57件,法院改判或发回重审的案件占已审结案件的66.7%;刑罚执行监督,共发现超期羁押88人,已依法全部纠正;对侦查、审判和刑罚执行活动中的违法情况提出纠正意见697件次,保证了刑事诉讼的顺利进行。加强对民事审判和行政诉讼的监督。对确有错误的生效民事行政案件判决、裁定依法提出抗诉331件,提出检察建议337件。法院改判、发回重审或调解的案件占已审结案件的72.4%。加强对检察机关自身执法活动的监督。各级检察院认真贯彻《陕西省检察机关内部执法办案监督办法》，推行查办职务犯罪案件"三卡一表"、案件回访等制度，加强对办案活动的内部监督制约。同时，认真开展人民监督员制度试点工作，主动接受外部监督。2004年10月以来，省检察院和8个市检察院及其辖区的56个基层检察院共选任了364名人民监督员，对查办职务犯罪案件中犯罪嫌疑人不服逮捕决定、拟撤销案件、拟不起诉案件和其他执法活动实施监督。已有31件"三类"案件进入人民监督员监督程序，接受了人民监督员的监督。

（二）集中开展专项业务工作，进一步落实执法为民的要求

全省检察机关紧紧抓住人民群众反映强烈的突出问题和法律监督工作的薄弱环节，集中开展专项业务工作，取得了较好的效果。

为进一步推动整顿和规范市场经济秩序工作的深入发展，集中开展了打击制假售假、侵犯知识产权犯罪专项立案监督。各级检察院以解决有关行政执法机关以罚代刑、有案不立的问题为重点，通过建立行政执法与刑事执法相衔接的工作机制、完善信息通报制度等办法，推动工作发展。共走访行政执法机关824次，建议行政执法机关及时移交涉嫌犯罪案件，督促公安机关查办了制售假化肥、假冒注册商标等一批制假售假、侵犯知识产权犯罪案件。

为保障刑罚的正确执行，维护监管改造场所的秩序，促进罪犯教育改造工作，集中开展了减刑、假释、保外就医专项检查。各级检察院采取设立检察官接待窗口、建立在押人员约见检察官制度等措施，加大专项检查力度。共清查2002年以来"减、假、保"罪犯21635人，发现违法问题并提出纠正意见265件，已纠正258件。排查违法"减、假、保"的职务犯罪案件线索22件，已进行查处。

为认真落实"国家尊重和保障人权"的宪法原则，切实保护人民群众的合法权益，促进依法行政、公正司法，集中开展了严肃查办国家机关工作人员利用职权侵犯人权犯罪案件专项活动。各级检察院全面清理排查线索，集中力量查办案件。2004年共受理渎职侵权犯罪案件线索454件，经过初查从中立案侦查174件205人，其中重特大案件34件。共查办侵犯人权犯罪案件64件75人，专项活动取得了阶段性成果。

为化解社会矛盾，促进社会和谐稳定，集中开展了处理涉法上访问题专项工作。在党委领导和政府支持下，各级检察院立足于息诉罢访，在办案上下功夫，在解决问题上求实效，通过实行领导包案制、首办责任制和定期通报制等措施，及时办结了一批久诉不息的老大难案件。共清理涉法上访案件206件，已全部办结，其中息诉罢访194件，占涉法上访案件总数的94.2%。

（三）深化主题教育活动，大力加强检察队伍建设和基层检察院建设

全省检察机关紧紧围绕公正执法这一核心，以深化主题教育活动为载体，以加强领导班子建设为关键，以提高执法水平为着眼点，加强检察队伍建设和基层检察院建设。

深入开展"强化法律监督，维护公平正义"主题教育活动，切实解决队伍建设与业务工作相关联的突出问题。各级检察院把思想政治教育贯穿始终，认真学习贯彻"三个代表"重要思想、修订后的宪法、党的十六届四中全会精神，教育引导检察干警树立"立检为公、执法为民"的执法观念和严格、公正、文明、高效的执法理念。坚持知行合一，紧紧围绕业务工作，眼睛向内找差距。结合开展的自侦案件扣押、冻结款物专项清理，检察干警违法插手经济纠纷专项清理，不起诉案件专项复查，认真查摆和剖析执法活动中存在的问题。注重从制度和机制方面切实加以整改，健全规章制度，建立长效机制，防止出现过的问题再次发生。通过深化教育活动，检察队伍的政治素质有了新的提高。

坚持以领导班子建设为关键，狠抓检察队伍建设。突出抓了领导班子的党风廉政建设。各级检察院领导班子严格自律，做出廉洁从检的承诺，并自觉践行，为干警做出了表率。加大对领导班子、领导干部的监督力度，积极督促各级检察院开好领导班子民主生活会，认真开展批评和自我批评，加强了班子的内部监督；建立领导干部廉政档案，实行诫勉谈话，进一步加强了上级检察院对下级检察院领导干部的监督。近年来，随着检察队伍教育整顿力度不断加大，检察人员违纪违法案件持续下降。但我们不懈地坚持从严治检方针，教育、管理、监督并重，对检察人员发生的违纪违法问题，不管涉及谁，都一查到底，严肃处理，坚决清除队伍中的"害群之马"。省检察院直接抓办带"长"字检察人

员的违纪违法案件。2004 年共初核检察人员违纪违法线索 32 件,从中立案查处 5 件 8 人。其中,追究刑事责任的 1 人,给予党政纪处分的 7 人;对不够追究党政纪责任的,进行了警示训诫、廉政教育。

立足于提高执法水平,加大对检察人员的业务培训力度。着力抓了任职培训和岗位练兵。对全省基层检察院检察长及各级检察院反贪局长、渎检处(科)长,分批进行了系统的素能培训,完成了续职资格培训。组织开展公诉、侦查监督、书记员等业务竞赛,提高实际工作能力。实施人才强检计划,选拔并培训检察业务骨干、技术专家和管理等各类人才培养对象 119 人。继续加强学历教育,使检察人员中大学本科以上学历占到 40.3%,比上年提高了 3.6 个百分点;其中具有研究生学历的达 60 人,检察人员的整体素能提升,文化知识结构有所改善。

扎实推进基层检察院建设,各项工作和管理步入制度化、规范化的轨道。召开了全省基层检察院建设工作会议,总结交流了经验,提出了加强基层检察院建设的意见。省委办公厅转发了省检察院党组《关于进一步加强基层检察院建设的意见》,明确了今后一个时期基层检察院建设的指导思想、目标任务和具体措施,有力地推动了这项工作的开展。省、市检察院确定了一批基层建设示范院和重点帮促院,由领导干部定点联系指导,积极帮助解决实际困难。在党委、政府关心和大力支持下,全省检察机关办案和专业技术用房建设步伐加快,到 2004 年年底,全省检察机关建成和在建"两房"的检察院已达 89 个,其中基层检察院 80 个;为基层检察院统一招录 176 名大学毕业生,解决专业人员短缺问题。在全省检察机关开展了争创先进检察院活动,掀起了争先创优的高潮,涌现出了一批先进集体和个人。2004 年全省检察系统先后受到了省委、省政府、省委政法委等上级领导机关表彰的先进集体 58 个,先进个人 24 名。

自觉接受人大和人大代表的监督。进一步增强了宪法意识和人大意识,坚持向人大及其常委会报告工作,自觉接受人大评议和代表视察,认真执行人大及其常委会的决议,主动加强与人大代表的联系,认真负责地办理人大和人大代表交办的事项。对人大和人大代表交办的 19 件案件,已办结 17 件,正在办理的 2 件。对办结的案件及时作了反馈,做到了件件有答复。

2004 年,全省检察工作虽然有了新的发展,但要清醒地看到,我们仍然处在人民内部矛盾凸显、刑事犯罪高发、对敌斗争复杂的时期,维护社会稳定、惩治腐败犯罪、促进司法公正的任务依然十分繁重。当前检察工作面临着一系列新情况、新问题。新经济领域、资金高密集领域、垄断性行业中的职务犯罪大要案频发,一些司法不公现象与职务犯罪交织在一起,改革中的各种不确定因素使案件的复杂程度和查处难度明显增大,这些对检察工作提出了新的挑战。就检察机关自身来讲,公正文明执法的能力还不完全适应形势发展的需要,队伍的专业化水平不高,法律监督能力有待增强;少数干警违纪违法问题仍有发生,特别是个别领导干部的违法犯罪行为,在社会上造成了恶劣影响;有的地方办案质量和效率不高;检务保障水平较低,信息化建设基础薄弱,还不能适应检察工作发展的需要。对于这些问题,我们将高度重视,在今后工作中努力加以解决。

**二、2005 年全省检察工作的主要任务**

根据省委和最高人民检察院的要求,2005 年全省检察工作主要任务是:坚持以邓小平理论和"三个代表"重要思想为指导,认真贯彻党的十六大、十六届四中全会、省委全委会、政法工作会议和检察长会议精神,牢固树立科学发展观和正确执法观,紧紧围绕改革发展稳定的大局和"强化法律监督,维护公平正义"的工作主题,加强执法规范化、队伍专业化和管理科学化建设,进一步深化检察改革,加强检务保障,提高法律监督能力,推动检察工作深入发展,为我省经济社会全面协调发展,建设社会主义和谐社会,实现社会公平正义做出新贡献。为落实上述任务,我们将着力抓好以下几项工作:

(一)深入学习贯彻党的十六届四中全会精神,努力提高法律监督能力

全省检察机关要按照党的十六届四中全会的要求,大力加强法律监督能力建设,牢固树立"立检为公,执法为民"的执法观,认真落实检察工作主题,切实提高"五个能力",即履行检察职能,打击预防刑事犯罪,维护社会稳定的能力;依法打击职务犯罪,促进廉政建设的能力;正确处理群众诉求,化解矛盾纠纷,促进社会和谐的能力;敢于监督、善于监督、规范监督,促进严格执法和公正司法的能力;强化自身监督和制约,严格、公正、文明执法的能

力。在执法活动中努力做到“六个统一”，即实现法律效果与社会效果的统一；打击犯罪与保护人权的统一；办案数量与办案质量的统一；事后监督与主动监督的统一；实体公正与程序公正的统一；局部工作和全局工作的统一。促使检察工作协调全面发展，充分发挥检察机关在服务经济建设、促进改革发展、构建社会主义和谐社会中的职能作用。

（二）坚持把严打方针贯彻到批捕、起诉工作中，努力维护社会稳定

要提高批捕、起诉工作的质量和效率，全力维护社会稳定。切实增强忧患意识和国家安全、稳定的意识，依法严惩“三股势力”的分裂活动、暴力恐怖活动以及“法轮功”等邪教组织的破坏活动。坚持严打方针，始终保持对严重刑事犯罪的高压态势。继续重点打击严重暴力犯罪、黑恶势力及有组织犯罪，尤其要把“两抢一盗”等侵财性犯罪作为打击的重中之重，进一步增强群众安全感。坚决依法惩治各类扰乱和破坏社会主义市场经济秩序的犯罪，重点打击金融诈骗、非法集资、制假售假、侵犯知识产权和走私等犯罪活动。要依法保护、促进非公有制经济健康发展。要认真贯彻和正确运用宽严相济的刑事政策，坚持惩办与宽大相结合，对未成年人犯罪、初犯、偶犯、过失犯，主观恶性较小、犯罪情节轻微的，分别不同情况采取轻缓的刑事政策从宽处理。要继续做好处理涉法上访的工作，积极参加社会治安防控体系建设和深化“安全陕西”创建活动，落实好检察环节的社会治安综合治理措施，努力创造良好的社会治安环境。

（三）继续加大查办和预防职务犯罪工作力度，促进党风廉政建设和反腐败斗争深入开展

要认真贯彻执行标本兼治、综合治理，惩防并举、注重预防的反腐倡廉战略方针，从实现经济社会发展战略任务、加强党的执政能力建设的高度，深刻认识查办和预防职务犯罪工作的重要性。坚持有案必办，突出办案重点，加大办案力度，提高办案质量，确保办案安全，增强办案效果。要集中力量查办大要案，重点查办发生在党政领导机关和领导干部中的职务犯罪案件。严肃查办国家机关工作人员利用职权非法拘禁、刑讯逼供等侵犯人权的犯罪案件和滥用职权、玩忽职守造成重大损失的犯罪案件；重大工程项目建设、金融、土地管理等领域中的职务犯罪案件；在国有企业重组改制、破产和经营活动中贪污、挪用、私分国有资产的犯罪案件，以及其他人民群众反映强烈的职务犯罪案件。同时，对那些为谋取不正当利益拉拢腐蚀干部、危害严重的行贿犯罪，要坚决依法查处。要进一步加强对侦查工作的组织领导和指挥协调，依法规范侦查活动，提高发现和查办职务犯罪的能力。要立足检察职能，拓展预防职务犯罪工作的领域，扩大预防工作面，进一步规范预防工作，积极促进预防职务犯罪法制化建设，努力从源头上减少和预防职务犯罪。

（四）强化诉讼监督，努力维护司法公正和司法权威

要以维护司法公正为目的，完善监督机制，提高监督质量，增强监督实效。刑事诉讼监督要突出重点，既要防止打击不力，又要注重保障人权，严防冤及无辜。民事审判和行政诉讼监督要注重平等保护诉讼当事人的合法权益，以化解矛盾为目的，既要纠正裁判不公的案件，维护司法公正，又要重视做好正确裁判的服判息诉工作，维护司法权威。要注意在诉讼监督工作中发现司法机关工作人员职务犯罪线索，坚决查办司法腐败案件。要加强对检察机关自身执法活动的监督，强化内部监督制约，积极接受外部监督。要把内部监督与外部监督结合起来，把经常性监督与专项监督结合起来，注重在监督中发现问题，针对问题采取相应措施，取得新的实效。

要认真贯彻实施中央关于司法体制和工作机制改革的意见。按照省委和最高人民检察院的统一部署，切实抓好检察改革，深化人民监督员制度的试点。加强对司法权的监督，促进司法公正。

（五）进一步加强检察队伍建设和基层检察院建设，为公正执法提供有力的组织保障和坚实的基础

要始终把思想政治建设放在首位，认真开展保持共产党员先进性教育活动，用“三个代表”重要思想和科学发展观武装党员干警的头脑，使广大党员干警素质有新的提高，精神面貌有新的变化，执法观念有新的转变，以党的建设带动队伍建设。要以党风廉政建设为重点，加强领导班子建设，严格执行中央、省委、最高人民检察院颁布的一系列廉洁自律的规定，加强反腐倡廉教育，筑牢拒腐防变的思想道德防线，强化领导干部的自律和监督。要重点加强对容易发生问题的部门和部位的监督，注意关口前移，加强事前、事中监督。认真追究错案责

任,严肃查处检察人员违纪违法案件,确保检察权依法正确行使。检察教育培训要向技能型培训转变,实施分类培训,加强岗位技能训练,提高干警适应工作发展需要的业务素质和工作能力。要认真贯彻落实《关于进一步加强基层检察院建设的意见》,以公正执法为核心,以队伍专业化、执法规范化和管理科学化建设为内容,努力推动全省基层检察院建设再上一个新台阶。

要从维护我国根本政治制度和宪法原则的高度,更加自觉地接受人大监督,认真向人大及其常委会报告工作,坚决贯彻执行人大及其常委会的决议。要进一步加强与人大代表的联系,使联系工作经常化、规范化。要主动邀请代表视察,认真听取代表的意见和建议,努力改进工作,及时办理并答复代表转办的案件。自觉地把检察工作置于人大的监督之下。

2005年检察工作的任务十分繁重。我们决心以邓小平理论和"三个代表"重要思想为指导,坚持科学发展观,按照省十届人大三次会议决议的要求,求真务实,开拓创新,大力加强法律监督能力建设,全力做好各项检察工作,为我省加快建设西部经济强省,全面建设小康社会做出新的贡献!

# 甘肃省人民检察院工作报告(摘要)

——2005年1月23日在甘肃省第十届人民代表大会第三次会议上

甘肃省人民检察院检察长　蔡　宁

(2005年1月25日甘肃省第十届人民代表大会第三次会议通过)

### 2004年全省检察工作主要情况

2004年,甘肃省人民检察院在省委和最高人民检察院的领导、省人大及其常委会的监督下,认真贯彻党的十六届三中、四中全会和省委十届六次全委会、省十届人大二次会议精神,紧紧围绕党和国家工作大局,全面履行法律监督职责,大力加强检察队伍建设,各项工作取得了新的成绩。

(一)依法履行批捕和公诉职责,努力维护社会稳定

全省检察机关把维护社会稳定作为首要任务,认真贯彻落实最高人民检察院"加大工作力度,提高执法水平和办案质量"的要求,充分履行批捕、起诉职责,严厉打击各类严重刑事犯罪。全年共受理公安、国家安全机关提请批捕刑事案件8007件12678人,批准逮捕7289件11362人;受理移送审查起诉9284件14310人,提起公诉7965件12035人。

——重点打击危害社会治安的严重刑事犯罪。全省检察机关把打击黑恶势力犯罪、严重暴力犯罪、毒品犯罪和影响群众安全感的多发性犯罪摆在突出位置,坚持提前介入、引导侦查取证,依法快捕快诉,增强打击实效。全年共审查批捕上述"四类"重点案件6272件9582人,提起公诉6926件10192人。如省人民检察院兰州铁路运输分院批捕起诉的王文建、刘冰等人非法买卖枪支案,该案涉案人员多,作案地域广,非法买卖枪支达135支,并涉及抢劫、绑架等犯罪,兰州铁路运输分院依法提前介入,严把案件事实、证据关,克服被告人关押分散等困难,补充证据200余份,该案提起公诉后,法院一审判处王文建等3人死刑,刘冰等3人死缓,其他40名被告人分别被判处无期徒刑或有期徒刑。

——依法严惩破坏市场经济秩序的犯罪活动。各级检察院积极参加整顿和规范市场经济秩序工作,依法批准逮捕制售伪劣商品、金融诈骗、偷税骗税、侵犯知识产权等经济犯罪嫌疑人411人,提起公诉321人。针对一些地方经济秩序混乱,但行政处罚多、追究刑事责任少的问题,省检察院直接挂牌督办了11件重大经济犯罪案件。各级检察院还

与同级工商、税务等行政执法单位联合会签了《关于进一步加强工作联系，建立行政执法与刑事执法相衔接工作机制的意见》，就增进部门工作联系、互通工作情况、实现信息共享等问题达成广泛共识，建立和完善了行政执法与刑事执法相衔接工作机制。

——认真落实检察环节社会治安综合治理措施。各级检察院积极参加社会治安防控体系建设和突出治安问题的集中整治，通过组织检察官深入社区开展法制宣传和法律服务，选派检察官担任中小学校法制副校长，推广西峰区、肃州区检察院创建全国优秀"青少年维权岗"经验，与有关部门配合加强对失足青少年进行教育挽救和被管制、缓刑、假释、暂予监外执行人员的帮教考察等，积极发挥检察机关在社会治安综合治理工作中的职能作用。坚持检察长接待日制度，认真落实控告申诉首办责任制，依法审查处理群众举报和控告申诉，为保持社会稳定做出了积极努力。

(二)进一步加大工作力度，严肃查处和积极预防职务犯罪

全省检察机关把查办职务犯罪工作摆在突出位置，加大办案力度，不断提高办案质量。全年共立案侦查贪污贿赂、渎职侵权等职务犯罪案件559件669人，其中贪污贿赂、挪用公款犯罪案件498件584人，渎职侵权犯罪案件61件85人，案件数同比分别增长10.9%和35.5%。通过办案，为国家挽回直接经济损失7239万元。

——突出工作重点，加大办案力度。全省检察机关坚持集中力量查办党政领导机关和国有企业改制重组中的职务犯罪大案要案，对重大复杂案件，由上级检察院直接查办或督办，统一协调使用侦查力量，增强了侦破大案要案的整体能力。全年共立案侦查贪污贿赂五万元以上、挪用公款十万元以上大案173件，同比上升21.8%，其中，涉案金额达一千万元以上的5件。查处涉嫌职务犯罪的县处级以上领导干部50人，同比上升31.6%。其中影响较大的案件有：原兰州市副市长杨在溪受贿案，原省电力公司财务处长顾慧娟贪污受贿、挪用公款案，原兰州市工商行政管理局副局长张双吉贪污、城关工商分局副局长刘建荣贪污案等。

——强化人权观念，促进依法行政。各级检察院认真落实宪法关于"国家尊重和保障人权"精神，深入开展严肃查处国家机关工作人员利用职权侵犯人权犯罪专项活动，重点查办发生在基层、严重侵犯人民群众利益、群众反映强烈的案件，并以此推动渎职侵权案件的查处工作。全年共受理排查非法拘禁、刑讯逼供、破坏选举等侵犯公民人身权利、民主权利案件线索340件，初查316件，立案侦查16件23人，同比上升45.5%和35.3%。

——规范执法活动，提高办案质量。为促进各级检察院进一步规范执法行为，确保办案质量，我们对2004年全省检察机关自侦案件办案质量进行逐案考评，对综合考评前三名的市检察院和前十名的基层检察院给予了表彰奖励。对全省检察机关反贪局长、渎检处(科)长进行普遍轮训。各级检察院更加重视规范职务犯罪案件的受理、立案、侦查工作，全面推行办案质量定期通报和一案一考评制度，加强侦查部门与批捕、公诉部门的相互配合，严把案件事实关、证据关、程序关和适用法律关，案件质量有了新的提高。2004年，共侦查终结职务犯罪案件527件636人，移送审查起诉428件507人，决定起诉315件374人。

——拓展预防领域，增强预防实效。全省检察机关在建立健全预防机构、完善预防机制的基础上，注重在预防实效上下功夫。全年累计开展专项预防112项、行业预防419项、个案预防279项，项目金额达302亿元，向发案单位提出检察建议277件，被采纳82件。为使我省预防职务犯罪工作走上法制化轨道，研究起草了《甘肃省职务犯罪预防工作条例(草拟稿)》，在广泛征求各方面意见后，正报请省人大常委会列入立法计划。制定了《甘肃省检察机关各业务部门预防职务犯罪规定》，明确了检察机关内设机构预防职务犯罪的目标任务和措施要求。组织召开了甘肃省职务犯罪预防研究会成立大会暨预防对策研讨会，职务犯罪预防工作机制得到进一步健全和规范。

(三)强化法律监督职能，增强诉讼监督实效

2004年，最高人民检察院先后在全国检察机关部署开展了打击制假售假、侵犯知识产权犯罪立案监督，纠正违法减刑、假释、保外就医专项检查和集中处理涉法上访问题等活动。这些专项活动紧紧抓住了诉讼监督工作的难点和关键环节，目标明确，针对性强。各级检察院高度重视，进一步统一思想，加强领导，把深入开展专项活动作为维护国家法律统一正确实施，推动解决司法不公、诉讼违法等突出问题的重要措施，精心组织，狠抓落实，促

进了诉讼监督工作的健康发展。

——开展打击制假售假、侵犯知识产权犯罪立案监督专项行动。全省检察机关按照最高人民检察院统一部署,以防止和纠正行政执法机关有案不立、以罚代刑问题为重点,主动加强与行政执法机关的联系配合,共走访行政执法机关578次,查询案件1893件,查阅案件卷宗1878件1903卷,建议行政执法机关移交涉嫌制假售假、侵犯知识产权犯罪案件5件5人,监督公安机关立查该类案件7件12人。

——开展清理违法减刑、假释、保外就医案件专项检查。各级检察院在地方党委、人大的领导、支持下,同公安、司法部门密切配合,集中时间,集中人力,对2002年以来办理的减刑、假释、保外就医案件进行逐案清理,共审查案卷18323件,发现违法减刑、假释、保外就医和法律文书不全等问题212件,2004年年底已全部纠正。经过监督,有关部门补办法律手续41件,对231名保外就医罪犯到指定医院重新做了病情鉴定,对监外执行条件消失的20名保外就医罪犯予以收监执行;配合执行机关抓捕脱管失控罪犯14名;查处监管干警职务犯罪案件4件8人。同时,对清理审查时发现的监管场所管理中带有倾向性的问题,积极帮助整章建制,堵塞漏洞。省监狱管理局及时收集有关建议,先后出台了狱务公开、减刑、假释、保外就医等8个规范性文件,产生了良好的社会效果。

——开展集中处理涉法上访问题专项行动。全省检察机关认真贯彻落实中央政法委、最高人民检察院和省委政法委关于集中处理涉法上访问题的部署,抽调专人对辖区涉法上访积案进行逐一排查,逐一制定清理方案,严格落实包案到单位、包案到人、限期办结等要求,精心组织,狠抓落实,推动了专项活动的健康发展。共排查清理检察环节涉法上访案件312件,已全部办结,一批上访多年、久访不息的积案得到了较好处理。

——全面推进各项诉讼监督工作稳步发展。各级检察院在认真开展专项活动的同时,积极适应依法治国要求,全面开展诉讼监督工作。全年共要求公安机关说明不立案理由229件,公安机关主动立案109件,通知公安机关立案77件,公安机关接通知立案53件;纠正不应当立案而立案的案件17件;依法不批准逮捕1270人,决定不起诉779人,追捕16人,追诉9人。对认为确有错误的刑事判决、裁定提出抗诉85件,法院审结23件,改判12件。督促和配合公安、法院等部门共同开展清理纠正超期羁押专项行动,共清理纠正超期羁押252人,使各个诉讼环节的超期羁押现象明显减少。对监管活动中的违法问题和监管安全隐患提出纠正意见480件次。对认为确有错误的民事行政判决、裁定,依法提出抗诉154件,法院审结86件,其中改判、撤销原判发回重审和调解改变原判决59件;向法院提出再审检察建议60件,被采纳17件。与省法院联合制定了《关于办理民事行政抗诉、检察建议案件若干问题的试行办法》,有效地促进了民事行政检察工作的发展。

(四)积极推行人民监督员制度试点等检察改革

根据党的十六大关于推进司法体制改革的部署,全省检察机关从解决影响司法公正的问题入手,积极探索检察机关自身工作运行机制方面的改革。为加强对查办职务犯罪案件工作,特别是强化办理犯罪嫌疑人不服逮捕决定和拟撤案、拟作不起诉处理案件的外部监督制约,2004年初经请示最高人民检察院同意,确定在酒泉市检察院、七里河区检察院等4个检察院开展人民监督员制度试点工作。8月份最高人民检察院做出扩大试点决定后,又增加包括省检察院在内的44个检察院进行扩大试点工作,并及时向省委、省人大做了汇报。在省十届人大常委会第十二次会议上,我们就这项工作进行了专题汇报。省人大常委会做出《甘肃省人民代表大会常务委员会关于在全省检察机关实行人民监督员制度的决议》,对这项改革给予了有力的支持。目前,全省48个试点检察院已选任人民监督员260名,已有24起"三类案件"接受了人民监督员的监督。实行人民监督员制度,增强了执法透明度,强化了人民群众对检察工作的监督,提高了办案质量,取得了较好的法律效果和社会效果。

全省检察机关还结合业务特点,从改革和完善检察工作机制入手,强化重大案件介入侦查、引导取证和主诉检察官办案责任制,建立和完善职务犯罪侦查一体化机制;推行诉讼权利、诉讼时限告知制度,依法保障律师的执业权利,注重检察环节的人权保障;与人民法院共同推行被告人认罪案件普通程序简化审理,提高了办案效率。同时,在检察人员分类管理方面进行了一些有益探索。

(五)加强队伍建设,不断提高队伍整体素质全省检察机关以学习贯彻“三个代表”重要思想为主线，以落实“立检为公、执法为民”要求为宗旨，以领导班子建设和队伍专业化建设为重点，加强队伍建设，提高队伍素质。

——深入开展教育活动，强化公正执法意识。按照最高人民检察院和省委的统一部署，全省检察机关深入开展了深化“强化法律监督，维护公平正义”主题教育和“公正执法树形象”、“两个条例”学习教育活动，紧扣法律监督职能，贴近检察工作和干警思想实际，立足教育和引导，重点查摆和解决人民群众反映强烈、影响公正执法的突出问题。组织全省检察机关对2003年做出不起诉决定的517案751人逐一进行复查，对有冤错可能的23案，经复查，维持原不起诉决定17案，纠正6案；对2001年以来办结的职务犯罪案件作撤案、不起诉和法院判无罪案件中扣押、冻结款物的处理情况进行专项检查，对滞留在检察环节的152万元扣押款依法作了发还或上缴处理。坚持从严治检，严肃查处违法违纪检察干警8人，其中给予党政纪处分3人。

——大力加强领导班子建设。继续把班子建设作为重点，努力加强各级检察院领导班子的思想、组织和作风建设，严格管理，加强监督，使领导班子真正成为检察事业发展的带头人。在省委、省人大常委会的关心支持下，省检察院的领导班子得到充实和加强；积极配合组织部等有关部门调整、补充、交流了8个市、分院检察长，市级检察机关领导班子的年龄和知识结构得到进一步改善。

——积极开展队伍专业化建设。各级检察院严格执行公开招考和国家统一司法考试制度，严把进人关。对在职检察人员通过加强学历教育、岗位培训、业务技能竞赛等多种措施，努力提高队伍专业化水平。省检察院共举办续职培训等各类岗位技能培训班12期，培训人员1054人。截至2004年底，全省本科以上学历检察官已达44.2%，目前还有513人正在参加法律本科学习，20人参加在职法律研究生学习，预计到2005年底，本科以上学历检察官所占比例将再增加10多个百分点。积极开展“争创学习型检察院、争当学习型检察干警”活动，营造浓厚的学习氛围，检察队伍的文化专业结构有了明显改善，在2004年全国司法考试中，我省检察机关参加考试人员通过率为9.7%，高出全省通过率2.3个百分点。

（六）狠抓基层检察院建设，基层基础建设迈出新的步伐

2004年，按照《人民检察院基层建设纲要》要求，通过开展争创先进检察院活动，扎实推进基层检察院正规化、制度化建设。坚持对全省基层检察院进行分类指导、领导定点联系和对口帮扶制度，确定了15个先进基层检察院进行示范建设，同时确定了15个重点帮促院，由省、市两级检察院领导包干负责，重点帮扶。在日前召开的全省市州分院检察长工作会议暨第五次“双先”表彰会上，对成绩突出的21个先进基层检察院、35个先进集体和55名先进个人进行了表彰奖励。通过开展评先帮促活动，基层检察院的面貌都有了较大改观。认真落实《中共甘肃省委常委会研究加强全省法院、检察院基层建设工作会议纪要》精神，在加强基层检察院领导班子建设及协管力度、建立检察官准入和遴选制度、落实从优待检政策及经费保障等方面提出了贯彻意见，目前正在抓紧与有关主管部门协调落实相关措施。各级检察院积极争取党委、政府的政策支持和国债资金及地方财政配套资金投入，加强和改善检察后勤保障及信息化建设。2004年又有19个检察院争取到“两房”建设资金，目前全省有49个检察院“两房”建设已竣工或在建；省检察院与市级检察院的二级通信专线网也即将建成开通，全省已有30个检察院建成局域网；随着中央政法专项补贴的增大，检务保障工作有了新的起色。同时，省检察院提出在三年内筹措50万元资助基层检察院500名检察官进行学历教育的任务，已在今年初全面完成。省检察院还通过春节慰问基层检察院、给遭受灾害或遇有喜庆活动的基层检察院拨付慰问金或给予适当补助，优先安排基层检察院干警参加培训并减免其费用等，密切省检察院和基层检察院关系，激发了基层检察院克服困难、争创一流的积极性。此外，检察理论研究、检察政务等工作也都取得了新的进展。

（七）坚持党的领导，自觉接受人大及其常委会的监督

全省检察机关坚持重要工作部署和重大问题向党委请示报告制度，把坚持党的领导与依法独立公正行使检察权统一起来，保证检察工作始终坚持正确的政治方向。牢固树立法律监督机关更要接受监督的观念，自觉把检察工作置于人大及其常委会的监督之下，坚持向人大及其常委会报告工作，认真执行人大决议，落实人大常委会交办事项。省

检察院共办理人大代表意见、建议17条,办结人大常委会及人大代表转办案件9件。加强同人大代表的联系,省检察院和兰州、金昌、天水等检察院邀请部分全国和省人民代表视察检察机关开展深化"强化法律监督,维护公平正义"教育活动和清理纠正超期羁押专项行动等工作。还通过赠阅《检察日报》、年中通报工作情况、召开座谈会、走访、发征求意见函等方式,广泛听取人大代表、政协委员和社会各界的意见和建议,加强和改进检察工作。

过去的一年,我省检察工作取得了一定的成绩,检察工作总体上实现了我们年初提出的奋斗目标。这些成绩的取得,是党委正确领导、人大有力监督、政府大力支持、政协民主监督和社会各界关心帮助的结果。同时,我们也清醒地认识到,检察工作还存在不少问题和困难,主要是:有的地方查办职务犯罪工作的力度不大,突破案件的能力不强,办案效率和办案质量有待提高;对诉讼活动中有法不依、执法不公问题的监督力度不够,与人民群众的要求和期望还有较大差距;检察队伍的教育、管理和监督还存在薄弱环节,整体素质和执法水平还不能完全适应新形势、新任务的要求,个别干警违法违纪现象仍有发生;基层检察院人员不足、经费困难、装备落后的问题仍较突出。我们将高度重视这些问题,采取措施努力加以解决。同时,我们也诚恳希望各位代表和社会各界加强对检察工作的监督,指出存在的问题,提出批评建议,帮助我们改进工作,更好地履行宪法和法律赋予的职责。

**2005年全省检察机关的主要任务**

2005年,全省检察机关将坚持以党的十六届四中全会精神和中央纪委五次会议为指导,牢固树立科学发展观和正确执法观,紧紧围绕"强化法律监督,维护公平正义"的工作主题,认真履行法律监督职责,加强队伍和基层检察院建设,卓有成效地做好新时期各项检察工作。

1. 依法严厉打击各类刑事犯罪活动,全力维护社会政治稳定。继续把维护稳定作为首要政治任务,进一步加强批捕、起诉工作。重点打击严重暴力犯罪、黑恶势力、毒品犯罪和影响群众安全感的多发性犯罪,以及"两抢一盗"等侵财性犯罪,切实保护人民群众的利益。坚决依法惩治各类扰乱和破坏社会主义市场经济秩序的犯罪,重点打击金融诈骗、制假售假、侵犯知识产权等犯罪活动。进一步完善行政执法与刑事执法相衔接的工作机制,加强对有案不立、有罪不究、以罚代刑等问题的监督。积极落实检察环节的各项综合治理措施。进一步做好集中处理涉法上访工作。

2. 严肃查办和积极预防职务犯罪,进一步推动党风廉政建设。坚决贯彻中央关于反腐败斗争的部署,集中力量查办大案要案,重点查办发生在党政领导机关和领导干部中的职务犯罪案件。严肃查办国家机关工作人员利用职权非法拘禁、刑讯逼供等侵权案件和滥用职权、玩忽职守等渎职案件,重大工程、金融、土地管理等领域中的职务犯罪案件,在国有企业改制、破产和经营活动中贪污、挪用、私分国有资产的犯罪案件,以及其他人民群众反映强烈的职务犯罪案件。提高办案质量,加强办案安全防范。深化人民监督员制度试点工作,完善外部监督制约机制。做好职务犯罪预防工作,预防和减少职务犯罪的发生。

3. 强化诉讼监督,努力维护司法公正。进一步强化诉讼监督职能,依法纠正诉讼活动中执法不严、执法不公等问题,不断提高法律监督的质量和水平,特别是要注重监督实效,努力维护司法公正和法制统一。在刑事侦查和审判活动监督中,要注重防止有案不立、漏捕漏诉,对量刑畸轻畸重的案件要依法提出抗诉。刑罚执行监督和监管活动监督要继续落实防止和纠正超期羁押的各项措施,总结纠正违法减刑、假释、保外就医专项工作的经验,加强监督机制建设。民事审判和行政诉讼监督重点办理侵害国家和集体利益以及因地方和部门保护主义、严重违反法定程序、审判人员贪赃枉法、徇私舞弊导致错误裁判的案件,尤其是人民群众反映强烈、社会影响大的案件,努力提高抗诉和再审检察建议的质量和效率。在开展诉讼监督工作中,要注意发现、查办执法和司法不公背后的司法腐败案件,使查办职务犯罪工作与诉讼监督工作相互促进。

4. 全面加强队伍专业化建设,不断提升整体素质和执法水平。加强检察队伍的思想政治建设,树立正确的执法观,结合党员先进性教育,促进法律监督能力的提高。突出抓好各级检察院领导班子建设,强化领导干部的自律和监督,优化班子结构,增强整体素质。积极探索建立业务工作、队伍建设和信息化建设"三位一体"的管理机制,改进和加强检察管理工作,加大科技含量,提高工作质量和效率。围绕提高法律监督能力,进一步加大教育培训力度,开展以提高业务技能为核心的正规化分类培训,培养一批专家型、复合型、专门型人才,进一步改善和优化检察队伍的素质结构。2005年省检察院将根据中央编委下拨的检察人员增编计划,在调查研究各级检察院业务工作量和辖区人口的基础上,采取单独考试和选调优秀本科生等方式,招录一批高素质人员,直接分配充实到基层检察院工作。今后,省检察院和市州分院进人主要通过考试和考核的方法,从下级检察院遴选优秀检察官补充缺额,改善上级检察院检察官的知识结构和工作经历。

5. 扎实推进基层检察院建设,开创基层检察院建设新局面。要认真贯彻《人民检察院基层建设纲要》和省委常委会《纪要》精神,落实好基层检察院建设的各项任务。继续坚持上级检察院领导联系基层检察院制度,深入实际,具体指导,推动重点帮促院工作再上新台阶。及时总结好经验、好做法,宣传基层涌现出的先进典型,充分调动基层检察院的积极性和主动性,提高自身工作水平。努力争取落实从优待检的有关政策,积极落实检察官津贴,提高基层干警的待遇。通过上下结合,多方争取,共同努力,逐步解决基层的实际困难和问题。

在新的一年里,全省检察机关要更加自觉地接受各级人大及其常委会的监督,牢记使命,振奋精神,开拓进取,扎实工作,为维护社会稳定、推动廉政建设、促进经济发展和实现社会的公平与正义做出新的贡献!

# 青海省人民检察院工作报告(摘要)

——2005年1月19日在青海省第十届人民代表大会第三次会议上

青海省人民检察院检察长 刘 晓

(2005年1月22日青海省第十届人民代表大会第三次会议通过)

2004年,全省检察机关以邓小平理论和“三个代表”重要思想为指导,认真贯彻党的十六届四中全会和省委十届四次、五次全委会精神,按照省十届人大二次会议的要求,紧紧围绕全省工作大局,突出“强化法律监督,维护公平正义”检察工作主题,认真履行检察职责,加大工作力度,提高执法水平,加强队伍建设和基层检察院建设,各项工作取得了新的进展。

**一、坚持“严打”方针,依法严厉打击各类刑事犯罪取得明显成效**

全省检察机关认真贯彻中央、省委关于维护稳定的一系列指示精神,加强与公安、法院等部门的协调配合,把“严打”方针贯穿于批捕、起诉等各个环节,提高办案效率,增强打击合力,努力维护社会稳定。2004年共批准逮捕刑事犯罪嫌疑人3504人,同比上升5.1%;向法院提起公诉3821人,同比上升10.6%。

1. 突出打击重点,加大打击力度。坚决打击危害国家安全和破坏社会治安秩序犯罪,重点打击杀人、抢劫、绑架等严重暴力犯罪,黑恶势力犯罪,涉毒、涉枪犯罪,盗窃、抢夺等多发性犯罪。共批准逮捕上述犯罪嫌疑人2780人,提起公诉2910人。对一些重特大案件实行挂牌督办,逐件落实责任,适时介入侦查,引导取证,确保及时批捕、起诉。

2. 积极参与整顿和规范市场经济秩序工作。依法严厉打击走私、偷税骗税等破坏市场经济秩序犯罪,认真开展打击制假售假、侵犯知识产权犯罪专项立案监督行动,以防止和纠正以罚代刑问题为重点,主动加强与行政执法机关的联系配合。走访工商、药监、文化等行政执法机关,查询、查阅案件244件,监督行政执法机关及时向公安机关移送案件。批准逮捕犯罪嫌疑人70人,起诉76人。检察机关办理的张新建等人虚假出资、票据诈骗案,法院一审判处其死刑,缓期二年执行。

3. 切实加强批捕起诉工作。强化措施,落实责任,加快办案节奏,依法快捕快诉。严把案件事实关、证据关、程序关、适用法律关,加强对批捕后撤案、不起诉和判决案件的审查监督。完善主诉检察官办案责任制,探索出庭方式改革,办案质量和办案效率有了较大提高。2004 年我省普通刑事案件起诉率达 98.7%。积极做好检察环节上的各项综合治理工作,配合有关部门开展"治爆缉枪"、"打击淫秽色情网站"、"禁毒"等专项集中整治行动。认真开展"青少年维权岗"创建活动,西宁市检察院和同仁县检察院荣获全国优秀"青少年维权岗"称号。

**二、查办职务犯罪案件工作力度进一步加大**

全省检察机关在查办职务犯罪案件工作中,紧密结合实际,突出办案重点,加大办案力度,提高办案质量。2004 年共立案侦查职务犯罪案件 176 件 212 人。其中贪污贿赂案 109 件 126 人,挪用公款案 42 件 49 人,渎职侵权案 23 件 34 人,其他案件 2 件 3 人。

1. 集中查办了一批有影响的职务犯罪大案要案。共立案侦查贪污贿赂五万元以上,挪用公款十万元以上大案 51 件,其中五十万元以上的 13 件;立案侦查县处级领导干部职务犯罪要案 15 人。中国银行青海分行营业部工作人员杜海威利用职务之便贪污被立案侦查;省机械设备成套局副局长王维民受贿、职务侵占、巨额财产来源不明案,经检察机关立案侦查,提起公诉后,法院一审判处其有期徒刑十三年。

2. 突出查办了一批贪污挪用低保金、职工安置费、农村土地征用补偿款等严重侵害人民群众切身利益的案件。共立案侦查 25 件 31 人。检察机关立案侦查的西宁市财政局干部陈延梅挪用企业职工安置费案,法院一审判处其有期徒刑六年;原青海青乐化工机械有限公司党委书记郭永明等人贪污企业职工最低生活保障金、下岗职工安置费被立案查处,并由此案挖出贪污贿赂窝案 7 件 8 人,现已向法院提起公诉。

3. 积极查办渎职侵权犯罪案件。全省检察机关结合最高人民检察院部署开展的严肃查办国家机关工作人员利用职权侵犯人权犯罪案件专项活动,采取多种形式,广泛开展宣传活动,加大对案件线索的排查处理力度,提高突破案件的能力。西宁市国税系统陈肖军等 3 名工作人员,违反有关税收法规,不认真履行职责,致使 3 家公司虚开增值税专用发票,造成国家税收流失,检察机关分别对陈肖军等 3 人以涉嫌玩忽职守罪立案侦查。

4. 严格依法办案,确保办案质量。牢固树立公正执法、文明办案的观念,树立证据意识、程序意识、质量意识,办案质量明显提高。2004 年,全省检察机关自侦案件侦结率、起诉率同比分别上升 3.2 个百分点和 13.5 个百分点,撤案率、不起诉率下降 6.6 个百分点和 9.8 个百分点。进一步完善办案制度和内部监督机制,严格执行办案纪律,规范侦查活动,依照法定程序办案。强化安全防范措施,防止了办案安全事故的发生。

**三、诉讼监督工作进一步强化**

全省检察机关坚持实体监督与程序监督相结合,突出监督重点,拓宽监督渠道,强化监督措施,增强监督实效,促进了司法公正。

1. 强化各项诉讼监督。依法纠正有案不立、有罪不究、以罚代刑等问题。共受理刑事立案监督案件 48 件,要求公安机关说明不立案理由 33 件,公安机关主动立案 15 件,通知公安机关立案 10 件。依法纠正重罪轻判、轻罪重判、量刑明显不当等问题,对法院的审判活动是否合法进行监督,对认为确有错误的刑事判决、裁定提出抗诉 29 件。在民事审判、行政诉讼监督中,把裁判不公作为监督重点,在抗诉质量上下功夫。共立案审查民事、行政申诉案 59 件,向法院提出抗诉 12 件。对正确的判决,认真做好服判息诉工作。加强刑罚执行监督,建立超期羁押情况通报和预警制度,保证了刑事诉讼各个环节无超期羁押。加强监管监督,保障在押人员合法权益和诉讼活动顺利进行。认真开展"减刑、假释、保外就医"专项检查活动,对 2002 年以来的"减、假、保"案件进行了全面检查,逐案审查 6012 人,对存在的问题,有针对性地提出了整改意见。

2. 认真开展不起诉案件专项复查活动。按照最高人民检察院的部署,结合我省实际,省检察院派出工作组分别到西宁等几个重点地区进行检查调研,对重点案件进行督办。共对 95 件 143 人不起诉案件进行了复查。省检察院针对陈永清等人集资诈骗不起诉案中存在的问题,认真复查,坚决进行纠正。研究制定了不起诉案件的复审制度等七条措施,要求各级检察院严格执行,取得了明显效果。

3. 进一步加强控告申诉检察工作。坚决贯彻中政委、省委和最高人民检察院关于集中处理涉法上访问题的工作部署，认真开展集中处理涉法上访工作。严格落实领导责任制和分级负责制，加大复查纠正和善后工作的力度。重点解决不服检察机关处理决定等四类上访案件。派出13个督查组到基层检察院检查指导，督办案件，积极稳妥地处理了一批涉法上访问题。共排查出涉法上访案件104件，已办结97件，未结案件实行责任制，限时办结。

**四、预防职务犯罪工作取得新进展**

全省检察机关围绕西部大开发以及重大工程项目建设，立足检察职能，按照省检察院提出的"巩固、规范、提高、拓展"的预防工作要求，积极开展职务犯罪预防工作。一是进一步加强预防网络建设。与金融、交通、水利等有关行业和系统的324个单位建立了预防职务犯罪共建关系，并适时召开联席会、案件分析会，共同探讨预防措施。二是积极与有关部门联系协调，在全省54个重点工程项目中开展"工程优良、干部优秀"，建筑市场廉洁准入制和工程、廉洁合同"双签制"等活动，有效地防范了职务犯罪案件的发生。三是通过个案、类案分析，认真研究职务犯罪产生的原因、特点、规律，向发案单位和预防共建单位发出检察建议340次，进行警示教育14次，法制讲座46次，开展预防咨询活动75次。四是根据省委领导关于预防职务犯罪工作的批示精神，召开了全省检察机关预防职务犯罪工作会议，98个厅局级单位及驻青大中型国有企业的领导参加了会议。会议对近两年来的预防工作进行了全面总结，研究部署了今后一个时期的预防工作，有效促进了预防工作的深入开展。

**五、队伍建设和基层检察院建设得到加强**

全省检察机关以强化法律监督，维护公平正义为目标，毫不放松地抓好队伍建设和基层检察院建设，检察队伍的整体素质和执法水平有了一定的提高。

1. 认真开展深化"强化法律监督，维护公平正义"教育活动。按照最高人民检察院的总体要求和省检察院确定的目标步骤，制定实施方案，加强组织领导，周密安排部署，强化督促检查，深入排查队伍建设和执法活动中存在的突出问题，制定整改措施，切实加以整改。认真开展自侦案件扣押冻结款物和集中纠正违法插手经济纠纷问题专项检查，对个别县检察院违规借支扣押款和个别干警插手经济纠纷问题，进行了认真纠正。各级检察院把教育活动与创建"学习型、效率型、服务型"机关活动相结合，加强队伍管理，改进机关作风，提高工作效率，推动了队伍建设和业务工作的开展。认真落实党风廉政建设责任制，加强对干警的教育管理监督。省检察院结合实际，制定了"十二条严禁"，要求全省检察干警严格遵守。坚决查处检察干警违法违纪问题，全省检察机关有3名干警因违纪被立案查处。

2. 加大教育培训力度。以检察官续职培训和岗位技能培训为重点，组织全省基层检察院检察长和反贪局长、渎检处(科)长等培训班9期。加强学历教育，2004年参加北京大学等远程网络法律本科教育的干警已毕业61人。目前我省检察机关大专以上学历的干警已达80%。加大干部交流学习力度，从基层检察院选派业务骨干到最高人民检察院、上海、辽宁检察机关学习锻炼，从省检察院选派干部到基层挂职锻炼。通过交流，锻炼了干部，拓宽了视野，提高了业务能力和管理水平。

3. 加强基层检察院建设。认真贯彻全国基层检察院建设会议精神，以班子建设为重点，以争创先进检察院为载体，深入推进基层检察院建设。省检察院研究制定了《关于进一步加强基层检察院建设工作的意见》，及时向省委和省人大作了专题汇报。省委高度重视基层检察院建设，召开常委会议，听取汇报，提出要求，将《意见》批转各州地市委，要求各级党委及有关部门重视、支持基层检察院建设，为加强基层检察院建设创造了有利条件。在中央、省委、省政府和最高人民检察院的大力支持下，我省基层检察院办公用房已基本建成，为22个基层检察院配发了办案用车，检察机关基础设施和装备建设得到进一步改善。

**六、人民监督员制度试点工作顺利启动**

实行人民监督员制度是检察机关坚持立检为公、执法为民，深入推进检察改革的一项重大举措，目的是加强对检察机关查办职务犯罪工作的监督，从制度上保障检察权的正确行使。人民监督员由机关、团体、企事业单位和基层组织推荐产生，其主要职责是对检察机关直接受理案件中，犯罪嫌疑人不服逮捕决定、拟撤销案件、拟不起诉的三类案件进行监督。最高人民检察院作出扩大人民监督员制度试点工作的部署后，省检察院及时将最高人民检察院的要求及贯彻意见向省委、省人大作了专题汇报。省委、省人大、省政府对开展人民监督员制度试点工作给予了大力支持。2004年8月，省检察院召开全省检察长座谈会对这项工作进行了具体部署,研究制定了《青海省检察机关人民监督员试点工作实施方案》,要求试点工作要坚持依法办案、实事求是、积极稳妥的原则,以案件监督为重点,对"三类案件"要无一例外地进入监督程序,在取得实效上下功夫。根据最高人民检察院的要求,结合我省实际,确定了16个检察院为试点院,在审计、教育等部门选任人民监督员89名,其中有人大代表、政协委员、民主党派、专家学者等,具有广泛的代表性。目前已有2起案件进入人民监督员监督程序。

**七、坚持党的领导,自觉接受人大监督的意识不断增强**

党的领导、人大的监督是做好各项检察工作的根本保证。全省检察机关始终坚持重大问题和重要工作部署及时向党委请示汇报,坚决贯彻落实党委的各项决策和部署。不断增强自觉接受人大监督的意识,主动接受人大及其常委会的监督。省十届人大二次会议后,省检察院对人大代表、政协委员提出的建议、意见进行了专门研究,制定措施,认真整改。并将意见和建议下发全省各级检察院,要求结合实际,认真对照检查,切实加以整改。2004年,省检察院向省委、省人大专题汇报了全省检察机关开展深化主题教育活动等重要工作部署,得到了省委、省人大的高度重视和大力支持。在人民监督员制度试点工作中,选任了32名人大代表和25名政协委员为人民监督员。通过党委的领导和人大的监督,保证了检察工作的健康发展。

一年来,全省检察机关认真贯彻落实省委和最高人民检察院的工作部署,各项工作取得了新的进展。但我们也清醒地认识到,检察工作仍存在一些问题和不足,主要是:少数干警的执法思想、执法观念、执法水平还不完全适应市场经济和公正执法的要求,存在执法不文明等问题;查办职务犯罪案件工作发展不平衡,有的地区办案力度不大;诉讼监督力度不够,部分检察院存在监督意识不强、监督不到位等问题;科技强检需进一步加强,经费不足、装备落后的局面有待进一步改善。对上述问题,我们将认真研究,努力加以解决。

根据省委十届五次全委会精神和最高人民检察院的部署,2005年全省检察机关的主要任务是:认真学习贯彻党的十六届四中全会和省委十届五次全委会精神,以科学发展观为指导,大力加强法律监督能力建设,牢固树立"立检为公、执法为民"的执法观念,进一步实践和深化"强化法律监督,维护公平正义"检察工作主题,紧紧围绕全省工作大局,充分履行法律监督职责,加大工作力度,提高执法水平和办案质量,为推动"平安青海"建设和社会和谐稳定做出新贡献。

一、全力维护社会稳定。始终把维护稳定作为检察工作的重中之重,作为首要任务来抓。坚持严打方针,保持对严重刑事犯罪的高压态势,依法严厉打击危害国家安全的犯罪活动,重点打击杀人、抢劫、伤害等严重暴力犯罪,黑恶势力犯罪,涉枪涉毒犯罪和盗窃、抢夺等多发性侵财犯罪,增强群众的安全感。坚决依法惩治各类扰乱和破坏社会主义市场经济秩序的犯罪,重点打击金融诈骗、非法集资、侵犯知识产权等犯罪活动。继续抓好集中处理涉法上访工作,重点办理涉检上访案件,依法解决群众的合理诉求,化解矛盾,消除不安定因素,维护社会稳定。

二、加大查办和预防职务犯罪工作力度。突出打击重点,集中力量查办有影响、有震动的大案要案,严肃查办国家机关工作人员利用职权侵犯人权犯罪案件。同时对那些案值不大,但影响恶劣、侵犯人民群众切身利益的案件,也要坚决查办。始终坚持办案数量与质量并重的观念,努力实现办案的法律效果与社会效果的统一。加强预防职务犯罪工作,深化重点行业和领域系统预防、重点建设项目专项预防和发案单位个案预防。探索检察机关部门预防与社会预防相结合的工作机制,促进预防工作法制化、规范化。

三、加强诉讼监督。进一步增强监督意识和责任意识,强化刑事立案监督、侦查监督、审判监督、刑罚执行监督、民事审判和行政诉讼监督,切实维护诉讼当事人的合法权益,推动监督工作深入开展。认真落实控告申诉首办责任制和错案追究制。加强内部监督,切实解决执法办案中的突出问题,努力维护司法公正。积极开展人民监督员制度试点工作,研究和探索人民监督员行使监督权的有效方式。

四、加强检察队伍建设和基层检察院建设。强化领导干部的自律和监督,突出抓好各级检察院领导班子建设,提高决策科学化、民主化水平,增强班子的凝聚力和战斗力,通过班子建设带动队伍建设。认真开展党员先进性教育活动,大力弘扬"忠诚、公正、清廉、严明"的检察官职业道德。继续开展学历教育、岗位练兵和业务竞赛,提高队伍的整体素质。加强制度建设,从严治检,强化监督,坚决查处检察干警违法违纪问题。认真落实省委批转的《关于进一步加强基层检察院建设工作的意见》,提高基层检察院建设整体水平。

在新的一年里,我们要紧密团结在以胡锦涛同志为总书记的党中央周围,高举邓小平理论和“三个代表”重要思想伟大旗帜,牢固树立和落实科学发展观,认真贯彻本次会议精神,开拓创新,扎实工作,为我省经济社会全面协调发展做出新的贡献!

# 宁夏回族自治区人民检察院工作报告(摘要)

——2005年1月27日在宁夏回族自治区第九届人民代表大会第三次会议上

宁夏回族自治区人民检察院检察长　师梦雄

(2005年1月29日宁夏回族自治区第九届人民代表大会第三次会议通过)

## 一、2004年的检察工作

2004年,全区检察机关以邓小平理论和“三个代表”重要思想为指导,深入学习贯彻党的十六大、十六届三中、四中全会精神,在自治区党委和最高人民检察院的领导下,在人大及其常委会的监督支持下,紧紧围绕“强化法律监督,维护公平正义”的检察工作主题,认真履行检察职能,各项检察工作都有了新的进步。

(一)深入开展办案质量年活动,着力推进各项检察业务工作

为提高各级检察机关的执法水平和办案质量,在全区检察机关开展了以“加大办案力度,提高办案质量,促进公正执法”为主题的办案质量年活动。通过开展活动,全区检察机关办案质量意识进一步增强,办案监督管理机制进一步健全,办案规范化建设得到加强,办案质量有新的提高,促进了检察业务建设和队伍建设。

——充分发挥检察职能作用,全力维护社会稳定。坚持“从重从快”的“严打”方针,突出重点,严厉打击杀人、伤害、绑架、抢劫等严重暴力犯罪和盗窃、抢夺等多发性侵财犯罪以及毒品犯罪。2004年,共受理审查逮捕案件3431件5380人,同比分别上升15.4%和22.4%;批准和决定逮捕3070件4701人,同比分别上升12.2%和19.4%。共受理移送审查起诉案件3940件6143人,同比分别上升10.1%和14.2%;提起公诉3440件5136人,同比分别上升15.4%和18.5%。

坚持以提高案件质量为核心,转变司法理念,强化证据意识,关口前移,对重大案件提前介入,积极主动引导公安机关依法收集、固定证据,加快办案节奏,提高工作效率。加强工作制度和机制建设,实行案件评查制度,积极探索侦诉证据一体化模式,力求在侦查环节收集、固定和完善证据,及时准确揭露、证实犯罪。认真开展案件复查工作,对全区2003年和2004年1至9月办理的刑事案件进行了两次复查,重点突出11类案件,发现问题,查找原因,及时纠正。2004年,全区检察机关普通刑事案件不起诉率较上年下降52%,无罪判决率下降46%;自侦案件起诉率上升9%,贪污贿赂案件有罪判决率上升11%,渎职侵权案件有罪判决率上升75%,刑事案件抗诉改判率上升11%,案件质量有了明显提高。配合有关部门积极开展社会治安防控体系建设,落实检察环节的社会治安综合治理措施,继续开展创建优秀“青少年维权岗”活动,预防青少年违法犯罪,为维护社会稳定发挥了积极作用。

——查办和预防职务犯罪工作力度进一步加大。2004年,全区检察机关共受理贪污贿赂案件线索449件,立案172件219人,同比件数和人数分别上升17%和27.3%;侦结165件214人,同比分别

上升12.2%和28.1%;移送起诉129件167人,同比分别上升17.3%和30.5%。其中,查办大案55件,占立案数的31.9%,查办县处级以上领导干部要案14人。共受理渎职侵权案件线索153件,立案31件40人,其中查办司法机关工作人员和行政执法人员30人,占立案人数的75%。通过查办职务犯罪案件,为国家挽回经济损失1768.7万元,同比上升233%。

牢固树立"有为才能有位"的思想,突出查办大案要案和损害人民群众利益的"七类案件"两个重点,加大办案力度,查办了一批在当地有震动、有影响的案件。如泾源县原副县长马发旺贪污案,自治区农牧厅农贸总公司原经理董自升贪污、挪用公款案,宁夏石化供销公司原经理徐浩、吴治宾贪污、挪用公款案,同心县韦州镇计生站原主任马忠国、丁学贵、张宏贪污"少生快富工程"款案,银川市公安局治安处原行动大队长赵永杰收受贿赂、徇私枉法案,吴忠市中级法院执行庭原副庭长任茂飞涉嫌挪用公款、受贿、滥用职权案等职务犯罪案件。追逃工作取得新进展,先后抓获许宽、李少军等8名在逃职务犯罪嫌疑人,涉案金额达1127万元。

注意加强与纪检监察、审计等行政执法部门的联系配合,主动到群众中倾听反映,及时从相关案件和新闻媒体报道中获取信息、发现问题,拓宽案件线索来源渠道。2004年全区检察机关共接到群众举报的渎职侵权案件线索98件,自行发现47件,分别占总数的64%和30.7%。坚持"立得住、诉得出、判得了"的原则,在证据的收集、固定、运用上下功夫,提高成案率。

积极探索加强自侦案件侦查工作机制和制度建设。充分发挥大要案侦查指挥中心的作用,通过督办、参办、交办、协办、提办等措施,积极推行侦查一体化,强化对重大案件的跟进指挥,统一调度侦查力量,以专案形式突破大案要案,对重点案件实行挂牌督办。2004年,全区检察机关共挂牌督办职务犯罪案件81件,促进了查办职务犯罪案件工作的深入开展。研究制定办案流程管理规定,严格考评监督,以机制和制度建设促进办案工作。

坚持惩防并举,加强预防职务犯罪工作。《宁夏回族自治区预防职务犯罪工作条例》经自治区人大常委会审议通过颁布实施。各级检察院认真学习贯彻,积极推动当地成立预防职务犯罪工作领导小组,构建预防体系,落实预防责任。结合办案,协助发案单位整章建制,堵塞漏洞,预防犯罪。自治区检察院联合司法厅在银川监狱建立了"预防职务犯罪警示教育基地",全区各级检察院都在预防职务犯罪工作方面进行了积极探索,以学习教育、警示教育、示范教育三个基地建设为依托,初步形成了社会化预防网络。

——加强诉讼监督,维护司法公正。强化立案、侦查、审判监督。共受理应立案而未立案线索50件,同比上升39%;要求公安机关说明不立案理由32件,通知公安机关立案8件10人,公安机关直接立案7件7人。纠正漏捕5人,纠正漏诉20人。对确有错误的刑事判决、裁定共提出抗诉18件,法院改判9人。

强化民事审判、行政诉讼监督。共受理民事行政申诉案件440件,审查358件,对确有错误的判决、裁定提出抗诉30件,法院改判15件,改判率达到50%,同比增长150%;提出个案再审检察建议27件,法院采纳18件,采纳率达到66.7%,同比增长17倍。对不服法院判决的案件做好说服工作,共息诉185件。制定了《关于规范全区检察机关民事、行政检察办案的指导意见》,建立了案件考评机制,促进基层检察院民事行政检察工作的开展。

强化刑罚执行监督。突出以办案促监督,重点加强规范化建设和超期羁押的清理。2004年,全区检察机关各办案环节均无超期羁押。检察机关与公安部门共同开展了"双加强、双保障"创建活动,对促进监管机关依法文明管理和维护在押人员合法权益起到了良好的作用。

强化控告申诉检察工作。共受理举报控告、申诉案件线索2204件,审查处理2197件,接待群众来访827人次。共立案复查各类刑事申诉案件22件。办理刑事赔偿案件17件,决定给予赔偿7件。办理各级领导批办、人大常委会等上级部门交办案件69件,全部办结答复。各级检察院认真落实"首办责任制",做好来信来访工作。积极创建"文明接待室",全区共有9个检察院被评为全国检察机关"文明接待室",其中吴忠市检察院、中卫市城区检察院被评为全国检察机关"文明接待示范窗口"。

加强法律法规建设。银川市检察院提请制定的《银川市检察机关法律监督工作条例》,以地方立法形式将检察机关履行法律监督职责加以具体规定,在全国检察机关尚属首例,引起广泛关注。《条例》颁布实施以来,银川市两级检察机关共运用《条例》监督各类案件196件,获得采纳和有效整改105件,增强了法律监督的实效。

(二)狠抓落实,认真开展七个专项工作

按照中央和最高人民检察院的部署,全区检察机关结合自治区实际,先后开展了打击制假售假、侵犯知识产权犯罪专项立案监督工作;减刑、假释、保外就医专项检查活动;严肃查办国家机关工作人员利用职权侵犯人权犯罪专项活动;集中处理涉法上访问题专项工作等四个专项业务工作。同时开展了不起诉案件专项复查、自侦案件扣押冻结款物清理和集中纠正违法插手经济纠纷专项检查三项清理工作。

在打击制假售假、侵犯知识产权犯罪立案监督专项行动工作中,自治区检察院与13个行政执法部门共同召开了联系会议,与有关部门联合下发了《关于加强行政执法机关与公安机关、人民检察院工作联系的意见》。活动中,共查阅行政执法机关办理的行政执法案件8848件,从中发现涉嫌制假售假、侵犯知识产权犯罪案件线索15件,已全部移交公安机关查办。在违法减刑、假释、保外就医专项检查工作中,各级检察机关与监督单位共同成立专项检查小组,对2002年至2004年全区监管部门办理的减刑5652人、假释704人、保外就医291人进行了逐件审查,对存在的问题,向有关单位提出纠正建议。在严肃查办国家机关工作人员利用职权侵犯人权犯罪专项活动中,各级检察院积极与新闻媒体加强联系,广泛宣传,鼓励举报,立案查处10件12人。在集中处理涉法上访问题专项工作中,检察机关对涉法上访案件坚持"有理推定"的接访理念,采取"清前抑后"的处理方法,对重大疑难案件实行挂牌督办,采取召开听证会、咨询会等形式,依法妥善处置。活动开展以来,全区检察机关共办理涉法上访案件41件,依法处理办结39件,占总数的95.1%,办结后息诉35件,占总数的85.3%。

在开展三项清理工作中,全区各级检察院共清理2001年以来直接受理三类案件186件,涉及扣押款共计799.4万元,返还当事人及发案单位427.5万元,上交财政284万元,待处理87.8万元,已按规定解决36.6万元;共清理扣押物品95件,已全部返还。没有发现检察干警违法插手经济纠纷问题。对2003年度检察机关作出不起诉的全部案件进行了检查,共复查案件252件320人,发现作不起诉处理不当的案件5件,已纠正3件,2件正在重新审查。

(三)以开展主题教育活动为载体,加强检察队伍建设

2004年,全区检察机关继续深入开展了"强化法律监督,维护公平正义"主题教育活动和"公正执法树形象"活动。各级检察院把排查整改内容按领导班子、党组成员、各科室负责人、干警个人四个层面进行细化分解,采取灵活多样的方式,见人见事见思想,查清问题找原因,进一步端正了广大干警的执法思想与作风。

坚持把领导班子建设作为队伍建设的关键,采取措施,强化对领导班子成员的教育、管理和监督。各级检察院认真分析班子建设中存在的问题,研究加强班子建设的具体措施,严格执行最高人民检察院"六个严禁"的要求和自治区检察院提出的"从严治长十项要求"。制定下发了全区检察机关《执法办案监督办法》。自治区检察院会同区党委组织部对4个市级检察院班子及成员和19个基层检察院检察长进行了届中考察。按照《检察官法》的规定和最高人民检察院的要求,自治区检察院纪检监察部门与新设立检察院正副检察长进行了廉政谈话。全区检察机关各级领导干部接受廉政谈话745人次,切实加强了对领导干部的监督和管理。

各级检察院把开展教育活动与深入学习"三个代表"重要思想,学习党的十六届三中、四中全会精神紧密结合起来,用理论武装干警头脑,教育干警牢固树立"立检为公、执法为民"的思想。深入开展了向方工、任长霞、牛玉儒同志学习活动,运用正反两方面典型进行教育。结合办案质量年活动,在全区检察机关开展了"十佳办案集体"、"十佳精品案件"和"十佳办案标兵"争创评比活动。2004年,全区检察机关有15个集体和10名个人受到省级以上表彰。

教育培训力度不断加大。2004年检察系统共举办各类培训班11期,培训干警293人。学历教育取得新进展。目前全区检察人员中具有大专以上学历的占87%,较2003年上升了近4个百分点;检察官中具有大专以上学历的占98.6%,其中本科以上学历的占检察官人数的52%。检察干警的政治、业务素质有了新的提高。加强对干警的管理和监督,严明办案纪律,落实党风廉政建设责任制。组织检察干警认真学习《党内监督条例》、《党员纪律处分条例》和《检察人员纪律处分条例》,开展廉

政警示教育,干警违纪违法问题大大减少。

(四)基层检察院建设和检察信息化建设取得了新成效

各级检察院认真落实最高人民检察院《基层人民检察院规范化建设考核办法》和自治区检察院《2004年度基层检察院建设工作实施意见》,确定示范和重点帮促院,采取领导包片定点,落实帮促责任,解决实际问题。积极开展争创先进检察院活动,把争创目标的条件内容量化,将任务分解到每一个干警,实现全院动员、全员争创。争创活动开展以来,全区有6个基层检察院被评为先进基层检察院。检察信息化建设进一步加强。26个市、县(区)检察院建成局域网,已完成了17个基层检察院的"三网合一"专线网建设,进入试点运行阶段,18个基层检察院已联入视频会议系统,办公自动化水平进一步提高。

(五)以人民监督员制度试点工作为重点,深化检察改革

按照最高人民检察院的统一部署,认真开展了人民监督员制度试点工作。结合自治区检察工作实际,采取了"一市多点、一市一点、一市管片"三种模式,确定自治区检察院和五个市级检察院、五个基层检察院为试点单位,试点工作全面铺开。目前,全区11个试点检察院共选任人民监督员89名,其中地方各级人大代表、政协委员61名,占68.5%;回族27名,占30.3%;具有大专以上学历的70名,占78.7%,既体现了民族地方特点,又具有广泛的代表性和公信度。试点工作开展以来,全区共有16件案件进入人民监督员程序,人民监督员意见被充分采纳,监督效果开始显现。

其他各项改革措施逐步推开。主诉检察官办案责任制在全面推进中进一步深化,主诉检察官办理的公诉案件和重大疑难案件分别占公诉部门办案总数的三分之二和80%以上;适用普通程序简易审的案件占公诉案件的18%,适用简易程序审理的案件占公诉案件的30%以上,以上案件法院均作了有罪判决。进一步规范了民事行政个案再审检察建议,简化了监督程序,提高了办案效率,节约了司法资源。

**二、2005年检察工作的主要任务**

2005年,全区检察机关要坚持以邓小平理论、"三个代表"重要思想为指导,认真贯彻党的十六大、十六届三中、四中全会和全国全区政法工作会议、全国检察长会议精神,以加强法律监督能力建设为重点,牢固树立科学发展观和正确执法观,围绕检察工作主题,深入开展"执法能力建设年"活动,加强执法规范化、队伍专业化和管理科学化建设,加强检察队伍建设和基层检察院建设,进一步推进各项检察业务工作,努力为我区全面建设小康社会创造和谐稳定的社会环境和公正高效的法制环境。按照这一工作要求,今年要着重抓好以下工作:

——突出重点,打击犯罪,维护稳定。继续坚持"严打"方针,严厉打击严重刑事犯罪,始终保持高压态势。重点打击严重暴力犯罪,黑恶势力及有组织犯罪、毒品犯罪、"两抢一盗"等多发性侵财犯罪,增强群众的安全感。坚决依法惩治各类扰乱和破坏社会主义市场经济秩序的犯罪。进一步建立、完善和落实行政执法与刑事执法相衔接的工作机制。强化证据意识,提高审查、判断、分析证据的能力。积极参与社会治安防控体系建设和创建"平安宁夏"活动,落实好检察环节的各项综合治理措施。正确适用宽严相济的刑事政策,坚持惩办与宽大相结合,挽救失足者。进一步做好集中处理涉法上访工作。

——加大力度,惩防并举,严肃查办和积极预防职务犯罪。坚决贯彻中央关于反腐败斗争的部署,充分发挥检察机关的职能作用,集中力量查办大案要案,重点查办发生在党政领导机关和领导干部中的职务犯罪案件。坚决依法查处为谋取不正当利益拉拢腐蚀干部、危害严重的行贿犯罪。进一步加大查办职务犯罪工作力度。提高发现案件线索的能力。加强自侦队伍建设,努力提高侦查人员发现犯罪、收集和固定证据、排除干扰阻力,以及追逃追赃、运用刑事政策和现代科技手段等侦查破案的实际本领。做好职务犯罪预防工作。贯彻惩防并举、标本兼治的方针,立足检察职能,积极开展个案预防,深入开展专项预防,运用典型案例开展预防宣传和警示教育。大力宣传贯彻自治区《预防职务犯罪工作条例》,构建预防网络,积极推进教育、制度和监督并重的惩治和预防腐败体系的建立。

——加强诉讼监督,维护司法公正和司法权威。刑事侦查和审判活动监督要注重防止有案不立、有罪不究、漏捕、漏诉,对量刑畸轻畸重的案件要依法提出抗诉。刑罚执行监督和监管活动监督要继续落实防止和纠正超期羁押的各项措施,强化

对减刑、假释、保外就医的监督。民事审判和行政诉讼监督重点针对错误裁判的案件,加强监督。注意发现、查办执法和司法不公背后的司法腐败案件。

——深入开展保持共产党员先进性教育活动,加强检察队伍建设。组织全体检察干警深入学习党的十六届四中全会精神和《决定》,认真开展先进性教育活动。突出抓好各级检察院领导班子建设,做到严格教育、严格管理、严格监督。坚持民主集中制,坚持“两个务必”,做到“八个坚持、八个反对”,落实检察机关党风廉政建设责任制,严肃执行党的纪律和检察工作纪律,认真查办检察人员违法违纪案件。

——进一步加强基层检察院建设,深化检察改革。继续认真落实《基层人民检察院建设纲要》,推进基层检察院规范化建设。深入开展争创先进检察院活动,加快检察机关“两房”建设和信息化建设。深化检察改革,加快科技强检步伐。认真组织检察干警深入学习中央司法体制和工作机制改革的意见,抓好落实。进一步做好人民监督员制度试点工作,推动规范化建设。继续推行主诉检察官办案责任制、普通程序简化审理和适用简易程序审理不诉案件改革,完善内部执法机制,提高依法监督能力和公正执法水平。

——坚持党对检察工作的领导,自觉接受人大监督。进一步增强党的观念,坚决贯彻党的路线、方针、政策,坚决执行党的决策部署,与党中央保持高度一致。进一步增强大局观念,充分发挥检察职能作用,竭尽全力为党和国家工作大局服务,为自治区经济发展、社会稳定和谐服务。不断增强接受人大监督的自觉性,认真向人大及其常委会报告检察工作,坚决执行人大决议,认真听取代表的意见和建议,不断改进检察工作。

# 新疆维吾尔自治区人民检察院工作报告(摘要)

——2005 年 1 月 15 日在新疆维吾尔自治区第十届人民代表大会第三次会议上

新疆维吾尔自治区人民检察院检察长 买买提·玉素甫

(2005 年 1 月 18 日新疆维吾尔自治区第十届人民代表大会第三次会议通过)

新疆维吾尔自治区十届人大二次会议以来,全区检察机关在自治区党委的坚强领导下,在人大及其常委会的监督下,在政府的支持和人民政协的民主监督下,以邓小平理论和“三个代表”重要思想为指导,认真贯彻自治区党委六届七次、八次全委(扩大)会议精神和自治区十届人大二次会议关于检察工作的决议,按照最高人民检察院的工作部署,全面履行法律监督职责,各项检察工作呈现出互相促进、协调发展的良好势头。

**一、依法打击各类犯罪,有效维护社会稳定**

全区检察机关始终把维护社会稳定作为首要任务,坚持“严打”方针,认真履行批捕、起诉等职责,与公安、法院等部门密切配合,依法严厉打击“三股势力”犯罪活动,严厉打击爆炸、杀人、抢劫、绑架等严重暴力犯罪,黑恶势力犯罪,盗窃、抢夺等侵财犯罪和毒品犯罪,严惩生产销售伪劣商品、金融诈骗等破坏市场经济秩序的犯罪,积极参加各项专项整治行动。2004 年,共受理公安、国家安全机关提请批准逮捕各类刑事犯罪嫌疑人 20140 人,经审查,批准逮捕 18077 人;受理移送审查起诉 26842 人,提起公诉 20763 人。检察环节的社会治安综合治理措施进一步落实。继续开展创建优秀“青少年维权岗”活动,慎重办理未成年人犯罪案件,维护未成年人的合法权益。目前,全区共有 27 个检察院被确定为优秀“青少年维权岗”。

**二、查办和预防职务犯罪工作健康发展，促进了反腐败斗争的持续深入**

全区检察机关坚决贯彻自治区党委关于加强反腐败斗争的总体部署，突出重点，加大力度，依法查办职务犯罪案件，积极开展预防职务犯罪工作。共立案侦查贪污贿赂、渎职侵权等职务犯罪案件629件653人，为国家挽回直接经济损失6300余万元。其中，大案181件，占立案总数的28.8%；县处级以上领导干部34人。抓获在逃职务犯罪嫌疑人15人。比较典型的案件有：乌鲁木齐市政协原副主席、原计划委员会主任于纪豹受贿案，新疆金西域科技农业发展有限公司原副总经理王懋林贪污、受贿、巨额财产来源不明案等。

结合办案，开展个案预防258件，提出检察建议292件，针对涉及公共投资和公共建设领域的重大项目开展专项预防215项。开展预防调研、对策分析、宣传和警示教育，预防工作的效果进一步增强。为了进一步加强和规范预防职务犯罪工作，起草了《自治区预防职务犯罪工作条例》，已经自治区十届人大常委会第十四次会议审议通过。

**三、诉讼监督工作全面加强，促进了司法公正**

不断强化监督意识，积极探索监督的有效途径，注重监督的实际效果，既防止打击不力，又注意保障人权。在侦查监督工作中，监督公安机关立案276件，撤案23件；决定追捕47人，追诉57人。在审判监督中，对认为确有错误的刑事判决、裁定提出抗诉62件；对认为确有错误的民事行政判决、裁定提出抗诉212件，提出再审检察建议120件。立案复查刑事申诉案件126件，改变原处理决定10件。对侦查和审判活动中违反法定程序的情况，提出监督意见54件次。对刑罚执行和监管活动中的各类违法情况提出书面纠正意见18人次。纠正超期羁押79人，全区检察环节保持了无超期羁押。与公安机关联合开展了“双加强、双保障”示范单位创建活动，对促进监管机关依法文明管理和维护在押人员合法权益起到了良好的作用。各地把诉讼监督与查办违法问题背后的职务犯罪结合起来，共立案侦查涉嫌徇私舞弊、枉法裁判等犯罪的司法人员56人。

为进一步落实执法为民的要求，针对人民群众反映强烈的问题和法律监督工作的薄弱环节，最高人民检察院部署开展了四个专项业务工作。在打击制假售假、侵犯知识产权犯罪专项立案监督工作中，以防止和纠正以罚代刑问题为重点，主动加强与行政执法机关的联系配合，建议移交涉嫌犯罪的案件30件40人，监督公安机关立案60件76人。在违法减刑、假释、保外就医专项检查工作中，共发现违法减刑、假释、保外就医100人，现已纠正55人。在严肃查办国家机关工作人员利用职权侵犯人权犯罪专项活动中，共立案侦查侵犯公民人身权利、民主权利犯罪案件18件18人。在集中处理涉法上访问题专项工作中，共办理涉检上访案件190件，已办结175件，妥善处理上访老户案件153件。通过这些专项工作，及时解决了一批群众反映强烈的突出问题。

**四、积极开展人民监督员制度试点工作**

在自治区党委、人大、政协和社会各界的关心和支持下，人民监督员制度试点工作已于2004年在分州市院全面铺开。在试点工作中，着重把握了以下几个方面：一是突出监督的代表性。按照程序产生了146名人民监督员，其中自治区检察院6名，分州市院140名，内有人大代表34人、政协委员38人，合占49.3%。二是突出监督的刚性。凡属于检察机关直接侦查案件中被逮捕的犯罪嫌疑人不服逮捕决定、拟撤销案件、拟不起诉的三类案件，一律启动监督程序。三是突出监督的实效性，切实把人民监督员制度融入执法办案过程中，已有5件案件进入监督程序。通过试点工作，增强了检察干警接受监督的观念，促进了规范执法行为，增进了人民群众对检察机关执法办案的了解，产生了良好的社会效果和法律效果。

**五、深化“强化法律监督，维护公平正义”教育活动，检察队伍建设进一步加强**

各级检察机关把深化“强化法律监督，维护公平正义”教育活动作为推进队伍建设的载体，组织干警深入学习“三个代表”重要思想、修订后的宪法、党内监督条例和党员纪律处分条例，开展以案析理等各种形式的讨论，运用正反两方面典型进行教育。针对社会关注、群众反映强烈的突出问题，开展了不起诉案件专项复查、直接受理案件扣押冻结款物专项检查和集中纠正违法插手经济纠纷三项清理工作。查处违法违纪干警6人。通过深化教育活动，检察队伍的面貌发生了积极变化，队伍建设与业务工作结合得更加紧密，推动了检察工作的发展。

坚持把领导班子建设作为队伍建设的关键。继续采取措施,加强各级检察院领导班子的思想政治建设、廉政建设,强化对领导班子成员的教育、管理和监督。完善了上级检察院派员参加下级检察院党组民主生活会制度,建立了领导干部廉政档案、任前廉政谈话、诫勉谈话及述职述廉等制度。基层检察院检察长和地、县两级检察院反贪局长、渎检处(科)长的轮训工作基本完成。干部人事制度改革继续推进,公开选拔、竞争上岗、轮岗交流等制度日趋完善。积极开展学历教育和检察业务培训,队伍的学历层次、实际工作水平进一步提高。

基层检察院建设迈出新的步伐。召开了全疆基层检察院建设工作会议。各地按照要求,以班子建设为重点,以争创先进检察院和评先促后活动为载体,大力加强业务工作,推动了基层检察院建设的深入发展。全区确定了基层建设示范院7个、重点帮促院12个,采取有力措施,使一批工作相对落后的基层检察院面貌发生了很大变化。建立了上级检察院领导联系基层制度,自治区检察院和分州市院领导建立工作联系点26个,积极采取措施帮助解决基层检察院存在的实际问题。

检务保障和基础设施建设取得了新的进展。在自治区党委和人民政府的高度重视下,补贴检察机关装备、办案专款和补助基础设施投资明显加大。有17个基层检察院新建、扩建了办案用房和专业技术用房。信息化建设有了新的进展,检察工作的科技含量有所提高。

**六、自觉接受人大及其常委会的监督,不断改进检察工作**

全区检察机关认真贯彻落实人大及其常委会的决议、决定,及时向人大及其常委会报告检察工作重大情况,加强与人大代表的联系,认真办理人大常委会交办的事项和案件,自觉接受人大的监督。2004年"两会"期间,自治区检察院领导带队,组织干警近百人次,深入各代表团和政协小组听取意见。闭会后,自治区检察院还召开院务会议学习贯彻会议精神,认真研究人大代表和政协委员提出的意见和建议。对带有普遍性的问题,制定措施,积极整改;对具体的案件和事项,责成专人办理并及时反馈。2004年7月,向在乌鲁木齐的部分全国人大代表和自治区人大代表报告了上半年的检察工作;12月,向全国人大代表视察工作组报告了2004年全区检察工作的主要情况。实践证明,高度重视、正确对待人大代表的意见和建议,诚心诚意地接受人大和代表的监督,是做好检察工作的重要保证,也是检察事业前进的动力。

总之,一年来,检察机关的工作思路更加明确,执法思想更加统一,法律监督力度不断加强,执法水平和办案质量不断提高,执法形象不断改善。我们的工作取得了一定的成绩,但仍存在一些不容忽视的问题:有的地方法律监督工作不够有力,监督效果不够明显;有的地方查办职务犯罪工作的力度不大,突破案件的能力不强;有的地方办案质量不高,执法水平亟待提高;经费紧张,装备落后等问题仍较突出。对这些问题,我们将采取有力措施加以克服和改进。

2005年,全区检察机关要坚持以邓小平理论和"三个代表"重要思想为指导,深入贯彻自治区党委六届八次全委(扩大)会议和自治区政法工作会议精神,大力加强法律监督能力建设,着力提高打击预防刑事犯罪,特别是严厉打击"三股势力"犯罪,维护国家安全和社会稳定的能力;依法查办职务犯罪,促进廉政建设的能力;正确处理群众诉求,化解矛盾纠纷,促进社会和谐的能力;敢于监督、善于监督、规范监督,促进严格执法和公正司法的能力;强化自身监督和制约,严格、公正、文明执法的能力,加强队伍建设,推动检察工作深入发展,为建设社会主义和谐社会,实现社会公平与正义做出新贡献。按照这一工作总的要求,2005年要着重抓好以下几项工作:

1. 加强批捕、起诉工作,全力维护社会稳定。按照自治区政法工作会议的要求,切实增强忧患意识和国家安全、稳定的意识,依法严惩"三股势力"的分裂活动、暴力恐怖活动以及"法轮功"等邪教组织的破坏活动。坚持把严打方针贯彻到批捕、起诉等工作中,始终保持对严重刑事犯罪的高压态势。继续重点打击严重暴力犯罪、黑恶势力及有组织犯罪,尤其要把抢劫、抢夺、盗窃等侵财性犯罪作为打击的重中之重,增强群众的安全感。坚决依法惩治各类扰乱和破坏社会主义市场经济秩序的犯罪,重点打击金融诈骗、非法集资、制假售假、侵犯知识产权和走私等犯罪活动。进一步完善行政执法与刑事执法相衔接的工作机制,加强对有案不立、有罪不究、以罚代刑等问题的监督。积极参加社会治安防控体系建设工作,落实好检察环节的各项综合治理措施。

进一步做好集中处理涉法上访工作。认真办理涉检上访案件,把息诉罢访作为结案的标准,既要按法律程序办理,又要落实善后工作,做好疏导教育,避免矛盾激化,防止反弹。

2. 严肃查办和积极预防职务犯罪,促进党风廉政建设和反腐败斗争的深入发展。坚决贯彻自治区党委关于反腐败斗争的部署,充分发挥查办职务犯罪的职能作用。要集中力量查办大案要案,重点查办发生在党政领导机关和领导干部中的职务犯罪案件。严肃查办国家机关工作人员利用职权非法拘禁、刑讯逼供等侵犯人权的犯罪案件和滥用职权、玩忽职守造成重大损失的犯罪案件;重大工程项目建设,金融、土地管理等领域中的职务犯罪案件;在国有企业重组改制、破产和经营活动中贪污、挪用、私分国有资产的犯罪案件,以及其他人民群众反映强烈的职务犯罪案件。同时,对那些为谋取不正当利益拉拢腐蚀干部、危害严重的行贿犯罪,要坚决依法查处。要保证办案质量,加强办案安全防范。始终把质量作为办案工作的生命线,做到重事实、重证据、重程序。要以贯彻实施《自治区预防职务犯罪工作条例》为契机,推动预防工作不断深化和规范。

3. 强化诉讼监督,维护司法公正。刑事侦查和审判活动监督要注重防止有案不立、漏捕、漏诉,对量刑畸轻畸重的案件要依法提出抗诉。刑罚执行监督和监管活动监督要继续落实防止和纠正超期羁押的各项措施,总结纠正违法减刑、假释、保外就医专项工作的经验,加强监督机制建设。民事审判和行政诉讼监督要重点办理因地方和部门保护主义导致错误裁判的案件,严重违反法定程序导致错误裁判的案件,审判人员贪赃枉法、徇私舞弊导致错误裁判的案件,尤其是人民群众反映强烈、社会影响大的案件。要注意发现、查办执法和司法不公背后的司法腐败案件,使查办职务犯罪工作与诉讼监督工作相互促进。要敢于正视自身执法中的问题,加强内部制约和监督,该纠正的要依法纠正,该赔偿的要依法赔偿。

4. 进一步加强队伍建设,提高法律监督能力。一要认真抓好保持共产党员先进性教育活动,加强思想政治建设,树立正确的执法观。按照自治区党委的统一部署,切实抓好学、摆、改、立四个环节,突出解决在贯彻党的路线方针政策、执法思想、执法观念、执法作风等方面存在的突出问题。通过开展教育活动,使广大检察干警特别是广大党员的素质有新的提高,精神面貌有新的变化,执法观念有新的转变,各项工作有新的发展。二要强化领导干部的自律和监督,突出抓好各级检察院领导班子建设。做到严格教育、严格管理、严格监督。三要进一步加大教育培训工作力度。继续落实检察官法的要求,推进学历教育,组织全员岗位培训,开展创建学习型检察院活动,进一步在全系统形成钻研业务、自我提高的良好氛围。

进一步深化人民监督员制度试点工作,保障人民监督员独立、公正地行使监督权。

5. 进一步推动基层检察院建设,为履行法律监督职能奠定坚实基础。以公正执法为核心,以强化法律监督为目标,以争创先进检察院为载体,以推进执法规范化、队伍专业化、管理科学化为内容,认真抓好基层检察院建设工作。加快办案用房和专业技术用房的建设步伐,进一步加大科技强检工作力度。深入开展争创先进检察院活动,充分调动基层检察院的积极性和主动性,提高自身工作水平。

6. 自觉接受人大监督,保证法律监督职能正确履行。要不断强化接受人大监督的意识,认真向人大及其常委会报告检察工作,坚决执行人大及其常委会的决议。要加强与人大代表的联系,完善同代表的联系方式,使联系工作经常化、规范化。主动邀请代表视察,认真听取代表的意见和建议,抓紧办理并及时答复代表转办的案件,不断加强和改进检察工作。

在新的一年里,全区检察机关将认真贯彻本次会议精神和对检察工作决议的要求,凝聚各族检察干警的智慧和力量,坚定信心,扎实工作,充分发挥检察职能,为自治区的改革发展稳定做出应有的贡献。

# 第四部分

# 检察工作概况

# 全国检察工作

**综述** 2005年,最高人民检察院以邓小平理论和"三个代表"重要思想为指导,全面落实科学发展观,认真贯彻十届全国人大三次会议要求,领导地方各级人民检察院和专门人民检察院,忠实履行宪法和法律赋予的职责,检察工作取得了新的进展。

一、围绕改革发展稳定大局,加强法律监督。全国检察机关坚持服从、服务于党和国家工作大局,把为发展这个第一要务服务作为检察工作的出发点和落脚点,深入实践"强化法律监督,维护公平正义"的检察工作主题,落实"加大工作力度,提高执法水平和办案质量"的总体要求,在提高法律监督能力、增强法律监督实效上下功夫,努力为经济社会发展营造和谐稳定的社会环境和良好的法治环境。

(一)依法履行批捕、起诉职责,维护社会稳定。各级检察机关始终把维护稳定摆在突出位置,充分发挥批捕、起诉职能作用,保障社会安定有序和人民群众安居乐业。坚决打击危害国家安全犯罪和严重暴力犯罪、黑恶势力犯罪以及抢劫、抢夺、盗窃等多发性侵财犯罪,保持对严重刑事犯罪的高压态势。坚持与侦查机关、审判机关分工负责、互相配合、互相制约,在审查批捕、审查起诉工作中严把事实关、证据关、程序关和适用法律关,确保稳、准、狠地打击犯罪。全年共批准逮捕各类刑事犯罪嫌疑人860372人,提起公诉950804人,比上年分别上升6.1%和9.6%。加大打击走私、金融诈骗、非法集资等破坏市场经济秩序犯罪的力度,批准逮捕此类犯罪嫌疑人21193人,提起公诉24950人,比上年分别上升3.8%和12.5%。认真贯彻宽严相济的刑事政策。做到该严则严,当宽则宽。积极参加社会治安综合治理。配合有关部门开展禁毒、禁赌等专项斗争以及对校园周边环境和治安乱点的集中整治,推动完善社会治安防控体系,促进平安建设。探索建立未成年人与成年人共同犯罪案件分案起诉制度,加强对失足青少年的教育挽救和对罪犯监外执行社区矫正工作的法律监督,预防和减少违法犯罪。

(二)依法履行查办和预防职务犯罪职责,促进廉政建设和反腐败工作。针对近年来职务犯罪在一些行业和领域仍然易发多发,涉案金额增大,手段更加隐蔽,携款潜逃增多的特点,检察机关积极创新侦查机制和工作方法,努力提高发现和查办职务犯罪的能力,推动查办职务犯罪工作不断深入。全年共立案侦查涉嫌贪污贿赂、渎职侵权犯罪的国家工作人员41447人,侦查终结提起公诉30205人。突出办案重点,加大办案力度,坚持把大案要案、社会关注的行业和领域发生的案件、损害人民群众切身利益的案件、造成国有资产流失的案件作为查办职务犯罪工作的重点,加强上级检察院对办案工作的指挥和协调,采取提办、督办、参办和异地交办等形式,集中力量突破了一批有影响的案件。全年共立案侦查涉嫌贪污、贿赂十万元以上和挪用公款百万元以上的国家工作人员8490人;立案侦查涉嫌犯罪的县处级以上国家工作人员2799人,其中厅局级196人、省部级8人;立案侦查金融、教育、医疗、电力、土地、交通等行业和领域涉嫌犯罪的人员7805人;立案侦查私分、侵吞、挪用国有资产的国企人员9117人;立案侦查贪污、挪用公共财产的农村基层组织人员1931人。加强追逃追赃工作,抓获在逃职务犯罪嫌疑人703人,比上年上升14.5%;追缴赃款赃物和非法所得计74亿多元,比上年上升62.9%。改进办案工作,提高办案质量。坚持法律效果与社会效果相统一、依法办案与服务发展相统一。严格区分罪与非罪的界限,慎重对待改革中出现的新情况和新问题;慎用查封、扣押、冻结等措施,维护发案单位正常的生产、经营和工作秩序;对经查确属错告诬告的,及时澄清事实,挽回影响;当事人及其家属对案件处理结果有疑问的,耐心做好解释工作。严格掌握立案条件,健全办案工作考评机制,强化内外部监督制约,加强执法规范化建设,不断提高办案质量,职务犯罪案件起诉率比上年上升了4.4个百分点;已作有罪判决的人数比上年上升了5.6%,有罪判决数占立案数的比例上升了6.3个百分点。立足检察职能开展预防职务犯罪工作。采取以案释法、举办惩治和预防职务犯罪展览等形式,开展法制宣传和警示教育。深入分析职务犯罪的原因、特点和规律,与有关行业主管部门联手,在重大公共投资和重点工程建设项目中开展犯罪预防,共提出预防检察建议19015件。在试点基础上与13个中央部委、行业主管部门联合,对发生在建筑、金融、教育、医药卫生和政府采购领域的行贿犯罪建立档案查询系统,向社会提供查询,对预防贿赂犯罪、促进社会信用体系建设发挥了积极作用。

(三)依法履行对诉讼活动的法律监督职责,保障司法公正。各级检察机关不断强化监督意识,着力提高敢于监督、善于监督、依法监督的能力,努力做到有罪追究、无罪保护、严格依法、客观公正。在立案监督中,一方面依法监督纠正有案不立、有罪不究、以罚代刑等问题,通过监督促使侦查机关立案17940件;另一方面依法纠正滥用刑事手段插手民事经济纠纷、违法立案等问题,监督侦查机关撤销案件3737件。在侦查活动监督中,重点强化对严重违反法定程序、侵犯人权问题的监督,维护当事人的诉讼权利,对依法不应当追究刑事责任和证据不足的,决定不批准逮捕19957人、不起诉7366人;对侦查活动中滥用强制措施等违法情况提出纠正意见7845件次。在刑事审判监督中,严格依法掌握抗诉标准,加大抗诉力度,提高抗诉水平,对有罪判无罪、量刑畸轻畸重等刑事判决、裁定提出抗诉2978件;对刑事审判中的违法情况提出纠正意见1865件次。在民事审判和行政诉讼监督中,对认为确有错误的判决、裁定依法提出抗诉12757件;对一些案件建议法院自行启动再审程序,共提出再审检察建议5192件。对人民法院正确的裁判,注意做好申诉人的服判息诉工作,共息诉50951件,占检察机关受理民事、行政申诉案件总数的73.9%。加强刑罚执行和监管活动监督,探索建立权利告知制度和被监管人员约见检察官制度,及时受理被监管人员的控告和申诉,维护其合法权益。对违法减刑、假释、保外就医,不按规定交付执行和违法会见、通信、提审等情况提出纠正意见8625件次;进一步加强对侦查、审判环节超期羁押问题的监督,建立健全纠防超期羁押的长效机制。在有关部门的共同努力下,前纠后超、边纠边超现象得到有效遏制,各个诉讼环节新发生的超期羁押从2004年的4947人次下降到2005年的271人次。

(四)开展专项工作,增强监督实效。为了更好地服务于党和国家的中心工作,切实解决人民群众反映强烈、影响社会和谐稳定的问题,最高人民检察院在全国统一部署开展了专项法律监督工作,取得良好效果。一是针对一些地方制售伪劣食品、药品、农资以及假冒注册商标、侵犯著作权等犯罪突出的情况,继续开展打击制假售假、侵犯知识产权犯罪专项立案监督,建议行政执法机关向侦查机关移送涉嫌犯罪案件1286件,监督侦查机关立案1045件。二是为了加强对人权的司法保障,继续深化查办国家机关工作人员侵犯人权犯罪专项工作,立案侦查非法拘禁、虐待被监管人、破坏选举等侵犯公民人身权利和民主权利犯罪案件599件。三是针对近年来发现的冤错案件中暴露出来的问题,开展以纠正刑讯逼供为重点的专项侦查监督,对侦查活动中刑讯逼供、违法取证问题提出纠正意见598件次,立案侦查刑讯逼供犯罪案件110件。四是积极参加整顿和规范市场经济秩序工作,开展集中查办破坏社会主义市场经济秩序渎职犯罪专项工作,立案侦查滥用职权、玩忽职守、徇私舞弊造成重大经济损失的犯罪案件1666件。积极配合有关部门对一些地方发生的重大安全事故和环境污染事件进行调查处理,查办了一批渎职失职、权钱交易的犯罪案件。最高人民检察院直接介入11起重特大责任事故的调查处理工作,现已立案查办52人。五是在2004年处理涉法上访取得初步成效的基础上,又开展了集中处理涉检信访问题专项工作。坚持检察长接待日制度和控告申诉首办责任制,对不服检察机关处理决定的12808件信访案件,定领导、定专人、定方案、定时限,逐件落实责任,年内共办结10765件,其中息诉9110件,使大多数涉检信访案件得到了依法妥善处理。

二、围绕提高整体素质和执法水平,狠抓检察队伍建设。各级检察机关坚持把队伍建设作为战略任务常抓不懈,以保障严格、公正、文明和廉洁执法为目标,有针对性地加强教育、管理和监督,着力解决队伍建设与业务工作相关联的突出问题,使队伍素质和执法水平有了新的提高。

(一)开展保持共产党员先进性教育活动和"规范执法行为,促进执法公正"专项整改活动,提高检察队伍的整体素质。在先进性教育活动中,各级检察机关组织广大党员认真学习邓小平理论和"三个代表"重要思想,查找与党的先进性要求不相适应、不相符合的突出问题,从理想信念、宗旨意识、纪律作风等方面进行深入剖析,树立"立检为公、执法为民"的执法观。为了深化先进性教育活动并巩固其成果,又结合检察机关的实际开展了"规范执法行为,促进执法公正"专项整改活动。最高人民检察院把职务犯罪侦查、公诉、侦查监督、民事行政检察和控告申诉检察等执法环节作为整改的重点,对近几年发现的典型错案进行深入剖析,针对检察环节存在的证据审查不细、把关不严、监督不到位等问题进行了检查,并从中选择5起作为警示教材印发全国检察机关对照反思。各级检察机关从本地区、本单位发生的违法违纪案件、涉检信访案件入手,针对查摆出来的执法不文明、不公正和违法违规办案等问题,逐一制定措施,限期整改。在此基础上,对原有规章制度进行全面清理,制定和完善了一批规范执法程序、强化执法责任、加强监督制约的规章制度。以岗位技能、规章制度、执法程序、职业纪律为主要内容,对全体检察人员进行了培训,并统一组织了考试考核。其中对业务部门的85000多名检察官进行集中培训,对2003年以来在执法中有严重过错的275名检察人员由上级检察院组织离岗培训。为了推进高层次人才培养工程,鼓励检察人员刻苦钻研业务,在全系统评选了首批42名检察业务专家。通过先进性教育和专项整改,广大检察人员规范执法、公正执法的自觉性进一步增强,队伍的政治、业务和职业道德素质有了新的提高,涌现出以王书田、白云等为代表的一批心系百姓、执法为民的先进典型,全年有1711个集体和2809名个人受到省级以上表彰。

(二)加强各级检察院领导班子建设。坚持以领导班子建设带动队伍建设,大力加强领导班子的思想、组织和作风建设。强化上级检察院对下级检察院领导班子的管理、监督和考核,对软弱涣散、工作不力的领导班子,商地方党委及时进行调整。着力提高领导干部的政治和业务素养,强化对领导干部的监督。最高人民检察院对366名地市级检察院检察长进行了培训;继2004年对各级检察院领导干部提出"六个严禁"的要求后,2005年又制定了《检察机关领导干部违反"六个严禁"处理办法》。认真执行党风廉政建设责任制,推行重大事项报告、任前廉政谈话、诫勉谈话、巡视等制度。最高人民检察院和16个省级检察院开展了对下一级检察院领导班子的巡视。

(三)加强基层检察院建设。认真贯彻十届全国人大常委会第十二次会议审议基层检察院建设情况报告的意见,研究并落实改进工作的措施。坚持最高人民检察院和省级检察院领导联系基层制度,对基层检察院实行分类指导、分类考核。继续深入开展争创先进检察院活动,激发基层检察院加强自身建设、争先创优的积极性。争取有关部门的支持,积极为基层检察院解决实际问题和困难。最高人民检察院与财政部联合下发了《关于制定县级人民检察院公用经费保障标准的意见》。围绕西部大开发、振兴东北地区等老工业基地战略的实施和促进中部地区崛起,加大了对中西部地区和边远贫困地区基层检察院的扶持力度。召开了援藏工作座谈会,增加对口援助单位,从人才、项目、经费等方面支援西藏基层检察院建设。积极采取措施引进和培养人才,选调、招录优秀大学毕业生充实基层,与团中央联合选派了第二批300多名青年志愿者到西部地区基层检察院工作,缓解了一些地方人才短缺的问题,促进了基层检察队伍素质和执法水平的提高。

三、围绕完善检察体制和工作机制,推进检察改革。根据党的十六大和中央关于推进司法体制改革的部署,最高人民检察院制定了《关于进一步深化检察改革的三年实施意见》,以保障在全社会实现公平和正义为目标,以解决制约司法公正和人民群众反映突出的问题为重点,以强化法律监督职能和加强对自身执法活动的监督制约为主线,确定了今后一个时期检察体制和工作机制改革六个方面的主要任务,重点抓了以下工作:(一)建立讯问职务犯罪嫌疑人全程同步录音录像制度。为加强对检察机关自身执法办案的监督,规范侦查讯问活动,保障严格执法、文明办案,最高人民检察院决定,逐步推行在讯问职务犯罪嫌疑人时全程同步录音录像,绝大多数检察院已经实现同步录音,各省级检察院、省会市检察院和东部地区地市级检察院实现了同步录音录像。(二)实行查办职务犯罪工作报备、报批制度。规定省级以下人民检察院对职务犯罪案件立案、逮捕必须报上一级人民检察院备案审查,撤案、不起诉必须报上一级人民检察院批准,进一步强化了上级检察院对下级检察院办案工作的领导和监督,完善了查办职务犯罪的监督制约机制。(三)规范检察机关司法鉴定机构和人员的管理机制。认真贯彻《全国人大常委会关于司法鉴定管理问题的决定》,从完善我国司法鉴定体制、保障司法鉴定客观公正出发,规定自2005年10月1日起,检察机关的鉴定机构不再面向社会从事鉴定业务,鉴定人员不再参与面向社会的鉴定机构组织的司法鉴定活动。(四)完善刑事赔偿确认程序。为进一步解决“赔偿难”的问题,保障公民依法获得国家赔偿的权利,最高人民检察院决定,地方各级人民检察院对申请赔偿的违法侵权事项拟不予确认的,要报请上一级人民检察院批准。上一级人民检察院发现下级人民检察院对刑事赔偿案件不依法受理或者应当赔偿而不赔偿的,要责令下级人民检察院予以纠正。(五)进一步深化人民监督员制度试点工作。截至2005年底,全国有80%的检察院实行了人民监督员制度,人民监督员共对9652件拟作撤案、不起诉处理和犯罪嫌疑人不服逮捕决定的职务犯罪案件进行了监督,其中不同意办案部门原拟定意见的484件。经检察长或检察委员会研究,检察机关决定采纳218件,对没有采纳的依据事实和法律向人民监督员作出了说明。同时,还探索开展了人民监督员对检察机关查办职务犯罪工作中该立案不立案或立案不当,违法搜查、扣押等“五种情形”的监督,取得了较好效果。

(最高人民检察院办公厅　俞启泳)

**全国检察长座谈会**　2005年7月28日至30日,最高人民检察院在内蒙古呼和浩特市召开了全国检察长座谈会。会议的主要任务是:以“三个代表”重要思想为指导,落实科学发展观,交流2005年上半年的检察工作,部署下半年的任务,重点研究如何抓好“规范执法行为,促进执法公正”专项整改活动和检察改革,进一步推动各项检察工作。最高人民检察院检察长贾春旺出席会议并讲话。最高人民检察院副检察长张耕、邱学强、胡克惠、赵虹、王振川、朱孝清、姜建初,中央纪委驻最高人民检察院纪检组组长叶青纯,最高人民检察院政治部主任张常韧、检察委员会专职委员戴玉忠出席会议。各省级人民检察院检察长,最高人民检察院各内设机构、各直属事业单位负责人参加了会议。各省级人民检察院检察长就本省上半年检察工作作了专题发言,并对《最高人民检察院关于进一步深化检察改革的三年实施意见》、《中华人民共和国检察院组织法(修改稿)》和《检察机关“规范执法行为,促进执法公正”培训考核实施方案》进行了讨论。

会议指出,2005年上半年,全国检察机关以邓小平理论和“三个代表”重要思想为指导,树立和落实科学发展观,紧紧围绕改革发展稳定大局和“强化法律监督,维护公平正义”的工作主题,认真贯彻全国检察长会议和最高人民检察院贯彻十届全国人大三次会议精神电视电话会议的部署,着力加强法律监督能力建设,继续在加大工作力度、提高执法水平和办案质量上下功夫,业务工作、队伍建设和检察改革等都取得了很大进展。一是深入开展保持共产党员先进性教育活动,推动队伍建设取得了新的进步。二是各项业务工作协调发展,专项工作深入推进。2005年上半年,共批准逮捕刑事犯罪嫌疑人404115人,提起公诉407872人,同比分别上升6.2%和9.5%;立案侦查各类职务犯罪案件19748件,起诉8248件,同比略有下降。诉讼监督工作进一步加强,共监督公安机关立案7320件,对刑事判决、裁定提出抗诉1290件,对民事、行政判决和裁定提出抗诉4637件、再审检察建议1547件,对诉讼活动中的违法情况提出书面纠正意见6543件次。办案质量有了新的提高,直接受理立案侦查案件的撤案率和不起诉率进一步下降,涉案人员自杀死亡事故得到有效遏制。在继续开展集中处理涉法上访问题,打击制假售假、侵犯知识产权犯罪立案监督,以及严肃查办国家机关工作人员利用职权侵犯人权犯罪案件三个专项工作的同时,最高人民检察院又部署开展了以纠正刑讯逼供为重点的侦查监督和集中查办破坏社会主义市场经济秩序渎职犯罪专项工作。各地在解决人民群众反映强烈的突出问题和法律监督工作的薄弱环节上取得了新的成效。三是“规范执法行为,促进执法公正”专项整改活动全面启动并初见成效。最高人民检察院制定了全国检察机关开展专项整改活动的工作方案,并召开电视电话会议进行了部署。各地结合先进性教育活动,对本地区、本单位、本部门特别是重点部门、重点环节执法活动中存在的问题进行了认真查摆和深刻剖析,制定了切实可行的整改方案,开始解决一些执法不规范的突出问题,取得了阶段性成果。四是积极推进检察体制改革,检察理论研究工作进一步加强。根据中央关于司法体制和工作机制改革的初步意见,最高人民检察院制定了贯彻落实的工作方案,围绕检察体制改革等重点问题,推出了一批理论研究成果。各项检务保障工作也取得了新的进展。

会议对2005年下半年检察工作作出了具体部署：

一、扎实抓好“规范执法行为，促进执法公正”专项整改活动，确保取得实效。一是要提高认识，增强搞好专项整改的自觉性和责任感。二是要认真抓好制度建设这一中心环节。要在对原有制度规范进行清理的基础上，围绕重点部门、重点环节和重点问题，逐一列出需要立、改、废的制度和规范性文件，限期完成。三是要认真组织好全员培训考核。最高人民检察院研究起草了培训考核实施办法，各地要及早做好相关准备工作。四是要突出抓好重点部门、重点环节、重点问题的整改和规范。上级检察院要加强督促检查。

二、推进检察改革，完善检察体制和工作机制。一是要明确检察改革的指导思想、目标和任务。检察改革的指导思想是：以邓小平理论、“三个代表”重要思想和科学发展观为指导，全面贯彻中央关于司法体制和工作机制改革的部署，落实检察工作主题和总体要求，总结我国检察工作的实践经验，从提高检察机关法律监督能力、适应构建社会主义和谐社会的实际需要出发，积极稳妥地推进体制创新和机制创新。今后三年检察改革的目标是：要通过深化改革，重点解决当前制约检察工作发展的体制性、机制性问题，努力做到检察体制更加合理，检察工作机制更加完善，检察业务保障更加有力，检察人员素质进一步提高，全面增强检察机关法律监督能力，发展完善中国特色社会主义检察制度。今后三年检察改革的主要任务：改革和完善对诉讼活动的法律监督制度，切实维护司法公正，保障人权；完善检察机关接受监督和内部制约的制度，保障检察权的正确行使；创新检察工作机制，规范执法行为；完善检察机关组织体系，改革有关部门、企业管理检察院的体制；改革和完善检察干部管理体制，建设高素质、专业化检察队伍；改革和完善检察机关经费保障体制，切实解决基层人民检察院经费困难问题。二是要以落实中央关于司法体制改革的部署为重点，有计划、有步骤、积极稳妥地抓好各项检察改革措施的落实。推进检察改革，要坚持党的领导，坚持从国情出发，坚持有利于强化检察机关的法律监督职能，坚持有利于改革发展稳定的大局，坚持依法进行、循序渐进，决不能违背和超越法律。凡是不涉及立法或修改法律，属于检察机关内部工作机制改革的，要抓紧推出；凡是与现行法律有冲突，或需要通过立法加以规范的，应当在全国人大及其常委会制定、修改有关法律后才能实施；对于法律没有明确规定的，可以根据宪法和法律的基本原则和基本精神，进行试点和探索，但试点必须经最高人民检察院向中央或全国人大报告后统一作出安排。凡未经最高人民检察院研究批准的，不能随意试点。三是要进一步深化人民监督员制度试点工作。最高人民检察院正在就人民监督员制度试点工作的情况进行调查研究和专项检查，分析试点工作中存在的问题和原因，进一步完善和规范人民监督员的产生方式、职责权限、组织形式和监督程序。在继续抓好对“三类案件”监督的基础上，要积极探索对“五种情形”进行监督的程序和方式，研究制定关于人民监督员监督“五种情形”的实施规则。各级检察机关要进一步加强对人民监督员制度的理论研究，推动人民监督员制度的法制化。

三、认真落实总体要求，推进各项检察业务工作。(1)要把专项工作抓出成效。要认真抓好已部署的专项活动，进展缓慢、成效不大的地方，要认真分析原因，加强检查、督促和指导，切实扭转被动局面。特别是对集中处理涉检信访问题工作，各级检察院要按照7月21日中央召开的第三次全国集中处理信访突出问题及群体性事件电视电话会议的要求，强化分级负责，加大督查力度，继续落实“人要回，事要解决”的要求，进一步健全和完善长效工作机制，努力把问题解决在基层。在专项工作中查处的重大案件和遇到的重大问题，及时向党委、人大汇报，争取支持，保证专项工作的顺利开展。要把专项工作摆在业务工作的重要位置。(2)全面推进各项检察业务工作。一是要做好批捕、起诉工作。充分认识维护社会和谐稳定的极端重要性，与有关部门密切配合，依法履行批捕、起诉职责，切实做好检察环节维护稳定的各项工作。坚持贯彻“严打”方针，继续突出重点，依法严厉打击“三股势力”等危害国家安全的犯罪，严厉打击严重暴力犯罪、黑恶势力和有组织犯罪以及“两抢一盗”等多发性侵财犯罪，严厉打击严重破坏社会主义市场经济秩序的犯罪。积极推进侦查监督和公诉工作机制改革，增强打击犯罪的内外合力，努力提高办案质量和效率。按照构建社会主义和谐社会的要求，认真研究贯彻宽严相济刑事政策的措施，对各种轻微犯罪案件简化办案程序，改进办案方式，教育挽救失足者，减少社会对立面，化解矛盾纠纷，促进社会和谐稳定。二是要切实加大查办和预防职务犯罪的力度。努力提高发现线索、突破案件的能力,突出查办大案要案。坚持“抓系统、系统抓”,深入人民群众反映强烈、职务犯罪易发多发的重点领域、行业和部门,集中力量查办一批案件。特别是立案数下降幅度大的地方,要采取有力措施,把办案工作抓上去。在加大办案力度的同时,要进一步规范办案程序,强化办案管理,加强对职务犯罪侦查工作的内部制约和外部监督,不断提高办案质量,严防办案安全事故的发生。要认真贯彻党中央关于建立健全惩治和预防腐败体系实施纲要的精神,进一步深化、发展预防职务犯罪工作。三是要进一步强化对诉讼活动的法律监督。要增强法律监督意识,切实把加强对诉讼活动的法律监督作为实践检察工作主题和“立检为公、执法为民”思想的重要工作来抓,克服将诉讼监督当作软任务的观念,认真解决不愿监督、不敢监督、不善监督等问题。要紧紧围绕人民群众反映强烈的突出问题,充分运用法律赋予的职权和监督手段,在抓好专项监督工作的同时,加强对有案不立、有罪不究、裁判不公、侵犯人权等违法现象的监督,促进公正司法。特别是要进一步加大刑事和民事抗诉的力度,努力提高抗诉和再审检察建议的质量和效率。监所检察工作要重点抓好对减刑、假释、保外就医的监督,继续巩固集中清理纠正超期羁押的成果,在认真总结专项工作经验的基础上,进一步完善刑罚执行监督的长效机制。同时要针对监所检察的体制、机制性问题,深入进行调研,稳步推进改革。(3)正确处理业务工作和其他工作的关系。要坚持以业务工作为中心,在研究和部署工作时搞好统筹协调,把先进性建设、专项整改以及教育培训、检察改革与推进业务工作有机地结合起来。

四、坚持“两手抓”,加强队伍建设特别是领导班子建设。要利用开展先进性教育和专项整改活动的有利契机推进队伍建设。通过专项整改活动,进一步解决检察队伍在执法观念、执法作风、执法行为等方面存在的突出问题,推动检察干警的政治素质、业务素质和职业道德素质全面提高。各级检察机关要回顾检查教育活动各项工作要求的落实情况,重点是解决突出问题和建立健全长效机制的情况,进一步做好深化整改工作,巩固和扩大先进性教育的成果。要认真总结先进性教育中一些好的经验和做法,形成长效机制,促进思想政治教育的经常化、制度化。各级检察院领导班子和领导干部要带头加强先进性建设。要增强大局意识和全局意识,要树立强烈的事业心和责任感,要发扬改革的精神和良好的作风,要加强学习,不断提高领导能力。

(最高人民检察院办公厅　黄　芳)

**全国检察机关学习贯彻十届全国人大三次会议精神电视电话会议**　2005年4月5日,最高人民检察院召开全国检察机关学习贯彻十届全国人大三次会议精神电视电话会议,最高人民检察院检察长贾春旺出席会议并讲话。会议的主要任务是认真学习贯彻十届全国人大三次会议精神,按照会议要求和人大代表的意见、建议,进一步加强、改进和推动2005年的各项检察工作。最高人民检察院副检察长张耕、邱学强、胡克惠、王振川、朱孝清、姜建初,中央纪委驻最高人民检察院纪检组组长叶青纯,最高人民检察院政治部主任张常韧、检察委员会专职委员戴玉忠,解放军军事检察院及最高人民检察院各内设机构、直属事业单位负责人在北京主会场出席了会议。各省、自治区、直辖市人民检察院有关负责人在各分会场出席了会议。会议由张耕副检察长主持。

会议认为,十届全国人大三次会议是在我国改革发展关键时期召开的一次重要会议,会议取得的重要成果,集中体现了科学发展观的要求,反映了构建社会主义和谐社会的需要,充分表达了全国人民的共同意愿,必将对社会主义物质文明、政治文明、精神文明建设与和谐社会建设起到极大的推动作用。会议要求各级检察机关要把学习贯彻十届全国人大三次会议精神作为一项重要任务,与贯彻党的十六大和十六届三中、四中全会精神结合起来,与贯彻全国检察长会议精神结合起来,与正在开展的保持共产党员先进性教育活动结合起来,组织广大干警认真学习吴邦国委员长、温家宝总理所作的工作报告以及最高人民检察院工作报告,学习《反分裂国家法》,用会议精神统一思想、指导实践、推动工作。

会议要求,各级检察机关要采取有针对性的措施,更加努力地改进和加强检察工作。十届全国人大三次会议代表在审议最高人民检察院工作报告时,对检察工作给予了充分肯定,同时也指出了检察工作和检察队伍中存在的问题和不足,提出了许多中肯的意见和建议。各级检察机关要高度重视，把代表和委员的批评、意见作为加强和改进工作的动力，深入查找工作中的缺点和不足，更加严格地要求自己，振奋精神，顽强拼搏，把2005年的各项检察工作做得更好，让人民群众更加满意。

会议要求，全国各级检察机关要按照2004年底召开的全国检察长会议的部署和十届全国人大三次会议对检察工作提出的新要求，进一步落实新时期检察工作的总体思路，坚持“强化法律监督，维护公平正义”的检察工作主题，坚持“加大工作力度，提高执法水平和办案质量”的总体要求，坚持以业务工作为中心，围绕提高法律监督能力，加强业务建设、队伍建设和保障建设。

一、突出重点，加大力度，抓紧抓好各项检察业务工作。要切实保持各项业务工作的力度，加大打击刑事犯罪、查办职务犯罪、诉讼活动监督的力度，切实做好预防职务犯罪工作，保证各项业务工作的平稳健康发展。要突出抓好专项工作，在全面落实专项工作有关部署和要求时，要结合代表、委员的意见和建议，抓住重点案件、重点领域、重点问题，集中力量，加强督促检查，推动专项工作的深入开展。要加强规范化建设，提高执法水平和办案质量。要规范职务犯罪侦查工作，重点解决违法违规办案问题，加强对侦查活动的监督制约，严格办案程序，严明办案纪律。要坚持依法办案，严格执行法律关于拘留、逮捕后及时通知犯罪嫌疑人家属或所在单位的规定及有关权利义务告知制度。要完善办案工作考评机制，增强科学性和可操作性。要规范抗诉工作，对抗诉质量不高的问题，要着重从自身查找原因，坚持一要依法抗诉，二要提高抗诉案件质量。要完善业务规范体系，针对执法实践中的突出问题，分别研究制定各项业务工作的规范化建设标准，进一步规范各个环节的执法活动，逐步实现对办案工作的规范化流程管理，强化对办案质量的考核监督，促进严格、公正、文明执法。

二、积极推进检察改革，不断完善法律监督体制和工作机制。要根据中央关于司法体制和工作机制改革的意见，抓紧制定和落实检察机关的实施方案。要根据工作方案，开展深入的调查研究，提出检察体制和工作机制改革的具体意见，重点研究如何改革和完善检察监督体制、有关的诉讼制度、检察干部管理体制、检察机关经费保障机制和有关部门、企业管理人民检察院的体制等问题。各地要围绕检察体制改革的重点问题和检察院组织法的修改，加强调研和论证，积极向最高人民检察院提出意见和建议。要继续推进、完善和规范人民监督员制度及其试点工作，进一步明确人民监督员的职责，完善选任条件和程序，规范相关工作制度，保证监督工作的公正性。要通过定期通报情况、提供法律资料、邀请列席会议、实地观摩等形式，使人民监督员了解相关法律规定和检察机关办案工作流程，更加客观、有效地实施监督。要加强人民监督员办事机构建设，加强理论研究，加强舆论宣传，主动配合地方人大开展立法调研，推动人民监督员制度的法制化进程。要进一步完善检务公开的各项制度，在公开的形式、载体、内容等方面不断深化。要落实好犯罪嫌疑人权利义务告知制度，扩大公开审查案件的范围和种类。

三、以领导班子和基层检察院为重点，进一步加强检察队伍建设。要扎扎实实地抓好保持共产党员先进性教育活动，要把开展先进性教育活动，与深化主题教育、执法观教育和开展争先创优活动结合起来，与加强党员干部的思想作风建设结合起来，紧密结合检察机关的实际，在坚定理想信念、端正执法思想、提高执法水平、改进工作作风方面狠下功夫，深入查找问题，切实解决问题。要毫不放松地抓好领导班子建设，通过开展巡视工作和完善有关制度等措施，严格落实“六个严禁”的要求。要毫不放松地抓好基层检察院建设，认真落实青岛会议以来最高人民检察院关于基层检察院建设的一系列部署和要求，总结推广全国十佳基层检察院和先进检察院的典型经验，开展业务、队伍、信息化三位一体建设，推进基层检察院的执法规范化、队伍专业化和管理科学化建设，不断提高基层干警素质和执法水平。要毫不放松地抓好纪律作风建设，深入贯彻全国检察机关纪检监察工作会议精神，认真分析队伍纪律作风方面存在的突出问题，继续加强检察系统领导干部廉洁自律、查处违法违纪案件和纠正不正之风等工作，树立检察机关的良好形象。

会议强调，各级检察机关要牢固树立接受监督的意识，更加自觉地接受人大监督，主动向人大常委会报告工作，依靠人大的监督和支持解决法律监督工作中存在的问题。要按照“两会”代表和委员提出的建议，改进和完善与代表、委员的联络方式，真心实意地、及时地听取批评意见，不断改进检察工作。要进一步加强检察宣传工作，充分利用新闻媒体和其他途径向社会宣传检察机关的性质、地位和职能,宣传检察机关的工作部署和工作成效,宣传公正清廉、为民执法的先进典型,使检察工作得到社会各界和人民群众更多的了解、理解和支持。要发扬求真务实的作风,力戒形式主义,真正做到鼓实劲、干实事、求实绩。特别是领导机关和领导干部,一定要扑下身子,深入基层调查研究,多听取基层意见,加强具体指导,促进各项法律监督工作的深入开展。

(最高人民检察院办公厅　俞启泳)

**全国检察机关"规范执法行为,促进执法公正"专项整改电视电话会议**　2005年5月20日,最高人民检察院召开全国检察机关"规范执法行为,促进执法公正"专项整改电视电话会议。会议的主要任务是,认真贯彻中央政法委的部署,动员全国检察机关和全体检察干警,深入扎实地开展"规范执法行为,促进执法公正"专项整改活动,进一步加强检察机关的执法规范化建设,推动检察工作和检察队伍建设取得新的进步和新的发展。最高人民检察院检察长贾春旺出席会议并讲话。最高人民检察院副检察长邱学强、胡克惠、赵虹、王振川、朱孝清,中央纪委驻最高人民检察院纪检组组长叶青纯,最高人民检察院政治部主任张常韧,最高人民检察院检察委员会专职委员戴玉忠出席会议。解放军军事检察院检察长及最高人民检察院各内设机构、直属事业单位负责人在最高人民检察院主会场参加会议;各省、自治区、直辖市人民检察院和新疆生产建设兵团人民检察院领导,内设机构负责同志,省会市、自治区首府市人民检察院检察长,直辖市人民检察院分院领导,各大军区检察院检察长,铁路运输检察分院检察长在各分会场参加会议。

会议要求,各级检察机关和全体检察干警要认真学习领会中央领导同志的重要讲话精神,统一思想,提高认识,充分认识开展"规范执法行为,促进执法公正"专项整改活动的重要意义,增强搞好专项整改活动的自觉性,要紧密结合检察机关实际,从人民检察院的性质、地位和职责出发,深刻认识开展专项整改活动,是实践新时期检察工作主题,加强法律监督能力建设的必然要求,是落实检察工作总体要求,推动检察工作深入发展的客观需要,是切实解决检察工作和检察队伍中存在的突出问题,提高队伍素质,进一步树立法律监督权威的重要途径。各级检察机关特别是领导同志要从全局和战略的高度,从保障检察事业长远发展的高度,充分认识新形势下规范执法行为的重要性和紧迫性,把思想统一到中央的要求上来,统一到最高人民检察院的部署上来,采取切实有效的措施,把专项整改活动抓出成效。

会议指出,各级检察机关要明确任务,突出重点,深入扎实地开展专项整改活动。根据中央政法委的部署,最高人民检察院制定了全国检察机关开展"规范执法行为,促进执法公正"专项整改活动工作方案,明确了专项整改活动的指导思想、目标,以及整改的重点、方法步骤、组织领导和具体要求。按照这个方案,规范执法行为这项工作分为两个时间段。一个时间段是专项整改,用半年时间集中解决当前检察机关执法活动中的突出问题。另一个时间段是在专项整改的基础上,按照着眼长远、突出重点、整体推进的思路,用三年左右的时间,全面加强检察业务工作的规范化建设,推进业务、队伍、信息化"三位一体"建设,把执法规范化与队伍专业化、管理科学化有机结合起来,使检察机关的各项执法工作步入规范、有序的轨道。在第一个时间段即专项整改活动中,要着力抓好集中整改、健全制度、培训考核三个阶段的工作:第一,深入查找,认真整改,切实解决执法不规范的突出问题。根据中央政法委的部署,从检察机关的实际出发,最高人民检察院确定这次专项整改活动的重点部门和环节是职务犯罪侦查、公诉、侦查监督、民事行政检察和控告申诉检察。最高人民检察院的工作方案中确定了要重点进行整改的四个方面的问题,即徇私枉法、权钱交易的问题,执法不文明、违法违规办案的问题,玩忽职守、执法不作为的问题和不能依法独立行使检察权的问题。第二,建立健全规章制度,加强对执法活动的监督制约。要对各项检察业务工作制度进行一次认真清理,对制度的执行情况进行全面检查。在检查清理的基础上,进一步建立健全规范执法的制度,该废除的废除,该修订的及时修订,该完善的及时完善,该建章立制的抓紧建立。重点要从三个方面入手:一是细化办案流程,减少执法随意性。既要注意对查找出来的问题及时进行规范;又要着眼长远,研究制定各项业务工作规范体系和考评体系,力求使检察机关每个执法环节和每个执法行为都处在严密的制度规范和指导之下。二是完善执法责任制和责任追究制度,增强办案责任制的针对性和可操作性，把责任明确到每个人、每个岗位。三是健全内外部监督制约机制，增强监督的刚性和效力。第三，认真抓好培训考核，提高干警规范化执法水平。要在完善规章制度的基础上，加强对检察干警的业务培训，把执法规范化与管理科学化、队伍专业化结合起来，互相推动，共同发展，促进执法公正。按照中央政法委的要求，要抓好五项工作：一是8月份，最高人民检察院要制定并下发各个执法岗位的培训考核内容和组织实施办法。二是根据各个执法岗位的培训考核内容，采取集中授课与个人自学相结合等方式，在全国检察机关开展岗位培训。三是在培训结束时要组织考试考核。四是对近几年因工作失误导致重大涉法上访案件或有其他严重执法过错的检察干警，由省、地两级检察院组织离岗培训。五是研究建立岗位练兵的长效机制，推动练兵活动的制度化、经常化和规范化。

会议要求，要加强领导，狠抓落实，确保专项整改活动取得实效。各级检察院要高度重视，加强领导，精心组织，坚持高标准、严要求，采取有效措施，解决突出问题，务求见到明显成效。一是要把学习和教育贯穿始终，进一步牢固树立正确的执法观，提高规范执法、公正执法的自觉性。要通过学习教育，引导干警真正从思想深处解决为谁执法、为谁服务的问题，在树立“立检为公、执法为民”的执法观、树立与依法治国和社会主义市场经济体制相适应的执法理念方面取得新的进步，为规范执法、公正执法奠定扎实的思想基础。二是要深入扎实地做好组织推动工作。各地要根据中央政法委的要求和最高人民检察院的部署，结合实际制定本地区的具体实施方案。要实行严格的责任制，各级检察长负总责，建立工作机构具体抓，各职能部门特别是重点部门要分工负责，一级抓一级，逐级抓落实，确保各个环节的要求落到实处。各省级检察院都要确定一、两个基层检察院作为示范院，树立典型，以点带面。省级检察院和地市级检察院的领导同志都要联系一个基层检察院，抓一、两项具体工作规范。上级检察院在各个阶段都要深入基层进行具体指导，加强检查督促，及时掌握进展情况，帮助查找问题、理清思路、进行整改。三是要把专项整改活动与其他工作紧密结合起来。就是要做到专项整改活动与先进性教育活动紧密结合、与推进检察改革紧密结合、与“三位一体”机制建设紧密结合、与队伍建设和基层检察院建设紧密结合。四是要认真搞好检查验收和总结。检察机关专项整改活动基本结束后，要认真进行检查验收和总结，督促专项整改任务的落实。五是要通过专项整改活动推进业务工作。要从保障检察事业全面健康发展的高度，准确地理解和把握执法规范化建设的深刻内涵，正确处理好抓专项整改与抓业务工作的关系，做到两不误、两促进。

（最高人民检察院办公厅　叶仲耀）

**全国检察机关援藏工作座谈会**　2005年9月15日，最高人民检察院在四川省成都市召开了全国检察机关援藏工作座谈会。会议的主要任务是：以邓小平理论和“三个代表”重要思想为指导，树立和落实科学发展观，深入贯彻《中共中央、国务院关于进一步做好西藏发展稳定工作的意见》的精神，总结2001年西藏检察工作座谈会以来的成绩和经验，分析西藏检察工作面临的形势和任务，研究部署当前和今后一个时期加强检察援藏和西藏检察工作的具体措施，齐心协力促进西藏检察机关的法律监督能力建设，为建设社会主义新西藏更好地发挥检察机关的职能作用。最高人民检察院检察长贾春旺专门致信会议，最高人民检察院副检察长邱学强出席会议并讲话。最高人民检察院副检察长胡克惠、政治部主任张常韧出席会议，最高人民检察院机关有关部门负责人、承担援藏任务的24个省级检察院和5个计划单列市检察院检察长或政治部主任、西藏自治区检察院及其7个地市检察院检察长参加了会议。会议期间，西藏自治区检察院汇报了2001年以来的受援情况，天津、浙江、湖南和广东四省市检察院介绍了对口援藏经验，与会代表讨论了《全国检察机关援藏工作座谈会纪要》。

会议指出，2001年西藏检察工作座谈会以来，西藏各级检察机关认真贯彻落实最高人民检察院和西藏自治区党委的部署，以反分裂斗争为首要任务、以建设高素质的检察队伍为目标、以为履行法律监督职责提供必要的物质保障为重点，全面加强各项检察工作，认真履行法律监督职能，为促进西藏经济跨越式发展和社会长治久安做出了积极贡献。最高人民检察院和各承担对口援藏任务的检察院积极响应党中央的号召，认真落实西藏检察工作座谈会精神，积极开展检察援藏工作，在选派干部、培训干警以及物资、资金援助等方面做了大量卓有成效的工作,有力地促进了西藏检察事业的发展。会议强调,西藏是我国重要的边疆民族地区,西藏工作在党和国家工作大局中具有重要地位。进一步做好西藏发展稳定工作,建设团结、民主、富裕、文明、和谐的社会主义新西藏,对于实现全面建设小康社会的宏伟目标,维护祖国统一和国家安全,推动我国各民族团结奋斗、共同繁荣发展,具有重要的意义。检察机关作为法律监督机关,在维护国家安全和西藏长治久安、促进西藏经济社会实现跨越式发展等方面担负着重大责任。

会议确定今后三年检察援藏工作的总体思路是:深入贯彻落实党中央、国务院关于援藏工作的指示精神,紧密结合检察机关实际,以工作援藏为中心,以智力援藏为根本,以项目援藏为基础,不断加大检察援藏工作力度,积极帮助西藏检察机关加强各项工作,进一步夯实西藏检察机关全面履行法律监督职能的基础,促进西藏检察工作实现跨越式发展。围绕这个总体思路,具体抓好三个方面的工作:

一、加强工作援藏。最高人民检察院要加强对西藏检察工作的指导,及时研究解决西藏检察机关在履行法律监督职责方面存在的重大问题,推动西藏检察工作的改革和发展。各地检察机关要通过各种形式和途径,积极向西藏检察机关介绍自己履行各项法律监督职责的成功经验,交流检察机关为党和国家工作大局服务的有益做法,供西藏检察机关学习借鉴。

二、加强智力援藏。一是要继续做好干部援藏工作。最高人民检察院和承担对口援藏任务的省市检察机关,要按照中央的统一计划,继续选派政治素质高、业务能力强、工作经验丰富的同志到西藏检察机关工作。各派出单位要高度重视做好援藏干部的返回安置工作,按中央有关规定,援藏干部返回后一般要安排实职岗位,对表现突出的援藏干部要予以提拔重用。二是要继续抓好代培代训工作。最高人民检察院要继续为西藏专门举办检察长轮训班和中青年业务骨干培训班,组织对口援藏检察机关帮助西藏代培代训业务骨干,力争到2007年底将西藏各级检察长和中青年领导干部、业务骨干基本轮训一遍;各承担援藏任务的省级检察院在业务培训过程中,要给西藏对口支援地区检察机关留出2至3个名额,主要培训公诉、职务犯罪侦查、民事行政检察等方面的业务骨干。坚持定期选派既有较高法学理论水平,又有丰富的检察业务、教学经验的优秀人才组成巡讲支教组,深入西藏基层检察机关巡回讲学。继续选派西藏检察干警到各对口援藏单位进行岗位实践锻炼,每年从西藏检察机关选派50名干部到华东、东北、中南、西南四片区进行为期一年的岗位锻炼。三是要继续支持开展法学本科以上学历教育。加强与有关部门和高校的沟通协调,进一步拓宽办学渠道,积极争取优惠政策,支持西藏检察干警参加本科以上学历学习,力争到2007年底,西藏检察干警中具有大学本科以上学历的达到60%,研究生学历的达到20名左右。

三、加强项目援藏。重点帮助西藏检察机关加强办公、办案用房以及交通、通信和办公自动化等履行法律监督职责所必需的基础设施和物资装备建设,努力帮助解决西藏检察机关基础设施落后、办案条件差的问题。最高人民检察院要继续从自身经费中安排一部分援藏经费,并积极商请和协调国家发展和改革委员会、财政部等部门,帮助西藏检察机关开展有关项目立项、经费预算与划拨等工作,在"十五"期间财政部和国家发展和改革委员会增加对西藏检察机关的补助专款和补助投资的基础上,对西藏检察机关继续在财力上给予倾斜支持,力争今后几年各项补助专款数额在现有基础上逐年增加,促进全区检察机关"三房"(办案用房、专业技术用房和干警周转房)建设;协助西藏自治区检察院抓紧与自治区政府有关部门及国家发展和改革委员会等有关部门协调,加快西藏检察官培训基地建设进度,力争尽早立项,尽早列入投资计划。

会议决定,从2006年开始,除已经承担对口援藏任务的14个省市检察机关外,将吉林、黑龙江、安徽3个省检察机关和大连、青岛、宁波、厦门、深圳5个计划单列市检察机关增加为承担对口援藏任务单位,主要承担部分项目、资金援藏任务。此外,为了加大援藏力度,借鉴其他中央国家机关的做法,对没有确定为对口援藏单位的山西、江西、河南、广西、海南、四川、云南7个省、自治区检察机关,要求一次性完成一定数量的经费援藏任务。原已经承担援藏任务的14个单位继续完成对口援藏任务,新增加的8个单位承担的援藏任务为:吉林、黑龙江省检察机关对口支援日喀则地区检察机关,安徽省检察机关对口支援山南地区检察机关,大连、青岛、宁波、深圳4个计划单列市检察院对口支援自治区检察院，厦门市检察院对口支援林芝地区检察机关。承担一次性经费援藏任务的检察机关对口支援任务为：四川省检察机关支援西藏自治区检察院和昌都地区检察机关；江西省检察机关支援西藏自治区检察院；云南省检察机关支援昌都地区检察机关；河南省、海南省、广西壮族自治区检察机关支援阿里地区检察机关；山西省检察机关支援那曲地区检察机关。

会议要求建立健全和实行三项检察援藏机制。一要建立和健全领导协调机制。最高人民检察院成立了对口援藏工作领导小组及其办公室，各承担对口援藏任务的省级检察院，也要成立援藏工作领导小组，加强对本地区检察机关援藏工作的指导、协调和督促落实工作。二要建立和实行检察援藏工作责任制。为明确责任，确保援藏效果，检察援藏工作要采取"分片负责，对口支援"的方式进行，各承担援藏任务的检察院，要按照"一次规划到位，按年组织实施"的原则，认真完成自己承担的援藏任务。最高人民检察院将适时对检察援藏工作进展情况进行通报。三要建立和实行受援项目管理责任机制。西藏自治区检察院要加强对西藏各级检察院受援情况的领导和督促检查，加强对援藏项目、资金、装备的管理工作，切实把支援的资金、物资用在刀刃上，使每一个项目、每一笔资金都能充分发挥作用，防止滥用和挪用援藏资金。西藏自治区检察院要就受援工作进展情况定期向最高人民检察院报告，并向各承担援藏任务的省级检察院通报。

（最高人民检察院办公厅　黄　芳）

**全国检察机关深化"规范执法行为，促进执法公正"专项整改活动电视电话会议**　2005年9月28日，最高人民检察院召开全国检察机关深化"规范执法行为，促进执法公正"专项整改活动电视电话会议。会议的主要任务是，认真学习贯彻中央政法委召开的全国规范执法行为经验交流会精神，动员各级检察机关进一步统一思想、提高认识，采取更加有力的措施，把"规范执法行为，促进执法公正"专项整改活动推向深入。最高人民检察院检察长贾春旺出席会议并讲话。最高人民检察院副检察长邱学强、胡克惠、赵虹、王振川、朱孝清、姜建初，中央纪委驻最高人民检察院纪检组组长叶青纯，最高人民检察院政治部主任张常韧，最高人民检察院检察委员会专职委员戴玉忠出席会议。最高人民检察院各内设机构、直属事业单位负责人，北京市人民检察院第一分院、第二分院检察长，军事检察院领导，有关内设机构负责人在北京主会场参加会议；各省、自治区、直辖市人民检察院领导，各内设机构负责人，省会市（自治区首府市）人民检察院负责人，直辖市各检察分院负责人在各地分会场参加会议。

会议指出，规范执法行为专项整改活动开展以来，各级检察机关高度重视，按照中央政法委和最高人民检察院的要求，深入进行思想发动，成立专门工作机构，制定工作方案，围绕最高人民检察院确定的重点环节、重点部门和重点问题，采取多种形式，广泛征求社会各界的意见和建议，深入查摆执法中存在的突出问题，集中力量进行整改，有针对性地建立健全了一批规范执法的工作制度，总结推广了一批规范化建设先进典型的经验和做法，结合学习讨论最高人民检察院印发的湖北佘祥林案等5个典型案件的剖析材料，开展了广泛深入的警示教育。经过各级检察机关的共同努力，广大检察人员规范执法的自觉性进一步增强，一些影响公正执法的突出问题得到初步解决，检察工作规范化建设有了新的加强，队伍执法形象进一步改观，专项整改活动取得了阶段性成效。2005年9月13日，中央政法委召开了全国规范执法行为经验交流会，罗干、周永康同志作了重要讲话，对推进下一步专项整改工作提出了明确要求。各级检察机关要认真学习罗干同志和周永康同志的重要讲话，深入查找思想和工作中的不足，按照中央政法委会议精神，进一步深化和落实各项工作措施，确保专项整改活动取得预期效果。

会议提出，要把深化认识贯穿始终，进一步增强抓好专项整改活动的责任感和紧迫感。各级检察机关要认真组织学习罗干同志在全国规范执法行为经验交流会上的重要讲话，切实把思想统一到中央的要求和部署上来，充分认识搞好这次专项整改活动，是实践检察工作主题，提高法律监督能力，全面正确履行法律监督职责的迫切要求。对前一段专项整改工作取得的成效，不能估计过高，要对照中央政法委和最高人民检察院的部署，对照人民群众反映强烈的问题，对照其他政法机关专项整改活动的先进经验，正视差距，进一步增强责任感和紧迫感，切实按照中央的要求把专项整改活动推向深入。

会议明确要求,规范执法行为要在解决群众反映强烈的突出问题上下功夫。各级检察机关要按照中央政法委的要求,把排查和整改贯彻始终。要突出重点,紧紧围绕重点部门、重点环节和重点问题开展整改,落实各项整改措施。各级检察机关特别是重点整改部门都要在前一阶段查摆问题的基础上,继续深入查找执法工作中带有普遍性、典型性和群众反映强烈的问题,提出解决措施,明确解决时限,扎实整改,让人民群众切实感受到检察机关专项整改的决心和成果。为了突出重点,增强针对性和实效性,最高人民检察院决定下一步的专项整改活动要以处理涉检信访案件为切入点,深入扎实地进行查摆和整改。从2005年9月下旬到10月底,各级检察机关都要对本地区的涉检信访案件再进行一次梳理和分析,针对存在的尚未解决的突出问题,制定必要的规范,采取切实有效的整改措施。

会议提出,要狠抓制度规范的完善和落实。一要从实体和程序两个方面,健全各个检察环节的规章制度。对涉及的立法问题,要积极提出立法建议。对于检察机关自身工作制度和规定方面的问题,按照实体上要明确、程序上要严密的要求,在认真梳理的基础上,及时制定一批管用的、操作性强的制度规范。对新制定的制度,能够向社会公布的要及时公布,把知情权和监督权交给群众,自觉接受群众的监督。二要抓责任落实和责任追究。对无视法律和制度违法违规办案的,要坚决进行追究。除追究直接责任人外,该追究领导责任的也要严肃追究。要通过严格的责任追究,树立法律和制度的权威。三要抓监督检查。要对已有和新建立的制度执行情况进行检查,确保落实。此外,还要把制度建设与落实检察改革三年实施意见和规范执法工作三年任务目标结合起来,抓好规范执法行为的长效机制建设。同时,要注意及时总结"三位一体"机制建设的经验,认真研究制定"三位一体"规范化建设的标准和绩效考核体系,推进检察机关管理科学化建设。

会议要求,要认真组织开展培训考核。培训考核是专项整改工作的一项硬任务,也是确保专项整改取得实效的有力措施。要按照中央政法委关于培训考核的指导性意见以及最高人民检察院培训考核大纲和实施方案的要求,借鉴先期试点地区的经验,结合实际制定计划,周密安排,抓好落实。一是要明确培训考核的重要意义和基本定位,确立检察人员的现代法治理念。二是在组织培训考核时,必须坚持标准,突出重点。按照最高人民检察院提出的"少而精,要管用"的要求,增强培训内容的针对性。三是培训考核工作要面向全体人员,但重点是各级领导干部和一线执法人员,特别是基层检察院的领导干部和重点岗位的执法人员。四是各地要统一按照最高人民检察院印发的《培训考核实施方案》的规定组织培训考核工作,不能降低要求。

会议指出,规范执法行为,要坚持开门整改,接受社会监督。检察机关作为法律监督机关,更要牢固树立自觉接受监督的意识,要把这次专项整改活动作为新形势下坚持群众路线的实践,作为密切检民关系的契机,探索新经验,开创新局面。要面向社会、面向广大人民群众,广泛听取意见和建议。要加强与人大代表、政协委员的联系,广泛征求人大代表和政协委员的意见。要充分发挥人民监督员的作用,在完善"三类案件"监督的基础上,进一步深化对"五种情形"的监督工作。要认真接受舆论监督,通过新闻媒体深入宣传,让人民群众感受到专项整改活动带来的实际效果。要认真听取其他政法部门的意见,自觉接受他们的制约。

会议强调,要加强领导和督促检查。各级检察机关要把这项工作纳入党组重要议事日程,切实加强领导。一把手要负总责,分管领导要全力抓。要通过专项整改进一步加强领导班子建设,把专项整改工作是否取得扎扎实实的效果,是否取得人民群众的支持和拥护,是否切实纠正了执法中的不规范行为,是否解决了人民群众反映突出的问题,作为考核班子的重要依据。要注意树立专项整改工作中的先进典型,充分发挥典型的示范和引导作用,推动专项整改活动更好地全面均衡发展。要加大督促检查力度。督促检查要和解决实际问题结合起来,督查组下去前,要将所去地区存在的突出问题,包括需要整改的问题、信访案件的处理情况等进行搜集整理,带着问题开展督查,通过督查解决实际问题,督办涉检信访案件,以此检验整改效果。

(最高人民检察院办公厅　叶仲耀)

**人民监督员制度试点工作**　截至2005年底,全国有2825个检察院开展了人民监督员制度试点工作,选任了人民监督员20209名。经过精心组织,稳步推进,不断规范,试点工作取得了明显成效。共监督犯罪嫌疑人不服逮捕决定、拟撤销案件、拟不起诉的“三类案件”9652件。其中，不服逮捕决定的841件；拟撤销案件的3191件；拟不起诉的5621件。监督是否应当立案、超期羁押以及其他违法办案等方面的“五种情形”案件140件，其中应当立案而不立案或者不应当立案而立案的95件，超期羁押的4件，违法搜查、查封、冻结的20件，不依法确认刑事赔偿或者不执行赔偿决定的1件，办案人员违法违纪的11件。人民监督员在执法检查活动中提出意见和建议9件。人民监督员制度试点工作的成效不仅表现为成功监督了一批案件，更重要的是，通过实行人民监督员制度促进了检察机关执法水平和办案质量的提高，维护了司法公正。主要表现为：

一是强化了对查办职务犯罪工作的监督，直接防止了一些案件的处理偏差。人民监督员来自社会各界，他们能够以客观公正的态度和立场对检察机关查办的职务犯罪案件进行监督评议，使检察机关建立起一个有效的外部监督机制。人民监督员的有效监督，在一定程度上防止和纠正了检察机关执法中存在的问题，促进了执法行为的规范，有效地维护了司法公正。在人民监督员监督的9652件“三类案件”中，人民监督员不同意检察机关拟处理决定的484件，占全部监督案件的5%，其中不同意的表决意见被检察机关采纳的218件，占不同意表决意见的45%。

二是提高了检察机关查办职务犯罪案件的整体水平和质量。人民监督员的监督促使各级试点检察院普遍增强了办案的质量和规范执法意识，切实把好事实关、证据关、程序关和法律适用关。通过有效的外部监督与内部制约相结合，在检察机关查办职务犯罪案件的多个环节建立了多重案件质量保障机制，将影响公正执法的因素阻却在外，从而实现了加大工作力度、提高执法水平和办案质量的有机统一，保障了检察权的正确行使。

三是增强了查办职务犯罪案件的透明度，深化了检务公开，促进了人权保障。检务公开是检察机关为适应现代法治国家司法透明、信息公开的要求而推行的一项改革举措。检察机关实行人民监督员制度，将查办职务犯罪案件中的“三类案件”和“五种情形”由人民监督员来监督，是将决策机制向社会一定范围内公开，是检务公开的扩大和深化，有利于人民群众更好地了解检察工作，监督检察工作。

四是有利于排除干扰，促使检察机关依法独立行使检察权。人民监督员具有广泛的代表性和社会影响力，对于一些受到外部干扰的案件，人民监督员严格履行监督职责，依法提出监督意见，有利于检察机关抵制和排除干扰，使案件得到公正处理，从而保障检察机关依法独立行使检察权。

（最高人民检察院办公厅 傅 侃 孙灵珍）

**全国检察机关人民监督员办公室主任业务研讨暨统计培训会议** 2005年7月19日至21日，全国检察机关人民监督员办公室主任业务研讨暨统计培训会议在湖南省长沙市召开。会议的主要任务是：深入贯彻落实党中央及最高人民检察院关于试行人民监督员制度的指示精神，研究人民监督员制度试点工作出现的新情况、新问题，探讨如何进一步规范监督、深化试点，培训试点统计工作。各省级检察院人民监督员办公室主任及负责统计工作的同志、省级检察院办公室统计科长参加了这次研讨、培训。会议总结了试点工作和上半年部署的为期两个月的专项检查情况，交流了试点工作的做法和经验，研讨了人民监督员制度的发展问题，讨论了最高人民检察院办公厅起草的《关于人民监督员监督“五种情形”的实施规则（试行稿）》（以下简称《实施规则》）和《关于进一步规范和深化人民监督员制度试点工作若干具体问题的意见》（以下简称《意见》）两个文件草案。湖南、山东省检察院和辽宁省丹东市、江苏省泰州市检察院等单位的代表介绍了开展监督“五种情形”的经验。统计人员对如何做好人民监督员制度试点工作的统计作了讲解。湖南省检察院检察长何素斌出席了会议，最高人民检察院办公厅主任童建明代表最高人民检察院人民监督员试点工作领导小组在会议开始时讲了话。

会议认为，近两年的试点实践表明，试行人民监督员制度，加强了对人民检察院查办职务犯罪工作的监督，更新了检察人员的执法观念，转变了执法作风，规范了执法行为，改善了执法环境，提高了执法水平和办案质量，促进了检察机关依法独立公正行使检察权。人民监督员制度很好地把专门机关的工作与人民群众的监督有机地结合在一起，使得人民群众能够作为社会力量进入有明确职责范围和严格程序保障的检察环节监督办案，符合公众了解和参与司法的国际潮流，体现了诉讼民主的要求，适应了构建社会主义和谐社会的需要。

会议指出,各级检察机关要按照最高人民检察院的要求,进一步完善外部监督机制,增强执法透明度,更好地接受人民群众和社会各界的监督,把人民监督员制度这项新生事物的试点工作引向深入,推动这项崭新的制度不断健全和完善。要从以下几个方面推动试点工作进一步深化:一是提高认识,坚定信心,增强工作的责任感和使命感。二是要进一步规范对"三类案件"的监督程序和方式。三是要积极探索对"五种情形"的监督程序和方式。四是深化理论研究,促进人民监督员制度的法制化。五是加大宣传力度,创造良好的社会舆论氛围。六是认真做好试点的统计工作。七是加强领导和组织保障,健全人民监督员办公室机构建设。

(最高人民检察院办公厅　傅　侃)

**人民监督员制度试行两周年情况通报会暨《人民监督员》专刊发刊仪式**　2005年10月12日,最高人民检察院召开了人民监督员制度试行两周年情况通报会暨《人民监督员》专刊发刊仪式。最高人民检察院党组副书记、副检察长、人民监督员试点工作领导小组副组长邱学强出席会议并讲话,最高人民检察院办公厅、《检察日报》社负责人,10个省、自治区、直辖市检察院的人民监督员办公室负责人,最高人民检察院机关、直属事业单位试点工作联络员,北京市的人民监督员代表参加了会议。

会议指出,2003年,根据党的十六大关于推进司法体制改革的精神,为了强化对检察机关自身执法活动的外部监督,确保职务犯罪检察权的正确行使,最高人民检察院作出了试行人民监督员制度这一重大改革决策。两年来的实践表明,实行人民监督员制度完善了人民检察院查办职务犯罪工作的外部监督机制,在查办职务犯罪案件的多个环节建立了外部监督与内部制约紧密结合的多重案件质量保障机制,促使办案人员更加审慎行使职权,更加注重依法办案,进一步转变了执法作风,更新了执法观念,规范了执法行为。人民监督员对查办职务犯罪案件实行监督,有利于检察机关抵制和排除外部干扰,保障检察机关依法独立行使检察权,从而促进案件公正处理,改善执法环境,提高执法水平和办案质量,维护社会公平和正义;有利于增强检察工作透明度,消除社会公众对查办职务犯罪工作中的某些误解,化解社会矛盾,维护社会稳定,适应构建社会主义和谐社会的需要。实行人民监督员制度,符合国际司法文明的发展潮流,体现了诉讼现代化和民主化的要求,是新时期专门工作与群众路线相结合的有益探索和尝试,对于完善中国特色社会主义检察制度,促进社会主义民主与法治建设,具有积极作用和深远意义。

会议强调,全国各级检察机关要认真学习党的十六届五中全会精神,进一步提高对实行人民监督员制度重大意义的认识。十六届五中全会把推进社会主义和谐社会建设作为一项重要任务,强调要以在全社会实现公平正义为目标,以促进司法公正、解决人民群众反映强烈的突出问题为重点,以加强监督为重要措施,大力推进司法体制改革和工作机制改革。深化人民监督员制度试点工作是检察体制和工作机制改革的重要内容,是当前检察机关的一项重点工作。各级检察机关要以全会关于司法改革的精神为指导,结合两年来的试点工作成效,进一步统一思想,提高认识,坚定推行人民监督员制度的决心和信心,进一步抓好各项工作措施的落实,保障试点工作顺利、健康、深入地开展。

会议指出,《人民监督员》专刊是根据最高人民检察院人民监督员制度试点工作领导小组的要求,由人民监督员办公室和方圆法制杂志社联合创办的,旨在宣传人民监督员制度,反映试点工作情况,加强与人民监督员联系,促进交流经验、深化理论、指导实践,是检察机关一块新的重要的舆论宣传阵地。要通过《人民监督员》专刊为最高人民检察院指导全国试点工作服务,为全国各级试点检察院学习交流服务,为人民监督员开展监督工作服务,为所有热心和参与人民监督员制度理论研究的专家、学者和检察干警服务。广大检察干警要以高度的政治责任感,共同把《人民监督员》专刊办好,要办出质量、办出特色、办出影响。

会议通报了人民监督员制度试行两周年的情况。

(最高人民检察院办公厅　陈　坚　李元泽)

**侦查监督工作**　2005年,全国检察机关侦查监督部门在邓小平理论和"三个代表"重要思想指引下,紧紧围绕党和国家的工作大局,按照"强化法律监督,维护公平正义"的检察工作主题和"加大工作力度,提高执法水平,维护公平正义"的总体要求,认真履行审查逮捕、立案监督和侦查活动监督三项职责,较好地完成了各项工作任务,为维护社会和谐与稳定做出了积极贡献。

一、坚持严厉打击严重刑事犯罪，努力维护社会和谐稳定。

2005 年，各级检察机关侦查监督部门认真履行审查逮捕职责，在维护国家安全、社会稳定和市场经济秩序中充分发挥了职能作用。全年共受理提请审查逮捕各类犯罪嫌疑人 976281 人，经审查，批准和决定逮捕 876419 人，同比（与 2004 年相比，下同）上升 5.8%；不批准逮捕和决定不捕 83239 人。其中，受理公安、安全机关提请批准逮捕 959169 人，经审查批准逮捕 860372 人，同比上升 6.1%；不批准逮捕 82428 人。批准逮捕和不批捕的人数分别占审结数的 91.3%、8.7%。受理检察机关侦查部门提请逮捕职务犯罪嫌疑人 17112 人，决定逮捕 16047 人，同比下降 6.0%；决定不捕 811 人。决定逮捕和决定不逮捕的人数分别占审结数的 95.2%、4.8%。

（一）突出打击重点。一是坚决打击境内外敌对势力、暴力恐怖势力、民族分裂势力、宗教极端势力以及"法轮功"等邪教组织的破坏活动，依法从快批捕危害公共安全犯罪嫌疑人 57923 人，维护了国家安全和社会稳定；二是严厉打击"两抢一盗"等多发性侵财犯罪、黑恶势力犯罪和严重暴力犯罪，配合有关部门开展了禁毒、打击"双抢"、禁赌等专项斗争，2005 年共依法批捕刑事犯罪嫌疑人 860372 人，维护了良好的社会治安秩序；三是进一步加大对严重经济犯罪的打击力度，积极参加整顿规范市场经济秩序工作，重点打击偷税骗税、制假售假、侵犯知识产权、集资诈骗、非法吸收公众存款、洗钱、传销等严重危害国家经济安全、严重破坏市场经济秩序、严重危害人民群众利益和生命财产安全的案件，依法批捕破坏市场经济秩序的犯罪嫌疑人 21193 人。

（二）坚持宽严相济的刑事政策。坚持"双重"方针与区别对待、少捕慎捕政策的统一。对严重刑事犯罪从重从快，对严重经济犯罪从重从严，对有法定从轻条件的依法从宽，做到该严则严，当宽则宽，宽严相济。一方面，保持对严重犯罪活动的高压态势；另一方面，坚持慎捕少捕的原则，严格逮捕的适用条件，对具有法定从轻条件的依法从宽处理，对轻微犯罪慎用逮捕强制措施，可捕可不捕的不予批捕。

（三）努力提高审查逮捕案件质量。对犯罪的打击是否准确有力、党和国家的刑事政策是否得到有效执行，都要通过办案质量来体现。为此，在审查逮捕中，我们要求严把事实关、证据关、适用法律关和程序关，认真审查鉴别证据，坚决排除非法证据，正确掌握逮捕条件；同时加强对审查逮捕质量不高案件的分析总结，切实提高审查逮捕案件质量。

1. 研究起草了《审查逮捕质量标准》，加强了办案工作的规范化建设。要求在审查逮捕工作中，严格审查证据，加强讯问犯罪嫌疑人工作，坚决排除通过刑讯逼供等非法手段取得的非法言词证据。落实错案追究制，对有关责任人员，按照《人民检察院错案追究条例》的规定追究责任。

2. 建立了对审查逮捕案件质量复查制度。根据全国检察机关第二次侦查监督工作会议的精神，要加强案件的检查和复查，及时总结经验教训。2005 年开展了对捕后不起诉、判无罪以及经复议、复核改变原不捕决定的"三类"案件的全面复查工作。各级检察机关都能按照要求对"三类"案件逐案复查，对有少数案件存在审查批捕质量不高、错捕、错不捕的问题，进行了细致的分析，提出了解决问题的具体措施。该项工作已成为侦查监督部门一项制度化的工作。

二、强化立案监督工作，拓宽监督的范围和领域。

各级检察机关侦查监督部门从确保法律的正确实施，促进司法文明，实现社会公平与正义的高度，加大刑事立案监督的力度，积极探索了有效监督的新途径、新机制。全年共要求公安机关说明不立案理由 20182 件，其中公安机关主动立案 15107 件 17966 人；通知公安机关立案 3126 件 3767 人，公安机关接通知后立案 2833 件 3414 人。共受理对公安机关不应当立案而立案的申诉、控告 3882 件，提出纠正意见 3839 件，公安机关已纠正 3737 件。

（一）坚持经常性监督与专项监督相结合。2005 年，检察机关继续深入开展打击制假售假、侵犯知识产权犯罪专项立案监督活动。8 月 24 日，最高人民检察院召开了全国检察机关电视电话会议，对开展这个专项工作进行了再动员再部署，推动专项活动向纵深发展。通过走访工商、药监、文化、新闻出版、烟草专卖等行政执法机关，及时发现和掌握了一批涉嫌生产、销售伪劣商品和侵犯知识产权的犯罪案件线索，全年建议行政执法机关向公安机关移送这两类案件1286件1628人,监督公安机关立案侦查1045件1286人。全年共批捕侵犯知识产权犯罪嫌疑人845人,同比上升40.4%;批捕生产、销售伪劣商品犯罪嫌疑人2350人。一是督办了一批侵犯知识产权的大案。最高人民检察院在2004年挂牌督办近百起有影响的重大案件的基础上,2005年6月又下发了《关于抓紧批捕、起诉一批制假售假、侵犯知识产权大要案件的紧急通知》,对56件制假售假、侵犯知识产权的大案进行挂牌督办。截至年底,这些案件法院已判决10件,正在审理7件,检察环节正在审查起诉10件,公安机关正在侦查21件,未进入刑事诉讼程序的8件。二是依法查办了一批与制假售假、侵犯知识产权违法犯罪相关的国家工作人员职务犯罪案件。2005年7月,最高人民检察院部署开展了查办破坏社会主义市场经济秩序的渎职犯罪专项工作,打击制假售假、侵犯知识产权犯罪立案监督专项活动与之密切配合、相互促进,坚决查办涉嫌制假售假、侵犯知识产权违法犯罪活动背后的职务犯罪案件,打掉这类案件的"保护伞"。2005年,最高人民检察院侦查监督厅被中国外商投资企业协会优质品牌保护委员会评为保护知识产权"特别贡献奖"。

(二)积极推动行政执法与刑事司法相衔接工作机制的完善。在整顿和规范市场经济秩序工作中,执法不严、有罪不究的问题比较突出,导致对经济犯罪的打击力度不够。产生这一问题的一个重要原因,就是行政执法与刑事司法相衔接的工作机制还不够完善。2004年3月,最高人民检察院与全国整顿规范办公室、公安部联合下发《关于加强行政执法机关与公安机关、人民检察院工作联系的意见》。2005年我们对意见施行过程中存在的突出问题进行了研究,起草了《关于在行政执法中及时移送涉嫌犯罪案件的规定(试行)》,该文件已由最高人民检察院和全国整顿规范办公室、公安部、监察部联合会签。各地检察机关也积极探索建立这一机制的渠道,有的检察院建立了行政执法与刑事司法信息共享平台,有的制定了与行政执法机关的联系细则,推动了行政执法与刑事司法相衔接工作机制的建立与完善。

三、进一步加大侦查活动监督力度。

各级侦查监督部门进一步加强侦查活动监督,保证侦查活动依法进行。对应当提请审查逮捕而没有提请的,依法追捕。全年共追捕犯罪嫌疑人12686人。严格规范延长侦查羁押期限的审批工作。坚持实体审查和程序审查的统一。共批准延长侦查羁押期限28082人,不批准230人。积极开展对违法取证等侦查活动的监督。共向公安机关发出纠正违法意见书4998件,已纠正4692件。

同时,认真开展了以纠正刑讯逼供为重点的专项侦查监督活动。根据中央政法委召开的"规范执法行为,促进执法公正"专项整改电视电话会议精神,最高人民检察院决定从2005年5月中旬至年底,在全国开展以纠正刑讯逼供为重点的专项侦查监督活动。最高人民检察院印发了《开展以纠正刑讯逼供为重点的专项侦查监督活动工作方案》。在专项活动中,侦查监督部门积极与公诉、渎职侵权检察、监所检察、控告申诉检察等部门密切配合,确保专项侦查活动监督取得实效。同时,重点抓好以下几个环节的工作:一是在履行"三项职责"中,注意通过讯问犯罪嫌疑人、审查案卷材料、接受控告举报等,发现刑讯逼供违法犯罪线索,并开展必要的核查工作。二是经查证确实存在刑讯逼供的,向侦查机关(部门)提出纠正意见;对提出的纠正意见侦查机关拒不改正的,提请上级人民检察院通过同级侦查机关进行督促纠正。三是对于侦查人员刑讯逼供行为涉嫌犯罪的,及时将案件线索移送有关职能部门依法立案查处。四是在审查逮捕工作中,加强对非法证据的排除,凡是刑讯逼供获得的言词证据,不能作为批准逮捕的根据。2005年,在以纠正刑讯逼供为重点的专项侦查监督活动中,共对侦查取证违法提出纠正意见598件,一批涉嫌刑讯逼供案件移送有关部门立案侦查,刑讯逼供案件多发的势头有所遏制。

四、认真落实侦查监督环节的社会治安综合治理措施。

继续深入开展创建"青少年维权岗"活动,抓好预防和减少青少年违法犯罪检察工作,对一些犯罪情节轻微的未成年人依法酌情不批捕,加强教育和挽救。2005年,最高人民检察院在全国开展未成年人犯罪检察工作比较好的基层检察院建立了12个工作联系点,积极探索未成年人检察工作在侦查监督环节的改革,建立了比较完备的工作机制和运行模式,取得了较好的法律效果和社会效果。积极参加社会治安防控体系建设,注意发现治安防范工作的漏洞,及时发出检察建议,督促有关单位健全规章制度,完善治安防范机制。针对刑事发案的状况、犯罪主体的类别等特点，定期分析社会治安形势，提出建议，为领导决策提供参考。2005 年，最高人民检察院侦查监督厅被中央综合治理委员会评为全国社会治安综合治理优秀单位。

（最高人民检察院侦查监督厅　韩晓峰）

**全国检察机关第二次侦查监督工作会议**　2005 年 5 月 11 日至 13 日，最高人民检察院在广西南宁市召开了全国检察机关第二次侦查监督工作会议。会议的主要任务是：总结近几年来侦查监督工作的主要情况和经验，分析面临的形势和工作中遇到的新情况新问题，研究部署当前和今后一个时期侦查监督工作的任务，围绕为构建社会主义和谐社会服务和“强化法律监督，维护公平正义”的检察工作主题，提出进一步强化侦查监督工作的措施，以开创侦查监督工作的新局面。各省、自治区、直辖市人民检察院，军事检察院，新疆生产建设兵团检察院，铁路检察院以及最高人民检察院侦查监督厅工作联系点侦查监督部门负责同志，共 100 余人参加了会议。

最高人民检察院副检察长朱孝清主持会议并就加强侦查监督工作作了重要讲话。最高人民检察院侦查监督厅厅长杨振江作了题为《提高侦查监督能力，全面履行侦查监督职责，努力促进社会和谐稳定》的工作报告，侦查监督厅副厅长万春、黄海龙分别就侦查监督工作改革和捕、诉分设问题作了专题发言。河南省检察院等 9 个省、市检察院侦查监督部门负责人介绍了工作经验。会议对最高人民检察院检察长贾春旺关于侦查监督工作的重要指示进行了学习，并讨论了最高人民检察院侦查监督厅起草的《办理审查逮捕案件质量标准》等 6 个规范性文件。

会议确定了当前和今后一个时期侦查监督工作的指导思想和主要任务：以邓小平理论和“三个代表”重要思想为指导，牢固树立和落实科学发展观，坚持“立检为公、执法为民”的执法思想，围绕“强化法律监督，维护公平正义”主题，以实现公平正义、构建和谐社会为目标，以强化法律监督为主线，以提高办案质量和监督实效为基本要求，以改革完善工作制度和机制为动力，以提高队伍侦查监督能力为保障，努力开创侦查监督工作新局面。

要完成上述任务，侦查监督工作必须坚持以下四个指导原则：一是坚持贯彻“双重”方针与区别对待、少捕慎捕政策的统一。二是坚持打击犯罪与保障人权的统一。三是坚持数量、质量、效果的统一。四是坚持制约、监督与配合的统一。

会议认为，全国检察机关第一次侦查监督工作会议以来，全国各级检察机关侦查监督部门紧紧围绕党和国家的工作大局，按照“强化法律监督，维护公平正义”的检察工作主题和“加大工作力度，提高执法水平和办案质量”的总体要求，认真履行三项职责，在任务重、人员少的情况下，较好地完成了各项工作任务。几年来，侦查监督业务取得显著成绩：业务领域依法拓展，工作格局初步开创，职能定位从审查逮捕向侦查监督转变；队伍素质不断提高，侦查监督能力进一步增强。会议总结了近几年来侦查监督工作的经验：一是坚持把维护社会稳定和司法公正作为侦查监督工作的首要任务。这是侦查监督工作为党和国家工作大局服务、践行“三个代表”重要思想的出发点和落脚点。二是坚持把强化监督作为工作主线。这是落实检察工作主题和总体要求的具体体现。三是坚持把提高办案质量和监督实效作为基本要求。这是衡量侦查监督工作业绩的主要依据。四是坚持经常性监督与专项监督相结合。这是增强监督实效的重要形式。五是坚持主动与有关侦查机关、行政执法机关加强联系和协作。这是开展侦查监督工作的有效方式。六是坚持改革创新，不断探索完善工作机制。这是推进侦查监督工作发展的不竭动力。

会议强调，办理审查逮捕案件要以提高案件质量为核心，明确了确保办案质量的八条措施。第一，正确掌握逮捕条件，对逮捕的三个条件要全面把握，整体衡量。第二，强化责任，认真审查把关。对案件承办人、部门负责人和检察长所负责任进行了明确。第三，做好讯问犯罪嫌疑人工作。办理审查逮捕案件时原则上每案讯问犯罪嫌疑人，对一些确实人少案多的检察院对四类案件必须讯问犯罪嫌疑人。第四，认真履行对自侦案件的审查逮捕职责。第五，加强与侦查机关（部门）的沟通联系，统一执法思想，研究解决办案工作中遇到的问题。第六，坚持服从党的领导和依法办案的统一。第七，坚持捕、诉分离。第八，加强对质量不高案件的分析总结工作。会议提出了立案监督和侦查活动监督的总体要求和措施。两项监督的总体要求是：加大力度，突出重点，提高实效。四项措施是：一是立案监督要加大力度，突出重点，跟踪监督，提高侦结率、有罪判决率和重刑率。二是加强对逮捕执行情况的监督。三是加强对侦查活动合法性的监督。四是侦查监督工作要与查办职务犯罪形成良性互动机制。会议明确了推进侦查监督改革,完善工作制度和机制的五条措施:一是坚持并完善介入侦查制度。二是继续深化审查逮捕方式改革,在确保案件质量的前提下,根据案件的不同情况,对《审查逮捕案件意见书》的制作实行繁简分流。三是继续推进主办检察官责任制试点工作。四是完善捕、诉衔接机制。五是运用现代科学技术,建立业务工作、队伍建设和信息化建设相结合的长效管理机制。

会议要求各级检察机关的领导要重视侦查监督工作,切实加强领导。一是要明确思路,抓住重点。各级检察长要经常听取侦查监督工作情况的汇报,及时掌握薄弱环节和倾向性问题,提出强化和改进侦查监督工作的措施。二是要协调内外,完善保障。要根据侦查监督工作的需要,加强和完善人财物保障,尤其在检察机关增编时,给侦查监督部门增加必要的力量。三是要努力提高侦查监督队伍五个方面的能力,即及时准确打击犯罪,维护社会稳定的能力;敢于监督、善于监督、规范监督,促进严格执法和公正司法的能力;化解矛盾纠纷,促进社会和谐的能力;正确执行法律和刑事政策的能力;探求侦查监督规律,加强业务建设的能力。

(最高人民检察院侦查监督厅　王清宇)

**全国检察机关深入开展打击制假售假、侵犯知识产权犯罪专项立案监督和以纠正刑讯逼供为重点的专项侦查监督活动电视电话会**　2005年8月24日,最高人民检察院召开全国检察机关深入开展打击制假售假、侵犯知识产权犯罪专项立案监督和以纠正刑讯逼供为重点的专项侦查监督活动电视电话会,通报前一阶段检察机关开展打击制假售假、侵犯知识产权犯罪专项立案监督和以纠正刑讯逼供为重点的专项侦查监督活动的情况,根据全国检察长座谈会精神,对进一步深入开展这两个专项监督活动进行再动员、再部署。最高人民检察院常务副检察长张耕出席会议并讲话。最高人民检察院副检察长王振川出席会议,最高人民检察院副检察长朱孝清主持会议。各省级人民检察院、新疆生产建设兵团人民检察院检察长,省级人民检察院及省会市人民检察院主管副检察长以及相关业务部门负责人,最高人民检察院相关内设机构负责人,分别在主会场和分会场参加了会议。

张耕副检察长指出:全国各级检察机关认真落实最高人民检察院关于开展打击制假售假、侵犯知识产权犯罪专项立案监督和以纠正刑讯逼供为重点的专项侦查监督活动的部署,加强领导,精心组织,强化工作措施,保证了两个专项监督活动的顺利开展。专项立案监督活动取得了较为明显的成效,批捕、起诉制假售假、侵犯知识产权的犯罪案件上升幅度较大,督办了一批制假售假、侵犯知识产权的大案,依法督促有关部门移送、立案了一批案件,依法查办了一批与制假售假、侵犯知识产权违法犯罪相关的国家工作人员职务犯罪案件,积极推动了行政执法与刑事司法相衔接工作机制的建立和完善。以纠正刑讯逼供为重点的专项侦查监督活动开局良好并初见成效。

张耕副检察长强调:根据全国检察长座谈会的部署,深入扎实地抓好打击制假售假、侵犯知识产权犯罪专项立案监督和以纠正刑讯逼供为重点的专项侦查监督活动,是检察机关下半年的两项重要任务。各级检察机关要认真落实全国检察长座谈会的部署和贾春旺检察长的重要指示,以更高的认识,更大的决心和力度,更加扎实的措施,把两个专项监督活动抓出成效。

张耕副检察长提出了深入开展两个专项监督活动的五项措施:一是提高认识,加强领导。要有针对性地解决思想认识上存在的问题,引导广大检察人员从落实科学发展观、维护公平正义、构建社会主义和谐社会的高度,进一步提高认识,克服消极、厌倦、畏难情绪,把思想统一到最高人民检察院的决策和部署上来。二是主动出击,拓宽发现案件的渠道。要通过接待群众控告、进行市场调查、听取社会各界反映以及新闻媒体报道等多种途径,广泛了解案件信息,掌握本地制假售假、侵犯知识产权违法犯罪的线索。要通过加强与当地整顿规范办公室及其他行政执法机关、公安机关联系,及时掌握行政执法机关查处案件的情况,发现该查处不查处、该移送追究刑事责任不移送、搞以罚代刑的,依法提出监督纠正意见。发现刑讯逼供案件线索的难度更大,更需要通过深入细致的排查工作来发现和掌握。检察机关各有关部门要立足本职,注意在工作中发现线索。三是突出办案,集中力量办理一批重特大案件。各级检察机关要紧紧抓住办案这个重点,加大办案力度,揭露和查办一批案件特别是有影响、有震动的案件,以此作为衡量专项监督活动成效的重要标志。要再督促行政执法机关移送一批、监督公安机关立案一批、抓紧审查批捕起诉一批此类案件。对建议移送、监督立案的案件,要注意跟踪案件处理情况,防止案件流失。要集中力量查办一批涉嫌刑讯逼供犯罪的案件。对于性质严重、手段恶劣、社会影响较大、群众反映强烈的刑讯逼供案件,特别是致人重伤或死亡、造成冤错案件的,要发现一件,坚决查办一件,不论案件涉及谁,都要排除阻力和干扰,坚决一查到底。不仅要查处其他侦查机关的刑讯逼供问题,同时要认真查处检察机关自侦工作中的刑讯逼供问题。反贪污贿赂、渎职侵权检察部门要结合专项监督活动和"规范执法行为,促进执法公正"专项整改活动,认真开展自查自纠。纪检监察部门要加强监督,对自侦工作中的刑讯逼供,要坚决从严查处,决不能手软。四是各司其职,密切配合,形成合力。各级检察长要加强协调,整合检察资源,侦查监督、公诉、反贪污贿赂、渎职侵权检察、控告申诉检察、监所检察等有关业务部门要有"一盘棋"观念,各司其职,密切配合,上下联动,左右联动,相互协作,形成合力,共同推进。五是积极探索,建立长效机制。要结合专项立案监督活动,进一步推动行政执法与刑事司法相衔接工作机制的完善,注重把与行政执法机关的一般工作联系深入到加强案件移送的层面,使衔接机制发挥更大的作用。结合专项侦查监督活动,探索建立健全预防、发现、纠正和查办刑讯逼供的有效机制。

(最高人民检察院侦查监督厅 元 明)

**全国检察机关审查逮捕质量复查工作电视电话会** 2005 年 11 月 29 日,最高人民检察院在北京召开全国检察机关审查逮捕质量复查工作电视电话会。最高人民检察院副检察长朱孝清出席会议并讲话。会议由最高人民检察院侦查监督厅厅长杨振江主持。会议的主要任务是部署开展对 2005 年度捕后不起诉、判无罪以及经复议、复核改变原不捕决定三类案件进行全面质量复查工作。

朱孝清副检察长在讲话中指出,此次专项复查工作是贯彻中央政法委关于"规范执法行为,促进执法公正"专项整改活动的重要举措,主要目的是通过对一些质量不高的逮捕案件开展专项复查,找准审查逮捕工作中的问题,分析产生问题的原因,提出相应的对策措施,进一步规范审查逮捕工作,提高审查逮捕质量。各级检察机关要充分认识其重要性和必要性,明确专项复查工作的指导思想、主要任务和基本要求,加强领导,保证专项复查工作取得实效。

朱孝清副检察长对于此次专项复查工作提出了四点基本要求:一是逐案复查,逐案分析。对 2005 年以来出现的捕后不起诉、判无罪以及经复议、复核改变原不捕决定的案件,包括以前批准或者决定逮捕而在 2005 年作出上述处理的案件,都要逐案复查,逐案分析。复查案件,必须由原承办人之外的有较高水平的检察官负责。复查报告经部门集体讨论和分管检察长审核后,提请检察委员会讨论。二是坚持实事求是,区别不同情况。复查工作中,要坚持实事求是,具体案件具体分析,重点查找检察机关自身在审查逮捕工作中存在的问题。三是深入查找问题,分析具体原因。要重点从执法思想、执法水平、监督力度、工作机制与工作环节四个方面查找问题,分析原因。还要注意查找是否存在办案人员徇私舞弊、贪赃枉法的问题。四是总结教训,认真整改。认真分析上述三类案件中存在的带有普遍性的问题,分析容易发生问题的环节,提出具体的切实可行的整改措施。对因故意或重大过失造成错捕、错不捕的,要严肃追究有关人员的责任。

朱孝清副检察长强调,各级检察院要加强对复查工作的领导,精心组织实施。专项复查工作以各个检察院自查为主,上级检察院特别是省级检察院要加强指导,凡有复查任务的检察院,都要写出专项复查工作报告报上级检察院。省级检察院要在认真综合分析全省专项复查情况的基础上,写出本省(自治区、直辖市)专项复查报告,于 2006 年 1 月 20 日前报最高人民检察院。最高人民检察院将向全国检察机关通报专项复查情况。

会上,北京、河北、甘肃、贵州四个省、市检察院介绍了开展专项复查工作的情况、做法和经验。

(最高人民检察院侦查监督厅 张庆彬)

**公诉工作** 2005 年,全国检察机关公诉部门认真贯彻全国检察长会议和全国检察机关第三次公诉工作会议精神,坚持用"强化法律监督,维护公平正义"的检察工作主题统揽全部公诉工作,认真落实"加大工作力度,提高执法水平和办案质量"的检察工作总体要求,采取有力措施,依法指控犯罪,加强诉讼监督,提高办案质量,公诉工作呈现出良好的发展势头。

一、突出打击重点,依法惩治各类犯罪,全力维护社会稳定。

全国检察机关公诉部门不断增强政治意识、大局意识和责任意识,充分运用公诉职能,坚决依法严惩危害国家安全犯罪,"三股势力"以及"法轮功"等邪教组织犯罪,严重暴力犯罪,黑恶势力及有组织犯罪,抢劫、抢夺、盗窃等多发性侵财犯罪,严厉打击金融诈骗、非法集资、制假售假、侵犯知识产权和走私等严重破坏社会主义市场经济秩序犯罪,依法惩治贪污贿赂、渎职侵权等职务犯罪,为维护社会稳定,促进和谐社会建设做出了重要贡献。全年共受理移送案件754392件1162151人,经审查,向法院提起公诉654871件981009人。其中,受理公安机关、安全机关、海关移送案件720516件1120715人,提起公诉630063件950804人;受理检察机关侦查部门移送案件33876件41436人,提起公诉24808件30205人。

二、强化诉讼监督意识,加大刑事诉讼监督力度,努力维护司法公正。

全国检察机关公诉部门坚持把强化诉讼监督作为充分履行公诉职能的重要组成部分,进一步增强诉讼监督意识,采取有力措施,加强对侦查活动和审判活动的法律监督。全年共追加起诉8646人;书面纠正侦查活动违法2847件次;向人民法院提出刑事抗诉2978件,其中按二审程序提出刑事抗诉2611件,按审判监督程序提出刑事抗诉367件;对刑事审判中的违法情况提出纠正意见1865件次。

三、规范公诉工作,加强制度建设,确保公诉权依法正确行使。

全国检察机关公诉部门认真贯彻最高人民检察院关于开展"规范执法行为,促进执法公正"专项整改活动的重大部署,集中整改不规范的公诉执法行为,全面加强公诉工作规范化建设,为依法正确履行公诉职能奠定坚实基础。

一是建立公诉业务考评机制。制定了《检察机关公诉案件考评办法》,进一步加强了对公诉部门和公诉干警业务工作的科学考察和宏观管理。

二是建立特别备案审查制度,有效排除不当干扰。最高人民检察院制定《人民检察院公诉部门特别备案审查制度的规定》,要求各地检察机关公诉部门对职务犯罪大案要案、在当地有较大社会影响的敏感案件和新闻媒体关注的案件、经过地方协调但协调意见与检察机关意见不一致以及参与协调的司法机关之间意见分歧较大的案件,必须及时将协调情况报上一级检察院公诉部门特别备案,上级检察院应当及时审查答复。应当特别备案而未按规定上报的,如果发生错案要严肃追究责任。

三是建立不起诉案件报上一级检察院批准制度。对于省级以下人民检察院办理直接受理侦查的案件,拟作不起诉决定的,应当报请上一级人民检察院批准。

四是建立讯问犯罪嫌疑人录音录像制度。对于职务犯罪案件和其他重大、疑难、复杂的案件以及敏感案件、社会关注的案件,侦查机关(部门)讯问犯罪嫌疑人未进行录音录像的,检察机关公诉部门讯问犯罪嫌疑人时,应当进行录音录像;侦查机关(部门)已进行录音录像的,公诉部门如认为必要,也可以进行录音录像。

五是完善公诉案件质量预警机制。根据《人民检察院公诉部门实行办案质量预警机制的规定(试行)》,对无罪判决、不起诉、撤诉、抗诉等几种重点案件的质量状况实施动态预警,及时发现解决公诉办案工作中存在的问题,定期向各地通报质量预警情况。同时,结合工作实际,逐步严格预警指标,缩短动态预警的周期,完善预警机制。

四、创新工作机制,深化公诉改革,为公诉工作发展注入新的生机与活力。

全国检察机关公诉部门围绕检察工作主题,着眼公诉实践需要,在现行法律的框架内,积极、稳妥地依法推进公诉改革,创新公诉工作机制,推动公诉工作不断前进发展。

一是职务犯罪不起诉人民监督员制度试点。2005年全国试行职务犯罪不起诉人民监督员制度的公诉部门2403个,占全国公诉部门的68.2%。受理监督案件3588件,监督结案3572件,对检察机关拟不起诉决定提出异议的209件,检察机关采纳意见的185件。

二是实行主诉检察官办案责任制。截至2005年底,全国实行主诉检察官办案责任制的公诉部门有2911个,共有主诉检察官9363名,主诉检察官人均办案40.3件。

三是介入侦查引导取证制度。2005年全国检察机关有 2987 个公诉部门开展介入侦查引导取证工作，占全部公诉部门的 84.8%。共介入案件 50660 件，与侦查机关（部门）召开联席会议 12088 次，提出取证意见 64208 条。

四是试行不起诉案件公开审查、多媒体示证、审查报告综合化等改革也稳步推进。

五、大力加强队伍专业化建设，队伍素质明显提高。

为建立一支政治坚定、业务精通、作风优良、执法公正的公诉队伍，全国检察机关公诉部门从公诉的职业特点出发，采取了一系列具体措施，全面加强公诉队伍的专业化建设，切实提升了公诉队伍的整体素质。

一是加强公诉队伍的思想政治和职业道德建设，牢固树立正确的执法观。全国检察机关公诉部门结合保持共产党员先进性教育活动，进一步加强公诉队伍的思想政治建设，用邓小平理论和“三个代表”重要思想武装广大公诉干警的头脑，以理论上的清醒，确保政治上的坚定。

二是加强公诉能力建设，努力提高公诉队伍的执法水平。全国检察机关公诉部门根据公诉工作的职责和办案的实际需要，着重提高公诉人员审查判断证据的能力、正确适用法律的能力、出庭支持公诉的能力、履行诉讼监督职责的能力和公诉业务领导、指导的能力。为进一步规范公诉人员执法行为，切实提高公诉人员出庭支持公诉水平和公诉能力，最高人民检察院公诉厅组织、开展了评选全国十佳公诉庭暨优秀公诉庭评选活动，促进了出庭公诉水平的提高。

三是加大宣传力度，积极开展典型教育，树立了蒋汉生等一批坚持党性原则、法治原则的先进典型。

四是从严治检，严明公诉职业纪律，防止公诉人员违法违纪的发生。建立了公诉人员违法违纪报告和定期通报制度，强化了对公诉人员职业纪律的考核。最高人民检察院制定下发《公诉人员六条纪律规定》，规定凡是利用职权贪污受贿、徇私枉法的，私放犯罪嫌疑人、帮助串供、毁灭或者伪造证据以及通风报信、泄露办案机密的，私自办案或者干预下级检察院办案的，私自会见案件当事人及其辩护人、代理人、申诉人、亲友或者接受上述人员财物、宴请、娱乐活动的，在办案中刑讯逼供、暴力取证或者有其他严重侵犯诉讼参与人诉讼权利行为的，因违法违规办案、玩忽职守造成犯罪嫌疑人等脱逃、死亡、严重伤残的，要先停职离岗，再区分性质和情节轻重，依纪严肃处理，构成犯罪的依法追究刑事责任。各级检察机关公诉部门干警严格执行“六条纪律”，公诉干警违法违纪现象大为减少。

（最高人民检察院公诉厅　贺湘君　吕卫华）

**全国检察机关第三次公诉工作会议**　2005 年 5 月 25 日至 27 日，最高人民检察院在广东省广州市召开了全国检察机关第三次公诉工作会议。各省、自治区、直辖市人民检察院和新疆生产建设兵团检察院分管副检察长、公诉处处长，军事检察院分管副检察长，广州军区检察院刑检处处长，中央政法委、最高人民法院、公安部、司法部等中央政法机关有关部门以及最高人民检察院有关部门负责同志等，共 90 余人参加了会议。

会议的主要任务是：以邓小平理论和“三个代表”重要思想为指导，围绕深入实践“强化法律监督，维护公平正义”的检察工作主题，明确当前及今后一个时期加强公诉工作、强化法律监督的总体任务，动员全国各级检察机关和公诉干警进一步统一思想，振奋精神，凝聚力量，努力推动公诉工作全面健康协调发展。

最高人民检察院检察长贾春旺对会议的召开作出了重要指示。最高人民检察院副检察长邱学强在会上作了题为《深入贯彻落实检察工作主题，努力推动公诉工作全面健康协调发展》的讲话。最高人民检察院公诉厅厅长张仲芳在会议结束时作了总结讲话。

会议认真学习了最高人民检察院检察长贾春旺对公诉工作的重要指示和邱学强副检察长的讲话，认真讨论和研究了《最高人民检察院关于进一步加强公诉工作强化法律监督的意见》、《关于进一步加强刑事抗诉强化审判监督的若干意见》等四个规范性文件。广东、北京、上海等七个省级人民检察院的分管副检察长和河南省人民检察院的主诉检察官蒋汉生作了大会发言，围绕会议主题介绍了依法指控犯罪、强化诉讼监督、提高办案质量的经验和做法。

会议对加强公诉工作从以下几个方面作出了部署：

第一，明确了当前和今后一个时期公诉工作的总体任务、基本原则和工作格局。会议深刻分析了公诉工作面临的新形势,根据贾春旺检察长对公诉工作的指示,适应新的形势发展的需要,提出了当前和今后一个时期公诉工作的总体任务:坚持以邓小平理论和"三个代表"重要思想为指导,认真贯彻落实"强化法律监督,维护公平正义"的检察工作主题,依法指控犯罪,强化诉讼监督,提高办案质量,积极推进公诉改革,加强公诉队伍专业化建设,全力维护社会稳定,切实保障人权,为构建社会主义和谐社会做出积极贡献。会议提出,要完成好这一总体任务,必须在三个重大问题上进一步统一执法思想。一是在总的指导思想上,必须坚持用检察工作主题统揽全部公诉工作,坚决地而不是敷衍地、具体地而不是笼统地把这个主题的要求全面贯彻落实到具体公诉工作中;二是在基本工作格局上,必须坚持认真贯彻"加大工作力度,提高执法水平和办案质量"的总体要求,全面抓好依法指控犯罪、强化诉讼监督、提高办案质量三项工作,努力推动公诉工作全面健康协调发展;三是在公诉指导原则上,必须坚持指控犯罪与诉讼监督并举,坚持忠实于事实和法律,坚持惩治犯罪与保障人权并重,坚持力度、质量和效率的有机统一,坚持分工负责、互相配合、互相制约,坚持正确贯彻党和国家的刑事政策。

第二,明确了依法履行指控犯罪职能,全力维护社会稳定的具体措施。会议要求,各级检察机关在公诉工作中要坚定不移地贯彻"严打"方针,突出打击重点,有效防止打击不力;严把事实关、证据关和法律适用关,有效防止冤错案;正确处理贯彻刑事政策和执行法律的关系,努力防止掌握政策不当,执法效果欠佳。对检察机关立案侦查的职务犯罪案件和重大疑难复杂的刑事、经济犯罪案件,公诉环节讯问犯罪嫌疑人,要逐步实行全程录音、录像,有效固定关键证据,防止被告人翻供。要坚持以证据为本,加强对证据的审查判断,坚决排除非法证据。凡是以刑讯逼供、暴力取证或者威胁、引诱、欺骗等非法方法收集的言词证据,应当作为非法证据依法坚决予以排除。对于其他未严格遵循法律规定收集的证据,必须依法重新收集或者采取其他补救措施后,才能作为指控犯罪的根据。要建立协调案件特别备案审查制度,因未按规定特别备案导致发生错案的要严肃追究责任。

第三,明确了加大刑事诉讼监督力度,努力维护司法公正的具体措施。会议要求,各级检察机关及公诉部门要以维护司法公正、树立法治权威为目标,按照依法、坚决、准确、有效的监督原则,突出监督重点,强化监督措施,全面加强对侦查、审判活动和死刑复核及死刑执行活动的监督,进一步加强对检察机关办理职务犯罪案件的内部监督制约,努力保障法律的统一正确实施。在工作中,既要充分履行法律监督职责,充分用好法律赋予的监督手段,加大监督力度,又要注意提高监督质量,改进监督的方式方法,加强与被监督机关的沟通和联系,共同维护司法权威。

第四,明确了大力规范公诉工作,提高办案质量,确保公诉权依法正确行使的具体措施。会议要求,各级检察机关及公诉部门要认真贯彻中央政法委和最高人民检察院关于开展"规范执法行为,促进执法公正"专项整改活动的重大部署,重点针对办案质量不高、公诉干警违法违纪案件相对高发、公诉业务流程和重要的制度规范不统一这三个突出问题进行集中整改,全面加强公诉工作规范化建设,力争在三年或者更短的时间内,构建一套比较科学、完备、统一的公诉工作规范化制度体系。为了加强对公诉工作的宏观管理,最高人民检察院要对各省级检察院的公诉工作进行量化考核,考核结果要逐个反馈。

第五,提出了深化公诉改革的具体措施。会议要求,要认真贯彻落实中央批准的司法体制和工作机制改革意见,在最高人民检察院的统一领导下,围绕检察工作主题,着眼公诉实践需要,在现行法律框架内抓好五项改革,为公诉工作发展注入新的生机和活力。一是完善和落实职务犯罪不起诉监督制约制度,继续深化人民监督员制度试点工作,实行职务犯罪不起诉案件报上一级检察院审批制度;二是推进未成年人犯罪案件公诉方式改革;三是探索开展量刑建议试点工作;四是加快建立公诉一体化机制;五是进一步深化主诉检察官办案责任制。

第六,提出了加强公诉队伍建设的具体措施。会议要求,要紧密结合公诉工作特点,大力加强公诉队伍专业化建设,加强公诉队伍的思想政治和职业道德建设,树立正确的执法观,增强职业荣誉感和职业责任感,努力提高审查判断证据、正确适用法律、出庭支持公诉、履行诉讼监督职责和加强公诉业务领导、指导的能力,做"三个代表"重要思想的坚定信仰者、新时期检察工作主题的忠实实践者、国家法治权威的坚决捍卫者。要以锤炼优秀公诉人队伍为基础,培养造就一批精于公诉业务的专家。要坚持从严治检与从优待检相结合,严明公诉职业纪律,强化公诉职业责任,切实关心和爱护公诉队伍,支持和保护秉公执法的干警,解决各种实际问题,努力做到用事业留人,用感情留人,用适当的待遇留人。

第七,要进一步加强对公诉工作的领导。会议要求,各级检察院要切实加强对公诉工作的领导,从政治上、工作上把好大方向,选好配强公诉部门的领导干部,加强公诉部门的办案力量,稳定公诉队伍,加快推进公诉业务、队伍和信息化“三位一体”机制建设,提高公诉工作的科技含量和现代化管理水平。要高度重视和加强基层公诉工作,切实解决基层检察院公诉人才出现断层、业务培训不足等问题,在干部交流、人员培训、装备建设等方面向西部地区重点倾斜。

会议要求各级检察机关公诉部门和全体公诉干部立即行动起来,认真学习会议文件,深刻领会会议精神,通过学习和贯彻落实这次会议精神,使公诉工作取得明显成效。2005年下半年,要在以下三个目标方面努力实现突破:第一,要使业务工作取得良性发展。在加强监督方面,要使抗诉率及抗诉案件改判率明显提高;在加强内部制约方面,要使职务犯罪案件不起诉率明显下降;在提高案件质量方面,要使无罪判决率明显下降。第二,要使公诉队伍违法违纪现象明显减少。认真贯彻落实好这次会议提出的“六条硬性纪律”,注意查处公诉不公背后的违法犯罪现象,采取专项措施,努力抓好公诉队伍建设。第三,要使公诉规范化建设得到显著加强。以正在开展的“规范执法行为,促进司法公正”专项整改活动为契机,进一步规范公诉工作,努力提高公诉工作整体水平。

(最高人民检察院公诉厅　贺湘君　高锋志)

**反贪污贿赂工作**　2005年,全国检察机关反贪污贿赂部门在最高人民检察院的领导下,以邓小平理论和“三个代表”重要思想为指导,树立科学发展观和正确执法观,深入实践检察工作主题和总体要求,结合开展保持共产党员先进性教育活动和“规范执法行为,促进执法公正”专项整改活动,开拓进取,扎实工作,查办贪污贿赂犯罪案件工作取得了较大成绩,为反腐败斗争做出了新的贡献。2005年全国检察机关反贪污贿赂部门共受理案件线索48722件,初查42730件,立案侦查28322件33366人。已侦查终结26492件31109人,其中,移送审查起诉25102件29382人,移送不起诉851人,撤销案件876人。通过办案,为国家挽回经济损失64亿元。

一、加强宏观指导,推动反贪工作深入健康发展。

为充分发挥检察机关的领导体制优势,强化上级反贪污贿赂部门对下的业务指导,最高人民检察院反贪污贿赂总局和各省级检察院反贪污贿赂局认真分析办案形势,密切联系实际,不断加大指导力度,积极引导反贪污贿赂工作深入健康发展。一是组织召开全国检察机关第六次反贪污贿赂侦查工作会议,明确当前和今后一个时期的工作思路、任务和要求。9月8日至10日,最高人民检察院在吉林召开了全国检察机关第六次反贪污贿赂侦查工作会议,会议全面总结了近五年来反贪污贿赂工作取得的主要成绩、基本经验和存在的问题,立足当前,着眼长远,提出了当前和今后一个时期反贪侦查工作的指导思路和主要任务。会议的基本精神是:坚持以办案工作为中心,加强业务工作和队伍建设,按照加大办案力度、提高执法水平和办案质量、实现办案法律效果与社会效果有机统一的要求,深化改革侦查机制、完善办案制度、创新办案方式、强化办案保障,全面推进侦查一体化、执法规范化、管理科学化、队伍专业化和装备现代化建设,总的目标是加强反贪污贿赂侦查能力建设,更加深入地实践检察工作主题和总体要求,推动反贪污贿赂工作持续健康发展。二是修改完善考评办法,充分发挥考评机制的引导作用。在深入调研和广泛征求意见的基础上,修改完善了《最高人民检察院考评各省、自治区、直辖市检察机关查办职务犯罪案件工作办法(试行)》,进一步增强了考评工作的科学性和实效性。

二、采取有效措施,努力加大办案力度。

2005年,全国各级反贪污贿赂部门依法认真履行职责,坚持以办案工作为中心,突出办案重点,创新办案方式,强化办案措施,始终保持对贪污贿赂犯罪的打击力度。一是集中查处重点领域犯罪。为解决一些地方办案方法不多、办案力度有所减弱等问题,最高人民检察院提出要继续运用“抓系统、系统抓”的办案方法,重点查办社会反映强烈、案件易发多发行业领域的贪污贿赂犯罪案件,并召开部分省级检察院反贪局长座谈会,专门就系统查案工作进行部署。各级反贪污贿赂部门共查办医疗卫生、交通、国土管理、金融证券、教育、电力6个系统贪污贿赂犯罪案件6981件7805人。二是加强个案督导,督办了一大批重点案件。2005年,地级以上检察院反贪污贿赂部门继续把督导工作作为加强个案指导的有效方式,不断加大督导力度,全年共督办重点案件4500余件,已办结2600余件。三是加大境内外追逃工作力度。为加强境内追逃工作,最高人民检察院于2005年春节期间组织开展了专项追逃行动,抓获在逃犯罪嫌疑人164人。为建立健全境外追逃机制,印发了《人民检察院反贪污贿赂部门开展境外缉捕、追赃及取证程序概述》,进一步明确了境外缉捕、追赃及取证工作的基本原则、要求和主要措施、途径,使境外追逃工作更加规范、有效。2005年全国检察机关反贪部门共抓获在逃犯罪嫌疑人703人,挽回经济损失2172万元,有力地震慑了犯罪分子。

三、加强规范化建设,不断提高办案质量。

2005年,全国各级反贪污贿赂部门始终把提高办案质量放在突出位置,狠抓规范化建设,进一步加强办案管理、健全办案制度、强化办案安全。一是结合开展专项整改活动,进一步加强制度建设。最高人民检察院反贪污贿赂总局研究起草了《人民检察院直接受理侦查案件初查工作规定(试行)》,进一步规范初查工作。各级反贪污贿赂部门以组织开展"规范执法行为,促进执法公正"专项整改活动为契机,进一步加强制度建设,完善业务管理体系。二是建立讯问犯罪嫌疑人实行全程录音录像制度,促进规范文明执法。为了及时、全面固定证据,保障犯罪嫌疑人合法权益,最高人民检察院印发了《人民检察院讯问职务犯罪嫌疑人实行全程同步录音录像的规定(试行)》,规定了讯问全程录音录像的原则、范围、主体、对象等内容,并明确要求各地尽快实施。各地按照最高人民检察院的要求,积极推进全程同步录音录像工作。三是大力推行办案区规范化建设,加强办案安全防范。各地继续深入贯彻全国检察机关警务区规范化建设现场会精神,严格执行《人民检察院讯问室的设置和使用管理办法》,认真落实办案安全责任检讨制度、安全防范预案审批制度、看审分离制度等各项规章制度,并加强督促检查,有效减少了办案安全事故的发生。四是组织开展"十大精品案件"评选活动,激励干警进一步提高办案质量。为了充分发挥精品案件的示范作用,倡导广大反贪干警树立精品意识,多办精品案件,最高人民检察院反贪污贿赂总局组织开展了首次全国检察机关反贪污贿赂部门"十大精品案件"评选活动。各级反贪污贿赂部门按照要求,认真组织开展本地区"十大精品案件"的评选活动和全国"十大精品案件"的初评活动,促进了办案质量的提高。2005年全国反贪污贿赂部门移送起诉率、起诉率、有罪判决率同比分别上升了1.8、1.9和5.9个百分点;移送不起诉率、撤案率、不起诉率同比分别下降了0.6、0.7和4.2个百分点,全国检察机关反贪污贿赂部门办案安全事故频发问题得到了有效遏制。

四、创新工作局面,扎实推进侦查改革和侦查工作现代化建设。

2005年,全国各级反贪污贿赂部门继续深化侦查改革,大力加强侦查装备建设,促进了反贪污贿赂侦查工作的创新发展。一是深入推进侦查一体化机制改革。为了进一步规范侦查一体化机制的建设和运行,指导各级反贪污贿赂部门更好地运用侦查一体化机制突破案件,全国检察机关第六次反贪污贿赂侦查工作会议从机构建设、职责权限、存在问题、指挥权威、实战功能五个方面,对深入推进一体化机制改革提出了明确要求。同时,研究起草了《最高人民检察院关于贪污贿赂犯罪侦查一体化的若干规定》,对一体化侦查指挥、侦查协作、侦查保障、信息管理等方面作出了具体规定。各地在积极推进侦查一体化机制建设的同时,注重发挥一体化的实战作用,指挥查办了一批大案要案。二是积极开展人民监督员制度试点工作。各级反贪污贿赂部门按照最高人民检察院的统一要求,继续抓好人民监督员制度的贯彻落实,自觉接受人民监督员对反贪侦查工作的监督。2005年全国试点单位反贪污贿赂部门拟撤销案件,经人民监督员监督结案1194人,其中,人民监督员表决同意的1169人,人民监督员表决不同意的25人;在人民监督员表决不同意的案件中,检察机关采纳人民监督员意见的9人。三是加快侦查装备现代化建设。各级反贪污贿赂部门认真贯彻落实最高人民检察院下发的《关于加强检察机关侦查工作现代化建设的实施意见》,加大对侦查装备建设的资金投入,同时积极利用现代侦查装备和技术突破案件,取得了明显成效。

五、狠抓队伍建设，努力提高反贪污贿赂干警的整体素质和执法水平。

一是开展保持共产党员先进性教育活动，提高反贪污贿赂队伍的政治素质。最高人民检察院反贪污贿赂总局在先进性教育活动中充分发挥带头示范作用，精心组织学习，深入查摆问题，研究制定了关于加强理论学习、规范执法行为、提高侦查能力、改进工作作风等方面的具体措施。二是加强专业化建设，努力提高队伍的业务素质和执法水平。各级反贪污贿赂部门认真落实最高人民检察院下发的《2004 年～2008 年全国检察机关职务犯罪侦查人才培养计划》，采取多种方式加强对侦查人才的培养。最高人民检察院在天津举办了反贪侦查一级人才库人员培训班，围绕提高讯问能力和预审水平进行专题培训，全国 172 名一级人才库人员参加了培训。各地也采取多种方式，加强侦查人才的培养。据统计，安徽、江苏、北京、广东等 19 个省级检察院反贪局举办了专项业务培训班，取得了较好效果。三是加强理论研究，努力为反贪污贿赂侦查工作发展提供理论支撑。为了进一步整理和提炼反贪污贿赂办案实践中多年来积累的成功经验，逐步将实战经验系统化、规律化，最高人民检察院反贪污贿赂总局召开了反贪污贿赂侦查系列教材编写座谈会，部署编写《侦查预审策略和技巧》、《职务犯罪侦查谋略》等八本系列教材，力争在三年内初步形成相对完善的反贪侦查理论体系。

（最高人民检察院反贪污贿赂总局　李增福）

**全国检察机关职务犯罪侦查部门“百优双十佳”表彰会议**　2005 年 2 月 25 日，最高人民检察院在北京召开全国检察机关职务犯罪侦查部门“百优双十佳”表彰会议。表彰近年来在检察机关职务犯罪侦查工作中涌现出来的优秀侦查员，十佳反贪污贿赂局、渎职侵权检察局（处、科），十佳反贪污贿赂局局长、渎职侵权检察局（处、科）长，优秀反贪污贿赂局局长、渎职侵权检察局（处、科）长。最高人民检察院检察长贾春旺接见了与会代表，最高人民检察院副检察长王振川出席大会并发表了讲话。荣获“百优双十佳”称号的 221 个单位和个人的代表参加了会议。

这次“百优双十佳”评选活动是最高人民检察院反贪污贿赂总局会同政治部、渎职侵权检察厅联合组织实施的。各省级检察院对这次评选活动高度重视，采取自下而上的方式逐级遴选，经最高人民检察院反贪污贿赂总局、渎职侵权检察厅认真初审、组织投票、派员考察，最高人民检察院评审委员会研究，政治部批准，最终确定了“百优双十佳”先进单位和先进个人，整个评选活动充分体现了公开、公平、公正的原则。

在表彰会上，王振川副检察长讲话指出，检察机关职务犯罪侦查队伍是一支思想政治素质较高、执法能力较强、党和人民可以完全信任的队伍。受表彰的“百优双十佳”先进单位和个人，就是这支队伍的突出代表。他们的先进事迹，集中展示了新时期职务犯罪侦查队伍的良好形象，展示了新时期职务犯罪侦查队伍的先进性：一是具有突出的工作业绩；二是始终坚持严格执法、文明办案；三是努力学习，与时俱进，自强不息；四是爱岗敬业，忘我工作，无私奉献。就检察机关职务犯罪侦查部门如何组织学习“百优双十佳”先进事迹，王振川副检察长提出了四点要求：一是要把组织学习“百优双十佳”与开展先进性教育有机结合起来，切实把先进性教育活动引向深入；二是要以“百优双十佳”为榜样，努力推进职务犯罪侦查工作深入开展；三是要以表彰“百优双十佳”为契机，进一步加强职务犯罪侦查队伍建设；四是要加强宣传、引导，努力在全社会树立、展示和弘扬人民检察官的良好形象。

最高人民检察院政治部主任张常韧宣读了《最高人民检察院关于表彰反贪污贿赂、渎职侵权检察部门“百优双十佳”的决定》。四川省泸州市人民检察院反贪污贿赂局局长胥精华、河南省南阳市人民检察院渎职侵权检察处处长李明芳分别代表“百优双十佳”先进单位和个人作了发言。

（最高人民检察院反贪污贿赂总局　李增福）

**全国检察机关第六次反贪污贿赂侦查工作会议**　2005 年 9 月 8 日至 10 日，最高人民检察院在吉林召开了全国检察机关第六次反贪污贿赂侦查工作会议。会议的主要任务是，深入贯彻党的十六大、十六届四中全会精神，总结五年来的反贪污贿赂侦查工作经验，围绕“强化法律监督，维护公平正义”的检察工作主题，研究部署当前和今后一个时期提高反贪侦查能力、推进反贪侦查工作的措施。最高人民检察院检察长贾春旺出席会议并发表讲话。最高人民检察院副检察长王振川主持会议并作了题为《加强侦查能力建设，实践检察工作主题，努力推动反贪污贿赂工作深入健康发展》的工作报告。各省、自治区、直辖市人民检察院,军事检察院,新疆生产建设兵团人民检察院主管副检察长、反贪局长,副省级市和省会市人民检察院主管副检察长,最高人民检察院有关内设机构负责人等,共157人参加了会议。

会议认为,全国检察机关第五次反贪污贿赂侦查工作会议以来,各级检察机关依法积极履行查办贪污贿赂犯罪的检察职责,办案力度不断加大,办案质量不断提高,办案安全不断加强,反贪污贿赂侦查工作继续深入健康发展,为促进党风廉政建设和反腐败斗争深入开展做出了积极贡献。一是努力加大办案力度,惩治贪污贿赂犯罪取得新的成绩。2001年至2005年7月,全国检察机关共立案侦查贪污贿赂犯罪案件152440件170087人,为国家挽回经济损失189.6亿元。二是严格规范执法办案活动,办案质量逐步提高。全国检察机关贪污贿赂犯罪案件的移送审查起诉率和有罪判决率分别由2001年的88.74%、98.3%提高到2005年的95.37%、99.1%;撤案率和不起诉率分别由5.61%、12.46%下降到2.47%、7.94%。三是积极推进反贪污贿赂工作机制创新,侦查改革迈出重要步伐。侦查一体化机制建设稳步推进,地级以上检察院普遍设立了侦查指挥中心,建立了侦查人才库,纵向指挥有力、横向协作紧密的侦查指挥协作机制基本形成,提高了反贪污贿赂侦查的整体作战能力。四是坚持业务工作和队伍建设"两手抓、两手硬",反贪污贿赂干警的整体素质和执法水平有了新的提高。五是加强侦查装备建设,反贪污贿赂侦查工作的科技含量逐步提高。

会议确定,当前和今后一个时期反贪污贿赂工作的指导思想和主要任务是:以邓小平理论和"三个代表"重要思想为指导,树立科学发展观和正确执法观,紧紧围绕改革发展稳定大局和党中央关于反腐败斗争的总体部署,深入实践检察工作主题和总体要求,坚持以办案工作为中心,以侦查能力建设为主线,以改革完善工作机制和制度为动力,依法全面正确履行查办贪污贿赂犯罪职责,全面加强侦查一体化、执法规范化、管理科学化、队伍专业化和装备现代化建设,努力推动反贪污贿赂工作深入健康发展,为促进党风廉政建设和反腐败斗争、构建社会主义和谐社会做出新的更大的贡献。

会议要求,全国检察机关要继续深入贯彻落实检察工作主题和总体要求,依法全面正确履行反贪职责。第一,采取有效措施,切实加大办案力度。对于如何加大办案力度,贾春旺检察长强调,各级检察长要切实负起领导责任。上级检察院要加强对下级检察院办案工作的指导。在突出办案重点的同时,对发生在基层、人民群众反映强烈、证据充分的案件,虽然不是大案要案,也要依法查办。第二,提高执法水平和办案质量,确保办案安全。王振川副检察长指出,各级检察机关和反贪污贿赂干警必须进一步强化质量意识,提高工作标准,把保证办案质量作为永恒追求,坚持严格依法办案,努力提高执法水平。一是要严格遵守法定办案程序,严把程序关;二是要依法全面客观收集证据,严把证据关;三是要坚持"一要坚决,二要慎重,务必搞准"的办案原则,严把法律适用关。同时,要认真落实最高人民检察院关于办案安全防范的规定,坚决杜绝重大办案安全事故的发生。第三,正确运用党和国家的刑事政策指导反贪侦查工作,努力实现办案的法律效果与社会效果的有机统一。一是要树立正确的执法理念,妥善处理好讲政治与讲法治、刑事政策与法律、办案与服务的关系;二是要正确运用宽严相济、区别对待等党和国家的刑事政策,努力追求办案的最佳效果。

会议提出,各级检察机关必须着眼于反贪污贿赂事业的实践需要和长远发展,紧紧抓住侦查能力建设这根主线,采取深化改革侦查机制、完善办案制度、创新办案方式、强化办案保障的"四种途径",全面推进"五化"建设:一是要加强侦查一体化建设,进一步提升检察机关整体侦查能力;二是要加强执法规范化建设,进一步提高公正执法的能力;三是要加强管理科学化建设,进一步提高反贪污贿赂侦查管理和宏观指导的能力;四是要加强队伍专业化建设,进一步提高反贪污贿赂干警的侦查实战能力;五是要加强装备现代化建设,进一步提高运用科技手段侦查破案的能力。

会议研究讨论了《最高人民检察院关于贪污贿赂犯罪侦查一体化的若干规定》、《人民检察院办理职务犯罪案件讯问犯罪嫌疑人实行全程同步录音录像的规定》和《人民检察院直接受理侦查案件初查细则》等4个规范性文件。会议组织交流了经验材料22篇,其中大会发言11篇,书面交流11篇。组织参观了长春市人民检察院侦查指挥室和办案工作区。最高人民检察院反贪污贿赂总局局长王建明同志在会议闭幕时作了总结讲话。

（最高人民检察院反贪污贿赂总局 邢艳芳）

**渎职侵权检察工作** 2005年，全国检察机关反渎职侵权部门突出以办案工作为中心，深入推进严肃查办侵犯人权犯罪专项活动和集中查办破坏社会主义市场经济秩序渎职犯罪专项工作，着力加强反渎职侵权局机构队伍建设，反渎职侵权工作呈现出创新、规范、平稳发展的良好局面。全年共立案侦查渎职侵权案件6706件8081人。其中，滥用职权类2161人，玩忽职守类3022人，徇私舞弊类1129人，侵权类1240人，分别占立案数的26.7%、37.4%、14.0%和15.3%。通过办案，为国家挽回经济损失10亿余元。

一、质量意识更加牢固，侦查效率和办案质量稳步提高。全年共侦查终结渎职侵权案件6124件7348人，侦结率为72%，同比增长2.8个百分点。其中，移送审查起诉6702人，移送起诉率91.2%，同比增长2个百分点；撤案349人，撤案率为4.3%，同比下降1.6个百分点；决定起诉4675人，占立案数的57.9%，同比增长4.5个百分点；作出有罪判决3439人，占立案数的42.6%，同比增长7.3个百分点。

二、查办重特大案件和县处级以上干部犯罪要案取得明显成效。全年共查办重大案件1569件，特大案件849件，重特大案件占立案总数的36.1%，同比增长6.7个百分点；查办县处级以上领导干部犯罪的要案296件，其中厅级干部9人，省部级干部1人。查办的典型案件有：四川省原副省长李达昌滥用职权，造成384万美元损失案；河北省定州市委原书记和风滥用职权引发绳油村村民被承建商组织的200余名社会闲杂人员持械围攻，致使6人死亡、100余人受伤案；广东省梅州兴宁市大兴煤矿发生的特大透水事故，造成121人死亡，直接经济损失4725万元，广东省安全监督管理局原副局长胡建昌等23人玩忽职守、滥用职权案等。

三、进一步加大对司法、行政人员的监督力度，促进依法行政。全年共查办司法工作人员2652人，行政工作人员4165人（其中行政执法人员2487人），两类人员占立案总数的88.8%，同比增长4.9个百分点。典型案件包括：江苏省淮安市淮阴区农业行政执法监察大队原大队长刘浩玩忽职守，造成4000余亩小麦遭受药害绝收案；河北省唐山市公安局南堡分局原局长王建军等10余人刑讯逼供，造成重大冤假错案等。

四、严肃查办国家机关工作人员利用职权实施的侵犯人权犯罪案件专项活动取得圆满成功。2004年5月至2005年6月，全国检察机关开展了严肃查办国家机关工作人员利用职权实施的侵犯人权犯罪案件专项活动。各地依法严肃查办了一批有影响、有震动的侵犯人权犯罪案件。据统计，专项活动期间各级检察机关共受理专项活动确定的五类重点案件6335件，立案查办3773件4645人，其中侵犯公民人身权利、民主权利犯罪案件1204件1751人，同比上升了7.7%和8.3%。

五、集中查办破坏市场经济秩序渎职犯罪专项工作取得阶段性成果。2005年下半年，全国检察机关反渎职侵权部门按照最高人民检察院电视电话会议的部署，开展了集中查办破坏社会主义市场经济秩序渎职犯罪专项工作。各地突出查办了一批严重破坏市场经济秩序的渎职犯罪案件。据统计，8至12月，全国检察机关共受理专项工作确定的渎职犯罪案件2988件，立案侦查1666件1900人，其中重大案件312件340人，特大案件288件312人，重特大案件占专项立案总数的34.3%，占全年立案侦查渎职犯罪案件总数的23.5%。专项工作取得明显的和阶段性的成果，引起了地方党委、人大、政府的重视支持，赢得了人民群众的拥护与欢迎，不仅成功查办了一批侵权犯罪和渎职犯罪案件，而且推动了反渎职侵权工作的整体发展。

六、同步介入重特大安全生产事故调查，查办事故背后的渎职犯罪取得重大突破。在主动加强与行政监察、国家安全生产监管部门的协调沟通，主动介入事故调查的同时，反渎职侵权部门一直在积极探索检察机关介入重特大安全生产事故调查，查办事故背后渎职犯罪的长效机制，并取得了一定的成果。2005年，最高人民检察院先后派员参与了国务院事故调查组对山西宁武县贾家堡煤矿"7·2"特大瓦斯爆炸事故、广东兴宁市大兴煤矿"8·7"特大透水事故等共11起特大安全事故的调查工作，对52名涉嫌渎职的国家机关工作人员依法立案侦查。

七、大力推进渎职侵权检察机构更名改局工作，加强反渎职侵权机构队伍建设。2005年，各级检察机关认真贯彻落实最高人民检察院关于地方各级检察院渎职侵权检察机构更名改局的决定精神，主动争取党委、政府的重视支持，特别是最高人民检察院关于地方各级人民检察院渎职侵权检察机构统一名称的通知下发后，各级检察院积极做好向党委、政府、编办的请示汇报工作，采取多种方式加快渎职侵权检察机构更名改局的步伐，一些省、市检察机关，在地方党委和编办支持下，率先完成了渎职侵权检察机构更名改局工作，反渎职侵权机构建设取得初步成效。各地以机构更名为契机，大力加强反渎职侵权队伍建设，重点选好、配强反渎职侵权局局长，加强反渎职侵权部门领导班子建设，完善内设机构，队伍素质和执法水平有了新的提高，涌现出一批秉公执法、开拓进取、无私奉献的先进集体和先进个人。

八、加强与政府执法部门的协调配合，建立健全发现、移送和查办渎职侵权案件的协作配合机制。各地结合"两个专项"工作，主动加强与行政监察、国家安全生产监管部门的协调沟通，在主动介入事故调查的同时，积极探索检察机关介入重特大安全生产事故调查，查办事故背后渎职犯罪的长效机制；与公安机关协调制定了关于查办刑讯逼供案件的协作配合机制；与国家税务部门联系沟通，建立了查办税务人员失职渎职犯罪的协作配合机制，不仅有力地加强了办案工作，也促进了行政处罚与刑事追究相衔接机制的进一步完善。

九、加强规范执法机制建设和制度建设，建立健全执法规范体系。2005年，结合规范执法专项整改活动的部署要求，最高人民检察院修改下发了《最高人民检察院考评各省、自治区、直辖市检察机关查办渎职侵权犯罪案件工作办法(试行)》，进一步完善了查办渎职侵权案件考评工作机制。各级反渎职侵权部门积极配合，完成了渎职侵权犯罪立案标准的修订论证工作；集中力量，着手研究渎职侵权犯罪侦查工作规程、渎职侵权犯罪证据模式、侦查一体化机制建设实施意见；根据中央关于司法改革的意见和最高人民检察院的计划安排，研究起草了查办司法工作人员渎职犯罪行为的暂行规定；加强与行政、行政执法机关的沟通联系，拟定了检察机关介入重特大事故调查工作机制等规范文件，执法规范体系正在逐步建立健全。

十、深入开展保持共产党员先进性教育活动和规范执法专项整改活动，大力加强队伍思想政治建设和执法规范化建设。根据最高人民检察院的统一部署，各级反渎职侵权部门深入开展保持共产党员先进性教育活动，认真学习中央规定的文件精神，明确了新时期做好反渎职侵权工作的具体标准和目标要求。同时，认真制定整改措施，不断巩固和扩大先进性教育活动的成果，使广大反渎职侵权干警受到了一次深刻马克思主义和党性党风的再教育，思想政治建设明显加强。同时，结合"规范执法行为，促进执法公正"专项整改活动，更新执法观念，规范执法行为，切实筑起防范刑讯逼供等执法不规范和违法办案的思想防线。各地根据规范执法专项整改活动部署要求，全面做好规范执法专项整改的教育培训和考评考核，规范执法专项整改活动取得了初步的整改成果。

(最高人民检察院渎职侵权检察厅　秦　弢)

**全国检察机关反渎职侵权专项工作电视电话会议**

2005年7月25日，最高人民检察院在北京召开了全国检察机关反渎职侵权专项工作电视电话会议，总结严肃查办国家机关工作人员利用职权侵犯人权犯罪案件专项活动，部署集中查办破坏社会主义市场经济秩序渎职犯罪专项工作。最高人民检察院常务副检察长张耕主持会议，副检察长邱学强、胡克惠出席了会议，副检察长王振川作了重要讲话，政治部主任张常韧宣读了最高人民检察院关于表彰侵犯人权犯罪专项活动先进集体、先进办案组、先进个人的决定。

王振川副检察长在总结严肃查办国家机关工作人员利用职权侵犯人权犯罪专项活动中指出，从2004年5月11日开始，全国检察机关开展了严肃查办国家机关工作人员利用职权侵犯人权犯罪专项活动，各级检察机关切实加强组织领导，广大渎职侵权检察干警以全局为重，知难而进，积极采取有力措施，查办了一大批有影响、有震动和群众反映强烈的案件，用实际行动贯彻落实国家尊重和保障人权的宪法原则，有效地打击、遏制和预防了侵犯人权犯罪，切实维护了人民群众的合法权益，取得了明显成效。一是抓住中心，突出重点，充分发挥检察机关在保障人权方面的职能作用。在专项活动中，各级检察机关把严查侵犯人权犯罪案件作为积极落实宪法原则，尊重和保障人权的重大举措，坚持以办案为中心，突出重点，集中力量查办大要案和人民群众反映强烈的案件。2004年6月至2005年6月底，全国各级检察机关共受理专项活动确定的五类重点案件6335件，立案查办3773件4645人，其中侵犯公民人身权利、民主权利犯罪案件1204件1751人，同比上升了7.7%和8.3%。起诉1924人，法院作有罪判决1450人。及时起诉了河北霸州派出所民警殴打盘问对象致死埋尸案、安徽阜阳劣质奶粉案、北京密云踩踏事故案、陕西宝马彩票案、四川沱江污染案等一大批案件，收到了良好的社会效果。二是强化领导，落实责任，坚持“领导抓、抓领导”，一级抓一级，层层抓落实。各级检察机关切实加强了组织领导，都成了专项活动领导小组，很多省级检察院的检察长亲自担任领导小组组长。最高人民检察院渎职侵权检察厅先后分四批确定了101起严重影响人民群众生命健康，造成重大损失、群众反映强烈的重大案件挂牌督办，对涉及面广的案件，直接召开案件交办协调会进行部署。渎职侵权犯罪案件发现难、查证难、处理难的特点决定了必须有上级检察院的指导和督办，必须有各级检察长的亲自领导。三是主动汇报，争取支持，积极依靠党委领导和人大监督。四是广泛宣传，全面发动，取得了社会各界和广大人民群众的全力支持。最高人民检察院先后召开了两次新闻发布会，五次发布新闻通稿，几十次接受采访，通过新华社、人民日报、中央电视台、中央人民广播电台、法制日报、检察日报、人民网、正义网等二十几家主要新闻媒体，不断地向社会公布开展严查侵犯人权犯罪专项活动的有关情况，在社会各界引起了强烈反响。各地也普遍开展了声势浩大的宣传活动，对专项活动的阶段性成果和一些有影响、有震动的案件查办情况及时向社会公布和反馈。广大人民群众了解了专项活动的重点、意义和部署，热情支持检察机关，积极踊跃举报控告，提供了大量案件线索。各级检察机关认真对待每一个线索，决不随意处置，用实实在在的办案成果取信于民，鼓舞广大干部群众同侵犯人权的违法犯罪行为作斗争。五是抓好专项，带动全面，打开反渎职侵权工作新局面。专项活动中，针对反渎职侵权工作特点，积极探索侦查一体化制度建设；强化和完善了督办制度，逐案落实查办责任人和查办时间表；加强了与有关部门的联系和协作，对重大责任事故、重大违法案件、重大侵民事件的介入调查取得了突破性进展。2004年6月至2005年6月，全国检察机关共立案查办渎职侵权犯罪嫌疑人8517人，比上年同期增长2.3%，起诉率和有罪判决率分别比上年增加了9.3个百分点和15.2个百分点。

王振川副检察长在总结工作的同时对集中查办破坏社会主义市场经济秩序渎职犯罪专项工作进行了部署。要求从2005年7月开始到2006年底，在全国检察机关开展集中查办破坏社会主义市场经济秩序渎职犯罪专项工作。确定查办三类重点案件：第一类是国家机关工作人员渎职失职导致严重扰乱社会主义市场经济秩序，造成重大经济损失的犯罪案件，包括滥用职权案，玩忽职守案。第二类是负有市场监管职责的国家机关工作人员渎职失职、徇私舞弊犯罪案件，包括滥用管理公司、证券职权案，徇私舞弊不征、少征税款案，徇私舞弊发售发票、抵扣税款、出口退税案，违法提供出口退税凭证案，违法发放林木采伐许可证案，非法批准征用、占用土地案，非法低价出让国有土地使用权案，放纵走私案，商检徇私舞弊案，商检失职案，放纵制售伪劣商品犯罪行为案。第三类是司法机关、行政执法机关工作人员渎职失职、徇私枉法，破坏市场经济秩序的犯罪案件，包括徇私枉法案，民事、行政枉法裁判案，执行判决、裁定失职案，执行判决、裁定滥用职权案，徇私舞弊不移交刑事案件案等。

王振川副检察长要求各地检察机关在加大宣传力度，主动出击，认真排查案件线索，加强与司法、行政执法部门的联系和协作，以办案为中心，集中力量查办案件，加大上级检察院对下级检察院的指导和督办力度等方面，做好专项工作，确保专项工作顺利进行。

张常韧主任宣布了对在严肃查办国家机关工作人员利用职权侵犯人权犯罪案件专项活动中涌现出的30个先进集体、20个先进办案组、50名先进个人的表彰决定。

（最高人民检察院渎职侵权检察厅　霍亚鹏）

**集中查办破坏社会主义市场经济秩序渎职犯罪专项工作新闻发布会**　2005年7月26日，最高人民检察院就部署在全国开展集中查办破坏社会主义市场经济秩序渎职犯罪专项工作召开新闻发布会。在京的中央和其他十余家主要新闻媒体的记者参加了发布会。最高人民检察院副检察长王振川，最高人民检察院新闻发言人童建明分别介绍了检察机关开展专项工作的有关情况，回答了记者的提问。

王振川副检察长强调，开展集中查办破坏社会主义市场经济秩序渎职犯罪专项工作,是全国检察机关今明两年要突出抓好的一项重点工作,需要采取切实有效的工作措施,确保专项工作顺利扎实地开展。他说,此次专项工作确定查办的重点案件分为三类:第一类是国家机关工作人员渎职失职导致严重扰乱社会主义市场经济秩序,造成重大经济损失的犯罪案件。包括滥用职权案,玩忽职守案。第二类是负有市场监管职责的国家机关工作人员渎职失职、徇私舞弊犯罪案件。包括滥用管理公司、证券职权案,徇私舞弊不征、少征税款案,徇私舞弊发售发票、抵扣税款、出口退税案,违法提供出口退税凭证案,违法发放林木采伐许可证案,非法批准征用占用土地案,非法低价出让国有土地使用权案,放纵走私案,商检徇私舞弊案,商检失职案,放纵制售伪劣商品犯罪行为案。第三类是司法机关、行政执法机关工作人员渎职失职、徇私枉法、破坏市场经济秩序的犯罪案件。包括徇私枉法案,民事、行政枉法裁判案,执行判决、裁定失职案,执行判决、裁定滥用职权案,徇私舞弊不移交刑事案件案。他还强调,各级检察机关要特别注意突出查办人民群众和社会各界反映强烈的案件,各级党委重视和关注的案件,犯罪后果严重、社会影响恶劣的案件,新闻媒体曝光的案件。要坚决做到不论涉及哪个领域、哪个部门,不论涉及什么人,只要触犯法律,发现一起,查处一起。坚持走群众路线,广泛发动群众,主动听取人民群众和社会各界的意见,注重解决人民群众反映最强烈的问题,依靠广大人民群众发现犯罪、打击犯罪。加强与相关部门的协调,注意听取发案单位和主管部门的意见,主动争取支持和配合,共同做好惩治和预防渎职犯罪工作。把握宽严相济的刑事政策,对严重扰乱和破坏市场经济秩序的渎职犯罪必须严厉打击,决不手软,对主观恶性和社会危害小、犯罪情节轻微的,区分不同情况,依法兑现政策。坚持打击与预防并重,通过查办案件警示教育国家机关工作人员恪尽职守,自觉维护市场经济秩序,防止和减少渎职犯罪的发生。

王振川要求各级检察机关加大宣传力度,认真排查案件线索,坚持以办案为中心,强化督办工作,提高侦查水平,通过加强侦查一体化建设,加快司法改革步伐,加强机构建设,确保专项工作顺利开展。

新闻发布会上,童建明回答了记者的提问。对记者提出的检察机关作为法律监督机关开展专项工作基于什么考虑的问题,童建明说:开展专项工作,第一是贯彻党的十六届四中全会精神,加强党的执政能力建设的具体体现。第二是落实科学发展观,促进改革开放,全面建设小康社会的客观需要。在我国社会主义市场经济秩序的建立和完善过程中,破坏市场经济秩序的犯罪相当严重,党中央、国务院对此相当重视。检察机关开展这次专项工作,正是配合中央整顿和规范市场经济秩序,加强宏观调控等重大政策的实施,保护国家财产和人民利益,促进我国经济社会全面、健康、可持续发展。第三是检察机关全面履行渎职侵权检察职能的必然要求。1997年修订刑法,规定了很多渎职犯罪新罪名,涉及很多新领域,就是为适应和保障市场经济发展需要而增设的。但对这些新领域和新罪名的查处一直没有打开局面,很多渎职失职犯罪没有得到法律追究和积极预防,对破坏市场经济秩序渎职犯罪的查处还是渎职侵权检察工作的薄弱环节,也是法律监督能力不强的表现。检察机关就是要通过开展专项工作,深入到经济社会发展主线,开拓新领域,掌握新情况,查办新罪名,积累新经验,锻炼和提高队伍,促进反渎职侵权工作全面发展。

对记者提出的检察机关开展这次专项工作要达到什么目标的问题,童建明说:检察机关开展这次专项工作就是为了紧紧围绕改革发展稳定大局,强化法律监督,维护社会主义市场经济秩序,为经济社会发展创造良好和谐的法治环境。具体目标是:(1)集中查办国家机关工作人员渎职失职破坏市场经济秩序,影响发展大局的案件,促进市场经济秩序的完善,保障市场经济健康发展。(2)警示和教育广大国家机关工作人员严格遵守宪法和法律,全心全意为人民服务,增强责任意识,认真履行职责。进一步强化国家机关工作人员依法执政、科学执政、民主执政的意识。(3)维护国家权力的公信度和权威,促进国家机关工作秩序,市场经济秩序,社会生产秩序稳定、健康、有序、和谐发展。(4)深入那些新的领域查处犯罪,特别重视查办新罪名犯罪案件,促进反渎职侵权工作的整体发展,开创工作新局面,更好更全面地履行法律监督职责。

对记者提出的开展专项工作,准备采取哪些措施的问题,童建明说:专项工作是全国检察机关今明两年要突出抓好的一项重要工作,准备采取的措施主要有:首先,宣传工作的力度、声势和规模要大,广泛发动群众,以强大的声势营造良好的执法环境。其次,主动出击,做好案件线索排查工作。第三,集中力量突破一批案件,保持打击力度和良好势头,不断取得阶段性成果。第四,提高侦查水平,确保案件的质量和效率。继续推进侦查一体化机制的完善,用线索的严密管理和督办、参办、提办、交办的办案管理方法督促本区域内发生的案件都能够及时查办。第五,将各级检察院渎职侵权检察部门统一设置为反渎职侵权局,加强机构建设,优化人员结构,选调一批政治强、业务通、作风硬的适合从事侦查工作的人员充实渎职侵权检察队伍,为这次专项工作的顺利开展提供强有力的组织保证。第六,加强与司法、监察、行政执法部门的协作配合,积极探索和建立调取案卷的工作机制。

对记者提出的专项工作涉及经济社会管理的很多环节,十分复杂,检察机关具体需要哪些方面的配合问题,童建明说:检察机关开展专项工作需要得到各方面的支持,必须加强与纪检监察机关、人民法院、公安机关以及各行政执法机关的协调配合,特别是争取工商、税务、土地管理、质量监督检验检疫、海关、环保等部门的支持,形成查办渎职犯罪案件的合力。

童建明还对记者提出的破坏市场经济秩序渎职犯罪的主要形态和特点有哪些、侦查一体化机制建设的主要内容、如何协调和处理好专项工作和其他查办案件任务间的关系等问题进行了回答。

(最高人民检察院渎职侵权检察厅　刘旭红)

**监所检察工作**　2005年,全国检察机关监所检察部门紧紧围绕检察工作主题和总体工作要求,以保持共产党员先进性教育活动和“规范执法行为,促进执法公正”专项整改活动为动力,以查办刑罚执行和监管活动中的职务犯罪案件工作为重点,全面履行监所检察职责,加强刑罚执行和监管活动法律监督,各项监所检察工作取得了新进展。

一、以巩固专项活动成果为契机,进一步加强刑罚执行和监管活动法律监督。2005年,全国监所检察部门认真履行监督职责,坚决纠正违法行为,共检察发现监管机关刑罚执行和监管活动中的违法情况共8803人,提出纠正意见8625人,已纠正8420人。

(一)巩固减刑假释保外就医专项检查活动成果,加强刑罚执行监督工作。最高人民检察院下发了关于进一步加强保外就医检察监督工作的通知,对保外就医同步监督工作提出了具体措施和要求。各地按照通知要求,加强了对保外就医的提请、审批及罪犯保外就医中监督管理情况的监督。针对减刑假释保外就医及检察工作中存在的问题,各地注意提出整改意见和措施,建立长效工作机制。山东省公、检、法、司联合制定了《办理减刑假释案件实施细则》,海南省建立了减刑假释保外就医案件复查制度,规定对减刑假释保外就医案件每半年复查一次。各地加大对罪犯交付执行不及时和违法留所服刑问题的监督力度,全年共发现未及时交付执行和违法留所服刑1612人,提出纠正意见1421人,已纠正1400人。

(二)加强监管活动法律监督,切实维护监管秩序稳定和在押人员合法权益。一是严格落实重大节日期间监管场所安全防范检察制度。二是严厉打击服刑人员又犯罪案件和劳教人员犯罪案件。全国监所检察部门2005年共审查批准逮捕罪犯又犯罪和劳教人员犯罪案件1148件1699人,提起公诉2313件3397人,经过法院审理被判处有期徒刑以上刑罚的2040人。三是加强对在押人员非正常死亡等事故情况的检察。最高人民检察院监所检察厅印发了《关于加强对在押人员非正常死亡检察监督工作的通知》。江西、河北、四川、湖南等省按照通知要求,对本地区发生的几起在押人员非正常死亡案件均及时派人实地调查和跟踪督办。四是巩固“双加强、双保障”示范单位创建活动成果,加强看守所监管活动监督。五是认真办理在押人员的申诉、控告,督促办案机关返还在押人员被非法扣押的财物,切实维护在押人员的合法权益。

(三)创新发展,强化监外执行检察。为加强监外执行检察工作,最高人民检察院监所检察厅增设了监外执行检察处。2005年9月,最高人民检察院办公厅转发了监所检察厅《关于加强监外执行检察工作的意见》。各地认真贯彻通知精神,加强了监外执行检察工作。

二、加大力度,强化措施,严肃查办刑罚执行和监管活动中的职务犯罪案件。2005年,全国各级监所检察部门认真贯彻最高人民检察院《关于调整人民检察院直接受理案件侦查分工的通知》精神,把办案作为强化刑罚执行和监管活动监督的重要手段,采取有力措施,加大办案力度。全年共立案侦查刑罚执行和监管活动中职务犯罪案件556件635人,同比立案件数上升3.5%,人数上升1.8%。各级监所检察部门在办案工作中采取的主要措施和经验做法有:

(一)建立健全办案工作机制。最高人民检察院、各省级检察院以及有条件的分、市院逐步建立了监所检察部门侦查人才库;进一步完善了备案审查制度、监管场所重大事故报告制度、刑罚执行和监管活动中职务犯罪案件线索管理制度;加强了监所检察部门与自侦部门的协调配合。

(二)通过举办培训班、召开办案经验交流会、总结推广办案经验等形式,提高监所检察干警的办案能力。2005年12月,最高人民检察院在河南省郑州市组织召开了全国检察机关监所检察部门查办职务犯罪案件经验交流会,取得了很好的效果。

(三)加强对重大、复杂案件的指导和督办力度。最高人民检察院监所检察厅对山西省临汾监狱原政委王勇民等4人受贿、徇私舞弊暂予监外执行窝案,宁夏监狱管理局副局长熊斌等人滥用职权、徇私舞弊减刑案等几起重大案件进行了督办。2005年8月,最高人民检察院监所检察厅组成8个工作组到全国19个省、区督促和指导办案工作,推动了各地办案工作的深入开展。

(四)通过监管场所重大事故检察、日常检察等方式,积极探索发现案件线索的方法和途径,广辟案源。辽宁省抚顺市城郊地区检察院在检察中发现一重要线索,一举侦破了青台子监狱原副监狱长阎明言等8起职务犯罪案件。

三、继续抓好纠防超期羁押工作,切实巩固纠防超期羁押工作成果。2005年,全国各级检察机关坚持把预防和纠正超期羁押作为一项重点工作来抓,加强领导,强化措施,落实责任追究制度,切实巩固了纠超成果,防止超期羁押反弹。2005年全国新发生超期羁押271人次,同比下降94.5%;检察机关共向有关办案机关提出纠正271人次,已纠正251人,纠正率为91.6%,做到了一年以上的超期羁押完全杜绝。截至2005年12月,检察机关办案环节继续保持全年无超期羁押;全国有30个省实现公、检、法各办案环节无超期羁押;全年未发生超期羁押的省份从6个增加到11个。各地在纠防超期羁押工作中主要采取了以下做法和措施:

(一)上级检察院加强指导和督办。监所检察厅直接督办并纠正了江苏省卢乐平、广东省梁昌来、海南省范起明等超期羁押案件。广西壮族自治区北海市中级法院在审判环节发生2起案件共43人超期羁押,北海市检察院发出纠正违法通知书未果后层报至最高人民检察院,监所检察厅向最高法院刑二庭发出督办函,使其中1案27人得到纠正。

(二)坚持超期羁押举报和情况通报制度。各级检察机关认真受理群众关于超期羁押的来信、来访,并及时向举报人反馈。最高人民检察院坚持实行超期羁押情况月通报制度,并且每季度对全国超期羁押形势进行分析并提出下一步的工作意见。

(三)严格落实超期羁押责任追究制度。如山西省芮城县发生一起超期羁押案件,山西省检察院对该案认真进行查处,取消了芮城县检察院驻看守所检察室规范化检察室的资格。贵州省黔西南州监所检察部门经调查发现郭某等9人盗窃、抢劫一案超期羁押103天后,依法向州中级法院发出纠正违法通知书,州中级法院对负有严重责任的立案庭副庭长罗某作出撤职和行政降级的处分。

(四)进一步加强纠防超期羁押长效机制建设。如重庆市在试行换押证、提解证、提讯证"三证合一"经验的基础上,2005年在全市全面推行"一证通"制度,探索出了一条预防超期羁押的新途径。

四、试行监所检察工作流程,加强监所检察基础业务建设。

(一)试行监所检察工作流程,规范日常执法监督行为。最高人民检察院选择了工作基础较好的江苏、黑龙江、重庆三个省、市于2005年6月至12月试行四个监所检察工作流程。通过试行流程,规范了监所检察干警的日常执法监督行为。

(二)加强和规范派出检察机构建设。最高人民检察院监所检察厅与政治部组成联合调查组,对派出检察机构管理体制等进行调研,提出了规范监所检察派出机构建设的初步意见。四川省扩大驻监狱检察室改县级检察院为市级检察院派驻的"县改市"改革试点范围。云南省大理、楚雄等地将四个监狱原由基层检察院派驻的检察室改由州(市)检察院派驻,增强了监督实效。

(三)加强业务培训,努力提高监所检察队伍素质。最高人民检察院、省级检察院和部分市级检察院监所检察部门分别举办了各种培训班,或者采取以会代训的形式,对监所检察干警进行业务培训,提高队伍的业务素质。

(最高人民检察院监所检察厅　尚爱国)

**全国一级规范化检察室授牌仪式** 2005年3月22日，最高人民检察院在江苏省张家港市举行了全国检察机关派驻监管场所一级规范化检察室授牌仪式。检察机关派驻监管改造场所检察室规范化建设，是检察机关监所检察部门在新形势下加强刑罚执行监督、监管活动监督和羁押期限监督，充分履行职责的有效措施和保障。2003年以来，全国检察机关监所检察部门在各级检察院的领导下，坚持以邓小平理论和"三个代表"重要思想为指导，紧紧围绕检察工作主题和总体要求，锐意进取，开拓创新，积极开展派驻监管场所规范化检察室创建活动。通过派驻检察室规范化建设，进一步提高了对刑罚执行和监管活动监督重要性的认识，规范了派驻检察室工作，改善了派驻检察室工作条件，加强了监所检察队伍建设，各项工作取得了显著成绩，涌现出一批派驻检察职能作用发挥好、完成工作任务出色、执行派驻检察制度严格、派驻检察人员素质较高的规范化检察室。2004年12月，最高人民检察院决定，对北京市海淀区人民检察院驻区看守所检察室等95个派驻检察室，评定为一级规范化检察室。

最高人民检察院副检察长赵虹为获得一级规范化检察室单位的代表授牌并讲话。赵虹副检察长在讲话中指出，此次一级规范化检察室授牌仪式是对近年来检察机关派驻监管场所检察室规范化建设的一次检验，也是监所检察工作中的一件大事，它标志着派驻检察工作将随着规范化建设的深入开展跃上一个新台阶。他对派驻检察室规范化建设提出了三点要求：一是各级检察机关的领导要高度重视派驻检察室规范化建设，规范化建设落后的地方要尽快把这项工作摆上议事日程。派驻检察室承担了监所检察的基础工作，是开展监所检察工作的有效载体和重要基础。加强派驻检察室规范化建设，就是为监所检察工作夯实基础。二是各省级检察院要切实担负起领导职责，在派驻检察室规范化建设和检察室等级管理工作中，充分发挥指导作用。三是要充分发挥一级规范化检察室的典型示范作用。各地要以点带面，以一级检察室带动二级、三级检察室和没有参评或者没有评上等级的检察室的规范化建设工作。

（最高人民检察院监所检察厅 黄 耕）

**全国检察机关减刑假释保外就医专项检查活动和"双加强、双保障"示范单位创建活动总结表彰电视电话会议** 2005年7月26日，最高人民检察院召开了全国检察机关减刑假释保外就医专项检查活动和"加强监管执法、加强法律监督，保障刑事诉讼顺利进行、保障在押人员合法权益"示范单位创建活动总结表彰电视电话会议。最高人民检察院副检察长张耕、赵虹，政治部主任张常韧出席大会。最高人民检察院监所检察厅领导及部分受表彰的单位和先进个人代表参加了会议。

表彰大会由张耕副检察长主持。

赵虹副检察长作了总结讲话。他对各级检察机关与公安部门、司法部门等有关部门密切配合，认真履行法律监督职能，在全国监管机构中开展减刑、假释、保外就医专项检查活动和"双加强、双保障"示范单位创建活动中取得的显著成绩给予了肯定。他要求检察机关抓住"规范执法行为，促进执法公正"专项整改活动这一契机，进一步更新执法观念、提高执法水平、提高监督效果，将监所检察工作再向前推进一大步，并向获得表彰的先进集体和先进个人表示热烈的祝贺，向全体监所检察干警表示亲切的慰问。

张常韧主任宣读了《最高人民检察院关于表彰全国检察机关减刑、假释、保外就医专项检查活动先进集体和先进个人的决定》和《最高人民检察院、公安部关于表彰加强监管执法加强法律监督保障刑事诉讼顺利进行保障在押人员合法权益创建活动示范单位的决定》。决定对北京市清河人民检察院等60个减刑假释保外就医专项检查活动先进集体和北京市朝阳区人民检察院监所检察处副处长翟建强等63名减刑假释保外就医活动先进个人进行表彰；授予北京市海淀区看守所及海淀区人民检察院驻区看守所检察室等33个集体"双加强、双保障"创建活动示范单位。决定指出，专项活动虽然结束了，加强法律监督，加强对减刑假释保外就医工作的监督，加强保障在押人员合法权益仍是监所检察部门长期、重要的工作。决定号召全国各级检察机关要以受表彰的先进集体和个人为榜样，按照"立检为公、执法为民"的要求，进一步端正执法思想、更新执法观念、转变执法作风、改进执法方法，在落实纠正违法、狠抓办案和制度建设上下功夫，坚决杜绝刑罚执行监督过程中发生的违法违规问题，巩固专项检查活动取得的成果，推动监所检察工作和检察机关队伍建设的全面发展。

（最高人民检察院监所检察厅　张金凤）

**全国检察机关监所检察部门查办职务犯罪案件工作电视电话会议**　2005年9月9日，最高人民检察院召开全国检察机关监所检察部门查办职务犯罪案件工作电视电话会议，通报2005年8月份7个工作组检查18个省、自治区、直辖市和新疆生产建设兵团贯彻最高人民检察院《关于调整人民检察院直接受理案件侦查分工的通知》情况，部署今后查办职务犯罪案件工作任务。最高人民检察院副检察长赵虹出席主会场会议并作了重要讲话。在各分会场参加会议的有各省级检察院分管副检察长、监所检察处全体同志，

最高人民检察院监所检察厅厅长白泉民在通报中指出，2004年10月以来，各地监所检察部门采取有效措施，认真贯彻最高人民检察院通知精神，查办职务犯罪案件工作取得了新的进展。一是认真组织学习，提高思想认识。二是加强组织领导，整合办案力量。充实监所检察办案人员，建立侦查人才库，加强与反贪、渎职侵权检察部门密切配合，协同作战。三是加强线索管理，广辟案件来源。加强举报宣传，深化检务公开，强化执法监督，收集案件线索。四是加强指导督办，实行备案审查。五是建立激励机制，明确办案目标。六是结合专项检查，深挖职务犯罪。七是严格规范办案，提高案件质量。存在的主要问题有：对监所检察办案工作重要性认识不高，重视不够；办案力量不足，办案水平不高；地区之间发展不平衡；派出检察院没有发挥应有的作用；有些监狱对检察机关查办职务犯罪案件支持配合不够；少数地方案件质量不高，撤案和不起诉率偏高。

会议根据最高人民检察院检察长贾春旺、副检察长赵虹关于监所检察查办职务犯罪案件的指示精神，提出了今后工作的意见：

一、进一步贯彻通知精神，加大查办案件工作力度。要把对诉讼活动的监督职能与对职务犯罪的侦查职能有机结合起来，把查办发生在刑罚执行和监管活动中的职务犯罪作为监所检察工作的重点，采取有力措施，推动监所检察办案工作深入发展。

二、切实采取有效措施，建立和完善办案工作机制。一是建立最高人民检察院监所检察厅一级侦查人才库和省级检察院监所检察处二级侦查人才库，整合监所检察办案力量。二是建立监所检察案件线索管理制度，切实提高发现线索的能力和运用线索的能力。三是建立监所检察查办职务犯罪案件通报制度，有效发挥省级检察院监所检察处办案组织、指挥、协调作用和派出检察院办案主力军作用。四是建立监管场所非正常死亡事故报告制度。

三、进一步转变工作作风，改进工作方法。一要加强派驻检察，挖掘案件线索。二要明确办案目标，建立激励机制。三要加大指导和督办力度。要周密安排，上下联动，一级抓一级，层层抓落实。要突出重点，以点带面，抓两头带中间，推动全局工作。

四、注意总结办案经验，努力提高侦查能力和水平。要认真研究查办刑罚执行和监管活动中职务犯罪案件的侦查策略，努力提高侦查取证的能力，提高突破案件的能力。要完善办案制度，规范办案行为，确保办案质量。

赵虹副检察长在讲话中要求各级检察机关进一步提高对监所检察办案工作重要性的认识，要认识到监所检察查办职务犯罪案件是反腐败斗争的重要组成部分，是履行监督机关法定职责的事，是正义的事，是人民群众支持和拥护的事。要处理好办案与执法监督的关系，二者相辅相成，相互促进。如果只强调执法监督，而忽视办案工作，就必然会影响监督的实效。如果只强调办案，而忽视执法监督，就有可能削弱监所检察部门的监督职能。他要求各级检察院领导要重视和支持监所检察部门的办案工作，要在人员配备、经费保障和办案装备上向监所检察部门倾斜，保证监所检察部门办案工作顺利开展。

（最高人民检察院监所检察厅　彭庭国）

**全国检察机关监所检察部门查办职务犯罪案件经验交流会**　为贯彻落实最高人民检察院《关于调整人民检察院直接受理案件侦查分工的通知》精神，总结全国检察机关监所检察部门查办发生在刑罚执行和监管活动中的职务犯罪案件经验，进一步推动监所检察部门查办职务犯罪案件工作的深入开展，2005年12月19日至20日，最高人民检察院在河南省郑州市召开全国检察机关监所检察部门查办职务犯罪案件经验交流会。最高人民检察院副

检察长赵虹、监所检察厅领导、各省级检察院监所检察处处长及交流经验的同志参加了会议。

会上，河南省郑州市监所检察处等20个单位分别介绍了近年来查办发生在刑罚执行和监管活动中职务犯罪个案的经验。最高人民检察院监所检察厅厅长白泉民作了题为《增强侦查意识，提高侦查能力 进一步推进监所检察部门查办职务犯罪工作深入发展》的报告。

赵虹副检察长作了重要讲话。他强调：要把查办职务犯罪案件，作为监所检察的一项重点工作来抓。监所检察工作的特点是点多、线长、面广，基层监所检察部门人员力量有限，重点要抓执法监督和查办职务犯罪这两项工作，要把查办职务犯罪工作作为重中之重的工作来抓。要采取措施，加强查办职务犯罪案件工作力度。一是加强学习和培训，努力提高办案技能和办案水平。着重提高发现案件线索、查证犯罪、突破案件三个能力。二是加强监所检察部门“侦查一体化”建设，集中使用侦查力量，发挥整体优势作用；同时，加强与反贪、渎职检察部门的配合。三是加强办案工作制度建设，确保办案质量。四是建立办案工作机制，解决查办职务犯罪案件不力的问题。五是加强对监所检察查办职务犯罪案件工作的领导，解决好人、财、物问题。要把查办职务犯罪案件与加强执法监督有机结合起来。要加强监所检察干部队伍建设。各级检察院领导要重视监所检察部门查办职务犯罪案件工作。一是检察长要全面系统地研究分析本地区监所检察工作状况；二是各级检察院领导要给予监所检察部门力所能及的支持；三是在办案工作中，各级检察院领导要反复强调办案纪律；四是检察长要对本地区监所检察办案力量心中有数，要以分、州、市为基点，对本地区的监所检察办案力量进行评估，并逐步优化，每个分、州、市检察院监所检察部门都要有查办职务犯罪案件的基本力量。

白泉民厅长在讲话中对会上交流的20份经验材料进行了系统归纳。(1)广辟案源渠道，获取案件线索，是查办职务犯罪案件的首要条件，主要从两个方面获取案件线索：一是深化检务公开，利用群众举报获取案件线索；二是加强执法监督，从违法问题背后、不正常的管理现象背后和监管事故背后发现案件线索。(2)把握刑罚执行和监管活动中职务犯罪案件的一般规律，选准案件突破口，是突破职务犯罪案件的关键。这类案件的规律和特点：一是具有一定的隐蔽性，权钱交易特点较明显；二是案件之间具有关联性，群体性作案特点突出；三是当事人身份具有双重性，案件知情人往往就是利害关系人，取证困难；四是犯罪嫌疑人具有较强的反侦查能力。(3)加强对证据的收集、固定，以证促供，是证明职务犯罪的主要方法。(4)顺藤摸瓜，以案带案，是扩大战果的重要手段。(5)查微析疑辨真伪，另辟蹊径破疑案，是办理“夹生”案件的有效方法。(6)统一调配侦查力量，整合侦查资源，是保障查办职务犯罪案件顺利进行的根本措施。他还提出了当前和今后一个时期监所检察部门查办职务犯罪案件工作的思路：深入贯彻最高人民检察院《关于调整人民检察院直接受理案件侦查分工的通知》精神，坚持以侦查能力建设为主线，以改革完善工作机制为动力，以制度建设为保障，建立一体化侦查机制，加强“二库”建设，把好“三关”，提高四个能力，全面提高监所检察部门查办职务犯罪案件工作水平，进一步推进监所检察部门查办职务犯罪工作深入发展，为构建社会主义和谐社会做出新的更大的贡献。同时，提出了明确监所检察部门查办职务犯罪工作面临的新任务，增强侦查意识；疏通案件来源渠道，提高自行发现犯罪的能力；加强侦查和审讯工作，提高突破犯罪的能力；依法收集、固定证据，提高证明犯罪的能力；建立和完善一体化侦查机制，提高组织指挥能力；严把“三关”，提高办案质量；加强监所检察办案队伍建设，提高干警业务素质七点具体要求。

（最高人民检察院监所检察厅　刘　颖）

**民事行政检察工作**　2005年，全国检察机关民事行政检察部门紧紧围绕全国检察长会议精神和2005年全国民事行政检察工作要点，认真履行民事行政检察监督职责，不断加强法律监督能力建设，较好地完成了各项工作任务。

一、领导重视，民事行政检察工作得到了更多的关心和支持。

2005年，全国检察机关普遍加强了对民事行政检察工作的重视和领导。最高人民检察院党组先后两次听取民事行政检察工作专题汇报，集中研究了今后一段时期工作的发展方向等问题。8月30日，最高人民检察院召开了“民事行政诉讼中检察权的配置问题”专家研讨会，26位知名专家学者到会，对民事行政检察制度提出了很好的意见。最高人民检察院检察长贾春旺多次对民事行政检察工作作出批示，要求民事行政检察工作要加强，存在问题要研究解决。最高人民检察院副检察长姜建初亲自带队赴十余个省开展民事行政检察专项调研，提出了许多具有战略性的发展观念和思路。广东省检察院检察长张学军提出了民事行政检察工作可持续发展论。河南省检察院党组印发了《关于加强民事行政检察工作的意见》。陕西省检察院与省高级法院联合召开全省民事行政抗诉和审判监督工作座谈会，印发了《关于依法办理民事行政抗诉案件的有关意见》。江苏、福建、广西、重庆也与当地高级法院会签了关于民事行政工作的意见。

二、突出监督重点，着力办理抗诉和再审检察建议案件。

2005年，全国检察机关共受理民事行政申诉68900件，立案38436件，提出抗诉12757件，提出再审检察建议5192件。人民法院再审审结抗诉案件8162件，其中改判3935件，撤销原判发回重审136件，调解747件，维持2257件，其他148件，原判改变率72.35%。人民法院采纳检察建议3109件，采纳率为59.88%。最高人民检察院全年共受案254件，提出民事抗诉87件，行政抗诉3件，抗诉数量创近年来的新高。山东、河南和安徽抗诉超千件。

2005年初，最高人民检察院制定下发了《关于加强民事行政抗诉书说理工作的意见》，规范法律文书的制作，提高办案质量。3月份，最高人民检察院对广东省检察院和中山市检察院进行了案件质量检查。最高人民检察院针对一起管辖权异议的裁定提出抗诉的案件，最高人民法院已经指令四川省高级法院进行再审。最高人民检察院提出的鞍钢集团再审检察建议案，最高人民法院裁定再审后依法改判，这是最高人民法院首次采纳最高人民检察院再审检察建议案。山东省检察院抗诉的王明信房屋侵权纠纷案，历经9年，法院7次裁判，最终通过检察监督解决了纠纷。

三、加大监督力度，审判人员职务犯罪侦查工作稳步发展。

2005年，全国民事行政检察部门初查审判人员渎职案件381件402人，贪污贿赂案73件77人；立案侦查审判人员渎职案件44件47人，贪污贿赂案件19件19人。2005年1月，最高人民检察院办公厅印发了《民事行政检察厅关于贯彻〈关于调整人民检察院直接受理案件侦查分工的通知〉认真做好查办审判人员职务犯罪案件工作的意见》。湖北省检察院下发了《关于组建全省民事行政检察部门查处司法人员职务犯罪案件侦查网络的通知》，省检察院民事行政检察处成立重案组。黑龙江省检察院制定了《民事行政检察部门初查、侦查职务犯罪案件暂行办法》。广西贵港市检察院民事行政检察部门立案查处了平南县人民法院原执行局局长、副局长等4人涉嫌挪用执行案款赌博和收受巨额贿赂的犯罪案件，广西来宾市检察院民事行政检察部门立案查处了兴宾区法院两名法官利用办案之机受贿案件，上述6名涉案法官全部被判处有期徒刑。河南省检察院民事行政检察处侦查了新乡市中级法院审判员张其江索贿案，张其江因受贿被一审判处有期徒刑十年。

四、探索创新，积极稳妥地完善民事行政检察职能。

一是从维护稳定、构建和谐社会的需要出发，对大量裁判正确的民事行政案件做了大量服判息诉工作，取得了显著效果。二是在受理申诉过程中，积极发现职务犯罪和其他犯罪线索，依法开展初查、侦查或及时向有关部门移送，在完善民事行政检察监督职能方面进行了有意义的探索。四川等地的民事行政检察部门配合公诉部门开展提起附带民事诉讼业务，较好地保护了国家利益和社会公共利益。三是从申诉人反映执行不公的案件入手发现和纠正问题，开展了对执行程序进行监督的试点工作，取得了一定成效。四是针对国家利益、社会公共利益受到损害的情况，探索支持起诉和提起民事行政诉讼工作，共办理支持起诉案件3205件，提起民事行政诉讼275件，为司法改革和立法修改积累了必要的实践经验。

五、深化指导与调研，巩固民事行政检察工作基础。

2005年5月31日，最高人民检察院在重庆召开了“全国部分省民事行政检察指导与调研工作座谈会”，对指导调研工作进行了专题研究。最高人民检察院副检察长姜建初到会讲话，强调了指导调研工作的重要意义，对今后一段时期民事行政检察指导调研工作进行了明确部署。最高人民检察院民事行政检察厅通过起草文件、编辑《民事行政检察工作情况》、出版《民事行政检察抗诉案例选》和《民事行政检察指导与研究》等形式，加强对下业务指导。2005年10月,河南省检察院主办了“2005·中原民事行政检察论坛”,与会代表以拓展民事行政检察监督空间、创新民事行政检察监督手段为主题开展了广泛研讨。安徽省检察院长期以来一直坚持对全省各分、市院的办案情况进行逐月分析通报,通过努力,全省到年底实现了抗诉案件连续六年超千件的目标。上海市检察院制定下发了《关于加强民事行政检察业务指导工作的意见》。

六、积极开展先进性教育活动和专项整改活动。

在先进性教育活动中,民事行政检察部门认真贯彻各级检察院党组的部署和要求,圆满完成了各个阶段的工作任务。最高人民检察院民事行政检察厅研究制定了民事行政检察部门党员先进性的标准,在“规范执法行为,促进执法公正”专项整改活动中,组织了修改《办案规则》工作。同时,对近年来制定的业务规章制度进行了梳理。山东省检察院组织全省民事行政检察办案能手评比活动。甘肃、湖北、江西、新疆生产建设兵团、西藏等地对2004年抗诉或不抗诉案件进行系统分析。2005年12月,最高人民检察院在广西桂林市举办了一期民事行政检察干部公司法与证券法培训班。

(最高人民检察院民事行政检察厅　肖正磊)

**民事行政检察指导调研工作座谈会**　2005年5月31日至6月1日,最高人民检察院在重庆市召开了全国部分省级检察院民事行政指导调研工作座谈会。最高人民检察院副检察长姜建初出席会议并讲话。北京、上海、天津、山东等25个省、自治区、直辖市人民检察院民事行政检察处处长、重庆市人民检察院领导、最高人民检察院民事行政检察厅负责人及有关人员参加了会议。

根据全国检察理论研究工作会议精神,会议针对民事行政检察工作指导调研工作中较为薄弱的问题,结合当前民事行政检察工作及司法改革的重点问题,就如何加强指导调研、切实推动民事行政检察工作全面健康发展进行了深入的探讨,对今后一段时期的指导调研工作进行了部署。会上还交流了重庆市人民检察院开展民事行政检察指导调研工作的经验。

姜建初副检察长在讲话中就民事行政检察指导调研工作发表了意见。他指出,各级检察机关要提高认识,深刻领会加强指导调研工作对民事行政检察工作发展的重要意义。我国的民事行政检察制度,是借鉴前苏联等国家的规定,结合我国社会主义初级阶段的具体国情而逐步建立的,是一项具有鲜明中国特色的检察制度。无论是英美法系,还是大陆法系,我国的民事行政检察制度可以说是独树一帜,找不到更多的遵循和参照。为了坚持这项符合我国国情的检察制度,检察机关必须适时进行业务指导,广泛开展调研。加强指导调研,是巩固和发展民事行政检察制度的重要基础,是做好民事行政检察办案工作的重要前提,也是提高民事行政检察监督能力和水平的重要保障。

姜建初副检察长在讲话中强调,要明确目标、把握重点,抓好当前的民事行政检察指导调研工作。当前,民事行政检察指导调研所面临的问题纷繁复杂,不可能面面俱到,在指导、调研中必须重点抓住主要矛盾和矛盾的主要方面。(1)积极开展调查研究,加强对民事行政检察部门承办职务犯罪工作的指导和领导。(2)进一步加强对办理民事行政申诉案件工作的指导,研究、解决存在的突出问题。第一,要正确处理好民事行政申诉案件的数量与质量的关系。质量是办理申诉案件的生命线。没有可靠的质量保证,民事行政检察工作“维护司法公正、维护司法权威”的宗旨和目的就无法实现。质量是民事行政检察安身立命之本,要坚持不懈地将质量问题放到重中之重的地位抓紧抓好。在确保质量的基础上,还应适度增加办案数量,使监督态势形成规模。如果民事行政检察没有一定的办案数量,在整个再审中所占的比例偏小,就不能形成有力和有效的监督态势,就不能形成一定的社会效应,对它在整个诉讼制度和司法制度中存在的价值和意义就会产生重大怀疑。当前民事行政申诉案件的渠道不畅,效率不高,数量不多,不少地方甚至呈现案件数量大幅度下滑的趋势,必须引起高度重视。各地要通过加强宣传、整合检察资源、积极开展检察建议办案方式等工作,打开工作局面,增加办案数量。第二,加强对息诉工作的指导,研究制定息诉案件的审查程序和息诉标准。息诉工作是民事行政检察的有机组成部分,在检察机关审查处理的案件,提出抗诉和再审检察建议的案件仅占一小部分,大多数案件都是做了不受理、不抗诉或终止审查等息诉处理。开展好息诉服判工作,能够更加凸显民事行政检察工作在服务大局、构建社会主义和谐社会中的重要意义。(3)紧紧围绕司法改革的主题,开展好民事行政检察理论的研究工作。要以最高人民检察院检察长贾春旺的讲话和全国检察理论工作会议的精神为指导,紧紧围绕中央司法改革方案对民事行政检察监督确定的"明确监督范围,完善监督程序"的改革方向,着重从检察权在民事、行政诉讼中的合理配置入手,全方位强化民事行政检察理论研究工作。第一,加强对民事行政诉讼进行检察监督制度的研究。第二,加强对民事行政裁判执行进行检察监督制度的研究。第三,加强人民检察院提起民事行政诉讼制度的研究。第四,加强人民检察院参与民事行政诉讼制度的研究。

姜建初副检察长指出,要加强领导、周密部署,以科学的方法推动民事行政检察指导调研工作深入开展。要深入抓好指导调研工作,必须争取各级检察院领导的大力支持,采用科学的指导调研方法,并建立相应的制度作保障。各级检察院领导要切实把指导调研工作摆上位置,列入议事日程。要以科学的方法,有效地开展指导调研工作,要根据各级检察院工作的实际情况,分类进行指导,有针对性地开展调查研究。要建立一支精干的指导调研队伍,建立、健全加强指导调研的激励机制,在全系统倡导大兴指导调研之风,促进民事行政检察工作科学、规范、创新地发展。

(最高人民检察院民事行政检察厅　王　莉)

**民事行政诉讼中检察权配置问题专家研讨会**　2005年8月30日,最高人民检察院司法体制改革领导小组在北京召开了"民事行政诉讼中检察权配置问题专家研讨会"。来自中国社会科学院法学研究所、北京大学、中国人民大学、中国政法大学等科研机构和高等院校的近30名专家、教授参加了会议。最高人民检察院常务副检察长、司法体制改革领导小组组长张耕,副检察长朱孝清、姜建初出席了会议,全国人大法工委有关同志应邀参加了会议。与会专家、学者结合自身学术研究,从理论和实践结合的客观立场,围绕"应当确立检察院公益诉讼提起主体的法律地位"、"检察院提起公益诉讼的必要性和可行性"、"检察权在民事诉讼中的行使"等问题,对民事行政诉讼中检察权配置问题进行了比较深入的研讨。

关于民事行政检察权的宪政与法律定位。与会人员认为,我国的政体是人民代表大会制度,检察权的独立地位和功能和西方国家的检察权是完全不同的,检察权在宪政体制内配置的核心问题之一就是检察权和审判权的关系问题。目前,检察权与审判权共同构成了我国司法权最为完整的概念,检察权对审判权进行的监督是一种程序内的监督。检察权的主要功能是监督与制约,本质是法律监督权,具有主动性的特点,只要有法律规定属于法律监督的问题出现,就可以启动法律监督程序。人民检察院的法律监督职能是指对法律实施的全面监督,应当是全方位的,不仅包括对刑事法律实施的全面监督,也应包括对民事法律和行政法律实施的全面监督,现行法律规定检察院对民事诉讼的监督手段是抗诉,只限于诉讼监督、事后监督,是不合适的。从司法的公益性角度分析,司法从来不是和社会公共利益无关的。在民事诉讼中,司法作为维护当事人利益的公共装置,既负有维护当事人合法权益的使命,也负有平息纠纷、维护社会秩序的任务,以实现司法在社会公共利益方面的功能,检察院参与民事诉讼,能够起到平衡诉讼,维护公益的作用。在行政诉讼中检察权的配置方面,与会同志认为,根据宪法规定和宪法解释的一般原则,检察院有义务全面监督法律的实施,其监督权力依法具有独立性和完整性,既可以是事前监督,也可以是事后监督;既可以监督法院,也可以监督行政机关;既可以在诉讼过程中监督,也可以在诉讼过程之外监督。仅仅赋予检察院抗诉权,实际上使检察院的监督权变成了附条件的权力,降低了检察院应有的地位,是与宪法对检察院的定位和要求不相符的。应该通过修改行政诉讼法,赋予检察院提起诉讼权,通过诉讼形式体现行政诉讼的客观维护秩序功能,有利于在更广泛层面上构建和谐社会。

关于参与、提起公益诉讼的必要性及制度设计。会议认为,近年来,国有资产流失、环境污染、违法行政行为等侵害国家和社会公共利益造成较大损害的事件时有发生。作为事中、事前监督的一种体现,检察院提起、参与公益诉讼的问题越来越多地受到学术界和司法实务界的关注。针对以上国家和社会公共利益遭受严重侵害而缺乏保护的情况,必须要设定一个能够代表公共利益,而且拥有足够有效法律手段和权威的主体代表国家提起诉讼、参与诉讼。作为国家的法律监督机关,检察院能够代表国家利益和社会公益,而且负有对民事法律和行政法律实行监督的职责。有条件的、在特定的领域内、以特定的方式进行法律监督,提起公益诉讼,应当是检察院法律监督的题中应有之义。从目前的权力架构来看,检察院是法律监督机关,其性质决定其最适合作为社会公共利益的代表。从我国现实来看,存在相当数量的损害公益事件,公益诉讼是必须要建立的。由于公益诉讼在相当情况下是行政机关等较为强势的主体作为被告,由检察院行使公益诉讼提起权,有利于达到诉讼平衡,也有利于树立检察院维护公共利益的形象。通过立法的方式赋予检察院代表公益提起诉讼,相对于个人提起公益诉讼,更能够保证法制的统一。从我国目前来看,提起公益诉讼的主体,以检察院最为适宜。为畅通诉讼渠道,在制度设计上,除规定检察院有提起公益诉讼的权利外,还应赋予有关社会团体,如消费者协会、环境保护组织甚至公民个人提起公益诉讼的权利。检察院提起的公益诉讼应具有以下特点:第一,公益诉讼的目的是维护国家和社会共同利益;第二,原告并非与案件有"直接利害关系";第三,提起诉讼的一方当事人一般不受法院裁判的拘束;第四,公益诉讼中,因为涉及的利益不属于原告,所以其处分权受到一定限制。从可操作性角度考虑,必须对公共利益进行界定。所谓公共利益,是指涉及不特定主体的利益,涉及到这种利益的问题,包括环境污染、滥采自然资源、消费者权益的维护、反垄断、不正当竞争等。行政公益诉讼的范围大体可分为三大类:一是政府的不作为行为;二是抽象行政行为;三是政府的违法行政许可、行政救济行为。在行政公益诉讼的具体操作上,可以考虑根据被诉行政机关的具体的层级、地位确定管辖法院,但应主要由基层检察院和地市级检察院承担公益诉讼案件的起诉任务。

关于民事行政抗诉制度的完善。会议指出,民事行政抗诉制度,对于维护司法公正,矫正审判权的不当行使发挥了十分重要的作用,有利于推动社会主义和谐社会的建立。从民事行政检察权的法律规定及实践需要来看,对民事行政抗诉制度应在抗诉范围、抗诉案件的审级、调阅案件权等方面进行完善。一是科学界定民事行政抗诉的范围。与会学者普遍认为,民事行政抗诉范围应当是一切生效判决、裁定,包括执行程序中作出的裁定。抗诉监督的目的之一就是防止司法不公正的产生,而司法不公正可能产生于诉讼的任何阶段,所以检察监督应当保持一种对各个诉讼环节实行监督的可能性。裁定都是解决程序问题的,程序的正确与否直接影响实体是否公正,裁定不能监督就意味着过程不能监督、程序不能监督,限制对裁定进行抗诉的做法恰恰违反了程序同样需要监督的客观要求。从原则规定与具体职能的关系角度出发,人民检察院对行政诉讼进行监督的原则表明,检察院的监督对象不仅是审判活动,而且包括诉讼的全过程,也包括诉讼的原告、被告在诉讼中的活动。二是明确民事行政抗诉案件的审级。专家指出,现行法律规定除最高人民检察院以外,抗诉只能由上级检察院提起,存在相当的不足。同级检察院和同级法院的职权是对等的,在诉讼中享有平等的法律地位,发生相对应的监督法律关系,从实现工作便利,讲究效率的角度考虑,应该建立同级监督机制。三是规定调阅案卷权力与调查取证权。在实践中,检察院调卷难严重影响了抗诉工作的顺利开展,立法应当明确规定检察院有权向法院调阅案卷,切实保证检察权在实践中不被打折扣。在民事行政抗诉程序中,应当赋予检察院相应的调查取证权,主要包括以下两个方面:一是对法院查证过程中的缺漏行为予以补救,使当事人能够获得依法应该得到的证据,这种情形下检察院调查取证行为的启动应依当事人的申请而为之;二是调取审判人员贪污受贿、徇私舞弊或者枉法裁判行为的证据,目的是侧重于对审判人员相关违法行为的追究,维护国家审判机关应有的公正性。要把检察监督作为诉讼制度的一个组成部分,审判权、诉权、检察监督权必须协调。

会议认为,民事行政检察权的配置是一个实践性和理论性都十分强的问题,适应社会发展对法制建设的要求,理论界和司法实务界应该从多方面、多角度对此进行深入研究,以便充分发挥民事行政检察权的应有作用。

(最高人民检察院民事行政检察厅 吕洪涛)

**控告检察工作** 2005 年,控告检察工作以科学发展观为指导,围绕维护稳定、构建和谐社会工作大局,按照中央精神和最高人民检察院的部署,取得了明显的成效。

一、开展集中处理涉法上访第二阶段工作。各级检察机关迅速行动,采取有力措施,抓紧抓好集中处理涉法上访第二阶段的工作。

各级检察机关对群众上访情况,再次进行集中清理排查。把办案作为关键环节来抓,实行责任制,加强督查,在解决实际问题上下功夫。全国检察机关先后派出210个工作组到基层,进行重点督办、分片督查和交叉检查。最高人民检察院和省级检察院对群众上访和各地办案进展情况,坚持半月通报制度,促进了处理涉法上访工作的开展。

二、全国检察机关集中处理涉检信访专项活动。

最高人民检察院高度重视涉检信访工作,贾春旺检察长多次作出重要指示,胡克惠副检察长亲自部署,亲自抓落实。为加大解决涉检信访工作力度,最高人民检察院从6月下旬至11月在全国检察机关深入开展了集中处理涉检信访专项活动。

1. 召开济南工作会议,精心部署。2005年6月28日至30日,最高人民检察院在山东省济南市召开了全国检察机关集中处理涉检信访问题工作会议。明确专项活动的工作目标是:件件依法办,案案有结果。变上访为下访,最大限度减少涉检信访特别是进京信访。为加强对各级检察院办案指导,最高人民检察院控告检察厅编写了《集中处理涉检信访案例100例》,下发各级检察院。

2. 抓好集中处理涉检信访专项活动的落实。为保障专项活动的有效开展,各级检察机关重点抓了四方面工作:一是加强领导,齐抓共管。形成一把手负总责,主管检察长直接抓,各部门各司其职,全院动手,齐抓共管的工作格局。二是严格实行责任制。强调严格实行领导包案制、首办责任制,逐案明确责任领导、责任部门和责任人,从立案、审查、复查、处理直至息诉全程负责。对工作中的失职、渎职行为,要坚决追究有关责任人的责任。三是解决问题,息诉罢访。四是建立健全工作机制。建立健全处理来信来访办法、办案质量考评制度、办案责任制和问责制等制度,从源头上预防和减少涉检信访的发生。

2005年,全国检察机关清理排查出涉检信访案件12808件,办结10765件,办结率84.5%,息诉9110件,息诉率84.6%。最高人民检察院控告检察厅在11月下旬至12月上旬组成10个检查组,采取交叉检查、暗访抽查、个案审查等方式,对各地开展专项活动的情况进行全面评比验收。通过检查,评比出了“集中处理涉检信访问题专项活动”先进单位120个,先进个人120名。

三、全面推进控告检察工作。

1. 认真办理群众来信来访。一是重视初信初访,提高一次性处理信访的成功率,最大限度地减少越级上访、重复来信;二是把处理集体访、告急访作为重点来抓,通过耐心疏导,化解矛盾,妥善处理,把问题解决在萌芽状态,解决在基层,促进和维护社会稳定。2005年,全国检察机关共处理群众来信来访517973件,其中,来信388050件(包括其他投诉方式13229件);来访129923件,其中,处理集体访3132件,告急访288件,上访老户302件。

2. 认真学习、宣传信访条例。2005年4月4日,最高人民检察院下发通知,印发了国家信访局编写的宣传提纲和指导要点,要求各级检察机关组织干警认真学习、深刻领会信访条例的精神实质。据统计,全国检察机关自办或参加当地党政机关举办学习信访条例培训班688期,参加培训6386人。

3. 开展举报宣传周活动。本次“举报宣传周”的主题是“惩防并举,反腐倡廉”。全国检察机关共有7757名正副检察长和44542名干警走上街头,设立6627个宣传咨询点,接待群众304329人。奖励举报人员705人,发放奖金1339590元。举报宣传周期间,北京市检察院及9个基层检察院集中奖励了一批举报有功单位和个人。江苏省苏州市沧浪区检察院在全国检察机关首创“网上实时接待室”。接待人员在网上接待室既是举报引导员,又是法律咨询员,充分发挥直观便捷、安全保密、主动互动的特点,进一步优化和完善了检察举报的受理、查询、反馈、奖励系统。

(最高人民检察院控告检察厅　李效安)

**刑事申诉检察工作**　2005年,全国检察机关刑事申诉检察部门以“三个代表”重要思想为指导,认真贯彻党的十六届三中、四中、五中全会精神,树立科学发展观和正确执法观,以全系统开展的“保持共产党员先进性教育”活动和“规范执法行为,促进执法公正”专项整改活动为契机,紧紧围绕检察工作主题,狠抓办案,努力提高法律监督能力,规范执法行为,充分发挥刑事申诉检察对外监督、对内制约的职能作用,不断加大刑事申诉检察改革力度,推动刑事申诉检察工作持续向前发展,为维护社会和谐稳定和促进经济社会发展做出了积极贡献。

一、办案工作基本情况

2005年,全国各级检察机关共受理本院管辖刑事申诉7189件,同比下降19.8%。其中,不服检察机关处理决定的3420件,占47.6%;不服法院生效刑事判决、裁定的3769件，占52.4%。2005年全国检察机关共办理各类刑事申诉案件6693件，同比下降了19.9%。其中，立案复查刑事申诉案件4217件，同比下降了24.3%。在立案复查的案件中，立案复查不服检察机关处理决定的申诉案件2482件，占58.9%；立案复查不服法院生效刑事判决、裁定的申诉案件1735件，占41.1%。全国检察机关共复查终结刑事申诉案件4169件，同比下降了23.1%。其中，复查后维持原决定的2712件，同比下降了27.6%；改变原决定的600件，同比下降了23.7%；提出抗诉意见108件，同比下降了24.5%。

2005年，全国检察机关共受理赔偿申请1602件。审查确认案件1108件，其中以确认论308件，予以确认475件，不予确认325件；确认率为56.2%，同比上升7.3个百分点。立案办理刑事赔偿案件930件，同比下降23.6%；立案率为58.1%，同比下降1.6个百分点。决定给予赔偿728件，同比下降5.5%；检察机关决定赔偿率为66.9%，同比上升4.6个百分点。支付赔偿金705.47万元；返还财产288.27万元。

最高人民检察院刑事申诉检察部门共受理最高人民检察院管辖的不服检察机关处理决定刑事申诉案件95件，其中本院管辖92件。全年共办理不服检察机关处理决定申诉案件126件，其中，审查结案79件，作其他处理16件，立案复查26件，复查结案14件(维持8件，纠正6件)。受理最高人民检察院管辖的不服法院生效刑事裁判申诉案件137件，已审查结案109件，立案复查9件，提出抗诉意见5件，不予抗诉2件。共受理刑事赔偿案件64件，立案办理5件，已办结4件；审查结案58件，其中8件请示案件均已答复相关省检察院。办理中央领导、全国人大代表、政协委员及最高人民检察院领导批示交办案件75件，办结45件，占60%。通过交办、督办等多种方式促使下级检察院返还申诉人现金670余万元，物品500余件。

二、主要做法和成效

(一)以法律监督为中心，刑事申诉检察干警的法律监督意识得到进一步增强。

2005年，各级刑事申诉检察部门紧紧围绕“强化法律监督，维护公平正义”这一检察工作主题，注意改变就案办案的思想，自觉将法律监督意识内化到办案中。对于存在问题的案件，尤其是对典型冤错案件或者被上级检察院纠正的案件，抓住不放，注意对原案在侦查、批捕、起诉环节存在的问题进行细致入微的剖析，认真查找原因，总结教训，并提出有针对性的意见及建议，促进了检察机关的整体办案质量的提高。2005年8月，最高人民检察院刑事申诉检察部门申报了《检察环节刑事错案实证分析》课题。立足于刑事申诉和刑事赔偿工作，通过深入调查研究，全面正确地反映检察环节刑事错案实际情况，提出有针对性、可操作性的防止对策，力图在更高的层次、更宽的领域发挥刑事申诉检察工作监督制约作用。

(二)以案件质量检查为手段，刑事申诉案件的质量和效率有了进一步提高。

为了提高刑事申诉检察部门办理刑事申诉案件的质量和效率，维护法律的公平与正义，保障申诉人的合法权益，2005年，最高人民检察院在全国检察机关开展了对不服检察机关处理决定的申诉案件办理情况的质量检查活动。2005年4月6日，最高人民检察院刑事申诉检察厅发出《关于对不服检察机关处理决定的申诉案件办理情况开展质量检查活动的通知》，对案件质量检查的范围、内容、方法、工作要求予以明确。根据通知精神，各省级检察院认真贯彻实施，积极行动。河南、湖南、四川、广西、重庆、福建、山西、甘肃、宁夏、陕西、新疆、青海、西藏等检察院结合实际，指定专人，周密组织，制定了本省开展案件质量检查活动的实施方案，对检查内容和检查方式进行了细化，对检查活动提出了更为具体的要求。重庆、河南、青海、陕西、山西、宁夏等检察院还制作了个案检查情况表和排查情况表，逐一对2004年各级检察机关立案复查的不服检察机关处理决定的自侦案件进行了登记检查。最高人民检察院刑事申诉检察厅针对调研、检查中发现的问题，先后三次发出通知，要求各地要提高对案件质量检查活动重要性的认识，分阶段认真完成，发现问题及时整改，切实做好此次案件质量检查活动，确保检查工作不走过场。

为对全国办理刑事申诉案件的质量摸清底数，最高人民检察院刑事申诉检察厅还对省级检察院2000至2004年办理申诉案件情况进行检查，设计数据库，将省级检察院五年复查结案的2526件申诉案件全部录入和分析；对法律文书进行逐件审查、分析，将文书制作情况通报全国；全面分析案件办理情况，为明年规范刑事申诉法律文书和办案工作打下了基础。

(三)以“规范执法行为,促进执法公正”活动为契机,刑事申诉检察工作的规范化建设取得新成效。

1. 进一步规范办理不服检察机关处理决定申诉案件办理标准。2005年12月6日,最高人民检察院刑事申诉检察厅印发了《不服人民检察院处理决定刑事申诉案件办理标准》,对办理不服人民检察院处理决定的刑事申诉案件的质量标准和工作标准进行了规定。在制定该标准的过程中,各地结合本地办案实际,提出了许多有参考意义的修改意见。一些地方,如北京市检察院,也加强了对办案工作的规范,积极探索起草相关的工作规定和制度。

2. 探索修改办理不服法院生效刑事裁判的申诉案件的程序规定。各地刑事申诉检察部门在办理不服法院生效刑事裁判的申诉案件的过程中,注意研究总结工作中好的做法和经验,不断完善和丰富对法院生效刑事裁判进行监督的方式,拓宽监督范围,提高监督水平,积极探索除抗诉外的其他监督形式,对规范不服法院生效裁判的申诉复查工作进行了有益的尝试。如福建省检察院制订了《复查不服法院刑事判决、裁定申诉案件办案细则(试行)》,明确规定办理不服法院生效刑事裁判申诉的审查抗诉工作直接由刑事申诉(控告申诉)检察部门承担,在全国率先进行改革试点。重庆市检察机关在实际操作中积极探索由控告申诉检察部门审查认为需要提出抗诉的,直接报请检察长提交检察委员会讨论决定的办案程序。

3. 适时下发司法解释,进一步规范刑事赔偿案件的办理。针对实践中有些地方对检察机关单独赔偿的案件,是由提起公诉的机关还是由作出逮捕决定的机关作为赔偿义务机关认识不一致问题,最高人民检察院与最高人民法院联合下发了《关于刑事赔偿义务机关确定问题的通知》,规范了刑事赔偿案件的办理,切实保障了赔偿请求人的合法权益,维护了社会和谐稳定。

4. 加强理论研究和业务指导,规范刑事申诉检察工作。最高人民检察院刑事申诉检察厅高度重视理论研究和对下业务指导工作,除日常的业务请示答复工作和个案指导外,根据刑事申诉检察工作实际,适时将编写的《刑事申诉实务》一书,分发全国各级检察机关刑事申诉检察部门,指导刑事申诉办案工作。同时,组织编写了《刑事申诉检察业务教程》一书,填补了刑事申诉检察部门业务教材的空白。

(四)不断探索创新工作机制,刑事申诉检察工作取得了新发展。

1. 探索工作考评机制,增强干警责任感,调动工作积极性。四川、重庆、广西、湖南、河南、辽宁、内蒙古等省级检察院在制定和执行《人民检察院控告、申诉首办责任制实施办法(试行)》实施细则的基础上,积极探索将首办责任制与目标量化管理机制相结合的有效途径,使首办责任制真正成为调动刑事申诉检察干警工作积极性,促进办案工作的长效机制。2005年初,最高人民检察院刑事申诉检察厅着手制定《人民检察院刑事申诉检察工作考核评比办法》,对省级检察院刑事申诉检察工作进行全面考核,并将制定该办法作为规范执法活动中的整改措施之一。

2. 积极探索建立案件质量考评体系,发挥刑事申诉检察工作职能。在做好办案工作的同时,各地刑事申诉检察部门注意发挥监督制约职能,加强错案预警机制和案件质量考评机制的探索研究。湖南、浙江的部分检察院积极探索发挥刑事申诉检察部门在检察机关案件质量考核评价体系中的作用,将刑事申诉、刑事赔偿案件的办理结果作为检察机关案件质量考核评价的重要因素之一,促使各相关业务部门真正引起重视,在各个环节把住关口,从源头上提高检察机关的整体办案质量,减少刑事申诉、刑事赔偿案件的发生。2005年上半年,全国各省级检察院根据最高人民检察院通知要求,对本院及本地区国家赔偿法实施十年来办理的刑事赔偿案件,尤其是对给予赔偿的案件进行分析,深入剖析冤错案件形成的原因,探索在刑事赔偿工作中如何落实错案责任追究制度,思考、研究立法和司法实践中存在的缺陷、不足以及倾向性、苗头性的问题,提出改进和完善工作的建议,最大限度地避免新的错案发生。浙江、上海、湖南、河南、海南、青海等检察机关对国家赔偿法实施十年来的情况进行分析总结,促进“规范执法行为,促进执法公正”活动的深入开展。

3. 改革刑事赔偿确认审查体制,加强上级检察院对下级检察院的监督和指导。为解决实践中存在的该确认不确认、利用确认程序把赔偿请求人挡在赔偿程序之外的问题,依法保障赔偿请求人合法权益,促进检察机关规范执法,最高人民检察院着手研究改革刑事确认工作机制。通过调查研究，召开座谈会，广泛征求各级检察机关和社会意见，制定了《关于人民检察院办理刑事确认案件拟作不予确认决定报上一级人民检察院批准的规定》。该规定于2005年11月9日印发，2006年1月1日起实施。

4. 加强沟通协调，探索多途径落实赔偿经费。各地检察机关注意加强同法院、政府及相关部门的联系和沟通，落实赔偿经费，加大赔偿案件的执行力度。北京市检察院控告申诉检察部门主动与北京市高级法院赔偿办加强沟通协调，就北京地区刑事赔偿工作问题形成会议纪要，统一有关认识。云南省检察院，联合省高级法院、公安厅等部门向财政部门反映赔偿经费问题，取得财政部门支持，四部门联合下发了《关于认真贯彻实施〈中华人民共和国国家赔偿法〉有关问题的通知》，对赔偿经费的落实问题做了明确规定。福建省人民检察院刑事申诉检察处积极向省人大内务司法委员会反映存疑案件赔偿中存在的分歧问题，引起有关方面的高度重视。广西壮族自治区检察院对尚未执行的赔偿决定逐件摸底核实，督促执行，取得明显成效。

（最高人民检察院刑事申诉检察厅　陈　晓）

**铁路运输检察工作**　2005年，全国铁路运输检察机关在上级检察院和铁路各级党委的领导下，认真履行法律监督职能，努力工作，取得了可喜的成绩。

一、严厉打击刑事犯罪，维护了铁路安全发展稳定。

各级铁路运输检察机关始终把依法惩处刑事犯罪，维护铁路运输生产安全、治安秩序、运营秩序摆在铁路运输检察工作的重要位置，突出打击了破坏铁路交通设施、危害铁路行车安全、危害铁路经济秩序的犯罪，以及侵犯旅客人身权利、财产权利犯罪、运输贩卖毒品犯罪等各种刑事犯罪活动，有力保障了铁路运输秩序与安全。2005年，全国铁路运输检察机关共受理审查批捕案件9746人。经审查，批准逮捕8942人。其中逮捕破坏铁路设施等危害铁路公共安全犯罪嫌疑人309人，破坏社会主义市场经济秩序类犯罪475人，盗窃等侵犯旅客财产类犯罪嫌疑人6345人，侵犯人身权利类犯罪嫌疑人521人，毒品类犯罪嫌疑人1812人。受理审查起诉案件10938人，同比下降5.42%；经审查，提起公诉10015人，同比下降2.96%。其中，郑州、广州、昆明铁路运输分院办理的批捕起诉案件，占全国铁路运输检察机关办案总数的40%。办理了一批有影响、有震动的案件。如兰州铁路运输检察分院及时批捕魏武等8名诈骗29.5亿元国家资财犯罪嫌疑人。昆明铁路运输检察机关继续加大对毒品犯罪的打击力度，共批捕毒品犯罪嫌疑人849人，占批捕总人数的82%。

二、积极查办和预防铁路职务犯罪，促进了铁路党风廉政建设。

各级铁路运输检察机关依法查办有影响、有震动的职务犯罪大案和要案，深挖腐败分子，保持了自侦工作的良好态势。共立案侦查贪污贿赂案件299件333人，其中大案182件，同比上升2.25%；十万元以上大案115件，百万元以上特大案件11件，同比上升22.22%。查处处级以上干部28人，同比上升13%。在各部门的配合下，为铁路挽回经济损失16亿多元。立案侦查渎职侵权案件46件54人，重特大案件22件，同比上升214%。在立案侦查的渎职侵权案件中，滥用职权案件22件，徇私枉法案23件，其中查办司法人员渎职犯罪53人。在最高人民检察院铁路运输检察厅的直接组织指挥下，查办了兰州铁路局原总会计师张宁等人贪污、受贿、挪用公款涉案金额达24亿多元的重大职务犯罪案件；济南铁路运输检察分院成功办理了青岛铁路实业总公司原副总经理丛苏青贪污480万元大案；查办了成都火车站派出所民警张保观等11名警贼勾结案，在全国震动很大，收到了较好的法律效果和社会效果。案件质量也有明显提高。

各级铁路运输检察院在严肃查办职务犯罪的同时，积极采取有效措施开展预防职务犯罪工作。经过各级铁路运输检察机关努力，初步构建起路局党委统一领导，党政齐抓共管，铁路运输检察机关督促指导，相关单位各负其责，干部职工积极参与的国家铁路网预防职务犯罪工作机制。广州、郑州铁路运输分院联手与武广客运专线公司签约，对投资1000多亿元的武广客运专线建设和运营进行全程跟踪预防。上海铁路运输分院在赣龙线福建段建设工程中，开展以“创双优”为目标的专项预防工作。

三、加强诉讼监督，维护铁路司法公正。

各级铁路运输检察机关不断加强诉讼监督工作，立案监督、侦查监督、审判监督、民事检察监督、刑罚执行监督力度不断加大。按照最高人民检察院的统一部署，开展了六个专项工作，纠正了各种违法办案，促进了公正司法，防止了侵权现象发生。全国铁路运输检察机关依法要求公安机关说明不立案理由84件，公安机关纠正72件；纠正公安机关不应该立案而立案20件；纠正漏捕10人，纠正漏诉15人；依法不批准逮捕653人，不起诉226人；依法提起刑事抗诉26件，已改判4件。郑州铁路运输分院在办理拥建平运输毒品案和郭士县等人拐卖儿童案过程中，细致审查，深挖线索，分别依法追诉4名运输毒品重大漏犯和2名拐卖儿童漏犯，追诉漏罪3起。

积极开展民事行政检察工作，维护铁路单位及当事人合法权益，防止国有资产流失。各铁路运输检察院积极接访，深入调研，通过检察建议、提出抗诉意见等方式开展民事检察工作，收到了实效。全国铁路运输检察机关共受理不服生效判决裁定的民事申诉案件33件，审查32件，立案18件，建议提请抗诉6件，抗诉4件，同比上升100%。广州铁路运输分院办理的铁路冠天公司不服省高级法院判决承担2.7亿元连带担保责任申诉案，在最高人民检察院铁路运输检察厅、民事行政检察厅的指导、帮助下，已经以最高人民检察院的名义向最高人民法院提出抗诉。

认真开展控告申诉工作，着力解决群众反映的涉铁涉法问题，化解矛盾，维护群众合法权益。全国铁路运输检察机关共受理控告申诉案件502件，均作了妥善处理，社会效果良好。成都铁路运输分院高度重视涉检信访工作，全年办理涉检信访案件8件，除1件尚在办理之中外，其余案件全部息诉。

人民监督员制度试点工作进一步深化。严格执行工作程序，确保“三类案件”无一例外地进入监督程序，共监督三类案件120件129人，充分发挥了人民监督员的作用。

四、积极开展保持共产党员先进性教育活动，推进专项整改活动，进一步规范了铁路运输检察执法行为。

按照中央的统一部署，各级铁路运输检察机关紧密联系检察工作实际，认真开展保持共产党员先进性教育，坚定理想信念，牢记宗旨意识。认真查摆、深入剖析与党的先进性要求不相符合的突出问题，制定措施扎实整改。广大铁路运输检察党员干部普遍接受了一次深刻的马克思主义再教育，思想政治素质有了进一步提高，促进了各项检察工作的开展。

按照中央政法委员会、最高人民检察院的部署和要求，各级铁路运输检察机关把职务犯罪侦查、公诉、侦查监督、民事行政检察、控告申诉检察等作为规范执法行为、促进司法公正专项整改活动的重点整改环节和部位，重点清理整改执法不文明、违法违规办案、玩忽职守、执法不作为、不能依法独立行使检察权等问题。采取各种形式查找执法办案中的问题，深入剖析典型错案，开展警示教育。围绕重点问题、重点部位建章立制。全体铁路运输检察人员参加了集中岗位培训考核。

五、顺应铁路改革形势，进一步加强铁路运输检察队伍建设和基层检察院建设。

2005年，铁路运输检察机关针对撤销铁路分局，实行铁路局直接管理站段体制这一重大改革，研究了铁路运输检察机关管理体制改革问题，出台了铁路运输分院直管基层铁路运输检察院的工作意见，并进行了有益的探索，取得了显著成效。铁路运输检察系统试行了铁路运输分院检察长年度报告工作制度。哈尔滨、广州铁路运输分院检察长向最高人民检察院、铁道部领导报告年度工作。哈尔滨铁路运输分院大力推行干警岗位绩效管理，检察绩效管理机制不断发展完善。

全国铁路运输检察机关整体推进各项检察工作，得到了上级机关的肯定。2005年，两级铁路运输检察院有60个单位、70人次受到省级以上机关表彰或记功。

全国铁路运输检察机关紧紧围绕业务工作大力开展教育培训。2005年，两级铁路运输检察院共举办各类培训458次，参训人数达5369人次。全国铁路运输检察机关司法考试通过率为17.2%。

（最高人民检察院铁路运输检察厅　束纯剑）

**全国铁路运输检察机关贯彻全国检察长会议精神电视电话会**　2005年1月17日，最高人民检察院在北京召开了全国铁路运输检察机关贯彻全国检察长会议精神电视电话会。最高人民检察院副检察长姜建初出席会议并讲话。全国14个省级检察院的主管副检察长或部门负责人、部分铁路局党委主管政法的负责人，各铁路运输检察分院、铁路运输检察院检察长、副检察长及内设机构负责人在当地参加了会议。会议总结了2004年的工作，指出了工作中存在的问题。会议重点部署了铁路运输检察机关新一年主要工作任务和措施。

会议要求,各级铁路运输检察机关要以邓小平理论、"三个代表"重要思想和科学发展观为指导,认真贯彻党的十六届四中全会、中央纪委五次会议、全国检察长会议和全国铁路工作会议精神,紧紧围绕国家法制建设和铁路跨越式发展大局,努力提高法律监督能力,强化法律监督、维护公平正义,惩防并举,加强执法规范化、队伍专业化和管理科学化建设,深化铁路运输检察改革,推动铁路运输检察工作全面协调发展,为铁路发展建设的新高潮创造良好的法治环境。

为落实铁路运输检察工作总体要求,会议强调:(1)要认真贯彻十六届四中全会精神,不断提高法律监督能力。一是树立科学执政的理念,认真履行好检察职能。二是铁路运输检察机关开展工作时,要充分考虑社会整体发展的要求,以社会发展的客观需求来评价、谋划铁路运输检察工作。三是要扎扎实实抓好保持共产党员先进性教育活动。(2)坚持和加强党对检察工作的领导。针对铁路运输检察工作面临着铁路改革和司法改革的关键阶段和特殊形势,积极争取铁道部党组、路局及分局党政对铁路运输检察机关建设和办案两个方面的支持力度,保证铁路运输检察机关正确履行职责,实现铁路运输检察工作的可持续发展。(3)坚持专门检察机关的性质和任务,坚持在改革中谋求铁路运输检察事业的长远发展。一要时刻关注铁路系统改革发展的新形势、新变化,推动铁路运输检察改革的深入和铁路运输检察业务的不断发展。二要突出铁路运输检察专门检察性质和特色,把服务于铁路改革发展作为第一要务。三要落实中央司法体制改革精神,积极配合做好铁路运输检察体制改革工作。

会议强调,要保持严打高压态势,重点遏制涉铁刑事犯罪,确保铁路安全秩序和社会稳定。重点打击严重危害铁路运输行车安全、破坏铁路交通设施、破坏运营经济秩序、盗窃公私财物、毒品、危害人身权利等各种犯罪活动。紧密配合铁路公安机关开展"百站百车"治安专项整治行动,尽快改变车站和旅客列车的治安面貌。

关于查办和预防职务犯罪工作,会议强调要提高发现犯罪线索能力、鼓励举报,建立健全案件线索备案、督办制度,推行分院管理、督办各类举报、移送、储备和经营线索的制度,努力提高办案质量和数量。继续督办对有关重要职务犯罪线索进行的初查、侦查,提高突破案件的能力。重点查办以车、以票谋私,以重大工程、物资采购谋取非法利益,干扰铁路跨越式发展的涉铁职务犯罪案件;严肃查办在铁路企业主辅分离、企业重组改制、布局调整中贪污、挪用、私分国有资产和严重损害国家利益、人民利益的犯罪案件;严肃查办司法、执法人员利用职权实施的侵权、渎职犯罪案件。加强铁路运输检察机关侦查一体化建设和应用工作,使之发挥出应有作用。全面开展人民监督员制度,促进人民监督员制度的有效运行,以完善的外部监督机制,保持职务犯罪侦查工作的健康发展。要围绕铁路运输经营管理、建设、改造工程,企业改制重组等重点环节,积极主动做好职务犯罪预防工作。

关于诉讼监督工作,会议主要强调了要加大铁路运输检察机关民事行政检察力度,抓好涉铁民事诉讼监督和相关法律服务工作。要抓紧建立健全铁路运输检察机关民事行政检察工作机构,不断提高民事行政监督水平和质量。铁路运输民事行政检察监督工作要开阔思路,除监督铁路法院民事审判活动及审理的案件外,对于地方法院审理的涉铁案件,也要了解掌握,与地方检察院密切配合,必要时依法审查,提出协调意见,提请地方检察院提出建议或审查意见。

会议还对铁路运输检察机关领导班子和队伍建设提出了新的措施。根据最高人民检察院《2004~2007年全国检察人员培训计划》,最高人民检察院铁路运输检察厅拟办两期全路检察长、业务骨干培训班;年底,拟组织全国铁路运输检察干警开展评先创优活动,评出铁路运输检察十佳优秀公诉人、侦查员、法律监督业务能手;组织举办深入开展创建学习型检察院活动,加强技能训练,创新培训方法,提高培训质量,努力提高广大铁路运输检察干警业务工作水平。在领导班子建设上,试行分院、基层检察院向上级机关报告年度工作,突出抓好各级铁路运输检察机关领导班子建设。对一些重要的岗位和职位,要考虑实行定期轮岗制度。按照最高人民检察院政治部和铁道部人事司会签的文件精神,着眼于优化班子结构、增强整体素质。落实铁路运输检察机关科技强检工作会议精神,力争年内各分院完成二、三级专线网建设,实现全国铁路运输检察机关计算机网络系统的互联互通。

(最高人民检察院铁路运输检察厅 来纯剑)

**全国铁路运输检察机关职务犯罪侦查工作座谈会**　2005年5月23日至24日,最高人民检察院在黑龙江省哈尔滨市召开了全国铁路运输检察机关职务犯罪侦查工作座谈会。最高人民检察院副检察长姜建初出席会议并作讲话。最高人民检察院铁路运输检察厅、反贪污贿赂总局、渎职侵权检察厅的有关负责人和全国14个铁路运输检察分院的检察长参加了座谈会。座谈会集中精力分析了铁路运输检察工作面临的形势和任务,查摆了办案工作中存在的问题,研究了当前和今后一个时期进一步加大工作力度的对策措施,明确了铁路运输检察机关职务犯罪案件管辖的有关问题。

座谈会上,各铁路运输检察分院检察长分别汇报了本院查处职务犯罪工作的情况。会议认为,2004年以来全国铁路运输检察机关查处职务犯罪工作的势头较好,但也遇到一些新情况和新问题。一是随着铁路资产重组、改制和主辅分离改革,铁路职务犯罪案件的来源和主体发生变化,案件管辖争议增多。二是举报数减少,线索来源不畅。三是线索管理机制滞后,线索处理随意性强,监督、制约不力。四是侦查能力、侦查质量不高,查办案件不平衡问题突出。

会议重点明确了铁路运输检察机关职务犯罪案件管辖范围。强调对铁路各机关部门、企业、事业单位人员的职务犯罪案件,与铁路人员共同犯罪的职务犯罪案件以及其他危害铁路资产安全、经营管理秩序的职务犯罪案件,应由铁路运输检察机关侦查管辖。对铁路控股、参股的企事业单位中的铁路人员,属于国有企事业单位委派性质的,其职务犯罪仍属铁路运输检察机关管辖。对铁路主辅分离改革前和改革过程中发生的、原属铁路系统人员的职务犯罪案件,仍由铁路运输检察机关管辖。

会议针对铁路运输检察机关职务犯罪侦查工作存在的突出问题,提出了具体要求。一是加强案件线索管理,落实职务犯罪案件线索"两级管理,上级督办"机制。会议要求基层检察院获得案件线索后,除自己按规定进行登记查办外,一律上报分院统一管理,对重点线索进行跟踪督办;对局级以上案件线索和数额特别巨大的案件线索,要层报最高人民检察院铁路运输检察厅。二是加快铁路运输检察侦查一体化建设步伐,逐步实现案件信息、侦查活动、侦查指挥和侦查资源的一体化。

会议强调,各级铁路运输检察机关要进一步加大办案力度。首先,要提高侦查能力和侦查质量。重视侦查队伍建设,加强实践锻炼与培训。加强预防工作,通过深入铁路重点部位和关键环节开展调研、预防等途径,发现案件线索。高度重视办案安全。其次,要切实加强铁路运输检察分院对侦查工作的领导。第三,要改革理顺铁路运输检察人财物管理体制,健全侦查保障机制。此外,会议还针对这次铁路改革中铁路运输检察队伍出现的思想不稳定等各种消极因素,要求各级铁路运输检察机关采取有力措施,保持队伍稳定,要坚持执行检察官法。

会议还就铁路运输检察机关贯彻落实"规范执法行为,促进执法公正"专项整改活动的工作进行了部署。

(最高人民检察院铁路运输检察厅　束纯剑)

**全国铁路运输检察工作会议**　全国铁路运输检察工作会议于2005年10月13日至15日在江西省九江市召开。最高人民检察院副检察长姜建初出席会议并讲话。全国14个省级检察院主管副检察长、全国铁路运输检察分院和铁路运输检察院的检察长、最高人民检察院内设机构有关人员出席了会议,最高人民法院、铁道部、中央政法委司法体制改革领导小组办公室应邀派员参加了会议。会议总结了全国铁路运输检察机关近三年来的工作情况,对铁路运输检察下一阶段的工作进行了部署。14个铁路运输检察分院检察长汇报了工作,交流了11份经验材料。与会人员认真讨论了姜建初副检察长的讲话、最高人民检察院铁路运输检察厅厅长阎敏才的工作报告和《关于铁路运输检察机关管理若干问题的意见》等七个文件稿。

会议重点强调了三个方面的问题。一是认真开展专项整改活动,完善监督制约机制。要抓好重点部门、重点环节、重点问题的整改和规范;认真组织好全员培训考核;建立健全制度,抓好制度落实;完善内部监督制约的长效机制。二是加强法律监督能力建设,促进和谐社会构建。要加强政治能力建设、加强法律监督职能、加强业务能力建设、加强铁路运输检察队伍建设和领导班子建设。三是做好新形势下的铁路运输检察工作,推进铁路运输检察体制改革。针对铁道部撤销41个铁路分局,给检察工作带来的变化,会议提出要加强铁路运输检察分院直管基层检察院的工作要求,确保各项铁路运输检察工作健康发展。

会议总结了近三年来的工作情况。近三年来，全国铁路运输检察机关认真履行职责，在服务铁路改革、发展、稳定过程中发挥了五大作用。一是始终坚持“严打”，维护铁路运输生产安全和治安秩序的稳定。二是严肃查办职务犯罪，促进反腐败斗争深入开展。三是维护公平正义，维护铁路单位及其职工和人民群众的合法权益，为构建和谐社会做出贡献。四是预防职务犯罪，促进铁路党风廉政建设。五是发挥铁路运输检察民事、行政检察职能作用，依法为铁路企业提供良好法律保障。

会议对今后的铁路运输检察工作提出了具体要求。一是保持高压态势，严厉打击涉铁刑事犯罪，确保铁路运输运营安全和治安秩序稳定。认真落实中央、最高人民检察院、铁道部关于维护稳定和生产安全的工作部署和要求，加强与铁路公安、法院、安监等有关部门的配合，采取各种有效措施，进一步加大打击涉铁刑事犯罪的力度。二是严肃查办和积极预防涉铁职务犯罪，促进铁路及相关系统党风廉政建设和反腐败斗争深入开展。针对大规模铁路建设、铁路生产力布局调整、企业体制改革发展进程中，贪污、贿赂、挪用公款、渎职侵权、私分国有资产等各类涉铁职务犯罪可能出现高发、多发的情况，进一步加大打击力度。三是加大刑事诉讼监督和民事、行政检察监督力度，维护公平正义，维护合法权益。监督要突出重点，要符合铁路运输的规律，解决与铁路运输密切相关，以及群众反映强烈的问题。四是认真贯彻落实中央司法体制改革文件精神，积极配合做好铁路运输检察体制改革的工作。五是大力加强队伍建设和基层检察院建设。要及时适应铁道部推行铁路局直管站段的运输管理体制改革要求，落实最高人民检察院研究同意的铁路检察分院直接管理基层检察院的领导体制。加强铁路运输检察机关领导班子建设和监督，开展专业技能培训，大力提高队伍业务素质，理顺铁路局直接管理站、段后铁路运输检察机关人、财、物的管理。

（最高人民检察院铁路运输检察厅 東纯剑）

**职务犯罪预防工作** 2005年，全国检察机关职务犯罪预防部门以邓小平理论、“三个代表”重要思想和“立检为公、执法为民”的执法观为指导，牢固树立和落实科学发展观，坚持“强化法律监督，维护公平正义”的检察工作主题，认真贯彻落实全国检察机关第二次预防工作会议精神，认真谋划、部署和推动工作，积极推进预防业务、队伍和信息化建设，不断增强预防工作的主动性、科学性和实效性，取得了较大成效。

一、深入开展“三抓三看”活动，取得显著成效。

根据全国检察机关第二次预防工作会议的部署要求，全国检察机关职务犯罪预防部门开展了“三抓三看”活动，即：抓案前预防，看掌握案件线索的数量和质量；抓案中预防，看犯罪形成的轨迹和症结；抓案后预防，看整改对策和实施效果。“三抓三看”活动提纲挈领地抓住了检察预防的目标、内容、途径、方法，将职务犯罪预防工作具体化、职能化，实现了形式与内容的统一，工作开展与效果评价的统一。各级预防部门以“三抓三看”活动为载体和抓手，结合实际，制定具体实施意见，及时总结推广典型经验，推动工作深化发展，取得了显著成效：

1. 发现和移送职务犯罪案件线索成效显著。2005年，各级预防部门共发现职务犯罪案件线索9210件，其中，直接移送侦查部门5716件，移送其他部门1640件。预防部门初查后移送办案部门1534件。侦查部门从移送线索中立案3527件，占移送线索总数的48.6%，并对未立案的1899件职务犯罪线索进行了分析。通过预防，抓好犯罪线索的发现和移送，不仅充分反映出预防部门移送的案件线索数量多、质量好、成案率高的特点，而且为检察机关查办职务犯罪开辟了新的案源渠道。

2. 职务犯罪发案原因剖析工作得到加强。各级预防部门以教育挽救“边缘”人群、防止犯罪滋生蔓延为目的，结合办案，加强对犯罪形成的轨迹和症结的分析，强化对职务犯罪的个案研究和类案分析。2005年共进行专题致罪因素分析5051次，在案件移送审查起诉前查阅卷宗了解发案原因8089次，提讯犯罪嫌疑人了解作案主客观原因5462人次，走访发案单位9440次，召开案件剖析会6158次，提出预防对策11211项。最高人民检察院职务犯罪预防厅也加强对职务犯罪致罪原因的分析，选编近200件典型案件，精心编辑了《职务犯罪案件分析选编》。

3. 警示教育和咨询的针对性、及时性成效明显。各级预防部门共开展警示教育23311次，开展预防咨询31651次，在社会行业和部门及广大公职人员中产生广泛影响。最高人民检察院职务犯罪预防厅创办并编辑了《惩治与预防》宣教专辑，首期6000册已免费发放到各级检察院预防部门，受到欢迎。

4. 推动发案单位建立健全内控机制成效明显。2005年，各级预防部门结合办案共提出检察建议19015件，被采纳8101件；推动有关单位建立健全内控制度18791项；提出纠正违法9590次；防止经济损失24亿元。预防工作减少、遏制犯罪危害的作用进一步显现。

此外，最高人民检察院职务犯罪预防厅紧密配合最高人民检察院部署的重大专项活动，先后下发了《关于进一步增强惩治与预防侵犯人权犯罪专项活动成效的通知》和《关于配合"集中查办破坏社会主义市场经济秩序渎职犯罪专项工作"开展预防渎职犯罪工作的通知》，要求各级预防部门配合渎检部门，探索建立惩治与预防渎职侵权犯罪的工作机制。四川、贵州检察机关预防部门积极向渎职侵权检察部门移送犯罪线索，深入剖析国家机关工作人员利用职权侵犯人权犯罪案件，并对不够立案标准但暴露犯罪隐患的线索采取有效措施，开展警示教育，提出检察建议。其中，四川省检察院职务犯罪预防处关于"人感染猪链球菌病"疫情发生原因的深入分析和治理对策，受到各方高度重视。

二、职务犯罪易发多发领域的预防工作深入扎实进行。

各级预防部门在认真分析犯罪成因的基础上，针对职务犯罪易发多发的领域和行业，涉及国计民生、公共利益的行业和系统，以及社会反映强烈的热点系统和领域，结合实际，选择工作重点，加强与有关部门的协作，积极采取有效措施开展预防工作。如北京围绕奥运工程、首钢搬迁，山东、江苏围绕"南水北调"工程，东北三省围绕东北老工业基地振兴战略实施，湖北、重庆围绕三峡三期工程特别是移民工程普遍加大了预防工作力度。河北、上海、宁夏在安全生产监管、行政执法、金融保险、国有企业等领域集中开展专项预防活动，产生较大的影响，取得较好的效果。

针对教育系统职务犯罪多发易发、社会反映强烈的状况，最高人民检察院职务犯罪预防厅组织对8个省教育系统的职务犯罪情况进行了系统研究分析，受到教育部的高度重视，双方共同举办了预防教育系统职务犯罪研讨会，首次实现了检察机关与教育部门在较高层面上的共识和交流。在此基础上，促成了最高人民检察院与教育部《关于在教育系统开展预防职务犯罪工作中加强联系配合的意见》，推动了教育系统预防工作的深入。此外，最高人民检察院职务犯罪预防厅还派员为中央国家机关纪工委及所属95个部委纪检领导、中组部、财政部和上海、安徽、江西等地方党委作专题警示教育宣传，收到良好效果；应建设部、国土资源部、国务院机关事务管理局、中央国家机关纪工委、电网集团、中国华能集团等部门要求，积极提供预防咨询，协助对方开展预防工作，得到重视和采纳。

最高人民检察院职务犯罪预防厅在承担"三峡工程移民资金专项预防"课题研究中，通过对发生在三峡工程移民领域职务犯罪案件的实证分析，揭示出易发多发职务犯罪的部位、环节、手段和预防重点，取得阶段性成果，受到最高人民检察院领导的肯定。

三、行贿犯罪档案查询工作全面推开。

为遏制多发性贿赂犯罪，促进社会信用体系建设，在对工程建设领域行贿犯罪档案查询试点进行全面总结的基础上，2005年11月1日最高人民检察院在北京召开了检察机关建立行贿犯罪档案查询系统工作会议，决定将行贿犯罪档案查询工作由江苏等五省试点检察机关推广到全国检察机关，由建设领域扩展到金融、教育、医药卫生行业和政府采购部门，并于2006年1月1日起正式对外提供查询。行贿犯罪档案查询系统充分利用执法办案资源所蕴含的预防价值，第一次把信息技术手段运用于预防工作，为建立具有检察特色的预防职务犯罪长效机制和技术预防体系作了积极探索。它在有力震慑犯罪的同时，也从长远发展角度找到了以法律和经济手段防范和化解贿赂犯罪的有效办法，在国内外、社会上下产生了广泛积极的影响。

最高人民检察院职务犯罪预防厅采取有力措施狠抓会议要求的贯彻落实，及时组织研发推广了行贿犯罪档案查询系统软件，起草了有关查询工作的规范性文件，加强与中央有关行业主管(监管)部门的沟通协调，推动和保证查询工作规范健康开展。截至2005年12月31日，全国已有29个省级检察院、293个地级检察院和1317个县级检察院建立查询系统，使这项要求高、基础弱、经验少的新工作取得了高点地位、各方支持、快速发展的规模效应。

四、预防工作专业化建设开始起步并初见成效。

按照最高人民检察院关于检察业务、队伍、信息化“三位一体”建设和全国检察机关第二次预防工作会议要求,为适应预防工作实际和长远发展需求,自2004年以来,由最高人民检察院职务犯罪预防厅牵头,组织研发了“预防工作综合管理系统软件”、“预防信息分析管理系统软件”和“行贿犯罪档案查询系统软件”,并在地方检察院预防部门推广应用,使最高人民检察院“三位一体”的要求率先在预防工作中得到全面落实,弥补了检察机关主体网络没有预防业务应用软件的空白。把预防工作引入信息化、自动化平台,不仅较好解决了预防工作规范不足,以及人手少、工作量大的矛盾,使预防工作走出了“文房四宝”式的传统管理和手工操作模式,而且使预防工作可操作、可检查的职能定位和流程化规范管理得以建立,为长远发展奠定了基础。

根据预防工作实际需要,在2004年建立和实行预防业务工作年度统计的基础上,对“预防工作基础情况统计表”、“预防工作情况统计表”作了修改补充,加强预防业务的量化统计和科学管理,以及工作水平、绩效的检查考核,基本实现了预防业务统计的定时和规范划一,提高了预防部门专业化管理水平。

五、预防部门自身建设进一步加强。

截至2005年底,全国各省级检察院已全部设立了预防机构,地级检察院设立预防机构346个,占84.4%;县级检察院设立预防机构1454个,占48.9%。全国共有专职预防干部4651人,兼职预防干部2652人。其中大学本科以上学历的占63.2%,有400余名具有其他专业学历和知识,有40余人具有较好的英语水平。

各级预防部门根据保持共产党员先进性教育活动和“规范执法行为,促进执法公正”专项整改活动要求,各级预防部门认真对照最高人民检察院“六个严禁”等规定,把查摆和解决预防工作中存在的纪律作风方面的突出问题作为重点,针对预防部门单兵作战多、对外联系广泛、分散工作时间长,且长期工作在预防犯罪第一线,易受腐蚀的特点,制订了相应的规章制度和管理办法,提出了预防系统保持共产党员先进性和增强防范腐蚀的意识、能力的具体要求。

最高人民检察院职务犯罪预防厅首次组织对95名地级检察院分管检察长进行了预防工作岗位技能培训。各级预防部门通过集中培训、以会代训、实践锻炼等,强化预防干部特有能力的养成,即:不断提高探索掌握犯罪特点、规律的能力;不断提高发现潜伏线索,妥善控制处置的能力;不断提高科学的预警、预测能力;不断提高综合运用预防手段,防患未然的能力。同时,还普遍开展了向理论学习、向实践学习、向其他业务部门学习的创建性活动,努力塑造学习型机构和学习型个人,以适应预防工作对复合型知识结构的需求。

(最高人民检察院职务犯罪预防厅)

**全国检察机关第二次预防职务犯罪工作会议**

2005年1月27日至28日,最高人民检察院在广东省汕头市召开了全国检察机关第二次预防职务犯罪工作会议。会议的任务是,总结工作,交流经验,按照加强党的执政能力建设和“建立健全教育、制度、监督并重的惩治和预防腐败体系实施纲要”的要求,统一思想认识,凝聚智慧力量,抓住有利时机,强化工作措施,全面提高预防工作的整体水平,大力加强预防工作专业化建设,促进预防工作健康发展,为全面履行法律监督职责、维护公平正义、建设和谐社会做出新的贡献。最高人民检察院检察长贾春旺向会议致信。最高人民检察院副检察长王振川出席会议并讲话。最高人民检察院职务犯罪预防厅负责人郝银飞主持会议。各省、自治区、直辖市人民检察院和副省级城市人民检察院分管预防工作的副检察长和预防处长,最高人民检察院反贪污贿赂总局、渎职侵权检察厅、铁路运输检察厅的负责同志,以及广州铁路运输检察院、南昌铁路运输检察院的分管预防工作的副检察长,共120余人出席了会议。广东省纪委、政法委和省检察院领导,汕头市委、市政府、市人大、市政协和检察院领导出席了会议。会上,15个单位作了经验交流发言,讨论了《人民检察院预防职务犯罪工作实施规则(暂行)》(稿)。会议还为省级检察院预防职务犯罪优秀专题调研报告颁发了证书。

会议首先宣读了贾春旺检察长致会议的信。贾春旺检察长在致信中指出:要充分认识新形势下加强预防职务犯罪工作的重要性,切实增强责任感和使命感,牢固树立“立检为公、执法为民”的执法观,紧紧围绕“强化法律监督,维护公平正义”的主题,进一步加大预防职务犯罪工作的力度。各地要按照最高人民检察院的要求,积极探索,大胆实践,在加强与有关部门的联系和配合,增强预防工作的主动性上下功夫。在准确把握职务犯罪的特点和规律,增强预防对策的科学性上下功夫;在深入重点部位、落实预防措施、增强预防工作的实效性上下功夫,进一步完善预防工作机制,加强预防机构和队伍建设,不断提高预防职务犯罪的能力,为强化检察机关法律监督职能,遏制和减少职务犯罪,促进党风廉政建设和反腐败斗争做出新的更大贡献。

王振川副检察长在讲话中系统总结了近来预防职务犯罪工作的实践情况,深刻阐明了新形势下预防工作的总体思路和要求。今后一个时期检察机关预防工作的总体思路是:以"三个代表"重要思想和十六大,十六届三中、四中全会精神为指导,坚持"强化法律监督,维护公平正义"的检察工作主题和"立检为公、执法为民"的执法观,以推进预防工作专业化建设为动力,以提高预防能力为重心,以控制和降低职务犯罪发案率为目标,紧紧"围绕法律监督职能、围绕职务犯罪",强化预防措施,规范预防活动,创新预防机制,注重预防实效,全面提升预防工作水平,为提高法律监督能力,促进党风廉政建设和反腐败斗争,构建和谐社会做出应有的贡献。要求各级检察院要按照贾春旺检察长提出的"围绕法律监督职能、围绕职务犯罪"开展预防工作的要求,服务服从于党和国家以及检察工作大局,加大工作力度,不断增强预防工作的科学性、主动性和时效性。

会议提出,2005年各级检察院预防部门要充分发挥职能作用,结合执法办案活动,深入了解犯罪行为的演变过程,针对行为人执掌权力和心理演变轨迹进行犯罪实证分析,找准其犯罪的主客观原因;深入发案单位调查研究,针对犯罪涉及的机制、制度、管理的问题,提出对策建议并帮助单位整改;深入隐患部位、群体,消除犯罪的滋生因素。要扎实开展"三抓三看"活动,即:抓案前预防,看掌握案件线索的数量和质量;抓案中预防,看犯罪形成的轨迹和症结;抓案后预防,看整改对策的实施和效果。要广泛深入地开展预防宣传和教育,昭示正义和良知,弘扬法律与道德。要进一步加强预防理论研究,学习借鉴国外好的经验,使预防工作信息畅通,视野开阔,常作常新,富有活力。

要大力加强预防工作的专业化建设,实现预防工作的新发展。

一、加强专业化基础建设。建立预防与侦查紧密结合、优势互补的工作机制。一是建立预防、侦查部门间的案件线索处置制度;二是建立预防与侦查协调制度;三是建立预防和侦查部门工作联系制度。

二、加强预防工作专业化手段。有条件的地区和单位都要积极行动,建立预防职务犯罪信息计算机分析管理系统和技术预防系统。运用计算机技术实现对职务犯罪作案方法、特点、规律的信息的存储、管理,为预测预警和预防对策研究提供信息保障,提高分析问题、解决问题的能力,实现预防业务过程的系统性、科学性。

三、加强专业化制度建设,促进预防工作专业化管理。对个案预防、专项预防、系统预防、预防调查和预防宣传等工作,都应实行相应的制度化管理和主办责任制。各地要结合实际,制定规范化管理办法措施。

四、加强专业化队伍建设。要开展必要的专项培训,编好预防业务培训讲义和教材,通过集中培训、以会代训、实践锻炼等,培养一批预防工作的行家里手,形成以专业骨干为主体的队伍架构。要在预防部门大兴学习之风、研究之风,向理论学习,向实践学习,向好的做法经验学习,善于对工作实践进行归纳提炼,随时发现不足,有针对性地改进,把理论与实践紧密结合起来。要重视预防业务特有能力的养成,不断提高探索掌握犯罪特点、规律的能力;不断提高发现潜伏线索,妥善控制处置的能力;不断提高科学的预警、预测能力;不断提高综合运用预防手段,防患未然的能力等,以较强的专业素质,适应预防工作的深入开展。

会议指出,各级检察院要加强对预防工作的领导,把预防工作纳入检察工作总体格局中一并布置、检查和考核,要注意研究解决工作中的困难和问题。对重大的预防项目,检察长要亲自参与组织、策划,做好组织协调工作。要重视预防机构建设,配备精干人员,保持人员的相对稳定。要尽可能地加大预防工作投入,配置与工作开展相适应的经费设备。上级检察院要加强对下级工作的分类指导。预防部门要进一步加强纪律作风建设。认真执行最高人民检察院规定的"六个严禁"的检察工作纪律,制定、完善与预防工作特点相适应的规章制度和管理办法,加强部门自我约束,保持清正廉洁的职业操守和勤奋进取的精神风貌。预防部门全体干部要勇于置身预防第一线，在实践中锻炼、提高，增长才干和本领。

（最高人民检察院职务犯罪预防厅）

**检察机关建立行贿犯罪档案查询系统工作会议** 2005年11月1日，最高人民检察院在北京召开了检察机关建立行贿犯罪档案查询系统工作会议。会议的议题是：以中央《建立健全教育、制度、监督并重的惩治和预防腐败体系实施纲要》为指导，总结行贿犯罪档案查询试点情况，部署深入开展行贿犯罪档案查询系统工作。最高人民检察院检察长贾春旺接见了全体会议代表。最高人民检察院副检察长王振川出席会议并讲话。最高人民检察院职务犯罪预防厅负责人郝银飞主持会议。各省、自治区、直辖市人民检察院分管预防工作的副检察长和预防处长，以及最高人民检察院公诉厅、反贪污贿赂总局、渎职侵权检察厅、铁路运输检察厅的有关负责同志出席会议。中央纪委、教育部、卫生部、建设部、交通部、水利部、国家食品药品监督管理局、国务院机关事务管理局、中国银行业监督管理委员会、中国证券监督管理委员会、中国保险监督管理委员会、国务院发展研究中心、中国华能集团的有关负责同志应邀出席会议。会上，最高人民检察院职务犯罪预防厅负责人郝银飞介绍了检察机关在建设领域开展行贿犯罪档案查询试点工作情况，建设部、卫生部、国务院发展研究中心的有关负责同志就行贿犯罪档案查询工作分别作了专题发言。会议还对行贿犯罪档案查询系统软件作了现场演示介绍。

王振川副检察长在讲话中指出，在认真总结试点工作经验，充分听取各方意见、反复论证基础上，最高人民检察院决定将行贿犯罪档案查询系统由建设领域推行到金融、教育、医药卫生和政府采购领域，由试点地区检察机关推向全国检察机关，并于2006年1月1日起正式对外受理查询。这一工作的开展具有重要的现实意义和社会价值，体现了法律监督的内在要求，适应了时代要求，开拓了技术预防的新途径，是检察机关与各有关方面共同贯彻落实《建立健全教育、制度、监督并重的惩治和预防腐败体系实施纲要》、创造性开展预防工作的重要成果；是检察机关立足预防职能服务经济社会建设，与各方力量通力协作共同预防腐败犯罪的有效举措；是检察机关发挥查办案件治本功能，坚决惩治和遏制腐败犯罪的具体行动。

王振川副检察长强调，要加强工作的组织协调。各级检察长要亲自过问，主管副检察长要集中精力，抓好落实。同时要充分利用各类媒体加大宣传力度，形成规模效应，取得社会各界的理解支持。各级预防部门要主动发挥参谋助手和主力军作用，科学谋划、精心组织，加强与有关部门的沟通协调，建立有效的对外联络和工作机制，及时总结报告查询系统的建立、运作情况和取得的成效。

王振川副检察长指出，行贿犯罪档案查询系统是预防贿赂犯罪的利器，运用得当，事半功倍，利国利民，倘若出了偏差也会产生负面影响。因此，要注意把握好政策界限。严格依照有关法律、法规和政策办事，注意罪与非罪界限，注意录入信息准确、公正、及时，注意搞好查处结果的处置反馈，保证法律效果和政治效果、社会效果的有机统一。在具体工作中着重把握好以下环节：

一是依照规定抓落实。各级检察院要认真执行最高人民检察院对行贿犯罪档案的录入范围、内容、受理查询程序、档案管理及人员素质、纪律要求等规定，做好工作部署。为查询系统的建立和实施提供必要的人力和装备。在工作开展中，注意发现问题，研究问题，及时汇报、解决问题。

二是制定方案有步骤实施。2005年底前，各省级检察院都要制定出本地区的实施方案。原则上，已建立查询系统的单位，要按照最高人民检察院的管理规定做好调整、规范，在本地区发挥好示范、带动作用。新建单位，重点是中等以下城市检察院，特别是公共项目、公共资金密集的地区要先期建立查询系统。

三是建立检察机关内部协作机制。侦查部门、公诉部门等要及时向预防部门移送生效的行贿犯罪案件法律文书，以便预防部门按要求做好录入。预防部门要主动加强与相关业务部门的联系，取得支持和配合，共同建设好、维护好查询系统，充分发挥系统功能作用，为实现办案执法信息资源共享提供便利。

四是明确职责规范管理。行贿犯罪档案查询系统建设使用，统一由预防部门负责。要安排素质好、业务精、作风正的人员上岗操作，实行专人管理。要建立健全各项管理制度，严格内部请示汇报制度。不得利用受理查询之便，谋取单位或个人私利。不干预、不参与查询结果的实体处理，对有处置权的主管部门要尊重、支持、配合。

（最高人民检察院职务犯罪预防厅）

**司法解释工作** 2005年，最高人民检察院紧紧围绕“强化法律监督，维护公平正义”的检察工作主题和“加大工作力度，提高执法水平和办案质量”的总体要求，积极开展司法解释工作。

一、为配合全国集中打击赌博犯罪专项行动，在最高人民法院、最高人民检察院、公安部下发《关于集中开展打击赌博违法犯罪活动专项行动有关工作的通知》后，最高人民法院、最高人民检察院《关于办理赌博刑事案件具体应用法律若干问题的解释》分别于2005年4月26日经最高人民法院审判委员会第1349次会议、2005年5月8日经最高人民检察院第十届检察委员会第34次会议审议通过，2005年5月11日正式公布，自2005年5月13日起施行。该解释从近年来群众反映强烈的赌博违法犯罪活动的状况出发，针对打击赌博犯罪活动中遇到的疑难问题，对刑法第三百零三条赌博罪的具体适用作出了明确的规定，对实践中出现的网络赌博、境外赌博等新情况的法律适用作出了规定，并严格区分赌博犯罪与群众正当娱乐活动的界限。

二、针对2004年12月21日最高人民法院、最高人民检察院《关于办理侵犯知识产权刑事案件具体应用法律若干问题的解释》实施过程中反映的问题，最高人民检察院与最高人民法院共同制发了《最高人民法院、最高人民检察院关于办理侵犯著作权刑事案件中涉及录音录像制品有关问题的批复》，分别于2005年9月26日经最高人民法院审判委员会第1365次会议、2005年9月23日经最高人民检察院第十届检察委员会第39次会议审议通过，于2005年10月18日正式公布并施行。该批复内容分为两款，第一款明确了侵权的录音录像制品的数量标准适用问题，即以营利为目的，未经录音录像制作者许可，复制发行其制作的录音录像制品的，复制品的数量标准分别适用《关于办理侵犯知识产权刑事案件具体应用法律若干问题的解释》第五条第一款第二项、第二款第二项的规定；批复第二款则明确未经录音录像制作者许可，通过信息网络传播其制作的录音录像制品的行为，应当视为刑法第二百一十七条第三项规定的“复制发行”。

（最高人民检察院法律政策研究室
韩耀元　张玉梅）

**检察委员会工作** 2005年，在科学发展观指导下，按照“强化法律监督，维护公平正义”的检察工作主题和“加大工作力度，提高执法水平和办案质量”的总体要求，最高人民检察院大力加强检察委员会工作的制度化、规范化建设，着力提高检察委员会工作的质量和效率，进一步加大对地方各级检察机关检察委员会工作的指导力度，有效发挥了检察委员会在重大业务决策和宏观指导上的地位和作用。

一、关于最高人民检察院检察委员会工作

2005年，最高人民检察院共召开检察委员会会议21次（第十届第二十九次至第十届第四十九次），讨论议案42件次。

全年共审议案件14件次（其中民事案件1件），占议案总数的33.3%。在审议的案件中，包括国土资源部原部长、党组书记田凤山涉嫌受贿案，黑龙江省原省委副书记、政协主席韩桂芝涉嫌受贿案，四川省原副省长李达昌涉嫌滥用职权案，江苏省委原常委、组织部部长徐国健涉嫌受贿案等。全年共审议司法解释和规范性文件25件次，占议案总数的59.5%。审议的司法解释和规范性文件主要有：《最高人民法院、最高人民检察院关于办理赌博刑事案件具体应用法律若干问题的解释》、《最高人民检察院关于进一步深化检察改革的三年实施意见》等文件草案。此外，检察委员会还审议了《最高人民检察院工作报告》等3件其他议案，占议案总数的7.2%。

二、关于检察委员会办事机构工作

1. 进一步提高了为最高人民检察院检察委员会服务的质量。按照贾春旺检察长对检察委员会办事机构工作提出的“着力在提高水平、提高质量、提高效率上下功夫”的要求，2005年，检察委员会办事机构进一步加强和改进了有关工作。一是认真细致地做好检察委员会各项会务工作，保证会议顺利有序进行。二是加强对议案的审查工作，从整体内容到文字技术都认真把关。三是加强了检察委员会纪要的起草工作。四是加强了检察委员会文件的管理工作和保密工作。

2. 为保证检察委员会讨论决定事项的贯彻落实，根据《最高人民检察院检察委员会议事规则》的有关规定，检察委员会办事机构对决定事项逐一进行了督办，并分别向检察委员会提交了上半年和全年的决定事项督办报告。

3. 全面开展了最高人民检察院规范性文件的

法律核稿工作。2005年,检察委员会办事机构先后承担了《人民检察院直接受理侦查职务犯罪案件讯问犯罪嫌疑人实行全程同步录音录像的规定》、《不服人民检察院处理决定刑事申诉案件办理标准》、《最高人民检察院关于人民监督员监督“五种情形”的实施规则(试行)》等文件审核工作61件次。此外,检察委员会办事机构还完成了《最高人民检察院关于制定业务规范性文件工作的规定》等规范性文件的起草工作。

4. 全面了解检察委员会工作改革的有关情况。为落实“中央关于司法体制和工作机制改革初步意见”的有关要求,适应《人民检察院组织法》和《人民检察院检察委员会组织条例》修改的需要,检察委员会办事机构全面了解了近两年地方各级检察机关检察委员会工作和列席审判委员会工作的基本情况,并在各地报送情况的基础上,经过认真整理统计和归纳分析,形成了《地方检察机关检察委员会及相关工作情况的报告》,其中对各级检察院检察委员会委员、检察委员会专职委员的基本情况,各级检察院检察委员会讨论重大问题时检察长不同意多数委员意见的处理情况,检察委员会办事机构的设置情况,检察委员会规范化建设的情况,派员列席同级人民法院审判委员会的情况以及近两年来各地检察委员会工作的总体情况等,作了较为准确和全面的反映,同时对进一步加强和改进检察机关检察委员会工作提出了意见和建议。

5. 进一步加强对地方检察机关检察委员会办事机构工作的指导。先后向各省级检察院研究室下发了《关于印发〈海南省高级人民法院、海南省人民检察院关于检察长列席审判委员会会议的通知〉和〈上海市检察机关检察长列席人民法院审判委员会会议情况调研报告〉的通知》、《关于印发〈北京市人民检察院关于加强检察委员会工作的意见〉和〈山西省人民检察院关于加强和规范基层检察院检察委员会工作的意见〉的通知》、《以规范筑基础,以强化促发展,以创新求突破——青岛市检察机关开展检察委员会工作改革的一些做法》等文件,同时以调研、开座谈会、刊发文章、编发典型案例等形式,加强了对地方检察委员会工作的宏观指导。

(最高人民检察院法律政策研究室　周惠永)

**计划财务装备工作**　2005年,检察机关计划财务装备部门以党的十六大精神为指导,紧紧围绕检察工作主题和总体要求,贯彻落实贾春旺检察长提出的“抓保障、保中心、促发展”的计财装备工作方针,进一步树立“为检察业务服务、为基层服务、为检察干警服务”的思想,以经费保障、“两房”建设和信息化建设为重点,各项工作实现了整体推进,计财装备队伍的作风和廉政建设也取得了明显成效。

一、以先进性教育活动和规范执法专项整改活动为载体,加强了队伍建设。在保持共产党员先进性教育活动和“规范执法行为,促进执法公正”专项整改活动中,紧密结合计划财务装备工作和队伍的实际,坚持以提高保障能力、树立服务思想和强化廉政建设为重点,精心组织、加强领导、务求实效。通过教育活动和专项整改活动,推动了计划财务装备工作的深入开展。

二、增加中央补助专款,不断加大对地方检察院的支持力度。2005年,财政部安排补助检察机关中央政法补助专款,专项用于补助国家级贫困县检察院,在较大程度上确保了这些地区办案等业务工作的开展。装备补助专款,专项用于基层检察院装备购置。装备专款由省级财政部门和省级检察院集中统一购置设备,统一发放,对改善基层检察院交通、侦查、信息技术装备条件发挥了重要作用。

三、采取有力措施,进一步推动“两房”建设。2005年,国家发展和改革委员会安排补助检察机关中央预算内投资增幅较大。通过中央补助投资,带动地方配套投资20亿元。全年全系统基础设施建设总投资达到近30亿元,促进了“两房”建设。2005年12月8日至9日,在北京召开了全国检察机关“两房”建设检查汇报会,对各地“两房”建设五年规划中期完成情况进行检查督促。

四、落实司法改革任务,联合财政部研究提出了制定县级检察院公用经费保障标准的指导性意见。财政部、最高人民检察院根据中央关于司法体制和工作机制改革的基本精神,以进一步改革和完善检察经费保障机制为目标,于2005年9月联合印发了《财政部、最高人民检察院印发〈关于制定县级人民检察院公用经费保障标准的意见〉的通知》。通知明确提出了制定县级人民检察院公用经费保障标准工作的原则、范围、方法和要求,是指导各地研究制定县级人民检察院公用经费保障标准的基本政策依据。

五、组织编制了电子检务工程项目建议书。2004年,国务院信息化工作办公室同意将全国检察机关信息化建设纳入国家电子政务建设总体规划。为此,根据最高人民检察院领导指示精神,计划财务装备局于2005年5月正式启动了电子检务工程项目建议书的编制工作,已经形成《电子检务工程项目建议书(初稿)》,并与国家发改委等部门进行了初步商谈。

六、继续对西部地区检察院予以支持,加大了援藏工作力度。积极协调财政部和国家发展和改革委员会,在中央补助专款和补助投资安排上,继续对西部地区检察院予以倾斜支持,加大扶持力度。同时,根据最高人民检察院关于继续加大援藏工作力度的部署,计划财务装备局与承担援藏任务的17个省级检察院、5个计划单列市检察院和给予一次性援助的7个省级检察院进行了反复协商,落实了今后3年援藏总额2004万元,为召开全国检察机关援藏工作座谈会和制定今后3年援藏工作计划奠定了基础。

七、努力做好全系统换发服装工作。2005年是2001年检察制服改革以来第一次换发服装。为把换装工作做好、做实,对部分服装品种的颜色、式样进行了改革。此项工作进展比较顺利,各方面反映良好,实现了绝大多数干警满意的目标。

八、进一步加强枪支管理工作,努力实现枪支管理规范化。在2002年清理整顿枪支工作的基础上,不断加强对枪支弹药的管理工作,要求各地严格按制度规定管理枪支,并组织自查,取得了较好的效果。

九、加强检察业务用车装备建设,及时更新业务用车。2005年,全系统购置业务用车3542辆。在更新车辆的同时,各地还进一步加强了对警车及业务用车的使用管理。

十、进一步加强了财务和资产管理。一是根据财政部的部署,在最高人民检察院预算单位全面实施了国库支出管理制度和非税收入收缴管理制度两项改革。二是根据国务院部署,组织开展了最高人民检察院政策外津贴补贴清理核查工作,按期向国务院和财政部、人事部报送了汇总报表。三是联合有关部门,组织开展了预算单位财务大检查,全面加强了各单位银行的经费管理使用和账户管理。四是首次将最高人民检察院汽车保险、汽车加油和汽车维修三个政府集中采购项目,纳入了中央国家机关政府采购中心的定点采购范围,规范了程序,节约了经费。五是组织进行了干部拖欠公款清理工作,并将结果报告了财政部、监察部。

十一、加强协调,确保最高人民检察院两个重大基建工程顺利进行。争取国家发展和改革委员会的支持,落实了最高人民检察院机关办公楼扩建工程建设投资和国家检察官学院二期工程异地后的正式立项。

(最高人民检察院计划财务装备局 吕 斌)

**检察队伍建设** 2005年,全国检察机关坚持以邓小平理论和"三个代表"重要思想为指导,全面贯彻落实科学发展观,紧紧围绕"强化法律监督,维护公平正义"的工作主题,以开展保持共产党员先进性教育活动和"规范执法行为,促进执法公正"专项整改活动为载体,以加强法律监督能力建设为主线,以领导班子建设、人才队伍建设和基层检察院规范化建设为重点,推进队伍专业化、执法规范化和管理科学化建设,队伍建设工作取得了新的进展。

一、认真组织开展先进性教育活动和"规范执法行为,促进执法公正"专项整改活动,取得扎实成效。根据中央的部署,2005年上半年全国检察机关统一开展了保持共产党员先进性教育活动。5月,中央政法委部署了"规范执法行为,促进执法公正"专项整改活动。各级检察机关对这两项活动高度重视,精心制定方案,认真落实各个阶段的部署,加强指导和督促检查,有力推动了检察机关党的建设和队伍建设。为了搞好先进性教育活动,最高人民检察院于3月召开了全国检察机关政治部主任会议,专门进行部署。通过先进性教育活动,检察机关党员素质有了新的提高,基层党组织有了新的加强,服务群众有了新的进步,检察工作取得了新的发展。在专项整改活动中,最高人民检察院认真指导开展全员培训考核试点,专门召开全国检察机关政治部主任会议,对搞好培训考核作出部署。各级检察机关根据最高人民检察院的要求,对7个重点业务部门的检察人员集中培训,组织其他干警在岗学习。全国共有199916人分类参加了培训考核,促进了检察机关的执法规范化建设,推动了检察队伍执法能力和工作水平的提高。

二、坚持以领导班子建设带动队伍建设,检察队伍管理得到新的加强。最高人民检察院加强了对省检察院院领导班子的考核,对2004年度省级检察院党组专题民主生活会情况进行了通报。严格贯彻《党政领导干部选拔任用工作条例》和检察官法，认真做好领导班子考察调整工作，进一步优化了各级领导班子结构。出台了《关于进一步做好检察机关培养选拔党外领导干部工作的意见》，对培养选拔党外领导干部工作作出部署。组织检查后备干部队伍建设情况，加强指导，协调解决存在的问题。出台了规范高级检察官选升工作的文件，部署启动了高级检察官选升工作。加大干部上挂下派、内外交流力度，完成了“华东等四片区检察机关智力援藏项目”的组织协调工作。认真做好增补编制工作，及时将增补的10024名政法专项编制分配给各地，用于招录高素质人员。研究提出了六条推动解决中西部地区人才短缺、检察官断档问题的具体措施。各地采取选调优秀大学毕业生、面向社会统一招考、把编制留在上级检察院等做法，吸引了一批法律专业人才到基层检察院工作。总结和梳理了分类改革试点工作经验和阶段性成果，强化了对试点工作的具体指导。进一步加强了司法警察工作规范化建设，有效保证了办案安全，实现了在法警看管环节无涉案人员自杀死亡事故。

三、大力开展正规化培训，促进了检察队伍法律监督能力的提高。开展领导素能培训，在国家检察官学院举办省级检察院副检察长培训班1期，地市级检察院检察长轮训班5期，培训近400人。举办12期专项业务培训班，培训业务骨干1500多人，为新疆、西藏等少数民族地区培训业务骨干和领导人才154人。全国累计培训主诉（办）检察官和业务骨干25300余人。举办3期高级检察官晋升资格培训班，培训拟晋升高级检察官人员296人。扩大与高校联合办学成果，5000余名干警续本毕业，一次性拉动队伍本科学历增长2.5个百分点。开展高中升本科远程学历教育，录取2000多名西部基层检察人员参加学习。组织推荐1100多名业务骨干报考在职法律硕士。部署开展了首批检察业务专家评审工作。编辑出版《检察机关“百千万”高层次人才工程文库》和检察官境外培训成果文集。各省级检察院加大选拔培养高层次复合型、专门型人才工作力度，政工部门牵头、各业务部门齐抓共管的人才培养工作协作机制初步形成。进一步加强教育培训基础建设，国家检察官分院等基地建设取得新的进展。深化教育培训改革，尝试对最高人民检察院机关干警学习培训实行年度学分制考评。

四、加大典型宣传和新闻宣传力度，检察宣传工作取得新的成绩。最高人民检察院配合中宣部宣传了全国重大先进典型王书田的先进事迹，取得了很好的社会反响。出版、制作检察机关先进典型的学习读物《榜样》及光盘《闪光的基石》。组织了“百优双十佳”等6个专项表彰活动；启动了全国检察机关第六次“双先”评选表彰和第六届“中国十大杰出检察官”评选活动。规范评选表彰活动和新闻宣传工作，出台进一步规范检察机关表彰奖励工作的意见，下发进一步做好检察机关对外新闻宣传工作的通知。组织开展“金鼎新闻奖”评选活动。制作了2005年《两会视窗》网络宣传窗口，编辑制作300多个网页。加强检察文化建设，指导创作了一批弘扬检察官先进事迹的文学影视作品。

五、坚持不懈推进基层检察院建设，基层基础工作得到新的加强。最高人民检察院评选表彰了首届全国十佳检察院、全国先进检察院和基层建设组织奖，促进了争创先进检察院活动的深入开展。组织了“三位一体”机制建设成果汇报演示会，山西省晋城市检察院、河南省郑州市二七区检察院等向最高人民检察院汇报了探索成果。组织开展先进院与滞后院、经济发达与欠发达地区基层检察院之间的结对帮扶共建活动，进一步加强了对基层建设的宏观指导。各地认真贯彻落实《基层人民检察院规范化建设考核办法》，推动了基层检察院考核工作向规范化方向发展。

（最高人民检察院政治部　张　巍）

**全国检察机关政治部主任会议（2005年3月4日）**

2005年3月4日，最高人民检察院在北京召开了全国检察机关政治部主任会议。会议的主要任务是研究如何扎实地搞好检察机关的保持共产党员先进性教育活动，推动检察政治工作全面深入发展。最高人民检察院检察长贾春旺出席会议，最高人民检察院常务副检察长张耕出席会议并讲话，最高人民检察院政治部主任张常韧作了《紧密结合检察机关实际，扎实搞好保持共产党员先进性教育活动》的报告。各省、自治区、直辖市人民检察院，军事检察院，新疆生产建设兵团人民检察院分管政治工作的副检察长或政治部主任，最高人民检察院政治部和有关厅局的负责同志参加会议。四川、北京、辽宁、福建、甘肃5个单位分别介绍了开展先进性教育活动和检察政治工作的经验。

会议指出，作为第一批参加先进性教育活动的单位,检察机关的教育活动已全面展开。要深刻认识先进性教育活动的重大意义,高标准抓好教育活动各项目标要求的落实。要紧紧围绕提高党员素质的目标,坚持用“三个代表”重要思想武装全体检察人员头脑,全面提高检察队伍的思想政治素质。要紧紧围绕加强基层组织的目标,进一步推进“以党建带队建”工作,努力形成“以党建带队建”的良性工作机制。要紧紧围绕服务人民群众的目标,进一步落实“立检为公、执法为民”的本质要求。要紧紧围绕促进各项工作的目标,进一步推动检察工作健康发展,真正使教育活动成为推进检察改革和事业发展的强大动力。

会议强调,要紧密结合检察机关实际,有针对性地解决队伍建设和法律监督工作中的突出问题。既要扎实搞好“规定动作”,又要力求“自选动作”抓出特色。要加强正确执法观教育,解决执法观念上存在的突出问题。要切实解决执法作风上存在的突出问题,促进严格、公正、文明、廉洁执法。认真查摆理想信念、宗旨意识、组织纪律、大局观念、精神状态、执法作风等方面存在的问题,并从世界观、人生观、价值观的高度认真剖析思想根源。要从严治检,坚持“两个务必”,认真贯彻“八个坚持,八个反对”。要抓住容易出问题的关键环节,不断加强执法规范化建设。要切实解决法律监督能力不强的问题,下大力提高检察工作本领。通过教育、培训、使用、管理等途径,加强检察队伍的法律监督能力建设。

会议要求,要切实加强组织指导,确保先进性教育活动取得实效。要深入开展检察官党员先进性具体要求的大讨论。引导广大党员深刻理解新时期党员先进性的基本内涵和要求,细化提炼出检察官党员先进性的具体要求。要认真对照检查,切实搞好分析评议,形成有内容、有深度的党性分析材料。要借鉴主题教育活动经验,丰富先进性教育活动的方式方法。坚持析案评查、以案析理、以案释法、运用反面典型开展警示教育等方法,认真排查问题,深入分析评议,制定整改措施,落实整改责任。上级检察机关要充分发挥表率作用,一级给一级做出榜样,尤其是领导干部要切实做出表率。要建立健全工作制度,推动先进性教育活动有序进行。

会议安排部署了2005年的检察政治工作。

一是要紧紧围绕检察工作主题和总体要求开展检察政治工作。检察政治工作是检察工作的重要组成部分,必须把贯彻落实工作主题和总体要求作为最重要的任务,努力提高为工作主题和总体要求服务的意识和水平。真正把注意力、着力点放到工作主题和总体要求的落实上来,切实围绕工作主题和总体要求部署思考工作,在不断深化和落实工作主题的实践中提高检察政治工作能力。

二是要通过创新长效管理机制推进基层检察院建设整体水平的提高。把探索建立业务建设、队伍建设和信息化建设相结合的长效机制作为基层检察院建设的重点,不断推进基层检察院的执法规范化、队伍专业化和管理科学化建设。深入调查研究,推动完善业务规范体系和考评指标体系,加强对办案工作的流程管理和质量控制,促进业务工作的标准化、程序化和规范化。

三是要注意培养运用先进典型推动检察工作。注意发现、培育和树立先进典型,力求一个阶段推出一个不同类型的先进典型。引导广大干警学习自己周围的先进人物,寻找自己身边的“闪光点”。大力推进典型宣传工作的制度化和规范化,不断探索创新宣传模式。

四是要努力提高政工部门自身的建设水平。各级检察机关政工部门要带头搞好先进性教育活动,带头学习、查摆问题,带头开展批评与自我批评,带头搞好整改。要按照先进性要求,不断提高准确把握检察队伍思想脉搏的能力、运用理论政策指导队伍建设的能力、帮助基层和干警解决实际问题的能力、创造性开展检察政治工作的能力、服务保证法律监督工作的能力。要依据先进性标准加强政工部门的规范化建设,健全完善科学、规范、有效的工作标准、要求和制度。

(最高人民检察院政治部　张　巍)

**检察机关业务、队伍和信息化建设相结合长效管理机制建设成果汇报演示会**　2005年3月30日至4月1日,最高人民检察院组织召开了检察机关业务、队伍和信息化建设相结合长效管理机制建设成果汇报演示会。会议期间,北京市顺义区检察院、上海市黄浦区检察院、山西省晋城市检察院、吉林省长春市朝阳区检察院、河南省郑州市二七区检察院五个单位向最高人民检察院的领导和有关厅、室、局负责人汇报演示了探索建立三结合长效管理机制的试点成果,邀请的全国现代管理、信息技术等方面专家对演示的成果进行了评审。会议结束时，最高人民检察院检察长贾春旺、副检察长张耕就如何抓好业务、队伍和信息化建设相结合“三位一体”长效管理机制建设工作发表了重要意见。指出，“三位一体”管理机制可以作为检察机关规范化建设的一个载体，建立“三位一体”管理机制可以作为检察机关推动规范化建设的基本手段。建立“三位一体”长效管理机制，通过机制建设推动检察机关的规范化建设，从而保证提高检察机关的工作质量和效率，实现“强化法律监督，维护公平正义”的工作主题。贾春旺检察长还进一步强调了建立“三位一体”长效管理机制工作的重要性和紧迫性，明确了“统一、应用、节俭、保密”的要求，为下一步工作指明了方向。

（最高人民检察院政治部 谷文连）

**全国检察机关“模范检察官”先进事迹报告团** 为推动全国检察机关保持共产党员先进性教育活动的深入开展，充分展示近年来检察工作和检察队伍建设的成果，用榜样的力量激励广大检察干警，最高人民检察院选取北京市人民检察院第一分院检察长方工、山东省聊城市东昌府区人民检察院副检察长白云、浙江省东阳市人民检察院反贪局原副局长吴顺海和重庆市忠县人民检察院民事行政检察科检察员刘邦闹4名“模范检察官”的先进事迹，组成“全国检察机关‘模范检察官’先进事迹报告团”，于2005年4月18日至28日先后赴广东、重庆、浙江、河南四个省（直辖市）进行了巡回报告。报告会采取了报告人主讲并辅以多媒体演示的办法，形象直观，互动性强。报告会在各地都引起了热烈的反响，达到了预期效果。热烈的掌声经常打断报告，听众都为英模们刚正无私、热忱为民、顽强拼搏、默默奉献的精神所感动，许多人都流下了激动的眼泪。

本次巡回报告会，恰逢各地第一批先进性教育活动由分析评议向整改提高转段。各地党委、政府、人大高度重视，给予了报告团热烈的欢迎和极大的支持。重庆市委常委、政法委书记朱胜国同志接见了报告团全体成员；河南省委常委、省政法委书记张世钧同志亲临报告会现场，并以一名普通党员的身份聆听了报告团的报告。各地电视台、电台、报刊等新闻媒体，也对报告团的活动情况及时进行了宣传报道。

在巡回报告期间，报告团成员还先后瞻仰了广州中山纪念堂、农民讲习所等革命圣地，并向广州黄花岗72烈士墓和重庆红岩村、渣滓洞烈士敬献了花篮，以表达对革命先烈的崇敬之情。在渝巡回报告期间，报告团全体成员专程前往医院看望了重病卧床的刘邦闹同志，带去了最高人民检察院领导和广大检察干警的亲切慰问。

（最高人民检察院政治部宣传部）

**纪念法官法、检察官法实施十周年座谈会** 纪念法官法、检察官法实施十周年座谈会于2005年7月5日在北京举行。中共中央政治局常委、中央政法委书记罗干出席会议并讲话。中共中央政治局委员、中央政法委副书记周永康，最高人民法院院长肖扬、最高人民检察院检察长贾春旺、全国政协副主席罗豪才等出席座谈会。座谈会由全国人大常委会副委员长顾秀莲主持。

罗干同志指出，要从构建社会主义和谐社会的高度，充分认识全面贯彻执行法官法、检察官法的重要意义。人民法院、人民检察院要以邓小平理论和“三个代表”重要思想为指导，更加自觉地把各项工作放在构建和谐社会的工作大局中来考虑和谋划，依法公正履行职责，维护社会安全和稳定，正确处理人民内部矛盾，努力保障社会公平和正义。

他说，多年的实践证明，法官法、检察官法是符合中国国情的加强司法队伍建设的重要法律，为加强法官、检察官队伍建设和促进人民法院、人民检察院各项工作的进步提供了有力的法律保障，在依法治国进程中发挥了十分重要的作用。广大法官、检察官依法独立公正履行宪法和法律赋予的职责，依法保障国家安全、促进经济发展、维护社会稳定、保护人民群众的合法权益，为全面建设小康社会、构建社会主义和谐社会提供了有力的司法保障。

他指出，要严格执行法官法、检察官法，切实加强法官、检察官队伍建设，规范司法行为。严格依照法官法、检察官法规定的任职条件选任法官、检察官。继续巩固保持共产党员先进性教育活动取得的成果，加强法官、检察官的思想政治和职业道德建设。要结合法官法、检察官法的贯彻实施，查摆和整改司法工作中的突出问题，深入开展“规范执法行为，促进执法公正”专项整改活动，确保司法权在规范、有序的轨道上运行。要积极稳妥地推进司法体制改革，为法官法、检察官法的贯彻实施提供体制保障。

他强调,各级党委要加强对法院、检察院工作的领导,按照法官法、检察官法的规定,加强人民法院、人民检察院的领导班子建设。要帮助法院、检察院解决编制不足、人员素质不高等实际困难和问题。要保障司法经费,完善人民法院、人民检察院经费预算机制,制定经费保障基本标准,特别是要采取有效措施,重点保障好基层司法机关办公办案和人员工资等基本经费需求,加大对贫困地区司法机关的经费保障力度。要确保人民法院、人民检察院依照宪法和法律规定独立行使审判权和检察权,确保法官、检察官依法履行职责。不得要求司法机关从事招商引资、经济创收等活动,或者从事违背法定职责的其他事务。要切实加强与法官法、检察官法有关的法律和制度建设,保障法官法、检察官法的进一步深入贯彻实施。

座谈会上,肖扬院长、贾春旺检察长讲了话,法官代表、检察官代表和法学家代表分别发了言。

贾春旺检察长在讲话中认真回顾总结了贯彻落实检察官法的成效和不足。他指出,检察官法颁布实施的十年,正是检察工作规范发展、取得较大成效的十年,也是努力实现对检察官科学管理,逐步改善检察官队伍结构,不断提升检察队伍素质的十年。其主要成效体现在以下几个方面:一是促进了检察官队伍管理的规范化、法制化建设。二是促进了检察队伍建设的全面发展。三是促进了检察官制度的建立和落实。四是促进了检察队伍执法能力和检察工作水平的提高。

在肯定成绩的同时,贾春旺检察长指出了贯彻落实检察官法过程中存在的主要问题:少数干警执法思想不够端正,执法行为不够规范;与检察官法相配套的规定措施不够系统完善,检察官的相关职业保障激励机制不够健全,人员的积极性、创造性没有充分发挥;检察编制总量不足,特别是高层次的检察官短缺;检察官结构和地域分布不尽合理,尤其是西部地区检察官来源短缺问题还十分突出。上述问题,已成为制约检察官法全面落实和检察队伍全面建设的重要因素,需要引起高度重视,认真加以解决。

贾春旺检察长强调要以检察官法颁布实施十周年为契机,进一步推进检察官队伍专业化建设。他指出:建设高素质的专业化检察官队伍,前提是要牢固树立"立检为公、执法为民"的执法观。这是建设高素质的专业化检察官队伍必须首先解决的一个根本性问题。建设高素质的专业化检察官队伍,关键是要进一步实践和深化"强化法律监督,维护公平正义"的工作主题。实现检察工作主题,迫切需要有一支高素质、专业化的检察官队伍。建设高素质的专业化检察官队伍,必须紧扣检察工作主题,要在落实工作主题的实践中积累经验、增长才干,不断提高履行检察职能的素质和本领。建设高素质的专业化检察官队伍,根本是要按照检察官法的要求加强队伍管理机制建设。我们要严格按照检察官法的规定,抓紧制定和完善落实检察官法的配套规定和措施,进一步建立健全具有中国检察特色、符合司法规律的检察干部队伍管理体制和机制,加快推进检察人员分类管理改革的步伐,努力建设一支高素质的专业化的检察官队伍,更好地完成宪法和法律赋予我们的神圣职责。

(最高人民检察院政治部干部部检察官管理处)

**全国检察机关2004年度"金鼎新闻奖"评选** 2005年7月21日,在各级检察机关、媒体传播和社会各界的参与和支持下,经过初评、复评、定评三评评选程序,自2004年开始每年评选一次的全国检察机关"金鼎新闻奖"评选正式揭晓。《"强化法律监督,维护公平正义"系列言论》等6件作品获金鼎新闻奖特别奖;《八年,从死刑到无罪》等10件作品获金鼎新闻奖一等奖;《"阳光作业"突破上访困局》等20件作品获金鼎新闻奖二等奖;《中国检察机关全面推行人民监督员制度》等31件作品获金鼎新闻奖三等奖。山东省人民检察院宣传处等10个单位获金鼎新闻奖组织奖。

(最高人民检察院政治部宣传部)

**全国检察机关专项整改培训考核工作** 为贯彻落实中央政法委部署的专项整改活动,巩固先进性教育活动成果,2005年8月至12月,最高人民检察院在全国检察机关开展了"规范执法行为,促进执法公正"专项整改的培训考核工作,全国检察机关共有199916人参加了培训考核。培训考核工作达到了预期目的,圆满完成了专项整改的阶段性任务。

一、培训考核工作的主要内容和特点。这次培训考核主要是按照执法规范化的要求,组织全体检察人员系统地学习各岗位应知应会的基本知识、法律规定、执法规范和职业纪律等，达到以考促学、学有所获、学而能用的目的。培训考核工作的特点：一是领导重视、精心组织。最高人民检察院高度重视培训考核工作，将其作为专项整改的一项硬任务，多次开会，反复研究。根据贾春旺检察长、张耕副检察长等院领导的要求，7月初，最高人民检察院政治部在河南开展了培训考核试点工作，在总结试点经验的基础上，制定下发了《检察机关“规范执法行为，促进执法公正”培训考核方案》和《检察机关“规范执法行为，促进执法公正”培训考核大纲》，全面部署了全国检察机关专项整改培训考核工作。为确保培训考核规范有序开展，组织了各业务厅领导和骨干，按公诉、侦监、反贪、渎职、监所、民行、控告、申诉、错案剖析、检察职业纪律十个执法规范化专题，录制了讲座光盘23张，并制作1000多套光盘免费发放到各省、地市级和西部的基层检察院，为进一步规范、指导全国检察机关培训考核工作奠定了基础。各省级检察院按照统一部署，认真抓好落实。省级检察院领导亲自抓，成立专门机构，召开专题会议，研究开展本地区培训考核工作。二是全员参与、重点突出。各地根据最高人民检察院的总体部署，结合当地实际，坚持以规范岗位执法为重点内容，以业务部门的检察人员为重点对象，突出岗位技能培训，本着“干什么，练什么，缺什么，补什么”的要求，紧贴业务特点、紧贴岗位职责、紧贴队伍实际、紧贴工作需要，通过全员参与，采取集中授课与个人自学、传统培训与运用现代视频技术等多种形式，对全体在职检察人员进行了培训考核。三是严格务实、规范考试。为进一步规范培训考核的考试工作，最高人民检察院政治部制定下发了《关于做好“规范执法行为，促进执法公正”培训考核考试工作的通知》，对笔试开卷和闭卷的题型、题量等进行了明确规范，对严格监考、巡考等工作提出了明确要求。笔试期间，贾春旺检察长、张耕副检察长、邱学强副检察长和张常韧主任等最高人民检察院领导亲自视察考场，机关党委、纪检监察等部门的负责人也参加了最高人民检察院机关考场的巡视巡考。各地方考试期间，各级检察院检察长或担任主考或亲临巡视巡考，纪检监察、政工教育等部门严格要求，周密组织。从规范考试命题工作入手，把好出题关。从制度、纪律等方面规范命题工作。在命题中注重提高干警分析、判断和处理实际问题的能力。严格考务管理，加强巡考、监考，明确考试纪律等。

二、培训考核工作的主要成效。一是进一步增强了严格公正文明执法的意识，进一步树立了规范执法的理念。针对执法活动中存在的问题，在专项整改培训考核中，着重强化了六个方面的规范执法理念，即：公正执法的理念；程序优先的理念；保障人权的理念；注重证据的理念；罪刑法定的理念；坚持法律效果、社会效果和政治效果统一的理念。通过培训考核，使检察人员的现代执法理念得到进一步树立，遵循执法程序、恪守工作规范、严守职业纪律的自觉性进一步增强。二是进一步增强了学知识、强素质的自觉性，规范执法水平和法律监督能力进一步提高。在培训考核中强调了训用一致，以强化法律监督能力为核心，注重分岗位分类别培训考核，增强了培训考核的针对性和实用性，不仅使各类检察人员对本职岗位应知应会的基本知识、基本技能和相关法律规定的掌握得到巩固，而且办文办事能力也得到提高，学知识、强素质的自觉性进一步增强，广大干警的法律监督能力和规范执法水平得到了提高。三是落实中央大规模培训干部的要求，培训考核与全员岗位练兵相结合，对干部分类培训、分类考核模式进行了有益探索。与以往不同的是，这次专项整改培训考核根据党中央大规模培训干部的要求，结合《2004年～2007年全国检察人员培训计划》，以执法规范为主，按照统一标准与分类培训考核相结合，紧紧围绕各岗位相关内容开展分类培训，针对检察人员的不同岗位，采取了不同的考核方式，增强了实效性。四是树立了检察机关规范公正执法的良好形象。各级检察院都把专项整改培训考核工作作为树立检察机关良好执法形象的重要活动，对培训考核工作的重大部署、重大活动及时宣传。不少省级检察院领导还接受媒体专访；在考试期间，各地都邀请当地党委、人大的领导及人民监督员巡视巡考；邀请新闻单位予以宣传和监督。树立了检察机关加强公正规范文明执法的良好形象，受到社会各界的高度赞誉和充分肯定，取得了良好的社会效果。

（最高人民检察院政治部教育培训部）

**全国检察机关政治部主任会议（2005年8月26日～27日）**　2005年8月26日至27日，最高人民检察院在河南省郑州市召开了全国检察机关政治部主任会议。会议的主要任务是:认真贯彻全国检察长座谈会部署,以"规范执法行为,促进执法公正"专项整改活动为重点,落实全员培训考试考核任务,推动各项检察政治工作,进一步加强检察队伍建设。最高人民检察院政治部主任张常韧出席会议并作报告。最高人民检察院政治部副主任尹晋华主持会议并作总结讲话。各省、自治区、直辖市人民检察院,军事检察院,新疆生产建设兵团人民检察院政治部主任和检察日报社驻各地记者站站长,最高人民检察院政治部和各业务厅、局负责人参加了会议。河南、黑龙江、上海、福建、山东、广西、重庆、陕西和广州市检察院介绍了经验。会议期间,举行了全国检察机关2004年度"金鼎新闻奖"颁奖仪式。

会议总结了新形势下做好检察政治工作的几点启示:一是必须坚持以党的建设带动队伍建设,核心是结合检察实际加强党的先进性建设;二是必须坚持用党的基本理论武装检察队伍,从根本上解决好理想信念和宗旨意识问题;三是必须坚持领导率先垂范,充分发扬党内民主,增强各级党组织的凝聚力和战斗力;四是必须坚持围绕中心、服务大局,紧密结合检察业务来开展思想政治工作;五是必须坚持以生动有效的载体为依托,不断丰富和创新检察政治工作的内容和形式,建立健全长效机制。

会议要求扎实搞好全员培训考试考核。准确把握培训考核的指导思想和基本定位,统一思想认识,使全体干警积极参与培训考核。正确把握培训考核的原则。在全体参与、重在基层、立足岗位、注重实效的总要求下,把握好四条原则:一是统一规划,分类实施。统一按照最高人民检察院培训考核实施方案和确定内容组织培训考核,省级检察院统一命题,实行分类培训和考试考核。二是全员参与,突出重点。强调全员参与,但重点是职务犯罪侦查、公诉、侦查监督、民事行政、控告申诉、监所检察部门的检察人员,其中又以执法办案第一线的干警为重点。三是立足岗位,训用一致。四是注重质量,务求实效。各级检察院都要切实把培训考试考核作为大事来抓,检察长负总责,政工部门全力以赴搞好组织协调,各职能部门对本条线的培训考核各负其责。

会议强调,要加强领导班子和人才队伍建设,着力解决队伍建设中的实际问题。一是要切实抓好地方检察院领导班子和后备干部队伍建设。以选好配强检察长为重点,进一步加大干部协管力度,做好党外干部的培养选拔工作和后备干部队伍工作,加强对领导干部的管理和监督。二是要切实采取有效措施,解决中西部地区人才短缺问题。通过统一招考、统一选调,招录补充人才;合理调配现有检察官资源,逐步将检察官调整充实到业务部门;不得要求未到法定退休年龄的检察官提前退休或离岗待退;安排上级检察院检察官或具有检察官资格的人员到基层检察院工作、锻炼;坚持东西部地区检察院互派干部挂职制度;通过加强培训辅导,提高司法考试通过率;探索灵活有效的选人进人用人机制;继续推行大学生青年志愿者服务西部计划;切实做好新增编制的分配使用工作,重点充实基层。三是要加快推进检察人员分类管理改革步伐。进一步总结试点工作,加强研究论证,完善改革方案。四是要加快学历教育攻坚,针对基层和西部实际,与北京大学合作开展高中起点本科学历教育。组织评审首批检察业务专家。五是要大力推进基层检察院规范化建设。把基层检察院建设与专项整改活动有机结合起来,推动专项整改工作落实到基层。组织先进检察院与后进检察院、贫困检察院结对帮学,推动争创先进检察院活动深入开展。按照"统一、应用、节俭、保密"原则,积极推进检察业务、队伍和信息化"三位一体"机制建设。以分类考核为重点,进一步抓好《基层人民检察院规范化建设考核办法》的贯彻落实。

会议指出,要进一步加强检察宣传工作,为检察事业发展提供精神动力和良好舆论氛围。要切实加强思想政治建设,建立包括学习教育、管理监督、激励惩戒、党建工作等内容的先进性建设长效机制。要加强典型宣传工作,注意发现、大力培养和树立具有检察职业特点和时代精神的先进典型,广泛开展向先进典型学习活动。要紧紧围绕检察工作主题搞好新闻宣传,建立完善新闻发言人制度和重大舆情报告制度,健全重大、敏感案件及社会关注案件的应急宣传措施。要加强检察文化建设,实施文化育检工程,紧贴检察工作和队伍建设实际,组织检察人员喜闻乐见的文化活动。

会议要求,检察政工部门要带头深入开展专项整改,加强干部工作、教育培训工作、表彰奖励工作、司法警察工作、队伍基本信息管理工作的规范化建设,搞好自身的培训考核。坚持高标准、严要求,切实加强作风建设,认真落实检察政工干部先进性具体标准,坚持围绕中心、突出主题、服务大局,准确把握检察政治工作的基本定位,坚持公道正派,提高政工干部的职业道德修养,养成"严细深实"的工作作风,大力倡导改革创新,大力发扬"两个务必"精神,切实做到为检清廉。

(最高人民检察院政治部 张 巍)

**全国地市级检察长轮训** 轮训全国地市级检察院检察长,是按照最高人民检察院的要求,为贯彻落实全国检察长会议精神和全国检察机关"规范执法行为,促进执法公正"专项整改活动工作部署,全面加强检察机关领导班子建设,进一步提高检察工作水平而采取的一项重要举措,是继 2004 年全国基层检察院检察长轮训之后又一次全国性大规模领导素能培训。轮训于 2005 年 9 月 21 日至 12 月 7 日分五期在国家检察官学院进行,全国共有 366 名地市级检察院检察长参加。

轮训以"规范执法行为,促进执法公正"为主题,采取专题讲座与研讨交流相结合的方式进行。培训内容主要包括科学发展观、民主法治与构建社会主义和谐社会、现代执法理念与检察官职业道德、司法改革与检察改革、检察机关执法规范化建设、典型错案剖析、刑事诉讼法与人民检察院组织法修改以及侦查监督工作、反贪污贿赂工作和公诉工作规范化建设与工作对策等。学员重点学习了中央政法委和最高人民检察院关于专项整改活动的重要文件精神,围绕检察机关执法规范化建设、队伍建设、基层建设等问题进行了深入研讨和交流。培训期间,最高人民检察院检察长贾春旺专程看望了学员,最高人民检察院领导还与学员就队伍建设、执法规范化建设和执法保障等问题进行了座谈。

这次轮训取得了积极效果,达到了预期目标。经过轮训,地市级检察院检察长的政治理论水平和领导素能有了新的普遍提高,现代执法理念得到了进一步树立和强化,对检察工作特别是检察机关执法规范化建设面临的形势任务、最高人民检察院对职务犯罪侦查、公诉、诉讼监督等主要业务规范化建设的总体部署和要求有了全面把握,从全局上驾驭检察工作、依法领导执法工作的能力有了新的增强。

(最高人民检察院政治部教育培训部 邓 云)

**全国检察机关第八期司法警察培训班** 2005 年 10 月 16 日至 27 日,最高人民检察院在北京举办了全国检察机关第八期司法警察培训班。来自 31 个省、自治区、直辖市人民检察院的 160 余名拟授予、晋升一级警督以上警衔的司法警察参加了培训。这次培训,是在全国检察机关深入进行"规范执法行为,促进执法公正"专项整改活动背景下进行的,主要进行了以法学理论、检察业务、警务技能等为主要内容的学习训练。全体参训人员勤奋学习、积极思考、刻苦训练,取得了较好成绩,获得了最高人民检察院政治部颁发的结业证书。最高人民检察院党组成员、政治部主任张常韧出席了培训班结业仪式并作了重要讲话。

张常韧主任在讲话中要求全体司法警察要深入学习贯彻党的十六届五中全会精神,进一步打牢新形势下做好司法警察工作的思想基础。要坚持用科学发展观统领检察工作全局,用科学发展的眼光审视司法警察工作,用科学发展观的标准衡量司法警察工作,积极为构建社会主义和谐社会创造良好的法治环境。要牢固树立"立检为公、执法为民"的思想,把工作的着眼点和落脚点放在提高警务保障水平、为检察中心工作提供优质服务上,用一流的工作业绩来维护法律的尊严和公正,维护社会稳定和经济秩序,维护广大人民群众的根本利益。要进一步规范和改进法警工作作风,端正执法思想,规范执法行为,切实纠正工作中不文明、不规范和群众不满意的行为,确保警务工作健康有序地发展。要扑下身子真抓实干,切实解决好精神不振、状态不佳、动力不足的问题,积极发挥主观能动性,恪尽职守、忠诚敬业,始终保持蓬勃朝气、昂扬锐气和浩然正气,以满腔的热情做好司法警察工作。

张常韧主任指出,要围绕"规范执法行为,促进执法公正"专项整改活动的要求,大力推进司法警察队伍专业化建设,为履行职责奠定坚实的组织基础。要把专项整改活动与加强队伍的执法作风建设有机地结合起来,认真解决纪律观念淡漠、保密意识不强,执行警务不规范、不到位、不文明,工作敷衍应付、标准不高,不服从管理等问题,使广大司法警察的执法观念有新的转变,执法作风有新的提高,执法水平有新的进步。要把专项整改活动与从严治警的要求有机地结合起来,严格队伍管理,严格队伍纪律,努力建设一支形象好、作风硬、纪律严、工作实的法警队伍。要把专项整改活动与队伍的业务培训有机地结合起来,按照"一熟、两懂、三会"的标准,采取技能比武、考核验收、集中训练等形式,切实加大培训力度,努力提高司法警察队伍的业务素质和执法能力。

张常韧主任强调,要着眼"规范执法行为,促进执法公正"目标,大力推进司法警察工作规范化建设,不断提高警务保障的质量和水平。要增强依法履行职责意识,充分认清司法警察工作的重要性、必要性,切实解决好部分单位领导忽视司法警察履行职责、少数警务部门负责同志职责意识不够强、部分司法警察职责观念淡漠等问题,增强履行职责的紧迫感和积极性。要严格落实司法警察执行职务规则、规范化建设标准、安全办案意见、警衔管理细则等相关制度规定,进一步规范队伍的编队管理工作,切实提高司法警察队伍的战斗力;进一步规范人员招录工作,严把司法警察"入口关",下大力提高司法警察队伍的质量;进一步规范警衔管理工作,有效发挥警衔管理的功能,逐步改善司法警察队伍的结构。坚持把规范执法行为体现到具体的办案之中,要明确办案责任分工,凡是法律法规明确规定由司法警察履行的职责,在条件具备的前提下,应交由司法警察负责,切实纠正有警不用、以检代警的问题;要强化司法警察的办案安全责任意识,继续推进办案工作区建设,为司法警察履行职责提供平台;要加大办案安全督查力度,及时发现和纠正办案中的疏漏和问题,防止和杜绝办案安全责任事故发生。

(最高人民检察院政治部　刘大晔)

**王书田同志先进事迹报告会**　2005 年 11 月 28 日下午,王书田同志先进事迹报告会在北京人民大会堂隆重举行。中共中央政治局常委、中央政法委书记罗干,全国人大常委会副委员长、全国妇联主席顾秀莲,最高人民检察院检察长贾春旺,中共陕西省委书记李建国,中央宣传部、中央保持共产党员先进性教育活动领导小组、中央政法委的有关领导,最高人民检察院在京的院领导,最高人民法院、公安部、司法部、安全部的有关领导,出席了报告会。会前,出席报告会的领导专门接见了报告团全体成员。

报告会由中央宣传部副部长胡振民主持。最高人民检察院常务副检察长张耕宣读了最高人民检察院《关于授予王书田同志全国检察机关"模范检察官"荣誉称号的决定》;陕西省委书记李建国宣读了中共陕西省委《关于授予王书田同志陕西省"优秀共产党员"荣誉称号的决定》;最高人民检察院检察长贾春旺给王书田同志颁发了全国检察机关"模范检察官"荣誉证章、证书。

罗干同志在报告会上作了重要讲话。他说,王书田同志是政法机关优秀共产党员的典型,也是新时期人民检察官的杰出代表,是检察机关在深入实践"三个代表"重要思想和"强化法律监督,维护公平正义"工作主题中涌现出的时代楷模。他的先进事迹富有强烈的时代精神、高尚的个人风范、鲜明的检察官特色,生动感人,催人奋进。各级人民检察院要迅速掀起向王书田同志学习的高潮,进一步牢固树立执法为民的观念,巩固保持共产党员先进性教育活动的成果,深入推进"规范执法行为,促进执法公正"专项整改活动,推动检察工作和队伍建设取得新的发展。他号召全体政法干警向王书田同志学习,学习他始终坚持以维护社会公平和正义为最高追求,公正执法、刚正不阿的崇高品德;学习他紧跟时代前进步伐,苦练为民执法的本领,孜孜不倦、与时俱进的好学精神;学习他坚强如钢、斗志昂扬的精神风貌和生命不息、奉献不止的工作热情;学习他淡泊名利、清正廉洁,拒腐蚀、永不沾的高尚情操,在以胡锦涛同志为总书记的党中央领导下,坚持以邓小平理论和"三个代表"重要思想为指导,以科学发展观为统领,认真研究"十一五"期间政法工作的新任务、新举措,团结一心、努力拼搏,全面推进政法工作和队伍建设,确保重要战略机遇期社会政治大局稳定,为构建社会主义和谐社会,实现社会公平与正义做出新的更大贡献。

最高人民检察院、北京市人民检察院、陕西省人民检察院、军事检察院的干部和中央新闻单位的记者等,共 500 余人参加了报告会。

(最高人民检察院政治部宣传部)

**王书田同志先进事迹学习座谈会**　2005 年 11 月 29 日下午,王书田同志先进事迹学习座谈会在北京人民大会堂台湾厅召开。最高人民检察院常务副检察长张耕、政治部主任张常韧,中央政法委副秘书长周本顺,陕西省人民检察院检察长张文宣,陕西省西安市政法委书记董军、西安市人民检察院检察长任高潮、西安市临潼区区委书记张雷、西安市临潼区人民检察院检察长方满友,全国检察机关"模范检察官”代表北京市东城区人民检察院副检察长杨淑雅、河南省人民检察院公诉处检察官蒋汉生,为王书田捐款20万元的天津市检察院干警代表,采访报道王书田先进事迹的新闻记者代表人民日报社记者崔士鑫、新华社记者曲志红参加了座谈会。

座谈会由张常韧主任主持。与会代表从不同的角度介绍了王书田同志的模范事迹,畅谈了向王书田同志学习的体会。中央政法委副秘书长周本顺作了讲话。他高度评价了王书田同志是忠实实践“三个代表”重要思想的优秀代表,是新时期政法战线涌现出的一名先进典型,是当代检察官维护社会公平正义,捍卫国家和人民利益的忠诚卫士;表示要把这次事迹报告会和学习座谈会作为新的起点,在全国政法系统中掀起向王书田同志学习的热潮,把保持共产党员先进性教育活动和“规范执法行为,促进执法公正”不断推向深入。

张耕副检察长在座谈会上强调,要把学习王书田同志的先进事迹落实到具体的行动上,与巩固和深化以实践“三个代表”重要思想为主要内容的保持共产党员先进性教育活动结合起来;与进一步实践检察工作主题和总体要求结合起来;与正在开展的“规范执法行为,促进执法公正”专项整改活动结合起来;与加强检察官职业道德建设结合起来,以邓小平理论和“三个代表”重要思想为指导,以科学发展观为统领,紧紧围绕党和国家工作大局,牢固树立“立检为公、执法为民”的执法观,坚持“强化法律监督,维护公平正义”的检察工作主题,不断加大工作力度,提高执法水平和办案质量,促进检察工作和检察队伍建设,为建设社会主义和谐社会,实现社会公平与正义做出新贡献。

参加学习座谈会的还有最高人民检察院办公厅、政治部、反贪污贿赂总局、渎职侵权检察厅、机关党委负责人及中央有关媒体记者等,共计70多人。

(最高人民检察院政治部宣传部)

**全国检察机关首期新闻发言人培训班** 2005年12月15日,全国检察机关首期新闻发言人培训班在北京举办。各省级检察院新闻发言人及宣传处长接受了为期5天的集中培训。培训班邀请了中宣部新闻局副局长刘汉俊,国务院新闻办公室郭卫民,公安部新闻发言人武和平,知名学者史安斌、李希光及资深记者白岩松等就新闻发布的理论与实践,如何应对媒体、应对记者等专题进行了授课。设计了查处农村职务犯罪案件情况等6个专题,进行了模拟新闻发布,并邀请中央主要媒体记者现场提问,对培训的成果进行了充分检验。其间,举行了全国检察机关新闻发言人和宣传处长座谈会,学员普遍反映此次培训获益匪浅。

(最高人民检察院政治部宣传部)

**全国省级检察院干部(人事)处长座谈会** 2005年12月20日至21日,最高人民检察院政治部在广西壮族自治区南宁市组织召开了全国省级检察院干部(人事)处长座谈会。会议的主要任务是:以“三个代表”重要思想和党的十六届四中、五中全会精神为指导,坚持科学发展观,认真学习贯彻全国实施公务员法工作会议和全国组织部长会议精神,围绕实施公务员法和检察官法这条主线,研究落实公务员法相关措施,研讨检察人员分类管理改革,探索检察机关引进人才新思路,部署高级检察官等级选升,推进检察机关干部人事工作全面发展。

31个省级检察院政治部副主任或干部(人事)处长及部分基层检察院代表参加了会议。最高人民检察院政治部副主任尹晋华、王少峰到会并分别作了讲话。

王少峰副主任在讲话中指出:一是要切实提高思想认识,认真学习贯彻公务员法;二是要深入开展理论和制度研究,加快推进检察人员分类管理改革;三是要严格执行标准和程序,确保做好高级检察官等级选升工作;四是要进一步增强“人才强检”战略意识,积极探索检察机关引进人才、引进智力的新方法;五是要大力发扬积极主动的精神,进一步加强后备干部工作。

尹晋华副主任在讲话中强调:一是要把握机遇,认清责任,切实发挥好干部人事部门在队伍管理和改革中的职能作用;二是要加强修养,提高素质,进一步树立起新时期干部人事部门干部的良好风范和形象;三是要着眼实际,善于结合,创造性地抓好检察干部人事工作各项任务的落实。

北京市检察院、黑龙江省检察院、重庆市渝中区检察院、山东省平邑县检察院分别就开展选聘法学专家到检察机关挂职锻炼、检察人员分类管理改革等工作介绍了经验。

专门召开干部(人事)处长会议,是检察机关政治工作机构成立十几年来的第一次。此次会议的顺利召开,既达到了部署工作任务的目的,也实现了学习、研讨、交流等功能,得到了与会同志的一致好评。

(最高人民检察院政治部干部部地方干部处)

**纪检监察工作** 2005年,全国各级检察机关坚决贯彻中央关于反腐倡廉的重大决策和部署,坚持标本兼治、综合治理、惩防并举、注重预防的方针,认真落实中央颁布的《建立健全教育、制度、监督并重的惩治和预防腐败体系实施纲要》(以下简称《实施纲要》),对检察机关反腐倡廉重要性的认识进一步提高,加强党风廉政建设和自身反腐败工作的自觉性进一步增强。各级检察机关纪检监察部门紧紧围绕"强化法律监督,维护公平正义"的检察工作主题和"加大工作力度,提高执法水平和办案质量"的总体要求,以保持共产党员先进性教育活动和"规范执法行为,促进执法公正"专项整改活动为契机,全面履行纪检监察职责。检察机关反腐倡廉工作在过去的基础上又取得了新的成效,呈现出良好发展态势。

一是对领导干部的教育和监督不断加强。全国检察机关认真开展了以实践"三个代表"重要思想为主要内容的保持共产党员先进性教育活动,组织广大党员对检察机关共产党员先进性的具体要求进行讨论,从理想信念、宗旨意识、执法作风等方面,认真查摆、深入剖析与党的先进性和执法为民的要求不相符合的突出问题,重点开展理想信念教育、执法观教育,同时加强革命传统教育、反腐倡廉形势教育、党纪条规教育,增强了检察机关领导干部的廉洁自律意识。各地还运用反面典型案例开展警示教育,增强了检察干警特别是领导干部立党为公、执法为民的意识和强化法律监督、公正廉洁执法的能力。严格执行廉洁从政、廉洁从检的有关规定和最高人民检察院关于《检察机关领导干部必须遵守的"六个严禁"规定》,重点治理检风检纪方面存在的突出问题。

把党内监督与上级检察机关对下级检察机关的监督结合起来,认真落实对领导干部的各项监督制度。继最高人民检察院建立巡视制度后,全国已有20个省级检察院相继建立了巡视制度。2005年,最高人民检察院和16个省级检察院开展了巡视工作,发现并处理了一些领导班子及其成员在贯彻民主集中制、党风廉政建设以及领导干部廉洁自律等方面的问题,提出了批评和建议,接受巡视的检察院都进行了认真整改。各级检察机关领导干部普遍进行了述职述廉,开展任前廉政谈话5570人次,诫勉谈话1099人次,领导干部报告个人重大事项4868人次。派员参加下级检察院党组民主生活会制度、上级检察院负责人与下级检察院负责人谈话制度和经济责任审计制度进一步落实。全年共派员参加下级检察院党组民主生活会2631次,进行谈话11090人次;对648名领导干部进行了任期经济责任审计,其中正副检察长183人。在检察机关"两房"建设及后勤保障方面,继续推行政府采购和重大工程项目招标投标制度,政府采购金额10亿余元,招标投标金额21亿余元。

二是群众反映强烈的突出问题得到较好治理。各级检察机关按照中央政法委员会的要求和最高人民检察院部署,认真开展了"规范执法行为,促进执法公正"专项整改活动。各地坚持开门整改,通过发放征求意见函、召开座谈会等形式,广泛征求党委、人大、政府、政协和社会各界的意见,认真查找并解决了一批人民群众反映强烈的突出问题。2005年9月下旬至10月底,各级检察机关以解决实际问题、息诉罢访为目标,对本地区的涉检信访案件进行了再梳理和再分析,针对尚未解决的人民群众反映强烈的突出问题,采取开门接访、带案下访等措施,加强对案件催办和督办,并逐案抓落实。这项工作得到了社会和人民群众的好评。

三是查办违纪违法案件工作持续深入。2005年,全国检察机关纪检监察部门共查处检察人员违纪违法案件立案255件307人,给予党纪检察纪律处分292人,同比下降15.4%。各级检察院纪检监察部门秉公执纪,把依法依纪办案的要求贯穿到立案、调查、审理、处分、执行等各个环节。加强对重大典型案件的剖析,并有针对性地提出完善规章制度的措施,较好地发挥了查办案件在治本方面的作用。贯彻党员权利保障条例,认真受理党员的控告和申诉,严肃处理侵犯党员权利的案件。坚持惩治与保护并重,在严肃查处案件的同时,查核了一批举报失实的信访案件,为一些检察人员澄清了是非,同时还严惩了少数诬告诽谤者。

四是从源头上预防腐败工作继续深化。最高人民检察院公布实施了《关于贯彻落实〈中央颁布的建立健全教育、制度、监督并重的惩治和预防腐败体系实施纲要〉的意见》,明确了检察机关贯彻落实《实施纲要》的指导思想、基本原则和工作任务,推动了治本抓源头工作的深入开展。最高人民检察院制定了《关于进一步深化检察改革的三年实施意见》,对今后一个时期检察体制和工作机制改革进行了全面规划,为重点推进完善对诉讼活动的法律监督制度、对司法人员渎职行为的法律监督机制和深化人民监督员制度试点工作的改革做好了准备。这些改革将推进检察机关全面履行法律监督职责,维护社会公平正义,同时也有助于检察机关加强内外部监督制约,严格、公正、文明执法。各地也结合实际建立健全了一批规章制度,为正确行使检察权、从源头上防治腐败提供了制度保障。

五是党风廉政建设责任制进一步落实。各级检察机关把党风廉政建设责任制作为加强党风廉政建设、推进反腐倡廉的重要制度,坚持党组统一领导,检察长负总责,副检察长分工负责,部门各负其责,纪检监察部门组织协调的工作格局。把党风廉政建设和检察工作同部署、同检查、同落实,突出抓好责任分解、责任考核和责任追究三个重点环节,继续推行签订党风廉政建设责任状等有效做法,促进了检察机关党风廉政建设和自身反腐败工作。2005 年,中央纪委驻最高人民检察院纪检组、监察局在安徽召开了全国检察机关落实党风廉政建设责任制工作座谈会,公布实施了《检察机关党风廉政建设责任制责任追究暂行规定》。各级检察机关纪检监察部门认真履行职责,以责任追究为重点,积极协助党组抓好党风廉政建设责任制的落实。全年共追究责任 272 人,其中给予纪律处分 35 人,组织处理 22 人,有 58 名下级检察院领导同志到上级检察院检讨责任。

(最高人民检察院监察局　方剑明)

**全国检察机关纪检监察工作会议**　全国检察机关纪检监察工作会议于 2005 年 2 月 26 日至 28 日在福建省厦门市召开。最高人民检察院检察长贾春旺出席会议并讲话。中央纪委驻最高人民检察院纪检组组长叶青纯作了题为《严肃执纪,注重预防,深入开展党风廉政建设和反腐败工作》的工作报告。各省、自治区、直辖市人民检察院和新疆生产建设兵团人民检察院纪检组长、监察处长,军事检察院、副省级市人民检察院、各省会城市人民检察院负责纪检工作的同志参加了会议,中央纪委、中央政法委有关部门负责同志应邀与会。会议的主要任务是:以邓小平理论和"三个代表"重要思想为指导,深入学习贯彻中央纪委五次全会和全国检察长会议精神,总结 2004 年工作,贯彻标本兼治、综合治理、惩防并举、注重预防的方针,按照建立健全与社会主义市场经济体制相适应的教育、制度、监督并重的惩治和预防腐败体系的要求,研究部署 2005 年工作任务。会议还对 2004 年扣押冻结款物专项清理工作 105 个先进单位、102 名先进个人予以表彰,有 8 个省级检察院在会上介绍了经验。

会议认为,2004 年检察机关党风廉政建设和反腐败工作继续加强并取得新的成效。一是领导干部廉洁自律工作稳步推进。各级检察机关以"强化法律监督,维护公平正义"教育活动为契机,组织领导干部和干警深入学习江泽民反腐倡廉重要思想和党内法规、检察纪律条规。以权力观教育为重点,加强思想道德教育和纪律教育,广泛开展学习先进典型活动和警示教育活动,增强了领导干部和干警公正执法、廉洁从检的自觉性。贾春旺检察长向各级检察院领导干部提出了"六个严禁"的要求,并带头作出承诺。各级检察长和领导班子成员普遍作出廉洁从检的承诺,主动接受干警和社会监督,并把执行廉洁自律各项规定情况作为民主生活会和述职述廉的重要内容。认真落实领导干部个人及家庭重要事项报告制度,有 4251 名领导干部报告了个人及家庭重要事项。认真治理领导干部违反规定收送现金、有价证券和支付凭证以及领导干部的配偶、子女违反规定经商办企业等问题。一些地方还结合本地实际开展了清理用公款赊账吃喝、变相旅游等专项工作。

二是查办违纪违法案件工作深入开展。2004 年全国检察机关纪检监察部门共查处检察干警违纪违法 314 件 403 人,给予党纪政纪处分 345 人,同比下降 18.6%,移送司法机关追究刑事责任 26 人,同比下降 45.8%。最高人民检察院颁布实施了《检察人员纪律处分条例(试行)》,进一步严明了纪律,促进了办案工作的制度化和规范化;召开了全国检察机关纪检监察案件检查审理工作会议,推动了办案工作深入开展。各级纪检监察部门加强对办案工作的领导和组织协调,完善办案工作机制,增强办案的整体合力,提高了办案工作的整体水平。严格依法依纪办案,加强案件审理,严明办案纪律,保证了办案质量和效果。坚持惩处与保护相结合,为一些受到诬告、错告的干警澄清是非,维护了干警的合法权益。

三是纠正损害群众利益的不正之风取得新成效。按照最高人民检察院的统一部署,各级检察机关纪检监察部门牵头开展了检察机关自侦案件扣押、冻结款物专项检查和违法插手经济纠纷专项清理。各地按照最高人民检察院的要求,精心组织,全面检查,认真整改,解决了一批社会关注、群众反映强烈的突出问题,促进了严格公正文明执法。共清理2001年以来办结的“三类案件”27996件,涉及扣押、冻结款物16.2亿元,发现违规使用款物1136万元,已依法处理1053万元。对发现的10起违法插手经济纠纷案件进行了纠正,并对有关责任人作出严肃处理。最高人民检察院对这次专项检查工作涌现出的105个先进单位、102名先进个人给予了表彰。一些地方还对私设“小金库”、乱收费、乱罚款、拉赞助等问题进行了专项清理。

四是监督工作迈出新的步伐。各级检察机关认真学习贯彻《中国共产党党内监督条例(试行)》、《中国共产党党员权利保障条例》、《中国共产党纪律处分条例》和《检察人员纪律处分条例(试行)》,并加强对执行情况的监督检查。最高人民检察院制定下发了《最高人民检察院巡视工作暂行规定》、《关于上级人民检察院负责人与下级人民检察院负责人谈话的暂行规定》、《关于上级人民检察院派员参加下级人民检察院党组专题民主生活会的暂行规定》,强化了上级检察院对下级检察院的监督。全年共对815名领导干部进行了任期经济责任审计,对有关责任人员依纪作出了处理。加强对执法办案活动监督,总结推广监督工作经验,推动监督工作经常化、制度化和规范化。最高人民检察院召开了执法办案监督工作现场会,总结并推广了山东省检察机关加强对执法办案活动监督的经验和做法。中央纪委驻最高人民检察院纪检组、监察局对最高人民检察院机关重大工程建设项目、大额经费开支实行了全程跟踪监督。不少地方的检察机关纪检监察部门参与了对政府采购和招标投标活动的监督,涉及政府采购金额7亿余元、招标投标金额21亿余元。

五是党风廉政建设责任制得到较好落实。各级检察院党组认真执行《检察机关党风廉政建设责任制实施办法》,普遍采取签订党风廉政建设责任书、建立廉政档案等行之有效的措施,推动党风廉政建设各项任务的落实。各级检察长把党风廉政建设摆上重要议事日程,做到与业务工作一起部署、一起落实、一起检查。纪检监察部门与有关部门密切配合,加强对党风廉政建设责任制落实情况的监督检查,对违反责任制的领导干部予以追究。全年共有68人被追究责任,其中给予党纪政纪处分52人,组织处理11人。领导干部任前廉政谈话、诫勉谈话、述职述廉等制度得到较好落实,共进行任前廉政谈话9371人次、诫勉谈话1656人次,述职述廉19145人次。

会议对2005年检察机关纪检监察工作作出了部署。

(一)维护党的纪律和检察纪律,促进领导干部廉洁从检。各级检察机关广大党员干部特别是党员领导干部,要严格遵守“四大纪律八项要求”,严格遵守党的政治纪律和组织纪律,严格执行领导干部廉洁从检的各项规定。要进一步严明纪律,在严肃执纪的同时加大组织处理力度,特别是对顶风违纪的领导干部,必须依纪依法严肃处理。按照中央纪委的要求,今后,凡违反规定收送现金、有价证券和支付凭证的,按照组织程序一律先免职,再依据规定处理。对“跑官要官”的,要批评教育,不能提拔重用,在重要岗位上的要予以调整,已得到提拔的要坚决撤下来;对“跑官要官”制止不力造成用人严重失察失误的,要严肃追究责任。放任、纵容配偶、子女及其配偶和身边工作人员利用领导干部职权和职务影响经商办企业或从事中介活动谋取非法利益的,要辞去现任职务或者由组织责令辞职,并按照规定给予纪律处分。参加赌博的,应予以免职,再依据规定处理;到国(境)外赌博的,要从严惩处。各级领导干部要严格遵守最高人民检察院“六个严禁”的要求:(1)严禁办关系案、人情案、金钱案;(2)严禁违反法定程序干预办案;(3)严禁买官卖官、跑官要官,违反规定任免干部;(4)严禁插手工程招标投标、政府采购等经济活动,谋取利益;(5)严禁接受可能影响公务活动的吃请和礼物;(6)严禁利用职权为亲友子女或身边工作人员谋取利益。凡违反上述要求的,一律依纪依法严肃处理。各级检察机关党组织和广大党员要按照中央的要求和最高人民检察院的部署,认真开展以实践“三个代表”为主要内容的保持共产党员先进性教育活动,认真解决党员和党组织在执法思想、执法作风以及法律监督工作方面存在的突出问题,促进广大党员特别是党员领导干部秉公执法、廉洁从检。各级纪检监察部门要积极参加保持共产党员先进性教育活动，并会同有关部门加强监督检查，保证教育活动扎实有效地开展。

(二)坚持从严治党、从严治检，严肃查处违纪违法案件。各级纪检监察部门要始终把查办案件工作摆在突出位置，继续加大办案力度，决不能有丝毫放松。要以查办领导干部违反“六个严禁”的案件为重点，严肃查办贪赃枉法、徇私舞弊、索贿受贿等影响公正执法的案件，严肃查办参与涉黑犯罪、充当黑恶势力“保护伞”等执法犯法的恶性案件，严肃查办违法违规办案侵犯当事人合法权益的案件。要加强对《检察人员纪律处分条例(试行)》执行情况的监督检查，对违纪违法者，发现一个，查处一个，决不姑息袒护。要加强对办案工作的领导，建立健全工作机制，增强整体合力，保证办案工作顺利进行。各级检察院党组特别是检察长要加强领导，支持纪检监察部门依纪依法查处案件。要把严格依纪依法办案的要求，贯穿到立案、调查、审理、处分、执行等各个环节。要树立惩治与保护并重的意识，既要依纪依法严肃查处案件，又要坚决保护干警的合法权益。对违纪干警，要坚持惩前毖后、治病救人，在给予批评教育的同时，综合运用纪律处分和组织处理两种手段。对受到诬告陷害的干警，要及时澄清是非，坚决予以保护。要对案件进行深入剖析，研究检察干警违纪违法案件原因，有针对性地提出对策，发挥查办案件在治本方面的作用。

(三)以解决群众反映的突出问题为重点，坚决纠正损害群众利益的不正之风。各级检察机关要继续加强执法作风建设，切实解决办事不公、作风粗暴、损害群众利益等问题，把“立检为公、执法为民”的要求落实到具体的执法活动和各项工作中去，更好地维护和实现人民群众的根本利益。坚决纠正执法办案中侵犯涉案人员人身权利的问题。严禁逼供、诱供和暴力取证；严禁体罚虐待或者侮辱案件当事人；严禁超期羁押犯罪嫌疑人、被告人或者违法剥夺、限制当事人人身自由。坚决纠正利用执法办案之机或检察人员身份吃、拿、卡、要等以案谋私、以案谋利问题。严禁私自办理案件或者干预他人办案；严禁接受案件当事人及其辩护人、代理人、亲友提供的宴请、娱乐等活动；严禁利用检察权插手经济纠纷；严禁违法扣押、冻结款物或者不依法返还扣押、冻结款物；严禁违反规定占用单位或个人的交通、通讯工具，或者要求单位和个人报销费用；严禁私设“小金库”，乱罚款，乱收费，拉赞助。坚决纠正“特权思想、霸道作风”和工作中的“冷、硬、横、推”等问题。严禁耍特权、逞威风，欺压群众；不得对求助群众敷衍塞责、无故推诿。各级检察机关纪检监察部门要加强对执法作风的监督检查，严肃处理损害群众利益的人和事。对损害群众利益的不正之风长期得不到有效治理的，要按照规定追究主要领导的责任。

(四)坚持教育、制度、监督并重，不断推进源头治理工作。党中央颁布的《建立健全教育、制度、监督并重的惩治和预防腐败体系实施纲要》是当前和今后一个时期深入开展党风廉政建设和反腐败工作的指导性文件。各级检察机关纪检监察部门要充分发挥组织协调作用，协助党组抓好建立健全惩治和预防腐败体系各项任务的落实。要着力抓好以下几个方面的工作：一是加强反腐倡廉思想教育，筑牢拒腐防变的思想道德防线。要以目前正在开展的保持共产党员先进性教育活动为契机，认真开展反腐倡廉思想教育，促使干警牢固树立马克思主义的世界观、人生观、价值观，坚持正确的权力观、地位观、利益观，牢记“立检为公、执法为民”的执法理念，自觉抵御各种腐朽思想的侵袭，真正为人民执好法、掌好权。要加强纪律教育和职业道德教育，大力宣传勤政廉政先进典型，利用反面典型开展警示教育，在检察系统形成以廉为荣、以贪为耻的良好风尚。二是推进改革和制度创新，提高反腐倡廉的制度化水平。要针对工作中的漏洞和薄弱环节，建立健全相关的规章制度，更好地用制度规范权力的运行、约束干警的执法行为。要切实加强对制度落实情况的监督检查，逐步完善惩处机制，及时发现和纠正违反制度、破坏制度的行为，做到有章可循、令行禁止、违者必究，坚决维护制度的严肃性。三是加强对权力的制约和监督，保证权力正确行使。要对检察权实施有效监督，做到权力运行到哪里，监督就延伸到哪里。要把党内监督与上级检察院对下级检察院的监督有机结合起来，强化上级检察院对下级检察院领导班子的监督。认真执行巡视制度、上级检察院负责人与下级检察院负责人谈话制度和上级检察院派员参加下级检察院党组专题民主生活会制度。最高人民检察院将派巡视组赴有关省级检察院开展巡视工作，省级检察院也要结合实际开展巡视工作,切实加强上级检察院对下级检察院的领导、管理和监督。要切实加强对执法办案活动的监督,以基层检察院为重点,全面推行"一案三卡"等行之有效的监督措施,确保严格公正文明执法。加强对《党政领导干部选拔任用工作条例》执行情况的监督检查,落实联席会议制度,坚决预防和治理选人用人上的不正之风和腐败现象。继续推行政府采购、招标投标、领导干部任期经济责任审计等制度,强化对重大经费开支和重大建设工程项目的管理和监督。

(五)严格落实党风廉政建设责任制,确保党风廉政建设和反腐败各项任务的顺利完成。各级检察机关要认真贯彻2004年11月党中央国务院关于在全国落实党风廉政建设责任制电视电话会议精神,把反腐倡廉工作纳入检察工作的整体之中,统一部署,统一实施。继续采取签订党风廉政建设责任书等行之有效的办法,推动党风廉政建设责任制的落实。建立健全有效运行的工作机制,确保组织领导、责任分解、责任考核、责任追究和奖惩落实到位。检察长要对本系统本单位反腐倡廉工作负总责,对重要工作和重大问题亲自抓,其他成员要分别负起职责范围内的直接领导责任。纪检监察部门要认真履行组织协调职责,协助党组研究、部署、督促落实责任制的各项工作。要进一步严格责任考核和责任追究,对依照规定应当追究领导责任的,要坚决予以追究。会议重申:凡辖区内在办案中发生重大安全事故的,在追究有关人员责任的同时,省级检察院检察长、纪检组长要到最高人民检察院检讨责任。

(六)加强纪检监察队伍自身建设,提高纪检监察工作能力。纪检监察部门担负着内部监督和查处违纪违法案件的重要职责,这就要求必须把监督能力和执纪能力建设摆在重要位置。加强监督能力和执纪能力建设,首先,要大力加强思想政治建设。要深入学习邓小平理论和"三个代表"重要思想,增强大局意识、责任意识和忧患意识,忠于党、忠于人民、忠于检察事业,保证党的路线方针政策的贯彻执行,维护司法公正和检察机关的良好形象。要通过保持共产党员先进性教育活动,进一步提高纪检监察干部的思想政治素质,始终保持和发挥共产党人的先进性和先锋模范作用。其次,要大力加强业务建设。认真学习检察业务、纪检监察业务及相关知识,完善知识结构,提高业务素质。加强对新情况新问题的调查研究,积极探索新形势下检察机关反腐倡廉工作的特点和规律,努力提高监督能力和执纪办案水平。最高人民检察院将分批对省、市两级检察院纪检监察部门负责人和业务骨干进行培训,各地也要结合实际有计划地做好培训工作。第三,要大力加强作风建设。发扬公正无私、刚直不阿、不徇私情、敢于碰硬的精神,坚决同各种腐败现象和不正之风作斗争。继续保持谦虚谨慎和艰苦奋斗的工作作风,树立纪检监察干部可亲、可信、可敬的形象。第四,要大力加强组织建设。各级检察院要高度重视,积极协调有关部门落实基层检察院监察机构的设置,配齐配强人员;要关心、支持纪检监察工作,充分发挥纪检监察部门在党风廉政建设和反腐败斗争中的职能作用。

(最高人民检察院监察局　方剑明)

**全国检察机关落实党风廉政建设责任制工作座谈会**　2005年10月12日至14日,全国检察机关落实党风廉政建设责任制工作座谈会在安徽省合肥市召开。中央纪委驻最高人民检察院纪检组组长叶青纯出席会议并讲话。各省、自治区、直辖市人民检察院和新疆生产建设兵团人民检察院纪检组长、监察处长,军事检察院、副省级市人民检察院、各省会城市人民检察院负责纪检工作的同志参加了会议,中央纪委、中央政法委有关部门负责同志应邀与会。

会议组织代表学习了吴官正同志在全国落实党风廉政建设责任制工作电视电话会议上的讲话,总结交流了检察机关落实党风廉政建设责任制工作的情况,研究提出了当前和今后一段时间进一步落实党风廉政建设责任制工作的意见。最高人民检察院检察长贾春旺致信座谈会,要求检察机关的各级领导班子特别是检察长要带头落实党风廉政建设的各项规定,严格遵守检察机关领导干部"六个严禁"的规定,秉公执法,清廉自守,把党风廉政建设责任制作为检察机关党风廉政建设和反腐败工作的"总抓手"和一把手工程,切实负起责任,真正形成党组统一领导,检察长负总责,副检察长分工负责,部门各负其责,纪检监察组织协调的工作格局。

中央纪委驻最高人民检察院纪检组组长叶青

纯作了《以落实党风廉政建设责任制为龙头，推进检察机关党风廉政建设和反腐败工作》的讲话，要求各级检察机关落实党风廉政建设责任制，要建立健全工作机制，突出抓好责任分解、责任考核、责任追究三个重要环节。明确纪检监察部门是责任追究的主管部门。对领导班子及其成员的责任追究，由上一级检察院纪检监察部门负责；对部门负责人的责任追究，由同级检察院纪检监察部门负责。强调当前责任追究的重点是：严重违反政治纪律或对上级检察院决定、指示拒不执行的；违反领导干部"六个严禁"规定的；发生重大办案安全事故，造成当事人脱逃、伤残、死亡或刑讯逼供造成恶劣影响的；违法办案造成重大冤、错案的；检察机关内部发生重大违法违纪案件的。凡发生上述五个方面的问题，必须追究有关领导的责任。综合运用法律、纪律、组织等手段，严格掌握政策，区别不同情况，按照有关规定恰当运用处理措施，做到该严则严，该宽则宽，宽严相济。同时要求纪检监察部门要切实履行职责，维护责任制的严肃性。纪检监察部门落实党风廉政建设责任制也要实行责任制，如果领导干部负有失职责任而没有被追究，那就是纪检监察部门失职，就要视情况追究纪检监察部门负责人的责任。

（最高人民检察院监察局　方剑明）

# 地方、军事检察工作

**北京市检察工作**　2005年，全市检察机关认真贯彻落实"三个代表"重要思想和党的十六大，十六届四中、五中全会精神，牢固树立科学发展观，按照构建社会主义和谐社会的要求，以开展先进性教育活动和"规范执法行为，促进执法公正"专项整改活动为主线，深化"强化法律监督，维护公平正义"的工作主题，认真实践市检察院党组提出的"两个一、三个二"工作思路，大力加强法律监督能力建设，不断推进了各项工作的发展。

大力加强法律监督能力建设，切实提高执法水平。认真履行审查批捕和审查起诉职责。始终把维护首都稳定放在首要位置，坚持宽严相济的刑事政策，突出打击危害国家安全犯罪和重大恶性犯罪。积极参与打击淫秽色情网站、赌博、毒品、打黑除恶等专项斗争，重点惩治制假售假、侵犯知识产权等破坏市场经济秩序的犯罪。全年共批准逮捕各类刑事犯罪14863件21595人，比2004年分别上升1.3%和5%；提起公诉17579件25108人，比2004年分别上升5.1%和6.2%；审查起诉了四川省原副省长李达昌、黑龙江省原政协主席韩桂芝、国土资源部原部长田凤山等一批大案要案。为了提高办案质量，严格掌握审查逮捕和审查起诉条件，建立案件质量评价机制，认真开展案件复查，加强对疑难、重大案件的指导，切实解决影响办案质量方面存在的突出问题，捕后不诉、捕后判无罪的案件明显减少，提高了准确打击刑事犯罪和保障人权的能力。各级检察机关积极参加社会治安防控体系建设，结合办案发出检察建议，积极开展法制宣传，为预防刑事犯罪、优化法制环境发挥职能作用。

大力查办和预防职务犯罪。深入推进职务犯罪侦查一体化建设，加强侦查技能培训，完善案件质量考核管理机制，提高职务犯罪侦查能力。坚持"一要坚决、二要慎重、务必搞准"的原则，按照最高人民检察院"抓系统、系统抓"的工作部署，深入医疗卫生、教育、邮电等重点系统，突破了一批有影响、有震动的大要案。认真开展查办国家机关工作人员利用职权侵犯人权犯罪和严重破坏社会主义市场经济秩序的渎职犯罪专项活动，查办了一批司法、行政执法人员渎职侵权犯罪案件。全年共立案侦查贪污贿赂、渎职侵权等职务犯罪329件394人，其中，百万元以上大案48件，千万元以上大案8件，县处级以上要案87人，厅局级20人，省部级1人。查处了财政部金融司原司长徐放鸣受贿案，国家食品药品监督管理局医疗器械司原司长郝和平受贿案等要案，为国家挽回经济损失3.1亿元。积极参与党委领导下的社会化预防网络，深化专项预防立项制，开展个案预防评选，举办"反腐倡廉警示教育展览"，深入重点行业、乡镇、农村开展法制宣传，努力为党风廉政建设和反腐败大局服务。

加大诉讼监督力度。在立案监督方面,认真开展打击制假售假、侵犯知识产权犯罪立案监督专项活动,普遍建立了与工商、税务等行政执法机关联席会议、重大案件介入等机制,推动了行政执法与刑事司法的有效衔接。全年共要求公安机关说明不立案理由132件,通知公安机关立案9件12人。在侦查监督方面,深入开展以纠正刑讯逼供为重点的专项侦查监督活动,认真实行听取四类案件犯罪嫌疑人辩解的措施。全年共对7件案件发出纠正违法意见书,对37件案件发出检察建议。依法追捕26件32人,纠正漏诉14件23人。在刑事审判监督方面,加强上级检察院的指导,强化对庭审活动和判决裁定的监督。全年共提起抗诉46件,改判8件。对审判机关18件案件提出书面纠正意见,对65件案件发出检察建议。在民事行政检察方面,规范办案程序,开展民事行政抗诉案件的再审出庭工作。全年共受理民事行政申诉案件1754件,提起抗诉40件。发出再审检察建议14件,法院再审审结20件,改判7件。在刑罚执行监督方面,认真开展对减刑、假释、保外就医的专项检查,以及对监管场所病犯和代购物品价格的专项检查,坚决纠正3起超期羁押,探索开展对劳教案件和社区矫正工作的监督,查办了发生在监管场所的职务犯罪,全年对违法情形发出检察建议13份,切实维护被监管人员的合法权益。在控告申诉检察工作方面,认真开展涉检信访专项工作,加强控申举报接待室规范化建设,深化维护诉讼参与人合法权益机制。全年共受理群众来信来访、控告申诉9057件,办理涉检信访上访案件16件,努力化解社会矛盾,维护社会和谐稳定。

深入开展先进性教育和专项整改活动,全面加强队伍建设。按照中央、市委的统一部署,全市检察机关把先进性教育活动作为首要的政治任务,坚持以党建带队建,牢牢把握"务求实效"和"真正成为群众满意工程"的要求,深入学习讨论,深刻剖析评议,认真进行整改,建立保持共产党员先进性的长效机制,加强党风廉政建设,提出了"为民、公正、严明、清廉"的首都检察精神。通过先进性教育活动,党员干部的思想政治素质普遍提高,各级党组织的凝聚力、战斗力明显增强,检察机关的社会形象不断提升。2005年4月,各级检察院认真落实中央政法委员会、最高人民检察院和市委政法委的部署,扎实开展"规范执法行为,促进执法公正"专项整改活动,并纳入先进性教育活动的总体安排,围绕执法重点部门、重点环节,查找重点问题,认真剖析原因,加强警示教育,切实整改提高。抓好整章建制,重点规范办案程序和工作流程,形成了加强检察业务、检察队伍和检务保障建设的规范性文件。结合岗位要求,开展第二届检察业务技能比武,进行大规模的集中培训考核,队伍的业务素质和规范执法水平有了新的提高。结合先进性教育和专项整改活动,加强领导班子建设,制定《北京市检察机关加强领导班子与领导干部建设意见》,强化对领导干部的管理和监督。深化干部人事制度改革,制定人才建设规划,完善主诉、主侦检察官责任制,拓宽人才交流渠道,推出青年干警基层挂职、轮岗锻炼等措施,提升干警实践能力。完善内部执法监督,形成程序严格、制约有效的监督机制。深入开展人民监督员制度试点工作,进一步拓宽了接受人大和社会各界监督的渠道,确保检察权的正确行使。

不断加强检务保障建设,夯实检察工作发展基础。积极推进基础保障建设。"两房"(办案用房、技术用房)建设取得新进展,市检察院延庆基地全面建成,业务楼基本建成,部分区、县检察院按时完成"两房"建设,建设任务未完成的检察院也积极谋划,加紧推进。各级检察院适应财政改革,努力争取,办公办案装备、经费保障进一步改善。检察信息化建设纳入北京电子政务建设总体规划,开展了信息化十大示范工程建设,促进了信息化的应用。深化检察理论研究课题招标制,举办了第一届首都检察官论坛,全系统形成一批高水平的检察理论和实践研究论文,为检察工作发展提供了理论保障。大力推进检察委员会工作规范化建设,检察委员会科学决策、指导能力不断加强。办公室工作、老干部工作和法警工作等都紧紧围绕检察中心任务,认真履行职责,圆满完成了各项工作部署,为首都检察工作深入开展发挥了重要作用。

(北京市人民检察院　徐向丽)

**天津市检察工作**　2005年,天津市各级检察机关全面履行法律监督职责,依法打击严重刑事犯罪,严肃查办积极预防职务犯罪,全面加强法律监督,为维护社会稳定,维护司法公正,保障和促进经济发展做出了积极的贡献。各项检察工作取得了明显成绩。

一、依法打击严重刑事犯罪,全力维护社会和谐稳定。

认真履行检察职责,依法打击危害国家安全和民族团结的各种犯罪活动,特别是“法轮功”邪教组织犯罪活动,严厉打击杀人、绑架、抢劫等严重刑事犯罪,严厉惩治破坏社会主义市场经济秩序的犯罪。全年共依法批准逮捕刑事犯罪嫌疑人 9516 人,同比增长 4%;提起公诉 12357 人,同比增长 14.9%。积极参与社会治安防控体系建设和平安创建活动,认真落实检察环节的社会综合治理措施,为维护社会和谐稳定做出了积极的贡献。

各级检察机关着力提高化解矛盾纠纷的能力,认真做好涉检信访工作。努力落实对待群众信访“三个百分之百”的工作要求,努力把问题解决在天津。全年办理各类信访案件 7128 件。各级检察长直接接待来访群众 561 人次,经检察机关处理后属检察机关管辖的信访案件进京上访为“零”。

二、查办和预防职务犯罪,保障经济发展。

依法严肃查办党政领导干部职务犯罪案件,国家工作人员利用人事权、司法权、审批权谋取私利的犯罪案件,造成国有资产严重流失的犯罪案件,国家机关工作人员失职渎职导致发生重特大安全事故的犯罪案件,以及非法拘禁、刑讯逼供等侵犯人权的犯罪案件。全年立案查处贪污贿赂等职务犯罪案件 460 件,同比上升 7.2%,其中大案要案 409 件,大案要案率达到 88.9%。立案查处徇私舞弊等渎职侵权犯罪案件 68 件,同比上升 3%,其中大案要案 48 件,大案要案率达到 70.6%。通过办案为国家挽回直接经济损失 3300 余万元。

圆满完成了最高人民检察院交办的原重庆市委常委、宣传部部长张宗海受贿案的侦查和公诉任务。

深入开展职务犯罪预防工作,积极提出预防对策和建议。深入 136 个单位开展专题法制宣传教育。针对重大工程建设中职务犯罪易发多发的问题,在天钢东移和滨海国际机场扩建等 23 项重大工程中开展了专项预防。

三、全面加强诉讼监督,努力维护司法公正。

天津市各级检察机关充分运用检察职权,全面加强法律监督,维护司法公正。组织开展了对制假售假、侵犯知识产权犯罪专项立案监督和以纠正刑讯逼供为重点的专项侦查监督等工作,着力解决有案不立、有罪不究等人民群众反映强烈的问题。全年依法监督公安机关立案 40 件;依法决定追捕 36 人,依法决定追诉 34 人;对确有错误的刑事判决、裁定,依法提出抗诉 30 件;对违法减刑、假释等问题,依法纠正 42 件;依法对 432 人决定不予批捕,依法对 117 人不予起诉。

加大民事行政检察工作力度。全年立案民事行政申诉案件 610 件,经审查,依法向人民法院提出抗诉 143 件,法院已依法改变原判决 86 件;依法向法院发出再审检察建议 18 件,采纳 6 件;使 783 件案件当事人息诉服判。

注重强化监督者更应接受监督的意识,自觉坚持党的领导,主动接受人大的法律监督、政协的民主监督、新闻媒体的舆论监督和人民监督员的广泛监督。全年人民监督员监督的案件已结案 76 件。

四、实施科技强检战略,信息化建设见成效。

网络建设取得了进展。建成了承接最高人民检察院和各省检察机关集数据传输、电视会议和专网话音三网合一功能的一级专线网;完成了包括市检察官学院在内的 23 个院级计算机局域网建设,实现了院与院局域网之间的互联互通和多种网络功能的高速率传输。完成了全市检察机关二级网电视会议系统建设和会议室功能改造,开通了可视电话业务和多点会议应用系统。市人民检察院及 12 个区县人民检察院同步完成了重特大案件远程指挥、提讯视频远程传输和数字化改造;市人民检察院及二级网骨干传输、局域网交换机支持能力达到 2972 个端口。

“建用并举”取得成效。各单位 100% 地开通了信息网络发布系统;市检察院及河西、大港、北辰、宝坻等区县检察院不同程度地实现了网上办公;业务管理软件适用性改造基本完成;市检察院与最高人民检察院、与全市检察机关业务案件统计实现了专网安全运行。

培养出大量专业人才。全系统专兼职网管干部现已达到 46 人,其中计算机及相关专业专科以上学历的占 63%,26 名专职网管干部取得了 MCSA 微软工程师技术资格,全市 72.5% 的干警通过了国家计算机一级资格考试。

网络安全建设任务得到落实。完成了承接最高人民检察院全国一级网的线路加密,开通了加密机要通道,配备了一整套国内先进的文件收发管理系统;为监所动态专线管理系统配置了拨号加密管理和身份认证;二级网传输线路加密工作也在进行中;各单位还建立起保密委员会,配备了专门保密人员,健全了保密安全制度,有效防止了保密事故的发生。

五、全面提高素质,抓好队伍建设。

天津市各级检察机关分批开展了保持共产党员先进性教育活动。教育活动中举办了培训班和专题辅导讲座,召开了不同类型的座谈会,走访44个政府部门和企业单位广泛征求意见,召开专题组织生活会等方式向党员反馈评议情况。教育活动结束时,通过测评群众满意和基本满意率达到98.65%。教育活动推动了机关精神文明建设,天津市大港区人民检察院被授予"全国文明单位"称号,天津市人民检察院、和平区人民检察院被授予"全国精神文明创建工作先进单位"称号。

认真开展了"规范执法行为,促进执法公正"专项整改活动。各级检察机关围绕重点部门、重点环节和重点问题,组织邀请部分特约检察员、特邀监督员、人民监督员,到有关单位检查专项整改工作情况。通过广泛征求社会各方意见,采取案件质量大检查、差错案件剖析等方法查找执法不规范的突出问题,加强制度规范建设,修改完善了《贪污贿赂案件侦查工作细则》、《公诉工作规则》等12个规章制度,完善业务工作流程和规则。在2005年天津市城调队的问卷调查中,被访群众认为检察机关执法公正的达96.8%。

加强对领导班子和领导干部的教育、管理和监督。加强"从严治检",对检察干警严格要求,严格教育,严格管理,严格监督。严肃查处违法违纪案件,人民群众举报检察干警违法违纪数和查处数分别下降17.3%和33.3%。

加强教育和培训工作。全年共开展各类专项培训24期,培训干警2033人次。2005年,天津市检察干警本科以上学历1821人,占干警总人数的68.3%,比2004年提高了13个百分点。其中,硕士学位研究生55人,博士研究生1人。组织了全系统262名干警参加国家统一司法考试,通过率为11.83%。组织全系统2463人参加了"规范执法行为,促进执法公正"的考试。

(天津市人民检察院　郑志敏)

**河北省检察工作**　2005年,全省检察机关在省委和最高人民检察院的领导下,以邓小平理论、"三个代表"重要思想和科学发展观为指导,按照省委"在实现河北更快更好发展中发挥更大作用、在推进和谐河北建设中发挥更大作用、在深化反腐倡廉工作中发挥更大作用"的要求,全面践行检察工作主题和总体要求,扎实开展保持共产党员先进性教育活动,进一步提高检察人员的政治业务素质和"立检为公、执法为民"的宗旨观念,着力提高法律监督能力,各项检察工作取得了新进展。

一、认真开展"规范执法行为,促进执法公正"专项整改活动,执法水平得到提高。采取检察长专题座谈会、检察长论坛、优秀检察官先进事迹报告会和好案差案对比剖析等形式,引领广大检察人员树立现代执法理念。结合重点部门、重点环节在执法活动中存在的主要问题,健全十项办案制度。以各个工作岗位基本技能、基本规范为重点,对全体检察人员进行了集中培训考核。通过专项整改活动,一些执法中的突出问题得到了较好的解决,规范了执法行为,提高了执法水平。

二、积极维护社会稳定,打击严重刑事犯罪的力度进一步加大。突出打击杀人、抢劫等严重暴力犯罪,以及影响群众安全感的多发性犯罪。2005年共批准逮捕各类犯罪嫌疑人33392人,提起公诉38496人。同时,积极搞好检察环节的综合治理工作,充分发挥"青少年维权岗"作用,开展预防青少年犯罪活动,收到良好效果。

三、坚持力度、质量、安全、水平有机统一,查处和预防职务犯罪工作深入开展。2005年共立案查办贪污贿赂、渎职侵权等职务犯罪案件2627人,其中大要案1081人,起诉率达到97.2%,有罪判决率达99.6%,案件质量有了明显提高,为国家挽回直接经济损失2.06亿元。依法查办了省交通厅原副厅长张全等18人受贿串案,武强等8县13名交警车管人员滥用职权案等一批大案要案。工作中,注意办理引发群体性事件的腐败案件,及时查办了秦皇岛市"三五四〇"工厂原厂长邸玉山、原党委书记安海廷等13人贪污、受贿窝案等,有力地维护了社会稳定。同时,开展了促进矿山安全监管和预防村官职务犯罪专项预防活动。对曹妃甸工业区等196个总投资额达799.5亿元的建设工程项目进行专项预防。积极开展司法协助与交流,接待了香港律政司代表团的来访,为哈萨克斯坦、俄罗斯提供了司法协助,帮助外省市协查案件225件。

四、注重探索强化法律监督的有效途径,诉讼监督工作不断加强。2005年监督公安机关立案

1766件，监督纠正不当立案104件，对侦查、审判和刑罚执行中的违法问题提出纠正意见1638件次。提起刑事、民事、行政抗诉1129件；提出民事再审检察建议618件，法院采纳再审557件。在刑罚执行监督工作中，共查处监管人员职务犯罪案件24件37人，办理服刑人员再犯罪案件21人。继续保持了检察环节无超期羁押。

五、主动服务构建"和谐河北"大局，专项活动取得新成效。深入开展集中处理涉法涉诉信访专项工作，三级检察院检察长和省、市两级检察院接访工作组集中联合接访1082件，其中涉检访578件。开展打击制假售假、侵犯知识产权犯罪专项立案监督，依法监督公安机关立案156件171人。开展了以纠正刑讯逼供为重点的专项侦查监督，立案查处8件13人。在严肃查办国家机关工作人员利用职权侵犯人权犯罪案件专项活动中，共立案81件，查处的唐山市南堡公安分局原局长王建军等10人刑讯逼供案，在社会上引起强烈反响。集中开展查办破坏社会主义市场经济秩序渎职犯罪专项活动，立案查处105件165人。认真开展"保护专项资金"专项工作，有效防止国家、集体资产流失9.3亿元。

六、坚持固本强基，基层检察院建设有了新的发展。全省检察机关全面贯彻"青岛会议"、"郑州会议"精神，通过开展基层检察院建设专题调研活动，实行基层检察院建设联系点制度，强化对基层检察院的分类管理，找准和解决了制约基层检察院发展的突出问题，基层检察院建设有了质的飞跃。2005年底，经省检察院考核，一类院增加到78个，二类院增加到56个，三类院、四类院各减少了20个。石家庄市裕华区检察院被评为全国首届"十佳检察院"，秦皇岛海港区检察院等9个基层检察院被评选为全国先进检察院，衡水、沧州市检察院获得了全国检察机关"基层检察院建设组织奖"。全省检察机关共有158个先进集体和548名先进个人受到省级以上记功、嘉奖表彰。

七、坚持以人为本，领导班子和检察队伍建设得到进一步加强。省检察院制定下发了《关于巩固保持共产党员先进性教育活动成果，加强和改进新形势下全省检察政治工作的意见》，初步建立起思想政治工作长效机制。不断探索加强领导班子建设的新途径、新方法，积极与各级党委组织部门沟通协调，加大干部协管力度。完成了省检察院反渎职侵权机构的更名工作。根据省检察院《关于开展巡视工作的暂行规定》开展了巡视工作，对衡水市检察院领导班子进行了巡视。新招录检察工作人员416人，为检察机关注入了新的活力。围绕"十五"检察教育规划和《2005年～2007年全省检察人员培训计划》，积极开展学历教育、续职培训、专项业务培训等活动。继续强化培训基地和师资队伍建设，全省有1500多名检察人员接受了检察业务和办案技能培训。全省检察人员大专以上学历达到94.25%；本科以上学历已达到63.6%。2005年有132人通过了司法考试，444人通过了主诉检察官资格考试。

八、以执法办案为重点，强化内外监督制约。建立健全内部监督制约制度，制定了《关于建立健全全省检察机关教育、制度、监督并重的惩治和预防腐败体系细则》、《关于对检察人员执法活动加强监督的暂行规定》等从严治检制度，统一了全省检察机关廉政档案工作。实行领导干部廉政谈话制度，全省共开展廉政谈话3186人次。严格责任追究，全年共查处违法违纪检察人员10件10人。同时，进一步深化人民监督员制度试点工作，人民监督员共监督案件457件。其中，同意检察机关原拟定意见的449件；不同意原拟定意见的8件，经检察委员会讨论决定，采纳人民监督员评议意见4件，不采纳的4件。研发了人民监督员制度信息管理系统。全省有五个市的人大常委会以决定或决议的形式，对试点工作给予充分肯定和支持。

九、以信息化建设为依托，不断提高检务保障水平。大力推进"三位一体"机制建设，初步建成了具有语音、数据、视频"三网合一"功能的全省检察三级专线网络。省检察院与省发展和改革委员会等部门联合下发了《关于加快全省检察机关办案用房和专业技术用房的实施意见》，为"两房"建设扎实推进提供了政策支持，又有20个检察院完成达标，13个检察院主体完工，24个检察院立项。部分检察院建成科技含量较高的办公、办案用房，推行网上绩效考核，提高了信息技术在队伍管理和办案流程控制等方面的能力。

十、围绕检察改革创新，检察理论研究、检察宣传工作取得新进步。省检察院共承担最高人民检察院研究课题12个，其中有6个课题分获一、二、三等奖。全省检察机关共在中央媒体发表新闻稿件1100余篇（条），在省级媒体发表各类稿件2140

余篇(条)。

(河北省人民检察院研究室)

**山西省检察工作** 2005年,全省检察机关以邓小平理论、“三个代表”重要思想和科学发展观为指导,扎实深入地开展保持共产党员先进性教育活动和“规范执法行为,促进执法公正”专项整改活动,强化法律监督,维护公平正义,各项检察工作全面、健康、协调发展。

一、严厉打击刑事犯罪,维护社会稳定。全年共批准和决定逮捕各类刑事犯罪案件10828件17612人,同比上升5.8%和8.1%;提起公诉13300件20435人,同比上升12.3%和16%。同时,对未成年人犯罪和初犯、偶犯、过失犯等主观恶性不深、社会危害不大、犯罪情节轻微的犯罪嫌疑人,正确适用宽严相济的刑事政策,加大教育挽救力度,全年共依法对具有上述情节的843人作出不批准逮捕决定,对95人作出不起诉决定。

严厉打击“三类”重点犯罪。全省检察机关继续把爆炸、杀人、抢劫、绑架等严重暴力犯罪,黑恶势力犯罪,抢夺、盗窃等多发性犯罪作为打击重点,共批捕上述三类犯罪案件6492件10873人,占批捕总人数的61.7%;提起公诉7498件11709人,占起诉总人数的57.3%。

依法惩治破坏社会主义市场经济秩序犯罪。共批捕制售伪劣商品、金融诈骗、偷税骗税、侵犯知识产权等严重扰乱市场经济秩序的犯罪案件303件437人,提起公诉279件447人。深入开展集中查办破坏社会主义市场经济秩序渎职犯罪专项活动,共立案查办此类案件117件138人;继续开展打击制售假冒伪劣商品和侵犯知识产权犯罪立案监督专项活动,共建议行政机关向公安机关移送此类案件31件43人,监督公安机关立案25件45人。

严肃查处危害人民群众生命安全的责任事故犯罪。共批准逮捕各类安全事故犯罪993件1060人,其中,重大责任事故罪48件99人,重大劳动安全生产事故罪3件4人,危险物品肇事罪4件8人,交通肇事罪938件949人。朔州市平鲁区细水煤矿、交城县香源沟煤矿瓦斯爆炸事故,沁源县“11·14”特大交通事故等一批重大责任事故的主要责任人被依法批准逮捕。

集中处理涉检上访问题。全年接待群众来访2125人次。立案复查刑事申诉案件107件,加上上年积存的共审结135件。受理刑事赔偿申请45件,立案审查27件,依法决定赔偿11件。

二、严肃查办和积极预防职务犯罪,促进党政机关廉政建设。共立案查办各类职务犯罪案件1191件1438人,同比分别上升3.8%和7.8%。

办案质量进一步提高。一是查办大要案比例上升。全年共查办职务犯罪大要案642件,占立案总数的54%,比上年提高4.2个百分点。二是侦查终结率、起诉率提高。职务犯罪案件侦查终结率为82.1%,比上年提高9个百分点;共起诉职务犯罪嫌疑人1016人,起诉率为70.7%,比上年提高2.1个百分点。三是撤案率和不诉率下降。职务犯罪案件撤案率为3.1%,比上年下降0.6个百分点;不诉率为8.4%,比上年下降5.5个百分点。朔州市检察机关2005年查办的职务犯罪案件撤案率、不诉率、无罪判决率全部为零。

突出查办群众反映强烈的职务犯罪案件,一是集中力量查办党政机关和国有企事业单位人员贪污贿赂犯罪案件。全年共立案查办上述贪污贿赂犯罪嫌疑人595人,占立案总人数的41.1%。二是突出查办矿难事故背后的渎职犯罪案件,共立案查办此类案件90件96人。

积极开展职务犯罪预防工作。全省检察机关共深入有关系统、部门开展职务犯罪警示教育活动569次;在重点行业、部门的593个单位开展了系统预防工作;在305个重点工程项目中开展了专项预防;结合办案开展个案预防495件;向有关单位发出检察建议726件,被采纳569件。推动有关单位建立健全管理制度,积极防范职务犯罪的发生。

三、强化诉讼监督,维护司法公正。对侦查机关应当立案而不立案的案件,要求侦查机关说明不立案理由1060件,侦查机关主动立案765件,执行通知立案202件;对认为确有错误的刑事判决、裁定提出抗诉161件,抗诉成功率为64.9%。深入开展纠正违法减刑、假释、保外就医专项检查工作,纠正呈报和裁定减刑不当252人,保外就医不当21人,收监13人。全年共立案查处监管干警职务犯罪案件61件73人,维护了正常的监管秩序。对刑罚执行和监管活动中发生的各类违法情况,共向监管单位发出纠正违法通知书和检察建议1205件,已纠正1179件。

加强民事审判和行政诉讼监督。以纠正因裁判不公严重损害当事人合法权益为重点,对认为确有错误的民事和行政判决、裁定依法提出抗诉316件，法院已再审157件，其中直接改判96件，发回重审4件，调解结案38件，改变率达88%。同时，对认为法院判决、裁定正确的504件申诉案，对当事人做认真细致的服判息诉工作，努力维护司法权威。

依法保护人权，促进社会和谐。对侦查机关不应当立案而立案的案件提出纠正意见149件182人，已纠正139件162人；认真开展以纠正刑讯逼供为重点的专项侦查监督活动，立案查办刑讯逼供案件7件26人。为切实保护犯罪嫌疑人的合法权利，省检察院和省公安厅联合签发了《关于在刑事诉讼过程中切实保障犯罪嫌疑人合法权利的若干规定》，积极探索建立有效纠正和预防刑讯逼供等违法犯罪行为的长效机制。2005年，全省检察机关共查办国家机关工作人员利用职权侵犯人权犯罪案件121件148人；立查监管干警虐待被监管人员案12件20人。

四、认真组织"规范执法行为，促进执法公正"专项整改活动，全面加强执法规范化建设。强化内部监督制约。一是制定检察业务工作流程，健全执法工作制度。二是针对容易发生徇私枉法、权钱交易的岗位和环节，强化监督制约。省检察院要求各级检察院对自侦案件作撤案、不起诉处理的，必须报上一级人民检察院批准；全面推行自侦案件"一案三卡"制度，使自侦案件监督由案后监督向全程跟踪监督转化。

进一步推进人民监督员制度试点工作。自2004年10月，全省检察机关人民监督员共监督"三类案件"371件424人，经过人民监督员独立评议表决，同意检察机关拟定意见的348件397人，不同意的23件27人，检察机关决定采纳人民监督员不同意见的14件14人。

自觉接受人大及其常委会的监督。2005年，全省检察机关共受理各级人大代表及常委会转交案件342件，已办结321件，还有21件正在办理之中。省检察院共受理21件，已全部办结回复。省检察院通过定期向省人大代表寄送《检察要况》，使人大代表及时了解检察工作情况；通过多种方式广泛听取人大代表的意见和建议，促进了检察工作的开展。

五、认真开展保持共产党员先进性教育活动，努力推进检察队伍建设和基层检察院建设。领导班子得到进一步加强。省检察院认真落实《关于上级人民检察院负责人与下级人民检察院负责人谈话制度》和《山西省人民检察院巡视工作制度》，建立和完善了11个市检察院领导班子成员和省检察院处级以上领导干部的廉政档案，组织了11个市检察院领导班子成员述职述廉和民主测评，加强了对领导班子及其成员的动态管理与监督。坚持从严治长带动从严治检，全年共立案查处违法违纪检察干警6件9人，其中给予党政纪处分6人，移送司法机关处理3人。

队伍专业化水平得到进一步提高。2005年，有435人取得了本科学历，34人取得了研究生学历，52人通过了国家司法考试。组织各类业务培训班34次，培训1500余人。在专项整改活动中，组织7722名检察人员进行了培训考核，占总人数的99.3%，参考人员全部合格。全省各级检察机关还采取技能比武、庭审观摩、案例分析等形式，大力开展岗位练兵活动。

检察机关整体形象得到进一步提升。2005年，全省检察机关有48个先进集体、21名先进个人受到国家有关部委表彰。晋城市检察院反贪污贿赂局被最高人民检察院评为"全国十佳反贪污贿赂局"。39个先进集体、76名先进个人受到省委、省政府和有关部门的表彰。全省135个检察院中，精神文明单位达到130个，占96%。壶关县检察院、襄汾县检察院被评为"全国精神文明建设工作先进单位"。省检察院在连续二年保持省直精神文明单位的基础上，2005年被破格晋升为省直精神文明单位标兵。

基层检察院建设和后勤保障建设得到进一步发展。省检察院制定了《山西省基层检察院规范化建设分类考核办法和标准》，初步建立了体现科学发展观、注重绩效的基层检察院规范化建设考核体系。坚持对全省基层检察院进行分类指导、领导重点联系和对口帮扶，确定了20个基层检察院为全省基层检察院建设示范院。同时对7个重点帮促院，由省、市两级检察院领导包干负责，重点帮扶。2005年省检察院为基层检察院配发办案用车147台，侦查箱93个，多媒体示证系统97套。"办案用房和专业技术用房"建设取得重大进展，市、县两级检察院已完成"两房"建设项目62个，在建42个，已建和在建项目占77.6%。省、市、县三级检察院完成了二级、三级专线网建设，二级网开通率达到

100%,三级网开通率达到96.7%,全省检察机关实现了电视电话会议和专线电话、数据传输互联互通。

(山西省人民检察院研究室　周淑芳)

**内蒙古自治区检察工作**　2005年,全区各级检察机关以邓小平理论和"三个代表"重要思想为指导,牢固树立科学发展观,认真贯彻党中央和自治区党委、最高人民检察院的部署,按照自治区十届人大三次会议的要求,坚持"立检为公、执法为民",紧密围绕全区改革发展稳定的大局,全面开展检察工作,加强法律监督能力建设,为维护社会和谐稳定,保障和促进自治区经济社会全面、协调、可持续发展做出了应有的贡献。

一、以构筑祖国北疆安全稳定屏障为目标,依法严惩严重刑事犯罪,积极化解矛盾,全力维护内蒙古自治区社会和谐稳定。

严惩严重刑事犯罪。对重大案件适时介入、引导侦查,先后参与现场勘查429件,参与重大案件讨论1093件。全年共受理侦查机关提请逮捕的各类犯罪嫌疑人13821人,经审查,批准逮捕12827人,同比分别上升2.3%和3.3%。受理移送审查起诉12414件18308人,同比分别上升2.0%和3.3%;经审查,提起公诉10803件15329人,同比分别上升7.1%和8.7%。认真贯彻信访条例,坚持检察长接待日制度,深入开展"文明接待室"创建活动。集中处理涉检上访问题,共受理控告申诉3989件,同比上升12.4%;审查处理3961件,同比上升11.5%。深入开展创建优秀"青少年维权岗"活动,全区检察机关共选派100多名干警担任中小学法制副校长。

二、依法打击经济犯罪,集中查办破坏市场经济秩序的渎职犯罪,全力维护经济秩序和经济安全。

积极参加整顿和规范市场经济秩序工作。依法打击金融诈骗、非法集资、制假售假、偷税骗税、走私等犯罪活动,共批捕犯罪嫌疑人267人,提起公诉313人,同比分别上升3.1%和30.4%。继续开展打击制假售假、侵犯知识产权立案监督专项行动。组织开展了集中查办破坏社会主义市场经济秩序渎职犯罪专项工作,立案查办68件77人。这项工作被评为2005年度全区十大法制事件之一。

三、严肃查办、积极预防职务犯罪,推进实施纲要的落实,促进党风廉政建设和反腐败斗争深入开展。

共立案查办贪污贿赂案件469件、渎职侵权案件155件。其中,贪污贿赂案件大案176件,渎职侵权重特大案件29件,同比分别上升1.7%和3.6%;查办县处级以上干部涉嫌贪污贿赂、渎职侵权犯罪39人,同比上升14.7%,其中查办厅局级干部2人。通过办案为国家挽回直接经济损失1.09亿元,同比上升135.6%。集中查办群众反映强烈、发生在热点行业和领域的案件。立案侦查涉嫌贪污贿赂、渎职犯罪的行政执法人员117人,医疗卫生、交通、国土资源管理、金融证券、教育等部门涉嫌贪污贿赂犯罪的国家工作人员110人,在企业改革和经营活动中涉嫌侵吞、挪用、私分国有资产犯罪的国有企业人员234人。依法查办发生在基层、侵害群众切身利益的犯罪案件。共立案侦查贪污贿赂、挪用公款、侵吞救灾扶贫和征地补偿等专项款物的乡村干部164人。

积极开展预防职务犯罪工作。与发案单位共同开展个案预防113件,在职务犯罪多发行业和系统开展系统预防197项,对重点建设项目进行专项预防145项。自治区检察院组织编写了预防职务犯罪警示教材,建立了警示教育基地,开通了面向全社会的行贿犯罪档案查询系统。

四、全面加强诉讼监督,保障法律统一正确实施,维护司法公正和社会公平正义。

全年要求公安机关说明不立案理由412件,公安机关直接立案和接通知后立案348件;对不应当立案而立案的,监督公安机关撤销案件42件。对应当逮捕而未提请逮捕的,追捕104人;对应当起诉而未移送起诉的,追诉78人。对不应当逮捕、起诉的,依法不批捕983人、不起诉668人。对侦查活动提出检察建议412件,要求提供法庭审判证据意见书779件1216人。对认为确有错误的刑事判决裁定提出抗诉107件,法院已审结68件,改判32件。在民事审判和行政诉讼监督中,提出抗诉165件,运用检察建议启动再审48件。依法维护人民法院的正确裁判,结合办案认真做好服判息诉工作。加强对刑罚执行活动的监督。严肃查办司法不公背后的腐败案件,全年查处涉嫌滥用职权、徇私枉法、贪污受贿等犯罪的公安、司法人员82人。

五、认真贯彻宪法原则,加强对人权的司法保障。

认真落实尊重和保障人权的宪法原则，进一步健全完善防止和纠正超期羁押的长效机制。全区已实现检察环节连续二年无超期羁押。对不服检察机关处理决定的申诉案件依法进行复查，改变原决定案件13件，给予赔偿12件。在全区开展了三个专项活动。一是开展了以纠正刑讯逼供为重点的专项侦查监督活动。先后排查刑讯逼供、暴力取证等线索48件52人，提出纠正意见27件29人，立案查处刑讯逼供案件1件2人。二是开展了对公安机关采取刑事拘留的专项监督检查。与公安机关逐案分析17439人，纠正了一些违法办理的刑事案件。三是开展了严肃查办国家机关工作人员利用职权侵犯人权犯罪专项活动。受理非法拘禁、非法搜查、刑讯逼供、暴力取证、虐待被监管人以及严重渎职造成人民生命财产重大损失等案件120件，立案查办79件110人。

六、下力加强办案管理，提高执法水平和办案质量。

全区各级检察机关建立了办案质量预警机制，加强了对侦结率、撤案率、不诉率和无罪判决率的监控，强化了办案工作中的内部监督与制约。上级检察院加强对下指导，认真组织案件复查，办案质量有了新的提高。一是查办职务犯罪案件呈现“三升一降”趋势，初查成案率、起诉率、有罪判决率同比分别上升1.8、3.1和0.2个百分点，撤案率下降1.8个百分点。二是诉讼监督质量提高。刑事抗诉案件改判率同比上升16.3个百分点。民事行政抗诉案件改判率同比上升10个百分点。全区未发现超期办案、违法办案和办案安全事故。9个办案集体受到最高人民检察院表彰。

七、全面加强检察队伍建设，不断提高公正执法水平。

全区各级检察机关以公正执法为核心，以先进性教育和专项整改活动为载体，以领导班子和基层检察院建设为重点，以提升法律监督能力为目标，进一步加强队伍建设。

认真开展保持共产党员先进性教育活动，取得了较为明显的成果。一是坚持共产党员先进性和检察官本色的统一；二是各级领导班子进一步加强了自身建设；三是进一步强化了抓党建、以党建带队建的责任制。

认真进行“规范执法行为，促进执法公正”专项整改活动。从实际出发，着重解决了群众申诉难、不起诉率偏高、少数办案人员为检不廉、内部监督制约不严等问题。全面清理了现有规章制度，进一步完善了办案流程和办案责任制，强化了对执法办案的管理、制约和监督。

认真实施素质兴检工程。一是积极推进学历教育，提高干警文化水平。全区检察人员中现有硕士研究生73名，在读61名；本科学历的干警已占总数的56.3%，同比上升了10.3个百分点。二是举办业务培训班，提高干警的业务水平。三是开展岗位技能竞赛，提高干警的岗位技能。四是在专项整改活动中进行全员培训考试。

扎实推进基层检察院建设。自治区检察院和盟市检察院领导班子成员都选择一个工作突出的和一个相对薄弱的基层检察院作为联系点，进行重点指导和帮促。2005年又有6个基层检察院被评为全国先进检察院，26个检察院被评为全区先进检察院。

着力加强廉政建设。认真落实党风廉政建设责任制，加强对下级检察院领导班子和领导干部的监督。对违法违纪的4名干警给予了党政纪处分。总结赤峰市检察院的经验，在全区推广了“一案三卡”监督制度，加强了纪检监察部门对内部执法办案的监督。

八、深化检察改革，强化检务保障。

（一）积极稳妥地推进检察改革和工作机制创新。2005年人民监督员监督案件215件。全区各级检察机关从本地实际出发，在各个检察环节积极进行改革探索：在侦查监督环节，推行对重大刑事案件适时介入侦查、引导取证，推进审查逮捕方式改革，建立捕诉衔接机制；在公诉环节，对职务犯罪不起诉案件实行上报审批制度，进行未成年人犯罪案件公诉方式改革，开展量刑建议试点，推行被告人认罪案件简化审理，试行庭上多媒体示证；在侦查环节，继续推进侦查一体化办案机制建设，全区13个分市检察院建立了大要案侦查指挥中心和特侦队；在监所检察环节，进一步完善检察官接待制度、羁押期限提前告知制度，推进监所检察的制度化、网络化、规范化建设；在控告申诉检察环节，认真落实首办责任制，积极推进举报工作网络化、规范化建设；在民事行政检察环节，积极探索运用检察建议启动再审，增强抗诉书说理性、提请抗诉案件审查方式改革，开展程序违法案件核查工作试点。检察理论研究着力探索和完善课题制和专题研讨制。

(二)创造条件推进信息化建设。已开通计算机局域网的盟市检察院实现了电子邮件发送、信息发布、法律法规查询等功能,全区计算机二级机要通道已全部开通。

(三)强化经费保障,加快"两房"建设步伐。全年有41个检察院完成了新建、扩建办案用房和专业技术用房的任务,新增建筑面积14.79万平方米。

(四)自治区检察院进一步加强和改进自身工作。紧紧围绕建设执法力度最大、执法水平最高、执法作风最好、执法行为最规范"四最机关"的目标,大力弘扬干事业、学本领、守规矩、谋发展的"四种风气"。加强了机关工作管理和考核,加强了机关党的建设和思想政治工作。自治区检察院率先垂范,带头查办职务犯罪大案要案,带头搞好诉讼监督,带头提高执法水平和办案质量。

(内蒙古自治区人民检察院)

**辽宁省检察工作** 一、认真履行法律监督职责,为实现老工业基地全面振兴和构建和谐辽宁营造良好的法治环境。

依法履行审查批准逮捕和提起公诉职责,努力维护社会稳定。2005年共依法批准逮捕各类刑事犯罪嫌疑人32286人,提起公诉44509人。其中,批准逮捕威胁社会治安、危害公共安全等严重刑事犯罪嫌疑人3640人,提起公诉4903人;批准逮捕严重破坏市场经济秩序的犯罪嫌疑人715人,提起公诉866人。认真落实检察环节社会治安综合治理工作的各项措施,省检察院被省委、省政府评为"综合治理工作先进集体"。

依法履行查办和预防职务犯罪职责,推动党风廉政建设深入开展。共依法立案侦查涉嫌贪污贿赂犯罪人员1312人,涉嫌渎职侵权犯罪人员252人,通过办案为国家挽回经济损失1.8亿余元。集中力量查办大案要案。立案查办涉嫌贪污、贿赂、挪用公款、渎职侵权等职务犯罪大案人员506人,县处级以上国家工作人员173人,大案要案占立案总数的43.4%。深入查办社会关注的行业和领域发生的职务犯罪案件。查处电力、金融、教育、医疗、交通、土地等行业、领域涉嫌职务犯罪人员227人。坚持标本兼治,积极预防职务犯罪。共开展个案预防1023项、系统预防940项、专项预防318项,结合办案提出检察建议1240件,新建预防警示教育基地9个,开展预防咨询活动552次,广泛开展送法进企业、进农村、进社区、进学校活动649次。

依法履行诉讼监督职责,促进司法公正和法制统一。在侦查监督工作中,对侦查机关应当立案而不立案的,依法监督侦查机关立案1601人,同比上升22.2%;对侦查机关不该立案而立案的,依法监督撤销案件228人,同比上升70.1%;对不符合逮捕和起诉条件的犯罪嫌疑人,决定不批准逮捕3974人,决定不起诉1461人;对侦查机关漏提请逮捕、漏移送起诉的,依法追加逮捕396人,追加起诉484人,同比分别上升155.5%和144.4%。在审判监督工作中,对认为法院确有错误的刑事判决、裁定,依法提出抗诉131件,法院审结70件,改判35件,改判率为50%;对认为法院确有错误的民事行政判决、裁定,依法提出抗诉816件,原判改变率为59.4%,提出再审检察建议295件,法院采纳率为58.3%。同时,依法维护人民法院的正确裁判,对887件民事行政申诉案件认真做好服判息诉工作。在刑罚执行监督工作中,继续巩固集中清理纠正超期羁押工作成果,进一步加大了对监外罪犯刑罚执行的监督力度,发现脱漏管问题415件,建议收监执行89人。坚持把强化诉讼监督和查办职务犯罪相结合,坚决查处执法和司法不公背后的腐败案件,立案查办行政执法和司法领域涉嫌职务犯罪人员362人。

狠抓专项监督工作,促进监督实效的增强。依法监督纠正违法减刑、假释、保外就医等问题194件;在制假售假、侵犯知识产权犯罪立案监督专项工作中,监督公安机关立案侦查此类案件20件30人;在严肃查办国家机关工作人员利用职权侵犯人权犯罪案件专项工作中,立案侦查非法拘禁、刑讯逼供、破坏选举等侵权犯罪案件109件156人;在查办破坏社会主义市场经济秩序的渎职犯罪专项工作中,立案查办涉嫌徇私舞弊不移交刑事案件、放纵制售假冒伪劣商品等职务犯罪嫌疑人61人;在集中处理涉检上访问题专项工作中,清理涉检上访案件4515件,办理4152件,办结3543件,办结率为85.3%。各级检察长共包案541件,办结487件,办结率为90%,息访息诉率为93%。

二、深入开展"规范执法行为,促进执法公正"专项整改活动,提高执法工作规范化水平。

根据最高人民检察院的统一部署,结合省委政法委开展的“无错案、无瑕疵、无上访,高效率、高质量”办案与服务质量竞赛活动,认真组织了“规范执法行为,促进执法公正”专项整改活动,着重整改徇私枉法、权钱交易,执法不文明、违法违规办案,玩忽职守、执法不作为等问题。着眼于执法工作的制度化、规范化建设,废止过时的制度和规范性文件328个,重新修订694个,新建立549个;组织9014名应训检察人员参加了专项整改培训。查办职务犯罪案件的侦查终结率上升了2.2个百分点,撤案率和不起诉率分别下降了2.4个百分点和9个百分点。

三、积极深化检察改革,推动检察工作机制创新。

健全完善监督机制。在外部监督方面继续深化人民监督员制度试点工作。人民监督员共监督案件366件,其中,同意检察机关拟定意见的358件,不同意的8件。在内部监督机制方面,开展了检务督察制度试点,加强对自身执法活动的监督。健全完善管理机制。推行全省检察机关执法质量考评体系和队伍建设考评体系,初步形成了以规范促效率、促质量、促公正的工作态势,有力地促进了执法的规范化。健全完善业务工作机制。继续推行“正名制”,对经查确属被错告诬告的82名案件当事人,及时向有关单位反馈情况,澄清事实,挽回影响。进一步健全了防止、纠正超期羁押和处理、解决群众涉检上访等问题的长效机制,群众来信来访数量同比下降10.5%,群众集体上访数量同比下降55.3%。省检察院接待室被最高人民检察院评为“全国文明接待室”。

四、大力加强队伍建设和基层检察院建设,努力提升检察队伍整体素质。

加强领导班子建设。省检察院领导班子自觉加强党性修养和锻炼,坚决执行民主集中制,认真落实有关领导干部廉洁自律的各项规定。坚持工作重心下移,主要领导同志每年有三个多月的时间在基层调研、指导工作;其他班子成员每人包两个市(分)检察院和两个基层检察院,负责各项工作的对口指导。加强基层检察院建设。积极开展争创先进检察院活动,推进基层检察院的执法规范化、队伍专业化和管理科学化建设。继续开展检察人员学历教育和岗位培训,举办各类业务培训班125期,5000余名检察人员参加了培训。落实《加强内部执法办案监督实施办法》,制定了《对全省检察队伍从严教育和管理的暂行规定》,坚持了每年用一周时间集中开展警示教育的制度。全年共查处违法违纪检察人员12人,同比下降36.9%。全省检察机关有26个集体、58名个人受到省级以上领导机关表彰。

认真执行人大及其常委会的决议、决定,坚持重大事项报告制度,全省各级检察院向同级人大常委会和专门委员会做专题汇报130次,邀请人大代表视察、座谈、评议检察工作305次,办理人大代表建议、批评和意见129件。其中省检察院受理省十届人大三次会议以来省人大代表的建议、批评和意见14件,全部办结,代表对办理工作满意率达100%。

(辽宁省人民检察院　牛凤祥)

**吉林省检察工作**　2005年,吉林省检察机关在省委和最高人民检察院的领导下,在人大及其常委会的监督和政府、政协及社会各界的支持下,紧紧围绕振兴吉林大局,落实科学发展观,深入践行“强化法律监督,维护公平正义”的工作主题,依法履行法律监督职责,深化检察改革,加强法律监督能力建设,各项检察工作取得了新的进展。

一、依法履行法律监督职责,促进了社会和谐稳定。

吉林省检察机关忠实履行法律规定的审查批捕、审查起诉、查办和预防职务犯罪、诉讼监督等各项职责,认真地完成各项法律监督工作任务,取得了一定的成效,促进了和谐社会建设。

惩治严重刑事犯罪,维护国家安全和社会治安稳定。全年共批准逮捕各类刑事犯罪嫌疑人17829人,提起公诉22310人。突出打击重点,依法严惩危害国家安全犯罪、“法轮功”等邪教组织犯罪,重点打击黑恶势力犯罪、严重暴力犯罪、多发性侵财犯罪,共批准逮捕9372人,提起公诉10645人。

惩治危害市场经济秩序的犯罪,营造规范有序的市场经济环境。积极参加整顿和规范市场经济秩序工作,建立刑事司法与行政执法、法律监督与行政监管相衔接的机制,依法惩治集资诈骗、非法吸收公众存款、制假售假、侵犯知识产权和走私等严重破坏市场经济秩序的犯罪,共批准逮捕687人,提起公诉704人。

认真贯彻宽严相济的刑事政策,最大限度地减少社会对立面。省检察院制定了办理未成年人案件贯彻宽严相济刑事政策的指导意见，坚持教育、感化、挽救相结合。对初犯、偶犯，主观恶性较小的，分别不同情况从宽处理。对犯罪情节轻微的，分别不同情况依法不批捕或不起诉。对于法律政策界限不明确的，不予刑事追究。对于具有法定从轻、减轻处罚情节的，建议法院从轻判处。与2004年相比少逮捕了1017人，取得了比较好的社会效果。

集中办理涉诉上访案件，化解了不安定因素。对136件重点涉检上访案件，实行首办责任制、领导负责制，已办结129件，其中息诉99件，纠错和返还财产30件，赔偿补偿86万余元。省检察院办理50件刑事申诉积案，已结案44件，使一批上访多年、久诉不息的案件得到妥善解决，消除了社会不安定因素。

突出查办贪污贿赂犯罪，促进职务行为的廉洁性。共查处贪污贿赂等犯罪792件893人，其中大案485件，要案71人，提起公诉676件770人，法院已作出有罪判决598人。按照抓重点领域和"系统抓、抓系统"的工作思路，充分发挥大要案侦查指挥中心的作用，查办了金融、农机等7个重点领域系列案件75件237人。

严肃查办渎职侵权犯罪，促进职务行为的规范性。共查处渎职侵权等犯罪307件340人，其中大要案124件，提起公诉264件284人，法院已作出有罪判决199人。把行政执法和行政管理人员玩忽职守、滥用职权以及严重危害人民群众生命健康的渎职犯罪作为重点，坚决予以查办。

开展预防职务犯罪工作，促进依法履职的自觉性。在有关领域开展系统预防684项，个案预防443项，提出预防对策186项，开展警示教育活动470次，推动有关单位建立健全管理制度167项。组织全省各级检察院深入国有改制企业，认真进行调查研究，省检察院制定了为国有企业改革发展服务的二十条规定，找准服务的切入点和着力点，努力减少和预防职务犯罪。

二、依法履行诉讼监督职责，促进司法公正。

加强对诉讼活动的监督，促进规范执法。对侦查机关应当立案而不立案的，依法监督立案640件778人；对不应当立案而立案的，监督撤案120件156人。对制假售假、侵犯知识产权等犯罪，共建议行政执法机关移交涉嫌犯罪的案件147件165人，监督侦查机关立案96件110人。对应当逮捕、起诉而未提请移送的，追加逮捕36人，追加起诉143人。对认为确有错误的刑事判决、裁定提出抗诉139件，对审判活动中的违法情况提出纠正意见176件次。民事审判和行政诉讼监督注重平等保护诉讼主体的合法权益，对认为确有错误的民事行政判决、裁定提出抗诉359件，提出再审检察建议110件。刑罚执行监督共监督纠正在减刑、假释、保外就医中存在违法问题的238人，对刑罚执行和监管活动中的违法情况提出纠正意见788件次，强化了羁押期限监督，健全了预防和纠正超期羁押的有效机制。

加强对司法人员执法行为的监督，共依法查办司法人员贪赃枉法、徇私舞弊等职务犯罪177人。加强对人权司法保障情况的监督，严肃查办国家机关工作人员利用职权侵犯人权犯罪案件，共立案116件126人，其中司法人员75人。开展以纠正刑讯逼供为重点的专项监督活动，监督纠正和查办刑讯逼供违法犯罪案件13件。

三、加强对自身执法的监督制约，确保依法公正履行职责。

自觉接受人大监督。开展查办国家机关工作人员利用职权侵犯人权犯罪案件专项活动等情况向省人大常委会、内务司法委员会作了专题报告。认真落实人大各项决议和交办事项，对省人大及其常委会交办件、人大代表提出的书面意见28件，均已依法办结。

进一步加强外部监督。继续推进人民监督员制度试点工作。对50个试点检察院办理的职务犯罪案件中拟撤案、不起诉和犯罪嫌疑人不服逮捕决定的，一律由人民监督员进行独立评议，并提出监督意见，共监督评议案件113件128人。

进一步加强内部制约。把反贪污贿赂、渎职侵权检察、公诉等7个业务部门作为重点整改环节和部位，重点查摆整改了徇私枉法、权钱交易、执法不文明、违法违规办案、玩忽职守、执法不作为等问题。从制度建设入手，规范执法行为。

四、加强执法能力建设，提高法律监督工作水平。

深入开展保持共产党员先进性教育活动，提高了队伍的政治素质。开展全员培训，共举办培训班63期，培训2240人。在此基础上，由省检察院统一命题，设立9个考点，5454人参加了考试。通过培训，队伍的业务素质明显提高。

加强典型示范教育，提高了队伍的职业道德素质。培养树立了优秀检察官张维忠等一批先进典型，树立“忠诚、公正、清廉、严明”的检察官职业道德。同时，加强纪律作风和廉政教育，深入剖析反面典型，严肃查处违法违纪检察人员 7 件 12 人，同比下降了 37%。

加强基层检察院建设，提高了整体执法能力。省检察院把基层检察院建设作为战略任务来抓。配合省人大内务司法委员会对部分地区基层检察院建设情况进行了调查，并向省十届人大常委会第二十次会议作了报告。

（吉林省人民检察院　马晓梅）

**黑龙江省检察工作**　2005 年，全省检察机关在省委和最高人民检察院的正确领导下，在人大、政府、政协及社会各界的监督和支持下，高举邓小平理论和“三个代表”重要思想伟大旗帜，以科学发展观为指导，深入贯彻党的十六大，十六届四中、五中全会精神，认真落实《黑龙江省第十届人民代表大会第四次会议关于省人民检察院工作报告的决议》，紧紧围绕党和国家工作大局，树立和落实科学的执法观、合理的监督观和正确的政绩观，推进检察改革和机制创新，提高队伍素质和监督能力，强化业务工作和执法效果，为各项检察工作创新发展奠定了基础。

一、维护社会稳定，服务“平安龙江”。

一是严厉打击各种刑事犯罪。共批准逮捕各类犯罪 17347 件 23336 人，提起公诉 21520 件 29633 人。积极做好涉检信访工作。坚持“有理推定”的工作理念，认真落实首办责任制和“三个百分之百”的要求，对受理的 15094 件来信来访全部作了妥善处理，排查出的 311 件疑难复杂涉检信访案件已经办结，息诉 302 件，占 97.1%。二是积极开展职务犯罪预防工作。结合办案对 547 件大要案开展了个案预防，与 239 个行业或系统开展了系统预防，为 238 个振兴东北老工业基地重点工程开展专项预防工作。

二、狠抓案件质量，查办职务犯罪。

一是加强案件管理。建立和完善了质量评估体系，加强了案件的跟踪管理，提高案件质量。二是改进办案方式。大力推进侦查一体化建设，运用“抓系统、系统抓”的办案方式，共查办金融保险系统案件 91 件 98 人，行政执法机关案件 325 件 337 人，司法机关案件 245 件 260 人。三是强化监督机制。人民监督员共监督案件 158 件。制定和完善了内部执法办案监督办法，纪检监察部门共督查重大案件 215 件。2005 年的职务犯罪侦查工作，特别是案件质量取得了历史性的突破。共立案查办贪污贿赂、渎职侵权等职务犯罪案件 1612 件 1749 人，其中查办大案 635 件、要案 150 人，其中地厅级干部 10 人。共挽回经济损失 28745 万元。开展了“追逃犯、清积案”统一行动，共抓捕在逃 52 名职务犯罪嫌疑人。

三、强化法律监督，促进公正执法。

2005 年，各级检察机关共办理立案监督案件 588 件 633 人。深入开展了打击制售假冒伪劣商品、侵犯知识产权犯罪立案监督专项行动，办案 16 件 24 人。在侦查活动监督方面，加大防错追漏的力度，纠正漏捕 205 人、漏诉 134 人。在刑事审判监督方面，支持抗诉和提出抗诉 56 件。在民事行政审判监督方面，共受理不服法院裁判的民事、经济和行政申诉案件 2078 件，立案 1174 件，向法院提出抗诉 717 件，提出检察建议 96 件。在刑罚执行监督方面，监所检察部门对 2002 年以来全省“减刑、假释、保外就医”问题进行了专项检查，检查减刑 39570 人，发现违法问题 4654 件，已经纠正 4625 件；检查假释 1028 人，发现违法问题 74 件，已经纠正 72 件；检查保外就医 942 人，发现违法问题 261 件，已经纠正 215 件。加大了自行纠错力度。在办理各类申诉、赔偿案件中，共纠正原处理决定 24 件；返还涉案财物 27 件，返还涉案款 309 万元；赔偿 22 件，赔偿金额 20.4 万元。主动接受人大的监督，认真办理人大交办的事项。全省检察机关共邀请各级人大代表 1283 人次，座谈 102 次。其中，省检察院邀请全国人大代表 10 人，座谈 2 次；派员赴各地市邀请省人大代表 234 人次，座谈 27 次；接受 21 名省人大代表视察工作 2 次。2005 年 10 月，省检察院向省人大常委会专题报告了基层检察院建设情况。认真办理人大交办的案件，其中省人大交办案件 11 件，已办结 7 件；市、县（区）人大交办案件 143 件，已办结 132 件，未办结案件正在积极办理。

四、抓好专项整改，规范执法行为。

2005 年，在保持共产党员先进性教育活动中，全省检察机关开展了“正确认识和处理情与法关系，倡导和养成健康人际关系”大讨论，有 1000 多名干警在“龙剑网”上发稿 1521 篇。开展了争做

“学习型、专家型、实干型、廉洁型”检察干警活动，努力构建党员能力增强的长效机制。全省检察机关在“规范执法行为，促进执法公正”专项整改活动中，采取内部查摆与开门整改相结合的方式，认真听取人大代表和政协委员的意见和建议，共梳理出涉及队伍建设、执法思想、纪律作风、执法水平和案件质量等方面10大类1370多条问题，制定整改措施1920多条，已经整改1240多条。加强执法规范化建设，共清理规章制度2780项，废止851项，完善207项，新建75项。通过建立相应的规章制度，细化了工作流程，重点建立和完善了案件质量考评、执法责任追究、机关管理等机制。

五、提高两个素质，加强队伍建设。

2005年，省委批转的《中共黑龙江省人民检察院党组关于进一步加强基层人民检察院建设的意见》，全省检察机关认真贯彻落实，从六个方面，努力促进检察工作的发展。

一是对基层检察院进行分类管理。省检察院制定实施了基层检察院2005年至2007年规范化建设分类考核标准及办法，根据地区经济、干警人数、办案规模等，将全省181个基层检察院分为A、B、C、D四个类别，分业务工作、队伍建设、检务保障、科学管理、形象建设五个方面的考评内容，以案件质量为核心，以加强规范化建设为重点确定分类考核标准，加强对业务工作的考核。

二是积极引进高层次人才。从北京、天津市检察机关，北京大学、中国人民大学等省外重点高校和省内高校引进36名高学历、高层次法律专业人才到基层检察院挂职任副检察长或检察长助理，在省内高校应届大学毕业生中招募50名志愿者到边远、贫困的基层检察院服务。

三是积极树立先进典型。在全省弘扬张会杰、常贵文爱岗敬业精神，树立了东宁县检察院、魏艳玲、吴国友等一批先进典型。省委召开了密山市检察院魏艳玲同志先进事迹报告会，魏艳玲同志被国务院授予“全国先进工作者”称号，被省委授予“秉公执法的检察官”、省“十佳公仆”等荣誉称号。

四是加强领导班子建设。认真贯彻落实党风廉政建设责任制，层层签订了党风廉政建设责任状，制定了述职述廉和重大事项报告、诫勉谈话、礼品登记上交、违反廉洁从检规定处理办法、检察长离任审计等制度。共调整充实9个分、市检察院班子成员12人，调整加强83个基层检察院班子成员155人。2005年全省查处检察人员违法违纪案件11件18人，均给予了党纪政纪处分，与2004年相比案件下降31%，人数下降33%。

五是加强干警的培训考核。全省共举办各类培训班153期，培训干警8251人次。开展了“析案纠错”活动，对2003年以来有执法过错的15名干警，省检察院专门举办了“脱岗析案”培训班。全省有1084名领导干部撰写了论文，有7103名干警在17个考区参加了闭卷和开卷统一考试。

六是加强基础设施建设。省检察院实施了“123工程”，重点推动“一网”（三级网）、“两库”（队伍管理信息库、电子学习数据库）、“三类应用”（办公自动化、检察业务动态管理和大要案侦查指挥应用）建设。在各市、县党委、政府的大力支持下，全省有160个基层检察院办公、办案用房工作条件得到基本改善。

（黑龙江省人民检察院　矫季仁）

**上海市检察工作**　2005年，上海检察机关坚持以加强法律监督能力建设为主线，以维护社会稳定、构建和谐社会为重点，以深化检察改革为动力，以公正执法为核心，全面加强队伍专业化、执法规范化和管理科学化建设，各项检察工作取得了新的进展。

一是进一步加强法律监督工作。坚持以业务工作为中心，全面履行法律监督职责。切实发挥批捕、起诉职能打击犯罪。加大对严重刑事犯罪的打击力度，积极配合公安机关的专项整治行动，适时介入重大案件；加强对社情、民情、舆情的分析研判，妥善处理好涉及稳定的敏感性案件。共受理公安机关、国家安全机关提请批准逮捕犯罪嫌疑人21741人，经审查，批准逮捕20554人；受理移送审查起诉15875件24071人，提起公诉15184件22703人。积极查办和预防职务犯罪。共立案侦查贪污贿赂等犯罪案件402件，查处处级干部66人，局级干部3人；抓获在逃贪污贿赂犯罪嫌疑人8名。共立案侦查渎职侵权犯罪案件26件30人，其中行政执法人员和司法人员渎职侵权犯罪案件19件20人。结合办案，开展个案预防198件，开展系统预防27件，在市、区两级重点工程项目建设中开展专项预防22项。努力加强诉讼监督。深入开展违法减刑、假释、保外就医专项检查，打击制假售假、侵犯知识产权犯罪专项立案监督，以纠正刑讯逼供为重点的专项侦查监督，以及严肃查办侵犯人权犯罪、查办破坏社会主义市场经济秩序渎职犯罪、集中处理涉检信访问题等专项工作。对应该立案而不立案的,发出要求公安机关说明不立案理由通知书157件;建议行政执法机关移送犯罪线索57件。在审查逮捕与审查起诉中,共追捕到案248人;追诉到案198人。按照二审程序或审判监督程序提出刑事抗诉24件;加强对民事审判和行政诉讼活动的监督,向法院提出抗诉54件,提出民事行政检察建议29件,提请最高人民检察院向最高人民法院抗诉6件。认真落实监管执法监督,积极办理被监管人员的控告申诉案件,依法纠正违法的、不文明的监管执法行为,切实保障被监管人员的合法权益,促进监管场所秩序的稳定安全。对248件提请减刑、假释、暂予监外执行案件提出了不同意见。

二是深入开展保持共产党员先进性教育活动。深刻认识开展先进性教育活动对提高队伍思想政治素质的重要意义,认真抓好教育活动的每一环节,组织先进性具体要求大讨论,举办先进模范事迹专题报告会,在局域网上开辟教育活动专栏,以丰富多样的形式提高教育成效。坚持以党建促队建、促业务,重视查摆和纠正执法办案、队伍建设中存在的突出问题,切实提高教育的针对性和实效性。认真总结先进性教育活动中的成功做法,并将一些典型经验上升到制度层面予以巩固,形成了检察机关开展党员先进性教育的长效机制。

三是认真抓好"规范执法行为,促进执法公正"专项整改活动。全市检察机关把"规范执法行为,促进执法公正"专项整改活动作为加强法律监督能力建设的重要载体,深入查摆和整改中央政法委确定的四个方面问题,并联系上海实际,把规章制度尚需完善、执行制度不够严格一并列为整改重点。先后共清理规章制度2488项,废除530项,修订完善467项,新建立216项。认真组织干警加强对《检察实务手册》(规范办案、办事程序操作手册)的系统学习,深入开展岗位练兵和业务培训,组织全员培训考试,着力提高干警的实务能力。

四是积极推进检察改革和工作创新。全市检察机关抓好最高人民检察院《关于贯彻落实中央司法体制和工作机制改革初步意见的2005~2006年工作计划》和《关于进一步深化检察改革的三年实施意见》的落实,研究确定改革重点,积极解决工作中的实际问题。健全和完善案件质量保障体系,严格业务管理,规范办案流程,强化对检察办案的督导、督查和预警。继续深化公诉改革,健全公诉案件研判、跟踪、督办、请示、报告和工作协调等制度;深化繁简分流、简案专办、专业分类办案模式;完善出庭规范标准。加强反贪污贿赂侦查指挥中心建设,逐步拓展资讯查询面,充分发挥"侦查人才库"的作用。完善检察机关各职能部门之间在诉讼监督与查办渎职侵权案件工作中的相互配合、相互制约制度。完善证据规格、非法证据排除规则,强化对侦查活动的监督;积极慎重地做好"有条件批捕"工作。在未成年人犯罪检察工作中探索试行分案分庭起诉、量刑建议、简易程序出庭教育等制度以及不捕不诉案件教育考察细则。稳步推进人民监督员制度试行,全市各级检察院有52件案件提请人民监督员进行了监督评议,其中有3件案件人民监督员提出了不同意见,检察机关采纳2件。积极探索人民监督员对五种情形实行监督的途径和方法。认真贯彻落实《全国人大常委会关于司法鉴定管理问题的决定》,按照最高人民检察院有关规定,进一步规范本市检察机关检验鉴定工作。

五是不断加强基层检察院建设和市分院机关建设。切实加强各级领导班子建设。进一步加强对领导干部的考核,认真做好充实、调整和交流工作,共对10个区县检察院领导班子进行届中考核暨巡视工作,86名区县检察院正副检察长先后向市检察院述职,交流提任了9名基层检察院班子成员,加大了对基层检察院领导班子、领导干部的管理、监督和考核力度。加快检察人才培养。认真开展检察人才普查,加强对人力资源管理的调研,建立健全检察人员信息库,促进人才培养工作和人力资源管理走上制度化、规范化轨道。评审出9名上海检察机关"第二届检察业务专家",3名同志被评为第一届全国检察业务专家。全市检察机关359人参加全国司法考试,考试通过率为23.68%,比全国平均通过率高出11.32个百分点。继续抓好"逢晋必考"制度落实,选拔了一批检察实务和专门人才;选派干部赴境外短期培训,进一步拓宽干警视野。重视加强市分院机关建设。坚持严格要求、严格教育、严格管理,主动听取基层检察院意见,及时改进工作中存在的不足,较好地发挥了领导、服务和表率作用。进一步强化对基层检察院的工作指导,及时总结新鲜经验,研究解决存在问题,抓两头、带中间,促进工作整体提高。

(上海市人民检察院)

**江苏省检察工作** 2005年,全省检察机关在最高人民检察院和省委的领导下,以邓小平理论和“三个代表”重要思想为指导,认真贯彻落实科学发展观,突出“强化法律监督,维护公平正义”的工作主题,大力加强法律监督能力建设和规范化建设,全面履行宪法和法律赋予的职责,为实现“两个率先”,建设“平安江苏”、“法治江苏”,促进社会和谐发展,做出了积极贡献。

一、紧紧围绕“两个率先”大局,全面履行检察职能

(一)深入开展“平安江苏”创建活动,全力维护社会稳定。严厉打击各类严重刑事犯罪。全年共受理公安机关、国家安全机关、海关走私犯罪侦查部门提请批准逮捕的各类犯罪嫌疑人55754人,经审查批准逮捕49641人;受理移送审查起诉72389人,提起公诉63906人。突出打击重点,批准逮捕杀人、绑架等严重暴力犯罪,黑恶势力犯罪和抢夺、盗窃等多发性犯罪案件的犯罪嫌疑人31536人,提起公诉37142人;批准逮捕生产销售伪劣商品、走私、侵犯知识产权等严重破坏市场经济秩序犯罪案件的犯罪嫌疑人1165人,提起公诉2250人。对重特大案件,适时介入侦查,引导取证,依法快捕快诉,共介入侦查活动3314件次;注重运用技术手段审查证据,提高打击犯罪的准确性,共办理刑事检验鉴定案件2348件。

全力做好“十运会”期间的维护稳定工作。严格落实领导责任,坚持检察长接待日制度和业务处长每日接待来访制度,制定应急预案,建立健全应急处理工作机制。集中力量化解了一批社会矛盾纠纷,及时批捕起诉了一批严重刑事犯罪案件。2005年9、10月,全省检察机关共办理群众来信来访5263件次。

认真开展检察环节的社会治安综合治理工作。注重运用宽严相济的刑事政策,慎用强制措施,减少社会对立面。认真做好人民群众来信来访的接待处理工作,共受理群众来信来访33764件次,妥善处理集体访、告急访347次。对人民法院正确的民事、行政判决、裁定,认真做好申诉人的息诉服判工作,共息诉2188件。全面开展检察工作进社区活动,在基层社区建立了876个联系点,开展法律咨询活动1350次。继续开展争创优秀“青少年维权岗”活动。扎实做好预防未成年人犯罪工作,与898个中小学开展了“检校共建”活动。

(二)积极查办和预防职务犯罪。全年共立案侦查贪污贿赂、渎职侵权等职务犯罪案件1767件1849人,通过办案,为国家挽回直接经济损失4.9亿元。加强侦查一体化机制建设,增强发现和突破大要案的能力。共立案侦查贪污贿赂五万元以上、挪用公款十万元以上大案1196件,大案率为76.2%;立案侦查县处级以上干部140人,其中厅级干部6人。积极查办人民群众反映强烈的案件,共立案侦查工程建设、药品购销和教材采购过程中的职务犯罪案件416件;立案侦查行政执法人员和司法人员职务犯罪案件360件;立案侦查基层乡镇站所发生的涉农职务犯罪案件151件。查办教育系统职务犯罪案件60件66人。扎实推进预防职务犯罪工作,开展个案预防1401件,行业预防1309项,提出预防检察建议716份。省检察院先后与10家单位签订了共同开展预防职务犯罪工作的意见,积极推动重点行业和领域的系统预防;建立全省行贿犯罪档案查询系统,面向社会开展查询工作;配合做好《江苏省预防职务犯罪工作条例》的立法调研和草案的修改工作。

(三)加强和改进诉讼监督工作,积极推进法治江苏建设。加强刑事立案监督,共对应当立案而未立案的,监督侦查机关立案729件。加强侦查监督,对侦查工作中的违法情况提出书面纠正意见669件次;对应当提请批准逮捕而未提请、应当移送审查起诉而未移送的,依法追加逮捕756人、追加起诉244人;对不符合逮捕、起诉条件的,依法决定不批准逮捕4588人、不起诉607人。加强刑事审判监督,对认为确有错误的刑事判决、裁定提出抗诉28件,法院已改判和发回重审16件。加强刑罚执行监督和监管活动监督,对刑罚执行活动和监管活动中的违法情况提出书面纠正意见52人次。加强民事审判、行政诉讼监督,对确有错误的民事、行政判决、裁定提出抗诉443件,提出再审检察建议227件,在法院审结的253件案件中,改判87件,调解94件。

(四)积极开展五个专项活动,维护人民群众的合法权益。集中处理涉检信访。全省检察机关共办结涉检信访案件5725件,息诉4482件,纠正案件43件;省检察院直接办理19件,最高人民检察院和省检察院挂牌督办的99件,已全部办结。

开展打击制假售假、侵犯知识产权犯罪专项立案监督。进一步完善行政执法与刑事执法相衔接

的工作机制，共走访工商、药品监督、质量检验、烟草专卖等行政执法机关928次，建议移送涉嫌犯罪案件67件。查办国家机关工作人员为制假售假、侵犯知识产权违法犯罪活动充当“保护伞”的职务犯罪案件36件。

开展以纠正刑讯逼供为重点的专项侦查监督。依法监督纠正以刑讯逼供等非法方法收集证据的行为，排查了49件线索，纠正了一批违法行为，共立案侦查7件，发出《纠正违法通知书》7份。

深入开展严肃查办国家机关工作人员利用职权侵犯人权犯罪案件专项活动。立案侦查非法拘禁、虐待被监管人等国家机关工作人员利用职权侵犯人权犯罪案件89件。

集中查办破坏社会主义市场经济秩序渎职犯罪专项活动。共立案查办34件34人。

（五）主动服务加快苏北振兴，促进共同发展。召开全省检察机关服务苏北振兴工作座谈会，制定了《关于发挥检察职能，为加快苏北振兴推进区域共同发展服务的意见》。省检察院和10个省辖市检察院成立了专门机构，指导和协调苏南、苏北检察院的对口交流工作，已有8个省辖市检察院签订了对口合作协议。苏南、苏北检察机关建立了交流联络工作机制。

二、强化措施，大力加强规范化建设

全省检察机关深入开展了“规范执法行为，促进执法公正”专项整改活动。深入查摆突出问题。对正在处理的涉检信访案件逐件排查；对2003年以来的不批准逮捕、不起诉、无罪判决和作撤案处理的案件进行全面复查；对干警违法违纪案件进行深刻剖析。认真落实整改措施。进一步强化了内部监督，促进规范执法。推行了讯问犯罪嫌疑人全程录音录像、慎用监视居住措施、规范赃款赃物处理、保障律师会见当事人四项举措。对扣押的涉案款物依法处理，共清退扣押款物合计人民币1270余万元。全面加强制度建设。建立检务督察机制，加强对执法活动的跟踪监督。省检察院制定了《全省检察机关案件流程管理制度》，出台了《关于涉案款物扣押、冻结、保管和处理的意见》、《关于律师会见在押犯罪嫌疑人若干问题的规定》等20多个规范性文件。通过专项整改活动，全省检察机关捕后撤案率和撤诉率下降，公诉案件无罪判决率连续五年低于万分之四，检察环节已连续六年无超期羁押。

三、大力加强能力建设，提升队伍整体素质

（一）认真开展保持共产党员先进性教育活动。广泛开展向任长霞、张云泉以及“全省十大优秀党员标兵”顾晓生等先进典型学习活动。制定了30条整改措施，出台了《省检察院机关党的建设与队伍建设一体化的意见》。在先进性教育活动的三次满意度测评中，省检察院干警的满意和基本满意率均为100%。全省检察机关有55个集体和21名个人受到中央政法委和最高人民检察院的表彰，有512个集体和1124名个人受到各级党委、政府的表彰。

（二）着力加强法律监督能力建设。全面开展教育培训，举办各类业务培训班385期，培训干警11568人次。组织全省检察干警进行全员集中培训考核。开通了江苏检察教育培训网，广泛开展网上培训。省检察院组织开展了全省检察机关公诉对抗赛，提高出庭公诉水平；开展职务犯罪侦查精品案例评选活动，增强初查和规范取证能力；开展法律文书评比活动，提高法律文书制作水平。加强检察人才建设，进行了首次专家型、专门型人才和专业能手的评审选拔工作。

（三）切实加强党风廉政建设。严肃查处干警违法违纪行为，全省检察机关立案查处违法违纪干警8人。

（四）扎实推进基层检察院建设。制定了全省基层检察院建设发展规划，广泛开展争创先进检察院活动。配合党委组织部门，对基层检察院领导班子进行了考察，共调整交流基层领导干部106人。有8个基层检察院被评为全国先进检察院，张家港市检察院被评为首届全国十佳检察院。

四、自觉接受监督，保障检察权的正确行使

（一）主动接受人大监督和政协民主监督。各级检察院共向同级人大常委会专题汇报检察工作339次。认真办理人大代表、政协委员转办的案件和事项，共办结转办案件和事项77件。主动邀请人大代表、政协委员视察和评议检察工作658次。

（二）自觉接受社会各界监督。进一步深化检务公开，全面落实诉讼参与人权利义务告知制度。主动向社会发放征求意见函27000余份，回访发案单位1200余家，召开各种座谈会689个，广泛听取社会各界对检察工作的意见和建议，加强和改进检察工作。

（三）不断深化人民监督员制度试点工作。共有303件案件进入人民监督员监督程序,人民监督员提出不同意见的15件,检察机关已采纳5件。

(江苏省人民检察院)

**浙江省检察工作** 2005年,全省检察机关坚持以科学发展观为指导,认真学习贯彻中央、省委和最高人民检察院"走在前列"的重要指示精神,紧紧围绕改革发展稳定大局,大力加强法律监督能力建设,努力实践检察工作主题和总体要求,各项工作都取得了显著成效。

一、依法打击刑事犯罪,努力维护社会和谐稳定。全年共批准逮捕各类刑事犯罪嫌疑人66648人,提起公诉78405人,比上年分别增加8.3%和6.1%。一是严厉打击严重刑事犯罪。依法严惩境内外敌对势力、暴力恐怖势力、宗教极端势力、"法轮功"等邪教组织的破坏活动,重点打击严重暴力犯罪、黑恶势力犯罪,有组织犯罪特别是"两抢一盗"等多发性侵财犯罪。批准逮捕故意杀人、绑架、强奸、抢劫等严重暴力犯罪,黑恶势力犯罪,有组织犯罪嫌疑人14536人,起诉16432人;批准逮捕盗窃、抢夺、诈骗等侵犯财产犯罪嫌疑人43414人,起诉46508人。二是严惩严重经济犯罪。积极参与整顿和规范市场经济秩序工作,完善行政执法与刑事执法相衔接的工作机制,依法严惩生产销售伪劣商品、金融诈骗、侵犯知识产权、扰乱市场秩序等严重经济犯罪,共批准逮捕犯罪嫌疑人1146人,起诉2377人,分别比上年增加2.9%和13%。三是加强对涉农犯罪的打击。共批准逮捕各类破坏农村基层组织换届选举的犯罪嫌疑人86人,起诉92人。查办农村基层组织人员涉嫌职务犯罪236人。四是依法打击破坏自然资源犯罪。重点打击重大环境污染事故、非法采矿、破坏性采矿、盗伐滥伐林木等破坏森林、土地、矿藏等自然资源犯罪,共批捕犯罪嫌疑人144人,起诉439人。五是贯彻宽严相济刑事政策。对群体性事件中出现的犯罪案件,坚持打击少数、教育挽救多数,防止因扩大打击面而激化矛盾。对轻伤犯罪、未成年人犯罪、过失犯罪等,立足于教育、感化、挽救,慎用逮捕措施、慎用刑罚,对其中1077名犯罪嫌疑人作出不批准逮捕的决定,对663名犯罪嫌疑人作出不起诉的决定。六是进一步做好群众信访工作。共接待和处理群众控告、举报和申诉27288件,告急性、群体性来访375件。对813件突出涉检信访案件,开展集中处理专项活动,共办结811件,其中,息诉罢访720件,占办结数的88.8%。

二、加大查办和预防职务犯罪工作力度,促进反腐败斗争深入开展。全年共立案查处涉嫌职务犯罪的国家工作人员1616人。其中:立案侦查贪污贿赂等犯罪嫌疑人1448人,渎职侵权犯罪嫌疑人168人,通过办案挽回直接经济损失1.83亿元。一是集中力量查办大案要案。共立案查办贪污贿赂五万元以上、挪用公款十万元以上大案720件,占60.5%,其中一百万元以上的48件;查办重特大渎职侵权犯罪案件57件;查处科局级以上领导干部422人,其中县处级以上领导干部130人(厅级干部8人);查办拉拢腐蚀干部、危害严重的行贿犯罪嫌疑人231人。二是深入群众反映强烈的行业和领域查办窝案、串案、类案。共在教育系统查处贪污贿赂犯罪102件110人,在医疗卫生系统查处69件78人,在电力系统查处49件55人。三是加大查办国家机关工作人员渎职犯罪力度。探索检察机关同期介入重大责任事故、重大违法事件和重大侵民事件调查机制,开展集中查办破坏社会主义市场经济秩序渎职犯罪专项活动,共查处非法低价出让国有土地使用权、违法发放林木采伐许可证、环境监管失职等渎职犯罪案件96件,其中造成直接经济损失一百万元以上的31件。四是深入推进预防职务犯罪工作。加强与金融、海关、医药卫生、国土资源等部门和重点国有企业的联系协作,在366个单位开展行业预防,对"五大百亿"建设工程和202个重大公共投资建设项目开展专项预防,针对发案单位存在的突出问题开展个案预防151项。开展典型案例剖析,配合有关单位和部门开展专项警示教育活动511场次。同时,加强预防职务犯罪立法调研,向省人大递交了《浙江省预防职务犯罪条例》草案。

三、强化诉讼监督,维护公平正义。一是加强对执法不严、司法不公突出问题的监督纠正。在刑事诉讼监督中,对831件该立案而未立案的案件监督侦查机关作出了立案决定,同比增加17%,其中提起公诉后被判处五年以上有期徒刑刑罚的有50人;对应当逮捕而未提请逮捕、应当起诉而未移送起诉的,决定追加逮捕432人、追加起诉365人;对认为确有错误的刑事判决、裁定提出抗诉115件,已审结88件,改判29件。在对刑罚执行和监管活动的监督中,对监狱提请减刑、假释、保外就医案件实行同步监督，依法纠正474件次。在民事审判、行政诉讼监督中，对认为确有错误的民事和行政判决、裁定提出抗诉517件，人民法院审结358件，其中改判、调解结案和撤销原判发回重审249件；提出再审检察建议268件，人民法院采纳85件；依法支持、督促民事起诉292件，挽回国有资产损失6000余万元。二是加强对人权的司法保障。通过立案监督，纠正了不应当立案而立案的案件337件，同比增加132%；决定不批准逮捕2919人、不起诉790人；监督纠正侦查、审判和刑罚执行活动中的程序违法情况238件次。三是加强对司法腐败案件的查处。整合内部法律监督资源，把对诉讼活动的监督与对职务犯罪的侦查职能有机结合起来，共立案查处司法人员职务犯罪案件50件。

四、加强检察队伍建设。开展保持共产党员先进性教育活动和"规范执法行为，促进执法公正"专项整改活动。举办领导干部读书班，调整了部分检察院班子成员。大力加强专业化建设，全年有64人取得研究生学历或法学硕士学位，135人攻读硕士、博士学位，本科以上学历的干警比例数已达70%。省市两级检察院举办了90期培训班，培训干警3600人次。省检察院组织开展了十大立案监督精品案件、十佳民事行政检察办案人、优秀公诉人、优秀侦查员评选和信息化应用展示竞赛等活动。深入实施高层次人才培养工程，全省已有67人被确定为省级专家型和复合型人才培养对象，有4人被最高人民检察院确定为专家型人才培养对象。加强检察理论研究，有45项研究成果获得省级以上表彰。

五、强化对自身执法活动的监督制约。一是自觉接受人大及其常委会和人民群众监督。不断增强接受人大监督意识，自觉把检察工作置于各级人大及其常委会的监督之下，主动向人大及其常委会报告工作，认真执行人大及其常委会的决议，进一步密切与人大代表的联络，广泛听取意见和建议，及时改进工作。二是积极推进人民监督员制度试点工作。全省各级检察院共选任人民监督员1013人，其中，人大代表425人，政协委员292人。共监督职务犯罪案件拟作撤案、不起诉处理和犯罪嫌疑人不服逮捕决定的"三类案件"209件。三是依法接受公安机关、人民法院对执法活动的制约。共受理公安机关要求复议和复核的案件351件，改变原决定19件。对人民法院判决无罪的案件，认真分析原因，严格责任检讨，不断加强和改进公诉工作。四是健全内部制约机制。抓好最高人民检察院关于省级以下人民检察院直接受理侦查案件作撤销案件、不起诉决定报上一级检察院批准，以及对职务犯罪案件启动侦查程序、决定逮捕报上一级检察机关备案规定的落实。加强对讯问全程同步录像制度执行情况的检查督促，开展同步录像资料随案移送批捕起诉试点，推行审录分离，严格规范侦查行为。

（浙江省人民检察院办公室　胡　勇）

**安徽省检察工作**　一、检察业务工作。全力维护社会稳定。依法严厉打击刑事犯罪。2005年共批准逮捕各类刑事犯罪嫌疑人21766人，提起公诉24410人，同比分别上升12.3%和14.5%。坚决惩治严重破坏市场经济秩序犯罪，共批捕此类犯罪嫌疑人745人，提起公诉756人。

积极贯彻宽严相济的刑事政策。全年依法追捕269人，追诉275人；决定不批捕837人，不起诉625人。

认真落实社会治安综合治理措施。配合开展打击制贩假币、赌博、毒品犯罪和利用淫秽电子信息实施犯罪等专项斗争；继续完善未成年人犯罪预防机制，不断加强对未成年人犯罪的教育、感化和挽救工作；主动参与社会治安防控体系建设，努力推进"平安安徽"创建活动。

深入查办和预防职务犯罪。全年共立案侦查职务犯罪案件1338件1694人，其中贪污贿赂案件1163件1455人，渎职侵权案件175件239人。通过办案为国家挽回经济损失1.64亿元。

突出查办贪污贿赂大案要案。共立案侦查贪污贿赂五万元以上、挪用公款十万元以上案件607件，占立案总数的52.2%，同比增加5.5个百分点；百万元以上特大案件42件，同比上升55.6%；查办县处级以上领导干部职务犯罪要案105人，同比上升45.8%，其中省检察院直接立案侦查领导干部贪污贿赂要案9人。

深入查办重点、热点领域的职务犯罪案件。坚持"抓系统、系统抓"，集中查办了一批当前犯罪高发的水利、电力、教育、金融证券等重点、热点领域的窝案、串案。共查办上述系统案件192人，其中，电力系统43人，教育系统54人，金融证券系统62人，水利系统33人。

严肃查办行政执法人员和司法人员职务犯罪案件。共立案侦查行政执法人员贪污贿赂、滥用职权等案件238人,司法人员贪赃枉法、徇私舞弊案件142人。

加强职务犯罪预防工作。重点开展"三抓三看"活动,积极构建职务犯罪防控机制。全年共开展法制宣传和警示教育555次,结合办案发出检察建议书442份,推动相关单位建立健全规章制度664项。省检察院建立并开通了行贿犯罪档案查询系统,增强了预防工作的针对性。

切实加强诉讼监督。共受理立案监督案件1910件,监督公安机关立案1834件,同比分别上升4.8%和5.9%。对不应当立案而立案的,监督公安机关撤销案件101件。对侦查活动中的违法行为提出纠正意见267件。

大力加强审判监督。全年依法提出刑事抗诉106件,法院已审结76件,其中改判29件,发回重审21件,维持原判26件。纠正刑事审判活动中的违法77件次。对认为确有错误的民事行政判决、裁定提出抗诉1091件,法院已审结437件,其中改判187件,调解103件,撤销原判、发回重审15件,维持原判102件,其他结果30件;提出再审检察建议444件,法院采纳41件。共对542件民事行政申诉案件进行了息诉处理,占该类申诉案件立案总数的28.6%。

强化刑罚执行监督。依法纠正刑罚执行过程中的违法情况114人次。严格执行期限届满提示、超期羁押投诉、一票否决和责任追究制度,加强动态监督,健全完善纠正和预防超期羁押的长效机制,全省各个诉讼环节未发现超期羁押现象。

努力做好控告申诉检察工作。全年受理群众举报13967件,控告2672件,申诉4404件,并按照管辖分工,认真分流办理。立案复查刑事申诉案件658件,依法改变原决定62件。办理刑事赔偿案件46件,决定赔偿26件。

二、专项法律监督工作。

开展集中处理涉检信访活动。共办理涉检信访案件258件,办结182件,息诉158件。坚持检察长接待日制度,严格执行首办责任制。先后多次派出督查组,对96起已结的重点涉检信访案件逐案回访,使一批久诉不息的案件得到妥善处理。

开展打击制假售假、侵犯知识产权专项立案监督。共向行政执法机关查询、查阅案件1125件,建议移送涉嫌经济犯罪案件52件,监督公安机关立案60件。省检察院会同有关部门制定了《关于进一步加强行政执法机关与公安机关、人民检察院工作联系的意见》,加强重点案件通报、交办工作,对全省各行政执法单位公布的十大监管维权案件、十大制假售假案件、十大打假维权案件进行了逐案督办。

开展以纠正刑讯逼供为重点的专项侦查监督。严肃查处刑讯逼供犯罪案件。共初查线索19件23人,立案侦查3件4人。省检察院制定了《人民检察院介入侦查活动引导侦查取证工作试行办法》,进一步健全完善了对侦查活动的监督制约。

开展集中查办破坏社会主义市场经济秩序渎职犯罪专项工作。共受理此类案件线索209件,立案侦查70件91人,使一批对经济发展阻碍大、对市场秩序破坏大、人民群众反映强烈的案件受到了严肃查处。

三、执法规范化建设。

着力解决影响规范执法的突出问题。大力解决执法不文明、执法不规范、执法不作为等突出问题。同时开展了职务犯罪案件扣押款物专项检查,以及不服检察机关处理决定的申诉案件专项复查工作。

推进执法规范化建设。全面清理原有制度和规范性文件。建立健全办案工作流程规范,试行办理职务犯罪案件全程同步录音录像,统一全省办案工作考评标准。进一步完善监督制约机制。全省职务犯罪案件起诉率同比增加3.96个百分点,刑事案件有罪判决率达99.87%。

深化人民监督员制度试点工作。出台了加强与人民监督员联系的举措,统一印发了人民监督员制度12类工作文书,建立了人民监督员监督案件零报告制、层报备案制、定期监督检查制,配合省人大启动了人民监督员制度地方立法调研论证工作。2004年10月以来,全省职务犯罪案件中不服逮捕决定以及拟作撤案、不起诉处理的案件共200件232人,全部进入人民监督员监督程序。

自觉接受人大及其常委会的监督。全省各级检察院共向同级人大常委会报告工作148次,办理人大代表提出的建议31件,办理人大交办案件166件。省检察院先后就渎职侵权检察、基层检察院建设等向省人大作专题报告,推动了有关问题的解决。

四、检察队伍建设。

加强领导班子建设。着力加强班子的思想、纪律和作风建设。认真履行干部协管职责。加大对下级检察院领导班子的监督管理力度。建立了巡视工作联席会议制度。高度重视后备干部队伍建设,健全和完善了干部上挂下派工作制度,积极做好党外领导干部的选拔任用工作,推动了班子的结构调整。

加强队伍专业化建设。深入进行理想信念教育、检察宗旨教育和职业道德教育。加强业务建设,省检察院对1107名市、县(区)检察院反贪、反渎、侦监、公诉等部门负责人、业务骨干进行了重点培训。集中开展专项培训考核。加强高层次人才培养工作,实现了我省检察教育培训"十五"规划确定的人才培养目标。加强作风建设,大力开展"四进四访"活动。加强自身廉政建设,坚持新任干部任前廉政谈话和诫勉谈话制度。围绕人、财、物等重点环节,强化防范约束机制。严肃检察纪律,全年查处检察干警违法违纪案件6件6人,同比下降57%。

加强基层检察院建设。深入贯彻《人民检察院基层建设纲要》,坚持上级检察院领导联系基层制度,加强对基础薄弱、工作滞后基层检察院的帮促工作。积极构建基层检察院规范化建设长效机制。开展争创先进检察院和"十佳检察官"、"十佳公诉人"评选活动。共有401个集体和627名检察干警受到市级以上表彰,其中有6个检察院被评为全国先进检察院。

五、检务保障工作。

继续抓好办案用房和专业技术用房建设。全省20个检察院获得国债资金共计3640万元,78个检察院完成了"两房"建设任务,23个检察院正在建设中,已建和在建"两房"的检察院占全省128个检察院的78%。结合"两房"建设,加强警务区规范化建设,42个市、县(区)检察院建成了专门化警务工作区。

推进检察信息化建设。全省有17个市级检察院、86个基层检察院完成或即将完成计算机局域网建设任务,60%的检察干警通过了计算机应用能力等级培训。全省检察机关二级机要通道和二级专线网全面开通。

努力做好经费保障和装备改善工作。省检察院争取中央政法装备补助及地方配套资金2460万元,为90多个基层检察院配备警车、多媒体示证系统、电子监控、录音录像等装备器材1421件套,向79个基层检察院下拨中央政法办案补助专款1230万元。

(安徽省人民检察院研究室)

**福建省检察工作** 2005年,福建省检察机关以邓小平理论、"三个代表"重要思想为指导,牢固树立和落实科学发展观,在省委和最高人民检察院的坚强领导下,坚持"立检为公、执法为民",突出"强化法律监督,维护公平正义"工作主题,加强法律监督能力建设,全面履行法律监督职责,各项检察工作取得新的进展。

一、积极融入党和国家工作大局,服务建设海峡西岸经济区。

全省检察机关认真贯彻执行《福建省人民检察院关于为建设海峡西岸经济区服务的意见》,切实把省委的发展战略决策具体化,落实到检察工作的全过程。开展"为谁执法、为谁掌权、为谁服务"大讨论,举办"公平正义与和谐社会"系列研讨活动,引导检察人员牢固树立"立检为公、执法为民"的执法观;认真贯彻宪法关于国家发展非公有制经济的方针,平等保护各类市场主体;切实改进执法方式,转变执法作风。

二、全面履行法律监督职责,提高法律监督能力。

(一)依法打击刑事犯罪,积极化解矛盾纠纷,维护社会和谐稳定。全年共批准逮捕各类刑事犯罪嫌疑人30096人,提起公诉34201人。一是突出重点,保持对严重刑事犯罪的高压态势。继续重点打击黑恶势力犯罪、严重暴力犯罪和盗窃、抢夺等多发性侵财犯罪,批准逮捕20203人,起诉21917人。二是加大力度,依法惩治破坏市场经济秩序犯罪。突出打击金融诈骗、偷税骗税、走私贩私等严重经济犯罪,批准逮捕1072人,起诉1303人。三是立足检察职能,努力化解社会矛盾。清理排查涉检信访案件387件,已办结355件,息诉317件。四是进一步落实检察环节的社会治安综合治理措施。

(二)依法查办和积极预防职务犯罪,推动反腐败斗争深入开展。全年共立案侦查职务犯罪案件1099件,其中贪污贿赂等犯罪案件941件,渎职侵权犯罪案件158件。通过办案为国家挽回直接经济损失1.03亿元。一是突出查办大案要案。立案侦查贪污贿赂等职务犯罪大案507件;查办涉嫌职务犯罪的县处级以上领导干部57人。二是加强渎职侵权检察工作。立案侦查涉嫌滥用职权、玩忽职守等渎职犯罪嫌疑人192人,侵犯公民人身权利和民主权利犯罪嫌疑人25人。三是积极开展预防职务犯罪工作。通过开展个案预防、专项预防、警示宣传教育和建立行贿犯罪档案查询系统,建立健全职务犯罪防范机制。

(三)加强对诉讼活动的法律监督,维护司法公正。一是加大对诉讼活动的监督力度。共要求公安机关说明不立案理由446件,监督立案316件、撤案5件;决定追加逮捕375人、追加起诉255人;提出刑事抗诉95件,法院已改判19件;提出民事行政抗诉165件,法院已再审改判、调解和发回重审61件,提出再审检察建议44件,法院已采纳26件;纠正违法减刑、假释、保外就医和违反规定交付执行140人次;立案侦查涉嫌贪赃枉法、徇私舞弊犯罪的行政执法和司法人员324人。二是加强对人权的司法保障。共对侦查、审判和刑罚执行活动中侵犯诉讼权利等违法情况,提出监督意见390件次;立案查办涉嫌刑讯逼供、非法拘禁、虐待被监管人员犯罪案件12件25人;检察环节保持无超期羁押,纠正其他司法机关超期羁押11人;对不服检察机关处理决定的申诉案,立案复查51件,决定纠正12件,依法赔偿12件。三是密切与政法各部门的协同配合。建立完善与公安、法院以及有关行政部门联系制度,建立行政执法与刑事执法相衔接的工作机制,健全保障律师在检察环节依法履行职责的工作机制。

三、推进检察改革和工作机制创新,保障检察权的正确行使。

(一)完善外部监督和内部制约制度,规范执法行为。一是继续深化人民监督员制度试点工作。试点两年来共监督"三类"案件431件508人;积极探索对"五种"情形的监督;健全完善监督规程。二是着眼内外监督制约机制的相互衔接,积极探索检务督查机制,加强对自身执法活动的内部监督制约,提高发现和解决自身问题的能力。

(二)推进工作机制创新,增强法律监督职能。实行直接受理立案侦查案件的备案、批准制度,完善侦查工作内部制约。加强办案工作区建设,逐步推行讯问职务犯罪嫌疑人实行全程录音录像。完善检察长列席法院审判委员会会议的制度,继续深化审查逮捕、公诉方式改革,规范介入侦查、引导取证的工作机制,推行被告人认罪案件普通程序简化审理,实行量刑建议改革试点。积极探索检察业务、队伍和信息化建设"三位一体"工作机制,建立全省检察机关办公、办案和信息发布应用系统。

四、开展先进性教育和专项整改活动,加强检察队伍建设。

一是深入开展保持共产党员先进性教育和专项整改活动。认真开展党性分析和评议,深入进行查摆和整改,在提高党员素质、加强党的基层组织建设、服务人民群众、促进各项工作方面取得积极成效。坚持把开展"规范执法行为,促进执法公正"专项整改活动,作为巩固先进性教育成果的重要措施,一环扣一环地抓落实。二是以领导班子建设为重点,推动检察队伍建设。突出抓好领导干部的自律和监督;逐级签订检察队伍建设和党风廉政建设责任状;健全选人用人的公正机制;加大人才培养和教育培训的力度。三是实行分类指导、分类考核和规范管理,扎实推进基层检察院建设。继续开展跨地区基层检察院"结对子"活动;切实解决基层检察院人员编制、干部职级、经费保障等实际困难和问题;基层基础建设得到进一步加强。全省有19个集体、64人获得省级以上记功表彰;6个基层检察院获得全国先进检察院称号;晋江市人民检察院被评为"全国十佳检察院"。

五、坚持党的绝对领导,自觉接受人大监督,加强和改进检察工作。

完善接受人大监督的具体措施,拓宽接受人大监督的有效途径,建立健全接受人大监督的经常化工作机制,认真听取人大代表的建议、批评和意见。省检察院共办结反馈省人大、省政协交办事项和人大代表、政协委员反映的案件和问题14件,并就开展法律监督工作情况,向省人大常委会作了专题报告,根据审议意见,逐项抓好落实。

(福建省人民检察院　滕　忠)

**江西省检察工作**　2005年,全省检察机关在最高人民检察院和省委的正确领导下,以邓小平理论和"三个代表"重要思想为指导,深入学习贯彻党的十六大和十六届四中、五中全会精神,树立和落实科学发展观,紧紧围绕党和国家工作大局,大力加强执法规范化、队伍专业化和管理科学化建设,依法履行法律监督职能,各项检察工作取得了新的进展。

检察职能进一步发挥。全年共批准逮捕各类犯罪嫌疑人18333人，提起公诉19840人，分别比2004年增加1.8%和11.3%。立案侦查贪污贿赂、挪用公款等犯罪案件868件1028人，渎职侵权犯罪案件160件183人。查办了原省政府驻厦门办事处主任张毓梓，原抚州市副市长钟金泉，原景德镇市委常委、乐平市委书记黄步荣，原省出版集团公司董事长、省出版总社社长许志锐等领导干部贪污贿赂大案要案，以及医疗卫生、公路交通、国土资源、教育、电力等社会密切关注行业和领域的职务犯罪窝案串案，通过办案为国家挽回直接经济损失1.26亿元。强化对诉讼活动各个环节的法律监督，依法监督立案329件，对诉讼中的违法情况提出纠正意见168件次，提出刑事抗诉91件、民事行政抗诉165件。按照最高人民检察院的统一部署，认真开展了打击制假售假、侵犯知识产权犯罪的专项立案监督，违法减刑、假释、保外就医专项检查，严肃查处国家机关工作人员利用职权侵犯人权犯罪案件，集中处理涉检信访问题，集中查处破坏社会主义市场经济秩序渎职犯罪，以及以纠正刑讯逼供为重点的专项侦查监督六个专项业务工作。结合实际开展了对全省看守所未成年在押人员管理和教育工作专项检查，集中清理纠正了超期羁押问题，在保障公民权利、维护市场秩序、促进司法公正等方面做出了积极努力。

办案质量进一步提高。一是积极倡导正确的执法理念，要求牢固树立“立检为公、执法为民”的思想，树立惩治犯罪和保障人权相统一的观念，树立实体法与程序法并重的观念，坚持依法、文明、客观、公正办案，忠诚、一贯、平和地执法。二是大力推行案件质量督察员、查办职务犯罪案件“一案三卡”、讯问犯罪嫌疑人同步录音录像等制度，深化人民监督员制度试点工作，加强对办案活动的内外部监督制约。三是组织开展了对全省检察机关贯彻执行《关于确保查办职务犯罪案件质量的二十条规定（试行）》情况的督促检查，以及对不起诉、撤案、法院判处无罪和缓刑等职务犯罪案件的质量检查，重点抽查了一批案件，督促解决了办案质量中存在的突出问题。四是继续对2003年底以前立案侦查的职务犯罪案件进行全面清理，1137件积压案件中，除个别犯罪嫌疑人在逃案件依法中止侦查外，其余已全部依法作出处理。2005年，贪污贿赂案件起诉775人、有罪判决785人，起诉比例和有罪判决比例分别比2004年上升0.7和16个百分点。渎职侵权案件起诉80人、有罪判决82人，起诉比例和有罪判决比例分别比2004年上升3.5和16.9个百分点。贪污贿赂和渎职侵权案件的有罪判决人数均超过了2002年和2003年两年的总数。侦查监督、公诉、控申、监所、民事行政等案件质量也有了稳步提高。

执法行为进一步规范。一是通过教育动员和集中学习、开展规范执法行为大讨论、学习讨论佘祥林等五个典型案件剖析材料等方式，使广大检察人员深刻认识到不规范执法的严重危害以及规范执法的重要意义，增强了参与专项整改活动的自觉性和积极性。二是通过召开全省检察机关专项整改分析会、组织全省检察人员撰写规范执法情况剖析材料、广泛征求党政机关及社会各界的意见和建议等形式，深入查摆了执法办案中存在的突出问题，有针对性地制定和落实了整改措施。三是制定了《江西省检察机关执法规范（试行）》，组织全体检察人员集中学习培训和考试考核，加强业务规范建设，进一步引领执法办案活动朝着规范化、制度化的方向发展。四是严肃追究不规范执法行为，狠刹不依法、不文明办案的歪风，树立了检察机关严格执法、勇于纠错的良好形象。

队伍建设进一步加强。一是扎实开展保持共产党员先进性教育活动，较好地解决了党员和党组织在思想、组织、作风以及工作方面存在的突出问题，基本达到了“党员素质切实得到提高、党支部建设切实得到加强、执法为民切实得到体现、检察工作切实得到推进”的目标要求。二是加强专业化建设。建立健全业务学习制度，举办检察业务知识竞赛，重奖优胜人员，促进了检察人员学业务、比技能的积极性和自觉性。开展分类教育培训，着力提高业务素质；组织开展学历教育，改善检察队伍的学历层次；严把进人关，与省委组织部、省人事厅共同组织招录检察人员102人，一定程度上缓解了各级检察机关人员紧张的状况。三是坚持从严治检，抓好党风廉政建设和自身反腐败工作，切实加大了对检察人员尤其是领导干部的教育、管理和监督力度。认真开展执法作风纪律大检查，促进了执法作风的转变和党风廉政建设责任制的落实。共查处检察人员违法违纪案件11件11人，在社会各界和人民群众中引起较大反响。一年来，检察队伍的整体素质和执法水平有了较大提高,涌现了全国检察机关"十佳反贪局长"钟文凤、"十佳渎检处长"刘鸿斌等一批先进个人。

检务保障和基础建设进一步推进。有66个检察院完成了"两房"建设,26个检察院"两房"正在建设之中;92个检察院设立了互联网站或网页,117个检察院建成了局域网,78个基层检察院开通了三级专线网,118个检察院建立了规范化监控室;42.3%的检察人员通过了国家计算机等级考试。

(江西省人民检察院)

**山东省检察工作** 2005年,全省检察机关在省委、最高人民检察院的领导下,以"三个代表"重要思想和科学发展观为指导,依法认真履行职责,大力加强自身建设,各项检察工作取得了新的成绩和进步。

一、加大法律监督力度,维护社会公平正义,促进平安、和谐山东建设。

一是充分发挥批准逮捕和提起公诉职能。全年共批捕各类刑事犯罪嫌疑人44273人,起诉59242人,其中批捕严重暴力犯罪嫌疑人17147人,起诉21154人;批捕严重破坏市场经济秩序的犯罪嫌疑人1119人,起诉1430人。二是用心处理涉检上访。对上访案件,实行"四定两包"责任制。截止到2005年底,最高人民检察院等部门交办和自行排查出的涉检案件已全部办结,其中返还上访人合法财产99万元,支付赔偿金20多万元。通过召开听证、答询会,使113名缠访者息诉罢访。三是严肃查处职务犯罪。全年立案侦查各类职务犯罪嫌疑人3450人,提起公诉2829人,法院已判决2599人。共查办大案要案1888件,其中县处级干部158人,厅级3人,副省级1人。四是强化诉讼监督。依法监督立案1938件,监督撤销案件475件;监督纠正侵犯诉讼参与人合法权益的案件774件;依法不捕不诉6812人,追捕追诉2455人;抗诉刑事案件75件,法院已改判40件;对刑罚执行中存在的问题,依法监督纠正455件;对认为确有错误的民事行政裁判,提出抗诉和再审检察建议2097件,法院已改判、发回重审和调解结案1225件,同时帮助息诉裁判正确的申诉案件2868件。五是认真开展专项监督。依法查办破坏市场经济秩序渎职犯罪案件289件;查办国家机关工作人员利用职权实施的侵犯人权犯罪案件165件;监督立案"村霸、街霸、路霸、市霸"犯罪案件23件27人;监督立案制假售假、侵犯知识产权犯罪案件112件。

二、以科学发展观统领检察工作,努力为全省又快又好发展服务。

正确把握党的领导与依法独立行使检察权、党委中心工作与检察业务工作、改革发展稳定与执法办案的关系,自觉把党委、政府工作的重点和群众反映的热点,作为执法办案的着力点,努力做到履行职责与服务经济社会发展、惩治腐败与保护干事创业、打击犯罪与预防犯罪、法律效果与政治效果和社会效果相统一。认真把握法律政策界限,严格区分经济活动中的不规范行为、违纪行为与违法犯罪行为,对犯罪情节轻微、认罪态度好、工作贡献大的59名企业领导人和业务技术骨干,依法作了妥善处理;为32名受到错告、诬告的领导干部和企业负责人澄清了问题。大力加强法制宣传教育,在社会关注的重点行业和重大建设项目中开展预防工作,对发案单位存在的问题,积极提出检察建议,协助建章立制,促进了惩治和预防腐败体系建设。全省检察机关通过办案,为国家挽回经济损失5.1亿元;配合主管部门帮助32家濒临破产倒闭的国有企业走出了困境。

三、以开展保持共产党员先进性教育和"规范执法行为,促进执法公正"专项整改活动为契机,大力加强自身建设。

一是勇于揭短亮丑,深入查纠影响公正执法的突出问题。发动干警自觉查找执法中存在的突出问题,通过座谈、走访、发放征求意见函等形式,广泛征求人大代表、政协委员及社会各界的意见和建议。省、市两级检察机关还先后派出123个督查组,深入到各个基层检察院明查暗访。在此基础上,召开了全省规范执法行为、加强基层建设检查交流现场会。最高人民检察院检察长贾春旺和省委领导同志亲临指导,给予了充分肯定;各地党委、人大也给予高度评价,认为这是真抓实干、抓落实的创新。二是探索建立业务、队伍和信息化"三位一体"管理机制,提升规范化建设水平。结合查摆出的问题,进一步修订完善了执法制度规范,以此为基本教材,对全省检察干警进行了严格培训。利用全省三级检察专线网,构建了检察业务、检察政务、绩效考核的网络平台,试行了网上办公、网上办案、网上监督和涉案款物网上管理,积极推行讯问犯罪嫌疑人同步录音录像制度,用机制保障执法活动的规范。进一步加强了“三个体系”建设，将工作任务目标、公正执法的标准要求和责任追究等量化分解，确保了规范执法和各项工作的落实。三是狠抓治本措施，提高队伍整体素质。组织了全员集中培训和统一考试，对11981名干警进行了正规化业务培训，举办了全省公诉人与律师案例对抗赛、青年检察官与在校大学生论辩赛、选调生论辩赛、齐鲁检察论坛等活动，干警的业务素质有了新提高。深入开展人民监督员制度试点工作，共监督“三类案件”891件，改变拟定意见9件；监督“五种情形”60件，采纳监督意见立案4件。通过这些措施，检察队伍的执法水平、执法作风和执法形象有了新的转变，涌现出了一大批先进集体和模范人物。全省共有78个检察院、322名干警受到省级以上表彰，31个市县党委作出了向检察院或检察干警学习的决定。聊城市东昌府区检察院副检察长白云，被最高人民检察院授予“全国模范检察官”称号；招远市检察院副检察长李美兰，被评为“平安山东建设杰出卫士”。

（山东省人民检察院研究室）

**河南省检察工作**　2005年，河南省检察机关在省委和最高人民检察院领导下，紧紧围绕党和国家工作大局，深入实践“强化法律监督，维护公平正义”的检察工作主题，认真落实“加大工作力度，提高执法水平和办案质量”的总体要求，各项检察工作取得了新的进展。

一、依法打击各种刑事犯罪活动，积极参与化解社会矛盾，努力营造和谐稳定的治安环境。全年共批准逮捕各类刑事犯罪嫌疑人52668人，提起公诉48262人。一是依法严厉打击严重刑事犯罪活动，维护社会治安秩序。坚持依法从重从快方针，批准逮捕爆炸、杀人、强奸、绑架等严重暴力犯罪和黑恶势力嫌疑人18344人，已提起公诉16217人。积极参与打击“两抢一盗”犯罪等专项整治活动，批准逮捕抢劫、抢夺、盗窃犯罪嫌疑人22334人，已提起公诉20863人。二是依法打击严重经济犯罪活动，维护市场经济秩序。批准逮捕涉嫌生产销售伪劣商品、扰乱市场秩序、危害税收征管、金融诈骗等破坏社会主义市场经济秩序犯罪1277人，提起公诉1181人。加大对知识产权的保护力度，开展了打击制假售假、侵犯知识产权犯罪专项立案监督工作。三是积极化解社会矛盾，努力减少社会不稳定因素。高度重视宽严相济的刑事政策在执法办案中的运用。尊重犯罪嫌疑人的人格尊严，支持律师依法履行职责，保障犯罪嫌疑人的诉讼权利。四是认真处理涉检信访，切实维护群众利益。坚持“问题不查清不放过、问题不处理不放过、信访人不停访息诉不放过”的原则，努力做到“件件依法办，案案有结果”。全年共受理涉检信访案件463件，依法办结453件，当事人息诉罢访389件。开展赴省进京零上访创建活动，84个基层检察院实现了案件当事人赴省进京零上访。

二、依法查办和预防国家工作人员职务犯罪，促进反腐败斗争深入开展，努力维护廉洁高效的政务环境。共立案侦查国家工作人员涉嫌职务犯罪案件3270件3691人，其中，贪污贿赂犯罪案件2199件2526人，渎职侵权犯罪案件1071件1165人；侦查终结3025件3413人，已提起公诉2661人。通过办案，为国家挽回直接经济损失1.9亿元。一是突出工作重点，加大办案力度。落实对举报有功人员的奖励制度，加强上级检察院对下级检察院查案工作的领导和统一组织指挥，加强检察机关内部侦查、批捕、起诉各部门的配合协作，集中力量查办大案要案。立案侦查涉嫌贪污贿赂五万元以上、挪用公款十万元以上大案930件，其中百万元以上案件93件；立案侦查重特大渎职侵权犯罪案件543件；立案侦查涉嫌职务犯罪的县处级以上领导干部124人，其中厅级干部5人。二是改进执法方式，提高办案质量。逐步推行查办重大职务犯罪案件全程录音、录像制度，加强对职务犯罪侦查工作的内外监督制约，实行个案质量考评制度。2005年立案侦查的职务犯罪案件全省没有出现无罪判决。不起诉、撤销案件数同比分别下降63.4%和29.9%。三是打击服务并重，增强办案效果。坚持围绕改革、发展、稳定大局谋划办案工作，注重及时查办危害和谐中原建设的职务犯罪。立案侦查涉嫌职务犯罪的国有公司企业人员961人、农村基层组织工作人员312人，涉嫌滥用职权、玩忽职守犯罪的国家机关工作人员756人，涉嫌利用职权侵犯人权犯罪的国家机关工作人员218人。坚持“一要坚决，二要慎重，务必搞准”的原则，正确把握法律政策界限。四是立足检察职能，加强预防工作。贯彻标本兼治、综合治理、惩防并举、注重预防的方针，坚持查办一起重大典型案件，向发案单位提出一份检察建议，开展一次回访活动等制度，协助堵漏建制，个案预防得到较好落实；结合办案研究职务犯罪规律,与资金密集、垄断性强的重点行业部门召开联席会议,共商防范对策,系统预防逐步深化;同步介入交通基础设施、水利工程等重大工程建设项目,参与工程监督,专项预防扎实展开;发挥预防警示教育基地作用,接受党员干部的参观,警示预防深入人心。

三、依法履行诉讼监督职责,保障法律统一正确实施,努力维护公平正义的司法环境。一是依法加强对刑事诉讼活动的监督。对应当立案而不立案的,依法监督侦查机关立案1535件;对不应当立案而立案的,监督撤案550件。对应当逮捕而未提请批捕的,追加逮捕3266人;对不应当逮捕的决定不批准逮捕5377人。对应当起诉而未移送起诉的,追加起诉2220人;对不应当起诉的,决定不起诉1070人。对认为确有错误的刑事判决、裁定,依法提出抗诉118件。依法监督纠正违法减刑、假释、暂予监外执行289人。加强对刑事诉讼羁押期限的监督,与公安、法院、司法行政部门共同建立健全纠正、预防超期羁押长效机制,全省实现各诉讼环节零超期羁押。二是依法加强对民事审判、行政诉讼活动的监督。对认为确有错误的民事行政判决、裁定提出抗诉1300件,法院已审结1117件,其中,改判、撤销原判发回重审和调解结案746件。向人民法院发出再审检察建议583件,法院采纳519件。三是积极开展专项监督工作。与省公安厅联合开展了对2004年1月至6月批准逮捕案件跟踪监督专项工作,使987名捕后在逃人员被执行逮捕,监督有关部门移送审查起诉1202人。与省高级法院联合开展了对2004年40件刑事抗诉发回重审案件专项监督工作,法院已审结36件。集中开展了以纠正刑讯逼供为重点的专项侦查监督工作,立案侦查涉嫌刑讯逼供犯罪人员27人。四是依法查处司法不公背后的职务犯罪案件。立案侦查涉嫌徇私枉法、帮助犯罪分子逃避处罚、民事行政枉法裁判犯罪的人员88人。

四、开展"规范执法行为,促进执法公正"专项整改活动,加强执法规范化建设。集中开展了"规范执法行为,促进执法公正"专项整改活动。一是着力强化干警的规范执法意识。二是着力解决执法中存在的不规范问题。省检察院统一组织开展了对涉检上访案件、错案赔偿案件、干警违法违纪案件等13类7971起案件的专项复查工作。三是着力强化对检察工作的监督制约。全省有131个检察院开展人民监督员制度试点中,拟作撤案、不起诉处理以及犯罪嫌疑人不服逮捕决定的218起案件,毫无例外地进入了监督程序。自觉接受人大及其常委会监督,对人大常委会交办的460件案件、事件和代表提出意见和建议认真办理,逐案反馈。四是着力加强执法规范化建设。对全省检察人员进行了集中培训考核。建立和完善了加强案件管理、规范办案程序、确保办案质量等方面制度。加强对已有制度执行情况的监督检查。

五、加强检察队伍建设,提高履行法律监督职责的能力。切实加强对领导班子的管理和监督,制定实施了《关于加强对全省市、县两级检察院领导班子及其成员监督工作的意见》和《巡视工作暂行规定》;坚持上级检察院派员参加下级检察院民主生活会制度,认真落实述职述廉制度,严肃查处领导干部违法违纪案件。制定实施了《基层检察院规范化建设量化考核实施细则(试行)》等制度,努力提高检察队伍专业化水平,有1135名在职干警参加法学本科或研究生学历教育,有15895名检察人员参加培训,307名干警通过司法考试,统一招录检察人员350名。坚持从严治检,制定实施《河南省检察机关七条禁令》,开展检务督察,全年有44名检察干警受到党政纪处分,6名干警被追究刑事责任。大力开展争先创优活动,有54个集体和305名个人分别受到省委、最高人民检察院和省检察院表彰,有6个检察院分别被评为"全国文明单位"或"全国精神文明创建工作先进单位"。郑州市二七区检察院荣获首届"全国十佳检察院"称号,省检察院主诉检察官蒋汉生、舞钢市检察院原检察官霍新泰被授予"全国模范检察官"称号。

(河南省人民检察院　周登敏)

**湖北省检察工作**　2005年,湖北检察工作围绕经济社会发展与和谐湖北建设,切实履行宪法和法律赋予的职责,推动检察工作健康协调发展。

一、严厉惩治严重刑事犯罪,维护社会和谐稳定。共批准逮捕各类刑事犯罪嫌疑人26247人,提起公诉25661人。在工作中加大严打整治力度,维护社会和谐稳定,依法批准逮捕杀人、爆炸、绑架等严重暴力犯罪,黑恶势力及有组织犯罪,盗窃、抢劫、抢夺等多发性侵财犯罪嫌疑人18373人,提起公诉17963人,依法打击严重经济犯罪,批准逮捕金融诈骗、非法集资、制假售假、偷税骗税、非法经营等破坏市场经济秩序犯罪嫌疑人744人,提起公诉693人。

坚持"严打"方针,突出打击重点,稳、准、狠地打击刑事犯罪活动;对重大案件适时介入侦查、加强监督、依法快捕快诉;积极参加打黑除恶、禁毒、禁赌、整治色情网站等专项打击行动,始终保持对严重刑事犯罪的高压态势。认真落实检察环节社会治安综合治理措施,积极参与社会治安防控体系建设、平安创建活动和对突出治安问题的集中整治;配合有关部门开展监外执行罪犯社区矫正试点工作;深入开展创建优秀"青少年维权岗"活动;坚持宽严相济、区别对待,对未成年人犯罪、轻微犯罪依法采取轻缓的刑事政策。

二、积极查办和预防职务犯罪,推动反腐败斗争深入开展。立案侦查贪污贿赂、渎职侵权等职务犯罪1552件1682人,挽回直接经济损失6.9亿元。其中,查办大案要案963件,涉案金额一百万元以上的54件,一千万元以上的10件,县处级以上领导干部犯罪139人,其中厅级干部17人;查办党政领导机关、行政执法机关、司法机关工作人员职务犯罪361人;查办重大工程建设、国有企业重组改制、金融保险、医药卫生等热点行业、领域职务犯罪917人;查办职务犯罪窝案串案712人。立足检察职能,在重点行业、领域开展系统预防412项,在重大公共投资和重点工程建设项目开展专项预防399项,结合办案开展个案预防746件。提出预防职务犯罪检察建议657件、专题调研报告176件,推动有关单位建章立制、加强监督管理。广泛开展预防警示教育,加强预防法制宣传和法律咨询。推行行贿犯罪档案查询制度。

坚持把查办职务犯罪工作放在突出位置。不断统一思想认识,加大办案力度。突出办案重点,强化侦查措施,集中精兵强将查办大案要案。创新侦查机制,加强整体协作,对重大复杂案件实行检察长挂帅,统一指挥,上下联动。省检察院直接立案侦查和指挥、督办重大案件76件,各级检察长、分管副检察长直接主办案件453件。认真研究新形势下职务犯罪的特点、规律,改进侦查方法,讲求侦查谋略,增强突破案件、深挖窝案串案能力。加强案件管理,办案质量持续保持较高水平。积极参与预防立法,以《湖北省预防职务犯罪条例》的颁布实施为契机,会同有关部门,加强预防宣传。完善预防手段,充分运用检察建议、对策调研、教育咨询等多种形式,增强预防工作实效。健全预防体系,进一步形成检察机关专门预防与社会预防相结合的工作格局。

三、强化诉讼监督,维护司法公正和法律统一正确实施。加强侦查、刑事审判监督,对侦查机关应当立案而不立案的,监督立案554件;对侦查机关不应当立案而立案的,监督撤销案件182件;对应当逮捕而未提请逮捕、应当起诉而未移送起诉的,决定追捕、追诉282人;对不符合法定逮捕、起诉条件的,决定不批准逮捕、不起诉2506人;对认为确有错误的刑事判决、裁定提出抗诉123件。加强刑罚执行监督,纠正违法违规减刑、假释、暂予监外执行126人次;加强对监外服刑人员的监督考察,针对脱管失控问题提出纠正意见,依法督促监管单位收监执行65人;进一步建立健全防止和纠正超期羁押工作机制,超期羁押的问题基本得到解决。加强民事审判、行政诉讼监督,对认为确有错误的民事行政判决、裁定提出抗诉514件、再审检察建议63件;依法维护人民法院的正确裁判,对1990件申诉案件做好当事人服判息诉工作。积极做好控告申诉检察工作,处理群众举报、控告、申诉12211件;立案复查不服检察机关决定的申诉54件,改变原决定18件;依法受理刑事赔偿申请,对30件错案作出赔偿决定。

加大专项工作力度,提高法律监督实效。深入开展打击制假售假、侵犯知识产权犯罪专项立案监督,建议行政执法机关移送涉嫌经济犯罪案件347件,监督侦查机关立案326件。开展取保候审专项监督,对2003年以来侦查机关办理的16112件取保候审案件集中清理检查,监督纠正违法取保候审1696件。开展集中处理涉检信访问题专项工作,办理涉检信访案件616件,办结578件,息诉422件。开展集中查办破坏社会主义市场经济秩序渎职犯罪专项工作,查办放纵制售伪劣商品、徇私舞弊不征少征税款等破坏市场经济秩序渎职犯罪47件。

四、统一执法思想,促进严格公正执法。紧密结合开展保持共产党员先进性教育和"规范执法行为,促进执法公正"专项整改活动,着力解决检察执法中存在的执法不严格、不规范、不到位、不廉洁等突出问题479个。深入开展"剖析佘祥林错案与强化法律监督,维护公平正义"主题教育活动,组织检察干警对照该案和各自身边的典型案例,从执法观念、执法素质、执法质量、执法作风等方面查找问题、总结教训。完善落实有关刑事证据问题的规定、错案责任追究等制度,集中检查案件29857件,纠正办案质量不高和有错误的案件329件。深入推进业务规范化建设,建立全省统一的检察业务制度体系,对各项检察业务的工作规程、办案流程、质量标准、考核办法进行统一规范。积极开展人民监督员制度试点工作,全省有352件案件进入监督程序,其中人民监督员同意检察机关业务部门拟定意见的327件,不同意的25件,检察长或检察委员会决定采纳监督意见改变原拟定意见13件。深化检务公开,向社会适时通报检察工作部署和重大案件办理情况。推进检察工作机制改革,落实诉讼参与人权利义务告知制度,完善检察人员违法违纪行为投诉处理机制,探索实行不起诉案件公开审查和多次上访案件听证制度,健全专家咨询制度。

五、加强队伍建设,增强队伍整体素质。全省广大检察干警努力把在保持共产党员先进性教育活动中取得的成果转化为改进作风、提高素质、推动工作的动力,通过加强检察机关党的建设,带动和推进检察队伍建设。强化领导班子建设,严格按照检察官法的要求,选拔优秀干部,优化班子结构,对38个检察院领导班子进行充实调整。积极推行巡视、诫勉谈话、重大事故责任追究等制度,加强对领导班子、领导干部的监督和管理。强化业务素质建设,举办业务培训班和岗位"学、练、赛"活动,培训检察干警10136人次,组织全省统一的全员考试考核。强化基层基础建设,总结推广枣阳、汉阳、青山、仙桃等基层检察院的先进经验。省、市州两级检察院领导班子成员每人确定一至两个联系点,帮助基层解决实际困难和突出问题。省检察院会同组织人事部门,择优选拔61名法律专业选调生,公开招录146名高等院校毕业生,充实基层检察队伍。强化争先创优工作,深入开展"创争当"活动。评选出省级先进检察院27个、先进处科室96个、先进检察官99名;7个基层检察院被评选为全国先进检察院;黄冈市检察院公诉处处长吴炳先、丹江口市检察院原副检察长陈西平分别被授予全国先进工作者、全国模范检察官称号。省检察院与省妇联共同组织了省"十佳女检察官"暨"三八红旗手"评选表彰活动。强化检察职业责任、职业纪律和职业道德建设,加强内部执法办案监督和自身反腐倡廉工作,严肃查处5名违法违纪检察人员。

(湖北省人民检察院 王 磊)

**湖南省检察工作** 2005年,全省检察机关紧紧围绕全省工作大局,深入实践"强化法律监督,维护公平正义"的检察工作主题,推动各项检察工作取得了新的进展。

一、积极查办和预防贪污贿赂、渎职侵权等职务犯罪,推进反腐败斗争深入开展。

一是依法查办了一批有影响的贪污贿赂犯罪大要案。针对贪污贿赂犯罪的关联性、行业性特征,集中力量在群众反映强烈、问题多的热点部门查办大案要案,共立案侦查贪污贿赂犯罪案件1148件1483人,大案605件,其中涉案金额一百万元以上的特大案61件;县处级以上干部犯罪要案85人,其中厅级以上干部9人。省检察院带头办案,全年共立案侦查16件17人,其中省级干部1人,厅级干部5人。

二是严肃查办了一批重特大渎职侵权犯罪案件。按照最高人民检察院的统一部署,开展了集中查办国家机关工作人员利用职权侵犯人权犯罪和破坏社会主义市场经济秩序渎职犯罪等专项行动,确定主攻方向,强化了办案措施。全省共立案侦查渎职侵权犯罪案件409件563人,重特大案件147件,要案19人,其中厅级干部1人。

三是预防职务犯罪工作进一步深化。立足检察职能,在发案单位认真开展个案预防,提出检察建议和预防对策712份;在案件多发、易发行业、部门和领域深入开展系统预防和专项预防,完成重点预防项目211项,帮助有关部门、单位完善内部防控机制。省检察院建成了行贿犯罪档案查询系统。

二、依法惩治刑事犯罪,积极化解社会矛盾。

全年共受理公安机关提请批捕各类刑事犯罪嫌疑人45375人,经审查批准逮捕39786人;受理公安机关移送审查起诉46744人,经审查提起公诉39054人。

一是突出打击重点,依法严厉打击严重刑事犯罪。始终坚持把爆炸、杀人、抢劫、强奸、绑架等严重暴力犯罪,黑恶势力犯罪以及破坏市场经济秩序的犯罪作为打击重点。共批捕上述犯罪嫌疑人11031人,占批捕总数的27.7%;提起公诉10551人,占起诉总数的27%。

二是加强协作配合,积极开展专项整治行动。加强与公安、法院的协调配合,积极开展打击"两抢一盗"犯罪、毒品犯罪、"地下六合彩"等赌博犯罪、网络犯罪等专项整治行动,共批捕上述犯罪嫌疑人

23180 人,提起公诉 22360 人。

三是积极参加综合治理,努力化解社会矛盾。认真开展了集中处理涉法上访问题专项行动,共清理涉检信访案件 381 件,办结 369 件,已息诉 355 件;积极配合有关部门开展社会治安防控体系建设和"平安湖南"创建工作;加强对刑释解教人员、未成年人犯的帮教工作。

三、加强对诉讼活动的法律监督,切实维护司法公正。

一是加强了刑事诉讼监督。在侦查监督中,对公安机关应当立案没有立案的,要求说明不立案理由 314 件,通知公安机关立案 51 件;对不应立案而立案的,监督公安机关依法撤销案件 168 件。依法纠正漏捕 822 人、纠正漏诉 463 人。在刑事审判监督中,依法提起抗诉 191 件,改判 66 件。在刑罚执行监督中,共发出检察建议和纠正意见 226 份;重点开展了减刑、假释、保外就医专项检查,督促纠正各类违法案件 153 件,清理纠正超期羁押 25 人。

二是加强了民事审判和行政诉讼监督。全年共立案审查民事行政申诉案件 1138 件,提出抗诉 382 件,提出再审检察建议 119 件,法院已审结 198 件,改变原判决 137 件;对 91 起侵害国家利益和社会公共利益的民事行政案件支持起诉或提起了刑事附带民事诉讼。

四、积极开展保持共产党员先进性教育和规范执法行为专项整改活动,检察队伍建设得到进一步加强。

(一)切实端正执法思想,解决了一批突出问题。在广泛征求社会各界意见的基础上,对存在的问题进行了深入的排查、反思和整改。如针对当事人维权难、赔偿难的问题,各地切实加强了刑事申诉案件和刑事赔偿案件的办理工作,共办理刑事申诉案件 476 件,其中立案复查 207 件,纠正 43 件;受理刑事赔偿请求 151 件,给予赔偿 28 件,支付赔偿金 117.24 万元,返还财产 136.51 万元。省检察院为加强规范化建设,对原有的规章制度进行了认真清理,废止了 9 个,修改了 15 个,同时进一步细化了办案流程,制定了《反贪侦查操作流程》、《反贪工作一体化若干规定》等工作规程。进一步完善了《基层检察院年度综合考核办法》和《执法质量考评办法》。

(二)强化全员素质教育,提高了执法办案能力。开展了办案技能大比武活动,8313 名干警参加了执法岗位技能考试考核,占干警总数的 98%;开展了优秀侦查员、优秀办案能手、优秀司法警察以及"十佳公诉人"评选活动,评选出了优秀业务骨干 106 人;举办了反贪、渎职侵权检察、公诉、侦查监督、控告申诉等业务技能培训班 18 期,培训干警 1500 人;组织 734 名干警参加了国家司法考试。

(三)坚持从严治检,加强了内部监督管理。省检察院协助市、州党委、人大及其常委会对 7 个市、州检察院的领导班子进行了调整。建立了"一案三卡"执法办案监督制度,强化了对检察机关自身执法活动的监督。严肃查处违法违纪案件,全省检察机关共立案查处违法违纪检察人员 26 人。

(四)加强信息化建设,加快科技强检步伐。全省检察机关积极争取当地党委、政府的重视和支持,不断加强检察信息网络建设,大力推进科技强检。全省一、二级专线网已经建成,有 90 个区、县检察院开通了三级专线网,有 65 个检察院建成了局域网,28 个检察院实现了网上办公办案,23 个单位建立了对外宣传网站。

(湖南省人民检察院研究室 张湘中)

**广东省检察工作** 2005 年,广东省检察机关围绕改革发展稳定大局,依法履行职责,加强法律监督,维护公平正义,狠抓队伍建设,提高队伍素质和执法水平,各项工作取得了新的进展。

一、打击刑事犯罪,维护社会稳定。全省检察机关共批准逮捕各类刑事犯罪嫌疑人 106821 人,向法院提起公诉 101346 人,比上年分别上升 10.18% 和 9.59%,约占全国总数的八分之一和九分之一。突出打击暴力犯罪、黑恶势力犯罪和抢劫、抢夺、盗窃等多发性犯罪,推进各项专项斗争的开展。共批捕故意杀人、伤害、抢劫、抢夺、盗窃犯罪嫌疑人 74397 人,起诉 70575 人;批捕毒品犯罪嫌疑人 6599 人,起诉 4240 人。努力提高案件质量,省检察院制定下发了《关于建立审查逮捕与起诉工作衔接机制的若干意见》,与省高级法院联合签发了《关于做好起诉与审判相衔接工作的若干意见》。

二、依法查办和预防职务犯罪,促进廉政建设和反腐败工作。2005 年,共立案侦查涉嫌贪污贿赂、渎职侵权等职务犯罪案件 1697 件 1880 人。重点查办大要案,查办一百万元以上的大案 179 件,重特大案件 125 件,处级干部 134 人,厅级干部 14 人。围绕社会关注的热点问题,查办发生在教育、医疗、电力、金融证券等行业和领域的职务犯罪案件256件274人。集中力量查办了一批影响较大的破坏社会主义市场经济秩序的渎职犯罪案件,如导致兴宁煤矿事故的国家机关工作人员渎职犯罪案件等。加强追逃追赃工作,共抓获逃犯94人。通过办案挽回经济损失6亿多元。各级检察机关在查办案件过程中,注意处理好打击犯罪和服务大局的关系,积极探索保护企业、促进发展的新方法新途径,取得了良好的法治效果和社会效果。继续深化预防职务犯罪工作,推进系统预防,省检察院与省教育纪工委联合召开了高校预防职务犯罪研讨会,推广暨南大学预防职务犯罪的经验。抓好同步预防,与省建设厅、交通厅、水利厅共同对289个省、市重点建设项目开展预防职务犯罪检查,推动建设优质工程和廉洁工程。

三、强化诉讼监督,保障司法公正。加强侦查监督、刑事审判监督,依法要求公安机关说明不立案理由148件,通知公安机关立案46件51人。纠正漏捕135人、漏诉31人。对有罪判无罪、量刑畸轻畸重等刑事判决裁定提出抗诉105件。立案复查刑事申诉案件283件,办结256件。对不服法院正确裁判的4659件申诉案件,依法做好息诉工作,维护了司法权威和群众合法权益。加大预防和纠正超期羁押工作力度,共纠正超期羁押10人,保持检察环节无超期羁押。省检察院和省高级法院、省公安厅共同制定了《严格依法办案解决超期羁押的若干意见(试行)》,初步建立起解决超期羁押的长效机制。开展对制售伪劣商品、侵犯知识产权犯罪立案监督工作,共批捕犯罪嫌疑人1730人,起诉1550人。加强民事审判和行政诉讼监督,提出民事、行政抗诉733件,提出再审建议103件、其他检察建议111件。开展执行监督80件,涉案金额3亿多元,为当事人挽回直接损失2000多万元。

四、加强地区与国际合作,打击跨国跨境有组织犯罪。进一步加强与港澳地区、境外执法机构的交流与合作,积极拓展境外案件协查的新渠道,与越南、泰国、柬埔寨、加拿大等国家的司法机构及执法部门建立了良好的合作关系。协助内地检察机关到港澳地区和周边国家调查取证63件,赴国外追逃3件。协助最高人民检察院在深圳市成功举办了首届亚欧会议总检察长会议,宣传了中国特色的检察制度,加大了共同打击跨国有组织犯罪的力度。

五、进一步深化人民监督员制度试点工作。深化人民监督员制度试点工作,重点开展了对"三类案件"的监督。人民监督员共对检察机关立案侦查的191件职务犯罪案件进行了监督,取得初步成效。省检察院举办了人民监督员学习研讨班,400名人民监督员参加了学习研讨,占全省人民监督员总数的80.3%。实行人民监督员制度对加强检察机关查办职务犯罪案件的外部监督、提高办案质量、促进公正司法发挥了积极的作用。

六、加强检察队伍建设。全省各级检察机关以提高队伍整体素质和法律监督能力为核心,着力解决队伍建设与业务工作相关联的突出问题,认真开展保持共产党员先进性教育和"规范执法行为"专项整改活动。加强领导班子建设,加强对干部队伍的教育、管理和监督,建立了廉政谈话、诫勉谈话等制度。积极开展规范化培训和岗位练兵,组织全体干警参加了岗位技能培训考试考核。突出抓好国家司法考试培训,全省检察机关有353人通过国家司法考试,通过率达20.22%。实行省检察院领导联系基层制度,努力加强基层检察院建设。广州市检察机关加强业务、队伍、信息化"三位一体"机制建设的经验在全国检察长工作会议上作了介绍。坚持从严治检,不断改进执法作风,检察队伍整体素质和执法水平有了新的提高,涌现出一大批先进单位和模范共产党员。省检察院反贪局、揭阳市检察院被评为"全国文明单位",广州市海珠区检察院被评为"全国十佳检察院"。河源市连平县检察院民事行政检察科长郑爱民勇斗歹徒的英雄事迹,受到省委和最高人民检察院的高度赞扬。

(广东省人民检察院)

**广西壮族自治区检察工作** 2005年,广西检察机关紧紧围绕改革发展稳定大局和构建社会主义和谐社会的战略目标,牢固树立科学发展观和正确执法观,深入实践新时期检察工作主题和总体要求,大力加强法律监督能力建设,推动各项检察工作取得了新的进展。

一、坚持政治建检,保持共产党员先进性教育活动取得明显成效。按照中央和自治区党委的统一部署,全区检察机关分批参加了以实践"三个代表"重要思想为主要内容的保持共产党员先进性教育活动。坚持把贯彻中央和各级党委的部署要求与检察机关的实际紧密结合起来,把深化检察工作主题教育、正确执法观教育和解决在法律监督工作中存在的突出问题，作为先进性教育活动的重要内容，精心组织学习和讨论，认真开展党性分析和评议，深入进行查摆和整改，使全区检察机关党员干部普遍接受了一次深刻的马克思主义再教育，思想政治素质有了新的提高，确保了先进性教育活动的效果。

二、坚持业务立检，法律监督工作全面加强。坚持以业务工作为中心，认真落实检察工作主题和总体要求，全面履行法律监督职责，促进各项业务工作平稳协调健康发展。一是办案力度继续保持。全年共批捕各类刑事犯罪嫌疑人 33802 人，起诉 32537 人，同比分别下降 0.8% 和上升 2.4%；立案侦查职务犯罪案件 1262 件 1465 人，同比分别下降 10.3% 和 6.6%，其中大要案占立案总数的 43.4%，同比上升 1.9 个百分点；办理立案监督案件同比上升 12%，提出刑事抗诉和民事行政抗诉案件同比分别上升 27.2% 和 25.2%。二是办案质量基本稳定。各级检察院进一步加强案件质量管理，各项办案质量指标基本保持稳定。其中职务犯罪案件移送起诉率同比上升 0.7 个百分点，撤案率同比下降 1.1 个百分点；民事行政抗诉案件有效率同比提高 1.5 个百分点。三是办案效果明显增强。其中刑事立案监督批捕犯罪嫌疑人同比上升 3.9 个百分点；职务犯罪突出查办重点，立案侦查群众关注的医疗卫生、电力、金融证券、教育、电信等行业职务犯罪 274 人，立案侦查行政执法、司法人员职务犯罪 406 人；民事行政再审检察建议被法院采纳同比上升 16.1%；全区首次超期羁押同比下降 36.6%，各级检察机关继续保持全年无超期羁押。四是办案行为更加规范。各级检察院结合开展规范执法专项整改活动，进一步强化了对办案各个环节的监督管理和工作考评。办案中有关法律规定和纪律要求得到严格执行，没有发生重大办案安全事故。五是专项行动推动了全局工作开展。其中批捕制假售假和侵犯知识产权犯罪嫌疑人 54 人；立案侦查破坏社会主义市场经济秩序渎职犯罪 90 人；立案侦查刑讯逼供致人伤亡等犯罪 5 人；办结涉检信访案件 908 件，息诉 906 件，对历年来拖欠赔偿金的 46 件刑事赔偿案件全面清理办结，共支付赔偿款 92.75 万元。

三、坚持规范从检，“规范执法行为，促进执法公正”专项整改活动取得阶段性明显成果。全区检察机关围绕“更新执法观念，规范执法行为，提高办案质量，提升检察形象”的指导思想和目标要求，以清理案件为切入点，深入查找检察机关规范执法的重点、难点问题，增强整改的针对性；以制度建设为核心，完善业务管理体系，构建规范执法的长效机制；以提高素质为目标，抓好全员培训考核，着力提高检察人员规范执法水平。全区检察机关对 2003 年以来不起诉案件 2212 件、无罪判决案件 144 人、涉检上访案件 481 件、举报检察干警违法违纪案件 407 件进行了逐案逐人清理。自治区检察院制定、完善了 34 项办案制度、规范、流程，初步形成和健全了业务工作运行规范、执法质量保障规范、检察业务考评规范和执法责任追究规范等检察业务工作长效管理机制。有 5730 名检察人员参加了全区检察机关统一的规范执法专项整改考试考核，参考率 99.4%，合格率 99.9%。

四、坚持素质兴检，检察队伍建设进一步加强。突出抓好领导班子建设，强化领导干部的教育、管理和监督。认真履行协管职责，把班子建设同 2006 年即将进行的换届工作结合起来，对 14 个市级检察院领导班子情况进行了调查摸底。积极做好补充进人和增编工作，对中央补充给全区检察机关的 333 名政法专项编制，及时制定分配方案，并做好相关考试录用准备工作。加强队伍素质和能力建设，加大业务培训工作力度，自治区检察院共举办各类业务培训班培训人员 1139 人次，提前一年完成检察官续职培训任务；有 114 名检察人员通过国家统一司法考试，通过率 16.38%；全区检察机关本科以上学历人员达 3364 人，同比提高 9 个百分点。

五、坚持改革促检，检察工作机制逐步完善。积极稳妥地抓好人民监督员制度试点工作，加强人民监督员办事机构建设和规范化建设，确保职务犯罪“三类案件”全部进入监督程序。人民监督员共监督结案 285 件，其中不同意检察机关原拟定意见 21 件，检察机关采纳 7 件。进一步完善行政执法与刑事执法相衔接工作机制，全区已有 14 个市建立了衔接机制，落实了联席会议、信息通报、案件移送、内部协作等制度和要求，加强了对有案不立、有罪不究、以罚代刑等问题的监督。深入推进职务犯罪侦查一体化机制建设，充分发挥上级检察院的领导和组织作用，增强了突破大要案件和抗干扰的能力。

六、坚持科技强检，基层基础建设有了新的改善。自治区检察院制定了基层检察院“四化”建设考核标准、先进检察院评比表彰办法,广泛开展争创先进检察院活动,有42个检察院被评为全区先进检察院。进一步加强基层基础建设和检务保障建设,“两房”建设有了新发展,又有7个检察院“两房”建设竣工,有35个检察院在建。信息化建设稳步推进,全区基层检察院普遍建立了计算机局域网和综合信息数据平台,检察业务动态管理系统、检察信息发布系统和检察机关案件管理系统得到广泛应用,连接市、县两级检察院的三级综合信息网正在抓紧建设之中。

(广西壮族自治区人民检察院办公室)

**海南省检察工作**　2005年,全省检察机关在省委和最高人民检察院的正确领导下,紧紧围绕全省工作大局,突出“强化法律监督,维护公平正义”的工作主题,进一步加大工作力度,提高执法水平和办案质量,全面加强法律监督能力建设,各项工作都取得了新的成绩,为构建和谐海南、加快海南发展做出了新的贡献。

一、保持共产党员先进性教育活动和“规范执法行为,促进执法公正”专项整改活动取得明显成效。

按照中央、省委和最高人民检察院的部署,紧密联系全省检察工作实际,突出执法为民的宗旨教育,深入开展党性分析和评议,通过广泛征求社会各界意见、自查自纠以及对群众信访案件、干警违法违纪案件、不捕不诉案件、无罪判决案件开展专项复查等措施,认真查找和解决与党的先进性要求不相符合,以及在执法理念、执法作风、执法水平和执法纪律等方面存在的突出问题,广大干警受到深刻教育,思想政治素质和法律监督能力有了新的提高。

二、检察业务工作平稳健康发展。

认真贯彻“严打”方针,依法严厉打击严重刑事犯罪,对主观恶性较小、犯罪情节轻微的案件依法不批准逮捕或不起诉。全年共依法批准逮捕各类刑事犯罪嫌疑人5893人,提起公诉5566人;依法不批捕轻伤害案件159人,不起诉36人。深入开展查办职务犯罪工作,办案重点更加突出,办案能力有所增强,办案质量进一步提高。共立案侦查贪污贿赂、渎职侵权等职务犯罪案件184件217人,其中大要案110件,占立案总数的61.1%。全面推行“三个一律”制度,即:不管什么人举报,不管举报什么人,一律认真负责地受理和办理;凡署真实姓名举报的,一律在初查前与举报人见面,进一步了解举报的具体情况;署真实姓名举报的案件办结后,一律向举报人反馈查处结果,认真听取举报人的意见。这项制度得到社会各界的充分肯定,对增强人民群众与腐败现象作斗争的信心、强化对职务犯罪侦查工作的监督发挥了积极作用,署名举报的比例同比上升了9个百分点。预防职务犯罪工作取得新成效,省检察院与海南电视台联合开办的电视专题栏目《检察视窗》,受到广泛关注和好评。诉讼监督工作进一步加强,共监督公安机关立案55件,纠正漏捕58人、漏诉19人;提起刑事、民事和行政抗诉77件;对诉讼活动中的违法问题提出纠正意见113件(次)。开展了违法减刑、假释、保外就医专项检查,打击制假售假、侵犯知识产权犯罪专项立案监督,以纠正刑讯逼供为重点的专项侦查监督,以及严肃查办侵犯人权犯罪、查办破坏社会主义市场经济秩序渎职犯罪、集中处理涉检信访等专项工作,都取得了一定成效,有力地推动了全局工作的开展。

三、规范化建设取得阶段性成果。

结合开展专项整改活动,在全省检察机关推广屯昌县检察院规范化建设试点的经验,以规范执法办案为重点,进一步明确职责权限,细化工作流程,制定和完善了各项主要业务的工作规则、考评制度和考评标准,初步形成了比较科学、操作性较强的业务工作规范体系。一些检察院成立了业务监督管理中心,对全院的业务活动实行过程监督和质量控制。建立健全了一批队伍建设和检务保障工作制度,推行了有74项量化标准的基层检察院建设考核办法。

四、检察改革迈出新步伐。

认真落实最高人民检察院深化检察改革三年实施意见,以公正和效率为目标,不断推进工作创新和机制创新。人民监督员制度试点工作进展顺利,共有39件“三类案件”进入人民监督员监督程序,已办结37件。进一步加强侦查一体化机制建设,调整侦查分工,整合侦查资源,提高了发现和突破案件的能力,促进了查办职务犯罪工作与诉讼监督工作的有机结合。

五、队伍建设和基层检察院建设进一步加强。

坚持提高现有人员素质与改善队伍结构相结

合,进一步加强队伍专业化建设。在专项整改活动中,以各个工作岗位的基本技能和基本规范为重点,对全省检察人员进行了集中培训考核。举办各类专业培训班27期1810人(次)。省检察院制定了支持和鼓励干警参加在职教育及司法考试的补助和奖励办法。公开招录了一批本科生、硕士研究生。认真落实《中共海南省委关于进一步加强人民法院人民检察院基层建设的意见》,全面推进基层检察院建设。坚持从严治检、从严治长,加强领导班子建设,狠抓队伍的教育、管理和监督,加大查处违法违纪案件力度。全省检察机关受到省级以上表彰的先进集体48个(次)、先进个人76人(次)。查处违法违纪干警15人,其中给予纪律处分3人,调离办案岗位、通报批评、诫勉谈话12人。对检察人员违法违纪的投诉同比下降10%。

六、检务保障取得新进步。

在各级党委、政府的重视和支持下,大多数检察院的办案经费有了较大幅度的增长,77%的检察院完成了"两房"建设任务。制定实施了《海南省检察机关信息化建设三年规划》,全省检察专线网已互联互通,视频会议系统、侦查指挥系统、机要通道系统已经建成并运行,大多数检察院的局域网建设和办案工作区建设全面展开。

(海南省人民检察院办公室)

**重庆市检察工作**　2005年,重庆市检察机关在中共重庆市委和最高人民检察院的领导下,在市人大及其常委会的监督支持下,以邓小平理论和"三个代表"重要思想为指导,带领全市检察机关,紧紧围绕全市工作大局,认真履行宪法和法律赋予的职责,各项检察工作取得新的进展,为维护我市社会稳定和促进改革发展做出了积极努力。

一、紧紧围绕建设"平安重庆"的要求,积极做好维护稳定工作。

(一)全市检察机关始终把维护社会稳定作为首要任务,与有关部门密切配合,充分履行职能,坚决打击敌对势力的渗透破坏活动和利用"法轮功"等邪教组织实施的危害国家安全犯罪,严厉打击严重影响群众安全感的黑恶势力犯罪、严重暴力犯罪和盗窃、抢劫、抢夺等多发性侵财犯罪。全年共批准逮捕刑事犯罪嫌疑人17108人,提起公诉14259件20467人。

(二)认真做好群众来信来访工作,及时化解矛盾。全年共处理人民群众来信6092件,接待来访3421人次。在2004年集中处理涉检上访工作取得阶段性成果的基础上,开展集中处理涉检信访专项行动,全面清理群众来信来访积案,做好息诉息访工作。对新清理出的属于检察机关管辖的179件信访案件,已办结167件,息诉162件,其中市检察院直接办理和督办65件,检察环节的信访总量、申诉总量和集体上访批次同比分别下降18.6%、20.3%和66%。

(三)开展社会治安综合治理工作,防止和减少违法犯罪的发生。结合检察职能,积极参与社会治安防控体系建设、平安创建活动,结合办案进行法制宣传,帮助发案单位建章建制。积极开展送法进校园,探索有利于教育挽救未成年犯罪人员的办案方式,进一步加强对未成年人犯罪的预防。配合有关部门开展监外执行罪犯社区矫正试点工作,促进社区服刑人员的改造和转化。

二、坚决打击破坏市场经济秩序犯罪,为社会主义市场经济健康发展服务。

全市检察机关积极参加整顿和规范市场经济秩序工作,加大对破坏市场经济秩序犯罪的打击力度。共批准逮捕走私、生产销售伪劣商品、侵犯知识产权、金融诈骗、偷税骗税等经济犯罪嫌疑人331人,提起公诉208件337人。积极开展集中查办扰乱和破坏市场经济秩序的渎职犯罪专项工作,立案查办相关渎职犯罪22件26人。

(一)针对一些地方对破坏市场经济秩序犯罪行政处罚多、移送司法部门追究刑事责任少的问题,逐步完善刑事执法与行政执法相衔接的工作机制,主动加强与相关行政执法部门的联系,共建议行政执法机关向公安机关移送涉嫌破坏市场经济秩序的犯罪案件22件,公安机关已立案侦查18件。

(二)促进市场主体的平等竞争,认真落实为非公有制经济发展服务的"八条决定",保护非公有制企业的合法权益。共批准逮捕损害非公有制企业利益和危害非公有制经济业主人身财产安全的犯罪嫌疑人974人,提起公诉621件1039人;立案查办国家工作人员侵犯非公有制经济利益的职务犯罪34人。

三、积极查办和预防职务犯罪,深入推进反腐败斗争。

坚决贯彻中央和市委关于反腐败斗争的总体

部署,严肃查办国家工作人员职务犯罪案件。全年共立案侦查职务犯罪案件596件737人,其中贪污贿赂犯罪511件639人,渎职侵权犯罪85件98人。抓获在逃职务犯罪嫌疑人24人。通过办案,为国家挽回经济损失9000万元。

(一)突出查办大案要案和人民群众反映强烈的案件。全市检察机关共立案查办贪污贿赂五万元以上、挪用公款十万元以上的大案365件,占贪污贿赂犯罪立案总数的71.4%,其中涉案金额在一百万元以上的20件。立案查办县处级以上干部133人,占立案总人数的18%,其中厅级干部5人。突出查办了人民群众反映强烈、以权钱交易为主要内容的贿赂犯罪,共立案查办279件,占贪污贿赂犯罪立案总数的54.6%,其中行贿犯罪49件。

(二)对一些群众反映强烈的行业和部门的案件进行重点查处。立案侦办交通领域的职务犯罪案件36件,重点查办了一些发生在交通基础设施建设中的贪污贿赂犯罪;立案侦办教育系统工作人员职务犯罪案件44件,查办了一些中小学负责人在教学用品采购、基础设施建设中发生的贪污贿赂犯罪;坚持为国有企业改革发展服务,查办国有企业工作人员职务犯罪案件238件,重点查办了一批利用国有企业兼并、破产、改制之机,侵吞、私分、挪用国有资产或损害国有企业利益、造成国有资产流失的案件,为国有企业挽回经济损失4800万元。

(三)促进国家工作人员依法行政,把查办国家机关工作人员渎职犯罪作为反腐败的重要内容。共立案查办涉嫌玩忽职守、滥用职权、徇私舞弊的国家机关工作人员87人。继续深入开展严肃查办国家机关工作人员利用职权侵犯人权案件专项活动,共立案查办涉嫌利用职权刑讯逼供、虐待被监管人的国家机关工作人员11名。

(四)坚持"惩防并举、注重预防"的方针,积极开展预防职务犯罪工作。结合查办案件,分析犯罪行为演变过程和办案中发现的问题,向发案单位提出检察建议,协助堵漏建制。在继续坚持严肃查处移民工作中的职务犯罪案件的同时,加强犯罪预防,努力保障移民资金安全和移民工作的顺利进行。继续配合交通、金融等系统开展职务犯罪预防工作。充分利用典型案例开展警示教育,积极协助有关部门,组织了2万多名国家工作人员到监狱听取职务犯罪服刑人员现身说法。积极配合有关部门推行建设市场廉洁准入制,全面开展行贿犯罪档案查询工作,在减少和预防贿赂犯罪上进行了有益探索。

四、加强对诉讼活动的法律监督,促进司法公正。

全市检察机关坚持有罪追究、无罪保护、严格依法、客观公正的原则,切实履行各项监督职责,着力解决人民群众反映强烈的执法不严、司法不公等问题。

(一)加强对刑事立案和侦查活动的监督。对公安机关应当立案而不立案的,依法监督立案149件;对应当逮捕而未提请批捕、应当起诉而未移送起诉的,追捕140人,追诉369人。立案监督和追捕、追诉人员中,被判处十年以上有期徒刑的24人,无期徒刑1人,死刑2人。公安机关不应当立案而立案的,监督撤案10件;对不符合法定逮捕、起诉条件的,依法决定不批准逮捕1229人,不起诉799人。

(二)加强对审判活动的监督。在刑事审判监督中,对认为确有错误的刑事判决、裁定提出抗诉50件,改判、撤销原判发回重审18件。在民事审判和行政诉讼监督中,重点监督因裁判不公导致当事人合法权益尤其是社会弱势群体利益受到侵害的案件,提出抗诉178件,改判68件,调解结案、撤销原判发回重审30件;发出检察建议181件,法院采纳134件。

(三)加强对刑罚执行和监管活动的监督。纠正交付执行、减刑、假释、保外就医等刑罚执行中的违法违规行为1835件次,对监狱和看守所监管活动中的违法违规行为提出纠正意见1306件次。针对刑罚交付执行中的问题,与公安机关密切配合,开展了留看守所服刑罪犯专项清理活动,对清理出的不符合留所服刑条件的罪犯,督促有关部门交付监狱执行刑罚。在2004年全市实现羁押"零超期"的基础上,市检察院提请市委政法委组织协调,在全市基层政法部门全面推行了刑事案件"一证通"制度,还与市高级法院、市公安局、市国家安全局共同制定了超期羁押责任追究制度。

(四)在全面加强诉讼监督的同时,全市检察机关高度重视对自身执法工作的监督。市检察院进一步建立和完善了案件备查、审批制度,加强对查办职务犯罪、批准逮捕、提起公诉等执法办案环节的监督。坚持有错必纠,对不服检察机关处理决定的119件申诉案件认真复查,改变原决定69件。

立案办理刑事赔偿案件40件，决定赔偿37件，并全部兑现。

五、以规范执法行为、提高执法水平为重点，大力加强检察队伍建设。

全市检察机关以保持共产党员先进性教育活动和“规范执法行为，促进执法公正”专项整改活动为载体，紧紧围绕检察机关的执法办案工作，加强思想政治教育，提高检察队伍素质。

（一）紧密结合自身执法实际，以涉检信访案件、错案或质量不高的案件为切入点，从容易发生徇私枉法、权钱交易以及执法不文明、违法违规办案的环节和部位入手，采取走访各级人大、政协及相关部门，召开座谈会，发放征求意见函等多种方式，深入查找执法不规范的突出问题。

（二）针对发现的违法违规扣押、冻结和处理涉案款物，受利益驱动办案，侵犯当事人合法权益，违反办案程序和办案纪律等突出问题，组织对2001年以来扣押、冻结款物情况进行专项检查，对不规范的行为进行了纠正，对应当退还当事人或发案单位的款物，责令采取得力措施予以退还。

（三）对2000年以来逮捕后作不起诉或撤案处理以及被判无罪的错案或质量不高的案件进行全面清理、剖析，追究了9名承办人的执法过错责任。坚持边查边改边建，进一步严格办案程序，修改完善案件质量标准，细化错案责任追究办法，努力从源头上解决执法不规范的问题。

（四）结合执法规范化建设，加强对队伍的教育培训和监督管理。引导干警牢固树立“立检为公、执法为民”的观念，增强宗旨意识，大力开展与检察工作相关的基本法律、执法程序和工作规范培训，切实抓好党风廉政建设和纪律作风建设，建立了对下级检察院领导班子的巡视制度。坚持从严治检，全年共有10名干警因违法违纪受到查处。

六、自觉接受人大及其常委会和社会各界的监督，不断改进检察工作。

（一）不断增强宪法意识，自觉接受人大监督和政协民主监督，坚决执行人大及其常委会的决议和决定。市检察院高度重视人大代表和政协委员的意见，通过送阅检察工作资料、邀请部分代表和委员参加检察机关的重大活动、定期向市人大代表书面汇报检察工作情况、书面征求对检察工作和检察队伍建设的意见等方式，主动接受监督。就检察机关诉讼监督工作整改情况、查办和预防职务犯罪工作情况分别向市人大常委会主任会议和常委会作了专题报告，根据审议意见，及时改进工作。

（二）认真办理市人大代表书面建议、市人大常委会交办案件、市政协委员提案，共收到26件，已办结回复23件，除1件表示理解外，其余均表示满意和基本满意。按照宪法和法律的规定，依法提请市人大常委会任免干部27名。

（三）深入推进人民监督员制度试点工作，加强对检察机关查办职务犯罪工作的监督。自去年10月全市28个试点检察院开展人民监督员制度试点工作以来，在监督的171件案件中，人民监督员不同意检察机关原拟定意见7件。对人民监督员的意见，检察机关采纳2件，对未采纳的，依据事实和法律作出说明，得到了人民监督员的认同。

（重庆市人民检察院法律政策研究室）

**四川省检察工作**　一、坚持打击刑事犯罪与保护公民权利的辩证统一，促进和谐稳定。依法严厉打击严重刑事犯罪。2005年，共批准逮捕38367人，起诉43522人。突出重点，严厉打击危害国家安全犯罪，黑恶势力等有组织犯罪，“两抢一盗”等多发性侵财犯罪，以及毒品、赌博犯罪，侵害妇女儿童合法权益犯罪。

依法严厉打击严重经济犯罪。2005年，共批准逮捕破坏市场经济秩序犯罪676人，起诉773人。严厉打击非法采矿、非法转让倒卖土地使用权、金融诈骗等犯罪，以及生产销售有毒有害食品、强迫交易、合同诈骗等犯罪。监督行政执法机关移交涉嫌犯罪案件93件。

依法保障公民的合法权益。通过初查举报线索，为577名被举报人澄清事实，实事求是保护了干部。严肃查办国家机关工作人员利用职权侵犯人权犯罪，开展以纠正刑讯逼供为重点的专项侦查监督，共立案侦查刑讯逼供、非法拘禁、虐待被监管人等职务犯罪228人。通过开展集中处理涉检信访专项活动，排查涉检案件221件，办结212件。通过办理刑事申诉、刑事赔偿案件，依法纠正原处理决定50件，决定赔偿44件。省检察院制定了《办理未成年人刑事案件的实施意见》，全省批准逮捕未成年犯罪嫌疑人下降9.7%。

二、坚持惩治职务犯罪与预防职务犯罪的辩证统一，促进依法从政。全省检察机关坚持查办职务犯罪不放松，共立案查办2224人，挽回直接经济损失3亿元。集中查办大案要案。立案查办大案1108件,要案206人。突出查办矿产资源开发中官商勾结、以权谋私的职务犯罪129人,突出查办挪用、侵吞、私分国有资产等职务犯罪572人。查办医疗卫生系统职务犯罪128人;查办教育系统职务犯罪97人;针对城镇拆迁中侵害居民利益,土地征用和退耕还林中侵害农民利益的问题,立案84人。立案查办滥用职权、玩忽职守等渎职犯罪429人。查办贪赃枉法、徇私舞弊等职务犯罪165人。查行贿,遏制贿赂犯罪,共立案查办91人。坚持实体与程序并重,进一步规范办案行为,提高办案质量。

结合办案,深化预防职务犯罪。省检察院制定了《促进市场化配置资源预防职务犯罪的实施意见》,受到省委领导的充分肯定。结合典型案件,提出检察建议651条。提出预防基层干部侵吞征地补偿款犯罪的建议,被中央办公厅转发。省检察院在全国预防职务犯罪工作会议上作了发言。

三、坚持促进司法公正与维护司法权威的辩证统一,促进公平正义。着力加强刑事审判监督。依法对确有错误的刑事判决、裁定提出抗诉147件;对审判活动中的违法行为提出纠正116件。着力加强刑罚执行监督。依法纠正减刑、假释、暂予监外执行不当和违法保外就医等212人;立案查办监管场所的职务犯罪38人。着力加强民事行政检察监督。对确有错误的生效民事行政判决、裁定提出抗诉638件,提出再审检察建议437件。对因犯罪造成国家、集体财产损失的,提起附带民事诉讼296件。支持单位、公民提起民事诉讼239件。着力维护司法权威。对31件抗诉不当的刑事案件,依法撤回抗诉;对256件原处理正确的刑事申诉案件,依法予以维持;对26件不符合国家赔偿条件的案件,依法不予赔偿。

四、坚持自觉接受监督与依法行使职权的辩证统一,促进执法公正。落实宪法原则,自觉接受人大监督和政协的民主监督。全省检察机关主动向人大及其常委会报告工作407次,向政协通报工作198次。省检察院向省人大常委会及其专门委员会专题报告了开展司法监督,贯彻执行宪法修正案、律师法、劳动法的情况,向省政协通报了开展人民监督员制度试点工作的情况。落实群众路线,自觉接受社会监督。完善办理不起诉、刑事申诉、民事行政抗诉案件公开审查和听证制度,建立检察工作重要事项通报和新闻发言人制度,充分发挥特约检察员的民主监督作用。进一步深化人民监督员制度试点工作。

五、坚持规范执法行为与提高队伍素质的辩证统一,促进能力建设。进一步加强宗旨教育。市、县两级检察院扎实开展了保持共产党员先进性教育活动,省检察院机关开展了先进性教育"回头看",强化了党员主体意识和执法为民的宗旨意识。进一步规范执法行为。把"规范执法行为,促进执法公正"专项整改活动,作为巩固党员先进性教育成果的重要措施。从执法办案的重点环节抓起,切实查找和整改执法办案中的问题,新建、修订16项办案制度。进一步强化监督管理。对11个市级检察院开展巡视督查,全面掌握班子特别是一把手的履职和廉政状况,对发现的问题逐项督促整改。对22个市级检察院及部分基层检察院的财务管理,进行了专项大检查,及时纠正发现的问题。在全国检察长座谈会上,省检察院介绍了巡视督查经验。进一步强化执法素质。全省招考录用489名本科大学生,调剂录用司法考试合格人员79人。进一步加强基层基础工作。对基层检察院建设状况开展调研,确定33个示范院、20个重点帮促院,由领导定点联系,加强督导。深入开展争先创优活动,涌现出全国先进工作者、全国"十佳"渎职侵权检察处处长、"十佳"反贪局局长等一批心系群众、执法为民的典型。进一步改善基层检务保障,共争取专项补助经费10121万元,争取办案经费补助1470万元。

(四川省人民检察院　赵秉恒)

**贵州省检察工作**　2005年,全省检察机关坚持以邓小平理论和"三个代表"重要思想为指导,牢固树立和落实科学发展观,坚持"立检为公、执法为民",围绕全国全省工作大局,切实履行宪法和法律赋予的职责,推动了执法力度、办案质量、队伍素质、检务保障、规范化建设再上新台阶。

一、认真履行批捕和起诉职责,为维护改革发展稳定大局创造和谐稳定的社会环境。

全年共批准逮捕刑事犯罪嫌疑人25760人,提起公诉27119人。其中批准逮捕黑恶势力犯罪、严重暴力犯罪和盗窃、抢夺等多发性侵财犯罪嫌疑人14060人,提起公诉14102人。批准逮捕组织卖淫、赌博、毒品等犯罪嫌疑人4000人,提起公诉3951人。批准逮捕生产销售伪劣商品、金融诈骗、侵犯知识产权、偷税骗税等犯罪嫌疑人 303 人,提起公诉 260 人。批准逮捕盗伐滥伐林木、非法采矿、破坏性采矿等犯罪嫌疑人 397 人,提起公诉 406 人。批准逮捕侵害农民合法权益、危害农业生产等各种危害农村社会稳定的犯罪嫌疑人 12119 人,提起公诉 12575 人。

积极参与平安创建活动,妥善处理群体性上访 77 件;认真贯彻落实宽严相济的刑事政策,对轻微犯罪人员和未成年人犯罪依法不批准逮捕 769 人,不起诉 31 人,定期组织回访 615 人次。

二、认真履行查办和预防职务犯罪职责,为我省经济社会发展创造良好的社会管理和服务环境。

2005 年,全省检察机关共立案侦查涉嫌职务犯罪的国家工作人员 1279 人,其中涉嫌贪污贿赂犯罪 1073 人,渎职侵权犯罪 206 人;提起公诉 1216 人;为国家挽回直接经济损失 20237.69 万元。全年共立案侦查贪污贿赂犯罪大案 411 件,涉案金额一百万元以上的 16 件;立案侦查涉嫌职务犯罪的县处级以上干部 72 人(其中地厅级干部 2 人);立案侦查涉嫌职务犯罪的司法人员、行政执法人员 300 人;立案侦查发生在土地管理、教育等系统和行业中涉嫌职务犯罪的国家工作人员 321 人。省检察院制定了《贵州省检察机关实行正名制的暂行规定》,为 27 名被错告、诬告的被举报人,澄清问题,予以正名。

全省检察机关积极开展预防职务犯罪工作,共开展系统预防 175 次;专项预防 120 次;开展个案预防,提出检察建议 236 次。省检察院提请省人大常委会审议的《贵州省预防职务犯罪工作条例(草案)》地方立法议案,已经省十届人大常委会第十七次会议审议通过,于 2006 年 1 月 1 日起施行。

三、认真履行诉讼监督职责,为维护全省经济社会发展创造公平正义的法治环境。

全省检察机关将常规性监督与专项监督,纠正违法的一般监督与查办案件的特殊监督有机结合,依法监督侦查机关立案 435 件;监督撤案 203 件。追加逮捕 260 人;决定不批捕 4518 人。追加起诉 166 人;决定不起诉 789 人。对侦查活动中的违法情况,提出书面纠正意见 289 件次。提出刑事抗诉案件 116 件;对审判活动中的违法情况提出纠正意见 10 件次。提出民事行政抗诉案件 150 件,同比上升 48.5%;提出再审检察建议 58 件;依法维护人民法院的正确裁判,对 266 件申诉案件认真做好当事人的服判息诉工作。对违法减刑、假释、保外就医、不按规定交付执行以及监管活动中的违法情况提出纠正意见 33 人次。监督纠正侦查机关、审判机关办案环节超期羁押 11 人。立案侦查监狱、看守所人员涉嫌徇私舞弊减刑、假释、暂予监外执行等职务犯罪案件 14 件 16 人;立案侦查司法人员涉嫌徇私枉法、民事行政枉法裁判案件 17 件 18 人。

继续开展集中处理涉法上访案件专项工作,依法办结属于检察机关管辖的上访案件 97 件;继续开展对制售伪劣商品和侵犯知识产权犯罪立案监督专项工作,监督立案 23 件 29 人。认真开展集中查办破坏社会主义市场经济秩序渎职犯罪专项工作,立案侦查 59 件 65 人。积极开展以纠正刑讯逼供为重点的侦查监督专项工作,立案侦查 9 件 16 人。

四、积极推进检察改革,强化内部执法办案监督制约,完善检察工作机制。

全省检察机关稳步推进了以下三个方面的检察改革。一是全面推进人民监督员制度试点工作。省检察院报请最高人民检察院同意,决定从 2005 年 10 月 1 日起,对尚未试点的 36 个基层检察院开展人民监督员制度试点工作。全省检察机关共确认人民监督员 519 名,其中有人大代表 193 名,政协委员 167 名。二是推进渎职侵权检察机构改革。按照最高人民检察院的部署,省检察院成立了反渎职侵权局,并在全省检察机关布置了更名设局工作。三是积极探索工作机制改革,进一步完善诉讼监督机制和执法办案内部监督制约机制,改革和完善检察干部管理体制,探索建立上级检察院检察官从下级检察院检察官中遴选机制。

五、自觉接受监督,保障检察权的正确行使。

省检察院制定了接受人大监督的措施。各级检察院通过向人大及其常委会报告重大工作部署、重大工作事项、重大案件办理情况,认真办理人大交办的事项和案件,邀请人大代表视察检察工作,加强与人大代表联系等方式,自觉把检察工作置于人大的监督之下。

加强人民监督员对检察机关直接受理侦查的职务犯罪案件拟作撤案、不起诉处理和犯罪嫌疑人不服逮捕决定的案件和"五种情形"的监督工作,人民监督员共监督结案 153 件 168 人,不同意原拟定意见 22 人,检察机关采纳 10 人。

六、加强检察队伍和基础设施建设,努力提高法律监督能力和水平。

全省检察机关按照中央、省委和最高人民检察院的部署,以高度的政治责任感和足够的领导精力,认真开展了保持共产党员先进性教育活动。省检察院制定了加强法律监督能力建设的若干措施,建立了保持共产党员先进性长效机制、党员领导干部自觉接受监督长效机制。保持共产党员先进性教育活动达到了目标要求。

全省检察机关认真开展"规范执法行为,促进执法公正"专项整改活动,制定和修改完善了一批规章制度。省检察院对全省检察机关7个业务部门的处(科)长347人和45个基层检察院分管公诉工作的副检察长进行了重点培训,组织全省4520名检察干警参加了培训考试。

全省检察机关切实加强对干警的教育、管理和监督,强化对领导干部的监督,认真接受最高人民检察院巡视组的巡视,切实加强内部执法办案监督制约,严明执法纪律,对9名违纪违法的干警进行了查处,同比减少3人。

加强检察基础设施建设,省检察院完成了二级专线网建设,实现了数据、视频、语音三网合一。继续加强办案用房和专业技术用房建设,全省共有52个检察院完成了"两房"建设任务,执法办案条件明显改善。

(贵州省人民检察院　张晓强)

**云南省检察工作**　2005年,云南省检察机关认真实践邓小平理论和"三个代表"重要思想,全面落实科学发展观,按照"强化法律监督,维护公平正义"的工作主题,切实履行宪法和法律赋予的职责,检察工作取得了新的成绩。

一、充分发挥法律监督职能作用,检察工作在服务党和国家工作大局中取得新的进展。

(一)依法惩治刑事犯罪。全年共批准逮捕刑事犯罪嫌疑人40125人,提起公诉42143人,分别比2004年上升1.9%和3%。

1. 突出打击严重暴力犯罪和多发性犯罪。批准逮捕杀人、抢劫、强奸、绑架、爆炸等严重暴力犯罪嫌疑人6682人,提起公诉6780人;批准逮捕抢夺、盗窃等多发性侵财犯罪嫌疑人11139人,提起公诉11306人;批准逮捕毒品犯罪嫌疑人9695人,提起公诉9550人,其中批准逮捕外国籍毒品犯罪嫌疑人171人,提起公诉240人。

2. 依法惩治破坏社会主义市场经济秩序的犯罪。加强对查处经济犯罪案件的监督,开展了打击制假售假、侵犯知识产权犯罪专项立案监督活动。批准逮捕各类经济犯罪嫌疑人579人,提起公诉662人。

3. 积极参加社会治安综合治理。制定和施行了《涉检刑事申诉刑事赔偿案件息诉罢访工作试行规定》,开展了集中处理涉检上访案件专项活动,接待群众来信来访12429件次,立案复查刑事申诉案件152件,办理刑事赔偿案件85件。各级检察院领导对清理排查出的70件重点涉检上访案件进行挂牌督办,依法纠正23件,给予赔偿6件,返还上访人合法财产和支付赔偿金45万余元。大力开展法制宣传教育和创建优秀"青少年维权岗"活动,加强对未成年违法犯罪人员的教育、感化和挽救,配合有关部门做好监外执行人员的帮教、矫治工作。

(二)加大查办和预防职务犯罪力度,提高办案质量,促进反腐败斗争深入开展。

1. 集中力量查办大案要案。立案侦查职务犯罪案件904件,其中大案要案402件;提起公诉677人。通过办案,为国家挽回直接经济损失1.15亿元。严肃查办领导干部犯罪案件。立案侦查涉嫌犯罪的县处级以上领导干部61人,其中厅级干部3人。突出查办社会关注的热点案件。集中查办了部分高校教材征订部门收取回扣构成犯罪的案件98件122人,追缴违法犯罪款1013万余元。严肃查办了3件中央新闻媒体曝光事件背后的渎职犯罪案件。依法查办危害企业发展的职务犯罪案件。查办涉嫌贪污、贿赂、挪用公款、私分国有资产犯罪的国有企业人员192人,查办索贿受贿等危害非公有制经济发展的职务犯罪案件140件156人。

2. 积极开展预防职务犯罪工作。与18个行业系统建立了预防机制,建立联系点650个,制定预防联系制度350项。结合典型案例研究防范对策,提出检察建议,开展个案预防217项,深入重点行业和领域开展系统预防164项,对48个国家级、省级建设项目开展了同步预防和专项预防,向党委政府提出预防调研报告32份,向有关单位发出预防建议76份。广泛开展预防宣传、咨询和警示教育,有二万余名国家工作人员到各地"警示教育基地"接受了教育。

3. 着力提高执法水平和办案质量。为35名被错告、诬陷的领导干部和企业负责人澄清事实,辟诬正名。根据“宽严相济”的刑事政策，依法对犯罪数额不大、情节较轻、认罪态度好的204名职务犯罪嫌疑人，分别作了不予立案、不逮捕、不起诉的宽大处理。在检察实践中不断提高办案质量，职务犯罪移送审查起诉率上升7.21个百分点。

（三）加强对诉讼活动的法律监督，提高监督水平，维护司法公正。一是加强对侦查活动的监督。依法监督应当立案而未立案的案件178件，监督撤销不该立案而立案的案件15件；依法追捕犯罪嫌疑人49人，追诉65人；决定不批准逮捕4344人，不起诉1646人。二是加强对审判活动的监督。对审判活动中的违法情况提出纠正意见26件次。依法对认为确有错误的刑事判决、裁定提出抗诉82件，法院已改判33件。受理民事行政申诉案件2031件，立案审查570件，对认为确有错误的判决、裁定依法提出抗诉191件，发出再审检察建议37件，法院已改判、发回重审和调解结案77件。三是加强对刑罚执行活动的监督。以纠正违反规定不交付执行和违法减刑、假释、保外就医等问题为重点，对全省看守所开展了余刑在一年以上的留所服刑罪犯的清理工作，共清理出违法留所服刑罪犯628人，已全部纠正送监执行。发现并纠正违法减刑、假释、保外就医150人。监督纠正检查发现的问题532件次。

（四）强化人权保护意识，加强对人权的司法保障。一是强化证据意识。对事实不清、证据不足的5903件案件，退回补充侦查。对补充侦查后证据依然不足的535名案件当事人，依法存疑不起诉。文山壮族苗族自治州检察院在办理侦查机关移送审查起诉的王树红故意杀人案时，成功防止了一起严重错案的发生，受到了最高人民检察院的通报表彰。二是切实提高“命案”办理质量。建立了“命案”办理通报机制，对故意杀人等致人死亡的“命案”，一旦出现不起诉、判无罪等情况的，立即向公安机关书面通报，总结教训，提高执法水平和办案质量。三是加大清理纠正超期羁押工作力度。继续完善纠防超期羁押的工作机制，对7868件羁押期限即将到期的案件进行了督促催办，监督纠正超期羁押40人次，检察环节全年未发生超期羁押。四是严肃查办侵犯人权的职务犯罪案件。开展了查办国家机关工作人员利用职权侵犯人权犯罪案件专项活动，立案侦查刑讯逼供、非法拘禁等职务犯罪案件13件21人。五是依法保护弱势群体的合法权益。查办在征用土地中侵害农民利益、城市拆迁中侵害居民利益、工程建设中侵害农民工利益的职务犯罪案件65件72人。

二、大力加强队伍建设，法律监督能力在教育整改和改革创新中得到全面提升。

（一）保持共产党员先进性教育活动取得明显成效。广大党员干部普遍接受了一次深刻的党性教育，思想政治素质和职业道德素质有了新的提高，促进了各项检察工作的发展。

（二）“规范执法行为，促进执法公正”专项整改活动取得阶段性成果。制定了《云南省检察机关执法办案工作规范》。对全省检察人员进行了全员培训考核。坚持从严治检，对3名违法违纪办案人员进行了严肃处理。

（三）执法能力建设进一步加强。一是以提高司法考试通过率为突破口，解决检察官“断层”问题。全省117名检察人员通过司法考试，通过率为16.53%。二是以人才兴检为目标，加强高素质人才队伍建设。启动了高层次人才培养工程，向最高人民检察院选拔推荐了6名专家型人才、61名复合型人才和506名专门型人才作为培养对象。三是以班子建设为目标，加大对领导干部的监管力度。协助党委对5个分、州、市检察院的领导班子进行了调整充实；加强对党外副职的选拔配备工作，省检察院和8个州市检察院、29个县级检察院配备了民主党派副检察长。四是以加强基层检察院建设为着力点，夯实工作基础。实行领导联系基层制度，省检察院领导对全省15个重点帮扶院分片包院和结对帮扶；协调100余名基层干部互派挂职锻炼；面向全国统一招录284名法律院校毕业生充实基层。全省基层检察院建设取得了新的进步，昆明市五华区检察院被评为全国“十佳”检察院，昆明市盘龙区检察院、易门县检察院、保山市隆阳区检察院受到中央文明委的表彰，玉溪市检察院副检察长兼反贪局长王江华被评为全国“十佳”反贪局长。

（四）检察改革进一步深化。全省各级检察院共聘请了755名人民监督员，对275件案件开展了监督。人民监督员同意检察机关拟办意见的257件；不同意的18件，其中检察机关采纳人民监督员意见的6件，其余12件检察机关与人民监督员统一了处理意见的认识。积极改革完善内部监督制约机制，建立职务犯罪案件撤案、不起诉报上一级检察院批准和立案、逮捕报上一级检察院备案制度;逐步实行讯问职务犯罪嫌疑人、询问证人等收集言词证据活动全程录音、录像制度;建立保障律师在检察环节依法履行职责的工作机制;健全和规范执法责任制和错案责任追究制。

(五)科技强检、"两房"建设等检务保障工作取得新发展。制定并实施了《全省检察机关三年电子政务建设规划》,实现了机要文件网络传输、远程案件讨论和远程网络教育。全省已有60%的检察院完成办案用房和专业技术用房建设任务。

(六)在自觉接受监督中确保了检察权的正确行使。坚持把检察工作置于党的绝对领导、人大的监督和政协民主监督之下,认真办理并及时反馈人大、政协及其代表、委员转交的案件。省检察院向省人大常委会专题报告了全省检察机关开展民事行政检察工作的情况,邀请省人大常委会、省政协对人民监督员制度试点工作进行了视察。

三、加强和国外司法协作交流,境(国)外追逃和外事工作成效明显。

云南省检察院反贪局积极开展境外追逃工作,先后抓获犯罪嫌疑人31名,其中从境(国)外抓获犯罪嫌疑人6名,共挽回经济损失近千万元。为越南培训了15名检察官。承办了刑法执行与人权保护国际研讨会。

(云南省人民检察院　吴　江)

**西藏自治区检察工作**　2005年,全区检察机关以邓小平理论和"三个代表"重要思想为指导,认真落实党的十六大、十六届五中全会和《中共中央、国务院关于进一步做好西藏发展稳定工作的意见》的精神,在各级党委正确领导和人大及其常委会的监督下,在政府的大力支持和政协的民主监督下,深入实践"强化法律监督,维护公平正义"的工作主题,认真落实"加大工作力度,提高执法水平和办案质量"的总体要求,各项检察工作取得了新的进步。

一、关于履行各项法定检察职能方面

坚持把反分裂斗争作为首要任务。全年共受理审查批捕危害国家安全犯罪案件11件13人,经审查,批准逮捕11件11人,提起公诉6件6人。

切实加强批捕、起诉工作。全年共批准逮捕各类刑事犯罪嫌疑人2201人,与2004年比上升3.04%;提起公诉2123人,与2004年比上升20.3%。

认真查办职务犯罪案件。全年共立案侦查贪污贿赂和渎职侵权犯罪案件42件48人。其中,大案21件,要案5件。侦查终结35件45人(含2004年12件16人),为国家挽回经济损失407.87万元。

强化各个诉讼环节的法律监督工作。通过立案监督,纠正该立案而不立案的案件9件;决定不批准逮捕304人、不起诉105人;监督纠正侦查、审判和刑罚执行活动中的程序违法情况52件次。

努力做好职务犯罪预防工作。在123个单位开展了408次行业预防,对重点工程建设开展专项预防,针对发案单位存在的突出问题,共发出检察建议156件。

二、关于检察改革和工作创新方面

探索接受监督的新措施。实施了对职务犯罪案件立案、批捕、撤案和不起诉等一律要报请上一级检察院备案审查制度。强化外部监督机制,深入推进人民监督员制度改革试点工作,对检察机关立案侦查的职务犯罪案件中5起拟作不起诉的案件进行了监督。共受理公安机关要求复议和复核的案件6件,改变原决定3件。

探索队伍管理的新机制。一是进一步深化检察官办案责任制,出台了案件质量考评机制;二是进行以分类管理为重点的人事管理改革,努力探索实行量化、动态管理的新机制;三是将全区73个基层检察院分为三类进行管理和考评;四是健全和完善检察理论研究机构,创办了《西藏检察》杂志。

探索履行检察职能的新方法。与公安机关、行政执法机关之间建立了信息互通机制等。为解决民事行政案件监督难的问题,加强了与审判机关、律师的协调配合机制,试行了《风险提示》和《申诉告知》制度。

探索"规范执法行为,促进执法公正"新手段。建立《执法质量考评标准》体系并全面开展了"办案质量和规范执法竞赛活动"。通过专项活动,涌现出了以全国先进工作者西绕旺杰、全国优秀反贪局长次仁曲桑等先进典型,有54个先进集体、133人被自治区党委、最高人民检察院和地县记功表彰。

三、关于服务大局方面

以化解社会矛盾、预防群体性事件为重点,积极参与创建"平安西藏"活动。全年受理控告案件178件,办理申诉案件137件,接待群众来访273人次;办理涉检信访案件4件4人。立案复查刑事申诉案件67件67人。

严厉打击破坏市场经济秩序的犯罪。监督有

关部门立案侦查破坏社会主义市场经济秩序犯罪154件268人,监督办理侵犯市场主体合法权益犯罪案件38件51人,维护了市场经济秩序的稳定。

积极为企事业单位提供法律服务。2005年走访了企事业单位149家,为企事业发展提供法律服务92件次,办实事98件。在查办生产经营岗位上的重要人员涉嫌职务犯罪案件时,先后35次及时与有关方面沟通情况,确保企业生产经营活动不受影响。对经查证,属于被错告、诬告或举报失实的澄清事实,予以正名16件;对借举报之名故意诬告陷害的严肃处理1件,切实做到有罪追究、无罪保护。

积极开展青少年维权工作。加强对校园及周边治安环境的治理整顿,出席青少年法庭86次,到学校进行普法教育179次,先后派76名优秀检察官担任法制副校长和校外法律辅导员,收到了良好的社会效果。

四、关于队伍建设和基层检察院建设方面

实施素质工程,狠抓教育培训。全区检察干警获得大专以上学历的达到1162人,占全区检察干警总数的80.8%。全区检察机关选派了92名业务骨干到国家检察官学院学习和到18个对口援藏省市检察机关进行岗位培训。有30名检察干警通过了司法考试,通过率为17.7%。从大专院校招录207名大学生,从社会公开招录12名干部。

切实在加强各级检察院领导班子建设上下功夫。通过深入开展保持共产党员先进性教育活动,增强了党性锻炼;通过协助组织部门对正副检察长进行考察调整,增强了战斗力,建立了对下级检察院领导班子诫勉谈话和巡视制度。自治区检察院党组成员带队深入7个分、市院及60个基层检察院进行调研。

切实在改进检察纪律作风上下功夫。查处检察人员违法违纪7人,其中给予党纪、政纪处分5人,涉嫌刑事犯罪2人。

切实在加强基层检察院建设上下功夫。对73个基层检察院按规定标准配备装备。"三房"建设全年已完成6个,正在建设中的6个,投资952.6万元。

切实在科技强检上下功夫。自治区检察院和各分、市院建成了局域网,检察一级专线网已经投入使用,二级专线网基本建成,三级专线网正在积极筹备。部分检察院配置了多媒体示证系统。

切实在做好检察援藏工作上下功夫。全区检察机关接受援藏资金和物资共计459.11万元。2005年,最高人民检察院在四川省成都市召开了全国检察机关援藏工作座谈会,会议落实了2006年至2008年三年援藏资金2004万元。

自觉接受人大监督。2005年,全区检察机关向各级人大及其常委会报告检察工作207次,向全区人大代表发出征求意见函430份,邀请人大代表、政协委员视察检察工作180次301人,走访人大代表和政协委员151次196人,虚心听取他们对检察工作的意见和建议。对代表、委员们提出的43件意见和建议,全部及时予以办结并答复。

(西藏自治区人民检察院)

**陕西省检察工作** 2005年,陕西省检察机关在省委和最高人民检察院的领导下,在人大及其常委会的监督和政府、政协的支持下,坚持以邓小平理论、"三个代表"重要思想为指导,深入贯彻党的十六大和十六届四中、五中全会精神,全面落实科学发展观,紧紧围绕改革发展稳定的大局,认真履行法律监督职责,以开展保持共产党员先进性教育活动及专项整改为契机,着力加强法律监督能力建设,各项检察工作取得了新的进展。

一、严厉打击严重刑事犯罪,努力维护社会稳定。共批准逮捕刑事犯罪嫌疑人15264人,起诉15665人,同比分别上升2.7%和3.5%。突出打击严重刑事犯罪,坚决打击危害国家安全和组织利用"法轮功"邪教组织破坏法律实施的犯罪活动。严厉打击黑恶势力犯罪,爆炸、杀人、绑架等严重暴力犯罪,"两抢一盗"等侵财犯罪和毒品犯罪,共批捕上述犯罪嫌疑人8672人,起诉8218人。积极参加整顿和规范市场经济秩序工作,开展了打击制售假冒伪劣商品、侵犯知识产权犯罪专项立案监督,共批捕扰乱市场秩序、破坏金融管理秩序、危害税收征管等犯罪嫌疑人218人,起诉216人。认真贯彻执行宽严相济的刑事政策,对初犯、偶犯、过失犯,主观恶性较小、犯罪情节轻微的嫌疑人,区别不同情况,依法采取轻缓的刑事政策从宽处理,按照"教育、感化、挽救"的方针,对未成年人案件依法作出不批捕、不起诉决定,并与有关单位联合进行回访帮教,教育挽救失足者。坚持既依法惩治犯罪分子,又保障无罪的人不受刑事追究,对移送审查批捕和起诉的案件严格依法审查,不批准逮捕525

人,不起诉397人。坚持开展“青少年维权岗”活动,积极维护青少年的合法权益。集中开展处理涉检信访问题专项活动,排查涉检信访重点案件101件,办结91件,其中息诉罢访的82件。协助有关部门依法妥善处置群体性事件147件,维护了社会稳定。

二、积极查办和预防职务犯罪,促进党风廉政建设。共立案侦查贪污贿赂、渎职侵权等犯罪案件1076件1245人,其中,贪污贿赂犯罪案件924件1060人,渎职侵权犯罪案件152件185人。通过办案为国家挽回直接经济损失一亿余元。办案质量提高,大案比例上升2.3%,挽回经济损失上升35.6%,撤案数下降37.6%。查办贪污贿赂、挪用公款犯罪大案和渎职侵权犯罪重特大案件380件,查办涉嫌职务犯罪的县处级以上干部89人,其中厅局级干部11人。查办地方电力系统的少数干部职务犯罪案件46件49人,省检察院直接查办省地方电力(集团)公司干部职务犯罪案件9件9人。共查办刑讯逼供、非法拘禁、非法搜查等侵权犯罪案件24件32人。查办玩忽职守等破坏市场经济秩序的渎职犯罪案件128件153人。省检察院制定《预防职务犯罪项目管理制度试行办法》,将各种预防工作的程序用项目管理的方式规范化。全省检察机关预防部门共开展预防警示教育400多场次,预防调研70多次,预防咨询700多人次,发现并向有关部门移送案件线索86件,发出检察建议300多份,被有关单位采纳率达到78%。基本形成了包括教育、交通、粮农、林业、电信、土地征用、能源建设等行业在内的具有陕西特色的16个重点行业领域系统预防体系。全省已有20个市县(区)建立起工程建设廉洁准入制度,3个市建立并运用了行贿犯罪档案查询系统。

三、加强诉讼监督,努力维护司法公正。刑事立案监督中,要求公安机关说明不立案理由1023件,公安机关已立案侦查997件。侦查监督纠正漏捕715人,纠正漏诉249人。刑事审判监督中,对确有错误的刑事判决、裁定依法抗诉45件,法院改判或发回重审的案件占已审结案件的79%。刑罚执行监督中,开展了减刑、假释、保外就医专项检查和对已决罪犯未依法交付执行的专项检查活动,坚持纠正和防止超期羁押,保持了检察环节无超期羁押。对立案、侦查、审判和刑罚执行等诉讼活动中的违法情况,提出纠正意见1059件次,保证了刑事诉讼的顺利进行。加强对民事审判和行政诉讼的监督,对确有错误的生效民事行政案件判决、裁定依法抗诉273件,法院改判、发回重审或调解的案件占已审结案件的71%。向法院提出再审检察建议162件,法院已采纳107件。坚决查办司法人员渎职侵权职务犯罪案件,共立案侦查涉嫌刑讯逼供、枉法裁判、徇私舞弊暂予监外执行等犯罪的司法人员90人。深入推进人民监督员制度试点工作,强化外部监督,共有127件职务犯罪嫌疑人不服逮捕决定,拟作撤案、不起诉处理的案件进入了人民监督员监督程序,人民监督员对其中3件提出不同意见,检察机关采纳人民监督员意见2件。

四、开展保持共产党员先进性教育活动,加强专项整改和队伍建设工作。各级人民检察院共整改具体问题五个方面300多个。认真研究制定整改方案,明确了责任、措施和时限,提出了先进性的具体要求。加强了制度建设和对干警的培训考核工作,按照“规范到岗,落实到人,解决问题,群众满意”的思路,省检察院制定了职务犯罪案件侦查、侦查监督、公诉、民事行政检察、控告申诉检察和检察技术等六个业务工作规程,各市县(区)检察院制定了操作性、实效性强的业务工作细则办法。对全省5950名干警进行了分类培训和考试考核,分期集中培训专门人才、业务骨干800余人。进一步加强基层检察院建设,认真贯彻落实省委办公厅转发的《关于进一步加强全省基层检察院建设的意见》,省市检察院确定了57个基层建设示范院和32个重点帮助院,总结推广先进经验,帮助解决实际问题。省检察院积极配合有关部门争取中央专项补助款,为基层检察院配备了一批办公办案装备。加快了“两房”建设和信息化建设步伐,已有88个检察院建成了办案和技术用房。各级检察院受到上级领导机关表彰奖励的先进集体89个,先进个人133名,蓝田县检察院副检察长王书田同志被省委和最高人民检察院分别授予“优秀共产党员”、“模范检察官”称号,其先进事迹在社会上引起了热烈反响。

五、始终坚持党的领导,自觉接受人大监督。全省检察机关坚持党对检察工作的领导,自觉接受人大及其常委会的监督,认真执行人大的各项决议、决定,对重要工作部署、重大问题及时向党委和人大请示报告,主动接受人大的监督,主动加强与人大代表的联系,认真听取意见和建议,认真负责地办理人大及代表交办的事项,省人大三次会议交办的建议、批评和意见已全部办结。人大和人大代表交办的14件案件也已全部办结,其中13件向人大作了报告,并向有关代表作了答复。省检察院还就加强基层检察院建设等情况向省人大常委会作了专题汇报。

(陕西省人民检察院研究室)

**甘肃省检察工作**　2005年,全省检察机关以邓小平理论和"三个代表"重要思想为指导,在省委、最高人民检察院的领导和省人大的监督下,用科学发展观统领检察工作,全面履行法律监督职责,自觉规范执法行为,为全省经济社会发展做出了应有贡献。

一、依法严厉打击严重刑事犯罪,维护社会和谐稳定。

全年共受理公安、国家安全和监狱机关提请批准逮捕犯罪嫌疑人13263人,经审查批准逮捕11493人;受理移送起诉9939件15851人,经审查提起公诉8455件13055人。其中,审查批捕黑社会性质组织犯罪和故意杀人、强奸、爆炸、制贩毒品等严重刑事犯罪以及"两抢一盗"等多发性案件犯罪嫌疑人6756人,提起公诉7319人;批准逮捕各类经济犯罪嫌疑人251人,提起公诉183件258人,继续保持了打击刑事犯罪的力度和声势。

认真落实检察环节社会治安综合治理措施,结合办案深入研究犯罪防控对策,及时向党委、政府提出建议,配合有关部门对治安突出问题进行重点整治。主动参与地方平安建设工作,投入警力参加治安防空体系建设,开展普法宣传教育。高度重视解决检察环节存在的可能影响社会稳定的问题,集中处理涉检信访案件,开展了"大接访"活动。各级检察院检察长和领导班子成员亲自接待来访群众,共接访案件1497件,其中,属检察机关管辖的345件,已办结答复289件,其余案件正在加紧办理;同时,复查刑事申诉案件80件,纠正原错误决定11件;立案审查刑事赔偿案件8件,决定赔偿6件。

二、深入查办和预防职务犯罪,促进国家工作人员依法廉洁履行职责。

全年共立案侦查职务犯罪案件550件672人,其中贪污贿赂案483件587人,渎职侵权案67件85人;提起公诉335件408人。通过办案为国家挽回直接经济损失1.02亿元。其中,立案侦查贪污贿赂五万元以上、挪用公款十万元以上大案178件,同比上升3.5%,其中犯罪数额超过一百万元的案件8件。查处涉嫌职务犯罪的县处级以上干部56人,其中厅级干部4人,要案同比上升14.3%。立案侦查徇私舞弊、刑讯逼供等渎职侵权重特大案件10件,是近年来最多的一年。进一步加强办案质量管理,立案侦查的职务犯罪案件质量较过去有了新的提高。完善制度,加强管理,不断规范人民监督员制度试点工作,全年共有127件拟撤案、拟不起诉和犯罪嫌疑人不服逮捕决定的职务犯罪案件接受了人民监督员监督,人民监督员提出不同意见7件,检察机关采纳了6件,促进了查办职务犯罪案件工作水平的提高。

认真贯彻《建立健全教育、制度、监督并重的惩治和预防腐败体系实施纲要》,省检察院制定了《系统预防职务犯罪规定》和《职务犯罪预防工作考核办法(试行)》,与有关行业主管部门密切配合,全面开展重大公共投资和国家建设工程专项预防、重点行业领域系统预防及个案预防,组织实施职务犯罪预防项目437个。

三、强化诉讼监督,营造公平正义的法治环境。

全年共监督公安机关立案侦查刑事案件145件175人,纠正公安机关不当立案17件20人。

对侦查机关提请批准逮捕但不符合逮捕条件的1648名犯罪嫌疑人作出了不批捕决定,对移送起诉但不符合起诉条件的328案528人作出了不起诉决定,追加逮捕18人,追加起诉6人。对检察机关认为确有错误的刑事判决、裁定抗诉68件,法院审结21件,改判、发回重审15件。

立案审查民事、行政申诉案件491件,抗诉160件,法院审结87件,改判、发回重审57件。

为了加强诉讼监督工作,2005年省检察院组织市、县两级检察院重点开展了几个专项活动。

一是对检察机关不予批准逮捕并通知公安机关补充侦查的案件进行专项检查,纠正了一批压案不查、久拖不决问题。二是开展取保候审专项检查,对发现的不当适用取保候审、该退还保证金不退还等问题作了严肃纠正。三是开展办案时限专项监督,对办案期限将满的471件案件进行催办、督办;对发生的超期羁押问题,均及时作了纠正。四是开展留所服刑专项检查,发现违法留所服刑已决犯179人,经监督全部投监执行。五是组织民事行政检察部门对2002年至2005年8月办理的522件抗诉案件和133件建议再审案件进行专项清理检查,健全了案件台账,落实了跟踪法院审理情况的责任。

四、规范执法行为,努力提高执法水平。

各级检察机关开展了"规范执法行为,促进执法公正"专项整改活动。一是以职务犯罪侦查、侦查监督、公诉和监所、民事行政、控告申诉检察部门为重点,对各业务环节存在的执法不规范、不公正、不文明等问题,特别是2003年以来发生的错案,进行集中查摆、剖析和整改。二是把制度建设作为执法规范化建设的中心环节来抓,对原有制度进行全面清理,重点建立健全执法责任制度、办案办事依法公开制度和责任查究制度。省检察院制定了《公诉案件质量考评办法》、《民事行政办案工作规定》等规范性文件。三是教育干警牢固树立"建立制度重要、落实制度更重要"的观念,严格遵守制度,保证工作制度贯彻落实到每起案件和各个办案环节,保证好的制度切实发挥作用。四是根据部门工作特点和岗位职责要求,组织实施了全员培训考核。

五、加强队伍和基层基础建设,保障严格公正文明执法。

各级检察院以促进严格、公正、文明执法为目标,切实加强思想政治建设、领导班子建设、队伍专业化建设和基层基础建设,推动了检察业务工作健康开展。

(一)检察人员的政治素质在党员先进性教育活动中得到提高。2005年上半年,全省检察机关把开展保持共产党员先进性教育活动作为重要政治任务来抓,深入查摆和剖析理想信念、宗旨意识、执法工作、执法作风等方面存在的与党的先进性要求不相符合的突出问题,从实际出发确定近中期整改目标,认真落实整改措施,使广大党员干警普遍受到了一次深刻的马克思主义教育,增强了贯彻落实"三个代表"重要思想、科学发展观和"立检为公、执法为民"执法观的自觉性。

(二)领导班子建设不断加强。积极改进干部协管工作,征得省委组织部同意,省检察院有重点地对5个市检察院领导班子进行了届中考察。同时,着手建立廉政谈话制度、上级检察院派员参加下级检察院党组民主生活会制度和巡视制度,加强了对下级检察院领导班子建设的指导。

(三)队伍专业化建设迈出新步伐。一是认真落实检察人才队伍建设规划和培训计划。省检察院共举办业务培训班12期,培训干警728人;创设了"法与正义"论坛,邀请多名国内外著名法律学者和专家为甘肃省检察干警授课。继续组织开展在职学历教育。二是鼓励检察人员参加国家统一司法考试。三是与人事编制部门配合,利用中央返还的检察专项编制面向社会招录204名高学历人员,充实了基层检察机关。四是部分市级检察院采取考试、考核的方式从基层检察院遴选了一批优秀检察官。

(四)基层基础建设形成了良好势头。组织开展了"基层检察院建设调研年"活动,重点抓了上级检察院领导分片包干联系基层和分类指导、重点帮扶等工作措施落实,积极推进基层检察院业务、队伍和信息化"三位一体"建设。省检察院和财政部门利用中央政法专项补助专款,为市、县两级检察院新配备办案用车68辆、办案办公设备625台(套);为基层检察院补助办案经费1120万元。2005年,全省又有18个检察院争取到了办案技术用房国债建设项目资金。从优待检,积极争取解决检察官等级津贴,在地方党委政府的支持下,全省有57个检察院落实了检察官津贴。

六、自觉接受人大监督,保障检察权正确行使。

在党员先进性教育和专项整改活动中,各级检察院采取召开座谈会、登门走访、发放征求意见函等形式,广泛听取了人大代表、政协委员的意见,并认真整改落实。省检察院两次向省人大代表通报了阶段性检察工作和专项整改情况。2005年,省检察院共办理省人大代表意见、建议19条,省人大常委会和省人大代表转办的案件5件,均及时办结并报告、反馈了结果。10月至11月,省人大常委会对省检察院检察长进行述职评议后,根据评议调查中征求到的意见和常委会的评议意见,认真制定整改方案并积极落实。

(甘肃省人民检察院研究室　任　洁)

**青海省检察工作**　2005年,全省检察机关以"三个代表"重要思想和科学发展观为指导,认真贯彻党的十六届五中全会和省委十届七次全委会精神,按照省十届人大三次会议的要求,紧紧围绕全省工作大局,突出检察工作主题,加大工作力度,提高执法水平,加强队伍建设和执法能力建设,各项检察工作取得了新的进展。

一、坚持"严打"方针,全力维护社会稳定。

全年共批准逮捕犯罪嫌疑人3667人,同比上升4.7%；提起公诉4105人，同比上升7.4%。

1. 突出打击重点，加大打击力度。依法严惩危害国家安全犯罪。严厉打击杀人、抢劫、绑架等严重暴力犯罪，涉毒、涉枪犯罪，以及盗窃、抢夺等多发性犯罪。共批捕上述犯罪嫌疑人2828人，提起公诉3200人。强化领导，加大力度，对重特大案件挂牌督办，落实责任，限时办结。

2. 积极参与整顿和规范市场经济秩序工作。深入开展打击制假售假、侵犯知识产权犯罪立案监督专项行动，加强与行政执法机关的联系配合，进一步完善行政执法与刑事执法相衔接的工作机制，确保涉嫌犯罪的案件依法得到查处。共批捕涉嫌破坏市场经济秩序犯罪嫌疑人49人，提起公诉59人。

3. 切实加强批捕起诉工作。制定了《青海省检察机关公诉部门实行办案质量预警机制的规定》，加强案件质量管理。普通刑事案件不诉率由2003年的5.3%下降到1.6%。积极配合公安机关开展"打击赌博"、"打击涉枪犯罪"、"禁毒"等专项集中整治行动，认真落实检察环节上的社会治安综合治理措施。

二、加大办案力度，积极查办职务犯罪案件。

全年共立案侦查职务犯罪案件154件180人。其中贪污贿赂案100件120人，挪用公款案37件42人，渎职侵权案15件16人，其他案件2件2人。

三、强化诉讼监督，维护司法公正。

1. 加强立案监督和侦查活动监督。加大诉讼监督力度，增强监督实效。对应当立案而未立案的，要求公安机关说明不立案理由32件32人，公安机关主动立案16件25人，通知公安机关立案9件12人。决定追捕、追诉13人。

2. 强化审判监督和刑罚执行监督。在审判监督中，注重运用抗诉手段，依法纠正重罪轻判、轻罪重判、量刑明显不当等问题，对认为确有错误的刑事判决、裁定提出抗诉28件。在民事审判、行政诉讼监督中，立案审查民事行政申诉案59件，提出抗诉27件，发出再审检察建议10件。对154件正确的判决，主动做好当事人的息诉服判工作。在刑罚执行监督中，纠正不符合减刑、假释规定的案件8件8人，进一步完善超期羁押通报和预警制度，连续三年保持了检察环节无超期羁押。

3. 进一步加强控告申诉检察工作。全年共受理来信来访1678件，受理申诉案件532件，已全部审查处理。认真开展集中处理涉检信访问题专项活动，共排查涉检信访案件38件，已办结35件。

四、立足检察职能，认真开展预防职务犯罪工作。

一是针对案件易发多发的行业和领域，深入开展个案预防、专项预防和系统预防。已与交通、税务、金融等行业的358家单位建立了预防共建关系，参与监督11项重点建设工程的招投标工作。二是运用典型案例，开展预防宣传和警示教育。发出检察建议31件，写出专题调研报告21份，开展警示教育73次。三是加强预防工作制度建设。制定了《检察机关关于在预防职务犯罪工作中开展"三抓三看"的暂行办法》、《检察机关开展行贿犯罪档案查询工作实施意见》，与监察厅、建设厅共同下发了《青海省建设市场不良行为记录和公示暂行办法》，为规范建设市场经济活动，营造良好投资环境起到了积极作用。

五、加强队伍建设，提高整体素质。

1. 深入开展保持共产党员先进性教育活动。全省检察机关按照省委的统一部署，结合检察工作实际，始终把思想发动、提高认识贯穿教育活动的全过程，精心组织学习，广泛征求意见，在深入开展党性分析评议的基础上，认真整改与先进性要求不相适应的突出问题。

2. 认真开展"规范执法行为，促进执法公正"专项整改活动。对查摆出的执法不规范等8个突出问题，进行深入整改，修订完善了151项规章制度，组织全省1428名干警进行法律知识统一考试，派出13个督查组，对全省检察机关专项整改活动进行督促检查。

3. 进一步加大培训工作力度。开展以提高业务技能为重点的专业培训，举办各类培训班21期，培训干警1600人次，选派182名业务骨干到省内外政法院校、检察机关学习培训。为提高出庭公诉水平，组织了136个考核庭、8个观摩示范庭，积极开展岗位练兵。

4. 基层检察院建设进一步加强。以业务工作为中心，以推进执法规范化、队伍专业化、管理科学化为主要内容，深入开展争创先进检察院活动。城西区检察院、化隆县检察院荣获"全国先进检察院"称号。二名干警分别荣获青海省第五届"十大杰出青年卫士"、"优秀青年卫士"称号。检察机关装备建设得到加强，"两房"建设进一步加快，办案经费逐年增加。2005年为全省检察机关配发业务办案侦查箱、多媒体示证系统32套,办案用车54辆,基层检察院基础设施建设和办公办案条件有了明显改善。

六、深化人民监督员制度试点工作,不断推进检察改革。

一是进一步深化和规范人民监督员制度试点工作。各试点检察院采取有力措施,积极创造条件,确保人民监督员独立、公正地行使监督权。全年对犯罪嫌疑人不服逮捕决定、拟撤销案件、拟不起诉的"三类案件"监督结案24件,充分发挥了人民监督员的监督作用。二是开展了不起诉案件公开审查,被告人认罪案件简化审理,出庭公诉多媒体示证,未成年人犯罪案件公诉改革试点等工作。三是制定了《检察机关案件线索管理暂行规定》、《检察机关自侦、侦查监督、公诉部门加强工作配合和制约的若干规定》等25项制度,进一步强化内部监督,促进执法公正。

七、坚持党的领导,自觉接受人大监督。

全省检察机关始终坚持重大问题和重要工作部署及时向党委请示汇报,坚决贯彻党委的决策和部署。不断增强自觉接受人大监督的意识。省十届人大三次会议后,省检察院对人大代表、政协委员提出的建议、意见进行了专门研究,制定措施,认真整改。在先进性教育和专项整改活动中,广泛征求人大代表、政协委员的意见、建议,认真办理人大交办的案件,不断加强和改进检察工作。

(青海省人民检察院　何育秀)

**宁夏回族自治区检察工作**　2005年,全区检察机关在自治区党委和最高人民检察院的正确领导下,在各级人大及其常委会、人民政协的监督、支持下,坚持以邓小平理论和"三个代表"重要思想为指导,认真贯彻落实党的十六大,十六届四中、五中全会精神,围绕"强化法律监督,维护公平正义"的工作主题和"加大工作力度,提高执法水平和办案质量"的总体要求,以开展"执法能力建设年"活动、保持共产党员先进性教育活动和"规范执法行为,促进执法公正"专项活动为载体,全面履行法律监督职责,推动了各项检察工作的深入发展。

一、以加强法律监督能力建设为主线,着力推进各项检察业务工作。

2005年,全区检察机关深入开展了"执法能力建设年"活动。制定了《关于加强全区检察机关法律监督能力建设的意见》,提出十个方面的能力建设和27条措施办法及100多条对口指导意见,着力解决检察机关在执法观念、执法规范、执法能力和检务保障等方面存在的突出问题,全区检察机关执法观念进一步转变,执法行为进一步规范,办案能力和水平进一步提高,各项检察工作都取得了新的成绩。

全区检察机关以构建社会主义和谐社会和创建"平安宁夏"为目标,坚决维护社会稳定。与公安、法院等部门密切合作,适时介入引导侦查取证,严厉打击各类破坏社会主义市场经济秩序和侵犯人民群众生命财产安全的刑事犯罪。全年共受理审查批捕案件3489件5527人,同比分别上升1.7%和2.7%;批准和决定逮捕3094件4793人;受理移送审查起诉案件4263件6874人,同比分别上升8.2%和11.9%;提起公诉3668件5763人,同比分别上升6.6%和12.2%。坚持突出重点,严厉打击严重暴力犯罪、"两抢一盗"等多发性侵财犯罪,对"法轮功"等邪教组织的犯罪活动,继续保持高压态势,加大打击力度。积极参加禁毒、禁赌、扫黄打非等专项治理活动,对群众反映强烈的案件及时批捕、起诉;对可能引发群体性事件的案件注意妥善把握处理的方法和时机,防止因处理不当产生不稳定因素。加强与有关部门的配合,及时沟通情况信息,对影响稳定的因素及时进行排查,分析社会治安状况,制定突发事件预案,确保社会政治稳定。认真落实检察环节上的社会治安综合治理措施,开展了"青少年维权岗"活动和"送法进校园、进社区、进乡村、进企业"活动。

全区检察机关始终坚持把查办职务犯罪工作与服务大局紧密结合起来,进一步增强办案意识,加大力度,采取"系统抓,抓系统"的办法,突出查办大案要案和损害人民群众利益的案件。全年共立案侦查贪污、贿赂、挪用公款等职务犯罪案件176件233人,同比分别上升2.3%和6.4%。其中,贪污五万元、挪用公款十万元以上大案47件;查办县处级以上干部要案22人,同比上升57.1%。立案侦查国家机关工作人员渎职、侵权犯罪案件34件40人,同比案件数上升9.7%。其中,查处县处级干部2人,司法工作人员23人,同比上升76.9%;行政执法人员14人。通过办案为国家挽回经济损失3578.8万元,同比上升102.3%。加强对案件线索的搜集、管理,主动摸排线索,扩大案源。充分发挥大要案侦查指挥中心的作用,整合全区侦查资源,对大案要案统一指挥调度,其中一些案值大、影响大、涉案人员多的案件采取“专案”形式,抽调侦查骨干组成专案组,突破案件。

全区检察机关认真贯彻落实《宁夏回族自治区预防职务犯罪工作条例》,进一步加强预防职务犯罪工作。各级检察院与有关部门积极建立健全预防工作制度,落实责任,普遍以监管场所为平台,建立了预防职务犯罪的警示教育基地。针对近年来国有企业、金融、保险行业职务犯罪突出的情况,与国资委、银监局、保监局联合开展了惩治和预防国有企业、金融、保险领域职务犯罪专项活动,努力从源头上遏制职务犯罪上升的势头。从个案预防到行业预防,从检察机关预防到与社会预防相结合的转变,有效地防止和减少了犯罪。

全区检察机关进一步加强控告申诉检察工作,认真开展集中处理涉检信访专项活动。全年共受理来信来访 2230 件(次),依法进行了分流处理。办理涉检信访案件 24 件,已办结 23 件,息诉 20 件。办理刑事申诉案件 37 件,依法改变原决定 5 件。受理刑事赔偿案件 30 件,决定赔偿 5 件,赔偿金额 81247.04 元。注意不断改进处理涉检信访问题工作方式,采取“清前抑后”、上门接待和联合接访等方法,建立预防和处置群体性上访预警机制,认真落实首办责任制,切实把问题解决在首次办理环节,解决在基层,避免矛盾激化,有效遏制了进京访、越级访等问题的发生。

二、以实现公平正义为目标,积极探索和实践,稳步推进检察体制和工作机制改革。

积极开展职务犯罪侦查工作机制改革和制度建设。按照“上下一体,横向协调,内部整合”的思路,改变传统案件管理和侦查方式,开展侦查一体化机制建设。建立了案件线索统一受理、管理制度,自治区检察院和各市级检察院设立了大要案侦查指挥中心,全区检察机关实现了侦查人才统一指挥、统一调度、统一使用,充分发挥了督办、参办、提办、交办等办案工作机制的作用。对侦、诉脱节的传统办案方式进行了改革,加强了侦诉证据一体化机制建设,建立了反贪部门和侦查监督、公诉部门共同对自侦案件质量负责的制度。加强对办案的督导,建立了重点案件挂牌督办制度。加大打击腐败的力度,建立了检察机关同纪检监察机关、审计机关、行政执法机关的案件移送和工作配合制度。

积极开展人民监督员制度试点工作。在各级党委、人大、政府、政协的高度重视和支持下,人民监督员制度试点工作稳步推进,取得了初步成效。2005 年,全区检察机关对查办职务犯罪案件中拟撤案、不起诉、不服逮捕决定的三类案件共 81 件,全部经由人民监督员按照监督程序进行了监督评议。其中,人民监督员同意各级检察机关意见的 76 件,不同意检察机关意见的 5 件。积极开展民事行政诉讼监督工作机制改革,切实增强了民事行政法律监督效果。

三、以深入开展保持共产党员先进性教育活动和专项整改活动为载体,加强检察队伍建设和基层检察院建设。

按照中央和自治区党委的部署和要求,全区各级检察机关深入开展了保持共产党员先进性教育活动,紧紧围绕检察队伍中在执法思想、纪律、作风、工作等方面存在的突出问题,坚持正面教育为主,着力解决群众反映强烈的突出问题,加强党性教育、党员管理等长效机制建设。

在开展“规范执法行为,促进执法公正”专项整改活动中,自治区检察院在广泛调研的基础上,形成了《全区检察机关执法活动中存在问题的调查反映》,查找出了全区检察机关在执法活动中存在的六个方面 29 个典型问题,并邀请自治区人大、政法委、工商、律师、企业、社区等各界代表,召开座谈会,广泛征求意见。

坚持抓班子带队伍,强化对领导班子成员的教育、管理和监督。各级检察院严格执行最高人民检察院“六个严禁”的要求和自治区检察院提出的“从严治长十项要求”,进一步完善班子议事规则和选人用人机制。

加强教育培训,结合开展“规范执法行为,促进执法公正”专项整改活动,组织全区检察干警进行了业务培训和素质考试。按照“干什么,练什么,缺什么,补什么”的原则,坚持走出去接受培训与邀请有关专家教授讲课相结合等方式,认真开展正规化岗位培训、专项培训等。进一步加强基层检察院规范化建设,积极开展争创全国、全区先进检察院活动。

(宁夏回族自治区人民检察院 韩 冰)

**新疆维吾尔自治区检察工作** 2005 年,新疆维吾尔自治区检察机关在自治区党委和最高人民检察院的正确领导下,在各级人大、政府、政协及社会各界的监督和支持下,以邓小平理论和“三个代表”重要思想为指导,紧紧围绕自治区工作大局,树立和落实科学发展观,全面履行检察职能,各项检察工作取得新的进展。

一、进一步加大检察业务工作力度。

严厉打击严重刑事犯罪。全区检察机关始终把维护稳定摆在突出位置,坚持严打方针,坚决打击“三股势力”的犯罪活动,始终保持对严重刑事犯罪的高压态势。全年共受理提请批捕刑事犯罪嫌疑人20551人,批捕18227人,比上年分别上升3.35%和2.13%;受理移送起诉27343人,提起公诉21853人,比上年分别上升4.83%和7.25%。加大打击破坏市场经济秩序犯罪的力度,批准逮捕此类犯罪嫌疑人49人,提起公诉51人,比上年分别上升58%和42%。贯彻宽严相济的刑事政策,对931名涉嫌犯罪但无逮捕必要的嫌疑人决定不批准逮捕,对445名犯罪情节轻微、社会危害较小的嫌疑人决定不起诉。

认真办理涉检信访案件。各地坚持检察长接待日制度和控告申诉首办责任制,办理属于检察机关管辖115件信访案件,办结110件,息诉92件。

深入查办和预防职务犯罪。全年共受理贪污贿赂、渎职侵权等职务犯罪案件线索2351件,立案629件701人,为国家挽回经济损失3859万余元。其中立案查处贪污贿赂等职务犯罪546件605人,渎职侵权等职务犯罪83件96人。一是突出查办大要案。共立案查办大案和渎职侵权重特大案件209件,查办县处级以上干部50人,其中厅局级4人,查办大要案数占立案总数的33.3%。二是提高突破案件的能力。反贪污贿赂部门推行侦查一体化的做法,得到了最高人民检察院的肯定。三是努力提高案件质量。全区自侦案件侦查终结率为61.7%,起诉率为91%,同比分别上升20和7个百分点,有罪判决率达到了95%以上。四是深入开展预防职务犯罪工作。开展个案预防325件,深入重点行业和领域开展系统预防463项,在公共投资和公共建设领域的重大项目开展专项预防237项,提出检察建议404件。由自治区检察院牵头集中对水利、铁路系统进行了重点预防。制定下发了《检察机关为加快推进新型工业化建设服务的实施意见》,为自治区的经济发展起到了一定的促进作用。

不断强化法律监督。在刑事立案监督方面,共发现公安机关应立案未立案线索423件,通知公安机关立案133件145人,公安机关已立案102件110人。加大了对公安机关不应当立案而立案案件的监督力度,共监督此类案件15件23人。在侦查活动监督方面,纠正漏捕犯罪28件38人,追诉漏罪漏犯12件112人。在刑事审判监督方面,提出刑事抗诉53件,法院已审结47件,改判30件。在民事行政检察监督方面,共受理不服法院民事行政裁判申诉案件1583件,立案819件,提出抗诉215件,法院再审审结106件,其中改变原审结果75件,调解结案8件。提出再审检察建议87件,法院已采纳60件。在刑罚执行和监管活动监督方面,继续加大纠正和防止超期羁押的工作力度,保持了检察环节零超押。对刑罚执行活动中违法减刑、假释、保外就医和不按规定交付执行等情况提出纠正意见152人次。与公安机关联合开展了“加强监管执法、加强法律监督,保障刑事诉讼顺利进行、保障在押人员合法权益”示范单位创建活动。

积极开展专项工作。继续开展打击制假售假、侵犯知识产权犯罪专项立案监督。建议行政执法机关向侦查机关移送涉嫌犯罪案件272件,监督侦查机关立案24件。继续深化查办国家机关工作人员侵犯人权犯罪专项工作。立案侦查非法拘禁、虐待被监管人、破坏选举等侵犯公民人身权利和民主权利犯罪案件13件18人。开展集中查办破坏社会主义市场经济秩序渎职犯罪专项工作。立案侦查滥用职权、玩忽职守造成重大经济损失的犯罪案件,负有市场监管职责的国家机关工作人员徇私舞弊犯罪案件,司法机关、行政执法机关工作人员渎职失职、徇私枉法的犯罪案件58件64人,促进了依法行政和公正司法,推动了整顿和规范市场经济秩序工作的开展。开展以纠正刑讯逼供为重点的专项侦查监督活动。对刑讯逼供、违法取证等违法行为提出纠正意见24件次,查处刑讯逼供犯罪案件4件5人,维护了犯罪嫌疑人的合法权益,保障了刑事诉讼的顺利进行。加大查处重大事故中涉及的职务犯罪案件的力度,积极配合有关部门对这些事故进行调查处理,严肃查办渎职失职、权钱交易等涉嫌犯罪的国家工作人员。自治区检察院直接介入了2起重特大责任事故的调查处理工作。

深化人民监督员制度试点工作。人民监督员共监督“三类案件”132件,其中人民监督员不同意办案部门原拟定意见的11件，检察机关采纳7件，对没有采纳的依据事实和法律向人民监督员作了说明。

二、围绕提高整体素质和执法水平，狠抓检察队伍建设。

扎实开展保持共产党员先进性教育活动和“规范执法行为，促进执法公正”专项整改。各地广泛征求社会各界意见，从违法违纪案件、涉检上访案件和办案质量不高的案件入手，查摆执法不文明、不公正、不严格和违法违规办案等问题，逐一制定整改措施，明确责任，限期整改。在此基础上，对原有制度和规范性文件进行全面清理。制定和完善了一批规范执法程序、强化执法责任、加强监督制约的规章制度。自治区检察院结合实际，修改完善制度规范22个。通过先进性教育和专项整改，涌现出一批心系百姓、执法为民的典型，反映检察人员违法违纪的举报明显减少，共查处1人。

加强领导班子建设。着力提高各级领导干部的政治和业务素养。60名地、县级检察院的主要领导到国家检察官学院进行了轮训。加大对下级检察院领导班子的管理力度，自治区检察院派员参加了2个检察院党组民主生活会，对1个检察分院领导班子开展了巡视。

加强队伍专业化建设。对全体检察人员进行了培训，其中，对业务部门的2991名检察官进行集中脱产培训。全区举办各类培训班22期，培训干警1112人次。面向社会考试录取了检察人员488人，人员紧张的状况有所缓解。

加强基层检察院建设。继续深入开展争创先进检察院活动。全区有1个检察院被评为创建文明城市工作全国文明单位，5个基层检察院被评为全国先进基层检察院，1个分州市院被授予全国检察机关基层建设组织奖。对6个集体和1名个人予以记功表彰，有31个先进集体和个人受到最高人民检察院和自治区的各类单项表彰。

三、积极推进检察保障工作。

办公自动化和办案现代化建设有新的进展。共投入资金120余万元用于信息网络化建设。目前，各级检察院计算机拥有量已达1250余台，人均0.2台，有4个检察院达到人均1台，全区分州市检察院二级网已开通运行，有9个基层检察院开通了三级网。局域网建设实现较大发展，全区10个分州市检察院和16个基层检察院建立了专网网页，总浏览量达50多万人次。信息化应用水平有新的提高。全区4个分州市检察院和11%的基层检察院安装使用了信息发布、法律法规查询和电子邮件三大软件应用系统，26个检察院建立了电子阅览室。部分检察院实现了公文网上自动流转和传输、案件网上管理、目标网上考核。

深入推进“两房”建设。全区共有12个检察院新建、改建、扩建了办公办案用房和专业技术用房，新增“两房”面积29000平方米，全区干警平均用房面积已达39平方米。

四、主动接受党的领导和人大监督。

紧紧依靠党的领导开展检察工作。进一步建立健全了与人大及代表联系制度。对人大及代表提出的意见和建议认真整改落实，逐一反馈落实情况。认真办理各级人大代表和政协委员转办的案件、提出的建议、提案82件。

（新疆维吾尔自治区人民检察院研究室）

**军事检察工作**　2005年，全军和武警部队检察机关在总政治部、最高人民检察院和部队党委、政治机关的领导下，牢固树立和落实科学发展观，紧紧围绕推进中国特色军事变革，努力实践检察工作主题和总体要求，全面履行检察职能，有力地维护了部队安全稳定，促进了部队党风廉政建设。

一、查办职务犯罪案件取得重要成果。军事检察院针对办案工作发展不平衡的问题，专门下发了情况通报，提出了加大办案力度的要求；在基层检察院建设工作会议和预防职务犯罪工作座谈会上，对加强办案工作又作了突出强调；注重加强具体指导，重点指导办好在部队有影响的大要案；对跨部门、跨隶属单位作案的，对下级检察院办案遇到矛盾和困难的，及时给予支持帮助。各大单位检察院坚持把查办职务犯罪案件作为年度工作的一项硬任务，采取积极有效措施，加强组织协调，深入一线，靠前指挥，集中力量查处了一批大案要案。

二、打击刑事犯罪活动及时有力。各级军事检察院积极适应构建社会主义和谐社会的要求，始终把维护部队安全稳定作为军事检察机关的主要任务，充分发挥批捕、起诉职能，依法严厉打击了各种刑事犯罪。办案中，与保卫部门和军事法院密切配合，坚持提前介入、准确定性、快捕快诉。注重加强立案监督工作，坚持劳动教养备案审查制度，结合专项整改开展执法执纪检查，着力纠正隐案不报、以行政处理代替刑事处罚的问题,依法追诉了漏案漏犯。认真做好刑事控告申诉工作,注重维护当事人的合理诉求,努力化解矛盾,妥善处理了一些久诉不息的案件。

三、预防职务犯罪工作富有成效。各级军事检察院着眼建立健全具有军队特点的惩治和预防职务犯罪工作体系,立足检察职能,积极主动地开展了预防职务犯罪工作。一是广泛开展了预防职务犯罪警示教育。为配合保持共产党员先进性教育活动,军事检察院通过分析近五年来职务犯罪案件的特点规律,撰写了讲课稿,制作了多媒体课件,先后到四总部和全军14个大单位巡回宣讲30场,37000多名高中级干部参加了听讲。二是组织起草了《军队预防职务犯罪工作若干规定》。军事检察院在总结多年来预防职务犯罪工作经验的基础上,深入到6个大单位进行调研,3次召开专题研讨会,起草了《军队预防职务犯罪工作若干规定》。经报军委领导批准和四总部领导会签,以四总部名义印发全军和武警部队执行。三是召开了预防职务犯罪工作座谈会。会议深入学习领会军委、总政治部领导和最高人民检察院有关加强预防职务犯罪工作的重要指示精神,认真分析了当前预防职务犯罪工作面临的新形势,研究部署了进一步加强军队预防职务犯罪工作的任务。同时,各检察院继续深入开展法制宣传教育和法律服务工作,在增强部队思想政治教育的主动性、针对性、实效性上发挥了积极作用。

四、基层检察院建设成绩突出。军事检察院和大单位检察院针对部队体制编制调整改革后,基层检察院出现的新情况新问题,采取有力措施,狠抓了基层检察院建设。军事检察院在综合检查考评和总结三年来基层检察院建设经验的基础上,对《关于进一步加强基层军事检察院建设的意见》进行了修订,经总政治部领导批准,重新印发各检察院执行。

2005年5月24日至26日,解放军军事检察院在成都军区空军召开了全军基层检察院建设工作会议。会议的主要任务是,以邓小平理论和"三个代表"重要思想为指导,深入学习贯彻军委主席胡锦涛关于加强能力建设的重要指示,深入学习全国检察机关基层检察院建设工作会议和全国检察长会议精神,以提高军事检察机关法律监督能力为重点,研究解决当前制约基层检察院建设的突出问题,部署新形势下加强基层检察院建设任务。解放军军事检察院检察长高来夫、副检察长刘巍东,各大单位及武警部队军事检察院检察长,解放军军事检察院的业务厅长,全军各基层军事检察院检察长参加了会议。

会议通报表彰了一批先进基层检察院和优秀检察长,15个先进典型单位和个人介绍了经验体会,大单位检察长作了交流发言,组织参观了近年来全军基层检察院建设成果展览,认真学习了修订后的《关于进一步加强基层军事检察院建设的意见》,围绕新形势下如何加强和规范基层检察院建设问题进行了深入讨论。

会议总结了近年来全军基层检察院建设的主要情况。全军和武警部队基层军事检察院紧紧围绕部队的中心任务,全面贯彻落实最高人民检察院《人民检察院基层建设纲要》和军事检察院《关于进一步加强基层军事检察院建设的意见》,着眼长远抓建设,扎扎实实打基础,改革创新谋发展,思想政治建设进一步加强,法律监督职能作用充分发挥,预防职务犯罪和法律服务工作富有成效,军事检察干部业务素质明显提高,基层检察院规范化建设迈出新的步伐,科技强检工作取得新的进展。但是,部分基层军事检察院还存在着案源渠道不畅、案件管辖单位关系不顺和检察干部业务素质不高等薄弱环节,影响和制约了检察工作的全面开展。

会议总结了近年来基层军事检察院建设的基本经验,就是要必须始终以"三个代表"重要思想为统揽,确保基层检察院建设的正确方向;必须始终抓住服务中心这条主线,充分发挥军事检察机关的职能作用;必须始终突出干部能力素质这个重点,切实打牢基层检察院建设的组织基础;必须紧紧依靠党委、政治机关领导,为推进基层检察院全面建设提供根本保证;必须坚持科学有效的工作指导,不断提高基层检察院整体建设水平。

会议对做好当前和今后一个时期的基层军事检察院建设工作进行了部署,要求全军检察机关坚持着眼履行使命任务新要求,进一步提高基层检察院建设的标准;适应体制编制调整改革新情况,推动基层检察院建设在改革中不断加强;立足军事检察机关职能,把打击和预防犯罪作为基层检察院建设的主要任务;紧紧抓住检察长这个关键,努力提高领导基层检察院全面建设的水平;切实改进工作作风,不断把基层检察院全面建设引向深入。

与会检察长一致表示,一定要增强危机意识,锐意进取,以强烈的政治责任感,把基层检察院建设的基础打牢抓实,更好地开创军事检察工作的新局面。进一步深化了对基层军事检察院建设特点规律的认识,一定要把基层检察院建设的基本经验运用到履行各项检察职能、加强基层检察院建设的工作中去,并在实践中不断总结和升华,推动基层检察院建设在更高的起点上取得新的发展和进步。进一步增强了抓好基层检察院全面建设的信心,一定要拓宽视野,振奋精神,以求真务实的作风抓好落实,在端正指导思想中求实绩,在克服薄弱环节中求提高,在改进指导方法中求突破,以与时俱进的精神推动基层检察院建设不断跃上新的台阶。进一步明确了加强基层检察院建设的对策措施,一定要认真贯彻落实会议精神,不断探索有效的途径和办法,努力把基层检察院全面建设推向一个新的水平。

五、自身建设进一步加强。一是重点抓了保持共产党员先进性教育活动。全军各级军事检察院组织全体检察干部积极参加保持共产党员先进性教育活动,以学习实践"三个代表"重要思想为主线,以搞好分析评议为重点,以提高能力素质为目的,扎扎实实抓好专题学习、分析评议、整改提高等环节的落实,进一步强化了检察干部的先进性意识,较好地发挥了党员的先锋模范作用。二是扎实有效地开展了专项整改活动。根据中央政法委员会的统一部署和总政治部领导的指示要求,军事检察院牵头组织军队政法系统开展了"规范执法行为,促进执法公正"专项整改活动。特别是对军事检察系统的专项整改活动进行了跟踪指导,组织了业务培训考核和检查验收,及时向最高人民检察院上报了整改情况。各检察院结合自身实际,集中整改了执法思想、行为、作风、制度建设和能力素质等方面存在的突出问题,进一步提高了检察机关的执法水平,整改活动取得了比较明显的成效。三是下大力抓了业务培训。军事检察院举办了首期民事检察业务培训班,比较系统地学习了民事检察业务知识,讨论修改了《军事检察机关民事申诉案件办案规则》,对开展军队民事检察工作进行了部署。采取送学深造、委托培训等形式,组织372人(次)参加了各级各类业务培训。建立了定期举办检察业务知识讲座制度,第四季度组织驻京检察机关干部参加了首场讲座。四是重视抓了法规制度建设。军事检察院开展了《军事检察院组织法》的立法调研,着手进行了该法起草的前期准备工作。颁发了起诉书、不起诉决定书和刑事抗诉书制作规范。制定了军事检察工作信息发布管理规定。

(中国人民解放军军事检察院 刘 明)

**新疆生产建设兵团检察工作** 2005年,新疆生产建设兵团检察机关在兵团党委和上级检察机关的正确领导下,以加强法律监督能力建设为核心,突出"强化法律监督,维护公平正义"的工作主题,按照确定的奋斗目标、发展思路和指导原则,加大工作力度,规范执法行为,为兵团经济健康发展、社会和谐稳定提供了有效的法律保障,各项工作取得了新的进展。

一、先进性教育活动重点突出,扎实有效。在兵团党委的统一部署下,兵团各级检察机关及全体党员干部结合检察工作和检察队伍实际,精心组织学习讨论,认真开展党性分析和评议,从党的组织建设、领导班子建设、检察业务和队伍建设、基层检察院建设,以及理想信念、执法宗旨、廉政敬业、遵纪守法等方面进行了重点查摆和整改。通过教育活动,各级检察院机关的工作作风有了很大的转变,党员素质明显提高;干警的敬业精神、奉献精神和执法责任心得到了进一步激发,执法为民的理念和宪法意识、服务意识、奉献意识进一步增强。各项工作得到促进,工作效率和工作质量有了明显提高。

二、各项检察业务健康发展,稳步推进。全年共办理各类提请逮捕案件746件1052人,受理移送审查起诉各类案件911件1331人。审查起诉、提起公诉和审查批捕案件的办案数量和质量均比2004年有所提高。自侦案件的不起诉率有所下降,贪污贿赂案件线索的受理数和初查数有所上升,渎职案件的初查率、立案侦查率、侦查终结率和移送起诉率较2004年有所上升。

在加大打击力度的同时,各级检察院针对兵团各级重点部门单位和重大工程项目积极开展系统预防和专项预防,针对多发、易发职务犯罪案件的行业和部位提出检察建议69件,组织警示宣传教育活动105次。以"惩防并举、反腐倡廉"为主题的举报宣传活动形式生动、收效显著。

立案监督、侦查监督、刑事审判监督和刑罚执行监督职能得到进一步强化。民事、行政申诉案件的立案数和抗诉数同比上升较大,工作机制和业务流程逐步完善,规范化水平得到提高。

监所检察部门在认真开展减刑、假释、保外就医专项检查工作的基础上,对全系统开展专项检查工作的情况和申报评定二、三级规范化检察室的工作进行验收,有22个派驻检察室申报国家二、三级规范检察室,农一师南口监狱派驻检察室被最高人民检察院授予"一级规范检察室"称号。

集中处理涉法、涉检上访工作力度加大,涉法上访案件数特别是重复访、集体访呈下降趋势。

三、"规范执法行为,促进执法公正"专项整改活动深入发展。根据中央政法委和最高人民检察院的统一部署,兵团检察机关确定了活动的工作思路、重点部门、重点环节和方法步骤。针对职务犯罪案件查办力度不大,办案质量不高;因违反程序办案导致涉检上访;审查逮捕案件和公诉案件质量不高等突出问题,认真整改。对侦查和诉讼监督等具体执法环节和质量标准作出规定,制定了一批规范性文件。目前已整改560余条,清理、废除、修改规章制度510项,新建规章制度109项。通过修订《兵团人民检察院机关目标管理责任制考核办法》,确定了各业务部门的工作职责和职能,明确了相关的考核标准,促进了整个检察工作的规范化建设。结合专项整改,组织兵团检察干警参加全员培训考试考核,通过率达到100%。

四、业务练兵活动取得阶段性成果。根据最高人民检察院提出的以业务建设为核心的工作要求,结合兵团检察机关业务开展的实际情况,研究制定了《关于加强兵团检察机关业务建设的实施意见》。以夯实理论基础、提升基本素质、强化专业技能和推进业务工作为总体目标,以业务培训、岗位练兵、技能竞赛、素质考核、业务评比为载体,全面推开为期三年的业务练兵活动。兵团检察院各业务部门和各分院分年度制定并落实具体细化的实施方案,组织法律文书和案件评查、业务培训考核、优秀公诉人评选、个案跟庭考核观摩等练兵活动,取得阶段性成果。

五、队伍建设、基层基础建设和检务保障工作有新的进步。为了加快兵团检察队伍正规化建设步伐,把兵团检察队伍真正建设成一支政治坚定、业务精通、作风优良、执法公正的高素质队伍,结合先进性教育活动的开展,制定下发了《关于进一步加强兵团检察队伍建设的决定》。进一步完善和落实了下级检察院检察长向上级检察院述职述廉制度、巡视制度和谈话制度、检察长离任审计制度、基层检察院目标管理量化考核实施办法和"人才素质工程"战略计划。新招录检察人员80名,15名大学生志愿者被充实到基层第一线志愿服务。在发挥先进基层检察院示范作用的同时,注重后进检察院的帮扶工作,涌现出一批后进变先进的典型。积极争取党委和上级检察机关的支持,加大资金筹集力度和投入力度,"两房"建设、装备、被装、交通、办公、信息化网络建设得到新的发展。

法律研究方面也取得了一定进展。在全国第六届检察理论年会上,兵团检察机关共有4篇专题调研论文得奖,取得了较好成绩。2005年9月,兵团检察机关成功召开了第八次检察调研工作会议。检察宣传、司法统计和档案管理等工作都有新的发展。

(新疆生产建设兵团人民检察院　杨英华)

# 第五部分

# 最高人民检察院重要文件选载

# 最高人民法院 最高人民检察院 公安部关于开展集中打击赌博违法犯罪活动专项行动有关工作的通知

2005年1月10日 公通字〔2005〕2号

各省、自治区、直辖市高级人民法院,人民检察院,公安厅、局,新疆维吾尔自治区高级人民法院生产建设兵团分院,新疆生产建设兵团人民检察院,公安局:

近年来,各类赌博违法犯罪活动日益猖獗,特别是境外赌博业对我渗透加剧,网络赌博蔓延迅速,六合彩、私彩赌博活动在一些地区泛滥成灾,到境外赌博和参与网络赌博的人数日益增多,党政领导干部、国家公务员和企事业单位负责人参赌人数呈上升趋势,造成国家资金大量流失,诱发了大量的社会问题,人民群众和社会各界反映强烈。为打击赌博违法犯罪活动,维护社会治安稳定和社会管理秩序,决定从2005年1月至5月,在全国范围内组织开展集中打击赌博违法犯罪活动专项行动。现就有关要求通知如下:

**一、提高思想认识,切实增强开展集中打击赌博违法犯罪活动的政治责任感和工作紧迫感**

赌博之风蔓延,危害是多方面的、长期的。开展集中打击赌博违法犯罪活动专项行动,是践行“三个代表”重要思想、加强三个文明建设的必然要求,是构建社会主义和谐社会、巩固党的执政基础的重要举措。各级公安机关、人民检察院、人民法院要深刻认识赌博违法犯罪活动的严重危害和开展打击赌博违法犯罪活动的重要性、紧迫性,从深入贯彻党的十六大、十六届四中全会精神和努力践行“三个代表”重要思想、提高党的执政能力的战略高度,以对党、对人民高度负责的态度,充分发挥职能作用,认真部署,协同作战,坚决打击赌博这一社会丑恶现象,有效震慑犯罪,净化社会环境,维护社会和谐稳定。

**二、突出打击重点,严格依照法律规定打击赌博违法犯罪活动**

各级公安机关、人民检察院、人民法院要充分认识此类违法犯罪活动的特点,充分发挥职能作用,依法打击进行赌博违法犯罪活动的不法分子。要通过专项行动打掉一批赌博团伙、窝点,铲除封堵一批赌博网站,查破一批赌博大案要案,严惩一批赌博违法犯罪分子。其中,重点惩处赌博犯罪集团和网络赌博的组织者、六合彩和赌球赌马等赌博活动的组织者以及参与赌博犯罪活动的党政领导干部、国家公务员和企事业单位负责人。

在专项行动中,要按照刑法和有关司法解释的规定,严格依法办案,准确认定赌博犯罪行为,保证办案质量。对以营利为目的的聚众赌博、开设赌场的,无论其是否参与赌博,均应以赌博罪追究刑事责任;对以营利为目的以赌博为业的,无论其是否实际营利,也应以赌博罪追究刑事责任。对通过在中国领域内设立办事处、代表处或者散发广告等形式,招揽、组织中国公民赴境外赌博,构成犯罪的,以赌博罪定罪处罚。对具有教唆他人赌博、组织未成年人聚众赌博或者开设赌场吸引未成年人参与赌博以及国家工作人员犯赌博罪等情形的,应当依法从严处理。对实施贪污、挪用公款、职务侵占、挪用单位资金、挪用特定款物、受贿等犯罪,并将犯罪所得的款物用于赌博的,分别依照刑法有关规定从重处罚;同时构成赌博罪的,应依照刑法规定实行数罪并罚。要充分运用没收财产、罚金等财产刑,以及追缴违法所得、没收用于赌博的本人财物和犯罪工具等措施,从经济上制裁犯罪分子,铲除赌博犯罪行为的经济基础。要坚持惩办与宽大相结合的刑事政策,区别对待,宽严相济,最大限度地分化瓦解犯罪分子。对主动投案自首或者有检举、揭发赌博违法犯罪活动等立功表现的,可依法从宽处罚。

要严格区分赌博违法犯罪活动与群众正常文

娱活动的界限,对不以营利为目的,进行带有少量财物输赢的娱乐活动,以及提供棋牌室等娱乐场所并只收取固定的场所和服务费用的经营行为等,不得以赌博论处。对参赌且赌资较大的,可由公安机关依法给予治安处罚;符合劳动教养条件的,依法给予劳动教养;违反党纪政纪的,由主管机关予以纪律处分。要严格依法办案,对构成犯罪的,决不姑息手软,严禁以罚代刑,降格处理;对不构成犯罪或者不应当给予行政处理的,不得打击、处理,不得以禁赌为名干扰群众的正常文娱活动。

**三、加强协调配合,形成打击合力**

当前,赌博犯罪活动不仅数量多,而且组织严密,参与范围广,作案手段隐蔽,逃避打击能力强。各级公安机关、人民检察院、人民法院在办案中要坚持实事求是,科学、正确认识此类犯罪活动的特殊性,按照"基本事实清楚、基本证据确凿"的原则,不纠缠细枝末节,密切配合,依法从重从快打击赌博犯罪活动。公安机关应当组织专门力量,扎扎实实地做好侦查工作。赌博犯罪行为发生地公安机关发现犯罪行为后均应依法立即立案侦查,全力查清犯罪事实,抓捕犯罪嫌疑人。要切实做好证据的收集、固定和保全工作,为起诉和审判打下坚实基础。人民检察院对公安机关提请批准逮捕和移送审查起诉的犯罪嫌疑人,要依法及时审查批捕和审查起诉。人民法院对人民检察院提起公诉的案件,应当依法及时审判。各级公安机关、人民检察院、人民法院应当加强配合和制约,严格依法办案,保证办案质量。

**四、广泛宣传发动,推动专项行动深入开展**

在专项行动中,各级公安机关、人民检察院、人民法院要充分利用各种新闻媒体,大力宣传有关法律和政策,向广大群众表明党和政府及政法机关打击赌博违法犯罪活动的决心和信心。要选择典型案例公开曝光,震慑犯罪,教育群众,使广大人民群众树立守法意识,自觉远离、坚决抵制赌博活动。要建立举报奖励制度,设立举报电话、信箱和网址,对积极提供线索、帮助查破赌博大案要案的群众给予奖励,动员广大群众检举、揭发犯罪,形成打击赌博违法犯罪活动的良好氛围。

各地接到本通知后,请立即部署贯彻执行。执行中遇到的问题,请及时分别报告最高人民法院、最高人民检察院、公安部。

# 最高人民法院 最高人民检察院 公安部 司法部 关于扩大社区矫正试点范围的通知

2005年1月20日 司发〔2005〕3号

各省、自治区、直辖市高级人民法院、人民检察院、公安厅(局)、司法厅(局),新疆维吾尔自治区高级人民法院生产建设兵团分院、新疆生产建设兵团人民检察院、公安局、司法局:

2003年以来,按照《最高人民法院、最高人民检察院、公安部、司法部关于开展社区矫正试点工作的通知》(司发〔2003〕12号)和全国社区矫正试点工作会议精神,北京、天津、上海、江苏、浙江和山东六个社区矫正试点省(市)积极探索,试点工作取得了一定成效。为进一步推动社区矫正试点工作的深入开展,经研究,决定将河北、内蒙古、黑龙江、安徽、湖北、湖南、广东、广西、海南、四川、贵州、重庆等12个省(区、市)列为第二批社区矫正试点地区。现就有关事宜通知如下:

**一、进一步提高对扩大社区矫正试点工作重要意义的认识**

扩大社区矫正试点规模和范围、进一步推进和深化社区矫正工作,是加强党的执政能力建设的必然要求。社区矫正工作是将罪犯放在社区内,遵循社会管理规律,运用社会工作方法,整合社会资源和力量对罪犯进行教育改造,使其尽快融入社会,从而降低重新犯罪率,促进社会长期稳定与和谐发展的一种非监禁刑罚执行活动。进一步扩大社区矫正试点范围,加强社区矫正工作,是贯彻落实全国政法工作会议关于加强"两所一庭"建设,完善基层政权建设的重要举措,有利于巩固党的执政基础，加强党的执政能力建设。

扩大社区矫正试点规模和范围、进一步推进和深化社区矫正工作，是贯彻落实我国刑事政策的具体体现。社区矫正根据社区服刑人员的不同特点，实施分类管理和教育，矫正其不良心理和行为，突出教育改造的针对性和实际效果，并且帮助解决社区服刑人员在就业、生活、法律、心理等方面遇到的困难和问题，以利于他们顺利适应社会生活、重新回归社会，充分体现了我国对犯罪分子"教育、感化、挽救"和"惩罚与改造相结合、教育和劳动相结合"的教育改造工作方针和政策。

扩大社区矫正试点规模和范围、进一步推进和深化社区矫正工作，是积极推进司法体制改革的迫切需要。社区矫正试点工作是对完善中国特色的刑罚执行制度的有益探索，有利于公安、检察、法院、司法行政等部门更好地履行职责，发挥职能作用，形成权责明确、相互配合、相互制约、高效运行的司法体制，构建社会主义和谐社会。

**二、扩大社区矫正试点工作的主要任务和要求**

首批试点的六个省（市）要尽快将试点范围扩大到整个辖区；第二批试点的12个省（区、市）要加快各项准备工作，于2005年第一季度正式启动试点工作。

首批试点省（市）在全辖区范围内推开试点，要按照最高人民法院、最高人民检察院、公安部、司法部《关于开展社区矫正试点工作的通知》要求，进一步总结经验，深化改革，进行全面深入的探索和实践。要进一步增强工作的积极性、主动性，在总结前阶段试点经验的基础上，结合本地实际，制定、完善扩大试点方案，提出具体实施意见，做好动员部署，确保扎实、稳妥地扩大社区矫正试点范围。要坚持高标准、严要求，努力探索提高矫正质量、推进工作发展的有效途径，确保试点工作试出经验，试出效果，在全国起到典型示范作用。

第二批试点的12个省（区、市）要尽快启动试点工作，在现行法律制度的框架内积极探索，大胆实践。要认真学习最高人民法院、最高人民检察院、公安部、司法部《关于开展社区矫正试点工作的通知》，领会文件精神实质，明确工作思路；要充分借鉴首批试点省（市）的经验，结合本地区实际，制订试点工作的实施意见或方案，建立健全领导机构和工作机制，加强法院、检察、公安、司法行政等各部门的协调配合；要突出抓好建章立制工作，使试点工作有章可循，规范、有序地运行；要加强社区矫正工作队伍建设，开展多种形式的业务培训，提高队伍素质；要以教育矫正质量为核心，努力在社区矫正程序的严密性、准确性，矫正方法的实用性、科学性和有效性上下功夫，充分运用社会力量和社会资源，发挥社区矫正的特点和优势，加强对社区服刑人员的教育矫正。

**三、加强领导，确保扩大社区矫正试点工作顺利进行**

扩大社区矫正试点工作要积极争取各级党委、政府的重视和支持，应当坚持党委、政府领导，司法行政机关负责组织实施，法院、检察、公安、司法行政等相关部门紧密配合，社会力量广泛参与的工作机制，确保试点工作健康、顺利地开展。

要加强对试点工作的调查研究，及时总结经验，推广典型。要深入基层调研，认真研究试点工作中出现的新情况和遇到的新问题，结合本地实际，制定切实可行的解决措施。要不断探索提高矫正工作的质量和效果，及时总结交流经验，推广典型。

要高度重视对社区矫正试点工作的宣传，充分利用报刊、电视、广播、网络等宣传媒体，大力宣传社区矫正工作的作用和做好这项工作的重要意义，宣传从事社区矫正工作贡献突出的先进典型和已经顺利回归社会的社区服刑人员的典型，扩大影响，让社会对社区矫正工作有正确的理解和认识，争取他们的支持和参与，为社区矫正试点工作创造良好的社会环境和舆论氛围。

# 最高人民检察院关于在全国检察机关认真抓好以实践“三个代表”重要思想为主要内容的保持共产党员先进性教育活动的通知

2005年1月26日　　高检发政字〔2005〕5号

各省、自治区、直辖市人民检察院,军事检察院,新疆生产建设兵团人民检察院:

中央决定在全党开展以实践“三个代表”重要思想为主要内容的保持共产党员先进性教育活动,下发了《中共中央关于在全党开展以实践“三个代表”重要思想为主要内容的保持共产党员先进性教育活动的意见》。按照中央要求,检察机关参加第一批先进性教育活动,从2005年1月开始到2005年6月基本结束。为在全国检察机关认真抓好先进性教育活动,现通知如下:

**一、充分认识在全国检察机关开展保持共产党员先进性教育活动的重要性和必要性**

在全党开展保持共产党员先进性教育活动,是党中央针对党员队伍状况作出的加强党的执政能力建设的重大决策,是全面推进党的建设的新的伟大工程的基础工程。检察机关是国家的法律监督机关,是党依法治国、依法执政的重要职能部门,80%以上的检察人员是共产党员,检察机关党的先进性需要通过党员的先锋模范作用来体现,检察机关的法律监督职能需要通过党员的严格公正执法来履行。在全面建设小康社会、加快推进社会主义现代化的新的发展阶段,检察机关所处的环境、履行职责的要求、党员干部队伍的状况都发生了重大变化。新的形势和任务对检察机关党的建设和保持党员先进性提出了新的更高的要求。从总体上看,检察队伍是一支党和人民信赖的有战斗力的队伍。但是也存在着与保持先进性的要求不相适应的问题。有的党员干部理想信念不坚定,执法思想不端正,执法行为不规范,执法不公正,为检不清廉;有的执法观念陈旧,法律监督能力不强,服务党和国家工作大局的水平不高;有的责任心不强,敷衍了事,作风飘浮,对待群众冷硬横推;有的党员意识和组织观念淡薄,我行我素,对上级要求和办案纪律置若罔闻。这些问题的存在,严重削弱了检察机关的法律监督能力,损害了党和检察机关的良好形象。

中央决定检察机关参加第一批先进性教育活动,这是抓党建带队建,全面推进检察工作的极好时机。各级检察机关要认真贯彻落实中央要求,以高度的政治责任感,把开展先进性教育活动作为检察机关学习贯彻党的十六大和十六届四中全会精神的重大措施,作为加强法律监督能力建设的重要举措,切实抓紧抓好。广大检察干警特别是党员领导干部要积极投入先进性教育活动,自觉用“三个代表”重要思想武装头脑,按照先进性要求更新执法理念,提高法律监督能力,在推进依法治国的伟大实践中更好地发挥先锋模范作用。

**二、紧密结合检察机关的实际和特点开展先进性教育活动**

根据中央安排,这次先进性教育活动,按照党组织的隶属关系,以地方党委为主加强领导。各级检察机关党组织要坚决贯彻落实本级地方党委的部署和要求,主动争取地方党委的领导,精心组织,分步实施。要紧密结合检察机关的职能特点,紧密结合检察业务、队伍特别是党员队伍思想实际,探索创新形式,丰富活动内容,扎实推进,确保检察机关在先进性教育活动中走在前列。

一是要着力解决好检察队伍与先进性要求相悖的突出问题。要通过开展先进性教育活动,全面达到中央要求的“提高党员素质、加强基层组织、服务人民群众、促进各项工作”的目标。要重点解决检察队伍中存在的理想信念、宗旨意识、组织纪律观念、法治观念淡薄的问题;解决党性意识、群众观念、表率作用与“三个代表”的要求不适应,执法理念、执法水平和业务素质与“强化法律监督，维护公正正义”要求不适应，精神状态、工作效率、创新意识与检察事业发展要求不适应的问题；解决对人民群众反映强烈的执法不严、司法不公、违法办案的突出问题监督不力，对检察队伍长期存在和反复出现的违法违纪问题处理和防范措施不力的问题。

二是要突出强化法律监督能力建设。要以先进性教育活动为契机，在解决检察队伍存在的突出问题的过程中，激发广大干警提高法律监督本领的热情，不断提高检察队伍的政治素质、业务素质和职业道德素质，全面提高检察机关的法律监督能力。

三是要大力加强各级检察机关的领导班子建设。领导干部要自觉发挥模范带头作用，以普通党员身份参加先进性教育活动，主动把自己摆在先进性教育活动的前沿。要重点从权力观、地位观、利益观方面剖析思想根源，多渠道多层次征求意见，参加所在党支部专题组织生活会和领导干部专题民主生活会。要通过开展先进性教育活动加大对领导干部的管理和监督力度，把先进性教育活动与加强领导班子紧密结合起来。

四是要在先进性教育活动中深化检察工作主题教育和执法观教育。要把深化检察工作主题教育活动和执法观教育作为检察机关先进性教育的重要内容，认真总结“强化法律监督，维护公平正义”主题教育活动的情况，大力推广主题教育活动的经验，继续运用讨论思辨、析案释理、正反面典型启示教育等具有检察特点的教育方式，强化先进性教育活动的效果。要突出执法观和职业道德教育，牢固树立“立检为公、执法为民”的正确执法观，大力倡导和弘扬检察职业道德。

五是要把开展先进性教育活动与抓好检察工作、推进检察改革相结合。要正确处理开展先进性教育活动与做好检察工作的关系，坚持两手抓，两手都要硬，使先进性教育活动与检察工作两结合、共促进、两不误，切实把先进性教育活动的成效体现到加强检察工作和推进检察改革上来。既要防止先进性教育活动走过场、搞形式主义等问题，确保不出差错、收到实效；又要集中力量查办职务犯罪大要案，始终保持对严重刑事犯罪的高压态势，加大诉讼监督力度，提高执法水平和办案质量；还要认真做好各项检察改革措施的组织实施工作，不断健全完善检察工作机制，切实保证检察改革的顺利推进。

**三、切实加强对先进性教育活动的组织领导**

抓好先进性教育活动关键在领导。各级检察机关党组织要增强责任感和使命感，切实加强对检察机关先进性教育活动的组织领导。同时，上级检察机关要积极配合协助地方党委，抓好下级检察机关的先进性教育活动。

一是要建立和落实领导责任制。按照“关键在领导，基础在支部，落实靠党员”的要求，建立党组、支部、党小组三级责任制，形成党组负总责、党组书记亲自抓、党支部具体抓落实的工作格局，逐级抓好落实。各级检察院都要成立先进性教育活动领导小组和办公室，抽调精干人员，加强组织实施，确保教育活动达到中央的要求。

二是上级检察院要加强对下级检察院的指导。上级检察院不仅要按本级地方党委的安排开展好自身的先进性教育活动，为下级检察院做好表率，也要责无旁贷地加强对下级检察院教育活动的指导。要建立上下级联系制度，坚持上下互动，上级检察院要及时了解和掌握下级检察院教育活动情况，有针对性地加强督促指导。下级检察院要及时将先进性教育活动的主要文件材料抄送上级检察院，并积极帮助上级检察院剖析检查存在的问题。

三是要加强宣传工作和经验交流。要大力宣传检察机关开展先进性教育活动的重大意义，重点发现、总结和推广先进性教育活动的新经验、新进展、新成效和涌现出来的先进典型。要邀请人大代表和政协委员视察先进性教育活动情况，向党委、人大汇报先进性教育活动成果，虚心听取社会各界的意见和建议，加强整改提高，不断把先进性教育活动推向深入。

# 最高人民检察院关于维护党的纪律和检察纪律严肃处理党风检风方面若干突出问题的通知

2005年2月2日　高检发纪字〔2005〕2号

各省、自治区、直辖市人民检察院，军事检察院，新疆生产建设兵团人民检察院：

为严格执行领导干部廉洁从检的有关规定，切实解决当前检察机关党风检风方面存在的突出问题，在严肃执纪的同时，加大组织处理力度，根据中央要求并结合检察机关实际，对顶风违纪有下列行为的领导干部，要按照规定严肃处理：

一、违反规定收送现金、有价证券和支付凭证的，按照组织程序一律先免职，再依据规定处理。

二、"跑官要官"的，要批评教育，不能提拔重用，在重要岗位上的要予以调整，已得到提拔的要坚决撤下来；对"跑官要官"制止不力造成用人严重失察失误的，要严肃追究责任。

三、放任、纵容配偶、子女及其配偶和身边工作人员利用领导干部职权和职务影响经商办企业或从事中介活动谋取非法利益的，要辞去现任职务或者由组织责令辞职，并按照规定给予纪律处分。

四、利用婚丧嫁娶等事宜收钱敛财的，要严肃查处。

五、参加赌博的，应予以免职，再依据规定处理；到国(境)外赌博的，要从严惩处。

# 最高人民检察院关于印发《全国检察机关开展"规范执法行为，促进执法公正"专项整改活动工作方案》的通知

2005年5月23日　高检发〔2005〕8号

各省、自治区、直辖市人民检察院，军事检察院，新疆生产建设兵团人民检察院：

现将《全国检察机关开展"规范执法行为，促进执法公正"专项整改活动工作方案》印发给你们，请结合实际，认真贯彻执行。

## 全国检察机关开展"规范执法行为，促进执法公正"专项整改活动工作方案

根据中央政法委的部署和工作方案，现就全国检察机关开展"规范执法行为，促进执法公正"专项整改活动提出如下工作方案：

**一、指导思想和目标**

这次专项整改活动，以邓小平理论和“三个代表”重要思想为指导，认真贯彻党的十六大和十六届三中、四中全会精神，紧密结合正在开展的保持共产党员先进性教育活动，按照“立检为公、执法为民”和构建社会主义和谐社会的要求，围绕实践“强化法律监督，维护公平正义”的检察工作主题，以规范执法行为为主要内容，集中整改人民群众反映的突出问题，进一步提高检察队伍素质，严密执法规范，加强对执法行为的监督。通过专项整改活动，使检察机关的执法行为进一步规范，公正执法的能力和水平进一步提高，违法违规办案等突出问题得到有效解决，社会各界对检察工作和检察队伍建设更加满意。

在专项整改的基础上，按照着眼长远、突出重点、整体推进的思路，用三年左右的时间，全面加强检察业务工作的规范化建设，推进业务、队伍、信息化“三位一体”建设，把执法规范化与队伍专业化、管理科学化有机结合起来，使检察机关的各项执法工作步入规范、有序的轨道，促进检察工作的创新发展，为全面建设小康社会创造良好的法治环境。

**二、整改的重点**

检察机关的专项整改活动，重点是职务犯罪侦查，公诉，侦查监督，民事行政检察和控告申诉检察等部门和环节。同时，其他有关部门也要认真分析本单位哪些工作部门、环节问题比较突出，确定重点，有针对性地进行整改。

主要整改四个方面的问题：

（一）徇私枉法、权钱交易。包括办关系案、人情案、金钱案，私自接受案件当事人、请托人及其亲友的宴请、钱物，吃拿卡要，泄露案情，以及执法犯法、贪赃枉法，等等。

（二）执法不文明，违法违规办案。包括特权思想严重，伤害群众感情；办案不负责任，收集证据马虎，事实认定不清，适用法律错误，文书制作粗糙；在办案中搞利益驱动，非法插手经济纠纷，超期、超范围扣押款物不返还，甚至截留、挪用；不依法保障诉讼参与人的诉讼权利，不履行告知义务，不及时送达文书，不注意听取无罪辩解，不依法保障律师执业权利；滥用强制措施，变相超期羁押，变相体罚，刑讯逼供；对明显不符合法定条件的，勉强或强行立案、逮捕、起诉；因执法不规范，导致办案质量不高甚至发生错案，等等。

（三）玩忽职守，执法不作为。包括应当立案侦查的案件不立案侦查；应当逮捕的案件不依法逮捕；应当起诉的案件不依法起诉；对诉讼活动中执法不严、司法不公的现象应当监督而不进行监督；漠视群众疾苦，对上访求助群众冷硬横推，办理信访、申诉案件不及时、不认真，该纠正的不纠正，该赔偿的不赔偿，等等。

（四）不能依法独立行使检察权。主要是对地方、部门保护和违法干预办案不敢抵制或者不坚决抵制，没有依法履行或者不正确履行法律监督职责。

各级检察机关要围绕上述重点部门、环节和问题，紧密结合本地区、本部门实际，从自身执法工作和履行监督职责两个方面对照检查，坚持什么问题突出就重点解决什么问题，哪个工作环节薄弱就重点加强哪个工作环节，特别是要紧紧抓住人民群众最关心、反映强烈的问题，从“立检为公、执法为民”的高度，认真加以整改，制定、完善各项制度和规范性文件，确保取得实效，在重点整改的基础上全面提高执法规范化水平。

**三、步骤和方法**

专项整改活动分为三个阶段，各阶段的时间安排和工作内容如下：

（一）集中整改，时间为6月底之前。

要与正在进行的先进性教育活动整改提高阶段的工作紧密结合，认真查摆执法不规范、不公正的问题，对突出问题进行集中整改。

1. 动员部署。组织干警学习领会中央政法委和最高人民检察院电视电话会议精神，统一思想，提高认识，明确要求。

2. 通过走访群众、召开座谈会等形式，主动向社会各界和人民群众征求对检察机关执法工作的意见。

3. 对2003年以来的涉检上访案件特别是错案，以及检察干警违法违纪案件进行一次认真梳理，深入查找个人和单位在执法工作中存在的突出问题。

4. 对查找出的问题逐一归类，分析原因，明确整改方向。

5. 针对存在的问题，认真制定整改方案，提出切实可行的整改措施。在先进性教育活动整改提高阶段能够整改的要马上整改；在年内完成整改的，要逐一列项，限期整改；对一时不具备条件的，要列出专题，加强调查研究，作出符合实际的安排。

整改方案要报上一级人民检察院备案。

6. 将整改措施和整改情况,向提出意见的单位或个人反馈,并在一定范围内公布,听取群众意见,接受群众监督。

7. 对发现的人民群众反映强烈的执法不公案件,要限期、定人办理,重大案件上级检察院要挂牌督办。

8. 6月下旬,最高人民检察院对地方整改情况进行一次检查,主要是检查重点环节和重点问题的整改工作。

(二)健全制度,时间为7至8月。

1. 针对查摆出的问题,对现有制度和规范性文件进行一次全面清理,该坚持的坚持,该废止的废止,该完善的完善,该建立的建立。

2. 对现有制度和规范性文件的执行情况进行一次全面检查。对没有落实的,要认真分析原因,提出落实措施,强化巡视和督察,确保各项制度和规范性文件得到贯彻落实。

3. 在清理检查的基础上,进一步建立健全制度和规范性文件。重点从三个方面入手:一是细化办案流程,对执法办案各个具体环节的执法规范、质量标准作出严密细致的规定,使每一执法环节和每一执法行为都有章可循,防止执法随意性。二是完善执法责任和责任追究制度,把责任明确到每个人、每个岗位,切实维护制度和规范性文件的严肃性和有效性。三是健全内外部监督制约机制,强化对自身执法活动的监督。要进一步加强检察机关内部各个执法办案环节的相互制约,强化上级检察院对下级检察院业务工作的领导和监督;进一步深化人民监督员制度试点工作,积极探索建立接受外部监督的有效途径和机制;进一步健全和规范检务公开,凡是能公开的制度和规范性文件都要公开,增强执法透明度,更好地接受人民群众和社会监督。

4. 最高人民检察院要着手制定和完善各项业务工作的办案规则、办案流程和办案绩效考评办法,及时下发一批制度规定和规范性文件。地方各级检察院都要围绕专项整改的重点,结合自身的工作特点和实际需要,进一步制定和完善有关制度和规范性文件。

5. 最高人民检察院选择若干行之有效的制度和规范化文件,转发全国检察机关学习借鉴。

(三)培训考核,时间为9至10月。

1. 8月份,最高人民检察院制定并下发各个执法岗位的培训考核内容和组织实施办法。

2. 按照全员参与、重在基层、立足岗位、注重实效的要求,开展岗位培训。根据各个执法岗位的培训考核内容,采取集中授课与个人自学相结合等方式,组织干警学习本职工作有关的基本法律、执法程序和工作规范,提高岗位技能和执法水平。

3. 在培训结束时组织考试考核。考试考核不合格的,离岗培训;经培训仍不合格的,再进行培训;三次培训考核都不合格的,通过法定程序免去法律职务,调整工作岗位。

4. 对近几年因工作失误导致重大涉法上访案件或有其他严重执法过错的检察干警,除依法依纪予以处理,离开检察机关的以外,由省、地两级检察院组织离岗培训。

5. 研究建立岗位练兵的长效机制,推动练兵活动的制度化、经常化和规范化。

各地可根据以上三个阶段的时间安排和工作内容,结合当地政法委的部署作出具体安排。

**四、检查验收和总结**

专项整改活动基本结束后,进行检查验收和总结。

(一)最高人民检察院制定验收的指导标准,省级检察院根据指导标准制定验收的具体标准。

(二)由省级检察院统一组织自查,采取明查暗访、重点抽查、交叉检查等多种形式,深入基层和执法一线,督促专项整改任务的落实。在检查中,要看执法行为是否规范,执法规范是否健全,涉法上访反映的问题是否得到解决,违法违纪案件中暴露出的薄弱环节是否得到加强,先进性教育和这次专项整改活动中反映的意见是否已经整改,群众满意度是否提高等。最高人民检察院要根据各地工作进展情况组织抽查。

(三)接受政法委统一组织的执法检查。经检查不符合要求的,必须在规定时间内补课,针对存在的执法漏洞,进一步建立健全执法规范。补课后仍然不能通过验收的,上级检察院要给予通报批评,取消两年之内评选先进单位的资格,并采取措施帮助整改。

(四)各省级检察院要在11月底之前将本地区开展专项整改活动的总体情况报告最高人民检察院。

**五、组织领导**

(一)最高人民检察院成立"规范执法行为,促进执法公正"专项整改活动领导小组,下设工作办公室,负责专项整改活动组织、推动、指导、督查的具体实施工作。

(二)各级检察院党组要高度重视,把开展专项整改活动作为当前的一项重要任务来抓,一把手负总责,并成立相应的工作机构,各职能部门特别是重点部门要分工落实。实行严格的责任制,逐级逐人明确分工,落实责任,加强领导,精心组织,务求实效。

(三)各省级检察院都要确定一两个基层检察院作为示范院,树立典型,以点带面。省级检察院和地市级检察院的领导同志都要联系一个基层检察院,抓一两项具体制度和规范性文件。对在专项整改活动中涌现出来的先进典型的经验,特别是各地创造的行之有效的制度和规范性文件,要及时总结和推广。各省级检察院确定联系点的情况要在6月5日之前报告最高人民检察院。

(四)上级检察院在各个阶段都要深入基层进行具体指导,加强检查督促,及时掌握进展情况,帮助查找问题、搞好整改。在建立健全重要业务工作制度和规范性文件方面,上级检察院要发挥主要作用,需要基层建立的,上级检察院也要给予有力的支持和帮助。

(五)各省级检察院和最高人民检察院各业务部门都要根据本方案制定具体的实施方案。

**六、几点要求**

(一)坚持把学习贯彻始终。要在先进性教育活动学习的基础上,结合专项整改活动的需要,组织广大干警进一步学习领会"三个代表"重要思想的精神实质,学习科学发展观的要求,学习《为人民服务》、《江泽民同志在中国共产党第十六次代表大会上的讲话》、《胡锦涛同志在新时期保持共产党员先进性专题报告会上的讲话》等经典著作,学习全国检察长会议文件、最高人民检察院工作报告和贾春旺检察长在贯彻十届全国人大三次会议精神电视电话会议上的讲话,不断统一执法思想,进一步树立"立检为公、执法为民"的执法观,推动专项整改工作顺利进行。

(二)充分运用正反两方面的典型对干警进行教育。要深入开展向方工、白云等先进人物和执法规范化建设走在前列的先进检察院学习的活动,充分发挥先进典型的示范带动作用。同时,要选择因办案不规范而导致的涉法上访案件特别是冤案错案,从执法思想、执法观念、执法作风、执法行为等方面进行深入剖析,广泛开展警示教育,引导广大干警增强搞好专项整改活动、规范执法行为的自觉性。

(三)与其他工作紧密结合起来。要把专项整改活动作为先进性教育活动整改提高阶段的重点来抓,用专项整改的成效来衡量和检验先进性教育活动的成效。要妥善处理好抓专项整改活动与抓业务工作的关系,做到两不误、两促进。要与推进检察改革紧密结合,把这次规范执法行为专项整改方案中第二时间段完善工作机制、规范执法行为的任务,作为今后三年检察改革的重要内容。要抓好一批"三位一体"机制建设的试点,推广经验,加快建设步伐,及时巩固和发展专项整改的成果。要把规范执法行为作为队伍建设和基层检察院建设的重要内容,努力提高队伍的整体素质和执法水平,促进检察队伍的执法形象有新的变化。

(四)加强领导班子建设。上级检察院要结合专项整改活动,对所辖检察院领导班子现状进行一次分析,对缺乏群众观念、法治意识薄弱、队伍管理松懈、表率作用差的领导班子进行整顿。同时,要注意把那些政治坚定、业务精通、清正廉洁、公正执法的优秀干部选拔到领导岗位上来。要通过加强制度建设,强化对领导干部的管理和监督,确保最高人民检察院"六个严禁"的要求和其他纪律规定落到实处。

(五)做好宣传工作。坚持以正面宣传为主,对检察机关的专项整改活动进行必要的宣传,接受人民群众和新闻舆论的监督。5至6月,集中宣传各地学习、查摆和整改问题的情况;7至9月,集中宣传执法规范、执法公正的先进典型和规范化建设的情况;9至10月,集中宣传培训考核情况;11至12月,集中宣传检察机关经过专项整改后的新气象,充分利用新闻媒体和其他途径向社会宣传检察机关开展专项整改活动的成效。

# 最高人民检察院关于地方各级人民检察院渎职侵权检察机构统一名称的通知

2005年5月25日　高检发政字〔2005〕25号

各省、自治区、直辖市人民检察院，新疆生产建设兵团人民检察院：

查办渎职侵权犯罪是检察机关的重要职责，渎职侵权检察工作在加强党的执政能力建设，实践依法治国方略，构建社会主义和谐社会中具有重要作用。为适应新时期渎职侵权检察工作的需要，进一步加大工作力度，尽快改变目前一些地方渎职侵权检察工作相对薄弱的状况，经研究，对地方各级人民检察院渎职侵权检察机构的名称提出以下意见：

一、地方各级人民检察院已经设立的渎职侵权检察机构，统一更名为"反渎职侵权局"；

二、地方各级人民检察院已经设立的反贪污贿赂和渎职侵权检察机构不要合并；

三、地方各级人民检察院渎职侵权检察机构涉及更名及干部配备等问题，请各省级人民检察院报地方党委、编办审批。

特此通知。

# 最高人民检察院关于印发《最高人民检察院关于进一步加强公诉工作强化法律监督的意见》的通知

2005年6月10日　高检发〔2005〕9号

各省、自治区、直辖市人民检察院，军事检察院，新疆生产建设兵团人民检察院：

现将《最高人民检察院关于进一步加强公诉工作，强化法律监督的意见》印发给你们，请结合实际认真贯彻落实。

## 最高人民检察院关于进一步加强公诉工作强化法律监督的意见

为了深入贯彻落实党的十六大和十六届三中、四中全会精神，认真实践"强化法律监督，维护公平正义"的检察工作主题，依法全面正确履行公诉职能，维护社会稳定和谐，促进司法公正，现就加强公诉工作、强化法律监督提出如下意见。

**一、公诉工作面临的形势和任务**

公诉职能是检察机关法律监督职能的重要组成部分，公诉工作在检察工作中占有重要地位。当前，全党和全国各族人民认真贯彻党的十六大和十六届三中、四中全会精神，抓住本世纪前二十年的重要战略机遇期，致力于构建社会主义和谐社会，检察机关的公诉工作面临着新的形势和任务。社会主义和谐社会需要稳定的社会环境和良好的法治环境,但是当前我国正处在人民内部矛盾凸显、刑事犯罪高发、对敌斗争复杂的时期,影响和谐稳定的因素大量存在,维护稳定的任务十分繁重;在刑事诉讼中违法办案、司法不公、贪赃枉法等问题依然存在,社会各界对检察机关法律监督的期望越来越高。同时,构建和谐社会这一重要执政理念,对检察机关的法律监督工作提出了新的更高的要求。

检察机关历来非常重视公诉工作。特别是近年来,各级检察机关紧紧围绕党和国家工作大局,认真贯彻落实"加大工作力度,提高执法水平和办案质量"的总体要求,依法履行公诉职能,为维护社会稳定、促进司法公正做出了重要贡献。但是也要清醒地看到,面对新的形势和任务,公诉工作和公诉队伍还有很多不适应的地方。部分公诉人员不能正确认识公诉的性质和职能,贯彻"强化法律监督,维护公平正义"的检察工作主题不全面、不深入,存在不重视监督、不愿监督、不敢监督、不善于监督的现象,一些地方公诉环节的诉讼监督甚至有弱化的倾向;一些重大冤假错案的发生,也暴露出公诉环节仍然存在对案件质量把关不严、法律监督不到位的问题。对此,必须引起高度重视,切实加以解决。

党的十六大指出,社会主义司法制度必须保障在全社会实现公平和正义。我国宪法规定,人民检察院是国家的法律监督机关。最高人民检察院确定的"强化法律监督,维护公平正义"的检察工作主题,充分体现了十六大的根本要求和检察权的宪法性质,是包括公诉在内的所有检察工作的根本指针。在我国,公诉工作是法律监督的重要组成部分,检察机关在依法指控犯罪的同时,对刑事诉讼活动实施法律监督,是中国特色社会主义检察制度的重要特征,而履行指控犯罪和诉讼监督这两项公诉基本职能,都必须以办案质量为基础和保障。因此,各级检察机关和全体公诉人员都要进一步深化对中国特色社会主义检察制度的理解,深刻认识公诉权的法律监督性质,正确把握当前公诉工作面临的形势和任务,坚持用检察工作主题统一执法思想,统揽全部公诉工作,坚决地而不是敷衍地、具体地而不是笼统地把检察工作主题贯彻落实到实际行动上,自觉把依法指控犯罪、强化诉讼监督和提高办案质量统一于公诉工作的全过程。当前和今后一个时期公诉工作的任务是:坚持以邓小平理论和"三个代表"重要思想为指导,认真贯彻落实"强化法律监督,维护公平正义"的检察工作主题,依法指控犯罪,强化诉讼监督,提高办案质量,积极推进公诉改革,加强公诉队伍专业化建设,全力维护社会稳定,切实保障人权,为构建社会主义和谐社会做出积极贡献。

为完成上述任务,在公诉工作中必须坚持以下原则:

——坚持指控犯罪与诉讼监督并举。要正确把握公诉权的法律监督性质,在依法履行指控犯罪职能的同时,着力强化诉讼监督,维护法律的统一正确实施,努力使二者紧密结合、互相促进,推动公诉工作全面协调发展。

——坚持忠实于事实和法律。办理任何案件,都必须以事实为根据,以法律为准绳,坚持依法独立公正行使检察权,真正做到有罪追究,无罪保护,严格依法,客观公正。

——坚持惩治犯罪与保障人权相统一。在公诉工作中,既要代表国家依法指控犯罪,又要尊重和保障人权;不仅自身要严格依法办案,而且要加强对侵犯诉讼参与人特别是犯罪嫌疑人诉讼权利行为的监督,维护司法公正。

——坚持力度、质量和效率的有机统一。要切实把检察工作总体要求全面地贯彻落实到公诉工作中,既要加大打击犯罪和诉讼监督的力度,又要保证办案质量,提高办案效率,实现公诉工作的健康发展。

——坚持分工负责、互相配合、互相制约。在刑事诉讼中,检察机关与侦查、审判机关之间,以及检察机关的公诉部门与其他部门之间,既要密切配合,形成工作合力,又要严格监督和制约,有效防止权力滥用。公诉部门在加强诉讼监督的同时,也要自觉接受监督。

——坚持正确贯彻党和国家的刑事政策。要自觉用党和国家的刑事政策指导公诉工作,把严格执行法律与贯彻刑事政策有机统一起来,把办案的法律效果与社会效果有机统一起来。

**二、正确履行指控犯罪职能,依法打击各种犯罪活动**

代表国家依法指控犯罪,是公诉工作的基本任务。各级检察机关要清醒认识当前犯罪的严峻形势,增强大局意识和责任意识,依法正确履行指控犯罪职能,有效防止打击不力,全力维护社会稳定;有效防止冤假错案,切实保障人权。

(一)突出打击重点,依法严厉惩治严重犯罪。认真落实中央维护稳定的部署,坚持"严打"方针,重点依法严惩危害国家安全犯罪,民族分裂势力、宗教极端势力和暴力恐怖势力以及"法轮功"等邪教组织犯罪;严重暴力犯罪、黑恶势力及有组织犯罪,抢劫、抢夺、盗窃等多发性侵财犯罪;金融诈骗、非法集资、制假售假、侵犯知识产权和走私等严重破坏社会主义市场经济秩序犯罪;人民群众反映强烈的重大贪污贿赂、渎职侵权等职务犯罪。

(二)正确把握起诉条件,做好审查起诉工作。审查起诉是准确指控犯罪的前提和基础。要依法认真、细致、全面地审查案件,坚持客观公正的原则,既要查明有罪、罪重的证据,也要查明无罪、罪轻的证据。积极推行审查报告综合化改革,强化对定案证据、犯罪构成等问题的分析论证,对疑难、复杂案件要严格审查把关,切实防止冤假错案。对于犯罪事实已经查清、证据确实充分、依法应当追究刑事责任的,应当依法作出起诉决定。强化追诉犯罪意识,注意审查发现遗漏罪行和其他应当追究刑事责任的人,依法予以追诉;对于在逃的犯罪嫌疑人,应当督促侦查机关(部门)抓捕归案。依法正确行使公诉权,既要防止放纵犯罪,也要避免冤枉无辜。坚持严格依法办案,认真执行诉讼权利告知制度,切实保障犯罪嫌疑人和其他诉讼参与人的诉讼权利。

(三)提高出庭公诉水平,增强指控犯罪效果。出庭支持公诉是指控犯罪的关键。要进一步完善出庭公诉工作制度,针对不同类型的案件,研究制定举证、质证规则,规范、指导出庭公诉工作。认真做好出庭准备工作,围绕案件的重点和争议焦点,制定周密的出庭预案。对于重大、疑难、复杂案件,要选派优秀公诉人出庭支持公诉,检察长、主管副检察长和公诉部门负责人要带头出庭。出庭公诉人要灵活运用出庭谋略和出庭技巧,切实增强庭上应变能力,妥善应对庭审中出现的问题,对被告人翻供、证人翻证的,要综合运用全案证据揭露和证实犯罪,必要时依法建议延期审理。对于法庭审理活动违反法定程序、严重侵犯诉讼参与人诉讼权利,可能影响公正审判的,公诉人应当立即建议休庭,并在休庭后依法提出监督意见。要加强对出庭支持公诉工作的跟庭考核,总结推广出庭经验,组织优秀庭评选,促进出庭公诉水平的提高。

(四)提高办案效率,增强打击犯罪的时效性。要严格遵守法定诉讼期限,努力加快办案进度,确保在公诉环节不贻误对案件的处理,切实防止为延长办案时限滥用退回补充侦查权,坚决杜绝在公诉环节出现超期羁押。逐步实现与侦查机关(部门)、侦查监督部门的案件信息资料共享,依法充分适用简易程序,进一步推行被告人认罪案件普通程序简化审理,节约诉讼资源,提高办案效率,增强打击犯罪的时效性。

(五)加强与侦查、审判机关的协调配合。对重大、疑难、复杂案件和在社会上有影响的案件,公诉部门要适时介入侦查,提前熟悉案情,引导取证,必要时指派检察官参加侦查机关(部门)对重大案件的讨论,根据指控犯罪的需要依法要求侦查人员出庭作证,依法就案件审理的有关安排、临庭处置预案等与审判机关进行沟通协调,形成打击合力。

(六)保障律师在刑事诉讼中依法执业。要认真执行最高人民检察院《关于人民检察院保障律师在刑事诉讼中依法执业的规定》,切实保障律师依法行使会见犯罪嫌疑人,查阅有关案卷材料,以及申请收集、调取证据等权利,注意听取和尊重律师的意见,维护当事人及其他诉讼参与人的合法权益,促进人民检察院严格、公正执法,保证案件依法正确处理。

**三、强化诉讼监督,维护司法公正**

依法对刑事诉讼活动实行法律监督,是公诉工作的重要任务。各级检察机关要统一执法思想,增强监督意识,将刑讯逼供、暴力取证、徇私枉法造成错误裁判、有罪判无罪、量刑畸轻畸重、职务犯罪案件量刑失衡等作为监督重点,依法强化对侦查、审判和死刑执行活动的监督,努力维护司法公正。

(一)坚持依法、坚决、准确、有效的诉讼监督原则。依法,就是要依照刑法、刑事诉讼法和有关司法解释的规定行使诉讼监督权,既要监督到位,又不超越职权;坚决,就是要坚持有法必依、违法必究的原则,充分履行诉讼监督职责,加大监督力度;准确,就是要正确把握监督标准,规范监督程序,做到依法有据、保证质量;有效,就是要综合运用各种监督手段,发现问题及时监督,切实强化监督效力,增强监督效果。

(二)依法加强对侦查活动的监督。坚持打击犯罪与保障人权并重，既要加强对以罚代刑、漏罪漏犯、另案处理、退回补充侦查后自行消化处理等案件的监督，防止有罪不究、放纵犯罪，又要严格区分罪与非罪的界限，依法监督纠正滥用刑事手段、违法插手经济纠纷，以及出于地方和部门保护主义，违法立案管辖刑事案件等问题，切实保障无罪的人不受刑事追究。对滥用强制措施或者检察机关批准逮捕后随意改变强制措施的，以及其他在侦查活动中违反程序、侵犯诉讼参与人诉讼权利与合法权益的行为，应当依法提出监督意见，督促纠正。

重点加强对刑讯逼供、暴力取证等严重侦查违法行为的监督，坚决依法排除非法证据。要根据法律规定，制定检察机关公诉案件非法证据排除规则。切实加强对证据来源合法性的审查，对于以刑讯逼供、暴力取证或者威胁、引诱、欺骗等非法方法收集的犯罪嫌疑人供述、被害人陈述、证人证言，应当坚决予以排除。对于其他未严格遵守法律规定收集的证据，必须依法重新收集或者采取其他补救措施后，才能作为指控犯罪的根据。要从程序上设置发现刑讯逼供的途径，严格执行诉讼权利告知制度，认真听取犯罪嫌疑人等对侦查违法行为的控告，并通过审查分析侦查程序是否合法、是否出现异常现象等情况，努力提高发现刑讯逼供、暴力取证行为的能力。对违法取证特别是刑讯逼供、暴力取证的，要坚决依法监督纠正；构成犯罪的，依法追究刑事责任。

（三）加强抗诉工作，强化对刑事审判活动的监督。要依法运用抗诉手段，加大刑事审判监督力度。认真执行《人民检察院刑事诉讼规则》以及其他关于刑事抗诉工作的规定，符合抗诉条件的应当坚决依法提出抗诉。根据当前抗诉实践，对于具有以下情形之一的，应当认为有抗诉必要，依法提出抗诉：(1)人民法院采信自行收集的证据，未经庭审质证即作为裁判的根据，导致裁判错误的；(2)人民法院不采纳公诉人庭前收集并经庭审质证的有效证据，仅因被告人翻供而判决无罪或改变事实认定，造成错误裁判的；(3)人民法院审判活动严重违反法定诉讼程序，或者审判人员在审理案件过程中有贪污受贿、徇私舞弊等行为，影响公正裁判的；(4)判决、裁定认定事实或者适用法律错误，量刑虽然未致畸轻畸重，但社会影响恶劣的；(5)因重要事实、法定情节认定错误而导致错误裁判，或者因判决、裁定认定犯罪性质错误，可能对司法实践产生不良效应的。上级检察机关要支持下级检察机关依法开展抗诉工作，对下级人民检察院抗诉或者提请抗诉的案件，上级人民检察院应当提讯原审被告人、复核主要证据；符合抗诉条件的，应当依法支持抗诉或者向同级人民法院提出抗诉。检察机关提出抗诉的案件，要按照规定报同级人大常委会备案。对于人民法院正确的判决、裁定，应当做好当事人的息诉工作，维护审判权威。

（四）加强对死刑复核和死刑执行活动的监督。死刑案件事关重大，社会高度关注。要适应司法体制改革的要求，加强调研论证，研究有效开展死刑复核监督的措施，规范监督程序，依法强化对死刑复核的监督。高度重视死刑执行监督，研究制定死刑临场监督工作规则，严格依照有关规定派员监督死刑执行活动。发现存在不应当执行死刑情形的，应当立即建议人民法院停止执行；对违反法定死刑执行程序，侵犯被执行人合法权益的，应当及时监督纠正。

（五）综合运用多种监督手段，加强诉讼监督。要正确处理监督目的与监督手段的关系，拓宽监督思路，讲究监督方法，采取口头监督与发检察建议书、纠正违法通知书相结合，即时监督与事后监督相结合，个案监督与类案监督相结合等方式，综合运用多种监督手段，加大监督力度，增强监督效果。要加强宏观监督，注意对一定时期内侦查、审判活动中存在的问题进行归纳、分析，有针对性地提出监督意见和建议，督促侦查机关、审判机关纠正。对于提出的监督意见，要逐件跟踪。对排斥监督或者经监督仍不纠正的，可以向同级党委、人大报告，或者采取通过上级检察机关向被监督单位的上级机关通报的方式进行监督。

（六）强化办理职务犯罪案件的内部制约和监督。各级检察机关要严格执行《关于人民检察院办理直接受理立案侦查案件实行内部制约的若干规定》，进一步强化对职务犯罪侦查工作的内部监督制约。公诉部门要依法履行侦查监督和内部制约的职责，对侦查阶段经过检察委员会讨论的职务犯罪案件，公诉部门对案件事实、证据或者处理决定提出不同意见的，应当建议检察委员会再次讨论。

重点规范职务犯罪案件不起诉工作，有效防止职务犯罪侦查权和不起诉权的滥用。要研究制定职务犯罪案件不起诉的标准，规范程序，定期分析通报职务犯罪案件不起诉情况，采取综合措施有效降低不起诉率,坚决纠正利用不起诉办关系案、人情案、台阶案、利益驱动案的现象。要严格掌握职务犯罪案件不起诉标准,对于依法应当起诉的,不得作不起诉处理;对于犯罪情节轻微,依照刑法规定不需要判处刑罚或者免除刑罚的,应当综合考虑案件性质、社会影响等因素,由检察委员会讨论决定是否作不起诉处理。

(七)完善诉讼监督工作衔接机制。要加强公诉部门与侦查监督、监所检察、控告申诉等部门的沟通、配合,互通情况,相互衔接,形成合力,共同做好诉讼监督工作。侦查监督部门应当将立案监督和侦查监督的情况及时通报公诉部门,公诉部门应当实施跟踪监督,并将情况向侦查监督部门反馈。对于公诉部门正在办理的案件,其他部门接到有关控告申诉,或者发现有诉讼违法行为的,应当向公诉部门通报,公诉部门应当据此加强对侦查、审判活动的监督。

(八)建立检察机关内部诉侦协作机制,坚决查处司法不公背后的职务犯罪。司法人员贪赃枉法、徇私舞弊是造成司法不公的重要原因。各级检察机关公诉部门与反贪污贿赂、渎职侵权检察等部门要切实加强配合,把查处司法不公背后的司法人员职务犯罪作为强化诉讼监督的有力手段,形成监督合力。要制定检察机关诉侦协作具体规定,公诉部门对在办案中发现司法人员的职务犯罪线索,经检察长批准,可以进行初步调查或者将线索移送职务犯罪侦查部门;职务犯罪侦查部门应当作为重点案件优先查处,并及时向公诉部门反馈查处结果。要把加强诉侦协作、主动发现和查处司法工作人员职务犯罪的情况,作为考核公诉部门和职务犯罪侦查部门工作的重要内容。

**四、加强业务规范化建设,完善公诉案件质量保障体系**

办案质量是公诉工作的生命线。各级检察机关要进一步强化质量意识,加强执法规范化建设,完善案件质量保障体系,促进公正执法,保障办案质量。

(一)规范公诉业务流程。业务规范化建设是促进公正执法和保证办案质量的重要条件。最高人民检察院要依据法律规定,结合公诉实践,在整合现行各项公诉业务制度的基础上,统一制定公诉工作细则和公诉业务规范化建设标准,加快公诉业务、队伍和信息化“三位一体”机制建设,进一步规范公诉业务流程,完善监督制约机制,运用信息化手段加强案件质量和办案活动管理,有效保障公诉权依法正确行使。

(二)建立和完善公诉案件考评体系。最高人民检察院要制定公诉案件考评办法,对各省级人民检察院的公诉工作进行考评,考核结果及意见向省级人民检察院逐个反馈,必要时向各地通报。各省级人民检察院要结合实际制定考评细则,并认真组织对地、县级人民检察院的公诉工作进行量化考评。要通过建立科学的公诉案件考评体系,形成符合“加大工作力度,提高执法水平和办案质量”要求的工作导向,促进公诉工作全面、健康发展。

(三)制定和完善公诉案件证据标准。抓紧制定和完善各类常见公诉案件证据参考标准,规范审查证据工作,引导侦查机关(部门)客观、全面收集证据。对重大、疑难、复杂案件和敏感性案件,讯问犯罪嫌疑人要逐步实行全程录音、录像,有效固定证据,防止翻供。坚持重证据、重调查研究、不轻信口供的原则,据以定案的证据必须形成完整链条,排除合理怀疑。

(四)建立案件特别备案审查制度。要坚持依法独立公正行使检察权。为加强上级检察机关对下级检察机关的办案指导,保证办案质量,凡具有以下情形之一的,必须及时将情况报上一级人民检察院公诉部门备案:(1)职务犯罪大案、要案;(2)在当地有较大社会影响的敏感案件和新闻媒体关注的案件;(3)协调意见与检察机关意见不一致的案件;(4)参与协调的司法机关之间意见分歧较大的案件;(5)其他需要备案的案件。对备案的案件,上一级人民检察院应当认真审查,发现问题及时纠正,支持和督促下级人民检察院依法办案。应当特别备案而未按照规定上报的,如果发生错案,要严肃追究有关责任人的责任。

(五)完善公诉案件质量预警机制。要严格执行《人民检察院公诉部门实行办案质量预警机制的规定(试行)》,对无罪判决、不起诉、撤诉、抗诉等重点案件的质量状况实施动态预警,及时解决办案工作中存在的问题。各级人民检察院要结合实际逐步严格预警指标,缩短动态预警的周期。最高人民检察院定期向各地通报质量预警情况。

**五、深化公诉工作机制改革**

各级检察机关要认真贯彻落实中央关于司法体制和工作机制改革的部署,在最高人民检察院的统一领导下，本着积极、慎重、稳妥的原则，在现行法律框架内推进公诉改革，创新公诉工作机制，探索完善中国特色社会主义公诉制度，努力推动公诉工作与时俱进。

（一）完善和落实职务犯罪案件不起诉监督制约制度。继续深化人民监督员制度试点工作，并根据最高人民检察院的统一部署，实行职务犯罪不起诉案件报上一级人民检察院批准制度，规范上报审批的工作程序。要把人民监督员制度和上一级人民检察院审查批准制度有机衔接起来，检察机关立案侦查的职务犯罪案件拟作不起诉决定的，应当启动人民监督员监督程序，接受人民监督员监督；决定作不起诉的，及时报上一级人民检察院批准。

（二）推进充分体现刑事政策的公诉方式改革。要适应构建社会主义和谐社会的要求，全面理解、正确贯彻执行党和国家的刑事政策。既要坚持“严打”方针，稳、准、狠地打击严重刑事犯罪，又要坚持惩办与宽大相结合，对未成年人犯罪、初犯、偶犯、过失犯，主观恶性较小、犯罪情节轻微的，区分不同情况，依法采取轻缓的刑事政策，加强对失足者的教育挽救工作，增强指控犯罪的法律效果和社会效果。要积极推进未成年人犯罪案件公诉方式改革。有条件的地方，可以在公诉部门建立专门的未成年人犯罪工作机构。对未成年人犯罪，可诉可不诉的不起诉，可判可不判实刑的依法建议人民法院判处缓刑。探索对未成年人与成年人共同犯罪的案件实行分案处理的制度和适合未成年人特点的出庭支持公诉方式。

（三）积极探索量刑建议制度。为更加充分地发挥公诉职能，强化对审判机关量刑活动的监督制约，保证案件公正处理，要在总结一些地方探索量刑建议经验的基础上，进一步积极稳妥地开展量刑建议试点工作。要根据罪刑相适应的原则，依照刑法、有关司法解释的规定和案件的具体情况，在庭审中就犯罪嫌疑人的量刑幅度向人民法院提出具体建议。要把探索实行量刑建议制度与加强检察机关对刑事审判活动的监督结合起来，推动量刑工作严格依法进行。

（四）加快公诉一体化机制建设。公诉一体化是检察机关领导体制和检察一体化原则在公诉工作中的内在要求和具体体现。要通过建立公诉一体化机制，强化公诉工作的上下领导、横向配合和对外协调，形成检察机关公诉工作的整体合力。对于因外部干扰、舆论影响等因素，不适合由有管辖权的人民检察院审查起诉的案件，上级人民检察院应当商同级人民法院依法指定管辖。要切实加大对下级人民检察院诉讼监督工作的支持力度，上级人民检察院要积极协调同级公安机关、人民法院督促其下级机关按照检察机关的监督意见，纠正诉讼中的违法现象。上级人民检察院根据办案需要，可以选调优秀公诉人或者业务骨干办理重大、复杂案件。案件涉及多个地区的，上级人民检察院要加强协调，各地要积极配合。下级人民检察院对上级人民检察院的决定，必须坚决执行。

（五）继续深化主诉检察官办案责任制等改革。要进一步推行主诉检察官办案责任制，坚持高标准选任主诉检察官，完善办案机制和监督制约机制，落实激励机制，切实解决主诉检察官岗位津贴等待遇问题。进一步规范公诉介入侦查引导取证工作。认真落实公诉环节的检务公开，增强公诉工作的透明度。

**六、加强公诉队伍专业化建设**

国家公诉人的特殊使命和身份，要求公诉队伍必须是一支高素质的专业化队伍。各级检察机关要适应公诉工作的特点，围绕公诉职业道德、职业能力、职业责任、职业纪律和职业形象，大力加强公诉队伍专业化建设，全面提高公诉队伍的整体素质。

（一）加强公诉职业道德建设。坚持用邓小平理论和“三个代表”重要思想武装公诉人员，切实夯实“立检为公、执法为民”的思想基础，增强“强化法律监督、维护公平正义”的使命感和责任感，坚决维护法律的统一正确实施。树立正确的权力观、地位观和利益观，强化职业自律意识，严格恪守忠诚、公正、清廉、严明的检察官职业道德规范，坚决抵制办案中的干扰和各种腐蚀诱惑，自觉接受监督，努力做到依法公正行使公诉权。

（二）加强公诉职业能力建设。要围绕依法正确履行公诉职能，重点提高审查判断证据、正确适用法律、出庭支持公诉、履行诉讼监督职责和公诉业务指导的能力。要制定公诉人基本素质标准，逐步把通过国家司法考试的人员充实进公诉队伍，对主诉检察官实行动态管理，不断优化公诉队伍的结构。大力加强业务培训，保证公诉人每年脱岗培训时间不少于十五天，促进业务知识不断更新；培训结束后要组织考试，考试不合格的离岗培训。广泛开展岗位练兵活动,通过出庭实践和组织出庭观摩、案例研讨、业务竞赛等,积累办案实践经验,提升公诉业务水平。加强公诉人才队伍建设,建立专家型人才库,从最高人民检察院做起,努力培养造就一批精于办理各类重大、疑难、复杂案件的公诉专家。最高人民检察院定期组织"全国十佳公诉人暨优秀公诉人"和"全国十佳公诉庭"评选。

(三)强化公诉职业责任。要切实强化公诉人员的职业责任,完善公诉工作责任追究制。对于因公诉部门和承办人责任造成错案的,按照错案责任追究制追究公诉部门负责人和承办人的责任;对于办案责任心不强造成失误、办案质量不高的,对责任人进行诫勉,两次诫勉无效的离岗培训,离岗培训不合格的依法免除检察官职务、调离公诉部门或办案岗位;对因管理存在疏漏导致严重违法违纪的,按照党风廉政建设责任制追究公诉部门负责人的责任。

(四)严明公诉职业纪律。要严格规范公诉环节的执法行为,集中整改人民群众不满意的突出问题,切实扭转公诉人员违法违纪比例相对偏高的状况。要特别注意发现和查处公诉不公背后的公诉人员违法违纪案件,凡是利用职权贪污受贿、徇私枉法的,私放犯罪嫌疑人、帮助串供、毁灭或者伪造证据以及通风报信、泄露办案机密的,私自办案或者干预下级检察院办案的,私自会见案件当事人及其辩护人、代理人、申诉人、亲友或者接受上述人员财物、宴请、娱乐活动的,在办案中刑讯逼供、暴力取证或者有其他严重侵犯诉讼参与人诉讼权利行为的,因违法违规办案、玩忽职守造成犯罪嫌疑人等脱逃、死亡、严重伤残的,要先停职离岗,再区分性质和情节轻重,依纪严肃处理,构成犯罪的依法追究刑事责任。

(五)加强公诉职业形象建设。公诉工作是检察机关的一个重要窗口,代表着检察机关的形象。公诉人员要牢固树立法治意识和群众意识,依法正确行使手中的权力,带着对人民群众的深厚感情秉公执法、伸张正义。要自觉养成良好的职业作风,坚持依法办案、热情服务,坚决克服特权思想和霸道作风。公诉人出庭公诉要严格遵守《公诉人出庭行为规范(试行)》和法庭纪律,做到依法履职、客观公正、着装统一、仪表整洁、语言规范、举止得体,并在完成指控犯罪任务的同时开展法制宣传教育,展示检察机关的良好形象。

**七、切实加强对公诉工作的领导**

各级检察院党组要进一步加强对公诉工作的领导。要始终把公诉工作摆在重要位置,定期听取公诉工作汇报,认真研究解决公诉工作中的问题,为公诉部门创造良好的工作条件。要把政治上靠得住、工作上有本事、作风上过得硬的干部配备到公诉部门的领导岗位,公诉部门主要负责人应当担任检察委员会委员。检察委员会对公诉部门提请讨论的案件和其他重大问题,应当及时研究。要切实解决公诉部门人少案多、超负荷运转的问题,根据公诉业务量合理确定公诉部门的编制,加强公诉部门的办案力量。妥善处理干部交流轮岗与公诉队伍专业化的关系,高度重视公诉队伍人才流失问题,采取有效措施保持公诉骨干队伍的基本稳定。要加强公诉部门的物质装备和信息化建设,提高公诉工作的科技含量,加快实现从传统管理模式向现代管理模式的转变,把科技手段有效地转化为现实战斗力。

高度重视和加强基层公诉工作。基层公诉工作事关社会稳定的大局和公诉工作的全局。要认真贯彻加强基层检察院建设的战略部署,采取有效措施解决基层检察院公诉人才出现断层、办案力量紧张、业务培训不足等实际困难,在干部交流、业务培训、装备建设等方面要向重点西部地区基层检察院倾斜。检察机关新增编制,应当主要充实办案任务繁重的基层检察院。最高人民检察院和省级人民检察院要专门举办培训班,为基层检察院培养公诉业务骨干。最高人民检察院公诉厅和省级人民检察院公诉处要在基层检察院建立公诉工作联系点,形成制度并长期坚持。

切实加强公诉工作的对口指导。上级检察院公诉部门要准确把握职能定位,转变工作作风,切实加强对下指导和督促检查,狠抓工作落实。最高人民检察院公诉厅和省级人民检察院公诉处要重点加强宏观指导和分类指导,认真解决带有普遍性或者倾向性的问题,增强业务指导的前瞻性、针对性和有效性,切实担负起指导公诉工作全局的重要责任。

重视和加强公诉理论研究。要在公诉部门大力倡导理论研究的风气,重视公诉理论人才的培养,逐步形成一支既有理论功底又有公诉实践经验的研究队伍,加强与学术界和境外检察机关的交流合作。要立足于强化法律监督,积极探索公诉工作的规律，加强中外检察制度比较研究，从理论上对公诉改革进行研究论证，对公诉实践的新发展进行科学概括，为完善中国特色社会主义公诉制度提供理论支撑。

# 司法部　最高人民检察院<br>国家发展和改革委员会　中国银行业监督管理委员会<br>关于规范公证法律服务秩序有关问题的通知

2005年6月17日　　司发通〔2005〕56号

各省、自治区、直辖市司法厅（局）、人民检察院、发展与改革委员会、物价局、银监局：

改革开放以来，全国公证工作服从服务于党和国家的工作大局，在维护社会稳定、推动经济发展、促进对外开放、保障人民群众合法权益等方面发挥了重要作用。但由于受法制不健全和少数公证人员素质不高等因素的制约和影响，公证法律服务秩序出现了一些不容忽视的问题，主要表现在采取低收费或给付回扣等不正当手段进行公证业务竞争的现象日益突出，一些单位和个人直接或变相向公证处和公证人员索取带有回扣性质的费用或其他利益，在一定程度上加剧了公证行业的不正当竞争，导致一些地方公证质量和公证的公信力下降，影响了公证信誉和形象。为规范公证法律服务秩序，防范和制止不正当竞争行为，现就有关问题通知如下：

一、严格执行公证法律服务收费管理规定。公证处和公证员必须认真遵守《公证服务收费管理办法》，严格执行国家有关公证法律服务收费的政策。公证处要向社会公布公证法律服务的具体收费项目、收费标准以及收费减免办法，自觉接受社会监督。公证处为申请人提供公证法律服务，应按照规定的收费标准向申请人收取公证费，出具收费票据，并不得随意扩大减免公证收费的范围。公证员个人不得私自收费。

二、严禁支付、索要和收取带有回扣性质的费用和利益。公证处、公证人员在办理公证业务时，不得向任何单位和个人支付回扣或以公证事项“介绍费”、“协办费”、“联络费”、“信息费”等为名的、带有回扣性质的费用和其他利益。任何单位和个人不得以任何名义和形式向公证处或公证人员索取上述带有回扣性质的费用和利益。

三、严厉查处不正当竞争行为。公证处及公证人员违反上述规定，进行不正当竞争，扰乱公证法律服务秩序的，特别是对2005年4月1日以后发生的行为，要严肃纪律，严厉查处。司法行政机关、公证员协会要切实履行职责，定期或不定期进行检查，及时发现问题，认真、严肃处理。疏于履责、监管不到位、查处不力的，要追究有关司法行政机关和公证员协会的领导责任。价格主管部门要加强对公证收费行为的监管，依法查处乱收费行为。司法行政机关、公证员协会发现公证处有违规收费行为的，应通报价格主管部门依法查处。司法行政机关内部审计和监察部门要进一步发挥职能作用，依法追究违规单位和个人的责任。发现银行业金融机构和银行业金融机构工作人员索要、收受回扣或带有回扣性质的费用和利益的，银行业监督管理部门可以区别不同情况，责令银行业金融机构对直接负责的董事、高级管理人员和其他直接责任人员给予纪律处分，直至给予银行业金融机构和银行业金融机构工作人员行政处罚。涉嫌构成犯罪的，移交司法机关依法处理。

四、加强公证行业监管和自律。要积极推进公证同业规则建设，司法行政机关、公证员协会要积极引导设区的市市区范围内的各公证处，通过建立主任联席会议制度、签订反不正当竞争自律规约等形式，加强自我管理，自我约束。要积极推进公证信息化平台建设，有条件的地方，可以尽快实现区域内微机联网，借助统一的网络平台进行有效的信息沟通，加强相互监督，加强行业监管。

五、建立健全协调配合的工作机制。防范和制止不正当竞争行为,规范公证法律服务秩序,是当前及今后一段时期司法行政机关的重要任务,各相关部门和单位要高度重视,统一思想,各司其职,密切配合,建立信息通报和案件查处反馈制度,形成协调配合的工作机制。司法行政机关要加强公证工作指导和监督,健全完善内部审计与监察制度,进一步规范公证处的财务收支和服务行为。司法行政机关和价格主管部门要加强公证法律服务收费管理,进一步规范公证处的收费行为,并根据实际情况,适时调整公证法律服务收费标准。司法行政机关、银行业监督管理部门要切实加强监管,进一步规范金融公证业务活动中公证处、金融机构、中介组织之间的关系,积极引导公证人员和金融工作人员规范操作、清廉从业。

各级司法行政机关、检察机关和价格主管部门、银行业监督管理部门要把规范公证法律服务秩序工作摆上重要议事日程,切实加强组织领导,根据本通知要求,结合工作实际,提出实施意见并认真贯彻落实。

# 最高人民检察院关于做好检察机关因公牺牲司法警察特别补助金和特别慰问金管理工作的通知

2005年6月29日　高检发政字〔2005〕29号

各省、自治区、直辖市人民检察院,军事检察院,新疆生产建设兵团人民检察院:

为解决因公牺牲司法警察家属的生活困难,解除司法警察的后顾之忧,凝聚警心,激励斗志,中央财政设立了特别补助金和特别慰问金专款,专项用于因公牺牲司法警察家属的生活补助。为进一步规范检察机关因公牺牲司法警察特别补助金和特别慰问金的发放和管理工作,经商财政部同意,现将有关事项通知如下:

**一、特别补助金和特别慰问金的发放范围、标准和对象**

(一)发放范围

特别补助金和特别慰问金适用于各级人民检察院因公牺牲的在编、在职授衔的司法警察以及经批准入警正在见习期的人员。司法警察因公牺牲、革命烈士的性质认定,按照《人民法院、人民检察院司法警察抚恤办法》(法发〔1998〕6号)有关规定执行。

(二)发放标准

自2004年起,对2003年1月1日(含)以后因公牺牲司法警察的家属,一次性发放特别补助金十万元。其中,被批准为革命烈士的,一次性增发特别补助金十万元。

对1980年1月1日(含)至2002年12月31日(含)因公牺牲警察的家属,每年发放特别慰问金五千元,连续发放时间最长不超过二十年。

(三)发放对象

特别补助金和特别慰问金对因公牺牲司法警察的父母、子女和配偶发放。其中:

1. 有父母,无配偶、子女的;有配偶,无父母、子女的;有子女,无父母、配偶的,发给全数。

2. 有父母、配偶,无子女的;有父母、子女,无配偶的;有配偶、子女,无父母的,各发给半数。

3. 父母、配偶、子女均有的,各发给三分之一。

4. 无上述家属的,不予发放。

**二、特别补助金和特别慰问金的申报、审批及发放程序**

(一)特别补助金采取一例一报、单项审批、及时发放的办法。

1. 因公牺牲司法警察生前所在人民检察院政工部门应在有关部门批准司法警察为因公牺牲或革命烈士后五个工作日内提出书面申请,填写《因公牺牲司法警察特别补助金审批表》,附《因公牺牲证明书》或《革命烈士证明书》、司法警察职务任命文件(均为复印件),由各级人民检察院逐级上报至省级人民检察院政治部。

2. 省级人民检察院收到申请后五个工作日内签署呈报意见,上报至最高人民检察院政治部。

3. 最高人民检察院政治部在收到审批表后三个工作日内提出审批意见，下发批准发放通知。

4. 省级人民检察院在收到最高人民检察院批准发放通知后五个工作日内，通过因公牺牲司法警察生前所在人民检察院，将特别补助金发放到因公牺牲司法警察家属手中，同时颁发证书。

（二）特别慰问金采取一年一报、汇总审批、集中发放的办法。

1. 因公牺牲司法警察生前所在人民检察院政工部门应在每年8月31日前提出本单位当年度发放特别慰问金的书面申请，同时填写《因公牺牲司法警察特别慰问金审批表》，附《因公牺牲证明书》或《革命烈士证明书》、司法警察职务任命文件（均为复印件），由各级人民检察院逐级上报至省级人民检察院政治部。

2. 省级人民检察院汇总后，及时上报至最高人民检察院政治部。

3. 最高人民检察院政治部于每年9月30日前，提出审批意见，下发批准发放通知。

4. 每年春节前，省级人民检察院根据最高人民检察院的批准发放通知，通过因公牺牲司法警察生前所在人民检察院，将特别慰问金发放到因公牺牲司法警察家属手中，同时颁发证书。

**三、特别补助金和特别慰问金发放资金的结算、管理和监督**

特别补助金和特别慰问金委托省级人民检察院统一管理，实行据实结算、集中拨付的管理办法。

（一）特别补助金每季度结算一次。季度内发生的每一笔特别补助金的支付，先由省级人民检察院预付，每季度结束后十五个工作日内，由最高人民检察院计划财务装备局根据本季度批准发放特别补助金的实际情况，将所需资金据实集中拨付到省级人民检察院。最高人民检察院每年一次或两次汇总向财政部提出申请，财政部按上述规定审核后据实办理追加指标和拨款。

（二）特别慰问金每年结算一次。每年10月15日前，由最高人民检察院根据各地上年特别慰问金专款发放结余及当年批准发放的实际情况向财政部提出申请，财政部按上述规定审核后据实办理追加指标和拨款，每年年底前，由最高人民检察院计划财务装备局集中、一次拨付到省级人民检察院。

（三）各省级人民检察院应当依照国家有关规定，加强对特别补助金和特别慰问金的管理和监督，建立因公牺牲司法警察家属档案，保证特别补助金和特别慰问金的及时发放，并对因情况变化，不再符合领取特别慰问金的家属，及时停发特别慰问金。每年2月底前，因公牺牲司法警察生前所在人民检察院要将上年特别补助金和特别慰问金专款发放及结余情况逐级上报省级人民检察院，同时填写《因公牺牲司法警察特别补助金和特别慰问金发放情况统计表》，每年3月31日前，由省级人民检察院汇总上报最高人民检察院政治部。最高人民检察院、财政部将不定期进行专项检查。

（四）特别补助金和特别慰问金专项用于因公牺牲司法警察家属的补助和慰问，任何单位和个人不得挤占、截留和挪用。如有违反，依照国家法律法规的有关规定，追究主管人员和直接责任人的责任，对所在单位予以通报批评。

# 最高人民检察院关于组织评审全国检察机关首批检察业务专家的通知

2005年8月8日　高检发政字〔2005〕37号

各省、自治区、直辖市人民检察院，军事检察院，新疆生产建设兵团人民检察院：

为全面实施人才强检战略，加快检察人才队伍建设，推动检察工作深入发展，最高人民检察院决定今年组织评审全国首批检察业务专家。现将有关事项通知如下：

**一、要充分认识检察业务专家评审工作的重要意义**

人才兴，则事业兴。人才问题事关检察事业的长远发展。加快培养高层次优秀人才，开展检察业务专家评审工作,是检察机关贯彻党中央人才工作部署的重要举措,是人才兴检、人才强检战略的重要内容,有利于营造成才氛围,优化人才结构,加快构建检察人才高地,带动整个检察队伍建设,推动检察工作深入发展。各级检察机关特别是领导干部,一定要充分认识首批检察业务专家评审工作的重要意义,高度重视,广泛动员,认真组织,保证首次评审工作取得实效。

**二、要切实加强对选拔推荐工作的组织领导**

选拔推荐工作是评审检察业务专家的第一个环节,也是整个评审工作的基础。各省级检察院党组要切实把检察业务专家选拔推荐工作,作为下半年队伍建设特别是人才建设的重大措施,加强对本地区选拔推荐工作的统一领导,检察长要亲自抓,分管领导要具体抓,真正把好人选审核关。政工部门要切实发挥牵头组织协调作用,落实好每项具体工作,完成好本地区的选拔推荐任务。

**三、要严格依照规定条件保质保量搞好选拔推荐工作**

这次选拔推荐应从主管或从事侦查监督、公诉、职务犯罪侦查、民事行政检察、控告申诉检察、监所检察、职务犯罪预防、法律政策研究、专业技术等主要业务工作、符合评审条件的人员中推选。每个省、自治区、直辖市不超过三人,最高人民检察院主要业务部门不超过二人,推荐人选应于9月底前报最高人民检察院政治部。要贯彻德才兼备的要求,严格按照《全国检察机关检察业务专家评审办法(试行)》(附后,以下简称"办法")规定的范围和条件选拔推荐人选,确保把能代表本地一流业务水平,在全国、全省有一定职业名望的拔尖人才选拔推荐上来。

**四、要严格遵守评审程序和工作纪律**

要严格按照"办法"规定的程序进行选拔推荐,坚持组织与群众相结合,保证选拔过程公开、结果公正。各省级检察院可以根据"办法",结合本地区实际和需要,制定工作细则,细化选拔推荐的具体程序。要切实遵守有关纪律,坚决反对弄虚作假。凡申请、推荐材料存在不实的,一经发现,取消申报、评审资格,并严肃追究相关人员的责任。

附件:全国检察机关检察业务专家评审办法(试行)

## 附件

# 全国检察机关检察业务专家评审办法(试行)

为全面实施人才强检战略,促进检察工作主题和总体要求进一步落实,推动检察事业深入发展,根据《检察机关高层次人才培养计划》、《2004—2008年全国检察人才队伍建设规划》,结合实际,制定本办法。

**一、指导思想和基本原则**

检察业务专家评审工作要坚持以邓小平理论和"三个代表"重要思想为指导,深入贯彻《中共中央、国务院关于进一步加强人才工作的决定》,始终坚持正确的人才观,紧紧围绕检察工作主题和总体要求,以推进检察人才队伍建设、优化人才结构、加快构建人才战略高地为目标,以激励、支持干警人人成才、实践成才、岗位成才、全面成才为导向,坚持标准,严格条件,严守程序,择优选才,为加强法律监督能力建设和推动检察事业深入、持续发展提供坚强有力的人才保障和广泛的智力支持。

评审工作坚持下列原则:

(一)坚持党管人才,党组统一领导。最高人民检察院党组统一领导评审工作,省级检察院党组领导本地区选拔推荐工作。各级检察院党组都要依照职责,积极推荐优秀人才,保证评审工作的正确方向,确保取得实效。

(二)坚持德才兼备,全面评审。要把品德和知识、能力、业绩作为衡量检察业务专家的主要标准,真正按照思想政治素质优秀、专业造诣精深、实践经验丰富、创新研究能力突出、重大疑难案件突破能力强、工作业绩一流的标准进行评审,保证评出的检察业务专家能真正代表检察业务的高水平和检察人才的高层次。

（三）坚持严格条件，从严评审。严明评审标准，坚持评审条件，做到从严掌握，宁缺勿滥。建立严密健全、要求具体、便于操作的评审指标体系，切实把评审结果建立在严密组织、科学操作的基础上。

（四）坚持公开、公平、公正、公认。实行组织与群众、专家相结合，逐层审查，梯次筛选，重点把好组织推荐关、专业评审关和审核评定关，确保评审过程公开、结果公正、系统认同、群众公认。

**二、检察业务专家的条件**

检察业务专家是指具有深厚理论造诣、丰富实践经验、过硬业务本领和较强研究能力，能有效解决重大检察业务问题，在某一检察业务领域卓有专长，善于突破重大疑难复杂案件，业绩突出，职业声望较高的专家型检察官和其他专门检察业务人才。

检察业务专家应当具备下列条件：

（一）政治思想条件。具有良好的政治素质和职业道德素质，自觉学习实践“三个代表”重要思想，模范地贯彻执行党的路线、方针、政策，热爱检察事业，忠于职守，勤奋敬业，廉洁从检，公正执法。

（二）业务能力条件。精通业务，善于办理重大疑难复杂案件，能准确、熟练地运用理论知识和法律、政策有效地解决重大检察业务问题，办案业绩显著，在全国、全省有影响的重大疑难案件的查处或其他重大业务问题的处理中发挥重要作用，效果明显并得到公认，在全国、全省检察机关或本业务系统具有较高职业名望和影响力。

（三）专业造诣条件。具有较高的理论素养和精深的专业造诣，业务知识丰富、专业功底扎实、研究能力较强，善于把握检察业务前沿，对某一检察业务中带有普遍性、全局性、前瞻性的有关问题有深入、创新研究，完成的研究或调研成果对检察业务实践有重要指导价值，产生较大影响。

（四）工龄学历条件。具有本科以上学历，从事检察工作十年以上，或从事其他法律工作五年以上并从事检察工作满五年。虽不具有以上学历、工龄条件，但完全符合其他条件，确实优秀、突出的，可以破格评审。

**三、评审对象范围、名额和时间**

检察业务专家主要从专家型人才培养对象、达到评审条件的业务顶尖骨干和业务部门人才库入库人员及最高人民检察院各业务部门的人员中推荐、评审产生。每次评审 40～50 名左右。推荐人数应按 3:1 的比例推选。

省级检察院检察长以上领导干部不参加评审。

全国检察业务专家每两年评审一次。

**四、评审机构与组织分工**

为保障评审工作顺利有序进行，最高人民检察院成立全国检察业务专家评审委员会（以下简称评审委员会）和全国检察业务专家专业评审委员会（以下简称专业委员会），评审委员会设立办公室。

1. 评审委员会。由最高人民检察院有关领导和相关部门负责同志组成。负责研究确定评审的办法、条件和程序；决定专业委员会的组成；对专业评审合格人员进行综合评审；确定检察业务专家人选；审查公示异议；解决评审中的其他重大问题。

2. 专业委员会。由对检察工作或相关法学领域有较深研究的专家学者、资深检察官、资深法官、优秀律师等人员组成。依照专业评审的各项规定，负责对申请人的理论素养、专业造诣、研究能力、业务能力和水平进行专业评审。专业委员会与评审委员会的成员不得交叉。

3. 评审委员会办公室。评审委员会办公室设在最高人民检察院政治部，负责草拟通知、评审办法和配套规定，进行资格审查，组织专业评审，办理评审工作中的日常事务。

**五、评审程序**

（一）申请。地方各级检察机关检察人员申请，应向所在单位提出，由所在单位将书面申请及相关材料层报省级检察院政治部。最高人民检察院人员申请，应向所在业务部门提出，由所在部门报最高人民检察院机关政治部。

申请人申请时应按规定提交申请材料。包括：本人基本情况资料；反映本人业务水平和业务实绩的材料；代表本人专业造诣、研究能力的成果以及工作课题研究提纲。课题选题应是本人直接从事或主管业务领域带有普遍性、全局性和战略性的重大问题，可以是本人已独立或为主完成的课题，也可以是为申请评审拟选的课题，提纲控制在 3000 字至 5000 字。

（二）推荐。省级检察院政治部对申请人申请材料进行审查，并根据推荐名额要求，择优提出推荐人选，经本院党组审批后，报最高人民检察院政治部。最高人民检察院推荐人选由业务部门根据本人申请向政治部推荐。

符合条件的人员本人没有提出申请,有关单位、业务部门认为具备条件的,可直接推荐。

推荐上报材料包括个人申请材料及组织鉴定材料。

(三)资格审查。评审委员会办公室集中对推荐上报人选的申报资格进行审查,并征求有关业务厅、局的意见,报评审委员会研究确定参加评审的人选。

(四)专业评审。包括书面初审和现场复审。

1. 书面初审。由专业委员会分组以书面方式进行,主要检测入选对象的基础素能和综合素能。书面初审依据专业评审委员会书面初审规则,通过审阅评审对象依规定上报的格式化材料和工作课题研究提纲,对其专业经历、工作实绩、执法经验、调研成果等进行量化评分,重点检测入选对象作为专家所应具有的业务素养、执法能力、理论素养以及研究能力。

2. 现场复审。由专业委员会分组以现场方式进行,主要检测入选对象的实务素能和创新素能。现场复审依据专业评审委员会现场复审规则,在入选对象进行案例析理和工作疑难课题研究的基础上,分别进行案例深度答辩和课题深度答辩,重点检测入选对象作为业务专家所应具有的处理大要疑难案件的能力、突破复杂案件的能力和创新研究的能力。

现场复审时,由最高人民检察院机关推举的干部代表参加旁听和评分。专家评审组评分、干部代表评分分别占80%、20%。

(五)考察。由最高人民检察院政治部组织,相关单位、部门协助,对专业评审合格人员进行考察,并就政治思想、职业道德、职业纪律、专业水平、业务能力、工作实绩、职业声望等进行公认度测评,提出考察意见。

(六)系统认可度评价。就检察业务专家人选在本业务系统专业水准、职业声望及影响,征求最高人民检察院对口业务厅、局意见。

(七)综合评审。评审委员会对专业评审、考察合格和经系统认可度评价后的人员进行综合讨论评议,作出评审决议,提出全国检察业务专家人选名单。

(八)结果公示。向全国检察系统公布评审结果,有关单位和人员有异议的,可以在十五日内向评审委员会提出,并由评审委员会进行审查。

(九)党组审定。最高人民检察院党组对检察业务专家人选进行研究,对符合条件者作出授予全国检察业务专家称号的决定。

(十)颁证。由最高人民检察院向本人颁发证书,通报全国检察机关。

**六、检察业务专家的管理和使用**

检察业务专家评出后应加强统一管理,充分发挥其应有作用。

(一)授予专家称号。评选出的检察业务专家由最高人民检察院授予"全国检察业务专家"称号,并颁发证书。

(二)纳入检察人才库。评选出的检察业务专家纳入最高人民检察院建立的全国检察业务专家库进行统一管理。

(三)享受专家待遇。评选出的检察业务专家享受专家津贴,由最高人民检察院在检察业务经费中列支。从事重要课题研究和重大业务调研,享受规定的经费补助和必要的科研假。

(四)实行动态管理。对被授予检察业务专家称号的人员每两年复审一次。对未发挥专家作用、复审不合格的,取消称号、停止相应待遇。对违法违纪的,即时撤销称号及待遇。

(五)充分发挥作用。检察业务专家评出后,应充分发挥作用,可以参加研究重大业务问题,研究有关立法和司法解释,参加查处全国或全省有影响的大要案件,真正做到才尽其用。

# 最高人民法院　最高人民检察院
# 关于切实保障司法人员依法履行职务的紧急通知

2005年8月25日　　法〔2005〕173号

各省、自治区、直辖市高级人民法院、人民检察院，解放军军事法院、检察院，新疆维吾尔自治区高级人民法院生产建设兵团分院、新疆生产建设兵团人民检察院：

近年来，人民法院开庭审判活动中侮辱、谩骂、围攻、殴打审判人员、检察人员等妨碍司法人员依法履行职务现象时有发生。为此，中央政法委于2005年1月19日下发了《关于认真解决妨碍、报复政法干警依法履行职务问题的意见》（政法〔2005〕2号）。为切实解决妨碍司法人员依法履行职务问题，保护司法人员的人身安全，保障司法工作的顺利进行，维护法律尊严和司法权威，现就落实中央政法委《关于认真解决妨碍、报复政法干警依法履行职务问题的意见》的有关问题通知如下：

**一、高度重视司法人员依法履行职务的保障工作**

开庭审判和出庭支持公诉是审判人员、检察人员依法行使国家审判权和检察权的重要司法活动。保护审判人员、检察人员的人身安全，保障审判、公诉工作的顺利进行，维护法律尊严和司法权威，是实施依法治国方略，建设社会主义和谐社会的必然要求和重要保障。各级人民法院、人民检察院要高度认识保障司法人员依法履行职务工作的重要性，积极采取措施，为审判、公诉工作的顺利进行提供必要的物质保障，创造良好的司法环境。同时，各级人民法院、人民检察院要严格规范司法行为，做到公正、文明司法，不断改进司法形象，以公正司法赢得人民群众的理解和支持。

**二、大力加强人民法院审判法庭建设以及安全保障工作管理**

各级人民法院特别是基层人民法院要进一步加强审判法庭建设以及安全保障工作管理，切实解决司法人员履行职务所必要的设施条件和庭审环境。一是将审判活动区和旁听区严格分离，并分别设立专用通道；二是根据《最高人民法院关于人民法院法庭专用设备配置的意见》，抓紧配置监控、安检等设备，并配备安检司法警察；三是在审判场所显眼位置设置告示牌，警示、教育诉讼参与人员、旁听人员遵守法庭规则；四是司法警察部门要严格依照《中华人民共和国人民法院法庭规则》、《人民法院司法警察值庭规则》以及《人民法院司法警察安全检查规则》等有关规定，庭前严格落实值庭司法警察的警力配备，明确值庭司法警察的具体任务和职责分工。要对开庭审判的全过程进行监控，严禁携带器械以及易燃易爆、强腐蚀性等危险物品的人员进入法庭，保证庭审活动的顺利进行和司法人员的人身安全，并保护司法人员庭审后安全离开审判场所。

上述设施建设所需经费问题，各级人民法院应当按照中央政法委《关于认真解决妨碍、报复政法干警依法履行职务问题的意见》的有关要求，及时向当地党委、政法委汇报，妥善解决。各基层法院的法庭建设可纳入三年发展规划系统解决。

**三、配备司法警察，保证公务用车，保障检察人员依法履行职务**

人民检察院检察人员出庭履行职责时，不得少于二人。对于可能出现妨碍检察人员依法履行职务情形的，人民检察院司法警察应当配合出警，并依照有关规定携带、使用警械具。人民检察院司法警察应当加强同人民法院司法警察的配合，必要时护送检察人员出庭和返回，保障检察人员依法履行职责和人身安全。各级人民检察院应当保证检察人员出庭所需公务用车。

**四、制定临庭处置预案，组织落实应变防范措施**

在法庭审理前，人民法院、人民检察院应当根据案情分别制定临庭处置预案，充分预测可能发生的妨碍司法行为。对可能出现妨碍司法人员依法履行职务情况的,人民法院、人民检察院应当共同制定处置预案,研究对策,采取措施,并视情况需要通报公安机关。必要时,可向党委政法委、上级机关汇报,共同做好协调、防范工作。

**五、依法严肃处理妨碍司法人员依法履行职务的行为**

在法庭审理中,诉讼参与人员、旁听人员妨碍司法人员依法履行职务的,人民法院应当依照《中华人民共和国刑事诉讼法》、《中华人民共和国民事诉讼法》、《中华人民共和国行政诉讼法》、《中华人民共和国人民法院法庭规则》等有关规定,及时采取制止、训诫、强行带出法庭、罚款、拘留等措施;国家工作人员妨碍司法人员依法履行职务的,应当同时建议有关部门给予党纪、政纪处分;严重扰乱法庭秩序,构成犯罪的,应当依法追究刑事责任,并将处理情况公诸于众,以儆效尤。对于严重妨碍司法人员依法履行职务,造成恶劣影响的典型事件,人民法院和人民检察院应当及时向党委政法委、上级机关等有关部门汇报,既要依法严肃查处,维护法律尊严和司法权威,又要注意方式方法,及时化解矛盾,防止事态的进一步扩大。

**六、加强司法警察队伍建设和保密工作,做好宣传教育工作**

各级人民法院、人民检察院应当加强司法警察队伍建设,组织专项培训,建立快速反应机制,提高司法警察处理紧急事件的能力;强化案件保密工作,严禁违反规定泄露案情以及办案人员的通讯方式、住址等个人信息,对于泄密行为,应当依照《人民法院审判纪律处分办法》、《检察人员纪律处分条例》的有关规定严肃惩处;加强司法工作人员安全意识、自我保护意识以及安全防范技能的教育培训,建立健全政法干警依法履行职务的保障和救济措施,有条件的地方应当为其办理人身保险;加强法制宣传教育工作,提高人民群众的法律意识,在全社会形成崇尚法律、维护司法的良好氛围。

# 最高人民检察院关于印发《最高人民检察院关于进一步深化检察改革的三年实施意见》的通知

2005年9月12日　　高检发〔2005〕17号

各省、自治区、直辖市人民检察院,军事检察院,新疆生产建设兵团人民检察院:

《最高人民检察院关于进一步深化检察改革的三年实施意见》已于2005年8月24日经最高人民检察院第十届检察委员会第三十八次会议讨论通过,现印发给你们,请结合实际,贯彻落实。各地在实施中遇到的问题,请及时报告最高人民检察院。

# 最高人民检察院关于进一步深化检察改革的三年实施意见

当前,我国正处在体制深刻转换、结构深刻调整和社会深刻变革的历史时期,全面贯彻科学发展观,构建社会主义和谐社会对检察工作提出了新的更高要求。党的十六大和十六届三中、四中全会对推进司法体制改革提出了明确要求,为认真贯彻中央关于司法体制和工作机制改革的初步意见,适应形势发展的客观需要,进一步强化法律监督、维护公平正义,现对2005年至2008年检察改革提出如下实施意见。

**一、检察改革的指导思想、目标和原则**

2005年至2008年，是检察工作改革、发展的重要时期。检察改革的指导思想和总体思路是：以邓小平理论、“三个代表”重要思想和科学发展观为指导，全面贯彻中央关于司法体制和工作机制改革的部署，落实检察工作主题和总体要求，总结我国检察工作的实践经验，从提高检察机关法律监督能力、适应构建社会主义和谐社会的实际需要出发，积极稳妥地推进检察体制创新和工作机制创新。

今后三年检察改革的总体目标是：通过不断深化改革，重点解决当前制约检察工作发展的体制性、机制性问题，努力做到检察体制更加合理，检察工作机制更加完善，检察工作保障更加有力，检察人员素质进一步提高，全面增强检察机关法律监督能力，发展完善中国特色社会主义检察制度。

检察改革必须遵循以下原则：

——坚持党对检察工作和检察改革的领导，坚持我国宪法确立的根本政治制度和检察机关的法律监督性质及地位。

——有利于强化检察机关法律监督职能，提高检察机关法律监督能力，保证检察机关依法独立公正行使检察权。通过深化检察改革，完善监督程序，规范监督措施，增强监督实效，维护司法公正。

——有利于服务改革开放稳定大局，保障社会主义市场经济的健康发展，维护人民群众合法权益，尊重和保障人权，充分发挥检察机关在促进依法治国、构建社会主义和谐社会中的职能作用。

——坚持从中国国情出发，总结检察改革的有益经验，科学吸收和借鉴国外检察制度的有益成果。

——坚持依法进行，循序渐进。改革的各项措施要以宪法和法律为依据，凡与现行法律有冲突的改革措施，应当在修改有关法律后实施。

**二、检察改革的主要任务**

（一）改革和完善对诉讼活动的法律监督制度，切实维护司法公正，保障人权

1. 探索完善刑事立案监督机制。会同有关部门建立健全行政执法与刑事诉讼相衔接的工作机制，研究探索检察机关对行政执法机关不移交涉嫌犯罪案件的监督机制。研究完善立案监督的方式，强化立案监督的效力，适时提出立法建议。

2. 健全对侦查活动中刑讯逼供等违法行为的监督查处机制。依法完善在审查逮捕、审查起诉中排除非法证据的规则。最高人民检察院制定审查逮捕、审查起诉中排除非法证据的规则和关于完善查处刑讯逼供等涉嫌犯罪行为工作机制的规定。

3. 健全刑事审判监督机制，完善刑事抗诉制度。探索完善对死刑复核程序和死刑执行活动的检察监督制度。研究开展死刑复核监督的措施，依法完善对死刑执行活动监督的制度，健全工作机构，规范监督工作程序。最高人民检察院商最高人民法院研究制定相关规定。

4. 完善对刑罚执行活动的监督制度，进一步加强对减刑、假释、暂予监外执行的监督，建立健全监外执行罪犯脱管、漏管的监督机制。最高人民检察院商有关部门制定、完善有关规定。

5. 建立健全预防和纠正超期羁押的长效工作机制。与有关部门建立健全羁押状况通报制度、羁押期限的批准、备案机制和羁押期限届满前告知、提示和换押制度。建立监狱、看守所、劳教所与检察机关的信息交换系统以及定期联席会议制度。最高人民检察院会同有关部门制定、完善有关规定，并适时提出立法建议。

6. 探索建立检察机关发现司法工作人员在立案、侦查、起诉、审判和执行中有渎职行为或其他影响公正办案情形的可以建议有关部门更换办案人员的制度，明确检察机关发现办案人员渎职的途径、建议更换办案人员的具体情形以及提出建议更换办案人员的程序。最高人民检察院会同有关部门制定相关规定，并适时提出立法建议。

7. 健全司法工作人员渎职案件的查办和移送机制。建立侦查监督、公诉、反贪污贿赂、反渎职侵权、控告申诉检察、民事行政检察等业务部门之间的信息沟通机制，拓宽发现司法工作人员违法犯罪行为的渠道，建立和完善案件线索审查、调查和移送、查处的衔接与配合机制。最高人民检察院制定完善司法工作人员渎职案件查办和移送的相关规定。

8. 完善人民检察院对民事审判、行政诉讼活动实行法律监督的范围、措施和程序，探索人民检察院对民事执行活动进行监督的方式。探索建立民事、行政公诉制度和人民检察院参与民事、行政诉讼的制度。商最高人民法院研究制定调取法院审判案卷的具体办法。最高人民检察院加强对有关问题的研究，适时提出立法建议。

9. 根据劳动教养制度的改革，最高人民检察院配合有关部门研究检察机关在违法行为教育矫治

活动中的监督职责、措施和工作程序,建立检察机关对违法行为教育矫治工作的监督制约制度。

10. 最高人民检察院商最高人民法院制定相关规定,完善检察长列席人民法院审判委员会会议的制度,规范检察长、受检察长委托的副检察长列席审判委员会会议的具体程序。

(二)完善检察机关接受监督和内部制约的制度,保障检察权的正确行使

11. 进一步完善人民监督员制度。完善和规范人民监督员的产生方式、职责权限、组织形式和监督程序,推动人民监督员制度的规范化、法律化。最高人民检察院完善相关规定,并适时提出立法建议。

12. 建立省级以下人民检察院直接受理立案侦查案件的备案、批准制度。地方各级人民检察院对直接受理立案侦查的案件决定立案侦查或者作出逮捕决定的,应当报送上一级人民检察院备案;对直接受理立案侦查的案件作出撤销案件、不起诉决定的,应当报经上一级人民检察院批准。最高人民检察院制定备案、批准的具体规定。

13. 建立以纠正违法办案、保证案件质量为中心的检务督察制度。对检察机关立案、侦查、审查逮捕、审查起诉、出庭公诉等各个环节进行跟踪监督,形成统一、全程、严密、高效的执法监督体系。最高人民检察院制定完善相关规定。

14. 健全和规范执法责任制与责任追究制度,重点明确执法领导责任制和执法人员责任制,明确岗位职责,合理确认执法责任。最高人民检察院修改完善人民检察院错案责任追究的有关规定。

15. 全面实行当事人权利义务告知制度,进一步完善律师会见犯罪嫌疑人以及在侦查、审查逮捕、审查起诉过程中听取当事人及其委托的人意见的程序,实行犯罪嫌疑人约见检察官控告违法行为的制度。最高人民检察院制定、完善有关规定。

16. 进一步深化检务公开。最高人民检察院修改、完善检务公开的有关规定,依法扩大检务公开的范围,拓展检务公开的途径,完善检务公开的工作机制,健全主动公开和依申请公开的制度,提高检务公开的及时性和实效性,在诉讼各个环节充分保障诉讼参与人的合法权益。

(三)创新检察工作机制,规范执法行为

17. 进一步规范检察机关侦查工作,健全职务犯罪侦查一体化工作机制。依法制定搜查、扣押、冻结等侦查措施的具体操作规程。在办理直接受理立案侦查的案件中逐步推行讯问犯罪嫌疑人、询问证人等收集言词证据活动的全程录音、录像制度。最高人民检察院制定统一的录音、录像操作规程。

18. 继续深化审查逮捕方式的改革。进一步规范介入侦查的范围、方式和程序,健全审查逮捕中讯问犯罪嫌疑人的制度,对审查逮捕工作文书实行繁简分流,完善审查逮捕和审查起诉的衔接机制。

19. 进一步深化公诉方式改革。继续深化主诉检察官办案责任制,探索公诉部门引导取证的工作机制,进一步完善被告人认罪案件普通程序的简化审理程序,实行量刑建议改革试点。

20. 在检察机关实行未成年人犯罪案件专人负责制,有条件的地方逐步设立办理未成年人犯罪案件工作机构。探索实行未成年人犯罪案件分案起诉制度和适合未成年人特点的出庭支持公诉方式。最高人民检察院制定、完善检察机关办理未成年人犯罪案件的相关规定。

21. 在检察工作中进一步完善贯彻"宽严相济"刑事政策的工作机制和工作制度。针对轻微犯罪和初犯、偶犯、过失犯罪等主观恶性不深、人身危险性小的犯罪嫌疑人的特点,完善立案侦查、审查逮捕和审查起诉工作机制。最高人民检察院研究制定相关指导意见。

22. 进一步深化检察委员会制度和工作机制的改革,规范议事程序,加大决策事项的督办力度,适时修改检察委员会组织条例,提高检察委员会议事质量和效率。

23. 严格依法规范执法行为和办案程序。最高人民检察院、省级人民检察院制定统一的各项检察业务工作执法操作规范,对执法活动中的岗位职责、人员管理、执法流程作出具体规定。

24. 推行检察业务、队伍和信息化建设"三位一体"的工作机制。结合业务规范化、队伍专业化和管理科学化建设,形成工作流程规范、质量标准科学、监督制约严密、考核及时准确、管理手段先进的科学管理机制。有条件的人民检察院都要按照"三位一体"的机制进行管理。最高人民检察院制定统一的"三位一体"规范化建设标准和绩效考核体系。

25. 进一步完善司法解释工作机制,最高人民检察院修改完善司法解释工作程序的规定,实行司

法解释报送全国人大常委会备案的制度。

26. 改进检察工作宏观指导机制。建立适应检察工作全面协调、健康发展要求的评估机制。最高人民检察院、省级人民检察院分别制定有关检察工作评估和分类指导的规定。

27. 建立和健全对外交流机制,完善检察机关国际和区际司法协助与合作制度,规范检察机关内部个案协查和司法协助工作机制。最高人民检察院制定、完善有关制度,理顺办理涉外案件的内部协调机制,探索犯罪嫌疑人外逃的职务犯罪案件的取证、引渡、遣返以及追缴赃款赃物的有效途径与方式。

(四)完善检察机关组织体系,改革有关部门、企业管理检察院的体制

28. 逐步改革铁路、林业等部门、企业管理检察院的体制,将部门、企业管理的检察院纳入国家司法管理体系,明确有关检察院的经费来源、人员编制、选拔任用以及案件管辖权等。

29. 规范人民检察院派出机构的设置。研究制定人民检察院派出机构管理办法,明确派出机构的设置条件和审批程序,规范派出机构的法律地位和职权范围。

30. 改革检察机关司法鉴定机构。按照全国人大常委会关于司法鉴定管理问题的决定的要求,最高人民检察院制定相关规定,完善检察机关司法鉴定机构和人员的管理机制,明确检察机关内设鉴定机构的职责和工作程序。

(五)改革和完善检察干部管理体制,建设高素质、专业化检察队伍

31. 落实宪法和法律规定的上下级人民检察院的领导体制,采取措施加大上级人民检察院对下级人民检察院领导班子的协管力度,探索实行上级人民检察院对下级人民检察院检察长人选的提名制度。

32. 落实地方各级人民检察院通过考试录用工作人员的制度,实行面向社会、从通过国家统一司法考试取得任职资格的人员中公开选拔初任检察官的制度。逐步建立上级人民检察院检察官从下级人民检察院检察官中择优选拔的工作机制。省级人民检察院每年要有计划地从高等院校法律专业应届毕业生中选调优秀学生充实基层人民检察院。完善检察官教育培训制度,建立与国家司法考试、检察官遴选制度相配套的任职培训制度。

33. 推行检察人员分类改革,对检察人员实行分类管理。在总结试点经验的基础上,完善检察人员分类改革的方案。会同有关部门制定检察官单独职务序列,确定检察官职务与级别的对应关系。

34. 完善检察官晋升、奖惩、工资、福利、退休、抚恤、医疗等保障制度,协调落实检察津贴。最高人民检察院会同有关部门研究制定相关规定。

35. 研究制定贫困地区检察官选任录用的特殊政策,采取措施吸引人才到贫困地区、少数民族地区检察机关工作。通过实行干部交流、挂职、特殊津贴等措施,保障贫困地区检察机关的队伍稳定和检察工作的协调发展。

(六)改革和完善检察机关经费保障体制,切实解决基层人民检察院经费困难问题

36. 探索建立人民检察院的业务经费由国家财政统一保障、分别列入中央和省级财政预算的制度,在有条件的地方探索实行省级以下人民检察院的业务经费由省级财政统筹保障、省级人民检察院统一管理的试点工作。落实"分级管理、分级负担"的检察经费保障制度,根据地区经济发展水平和检察工作需要,由最高人民检察院和省级人民检察院商有关部门研究制定县级人民检察院经费基本保障标准。完善中央财政对贫困地区检察机关专项转移支付的管理方式。

**三、完成检察改革任务的主要措施**

(一)高度重视,加强领导

认真贯彻中央关于司法体制改革的部署,进一步深化检察改革,是当前和今后一个时期全国检察机关的一项重要任务,要立足当前,着眼长远,不断探索。各级人民检察院检察长要高度重视检察改革工作,一把手要亲自抓,采取有效措施,切实加强领导。要把推进和落实检察改革摆在检察工作的突出位置,作为每年安排工作的重要内容。最高人民检察院和各省级人民检察院要成立检察改革领导小组及专门工作机构,精心组织实施各项改革措施,确保如期完成各项改革任务,务求取得明显实效。

(二)明确责任,周密部署

检察改革事关检察工作的全局,要在中央和最高人民检察院统一领导和组织下进行。最高人民检察院统一组织实施涉及检察体制的改革和对全局工作具有重要影响的制度与机制改革,要加强与中央有关部门的沟通和协商。需要修改法律的,要

在充分论证的基础上适时提出立法建议。对于最高人民检察院部署的改革措施,各省级人民检察院要按照中央和最高人民检察院的要求,结合实际制定本地区推进检察改革的具体实施方案。要建立严格的责任制,各项具体改革措施都要明确责任部门和责任人,列出推进和落实的时间表,认真做好各项改革措施的落实工作。

对于需要由最高人民检察院统一组织实施的改革措施,最高人民检察院司法体制改革领导小组办公室要制定规划,有关内设机构要切实负起责任,做好统一部署、协调和组织实施工作。对于由各省级人民检察院根据本地情况具体落实的改革措施,各省级人民检察院要切实负起责任,积极发挥组织协调作用,精心制定计划,采取有效措施,切实保证检察改革的各项工作要求得以落实。

(三)深入调研,科学论证

各级人民检察院和有关责任部门,在制定具体方案时,对重大改革措施要深入调查研究,广泛听取各方面的意见,积极争取有关部门的支持。要大力做好与检察改革相关的理论研究工作。对人民群众关心的改革措施,要通过多种形式充分听取各界群众的意见,切实做到民主决策、科学决策、依法决策。要注意认真研究检察改革中遇到的新情况新问题,及时总结经验,积极推进各项改革的健康开展。

(四)加强督促,强化指导

最高人民检察院和各省级人民检察院的有关业务机构是各项改革任务的主要承担者,有关部门要加强对下级对口业务部门的督促和指导,一级抓一级,逐级抓落实,保证检察改革顺利进行。在改革方案实施过程中,地方各级人民检察院每半年向上一级人民检察院报告一次进展情况。对改革过程中的重要部署、情况和问题要及时报告最高人民检察院。最高人民检察院和各省级人民检察院要通过指导、巡视、座谈等多种形式,了解检察改革的总体进展情况,加强对检察改革的进展和落实情况的检查和评估,及时解决改革中出现的突出问题,确保各项改革措施和要求得到认真落实。

# 最高人民检察院关于贯彻《全国人民代表大会常务委员会关于司法鉴定管理问题的决定》有关工作的通知

2005 年 9 月 21 日　　高检发办字〔2005〕10 号

各省、自治区、直辖市人民检察院,军事检察院,新疆生产建设兵团人民检察院:

2005 年 2 月 28 日,十届全国人大常委会第十四次会议通过了《全国人民代表大会常务委员会关于司法鉴定管理问题的决定》(以下简称《决定》),将从今年 10 月 1 日起施行。

司法鉴定体制改革是司法体制改革的重要内容。全国人大常委会专门就司法鉴定管理问题作出决定,是推进司法鉴定体制改革的重要举措,对于完善我国司法鉴定法律制度,规范司法鉴定管理活动,解决当前司法鉴定管理工作中存在的问题,促进公正执法,具有十分重要的意义。检察机关作为国家法律监督机关,在维护法律的统一正确实施、保障在全社会实现公平和正义方面承担着重要职责。检察机关设立鉴定机构,开展必要的鉴定工作,是履行法律监督职能的客观需要,不仅可以为职务犯罪侦查工作提供有力的技术支持,也可以为批捕、公诉工作中正确审查判断证据提供科学的依据。《决定》明确了检察机关鉴定机构的设置、职能和工作范围,是检察机关开展鉴定工作的重要法律依据。各级人民检察院要认真贯彻《决定》,严格规范检察机关的鉴定工作,依法开展司法鉴定活动。

根据中央关于司法鉴定管理体制改革的精神,结合最高人民法院、最高人民检察院、公安部、国家安全部、司法部关于做好《全国人民代表大会常务委员会关于司法鉴定管理问题的决定》实施前有关工作的通知中关于侦查机关要在各系统的统一部署下,积极稳妥地推进现有鉴定机构及其职能的调整,健全管理体制的要求,检察机关将依据《决定》,对鉴定工作实行统一管理。各级人民检察院要在最高人民检察院的统一领导下，按照《决定》和中央关于司法鉴定体制改革的部署，稳步推进司法鉴定体制改革。

一、根据《决定》的规定，自10月1日起，各级检察机关的鉴定机构不得面向社会接受委托从事鉴定业务，鉴定人员不得参与面向社会服务的司法鉴定机构组织的司法鉴定活动。

二、根据《决定》的有关规定，检察机关的鉴定机构和鉴定人员不得在司法行政机关登记注册从事面向社会的鉴定业务。已经登记注册的事业性质鉴定机构，如继续面向社会从事司法鉴定业务，要在10月1日前与人民检察院在人、财、物上脱钩，否则应办理注销登记。

三、检察机关鉴定机构可以受理下列鉴定案件：

1. 检察机关业务工作所需的鉴定；
2. 有关部门交办的鉴定；
3. 其他司法机关委托的鉴定。

四、各级检察技术部门要围绕“强化法律监督，维护公平正义”的检察工作主题，着眼于提高检察机关法律监督能力，加大对批捕、公诉工作中技术性证据的审查力度，积极开展文证审查工作，为检察机关履行法律监督职能提供技术保障。

五、检察机关内部委托的鉴定，仍实行逐级委托制度。其他司法机关委托的鉴定，实行同级委托制度，即进行鉴定前，需有同级司法机关的委托或介绍。

六、为贯彻落实《决定》，最高人民检察院将制定《人民检察院鉴定工作规则》、《人民检察院鉴定机构管理办法》、《人民检察院鉴定人管理办法》、《人民检察院文证审查工作规定》和各专业门类的工作细则等，进一步加强和规范人民检察院的鉴定工作。各级人民检察院要根据《决定》要求和精神，结合中央政法委关于开展“规范执法行为，促进执法公正”专项整改活动的要求，加强检察机关鉴定工作管理，规范工作程序，保证鉴定质量。

# 最高人民检察院关于认真学习贯彻党的十六届五中全会精神的通知

2005年10月20日　高检发〔2005〕20号

各省、自治区、直辖市人民检察院，军事检察院，新疆生产建设兵团人民检察院：

党的十六届五中全会，是在我国即将完成“十五”计划，改革发展进入关键时期召开的一次重要会议。全会充分肯定了党的十六届四中全会以来，以胡锦涛同志为总书记的党中央在推进我国经济建设、政治建设、文化建设、和谐社会建设和党的建设的各个方面取得的巨大成就，审议通过了《中共中央关于制定国民经济和社会发展第十一个五年规划的建议》，站在历史的新高度，从战略全局出发，制定描绘了我国在新世纪第二个五年经济社会发展的宏伟蓝图。这次全会是一次民主、团结、务实的会议，是一次激励全党和全国各族人民在新的发展起点上继续向全面建设小康社会宏伟目标迈进的会议。贯彻落实好这次会议精神，对于全面建设小康社会，实现国家繁荣富强和人民生活富裕，不断推进中国特色社会主义伟大事业，具有极其重要的意义。现就全国检察机关和广大干警学习贯彻党的十六届五中全会精神通知如下：

一、组织全体检察干警认真学习十六届五中全会精神，切实用全会精神指导检察工作。各级检察机关要把学习贯彻五中全会精神作为当前一项重要政治任务，组织全体检察干警认真学习《中共中央关于制定国民经济和社会发展第十一个五年规划的建议》和胡锦涛总书记的重要讲话精神，通过学习，深刻领会全会的精神实质和重大意义，明确“十一五”时期经济社会发展的指导方针、奋斗目标、主要任务和重大举措；把思想统一到全会精神上来，把力量凝聚到贯彻全会提出的各项任务上来，增强机遇意识、发展意识、大局意识、责任意识、忧患意识，坚持讲政治、讲党性、讲大局，以科学发展观为指导，立足检察职能，为实现“十一五”发展目标和各项任务作出应有的贡献。

二、牢固树立为发展这个党执政兴国的第一要务服务的意识,努力提高服务质量和服务效果。要进一步把检察工作置于党和国家的工作大局中,增强为经济社会发展服务的自觉性和责任感。要在检察工作中全面落实科学发展观,牢固树立"立检为公、执法为民"的执法观,围绕"强化法律监督,维护公平正义"的检察工作主题,不断加大工作力度,提高执法水平和办案质量,大力加强法律监督能力建设,促进检察工作全面、健康、协调发展,通过全面履行检察机关的职责,努力为完成"十一五"规划、推动经济社会发展提供有力的法治保障。

三、充分发挥惩治犯罪、维护稳定的职能作用,为经济社会发展创造和谐稳定的社会环境。要把维护稳定作为检察机关为经济社会发展服务的首要任务,坚持"严打"方针,充分发挥批捕、起诉职能,依法严厉打击各种危害国家安全和社会治安的犯罪活动,促进社会治安进一步好转;积极参加整顿和规范市场经济秩序工作,完善行政执法与刑事执法相衔接的工作机制,坚决惩治生产销售伪劣商品、侵犯知识产权、商业欺诈等各类破坏社会主义市场经济秩序的犯罪,促进形成诚信有序的经济秩序,保护自主创新,促进创新型社会的建设;依法打击重大环境污染事故、非法采矿、破坏性采矿、盗伐滥伐林木等破坏森林、土地、矿藏等自然资源的经济犯罪,强化生态环境保护,促进资源节约型、环境友好型社会的建设;坚决打击各种危害农村社会稳定、侵害农民合法权益、危害农业生产的犯罪活动,推进社会主义新农村的建设。要认真落实检察环节的各项综合治理措施,积极参加社会治安防控体系建设和平安创建工作,深入做好涉检信访工作,积极预防和妥善处理群体性事件,努力化解矛盾纠纷,促进社会和谐稳定。

四、加强查办和预防职务犯罪工作,为经济社会发展创造良好的社会管理和服务环境。要深入贯彻党中央关于党风廉政建设和反腐败斗争的总体部署,突出重点,集中力量查办职务犯罪大案要案,促使国家机关工作人员严格依法行使权力,廉政勤政,维护党和政府的形象。要依法查办国有企业人员职务犯罪,积极查办发生在新经济领域、资金高度密集领域、垄断行业中的职务犯罪案件,保护国有资产安全,推进国有企业的改革和发展。要立足检察职能,深入开展预防职务犯罪工作,积极开展个案预防、专项预防和系统预防,增强国家工作人员依法办事、廉洁从政的自觉性。

五、强化对诉讼活动的法律监督,保障人权,为经济社会发展和构建社会主义和谐社会创造公平正义的法治环境。要全面开展侦查监督、审判监督和刑罚执行监督,坚决依法纠正有案不立、有罪不究、裁判不公、徇私枉法以及超期羁押、刑讯逼供等侵害当事人合法权益的违法现象,特别要注重监督纠正因地方和部门保护主义以及司法人员贪赃枉法、徇私舞弊导致执法、司法不公的案件,依法保护人权。坚决查办执法和司法不公背后的腐败案件,促进司法公正和社会公平正义。

六、深入推进检察改革,完善检察体制和工作机制。要按照十六届五中全会的要求,认真落实中央关于司法体制和工作机制改革的意见和检察改革三年实施意见,以在全社会实现公平和正义为目标,以解决制约司法公正和人民群众反映强烈的问题为重点,以加强监督为主要措施,不断深化检察改革,创新法律监督体制和工作机制,完善司法保障,全面履行法律监督职能,更好地发挥检察机关在维护社会稳定和谐、促进廉政建设、维护公平正义和服务经济社会发展中的作用。

七、改进执法方式和执法作风,平等保护各类市场主体的合法权益。要牢固树立与依法治国和社会主义市场经济相适应的执法观念,深入开展"规范执法行为,促进执法公正"专项整改活动,着力解决检察机关执法过程中存在的不公正、不规范问题,大力加强执法规范化建设,严格执法纪律,转变执法作风,努力做到公正、严格、文明执法。要正确认识各种所有制经济的地位和作用,对不同所有制企业和各类市场主体依法平等保护、平等对待,依法保障企业的正常生产经营,推动建设统一开放、竞争有序的现代市场体系,促进各类市场主体公平竞争、共同发展,努力营造让一切劳动、知识、技术、管理和资本的活力竞相迸发的良好环境。

八、始终坚持党对检察工作的领导,自觉接受监督。要强化党性观念,坚持把党的领导与依法独立行使检察权统一起来,把执行党的政策与执行法律统一起来,始终在党的领导下开展各项检察工作。要从坚持和维护人民代表大会制度的高度,不断增强接受人大监督的意识,自觉接受人大代表、社会各界和人民群众的监督,进一步深化人民监督员制度试点工作,充分发挥人民监督员的监督作用,保证法律监督职能的正确履行,更好地为构建社会主义和谐社会、促进经济发展和社会全面进步服务。

# 最高人民检察院关于印发《检察机关领导干部必须遵守的“六个严禁”规定》、《检察机关领导干部违反“六个严禁”处理办法(试行)》的通知

2005年10月23日　　高检发〔2005〕21号

各省、自治区、直辖市人民检察院,军事检察院,新疆生产建设兵团人民检察院:

《检察机关领导干部必须遵守的“六个严禁”规定》和《检察机关领导干部违反“六个严禁”处理办法(试行)》经最高人民检察院第十届第一百三十九次检察长办公会讨论通过,现印发你们,请严格遵照执行。

## 检察机关领导干部必须遵守的“六个严禁”规定

一、严禁办理关系案、人情案、金钱案;

二、严禁违反职责分工或规定程序干预办案;

三、严禁买官卖官、跑官要官,违反规定任免干部;

四、严禁插手工程招标投标、政府采购等经济活动,谋取私利;

五、严禁接受可能影响公务的宴请、礼物或娱乐活动;

六、严禁利用职权为亲属子女或身边工作人员谋取利益。

## 检察机关领导干部违反“六个严禁”处理办法(试行)

一、为认真贯彻《检察机关领导干部必须遵守的“六个严禁”规定》,严肃检察纪律,根据《检察人员纪律处分条例(试行)》和《检察机关党风廉政建设责任制实施办法》等有关规定,制定本办法。

二、各级人民检察院的检察长、副检察长、纪检组长、政治部主任、党组成员、检察委员会委员,以及在各级人民检察院内设机构、直属事业单位中担任领导职务的人员应当自觉遵守“六个严禁”规定。凡违反“六个严禁”规定的,依照本办法给予纪律处分或组织处理。

三、领导干部碍于亲情、友情及其他人际关系,接受亲友或其他关系人的请托而违法违规办理案件,或指使、暗示、默许下属人员违法违规办理案件的,依照《检察人员纪律处分条例(试行)》第四十条至四十六条、第四十八条、第五十一条、第五十九条、第六十一条等相关条款的规定追究其纪律责任。

四、领导干部因收受、索取他人财物而违法违规办理案件或指使、暗示、默许下属人员违法违规办理案件的,依照《检察人员纪律处分条例(试

行)》第六十四条等相关条款的规定追究其纪律责任;领导干部为本单位、本部门及其他小团体利益违法违规办理案件或指使、暗示、默许其下属人员违法违规办理案件的,依照《检察人员纪律处分条例(试行)》第四十九条、第五十条、第五十六条、第七十四条等相关条款的规定追究其纪律责任。

五、领导干部违反职责分工或规定程序直接或间接干预案件查办工作的,依照《检察人员纪律处分条例(试行)》第五十一条等相关条款的规定追究其纪律责任。

六、领导干部为谋求职务或职级晋升而向相关领导送钱送物,或非法收受、索取下属人员钱物而为下属人员谋求职务或职级晋升的,依照《检察人员纪律处分条例(试行)》第六十四条、第六十七条等相关条款的规定追究其纪律责任。

七、领导干部为谋求职务或职级晋升,找相关领导或部门进行不正当活动的,采取诫勉谈话、通报批评、责令检查等方式进行批评教育,并在一年内不得提拔任用;已经提拔任用的免去提拔的职务;原在重要岗位的予以调整。

八、领导干部违反《党政领导干部选拔任用条例》任用干部的,其任用决定一律无效,按照干部管理权限予以纠正,并依照《检察人员纪律处分条例(试行)》第三十五条等相关条款的规定追究其纪律责任。

九、领导干部插手工程招标、投标和政府采购等经济活动,为本人或亲友谋取私利的,依照《检察人员纪律处分条例(试行)》第八十二条等相关条款的规定追究其纪律责任。

十、领导干部接受可能影响公务活动的宴请、礼物、娱乐活动的,依照《检察人员纪律处分条例(试行)》第五十二条、第七十条等相关条款的规定追究其纪律责任。

十一、领导干部利用职权为亲属子女或身边工作人员谋取利益的,依照《检察人员纪律处分条例(试行)》第六十九条、第七十一条等相关条款的规定追究其纪律责任。

十二、领导干部违反"六个严禁"规定,虽构不成撤职以上处分,但不再适合继续担任现任职务的,应当免去其现任职务。

十三、对违反"六个严禁"规定的领导干部给予纪律处分由纪检监察部门负责实施;组织处理由政工部门负责实施。处理权限不在检察机关的,由政工部门提请有关机关决定。

十四、领导干部违反"六个严禁"规定并涉嫌犯罪的,依法移送司法机关追究刑事责任;党员领导干部违反"六个严禁"规定并触犯党纪的,可以同时给予相应的党纪处分。

十五、本办法自颁布之日起实施,由最高人民检察院负责解释。

# 最高人民检察院　公安部<br>关于切实加强公安检察干警执法权益保护工作的通知

2005年10月25日　　公通字〔2005〕76号

各省、自治区、直辖市人民检察院,公安厅、局,新疆生产建设兵团人民检察院、公安局:

近年来,全国各地报复袭击和围攻殴打公安、检察干警,妨碍公安、检察干警依法执行职务的事件屡有发生,既严重危害了公安、检察干警的人身安全,也严重损害了国家法律的尊严和公安机关、人民检察院的执法、司法权威。为认真贯彻中央政法委2005年1月19日下发的《关于认真解决妨碍、报复政法干警依法履行职务问题的意见》,切实保障公安、检察干警依法执行职务,现就加强公安、检察干警执法权益保护工作,通知如下:

**一、统一思想认识,高度重视公安、检察干警执法权益保护工作**

各级人民检察院、公安机关要组织公安、检察干警认真学习、领会中央政法委《关于认真解决妨碍、报复政法干警依法履行职务问题的意见》和中央领导的指示精神,充分认识侵害公安、检察干警执法权益问题的严重危害性,把思想认识统一到中央政法委文件的精神上来。报复袭击、围攻殴打公安、检察干警,妨碍公安、检察干警依法执行职务,侵害的不仅是公安、检察干警的人身安全,而且还破坏了国家机关正常的工作秩序,严重影响了人民群众的安全感,是对国家法律的公然蔑视和践踏。各级人民检察院、公安机关要以对党、对国家、对人民高度负责的态度,高度重视并切实做好保护公安、检察干警执法权益工作。要按照人民警察法关于"人民警察依法执行职务,受法律保护"、检察官法关于"检察官依法履行职责,受法律保护"的规定及中央文件的要求,理直气壮地支持公安、检察干警依法行使职权,理直气壮地依法惩处侵害公安、检察干警执法权益的行为。同时,要积极争取当地党委、政府的支持,不参与超出法定职权范围的警务勤务活动,避免与群众发生冲突和矛盾。

**二、规范执法行为,有效预防和减少伤亡事件**

各级人民检察院、公安机关要采取有效措施,提高公安、检察干警依法采取强制手段和使用警械武器及时制止违法犯罪的能力和水平,保障公安、检察干警依法有效履行职责,切实加强自我保护,最大限度地预防和减少伤亡事件的发生。同时,要大力加强公安、检察干警执法执勤制度建设,进一步健全和完善执法程序,严格规范执法执勤行为,减少执法随意性,确保公安、检察干警执法安全。要制定公安、检察干警侦查办案,出庭支持公诉,出警处警,携带使用警械武器,采取强制手段,执行缉拿、解救、排爆等任务的操作规程,明确公安、检察干警执法执勤和现场处置时的基本要求。要建立健全由110统一指挥调度、各警种密切配合的出警、处警联动机制,建立健全处置重大警情事先请示和事后报告制度。

各级人民检察院、公安机关要进一步健全监督机制,完善监督措施,依法加强对公安、检察干警执法活动的监督,切实改善执法活动,提高执法水平,防止因违反规定程序或者滥用执法权力等而引发报复袭击、围攻殴打和妨碍执行职务的事件发生。具备条件的地方,要利用录音录像等技术手段,对现场执法情况予以固定,避免事后对公安、检察干警正当执法行为的不实指责和诬蔑。要加强对公安、检察干警严格、公正、文明执法的教育和训练,进一步增强守法观念,提高做好群众工作、化解矛盾的能力,进一步改善与人民群众的关系,以严格、公正、文明执法赢得人民群众的理解和支持。

**三、充分运用法律武器,依法及时惩处报复袭击公安、检察干警,妨碍公安、检察干警依法执行职务等违法犯罪活动**

各级人民检察院、公安机关对报复袭击、围攻殴打公安、检察干警,妨碍公安、检察干警依法执行职务的行为,要及时依法追究违法犯罪行为人的法律责任,切实保护公安、检察干警依法执行职务。对于报复杀害、伤害公安、检察干警的,分别依照《中华人民共和国刑法》第二百三十二条、第二百三十四条的规定以故意杀人罪、故意伤害罪追究刑事责任;对于捏造事实诬告陷害公安、检察干警,意图使其受刑事追究,情节严重的,依照《中华人民共和国刑法》第二百四十三条的规定以诬告陷害罪追究刑事责任;对于以暴力或者其他方法公然侮辱,或者捏造事实诽谤公安、检察干警,情节严重的,依照《中华人民共和国刑法》第二百四十六条第二款关于严重危害社会秩序和国家利益情形的规定,以侮辱罪、诽谤罪追究刑事责任;对于以暴力、威胁方法阻碍公安、检察干警依法执行职务活动,以及故意阻碍人民警察依法执行国家安全工作任务,未使用暴力、威胁方法,造成严重后果的,依照《中华人民共和国刑法》第二百七十七条的规定,以妨害公务罪追究刑事责任。对于实施上述行为尚不构成犯罪或者依法不追究刑事责任的,由公安机关依法予以行政处罚。

**四、加强协作配合,建立健全保护公安、检察干警执法权益工作制度**

各级人民检察院、公安机关要建立健全保护公安、检察干警执法权益的工作制度,切实加强协作配合,形成合力,共同做好公安、检察干警执法权益保护工作。一是研究制定报复袭击公安、检察干警,妨碍公安、检察干警执行职务的处置预案,组织落实应变防范措施。二是在检察、公安工作中发现有报复袭击公安、检察干警等苗头或者安全隐患的,人民检察院、公安机关要及时相互通报情况。三是对恶意投诉、诬告陷害公安、检察干警的,要依法及时进行查处,并以适当形式澄清事实、消除影响,为公安、检察干警恢复名誉。四是发生报复袭击、围攻殴打公安、检察干警,妨碍公安、检察干警依法执行职务的事件时,公安机关主要领导应当亲自负责,及时组织力量调查处理,依法采取措施,有效控制事态发展。人民检察院应当积极配合或者派员到场。对于影响恶劣的典型案件,公安机关、人民检察院应当及时向当地党委、政府和上级机关报告。五是严格执行《人民警察使用警械和武器条例》中的请示报告制度。人民警察在执法活动中要严格依照法律规定使用警械、武器,造成犯罪分子或者无辜人员伤亡的,当地公安机关或者该人民警察所属机关接到报告后,应当及时进行勘验、调查,并及时通知当地人民检察院。六是对报复袭击、围攻殴打公安、检察干警,妨碍公安、检察干警依法执行职务的案件,公安机关应当通知人民检察院派员参加讨论。对于公安机关提请批准逮捕、移送起诉此类犯罪案件,人民检察院要抓紧审查,对符合逮捕、起诉条件的,要及时批捕、起诉,使报复袭击、围攻殴打公安、检察干警,妨碍公安、检察干警执行职务的犯罪行为人及时受到应有的惩处。七是对于因犯罪行为而使公安、检察干警遭受经济损失的案件,要依法提起附带民事诉讼。

**五、加强公安、检察干警执法安全防护建设,为公安、检察干警依法执行职务提供必要的安全保障**

各级人民检察院、公安机关要加强执法安全防护建设。一是制定安全防护标准,保证公安、检察干警在执法中携带必备的武器和防护装备。所需经费,应当及时向当地党委、政府汇报,予以解决。二是制定处置群体性事件安全防护预案,对何时使用、如何使用警力和警械作出具体规定。既要防止因警力和警械使用不当而激化矛盾,也要防止该用不用而受到不法侵害。三是检察机关、公安机关要商有关部门建立公安、检察干警受伤紧急救护机制,开辟救治"绿色通道",并落实专门的医疗经费。四是加强安全教育培训和岗位练兵,切实增强公安、检察干警的安全防范意识,提高综合素质、自我防范保护能力和实战本领。五是做好公安、检察干警家属子女的安全保护工作。发现可能报复袭击公安、检察干警家属子女等苗头的,必须及时采取措施,切实加强安全防护;对于报复袭击公安、检察干警家属子女的违法犯罪人员,必须依法、及时惩处。

**六、切实做好宣传教育工作,为公安、检察干警执法营造良好的外部环境**

各级人民检察院、公安机关要重视和加强与各级党委宣传部门以及有关新闻媒体的沟通,积极构建良好的信息交流渠道,大张旗鼓地宣传公安、检察干警依法执行职务受法律保护和严格、公正、文明执法的先进事迹,弘扬正气,树立公安、检察干警执法的良好形象和权威。同时,通过以案释法、法律咨询、制作宣传栏等多种形式开展法制宣传、教育,教育和引导人民群众知法、懂法、守法,使相关人员明白支持配合公安、检察干警执法是公民应尽的法律义务,妨碍执行公务的行为必将受到法律制裁,引导其通过合法途径反映诉求,维护自身合法权益。

**七、加强组织领导,为保护公安、检察干警执法权益提供强有力的组织保障**

各级人民检察院、公安机关要加强组织领导,明确领导责任,切实把保障公安、检察干警的人身安全及其他执法权益工作摆上议事日程。各级公安机关于明年6月底前要建立由主要负责人牵头的保护公安民警执法权益委员会,由纪检、监察、督察机构归口管理,负责组织开展维护公安民警执法权益的日常工作。要建立、落实保护公安、检察干警执法权益的领导责任制和工作责任制。在安排工作任务时,要充分考虑公安、检察干警的人身安全。对于存在安全隐患的,事先必须采取必要的保护措施。对于责任制不落实,保护措施不到位,指挥、决策失误,导致公安、检察干警遭受围攻、袭击造成伤亡的,要倒查追究有关领导及责任人的责任。同时,要把防止公安、检察干警遭受错误追究的情况纳入执法权益保护范围。要严格正确区分公安、检察干警依法履行职责行为与个人行为的界限,既要依法对公安、检察干警进行监督,确保严格、公正、文明执法,又要防止混淆不同性质的问题,防止对公安、检察干警进行错误追究。对于公安、检察干警遭受不法侵害的,各级检察机关、公安机关领导要亲自出面予以慰问,特别是对受伤和牺牲的干警及其家属,要及时做好抚恤工作。各级公安机关要按照公安部《关于进一步加强公安民警心理健康工作的意见》的有关要求,尽快建立民警心理疾病预防与干预机制。特别是民警在开枪、执行重大任务、目睹战友伤亡,以及遭遇事业或者家庭其他重大变故的,应当及时安排其接受必要的心理辅导、矫治,缓解民警的心理压力。

各地接此通知后,要结合本地、本部门实际,认真研究制定具体的实施方案,切实抓好贯彻落实工作。执行的情况,请及时报告最高人民检察院、公安部。

# 最高人民检察院关于印发《关于人民检察院办理刑事赔偿确认案件拟作不予确认决定报上一级人民检察院批准的规定》的通知

2005年11月9日　　高检发刑申字〔2005〕1号

各省、自治区、直辖市人民检察院，军事检察院，新疆生产建设兵团人民检察院：

《关于人民检察院办理刑事赔偿确认案件拟作不予确认决定报上一级人民检察院批准的规定》已经2005年10月24日最高人民检察院第十届检察委员会第四十一次会议讨论通过，现印发你们，请遵照执行。执行中的情况和问题，请及时报告最高人民检察院刑事申诉检察厅。

## 关于人民检察院办理刑事赔偿确认案件拟作不予确认决定报上一级人民检察院批准的规定

（2005年10月24日最高人民检察院第十届检察委员会第四十一次会议通过）

**第一条**　为了加强上级人民检察院对下级人民检察院办理刑事赔偿确认案件的监督制约，依法保障赔偿请求人的合法权益，根据《中华人民共和国国家赔偿法》和《人民检察院刑事赔偿工作规定》，结合人民检察院办理刑事赔偿确认案件工作实际，制定本规定。

**第二条**　地方各级人民检察院和专门人民检察院办理本院为赔偿义务机关的刑事赔偿确认案件，对赔偿请求人要求确认的全部或者部分违法侵权事项，拟作不予确认决定的，应当报请上一级人民检察院批准。

**第三条**　经检察长批准或者检察委员会讨论，人民检察院拟作不予确认决定的，应当制作不予确认意见书，连同案卷材料，报上一级人民检察院审查。

**第四条**　上一级人民检察院收到不予确认意见书和案卷材料后，应当由刑事赔偿工作部门指定专人，从案件事实、证据和适用法律等方面进行全面审查，必要时可以直接听取赔偿请求人的意见。

**第五条**　上一级人民检察院刑事赔偿工作部门审查后，应当提出是否同意不予确认的意见，报请检察长或者检察委员会决定。

上一级人民检察院不同意下级人民检察院不予确认意见的，应当明确要求下级人民检察院作出予以确认的决定。

**第六条**　上一级人民检察院应当于收到案件二十日以内作出是否同意不予确认的决定，并书面批复下级人民检察院；对于重大复杂的刑事赔偿确认案件，审查批准的时间可以延长十日。

**第七条**　下级人民检察院接到上一级人民检察院的批复后，应当在七日以内依据批复作出决定，制作刑事赔偿确认决定书，送达赔偿请求人，并报上一级人民检察院备案。

**第八条**　上一级人民检察院发现下级人民检察院对应当依法进行刑事赔偿确认的案件不依法受理或者受理后不及时作出刑事赔偿确认决定的，应当责令下级人民检察院受理、及时作出刑事赔偿确认决定。

**第九条**　本规定自2006年1月1日起施行。

# 最高人民检察院关于印发《人民检察院直接受理侦查案件立案、逮捕实行备案审查的规定(试行)》的通知

2005年11月10日　　高检发办字[2005]23号

各省、自治区、直辖市人民检察院,军事检察院,新疆生产建设兵团人民检察院:

《人民检察院直接受理侦查案件立案、逮捕实行备案审查的规定(试行)》已经2005年9月23日最高人民检察院第十届检察委员会第三十九次会议通过,现印发给你们,请遵照试行。试行中有何问题,请及时报告最高人民检察院。

# 人民检察院直接受理侦查案件立案、逮捕实行备案审查的规定(试行)

(2005年9月23日最高人民检察院第十届检察委员会第三十九次会议通过)

**第一条** 为了加强上级人民检察院对下级人民检察院办理直接受理侦查案件工作的领导和监督制约,进一步提高人民检察院对直接受理侦查案件作出立案、逮捕决定的质量,根据有关法律规定,结合人民检察院办理直接受理侦查案件工作的实际,制定本规定。

**第二条** 省级以下(含省级)人民检察院办理直接受理侦查案件,决定立案、逮捕的,应当报上一级人民检察院备案审查。

**第三条** 人民检察院对直接受理侦查的案件决定立案的,应当在决定立案侦查之日起三日以内,由承办案件的部门填写立案备案登记表,连同提请立案报告和立案决定书,一并报送上一级人民检察院备案。

人民检察院对直接受理侦查案件的犯罪嫌疑人决定逮捕的,应当在决定逮捕之日起三日以内,由侦查监督部门填写逮捕备案登记表,连同逮捕犯罪嫌疑人意见书、审查逮捕案件意见书和逮捕决定书,一并报送上一级人民检察院备案。

**第四条** 上一级人民检察院相对应的部门应当指定专人审查下级人民检察院报送的备案材料,对案件是否属于作出立案或者逮捕决定的检察机关管辖、是否符合立案或者逮捕条件、是否有其他应当立案或者逮捕的犯罪嫌疑人等进行审查。

对于需要补报有关案件材料的,上一级人民检察院应当在收到备案材料之日起三日以内责成下级人民检察院补报。下级人民检察院应当在收到上一级人民检察院通知之日起三日以内,按要求报送。

**第五条** 上一级人民检察院在审查备案材料过程中,可以向下级人民检察院了解案件事实、证据和适用法律等情况。

**第六条** 上一级人民检察院应当在收到备案材料之日起十日以内,由承办人填写备案审查表,提出是否同意下级人民检察院立案或者逮捕决定的审查意见,报部门负责人审批。认为下级人民检察院的立案或者逮捕决定错误的,或者发现下级人民检察院有应当立案而未立案或者应当逮捕犯罪嫌疑人而未决定逮捕情形的,应当在报经检察长或者检察委员会决定后,书面通知下级人民检察院纠正,或者由上一级人民检察院直接作出相关决定,通知下级人民检察院执行。

**第七条**　下级人民检察院应当执行上一级人民检察院的决定，并在收到上一级人民检察院的书面通知或者决定之日起五日以内，将执行情况向上一级人民检察院报告。

下级人民检察院对上一级人民检察院的决定有异议的，可以在执行的同时向上一级人民检察院报告。

**第八条**　本规定自发布之日起试行。

# 最高人民检察院关于印发《人民检察院司法警察看管工作细则》的通知

2005年11月22日　高检发政字〔2005〕59号

各省、自治区、直辖市人民检察院，军事检察院，新疆生产建设兵团人民检察院：

《人民检察院司法警察看管工作细则》已经2005年10月24日最高人民检察院第十届检察委员会第四十一次会议通过，现印发你们，请认真贯彻执行。

# 人民检察院司法警察看管工作细则

**第一条**　为了规范人民检察院司法警察看管工作，保障办案安全，根据《中华人民共和国刑事诉讼法》、《中华人民共和国人民警察法》和《人民检察院司法警察暂行条例》等有关规定，结合检察工作实际，制定本细则。

**第二条**　本细则所称看管工作，是指人民检察院司法警察根据办案工作需要，在人民检察院办案工作区或者其他指定地点，依法对犯罪嫌疑人、被告人进行看守管理，保证办案活动顺利进行的职务行为。

**第三条**　人民检察院司法警察看管工作应当坚持依法、规范、文明、安全的原则，做到服从命令，听从指挥，严守法纪，保守秘密。

**第四条**　人民检察院司法警察执行看管任务，应当按照规定着装，保持警容严整，举止端庄。

**第五条**　人民检察院司法警察执行看管任务，应当根据案件的性质、看管场所的具体情况、犯罪嫌疑人、被告人的人数及其危险程度配备警力，制定处置突发事件的工作预案。对一名犯罪嫌疑人、被告人的看管一般应配备不少于两名司法警察。办理重大案件警力不足时，由上一级人民检察院警务部门统一协调警力，保障办案用警。

**第六条**　人民检察院司法警察执行看管任务，对男性和女性、成年和未成年、同案犯以及其他需要分别看管的犯罪嫌疑人、被告人，应当分别看管。对女性犯罪嫌疑人、被告人，应当有女司法警察看管。

**第七条**　人民检察院司法警察执行看管任务时，应当对看管场所的地点和门、窗、墙壁、厕所及其他设施进行必要的检查，消除安全隐患。

**第八条**　人民检察院司法警察执行看管任务时，应当依据规定做好与案件承办人的手续交接，对犯罪嫌疑人、被告人进出看管场所的时间、犯罪嫌疑人和被告人的姓名、性别、年龄、人数等，要逐一登记，准确填写看管记录。

**第九条**　人民检察院司法警察执行看管任务时，应当对犯罪嫌疑人、被告人的人身和携带的物品进行安全检查。发现与案件有关的证据和可疑物品，要当场制作记录并予以扣押，由看管对象签字捺指印后，转交案件承办人处理。

**第十条**　人民检察院司法警察执行看管任务时，应当向案件承办人了解犯罪嫌疑人、被告人有无疾病、有无异常情绪等情况。看管期间,应当注意掌握看管对象的思想动态、情绪变化和健康状况,发现异常情况,应当及时采取相应措施,同时报告案件承办人。

**第十一条** 人民检察院司法警察执行看管任务时,应当告知犯罪嫌疑人、被告人在被看管期间享有的权利和必须遵守的规定。

**第十二条** 人民检察院司法警察执行看管任务时,未经批准,不得让无关人员进入看管场所;不得为犯罪嫌疑人、被告人带食品或者其他物品;不得给犯罪嫌疑人、被告人传递口信;不得将犯罪嫌疑人、被告人提出看管场所;不得允许无关人员在看管场所摄影、录音和采访。

**第十三条** 人民检察院司法警察执行看管任务时,应当严防犯罪嫌疑人、被告人脱逃、自杀、自残、行凶、串供、传递信物等。遇有紧急情况时,可以采取相应强制措施制止,必要时可依照有关规定使用警械具。

**第十四条** 人民检察院司法警察执行看管任务时,不得询问或者随意谈论案情,不得辱骂、体罚、虐待或者变相体罚犯罪嫌疑人、被告人,不得从事与看管工作无关的事项。

**第十五条** 人民检察院司法警察执行看管任务时,对犯罪嫌疑人、被告人在看管期间交出的与案情有关的材料和物品,应当及时登记,做好记录后转交案件承办人。

**第十六条** 犯罪嫌疑人、被告人需要上厕所时,司法警察应处在有效控制位置,防止自杀、脱逃等意外事件的发生。

**第十七条** 人民检察院司法警察执行看管任务时,应当适时提醒办案人员遵守办案时限,发现办案人员对犯罪嫌疑人、被告人体罚、虐待、刑讯逼供时,应当制止,制止无效的,应当及时向主管领导报告。

**第十八条** 看管场所要保持良好的卫生环境,防止有关疾病的传播。犯罪嫌疑人、被告人在看管期间患病的,司法警察应当及时报告案件承办人,配合做好救治工作。

**第十九条** 人民检察院司法警察执行看管任务时,违反本细则,导致犯罪嫌疑人、被告人自杀、自残、脱逃、串供、行凶等严重后果的,依照有关规定给予纪律处分;构成犯罪的,依法追究刑事责任。

**第二十条** 本细则自发布之日起施行。

# 全国妇联　全国人大常委会法工委　中宣部　最高人民法院　最高人民检察院　国务院法制办　国务院妇女儿童工作委员会办公室　公安部　司法部　民政部　劳动和社会保障部　农业部　卫生部　中华全国总工会关于做好《中华人民共和国妇女权益保障法》宣传贯彻工作的通知

2005 年 12 月 1 日　　妇字〔2005〕34 号

各省、自治区、直辖市妇联,人大常委会办公厅,宣传部,人民法院,人民检察院,法制办,妇女儿童工作委员会办公室,公安厅(局),司法厅(局),民政厅(局),劳动和社会保障厅(局),农业厅(局),卫生厅(局),总工会:

2005 年 8 月 28 日,十届全国人大常委会第十七次会议表决通过了《关于修改〈中华人民共和国妇女权益保障法〉的决定》,该决定将于 2005 年 12 月 1 日起施行。这对于进一步促进男女平等,充分发挥妇女在全面建设小康社会、构建社会主义和谐社会中的积极性、创造性,必将起到积极的推动作用,具有十分重要的意义。为了做好《中华人民共和国妇女权益保障法》(以下简称妇女权益保障法)的宣传贯彻工作,现将有关要求通知如下:

**一、提高认识，深刻理解做好妇女权益保障法宣传贯彻工作的重大意义**

妇女权益保障法修改决定的施行，是我国妇女事业发展进程中的一件大事，是妇女人权法制建设进程中的一个重要里程碑。修改后的妇女权益保障法，是广大妇女维护自身权益的重要法律保障，是国家机关履行保障妇女权益职责的重要法律依据。1992年颁布实施的妇女权益保障法是我国第一部专门以妇女为主体，全面保障妇女合法权益，促进男女平等的基本法律。该法实施十多年来，在保障妇女合法权益，促进男女平等方面发挥了积极的作用。随着我国经济社会的发展，立法当时所依赖的社会条件已经发生了深刻变化，妇女权益领域出现了许多新情况、新问题，妇女权益保障法的原有内容已不能完全适应社会主义市场经济新形势下妇女权益保护的需要。因此，在认真总结法律实施经验的基础上，针对妇女权益保障中的突出问题，借鉴国内外人权保护立法的有益经验，对妇女权益保障法进行修改完善，既是全面践行"三个代表"重要思想、落实科学发展观的重要体现，也是贯彻依法治国基本方略、构建社会主义和谐社会的迫切需要。

宣传贯彻妇女权益保障法，在政治、经济、文化、社会及家庭生活各方面倡扬尊重妇女、男女平等的精神，使广大人民群众和社会各界全面、正确地理解法律，并自觉贯彻执行，是进一步保障妇女的基本权利和特殊利益，进一步保障妇女人权，推动解决妇女权益保障方面存在的突出问题，实现社会公正，促进经济、社会和男女两性全面协调发展的必然要求。各地各部门一定要高度重视，切实加强对妇女权益保障法宣传贯彻工作的领导，把学习、宣传、贯彻妇女权益保障法作为一件大事来抓，作为提高依法行政、依法维权能力的具体行动来抓，精心组织、周密安排，有组织、有步骤地做好各项有关工作。

**二、认真学习，全面把握妇女权益保障法的精神实质和主要内容**

修改后的妇女权益保障法对总则、妇女六大权益领域和法律责任部分进行了补充完善。在总则部分将男女平等基本国策写入法律，强化了政府及相关部门、单位的责任；在妇女权益领域，突出了妇女权益保护的重点，对社会上普遍关心的妇女参政、就业中的性别歧视、生育保险、家庭暴力、性骚扰、农村妇女土地承包及相关财产权益等问题均做出新的规定；在法律责任部分，加大司法保障力度，强化救济措施，明确法律责任，加大追究力度等。这为各级立法机关、人民政府及有关部门、司法机关、社会团体等开展保护妇女权益工作提供了重要的法律依据，也提出了新的更高的要求。

各地各部门一定要认真组织学习，层层开展培训，确保准确把握法律条文，熟知法律赋予的各项职责，为更好地贯彻执行妇女权益保障法打下扎实的基础。通过学习培训，一是要深刻领会妇女权益保障法以宪法为依据，立足我国国情，在与其他相关法律协调、衔接，保持原有基本框架不变的前提下进行修改的重大意义，全面掌握妇女权益保障法的男女平等基本原则、妇女六大基本权益的主要内容、侵害妇女合法权益所应承担的法律责任等。二是要进一步明确各自在保护妇女合法权益中的职责，增强依法行政、依法维护妇女群众合法权益的能力。政府各有关部门要明确自己作为妇女权益保障法执法主体的权利和义务；公安、司法、民政、劳动和社会保障、卫生等有关部门要明确各自在预防和制止家庭暴力、反对拐卖等方面的职能和作用；工会、妇联等人民团体和其他社会团体要明确在各自工作范围内维护妇女权益以及积极配合政府开展保障妇女权益工作的法律地位。

**三、大力开展宣传教育，努力优化妇女权益保障法实施的社会环境**

2005年12月1日，妇女权益保障法的修改决定将正式实施，2006年是"五五"普法的启动之年，各地各部门要抓住这一有利时机，上下联动，相互配合，大力开展妇女权益保障法的宣传教育活动，在全社会掀起学习妇女权益保障法的高潮，为实施妇女权益保障法、保障妇女合法权益工作的开展营造良好的社会环境。

为使宣传教育活动取得实效，一要拓展宣传内容，在大力宣传妇女权益保障法的同时，注重宣传我国宪法"尊重和保障人权"以及男女平等原则的内容，配套宣传其他相关法律、法规、规章和国际公约的规定，使全社会对妇女权益保障法律体系的了解更加全面。二要扩大宣传覆盖面，着眼全社会开展宣传活动。一方面要进一步帮助广大妇女群众提高法律素质，增强依法维权的意识和能力；另一方面要开展面向政府及有关部门、司法机关、社会团体、企事业单位等责任主体的宣传活动，推动形成全社会自觉遵守妇女权益保障法,国家机关依法决策、依法行政的良好氛围。三要创新宣传形式,充分发挥广播、电视、报刊、互联网等宣传媒体的优势,结合实际,采取群众喜闻乐见的形式,开展丰富多彩的宣传活动。各新闻宣传单位要树立大局意识,积极配合并主动开展宣传教育工作,使妇女权益保障法家喻户晓,人人皆知。

**四、采取有效措施,切实促进妇女权益保障法的贯彻落实**

各地各部门要采取有效措施,通过各项扎实的工作,进一步完善立法、严格执法、公正司法,把贯彻妇女权益保障法的具体行动抓紧、抓好、抓出成效,促进妇女权益保障法的贯彻落实。

各级司法部门要结合各自工作实际,推动妇女权益保障法在司法实践中的贯彻落实,对与修改后的妇女权益保障法不一致的相关规定,及时清理,并依据妇女权益保障法重新做出规定;对各类侵害妇女合法权益的案件,要依法及时立案,严格追究侵害人的法律责任。

政府各有关部门要根据妇女权益保障法规定的权利义务,将保障妇女合法权益工作纳入日常工作范围,建立健全工作机制,加大执法力度,提高依法保障妇女合法权益的能力和水平,在妇女权益问题突出的方面加强跨部门跨区域的合作,共同促进妇女权益保障法的落实。妇女儿童工作委员会办公室作为人民政府负责妇女儿童工作的机构,要切实组织、协调、指导、督促有关部门做好保障妇女权益的各项工作。

工会、妇联等人民团体要依据法律和各自的章程,在各自的职责范围内,做好维护妇女权益的工作,并积极配合政府部门开展保障妇女权益的工作,形成全社会共同维护妇女合法权益的大格局。

# 最高人民检察院关于印发《人民检察院讯问职务犯罪嫌疑人实行全程同步录音录像的规定(试行)》的通知

2005年12月15日　高检发反贪字〔2005〕43号

各省、自治区、直辖市人民检察院,军事检察院,新疆生产建设兵团人民检察院:

《人民检察院讯问职务犯罪嫌疑人实行全程同步录音录像的规定(试行)》(以下简称《规定》)已经2005年11月1日最高人民检察院第十届检察委员会第四十三次会议讨论通过,现印发你们,请认真遵照执行。为确保《规定》的全面落实,现就有关问题通知如下:

**一、要提高认识,统一思想**

实行讯问职务犯罪嫌疑人全程同步录音、录像,是最高人民检察院深入推进"规范执法行为,促进执法公正"专项整改活动的一项重大举措,也是检察机关在新形势下开展职务犯罪侦查工作的客观需要。通过对讯问犯罪嫌疑人的全过程进行同步录音、录像,再现讯问全过程,既有利于及时全面固定证据,防止犯罪嫌疑人翻供,也有利于强化对讯问活动的监督,有效防止刑讯逼供等违法讯问行为的发生,促使侦查人员进一步转变执法观念和工作作风,努力提高依法办案的水平。各级检察机关要充分认识实行讯问犯罪嫌疑人全程同步录音、录像的重要意义,把思想统一到认真贯彻落实《规定》要求上来,切实执行好《规定》。

**二、要抓紧准备,稳步推行**

讯问职务犯罪嫌疑人实行全程同步录音、录像,对检察人员的讯问活动提出了全新的要求。为了确保《规定》得到全面落实,根据各地实际情况,决定采取"分步实施、稳步推进"的原则,具体分三步实施。第一步,从2006年3月1日开始,全国检察机关办理职务犯罪案件讯问犯罪嫌疑人必须实行全程同步录音;同时,最高人民检察院、省级检察院、省会(首府)市检察院、东部地区分州市级检察院办理贿赂案件和其他职务犯罪要案,还必须实行讯问犯罪嫌疑人全程同步录像。第二步,从2006年年底开始,中西部地区分州市级检察院和东部地区县区级检察院办理贿赂案件和其他职务犯罪要案,必须实行讯问犯罪嫌疑人全程同步录音、录像。

第三步，从2007年10月1日开始，全国检察机关办理职务犯罪案件讯问犯罪嫌疑人必须实行全程同步录音、录像。与此同时，提倡和鼓励有条件的检察院尽早推行全程同步录音、录像。为确保上述计划的顺利实施，各地应本着越早越好的原则，抓紧做好各项准备工作。要有针对性地加强侦查审讯业务培训，帮助干警消除思想顾虑，提高在全程同步录音、录像条件下的侦讯水平和技能，以尽快适应新的办案要求。同时，要加强技术培训，促使办案人员和检察技术人员尽快熟练掌握同步录音、录像的各项技能。

**三、要加强领导，强化保障**

各级人民检察院检察长一定要高度重视讯问全程同步录音、录像工作，切实加强组织领导。要组织侦查、技术、计划财务等部门调查了解本院现有录音、录像器材和设备等基本情况，做好装备建设规划。要积极争取党委和政府的支持，抓紧购置一批目前必需的录音、录像器材，并加快检察院讯问室建设步伐。要积极商洽公安机关在看守所设置检察机关专用讯问室。根据工作需要，各地可引进一些必要的专门技术人才。省级检察院要及时全面掌握本地区实行讯问全程同步录音、录像工作的情况，对实践中出现的突出问题，要认真分析原因，强化指导措施。必要时，可以采取下派工作组督导、帮助下级检察院同相关部门协调以及召开现场会推广成功经验等方式和途径，解决实际工作中遇到的困难和问题，提高应对办案新要求的能力，确保讯问全程同步录音、录像工作的整体推进。对没有严格执行《规定》，或者在执行中弄虚作假，给办案工作造成不良后果的，要依照有关规定追究主要责任者和其他直接责任人员的责任。

特此通知。

# 人民检察院讯问职务犯罪嫌疑人实行全程同步录音录像的规定（试行）

（2005年11月1日最高人民检察院第十届检察委员会第四十三次会议通过）

**第一条**　为进一步规范执法行为，依法惩治犯罪，保障人权，提高执法水平和办案质量，根据人民检察院直接受理侦查职务犯罪案件工作实际，制定本规定。

**第二条**　人民检察院讯问职务犯罪嫌疑人实行全程同步录音、录像，是指人民检察院办理直接受理侦查的职务犯罪案件，每次讯问犯罪嫌疑人时，应当对讯问全过程实施不间断的录音、录像。

**第三条**　讯问全程同步录音、录像，实行讯问人员和录制人员相分离的原则。讯问由检察人员负责，不得少于二人；录音、录像一般由检察技术人员负责。经检察长批准，也可以指定其他检察人员负责录制。对录制人员适用刑事诉讼法有关回避的规定。

**第四条**　讯问犯罪嫌疑人需要由检察技术人员录音、录像的，检察人员应当填写《录音录像通知单》，写明讯问开始的时间、地点等情况送检察技术部门。检察技术部门接到《录音录像通知单》后，应当指派技术人员实施。

**第五条**　讯问在押犯罪嫌疑人，除法定情形外，应当在看守所进行。讯问未羁押的犯罪嫌疑人，除客观原因外，应当在检察院讯问室进行。

**第六条**　讯问开始时，应当告知犯罪嫌疑人将对讯问进行全程同步录音、录像，告知情况应在录音、录像中予以反映，并记载于讯问笔录。

**第七条**　全程同步录像的，摄制的图像应当反映犯罪嫌疑人、检察人员、翻译人员及讯问场景等情况，犯罪嫌疑人应当在图像中全程反映，并显示与讯问同步的时间数码。在检察院讯问室讯问的，应当显示温度和湿度。

**第八条**　讯问犯罪嫌疑人时，检察人员一般要着检察服，做到仪表整洁，举止严肃、端庄、文明。严禁刑讯逼供或者使用威胁、引诱、欺骗等非法方法进行讯问。

**第九条**　对使用少数民族语言文字或者不通晓当地通用语言文字的犯罪嫌疑人进行讯问的，应当有翻译人员在场翻译。

讯问聋、哑的犯罪嫌疑人,应当有通晓聋、哑手势的人在场。

**第十条** 讯问过程中,需要出示书证、物证等证据的,应当当场出示让犯罪嫌疑人辨认,并对辨认过程进行录音、录像。

**第十一条** 讯问过程中,因技术故障等客观情况不能录音录像的,一般应当停止讯问,待故障排除后再行讯问。讯问停止的原因、时间和再行讯问开始的时间等情况,应当在笔录和录音、录像中予以反映。

不能录音、录像的客观情况一时难以消除又必须继续讯问的,经检察长批准,并告知犯罪嫌疑人后可以继续讯问。未录音、录像的情况应当在笔录中予以说明,由犯罪嫌疑人签字确认。

**第十二条** 讯问结束后,录制人员应当立即将录音、录像资料复制件交给讯问人员,并经讯问人员和犯罪嫌疑人签字确认后当场对录音、录像资料原件进行封存,交由检察技术部门保存。

讯问结束后,录制人员应当及时制作全程同步录音、录像的相关说明,经讯问人员和犯罪嫌疑人签字确认后,交由检察技术部门立卷保管。

相关说明应当反映讯问的具体起止时间,参与讯问的检察人员、翻译人员及录制人员等人员的姓名、职务、职称,犯罪嫌疑人姓名及案由,讯问地点等情况。讯问在押犯罪嫌疑人的,讯问人员应当在相关说明中注明提押和还押时间,由监管人员和犯罪嫌疑人签字确认。对犯罪嫌疑人拒绝签字的,应当在相关说明中注明。

**第十三条** 移送审查逮捕案件时,应当将全程同步录音、录像资料复制件连同案件材料一并移送审查。侦查监督部门审查结束后,应当将移送审查的录音、录像资料复制件连同案件材料一并送还侦查部门。

**第十四条** 案件移送审查起诉时,应当将全程同步录音、录像资料复制件随案移送。

**第十五条** 案件审理过程中,人民法院、被告人或者其辩护人对讯问活动提出异议的,或者被告人翻供的,或者被告人辩解因受刑讯逼供、威胁、引诱、欺骗等而供述的,公诉人应当提请审判长当庭播放讯问全程同步录音、录像资料,对有关异议或者事实进行质证。

人民法院、被告人或者其辩护人对讯问全程同步录音、录像资料复制件提出异议的,公诉人应当将检察技术部门保存的相应原件当庭启封质证。案件审结后,经公诉人和被告人签字确认后对录音、录像资料原件再行封存,并由公诉部门及时送还检察技术部门保存。

**第十六条** 讯问过程中犯罪嫌疑人检举揭发与本案无关的犯罪事实或者线索的,在移送审查逮捕、移送审查起诉和提起公诉时,是否将录有检举揭发内容的录音、录像资料一并移送,由检察长决定。不移送的,由检察技术部门对录有检举揭发内容的声音进行技术处理后移送。

**第十七条** 案件办理完毕,办案期间录制的讯问全程同步录音、录像资料原件,由检察技术部门向本院档案部门移交归档。讯问全程同步录音、录像资料的保存期限与案件卷宗保存期限相同。

非办案部门或者人员需要查阅讯问全程同步录音、录像资料的,应当报经检察长批准。录音、录像资料需要公开使用的,由检察长决定。启封讯问全程同步录音、录像资料原件时,犯罪嫌疑人或者被告人应当在场。

**第十八条** 参与讯问全程同步录音、录像的人员,对讯问情况应当保密。

**第十九条** 侦查监督、公诉、监所检察、民事行政检察等部门办理人民检察院直接受理侦查案件过程中,讯问犯罪嫌疑人的全程同步录音、录像,按照本规定执行。

**第二十条** 询问证人需要录音或者录像的,应当事先征得证人同意,并参照本规定执行。

**第二十一条** 因未严格执行本规定,或者执行中弄虚作假,给案件的侦查、起诉、审判造成不良后果的,依照有关规定追究主要责任者和其他直接责任人员的责任。

**第二十二条** 本规定自下发之日起施行,由最高人民检察院负责解释。

# 最高人民检察院关于印发《最高人民检察院关于贯彻落实〈建立健全教育、制度、监督并重的惩治和预防腐败体系实施纲要〉的意见》的通知

2005年12月19日　　高检发〔2005〕24号

各省、自治区、直辖市人民检察院，军事检察院，新疆生产建设兵团人民检察院：

现将《最高人民检察院关于贯彻落实〈建立健全教育、制度、监督并重的惩治和预防腐败体系实施纲要〉的意见》印发给你们，请结合实际认真贯彻执行。

# 最高人民检察院关于贯彻落实《建立健全教育、制度、监督并重的惩治和预防腐败体系实施纲要》的意见

为认真贯彻落实中共中央颁布的《建立健全教育、制度、监督并重的惩治和预防腐败体系实施纲要》(以下简称《实施纲要》)，充分发挥检察机关在惩治和预防腐败中的职能作用，深入开展检察机关党风廉政建设和自身反腐败工作，现提出如下意见。

## 一、深刻认识贯彻落实《实施纲要》的重要意义

《实施纲要》以邓小平理论和"三个代表"重要思想为指导，全面贯彻党的十六大和十六届三中、四中全会精神，牢固树立和落实科学发展观，深刻阐述了建立健全惩治和预防腐败体系的重大意义，总结了开展反腐倡廉工作的基本经验，明确了建立健全惩治和预防腐败体系的指导思想、主要目标、工作原则和基本要求，对于检察机关进一步强化法律监督职能，加大惩治和预防职务犯罪工作力度，加强党风廉政建设和自身反腐败工作，具有十分重要的意义。

检察机关作为国家法律监督机关，担负着查办和预防职务犯罪的重任，是惩治和预防腐败体系中的一个重要环节。当前，我国正处于改革发展的关键时期，腐败现象滋生蔓延的土壤和条件依然存在，腐败现象在一些领域易发多发，严重腐败案件时有发生，反腐败斗争的形势还比较严峻。面对新形势新任务的要求，检察机关的执法思想、执法观念、执法作风、执法行为还存在一些不相适应的问题，惩治和预防职务犯罪的工作机制还不完善，检察机关的党风廉政建设任务十分繁重。因此，认真学习、深入贯彻落实《实施纲要》，既是加强和改进检察机关惩治和预防职务犯罪工作的迫切需要，也是深入推进检察机关自身反腐倡廉工作的迫切需要。各级检察机关要从提高党的执政能力和检察机关法律监督能力的高度，从落实科学发展观和构建社会主义和谐社会的高度，深刻认识贯彻落实《实施纲要》的重大意义，结合检察机关的实际，把《实施纲要》提出的各项任务抓实抓好，抓出成效。

## 二、贯彻落实《实施纲要》的指导思想和基本原则

检察机关贯彻落实《实施纲要》的指导思想是：以邓小平理论和"三个代表"重要思想为指导，牢固树立和落实科学发展观，坚持"立检为公、执法为民"，紧紧围绕"强化法律监督，维护公平正义"的检察工作主题，坚持标本兼治、综合治理、惩防并举、注重预防的方针，建立健全具有检察特点的教育、制度、监督并重的惩治和预防腐败体系，不断提高

检察机关的法律监督能力和检察队伍的拒腐防变能力,为加强党的执政能力建设和构建社会主义和谐社会做出积极贡献。

检察机关贯彻落实《实施纲要》的基本原则是:(1)坚持党的领导。坚持反腐败领导体制和工作机制,自觉把各项法律监督工作纳入党和国家的工作大局之中。在党委的统一领导和纪委的组织协调下,充分发挥检察机关在惩治和预防腐败体系中的职能作用。(2)坚持惩防并举。惩治和预防,是反腐倡廉相辅相成、相互促进的两个方面。既要从严治标,更要着力治本,惩防并举,注重预防。(3)坚持改革创新。既要立足当前,结合本地区本单位实际,扎扎实实地做好各项法律监督工作,又要着眼长远,加强对全局性、前瞻性问题的研究,用发展的思路和改革的办法惩治和预防腐败。(4)坚持从严治检。检察机关的性质和职责决定了对队伍必须严格教育、严格管理、严格监督、严格纪律,决不能有丝毫的放松。对绝大多数检察干警,要立足教育,着眼防范;对极少数腐败分子,必须从严惩处,决不姑息。

**三、切实加大查办职务犯罪案件的工作力度**

《实施纲要》指出:惩治腐败,必须从严;惩治有力,才能增强教育的说服力、制度的约束力和监督的威慑力。检察机关作为反腐败的重要职能部门,必须按照《实施纲要》的要求,认真履行查办职务犯罪案件的职责,始终保持查办职务犯罪案件的工作力度,充分运用法律手段严惩腐败分子,推进反腐败斗争的深入开展。

(一)突出打击重点。坚决查办贪污贿赂、渎职侵权等职务犯罪案件特别是大案要案。重点查办发生在领导机关和领导干部中滥用权力、谋取私利的犯罪案件。严肃查办利用人事权、审批权、司法权进行权钱交易的犯罪案件以及在国有企业重组改制、破产和经营活动中贪污、挪用、私分国有资产等犯罪案件。严肃查办国家机关工作人员利用职权实施的非法拘禁、刑讯逼供等侵犯人权的犯罪案件和滥用职权、玩忽职守造成重大损失的犯罪案件。严肃查办重特大安全责任事故、国有资产严重流失、重大环境污染、重大群体性事件背后隐藏的职务犯罪案件。要加大对职务犯罪案件的举报宣传工作,不断拓宽案源。要把查办职务犯罪与诉讼监督紧密结合起来,注意发现和查处执法不公背后的职务犯罪案件,严惩司法领域的腐败分子。在重点查处大要案的同时,对那些发生在人民群众身边严重侵害人民群众利益的案件,也要严肃查处。

(二)严格依法办案。坚持法律面前人人平等,对任何组织和个人的犯罪行为,都必须依法严肃处理。坚持实事求是,做到事实清楚、证据确凿、定性准确、处理恰当、手续完备、程序合法。坚持惩治腐败与保护公民合法权利并重,严格依法使用办案手段和措施,做到严格、公正、文明执法。依法制定搜查、扣押、冻结等侦查措施的具体操作规程,逐步推行讯问犯罪嫌疑人全程录音录像制度,并制定统一的录音、录像操作规程。正确运用政策和策略,体现宽严相济,区别对待。讲求办案的方式方法,既要态度坚决,又要慎重稳妥,促进办案的法律效果与社会效果的有机统一。

(三)建立健全办案工作机制。建立健全职务犯罪侦查一体化工作机制,形成查办职务犯罪案件的整体合力。自觉接受纪委的组织协调,加强与审判、公安、监察、审计、工商、税务、金融等部门的联系与协作,完善和落实案件线索移送、工作情况通报等制度。探索职务犯罪案件中外逃犯罪嫌疑人的引渡、遣返以及追缴赃款赃物的有效途径与方式,与国(境)外有关机构建立犯罪信息情报交流机制、办案协作机制。

**四、充分发挥检察机关在预防腐败中的作用**

惩防并举、注重预防,是建立健全惩治和预防腐败体系的重要指导思想和工作原则。检察机关作为国家法律监督机关和反腐败的职能部门,在预防职务犯罪中发挥着不可替代的作用。各级检察机关要按照《实施纲要》的精神,立足检察职能,在不断加大查办职务犯罪力度的同时,加强和改进职务犯罪预防工作,推动反腐败治本抓源头工作的开展。

(一)准确定位、明确目标。预防职务犯罪是全党和全社会的一项长期的共同任务,是一项社会系统工程。检察机关要在党委的统一领导下,自觉把预防职务犯罪工作纳入党和国家的整体预防工作之中,充分发挥检察机关在预防职务犯罪方面的优势,积极为党委、人大、政府及社会各界开展职务犯罪预防工作建言献策,最大限度地预防和减少职务犯罪,促进廉政建设,为构建社会主义和谐社会创造良好的法制环境。

(二)立足检察职能开展预防工作。要紧密结合法律监督职能,把预防职务犯罪工作落实到检察工作的各个环节，贯穿于检察机关查办职务犯罪案件的整个诉讼过程。要深入职务犯罪案件的发案单位、社会关注热点和群众反映强烈、职务犯罪多发易发的行业和领域，有针对性地开展预防工作。要针对案件中暴露出的问题进行剖析，深入查找机制制度方面的原因，提出切实可行的检察建议，帮助有关部门建章立制，完善监督制约机制，有效防止和减少类似案件的发生。要重视发挥教育的基础性作用，与有关部门密切配合，运用各种行之有效的宣传教育方式，对国家工作人员进行廉政守法教育，增强国家工作人员特别是领导干部的廉洁意识和拒腐防变能力，促进全社会形成以廉为荣、以贪为耻的良好社会风尚。

（三）建立健全预防工作机制。要注意总结开展职务犯罪预防工作的经验，不断健全工作机构，完善工作机制，强化工作措施，推动预防工作规范化、制度化。建立预防部门与侦查部门的工作联系制度、协调配合制度和案件线索处置制度，形成预防与侦查紧密配合、优势互补的工作机制。逐步建立预防职务犯罪信息分析管理系统和技术预防系统，增强预防工作的系统性、科学性。推动行贿犯罪档案查询系统建设，扩大办案效果，构建社会诚信体系。

**五、推进检察改革，强化法律监督职能**

《实施纲要》指出：推进司法体制改革，完善司法机关的机构设置、职权划分和管理制度，形成权责明确、相互配合、相互制约、高效运行的司法体制，保障审判机关和检察机关依法独立公正地行使审判权和检察权；完善检察机关的法律监督职能，健全检务公开制度。各级检察机关要从建立健全惩治和预防腐败体系的要求出发，积极稳妥地推进检察改革，把《实施纲要》提出的各项改革任务落到实处。

（一）完善检察机关的机构设置、职权划分和管理制度。落实宪法和法律规定的上下级人民检察院的领导体制，采取措施加大上级人民检察院对下级人民检察院领导班子的协管力度。逐步改革铁路、林业等部门、企业管理检察院的体制，规范人民检察院派出机构的设置，改革检察机关司法鉴定机构。继续深化审查逮捕方式的改革，进一步规范介入侦查的范围、方式和程序，健全审查逮捕中讯问犯罪嫌疑人的制度，对审查逮捕工作文书实行繁简分流，完善审查逮捕和审查起诉的衔接机制。深化公诉方式改革，继续深化主诉检察官办案责任制，探索侦查监督、公诉部门引导取证的工作机制。充分发挥控告申诉检察部门对外监督、对内制约的职能作用，完善办案质量考评机制，强化执法过错责任追究，确保严格、公正执法。

（二）改革和完善对诉讼活动的法律监督制度。探索完善刑事立案监督机制，会同有关部门建立健全行政执法与刑事诉讼相衔接的工作机制，研究探索检察机关对行政执法机关不移交涉嫌犯罪案件的监督机制。研究完善立案监督的方式，强化立案监督的效力，适时提出立法建议。健全刑事审判监督机制，完善刑事抗诉制度。完善对刑罚执行的监督制度，进一步加强对减刑、假释、暂予监外执行的监督，建立健全监外执行罪犯脱管、漏管的监督机制。建立健全预防和纠正超期羁押的长效工作机制，与有关部门建立健全羁押状况通报制度、羁押期限的批准、备案机制和羁押期限届满前告知、提示和换押制度。建立监狱、看守所、劳教所与检察机关的信息交换系统以及定期联席会议制度。完善人民检察院对民事审判、行政诉讼活动实行法律监督的范围、措施和程序，探索人民检察院对民事执行活动进行监督的方式。

（三）健全检务公开制度。修改、完善检务公开的有关规定，依法扩大检务公开的范围，拓展检务公开的途径，完善检务公开的工作机制，健全主动公开和依申请公开的制度，提高检务公开的及时性和实效性。全面实行当事人权利义务告知制度，进一步完善律师会见犯罪嫌疑人以及在侦查、审查逮捕、审查起诉过程中听取当事人及其委托的人意见的程序。

**六、加强和改进检察机关自身反腐倡廉工作**

加强和改进自身反腐倡廉工作，是检察机关贯彻落实《实施纲要》的一项十分重要的任务。各级检察机关要按照《实施纲要》的要求，紧密结合实际，坚持标本兼治、综合治理、惩防并举、注重预防的方针，建立健全符合检察机关特点的教育、制度、监督并重的惩治和预防腐败体系，深入开展党风廉政建设和自身反腐倡廉工作。

（一）加强反腐倡廉教育，筑牢拒腐防变的思想道德防线。要以树立马克思主义的世界观、人生观、价值观和正确的权力观、地位观、利益观为根本，以艰苦奋斗、廉洁从检为主题，以更好地做到立检为公、执法为民为目标，坚持进行党的基本理论、基本路线、基本纲领和基本经验教育,坚持进行理想信念、党的优良传统和作风教育,坚持进行党纪条规和国家法律法规教育。要深化“强化法律监督,维护公平正义”检察工作主题教育,进一步弘扬“忠诚、公正、清廉、严明”的检察官职业道德,加强检察职业道德教育和检察纪律教育,大力表彰和宣传勤政廉政的先进典型。要利用违纪违法反面典型案例,深入开展警示教育,切实增强教育的针对性,提高教育的有效性。

要把反腐倡廉教育贯穿于领导干部的培养、选拔、管理、使用等各个方面,坚持教育与管理、自律与他律相结合,督促领导干部加强党性修养,廉洁自律,廉洁从检,反对和防止腐化堕落,常修为检之德、常思贪欲之害、常怀律己之心,牢记“两个务必”,做到“八个坚持、八个反对”,自觉抵御各种腐朽思想的侵蚀,真正为人民掌好权、执好法。对新任职领导干部要及时进行廉政谈话,任期内至少进行一次廉政培训。

要把反腐倡廉理论作为各级检察院党组理论学习中心组学习的重要内容,定期安排专题学习。加强思想政治工作,及时掌握检察人员的思想动态,发现倾向性、苗头性的问题,有针对性地做好工作。建立检察机关新进人员反腐倡廉教育必修课制度,健全检察机关违纪违法案件情况和反面典型案例通报制度。把反腐倡廉教育作为检察干警教育培训的重要内容,国家检察官学院和各地检察官培训机构要将反腐倡廉教育列入教育培训计划,落实反腐倡廉教育内容,保证教育课时。要把反腐倡廉教育纳入检察宣传教育的整体部署中。各级检察院政工部门、纪检监察部门和机关党组织要加强协调配合,形成反腐倡廉教育的合力。

(二)加强反腐倡廉制度建设,充分发挥制度在惩治和预防腐败中的保证作用。建立健全党风廉政建设责任制。党风廉政建设责任制是检察机关反腐倡廉工作深入开展的重要制度保障。要把党风廉政建设责任制作为检察机关党风廉政建设和反腐败工作的“总抓手”、一把手工程,切实负起责任,真正形成党组统一领导,检察长负总责,副检察长分工负责,其他部门各负其责,纪检监察部门组织协调的工作格局。建立健全责任考核和责任追究机制,促进检察机关党风廉政建设责任制各项任务的落实。

坚持民主集中制这一党的根本组织制度,健全民主集中制的各项具体制度。建立和完善党内情况通报、情况反映、重大决策征求意见等制度。完善各级检察院党组、检察委员会讨论重大问题、作出重大决策的制度,充分发扬民主,防止个人专断。建立健全领导、专家、群众相结合的决策机制,不断提高决策的民主化、科学化水平。坚持和完善领导干部民主生活会制度,提高民主生活会质量。坚持和完善领导干部述职述廉、重大事项报告和任期经济责任审计等制度。

建立健全对执法办案活动的监督制约制度。建立以纠正违法办案、保证案件质量为中心的检务督察制度,对检察机关立案、侦查、审查逮捕、审查起诉、出庭公诉等各个环节进行跟踪监督,形成统一、全程、严密、高效的执法监督体系。健全和规范执法责任制与责任追究制度,重点明确执法领导责任制和执法人员责任制,明确岗位职责,合理确认执法责任。修改完善人民检察院错案责任追究的有关规定,制定统一的各项检察业务工作执法操作规范,对执法活动中的岗位职责、人员管理、执法流程作出具体规定,依法规范执法行为和办案程序。

建立健全干部选拔任用、财务管理等方面的规章制度。深化干部人事制度改革,扩大党员和群众对干部选拔任用的知情权、参与权、选择权和监督权。继续推行和完善民主推荐、民主测评、差额考察、任前公示、公开选拔、竞争上岗、任职试用期等制度。落实和完善领导干部辞职制度和任职回避、交流制度。最高人民检察院制定干部选拔任用工作监督办法。规范和完善政府采购、工程建设招标投标等制度。修改完善人民检察院扣押、冻结款物的有关规定。

建立健全检察人员违纪违法行为的惩处制度。制定犯罪嫌疑人约见检察官控告违法行为的制度。修改完善《人民检察院监察工作条例》,制定《人民检察院监察部门办案工作细则》。

(三)加强对检察权运行的监督和制约,保证正确行使检察权。认真贯彻执行党内监督条例,把党内监督与上级检察机关对下级检察机关的监督有机结合起来,加强对领导班子和领导干部特别是检察长的监督。认真检查党的路线、方针、政策和决议的执行情况,民主集中制及领导班子议事规则的落实情况,凡属重大决策、重要干部任免、重大项目安排和大额度资金的使用,必须由领导班子集体作出决定。领导干部必须严格遵守最高人民检察院颁布的“六个严禁”的规定，严禁办理关系案、人情案、金钱案；严禁违反职责分工或规定程序干预办案；严禁买官卖官、跑官要官，违反规定任免干部；严禁插手工程招标投标、政府采购等经济活动，谋取利益；严禁接受可能影响公务的宴请、礼物或娱乐活动；严禁利用职权为亲属子女或身边工作人员谋取利益。领导干部不得有《中华人民共和国检察官法》“惩戒”一章中所规定的13种行为，带头遵守廉洁自律、廉洁从检的各项规定。认真落实巡视制度、上级检察院负责人与下级检察院负责人谈话制度和上级检察院派员参加下级检察院党组专题民主生活会制度。省级人民检察院逐步推行巡视制度。认真落实领导干部个人重大事项报告、述职述廉、民主评议、诫勉谈话等制度。

加强对执法办案活动的监督。认真执行法律和有关的办案制度、规定，严明执法纪律。加强对制度落实情况的经常性监督检查，对执法办案中的违纪违法行为，发现一起严肃查处一起。把纪检监察部门的专门监督与业务部门自身的监督紧密结合起来，完善监督机制，形成监督合力，增强监督实效。认真开展执法检查、案件复查和重点案件回访，及时发现和纠正执法办案中存在的突出问题。继续采取“一案三卡”、流程监督、网上监督等监督措施，加强“案前、案中”监督，有效预防和减少执法办案中的违纪违法问题。

加强对干部选拔任用工作的监督。要着重检查《党政领导干部选拔任用工作条例》的执行情况，切实加强推荐、提名、考察考核、讨论决定等各个环节的监督。凡提拔任用干部，必须事先征求纪检监察部门的意见，纪检监察部门应当如实提出意见。推荐干部要充分发扬民主，多数人不拥护的干部不能确定为考察对象。考察干部要全面深入了解德、能、勤、绩、廉的表现情况。任用干部必须如实记录拟任人选的推荐、考察、酝酿、讨论决定的情况，按规定进行表决。领导班子成员个人向党组织推荐领导干部人选，必须负责任地写出推荐材料并署名。对选人用人失察失误的，要依照有关规定予以追究。

加强对重大经费开支、重大建设工程项目的管理和监督。认真落实政府采购、招标投标、领导干部任期经济责任审计等制度。严格执行收支两条线和扣押、冻结款物管理规定，严禁乱收费、乱罚款、拉赞助和私设小金库。严肃查处违反财经纪律的行为。

要在加强内部监督制约的同时，主动接受外部监督。坚持定期向同级人大及其常委会报告工作，认真办理并及时回复人大代表的意见、建议和政协委员的提案，自觉接受人大代表和政协委员的监督。进一步完善人民监督员制度，完善和规范人民监督员的产生方式、职责权限、组织形式和监督程序，推动人民监督员制度的规范化、法律化。最高人民检察院完善相关规定，并适时提出立法建议。重视新闻媒体的舆论监督，充分发挥和保障舆论监督的积极作用。

（四）坚持从严治检，严肃查处检察人员违纪违法案件。要始终把查办检察人员违法违纪案件工作摆在突出位置，继续加大办案力度，对违纪违法者，一经发现，严肃查处，决不姑息袒护。要以查办领导干部违反“六个严禁”的案件为重点，严肃查办贪赃枉法、徇私舞弊、索贿受贿等影响公正执法的案件，参与涉黑犯罪、充当黑恶势力“保护伞”等执法犯法的恶性案件，违法违规办案侵犯当事人合法权益的案件。

加强对纪检监察部门办案工作的领导，建立健全工作机制，增强整体合力，保证办案工作顺利进行。各级检察院党组特别是检察长要加强领导，支持纪检监察部门依纪依法查处案件。上级检察院要加强对下级检察院纪检监察工作的领导，对下级检察院办理确有困难的案件，上级检察院要派员参办，必要时也可直接办理或交由异地办理。

认真做好纪检监察信访举报工作，严格执行案件线索备案制度，切实防止和纠正瞒案不报、压案不查问题。要把严格依纪依法办案的要求，贯穿到立案、调查、审理、处分、执行等各个环节。要树立惩治与保护并重的意识，既依纪依法严肃查处案件，又坚决保护干警的合法权益。对违纪检察人员，要坚持惩前毖后、治病救人的方针，在给予批评教育的同时，综合运用纪律处分和组织处理两种手段进行处理。对受到诬告陷害的检察人员，要及时澄清是非，坚决予以保护。要对案件进行深入剖析，研究检察人员违纪违法案件原因，有针对性地提出对策，发挥查办案件在治本方面的作用。

把从严治检与从优待检有机结合起来，在不断加大预防和惩治腐败力度的同时，认真落实从优待检的各项规定，改革和完善检察机关经费保障机制，切实解决基层人民检察院经费困难问题，完善检察官晋升、奖惩、工资、福利、退休、抚恤、医疗等保障制度,帮助干警解决工作、学习和生活中的实际困难,为干警依法履行职责创造良好的条件和环境。

**七、切实把《实施纲要》提出的任务落到实处**

深入贯彻落实《实施纲要》,建立健全惩治和预防腐败体系,是全党的一项重大政治任务。各级检察机关要加强领导,精心组织,狠抓落实。

(一)深入学习《实施纲要》。要把学习《实施纲要》与学习"三个代表"重要思想、落实科学发展观和中央关于反腐倡廉工作的各项部署要求结合起来,与检察机关查办和预防职务犯罪工作实际结合起来。通过学习,深刻认识建立健全惩治和预防腐败体系的重大意义,深入理解惩治和预防腐败体系建设的指导思想、目标任务、工作原则和基本要求,切实把思想统一到党中央的要求和最高人民检察院的工作部署上来,增强工作的责任感、自觉性和主动性,推动党风廉政建设和反腐败工作的深入开展。

(二)加强组织领导。要把贯彻落实《实施纲要》纳入检察工作的整体部署,列入党组的重要议事日程,切实加强领导,认真组织实施。要建立和完善领导责任制,形成主要领导负总责,分管领导分工负责,部门领导具体抓的工作格局。纪检监察部门要充分发挥综合协调作用,加强对《意见》落实情况的督促检查。有关职能部门要按照职责分工,加强协作配合,形成工作合力,确保一级抓一级、层层抓落实。

(三)统筹安排、分步实施。贯彻落实《实施纲要》涉及检察工作的各个方面,是一项长期的系统工程。各级检察机关既要立足当前,扎扎实实地做好各项工作,又要着眼长远,科学筹划安排,分步骤、有重点地逐步推进实施。对属于当前工作中能够解决的问题,要迅速采取措施,认真加以解决,力争早见成效。对属于需要通过改革才能实现的目标,要在最高人民检察院的统一领导下,加强研究,积极探索,有计划、有步骤地加以推进。

(四)加强督促检查。要加强对任务落实情况的督促检查。既要注意总结推广实践中创造的好经验、好做法,推动工作的开展,又要认真查一查工作任务落实不力的主要原因,有针对性地采取措施,切实加以解决。各地在工作中遇到的重大情况和问题,要及时向上级检察院报告。

# 最高人民检察院关于印发《最高人民检察院关于人民监督员监督"五种情形"的实施规则(试行)》的通知

2005年12月27日　　高检发〔2005〕25号

各省、自治区、直辖市人民检察院,军事检察院,新疆生产建设兵团人民检察院:

《最高人民检察院关于人民监督员监督"五种情形"的实施规则(试行)》经2005年11月23日最高人民检察院第十届检察委员会第四十五次会议通过,现印发你们,请遵照执行。各地在执行中遇到的问题,望及时报告最高人民检察院。

# 最高人民检察院关于人民监督员监督“五种情形”的实施规则(试行)

(2005年11月23日最高人民检察院第十届检察委员会第四十五次会议通过)

**第一条** 为规范人民监督员对人民检察院查办职务犯罪案件的监督工作,根据有关法律及《最高人民检察院关于实行人民监督员制度的规定(试行)》(以下简称《试行规定》),结合实际,制定本规则。

**第二条** 本规则所称“五种情形”,是指《试行规定》第十四条规定的下列情形:

(一)应当立案而不立案或者不应当立案而立案的;

(二)超期羁押的;

(三)违法搜查、扣押、冻结的;

(四)应当给予刑事赔偿而不依法予以确认或者不执行刑事赔偿决定的;

(五)检察人员在办案中有徇私舞弊、贪赃枉法、刑讯逼供、暴力取证等违法违纪情况的。

人民监督员对“五种情形”提出监督意见的,人民检察院应当按照本规则的规定,接受人民监督员的监督。

对于人民监督员提出的监督意见,人民检察院各有关部门应当分工负责,互相配合,依法公正处理。

**第三条** 人民监督员发现其他人民检察院的有关部门及检察人员有“五种情形”的,可以通过其担任人民监督员的人民检察院向有管辖权的人民检察院提出监督意见,有管辖权的人民检察院应当按照本规则启动监督程序。

**第四条** 人民监督员可以书面或者口头向人民检察院提出监督意见。口头提出的,人民监督员办公室应当填写《受理意见、建议登记表》。

**第五条** 人民监督员办公室负责统一收转人民监督员的监督意见材料,审查提出拟办意见报检察长批准,不属于本院管辖的,移送有管辖权的人民检察院按照本规则办理;属于本院管辖的,按照下列分工移送有关部门办理:

(一)人民监督员对人民检察院应当立案而不立案或者不应当立案而立案的情形提出监督意见的,由侦查监督部门承办。

(二)人民监督员对人民检察院有关部门在办案中超期羁押的情形提出监督意见的,由监所检察部门承办。

(三)人民监督员对人民检察院有关部门在办案中违法搜查、扣押、冻结等情形提出监督意见的,由侦查监督部门会同财务部门承办,涉嫌违法违纪的,由纪检监察部门承办。

(四)人民监督员对人民检察院办理的职务犯罪案件应当给予刑事赔偿而不依法予以确认,或者不执行刑事赔偿决定提出监督意见的,由刑事赔偿工作部门承办。

(五)人民监督员对检察人员在办案中有徇私舞弊、贪赃枉法、刑讯逼供、暴力取证等违法违纪情况提出监督意见的,由纪检监察部门承办。

(六)人民监督员反映的情况不属于“五种情形”的,由人民监督员办公室根据业务分工情况报分管检察长批准后移送有关部门处理。

承办部门收到人民监督员办公室移送的材料后,应当在规定期限内将调查结果通报人民监督员办公室。规定期限内不能调查清楚的,应当在期满前报经检察长批准适当延长期限,同时向人民监督员办公室书面说明理由及调查进展情况。人民监督员办公室应当跟踪督办。

**第六条** 人民检察院对人民监督员提出的监督意见应当及时办理。人民监督员提出的监督情形事实清楚、情节轻微的,承办部门收到材料后,应当及时指定专人进行审查和调查核实,提出处理意见报请检察长决定,并在十日内将答复意见移送人民监督员办公室。

人民监督员提出的监督情形情况复杂、影响较大的,承办部门应当在收到材料之日起三十日内,及时指定专人进行审查和调查核实，提出拟处理意见，做好接受监督的准备。

人民监督员办公室根据法律、司法解释以及有关工作规定，结合具体情况，对人民监督员提出的监督情形是否启动评议程序提出意见，报请检察长决定。

**第七条** 适用评议程序进行监督的，先由人民监督员办公室将拟监督事项按本规则第五条的规定送交有关部门承办，并依据《试行规定》第二十一条的规定确定参加监督的人民监督员。

评议监督会先由人民监督员办公室人员主持，承办人员向人民监督员介绍调查情况及拟处理意见，如实回答人民监督员的提问。然后换由参加监督的人民监督员推选一人主持评议会，人民监督员独立发表意见，由主持人指定人员全面、准确地记录，并按照少数服从多数的原则形成集体监督意见，交人民监督员签字后存档。

人民监督员同意拟处理意见的，报检察长决定。人民监督员不同意拟处理意见的，承办部门应当认真研究分析人民监督员的不同意见，然后再提出拟处理意见，报请检察长决定，必要时检察长可以提交检察委员会讨论决定。

**第八条** 人民监督员对人民检察院办理的职务犯罪案件应当给予刑事赔偿而不依法予以确认提出监督意见的，根据本规则第六条或者第七条之规定办理后，经检察长批准或者检察委员会讨论拟作不予确认决定的，刑事赔偿工作部门应当按照《关于人民检察院办理刑事赔偿确认案件拟作不予确认决定报上一级人民检察院批准的规定》之规定办理，将拟不予确认意见书、案卷材料连同人民监督员的意见一并报请上一级人民检察院审查批准。

人民监督员对人民检察院办理的职务犯罪案件应当给予刑事赔偿而不执行刑事赔偿决定提出监督意见的，按照本规则规定的程序办理。

**第九条** 人民检察院调查核实或者研究处理人民监督员监督的“五种情形”时，可以邀请本院人民监督员列席有关会议。

**第十条** 人民监督员办公室收到处理结果后，应当及时将处理情况书面告知提出监督意见和参加评议监督的人民监督员。

**第十一条** 适用本规则第六条第一款之规定进行监督的，人民监督员对人民检察院的处理决定有异议的，可以要求人民检察院复议。对人民监督员要求复议的，人民检察院应当另行指定人员办理，并在十五日内向人民监督员反馈复议结果。有特殊情况的，经检察长批准后可以适当延长期限，但应当向人民监督员说明理由。

适用本规则第七条之规定进行监督的，参加评议监督的多数人民监督员对人民检察院的处理决定有异议的，可以要求提请上一级人民检察院复核。复核工作由人民监督员办公室报经检察长批准后转交案件承办部门办理。上级人民检察院应当及时复核，并将复核意见通过下级人民检察院答复人民监督员。

**第十二条** 人民监督员按照《试行规定》第十五条的规定参加其他执法检查活动，发现有违法违纪情况的，可以要求按照本规则启动监督程序。

人民监督员反映的问题或提出的监督情形涉嫌犯罪的，依照法定的诉讼程序查处，应当由人民监督员进行监督的，按照《试行规定》启动监督程序。

**第十三条** 本规则自公布之日起试行，由最高人民检察院负责解释。

# 第六部分

# 最高人民检察院司法解释选載

# 最高人民法院 最高人民检察院 公安部 关于公安部证券犯罪侦查局直属分局办理证券期货领域刑事案件适用刑事诉讼程序若干问题的通知

2005年2月28日 公通字[2005]11号

各省、自治区、直辖市高级人民法院、人民检察院、公安厅(局),新疆维吾尔自治区高级人民法院生产建设兵团分院、新疆生产建设兵团人民检察院、公安局:

根据中央机构编制委员会办公室的批复,公安部在北京、大连、上海、武汉、深圳、成都设立证券犯罪侦查局直属分局(以下简称直属分局),直接承办证券期货领域重特大刑事案件,行使《刑事诉讼法》赋予公安机关的刑事侦查权。为保证各直属分局依法履行职责,与各行政执法部门、司法机关密切配合,切实加大打击证券期货领域犯罪的力度,现就各直属分局办理证券期货领域刑事案件适用刑事诉讼程序的若干问题通知如下:

一、直属分局管辖以下案件:

(一)欺诈发行股票、债券案件;

(二)上市公司提供虚假财会报告案件;

(三)内幕交易、泄露内幕信息案件;

(四)操纵证券、期货交易价格案件;

(五)公安部交办的其他经济犯罪案件。

直属分局在办理上述前4类案件中发现的其他经济犯罪案件,应当移送有管辖权的地方公安机关,但直属分局管辖更为适宜的,由公安部指定直属分局一并侦查。地方公安机关办案中发现的上述前4类证券期货犯罪案件,原则上由地方公安机关继续侦查,但涉嫌主罪属于上述前4类案件罪名的,应当层报公安部,由公安部指定有关直属分局管辖。

二、各直属分局管辖地区分别是:

北京分局:北京、天津、河北、山西、新疆(含生产建设兵团);

大连分局:辽宁、吉林、黑龙江、内蒙古;

上海分局:上海、江苏、浙江、安徽、山东;

武汉分局:河南、湖北、湖南、陕西、甘肃、宁夏;

深圳分局:福建、江西、广东、广西、海南;

成都分局:重庆、四川、贵州、云南、青海、西藏。

三、直属分局行使公安机关侦查权,依法对本通知第一条规定的刑事案件立案、侦查、预审。对犯罪嫌疑人分别依法决定传唤、拘传、取保候审、监视居住、拘留;认为需要逮捕的,提请人民检察院审查批准;对依法不追究刑事责任的不予立案,已经立案的予以撤销案件;对侦查终结应当起诉的案件,移送人民检察院审查决定;对不够刑事处罚的犯罪嫌疑人需要行政处理的,移送有关部门处理。

四、直属分局依照《刑事诉讼法》和《公安机关办理刑事案件程序规定》等有关规定出具和使用刑事法律文书,冠以“公安部证券犯罪侦查局 * * 分局”字样,并加盖“公安部证券犯罪侦查局 * * 分局”印章和分局局长印章。

五、直属分局在侦查办案过程中,需要提请批准逮捕犯罪嫌疑人的,应当按照《刑事诉讼法》及《公安机关办理刑事案件程序规定》的有关规定,制作相应的法律文书,连同有关案卷材料、证据,移送犯罪地或犯罪嫌疑人所在地的人民检察院审查批准。

六、直属分局侦查终结的案件,犯罪事实清楚,证据确实、充分的,应当按照《刑事诉讼法》的有关规定,制作《起诉意见书》,连同案卷材料、证据,一并移送犯罪地或犯罪嫌疑人所在地人民检察院审查决定。

七、人民检察院认为直属分局移送的案件,犯罪事实已经查清,证据确实、充分,依法应当追究刑事责任的,应当依照《刑事诉讼法》有关管辖的规定向人民法院提起公诉。人民法院应当依法作出判决。

八、案情重大、复杂或者确有特殊情况需要改变管辖的,人民法院可以依照《刑事诉讼法》第二十三条、第二十六条的规定决定。

九、对经侦查不构成犯罪和人民检察院依法不起诉或者人民法院依法宣告无罪、免予刑事处罚的刑事案件,需要追究行政责任的,依照有关行政法规的规定,移送有关部门处理。

本通知自下发之日起执行。各地公安、司法机关此前已经受理的案件仍由其继续办理。

# 最高人民法院 最高人民检察院<br>关于办理赌博刑事案件具体应用法律若干问题的解释

(2005年4月26日最高人民法院审判委员会第1349次会议、2005年5月8日最高人民检察院第十届检察委员会第34次会议通过 2005年5月11日最高人民法院、最高人民检察院公告公布 自2005年5月13日起施行)

法释〔2005〕3号

为依法惩治赌博犯罪活动,根据刑法的有关规定,现就办理赌博刑事案件具体应用法律的若干问题解释如下:

**第一条** 以营利为目的,有下列情形之一的,属于刑法第三百零三条规定的"聚众赌博":

(一)组织三人以上赌博,抽头渔利数额累计达到五千元以上的;

(二)组织三人以上赌博,赌资数额累计达到五万元以上的;

(三)组织三人以上赌博,参赌人数累计达到二十人以上的;

(四)组织中华人民共和国公民十人以上赴境外赌博,从中收取回扣、介绍费的。

**第二条** 以营利为目的,在计算机网络上建立赌博网站,或者为赌博网站担任代理,接受投注的,属于刑法第三百零三条规定的"开设赌场"。

**第三条** 中华人民共和国公民在我国领域外周边地区聚众赌博、开设赌场,以吸引中华人民共和国公民为主要客源,构成赌博罪的,可以依照刑法规定追究刑事责任。

**第四条** 明知他人实施赌博犯罪活动,而为其提供资金、计算机网络、通讯、费用结算等直接帮助的,以赌博罪的共犯论处。

**第五条** 实施赌博犯罪,有下列情形之一的,依照刑法第三百零三条的规定从重处罚:

(一)具有国家工作人员身份的;

(二)组织国家工作人员赴境外赌博的;

(三)组织未成年人参与赌博,或者开设赌场吸引未成年人参与赌博的。

**第六条** 未经国家批准擅自发行、销售彩票,构成犯罪的,依照刑法第二百二十五条第(四)项的规定,以非法经营罪定罪处罚。

**第七条** 通过赌博或者为国家工作人员赌博提供资金的形式实施行贿、受贿行为,构成犯罪的,依照刑法关于贿赂犯罪的规定定罪处罚。

**第八条** 赌博犯罪中用作赌注的款物、换取筹码的款物和通过赌博赢取的款物属于赌资。通过计算机网络实施赌博犯罪的,赌资数额可以按照在计算机网络上投注或者赢取的点数乘以每一点实际代表的金额认定。

赌资应当依法予以追缴;赌博用具、赌博违法所得以及赌博犯罪分子所有的专门用于赌博的资金、交通工具、通讯工具等,应当依法予以没收。

**第九条** 不以营利为目的,进行带有少量财物输赢的娱乐活动,以及提供棋牌室等娱乐场所只收取正常的场所和服务费用的经营行为等,不以赌博论处。

# 最高人民法院　最高人民检察院关于刑事赔偿义务机关确定问题的通知

2005年7月5日　　高检会〔2005〕1号

各省、自治区、直辖市高级人民法院、人民检察院，解放军军事法院、军事检察院，新疆维吾尔自治区高级人民法院生产建设兵团分院、新疆生产建设兵团人民检察院：

为规范刑事赔偿案件的办理，及时执行生效的刑事赔偿决定，切实保障赔偿请求人的合法权益，根据《中华人民共和国国家赔偿法》第十九条和《最高人民法院、最高人民检察院〈关于办理人民法院、人民检察院共同赔偿案件若干问题的解释〉》第一条的规定，现就确定赔偿义务机关的有关事项通知如下：

一、人民检察院批准逮捕并提起公诉，一审人民法院判决无罪，或者人民检察院撤回起诉作出不起诉决定或者撤销案件决定，依法应当赔偿的案件，批准逮捕与提起公诉的如不是同一人民检察院，赔偿义务机关为批准逮捕的人民检察院。

二、人民检察院批准逮捕并提起公诉，一审人民法院判决有罪，二审人民法院改判无罪，或者发回重审后一审人民法院改判无罪，或者人民检察院撤回起诉作出不起诉决定或者撤销案件决定，依法应当赔偿的案件，一审人民法院和批准逮捕的人民检察院为共同赔偿义务机关。批准逮捕与提起公诉的如不是同一人民检察院，共同赔偿义务机关为提起公诉的人民检察院。

三、本通知自发布之日起施行。本通知发布前，已经生效的刑事赔偿决定不再变更赔偿义务机关。

# 最高人民法院　最高人民检察院关于办理侵犯著作权刑事案件中涉及录音录像制品有关问题的批复

（2005年9月26日最高人民法院审判委员会第1365次会议、2005年9月23日最高人民检察院第十届检察委员会第39次会议通过　2005年10月13日最高人民法院、最高人民检察院公告公布　自2005年10月18日起施行）

法释〔2005〕12号

各省、自治区、直辖市高级人民法院、人民检察院，解放军军事法院、军事检察院，新疆维吾尔自治区高级人民法院生产建设兵团分院、新疆生产建设兵团人民检察院：

《最高人民法院、最高人民检察院关于办理侵犯知识产权刑事案件具体应用法律若干问题的解释》发布以后，部分高级人民法院、省级人民检察院就关于办理侵犯著作权刑事案件中涉及录音录像制品的有关问题提出请示。经研究，批复如下：

以营利为目的，未经录音录像制作者许可，复制发行其制作的录音录像制品的行为,复制品的数量标准分别适用《最高人民法院、最高人民检察院关于办理侵犯知识产权刑事案件具体应用法律若干问题的解释》第五条第一款第(二)项、第二款第(二)项的规定。

未经录音录像制作者许可,通过信息网络传播其制作的录音录像制品的行为,应当视为刑法第二百一十七条第(三)项规定的"复制发行"。

此复。

# 第七部分

# 案例选载

# 刘克田受贿案

被告人刘克田，男，1951年1月15日出生，汉族，博士研究生学历，原任辽宁省人民政府副省长，辽宁省第十届人民代表大会代表。2003年11月28日，因涉嫌受贿犯罪被依法罢免辽宁省第十届人民代表大会代表资格。2004年1月16日，因涉嫌受贿犯罪被刑事拘留，1月17日，经辽宁省人民检察院决定被依法逮捕。

被告人刘克田受贿一案，由辽宁省人民检察院侦查终结，指定辽宁省鞍山市人民检察院审查起诉。2004年11月24日，辽宁省鞍山市人民检察院依法向鞍山市中级人民法院提起公诉。起诉书认定被告人刘克田犯罪事实如下：

被告人刘克田在担任辽宁省人民政府副省长期间，接受沈阳客运集团公司总经理夏任凡（另案处理）的请托，利用职务上的便利，于1998年7月，指派其秘书与中国建设银行沈阳市分行领导协调，为沈阳客运集团公司即将到期的人民币3000万元贷款办理了转贷手续。1999年末，辽宁省地方税务局发现沈阳客运集团公司应补缴各种税款共计人民币31185764.80元，同时拟处以人民币14277717元的罚款，并先后下达了税务处理决定书、税务行政处罚事项告知书。刘克田再次接受夏任凡的请托，与辽宁省地方税务局领导联系，致使沈阳客运集团公司未受处理。

1999年底，被告人刘克田的女儿刘某欲赴澳大利亚留学，刘克田找到夏任凡、英华（澳大利亚籍华人）帮助办理签证。三人商定由夏任凡出资20万美元，交英华在澳大利亚注册公司为刘某办理工作签证，然后再转留学签证。为此，夏任凡用沈阳客运集团公司的人民币200万元，由沈阳某经贸有限公司经理董某某兑换成20万美元，交给英华带到澳大利亚。2000年春节期间，夏任凡到刘克田家中拜年，对刘克田表示将该款送给其女儿刘某在国外使用。后因刘某通过其他途径办成了赴澳大利亚留学，英华遂与夏任凡商量，用该款在澳大利亚为刘某购买一套房子。同年7、8月间，英华与夏任凡二人到刘克田家中，告诉刘克田用上述款项在悉尼买了一套房子给其女儿刘某居住，刘克田表示同意。后因刘某一直未去居住，英华与夏任凡商定将此房卖出，把钱给刘克田。2001年2月，夏任凡因涉嫌违法违纪问题被有关部门调查。同年4、5月间，英华到刘克田家中，与刘克田商量把房子卖掉，把钱给刘克田的女儿，刘克田同意卖房，但表示把钱先放在英华那里。2002年2月，英华到刘克田家中与刘克田商量将卖房款在悉尼交给刘克田的女儿，刘克田表示同意。同年4、5月间，英华分5次将用20万美元兑换的31万澳大利亚元在悉尼交给刘某，刘某收受后告知了刘克田和郭秀芝（刘克田妻子）。该款折合人民币1317500元，案发后从郭秀芝处追缴。

2004年12月21日，辽宁省鞍山市中级人民法院依法组成合议庭，公开审理了此案。法庭经审理认为：

被告人刘克田身为国家工作人员，利用职务之便，为有关单位谋取利益，非法收受他人财物折合人民币1317500元，其行为已构成受贿罪。鉴于在庭审中其有认罪、悔罪表现，且赃款已被全部追缴，可酌情从轻处罚。公诉机关指控被告人刘克田犯受贿罪的事实及罪名成立，应予支持。

2005年2月4日，辽宁省鞍山市中级人民法院依照《中华人民共和国刑法》第三百八十五条第一款、第三百八十六条、第三百八十三条第一款第一项、第六十四条之规定，作出如下判决：

一、被告人刘克田犯受贿罪，判处有期徒刑十二年。

二、扣押在案的人民币1317500元依法没收，上缴国库。

被告人刘克田不服辽宁省鞍山市中级人民法院的一审刑事判决，上诉至辽宁省高级人民法院 。

辽宁省高级人民法院经审理认为，上诉人（原审被告人）刘克田身为国家工作人员，利用职务之便，为有关单位谋取利益，非法收受他人财物，其行为已构成受贿罪。上诉人所提不构成犯罪的上诉理由及辩护人所提原审适用法律不当的辩护意见，无事实及法律依据，不予采纳。原审定罪准确，量刑适当，审判程序合法。依照《中华人民共和国刑事诉讼法》第一百八 十九条第一项之规定，于2005年3月28日做出刑事终审裁定，驳回刘克田的上诉，维持原判。

（最高人民检察院公诉厅 马相哲）

## 刘金宝贪污、受贿、巨额财产来源不明,朱赤、丁燕生、张德宝贪污案

被告人刘金宝,男,1952 年 9 月 14 日出生,汉族,博士研究生,原系中国银行副董事长、中国银行(香港)有限公司总裁,曾任中国银行上海市分行行长,中国银行港澳管理处常务副主任、主任。因涉嫌贪污、受贿、巨额财产来源不明犯罪,于 2004 年 1 月 14 日经吉林省人民检察院决定被依法逮捕。

被告人朱赤,男,1954 年 9 月 4 日出生,汉族,大学文化,原系中国银行(香港)有限公司副总裁,曾任中国银行港澳管理处副主任。因涉嫌贪污犯罪,于 2004 年 8 月 2 日经吉林省人民检察院决定被刑事拘留,8 月 15 日被逮捕。

被告人丁燕生,男,1953 年 10 月 3 日出生,汉族,大学文化,原系中国银行(香港)有限公司副总裁,曾任中国银行港澳管理处人力资源部总经理。因涉嫌贪污犯罪,于 2004 年 8 月 2 日经吉林省人民检察院决定被刑事拘留,8 月 15 日被逮捕。

被告人张德宝,男,1950 年 1 月 9 日出生,汉族,硕士研究生,原系中国银行国际金融研究所总经理级干部,曾任中国银行(香港)有限公司总裁办公室总经理、中国银行港澳管理处办公室总经理。因涉嫌贪污犯罪,于 2004 年 8 月 11 日经吉林省人民检察院决定被刑事拘留,8 月 16 日被逮捕。

被告人刘金宝贪污、受贿、巨额财产来源不明,被告人朱赤、丁燕生、张德宝贪污一案,经最高人民检察院指定,由吉林省人民检察院立案侦查。吉林省人民检察院侦查终结后,于 2004 年 11 月 14 日将案件移送吉林省长春市人民检察院审查起诉。2005 年 5 月 27 日,长春市人民检察院依法向长春市中级人民法院提起公诉。被告人刘金宝、朱赤、丁燕生、张德宝犯罪事实如下:

一、被告人刘金宝单独或与被告人朱赤、丁燕生、张德宝等人共同贪污的犯罪事实

(一)1996 年 3 月至 1999 年 11 月,被告人刘金宝利用其担任中国银行上海市分行行长和上海浦东国际金融大厦有限公司董事长的职务便利,先后单独或与他人共同贪污犯罪 6 起,犯罪金额折合人民币 212.4 万余元,其中个人非法所得折合人民币 102.32 万余元。

1.1996 年 3 月,被告人刘金宝乘中国银行上海市分行所属的上海瑞金大厦有限公司筹建瑞金大厦辅楼,向富新(香港)有限公司支付管理费之机,套取 10 万美元。此后,自 1996 年 5 月 25 日至 12 月末,刘金宝多次带领他人赴香港游玩、购物,将此 10 万美元全部挥霍。其中,刘金宝以"零花钱"的名义分得 6 万元港币现金。

2.1997 年 6 月,被告人刘金宝乘上海瑞金大厦有限公司与戴某某的公司合作成立上海瑞金大厦物业管理有限公司之机,套取所合作公司 19% 的利润,存放于戴某某处,作为上海瑞金大厦有限公司的账外资金。1999 年 8、9 月间,刘金宝与他人将戴某某给付上海瑞金大厦有限公司的 14 万元港币分掉或挥霍。其中,刘金宝分得 3 万元港币现金。

3.1997 年 7 月,被告人刘金宝指使王政(另案处理)从其管理的办公室账外资金中取出 45 万元人民币,刘金宝将其中的 20 万元分给王政,其余 25 万元据为己有。

4.1997 年 7、8 月间,王政与时任中国银行上海市分行办公室副主任的顾继东(另案处理),以欢送被告人刘金宝赴香港工作为由,从办公室账外资金中取出 5 万元人民币送给刘金宝,刘金宝明知此款系账外公款,仍予以接受。

5.1997 年 9 月,被告人刘金宝乘上海浦东国际金融大厦支付弱电工程款之机,套取 15 万美元转到香港某公司经理贺某某处。经刘金宝决定分掉 1 万美元,其本人分得 5000 美元。由贺某某代刘金宝交购房款 30 万元人民币,刘金宝表示同意。

6.1999 年 11 月,被告人刘金宝利用其担任上海浦东国际金融大厦有限公司董事长的职务便利,授意他人编造其妻是金融大厦职工且未参加房改的虚假证明文件,将金融大厦一套住房的产权变更到其妻名下据为己有。经鉴定,该房价值 28.9 万元人民币。

(二)2000 年 1 月至 2003 年 1 月,被告人刘金宝利用其担任中国银行港澳管理处(以下简称"港处")常务副主任、主任,中国银行(香港)有限公司总裁的职务便利,单独或分别与时任"港处"副主任、中国银行(香港)有限公司副总裁的被告人朱赤、丁燕生及时任"港处"办公室总经理、中国银行(香港)有限公司总裁办总经理的被告人张德宝共同贪污犯罪 17 起,犯罪金额折合人民币 1216.47 万

余元，其中刘金宝个人获取非法所得折合人民币649.75万余元；朱赤、丁燕生参与共同贪污犯罪7起，犯罪金额折合人民币927.93万余元，其中朱赤、丁燕生个人获取非法所得折合人民币均为211.3万余元；张德宝参与共同贪污犯罪15起，犯罪金额折合人民币972.55万余元，其中张德宝个人获取非法所得折合人民币142.64万余元。

1.2000年1月22日，被告人刘金宝乘“港处”发放“主任特别奖”之机，与被告人张德宝共同将截留奖金款港币61.8万元分掉，刘金宝分得港币41.8万元，张德宝分得港币20万元。

2.2000年8月14日，被告人刘金宝乘出国之机，指使张德宝、顾继东采用虚报差旅费的手段，套取公款7000美元，并将其中的6000美元分掉，刘金宝分得3000美元，张德宝分得2000美元，顾继东分得1000美元。

3.2001年1月18日，被告人刘金宝乘“港处”发放“重组贡献奖”之机，与被告人张德宝将共同截留奖金款12.5万元港币分掉，刘金宝分得港币7.5万元，张德宝分得港币5万元。

4.2001年7月12日，被告人刘金宝乘“港处”发放“重组工作奖”之机，与被告人朱赤、丁燕生、张得宝共同将发放奖金剩余款13.7万元港币购买成银行礼券分掉，刘金宝分得8.7万元银行礼券，朱赤、丁燕生各分得2万元银行礼券，张德宝分得1万元银行礼券。

5.2001年7月15日，被告人刘金宝乘“港处”发放“高级主管以上工作人员奖金”之机，与被告人张德宝将发放奖金剩余款14.2万元港币购买成银行礼券分掉，刘金宝分得10.2万元银行礼券，张德宝分得4万元银行礼券。

6.2001年8月15日，被告人刘金宝乘“港处”发放“总经理特别奖”之机，与被告人朱赤、丁燕生、张德宝共同将发放奖金剩余款43.9万元港币购买成银行礼券分掉，刘金宝分得19.9万元银行礼券，朱赤、丁燕生、张德宝各分得8万元银行礼券。

7.2001年8月27日，被告人刘金宝与张德宝将“港处”发放奖金剩余款8.68万元港币分掉，刘金宝分得港币7.68万元，张德宝分得港币1万元。

8.2001年9月4日，被告人刘金宝、朱赤、丁燕生、张德宝合谋，共同将账外资金49万元港币分掉，刘金宝分得港币23万元，朱赤、丁燕生各分得港币10万元，张德宝分得港币6万元。

9.2001年9月10日，被告人刘金宝、朱赤、丁燕生、张德宝合谋，共同将账外资金140万元港币分掉，刘金宝分得港币60万元，朱赤、丁燕生各分得港币30万元、张德宝分得港币20万元。

10.2001年9月12日，被告人刘金宝乘“港处”在深圳召开会议之机，指使顾继东采用虚开发票的手段将会议剩余经费5.84万元港币套出，并将其中的3.6万元港币分掉，刘金宝分得港币3万元，顾继东分得港币6000元。

11.2001年9月21日，被告人刘金宝乘给“港处”退休人员发放“退休奖金”之机，与被告人朱赤、丁燕生、张德宝共同套取130万元港币分掉，刘金宝分得港币50万元，朱赤、丁燕生各分得港币30万元，张德宝分得港币20万元。

12.2001年12月7日，被告人刘金宝与张德宝合谋，以给解放军艺术学院赴港演出人员小费的名义，将张德宝保管的账外现金12万元港币分掉，刘金宝分得港币10万元，张德宝分得港币2万元。

13.2002年初，被告人刘金宝、朱赤、丁燕生、张德宝合谋，以发放圣诞、新年、春节活动费的名义，将张德宝保管的账外现金148万元港币分掉，刘金宝分得港币70万元，朱赤、丁燕生各分得港币35万元，张德宝分得港币8万元。

14.2002年1月22日，被告人刘金宝与张德宝以发放春节“利市”的名义，将张德宝保管的账外现金15万元港币分掉，刘金宝分得港币10万元，张德宝分得港币5万元。

15.2002年2月26日，被告人刘金宝乘清理原“港处”有关账户之机，与被告人张德宝将账户余额9万元港币分掉，刘金宝分得港币6万元，张德宝分得港币3万元。

16.2002年9月25日，被告人刘金宝、朱赤、丁燕生、张德宝合谋，巧立名目，将账外资金346万元港币分掉。其中，以发放2003年“利市”的名义分掉港币180万元，刘金宝分得港币80万元，朱赤、丁燕生各分得港币40万元，张德宝分得港币20万元；以发放“银行礼券”的名义分掉港币70万元，刘金宝分得港币30万元，朱赤、丁燕生各分得港币15万元，张德宝分得港币10万元；以发放“车辆补贴”的名义分掉港币96万元，刘金宝分得港币36万元，朱赤、丁燕生各分得港币30万元。

17.2000年4月至2003年5月，被告人刘金宝将其本人及家庭用于交通、用餐、购物、家庭宠物治病等个人消费费用共计港币 141.33 万元,在张德宝保管的账外现金中报销。

二、被告人刘金宝受贿的犯罪事实

(一)1997 年初,被告人刘金宝利用其担任中国银行上海市分行行长的职务便利,接受该行贷款户上海凯托集团为其女友置换的住房,住房差价款 73.22 万余元人民币。在上海凯托集团向中国银行上海市分行申请和使用贷款期间,刘金宝为其提供了帮助。

(二)1997 年 6 月,被告人刘金宝利用其担任中国银行上海市分行行长的职务便利,接受该行贷款户上海万泰集团为其女友住房进行的装修,装修工程款共计 28.17 万余元人民币。

1998 年 11 月,被告人刘金宝收受上海万泰集团住房一套,住房及装修费共计 42.4 万余元人民币。

1998 年末至 1999 年上半年,被告人刘金宝利用其职权和地位形成的便利条件,为上海万泰集团在中国银行上海市分行的贷款事宜提供帮助,致使中国银行上海市分行违规向上海万泰集团发放贷款人民币 2 亿元。

三、被告人刘金宝巨额财产来源不明的犯罪事实

经审查,被告人刘金宝夫妇的存款、房产、各种金制品、玉器及查明的各种支出,折合人民币 5382.02 万元,其中,具有明确来源的收入折合人民币 3930.87 万元,刘金宝不能说明合法来源的财产折合人民币 1451.15 万元。

综上,被告人刘金宝单独或与他人共同贪污公共财物折合人民币 1428.87 万元,个人非法所得折合人民币 752.07 万元;收受贿赂所得折合人民币 143.8 万元;另有折合人民币 1451.15 万元的巨额财产不能说明合法来源。被告人朱赤参与共同贪污公款折合人民币 927.929 万元,个人非法所得折合人民币 211.306 万元。被告人丁燕生参与共同贪污公款折合人民币 927.929 万元,个人非法所得折合人民币 211.306 万元。被告人张德宝参与共同贪污公款折合人民币 972.55 万元,个人非法所得折合人民币 142.645 万元。

吉林省长春市中级人民法院依法组成合议庭,于 2005 年 7 月 12 日、13 日公开审理了此案。法庭经审理认为:

被告人刘金宝身为国家工作人员,利用职务上的便利,单独或与他人共同侵吞公款,侵犯了公共财产的所有权,其行为已构成贪污罪;刘金宝利用职务上的便利,非法收受他人财物后为他人谋取利益,利用本人地位形成的便利条件,通过其他国家工作人员,帮助他人不正当贷款,收受请托人财物,侵犯了国家工作人员职务的廉洁性,其行为构成受贿罪;刘金宝的财产明显超过合法收入,差额巨大,不能说明来源合法,其行为已构成巨额财产来源不明罪。被告人朱赤、丁燕生、张德宝身为国家工作人员,利用职务上的便利,共同侵吞公款,侵犯了公共财产的所有权,其行为均已构成贪污罪。被告人刘金宝贪污数额特别巨大,且在共同贪污犯罪中系主犯,属情节特别严重,但鉴于其能够积极配合、协助侦查机关将赃款从境内外银行转入指定账户,贪污的赃款已全部追缴,判处死刑,可不立即执行。被告人朱赤、丁燕生、张德宝贪污数额特别巨大,鉴于在共同犯罪中均起次要作用,系从犯,被告人张德宝揭发他人犯罪事实,提供书证对侦破犯罪起重要作用,具有重大立功表现,三被告人的赃款均已被追回,认罪态度较好,对朱赤、丁燕生依法可从轻处罚,对张德宝依法可减轻处罚。

2005 年 8 月 12 日,长春市中级人民法院依照《中华人民共和国刑法》第九十三条第二款、第三百八十二条第一款、第三百八十三条第一款第一项、第四十八条第一款、第三百八十五条第一款、第三百八十六条、第三百八十八条、第三百九十五条第一款、第五十七条第一款、第五十九条第一款、第二十五条第一款、第二十六条第一款、第二十六条第四款、第二十七条、第六十八条第一款、第四十五条、第六十二条、第六十三条第一款、第六十四条、第六十九条、第四十七条、第五十一条之规定,作出如下判决:

被告人刘金宝犯贪污罪,判处死刑,缓期二年执行,剥夺政治权利终身,并处没收个人全部财产;犯受贿罪,判处有期徒刑十二年,并处没收个人财产人民币 50 万元;犯巨额财产来源不明罪,判处有期徒刑五年。决定执行死刑,缓期二年执行,剥夺政治权利终身,并处没收个人全部财产。

被告人朱赤犯贪污罪,判处有期徒刑十三年,并处没收个人财产人民币 200 万元。

被告人丁燕生犯贪污罪,判处有期徒刑十三年,并处没收个人财产人民币 200 万元。

被告人张德宝犯贪污罪,判处有期徒刑八年,

并处没收个人财产人民币150万元。

扣押在案的赃款、赃物依法没收,上缴国库。

被告人刘金宝、丁燕生、张德宝不服一审判决,上诉至吉林省高级人民法院。

吉林省高级人民法院经审理认为,一审判决定罪准确,量刑适当,审判程序合法。遂于2005年9月23日作出刑事终审裁定:驳回刘金宝、丁燕生、张德宝上诉,维持原判。

(最高人民检察院公诉厅 马相哲)

## 李信受贿案

被告人李信,男,1954年2月20日出生,汉族,大学文化,原系山东省济宁市人民政府副市长兼济宁高新技术产业开发区管理委员会主任,山东省第十届人民代表大会代表,曾任济宁市机械设计研究院院长、济宁高新技术产业开发区管理委员会副主任。2004年7月26日,因涉嫌受贿犯罪,经山东省第十届人民代表大会常务委员会许可被逮捕。

被告人李信涉嫌受贿一案,由山东省人民检察院侦查终结,2005年1月17日移交山东省潍坊市人民检察院审查起诉。潍坊市人民检察院在受理后,审查了全部案件材料。因案情重大、复杂,依法延长审查起诉期限半个月,退回补充侦查一次。2005年4月18日,潍坊市人民检察院依法向潍坊市中级人民法院提起公诉。起诉书认定被告人李信犯罪事实如下:

1991年至2004年4月,被告人李信利用担任济宁市机械设计研究院院长、济宁高新技术产业开发区管理委员会主任、济宁市人民政府副市长等职务上的便利,为他人谋取利益,收受或索取40个单位或个人送的人民币3378300元、美元8.9万元(折合人民币734430元)、人民币银行卡30万元、购物卡4.2万元及手表、项链等物品3件(价值人民币53040元),共计合人民币4507770元。

1. 被告人李信利用担任济宁市机械设计研究院院长职务上的便利,为济宁市某区街道办事处一个体建筑队负责人陶某某谋取承揽工程和结算工程款等方面的利益,于1991年至1994年,四次收受陶某某送的人民币共计1.6万元。

2. 被告人李信利用担任济宁市机械设计研究院院长职务上的便利,为济宁市某区五金交电公司谋取钢材销售、结算货款等方面的利益,于1992年至1996年,七次收受该公司承包人许某某送的人民币1.4万元、美元1000元(折合人民币5790元),共计折合人民币19790元。

3. 被告人李信利用担任济宁市机械设计研究院院长职务上的便利,为济宁某机电设备有限责任公司谋取销售产品和结算货款等方面的利益,于1996年至2001年,七次收受该公司总经理吴某某送的人民币共计12万元。

4. 被告人李信利用担任济宁市人民政府副市长、济宁市机械设计研究院院长职务上的便利,为兖州市某村谋取项目建设及减免、缓交设备款,为该村支部书记唐某某谋取子女工作安排等方面的利益,于1993年至2001年,七次收受该村和唐某某个人送的人民币共计2.2万元。

5. 被告人李信利用担任济宁市机械设计研究院院长职务上的便利,为济宁市某公司谋取钢材销售和结算货款等方面的利益,于1998年先后收受该公司总经理许某某送的人民币1万元、美元3000元(折合人民币24840元),共计折合人民币34840元。

6. 被告人李信利用担任济宁高新技术产业开发区管理委员会主任职务上的便利,为济宁市人民政府驻某地联络处副主任王某某谋取工作调动方面的利益,于1998年收受王某某送的人民币5000元。

7. 被告人李信利用担任济宁市人民政府副市长、济宁高新技术产业开发区管理委员会主任职务上的便利,为济宁市某工业公司和镇江市某工程公司谋取结算工程款等方面的利益,于1999年和2003年,收受工程项目承包人陈某某送的人民币共计3万元。

8. 被告人李信利用担任济宁市人民政府副市长、济宁高新技术产业开发区管理委员会主任职务上的便利,为山东某集团公司谋取项目谈判、提供优惠政策等方面的利益,于2001年、2002年、2003年,三次收受该公司总裁江某某送的人民币共计3万元。

9. 被告人李信利用担任济宁市人民政府副市长、济宁高新技术产业开发区管理委员会主任职务上的便利,为济宁某有限责任公司谋取搬迁选址等方面的利益,于2001年收受该公司董事长王某送的人民币5万元。

10. 被告人李信利用担任济宁市人民政府副市长、济宁高新技术产业开发区管理委员会主任职务上的便利,为山东省某监狱职工李某某谋取亲属工作调动方面的利益,于 2001 年收受李某某送的人民币 1 万元。

11. 被告人李信利用担任济宁市人民政府副市长、济宁高新技术产业开发区管理委员会主任职务上的便利,为济宁市某设计研究院职工徐某某谋取子女工作安排方面的利益,于 2001 年 5 月,收受徐某某送的人民币 1 万元。

12. 被告人李信利用担任济宁市人民政府副市长、济宁高新技术产业开发区管理委员会主任职务上的便利,为济宁某经贸有限责任公司谋取维护工程建设秩序、减免国有土地出让金等方面的利益,于 2001 年至 2003 年,三次收受该公司总经理张某某、会计吕某某送的人民币 21 万元、美元 1 万元(折合人民币 82800 元),共计折合人民币 292800 元。

13. 被告人李信利用担任济宁市人民政府副市长、济宁高新技术产业开发区管理委员会主任职务上的便利,为山东某五金集团有限责任公司谋取征地和办理有关手续等方面的利益,于 2001 年至 2003 年,七次收受该公司董事长吴某某送的美元 1 万元(折合人民币 82800 元)、购物卡 8000 元,共计折合人民币 90800 元。

14. 被告人李信利用担任济宁市人民政府副市长、济宁高新技术产业开发区管理委员会主任职务上的便利,为济宁市某公司谋取征地和办理有关手续等方面的利益,于 2002 年至 2004 年,四次索取和收受该公司经理仲某某所送人民币 252300 元、购物卡 3000 元,共计折合人民币 255300 元。

15. 被告人李信利用担任济宁市人民政府副市长、济宁高新技术产业开发区管理委员会主任职务上的便利,为济宁某房地产开发公司谋取承建项目和国有土地使用权出让等方面的利益,于 2002 年至 2004 年,三次收受该公司董事长晋某某送的人民币共计 1.7 万元。

16. 被告人李信利用担任济宁市人民政府副市长、济宁高新技术产业开发区管理委员会主任职务上的便利,为济宁某安装工程公司谋取承揽工程、结算工程款等方面的利益,于 2002 年至 2004 年,五次收受该公司董事长温某某送的人民币 37 万元、美元 4 万元(折合人民币 331200 元),共计折合人民币 701200 元。

17. 被告人李信利用担任济宁市人民政府副市长、济宁高新技术产业开发区管理委员会主任职务上的便利,为山东某房地产开发有限责任公司谋取置换土地、结算工程款等方面的利益,于 2002 年至 2004 年,四次收受该公司董事长杜某某送的购物卡 2.5 万元、美元 3000 元(折合人民币 24840 元),共计折合人民币 49840 元。

18. 被告人李信利用担任济宁市人民政府副市长、济宁高新技术产业开发区管理委员会主任职务上的便利,为山东某食品有限责任公司谋取销售产品等方面的利益,于 2002 年至 2004 年,五次收受该公司董事长刘某某送的人民币 2.3 万元、购物卡 2000 元,共计折合人民币 2.5 万元。

19. 被告人李信利用担任济宁市人民政府副市长、济宁高新技术产业开发区管理委员会主任职务上的便利,为济宁市某建筑管道锅炉安装公司谋取承揽工程和办理征地手续等方面的利益,于 2002 年至 2004 年,七次收受该公司总经理刘某某、副总经理杨某某等人送的人民币 13 万元、白金项链 1 条(价值人民币 6600 元),共计折合人民币 136600 元。

20. 被告人李信利用担任济宁市人民政府副市长、济宁高新技术产业开发区管理委员会主任职务上的便利,为济宁市某城区某村个体建筑商夏某某谋取承揽工程方面的利益。2002 年夏天,夏某某到李信家中送人民币 20 万元,李信的妻子收下后将钱交给了李信并告知此事。

21. 被告人李信利用担任济宁市人民政府副市长、济宁高新技术产业开发区管理委员会主任职务上的便利,为济宁某集团房地产开发公司谋取结算工程款等方面的利益,于 2002 年、2003 年,二次收受该公司董事长陈某送的美元共计 7000 元,折合人民币 57960 元。

22. 被告人李信利用担任济宁市人民政府副市长、济宁高新技术产业开发区管理委员会主任职务上的便利,为济宁高新技术产业开发区驻某地工作处主任姜某谋取职务升迁和项目提成等方面的利益,于 2002 年 6 月至 2003 年 2 月,三次收受和索要姜某银行信用卡 20 万元、人民币 130 万元,共计人民币 150 万元。

23. 被告人李信利用担任济宁市人民政府副市长、济宁高新技术产业开发区管理委员会主任职务上的便利，为山东某电力工业有限责任公司谋取减免城市建设配套费等方面的利益，于2002年，收受该公司董事长张某某送的人民币1万元。

24. 被告人李信利用担任济宁市人民政府副市长、济宁高新技术产业开发区管理委员会主任职务上的便利，为山东某工程有限责任公司谋取进入高新区经营方面的利益，于2002年9月，收受该公司董事长李某某送的人民币1万元。

25. 被告人李信利用担任济宁市人民政府副市长、济宁高新技术产业开发区管理委员会主任职务上的便利，为山东济宁某电业集团所属某制造有限责任公司谋取征地建厂、缓缴土地出让金等方面的利益，于2002年至2004年，四次收受该公司总经理付某某送的人民币共计4万元。

26. 被告人李信利用担任济宁市人民政府副市长、济宁高新技术产业开发区管理委员会主任职务上的便利，为山东某集团有限责任公司谋取征地、减免土地出让金等方面的利益，于2003年至2004年，六次收受和索要该公司董事长司某某送的人民币7万元、美元2000元（折合人民币16560元）、购物卡2000元，共计折合人民币88560元。

27. 被告人李信利用担任济宁市人民政府副市长、济宁高新技术产业开发区管理委员会主任职务上的便利，为济宁某餐饮娱乐有限责任公司谋取征地、减免城市建设配套费等方面的利益，于2002年、2003年，二次收受该公司总经理李某送的人民币共计5万元。

28. 被告人李信利用担任济宁市人民政府副市长、济宁高新技术产业开发区管理委员会主任职务上的便利，为济宁某房地产开发有限责任公司谋取在企业改制中享受优惠政策等方面的利益，于2002年11月，收受该公司总经理姜某某送的人民币8万元。

29. 被告人李信利用担任济宁市人民政府副市长、济宁高新技术产业开发区管理委员会主任职务上的便利，为高新区所辖某街道办事处主任常某谋取职务晋升等方面的利益，于2003年、2004年，先后二次收受常某送的人民币共计2万元。

30. 被告人李信利用担任济宁市人民政府副市长、济宁高新技术产业开发区管理委员会主任职务上的便利，为山东某集团有限责任公司谋取拨付科研经费、贷款担保等方面的利益，2003年1月，通过上海某经贸有限责任公司李某某收受该公司董事长王某人民币20万元。

31. 被告人李信利用担任济宁市人民政府副市长、济宁高新技术产业开发区管理委员会主任职务上的便利，于2003年4月，在济南向某高新技术产业开发区管理委员会副主任王某某索要“浪琴牌”手表1只，价值人民币19440元。

32. 被告人李信利用担任济宁市人民政府副市长、济宁高新技术产业开发区管理委员会主任职务上的便利，为某工业园有限责任公司谋取项目建设方面的利益，于2003年7月，收受该公司股东李某送的“欧米茄”牌手表1只，价值人民币2.7万元。

33. 被告人李信利用担任济宁市人民政府副市长、济宁高新技术产业开发区管理委员会主任职务上的便利，为山东某汽车城有限责任公司谋取征地等方面的利益，于2003年至2004年，三次收受该公司创建人张某某送的美元1万元（折合人民币82800元）、人民币1.9万元，共计折合人民币101800元。

34. 被告人李信利用担任济宁市人民政府副市长、济宁高新技术产业开发区管理委员会主任职务上的便利，为济宁某房地产开发公司曲阜分公司谋取协调工程建设秩序等方面的利益，于2003年10月，收受该公司经理王某某送的建设银行人民币储蓄卡10万元。

35. 被告人李信利用担任济宁市人民政府副市长、济宁高新技术产业开发区管理委员会主任职务上的便利，为山东某生物股份公司谋取道路维修等方面的利益，于2003年10月，收受该公司董事长李某某送的人民币2万元。

36. 被告人李信利用担任济宁市人民政府副市长、济宁高新技术产业开发区管理委员会主任职务上的便利，为济宁市某商贸有限责任公司谋取建设项目选址等方面的利益，于2003年12月和2004年2月，收受该公司董事长杨某送的美元共计3000元，折合人民币24840元。

37. 被告人李信利用担任济宁市人民政府副市长、济宁高新技术产业开发区管理委员会主任职务上的便利，为高新技术产业开发区所辖某镇党委书记颜某某谋取职务晋升方面的利益。2003年12月，颜某某到济宁市第一人民医院送给李信父亲人民币1万元，李信父亲收下后告诉了李信，李信让其父亲留用。

38. 被告人李信利用担任济宁市人民政府副市

长、济宁高新技术产业开发区管理委员会主任职务上的便利,为山东某电工电气有限责任公司谋取产品销售方面的利益,于2004年,收受该公司董事长李某某送的人民币1万元。

39. 被告人李信利用担任济宁市人民政府副市长、济宁高新技术产业开发区管理委员会主任职务上的便利,为济宁某液压有限责任公司谋取厂房建设等方面的利益,于2004年,收受该公司总经理江某某委托高某某送的人民币1万元。

40. 被告人李信利用担任济宁市人民政府副市长、济宁高新技术产业开发区管理委员会主任职务上的便利,为济宁某房地产开发有限责任公司谋取韩国工业园项目承建和验收等方面的利益,于2004年春节前,收受该公司董事长程某某送的购物卡2000元。其间,程某某到济宁市第一人民医院送给李信父亲人民币1万元,李信父亲收下后告诉了李信,李信让其父亲留用。以上共计折合人民币1.2万元。

潍坊市中级人民法院依法组成合议庭公开审理了此案。法庭经审理认为:被告人李信身为国家工作人员,利用职务上的便利,索取他人财物,非法收受他人财物为他人谋取利益,严重侵害了国家工作人员职务行为的廉洁性,其行为已构成受贿罪,受贿数额特别巨大。公诉机关指控被告人李信犯受贿罪的事实清楚,证据确实、充分,指控罪名成立。被告人李信认罪态度较好,具有坦白情节,且赃款、赃物已追缴。2005年7月4日,潍坊市中级人民法院依照《中华人民共和国刑法》第十二条、第三百八十五条第一款、第三百八十六条、第三百八十三条第一款第一项、第五十七条第一款、第五十七条、第六十一条、第六十四条之规定,作出如下判决:

被告人李信犯受贿罪,判处无期徒刑,剥夺政治权利终身,并处没收个人全部财产。扣押在案的被告人李信犯罪所得的赃款、赃物,共计价值人民币4507770元,依法予以没收,上缴国库。

被告人李信不服潍坊市中级人民法院一审判决,上诉至山东省高级人民法院。山东省高级人民法院经审理认为,一审判决认定的事实清楚,证据确实、充分,定罪准确,量刑适当,审判程序合法。于2005年9月26日,依照《中华人民共和国刑事诉讼法》第一百八十九条第一项之规定,作出刑事终审裁定:驳回上诉,维持原判。

(最高人民检察院公诉厅　马相哲)

## 李学民滥用职权案

被告人李学民,男,汉族,1948年8月出生,大专文化,原任辽宁省锦州市凌河区人民法院院长。2004年11月19日,因涉嫌滥用职权罪被辽宁省抚顺市人民检察院取保候审。

被告人李学民滥用职权一案,由抚顺市人民检察院侦查终结后,移交抚顺市望花区人民检察院审查起诉。望花区人民检察院经审查于2005年3月17日向望花区人民法院提起公诉。被告人李学民犯罪事实如下:

被告人李学民于2000年至2002年担任辽宁省锦州市凌河区人民法院院长期间,交通银行锦州分行决定采取集中诉讼的办法核销不良贷款。2000年8月,锦州分行风险处处长陈某(另案处理)到凌河区人民法院向李学民提出办理此类核销案件的条件,即:法院不需要经过法定程序开庭审理和实际执行,直接出具判决书和裁定书;不通知被告方,对被告方保密;诉讼费按正常收费的三分之一收取。李学民同意后,召开法院有关部门负责人会议。经研究,李学民决定采取非正常民事诉讼程序办理锦州分行提起的诉讼案件,并作了分工。2000年9月至2002年10月,凌河区人民法院未经立案、送达、开庭、宣判、执行等法定民事诉讼程序,仅根据锦州分行提供的借款合同、起诉状、法人代表身份证明书、营业执照复印件、授权委托书等材料,编造了案号,制作了民事判决书和民事裁定书等司法文书各119份,司法文书制作日期均按锦州分行的要求给予提前。凌河区人民法院共收取锦州分行诉讼费662571元。2003年9月,在国家审计署到锦州分行审计期间,李学民又应锦州分行的请求由凌河区人民法院为该行出具了98份债权凭证。经国家审计署驻沈阳特派办审计,根据凌河区人民法院出具的民事判决书和裁定书以及其他有关材料,交通银行总行对锦州分行申报核销的41户贷款企业核销了48笔贷款,其中10户企业15笔贷款不具备核销条件,本息合计4622.63万元。

抚顺市望花区人民法院审理认为:被告人李学民身为人民法院院长,故意违反法定的民事诉讼程序为锦州分行出具司法文书,致使锦州分行将不具备核销条件的贷款本息核销,使国家利益遭受重大损失，严重损害了人民法院的形象和声誉，李学民的行为已构成滥用职权罪。依照《中华人民共和国刑法》第三百九十七条第一款、第七十二条、第七十三条的规定，于2005年6月30日作出如下判决：被告人李学民犯滥用职权罪，判处有期徒刑一年，缓刑一年。

一审宣判后，被告人李学民没有提出上诉。

（最高人民检察院渎职侵权检察厅 孙 超）

## 赵九祥、贺志勋、韩永庆等人滥用职权、玩忽职守、受贿案

被告人赵九祥，男，1960年8月15日出生，汉族，大学文化，原任内蒙古自治区公安厅交警总队副总队长，曾任内蒙古自治区公安厅车辆管理所所长、自治区进口汽车注册登记审批领导小组成员。2002年12月5日，因涉嫌玩忽职守罪被取保候审，2003年12月4日被解除取保候审；2004年4月7日，因涉嫌玩忽职守罪被刑事拘留；2004年4月20日，因涉嫌滥用职权罪被逮捕。

被告人贺志勋，男，1950年6月11日出生，蒙古族，大专文化，原任内蒙古自治区乌兰察布盟公安局交警支队政委，曾任乌兰察布盟公安局交警支队副支队长兼车辆管理所所长。2002年12月5日，因涉嫌滥用职权罪被取保候审，2003年12月4日被解除取保候审；2004年5月18日，因涉嫌滥用职权罪被刑事拘留；2004年5月31日因涉嫌受贿罪被逮捕。

被告人韩永庆，男，1942年12月7日出生，蒙古族，大专文化，原任内蒙古自治区公安厅交警总队政委、自治区进口汽车注册登记审批领导小组组长。2002年12月5日，因涉嫌玩忽职守罪被取保候审，2003年12月4日被解除取保候审；2004年5月18日，因涉嫌玩忽职守罪被刑事拘留，2004年5月31日被逮捕。

被告人宋日敞，男，1952年2月27日出生，汉族，大专文化，原任内蒙古自治区乌兰察布盟公安局副局长，曾任乌兰察布盟公安局交警支队政委。2002年12月5日，因涉嫌玩忽职守罪被取保候审，2003年12月4日被解除取保候审；2004年11月15日因涉嫌滥用职权罪被逮捕。

被告人孟文斌，男，1958年12月27日出生，汉族，大专文化，原任内蒙古自治区乌兰察布盟公安局交警支队支队长。2004年5月31日，因涉嫌玩忽职守罪被刑事拘留，2004年6月11日被逮捕。

被告人赵志栋，男，1975年11月9日出生，汉族，大学文化，原系内蒙古自治区公安厅交警总队工作人员、自治区进口汽车转籍过户经办人。2002年12月5日，因涉嫌玩忽职守罪被取保候审，2003年12月4日被解除取保候审；2004年5月18日，因涉嫌玩忽职守罪被刑事拘留，2004年5月31日被逮捕。

被告人李以宏，男，1944年7月25日出生，汉族，大专文化，原系内蒙古自治区乌兰察布盟交警支队进口汽车审批业务经办人，曾任乌兰察布盟公安局车辆管理所副所长。2004年5月13日，因涉嫌玩忽职守罪被取保候审，2004年6月9日被逮捕。

被告人赵九祥、贺志勋、韩永庆、宋日敞、孟文斌、赵志栋、李以宏滥用职权、玩忽职守、受贿案，由内蒙古自治区人民检察院侦查终结，2004年10月15日由巴彦淖尔市人民检察院交临河区人民检察院审查起诉。因部分事实不清、证据不足于2004年11月30日、2005年1月30日退回补充侦查二次。2005年4月8日，临河区人民检察院向临河区人民法院提起公诉。被告人犯罪事实如下：

1998年10月至2000年8月，被告人赵九祥在担任内蒙古自治区交警总队车辆管理所所长、自治区进口汽车注册登记审批领导小组成员、自治区交警总队副总队长期间，与专门从事给无进口证明汽车上户牟利的孙朝晖（另案处理）相识。在进口车转籍上户复审工作中，违反公安部车辆档案专人传递的规定，将经办人从孙朝晖手中接收的伪造乌兰察布盟车辆管理所初登上户的车档直接在总队予以审批。在审核车辆档案时，违反公安部对转籍车辆应审核"是否符合转籍、过户条件"的规定，对车档中的《货物进口证明书》、《没收走私汽车、摩托车证明书》等凭证不按规定方法审核鉴别，对外省转入的进口车辆不按公安部下发的电话号码查询，使孙朝晖等人利用伪造初登车档、《货物进口证明书》、《没收走私汽车、摩托车证明书》的33辆无进口证明汽车经其审批转籍成为合法车辆。利用职权向巴彦淖尔盟、乌海车辆管理所负责人说情，使孙朝晖套用伪造国产汽车凭证的11辆无进口证明汽车在未到场检验的情况下核发了牌证。其签字

审批的44辆无进口证明汽车在转籍上户时应予没收而未被没收,给国家造成经济损失3043.3万元。

1994年至2000年,被告人贺志勋任乌兰察布盟公安局交警支队副支队长、政委兼车管所长期间,先后收受孙朝晖所送29英寸松下画王彩色电视机一台,旧电脑一台,音响一套,人民币15000元,美金3500元。总价值人民币29300元、美元3500元。在接受贿赂后,贺志勋为孙朝晖利用假《货物进口证明书》、《没收走私汽车、摩托车证明书》申报上户的10台无进口证明汽车审批上户谋取非法利益。1995年6月至1998年3月,贺志勋违反公安部等部门下发的进口汽车上户的有关规定,未认真审核车档中车辆来历凭证的真伪,致使34辆应没收的无进口证明汽车利用伪造的《货物进口证明书》、《没收走私汽车、摩托车证明书》经其批准转为合法车辆,给国家造成经济损失1905万元。

1999年9月至2000年8月,被告人韩永庆在担任自治区公安厅交警总队政委、自治区进口汽车审批领导小组组长期间,对申报转籍的进口汽车档案进行审批时,不认真履行职责,违反公安部等部门下发的进口汽车上户的有关规定,不认真审核车档中车辆来历凭证的真伪,21辆应没收的无进口证明汽车被利用伪造的《货物进口证明书》、《没收走私汽车、摩托车证明书》予以合法化,经韩永庆、赵九祥、赵志栋共同审批上户,给国家造成经济损失1898万元。

1994年至2000年,被告人宋日敞任乌兰察布盟公安局交警支队政委、公安局副局长兼交警支队支队长期间,与孙朝晖相识并交往密切。1994年至1999年期间,先后收受孙朝晖送29英寸日产画王彩色电视机一台,旧电脑一台,微型VCD一台,集邮册一本,美金1000元。总价值人民币17376元、美元1000元。在接受贿赂后,宋日敞为孙朝晖利用假《货物进口证明书》申报上户的一台无进口证明汽车予以审批,为孙谋取非法利益。1995年8月至2000年7月,宋日敞在进口汽车上户、转籍审批过程中,不正确履行职责,违反公安部等部门下发的进口汽车上户、转籍的有关规定,未认真审核车档中车辆凭证的真伪,致使1辆应没收的无进口证明汽车利用伪造的《没收走私汽车、摩托车证明书》经其批准转为合法车辆,使5辆外地转入乌兰察布盟的大货车利用假手续经其与李以宏初审报总队由赵志栋、赵九祥、韩永庆复审后转籍成为合法车辆。其行为共给国家造成经济损失404万元。

1996年1月至1998年3月间,被告人孟文斌在担任内蒙古自治区乌兰察布盟公安局交警支队支队长期间,不认真履行职责,多次违反公安部等部门关于进口汽车上户的有关规定,不认真审核鉴别车档中凭证的真伪,使本应依法没收的25辆无进口证明汽车,利用伪造的《货物进口证明书》、《没收走私汽车、摩托车证明书》经其批准初登上户或转籍成为合法车辆,给国家造成经济损失1915.3万元。

1999年9月至2000年8月间,被告人赵志栋作为内蒙古自治区交警总队车辆管理所进口汽车转籍过户经办人,违反公安部车档材料专人传递的规定,多次接收孙朝晖的车辆档案。在审核车档时,不认真履行职责,违反公安部等部门下发的进口汽车上户的有关规定,不认真审核车档中车辆来历凭证的真伪,使本应依法没收的20辆无进口证明汽车,经其与赵九祥、韩永庆共同签字审批转为合法车辆,给国家造成经济损失1819万元。

1998年2月至1998年3月,被告人李以宏在担任内蒙古自治区乌兰察布盟公安局交警支队车管所副所长期间,在代所长履行审批进口汽车上户职务时,违反公安部等部门关于进口汽车上户、转籍的有关规定,不认真审核鉴别车档中车辆来历凭证的真伪,使本应依法没收的6辆无进口证明汽车经其批准转籍上户成为合法车辆,给国家造成465万元的经济损失。2000年7月,李以宏在担任乌兰察布盟公安局交警支队车管所进口汽车审批业务经办人期间,不认真审核车档中车辆凭证的真伪,使5辆外地转入乌盟的大货车利用伪造《货物进口证明书》、《没收走私汽车、摩托车证明书》经其签署转入报批意见后,经宋日敞审核上报交警总队赵志栋、赵九祥、韩永庆共同审批转籍成为合法车辆,给国家造成经济损失356万元。

临河区人民法院经审理认为,被告人赵九祥不正确履行职责,给国家造成重大经济损失,其行为构成滥用职权罪,且情节特别严重。被告人韩永庆、赵志栋、贺志勋、宋日敞、孟文斌、李以宏严重不负责任,不认真履行职责给国家造成重大经济损失,其行为构成玩忽职守罪。贺志勋、宋日敞收受他人财物并利用职权为请托人谋取利益,其行为同时构成受贿罪,应予数罪并罚。2005年6月19日,临河区人民法院依照《中华人民共和国刑法》第三百九十七条第一款、第三百八十五条第一款、第三百八十六条,第三百八十三条第二、三项,第六十七条、第六十九条、第六十四条、第七十二条,最高人民法院《关于处理自首和立功具体应用法律若干问题解释》第一条第一、二项之规定,作出如下判决:

一、被告人赵九祥犯滥用职权罪,判处有期徒刑四年。

被告人贺志勋犯受贿罪,判处有期徒刑二年;犯玩忽职守罪,判处有期徒刑二年。数罪并罚,决定执行有期徒刑三年。

被告人韩永庆犯玩忽职守罪,判处有期徒刑二年,缓刑二年。

被告人宋日啟犯受贿罪,判处有期徒刑一年;犯玩忽职守罪,判处有期徒刑六个月。数罪并罚,决定执行有期徒刑一年。

被告人孟文斌犯玩忽职守罪,判处有期徒刑一年六个月,缓刑二年。

被告人赵志栋犯玩忽职守罪,判处有期徒刑一年,缓刑一年。

被告人李以宏犯玩忽职守罪,判处有期徒刑一年,缓刑一年。

二、追缴七名被告人滥用职权、玩忽职守犯罪涉案车辆及被告人贺志勋、宋日啟受贿犯罪所得赃款、赃物予以没收,上缴国库。

被告人赵九祥、贺志勋、韩永庆、宋日啟、赵志栋不服临河区人民法院的一审判决,向巴彦淖尔市中级人民法院提出上诉。巴彦淖尔市中级人民法院依法组成合议庭,经审理认为,一审判决认定事实清楚,适用法律正确,定罪准确,量刑适当,审判程序合法。依照《中华人民共和国刑事诉讼法》第一百八十九条第一项之规定,于2005年9月13日作出裁定,驳回上诉,维持原判。

(最高人民检察院渎职侵权检察厅
刘旭红　于小波)

## 陈宁生玩忽职守案

被告人陈宁生,男,1961年1月25日出生,汉族,大学文化,曾任厦门市鼓浪屿区财政局局长、思明区财政局副局长。2004年12月29日,因涉嫌玩忽职守罪被刑事拘留,2005年1月11日被逮捕。

被告人陈宁生涉嫌玩忽职守案,由厦门市人民检察院侦查终结,于2005年8月1日向厦门市人民法院提起公诉。被告人陈宁生犯罪事实如下:

1996年11月,时任厦门市鼓浪屿区财税局(1997年更名为厦门市鼓浪屿区财政局,以下简称鼓浪屿区财政局)局长的被告人陈宁生应罗春文(另案处理)的要求,违反财政部、中国人民银行及厦门市财政局的有关规定,以鼓浪屿区财政局的全资公司——厦门市鼓浪屿投资公司(以下简称鼓浪屿投资公司)作为开办单位违法成立了厦门市鼓浪屿区国债服务部(以下简称鼓浪屿区国债服务部),并决定由罗春文个人承包经营。陈宁生身为财政局长,负有监督鼓浪屿区国债服务部经营管理的职责,却从未对该国债服务部的经营活动进行监管。特别是在1997年4月25日,厦门市财政局有关业务部门对该国债服务部进行调查后,当面对陈宁生指出该国债服务部的成立违反有关规定,是违法成立的机构,应立即予以关闭。但陈宁生没有听取上级业务部门的意见,关闭该国债服务部,导致罗春文利用该国债服务部于1997年10月至1998年7月多次向江西省宜春市城市信用合作社、江西省宜春市工商城市信用合作社、江西省丰城市城市信用合作社非法拆借资金人民币1900万元,用于其个人炒股、炒期货,造成990万元及利息未能归还。

上述三家城市信用社分别对鼓浪屿区国债服务部、鼓浪屿投资公司、鼓浪屿区财政局、鼓浪屿区审计局提起民事诉讼。经江西省宜春市中级人民法院、江西省高级人民法院生效民事判决确认,鼓浪屿区国债服务部、鼓浪屿投资公司应赔偿上述三家城市信用社人民币990万元本息;鼓浪屿区财政局、鼓浪屿区审计局在鼓浪屿投资公司不足清偿的人民币550万元的范围内承担连带赔偿责任。截止到2005年5月,江西省宜春市中级人民法院已依法强制执行鼓浪屿区财政局、思明区财政局人民币550万元以及鼓浪屿投资公司在厦门市鼓浪屿风景区建设开发公司、厦门海底世界有限公司、厦门市永顺观光车有限公司的到期债权人民币88.22万元,其余到期债权还在进一步执行中。此外,罗春文还以鼓浪屿区国债服务部名义于1999年5月虚开一份3000万元国债代保管凭证给其朋友刘某用于债务质押担保,引起民事诉讼,导致原鼓浪屿区人民政府、鼓浪屿区财政局五个银行账户被法院冻结,迫使鼓浪屿区财政局将资金转移到鼓浪屿区人民法院账户过渡,财政资金通过金库账户进行支付,造成恶劣的社会影响。鼓浪屿投资公司、鼓浪屿区财政局、鼓浪屿区审计局因参与上述民事诉讼,共支出诉讼费用人民币62.64万元。

为了感谢被告人陈宁生的帮忙,罗春文多次宴请并送洋酒等物给陈宁生。1997年春节前,罗春文在佳丽海鲜舫宴请鼓浪屿区财政局全局工作人员,饭后送给全局人员包括陈宁生在内每人一个几百元的红包。2001年7月,罗春文因伙同他人挪用公款人民币8598万元,其中4100万元无法归还,被江西省南昌市中级人民法院判处有期徒刑十四年。

厦门市中级人民法院审理认为,被告人陈宁生身为鼓浪屿区财政局局长,工作严重不负责任,不正确履行职责,严重侵害了国家机关的正常管理活动,致使公共财产、国家利益遭受特别重大损失,情节特别严重,其行为构成玩忽职守罪。依照《中华人民共和国刑法》第三百九十七条第一款之规定,于2005年9月30日作出如下判决:被告人陈宁生犯玩忽职守罪,判处有期徒刑五年。

一审宣判后,被告人陈宁生没有提出上诉。

(最高人民检察院渎职侵权检察厅　孙　超)

## 王勇民、申小红、赵卫东、张伟、闫宝山徇私舞弊暂予监外执行、受贿案

被告人王勇民,男,1954年4月7日出生,汉族,大专文化,中共党员,原任山西省曲沃监狱政委、党委副书记,曾任山西省临汾监狱政委、党委书记。2004年10月26日,因涉嫌徇私舞弊暂予监外执行犯罪被山西省人民检察院决定刑事拘留,2005年1月18日被山西省人民检察院决定逮捕。

被告人申小红,男,1962年2月5日出生,汉族,大学文化,中共党员,原任山西省临汾监狱监区医院院长。2004年9月7日,因涉嫌徇私舞弊暂予监外执行犯罪被刑事拘留,2004年9月20日被山西省人民检察院决定逮捕。

被告人赵卫东,男,1957年4月13日出生,汉族,大专文化,中共党员,原任山西省临汾监狱狱政科科长。2004年10月15日,因涉嫌徇私舞弊暂予监外执行犯罪被刑事拘留,2004年10月28日被山西省人民检察院决定逮捕。

被告人张伟,男,1961年11月21日出生,汉族,大专文化,中共党员,原任山西省临汾监狱二一八医院院长。2004年12月16日,因涉嫌徇私舞弊暂予监外执行犯罪被刑事拘留,2004年12月29日被山西省人民检察院决定逮捕。

被告人闫宝山,男,1962年6月6日出生,汉族,大专文化,中共党员,原任山西省一O九医院医务科主任。2005年4月8日,因涉嫌徇私舞弊暂予监外执行犯罪被刑事拘留,2005年4月15日被山西省人民检察院决定取保候审。

被告人王勇民、申小红、赵卫东、张伟、闫宝山涉嫌徇私舞弊暂予监外执行、受贿案,于2004年7月30日由山西省人民检察院立案侦查。山西省人民检察院侦查终结后,移交山西省原平市人民检察院审查起诉。2005年8月29日原平市人民检察院依法向原平市人民法院提起公诉。起诉书认定被告人犯罪事实如下:

一、徇私舞弊暂予监外执行罪

1. 为罪犯张勇违法保外就医。2000年10月,被告人张伟在罪犯张勇(原判死刑缓期二年执行)两次到临汾市人民医院鉴定均不符合保外就医疾病的情况下,明示张勇家属肝病要达到“肝硬化失代偿期”才符合保外就医条件,并应被告人王勇民的安排和张勇家属的要求,于2000年11月再次安排张勇到临汾市人民医院进行鉴定,使张勇的疾病由“轻度脂肪肝”升级为“肝硬化腹水、胸水”。之后,王勇民明知张勇不符合保外就医的条件,却授意张伟尽快提出张勇的保外就医申请。2000年11月20日,张伟在明知张勇不符合保外就医条件的情况下,主持召开并通过了山西省临汾监狱监区医院关于张勇保外就医合议,并指使他人伪造张勇病危的虚假材料,为张勇下发了虚假的病危通知书。2000年11月22日,王勇民主持召开了张勇保外就医合议会,决定上报张勇的保外就医。山西省监狱管理局未予批准,并要求带张勇到山西省一O九医院进行复查鉴定。复查鉴定前,张伟应张勇姐姐的要求给被告人闫宝山打电话,请其在张勇保外就医鉴定时给予关照。2001年1月3日张勇到山西省一O九医院进行疾病鉴定。在特诊科与传染科室会诊后作出的病情结论均不符合保外就医条件的情况下,闫宝山于2001年1月21日组织召开了张勇的疾病鉴定会,并安排已不具备鉴定资格的人员参加。在与会人员意见不一致的情况下,闫宝山按照院长的最后决定,为张勇出具了符合保外就医疾病的诊断建议书。2001年2月26日,王勇民授意

被告人赵卫东在明知张勇的刑期仍不符合保外就医条件的情况下,不履行合议程序直接向山西省监狱管理局呈报张勇的保外就医。省监狱管理局审查后,以条件不符合予以退回。2001年11月,王勇民安排被告人申小红、赵卫东重新呈报张勇的保外就医。省监狱管理局仍以刑期条件不符退回。2002年11月14日,在没有提供张勇任何病历资料的情况下,山西省临汾监狱开会合议了张勇的保外就医。申小红在明知张勇病情不符合保外就医条件的情况下,在会上明确提出张勇的病情符合保外就医的条件。赵卫东明知张勇的病情不符合保外就医条件,却签字同意了张勇的保外就医合议结果。2003年1月15日,省监狱管理局批准张勇保外就医一年。2004年1月16日,省监狱管理局批准罪犯张勇续保一年。

2. 为罪犯杨高峰违法保外就医。1994年下半年,被告人王勇民明知罪犯杨高峰(原判死刑缓期二年执行)的病情不符合保外就医条件,因受人之托,仍安排被告人张伟及时任山西省临汾监狱监区医院院长苗挨厚等人将杨高峰的保外就医在山西省临汾监狱监区医院合议通过,并提交监狱合议通过。在填写罪犯保外就医审批表时,被告人申小红捏造事实,夸大杨高峰的病情,上报其"左手功能基本失去"的虚假材料。1994年11月18日,杨高峰被省监狱管理局批准保外就医一年。1996年1月至2000年3月,被告人王勇民、张伟先后五次为罪犯杨高峰办理续保手续。

3. 为罪犯高喜生违法保外就医。2002年下半年至2003年10月,罪犯高喜生(原判死刑缓期二年执行)的亲属先后送给被告人赵卫东、申小红烟酒等物,要求对高喜生保外就医的事予以关照。2003年10月8日,申小红主持召开山西省临汾监狱监区医院合议会议,讨论关于高喜生病情的保外就医问题。与会人员对高喜生的病情提出质疑时,申小红仍坚持通过对高喜生保外就医的呈报。2003年10月16日,在监狱合议罪犯高喜生的保外就医会上,申小红虚假介绍了高喜生符合保外就医疾病条件的情况,被告人赵卫东还故意歪曲法律规定,提出高喜生是少年犯可以从宽(合议时高喜生已满26岁),从而使合议通过了对高喜生的保外就医。2003年11月17日,高喜生被省监狱管理局批准保外就医一年。

4. 为罪犯张鹏违法保外就医。2003年12月17日,罪犯张鹏(原判无期徒刑)经山西省一O九医院诊断,结论为"早期肝硬化",经被告人申小红组织山西省临汾监狱监区医院医师合议,张鹏不符合保外就医的疾病条件。2003年12月31日监狱合议张鹏的保外就医问题,被告人赵卫东、申小红明知张鹏不符合保外就医条件,仍故意隐瞒事实,采用2003年11月28日一份旧诊断证明,以该诊断证明通过了对张鹏的保外就医并呈报省监狱管理局。2004年4月30日,张鹏被批准保外就医后脱逃。

5. 为罪犯张明德违法保外就医。2001年4月,被告人王勇民受人之托,安排被告人申小红关照罪犯张明德(原判有期徒刑十四年)的保外就医,张明德也通过他人宴请申小红希望尽快为其办理保外就医。2001年7月,申小红明知张明德的病情不符合保外就医的条件,仍然主持通过了山西省临汾监狱监区医院对张明德保外就医的合议,并安排他人为张明德填写了保外就医申请表,捏造事实,夸大张明德的病情为"有心脏病无法活动,自理生活困难",建议对张明德保外就医。在监狱合议会上,申小红虚假介绍了张明德的病情,并说符合保外就医的疾病条件,使参会人员合议通过了对罪犯张明德的保外就医。2001年9月11日,张明德被省监狱管理局批准保外就医一年。

6. 为罪犯辛涛舵违法保外就医。1996年至2004年,被告人张伟多次接受罪犯辛涛舵(原判死刑缓期二年执行)亲属的烟酒及现金,为辛涛舵办理保外就医。1997年1月,张伟在临汾地区人民医院未对辛涛舵出具诊断证明的情况下,仅以该医院病历本中的"病情摘要"为依据,找到被告人王勇民进行疏通。在临汾监狱监区医院主持召开合议会上,通过了对辛涛舵保外就医的合议。在监狱合议会上,张伟向参会人员介绍了罪犯辛涛舵符合保外就医的情况,使合议通过了辛涛舵的保外就医。在填写罪犯保外就医审批表时,被告人申小红明知辛涛舵的病情不符合保外就医条件,仍按照张伟授意捏造事实,夸大辛涛舵的病情,上报"广泛性肠粘连,肠梗阻反复发作"的虚假材料。1997年1月20日,辛涛舵被省监狱管理局批准保外就医半年。1997年7月、1998年11月、1999年12月,张伟明知罪犯辛涛舵的病情不符合保外就医的疾病条件,在监狱三次对辛涛舵续保合议时,均隐瞒辛涛舵的实际病情,致使辛涛舵连续三次被省监狱管理局批准保外就医。

1995 年 12 月至 2004 年 1 月,被告人王勇民违法为罪犯杨高峰、张勇办理保外就医,收受贿赂 15000 元。

2003 年 9 月,被告人申小红收受贿赂人民币 1 万元及诺基亚手机一部(价值 1880 元),违法为罪犯高喜生办理保外就医。

1999 年至 2002 年,被告人赵卫东违法为罪犯张勇、辛涛舵办理保外就医,收受贿赂 9000 元。

1997 年至 2000 年,被告人张伟违法为罪犯张勇、辛涛舵办理保外就医,收受贿赂人民币 6500 元及消毒柜一台(价值 430 元)。

2001 年 1 月,被告人闫宝山违法为罪犯张勇办理保外就医,收受贿赂 1 万元。

二、受贿罪

1999 年中秋节前,被告人王勇民收受罪犯高小虎弟弟高大伟贿赂 3000 元,为高小虎办理续保手续。2002 年 7 月、2003 年 4 月,王勇民收受承包临汾监狱医院建设任务的承包人黄乙鸣送给的 20000 元。

2002 年,被告人申小红收受贿赂 1500 元,违法为罪犯高小虎办理续保手续。

2000 年 7 月,被告人赵卫东违法为罪犯杜军办理假释,收受贿赂 1 万元。2001 年至 2002 年,赵卫东收受贿赂共计 2000 元,违法为罪犯高小虎办理续保手续。

2000 年中秋节前,被告人张伟收受贿赂 1000 元,违法为罪犯高小虎办理续保手续。

原平市人民法院于 2005 年 10 月 24 日依法组成合议庭,公开审理了本案。法庭审理认为,被告人王勇民、申小红、赵卫东、张伟、闫宝山身为国家司法工作人员,无视法律,徇私舞弊,收受贿赂,为不符合暂予监外执行条件的重大刑事犯罪分子,违法办理保外就医,构成徇私舞弊暂予监外执行罪。在徇私舞弊暂予监外执行中,王勇民受贿 15000 元,申小红受贿 11880 元(含价值 1880 元手机一部),赵卫东受贿 9000 元,张伟受贿 6930 元(含价值 430 元消毒柜一台),闫宝山受贿 1 万元,属牵连犯,不以受贿罪认定,按照徇私舞弊暂予监外执行罪处罚,受贿行为视为情节严重。王勇民收受黄乙鸣 2 万元、高小虎 3000 元,构成受贿罪。赵卫东收受杜军 1 万元、高小虎 2000 元,构成受贿罪。申小红收受高小虎 1500 元,张伟收受高小虎 1000 元,没有达到受贿罪的追诉标准,不以受贿罪认定。

2005 年 10 月 24 日,山西省原平市人民法院根据《中华人民共和国刑法》第四百零一条、第三百八十五条、第二十五条第一款、第二十七条、第六十四条、第六十九条之规定,作出如下判决:

一、被告人王勇民犯徇私舞弊暂予监外执行罪,判处有期徒刑四年;犯受贿罪,判处有期徒刑一年六个月,决定执行有期徒刑四年六个月。

没收退出赃款 38000 元,上缴国库。

二、被告人申小红犯徇私舞弊暂予监外执行罪,判处有期徒刑五年。

没收退出赃款 11500 元,诺基亚手机一部,上缴国库。

三、被告人赵卫东犯徇私舞弊暂予监外执行罪,判处有期徒刑四年;犯受贿罪,判处有期徒刑一年;决定执行有期徒刑四年六个月。

没收退出赃款 16000 元,上缴国库。

四、被告人张伟犯徇私舞弊暂予监外执行罪,判处有期徒刑三年六个月。

没收退出赃款 7500 元,赃物消毒柜一台,上缴国库。

五、被告人闫宝山犯徇私舞弊暂予监外执行罪,判处有期徒刑一年六个月。

没收退出赃款 1 万元,上缴国库。

被告人王勇民、申小红、赵卫东、张伟、闫宝山不服一审判决,上诉至山西省忻州市中级人民法院。山西省忻州市中级人民法院经审理认为,原审法院认定事实清楚,证据确实、充分,量刑适当,审判程序合法。2005 年 12 月 30 日,山西省忻州市中级人民法院依照《中华人民共和国刑事诉讼法》第一百八十九条第一项之规定,裁定驳回上诉,维持原判。

(最高人民检察院监所检察厅　石秀琴)

## 成都泰华房地产开发有限公司与四川远通物业管理有限责任公司房屋租赁纠纷抗诉案

1997 年 12 月 19 日,四川远通物业管理有限责任公司(以下简称远通公司)与成都泰华房地产开发有限公司(以下简称泰华公司)签订租房协议约定:泰华公司将泰华大厦商场 1 至 5 层租赁给远通公司,租期5年,自1998年4月19日至2003年4月18日止;第一年租金为1000万元,第二年租金为1250万元;自第三年起按国家公布的物价上涨指数逐年递增,从1998年4月19日计租,远通公司第一次付款后的租金均按季度一次性付给泰华公司,交付时间均为本季度的租金于上一季度的最后7日内交齐;泰华公司保证远通公司拥有大楼商场的使用权,并在1998年10月15日前完成该房屋配套设施和周边环境的完整化并办齐相关合格手续交给远通公司使用;远通公司如严重违反本协议或者拖延45天未能交足本季度租金时,泰华公司有权终止本协议,收回房屋使用权,并要求赔偿损失;远通公司须按时向泰华公司支付房屋租金,如拖欠支付,应按拖欠额和拖欠时间向泰华公司支付每月5%的违约金;泰华公司如严重违反本协议,远通公司有权终止本协议,并要求赔偿损失;远通公司可以自己的名义与本商场一、二楼购房业主分别签订租赁协议,泰华公司按购房面积计算一楼租金认定为160元每平方米,二楼租金为130元每平方米,每年按5元每平方米递增等。

泰华公司在出租房的第三层占用800平方米堆放货柜,于1998年11月27日搬走。泰华公司于1996年为他人贷款担保将所出租房屋的第四层、第五层抵押给中国农业银行成都市分行国际业务部(以下简称农行国际部),成都市中级人民法院于1998年12月7日对抵押房屋进行查封,但同意远通公司继续使用第四层的500平方米房屋,该院于1998年12月11日以(1998)成执字第884号裁定将该租赁房屋的第四层、第五层产权抵偿农行国际部。

泰华公司将第三层堆放货柜占用房屋以外的房屋按协议约定的时间交给远通公司,但未按约定时间交付租赁房屋的消防、客梯、货电梯等设施。远通公司从1997年12月23日至1999年4月18日,直接支付给泰华公司房租5048901.2元,向"泰华大厦"业主支付租金2811237.6元,代泰华公司向苏迅公司支付电梯款40万元,代泰华公司向成都锦安典当行支付借款利息13.6万元、向成都市公安局盐市口派出所支付拆迁过渡费10万元、支付水电(含用于发电的油费)、电话费等211609.14元,共计支付租金8707747.94元。

1999年4月7日,泰华公司以远通公司拖欠房租为由向成都市中级人民法院起诉,请求解除双方的租房协议并判令远通公司支付1925030元租金。

成都市中级人民法院审理认为,双方所签租房协议合法有效。在签订协议时,泰华公司已将租赁房屋第四层、第五层为他人担保抵押给债权人而未告知远通公司,致使该租赁房屋第四层、第五层被法院查封,远通公司只能使用其中500平方米。远通公司不愿意继续租赁第四层、第五层,且有拖欠租金事实,对泰华公司解除合同的主张,予以支持。由于泰华公司的过错造成远通公司无法使用的第四层和第五层部分,以及泰华公司占用的租赁房屋第三层,应扣减相应租金。双方对1999年4月18日以前租金结算为,远通公司欠租金1091682.8元。扣除远通公司已履行的租金、法院查封部分、双方同意抵扣租金后,远通公司尚欠泰华公司294513.1元。1999年4月19日以后的租金共计471560.1元。泰华公司主张的违约金,由于其在履行协议中也有违约事实,不予支持。该院于1999年7月26日作出(1999)成民初字第177号民事判决:一、解除双方的租房协议;二、远通公司支付至1999年7月18日所欠泰华公司租金1709193.4元;三、远通公司腾退租赁房屋给泰华公司,从1999年7月19日以后按每月471560.1元租金给付泰华公司至腾退之日;四、驳回泰华公司的其他诉讼请求。远通公司、泰华公司不服该判决,均提出上诉。

四川省高级人民法院二审认为,泰华公司在签订协议时已将租赁房屋的第四层、第五层为他人担保抵押给债权人,未告知远通公司,故租房协议对第四、五层的租赁内容无效,其余内容合法有效。泰华公司未按约交付全部租赁房屋第三层以及整栋楼的消防、客梯、货电梯和配套设施,属违约。泰华公司在第三层楼房内堆放货柜,租金应扣除,但由于远通公司不能提供其要求泰华公司交付第三层房屋的有关证据,扣除的租金作为损失,由双方各承担50%。因泰华公司过错造成远通公司无法使用的第四层、第五层部分,租金应扣除。按照成都市物价局、成都市房地产管理局成价发〔1996〕第360号文件规定,对第三、四、五层应扣减部分租金和使用费。截止到1999年4月18日,远通公司以各种方式支付泰华公司租金共计8707747.94元,按双方原约定一至五层租金1000万元,远通公司尚欠1292252.06元,扣除远通公司租金和使用费1777825.87元后,远通公司多付给泰华公司485573.81元,并未欠租违约。泰华公司主张解除协议的请求,既不符合双方约定条件,也不符合法律法规规定条件,不予支持。该院于1999年12月7日作出(1999)川民终字第125号民事判决:一、维持一审判决的第四项;二、撤销一审判决的第一、二、三项;三、双方所签租房协议除约定第四层、第五层房屋的租赁关系无效外,其余内容有效,应继续履行;四、双方签订的租房协议中,“泰华大厦”第一、二、三层楼房屋,1999年4月19日至2000年4月18日的年租金为7870370.36元,远通公司应将已发生的租金与泰华公司结算付清,今后的房租,仍应按约定时间支付给泰华公司;五、远通公司使用第四层500平方米的房屋从1999年4月19日至退还给泰华公司止,按每日1286元支付给泰华公司。

泰华公司不服该判决,向最高人民法院提出申诉。该院于2001年以(2001)民一监字第126号民事裁定,指令四川省高级人民法院再审。

四川省高级人民法院再审认为,双方签订的租房协议有效,双方基本上按协议履行了各自的义务。原审判决扣除第三层堆放货柜部分租金以及对第四层、第五层扣除使用费的认定和计算方法,均无不当。双方继续合作已失去基础,泰华公司请求解除租房协议,予以支持。导致租房协议不能继续履行,泰华公司负有主要过错,应承担相应的违约责任。该院 于2002年9月4日作出(2002)川民再终字第22号民事判决:一、维持该院二审判决第一项;二、撤销该院二审判决第二、三、四、五项;三、解除租房协议;四、泰华公司承担违约金3650000元;五、远通公司使用“泰华大厦”,从1999年4月19日至2001年4月18日的租金为15194355.36元,抵扣违约金后为11544355.36元,由远通公司支付给泰华公司。

远通公司不服该判决,向四川省人民检察院提出申诉。该院审查后提请最高人民检察院抗诉。

最高人民检察院经审查认为,四川省高级人民法院(2002)川民再终字第22号民事判决判令远通公司向泰华公司支付从1999年4月19日至2001年2月18日的15194355.36元租金,判决内容超出当事人的诉讼请求范围,违反法定程序,认定事实的主要证据不足。(一)终审判决违反法定程序。泰华公司于1999年4月7日起诉时的诉讼请求是解除租赁协议,要求远通公司支付1999年4月之前的租金1925030元及违约金452389.94元。本案经过法院一审、二审和再审三次审理,均认定截止到1999年4月18日(第一年度截止日),远通公司并未拖欠租金。终审判决判令远通公司支付自1999年4月19日至2001年2月18日的房屋租金15194355.36元,超出了当事人的诉讼请求范围。按照《中华人民共和国民事诉讼法》第一百八十四条的规定,本案的再审判决即为生效判决,当事人无上诉权。最高人民法院《关于适用〈中华人民共和国民事诉讼法〉若干问题的意见》第一百八十四条规定:“在第二审程序中,原审原告增加独立的诉讼请求或原审被告提出反诉的,第二审人民法院可以根据当事人自愿的原则就新增加的诉讼请求或反诉进行调解,调解不成的,告知当事人另行起诉”。本案终审法院对诉讼请求之外的事项未经审理和调解,径自作出判决,违反法定程序,致使远通公司就该事项不能举证、辩论与上诉,有碍判决公正。(二)终审判决认定事实的证据不足。终审法院在法庭审理过程中,仅就双方当事人在1999年4月19日前的合同履行情况进行调查和审理,并未组织当事人对1999年4月19日至2001年2月8日的合同履行情况进行举证和辩论,在未查明远通公司是否欠租的情况下即判决远通公司支付1999年4月19日至2001年2月8日的租金15194355.36元,属认定事实不清,证据不足。据此,最高人民检察院于2004年3月5日以高检民抗〔2004〕11号民事抗诉书,就此案向最高人民法院提出抗诉。

最高人民法院受理最高人民检察院抗诉后,于2004年7月20日公开开庭审理此案,最高人民检察院派员出席法庭支持抗诉。

最高人民法院经审理查明,1998年5月7日,远通公司向泰华公司出具关于交纳租用泰华大厦商场1至5层一季度租金的情况书载明:至该情况书出具之日,扣除已付定金150万元以及支付购房户一季度租金等额外,仅一季度租金尚有233189.2元未付。同年7月8日,远通公司再次向泰华公司出具关于交纳租用泰华大厦商场1至5层一季度租金的情况书1份,载明:至该情况书出具之日,尚欠一季度租金120210.09元 。同年7月30日,远通公司向泰华公司出具承诺书5份,承诺:泰华公司在典当行贷款40万元,贷款利息4%(月息)由其承担,期限两个月,到期由其还本金,此笔贷款充抵租金。1999年1月26日,远通公司再次向泰华公司出具承诺书1份,承诺:1999年2月20日前支付泰华公司租金60万元,3月20日前支付租金50万元,4月20日前支付租金80万元。1月29日,远通公司向泰华公司出具书面函称:同意泰华公司在外借款40万元,期限一个月,利息按月息5%计算,如其未按1月26日承诺支付租金,则借款利息由其按月支付。

最高人民法院另查明,成都市中级人民法院于2000年出具情况说明1份,证明出租房屋第四、五层虽经查封及产权冻结,但允许泰华公司经营。2001年中国农业银行四川省分行也出具情况说明1份,承认农行国际部对泰华公司于查封后继续出租并经营使用抵押房屋是同意并予以支持的。

最高人民法院还查明,远通公司于诉讼期间曾多次支付租金。双方于2000年12月1日依据二审判决签署对账单1份,载明:截止到2001年1月18日,远通公司仍欠租金644212.19元,违约金67017.1元。2000年12月2日至2001年2月26日,远通公司多次向泰华公司支付租金及违约金共计1334212元。2001年2月28日,远通公司依成都市中级人民法院的强制执行搬出,腾退全部租赁房屋。再审期间,远通公司与泰华公司在调解未能达成一致情形下,为本案所涉租金及因租金支付而产生的违约金结算事宜,当庭陈述并向法庭分别提交书面说明,一致认可以上述对账单及所付款额,作为泰华公司起诉后直至远通公司腾退租赁房屋之前的租金结算依据,并一致认可本案所涉全部租金及因租金支付而产生的违约金,均已结清。

最高人民法院经审理认为,原再审判决认定本案双方所签租房协议合法有效,并无不当。本案出租房屋第四、五层,虽属泰华公司先行抵押而后出租的情形,但抵押权人农行国际部对该项抵押物的出租,不仅事前未表示异议,而且事后亦表示同意与支持,且事实上直至远通公司腾退房屋之前,农行国际部始终未行使此项抵押物的过户或变卖权利,未干涉远通公司对该项抵押物的实际使用,而远通公司在得知该项抵押物被查封之后,直至泰华公司提起本案诉讼之前,亦一直未就该项抵押物的继续租赁提出任何异议且继续占用该抵押房屋,故远通公司关于本案租房协议中涉及出租房屋第四、五层的内容,仅因泰华公司出租之时未曾向其告知已设抵押的事实而应为无效的主张,于法无据,不予支持。泰华公司提起本案诉讼之前,第四、五层出租房屋的租金,远通公司仍应依约支付。第三层虽堆放泰华公司货柜,但究竟是为留存远通公司使用还是泰华公司强行占用,双方诉讼中说法不一,而纠纷发生之前远通公司自身所出具的多份有关租金支付的情况说明以及承诺之中,均未就此提出任何异议,亦未将堆放货柜面积的租金从其所欠租金中予以扣减,故远通公司关于因该项货柜堆放而应予扣减租金的事后主张,不能成立。但鉴于泰华公司自愿承担一审判令其所承担的占用期间一半的租金计349204.9元,故该部分租金可予扣减。依照双方协议,自1998年4月19日至1999年4月18日,远通公司应付1至5层出租房屋租金1000万元,但远通公司实际所付租金加上其代泰华公司对外实际支付的全部款项仅为8707747.94元,即便加上泰华公司自愿承担的第三层货柜堆放期间的租金数额,与应付租金相抵后,远通公司仍然欠租。且依据远通公司所出具的两份关于交纳租用泰华大厦商场1至5层一季度租金的情况书已足可表明,远通公司原本依协议于1998年4月19日前即应付清的第一季度租金,拖欠至1998年7月8日仍未付清,其首季度应付租金即已逾期超过45天;之后各季度所应支付租金,依据远通公司多份承诺函,亦可表明其均未能按约支付。泰华公司依据远通公司欠租情形诉请解除租房协议,应予支持。诉讼过程中,远通公司实际占用租赁房屋,原再审判决在判决解除双方所签租房协议的情形下,判令远通公司应予支付诉讼期间直至其腾退房屋之前所应支付的租金及使用费,未超越本案审理范围。但原再审判决就本案诉讼期间所实际发生的租金款额未经质证,即判令远通公司仍应支付诉讼期间直至腾退房屋之前的租金数额15194355.36元,确有不妥,且在远通公司欠租违约情况下,单方面确认泰华公司违约并责令承担违约金,亦属不当,均应予以纠正。泰华公司就出租房屋第四、五层事先设置抵押未告知远通公司,确有违约之处。再审期间,双方均认同2000年12月1日双方所签对账单以及此后远通公司所付款额,认可本案所涉全部租金及因租金支付而发生的违约金均已全部结清,双方均不得就此再行追究。远通公司主张解除合同的过错在泰华公司,要求赔偿其可得利益的请求,缺乏事实依据,不予支持。最高人民法院于2005年1月27日作出(2004)民一抗字第7号民事判决:一、维持四川省高级人民法院(2002)川民再终字第22号民事判决第三项,即解除泰华公司与远通公司于1997年12月19日签订的租房协议;二、撤销四川省高级人民法院(2002)川民再终字第22号民事判决第一、二、四、五项和(1999)川民终字第125号民事判决及成都市中级人民法院(1999)成民初字第177号民事判决;三、驳回双方当事人的其他诉讼请求。

(最高人民检察院民事行政检察厅　王景琦)

## 中外合资华东联合制罐有限公司诉北京市昌宁产业有限责任公司加工承揽合同纠纷抗诉案

1994年10月,北京市昌宁产业有限责任公司(以下简称昌宁公司)与中外合资华东制罐有限公司(以下简称华罐公司)签订了95008号加工承揽合同。双方在合同中约定:由华罐公司根据昌宁公司提供的样(罐)稿制版,经昌宁公司确认后,为昌宁公司加工生产昌宁可乐易拉罐2500万套,昌宁凉茶易拉罐2500万套,每套单价人民币1.05元,总价款5250万元;华罐公司自1995年1月至12月每个月向昌宁公司供货800万套,具体数量的增减及品种,昌宁公司提前一个月通知华罐公司;华罐公司承担34%的运费;昌宁公司按国家GB9106—88(注:该标准自1995年3月1日起被GB9106—94代替)自检验收,货到10日内提出质量异议;货到昌宁公司一个月内,昌宁公司将货款全部电汇给华罐公司。双方还在合同中约定了其他事项。合同签订后,华罐公司根据昌宁公司提供的样稿制成样罐,经昌宁公司确认后进行加工生产。昌宁公司在提供的样稿上写明:可在12月中旬供货。华罐公司于1994年12月向昌宁公司发出第一批昌宁可乐易拉罐150万套。昌宁公司收货后,发现易拉罐体印刷有印色错位、字迹模糊等质量问题,即向华罐公司发出书面异议函,要求华罐公司速派人解决,并提出停止发货。之后,华罐公司未再发货,双方就质量问题进行了协商。1995年4月17日,双方达成两份协议。第一份协议(简称"4·17协议")约定:昌宁公司认为华罐公司加工的易拉罐质量有问题,经双方商定,华罐公司派人到昌宁公司检查已运到的部分易拉罐,将其中印刷模糊、罐底部内壁伤痕等质量不合格的罐全部挑出来,由华罐公司处理。时间定于1995年8月下旬在昌宁公司灌装前卸垛机上进行;华罐公司将未发出的易拉罐全部运到昌宁公司,进行检查清理,把其中不合格的罐全部挑出来,由华罐公司负责处理,对于质量合格的罐,由昌宁公司正式使用,并且对这部分易拉罐给予结清。第二份协议约定:华罐公司于1995年4月30日前发货500万套,5月30日前发货500万套;昌宁公司于4月20日前后到华罐公司,待华罐公司开机生产,经样罐验收合格后付300万元预付款,5月20日前后,待华罐公司开机生产另一批500万套时,经样罐验收合格后,结清华罐公司4月30日付昌宁公司的500万套易拉罐全款,同时再付300万元预付款;昌宁公司收到华罐公司于5月30日供给昌宁公司的500万套易拉罐后的一个月内结清该500万套易拉罐全款。两份协议签订后,华罐公司按协议约定于4月底将先前已加工好但未发运的第一批罐352.226万套运抵昌宁公司,并根据昌宁公司对第一批易拉罐改制后的样罐再行加工生产。1995年5月底华罐公司向昌宁公司发出第二批易拉罐500.27万套,昌宁公司收货后随即用了其中的82万套。另外,华罐公司共向昌宁公司提供易拉罐1118.13万只,多供115.634万只。昌宁公司于1995年4月22日预付款300万元,7月20日又支付100万元,并按约支付了66%的运费及木托盘押金。1995年8月24日、8月28日昌宁公司两次传真函告华罐公司称:华罐公司加工的第二批易拉罐存在罐表面严重褪色问题,要求华罐公司立即退还昌宁公司已支付的400万元易拉罐款。1995年8月29日,华罐公司向江苏省镇江市中级人民法院起诉,请求法院判令昌宁公司给付加工承揽款804.6万余元,承担违约责任、赔偿经济损失并承担诉讼费用。

镇江市中级人民法院受理案件后,根据华罐公司的先予执行申请,裁定先予执行昌宁公司银行存款人民币230万元。该院还就第一批易拉罐的质量问题委托国家包装产品质量监督检验中心(广州)进行了质量检测,该中心根据镇江市中级人民法院送检的2只样罐(由昌宁公司在加工前签字确认的样品罐)、1只抽样罐(华罐公司加工生产的第一批定作物)进行了检验。1996年1月30日作出的委托检验报告认定,样罐和抽样罐均存在文字不清晰的问题,检验结果外印刷均被评定为不合格,检验意见:文字不清晰的原因是在银灰色的铝基上印上淡黄色底加上白色的字，人眼对这三种颜色的分辨率低，故造成不合格。后国家包装产品质量监督检验中心（广州）于1996年3月22日向镇江市中级人民法院发出“检验报告更正通知书”，明确取消原检验报告中“检验意见”的内容，并寄发了更正后的委托检验报告。镇江市中级人民法院认为：华罐公司与昌宁公司签订的95008号加工承揽合同合法有效。华罐公司按昌宁公司提供的样罐加工并按期交付了定作物，已按合同约定履行了其应尽的义务；昌宁公司认为第一批定作物加工存在质量问题，证据不足，不予采纳；昌宁公司在收到华罐公司向其提供的第二批易拉罐后，未能在合同规定的期限内提出质量异议，应视为华罐公司提供的定作物质量符合合同要求；昌宁公司收到加工定作物后未按合同规定支付华罐公司的价款有过错，应依约承担违约责任。依照《加工承揽合同条例》第二十二条第一款第五项规定，镇江市中级人民法院以（1995）镇经一初字第130号民事判决书判决：（一）华罐公司与昌宁公司签订的95008号加工承揽合同终止履行。（二）昌宁公司结欠华罐公司加工承揽价款、运费、木托盘押金、逾期付款违约金合计630.9万元，在本判决生效后一个月内给付华罐公司。诉讼费用由昌宁公司承担。

昌宁公司不服一审判决，上诉于江苏省高级人民法院。江苏省高级人民法院在二审期间对昌宁公司易拉罐的存放情况进行了现场勘查。该院认为，华罐公司与昌宁公司签订的95008号加工承揽合同合法有效。昌宁公司收到华罐公司提供的第一批500余万套易拉罐后认为不符合双方约定的质量要求，并以书面方式提出质量异议，后双方于1995年4月17日签订了两份协议，分别对第一批易拉罐的处理方法和对第二批易拉罐的供货、结算方法进行了约定。由于华罐公司和昌宁公司对“4·17协议”中“8月下旬罐装前卸垛机上进行挑捡”的约定不够明确，导致挑捡不成，又由于华罐公司在约定的挑捡期限届满之前诉至法院，引起纠纷，并导致该批罐全部报废，故华罐公司应对第一批易拉罐的损失承担主要责任，昌宁公司亦应承担相应责任。原审人民法院的委托鉴定因不符合法定送检程序而不能作为本案的定案依据，且认定华罐公司交付的第一批易拉罐符合合同约定缺乏事实依据，应予纠正。华罐公司所供昌宁公司第二批易拉罐在贮存过程中发生褪色现象，昌宁公司在90天内对褪色现象提出异议符合双方约定，原审人民法院以昌宁公司未在合同规定的期限内提出质量异议认定华罐公司所供第二批易拉罐符合合同要求缺乏法律依据。据本院二审期间的现场勘查表明，第二批罐朝西的罐垛外层罐体外侧表面红色褪色严重，朝北的罐跺外层罐体外侧表面及所有内层罐体外表面均无褪色，故罐表面红色褪色明显系阳光直射所致。昌宁公司对华罐公司交付的第二批易拉罐贮存不当导致外层部分易拉罐外侧表面红色褪色，故其提出的质量异议不能成立，昌宁公司应对该批易拉罐的损失承担全部责任。昌宁公司的上诉理由部分成立，应予支持。依照《加工承揽合同条例》第二十条第二款、第二十二条第一款第五项规定，江苏省高级人民法院以（1996）苏经终字第294号民事判决书判决：（一）维持镇江市中级人民法院（1995）镇经初字第130号民事判决第一项。（二）撤销镇江市中级人民法院（1995）镇经初字第130号民事判决第二项和案件受理费、财产保全费、鉴定费承担部分。（三）昌宁公司应再付华罐公司加工承揽价款1877241.75元，支付逾期付款违约金781094.27元，两项合计2658336.02元，昌宁公司应于本判决生效10日内付给华罐公司。（四）华罐公司于本判决生效后10日内将现存于昌宁公司仓库的第一批易拉罐及盖子自行运回。（五）昌宁公司于本判决生效后10日内将1083只托盘退回华罐公司，或将86640元托盘押金给付华罐公司。一、二审案件受理费各50210元，由华罐公司各承担15063元，昌宁公司各承担35147元，财产保全费41520元由昌宁公司承担，鉴定费600元由华罐公司承担。

昌宁公司不服二审判决，向最高人民检察院申诉。最高人民检察院经审查认为：（一）二审判决在华罐公司向昌宁公司交付第一批定作物的事实认定和责任确定上，均有错误。（二）二审判决对第二批定作物质量争议问题的事实认定、责任确定和程序适用上，均有错误。（三）二审判决适用法律确有错误，应认定华罐公司承担全部责任却判令昌宁公司承担全部责任。遂于1997年12月20日以高检发民行抗字［1997］第11号民事抗诉书就本案向最高人民法院提出抗诉。最高人民法院于1998年4月25日以（1998）经指字第3号民事裁定书，指令江苏省高级人民法院对本案进行再审。

再审期间，江苏省高级人民法院走访了有关饮料生产单位,并于1999年4月至6月委托江苏省测绘一院对昌宁公司仓库的地理环境进行了测量,并委托中国科学院紫金山天文台根据江苏省测绘一院的测绘报告对昌宁公司库房内存放的易拉罐罐垛1995年6月、7月、8月是否能受到阳光照射进行了计算。江苏省高级人民法院再审认为,昌宁公司与华罐公司的95008号合同为有效合同。在昌宁公司发现华罐公司为其加工的第一批易拉罐存有印刷模糊等质量问题时,经协商达成"4·17协议",约定8月下旬由华罐公司派人在昌宁公司灌装前卸垛机上进行挑捡,但由于协议中对"灌装前卸垛机上进行挑捡"约定的不够明确,造成双方理解不一。华罐公司认为灌装前卸垛机上进行挑捡,即边挑边灌是符合易拉罐饮料生产的要求的,昌宁公司认为"4·17协议"已明确了挑罐义务人、挑罐地点及时间,华罐公司没有履行义务,应对第一批罐的损失承担全部责任的申诉理由不能成立。原二审判决根据双方的各自过错判决华罐公司对第一批罐的损失承担主要责任,昌宁公司承担相应责任,并无不当之处。对华罐公司所供的第二批易拉罐在贮存过程中发生褪色现象,昌宁公司认为是因其红色油墨色牢度不够所致,并向法院提供了国家技术监督局委托的联合专家组出具的质检报告作为证明。对易拉罐外观印刷油墨色牢度的标准问题,经再审查证:我国目前对易拉罐油墨色牢度尚无标准,双方当事人在合同中亦无明确约定,因此昌宁公司认为华罐公司加工生产的第二批易拉罐外观印刷油墨色牢度不合格,没有法律依据。联合专家组的查验报告,系昌宁公司单方在场的情况下进行的现场查验,不能表明查验程序的公正性,且依据国际羊毛局服装面料标准判定查验的易拉罐外观印刷油墨色牢度不合格,属适用标准错误,故不能作为人民法院判案的根据。依据GB9106—94包装容器—铝易开盖两片罐国家标准的规定,易拉罐在贮存过程中应避免阳光的直接照射。经查证,阳光的直接照射会加速易拉罐表面印刷油墨中颜料的化学变化和物理变化,而这些变化均会使油墨中的颜料发生变暗、变淡以至完全褪掉。二审期间,经对昌宁公司易拉罐贮存条件进行现场勘察表明,第二批易拉罐罐垛朝西的罐垛外层罐罐体外侧表面红色褪色严重,朝北的罐垛外层罐罐体外侧红色略有褪色,而背光的东、南两面外层罐罐体外侧表面及所有内层罐罐体外表面均没有褪色。再审期间委托中国社会科学院紫金山天文台对存放在昌宁公司仓库内的易拉罐垛受太阳照射情况计算结果表明,贮存在昌宁公司库房内的第二批易拉罐垛外侧,其西面和北面均受到阳光的照射,由此,贮存在昌宁公司库房内的第二批易拉罐罐垛西面、北面外层罐表面红色褪色,明显系阳光照射所致。二审以昌宁公司对第二批易拉罐贮存不当,导致外层部分易拉罐外侧表面红色褪色为由,判决昌宁公司应对第二批易拉罐的损失承担全部责任,并无不当,应予维持。江苏省高级人民法院于1999年7月13日以(1998)苏经再终字第1号民事判决书判决:维持江苏省高级人民法院(1996)苏经终字第294号民事判决。再审测量费、计算费17500元由昌宁公司承担。

昌宁公司对再审判决不服,于1999年11月23日再次向最高人民检察院提出申诉。2000年9月14日,最高人民检察院以高检民行抗字(2000)43号抗诉书对本案再次向最高人民法院提出抗诉。抗诉理由是,江苏省高级人民法院对本案的再审判决在认定事实、适用法律上均有错误:

一、江苏省高级人民法院再审判决以"由于'4·17协议'对挑捡易拉罐的约定不够明确,造成双方理解不一,华罐公司认为灌装前卸垛机上进行挑捡,即边挑边灌是符合易拉罐饮料生产的要求"为由,认定华罐公司不应对第一批罐的损失承担全部责任,约定与案件事实不符。

双方当事人在"4·17协议"中的约定明确了以下问题:挑罐义务人是华罐公司;挑罐时间是8月下旬;挑罐地点是在昌宁公司;挑罐方式是灌装前卸垛机上进行。该协议不存在意思模糊的内容。但在双方约定的挑罐期限内,华罐公司不仅未派员到昌宁公司履行挑罐义务,反而抢先于1995年8月29日在本地法院起诉,致使第一批罐全部报废,导致损失产生。因此,华罐公司应对第一批罐的损失负全部责任。

二、江苏省高级人民法院再审判决否定联合专家组的查验报告,并以江苏省测绘一院的测绘报告、紫金山天文台的计算报告为依据,认定昌宁公司对第二批罐贮存不当导致罐表面红色褪色,应对第二批罐的损失承担全部责任。该认定缺乏事实依据。

1. 目前我国对易拉罐油墨色牢度没有国家标准,本案中,双方当事人在合同中对此亦无明确约定。但根据《中华人民共和国产品质量法》第十四条第二项的规定，产品质量应当符合“具备产品应当具备的使用性能”的要求，华罐公司提供给昌宁公司的制作物是用来做饮料的包装物的，应当符合GB7718—94《食品标签通用标准》对外包装物装潢促销性能的要求。

2. 对第二批易拉罐的质量问题，昌宁公司在一、二审期间多次要求法院按法定程序委托权威部门进行鉴定，但一、二审法院均未将该批罐的质量问题提交权威部门鉴定。昌宁公司向国家技术监督局反映了华罐公司生产的易拉罐的质量问题，国家技术监督局依职权要求国家印刷装潢制品质量监督检验中心、国家包装产品质量监督检验中心（天津）组成现场调查检验专家组，对华罐公司生产、存放在昌宁公司仓库的易拉罐进行了现场查验，并由国家印刷装潢制品质量监督检验中心出具了检验报告，对第二批罐的检验结论是“耐光色牢度不合格”。根据《中华人民共和国产品质量法》第六条、第十条的规定，国家产品质量监督管理部门是负责全国产品质量监督工作的法定部门，其有权对用户反映有质量问题的产品进行监督检查。国家技术监督局依照上述规定，要求有权鉴定部门对用户反映质量有问题的产品进行监督检查并作出检验结论，符合法律规定，对其检验结论应当予以认定。

3. 国际标准ISO2835《印刷品和印刷油墨耐光性能的评定》3.1规定，本国际标准适用于一切承印物，如纸张、纸板、金属（金属薄片和金属板）和塑料材料等，亦适用于凸版印刷、平版印刷、凹版印刷等各种印刷方法。该标准3.3还规定，判定耐光性时，比照兰羊毛标准品的等级，测定经受同等变化的标准品的状态。该标准中规定的检验方法与国际羊毛局制定的《服装面料品种标准》中规定的检验方法是一致的。故联合专家组按照GB7718—94《食品标签通用标准》、QB1877—93《包装装潢镀锡（铬）薄钢板印刷品制罐产品》，并参照ISO2835及国际羊毛局服装面料标准对讼争易拉罐质量问题进行检验，适用标准是正确的。

4. 华罐公司生产的第二批易拉罐的每只罐体印有四种颜色，在昌宁公司仓库存放过程中，同样位置、同等光照的易拉罐上，只有红色严重褪色。这个事实亦说明华罐公司生产该批易拉罐所用红色油墨耐光色牢度存在问题。

三、终审判决适用法律确有错误。对本案定作物质量和损失的责任认定，应当适用《中华人民共和国民法通则》第一百一十一条规定的处理合同一方当事人违约的民事责任的原则规定，再审判决仍判决昌宁公司对第一批定作物的损失承担部分责任、对第二批定作物的损失承担全部责任，适用法律确有错误，判决结果显失公正。

最高人民法院于2003年8月14日以（2003）民二抗字第3号民事裁定书裁定提审本案。并于2003年10月14日对本案开庭进行了再审。

最高人民法院再审认为：华罐公司与昌宁公司签订的95008号加工承揽合同有效。双方在1995年4月17日签订的“4·17协议”，是在华罐公司承认第一批易拉罐存在质量问题的前提下达成的，二审庭审中华罐公司也予确认；“4·17协议”的目的是华罐公司处理其生产的不合格产品，昌宁公司配合华罐公司挑拣。协议约定的灌装前卸垛机上挑拣，可理解为卸垛挑拣后直接灌装，也可理解为在卸垛机上独立进行的挑拣，因此，关于卸垛机上挑拣的内容属约定不明。

一审法院委托广州包装质检中心做出的检验报告虽因抽样违规未被采用，但检验结论中“文字不清晰”的内容与昌宁公司提出的印色错位、字迹模糊不清和“4·17协议”确认的印记模糊质量问题一致，说明第一批罐确实存在质量问题。第二批易拉罐体红色褪色的问题已经二审及原再审判决认定。褪色可因日晒、外力或其他化学物质浸入等因素导致。本案第二批罐体红色褪色的外在因素是阳光照射，但四种颜色中的一种颜色褪色，则与颜色的油墨质量有关，阳光照射只是导致红色褪色的外部原因。二审判决后，华罐公司向二审法院提供的油墨质量合格证明，超过证据提交时间，且证明人江门市油墨化工厂系华罐公司供货商，与华罐公司有直接利害关系，因此，该证明不能作为定案依据。二审及原再审判决据此第二批罐体表面红色褪色明显系阳光照射所致依据不足。

天津检验报告虽由昌宁公司一方提供，但该检验属原国家技术监督局责成印刷质检中心、天津包装质检中心查验后由印刷质检中心做出，查验、检验均由该两中心按有关标准独立完成，该检验不属行政管理行为，也不同于当事人单方委托，检验的引起并不违法。判断鉴定结论合法的依据，一是主体必须具备检验资格，二是检验内容合法。关于主体的合法性问题,天津检验报告由印刷质检中心做出,该中心具备检验主体资格。关于抽样的合法性问题:抽样由两中心派出共五位专家在昌宁公司仓库现场进行,其抽样依据国家标准依法进行,查验组成员均在查验报告上签字确认随机抽样结果。关于检验适用的标准、检验方法的合法性问题:本案当事人约定适用的标准为GB9106—88标准。第一批罐检验适用的标准属国家标准和行业通用标准,适用标准正确。因不合格数超出判定数,检验报告做出第一批罐不合格的结论是正确的;第二批罐褪色涉及油墨耐光色牢度问题。虽然,我国GB9106—88标准对印刷品油墨耐光色牢度没有规定,但本案第二批易拉罐体印刷红色褪色是客观事实。天津检验报告所参照的检验方法和适用的国际标准正确,经检验,本案被测样本的耐光色牢度不合格,且不合格数超出判定数,不符合GB7718—94标准第8.2规定。天津检验报告系受国家技术监督局指定做出的,不属当事人单方委托鉴定,该检验报告已经原再审法院庭审质证,因此,天津检验报告应当作为认定本案事实的依据。

在第一批易拉罐出现印刷质量问题后,双方通过协商本可以解决纠纷、减少损失,但之后双方又各执己见,形成讼争,二审判决认定华罐公司承担主要责任,昌宁公司承担次要责任的判决结果正确,本院予以维持。第二批罐体红色褪色的内在原因虽然是油墨耐光色牢度不合格造成,但外部阳光照射也是加速褪色的原因之一,故除华罐公司承担主要责任外,昌宁公司亦应承担一定责任。二审、原再审判决认定昌宁公司对第二批易拉罐的损失承担全部责任不当,应予纠正。依据《中华人民共和国民事诉讼法》第一百五十三条第一款第三项、第一百八十四条第一款之规定,最高人民法院于2005年5月8日作出(2003)民二抗字第3号民事判决书。判决如下:(一)维持江苏省镇江市中级人民法院(1995)镇经一初字第130号民事判决第一项和江苏省高级人民法院(1996)苏经终字第294号民事判决第一、四项。(二)撤销江苏省高级人民法院(1998)苏经再终字第1号民事判决和该院(1996)苏经终字第294号民事判决第二、三、五项及诉讼费用承担部分;撤销江苏省镇江市中级人民法院(1995)镇经一初字第130号民事判决第二项及诉讼费用承担部分。(三)昌宁公司应向华罐公司支付第一批易拉罐加工款2100911.80元、运费26969.60元,第二批易拉罐加工款983168.73元、运费18878.72元,支付已用82万套的托盘押金10160元,昌宁公司合计应付华罐公司3140088.85元。从已执行的8708284.55元中扣除该3140088.85元及应由昌宁公司自行处置部分441043.82元,华罐公司应返还昌宁公司本金6009239.52元及利息。四、驳回华罐公司的其他诉讼请求。一审案件受理费50210元、财产保全费41520元,共计91730元,由昌宁公司承担27519元,华罐公司承担64211元。鉴定费600元,由华罐公司承担。二审案件受理费50210元,由昌宁公司承担15063元,华罐公司承担35147元。再审测量费、计算费17500元,由华罐公司承担14000元,昌宁公司承担3500元。申请执行费用共计10138元,应由华罐公司承担7097元,昌宁公司承担3041元。

(最高人民检察院民事行政检察厅　吕洪涛)

## 四川省第一建筑工程公司诉乐山市国土局土地管理行政处罚纠纷抗诉案

20世纪60年代,建工部102建筑工程公司先后两次经有关部门批准在乐山通江公社胜利第三生产队征用土地5.391亩(其中耕地4.941亩,非耕地0.45亩),利用上述耕地建成乐山新村基地。1970年12月,四川省第一建筑工程公司(以下称省一建公司)将无偿接受的乐山新村基地(征地5.391亩,实际占地7.31亩)作为其办公基地。1983年11月,省一建公司经四川省人民政府批准迁到成都,乐山新村基地被改为其下属的华乐招待所。与华乐招待所相邻的乐山制药厂因新建生产车间急需新增用地,从1987年6月起,多次与省一建公司就买卖乐山新村基地问题进行谈判。1987年7月17日,省一建公司提出:“我们把地盘转(让)出去,不能用买卖或转让这两个词,要按搬成都给予补偿的提法。”此后,双方就房价、地价又进行了多次协商。1987年8月1日,省一建公司决定,同意以293万元的价格将乐山新村基地卖给乐山制药厂。同日,省一建公司与乐山制药厂签订了搬迁补偿及有偿价拨固定资产协议书。双方约定:省一建公司将乐山新村基地的全部房、地产按有偿价拨的办法价拨给乐山制药厂。由乐山制药厂付给省一建公司人民币 293 万元(其中:补偿费 270 万元,房价 20 万元,税收 3 万元),1987 年 8 月底付 150 万元,12 月底再付 143 万元。省一建公司收款后,分期分段移交房屋及所在区域,于 1987 年 9 月 30 日内办完全部房产及土地移交手续。

1987 年 9 月 2 日,乐山市人民政府以乐府办函(1987)94 号批复,同意乐山制药厂在国家规定价格范围内购买省一建公司乐山新村基地的建筑物和构筑物,并到乐山市房地产管理局(以下简称乐山市房管局)办理购买手续。但在市政府的批复下达前,乐山制药厂已于 1987 年 8 月 28 日付款 150 万元给省一建公司。但乐山市房管局认为省一建公司与乐山制药厂自行协议的房价太低,有偷漏税之嫌,故召集买卖双方到乐山新村基地现场,对其房屋、水泥地面、保坎重新核价,核定价格为 66 万元。根据乐山市房管局核定的价格,省一建公司与乐山制药厂签订了有偿价拨固定资产协议书和搬迁补偿及有偿价拨固定资产实施细则。约定:由乐山制药厂承担因变价变化增加的税费 3.46 万元,将应付省一建公司的款额由 293 万元增加到 296 万元;除去已付的 150 万元外,其余款由乐山制药厂于 1987 年 9 月 10 日付清。

1987 年 9 月 7 日,省一建公司向乐山制药厂移交了乐山新村基地的 2、3 号楼及所在区域。9 月 10 日,乐山制药厂向省一建公司付清全款。9 月 26 日,省一建公司向乐山制药厂移交其新村基地 1 号楼及所在区域。双方就乐山新村基地买卖成交完毕后,9 月 28 日到乐山市房管局办理房屋买卖手续。省一建公司将 0.441 亩征地批文移交给乐山制药厂,并于当日向乐山市房管局提出土地权属变更报告。该局当即答复"土地权属变更的手续不属我局办理"。9 月 29 日,乐山市房管局以乐市房(1987)140 号批复同意乐山制药厂购买省一建公司的房屋。1988 年 2 月 27 日,乐山市房管局向乐山制药厂颁发了乐市房权(88)字 59 号房屋临时产权证书。1988 年 3 月 7 日,省一建公司向乐山市国土局提出依法变更土地权属的报告,并于同月将 4.95 亩征地批文移交给乐山制药厂。

1988 年元月,乐山市房管局对省一建公司与乐山制药厂未经批准转让土地一案进行调查。对此,省一建公司和乐山制药厂分别写出检查,承认存在变相买卖土地的行为。1988 年 4 月 28 日,乐山市国土局认定省一建公司与乐山制药厂有偿价拨省一建公司乐山新村基地 5.391 亩的行为是非法转让土地的行为,违反了《中华人民共和国土地管理法》第二条、第三十四条和《四川省土地管理实施办法》第二条、第六条的规定,遂作出乐市国(1988)22 号《关于四川省第一建筑工程公司非法转让土地的处理通知》。乐山市国土局决定没收省一建公司非法转让土地所得的 180 万元,收归国库,并处 10 万元的罚款。省一建公司对此不服,向乐山市中级人民法院起诉,该案移送至乐山市市中区人民法院。

乐山市市中区人民法院一审审理认为,省一建公司利用其乐山新村基地特定的地理环境所形成的使用价值和乐山制药厂新建生产车间急需地基的时机,在按现价出卖其基地建筑物和构筑物之外又另收的 230 万元的"补偿费"没有法律依据,其补偿理由不能成立。省一建公司与乐山制药厂在整个交易过程中,尽管忌讳用买卖、转让土地之词,但事实上把土地当成商品进行了交易。双方签订协议后,政府部门有所觉察,一再指出国有土地不准买卖,双方乘政府部门未及时采取有效措施制止之机,私下加速了付款和交接基地的步骤,造成了非法转让土地的既成事实,严重侵犯了国家土地所有权。乐山市市中区人民法院依据《中华人民共和国土地管理法》第二条、第四十七条、第五十二条和《四川省土地管理实施办法》第二条、第三十五条、第四十七条以及最高人民法院关于审理经济行政案件的规定,于 1988 年 11 月 14 日作出(88)法民行字第 2 号民事判决:(一)没收省一建公司非法转让土地的所得款 180 万元。(二)对省一建公司罚款 5 万元。诉讼费 9520 元,由省一建公司全部承担。

省一建公司不服该判决,向乐山市中级人民法院提出上诉。

乐山市中级人民法院二审审理认为,乐山制药厂购买省一建公司乐山新村基地上的建筑物和构筑物,是经乐山市人民政府批准,且向省一建公司交付了房价款,并依法办理了房屋过户手续,已交付使用。因此,双方买卖房屋是合法的。但是,省一建公司在房屋买卖成交中与乐山制药厂以签订搬迁补偿为名,对土地进行变相买卖,违反了《中华人民共和国土地管理法》和《四川省土地管理实施办法》之规定,构成了买卖土地的行为。因此,依据《中华人民共和国民事诉讼法(试行)》第一百五十一条第一项之规定,乐山市中级人民法院于 1989

年1月5日作出(1988)法行上字第4号行政判决:(一)维持乐山市市中区人民法院(88)法民行字第2号民事判决书第一项中没收省一建公司非法所得款180万元和第二项。(二)变更第一项中的非法转让土地为买卖土地。上诉案件受理费6520元由省一建公司承担。

终审判决后,省一建公司仍不服,向四川省高级人民法院提出申诉。

四川省高级人民法院再审审理认为,省一建公司与乐山制药厂在平等、自愿、协商一致基础上转让建筑物时,省一建公司要求乐山制药厂给予一定的补偿;乐山制药厂考虑到省一建公司的实际困难及自身扩大再生产的需要,自愿同意给予一定的补偿,双方的行为不违背法律、法规的规定。且双方当事人转让建筑物、构筑物系经乐山市人民政府批准,符合法律规定。双方当事人在按约履行各自义务、转让行为成立后,分别向乐山市房管部门及国土管理部门申报要求办理变更土地使用权的手续,其行为符合法律规定。乐山市国土局认定为非法转让土地,主要证据不足。转让的土地早在1964年即建设成为企业的生活、生产经营场所,乐山市国土局认定省一建公司非法转让耕地4.5亩,主要证据不足。乐山市中级人民法院对双方经乐山市人民政府批准转让建筑物、构筑物时,双方自愿协商给付一定搬迁补偿费用的行为认定为非法买卖土地,无法律依据。四川省高级人民法院依据《中华人民共和国行政诉讼法》第六十一条第三项、第五十四条第二项之规定,于1998年5月11日作出(1998)川行再终字第1号行政判决:(一)撤销四川省乐山市中级人民法院(1988)法行上字第4号行政判决。(二)撤销乐山市市中区人民法院(88)法民行字第2号民事判决。(三)撤销乐山市国土局乐市国土(1988)22号处理通知。(四)乐山市国土局收缴省一建公司180万元和罚款5万元,共计185万元,由乐山市国土局返还给省一建公司。一、二审案件诉讼费16040元由乐山市国土局承担。

乐山市国土局不服四川省高级人民法院再审判决,向四川省人民检察院提出申诉,四川省人民检察院提请最高人民检察院抗诉。最高人民检察院审查后认为,四川省高级人民法院(1998)川行再终字第1号行政认定事实错误,程序违法:

一、再审判决忽视了省一建公司和乐山制药厂多次表现出的真实意思,对本案非法转让土地的行为未予认定,是认定事实错误。

省一建公司在与乐山制药厂协商买卖乐山新村基地时明确提出:我们把地盘转(让)出去,不能用买卖或转让这两个词,要按搬成都给予补偿的提法。此后,省一建公司决定同意以293万元将乐山新村基地地盘卖给乐山制药厂,双方签订了搬迁补偿固定资产协议书。而且,在乐山市有关部门对新村基地房屋等建筑物、构筑物核价为66万余元后,双方仍以296万余元的总价格再次签订了有偿价拨固定资产协议书和搬迁补偿及有偿价拨固定资产实施细则。乐山制药厂给予省一建公司的所谓补偿,超过国家对乐山新村基地建筑物、构筑物的核定价230万余元之多。依照有关规定,补偿只发生在指令性的动迁中。省一建公司是早已自行搬迁的单位,不存在征用和动迁问题,因而也不应发生补偿问题。且乐山市人民政府办公厅批准买卖的仅是地上建筑物、构筑物。省一建公司在制药厂付清全部价款后,分批向其移交了新村基地的全部区域(包括房屋、土地),还将新村基地的原征地批文移交给乐山制药厂,双方分别向乐山市国土局提出了关于依法变更土地权属的报告。上述行为表明双方在主观上有买卖(转让)新村基地土地的故意,客观上也存在买卖(转让)新村基地土地的事实。我国土地管理法第二条第二款规定,任何单位和个人不得侵占、买卖或者以其他形式非法转让土地。第十九条规定,用地单位已经撤销或者迁移的,由土地管理部门报县以上人民政府批准,收回用地单位的土地使用权,注销土地使用证。《四川省土地管理实施办法》第六条第一款规定,依法变更土地权属的,必须向土地所在地的县级土地管理部门申请办理手续,经县级以上人民政府批准,确认其所有权或使用权。省一建公司原使用的土地属无偿划拨土地,迁移后应由土地部门收回其土地使用权,注销土地证。双方的行为,是名为补偿,实为买卖土地。双方在乐山市国土局查处该案时所写的检查中,均明确承认双方之间存在违法转让土地行为,违背了我国土地管理法的有关规定。虽然,乐山市国土局在对省一建公司的行政处理通知中,将其中部分土地认定为耕地是不恰当的,但并不影响本案性质的确定。再审判决对以上事实未予认定,是错误的。

二、四川省高级人民法院于1992年3月24日裁定再审本案,直到1998年5月21日才下达再审判决,时间长达六年多。再审审限严重违反了《最高人民法院关于贯彻执行〈中华人民共和国行政诉讼法〉若干问题的意见(试行)》第一百一十四条和《中华人民共和国民事诉讼法》第一百八十四条的规定。

2001年4月21日,最高人民检察院依据《中华人民共和国行政诉讼法》第六十四条之规定,以高检民行抗字(2001)第10号行政抗诉书就本案向最高人民法院提出抗诉。

最高人民法院受理抗诉后,指令四川省高级人民法院对本案进行再审。四川省高级人民法院依法另行组成合议庭,对本案公开开庭审理。最高人民检察院指派四川省人民检察院派员出席了再审法庭。

四川省高级人民法院再审认为,省建一公司在动意出售乐山新村基地时明确提出,把地盘转(让)出去,不能用买卖或转让这两个词。在与乐山制药厂达成出售地上建筑物、构筑物协议时,虽以补偿形式而回避了土地问题,但将土地作价进行补偿已是不争的事实。双方到乐山市房管局办理房屋买卖手续,省建一公司将0.45亩征地批文交与乐山制药厂,并向乐山市国土局提出变更土地权属申请。1987年7月9日发布实施的《四川省土地管理实施办法》第六条第一款规定:"变更土地权属的,必须向土地所在地的县级土地管理部门申请办理手续,经县级以上人民政府批准,确认其所有权或者使用权。"省一建公司将土地作价并在转让成交后的情形下,才向土地管理部门提出申请,违反了上述规定。因此,乐山市国土局将转让过程中的补偿行为定性为非法转让土地应属准确。本院原再审判决认定省一建公司与乐山市制药厂之间协议转让新村基地建筑物、构筑物的行为不违背法律、法规的规定有误。省一建公司与乐山制药厂协议的搬迁补偿费,实为转让土地使用权费用,该行为违反了《中华人民共和国土地管理法》第二条第二款"任何单位和个人不得侵占、买卖、出租或以其他形式非法转让土地"和《四川省土地管理实施办法》第二条第三款"严禁任何单位和个人侵占、买卖、出租、抵押或者以其他形式非法转让土地"的规定。乐山市国土局对省一建公司作出处理并无不当,本院原再审判决撤销乐山市国土局的处理通知有错,应予纠正。最高人民检察院抗诉理由成立,本院予以支持。根据《中华人民共和国行政诉讼法》第六十四条、第六十一条第一款第三项、第五十四条第一项,《中华人民共和国土地管理法》第四十七条和《四川省土地管理法实施办法》第三十五条之规定,四川省高级人民法院于2005年6月21日作出(2004)川行再终字第2号行政判决:(一)撤销本院(1998)川行再终字第1号行政判决和四川省乐山市中级人民法院(1988)法行上字第4号行政判决第二项,即变更一审判决第一项中的非法转让土地为买卖土地。(二)维持乐山市市中区人民法院(88)法民行字第2号民事判决和四川省乐山市中级人民法院(1988)法行上字第4号行政判决第一项。(三)维持乐山市国土局乐市国土(1988)22号处理通知。一审案件诉讼费9520元,二审案件诉讼费6520元,共计16040元由省一建公司承担。

(最高人民检察院民事行政检察厅　王天颖)

## 唐山市新华金属屋顶成型安装有限公司诉丰润县冀东建材大世界开发公司等建筑安装工程合同纠纷抗诉案

1998年6月17日,唐山市新华金属屋顶成型安装有限公司(以下简称新华公司)与冀东建材大世界开发公司(后更名为丰润县冀东建材大世界开发公司,以下简称大世界公司)签订了金属拱型波纹屋顶承包建筑安装合同,约定:新华公司为大世界公司建设安装一、二、三、四号金属拱型屋顶大厅,工程总建筑面积11229.18平方米,总价款354.8万余元;施工日期40天,从1998年8月10日起至1998年9月20日止。工程质量达到设计要求及建筑规范要求,符合《金属拱型屋顶质量检验评定表》规定的数据。双方约定合同生效后大世界公司于1998年6月27日向新华公司支付工程款100万元。

合同签订后,新华公司即组织对所承包工程的三、四号大厅进行施工。大世界公司于1998年7月14日、7月27日、9月14日分别给付新华公司工程款40万元、20万元、40万元,总计100万元。新华公司完成了三、四号大厅屋顶工程后,开始对一、二号大厅屋顶进行施工。1998年9月25日,大世界公司向新华公司提出工程存在质量问题,双方经协商,由新华公司对三、四号大厅存在的问题给予修缮。1998 年 9 月 26 日,新华公司向大世界公司提供了关于三、四号大厅屋顶工程修整方案的书面报告。1998 年 9 月 28 日,大世界公司将施工现场停电,并于 1998 年 9 月 30 日向新华公司送达了终止合同通知。

新华公司因无法施工而诉至唐山市中级人民法院,要求大世界公司继续履行合同。一审期间,唐山市中级人民法院于 1999 年 1 月 27 日委托河北省建筑工程质量检测中心对三、四号大厅的工程质量进行检测。经检测:三、四号大厅的金属拱型波纹屋顶除彩板厚度及埋件间距外,其余各项检测值均不能满足企业质量标准的要求,均未达到该施工企业标准及同类企业标准中的合格要求,并给这两座建筑造成影响结构安全的质量隐患,不能保证结构的安全使用。1999 年 4 月 13 日,唐山市中级人民法院作出(1998)唐经初字第 205 号民事裁定:(一)终止双方签订的冀东建材大世界四期工程金属拱形波纹屋顶承包合同。(二)准许大世界公司对冀东建材大世界四期工程的一、二号大厅屋顶工程另行组织安装施工。(三)双方对冀东建材大世界四期工程的三、四号大厅屋顶的质量纠纷,待鉴定结论作出后,再行处理。

1999 年 8 月,大世界公司组织人员擅自将三、四号大厅拆除,拆除后的材料由大世界公司保管。

另查明,大世界公司于 1998 年 3 月 11 日由丰润县丰润镇经济联合社和丰润县丰润镇南关第二居民委员会共同投资经办,未经工商行政管理部门登记注册。其以法人名义对外签订合同,所使用的公章是经公安部门批准后刻制的。一审期间,大世界公司于 1998 年 7 月 27 日经工商登记注册。新华公司未办理资质证书。

唐山市中级人民法院一审审理认为,新华公司与大世界公司就建筑安装拱型金属屋顶,双方虽签订了承包合同,并且按合同已部分履行,但在签订合同时,大世界公司没有经工商登记,即不具备签订合同的主体资格,新华公司作为建筑承包方也不具有建筑资质,双方所签合同无效。依据合同所建工程经鉴定部门鉴定为不合格,因此双方依该合同所取得的财产应各自返还,对造成的损失应由双方共同承担。新华公司因工程不合格,对所造成的损失应承担主要责任。大世界公司在签订合同时没有对承包方是否具有建筑资质进行认真地审查,对造成的损失应承担次要责任。大世界公司签订合同所使用公章是经公安部门批准后所刻制,新华公司称大世界公司非法刻制公章,欺骗其签订合同的理由不能成立。大世界公司在本案审理过程中未经法院许可,将三、四号大厅拆除,故要求新华公司承担不合格三、四号大厅拆除费用的主张,不予支持。本案审理过程中,大世界公司经登记后为丰润县冀东建材大世界公司,具备了法人资格和独立承担民事责任的能力。故丰润县丰润镇经济联合社、丰润县丰润镇南关第二居委会应承担的责任由大世界公司承担。唐山市中级人民法院依据《中华人民共和国合同法》第五十二条第五项、第五十八条之规定,于 1999 年 11 月 2 日作出(1998)唐经初字第 205 号民事判决:(一)新华公司与大世界公司所签订的建筑安装承包合同无效。(二)新华公司返还大世界公司工程款 100 万元,工程安装后拆除的彩板以及未安装放置在工地上的彩板归新华公司所有。(三)大世界公司给付新华公司 100 万元工程款的利息(按银行同期贷款利率,自借款之日起到返还本金之日止计算),新华公司承担 60%,大世界公司承担 40%。(四)工程损失费 796579.4 元,新华公司承担 477947.64 元,大世界公司承担 318631.76 元。(五)鉴定费 8.7 万元,由新华公司承担。(六)丰润县丰润镇经济联合社、丰润县丰润镇南关第二居委会不承担责任。(七)新华公司、大世界公司其他诉讼请求不予支持。案件受理费 27510 元,反诉费 27510 元,合计 55020 元,新华公司承担 33012 元,大世界公司承担 22008 元。

新华公司不服一审判决,上诉至河北省高级人民法院。河北省高级人民法院二审审理认为,新华公司与大世界公司签订合同时大世界公司未经登记,新华公司亦未取得工程安装资质证书,双方所签合同应认定无效。对此,签约双方均明知对方主体资格有瑕疵而与对方签订合同,均有过错。合同无效,双方均应相互返还,由于合同无效造成的损失均应自负。但大世界公司在原审法院初鉴为不合格工程且未作出妥善处理的情况下,未经法定程序自行拆除了新华公司所承建的工程,责任应当自负。新华公司已完工程量,应按其初始主张的最低数额计算(即总工程量的 60%,以 3548420,88 元 × 60% =2129052.53 元)。大世界公司应返还新华公司工程投入折价 2129052.53 元;新华公司应返还大世界公司工程款 100 万余元;两项相抵后,大世界公司应返还新华公司 1129052.53 元。原判决认定事实不清，证据不足，且适用法律错误，应予改判。新华公司上诉请求部分有理，应予支持。河北省高级人民法院依据《中华人民共和国民事诉讼法》第一百五十三条第一款第三项之规定，于2000年4月24日作出(2000)冀经二终字第25号民事判决：(一)撤销河北省唐山市中级人民法院(1998)唐经初字第205号民事判决。(二)本判决生效后十日内，大世界公司返还新华公司工程投入1129052.53元。案件受理费由双方按比例分别承担。

终审判决生效后，河北省高级人民法院于2001年4月28日以(2000)冀经监字第30号民事裁定对本案进行再审。河北省高级人民法院再审审理认为，新华公司与大世界公司的建筑安装拱型金属屋顶承包合同，虽已部分履行，但签订合同时大世界公司没有经工商登记，新华公司亦未取得工程安装资质证书。双方合同主体均不合格，应认定合同无效。检测鉴定报告是受法院委托由河北省建筑工程质量检测中心作出，且鉴定是依照法定程序进行，应予确认。新华公司因建筑工程质量不合格，对所造成的损失应承担主要责任。大世界公司在未经法院允许的情况下擅自拆除了不合格的工程，也负有一定的责任；本院二审认定新华公司完成总工程量的60%，证据不足。故原一审判决事实清楚，适用法律正确。河北省高级人民法院根据《中华人民共和国民事诉讼法》第一百七十七条第一款、第一百八十四条第一款之规定于2001年8月21日作出(2000)冀经再字第30号民事判决：(一)撤销本院(2000)冀经二终字第25号民事判决。(二)维持唐山市中级人民法院(1998)唐经初字第205号民事判决。一、二审案件受理费49260元，新华公司承担29556元，大世界公司承担19704元，反诉费27510元，由新华公司、大世界公司分担。

新华公司不服河北省高级人民法院的再审判决，向河北省人民检察院提出申诉，河北省人民检察院审查后提请最高人民检察院抗诉。

最高人民检察院审查后认为，河北省高级人民法院(2000)冀经再字第30号民事判决认定事实与适用法律均有错误：

一、再审判决认为二审判决认定新华公司已完成总工程量的60%的证据不足，属认定事实错误。本案中，因大世界公司违反唐山市中级人民法院作出的(1998)唐经初字第205号民事裁定书的规定，擅自拆除新华公司承建的三、四号大厅屋顶，导致无法查明新华公司的实际投入及完成的工程量。丰润县公安局保安公司于1998年10月7日对其看护的大世界公司施工现场的施工设备、材料列出清单，反映了工程进度情况。新华公司在一审期间提交该清单，二审经过法庭质证，双方认可其中大部分内容。且该项工程共四个大厅屋顶，新华公司已完成三、四号大厅屋顶，并对一、二号大厅屋顶部分施工，故原二审认定新华公司已完成总工程量的60%的事实，证据充分。再审判决认为新华公司完成总工程量60%的证据不足是错误的。

二、再审判决对无效合同仅判令单方返还，且对因一方过错造成的扩大损失判令双方承担，系适用法律错误。(一)《中华人民共和国合同法》第五十八条明确规定："合同无效或者被撤销后，因该合同取得的财产，应当予以返还；不能返还或者没有必要返还的，应当折价补偿。有过错的一方应当赔偿对方因此所受到的损失，双方都有过错的，应当各自承担相应的责任。"本案中，只有查清了双方的投入，才能确定双方返还数额，再审判决判令新华公司单方返还大世界公司的预付工程款100万元，而未判令大世界公司返还新华公司投入的工程材料款，显系适用法律不当。(二)在一审期间，唐山市中级人民法院裁定，对三、四号大厅屋顶的质量纠纷，待鉴定结论作出后再行处理。大世界公司未经法院许可，擅自拆除三、四号大厅屋顶。该工程虽经检测存在质量问题，但尚可修复，大世界公司擅自予以拆除，致使损失扩大，大世界公司应承担责任。再审判决未作认定，属适用法律错误。

2003年4月28日，最高人民检察院依据《中华人民共和国民事诉讼法》第一百八十五条第一款第一项和第二项之规定，以高检民抗(2003)11号民事抗诉书就本案向最高人民法院提出抗诉。

最高人民法院受理抗诉后，于2004年2月19日作出(2003)民一抗字第11号民事裁定书，决定提审本案，并于2005年4月12日公开开庭审理了本案。最高人民检察院派员出席了再审法庭。

最高人民法院再审审理认为，新华公司与大世界公司在签订建筑安装拱型金属屋顶承包合同时，大世界公司没有经过工商管理部门登记注册，不具备法人资格，新华公司作为建筑承包方亦未取得工程安装资质，原审判决认定该合同无效是正确的。依照法律对无效合同的处理原则，当事人依该合同所取得的财产，应予返还。故新华公司应返还大世界公司已支付的工程款100万元;大世界公司应按已经完成工程的实际价值对新华公司给予补偿。本案工程内容是四个大厅计11229.18平方米的金属拱型波纹屋顶的建筑安装,根据已经查明的事实,新华公司基本完成了三、四号大厅的施工,一、二号大厅也已开始备料和施工,原二审判决按工程的形象进度结合新华公司的初始主张,认定新华公司已完成合同约定工程总量的60%,有一定的事实依据。因合同被认定为无效,且本案已完成的工程经鉴定为不合格工程,新华公司依据合同约定,主张大世界公司应支付已完成工程价款248万元,没有事实和法律依据,不予支持。对于不合格工程,一般可采取修理、加固或者拆除等办法进行处理,大世界公司在没有证据证明新华公司已完成工程不具备修复或加固条件的情况下,擅自拆除了该工程,导致诉讼中无法对其实际状况和价值进行评估,应对新华公司实际投入本案工程的1007075元予以补偿。新华公司主张其在本案工程实际投入了200余万元,因不能提供充分有效的证据,不予支持。本案合同无效系双方当事人的过错所致,因合同无效造成的损失,双方各自承担。大世界公司未经允许擅自拆除本案工程,因此发生的费用应由其自行承担。原审判决认定事实和适用法律均有不当,依法应予改判。2005年8月19日,最高人民法院依据《中华人民共和国民事诉讼法》第一百八十六条、第一百八十四条、第一百五十三条第一款第二、三项之规定,作出(2003)民一抗字第11号民事判决:(一)撤销河北省高级人民法院(2000)冀经再字第30号、(2000)冀经二终字第25号民事判决和唐山市中级人民法院(1998)唐经初字第205号民事判决书主文第二项、第三项、第四项和第五项。(二)维持唐山市中级人民法院(1998)唐经初字第205号民事判决书主文第一项、第六项和第七项。(三)新华公司返还大世界公司已支付的工程款100万元,大世界公司补偿新华公司1007075元。一、二审案件受理费49260元,反诉费27510元,鉴定费87000元,合计163770元,由新华公司和大世界公司各负担81885元。

(最高人民检察院民事行政检察厅　王天颖)

## 浙江小家伙食品有限公司、潘笃华诉金义集团有限公司等专利侵权纠纷抗诉案

1999年3月31日,国家知识产权局授权公告授予潘笃华“旋转式吸管瓶盖”实用新型专利,专利号ZL98201649.2,申请日为1998年3月3日。权利要求书记载:(1)一种旋转式吸管瓶盖,它主要由瓶、封口膜、瓶盖接头、吸管、护盖组成,其特征在于瓶口上粘贴有封口膜,瓶口上通过螺纹旋拧有瓶盖接头,瓶盖接头通过螺纹旋拧有吸管,吸管上套插有护盖。(2)根据权利要求1所述的旋转式吸管瓶盖,其特征还在于吸管的内管上设有锥刺,吸管的外管内设有螺纹,吸管的外管外设有拨头。(3)根据权利要求1所述的旋转式吸管瓶盖,其特征还在于护盖内设有主拨头。

潘笃华取得专利后将专利权转让给浙江小家伙食品有限公司(该公司系潘笃华个人独资企业,以下简称小家伙公司)独家使用,双方于1999年3月28日签订专利实施许可合同,并于1999年9月31日签订补充合同。约定许可费为小家伙公司使用该专利权所生产产品销售额的4%,每年度最低支付不低于200万元。后潘笃华及小家伙公司发现江西省南昌市宏泰副食品批发部(以下简称宏泰批发部)销售浙江金义集团有限公司(以下简称金义公司)、杭州三利食品工贸有限公司(系金义公司的控股公司,以下简称三利公司)生产的果奶饮料,该饮料的瓶盖与小家伙公司的专利产品类似,认为其侵犯了潘笃华、小家伙公司的实用新型专利。

“金义”果奶瓶盖的主要技术特征为:该瓶体的瓶口由金属膜密封,瓶口外周面制有一段外螺纹,通过该外螺纹,在瓶上旋拧有一瓶盖接头,在该瓶盖接头的圆心处有一通孔,由该通孔处向上延伸出一个与瓶盖接头制成一体的内螺纹空心管柱,该管柱内旋拧有具有外螺纹的、内孔为方形的、下端具锥刺的吸管。此外还有一个罩住上述内螺纹管柱的护盖,在护盖的顶板的内表面中心向下延伸有一个十字形棱柱,后者插入吸管的方形内孔中并与之相配合。使用时,当沿某一方向旋转护盖时,护盖内十字棱柱带动吸管一同旋转,同时由于吸管外螺纹与瓶盖接头内螺纹管柱的相互作用,吸管同时向

下运动,使锥刺划破密封金属膜。

1999年9月11日,国家知识产权局授予三利公司果奶瓶盖实用新型专利,专利号为ZL98250682.1,该专利的申请日为1998年12月24日。

1999年5月、6月间,《法制日报》、《经济日报》等多家报纸均报道"小家伙果奶"一上市就被一些厂家仿冒,不到一年的时间里,小家伙公司在市场上就发现有江西、福建、广东等地多家儿童饮料生产和经销单位制造和仿制旋转式吸管瓶盖的果奶饮料。潘笃华及小家伙公司在媒体上陈述有81家厂商侵犯了其专利权,其中包括广东乐百氏集团有限公司、金义公司等知名企业,给小家伙公司造成了300多万元的经济损失。

2000年4月15日《齐鲁晚报》报道,2000年3月13日,河北省河间市村民黎国庆的两个小孩因误食老鼠药出现身体不适,被送往医院治疗。家长以为是饮用了小家伙公司果奶引起,遂向河间市防疫站报告,防疫站后又得知3月10日浙江省乐清市发生了许大庆借污染小家伙果奶为由敲诈案件,遂向市卫生局领导报告,河间市政府、河北省卫生厅先后发出关于查封"小家伙果奶"的紧急通知。3月20日,卫生部以特急内部传真电报要求各地对其产品进行封存,小家伙果奶在全国各地遭到查封和禁止销售,业务严重受损。3月22日,小家伙公司向卫生部紧急报告,指出全国各地"小家伙"市场已停止销售,退货退款者不计其数,全国各地新闻媒体纷纷报道,一个新兴企业面临倒闭,请卫生部救助、支持。3月25日,卫生部发出解封小家伙果奶的紧急通知,指出经对北京、山东、河北等省样品抽检,未发现"小家伙果奶"受鼠药污染,要求各地对"小家伙果奶"予以解封。

潘笃华、小家伙公司认为其拥有的"旋转式吸管瓶盖"专利从1999年2月被金义公司、三利公司、宏泰批发部共同侵权,给其造成巨大经济损失,于1999年4月诉讼至南昌市中级人民法院,要求金义公司、三利公司、宏泰批发部赔偿经济损失2万元,停止侵权并赔礼道歉。1999年8月和2002年5月,潘笃华、小家伙公司两次讼请增加索赔额,要求金义公司、三利公司、宏泰批发部赔偿其经济损失1300万元,赔偿律师代理费、差旅费30万元,并在中央电视台、江西卫视、《经济日报》、《法制日报》上向其赔礼道歉。

在答辩期内,金义公司、三利公司向国家专利局申请撤销潘笃华ZL98201649.2号专利。国家知识产权局专利复审委员会于2002年5月23日维持了国家知识产权局于2001年7月18日作出的维持ZL98201649.2号专利的决定。

南昌市中级人民法院委托乐清永安会计师事务所对小家伙公司1999年3月至2001年5月的旋转式吸管瓶盖果奶销售量及产品利润进行审计。审计报告表明,小家伙公司在1999年4月的销售额为2245.0364万瓶,每万瓶的平均利润为771.68元。1999年5月销售量明显下降,至2000年5月销售总数为11452.378万瓶,其中2000年3、4、5、6月的销售数额分别为706.3488万、547.0384万、504.1064万、563.3848万瓶。2000年7月至2001年5月的销售数额为3406.4816万瓶。

南昌市中级人民法院一审审理认为,潘笃华拥有的专利号为ZL98201649.2的实用新型专利,国家专利局及专利复审委员会已作出驳回撤销申请,维持该专利的决定,该专利应受到法律保护。三利公司的果奶瓶盖实用新型专利的申请日在潘笃华的申请日之后,根据最高人民法院《关于在专利诉讼当中当事人均有专利应如何处理问题的批复》,应当依据原告的专利保护范围,审查被告制造的产品主要技术特征是否完全覆盖原告的专利保护范围,故金义公司、三利公司以其产品拥有专利权为由要求驳回潘笃华、小家伙公司诉讼请求,理由不充分,不予准许。其辩称在先使用,因证据不足,不予支持。对比潘笃华的专利与金义公司、三利公司的产品,二者在结构上、工作方式上以及所产生的效果均相同,系相同的技术方案,金义公司、三利公司生产的带有旋转式瓶盖的果奶,侵犯了潘笃华、小家伙公司的专利权,应承担相应的民事赔偿责任。宏泰批发部销售了侵权产品,亦构成侵权。根据乐清永安会计师事务所的审计报告,"小家伙"牌旋转式吸管的果奶从1999年5月至2001年5月,共下降41266.876万瓶(以1999年4月的基数为准),损失金额达31844822元。即使2000年3月(金义公司、三利公司辩称小家伙公司曾发生食品中毒事件的时间)以后的销售数额均按2000年3月的数额计算,下降的幅度亦达到36402.003万瓶,损失金额亦有28090697元,故潘笃华、小家伙公司请求金义公司、三利公司赔偿损失1300万元的理由充分,予以准许。由于金义公司、三利公司侵犯了潘笃华、小家伙公司的专利权,致使小家伙公司生产的饮料产品丧失了独特性,势必造成其生产的饮料销量下降,金义公司、三利公司应对其侵权行为给小家伙公司造成的损失全额赔偿,故该二公司认为在计算损失时,不应将饮料本身的利润计算进去的理由不充分,不予支持。潘笃华及小家伙公司要求金义公司、三利公司赔偿聘请律师30万元代理费、差旅费,因没有提供相应的证据证明,不予准许。潘笃华、小家伙公司要求金义公司、三利公司、宏泰批发部在中央电视台、江西卫视、《经济日报》、《法制日报》上向其公开赔礼道歉的要求过高。金义公司、三利公司应向潘笃华、小家伙公司作出书面赔礼道歉。南昌市中级人民法院依据《中华人民共和国民法通则》第九十五条、第一百一十八条之规定,于2002年9月11日作出(1999)洪民二初字第25号民事判决:(一)金义公司、三利公司在判决生效后立即停止生产、销售带旋转式吸管瓶盖的饮料。(二)宏泰批发部在判决生效后立即停止销售金义公司、三利公司生产的带旋转式吸管瓶盖的饮料。(三)金义公司、三利公司在判决生效后十日内赔偿潘笃华、小家伙公司经济损失1300万元。(四)金义公司、三利公司、宏泰批发部在判决生效后十日内向潘笃华、小家伙公司做出书面赔礼道歉。(五)潘笃华、小家伙公司的其他诉讼请求不予准许。案件受理费75010元,金义公司、三利公司承担74010元,宏泰批发部承担1000元。

金义公司、三利公司不服一审判决,向江西省高级人民法院提出上诉。

庭审中,潘笃华、小家伙公司提供了其在市场上购买的金义公司、三利公司所生产的“金义AD钙奶”瓶盖,说明其完全覆盖了潘笃华专利的必要特征。金义公司、三利公司提出该产品的护盖和吸管与潘笃华专利产品的构造不一样,小家伙公司的护盖是一个中空的套管,而金义公司、三利公司产品的护盖里面则有一个方形,金义公司的吸管是一个圆形的很小的内翻的吸管,而小家伙公司的是两层套管。

金义公司、三利公司在二审中提交了一份从互联网上下载的专利号为DE 43 23 666 A1的德文专利文本及其翻译文本,认为该文本记载的德国专利申请日为1993年7月15日,发布日期为1994年1月27日,潘笃华的专利完全覆盖了这个公知已有技术,金义公司、三利公司使用的也是公知已有技术。金义公司、三利公司还提交了杭州市公证处出具的二份公证书,一份证明其通过互联网进入esp@cenet网址查找该文本并下载的过程,另一份证明翻译文本与德文原本内容相符。

江西省高级人民法院二审审理认为,潘笃华作为ZL98201649.2号实用新型专利的所有权人,小家伙公司作为该专利的独家使用权人,其权利均应受到法律保护。金义公司、三利公司以其是根据自己拥有的专利进行生产,因而不构成侵权的理由不能成立。首先,三利公司的果奶瓶盖实用新型专利的申请日在潘笃华的专利申请日之后,根据最高人民法院《关于在专利侵权诉讼中当事人均拥有专利权应如何处理问题的批复》精神,只要原告先于被告提出专利申请,则应当依据原告的专利权保护范围,审查被告制造的产品主要技术特征是否完全覆盖原告的专利保护范围。因此,金义公司、三利公司提出侵权构成的前提是无效或撤销其中一个专利的主张没有法律依据。其次,金义公司、三利公司生产的果奶瓶盖,经比对分析,其特征完全覆盖了潘笃华的专利保护范围。金义公司、三利公司提出的“公知技术抗辩”,因缺乏有效证据支持,且潘笃华的专利已经过国家专利局和专利复审委员会的实质性审查,所以该抗辩也不能成立。原审法院认定金义公司、三利公司构成侵权正确。关于侵权赔偿问题,根据我国法律的规定,侵犯专利权的赔偿数额,应按照权利人因被侵权所受到的损失或者侵权人因侵权所获得的利益确定,这即是赋予权利人以选择权,其既可以选择按自己的损失计算,也可以选择按侵权人的获利计算。本案一审中因金义公司、三利公司拒绝提供其获利情况,原审法院为此依据乐清市永安会计师事务所对小家伙公司销售状况的审计,支持了潘笃华、小家伙公司的诉讼请求。金义公司、三利公司提出小家伙公司产品销量的减少存在多种因素的影响,且还有其他厂家生产同种产品,不应由金义公司、三利公司一家承担,这一主张虽有一定的道理,但在判断小家伙公司销量减少因素时,还有一个重要的参照系,即侵权人的获利。如果金义公司、三利公司的获利明显小于小家伙公司利润的减少,那么应当考虑小家伙公司销量的减少还有其他因素的影响,但如金义公司、三利公司的获利大于小家伙公司利润的减少,则不必考虑。由于金义公司、三利公司拒绝提供其获利情况,且从小家伙公司提供的两张发票所反映的果奶瓶盖的增值利润,可以推断出金义公司、三利公司的获利大于小家伙公司因销量的减少而造成的损失。况且永安会计师事务所审计报告反映小家伙公司因销量减少的损失达 31844822 元,潘笃华、小家伙公司主张的 1300 万元赔偿额并未超出审计的数字。因此,原审法院判决金义公司、三利公司赔偿潘笃华、小家伙公司 1300 万元并无不当。鉴于宏泰批发部未提出上诉,二审中无正当理由不到庭参加诉讼,也未提出书面主张,对其责任问题不予审理。原审判决认定事实清楚,适用法律正确,应予维持。江西省高级人民法院依据《中华人民共和国民事诉讼法》第一百五十三条第一款第一项之规定,于 2003 年 1 月 10 日作出(2002)赣民三终字第 17 号民事判决:驳回上诉,维持原判。上诉案件受理费 75010 元,由金义公司、三利公司各承担 37505 元。

金义公司不服江西省高级人民法院的终审判决,向最高人民检察院提出申诉。最高人民检察院对本案审查后认为,江西省高级人民法院(2002)赣民三终字第 17 号民事判决因认定事实错误导致适用法律错误,属裁量不当。

一、小家伙公司果奶销量下降属多因一果,终审判决依据审计报告计算小家伙公司的损失金额是不合理的,属认定事实错误。

(一)潘笃华专利的保护范围是旋转式吸管瓶盖,金义公司、三利公司即使侵权也只是侵害其瓶盖专利,并未对果奶产品侵权。而浙江乐清永安会计师事务所审计报告,审计的是 1999 年 3 月至 2001 年 5 月“小家伙”牌旋转式吸管瓶盖果奶的销售量与产品利润,是经营状况的审计,其审计内容与专利保护内容不符,不是瓶盖这一专利产品被侵权所受损失的计算,不能反映出损失状况,也不能反映受侵权状况,更不能反映受侵权专利与该果奶产品之间的联系。与专利权人因侵权行为受到的实际损失不具有直接的关联性,与本案争议无关,不能作为本案损失额的计算依据。两审法院依据此报告,计算出“小家伙”牌旋转式吸管果奶损失金额为 31844822 元是不合理的。其计算出的是整个果奶产品(包括瓶盖部分)的利润总额,而不是旋转式吸管瓶盖这一专利产品因侵权受到的损失。

(二)果奶中毒事件等影响也是小家伙公司果奶销量下降的原因。审计报告审计的时间范围是 1999 年 3 月至 2001 年 5 月,而在此期间小家伙公司曾于 2000 年 3 月发生了果奶中毒事件风波,河间市政府、河北省卫生厅、卫生部先后发出关于查封“小家伙果奶”的紧急通知,小家伙果奶在全国各地遭到查封和禁止销售;新闻媒体对此纷纷报道,全国各地“小家伙”市场已停止销售,退货退款者不计其数,小家伙公司业务严重受损,故曾经发生的果奶中毒事件风波的不良影响是小家伙公司销售量下降的重要因素。此外,多个生产厂家侵权,都造成小家伙公司销售量的减少,也不能排除小家伙公司果奶的质量、品牌及经营管理、营销策略、资金实力、市场变化等原因对其销售量下降的影响。

二、终审判决判令金义公司、三利公司赔偿潘笃华、小家伙公司经济损失 1300 万元,适用法律错误。

最高人民法院《关于审理专利纠纷案件若干问题的解答》规定,在以专利权人因侵权行为受到的实际经济损失作为损失赔偿额时的计算方法是:因侵权人的侵权产品在市场上销售使专利权人的专利产品的销售量下降,其销售量减少的总数乘以每件专利产品的利润所得之积,即为专利权人的实际经济损失。这一计算方法适用的前提是必须能确认侵权人的侵权产品在市场上的销售与专利权人专利产品销售量下降的直接因果关系,并且“每件专利产品的利润”应是一个合理的利润。但终审判决未将瓶盖和果奶等概念进行区分,其依据的计算标准 771.68 元不是专利产品的合理利润。果奶产品利润主要体现在果奶本身的配方及制作工艺,产品外包装上的商标、瓶盖、瓶体的外观设计及产品的商誉等方面,而不仅仅体现在瓶盖上,瓶盖的侵权不是导致果奶产品利润下降的直接原因,因为厂家卖的是果奶,消费者购买时主要考虑的是果奶的来源、质量、厂家的商誉,而不会主要考虑瓶盖是否实用。且瓶盖在整个果奶产品的成本及利润中是可计算的,法院在不能确认“金义”果奶的销售与小家伙公司“小家伙”牌旋转式吸管瓶盖果奶销售量下降之间存在因果关系的前提下,以每万瓶果奶产品的利润 771.68 元作为计算标准,没有将瓶盖与瓶内的果奶及瓶体等进行区分,没有合理去除果奶饮料本身等因素带来的利润,其依据的标准不是法律规定的专利产品(瓶盖)的利润,也不是合理利润,据此计算出的也不是瓶盖因侵权受到的损失。

2004 年 2 月 17 日,最高人民检察院依据《中华人民共和国民事诉讼法》第一百八十五条第一款第一项和第二项之规定,以高检民抗(2004)6号民事抗诉书就本案向最高人民法院提出抗诉。

最高人民法院受理抗诉后,将本案函交江西省高级人民法院审理,江西省高级人民法院作出(2004)赣民抗字第5号民事裁定,对本案进行再审。再审审理过程中,经法院主持调解,金义公司、三利公司和潘笃华、小家伙公司自愿达成协议。江西省高级人民法院于2005年9月26日作出(2004)赣民抗再终字第4号民事调解书:(一)金义公司和三利公司不使用潘笃华ZL98201649·2"旋转式吸管瓶盖"实用新型专利。(二)金义公司和三利公司补偿潘笃华和小家伙公司人民币50万元整。(三)一审案件受理费75010元,由潘笃华和小家伙公司承担。二审案件受理费75010元,由金义公司和三利公司承担。(四)潘笃华和小家伙公司放弃对宏泰批发部提出的所有诉讼请求。上述协议,符合有关法律规定,本院予以确认。金义公司和三利公司应在2005年10月31日前付清协议第二条所确定的补偿金额。本调解书一经作出即具有法律效力。

(最高人民检察院民事行政检察厅　王天颖)

# 第八部分

# 对外交流与合作

**检察外事工作** 2005年,最高人民检察院根据国家总体外交部署和检察外事的需要,顺应国际国内形势的发展,进行了一系列的外事交流和司法协助活动,极大地促进了检察机关的对外交流与合作,进一步强化了中国检察机关的国际形象。

一、积极做好国际交流工作。

2005年,最高人民检察院共组织了12个高级代表团出境进行友好访问和出席国际会议。这些代表团是:最高人民检察院检察长贾春旺率中国检察代表团访问爱尔兰、冰岛、挪威、丹麦,率中国检察代表团出席在泰国举行的中国与东盟成员国总检察长会议;最高人民检察院副检察长张耕率中国检察代表团访问智利、古巴;最高人民检察院副检察长邱学强率中国检察代表团出席在俄罗斯举行的上海合作组织成员国总检察长第四次会议;最高人民检察院副检察长胡克惠率中国检察代表团访问荷兰、法国;最高人民检察院副检察长赵虹率中国检察代表团访问澳大利亚;最高人民检察院副检察长王振川率中国检察代表团访问芬兰、瑞典;最高人民检察院副检察长朱孝清率中国检察代表团访问加拿大;最高人民检察院副检察长姜建初率中国检察代表团访问蒙古国;中央纪委驻最高人民检察院纪检组组长叶青纯率中国检察代表团访问安哥拉;最高人民检察院政治部主任张常韧率中国检察代表团访问罗马尼亚、匈牙利;最高人民检察院检察委员会专职委员戴玉忠率中国检察代表团访问乌克兰。

2005年,最高人民检察院共接待了纳米比亚、泰国、英国、德国、罗马尼亚、越南、委内瑞拉、斯洛伐克、芬兰9个应邀正式来我国访问的检察代表团。

二、努力推进司法协助工作。

(一)2005年共办理司法协助案件75件,比2004年增加3件。国外司法机关请求最高人民检察院协助的国际司法协助案件62件(总计13个国家),其中俄罗斯请求协助的案件最多,共计25件,占总数的40.3%;其他国家按案件数量先后依次为:哈萨克斯坦13件,乌克兰12件,韩国3件,新加坡、越南、吉尔吉斯坦、匈牙利、罗马尼亚、波兰、蒙古国、日本、阿塞拜疆各1件。

最高人民检察院请求他国协查的案件共13件,分别涉及俄罗斯、美国、日本、秘鲁、老挝等国家。

(二)办理涉港澳个案协查案件66件。其中,内地向香港廉政公署提出协查请求的42件,向澳门廉政公署提出协查请求的1件;香港廉政公署向最高人民检察院提出协查请求的23件。

(三)2005年,最高人民检察院分别与纳米比亚总检察院和蒙古国总检察院签署了合作协议和人员交流与合作的备忘录。2005年12月12日,在最高人民检察院贾春旺检察长的倡议下,由亚欧会议38个成员国的总检察长或司法代表共同签署了亚欧会议总检察长会议的历史性文件——《亚欧会议总检察长会议宣言》。

三、2005年最高人民检察院出席或举办了三次国际会议。

(一)2005年9月15日至17日,最高人民检察院检察长贾春旺率中国检察代表团出席了在泰国首都曼谷举行的第二次中国与东盟成员国总检察长会议。会议是根据第一次中国与东盟总检察长会议联合声明的要求,由泰国总检察院承办。会议主题为“加强地区检察合作,保护人权”,来自东盟10个成员国的总检察长、副总检察长以及他们所率领的代表团成员出席了会议。贾春旺检察长应邀在开幕式上发表祝辞。他总结了首次中国与东盟成员国总检察长会议成功召开一年来,各国检察机关认真落实会议联合声明,在交流与合作方面所取得的丰硕成果以及所积累的经验,并提出了进一步深化交流与合作的建议。本次会议的成功举行,不仅密切了中国与东盟各国总检察院之间的关系,加强了联系,增进了友谊,促进了合作,而且使中国与东盟各国总检察长定期会晤的形式固定以来。

(二)2005年11月23日至25日,邱学强副检察长率团出席了在俄罗斯联邦首都莫斯科举行的上海合作组织成员国总检察长第四次会议。上海合作组织各成员国均派检察代表团出席了会议。与会各国代表围绕会议确定的议题,在务实、友好和相互理解的气氛中展开了深入地研讨和磋商。与会代表对上海合作组织框架内各成员国的合作前景充满信心和希望,完全认同双边和多边联手打击恐怖主义、极端主义、分裂主义以及其他形式的跨国犯罪的必要性和紧迫性,在进一步完善各成员国检察机关之间的合作机制等方面达成了新的共识。会议的议题明确具体,具有较强的针对性。进一步简化刑事案件司法协助程序是提高司法协助效率的重要环节,各方对此都十分关心。这次会上签署的会议纪要体现了务实的精神,具有较强的可操作性。

(三)2005年12月9日至12日,最高人民检察院在广东省深圳市主办了亚欧会议总检察长会议。中共中央政治局常委、全国人民代表大会常务委员会委员长吴邦国出席大会,并发表重要讲话。亚欧会议成员国的总检察长、司法部长、副总检察长以及联合国秘书长的代表和国际检察官联合会等国际组织的主席、副主席、秘书长等116位副部级以上的正式代表出席会议。

会议围绕"合作打击跨国有组织犯罪、建设和谐稳定繁荣社会"的主题,就共同打击腐败犯罪、跨国有组织犯罪、恐怖主义、毒品犯罪以及加强信息交流和人员培训合作等专题进行了深入研讨,达成广泛共识。会议在最高人民检察院检察长贾春旺的倡议下,由亚欧会议38个成员国的总检察长或代表共同签署了本次会议历史性文件——《亚欧会议总检察长会议宣言》。本次会议,不仅表达了我国为构建稳定和谐国际社会的强烈意愿,宣传了我国改革开放以来政治经济建设的巨大成就,而且展现了我国检察机关在国家中的地位与作用,展示了我国检察官为依法治国建设社会主义法治国家而奋斗的风貌。

(最高人民检察院外事局　王　贺)

**中国检察代表团访问澳大利亚**　以最高人民检察院副检察长赵虹为团长的中国检察代表团,于2005年4月1日至9日应邀访问了澳大利亚墨尔本和悉尼。代表团成员有:吉林省人民检察院检察长索维东、安徽省人民检察院检察长柯汉民、陕西省人民检察院检察长张文宣、最高人民检察院铁路运输检察厅厅长阎敏才、江苏省人民检察院副检察长郑鄂、青海省人民检察院副检察长马德良、广东省深圳市人民检察院机关党委书记叶鹏。

澳大利亚人权与机会平等委员会对代表团的活动作了周到的安排。代表团成员听取了资深检察官、法官、警察、律师的讲演;参加了澳大利亚宪法和司法体系、澳大利亚刑法、未成年人保护情况、青年人犯罪法介绍等讨论会;观摩了法庭审理活动并参观了当地法院和青年人毒品和酒类犯罪法庭。

在澳访问期间,中国检察代表团与澳大利亚人权与机会平等委员会主席、新南威尔士检察院检察官、毕杜拉儿童法院法官、未成年人执法部主任等进行了会谈,就澳大利亚和新南威尔士州的刑事司法制度和刑事诉讼中未成年人的人权保护措施进行了深入的研究。代表团与澳方一起对双方的合作情况进行了总结评估,讨论了下一步的合作项目,并就未成年人保护专题进行了调研。赵虹副检察长在会见澳大利亚人权与机会平等委员会主席的会议上发表讲话,所提出的几点建议受到对方项目官员的高度重视。

(最高人民检察院外事局　李　新　刘芮涵)

**中国检察代表团访问荷兰、法国**　以最高人民检察院副检察长胡克惠为团长的中国检察代表团,于2005年4月10日至22日应邀访问了荷兰和法国。代表团成员有:河北省人民检察院检察长侯磊、西藏自治区人民检察院检察长张培中、浙江省人民检察院检察长陈云龙、最高人民检察院法律政策研究室副处长孟燕菲、最高人民检察院外事局干部王玲。

在荷兰期间,代表团与乌特勒兹大学法学院和司法部人权研究所的有关专家、学者进行了座谈、交流,与阿姆斯特丹上诉法院检察院的同行进行了座谈、交流,并与司法部检察委员会达图·斯廷胡司委员进行了座谈。荷方主要介绍了荷兰的检察体制和检察改革情况、欧盟法对各国的影响。中方介绍了中国检察制度以及检察改革的一些情况。代表团还参观并旁听了国际法院和联合国前南刑事法院的有关审判。

在法国期间,代表团会见了巴黎驻大审法院检察院的同行,双方介绍了各自检察机关的检察制度,并作了交流;与法兰西学院院士进行了座谈、交流。代表团还参观了巴黎上诉法院、巴黎驻大审法院检察院、律师公会等,旁听了巴黎上诉法院、驻大审法院的法庭审判。

(最高人民检察院外事局　李　新　刘芮涵)

**中国检察代表团访问古巴、智利**　以最高人民检察院副检察长张耕为团长的中国检察代表团,于2005年5月14日至30日应邀访问了古巴和智利。代表团成员有:江苏省人民检察院检察长周振华、广西壮族自治区人民检察院检察长郭永运、最高人民检察院外事局局长叶峰、陕西省人民检察院常务副检察长冯吴平、最高人民检察院办公厅干部陈鸳成、最高人民检察院外事局干部曹华。

张耕副检察长与智利总检察院总检察长吉列尔莫举行了工作会谈，智利总检察院副总检察长帕贝洛率10多个主要业务部门的负责人分别向代表团介绍了智利检察机关的沿革、机构设置、职责权限以及正在进行的检察改革及其取得的成效。在智利期间，代表团还参观访问了智利第二大区检察院以及第二大区首府安图法加斯特所在的省、市检察院、法院、警察局，会见了中央政府驻第二大区的代表以及当地省市政府的负责人，与当地政府和司法部门的负责人进行了广泛接触和交流，并接受了地方新闻媒体的采访。

张耕副检察长与古巴总检察院检察长胡安举行了工作会谈，古巴最高法院院长儒贝·雷米吉奥和监察部部长琳娜·佩德拉萨分别会见了代表团。在古巴第一副总检察长卡洛斯·劳尔的陪同下，代表团访问了巴德罗省以及所辖的市检察院。古巴国家机关报和电视台对代表团的主要活动进行了报道，古巴电视台还对张耕副检察长进行了采访。

（最高人民检察院外事局　李　新　刘芮涵）

**中国检察代表团访问加拿大**　以最高人民检察院副检察长朱孝清为团长的中国检察代表团，于2005年5月24日至6月3日应邀访问了加拿大。代表团成员有：湖南省人民检察院检察长何素斌、甘肃省人民检察院检察长蔡宁、新疆维吾尔自治区人民检察院党组书记李桂茂、贵州省人民检察院副检察长刘伟、上海市人民检察院副检察长郑鲁宁、海南省人民检察院副检察长贾志鸿、吉林省白山市人民检察院检察长韩起祥、广东省深圳市人民检察院反贪局侦查二处处长潘晓、广东省深圳市人民检察院个案协查办公室副主任吴澍农。

加拿大有关部门对此次中国代表团的访问十分重视，安排专门人员介绍了加拿大政策的开发与传播、检控服务的财务和人事管理、专业发展和培训以及不列颠·哥伦比亚省的司法信息系统等有关内容。朱孝清副检察长就"中国刑事司法改革和检察机关改革"问题作了专项发言。

（最高人民检察院外事局　李　新　刘芮涵）

**中国检察代表团访问乌克兰**　以最高人民检察院检察委员会专职委员戴玉忠为团长的中国检察代表团，于2005年6月1日至10日应邀访问了乌克兰。代表团成员有：宁夏回族自治区人民检察院检察长师梦雄、新疆维吾尔自治区人民检察院检察长买买提·玉素甫、广东省人民检察院副检察长佟蕴、广东省珠海市人民检察院检察长金波、最高人民检察院外事局干部李敏。

在乌访问期间，代表团会见了乌克兰总检察长皮斯昆·斯维托斯拉夫·米哈伊洛维奇，并进行了工作会谈。乌方参加会谈的有：第一副总检察长维诺古罗夫·谢尔盖·马尔基扬诺维奇、副总检察长施纳里斯基·亚历山大·伊万诺维奇和果洛姆沙·尼古拉·亚罗斯拉沃维奇。双方各自介绍了本国检察制度、检察工作的情况，并就检察工作的有关问题交换了意见。代表团在副总检察长果洛姆沙·尼古拉·亚罗斯拉沃维奇陪同下，到乌克兰内务部进行了访问，会见了乌克兰内务部副部长兼刑事侦查局局长科里亚达·彼得及有关部门负责人。代表团还访问了乌克兰总检察院科学研究院，参观了基辅市检察院和位于基辅市的"卫国战争纪念馆"、奥得萨民族法律科学院，并到奥得萨市华人居住区会见了奥得萨州华人华侨联合会主席彭壮（黑龙江省政协委员）、副主席李阳春等五名华侨代表，了解了华人华侨在乌的有关情况。

中国检察代表团向乌方介绍了中国检察制度和检察工作基本情况，介绍了检察机关在法制建设和维护稳定、发展经济等工作中发挥的作用。乌方也介绍了乌克兰检察制度、检察工作情况。

（最高人民检察院外事局　李　新　刘芮涵）

**中国检察代表团访问芬兰、瑞典**　以最高人民检察院副检察长王振川为团长的中国检察代表团，于2005年6月7日至21日应邀访问了芬兰和瑞典。代表团成员有：河南省人民检察院检察长王尚宇、重庆市人民检察院检察长秦信联、云南省人民检察院检察长李春林、广东省广州市人民检察院检察长陈武、最高人民检察院外事局处长龙梅。

瑞典王国总检察长韦塞尔会见并宴请了王振川副检察长一行，瑞典国家警察总监斯多姆贝格、反经济犯罪局局长安特马尔女士、外交部条法司司长埃棱科拉纳等高级官员，出席了韦塞尔总检察长为代表团举行的欢迎招待会。

在瑞典访问期间，代表团与瑞典法院、司法部和外交部等部门的官员进行了座谈、交流，瑞方主要介绍了瑞典的司法制度和检察制度、检察改革的情况。代表团旁听了斯德哥尔摩市中级法院一个刑事案件的审判。双方一致认为,应进一步加强两国检察机关的合作,互派检察官讨论双方工作中共同感兴趣的问题;定期合作举办研修班,共同研究各自在司法实践中遇到的问题;及时交流有关信息等。

在芬兰访问期间,芬兰最高法院首席大法官赛翁、国家司法监察官尼卡拉、议会监诉官等司法界负责人分别会见了代表团。王振川副检察长与芬兰总检察院检察长库西迈基举行了工作会谈。王振川副检察长详细了解了有关芬兰最近几年司法改革理论与实践,对芬兰检察系统的改革进行了调研,并到基层法院、检察院和警察机关考察了芬兰司法改革的效果。

(最高人民检察院外事局　李　新　刘芮涵)

**中国检察代表团访问罗马尼亚、匈牙利**　以最高人民检察院政治部主任张常韧为团长的中国检察代表团,于2005年6月10日至25日应邀访问了罗马尼亚和匈牙利。代表团成员有:北京市人民检察院检察长许海峰、江西省人民检察院检察长孙谦、最高人民检察院监所检察厅厅长白泉民、河南省人民检察院政治部主任贾世民、最高人民检察院外事局副处长郭明聪。

在匈牙利和罗马尼亚期间,代表团分别与匈牙利总检察长彼得·波尔特先生和罗马尼亚总检察长伊利耶·博托什先生举行了工作会谈,访问了部分地方检察院。代表团在布达佩斯与匈牙利总检察长、副总检察长、军事检察院检察长、有组织犯罪侦查局局长、外事局长等举行了两次工作会谈。波尔特检察长着重向代表团介绍了匈牙利司法改革的情况,张常韧主任代表最高人民检察院向匈方简要介绍了中国检察制度的基本情况和中国司法、检察改革的状况。应匈方安排,代表团还访问了布达佩斯监狱以及匈牙利哥德、巴登湖地区。

代表团在布加勒斯特与罗马尼亚总检察长、副总检察长、有组织犯罪侦查局局长、刑事局局长和外事局局长等举行了工作会谈。罗总检察长着重向代表团介绍了罗马尼亚检察制度的基本情况,张常韧主任代表最高人民检察院向罗方简要介绍了中国检察制度的基本情况和中国司法、检察改革的状况。代表团还访问了巴克乌县(相当于中国省级建制)、雅西县及布加索夫县上诉检察院,并分别举行了工作会谈。

(最高人民检察院外事局　李　新　刘芮涵)

**中国检察代表团访问蒙古国**　以最高人民检察院副检察长姜建初为团长的中国检察代表团,于2005年7月21日至25日应邀对蒙古国进行了友好访问。代表团成员有:内蒙古自治区人民检察院检察长邢宝玉、最高人民检察院外事局局长叶峰、内蒙古自治区人民检察院翻译处处长阿木尔。

这次访问是对蒙古国总检察长、副总检察长于1993年以来对中国多次访问的回访。访问期间,蒙古国总检察长蒙古勒·阿拉坦呼亚格与姜建初副检察长进行了工作会谈,蒙古国总统那木巴尔·恩赫巴亚尔会见了姜建初副检察长及其代表团全体成员。中国检察代表团还访问了蒙古国最高法院等司法部门,与蒙古国司法界人士进行了广泛接触。双方商定,为了促进中蒙两国传统友谊不断加强,促进中蒙两国政治、经济、文化等各方面交流不断紧密,两国检察机关应当加大交流力度,增加往来,开展广泛的业务交流,实行全面的司法合作。蒙古国总检察长反复表示,他们愿意为中蒙两国的检察机关合作打击跨国有组织犯罪以及其他犯罪提供最大限度的帮助。中国检察代表团也表示,愿意为蒙古检察机关派员来华研究、学习中国检察制度以及进行业务调研,提供力所能及的帮助。

(最高人民检察院外事局　李　新　刘芮涵)

**中国检察代表团访问加纳、莫桑比克**　以中央纪委驻最高人民检察院纪检组组长叶青纯同志为团长的中国检察代表团,于2005年8月10日至20日应邀对加纳和莫桑比克两国进行了正式友好访问。代表团成员包括:山西省人民检察院检察长陈大豪、辽宁省人民检察院检察长王振华、黑龙江省人民检察院检察长姜伟、中央纪委驻最高人民检察院纪检组副组长张振海、最高人民检察院外事局副处长郭明聪。

这是中国检察代表团第一次访问这两个非洲国家。加纳司法部长兼总检察长接见了代表团全体成员并进行了友好会谈。代表团参观了高等法院并旁听了高等法院商业法庭的庭审过程,公诉司长及其有关人员同代表团进行了工作会谈,就两国的司法制度和大家共同关心的问题交换了意见。会谈中,加方提出两点要求:一是希望中国检察机关为他们提供一些技术装备上的帮助。二是迫切希望两国检察机关签订司法引渡条约。

莫桑比克总检察长若阿金·马德拉接见了代

表团全体成员，并安排会见了司法部长埃斯佩兰萨·马沙维拉和最高法院院长马里奥·曼加泽先生。总检察长率领全体副检察长同代表团进行了亲切友好的工作会谈，就两国法制建设、检察制度和检察机关之间的交流与合作等问题，广泛交换了意见。会谈中，莫桑比克检察机关提出为了解决双方公民在对方国家犯罪的问题，希望中莫两国司法机关之间签订合作备忘录。

（最高人民检察院外事局 李 新 刘芮涵）

**中国检察代表团访问爱尔兰、立陶宛并出席国际检察官联合会第十届年会** 以最高人民检察院检察长贾春旺为团长的中国检察代表团，于2005年8月17日至9月1日应邀访问了爱尔兰和立陶宛，并赴丹麦哥本哈根出席了国际检察官联合会第十届年会。代表团成员包括：山东省人民检察院检察长国家森、广东省人民检察院检察长张学军、四川省人民检察院检察长陈文清、最高人民检察院外事局局长叶峰、贾春旺检察长的警卫李新明、外事局处长龙梅。此次出访是中国最高人民检察院检察长对爱尔兰和立陶宛的首次访问。

在爱尔兰访问期间，贾春旺检察长与爱尔兰检察长举行了工作会谈。不仅介绍了中国检察机关的法律地位、机构设置、职责权限以及在依法治国、建设社会主义法治国家中所发挥的作用，而且应爱尔兰同行的要求，详细阐述了中国政府在死刑、人权、批准《联合国公民权利和政治权利国际公约》和实施《联合国经济、社会和文化权利国际公约》等方面所持的立场和实施的政策，以及这些立场和政策的产生与发展过程，使爱尔兰有关方面对中国政府的有关立场有了更进一步的了解。

在立陶宛访问期间，贾春旺检察长分别与立陶宛总检察院和最高法院、宪法法院等司法机关的主要业务部门的负责人进行会见和会谈，介绍了中国自改革开放以来民主法制建设和司法、检察改革的历程及其取得的成效，讲解了中国检察机关的组织机构、职责权限以及在国家机关中的法律地位、在中国法制建设中的作用，并就不断加强相互交流与加大司法协助力度，为两国的经济建设服务，为国际司法合作打击跨国有组织犯罪做出贡献等问题，与他们交换了意见并达成共识。

代表团参加了国际检察官联合会第一个十周年年会，有80多个国家的总检察长亲自率团与会。此次是中国最高人民检察院检察长第一次出席在中国之外的国家举行的国际检察官联合会年会，受到了国际检察官联合会和举办国丹麦的高度重视。在本次大会的首场会议上，贾春旺检察长作了主旨发言，发表了题为《中国检察机关与刑事被害人的保护》的演讲。贾春旺检察长从中国刑事被害人保护的法律基础以及中国检察机关在保障刑事被害人方面发挥的重要作用等几个方面，全面地阐述了中国检察机关对刑事被害人保护的理论和实践。

（最高人民检察院外事局 李 新 刘芮涵）

**中国检察代表团出席第二届中国与东盟成员国总检察长会议** 以最高人民检察院检察长贾春旺为团长的中国检察代表团，于2005年9月15日至17日出席了在泰国首都曼谷召开的第二届中国与东盟成员国总检察长会议。代表团成员包括：广东省人民检察院检察长张学军、广西壮族自治区检察院检察长郭永运、云南省人民检察院检察长李春林、海南省人民检察院检察长张德利、福建省人民检察院检察长倪英达、最高人民检察院办公厅主任童建明、最高人民检察院外事局局长叶峰、最高人民检察院外事局处长李新、最高人民检察院外事局副处长郭明聪、贾春旺检察长的警卫李新明。

本次会议是根据第一次中国与东盟总检察长会议联合声明的要求，由泰国总检察院承办。会议主题为“加强地区检察合作，保护人权”。来自东盟10个成员国的总检察长、副总检察长以及他们所率领的代表团成员出席了会议。泰国副首相兼司法大臣斯德猜·维纳沙体德亚代表泰国政府出席开幕式并致辞。东道主泰国总检察长坎皮·考差在开幕式上发表了热情洋溢的致辞。贾春旺检察长应邀在开幕式上发表祝辞，总结了首次中国与东盟成员国总检察长会议成功召开一年来，各国检察机关认真落实会议联合声明，在交流与合作方面所取得的丰硕成果以及所积累的经验，并提出了进一步深化交流与合作的建议。

在会议正式开幕之前，东道主泰国总检察长率泰国代表团分别与各国代表团举行双边会晤，中国代表团也分别与各个代表团展开双边会晤，畅叙首次中国与东盟成员国总检察长会议以来两国检察交流的成果，商讨进一步加强双边和多边合作的计划。在本次会议期间，中国检察代表团共有四位代表发言，分别从立法、司法等方面全面地阐述我国关于保护人权以及发展地区检察合作的理论和实践。

(最高人民检察院外事局　李　新　刘芮涵)

**中国检察代表团出席上海合作组织成员国总检察长第四次会议**　以最高人民检察院副检察长邱学强为团长的中国检察代表团,于2005年11月23日至25日应邀赴俄罗斯联邦首都莫斯科市参加了上海合作组织成员国总检察长第四次会议。代表团成员包括:上海市人民检察院检察长吴光裕、内蒙古自治区人民检察院检察长邢宝玉、最高人民检察院外事局局长叶峰、最高人民检察院办公厅检察长办公室副主任肖中扬、最高人民检察院外事局国际交流处副处长李敏。

会上,与会各国代表围绕会议确定的议题展开了深入的研讨和磋商,一是关于《上海合作组织成员国之间简化刑事案件司法协助程序的协议》;二是关于完善上海合作组织成员国检察机关在边境地区合作框架内协作打击恐怖主义、极端主义、非法移民和走私毒品的方式和方法;三是关于上海合作组织成员国总检察院所属教育机构在面向未来、提高检察——侦查干警职业素质方面开展合作的可能性;四是关于完善上海合作组织刑事司法合作的协议等。邱学强副检察长在大会上作了《进一步扩大共识,加强交流与合作,切实担负起共同打击犯罪的重要责任》的专题发言。如何有效地提高司法合作的效率,是各成员国检察机关近年来共同关注而又迫切需要解决的现实问题,也是这次总检察长会议的一个重要议题。通过与会各方的共同努力,会议达成了广泛共识,签署了《上海合作组织成员国总检察长第四次会议纪要》。

上海合作组织总检察长会议框架内所形成的双边和多边司法合作机制,为中国加强同各成员国乃至独联体国家检察机关的司法合作和交流奠定了坚实的基础。

(最高人民检察院外事局　李　新　刘芮涵)

**纳米比亚检察代表团访华**　应最高人民检察院检察长贾春旺的邀请,以纳米比亚总检察长彭杜克尼·伊塔娜为团长,团员包括纳米比亚首席检察官玛莎·伊玛尔瓦女士、纳米比亚总检察院法律意见处代处长费斯特斯·姆班德卡、纳米比亚总检察长办公室主任萨基·尚加拉、纳米比亚总检察院民事诉讼处官员马帝·阿西诺、纳米比亚首席检察官办公室官员罗兰达·戈茨、纳米比亚总检察长特别助理威勒姆·纳辛格、纳米比亚司法部官员丹尼斯·卡马组成的八人代表团,于2005年1月27日至2月4日对中国进行了友好访问。代表团访问了北京、福建、广东等地。

2005年1月28日,中共中央政治局常委、中央政法委员会书记罗干在人民大会堂会见了纳米比亚总检察长彭杜克尼·伊塔娜一行。罗干说,他曾出席纳米比亚独立十周年庆典,中纳两国传统友谊源远流长。建交14年来,双方在政治、经贸、司法、文化等领域的合作不断增多,在国际事务中的合作卓有成效。进一步巩固和发展中纳友好关系,是两国人民的共同愿望,有利于世界的和平与稳定。罗干对纳米比亚政府在人权、台湾等重大问题上给予中国的一贯支持表示感谢,并表示愿进一步探索两国合作的新领域,促进双边关系发展。伊塔娜总检察长转达了努乔马总统对中国的问候,总统先生是中国的老朋友。她此次来访就是为了进一步加强和推动两国司法部门的关系。她说,纳米比亚独立以来,两国关系友好。中国帮助纳米比亚争取自由,也是最早承认纳独立的国家之一。纳米比亚非常重视和中国的关系,支持一个中国的政策,认为台湾是中国的一部分,希望能与中国加强在各个领域包括卫生、体育、教育、科技等方面的合作。纳也致力于加强两国检察机关的联系,加强各层次官员的交往,派遣官员来中国学习中国的语言和法律制度。

2005年1月28日,最高人民检察院检察长贾春旺在人民大会堂会见了纳米比亚检察代表团一行。贾春旺检察长说,中纳两国人民有着深厚的传统友谊。早在纳米比亚独立前,中国政府和人民就坚定支持纳米比亚人民争取民族独立的斗争。中纳建交14年来,两国关系顺利发展。两国检察机关在此基础上已建立了密切的联系。总检察长此次来访,一定会把中纳两国检察机关友好关系推向一个新的高度。伊塔娜总检察长转达了纳米比亚总理对贾春旺检察长的亲切问候。她说,中国自改革开放以来,经济和民主法制建设等都取得了很大的成就,她相信两国司法领域的交流与合作一定会取得新的进展。会见后,双方共同签署了《中华人民共和国最高人民检察院和纳米比亚共和国总检察院检察机关合作协议》。最高人民检察院副检察长邱学强、纳米比亚驻华大使霍佩隆·乌绍纳·伊平盖、纳米比亚驻华使馆参赞席款比·萨卡义·约瑟法特等参加了会见。

国务院法制办公室副主任汪永清、中华全国妇女联合会副主席赵少华分别会见了代表团一行。在福建、广东访问期间,福建省人大常委会副主任贾锡太、福建省人民检察院检察长倪英达、福建省人民检察院副检察长张同盟,广东省人民检察院检察长张学军分别与纳米比亚代表团进行了工作会谈。

（最高人民检察院外事局　李　新　刘芮涵）

**泰国检察代表团访华**　应最高人民检察院检察长贾春旺的邀请,以泰国总检察长坎皮·考差先生为团长,团员包括总检察院第二大区检察长苏卫·吉马旺、总检察院第六大区检察长苏迈斯·吉春、总检察院第八大区检察长萨塔亚·阿伦萨、总检察院公诉厅副厅长西里萨·铁亚潘、总检察院国际合作司副司长叻塔抗·尼姆瓦塔那、总检察院总检察长秘书卡强萨克·普塔努帕善、总检察院总检察长副秘书桑·甘萨那拉克、敏巫里省检察院检察长那塔兀·萨库帕尼克、普吉省检察院检察长班腾·通谭组成的十人代表团,于2005年3月17日至27日对中国进行了正式友好访问。代表团在访华期间先后访问了北京、西安、兰州。

2005年3月25日,贾春旺检察长会见了泰国总检察长一行。他说,中国和泰国两国检察机关之间有着友好合作关系。泰国将主办“中国与东盟成员国总检察长第二次会议”,会议对于加强中国和东盟成员国检察机关的合作,共同打击跨国犯罪,促进地区稳定和经济发展都具有积极意义。他预祝会议取得圆满成功。他表示,中国检察机关非常重视国际司法合作,不断扩大与外国检察机关的交流与合作,积极借鉴国际同行的先进经验和做法。他说,当前加强国际合作,打击跨国犯罪,十分必要,也十分紧迫。中国检察机关愿与包括泰国在内的各国司法机关加强联系和合作,为打击跨国犯罪共同努力。

（最高人民检察院外事局　李　新　刘芮涵）

**英国检察代表团访华**　应最高人民检察院检察长贾春旺的邀请,以英国检察院检察长肯·麦克唐纳为团长,团员包括英国检察院副检察长理查德·福斯特、英国检察院业务发展厅厅长彼得·刘易斯、伦敦检察院检察长德鲁·沙普林女士、英国检察院检察长私人秘书布里奇特·韦克女士、英国检察院高级律师艾伦·巴卡雷斯、英国检察院政策研究室主任戴维·伊文思组成的八人代表团,于2005年4月17日至25日对中国进行了友好访问。代表团在访华期间访问了北京、陕西、浙江和广东。

2005年4月18日,最高人民检察院检察长贾春旺在人民大会堂会见了英国代表团。贾春旺检察长说,英国是欧洲最早与中国建立外交关系的国家之一,特别是1997年香港回归以来,两国在各个领域的交流与合作都取得了长足的发展。多年来,中英两国检察机关一直保持着良好的合作关系,除中英检察机关开展了一系列业务交流活动外,两国检察机关高层还多次实现互访。贾春旺检察长还向客人介绍了中国检察机关的性质、地位、检察工作及改革等方面的情况。他指出,在中国推进依法治国的进程中,检察机关正发挥着日益重要的作用。在谈到两国检察机关的关系时,贾春旺检察长强调指出,中英两国检察机关的合作与交流是两国友好合作的重要组成部分。他相信,英国代表团的到访,将使中英两国检察机关的交流与合作进入一个新阶段。英国检察长肯·麦克唐纳对贾春旺检察长的热情接待表示感谢。他说,中国的民主法制建设与法制改革给他留下了深刻的印象,他希望两国检察机关继续加强合作。肯·麦克唐纳先生同时介绍了英国检察工作的情况。最高人民检察院副检察长邱学强、英国驻华使馆大使韩奎发等参加了会见。

在北京期间,北京市人民检察院副检察长马剑光、海淀区人民检察院检察长孙力、最高人民检察院渎职侵权检察厅副厅长宋寒松、北京市第一中级人民法院办公室主任王宜生分别与代表团进行了工作会谈。

在陕西期间,陕西省人民检察院检察长张文宣与代表团进行了工作会谈,代表团参观了西安市新城区检察院。在浙江期间,代表团参观访问了杭州市西湖区检察院和杭州市公安局。在深圳期间,深圳市人民检察院副检察长宋魏生、副检察长白新潮与代表团进行了工作会谈。

（最高人民检察院外事局　李　新　刘芮涵）

**德国检察代表团访华**　应最高人民检察院检察长

贾春旺的邀请,以德国黑森州司法部长克里斯汀·华格纳为团长,团员包括德国黑森州司法部司法厅厅长冯富新、德国黑森州司法部长秘书司毕科、德国黑森州原检察长罗特、律师海罗德、记者傅尔曼、记者席蒙博士组成的七人代表团,于2005年4月17日至24日对中国进行了友好访问。代表团在访华期间访问了上海、江苏、北京。

2005年4月23日下午,最高人民检察院检察长贾春旺在人民大会堂会见了德国代表团。贾春旺检察长说,中德两国之间有着传统的友谊,近年来两国间有着广泛的交流与合作,中国对德国的统一给予了很大的支持,德国在中国的改革开放和经济建设进程中,同样给予了很多的帮助,希望进一步加强和增进中国检察机关同德国司法界的交往与合作,并通过两国司法业务层面的交流,共同为两国的经济建设与发展做出新的贡献。华格纳团长感谢中国检察机关邀请其访华,并为此做出了非常周密和有意义的行程安排。中国和德国有着非常友好的合作关系,2000年中国加入世贸组织以后,改革开放和经济建设的步伐越来越快,代表团为中国发生的巨大变化感到震惊,在德国国内的报纸上每天都可以看到有关中国的报道,在上海、江苏和北京的访问为代表团留下了深刻和美好的印象,同中国检察机关不同层次的会谈使代表团对中国的法律制度和检察制度有了初步的了解。中德两国之间在法律制度上存在着广泛的互补性,随着两国间司法界交往和沟通的进一步加强,必将为各自国家的司法制度的完善起到积极的推动作用。会见时,最高人民检察院副检察长邱学强、德国驻中国大使馆公使罗铺德等在座。

在北京期间,北京市人民检察院副检察长赵扬、北京市人民检察院第一分院副检察长娄云生、公安部经济犯罪侦查局副局长张涛、最高人民检察院反贪污贿赂总局副局长徐进辉,分别同德国代表团进行了工作会谈。

在上海期间,上海市人民检察院副检察长郑鲁宁、办公室主任罗昌平、公诉处处长纪刚同德国代表团举行了正式工作会谈。代表团参观了上海市提篮桥监狱,访问了上海市浦东新区人民检察院,华格纳部长还在浦东新区人民检察院作了题为"德国检察制度"的简短报告。

在江苏期间,江苏省人民检察院检察长周振华,副检察长郑鄂、张耀勤,苏州市人民检察院检察长范佐,昆山市人民检察院检察长张斌,与德国代表团进行了工作会谈。德国代表团还到南京大学中德法学研究所参观。

(最高人民检察院外事局　李　新　刘芮涵)

**罗马尼亚检察代表团访华**　应最高人民检察院的邀请,以罗马尼亚最高检察院第一副总检察长马切尔·辛佩特鲁为团长,团员包括罗马尼亚最高检察院刑侦局局长格奥尔基·德勒吉奇、外事局局长安吉拉·尼古拉女士、调查局局长科尔内留·布内斯基组成的四人代表团,于2005年5月21日至29日对中国进行了友好访问。访华期间,代表团访问了北京、河南、江西和上海。

2005年5月23日,最高人民检察院检察长贾春旺会见了代表团。贾春旺说,中罗两国和两国人民有着深厚的传统友谊,两国高层之间互访不断。虽然国际风云变幻,但两国人民的友谊没有发生变化。两国检察机关多年来一直保持着友好密切的交流合作关系,双方往来频繁。1995年两国检察机关签署了合作协议,为双方进一步交流奠定了基础。两国检察机关不仅为社会稳定、经济发展、人民生活水平的提高作出贡献,而且双方之间的合作还能进一步促进两国人民友好关系的加深。马切尔·辛佩特鲁代表罗马尼亚最高检察院总检察长伊利耶·博托什向贾春旺检察长表示问候,并对在中国受到的热情接待表示感谢。马切尔·辛佩特鲁介绍了罗马尼亚设置的专门反腐机构和反对有组织犯罪机构的情况。最高人民检察院政治部主任张常韧、罗马尼亚驻华大使维奥列尔·伊斯蒂乔亚参加了会见。

会见前,张常韧主任与罗马尼亚检察代表团举行了工作会谈,向客人介绍了中国检察机关的性质、地位、作用、检察工作及改革方面的情况。

(最高人民检察院外事局　李　新　刘芮涵)

**越南检察代表团访华**　应最高人民检察院的邀请,以越南最高人民检察院副检察长杨青表为团长,团员包括越南总检察院财务计划司司长吴春胜、副司长裴春暹、邓陈协,干部司副司长陶氏川女士、办公室副主任范文本、内政部薪资司司长阮维升、计划投资部国防安全司副司长陶仲清、财政部行政司专员陈氏琼娥女士、越南总检察院外交部专员范清平组成的十人代表团,于2005年6月3日至12日对中国进行了友好访问。访华期间，代表团访问了北京、沈阳、大连。

2005年6月5日，最高人民检察院检察长贾春旺会见了越南代表团。贾春旺检察长首先对越南客人的到访表示欢迎并祝贺代表团在中国的访问取得圆满成功。他说，中越两国之间有着传统的友谊，近年来两国间有着广泛的交流与合作，希望进一步加强和增进中国检察机关同越南司法界的交往与合作，并通过两国司法业务层面的交流，共同为两国的经济建设与发展做出新的贡献。杨青表团长感谢中国检察机关邀请其访华，并为此作出了非常周密和有意义的行程安排。中国和越南有着非常友好的合作关系，中国的改革开放和经济建设的成效显著，在北京的访问为代表团留下了深刻和美好的印象，同中国检察机关不同层次的会谈使代表团对中国的法律制度和检察制度有了初步的了解，随着两国间司法界交往和沟通的进一步加强，必将为各自国家的司法制度的完善起到积极的推动作用。

最高人民检察院副检察长胡克惠与代表团进行了工作会谈，越南检察代表团还参观了天安门广场和故宫、长城等景点。

代表团访问辽宁期间，辽宁省人民检察院检察长王振华、大连市人民检察院检察长娄玉华分别会见了代表团。

（最高人民检察院外事局　李　新　刘芮涵）

**委内瑞拉检察代表团访华**　应最高人民检察院检察长贾春旺的邀请，以委内瑞拉总检察长胡利安·伊萨亚斯·罗德里格斯·迪亚斯为团长，团员包括委内瑞拉总检察长夫人米切莱娜·德·罗德里格斯女士、委内瑞拉总检察院行政总管诺雷斯·马克思女士、委内瑞拉总检察院检查程序总负责人费利克斯·梅尔卡德斯、委内瑞拉总检察院全国第六检察官路易莎·奥尔特加·迪亚斯女士、委内瑞拉总检察院媒体研究与评估协调员亚历山大·杜阿尔特、委内瑞拉总检察长办公室协调员露斯玛丽·马丁内斯·雷耶斯女士组成的七人代表团，于2005年6月11日至18日对中国进行了友好访问。代表团访华期间，访问了北京、陕西和上海。

2005年6月12日，最高人民检察院检察长贾春旺在人民大会堂会见了委内瑞拉代表团，委内瑞拉驻中国大使馆大使罗西奥·马内罗·冈萨雷斯女士，最高人民检察院副检察长邱学强、办公厅主任童建明、外事局局长叶峰参加了会见。贾春旺检察长指出，中委两国人民有着深厚传统友谊，中国和委内瑞拉自1974年建交以来，两国在各领域的合作与交流日益扩大，高层互访频繁，两国人民之间的了解与友谊不断加深。两国检察机关在此基础上也不断加强相互间的联系。1993年委内瑞拉副总检察长安·何·埃雷拉先生率团访华，为两国检察机关开展交流与合作奠定了良好的基础，也巩固了双方的友好合作关系。他相信罗德里格斯此次率团来访，一定会把中委两国检察机关的友好关系推向一个新的高度，并将会进一步增进两国人民之间的友谊。贾春旺检察长在会见中向客人介绍了中国改革、法制建设以及中国检察机关的性质、地位、工作等方面的情况，并重点指出，20多年来，中国民主法制建设取得了重大进展，检察机关在中国推进依法治国的进程中正发挥着日益重要的作用。罗德里格斯对贾春旺检察长的邀请和中国检察机关的热情接待表示感谢。罗德里格斯介绍了委内瑞拉的法律体系和检察制度，表达了进一步加强两国检察机关相互了解和合作的愿望，并就感兴趣的问题进行了交流。他希望两国检察机关通过相互学习、相互借鉴，共同推动世界多极化发展。

在北京访问期间，最高人民法院院长肖扬、公安部副部长张新枫、北京市人民检察院副检察长马剑光分别会见了代表团。罗德里格斯还在中国人民大学法学院进行了题为《委内瑞拉的宪法、刑法和检察制度》的演讲，向法学院的师生们介绍了委内瑞拉的司法制度，并与中国的司法制度和检察制度作了比较。

在陕西和上海期间，陕西省人民检察院检察长张文宣、上海市人民检察院检察长吴光裕分别与代表团进行了工作会谈。代表团还参观了秦始皇兵马俑、陕西历史博物馆和西安古城门，游览了上海市动物园、豫园、东方明珠电视塔，参观了上海市博物馆和上海城市规划展示馆。

（最高人民检察院外事局　李　新　刘芮涵）

**斯洛伐克检察代表团访华**　应最高人民检察院检察长贾春旺的邀请，以多布罗斯拉夫·特尔恩卡为团长，代表团成员包括斯洛伐克共和国总检察长多布罗斯拉夫·特尔恩卡、军事检察长米库拉什·加尔杰茨基、斯洛伐克总检察长办公室主任卡塔琳娜·莱费罗娃、特别检察官事务局局长杜尚·科瓦奇克、内务总司司长费拉迪米尔·布伦奇奇、斯洛伐克特伦钦州检察长维耶拉·科瓦奇科娃组成的六人代表团,于2005年9月25日至10月1日对中国进行了正式友好访问。代表团访华期间,访问了北京、江苏和江西。

在江苏访问期间,江苏省人民检察院检察长周振华会见并宴请了代表团,并向代表团介绍了江苏省近年来政治、经济发展情况,省检察院的机构设置以及近几年的工作情况。江苏省人民检察院副检察长吴汝信陪同代表团参观访问了中山陵。代表团一行参观访问了南京市人民检察院并进行了工作会谈。南京市人民检察院检察长刘志伟介绍了南京市检察院的机构设置和近些年在保护青少年、轻伤害案件的和解、预防错案等方面的有关情况。代表团对南京市人民检察院在职务犯罪侦查中采取录音、录像以及在处理青少年犯罪案件方面的新举措深表赞赏,并指出斯洛伐克在进行类似的改革。

2005年9月29日,代表团抵达江西省南昌市。江西省人民检察院检察长孙谦到机场迎接并在江西宾馆与代表团进行了工作会谈。孙谦检察长介绍了省检察院的机构设置以及近几年的工作情况,并指出随着犯罪全球化,各国检察机关应该加强国际协作。江西省省委副书记彭宏松、省委政法委书记舒晓琴等在江西宾馆会见并宴请了代表团一行。

(最高人民检察院外事局　李　新　刘芮涵)

**芬兰检察代表团访华**　应最高人民检察院的邀请,以芬兰检察院副总检察长杰马·卡司克先生为团长的四人检察代表团,于2005年11月7日至13日对中国进行了友好访问。代表团成员包括:芬兰总检察院外事局局长娃扎·托伊维艾宁女士,芬兰瑞玛克地区检察院检察长依娃·利萨·欧克奴瓦女士,芬兰万塔地区检察院检察长汤姆·瑟德隆德先生。代表团访问了北京、西安、上海。中芬双方就各自国家的司法制度、检察制度、检察官的任免、职权、发挥的作用和业务培训等方面进行了广泛地、多层次、多领域地探讨与交流。

(最高人民检察院外事局　李　新　刘芮涵)

**刑罚执行与人权保护国际研讨会**　由最高人民检察院、联合国开发计划署、挪威议会行政监察官办公室、商务部中国国际经济技术交流中心等单位主办,云南省人民检察院协办的"刑罚执行与人权保护国际研讨会",于2005年11月28日至30日在云南省昆明市举行。来自国际检察官协会、联合国开发计划署、挪威议会行政监察官办公室、挪威司法部、中国香港特别行政区惩教署的八名境外专家,最高人民检察院、商务部、公安部、司法部,各省、自治区、直辖市检察机关的代表,以及云南省政法委员会、公安机关、司法行政机关的代表,共计190多人参加了本次会议。与会代表向大会提交论文58篇,很多文章观点新颖、内容充实、议论深刻,从理论和司法实践的角度进行了深入的探讨。最高人民检察院副检察长赵虹出席了开幕式并致辞。国际检察官协会、挪威议会行政检察官办公室、挪威司法部、中国香港特别行政区惩教署、最高人民检察院、公安部、司法部,以及北京市、吉林省、江苏省、安徽省、云南省检察机关的15名中外代表在会上作了主题发言。会议围绕刑罚执行中人权保护的现状,刑罚执行中人权保护相关机构设置、工作职责,检察官在刑罚执行人权保护方面发挥的职能和作用,刑罚执行中人权保护面临的问题和对策等议题,进行了深入而富有成效的探讨。

一、关于刑罚执行中人权保护的现状

中外代表一致认为,罪犯在刑罚执行过程中应当享有广泛而充分的人权,刑罚执行中人权保护的现状,和一个国家或地区的政治、历史、文化、经济发展水平、生活习惯等国情紧密联系,罪犯享有人权的状况与之相适应。

中方代表系统阐述了我国罪犯享有的广泛而充分的人权,包括生存权和人身权、政治民主权利、控告申诉检举权、劳动报酬权、文化教育权、通信会见权、医疗权、减刑假释权、特许离监权、性别民族特殊处遇权、携带生活必需品入监权、接受合法钱物权、提合理化建议权等权利。中方代表介绍了我国罪犯人权保护的现状,认为我国对刑罚执行中的罪犯人权,形成了立法保护、司法保护、检察监督保护和社会保护等不同层面的保护,我国罪犯的人权得到了前所未有的重视与保护,罪犯人权保护状况取得了举世瞩目的成就。

挪威、德国的代表分别介绍了本国罪犯所享有的申诉权、劳动报酬权、文化教育权、通信会见权、医疗权、假释权、单间住房权、申请向低防卫级别监狱转换权、请假外出权、申请外出工作权、接受采访拍照权等权利。挪威代表还介绍了在立法、行政监察、社会监督等方面对罪犯人权的保护状况。德国代表也介绍了在立法、行政管理、司法控制等方面对罪犯人权的保护状况。

二、关于刑罚执行中人权保护相关机构设置、工作职责

中方代表在发言中全面介绍了我国在保护罪犯人权方面的机构设置和工作职责。人民检察院是我国的法律监督机关，设置了监所检察部门，专门负责对监狱等刑罚执行机关执行刑罚的活动、监管改造罪犯的活动实行法律监督。检察机关在罪犯人权保护方面的工作职责主要是：监督刑罚执行活动和监狱、看守所的监管活动，监督人民法院和刑罚执行机关的减刑、假释、暂予监外执行等刑罚变更活动，依法保障罪犯的人权。我国的监狱、看守所、社区矫正等部门，也依法实行多项措施，有效保护罪犯的人权。中国香港特别行政区的代表也介绍了香港惩教署投诉调查组的职责和运作程序。

挪威代表介绍了挪威议会行政监察官和监督委员会的情况。议会行政监察官由议会选出，其任务是代表议会，监督全国的行政机关，包括中央政府和地方政府，也包括全国的警察局、拘留室、监狱和公诉机关。挪威每个区域都有一个监督委员会对该区域进行监督，该委员会对监狱和缓刑机构进行监督，并且监督获罪人和犯人受到何种对待。德国代表介绍了对刑罚执行的行政控制和司法控制机制。外方代表还介绍了欧洲预防酷刑、不人道或有辱人格的待遇或惩罚委员会、监狱探访者、犯人亲友组织、回归之路等致力于保护罪犯人权的政府和民间组织，以及这些组织的机构设置、工作职责。

三、关于检察官在刑罚执行中人权保护方面发挥的职能和作用

与会代表认为，各国检察制度不同，检察官在刑罚执行中人权保护方面发挥的职能作用也存在差异。中方代表系统阐述了我国检察机关定位于国家的法律监督机关，检察官通过刑罚执行检察，监管执法检察，受理控告申诉，纠正违法减刑、假释、保外就医，查办贪污贿赂渎职侵权等职务犯罪案件，保障罪犯的生命权和基本生存权，保护罪犯不受体罚虐待，保障罪犯的生活、卫生、劳动、教育、申诉、控告等权利。检察官的法律监督是罪犯人权保护体系中的重要环节，其在人权保障中的作用不可替代。检察官作为刑罚执行的监督者，对维护国家法制和矫正方针政策统一和正确实施，使罪犯人权得以真正保障有着重大的历史意义和现实意义。

挪威代表在发言中介绍了挪威的司法制度和检察制度。与中国不同，挪威检察官不负责对刑罚执行活动实行监督，也不负责保护罪犯的人权。对罪犯的人权保护工作，主要由议会行政监察官、监督委员会等机构负责。挪威代表介绍了挪威检察官在审前羁押制度中的权限和职能。

四、关于刑罚执行中人权保护面临的问题和对策

中方代表认为，我国在刑罚执行中人权保护方面取得了巨大进步。但是由于还是一个经济基础比较薄弱的发展中国家，受到经济和社会发展水平的限制，刑罚执行中的人权保护也面临一些问题，例如，有些监狱罪犯生活没有达到规定的标准，有些罪犯的申诉、控告未能得到及时处理，少数监狱劳动条件较差，生产安全事故时有发生，个别监狱干警违法乱纪，打骂罪犯等。中方代表认为，应当逐步完善罪犯权利保护法律法规体系，以使得对罪犯的人权保护更具可操作性；改善监狱物质条件，逐步提高我国罪犯的生活、医疗、住宿等方面的标准；提高矫正机构工作人员的人权意识，使罪犯的权利得到切实有效的保障；提高罪犯自我保护意识，让罪犯学会运用法律手段维护自己的合法权益；健全行政监督、社会监督、检察监督等体制，进一步加强对刑罚执行和监管活动的监督，依法保护罪犯的人权。

挪威、德国的代表认为，他们国家的刑罚执行中人权保护状况总体情况虽然不错，但也存在一些问题。如德国的一所监狱内因为配备高级的游泳池，而受到公众和新闻媒体的抗议。虽然法律规定监狱要为罪犯提供单独的监室，但是这个需求仅仅得到了部分满足。在德国部分州，那里的监狱一般只能提供集体监室，不仅因为政府财政匮乏使得建造新监狱困难重重，而且大量的社区居民也反对在他们的社区范围内建造监狱，他们认为这样会破坏社区的形象。罪犯申诉获得成功的几率较低。挪威的监狱目前只能容纳 3154 名罪犯服刑，还有 2176 名罪犯在排队等候入狱服刑。另外，由于心理治疗专家和精神病专家的数目和病床数目有限，有些囚犯有病不能及时得到依照法律应该享有的医疗服务。

总体来看，这次研讨会取得比较好的效果，达

到了预期的目的。外方代表反映,这次研讨会选题是国际社会广泛关注的人权热点问题,提交会议的论文论题广泛、观点新颖、内容充实、议论深刻。代表发言踊跃,会议气氛热烈。中方代表反映,通过这次会议,比较全面了解了国外刑罚执行和罪犯人权保护的有关情况,开阔了眼界,国际社会罪犯人权保护方面的有益做法和经验值得学习借鉴,感到很受启发。中外代表普遍认为,通过这次国际研讨会,各方在罪犯人权保护方面,及检察制度、刑罚执行制度方面,进行了有益的讨论和交流,增进了了解、拓宽了共识、加强了合作、发展了友谊。有关单位的负责人表示,在会议之后要进一步加强联系与合作,共同推动中国与国际社会在刑罚执行与人权保护方面取得更大的进步与成就。

(最高人民检察院监所检察厅　吴建平)

# 中华人民共和国最高人民检察院和纳米比亚共和国总检察院合作协议

中华人民共和国最高人民检察院和纳米比亚总检察院(以下简称双方),根据两国检察工作的实际需要,愿在相互尊重国家主权和平等互利的原则下,进一步发展和促进两院及所属检察机关之间在起诉犯罪及其相关事务中的友好合作关系,达成协议如下:

**第一条**　双方及所属检察机关在各自职权范围内,加强和扩大彼此之间的相互合作。

**第二条**　双方司法协助的请求和提供通过外交途径进行。

**第三条**　双方互派检察人员,进行专业研究或培训。这种计划的具体内容通过双方协商确定。

**第四条**　双方互派代表团访问,讨论双方工作中共同感兴趣的问题。

**第五条**　双方互相交流共同感兴趣的法律文件和检察工作的信息,并应对方要求,交流法学出版物。

**第六条**　双方在以上述形式进行合作时,如认为有必要,就可商定的问题签订协议书。

**第七条**　本协议解释与执行中出现的问题,由双方代表本着相互尊重的精神予以协商解决。

**第八条**　应一方要求,双方可通过谈判对本协议的内容进行修改和补充。协议的修改应由双方以书面形式提出,任何修改经双方代表签字后生效并具有本协议第九条规定的相同的期限。

**第九条**　本协议自签字之日起生效。本协议有效期五年。若在协议期满前六个月,一方未以书面形式通知另一方终止协议,则本协议将自动延长五年,并依此法顺延。

本协议于2005年1月28日在北京签订。本协议一式二份,每份用中文和英文写成,二种文本同等作准。

| | |
|---|---|
| 中华人民共和国 | 纳米比亚共和国 |
| 最高人民检察院 | 总检察院 |
| 检察长 | 总检察长 |
| 贾春旺 | 彭杜克尼·伊鹭拉·伊塔娜 |

# 亚欧会议总检察长会议宣言

亚欧会议总检察长会议于2005年12月9日至12日在中国广东省深圳市举行。

会议在热情、友好和务实的气氛中进行。会议以"合作打击跨国有组织犯罪、建设和谐稳定繁荣社会"为主题,探讨、磋商亚欧会议成员检察机关之间加强相互交流、深化执法合作,以建立有效的协调配合、打击跨国有组织犯罪的机制。各方达成如下共识：

一、亚欧会议成员国总检察长们一致认为，在经济和信息全球化进程迅速发展的时代背景下，加强亚欧司法合作，有助于找到应对新挑战和新威胁的有效措施，以维护亚欧两大洲乃至整个世界的和平、稳定、繁荣与安全。亚欧两大洲是当今世界舞台上两个重要的政治、经济实体。1996年3月，《亚欧会议曼谷会议主席声明》强调了加强亚欧会议成员国合作打击毒品犯罪、洗钱犯罪、恐怖主义和跨国有组织犯罪的重要性。2002年9月，亚欧会议高官会发表了《合作打击恐怖主义宣言》。这些文件为亚欧会议成员关系继续发展，包括相互开展司法合作提供了重要动力。亚欧会议成员国检察体制虽然不尽相同，但都在打击犯罪、维护法制、保护人权方面担负共同的职责。加强成员国检察机关相互之间的合作，打击跨国有组织犯罪，将有效地保障亚欧会议成员国政治、经济的全面发展，促进各成员国加速共同迈向和谐、稳定和繁荣社会。

二、总检察长们一致认为，有必要在司法领域就下列问题进一步加强彼此之间的合作：

（一）落实《联合国打击跨国有组织犯罪公约》及其他有关公约、法律文件的规定，在打击跨国犯罪、腐败犯罪、洗钱犯罪、恐怖主义，非法贩卖毒品、武器，贩卖人口（妇女和儿童）及其他跨国有组织犯罪方面开展紧密协作。

（二）切实履行双边司法协助条约、引渡条约以及区域性、区际性司法合作协定，落实和深化成员国最高检察机关之间业已存在的合作协议或谅解备忘录的规定内容。积极开展相互间的司法协助工作，在互涉案件的调查取证、缉捕和引渡罪犯、涉案款物追缴返还等领域加强合作，相互依法提供司法协助。

（三）拓宽司法合作渠道，提高合作效率，探索建立检察机关的直接合作机制。

（四）建立有效的司法信息交换机制，相互交换有关司法改革、执法实践以及打击犯罪等方面的信息。

（五）加强检察机关之间的交流，互派代表团进行考察、访问，相互开展检察业务培训，学习和借鉴检察工作方面的经验。

三、总检察长们表示愿意与其他国家司法机关和国际组织在有关国际条约和协议的框架内开展广泛合作。

四、总检察长们同意举行不同层次的经常对话，完善对话机制，以强化亚欧会议成员国检察机关之间的交流和合作。

2005年12月12日于深圳

## 中华人民共和国最高人民检察院和蒙古国总检察院关于加强人员交流与合作的备忘录

中华人民共和国最高人民检察院（以下简称甲方）和蒙古国总检察院（以下简称乙方），根据1998年10月26日《中华人民共和国最高人民检察院和蒙古国总检察院合作协议》的有关规定和两国检察工作的实际需要，愿意在平等互利的原则下，就进一步加强两国检察机关之间的人员交流与合作，达成备忘录如下：

**第一条** 双方每年互派由总检察长或副总检察长率领的代表团进行工作访问一次，每次时间为十天左右。双方代表团的国际旅费自付，在另一方境内访问期间的费用由另一方承担。

**第二条** 乙方每年派两批检察官到甲方进行工作考察休假，每批人数为十人，每次时间为两周左右。乙方代表团的国际旅费自付，乙方代表团在甲方工作考察休假期间的其他费用由甲方承担。

甲方每年派一批检察官到乙方进行工作考察休假，人数为十人，时间为十天。甲方代表团的国际旅费自付，甲方代表团在乙方工作考察休假期间的其他费用由乙方承担。

**第三条** 乙方每年派两名检察官到甲方进修，每次时间为半年至一年，其中三个月学习语言，其余时间在检察机关实习和工作，甲方承担乙方检察官进修期间的食宿、交通和学习费用。

**第四条** 本备忘录执行中出现的问题，由双方本着相互谅解和相互尊重的精神协商解决。

**第五条** 应一方要求,双方可通过谈判对本备忘录的内容进行修改。任何修改经双方代表签字后生效并具备本备忘录第六条规定的相同的期限。

**第六条** 本备忘录自签字之日起生效,有效期为五年。若一方在本备忘录期满前六个月未以书面形式通知另一方终止,则本备忘录将自动延长五年,并依此顺延。

本备忘录于2005年12月19日在北京签订,一式三份,分别用中文、蒙古文和英文写成,三种文字同等作准。

| | |
|---|---|
| 中华人民共和国 | 蒙古国 |
| 最高人民检察院 | 总检察院 |
| 检察长 | 总检察长 |
| 贾春旺 | 阿勒坦呼亚格 |

# 2005年中华人民共和国最高人民检察院与外国检察机关签订的合作协议一览表

| 合作协议名称 | 签字日期 | 签字地点 | 中方签字人 | 外方签字人 | 生效日期 |
|---|---|---|---|---|---|
| 中华人民共和国最高人民检察院和纳米比亚共和国总检察院合作协议 | 2005年1月28日 | 北京 | 中华人民共和国最高人民检察院检察长贾春旺 | 纳米比亚共和国总检察长彭杜克尼·伊聱拉·伊塔娜 | 2005年1月28日 |
| 亚欧会议总检察长会议宣言 | 2005年12月12日 | 深圳 | 中华人民共和国最高人民检察院检察长贾春旺 | 亚欧会议成员国总检察长 | 2005年12月12日 |
| 中华人民共和国最高人民检察院和蒙古国总检察院关于加强人员交流与合作的备忘录 | 2005年12月19日 | 北京 | 中华人民共和国最高人民检察院检察长贾春旺 | 蒙古国总检察长阿勒坦呼亚格 | 2005年12月19日 |

(最高人民检察院外事局)

# 第九部分

# 检察理论 报刊出版
# 学院协会 技术信息

**检察理论研究工作**　2005年,全国检察机关以构建社会主义和谐社会为目标,以刑事诉讼法和人民检察院组织法修改为契机,检察理论研究工作有了长足的进步。在检察基础理论和检察具体职权的研究方面都上了一个新台阶,取得了新的成果。

一、最高人民检察院检察理论研究课题制更加完善。

重新修订检察理论研究课题管理办法。为促进研究成果的有效与快速转化,最高人民检察院检察理论领导小组对2004年3月5日公布的《最高人民检察院检察理论研究课题管理办法》进行重新修订,对第六章"课题经费"的内容进行了较大修改,课题经费数额分别改为:重大课题资助经费一般为6万元,重点课题资助经费一般为2万元,一般课题的资助经费一般为1万元。拨付结构比例定为"四三三"制:课题立项后,拨付课题经费总额的40%作为启动经费;重大课题的专著正式出版的,重点课题和一般课题的有关研究成果在公开发行的刊物上发表的,拨付课题经费总额的30%;提交课题研究结题报告并经验收合格的,拨付剩余的课题经费总额的30%。

检察理论研究课题立项与结题工作顺利开展。经最高人民检察院检察理论研究所专家小组初评,并经最高人民检察院检察理论研究领导小组会议审查批准,2005年度最高人民检察院新确立了26个检察理论研究项目,共29个课题组承担。其中包括1项重大课题、11项重点课题和14项一般课题。2005年6至9月,理论所共收到2004年度检察理论研究课题22份结题报告(其中包括两份2002年延期结题的报告),理论所邀请相关领域的专家、学者组织评审小组,对这些报告进行评审,有20份课题通过评审。这些结题报告已经分别辑成《中国检察》第11、12卷。

二、理论研究的激励机制建设进展顺利。

最高人民检察院在奖励机制建设方面,制定并实施了《最高人民检察院检察基础理论研究成果奖励办法》和《最高人民检察院机关及直属事业单位检察基础理论研究成果奖励办法》,在评选检察业务专家活动中,评选出研究类检察业务专家13名。许多省、市检察院、基层检察院相继建立并完善了理论研究奖励机制。据统计,已有12个省级检察院、182个分州市检察院、1475个区县检察院,将理论研究成果列入了部门考核和个人考核;有30个省级检察院、265个分州市检察院,建立了理论研究成果评奖制度。有些检察院还完善了奖励机制,建立了多种形式的奖励措施。

三、检察理论研究工作更受重视,科研成果喜人。

2005年,全国检察理论研究工作通过传达贯彻"南京会议"精神和各级检察院的共同努力,有了明显的进步,主要表现在如下方面:检察系统对检察理论研究工作重要性和必要性的认识进一步提高。有的检察长还带头进行理论研究并发表了有分量的论文。有18个市级检察院增设了研究室,增配了人员85人,加强了检察理论研究的组织力量。最高人民检察院根据历届优秀年会论文作者和课题承担人的情况,建立了全国检察理论研究人才库。部分省级检察院还对研究骨干进行了培训,如浙江省检察院、上海市检察院、北京市检察院等,加强了研究骨干之间的联系和交流,提高了研究骨干的水平。很多地方建立了年会制、课题制、专题研讨、研究成果汇报交流等理论研究的载体或平台。据统计,有27个省级检察院、206个分州市检察院、483个区县检察院建立了理论年会制;28个省级检察院、214个分州市检察院和680个区县检察院设立了课题制;主办或者承办各种专题研讨会比往年明显增多,省级检察院共101次、分州市检察院613次、区县检察院1104次。最高人民检察院监所检察厅建立了定期举办"刑罚执行监督专题研讨"制度,与检察日报社联合举办了"'金耀杯'超期羁押与刑罚执行监督机制研究有奖征文"活动。检察日报社和国家检察官学院分别举办了"检察长论坛"和"高级检察官论坛"等。对外交流与合作进一步发展。目前已有26个市级、县级检察院有法学专家挂职,其中,黑龙江有7个分州市检察院,北京有5个区县检察院。有152名检察官到高等院校兼职任教。北京市检察院在中国政法大学开设了"检察理论与实务"课程,定期选派全市检察系统最优秀的检察官去授课。北京市检察院、广东省深圳市检察院、河南省焦作市检察院、吉林省辽源市检察院、浙江省永康市检察院等单位与高等院校或科研机构联合建立研究基地或者签订合作协议。最高人民检察院先后就死刑复核法律监督、民事行政诉讼中检察权配置、监所检察工作改革以及若干司法解释等问题,请法学专家进行研讨和征求意见。检察日报社和各检察刊物编辑部利用报刊平台,加大了检察理论的宣传力度,中国检察出版社出版了一些检察理论方面的专著,扩大了检察理论在社会上的影响。检察理论研究保障工作有了加强。目前全国已有27个省级检察院、170个分州市检察院和838个区县检察院,建立了检察理论研究经费保障制度,有些检察院还加大了报刊图书资料、网络查阅等方面的资金投入,保障了检察理论研究工作的顺利开展。

2005年,全国范围内检察理论研究工作成果显著。据统计,2005年全国范围内共出版了《职务犯罪侦查热点问题研究》、《反职务犯罪论略》、《检察权的规范运作与人权保障》、《民事行政检察实务与探索》、《民事行政检察监督理论与实践》、《刑事申诉检察概论》、《侦查活动监督理论与实践》等8部检察基础理论研究的学术著作。全国检察人员共发表检察基础理论文章403篇。其中,在国家权威报刊上发表检察理论文章2篇,在知名期刊上发表检察理论文章11篇。参加全国性学术活动279人次。

四、组织检察理论研讨活动。

2005年4月,最高人民检察院召开了"全国检察理论研究工作会议暨第六届年会",探讨了检察工作中出现的各种问题,推出了一批质量较高的研究成果。年会上评选出的优秀论文编辑成《中国检察》第9卷与第10卷。中国检察官协会与理论所在2005年共同组织召开了二个比较重要的学术研讨会。一是2005年9月13日至15日在四川省成都市召开的以"人民检察院组织法修改中的理论问题"为主题的第三届《中国检察论坛》联席座谈会;二是由中国法官协会和中国检察官协会共同主办的"关于'两院'在构建和谐社会中的作用研讨会"。来自27个省、自治区、直辖市的法院系统和检察系统共100余名代表以及中国社会科学院法学研究所、中国政法大学等单位的四名专家参加了这次研讨会。中国法官协会常务副会长、大法官刘家琛和最高人民检察院检察委员会专职委员戴玉忠出席会议并讲话。会议共收到论文234篇(其中检察系统115篇,法院系统119篇),评出优秀论文40篇提交会议交流。会议期间,20多位法院系统和检察系统的优秀论文作者代表围绕会议主题进行了研讨。

(最高人民检察院检察理论研究所　黄俊平)

**检察理论研究综述**　2005年度,全国检察理论研究以构建社会主义和谐社会为目标,以刑事诉讼法和人民检察院组织法修改为契机,更注重中国特色检察制度的构建,在检察基础理论与检察权具体应用的研究上都获得了长足进步。

一、关于检察机关的定位和检察权的性质

从2005年相关理论研究成果可以看出,检察机关的法律监督性质已得到普遍认同:检察机关法律监督机关的性质定位是人民代表大会制度的基本要求,是中国现行宪政制度的必然产物,符合权力制衡和权力运作的普遍规律。中国政法大学陈光中教授指出,从法律执行情况看,检察机关作为法律监督机关利大于弊。还有学者从中国检察机关在国家权力结构中的定位出发,从人民代表大会议行合一的政治体制出发,指出该政治体制决定了人民代表大会不仅享有立法权,而且享有监督宪法和法律实施的权力。在人民代表大会制度下,检察权客观上已经发展成以实现对执法、司法和国家工作人员守法的制约与监督为目的的独立性权力。中国人民大学韩大元教授认为(《关于检察机关性质的宪法文本解读》,《人民检察》2005年第7期第14页):在权力划分理论上,有必要打破西方传统意义上对"三权"划分的固有认识,回归到中国的宪法文本中来,确立检察权不同于立法权、行政权和审判权的具有自身独立特性的法律监督权的基本理念。国家检察官学院院长石少侠教授在《论我国检察权的性质》(《法制与社会发展》2005年第3期第87页)一文中认为,必须正确定位中国检察机关的法律监督模式。检察机关作为国家的法律监督机关具有监督机关的专门性、监督手段的诉讼性、监督效率的程序性等明显特征。有的文章进一步指出,检察机关的法律监督与人大对"一府两院"的监督,在性质和内容上是不同的。检察机关的法律监督,是依据特定法律程序,针对特定范围和对象所进行的保障法律实施的专门监督。检察机关的法律监督在社会主义法治进程中发挥着重要作用,是社会主义监督体系的一个重要方面,是其他形式的监督所不能替代的,其存在的合理性和必要性不容置疑。当然,检察机关在履行法律监督职能时,也要受到外部的监督和制约。要接受党的领导、人民代表大会及其常委会的监督,还要接受政协的民主监督、舆论监督和人民群众监督,以及公安机关、人民法院和律师在法律程序上的制约等。

二、关于检察权的优化配置

如何科学配置检察权是近年来检察理论研究的热点。2005年,检察理论在这一方面的研究更趋理性化。有文章指出,中国检察机关的法律监督职能主要是诉讼法律监督(司法监督)的职能,方式主要是通过诉讼途径。只有真正认识到自己的权力是有限的时候,才能冷静、公正地行使手中的权力。为此,应当研究如何拓展检察机关法律监督的范围、手段,使检察机关成为名副其实的法律监督机关。还有文章指出,科学配置检察权,必须与检察机关的性质界定相适应,检察权配置是以诉讼权力为主体,兼有监督权力。而且,配置给检察机关的职权是在不断充实、扩大的。

(一)职务犯罪侦查权。

目前,理论上关于职务犯罪侦查权的意见日趋一致,即检察机关承担职务犯罪的侦查职责是中国特色检察制度的基本内容,其存在有必然性与合理性,与检察机关法律监督职能相吻合,体现了法律监督的本质属性。中国人民大学法学院陈卫东教授在《论法治理念下的检察机关职务犯罪侦查权》(《人民检察》2005年第7期第16页)一文中,通过分析比较国外、境外类似机构后认为,中国职务犯罪侦查权由检察机关行使有其有利因素:其一,中国检察机关法律地位高,具有相当的排除干扰的能力;其二,中国检察机关比较清廉,具有反腐的结构基础。晏向华在《检察机关拥有侦查权符合国际趋势》(《检察日报》2005年7月12日第3版)一文中,从三方面论证了检察机关拥有侦查权的合理性:其一,检察机关实施监督必须有一定的处分权和相应的法律程序为依托,检察机关通过对国家工作人员行使司法弹劾权,可以保证国家公务活动的廉洁性与合法性;其二,从国际发展趋势看,对贪污贿赂等职务犯罪的调查与警察部门分离已成为普遍的发展趋势;其三,关于职务犯罪侦查权的监督问题,不可能对所有的监督者都再设立一个监督者,职务犯罪侦查活动可以通过法院审判来实行监督。

叶青、秦新承在《论检察侦查权的法律监督属性》(《法学》2005年第11期第35页)一文中认为,人民检察院的法律监督性质,决定了侦查权具有法律监督的属性:其一,侦查权的法律监督属性符合中国宪法规定,检察机关可以通过行使侦查权追诉犯罪,完成宪法赋予的法律监督职责;其二,检察机关的职务犯罪侦查权是其法律监督权、公诉权的内在要求,检察机关在刑事诉讼过程中履行诉讼监督职能,如果没有职务犯罪侦查权为支撑,侦查监督和审判监督都会变得苍白无力;其三,由检察机关行使职务犯罪侦查权,不仅符合中国一贯的法律传统,也符合当前国际上的通例,无论是考察中国古代的御史制度,还是追溯建国初期的法律规定,检察机关都应当享有侦查权。当今大陆法系国家实行检警一体化,检察机关无疑享有侦查权,即使是英美法系,也不同程度地赋予了检察官侦查权,并且这种状况有不断扩张的趋势。

也有文章指出,检察机关的法律监督地位决定了其侦查侵犯国家职务廉洁性和国家正常管理活动等职务犯罪的正当性。但是,应当收缩检察机关直接侦查案件的范围,将除国家机关工作人员以外的国家工作人员的贪污贿赂犯罪案件划给公安机关管辖。与此同时,增加必要的侦查手段,赋予检察机关对非国家机关工作人员的职务犯罪和危及社会公共利益的经济犯罪案件的侦查指挥权,赋予检察机关对强制措施的执行权,并完善侦查情报信息工作。

还有文章指出,民事行政检察部门直接行使侦查权有利于促进抗诉工作,确立民事行政检察的权威,及时发现和查处审判人员的职务犯罪。但是,这一权力的赋予应当量力而行。

(二)列席审判委员会。

有文章研究了检察院派员列席法院审判委员会制度,认为检察院派员列席审判委员会是实施法律监督、保障司法公正和降低诉讼成本的需要,应当坚持。检察院派员列席审判委员会不会构成对审判权的干涉,原因在于:司法的权威应当靠公正的裁判结果和司法过程确立,检察院派员列席不会破坏司法的权威;检察院派员列席审判委员会不会干涉审判委员会行使案件的决定权。同时,检察院派员列席审判委员会也不会造成对被告人的不公平。

(三)检察建议。

有学者指出,检察建议具有法律监督和服务社会的双重性质,其目的在于:弥补法律监督手段的不足和服务社会治安综合治理和预防犯罪的需要。应当只适用于与检察机关行使法律监督权直接相联系的情形,并且只适用于法律对检察机关开展法律监督活动的行为方式没有明确规定的情形。检察建议的内容也不能脱离检察机关的法律监督性质。

(四)增加检察权。

有文章指出,在现行检察机关审查批捕的制度基础上,应当明确赋予检察机关司法审查的职能,扩大司法审查范围,将侦查过程中一切限制公民基本人权的强制侦查行为和强制措施的适用都纳入检察机关审查批准的范围,实行令状主义。有文章指出,检察机关应当享有源于公诉权的量刑建议权,在构建中国控辩对抗的诉讼模式之下,必须扩张和规制检察官的求刑权,设立与现代刑事诉讼相适应的检察官量刑建议权。还有的文章指出,应当扩大检察机关的诉权。

三、关于法律监督职能的强化

(一)强化法律监督职能。

目前,检察机关的法律监督职能仍然没有得到很好的发挥,法律监督在制度设计和实际运作中都存在一定的问题。上海市人民检察院第一分院课题组在《法律监督的人权保障功能》(《华东政法学院学报》2005 年第 4 期第 107 页)一文中,将法律监督在实践中存在的问题概括为四个方面,建议有针对性地从完善法律监督的立法规定、明确监督范围、赋予检察机关"强制建议权"和监督调查权,并有权对违宪、违法司法解释进行监督等几个方面去努力。

吉林省辽源市人民检察院检察长王文生在《强化法律监督须走出六个误区》(《检察日报》2005 年 12 月 19 日第 3 版)一文中指出,强化法律监督要走出六个误区:一是走出"机械执法、孤立办案、就案办案"的误区,树立大局观念;二是走出"重打击、轻预防"的误区,树立"打防并举、预防为主"的观念;三是走出"有罪即捕"的误区,树立具体案件具体分析的观念;四是走出"抗轻不抗重"的误区,树立惩罚犯罪与保障人权并重的观念;五是走出"重实体轻程序"的误区,树立"实体与程序"并重的观念;六是走出"重配合、轻监督"的误区,树立"配合、监督并重"的观念。

有文章指出,应在立法上赋予检察机关对应当立案而侦查机关不予立案的立案决定权。同时,按照治安管理处罚法第一百一十四条规定,建立行政执法与刑事执法的衔接机制,加强对"以罚代刑"问题的监督。也有文章提出,对侦查措施和手段的监督也应当成为检察机关法律监督的重要内容,特别是对逮捕以外的其他侦查措施的监督应当提上监督日程,同时应当强化对保障被告人、犯罪嫌疑人诉讼中辩护权和法律帮助权的监督。还有文章认为,应当加强对自侦案件侦查活动的监督,重点要加强对撤案、不起诉案件和检察人员徇私舞弊滥用检察权的监督,积极引进外部监督力量,健全内外部监督制约机制。

有文章主张,通过立法或有权解释明确检察机关的监督手段和监督措施,增强刑事审判监督的可操作性。也有文章认为,刑事审判监督的关键是要提高抗诉的质量和水平,要明确刑事抗诉的证据标准,增强抗诉的准确性。杨玉俊、胡春健在《刑事审判监督制度之完善》(《华东政法学院学报》2005 年第 5 期第 108 页)一文中,主张在检察机关内部设立专门的诉讼监督职能部门,将刑事诉讼活动过程中的侦查、审判和执行监督职能归并于这一部门统一组织实施,以实现法律监督工作的专门化。还有文章认为,刑事公诉本身就具有监督的功效,公诉权的产生及其运作机理就能说明这一点,关键是要加强对刑事公诉权法律监督属性的论证和宣传,要从证明标准上具体界定公诉和抗诉的标准,增强监督的实效。

有些文章对民事行政诉讼监督问题进行了研讨,认为制约检察机关开展民事行政诉讼监督的根本原因,是法律制度上只笼统赋予检察机关对民事行政诉讼审判的监督权,除对确有错误的法院生效裁判的抗诉外,并没有赋予其他的监督手段和措施。此外,还有文章对检察机关能否提起公益诉讼的问题进行了探讨。

(二)提高法律监督能力。

不少文章探讨了法律监督能力建设问题。有文章认为,提高法律监督能力,要从提高检察机关的执法水平和执法能力,树立公正执法、为民执法理念,完善检察工作保障体系及理清和妥善处理好与社会各方面的关系等方面努力。有文章认为,要把重心放在检察机关自身,突出从内部挖掘潜力,提高法律监督的本领。也有文章认为,提高法律监督能力建设应当针对人民群众反映强烈的问题和法律监督工作的薄弱环节,加强法律监督能力的针对性。

北京市海淀区人民检察院检察长孙力在《提高法律监督能力重在"四个"结合》(《人民检察》2005 年第 2 期第 10 页)一文中认为,加强检察机关法律监督能力建设应当搞好"四个"结合:一是要把提高法律监督能力与开展保持共产党员先进性教育活动相结合;二是要把提高法律监督能力与推进基层检察院执法规范化、队伍专业化和管理科学化建设相结合;三是要把提高法律监督能力与提高每个人的工作能力相结合;四是要把提高法律监督能力与履行各项检察职能相结合。

检察日报社驻湖南记者站站长黄建良在《加强法律监督能力建设做好四项工作》(《人民检察》2005年第2期第12页)一文中认为,以下四个方面对于加强检察机关的法律监督能力十分重要:其一,应加强检察工作保障系统建设;其二,建立检察机关办案过程中与有关单位、部门的请示、汇报、协调、沟通机制;其三,加强对检察干警的教育培训和人才交流;其四,通过国家立法机关的活动,改善和理顺目前检察机关的上下级关系。

检察权的地方化已经构成对国家法治建设的重大障碍。韩大元教授在《关于检察机关性质的宪法文本解读》(《人民检察》2005年第7期第13页)中指出:解决这一问题的根本出路在于正确定位我国各级检察机关的权属性。我国各级检察机关都属于宪法所规定的国家法律监督机关,在任何地方任何时候都是代表国家意志,而不能代表地方意志。造成对这一问题模糊看法的原因,是因为宪法规定地方各级人民检察院检察长由地方各级人大选举产生,地方各级检察机关对产生它的权力机关负责。应当明确的是,这一规定的意义不是分权,而是分治,国家的权力是统一的,由地方进行治理不能破坏国家权力的统一行使。

四、关于检察权的监督制约机制

强化检察机关的法律监督地位,还需要强化建设检察机关的监督制约机制。相关的理论探讨主要集中在对人民监督员制度的理论分析上。在对人民监督员制度的探讨中,专家学者和司法实务人员形成初步共识,即人民监督员制度具有进行法律化的必要性与可行性,应当进一步深化和发展。

(一)人民监督员制度的合理性。

有文章指出,人民监督员制度具有较深的理论基础,符合中国宪法关于国家机关和国家工作人员接受人民监督的原则,符合社会主义民主和现代法治中的权力制衡原理,与构建社会主义和谐社会的目标相吻合。山西省人民检察院检察长陈大豪认为(《人民监督员制度是检察民主的重要举措》,载《检察日报》2005年11月2日第3版),人民监督员制度是检察民主的重要举措,该制度的意义在于:是实现人民宪法权利的一个有效途径;是在检察领域实现人民监督权的一项新举措;是程序正义的要求;也是构建和谐社会的需要。最高人民检察院办公厅主任童建明认为(《人民监督员制度的法律依据与监督性质》,载《检察日报》2005年11月9日第3版),从性质上看,人民监督员制度具有一定的刚性,主要有三点:一是监督符合宪法和法律的原则精神;二是监督程序严格规范;三是其监督结果受到高度重视。最高人民检察院公诉厅厅长张仲芳从公诉工作出发,认为人民监督员对职务犯罪公诉工作的监督应当解决好四个问题:一是要明确规定在共同犯罪案件中对两名以上犯罪嫌疑人拟分别作出起诉和不起诉的情况下进行监督的具体操作程序;二是正确处理人民监督员的监督同不起诉案件公开审查的关系,做好衔接工作;三是处理好人民监督员的监督与职务犯罪不起诉案件报上一级检察院审查的关系;四是要进一步拓宽渠道、完善措施,强化人民监督员对公诉环节超期羁押和检察人员在办案中违法违纪行为的监督。

(二)人民监督员制度的法律化问题。

湖南省人民检察院检察长何素斌指出(《检察日报》2005年10月28日第3版):人民监督员制度符合宪法和法律精神,应当法律化,并且认为将人民监督员制度纳入国家法律存在现实的契机。还有文章指出,人民监督员制度应当从体内运作转向宏观建构,增强人民监督员的独立性,将人民监督员办公室移交同级人民政府司法行政机关,通过修改立法的相关规定明确人民监督员制度;从权力监督转向权利监督,扩大人民监督员监督的案件范围,赋予人民监督员履行职务所必要的诉讼权利,赋予人民监督员的监督决定以应有的强制效力。安徽省人民检察院检察长柯汉民在《人民监督员制度立法可分三步走》(《检察日报》2005年11月7日第3版)一文中,更是提出了人民监督员制度法制化进程的具体构想。

五、检察机关组织机构改革与案件管理

检察机关领导体制问题是检察院组织法修改的核心问题,也是2005年检察理论研究的重要问题,引起了学术界和司法实务界的广泛关注。同时,基于对只有宏观的制度建设而使检察机关职权行使流于粗放化的担心,本年度检察理论研究工作还从操作性层面深入探讨了检察业务中的案件管理工作。

(一)组织机构改革。

关于检察机关的组织机构问题,有文章认为,中国检察制度中独有的检察委员会制度的内部领导体制既符合检察机关强调一体化、突出工作效率的要求,也与中国国家机关普遍适用的民主集中制相一致。也有文章提出不同观点。如中国政法大学卞建林教授在《关于人民检察院组织法修改的若干思考》(《人民检察》2005 年第 7 期第 20 页)一文中认为:检察长首长负责制与检察委员会民主集中制之间出现矛盾与冲突是在所难免的,现行法律对解决这一问题的规定不尽合理。他主张在检察机关内部应当实行检察长领导下的民主集中制,即检察长统一领导检察院的工作;检察委员会在检察长的主持下讨论决定重大案件和其他重大问题,检察委员会的决定,通过检察长的命令贯彻执行;检察长与检察委员会多数意见不一致时,采取两种方案,一是检察长可以自行决定并独立对该决定负责,二是检察长也可以报请上一级检察机关决定。基于中国检察领导体制一体化的原则,他建议,在修改人民检察院组织法时应明确规定:省级人民检察院的检察长,经最高人民检察院检察长提名,由本级人民代表大会选举产生。省级以下检察院检察长,由上一级检察院检察长提名,由本级人民代表大会选举产生。这不仅符合目前的政治结构形式,同时也能维护国家法律监督权的统一行使。有文章认为,检察机关组织机构改革可以从三个方面进行:从派出检察院管理体制方面完善检察机关组织体系,从纵向和横向两个方面进行内设业务机构的改革,以主诉检察官办案责任制为导入完善检察官的设置。还有文章对基层检察院现行内设机构的改革提出了具体设想,建议在一些人员编制较少的基层检察院将目前十几个内设机构精简整合为职务犯罪侦查局、公诉局、诉讼监督局、行政事务管理局以及后勤保障局 5 个部门。

(二)案件管理问题。

有学者从实现案件管理模式的现代化入手,提出科学构建检察案件管理模式是建立符合现代质量管理模式的案件管理流程,并增强案件流程管理模式的实用性。应当参照国际质量管理标准体系的规则和规范要求,构建检察机关案件全面质量管理体系,建立和完善办案流程管理机制、办案质量督察机制、案件质量考评机制、办案质量预警机制和案件质量考核奖惩机制。也有学者提出,加强检察机关案件流程管理与质量控制机制建设,规范办案操作流程,强化动态监督,是检察机关实现公正执法、取信于民的必然要求。应当建立质量规范制度、质量监控制度、质量责任制度等。

六、检察理念与构建和谐社会

2005 年,在检察理念的研究上也体现了与时俱进的时代精神,从注重惩治犯罪与保障人权的平衡,从对起诉法定原则和起诉便宜主义适用范围的探讨,走向考察执法的法律效果与社会效果的统一,走向以构建和谐社会为目标的综合的检察执法理念。

(一)最高人民法院、最高人民检察院在构建和谐社会中的作用。

2005 年 11 月,中国法官协会和中国检察官协会共同举办了"两院"在构建社会主义和谐社会中的作用研讨会。会上,有代表提出,"两院"必须在法治的轨道上坚守宪法和法律赋予自己的职责,严格依照法定程序行使职权,在法律规定的范围内,立足案件处理的最佳效果,保护被告人的人权和当事人的合法权益,对检察院与法院出现的分歧及时进行协商,确保案件质量和诉讼效益。还有代表指出,"两院"之间应该相互尊重对方的权力,同时,也应该按照法律的规定对对方不正当的做法进行制约,以保证更好地执行法律,维护司法的权威。

(二)恢复性司法与刑事和解。

恢复性司法在本年度的讨论向纵深方向发展,在检察理论研究中主要落实为刑事和解制度。有文章指出,恢复性司法很难被界定为"司法模式",恢复性司法在目前更多地体现为一种治理犯罪的理念,解决纠纷的理念。在诉讼视野中,恢复性司法主要体现为刑事和解和刑事调解程序。有文章指出,刑事和解在本质上是个人权利(不追究权)对国家权力(刑罚权)的一种协调和平衡,是刑事纠纷的另一种解决途径。还有文章指出,在目前私了现象大量存在,缺乏规范的情况下,刑事和解制度应当强调公检法机关的主持和审查,强调维护基本的刑事司法公正。和解之后不追究刑事责任的情况应当适用以下案件:可能判处三年以下有期徒刑的有被害人案件,包括故意犯罪和过失犯罪,以伤害案件、交通肇事案件等实践中和解较多的案件为重点。在刑事和解的具体程序方面,有文章指出,在侦查阶段,赋予公安机关对刑事和解的审查处理权;在起诉阶段,认可刑事和解对不起诉决定的影响，适当扩大不起诉的范围；在审判阶段，建立法庭允许公诉人以被害人和被告人和解为由撤回公诉制度。

（三）轻缓的刑事政策。

体现轻缓刑事政策的暂缓起诉制度，在本年度的讨论也与构建和谐社会的执法理念相结合，进行了深入探讨。在中国刑事诉讼程序中引入暂缓起诉制度的呼声日益增高，在暂缓起诉的程序建构方面，主要达成以下共识：暂缓起诉不适用于重大案件，只适用于青少年犯罪的初犯、轻犯和起诉不利于公众利益和被害人的轻罪案件；检察机关应当在考虑犯罪嫌疑人的个人情况、犯罪情况、犯罪后的各种情况之后行使起诉裁量权；暂缓起诉必须详细列出事实及理由、附加条件和期限，同时应告知犯罪嫌疑人并征得其同意；在对犯罪嫌疑人宣布暂缓起诉后，应当重视监督其及时补偿受害人，定期参加一定的社区劳动，专门对其进行法制教育和心理辅导；强化对起诉裁量权的制约和不当行使起诉裁量权后的救济，如内部制约、复议、申诉、公开审查等。

检察官的角色定位也是2005年度理论研究的热点，对这一问题的研究集中体现为对检察官客观义务的研究。

（最高人民检察院检察理论研究所　黄俊平）

**检察理论研究课题简介**　2005年6月至9月，最高人民检察院共收到22份结题报告（其中包括2份2002年延期结题的报告），通过专家反复评审，课题组几经修改，最后通过评审准予结题的报告20份。

1. 人民监督员制度理论与实践研究。2004年立项的重点课题，由福建省人民检察院检察长倪英达任课题组负责人。报告从理性的研究态度出发，指出目前人民监督员制度只是检察机关内部的一个工作机制，未涉及司法制度的创设，但从长远发展的角度看，应当将人民监督员制度构建成检察机关的“体外”监督体系。在当前宪政的视角下审视和理性思考人民监督员制度的改革出路，应当处理好“三种关系”，即：“应然”与“实然”的关系；“渐进”与“嬗变”的关系；“监督”与“独立”的关系。这三种关系是今后一段时期人民监督员制度改革的总体规划思路。当前仓促地进行人民监督员制度的单行立法或修改法律，尚缺乏社会条件和立法基础。但在将来时机成熟的时候，应当以法律的形式将人民监督员制度确立下来。

2. 上级检察机关领导下级检察机关的范围和程序。2004年立项的重点课题，由最高人民检察院政治部副主任童建明主持完成。报告共分三大部分：检察机关领导体制及上下级关系的比较分析；检察机关上下级领导关系的范围及其改革；上级检察机关领导下级检察机关的程序及其完善。报告前后内容结合紧密，提出的改革与完善我国检察机关领导体制的诸项措施都以较充分的比较与论证为基础，具有合理性、可行性与现实性。

3. 检察机关依法独立行使职权的制度保障。2004年立项的重点课题，由安徽省检察官协会会长宋孝贤任课题组负责人。报告从实践问题入手，探讨了影响和制约检察机关依法独立行使职权的制度性问题，并按照检察权的运行规律和特点，从领导体制保障、组织人事制度保障、经费制度保障、检察官职务制度保障、检察管理制度保障、监督制度保障等宏观方面建构检察机关依法独立行使职权的制度保障。从检察职权的具体行使方面提出了一些建议，如建立健全重大、疑难、复杂的刑事犯罪审查批准逮捕案件的备案审查制度，健全相关材料调阅制度，检察机关行使违法纠正权的相关制度与被监督单位更换案件办案人员制度等。

4. 构建案件质量管理新机制研究。2004年立项的重点课题，由吉林省人民检察院检察长索维东主持完成。报告对检察案件质量管理的现状进行了客观剖析，针对问题的症结所在，引入现代管理理论，就构建检察机关案件质量管理的新机制提出了改革思路和设计方案。报告中运用系统管理理论设计了以办案责任系统、办案质量监控评价系统和办案人素质养成系统为基本子系统的三元结构的案件质量管理体系。三元管理结构体系的结构特点是，以案件质量为目标，三个子系统形成“品”字形平稳架构，三者互为依托并形成良性互动。

5. 刑法适用中若干疑难问题研究。2004年立项的重点课题，由最高人民检察院副检察长朱孝清独立完成。报告在理论与实践相结合的框架下，对斡旋受贿、医生收受药品回扣、盗窃科研产品等刑法适用中存在争议的新老问题进行了分析。报告认为，斡旋受贿中的“利用本人职权或者地位形成的便利条件”，应当是指利用职权或者地位形成的能对第三人施加职务影响的便利条件。它的核心是职务影响力，并具有职务的非制约性、职务行为的依赖性、第三人意志的不完全性、权力的可交换性等特点。行为人斡旋第三人为请托人"谋取不正当利益"时,必须明知所谋取的是不正当利益,缺乏这一明知的行为人不构成斡旋受贿。斡旋受贿应以第三人承诺为请托人谋取不正当利益作为既遂标志。关于盗窃葡萄、豆角等科研产品案件的定性,报告认为,作为一种财物犯罪行为,这类行为人也应当具有对行为对象的认识,认知内容应包括财物的自然属性、价值以及非本人所有等。对这类案件主观故意的认定不能比照司法实践中处理拎包案件的概括故意原理。另外,报告还论证了医生收受药品回扣及国企改制中隐瞒国有资产等行为的定性问题。

6. 检察人员分类管理问题研究。2002 年立项的重点课题,延期至 2005 年结题,由广东省检察院副检察长王学成主持完成。报告对我国现行检察人员管理制度的缺陷及其改革必要性进行了分析,借鉴国际通行的品位分类与职位分类的方法,综合两种分类模式的优缺点,提出了我国应建立以职位分类为主、以品位分类为辅的分类管理模式,并对具体的分类管理办法及配套制度进行了设计。

7. 刑事证明标准的等级性研究。2002 年立项的重点课题,延期至 2005 年结题,由最高人民检察院检察委员会专职委员戴玉忠主持完成。刑事证明标准具有层次性已是理论共识,证明标准的层次性也已成为这一理论研究的基本趋势。报告在此基础上,从证明过程的阶段性、证明对象的复杂性与证明主体的差异性三方面入手分析了各自的层级体系,从而形成了刑事证明标准的整体层级体系。

8. 人大监督与检察工作。2004 年立项的一般课题,由北京市人民检察院副检察长甄贞主持完成。课题组走访了全国人大常委会、北京市人大常委会以及北京市六个区级人大常委会的相关负责人,并到最高人民检察院办公厅、北京市人民检察院办公室等部门,采取书面调查、座谈会等方式,详细了解了人大对检察工作监督的现状和人大代表们对检察工作提出的具体意见、建议。报告指出,正确看待和协调人大个案监督与检察监督的关系,必须注意两点:一是要在观念上正确认识个案监督与检察监督关系的重要性。二是要将个案监督规范化、制度化,依法确立个案监督的原则、方式、程序、时间、范围等具体制度。

9. 检察权的监督制约机制研究。2004 年立项的一般课题,由广东省广州市人民检察院检察长陈武任课题组负责人。报告从权力和权利两个角度入手,对现行监督制约机制存在的问题进行了实证分析,并提出了完善构想。报告认为,检察权的内部监督制约系统包括两个平行的子系统:一是监察部门对执法纪律的监督制约机制;二是以检察委员会为核心的针对办案流程建立的协调监督制约机制。此外在检察委员会和监察部门之间还应建立沟通机制,以便检察委员会及时审查并采取补救措施。

10. 刑事强制措施制度的立法完善。2004 年立项的一般课题,由最高人民检察院侦查监督厅副厅长万春主持完成。报告对我国刑事强制措施制度进行了认真反思,并对如何从立法上予以进一步健全和完善进行了探讨。报告认为,逮捕不具有惩罚或先予惩罚性,将逮捕理解为具有惩罚性或先予惩罚性的观点违背了逮捕的目的。"逮捕必要性"在逮捕措施的应用尤其是贯彻我国刑事政策中具有不可替代的作用,应当明确逮捕"必要性"的法律规定。"逮捕必要性"中嫌疑人所具有的"社会危险性"应包括"罪行危险性"与"人身危险性"两部分内涵。报告还专门分析了审前羁押在刑事强制措施适用中存在的诸多问题,并且也注意到了现行立法中办案期限与羁押期限未做区分,嫌疑人、被告人被错误羁押缺乏救济程序等较严重的问题,因而主张修改法律,将羁押期限与办案期限区别开来,建构审查批准延长羁押期限的诉讼化程序。

11. 案件线索的发现与管理机制研究。2004 年立项的一般课题,由江西省赣州市人民检察院检察长薛晓卫主持完成。报告从检察实践出发,结合具体案例,总结了发现案件线索的若干方法。在案件线索的评估方面,提出的《案件线索等级评估标准》有以下参数:举报人的动机和目的、举报来源、举报的犯罪事实、举报的犯罪证据、举报人与被举报人的关系、被举报人的身份、被举报人构成犯罪的要件等。在每一参数中,又分为 ABCD 等不同的等级,并最终确定评估等级,即:A 必查性线索,B 可查性线索,C 缓查性线索,D 存查性线索。

12. 法律监督与人权保障。2004 年立项的一般课题,由上海市人民检察院第一分院检察长李培龙主持完成。报告论证了法律监督的人权保障价值,揭示了我国法律监督人权保障实践的现状,有针对性地提出了加强与完善的对策。较好地把握了法律监督与人权保障的本质联系，论证了法律监督在实现人权保障中的重大意义，对检察机关法律监督人权保障价值的论证具有较强的说服力。报告揭示了我国检察机关法律监督人权保障的现状及所面临的困境，有针对性地提出了完善或改革的措施。

13. 减刑检察监督研究。2004 年立项的一般课题，由湖南省检察官协会会长李志辉主持完成。报告从分析我国现行检察监督制度存在的问题入手，阐述了减刑检察监督的理论依据，提出了从程序角度完善我国减刑检察监督制度的若干建议。

14. 刑事强制措施的检察监督。2004 年立项的一般课题，由中南财经政法大学张泽涛副教授独立完成。报告围绕刑事诉讼法的修改探讨了刑事强制措施检察监督问题，对强制措施检察监督的价值定位问题给予了高度关注，提出针对人身和财产的强制措施都是检察监督的对象，但要遵循比例原则和合法原则进行监督。

15. 民事行政裁判执行的检察监督。2004 年立项的一般课题，由西南政法大学常怡教授主持完成。报告共分三大部分：第一部分从民事行政裁判执行的现状、原因与后果，检察机关对其实施监督的必要性，新形势下检察机关对其进行监督的必要性以及理论支撑等四方面分析、论证了在民事行政裁判执行阶段实施检察监督的必要性与可行性。第二部分则论证了检察机关对民事行政裁判执行实施法律监督的原则、范围和方式。最后一部分提出了若干立法建议。

16. 民事行政裁判执行的检察监督。2004 年立项的一般课题，由最高人民检察院民事行政检察厅厅长王鸿翼任课题组负责人。报告论证了民事行政检察监督中非常重要但又容易忽视的执行监督问题。结合民事、行政检察工作的丰富经验，从中国的实践出发，结合国外的立法例和相关宪政理论、检察理论，提出在我国完善民事行政裁判执行的检察监督的有关对策。

17. 检察机关预防职务犯罪工作的范围和途径。2004 年立项的一般课题，由江苏省无锡市检察院副检察长蒋宪平主持完成。报告从“刑事政策”含义的扩张入手，借助当代刑事政策理论提供的分析框架，将检察机关预防职务犯罪工作纳入刑事政策学的范畴，纳入党和国家反腐败刑事政策的大系统中进行研究，对检察机关预防职务犯罪工作的范围、途径或方法等问题进行了重新定位，为研究检察机关预防职务犯罪问题开辟了一个新的视角。

18.“轻轻”刑事政策及其在检察工作中的应用。2004 年立项的一般课题，由河北省检察院研究室副主任何军恒主持完成。报告对检察工作中如何运用“轻轻”刑事政策问题进行了思考，提出、论证了缓起诉制度。探讨了在我国引进刑事和解制度的问题，构建了以“被害恢复”和“民事赔偿”为主题，以审查公诉阶段为法律背景的设计思路的“现代的、中国模式的刑事和解方案”。此外，报告还探讨了社区矫正制度，设计了“比简易程序更易行的中国式的辩诉交易程序”。

19. 刑事诉讼法适用问题调查研究。2004 年立项的一般课题，由中国政法大学刘玫教授主持完成。报告考察了刑事诉讼法适用过程中与检察业务相关的法定期间、检察机关对自诉案件的介入以及撤诉等问题。报告认为应当在刑事诉讼法中明确规定检察机关对告诉才处理的案件在法定情形下有权提起公诉，同时还应规定检察机关的担当自诉制度。除此之外，报告还探讨了公诉案件的撤诉、第二类自诉案件起诉阶段公诉程序与自诉程序的选择适用、检察机关自侦案件及抗诉等问题。

20. 刑事诉讼法修改中涉及检察机关的若干主要问题。2004 年立项的一般课题，由最高人民检察院法律政策研究室主任陈国庆主持完成。报告选取检察业务中与刑事诉讼法密切相关又亟待修改的几个重要问题，从比较法和实证的角度进行论证。既能紧密结合检察业务，又能在刑事诉讼法修改的大背景下进行研究。将侦查、起诉、审判、检察监督等问题放在刑事诉讼的大背景下，提出刑事诉讼法修改中与检察业务相关的若干建议。报告选取了刑事诉讼几个重点诉讼阶段中存在的与检察业务密切相关的问题，按照诉讼运行的顺序，对贯穿诉讼整个过程的诉讼监督问题进行了论述。

（最高人民检察院检察理论研究所　黄俊平）

**全国检察理论研究工作会议暨第六届年会**　最高人民检察院于 2005 年 4 月 22 日至 24 日在江苏省南京市召开了全国检察理论研究工作会议暨第六届年会。本届年会以“强化法律监督与‘两法修改’”为主题，共收到征文 735 篇，从中选出了 58 篇参加本次研讨会。来自全国 31 个省、自治区、直辖市以及军事检察院、新疆生产建设兵团检察院的代表和入选论文作者,共计180余人参加了本届年会。会议承办单位江苏省人民检察院、南京市人民检察院及南京市各区县检察院的同志60余人列席了会议。中国政法大学陈光中教授等六名专家学者到会并作了专题报告。《人民检察》编辑部以及检察日报社、法制日报社、人民出版社、北京大学出版社等多家新闻媒体和出版社参加了会议的宣传报道及成果的出版工作。

最高人民检察院检察长贾春旺、副检察长朱孝清、检察委员会专职委员戴玉忠出席会议,江苏省委书记、省人大常委会主任李源潮,省长梁保华,南京市委书记罗志军到会并致欢迎词。开幕式上,贾春旺检察长作了重要讲话。他在讲话中指出,加强检察理论研究,繁荣发展检察理论,关系检察事业的根本。各级检察机关和全体检察干警特别是广大检察理论研究工作者,要充分认识加强检察理论研究的重要性和紧迫性,以高度的责任感和使命感,抓紧抓好检察理论研究工作,努力推出更多有深度的理论成果,在科学理论的指引下把中国特色社会主义检察事业不断推向前进。加强检察理论研究,必须坚持基础研究和应用研究"两手抓",尤其要针对检察理论研究的实际状况,把加强基础研究摆上更加重要的位置。抓好检察理论研究工作,关键是各级检察院党组特别是一把手,要在思想上引起高度重视,切实采取有效措施,加强对这项工作的领导。

会议表彰了58篇优秀获奖论文作者及10家检察理论研究组织单位。最高人民检察院检察理论研究领导小组副组长张智辉作了《2004年检察理论研究工作报告》,最高人民检察院研究室副主任陈国庆作了《关于〈中华人民共和国人民检察院组织法(修订草案)〉(征求意见稿)的说明》的报告。与会代表认真讨论了贾春旺检察长的重要讲话,对检察院组织法、刑事诉讼法的修改以及研究室工作、检察官协会工作开展了座谈。大会交流了11篇论文。会上,专家报告的内容主要围绕刑事诉讼中检察权的合理配置问题、职务犯罪侦查与法律监督问题、人民检察院组织法修订中的问题,检察机关与审判机关、行政机关的关系以及检察权在民事诉讼中的合理配置等问题展开。

闭幕式上,朱孝清副检察长作了总结发言。提出落实会议的精神重点要抓好"三个建立、一个创造",即:建立一支队伍,要建立一支内外结合、专群结合的宏大的检察理论研究队伍;建立一套机制,主要是五个方面的机制,即组织体制、激励机制、培养机制、与学术界交流合作的机制以及保障机制;建立若干载体或平台,加强与学术界的交流与合作,拓展检察理论研究骨干的联系空间;创造出一批成果,特别是高质量的成果。

(最高人民检察院检察理论研究所　黄俊平)

**第二十二届世界法律大会"反腐败国际合作"专题研讨会**　2005年9月4日至10日,第二十二届世界法律大会在中国北京、上海两地举行。中国首席大法官、最高人民法院院长、世界法学家协会名誉主席肖扬担任中国组委会主席。本届大会的主题是:法治与国际和谐社会。围绕这一主题是法治、联合国改革、国际恐怖主义、投资、司法与传媒、国际环境、人权、非诉讼解决争议等22个专题。22个专题分别由最高人民法院、最高人民检察院、公安部等部门承办。大会开幕式及"反腐败的国际合作"等15个专题研讨会于9月5日至6日在北京会区进行;"法律、法治与法院"等7个专题及大会闭幕式于9月8日至9日在上海会区举行。中央政治局常委、中央政法委书记罗干在大会开幕式上发表重要讲话。

世界法律大会是世界法学家协会组织的重要国际会议,被称为"法律界的奥林匹克大会"。本次大会会议代表分别由国内外的法官、检察官、律师、专家学者及政府官员等构成,共计约1500人,其中外国代表逾500人。最高人民检察院牵头组成了一个规模为100人的检察官代表团参加本次大会。

专题讨论是大会最主要、最基本、最核心的内容。"反腐败国际合作"是大会的一个热点话题,由最高人民检察院承办,中方主席由北京大学法学院资深教授储槐植担任。中方主题发言人分别是武汉大学法学院马克昌教授、吉林省人民检察院检察长索维东、最高人民检察院反贪污贿赂总局局长王建明。马克昌教授在其题为《中国的反腐败斗争与国际合作》的报告中,介绍了中国在反腐败领域取得的立法与司法成就,总结并展望了中国为反腐败在国际刑事领域方面进行的司法合作现状与前景。索维东检察长在题为《全球化视野下的反腐败合作》的报告中,从经济全球化角度分析了加强反腐败国际合作的必要性与紧迫性,又总结了目前反腐败国际合作的现状,提出了加强反腐败国际合作的应对之策。王建明局长在其题为《加强国际合作，共同打击腐败犯罪》的报告中，也分析了加强国际合作、共同打击腐败犯罪的重要意义，介绍了中国政府在打击腐败犯罪、加强国际合作方面取得的积极成效，为尽快构建面向21世纪的高效的反腐败国际合作机制，提出了若干建议与措施。本专题外方主席本杰明·格里非斯作总结发言时说，“反腐败的国际合作”专题研讨会举办得非常成功，为大家提供了共通的反腐败话语平台。

第二十二届世界法律大会取得圆满成功，会议通过的《上海宣言》充分反映了与会代表的共识，肯定了法律在推动建立公正合理的国际政治经济新秩序方面的重要作用。

（最高人民检察院检察理论研究所　黄俊平）

# 2005年部分检察理论、检察工作文章目录

## 一、检察制度与司法改革

**正确处理执行实体法与程序法的关系——法律监督能力建设六个关系系列谈（1）**　张智辉　《检察日报》2005年1月13日

**注重法律效果与社会效果的辩证统一——法律监督能力建设六个关系系列谈（2）**　向泽选　《检察日报》2005年1月14日

**树立正确的办案数量观与办案质量观——法律监督能力建设六个关系系列谈（3）**　谢鹏程　《检察日报》2005年1月16日

**如何认识事后监督与主动监督的关系——法律监督能力建设六个关系系列谈（4）**　石磊　《检察日报》2005年1月19日

**打击犯罪与保障人权需并重——法律监督能力建设六个关系系列谈（5）**　张雪妲　《检察日报》2005年1月20日

**坚持谋全局与谋局部的有机统一——法律监督能力建设六个关系系列谈（6）**　但伟　《检察日报》2005年1月24日

**能力建设的核心：正确适用法律监督权**　杨书文　《检察日报》2005年1月25日

**检察事业的科学发展观**　谢鹏程　《检察日报》2005年1月26日

**更新观念创新制度——2004检察理论研究回顾**　刘晓冬　《检察日报》2005年1月27日

**我国要不要确立彻底的“无罪推定”原则**　龙宗智　秦宗文　《检察日报》2005年2月3日

**检察环节保障人权的基本思路**　江小礼　《检察日报》2005年2月4日

**我国检察制度的传承及发展**　宋军　《检察日报》2005年2月7日

**惩防腐败体系，检察机关如何定位**　谢鹏程　《检察日报》2005年3月15日

**在监督与制衡中合理配置检察权**　刘卉　《检察日报》2005年5月12日

**从制度变迁理论看司法改革的路程选择**　刘书星　《检察日报》2005年5月19日

**从检察制度特殊性出发强化理论研究**　向泽选　《检察日报》2005年7月6日

**参照《反腐败公约》改进我国反腐机制**　左卫民　匡科　《检察日报》2005年10月14日

**进一步加强理论研究推动人民监督员制度规范化法制化**　张耕　《检察日报》2005年10月21日

**人民监督员制度应当法律化**　何素斌　《检察日报》2005年10月28日

**人民监督员制度是检察民主的重要举措**　陈大豪　《检察日报》2005年11月2日

**人民监督员制度立法可分三步走**　柯汉民　《检察日报》2005年11月7日

**人民监督员制度的法律依据与监督性质**　童建明　《检察日报》2005年11月9日

**人民监督员制度有利于侦察监督透明度**　杨振江　《检察日报》2005年11月11日

**人民监督员监督职务犯罪公诉工作的理论与实践**　张仲芳　《检察日报》2005年11月14日

**反贪工作要真诚接受人民监督员监督**　王建明　《检察日报》2005年11月16日

**在反渎职侵权工作中深入实践人民监督员制度**　陈连福　《检察日报》2005年11月18日

**人民监督员制度的社会功能**　文盛堂　《检察日报》2005年11月21日

**人民监督员制度的经济学分析**　徐汉明　《检察日报》2005年12月13日

**2005年检察理论研究聚焦五大热点** 李哲 《检察日报》2005年12月30日

**再论检察权的法律属性** 刘德方 《法制日报》2005年2月24日

**检控裁量模式理论及其借鉴** 王守安 《法制日报》2005年3月3日

**论法律监督的法律基础** 张智辉 《法制日报》2005年11月17日

**《联合国反腐败公约》及其在我国适用** 邵沙平 《人民法院报》2005年11月14日

**人民监督员:理念与制度的深化和发展** 左卫民 吴卫军 《人民检察》2005年第1期(下)

**刑事司法的十大发展趋势** 何家弘 《人民检察》2005年第2期(上)

**刑事司法的理念更新与制度完善——刑事司法发展趋势研讨会综述** 刘立霞 柴春元《人民检察》2005年第2期(上)

**强化检察机关法律监督职能的构想(上)** 童建明 万春 高景峰 《人民检察》2005年第2期(上)

**检警关系的模式与选择——兼谈中国特色审前程序中的检警关系构想** 孔璋 《人民检察》2005年第3期(上)

**论法律监督能力** 张巍 梁敏 黄俊平 《人民检察》2005年第3期(下)

**人民监督员制度与人大监督衔接设想** 青格勒图 乌云巴特尔 《人民检察》2005年第3期(下)

**关于人民监督员制度的几个问题探讨** 龙宗智 《人民检察》2005年第4期(下)

**检察制度起源辨析——兼论检察机关的职能定位** 陈国庆 石献智 《人民检察》2005年第5期(上)

**检察监督权若干问题研究** 刘志伟 王俊 吕瑞云 《人民检察》2005年第6期(上)

**人民监督员制度的理论依据与立法探析** 文盛堂 《人民检察》2005年第6期(上)

**司法体制改革中涉及检察体制改革的主要问题** 童建明 万春 《人民检察》2005年第6期(上)

**我国检察机关的职能辨析** 陈国庆 《人民检察》2005年第6期(上)

**谈科学配置检察权** 王守安 《人民检察》2005年第6期(上)

**行政权力检察监督的探索与构想——兼论法治背景下检察制度的发展** 陈骏业 《人民检察》2005年第6期(上)

**关于人民检察院组织法修改的若干思考** 卞建林 《人民检察》2005年第7期(上)

**关于检察机关性质的宪法文本解读** 韩大元 《人民检察》2005年第7期(上)

**刑事诉讼中检察权的合理配置** 陈光中 《人民检察》2005年第7期(上)

**论法治理念下的检察机关职务犯罪侦查权** 陈卫东 《人民检察》2005年第7期(上)

**检察机关应当介入公益诉讼案件** 陈桂明 《人民检察》2005年第7期(上)

**试论检察官遴选制度的构建与完善** 马楠 《人民检察》2005年第7期(下)

**人民监督员监督意见的效力探讨** 李建明 《人民检察》2005年第8期(上)

**检察官法立法原理分析与完善思考** 徐鹤喃 《人民检察》2005年第8期(下)

**检察建议基本问题研究** 杨书文 《人民检察》2005年第9期(上)

**论人民监督员对职务犯罪公诉工作的监督** 张仲芳 《人民检察》2005年第9期(下)

**检务督察制度的实践与思考** 陈聪 《人民检察》2005年第11期(上)

**我国检察机关的性质和职能** 戴玉忠《国家检察官学院学报》2005年第1期

**人民监督员制度有关问题探析** 龙宗智《国家检察官学院学报》2005年第1期

**人民监督员制度研究** 贾朝阳 《国家检察官学院学报》2005年第1期

**中国特色的检察体制的完善** 何家弘 《国家检察官学院学报》2005年第1期

**人民监督员制度的宪法思考** 韩大元 王晓滨 《国家检察官学院学报》2005年第1期

**人民监督员制度的反思与构建** 廖炎清 阮志勇 《国家检察官学院学报》2005年第2期

**检察官管理体制改革的理论与实践** 张河洁《国家检察官学院学报》2005年第2期

**当前检察委员会工作改革的现状及其取向** 汪翠华 杜建国 蒋剑伟 《国家检察官学院学报》2005年第2期

**论加强检察机关法律监督能力建设** 靳军《国家检察官学院学报》2005年第2期

**董必武与新中国检察制度** 丁慕英 《国家检察官

学院学报》2005年第2期

简论法律监督能力建设 张志铭 《国家检察官学院学报》2005年第2期

重论我国检察机关的法律地位、职能及主要特征 陈国庆 《国家检察官学院学报》2005年 第3期

论独立行使检察权的机制保障 赵天勇 邵宪宝 《中国检察论坛》2005年第3期

论我国刑事审判监督程序之改革 陈光中 郑未媚 《中国法学》2005年第2期

论依法治国与提高执政能力 孙谦《中国法学》2005年第4期

刑事诉讼制度改革中的“底限正义”——对中国刑事诉讼制度改革理路的质评 万毅 《政法论坛》2005年第3期

人权理念映照下的刑事司法改革 陈卫东 《法学家》2005年第4期

司法改革的若干建议 王利明 《法学家》2005年第4期

刑事司法鉴定制度的进一步改革与完善 陈光中 陈学权 《法学家》2005年第4期

对深化公诉工作改革的几点思考 王忠华 《法学杂志》2005年第2期

检察机构独立性的传承与发展 宋军 《法学杂志》2005年第5期

检察院派员列席法院审判委员会会议制度的完善 陈旭文 《法学》2005年第9期

检察机关侦查权属性理论研究综述 上海市人民检察院研究室 《法学》2005年第11期

论检察机关侦查权的法律监督属性 叶青 秦新承《法学》2005年第11期

权利保障与权利制衡 樊崇义 张中《中国司法》2005年第1期

我国刑事司法制度的改革与完善 谭世贵 翁凌峰 《中国司法》2005年第11期

浅述检察工作保障司法公正的作用 叶青 张少林《犯罪研究》2005年第2期

检察机关侦查权的构建和控制 叶林华 《政治与法律》2005年第1期

论我国现行检察权职能的完善 李培龙 《华东政法学院学报》2005年第1期

法律监督的人权保障功能 上海市人民检察院第一分院课题组 《华东政法学院学报》2005年第4期

日本刑事诉讼制度的新变革 彭勃《人民法院报》2005年1月7日

日本刑事诉讼的立法和司法实践发展 彭勃 《人民法院报》2005年2月25日

英美刑事审判之差异 李昌盛 《人民法院报》2005年4月22日

德国刑事诉讼中的协商 李民 《人民检察》2005年第2期(上)

欧盟检察制度发展趋势及其启示 吴丹红 《人民检察》2005年第2期(上)

日本刑事司法制度改革研究 张朝霞 《人民检察》2005年第6期(上)

加拿大惩治贪污贿赂犯罪司法实践的启示与思考 马海滨 陈东 杨钊《人民检察》2005年第7期(上)

韩国检察机关监察部门的职能 张志杰《人民检察》2005年第10期(上)

澳大利亚联邦司法制度研究报告(上) 董开军《中国司法》2005年第3期

澳大利亚联邦司法制度研究报告(下) 董开军《中国司法》2005年第4期

日本司法体制 种若静《中国司法》2005年第5期

法国司法体制 吴玲 《中国司法》2005年第6期

美国缓刑制度考察 程琦 《犯罪研究》2005年第2期

## 二、职务犯罪检察

规范职务犯罪侦查内部监督的三点对策 韩德胜《检察日报》2005年2月4日

遏制刑讯逼供必须完善监督制度 刘全林 《检察日报》2005年2月7日

如何认定“利用本人职权或者地位形成的便利条件” 于书峰 《检察日报》2005年3月18日

查办职务犯罪案侦查指挥是关键 刘岳 《检察日报》2005年3月23日

用发展的思路和改革的办法防治腐败 杨书文《检察日报》2005年3月29日

健全惩治和预防腐败体系的三点意见 王尚宇《检察日报》2005年5月24日

检察机关拥有侦查权符合国际趋势 晏向明 《检察日报》2005年7月12日

职务犯罪侦查中如何巧用再生证据 夏锋 《检察

日报》2005年7月20日

**国企预防职务犯罪的几个途径** 程文浩 《检察日报》2005年11月8日

**国企改制中隐瞒国有资产案定性研究** 朱孝清 《人民检察》2005年第1期(下)

**渎职罪"重大损失"结果的司法认定** 贾济东 《人民检察》2005年第2期(上)

**滥用职权罪的罪过形式应为故意** 徐全兵 《人民检察》2005年第2期(上)

**财会人员职务犯罪研究** 马亚军 《人民检察》2005年第3期(下)

**受贿犯罪的侦查对策** 林维业 《人民检察》2005年第3期(下)

**职务犯罪侦查一体化机制建设思考** 陈波 《人民检察》2005年第3期(下)

**渎职犯罪损失结果该如何认定** 张勇建 陈雪梅 《人民检察》2005年第4期(下)

**职务犯罪侦查能力建设思考** 郑广宇 《人民检察》2005年第5期(下)

**论职务犯罪侦查与法律监督的关系** 扬书文 《人民检察》2005年第6期(上)

**健全和完善职务犯罪侦查措施要论** 王建明 《人民检察》2005年第6期(上)

**职务犯罪案件口供变化及其应对策略** 贺恒扬 《人民检察》2005年第6期(下)

**滥用职权、玩忽职守案中债权损失认定研究** 吕恒仁 《人民检察》2005年第6期(下)

**试论受贿与接受馈赠的司法认定** 薛晓卫 《人民检察》2005年第8期(下)

**论枉法犯罪的修改与完善** 侯国云 《人民检察》2005年第9期(上)

**国企改制过程中国家工作人员的界定** 李小文 《人民检察》2005年第9期(下)

**职务犯罪侦查公开探析** 詹复亮 《人民检察》2005年第11期(下)

**渎职罪中"徇私"、"舞弊"的性质与认定** 张明楷 《人民检察》2005年第12期(上)

**提高查办职务犯罪案件质量的六点思考** 师梦雄 《人民检察》2005年第12期(下)

**多次挪用公款的数额计算** 刘金林 于书峰 《中国刑事法杂志》2005年第1期

**挪用公款罪若干争议问题研究** 王玉兰 《中国刑事法杂志》2005年第5期

**加强对破坏和扰乱市场经济秩序渎职犯罪的法律监督** 陈连福 《国家检察官学院学报》2005年第2期

**加强职务犯罪侦查和侦查监督的几个问题** 周其华《国家检察官学院学报》2005年第2期

**关于职务犯罪侦查创新的思考** 徐汉明 《国家检察官学院学报》2005年第2期

**治权与职务犯罪预防** 焦占营 《国家检察官学院学报》2005年第3期

**谈渎职侵权检察工作的发展** 金波 《国家检察官学院学报》2005年第3期

**职务犯罪侦查谋略研究** 沈兵 梁松 《中国检察论坛》2005年第1期

**贪污贿赂犯罪中攻守同盟的结构形式及对策** 杨耀杰 詹学军 《中国检察论坛》2005年第3期

**论反贪工作侦查谋略的应用** 王季平 王晓阳 《中国检察论坛》2005年第4期

**贪污贿赂犯罪主体有关问题研究** 王江华 《中国检察论坛》2005年第6期

**斡旋受贿的几个问题** 朱孝清 《法学研究》2005年第3期

**利用职务便利实施共同犯罪的定性** 杜国强 《法学》2005年第5期

**渎职罪中的"重大损失"问题探讨** 游伟 《法学》2005年第12期

**渎职罪共犯及其相关问题研究** 桂国强 《法学》2005年第12期

**渎职罪法条关系及其适用选择** 龚培华 《法学》2005年第12期

**渎职罪法定结果、情节在构成中的地位及既遂未遂形态之区分** 肖中华 《法学》2005年第12期

**我国职务犯罪侦查模式的反思与本土构建** 范海鹏 《犯罪研究》2005年第3期

## 三、刑事诉讼法律监督

**从三个环节考虑假释制度改革** 徐海法 《检察日报》2005年1月4日

**二审程序与死刑复核程序不能合并适用** 李忠诚 《检察日报》2005年1月11日

**三条途径入手审查口供的真实性** 许身健 《检察日报》2005年3月30日

**错案的公式与重复的悲剧** 张建伟 《检察日报》2005年3月31日

**刑事诉讼中应广泛采用"三角形"模式** 周国君 《检察日报》2005年4月14日

**证明标准对引导侦查取证意义重大** 李忠诚 《检察日报》2005年4月15日

**以"供述的自愿性"判断庭审口供的真伪** 郑旭 《检察日报》2005年4月20日

**健全刑事证据规则不能再拖** 樊崇义 《检察日报》2005年4月21日

**必须废除违背疑罪从无原则的发回从审** 高景峰 《检察日报》2005年5月10日

**刑事侵权确认制度是防错纠错重要机制** 关建华 陈冰 《检察日报》2005年5月17日

**刑事错案,三种语境下的三重标准** 陈学权 《检察日报》2005年5月31日

**开庭审理前,检察机关可以撤诉** 吴宏耀 《检察日报》2005年9月15日

**减刑假释应当由检察机关统一提出** 李忠诚 《检察日报》2005年9月16日

**从四方面把握刑事抗诉证明标准** 向泽选 《检察日报》2005年9月22日

**法律真实的证明标准应有层次之分** 杨亚民 邢玲玲 《检察日报》2005年12月1日

**完善律师辩护权能促进检察权正确行使** 龚瑞 郑在义 《检察日报》2005年12月19日

**二审范围之反思** 张智辉 《法制日报》2005年1月27日

**超期羁押的法律思考和司法对策** 秦春植 宋剑峰 《法制日报》2005年9月21日

**试析对行政执法机关移送涉嫌犯罪案件的立案监督** 元明 黄琳 《人民检察》2005年第3期(下)

**罪犯交付执行中存在的问题及其检察监督** 包耐兵 王成柏 《人民检察》2005年第4期(下)

**侦查监督法律问题研究** 周其华 《人民检察》2005年第4期(下)

**浅谈羁押期限制度之完善** 隋光伟 《人民检察》2005年第4期(下)

**保外就医的法律条件及其制度完善** 李贵华 梁志勇 《人民检察》2005年第5期(下)

**检察官在刑事诉讼中的客观义务** 顾永中 《人民检察》2005年第5期(下)

**监所检察派出检察院建设问题研究** 刘颖 刘继国 《人民检察》2005年第5期(下)

**保外就医监督机制的改革与完善** 张世强 《人民检察》2005年第6期(下)

**强化侦查监督 维护公平正义** 朱孝清 《人民检察》2005年第6期(下)

**创新侦查活动监督投诉机制保障嫌疑人合法权益** 湖北省人民检察院侦查监督处 《人民检察》2005年第6期(下)

**浅谈对"有逮捕必要"条件的把握** 邵义祖 张少林 《人民检察》2005年第7期(上)

**论刑事强制措施的限制、适度适用与制度完善** 陈怀安 《人民检察》2005年第8期(下)

**减刑、假释工作中存在的问题及对策** 朱怀义 《人民检察》2005年第8期(下)

**完善被害人权益保障构想** 刘祥林 《人民检察》2005年第9期(上)

**试析审查起诉中的提讯** 王国明 余光升《人民检察》2005年第9期(下)

**刑事案件上诉审存在的问题及对策** 刘建柱 郑利辉 《人民检察》2005年第10期(下)

**诉讼法修改中若干问题的意见** 朱孝清 《人民检察》2005年第11期(上)

**构建和谐社会与刑事诉讼法的修改** 柯葛壮 张震 《人民检察》2005年第11期(上)

**超期羁押责任追究探析** 赵志涛 《人民检察》2005年第11期(上)

**加强自由刑执行监督之我见** 王利荣《人民检察》2005年第12期(上)

**运用辩证思维推进监狱检察室法律监督工作** 徐海法 《人民检察》2005年第12期(下)

**减刑假释权归属问题研究** 马进保 《中国刑事法杂志》2005年第1期

**谈刑事案件简易程序审理的改革** 熊威 陈登国 《中国刑事法杂志》2005年第1期

**原公诉人可以出席二审法庭之探析——兼论检察机关在二审庭审中的职责与职能** 朱千里《中国刑事法杂志》2005年第1期

**刑事立案监督若干问题探析** 党晓军 《中国刑事法杂志》2005年第3期

**论补充侦查制度** 黄烨 《中国刑事法杂志》2005年第4期

**对未决羁押制度的理论思考** 赵忠庆 《中国刑事法杂志》2005年第5期

**论监视居住的适用及完善** 钱雪棠 《中国刑事法

杂志》2005年第5期

**强化检察机关侦查监督工作研究** 杨振江 《国家检察官学院学报》2005年第1期

**加强刑罚执行监督能力** 刘颖 《国家检察官学院学报》2005年第2期

**论我国侦查程序中检警关系的优化——以制度的功能分析为中心** 卞建林 《国家检察官学院学报》2005年第2期

**提高侦查监督能力之途径** 周洪波 《国家检察官学院学报》2005年第2期

**立案监督实践中亟待解决的问题** 王志民 《中国检察论坛》2005年第3期

**检察机关刑事审判监督中的问题及对策** 李爱君 张勇 江乃军 《中国检察论坛》2005年第5期

**完善刑事诉讼制度若干问题思考** 张戊 《中国法学》2005年第4期

**人权保障视野中讯问方法的合法运用** 李建明 《现代法学》2005年第5期

**侦查监督探析** 翟丰 《犯罪研究》2005年第1期

**侦查监督概念论析与构建** 李虎恒 《犯罪研究》2005年第4期

**刑事审判监督制度之完善** 杨玉俊 胡春健 《华东政法学院学报》2005年第5期

## 四、公诉制度研究

**应对证据变化必须从研究公诉证明入手** 豫牟检 《检察日报》2005年1月3日

**公诉人如何实现思维转型** 樊崇义 《检察日报》2005年1月28日

**相对不起诉:需要实体和程序双重控制** 马楠 《检察日报》2005年1月31日

**公诉设计应充分考虑与审判制度衔接** 姚莉 詹建红 《检察日报》2005年3月14日

**适用不起诉,三个难题需由法律解决** 傅宽芝 《检察日报》2005年4月22日

**从四方面完善不起诉制约机制** 贾全 《检察日报》2005年6月29日

**存疑不起诉的三个后续问题** 钱云华 《检察日报》2005年9月5日

**公诉:追诉与监督角色并不冲突** 李启新 《检察日报》2005年9月26日

**不起诉权:兼有实体处分性质的法律监督权** 贺恒扬 孟国祥 《检察日报》2005年11月21日

**撤回公诉,需要完善法律规定** 杨亚丽 《检察日报》2005年12月15日

**正确适用不起诉权的现实分析与制度构想** 傅宽芝 《检察日报》2005年12月26日

**检察长出庭公诉制度刍议** 张雪樵 《人民检察》2005年第1期(下)

**比较与借鉴:暂缓起诉制度研究** 刘炽 王建荣 《人民检察》2005年第3期(上)

**不起诉制度制约机制初探** 戴中瑾 《人民检察》2005年第4期(下)

**我国刑事不起诉问题研究** 宋振国 《人民检察》2005年第5期(上)

**不起诉法律适用中存在的问题及其原因分析** 刘小青 张立新 《人民检察》2005年第5期(下)

**完善不起诉制度的对策与建议** 申云天 《人民检察》2005年第5期(下)

**检察官自由裁量权论纲** 龙宗智 《人民检察》2005年第8期(上)

**公诉裁量权的应用与机制探微** 林世雄 蒋旗 《人民检察》2005年第10期(上)

**改革和完善公诉制度的若干思考** 张仲芳 《人民检察》2005年第12期(上)

**规范暂缓起诉——以美国缓起诉制度为借鉴** 张泽涛 《中国刑事法杂志》2005年第3期

**审查起诉的证据运用能力** 单民 《国家检察官学院学报》2005年第2期

**论公诉职能中的刑事诉讼监督** 彭东 《国家检察官学院学报》2005年第3期

**公诉案件质量保障机制研究** 初连文 王彦东 《中国检察论坛》2005年第1期

**提起公诉证明标准的思考** 蔡志锋 《中国检察论坛》2005年第1期

**浅议提起公诉的证据标准** 李士凯 王春艳 《中国检察论坛》2005年第1期

**不起诉的运用与控制** 冯文莉 《中国检察论坛》2005年第3期

**公诉格局一体化的构想** 李昌庚 张桂彤 《中国检察论坛》2005年第3期

**论起诉裁量权** 种松志 《中国检察论坛》2005年第5期

**论检察机关审查起诉证据标准的把握** 黄亚珍 陈秀华 戴传仁 《中国检察论坛》2005年第1期

**暂缓起诉制度探析** 黄维智 《政治与法律》2005年第2期

**小议检察机关量刑建议权** 徐清 《犯罪研究》2005年第4期

## 五、民事行政诉讼法律监督

**提高民行监督能力应确立五个理念** 贺恒扬 《检察日报》2005年1月26日

**受理一审生效民事申诉案及检察职责要求** 王鸿翼 《检察日报》2005年2月21日

**民事抗诉需要具体的程序保障** 桂青 《检察日报》2005年10月7日

**应当构建民行检察案件质量评价体系** 邓奋学 《人民检察》2005年第8期(上)

**民事行政检察工作现状与发展思考——来自部分地区检察机关的调查与研究** 邵世星 安晓玉 《人民检察》2005年第8期(下)

**行政诉讼法修改中检察权的定位** 周汉华 《人民检察》2005年第9期(下)

**检察机关民事诉讼权的法理分析** 何文燕 《人民检察》2005年第9期(下)

**略论检察监督权在民事诉讼中的行使** 江伟 《人民检察》2005年第9期(下)

**民事抗诉案件证据收集责任探讨** 石萍 刘津慧 《人民检察》2005年第10期(下)

**浅析当前民行抗诉案件存在的问题及对策** 荣炳星 《人民检察》2005年第11期(下)

**论基层院民行检察监督职责** 庄建南 傅国云 宋小海 《人民检察》2005年第12期(下)

**民行检察监督亟待加强** 邵世星 《国家检察官学院学报》2005年第2期

**检察机关提起民事诉讼的法律地位思考** 郭宗才 《中国检察论坛》2005年第1期

**检察机关提起民事诉讼的理论基础** 陈道柱 《中国检察论坛》2005年第1期

**完善检察机关民事诉讼监督权的立法思考** 霍力 《中国检察论坛》2005年第2期

**法官自由裁量权与民事检察监督** 杨勇 周妹 《中国检察论坛》2005年第3期

**民事检察制度立法的结构性缺陷探析** 郑显华 《法学杂志》2005年第1期

## 六、检察机关刑事申诉与刑事赔偿

**建立专门的错案调查制度** 姚莉 《检察日报》2005年4月7日

**不起诉后如何确定刑事赔偿** 贾全 《检察日报》2005年5月18日

**解读"两高"《关于刑事赔偿义务机关确定问题的通知》——错误逮捕,该谁赔偿很清楚** 陈雪芬 《检察日报》2005年7月14日

**完善刑事申诉制度的四点建议** 姚立彬 《检察日报》2005年8月22日

**刑事赔偿对刑事诉讼的救济功能** 向泽选 《法制日报》2005年2月17日

**当前刑事申诉检察中的几个疑难问题** 鲜铁可 赵志华 《人民检察》2005年第12期(下)

**存疑案件刑事赔偿释论** 王晋 向泽选 《中国刑事法杂志》2005年第1期

**提高刑事赔偿工作能力的几个问题** 刘志远 《国家检察官学院学报》2005年第2期

**当前司法实践中错案的成因与对策——兼谈刑事申诉检察工作的性质及其价值蕴涵** 许永强 《中国检察论坛》2005年第1期

## 七、检察队伍建设

**检察机关共产党员保持先进性必须增强六个意识** 孙谦 《检察日报》2005年3月29日

**加强理论研究是提高队伍素质的捷径** 张智辉 《检察日报》2005年7月4日

**推进检察官职业化需要考虑五个因素** 白新潮 《检察日报》2005年11月25日

**检察思维应具五重性** 娄义鹏 《检察日报》2005年12月8日

**检察队伍专业化建设基本问题研究** 熊少敏 张步洪 林雄 《人民检察》2005年第11期(下)

**对新时期检察教育培训工作的几点思考** 石少侠 《国家检察官学院学报》2005年第1期

**检察技能培训中的几个问题** 郭立新 《国家检察官学院学报》2005年第1期

**检察技能培训及其资源支持** 徐鹤喃 《国家检察官学院学报》2005年第1期

**检察官培训的目标定位** 张志铭 《国家检察官学院学报》2005年第1期

(最高人民检察院法律政策研究室 吴晓冬)

**检察日报社工作** 2005年,检察日报社认真贯彻落实最高人民检察院工作部署,深入贯彻党的十六大、十六届四中全会和全国检察长会议精神,按照中央“贴近实际,贴近生活,贴近群众”的新闻宣传要求,紧紧围绕改革发展稳定大局和“强化法律监督,维护公平正义”的检察工作主题、“加大工作力度,提高执法水平和办案质量”的总体要求,大力宣传依法治国和检察事业,检察宣传工作取得了新的进步。报社党委带领全体同志,团结协作,开拓创新,圆满完成了以一报三刊编辑出版为中心的采编任务,网络、影视、发行等各项工作均取得了新成绩。全年编辑出版报纸、刊物约4000万字,正义网日点击率达到800万人次,制作完成电视剧、专题片400多集。在各类全国性的新闻作品评奖中,30多篇新闻作品获奖。大量新闻作品被中央电视台、中央人民广播电台等主流媒体转播、转载。2005年的报纸发行量达到30万份。

把握导向,弘扬主旋律,集中做好先进性教育宣传。在全党开展保持共产党员先进性教育活动中,检察日报社高度重视,把这项活动作为上半年的宣传重点,开辟专题、专栏、专版加以突出报道,取得了良好的宣传效果,得到了最高人民检察院和中央督导组的肯定。从2005年1月至6月,《检察日报》共发表保持共产党员先进性教育活动稿件近600篇。报道的福建省晋江市检察院、吉林省检察院等地方检察机关结合检察特色开展先进性教育的新鲜做法和典型经验,产生良好社会反响。

发挥喉舌作用,积极宣传最高人民检察院重大工作部署。认真做好检察机关“规范执法行为,促进执法公正”专项整改活动宣传报道工作。最高人民检察院召开电视电话会议启动专项整改活动后,报社连续组织刊发社评社论,开设“规范执法,促进公正”栏目,开展大型主题采访活动,开设“100基层院·规范执法特别报道”栏目,刊发基层检察院专项整改的新鲜做法和典型经验,受到社会各界的关注。

突出特色,做好“两会”宣传报道。在“两会”宣传报道中,推出“两会”特刊《声音周刊·两会特别报道》,通过内容、版式的双重创新和“三突出”要求(突出检察特色、突出法治特色、突出反腐倡廉特色),取得了良好的效果,受到最高人民检察院领导的肯定和表扬,赢得了人大代表、政协委员的称赞和新闻同行、广大读者的好评。

面向基层,宣传检察机关公正执法的生动事迹。以宣传检察工作主题和总体要求为重点,宣传各级检察机关尤其是基层检察机关广大检察干警克服困难,严格公正履行法律监督职能的先进事迹和实践经验,宣传检察机关在维护社会稳定,促进经济建设、廉政建设和在全社会实现公平正义中的巨大作用。

推出一批先进典型,用英雄模范事迹来引导人、激励人、鼓舞人。2005年,《检察日报》以评选和宣传首届“全国十佳检察院”为重点,以滚动推进的方式,围绕“强化法律监督,维护公平正义”,集中宣传了一批检察机关的先进集体和先进个人,这些先进集体和先进人物,模范实践“三个代表”重要思想,集中体现了检察机关共产党员的先进性,他们的事迹刊发后,在检察干警和广大读者中引起强烈反响。

以检察改革的新进展为契机,加大检察理论宣传。《检察日报》大量报道了检察机关通过检察改革,创新工作机制的生动经验。特别是报道了人民监督员制度试点工作对“三类案件”的监督,以及对“五种情形”开展监督的有益尝试。通过采访全国检察理论年会,宣传了一批近年来检察改革的成果。发表了一批既有理论前瞻性又紧贴检察实践的优秀文章。在成都、银川、合肥等地召开第三届检察长论坛等活动,推动了检察改革的深入和检察机关的规范化建设。

加强新闻策划,推出系列独特报道,五个周刊逐渐形成品牌。运用选题招标的形式,选派记者从法治和检察的视角对企业高管犯罪问题进行独家报道。在《廉政周刊》连续强势推出“阳光财富”专题报道,与新浪网合作开辟“阳光财富论坛”,介入经济法制领域。理论版针对冤错案开设了“健全机制防错案”专栏,组织一批专家学者进行了为期两个月、多角度的论述,在法学理论界引起了高度关注。每周平均有四篇稿件被中央电视台新闻媒体广场等转载。

《检察日报》的五个周刊各有特色,形成搭配错落有致的周刊格局。《声音周刊》联络了特别的群体——人大代表,《廉政周刊》是反腐倡廉报道领域唯一出版的报纸周刊,《法治评论》是特色的舆论监督品牌,《明镜周刊》连续多年在读者调查中最受欢迎,《绿海副刊》以高尚的品位被文化艺术界首肯。

检察影视工作再上新台阶。制作完成了80多集影视剧的拍摄，影视作品被多家电视台看好。“法治中国·中国法治在线”电视专栏已在近百家省市电视台落地播出，影响力日益扩大。同东方电视台合办的法制栏目《终极对话》一直保持了较高的收视率。

《人民检察》、《方圆法治》杂志成功改版转型，网络运营初见成效。2005年1月起，《人民检察》改半月刊出版发行；《方圆》更名为《方圆法治》，改出半月刊。两刊物改刊后不仅保持了原有的质量，而且经济和社会效益有了新的提高。《方圆法治》还成功地承接了《人民监督员专刊》的出版发行任务。同时，正义网已经成功地走出纯粹电子报的网络培育期，目前日点击量达到了800万人次。

加强报刊宣传工作，不断探索报刊发行工作的新办法。《检察日报》及其所属刊物认真贯彻中央有关精神，在报刊发行工作中不搞摊派，不增加基层、农民负担，锁定检察官、法官、警官、人大代表、党政领导等基本读者群，积极推广新思路、新办法使本报发行工作取得新突破。在最高人民检察院和各级检察院的大力支持下，通过举办“检察长论坛”等活动密切联系基层检察院，创办《声音》周刊扩大报纸影响力，积极加强同广大读者的日常联系，多种渠道促进本报的发行。

报社各项改革稳步推进，规范化建设取得积极成效。结合保持共产党员先进性教育活动和检察机关开展“规范执法行为，促进执法公正”专项整改活动的要求，积极稳妥地推进报社各项改革，并在采编业务和内部管理的规范化建设上取得积极成效。

为配合聘用制改革的顺利进行，对报社内设机构进行了调整，使采编、经营和管理结构及人力资源配置更趋合理。同时，进一步规范采编流程，发挥采编业务网络技术平台作用，记者站均已实现网络投稿。积极开展业务研讨，规范采编流程，采取多种措施不断改进内部管理机制。建立了各种投资和各种日常项目成本运行的监管制度，开源节流。

社会影响力进一步扩大。近年来报社通过不断努力，在中央主流媒体已经占有一席之地；在法治报道领域，检察日报的声音越来越受到重视；在实务界、法学界、法律界均获得相当程度的美誉。通过中国十大杰出检察官、全国十佳检察院的评选活动，以及每年一届多次多地举行的检察长论坛，报社为各地检察机关搭建了良好的全国性交流平台。同时，报社通过多种特色活动，不断扩大社会影响力。报社编撰了“法治影响生活·2005蓝皮书”，以蓝皮书的形式盘点2005年影响中国人生活的法治事件，通过和新浪网的合作在社会上引起了很大反响，中央电视台、凤凰卫视等海内外媒体均播发了新闻。这类活动不仅使检察日报影响力逐步扩大，也帮助检察机关在社会中树立了自己的良好形象。

（检察日报社 柏 荣 张志玲）

**检察日报社第十六次全国记者工作会议** 2005年8月26日至27日，检察日报社第十六次全国记者工作会议在河南省郑州市召开。会议的主要任务是：深入学习和认真贯彻全国检察长座谈会、政治部主任会议精神，总结2005年报社宣传工作取得的成绩，明确下半年宣传工作的主要任务，研究进一步做好检察宣传工作需要解决的几个实际问题，探讨如何将检察日报打造成中国最具影响力的法治传媒。参加会议的有各省、自治区、直辖市人民检察院宣传处处长、检察日报社驻各地记者站站长、记者，共100余人。

会议期间，最高人民检察院政治部主任张常韧作了重要讲话。他在讲话中总结了2005年上半年检察宣传工作的情况。检察日报社按照中央关于宣传工作的要求和最高人民检察院的部署，深入宣传“三个代表”重要思想和依法治国方略，紧紧围绕“强化法律监督，维护公平正义”的检察工作主题和“加大工作力度，提高执法水平和办案质量”的总体要求，在宣传检察业务、队伍建设、检察改革等方面取得了新成效。一是抓住“两会”宣传时机，充分报道了检察工作所取得的成绩，集中展示了检察队伍的良好精神风貌，受到了与会人大代表、政协委员以及广大读者和人民群众的广泛关注和好评。二是全面深入地宣传了检察机关认真开展保持共产党员先进性教育活动的做法和经验，在增强检察人员贯彻“三个代表”重要思想的自觉性，强化“立检为公、执法为民”的宗旨意识等方面发挥了积极作用。三是积极配合“规范执法行为，促进执法公正”专项整改活动，大力宣传检察机关作为法律监督机关在规范执法、公正执法方面的新进展。四是深入报道各项检察业务工作，积极宣传各地检察机关依法履行法律监督职能，维护社会公平正义的新成绩,展示了检察机关维护稳定、促进改革、服务发展的新成果。五是积极稳妥地宣传了检察改革,传播先进执法理念,廓清模糊思想认识,以正确的理论引导各地司法实践。六是宣传了一大批先进典型,有力地促进了检察队伍建设。从总体上看,检察日报的宣传工作取得了明显的成效,为检察事业的发展营造了良好的社会环境和舆论氛围。

张常韧主任就下半年检察宣传工作提出四条要求:一是认真学习和深入贯彻全国检察长座谈会精神,充分发挥检察宣传的主阵地作用。要继续大力宣传"三个代表"重要思想,深入宣传检察工作主题和总体要求,积极宣传检察机关为构建和谐社会做出的新贡献;要继续抓好"规范执法行为,促进执法公正"专项整改活动的宣传,分阶段步步推进,形成报道声势;要及时宣传报道检察机关在维护社会稳定、查办职务犯罪、强化诉讼监督、构建和谐社会等方面取得的新成效、新进展,展现检察机关执法为民的良好形象;围绕检察改革的主要任务,宣传各项检察改革的法理基础和理论研究成果,向全国检察机关推广改革创新的好经验、好做法,为检察理论研究和检察改革实践提供舆论支持。二是正确把握舆论导向,努力提高检察宣传能力和宣传水平。牢固树立政治意识、大局意识和服务意识,牢牢把握正确的舆论导向,在不断提高检察宣传能力和宣传水平上下功夫。检察媒体和全国的检察宣传工作者都要坚持正面宣传为主的方针,坚持团结、稳定、鼓劲的原则,切实提高把握正确舆论导向的能力。三是要继续落实"三贴近"和"四多"要求。广大检察宣传工作者要进一步领会和实践"三贴近"的精神,充分利用法律监督的资源优势,深入基层,贴近干警,扎实采访,多出精品。按照贾春旺检察长关于多宣传基层;多宣传基层检察干警中的先进集体、先进个人、先进执法理念和模范事迹;多宣传基层检察机关克服困难,严格公正履行法律监督职责,不断开创工作新局面;多宣传中国特色的检察制度,通过全国检察机关尤其是广大基层检察干警的努力,在维护稳定和谐,促进经济建设、廉政建设,在全社会实现公正上发挥巨大作用的指示精神,把基层作为新闻宣传的主战场,发现和宣传我们身边的先进模范和可歌可泣的公正执法事迹。四是要提高宣传艺术,把传播党的声音、最高人民检察院的声音和反映检察干警心声、人民群众的意愿统一起来。要努力提高宣传队伍素质。各级检察机关要高度重视检察宣传队伍建设工作,把它摆在重要位置,采取有力措施,使检察宣传队伍不断得到充实、加强和提高,保障检察宣传工作的顺利开展。

张常韧主任还就报社的发展问题讲了三点意见:(1)要解放思想,改革创新,增强活力,壮大实力,积极扩大检察日报的影响力。通过体制改革和机制创新,进一步激发报社采编人员的积极性,增强报社的活力和动力,集中大家的智慧和力量,谋划报社发展的大计。(2)增强阵地意识、服务意识和品牌意识,将目前的检察传媒打造成能够引领法治潮流的知名品牌,从而为下一步的经营和发展奠定良好的基础。(3)进一步解放思想,拓宽经营思路,在吃透、用好国家政策的基础上大胆出击,寻找报业发展的新的经济增长点。

张常韧主任在谈到《检察日报》的宣传发行时强调,检察宣传工作是检察工作的重要组成部分,《检察日报》是检察机关的重要舆论阵地,在宣传检察工作,推动检察工作改革与发展中发挥着十分重要的作用。各级检察机关都要高度重视检察宣传工作,加强领导,把握宣传重点,不断推动检察宣传工作的深入开展。要坚决执行中央文件精神,在发行中不搞摊派,通过合理合法的手段,向社会广为宣传,努力扩大报刊的影响力和发行量。他要求,各级检察院要坚持做好为人大代表订阅《检察日报》的工作,以便更加密切人大代表与检察机关的关系,使他们更加了解、理解和支持检察机关的工作。

会上,检察日报社社长张本才作了总结讲话。

(检察日报社　张志玲)

**中国检察出版社工作**　2005年,中国检察出版社奋力拼搏,圆满完成了全年的生产任务,实现了出版工作的"社会效益最优化,经济效益最大化"。全年共发排新书157种,重印图书58种次,共印制入库新书202种。发货码洋2485万元,实现收入1626万元。

一、政治素质全面提高。2005年,出版社坚持正确的出版方向,采取各种形式认真学习"三个代表"重要思想,全面了解掌握中央关于坚持科学发展观、构建和谐社会的重要精神,重温党和国家关于新闻出版工作的方针政策、法律、法规和规章,及时传达最高人民检察院关于检察工作的各项部署,坚持把图书的社会效益放在第一位。认真执行选题论证制度和书稿三审制度，严格把住图书出版的政治关和质量关，出版的图书没有一例出现政治问题和格调低下的问题。

2005年，中共中央在全党开展了“保持共产党员先进性教育活动”，中央政法委在全国政法系统开展了“规范执法行为，促进执法公正”专项主题教育活动。经过充分酝酿，出版社提出“把教育活动摆在第一位，教育、工作两不误，以教育促工作”的原则，在统筹规划、合理安排的基础上，制定了切合本社工作实际的教育时期工作安排方案。以保持共产党员先进性教育活动为契机，组织了访问西柏坡革命根据地、重温入党誓词等活动，通过民主生活会、全社大会等形式，认真查摆工作中存在的问题，集思广益，及时进行整改。同时利用“规范执法行为，促进执法公正”教育活动的时机，在全社开展了“学制度，用制度”活动，把重要的出版法律法规和本社现行有效的规章制度汇编成册，组织全社员工学习，并制作试卷进行全员考试，使大家受到了一次系统的出版法律法规和规章制度教育。

二、市场定位更加准确。充分发挥系统出版社的优势，服务检察。2005年先后开发了《职务犯罪侦查技能系列》、《公诉实务系列》、《证据系列》等系列选题，得到了基层检察机关的欢迎。

三、发行回款超额完成。2005年出版社实现收入1626万，其中发行回款1476万元，成为经济效益最好的一年。(1)继续实行严格的目标管理，落实考核责任制。将全年的销售和回款任务分解到每位业务员，并实行按月、季度和年终动态考核管理的办法，使发行人员既有压力，又有动力，工作积极性得到充分的调动。(2)出版发行部门提前一步，主动服务编辑环节。2005年，出版发行部面对巨大的回款压力和困难，在深挖内部潜力的同时，主动提出为编辑环节服务的思路和办法。一方面，为各业务员安排定点联系的编辑室，主动定期向联系的编辑室沟通和反映图书市场情况；另一方面，定期向编辑部门了解选题落实情况，并据此部署印制和发行工作，形成编发联动的良好局面。(3)广告和宣传工作到位。通过报刊和网站等媒体，宣传本社的图书和音像产品，先后两次专门面向检察系统制作和邮寄书目，向全国检察机关介绍出版的法律实务类重点图书。

四、选题策划能力增强。(1)图书门类更加丰富。出版社在继续开发刑事法类图书的同时，进一步开发市场需求更大、效益更明显的民商法类、法律实务类图书。(2)选题深度开发有新进展。《法律帮助一点通》经过几年的不断开发，已经基本上囊括了所有主要的基本专题。对此，编辑重点抓了品牌维护，将过去分散的选题整合在一起，以专辑的形式推出，对品牌图书进行了二次利用和深度开发。《索赔系列》、《证据系列》、《公诉实务系列》图书，也都在选题开发纵向延伸和深度扩展方面作出了成绩。(3)编辑对选题的介入更加深入和具体。由于策划的选题比例加大，加之编辑能力提高，编辑在图书出版中的自主性、参与意识进一步增强，能够追踪选题进展情况，及时提出修改意见。

五、管理更加科学。2005年出版社在过去实行的成本管理、流程管理的基础上，又总结出了“以选题开发为核心，以书号管理为手段”的管理新思路。(1)《重点选题管理办法》鼓励“冒险作业”。出版社从生产规模小、编辑长期单兵作战害怕开发大型选题冒风险的实际出发，制定了《重点选题管理办法》，从成本承担到利润分配上给予政策倾斜，鼓励编辑开发重点选题。同时，又为重点选题的产生设置了严格的条件和程序，从根本上防止了决策失误和重点选题过多过滥加大经营风险的可能。(2)在选题开发上，初步形成了主管社领导指挥、直接负责人员组织、具体负责人员落实的选题开发实施梯队，形成了有部署有落实有督促的工作机制。打破了部门分割，整合了人力资源，使大型项目也能得以顺利实施。(3)跟踪督促选题实施，强化工作的计划性。(4)以书号管理为手段，促进生产的计划性。针对过去编辑开发选题的计划性不强，导致印制和发行环节也无法根据生产环节合理安排工作计划的问题，2005年出版社从书号的分配使用上入手，在保证重点图书使用书号的前提下，提出今后将全年的书号分配到编辑室，要求在年中即完成，为申请追加书号和预支下一年度书号做好准备。书号成为牵动编辑和发行两端的一根红线，牵一发而动全身，调动了两个环节的有序联动。

（中国检察出版社　马力珍）

# 2005年中国检察出版社出版的主要图书目录

**新警世通言** 刘树远著 2005年1月
**公诉论** 贺恒扬著 2005年1月
**刑事案例诉辩审评——破坏金融管理秩序罪** 刘方主编 2005年1月
**现代侦查取证程序** 孙长永主编 2005年1月
**检察制度理论思索与研究** 张常韧主编 2005年1月
**民事强制执行研究** 夏蔚 谭玲著 2005年1月
**犯罪实行行为论** 范德繁著 2005年1月
**经济法学** 谭玲主编 2005年1月
**人民检察院机构名录** 最高人民检察院政治部 2005年1月
**反腐镜鉴录** 金强编著 2005年1月
**刑事案例诉辩审评——危害公共安全罪** 卢勤忠主编 2005年1月
**反贪工作指导(2005年)** 最高人民检察院反贪污贿赂总局 2005年2月
**榜样** 最高人民检察院政治部 2005年2月
**痴情为谁——殉情案例调查报告** 李广森著 2005年2月
**检察机关侦查实务——侦查技术、技术侦查卷** 郭立新著 2005年2月
**暴力犯罪的刑法适用指导** 倪泽仁著 2005年2月
**检察机关侦查监督问题研究** 杨振江主编 2005年2月
**致命谈判——反劫持谈判专家高峰破案实录** 贾国勇著 2005年2月
**谜底就在现场——反爆专家王百姓破案实录** 贾国勇著 2005年2月
**刑事案例诉辩审评——金融诈骗罪** 方工主编 2005年2月
**羁押制度与人权保障** 陈卫东主编 2005年2月
**挪用型职务犯罪新论** 郑厚勇著 2005年2月
**刑法修正案与立法解释** 杨新京著 2005年3月
**检察业务探索** 刘建柱主编 2005年3月
**经济法视域中的企业法** 单飞跃 王显勇著 2005年3月
**司法公正的建构** 谢佑平主编 2005年3月
**外国宪法比较研究——以稳定性为视角** 刘一纯著 2005年3月
**罪与刑的探索之道** 冯亚东著 2005年3月
**公诉改革的理论与实践** 季刚 刘晶 2005年3月
**证据学论坛(第九卷)** 何家弘主编 2005年3月
**新课程教学案例研究** 胡修金主编 2005年3月
**疑案精解(第3辑)** 刘佑生主编 2005年4月
**加工贸易走私犯罪解析** 陈田正著 2005年4月
**诉讼法学研究(第九卷)** 樊崇义主编 2005年4月
**基层检察感悟** 韩宝林著 2005年4月
**片面共犯研究** 田鹏辉著 2005年4月
**民法与人性** 刘云生著 2005年4月
**铁路刑事疑难案例研究** 张双喜主编 2005年4月
**刑事审判与证明制度研究** 张泽涛著 2005年4月
**刑事案例诉辩审评——扰乱公共秩序罪** 杨书文主编 2005年5月
**刑事案例诉辩审评——受贿罪** 杨兴国主编 2005年5月
**中国检察年鉴(2005年卷)** 最高人民检察院《中国检察年鉴》编辑部 2005年5月
**错位的情爱** 王雪梅著 2005年5月
**中国与欧盟刑事司法制度比较研究——中国——欧盟法律和司法合作项目成果集萃** 最高人民检察院外事局编 2005年5月
**刑事案例诉辩审评——渎职罪** 林贻影主编 2005年5月
**刑事案例诉辩审评——盗窃罪 诈骗罪** 史卫忠主编 2005年5月
**惩治与预防渎职侵权犯罪指南** 最高人民检察院渎职侵权检察厅 2005年5月
**医疗纠纷索赔** 王岳 李晓农主编 2005年5月
**向国家索赔** 王新 王岳主编 2005年5月
**劳动争议——工伤事故索赔** 黎长志 蔡春红主编 2005年5月
**职务犯罪及其预防** 冯云翔主编 2005年6月
**刑法立法正当性研究** 郭立新著 2005年6月
**不能未遂犯研究** 郑军男著 2005年6月

基层建设与检察文化　刘佑生主编　2005年6月
犯罪学论丛(第三卷)　王牧主编　2005年6月
竞合犯研究　刘志著　2005年6月
刑事案例诉辩审评——挪用公款罪　田宏杰主编　2005年6月
挪用犯罪论　于宏著　2005年6月
破译生死密码——传奇女法医冯雪破案实录　张继英著　2005年6月
民事诉讼改革热点问题研究综述　廖中洪主编　2005年6月
社会主义建设辩证法研究　常绍舜主编　2005年6月
刑事诉讼前沿研究(第四卷)　徐静村主编　2005年7月
法治的天空——中国公民的法治常识　王志龙编著　2005年7月
治安管理处罚法实用问答　丁建荣主编　2005年7月
英美刑法规则与判例　吴峻著　2005年7月
世界钢铁第一人——朴泰俊　李大焕著　荀寿潇译　2005年7月
司法文书教程　殷宏主编　2005年7月
公诉教程　杨亚丽主编　2005年7月
宪法学教程　陈冬主编　2005年7月
专家民事责任制度研究　田韶华著　2005年7月
中国企业金融法律问题研究　樊鸿雁著　2005年8月
我国所有权制度的变迁与重构　郭广辉著　2005年8月
民法方法论　任成印著　2005年8月
公诉案件证据审查判断与出庭实务　张伟军　朱丽欣著　2005年8月
证据学论坛(第十卷)　何家弘主编　2005年8月
我在西藏的日子　王凤琴著　2005年8月
刑事检察理论研究新视野　张兆松著　2005年8月
中小型企业管理战略操作实务及法律界定　李向民主编　2005年8月
经济法调整机制研究　韩志红著　2005年8月
交通事故索赔　苏东　谭黎明　2005年9月
公司治理法律问题研究　赵志钢著　2005年9月
法律监督的理论与实践　金波主编　2005年9月
法眼看新闻　王松苗著　2005年9月
反贪局专案　杨晓升编　2005年9月
市场管理法新论　郑曙光　汪海军著　2005年9月
法律的真谛　尹晋华主编　2005年9月
浙工大法律评论　张旭主编　2005年9月
贪污贿赂案件侦查机理探索与适用　俞波涛著　2005年9月
商业性债权转股法律研究　石俊志著　2005年9月
2005年国家司法考试试卷详解　本书编委会编　2005年9月
中华人民共和国法律通典(宪法国家法卷)　贾春旺总主编　2005年9月
中华人民共和国法律通典(民事卷)　贾春旺总主编　2005年10月
中华人民共和国法律通典(商事卷)　贾春旺总主编　2005年10月
中华人民共和国法律通典(刑事卷)　贾春旺总主编　2005年10月
中华人民共和国法律通典(行政国防民政宗教侨务卷)　贾春旺总主编　2005年10月
中华人民共和国法律通典(公安司法国家安全法卷)　贾春旺总主编　2005年10月
中华人民共和国法律通典(文化新闻出版广电体育旅游卷)　贾春旺总主编　2005年10月
中华人民共和国法律通典(教育卷)　贾春旺总主编　2005年10月
中华人民共和国法律通典(科技国防科技工业卷)　贾春旺总主编　2005年10月
中华人民共和国法律通典(卫生食品药品监管计划生育卷)　贾春旺总主编　2005年10月
中华人民共和国法律通典(人事监察劳动和社会保障卷)　贾春旺总主编　2005年11月
中华人民共和国法律通典(财政国资监管审计统计卷)　贾春旺总主编　2005年11月
中华人民共和国法律通典(发展改革商务卷)　贾春旺总主编　2005年11月
中华人民共和国法律通典(能源安全生产监管卷)　贾春旺总主编　2005年11月
中华人民共和国法律通典(国土资源卷)　贾春旺总主编　2005年11月
中华人民共和国法律通典(建设卷)　贾春旺总主编　2005年11月

**中华人民共和国法律通典(交通铁路民航卷)** 贾春旺总主编 2005年11月

**中华人民共和国法律通典(信息产业卷)** 贾春旺总主编 2005年11月

**中华人民共和国法律通典(农业林业水利卷)** 贾春旺总主编 2005年11月

**中华人民共和国法律通典(银行业卷)** 贾春旺总主编 2005年12月

**中华人民共和国法律通典(海关卷)** 贾春旺总主编 2005年12月

**中华人民共和国法律通典(税务卷)** 贾春旺总主编 2005年12月

**中华人民共和国法律通典(环境保护卷)** 贾春旺总主编 2005年12月

**中华人民共和国法律通典(工商行政管理卷)** 贾春旺总主编 2005年12月

**中华人民共和国法律通典(质量监督检验检疫卷)** 贾春旺总主编 2005年12月

**中华人民共和国法律通典(综合卷)** 贾春旺总主编 2005年12月

**预防职务犯罪的基础理论与实务导引** 柳晞春著 2005年12月

**预防与惩治国际腐败犯罪理论与实务** 陈雷著 2005年12月

**当代未成年人法律译丛** 孙云晓 张美英主编 2005年12月

**国家检察官学院工作** 2005年,国家检察官学院按照最高人民检察院的要求,紧紧围绕加强检察队伍法律监督能力建设的目标,团结全体教职工,以推进教学改革为契机,以提高教学培训质量为核心,继续致力于加强检察官培训的规范化建设,圆满完成了教育培训任务,各项工作有了新的发展,取得了新的成绩。

一、积极开展"保持共产党员先进性教育"活动和"规范执法行为,促进执法公正"专项整改活动。根据最高人民检察院的统一部署,国家检察官学院开展了"保持共产党员先进性教育活动"。根据中央政法委和最高人民检察院的指示和要求,又开展了"规范执法行为,促进执法公正"的专项整改活动。通过广泛征求意见、开展谈心活动、撰写党性分析材料、召开民主生活会、认真评议等方式,总结和分析了各部门以及党员个人工作中存在的主要问题,制定了具体可行的整改方案和整改措施。国家检察官学院党委对整改方案进行了任务分解,针对群众意见大、反映强烈的问题,明确了责任部室和整改时间,落实了具体责任人,并对整改情况认真进行督查。对于能够整改的,要求马上整改;对于那些不能立即完成、需要规划解决的问题,要求限期整改;对于需要上报最高人民检察院协调解决的问题,积极反映,寻求合理的解决办法。

二、加强领导班子建设,调整充实了院级领导班子,完成了党委换届工作。选举产生了学院三届党委和二届纪委,为学院的进一步发展提供了组织保障。

三、圆满完成了最高人民检察院政治部下达的全年培训任务。2005年,学院认真落实《检察官培训条例》和《2004年~2007年全国检察人员培训计划》确定的检察官培训任务,克服时间紧、班次多、培训场地不足等困难,全年共举办了15个培训班,培训学员1005人,其中地、市级检察长366人。

四、学历教育工作进一步规范。加强了对学历教育学生的规范管理,细化了教学管理和学生管理工作流程和环节,使学历教育各项工作初步步入了良性循环。2005年,首届毕业的438人全部取得了大专或本科毕业文凭,其中大专毕业生有85人考取了本院的专升本,继续在院深造;本科生中有70人通过了英语三级考试,经中国人民公安大学审定,其中有60人通过论文答辩,获得法学学士学位。

五、继续加强自考辅导班的招生、教学和管理工作。通过严格管理,提高教学质量和考试通过率,不断扩大影响,提高学院的办学声誉。据统计,学院自考辅导的单科通过率始终保持在50%左右。

六、继续深化检察教育培训改革。通过组织教师挂职锻炼、调整教研部等手段,促进教师与检察业务的结合,使教师尽快成为检察理论与检察业务的专家;加快了"四库"(师资库、案例库、专题库和影像资料库)建设的步伐。2005年已经初步完成了师资库建设,案例库的收集、编写工作正在进行,影像资料库也在不断地进行充实,专题库的首批13个专题也已经基本完成。在首批设立3个教学基地的基础上,又增设了16个教学示范基地。

七、科研工作也有了新的起色。2005年,学院共资助科研项目13个,投入13万元。全年教师出版专著、合著、编著的法学理论著作和教材共14

部,发表论文104篇,其中有11篇发表于核心期刊。《国家检察官学院学报》改版后,质量大幅度提高,特色日趋鲜明。《检察实践》更名为《中国检察官》后,已成为具有法人资格的杂志社。

2005年,学院还在广东省东莞市举办了首届国家高级检察官论坛,有100多位国内法学界的知名学者、检察长、高级检察官出席了论坛,正义网直播了会议的研讨情况,中央电视台也作了报道。

八、继续加强国际学术交流。2005年,学院继续与法国司法部开展"百名司法官"的交流项目,继续开展与瑞典罗尔·瓦伦堡人权与人道法研究所的合作项目;组织省级检察院领导素能培训班学员和19个教学基地的检察官共计41人分别到德国、澳大利亚、越南等国学习。同时,与美国印第安纳大学、法国艾克斯—马赛法律、经济与科技大学等国外法律院校开展了新的交流与合作。接待来自韩国、欧盟、芬兰、加拿大、香港等国家和地区来访的检察官、专家、学者多人,组织教师等有关人员出国、出境访问、考察、培训、交流及参加国际学术会议共21人次。

九、努力改善学院的办学条件和教职工的生活、工作条件。为保障学员、学生的学习、生活条件,进行了学生教室改建、学员公寓楼装修、屋顶防水等工程;完成了热力改造、配电室更新等工程的前期规划、设计工作;完成了图书馆书刊数据库的充实和调整,在实现计算机检索和管理的基础上,形成了较完整的法律特色电子文献体系;为方便学员、学生上网查阅资料,新建了网络教室,受到学员、学生的欢迎。

十、严格财务管理制度,提高会计核算质量和财务管理水平,为学院各项事业的发展提供财务保障。认真贯彻中央部署,实行国库集中支付制度,严格执行政府采购的规定,合理编制和细化部门预算,实现财务管理制度化、规范化,精打细算,量入为出,严把支付关,确保了学院2005年财政收支状况运作良好。

十一、严格管理,提高水平,做好各项后勤服务工作。2005年,学院加强了对临时工和保安人员的管理,加强了食堂的卫生管理。在培训班次多、层次高、任务重的情况下,顺利完成了就餐保障和公寓服务等工作。加强日常防火、安全保卫和交通安全管理工作,2005年,学院被评为北京市交通安全先进单位,保卫工作获北京市内保局嘉奖。

十二、学院的改扩建工程有所进展。经过公开招标和投标,确定了改扩建工程的规划建筑设计单位,初步确定了规划设计方案,并正在对方案及投资预算进行完善。在学院项目办的努力下,学院的香山校区扩大了部分面积,并办理了土地使用权证书。

(国家检察官学院　陈兰萍)

**首届"国家高级检察官论坛"**　为了推进检察理论研究,提高检察官的素质,2005年12月6日至7日,最高人民检察院在广东东莞市召开了首届"国家高级检察官论坛",会议由广东省东莞市人民检察院协办。最高人民检察院副检察长赵虹,广东省人民检察院检察长张学军,最高人民检察院政治部副主任尹晋华,广东省东莞市市委副书记、市长刘志庚,广东省东莞市市委副书记、市政法委书记张继雄,国家检察官学院党委书记刘佑生、院长石少侠、副院长陈德毅,广东省东莞市人民检察院检察长林明枢,以及来自国内法学界的知名学者,全国部分省、市、县三级检察院的检察长、高级检察官等,共100余人出席了论坛。

在开幕式上,最高人民检察院副检察长赵虹作了重要讲话。他指出,提高检察机关执法水平,离不开检察官理论素养的提高。加强检察理论研究,关系检察工作的全局,关系检察事业的根本,是做好检察工作的重要基础,是推动检察工作不断发展的客观需要;是发展中国特色社会主义检察制度的必然要求,是积极应对检察制度和检察理论面临的各种挑战的基本方法,也是实现"加强法律监督,维护公平正义"的检察工作主题所必需。他强调,当前检察理论研究要加强对中国特色社会主义检察制度的合理性和必然性、检察制度的宪政基础和宪法地位、检察机关的法律监督本质特征等重大课题的研究;要运用和谐社会的理论,加强对检察权配置的研究;要围绕检察机关的法律监督职能,把检察实践经验上升为理论。他要求,国家高级检察官论坛要为专家、学者及高级检察官们提供一个很好的理论学术交流平台。论坛应本着内外结合、兼容并收的原则,致力于开放的检察理论体系和研究机制,使国家高级检察官论坛的研究成果走在国内外检察理论研究的前列。

论坛围绕"规范执法:检察权的独立行使与制约"主题,就中国检察权及其权力配置、依法独立行使检察权、检察权的内部与外部制约机制、检察环节的律师辩护问题以及人民监督员制度及其发展等议题,进行了为期两天的深入交流和探讨。大会收到论文60余篇,先后有18人作了主题发言,有20余人次作了自由发言。经过交流、讨论与沟通,在有关检察权的一些重大问题上初步达成了共识。

论坛取得很大成功,中央电视台晚间新闻对此作了报道,正义网对论坛作了全程直播,《东莞日报》作了头版报道。与会者一致认为,在检察机关大力加强检察理论研究之际,召开首届国家高级检察官论坛,既是及时必要的,也是求真务实的。今后,"国家高级检察官论坛"将每年举办一次,并力争办成有影响、有地位的检察理论研究品牌性学术会议。

(国家检察官学院　陈兰萍)

**中国检察官协会工作**　2005年,中国检察官协会按照最高人民检察院的工作部署,认真贯彻落实党的十六届四中、五中全会精神和"三个代表"重要思想,全面落实科学发展观,紧紧围绕"强化法律监督,维护公平正义"的检察工作主题,为促进司法体制改革和检察事业的发展,提高检察官素质,深入开展检察理论研究,积极组织会员参加国内外学术交流活动,充分发挥行业社团组织的职能作用,做了一些富有成效的工作。

一、发挥协会自身优势,促进检察理论研究。

中国检察官协会紧紧围绕检察工作和检察改革,从不同角度、不同侧面研究和探索检察事业发展和检察实践中的热点、难点问题,在繁荣检察理论研究,提高理论研究成果质量上,较好地发挥了协会的组织作用。

(一)积极配合最高人民检察院检察理论研究领导小组成功举办了全国检察理论研究工作会议暨第六届年会。会议于2005年4月21日至25日在江苏省南京市召开,主题是"强化法律监督与'两法修改'"。最高人民检察院检察长贾春旺、副检察长朱孝清、检察委员会专职委员戴玉忠出席了会议。贾春旺检察长发表了《加强理论研究,构建中国特色社会主义检察理论体系》的重要讲话,朱孝清副检察长作了大会总结,检察理论研究领导小组副组长张智辉作了2004年检察理论研究工作报告。会议邀请陈光中等六名专家学者作了专题报告。

会前,协会积极组织各地检察官协会(学会)按照年会主题开展理论研究,撰写和推荐论文,为年会选送了大量优秀的检察理论研究文章,也为繁荣检察理论体系、活跃理论研究气氛发挥了行业社团组织的职能优势。

(二)中国检察官协会与中国法官协会于2005年11月16日至17日在浙江省杭州市召开了"'两院'在构建和谐社会中的作用"研讨会。最高人民检察院检察委员会专职委员戴玉忠和中国法官协会常务副会长刘家琛出席会议并讲了话。来自全国27个省、自治区、直辖市的检察系统和法院系统共100余名代表,以及中国社会科学院法学研究所、中国政法大学等科研单位的四名专家参加了这次研讨会。会议共收到论文234篇(其中检察系统115篇,法院系统119篇),评出优秀论文40篇提交会议交流。会上,组织了20多位法院系统和检察系统的优秀论文代表,围绕"两院"如何共同维护司法权威、"两院"在构建和谐社会中如何共同发挥作用、"两院"在司法领域中的分工与合作、"两院"职能的异同、"两院"关系的协调及处理五个专题分别进行了研讨,在很多问题上达成了共识,对消除司法工作中的隔阂,统一司法标准起了积极的作用。

(三)2005年11月27日至30日,中国检察官协会与国际高科技监管协会在中国广州共同举办了2005年"加强国际合作,控制和打击高科技犯罪"国际研讨会。中国检察官协会副会长朱孝清以及国际高科技监管协会会长斯图尔特·海德出席大会开幕式并发表了讲话。来自加拿大、英国、美国、南非、中国香港、澳门以及中国内地等12个国家和地区从事高科技监管的高层官员、权威专家和业内人士,共160人参加了此次盛会。包括欧洲理事会犯罪调查局局长马格雷特·吉拉比在内的26位不同国家、地区以及国际组织从事网络犯罪研究的专家在大会上发了言。与会专家和学者围绕"高科技犯罪的法律适用"、"网络产品和技术开发与认证的标准"、"网络犯罪的威胁以及公共和私人领域的司法实践和解决方案"以及"国际合作打击高科技犯罪"四个主题,介绍了各自国家或所在的国际组织在高科技犯罪方面的立法与实践以及在网络安全产品的开发、认证方面的做法和经验。大会最后通过了网络监控行动计划书,为高科技监管协会的成员提供了一个合作框架。

二、开展评选先进检察官协会(学会)和优秀社团工作者的活动。

根据中国检察官协会2005年的工作安排,经最高人民检察院批准,在全国省、地(市)级检察官协会(学会)中,举行了评选自2003年以来的先进检察官协会(学会)和优秀社团工作者的活动。

根据各地检察官协会(学会)的申报和推荐,经过严格认真的审核,评选出48个先进单位、34名优秀社团工作者,并对新疆维吾尔自治区检察官协会等17个检察官协会(学会)和会员联络组及工作人员给予口头表扬。

三、组织会员积极开展内外学术交流活动。

协会按照章程和工作宗旨,积极组织会员开展对内、对外的学术交流活动。

(一)中国检察官协会组织了100人的检察官代表团参加第二十二届世界法律大会。第二十二届世界法律大会于2005年9月4日至10日在北京与上海两地召开。会议由最高人民法院主办,最高人民检察院协办"反腐败的国际合作"专题研讨等系列活动。协会组织了吉林省人民检察院检察长索维东、最高人民检察院反贪污贿赂总局局长王建明等代表围绕"加强国际合作、共同打击腐败犯罪"的主题进行了专题发言,展示我国检察官的风采,为第二十二届世界法律大会圆满召开做出了积极的贡献。

(二)2005年4月23日,在江苏省南京市召开了检察官协会工作座谈会。出席全国检察理论研究工作会议暨第六届年会的各省、自治区、直辖市人民检察院、新疆生产建设兵团人民检察院主管检察官协会(学会)工作的副检察长、检察官协会(学会)秘书长和专职副秘书长,部分市级单位的协会工作负责人,共70余人参加了座谈会。最高人民检察院副检察长、中国检察官协会副会长朱孝清,最高人民检察院检察理论研究所所长、中国检察官协会秘书长张智辉出席座谈会。会上,黑龙江、河南、陕西省检察官协会(学会),江苏省南京市、江西省赣州市、湖南省湘潭市检察官协会(学会)六个单位介绍了协会工作经验。与会代表还对中国检察官协会今后的工作提出了一些建议和工作设想。

(三)2005年9月13日至15日,中国检察官协会在四川省成都市召开了《中国检察论坛》第三届联席座谈会。会议围绕"人民检察院组织法修改中的理论问题"进行了研讨。来自全国25个省的50多位代表出席了会议。

四、坚持协会的正确方向,努力服务于检察工作发展。

按照协会章程的有关规定,为全面贯彻全国检察理论研究工作会议暨第六届年会精神和贾春旺检察长关于"要尊重知识、尊重人才,加大培养高层次检察理论研究人才特别是中青年专业人才的力度,造就一批具有扎实理论功底、勇于开拓创新的理论研究带头人,形成一支政治坚定、年富力强、精通业务的理论研究骨干队伍"的要求,中国检察官协会于2005年7月、8月分别在云南省昆明市、广西壮族自治区桂林市举办了两期"检察理论研究骨干培训班"。重点对省、市级检察院和部分基层检察院负责理论研究工作的领导和理论研究骨干进行培训。培训内容包括:人民检察院组织法修改中的理论问题,检察改革问题,刑法理论前沿问题,刑事诉讼法理论前沿问题,学术论文、调研报告和案例分析的写作技巧等。为确保培训取得实际效果,特别邀请了全国知名的专家学者为学员授课。参加培训的学员普遍反映培训效果好、有收获,解决了在实际工作中经常遇到的一些难点问题。

(中国检察官协会 田新湖)

**中国女检察官协会工作** 2005年,中国女检察官协会以邓小平理论和"三个代表"重要思想为指导,深入学习贯彻党的十六大和十六届三中、四中全会及全国妇联九届二次执委会会议精神,全面树立和落实科学发展观,充分把握检察机关"强化法律监督,维护公平正义"的工作主题和"立检为公、执法为民"的要求,根据协会特点并结合开展的保持共产党员先进性教育活动,团结带领广大女检察官,发扬自尊、自信、自立、自强的精神,立足自身,投身检察,加强执法能力建设,不断提升综合素质。

2005年1月28日,中国女检察官协会与全国妇联九届执委和部分妇女社团代表举办新春联谊会。邀请外交部发言人、新任比利时大使章启月介绍了外交工作的体会,在场人员增长了知识,深受鼓舞和教育。

2005年3月2日,全国妇联妇女维权公益热线

12338 和全国妇联反家暴热线 16838198 正式启动，中国女检察官协会推荐了 12 名女检察官做志愿者，业余参加了热线的服务。志愿者具有较高的法律专业知识和实践经验，她们积极参与公益活动，受到全国妇联的欢迎和好评。

为纪念“三八”国际劳动妇女节，中国女检察官协会与中国女法官协会、中华全国女律师协会、中国妇女儿童活动中心、婚姻与家庭杂志社联合举办了女司法工作者回娘家活动，最高人民检察院机关、事业单位 200 多名女同志参加了活动。

全国各地女检察官协会也都分别采取到街道社区、少管所等开展法制宣传或专题讲座等多种形式，组织女检察官开展纪念活动。

2005 年 10 月 10 日，中国女检察官协会二届五次理事会在浙江省义乌市召开。会议以“增强女检察官法律监督能力，促进规范执法”为主题，交流了女检察官增强法律监督能力，促进规范执法的经验；听取了中国妇女研究所副所长、教授刘伯红关于社会性别主流化的专题讲座；讨论了 2006 年女检察官协会的工作思路。为做好主题交流，各省、自治区、直辖市女检察官协会认真组织、精心筛选，有 28 个省、自治区、直辖市女检察官协会推荐了 116 篇文章，经最高人民检察院专家、教授组成的评选小组进行初选、复审，评选出 35 篇优秀文章。6 位优秀论文代表在理事会上作了发言，她们从理论与实践的结合上阐述和交流了不同岗位女检察官提高法律监督能力的经验和体会，从不同侧面反映出女检察官在加强能力建设，增强自身素质方面所做的实践和探索。最高人民检察院副检察长、中国女检察官协会会长胡克惠作了总结讲话。她强调，女检察官要深化对加强法律监督能力建设、促进执法规范化重要意义的认识，刻苦学习、深入钻研、勤于实践，在提高女检察官法律监督能力上下工夫，做规范执法的模范。要求各地女检察官协会为女检察官素质能力的提高创造学习交流的机会，提供实践锻炼的平台。她希望全国 3 万余名女检察官们既要在本职岗位上出色工作，又要关注女性共同的社会问题，致力于自身的全面发展与提高。在当前开展的专项整改活动中，要努力争做为民执法、公正执法、严格执法、文明执法的模范，为展示忠诚、公正、清廉、严明的检察官形象，维护国家法制的权威，实现社会的和谐与稳定，做出自己的贡献。

（中国女检察官协会　刘伟东）

**检察技术信息工作**　2005 年，全国检察技术信息工作，坚持树立科学发展观和“立检为公、执法为民”的思想，深入开展以实践“三个代表”重要思想为主要内容的“保持共产党员先进性教育活动”和“规范执法行为，促进执法公正”的专项整改活动，按照检察工作主题和总体要求，全面开展检察技术信息工作，检察技术及信息化建设有了新的进步。

一、加强检察技术信息工作组织领导。

最高人民检察院检察技术信息部门深入学习最高人民检察院领导关于检察技术信息建设的一系列指示，收集整理了最高人民检察院检察长贾春旺近三年来关于检察信息化建设方面的重要讲话和指示，编印成册，组织全国检察机关技术部门进行深入学习；采取座谈、研讨等多种形式，研究探索加强“三位一体”机制建设。组织调研，到中东部、西北部的五个省区（湖南、青海、甘肃、宁夏、河南）深入了解情况，督促抓好各项建设项目的进程管理和质量建设，促进信息化应用工作的开展。组织召开了三次建立“三位一体”工作机制座谈会，研究拟制信息网络为检察业务及队伍建设的服务保障方案。

二、检察信息化建设及应用成效明显。

（一）组织加强全国检察机关专线网建设。组织实施了一级专线网升速扩容工程。按照“公正、公平、公开”的原则，组织指导 32 个省级检察院进行了工程项目联合设计，制定了施工管理和网络管理规范，分派 5 个工作组组织实施全国 32 个省级检察院的设备安装及联合调试工作，多次召开协调会议，加强施工管理，完成初验工作。组织加强全国检察机关专线网、局域网、视频会议、邮件系统、信息发布系统建设。具体情况见以下图表：

全国检察机关地市级信息系统建设情况

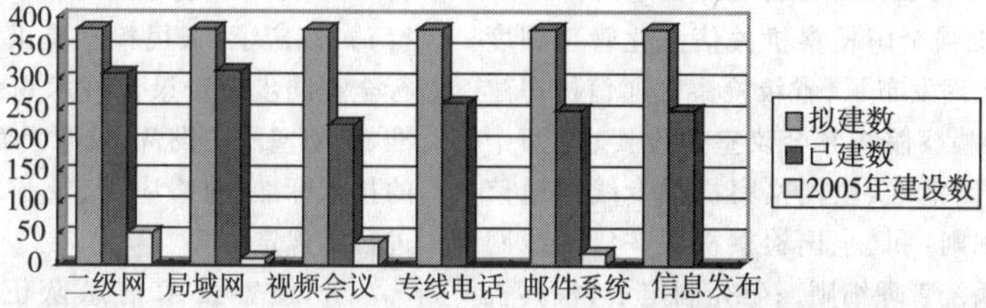


| | 二级网 | 局域网 | 视频会议 | 专线电话 | 邮件系统 | 信息发布 |
|---|---|---|---|---|---|---|
| 拟建数 | 382 | 382 | 382 | 382 | 382 | 382 |
| 已建数 | 310 | 315 | 229 | 263 | 251 | 251 |
| 2005 年建设数 | 52 | 11 | 36 | — | 20 | — |

全国检察机关县区级信息系统建设情况

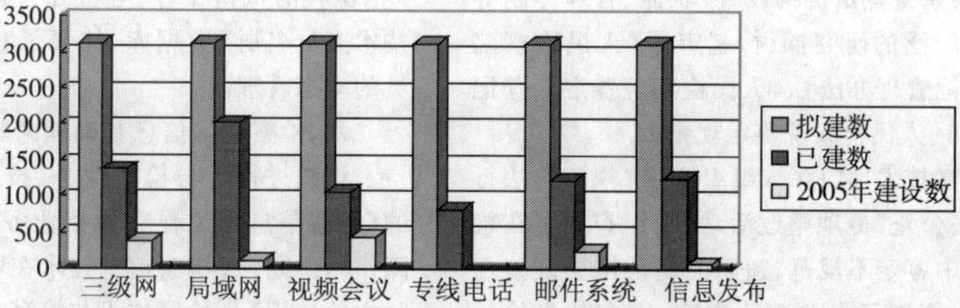


| | 三级网 | 局域网 | 视频会议 | 专线电话 | 邮件系统 | 信息发布 |
|---|---|---|---|---|---|---|
| 拟建数 | 3134 | 3134 | 3134 | 3134 | 3134 | 3134 |
| 已建数 | 1376 | 2032 | 1073 | 828 | 1229 | 1257 |
| 2005 年建设数 | 392 | 119 | 445 | — | 251 | 77 |

（二）组织最高人民检察院机关新改造办公楼弱电工程建设。根据统一安排，协助基建办公室组织进行了多次集中讨论，审查确定新改造办公楼弱电工程招标代理公司，研究确定招标工作方式，赴公安部考察，进行设备询价，组织进行技术实施方案及合同的审定工作，严把工程质量关、规范关，保证了建设项目进展顺利。

（三）组织加强全国检察机关信息化应用工作。利用网上举报等专项网络应用，努力拓宽检察机关发现职务犯罪的途径。仅最高人民检察院举报中心网站 2005 年一年就收到举报信息 15000 条之多；强化窗口意识，着力设计、建设、管理好利用互联网推进检务公开的人民检察院网站，坚持每日从正义网、新华网等转载有关检察工作的信息，坚持按时更新 6 个电子刊物（《每日经济概览》、《企业参考》、《IT 资讯》、《每周经济》、《圣佳力数据》、《信息化指南》）的内容，追加法规库数据 4 次。

在天津、湖南、山西三省（市）开展了监所信息数据库建设试点工作。制定了试点计划，考察了试点单位的实际技术环境，研究提出了具体技术实施方案，促进了试点工作的开展；组织实施了检察系统各业务部门的基础数据库建设。

根据各部门开展工作的需要，建立和完善了依托局域网和专线网的现代化、自动化办公软件和平台,规范了各业务门类电子公文处理办法和业务流程,较好地实现了办公及队伍管理等程序流转。

(四)组织加强全国检察机关信息化管理制度建设。制定并上网发布了《省级检察院通信机房建设要求》、《省级检察院视频会议室建设要求》两个规范性文件;拟制审定《全国检察机关专线网通信网络平台管理细则》和《全国检察机关一级专线网电视电话会议系统管理细则》;研究制定了《检察机关信息化建设规范及工作制度汇编(提纲)》。

三、检验鉴定管理工作进一步规范。

根据中共中央关于司法鉴定体制改革的总体要求和《全国人民代表大会常务委员会关于司法鉴定管理问题的决定》(以下简称《决定》),最高人民检察院下发了《关于贯彻〈全国人民代表大会常务委员会关于司法鉴定管理问题的决定〉有关工作的通知》。积极强化检察机关鉴定机构法律监督职能意识,对检察系统鉴定机构设置、职能、管理体制等进行了深入广泛的研究探讨,制定了《人民检察院鉴定机构登记管理办法》、《人民检察院鉴定人登记管理办法》和《人民检察院鉴定规则》。

全国检察技术部门深入组织开展"规范执法行为,促进执法公正"专项整改活动,组织查找了在检验鉴定工作中鉴定不规范、超职能超范围受理鉴定案件等问题,拟定了专项整改方案,切实加强检验鉴定工作的规范化建设。通过严格受理案件范围和程序,认真执行"鉴定人检案责任制",组织检验鉴定案件质量抽查,检验鉴定案件质量得到进一步提高,在履行法律监督职责中发挥了检察技术工作的职能作用。全国检察技术部门共受理各类案件116607件,其中现场勘验2775件,检验鉴定31331件,文证审查39585件,提供其他技术协助42916件,办结116190件,出具证据材料148655份。

四、讯问职务犯罪嫌疑人全程同步录音录像工作全面展开。

为落实最高人民检察院《人民检察院讯问职务犯罪嫌疑人实行全程同步录音录像的规定(试行)》,制定了《人民检察院讯问职务犯罪嫌疑人实行全程同步录音录像技术规范》,对讯问室建设标准、讯问室配备设备、录像画面规范、录音录像设备的技术标准、网络应用、录音录像资料保管等问题进行了规定。

五、检察技术信息队伍建设得到了进一步加强。

组织举办了全国检察机关局域网网管人员培训班、省级检察院分管信息化工作副处长培训班、全国检察机关一级专线网升速扩容工程通信设备技术培训班等4期面向全国检察系统的信息技术培训班,培训学员156名。启动了"信息技术培训讲师队伍"的组建工作,组织初选21人进行了局域网管理、专线网配置、应用系统维护、视频会议系统4门课程的试讲工作;建立了"全国检察机关信息技术人员名册"数据库,加强了对全国信息技术人员的动态管理。

六、检察技术信息基础理论研究取得成效。

组织进行了与检察业务、技术、信息密切相关的《检察信息化工作在检察业务、队伍建设中的保障作用研究》、《检察信息技术在职务犯罪侦查与预防中的作用》、《检察技术与检察业务协作配合工作机制研究》等16个理论课题的研究活动。北京、上海、河北、浙江等14个省、市的60个研究个体参与了研究活动。通过深入广泛的研究,检察信息技术领域有12篇论文入选,检察技术领域有32篇论文入选。入选论文对于提高检察技术信息的科技水平,对于加强"三位一体"建设,对于提高检察干警的综合素质起到了积极的促进作用。

(最高人民检察院检察技术信息研究中心
辛 生 李 鹏)

# 第十部分

# 大　事　记

# 2005年检察机关大事记

## 一月

17日　最高人民检察院召开全国铁路运输检察机关贯彻全国检察长会议精神电视电话会，最高人民检察院副检察长姜建初出席会议并讲话。

24日　最高人民检察院作出《关于追授蔡文懋同志“模范检察官”荣誉称号的决定》。

最高人民检察院作出《关于追授朱双喜同志“模范检察官”荣誉称号的决定》。

27日至28日　最高人民检察院在广东省汕头市召开全国检察机关第二次预防职务犯罪工作会议。最高人民检察院副检察长王振川出席会议并讲话，广东省人民检察院检察长张学军出席会议并致辞。各省、自治区、直辖市人民检察院，解放军军事检察院，新疆生产建设兵团人民检察院分管检察长，较大城市人民检察院分管检察长参加会议。

## 二月

4日　最高人民检察院作出《关于表彰“全国先进检察院”和首届“全国十佳检察院”等先进集体的决定》。

最高人民检察院作出《关于授予白云同志“模范检察官”荣誉称号的决定》。

最高人民检察院作出《关于授予刘邦闹同志“模范检察官”荣誉称号的决定》。

5日　最高人民检察院在北京人民大会堂召开全国先进检察院代表座谈会。最高人民检察院副检察长张耕、邱学强，政治部主任张常韧出席会议。全国人大常委会副委员长顾秀莲，最高人民检察院检察长贾春旺，中央政法委员会副秘书长陈冀平、最高人民法院副院长苏泽林、公安部政治部主任孙明山、安全部政治部主任樊守志、司法部政治部主任张苏军及张耕、邱学强、张常韧同志接见了全国先进检察院和首届“全国十佳检察院”先进集体代表并合影。

最高人民检察院召开“全国先进检察院”和首届“全国十佳检察院”表彰电视电话会议。最高人民检察院检察长贾春旺，新华社总编辑南振中，最高人民检察院副检察长张耕、邱学强、胡克惠、赵虹、王振川、朱孝清、姜建初，中央纪委驻最高人民检察院纪检组组长叶青纯，最高人民检察院政治部主任张常韧、检察委员会专职委员戴玉忠出席会议，最高人民检察院各内设机构、直属事业单位负责人及北京市人民检察院领导、各内设机构负责人，解放军军事检察院领导、内设机构负责人在主会场出席会议。各省、自治区、直辖市人民检察院和新疆生产建设兵团人民检察院领导、内设机构负责人在各分会场出席会议。

23日　最高人民检察院在北京召开全国检察机关模范检察官先进事迹报告会。浙江省东阳市人民检察院反贪污贿赂局副局长吴顺海生前同事、重庆市忠县人民检察院民事行政检察科检察员刘邦闹的同事分别介绍了吴顺海、刘邦闹同志的先进事迹，山东省聊城市东昌府区人民检察院副检察长白云作了先进事迹报告。最高人民检察院检察长贾春旺，保持共产党员先进性教育活动中央督导组组长于宁，最高人民检察院副检察长邱学强、胡克惠、赵虹、王振川、朱孝清、姜建初，中央纪委驻最高人民检察院纪检组组长叶青纯，最高人民检察院政治部主任张常韧、检察委员会专职委员戴玉忠出席会议。

25日　最高人民检察院召开全国检察机关职务犯罪侦查部门“百优双十佳”表彰电视电话会议。最高人民检察院检察长贾春旺，副检察长邱学强、胡克惠、王振川，政治部主任张常韧出席会议并为受表彰的代表颁奖。邱学强同志主持会议，王振川同志讲话，张常韧同志宣读《最高人民检察院关于表彰反贪污贿赂、渎职侵权检察部门“百优双十佳”的决定》。四川省泸州市人民检察院反贪污贿赂局局长胥精华、河南省南阳市人民检察院渎职侵权检察处处长李明芳发言。最高人民检察院反贪污贿赂总局、渎职侵权检察厅负责同志，解放军军事检察院分管检察长，全国检察机关十佳反贪局、十佳渎检局（处、科）主要负责人，十佳反贪局长、十佳渎检局（处、科）长和部分优秀反贪局、优秀渎检局（处、科）、优秀反贪局长、优秀渎检局（处、科）长、优秀侦查员代表以及最高人民检察院反贪污贿赂总局、渎职侵权检察厅干部在主会场参加会议。各省、自治区、直辖市人民检察院和新疆生产建设兵团人民检察院领导、内设机构负责人，反贪局、渎检处干部，受表彰单位所在检察院负责人等在各分会场参加会议。

26日　最高人民检察院、山东省委在山东省聊城市举行最高人民检察院授予山东省聊城市东昌府区人民检察院副检察长白云同志"模范检察官"荣誉称号表彰大会。最高人民检察院检察长贾春旺出席会议并讲话,山东省委副书记、省纪委书记赵春兰,最高人民检察院政治部主任张常韧,山东省人民检察院检察长国家森出席会议。

26日至28日　最高人民检察院在福建省厦门市召开全国检察机关纪检监察工作会议。最高人民检察院检察长贾春旺,福建省委常委、政法委书记鲍绍坤,福建省人民检察院检察长倪英达出席会议,贾春旺同志讲话,中央纪委驻最高人民检察院纪检组组长叶青纯出席会议并作报告。

### 三月

4日　最高人民检察院在北京召开全国检察机关政治部主任座谈会。最高人民检察院检察长贾春旺出席会议,副检察长张耕、政治部主任张常韧出席会议并讲话。

9日　最高人民检察院检察长贾春旺在十届全国人大三次会议第三次全体会议上作《最高人民检察院工作报告》。副检察长张耕出席会议,副检察长邱学强、胡克惠、赵虹、王振川、朱孝清、姜建初,中央纪委驻最高人民检察院纪检组组长叶青纯,最高人民检察院政治部主任张常韧、检察委员会专职委员戴玉忠列席、旁听会议。

14日　十届全国人大三次会议闭幕会表决通过《第十届全国人民代表大会第三次会议关于〈最高人民检察院工作报告〉的决议》。最高人民检察院检察长贾春旺、副检察长张耕出席会议,副检察长邱学强、胡克惠、赵虹、王振川、朱孝清、姜建初,中央纪委驻最高人民检察院纪检组组长叶青纯,最高人民检察院政治部主任张常韧、检察委员会专职委员戴玉忠列席、旁听会议。

25日　最高人民检察院印发十届全国人大三次会议《关于最高人民检察院工作报告的决议》和贾春旺检察长在会上作的《最高人民检察院工作报告》。

### 四月

1日至9日　最高人民检察院副检察长赵虹率中国检察代表团访问澳大利亚。

5日　最高人民检察院召开全国检察机关学习贯彻十届全国人大三次会议精神电视电话会议。最高人民检察院检察长贾春旺讲话,副检察长张耕主持会议,副检察长邱学强、胡克惠、王振川、朱孝清、姜建初,中央纪委驻最高人民检察院纪检组组长叶青纯,最高人民检察院政治部主任张常韧、检察委员会专职委员戴玉忠出席会议。解放军军事检察院负责同志,最高人民检察院各内设机构、直属事业单位负责人在主会场参加会议。各省、自治区、直辖市人民检察院及新疆生产建设兵团人民检察院领导、内设机构负责同志在各分会场参加会议。

10日至22日　最高人民检察院副检察长胡克惠率中国检察代表团访问荷兰、法国。

22日至24日　最高人民检察院在江苏省南京市召开全国检察理论研究工作会议暨第六届全国检察理论研究年会。最高人民检察院检察长贾春旺、副检察长朱孝清出席会议并讲话。江苏省委书记、省人大常委会主任李源潮,省委副书记、省长梁保华,省委副书记、省纪委书记王寿亭,省委常委、南京市委书记罗志军在会议开幕时到会,李源潮、罗志军同志分别致辞。最高人民检察院检察委员会专职委员戴玉忠,江苏省人民检察院检察长周振华出席会议。

### 五月

11日至13日　最高人民检察院在广西壮族自治区南宁市召开全国检察机关第二次侦查监督工作会议。最高人民检察院副检察长朱孝清出席会议并讲话。广西壮族自治区委副书记、纪委书记马铁山,广西壮族自治区人民检察院检察长郭永运出席会议并致辞。

14日至30日　最高人民检察院副检察长张耕率中国检察代表团访问古巴、智利。

20日　最高人民检察院召开全国检察机关"规范执法行为,促进执法公正"专项整改电视电话会议。最高人民检察院检察长贾春旺讲话,副检察长邱学强主持会议,副检察长胡克惠、赵虹、王振川、朱孝清,中央纪委驻最高人民检察院纪检组组长叶青纯,最高人民检察院政治部主任张常韧、检察委员会专职委员戴玉忠出席会议。解放军军事检察院检察长高来夫,最高人民检察院各内设机构、直属事业单位负责人在最高人民检察院主会场参加会议。各省、自治区、直辖市人民检察院和新疆生产建设兵团人民检察院领导，内设机构负责同志，省会市、自治区首府市人民检察院检察长，直辖市人民检察院分院党组成员，各大军区检察院检察长，铁路运输检察分院检察长在各分会场参加会议。

23日　最高人民检察院印发《全国检察机关开展"规范执法行为，促进执法公正"专项整改活动工作方案》。

23日至24日　最高人民检察院在黑龙江省哈尔滨市召开全国铁路运输检察机关职务犯罪侦查工作座谈会，最高人民检察院副检察长姜建初出席会议并讲话。

24日至6月3日　最高人民检察院副检察长朱孝清率中国检察代表团访问加拿大。

25日至27日　最高人民检察院在广东省广州市召开全国检察机关第三次公诉工作会议。最高人民检察院副检察长邱学强出席会议并讲话，广东省委副书记兼省纪委书记王华元、省人大常委会副主任汤维英、省人民检察院检察长张学军、省高级人民法院副院长陈华杰出席会议，张学军同志致辞。各省、自治区、直辖市人民检察院，解放军军事检察院，新疆生产建设兵团人民检察院分管检察长参加会议。

## 六月

1日至10日　最高人民检察院检察委员会专职委员戴玉忠率中国检察代表团访问乌克兰。

2日　最高人民检察院、浙江省委在浙江省召开追授吴顺海同志荣誉称号命名暨表彰大会，最高人民检察院追授吴顺海同志"模范检察官"荣誉称号，浙江省委作出向吴顺海同志学习的决定。最高人民检察院检察长贾春旺、浙江省委书记习近平出席大会并讲话，最高人民检察院政治部主任张常韧出席并宣读表彰决定，浙江省委副书记、省政法委书记夏宝龙，省委常委、常务副省长章猛进，省委常委、省公安厅厅长王辉忠，省人大常委会副主任葛圣平，省政协副主席李青，省高级人民法院院长张启楣，省人民检察院检察长陈云龙出席大会。

7日至21日　最高人民检察院副检察长王振川率中国检察代表团访问瑞典、芬兰。

10日　最高人民检察院印发《关于进一步加强公诉工作强化法律监督的意见》。

10日至25日　最高人民检察院政治部主任张常韧率中国检察代表团访问匈牙利、罗马尼亚。

24日　最高人民检察院在北京召开保持共产党员先进性教育活动总结暨"七一"表彰大会。最高人民检察院检察长贾春旺，副检察长张耕，保持共产党员先进性教育活动中央督导组组长于宁，最高人民检察院副检察长邱学强、胡克惠、赵虹、王振川、朱孝清、姜建初，中央纪委驻最高人民检察院纪检组组长叶青纯，最高人民检察院检察委员会专职委员戴玉忠出席会议并为受表彰的机关先进基层党支部、优秀党务工作者、优秀共产党员颁奖。贾春旺、于宁同志讲话，张耕同志主持，胡克惠同志宣读表彰决定。

28日至30日　最高人民检察院在山东省济南市召开全国检察机关集中处理涉检信访问题工作会议。最高人民检察院副检察长胡克惠出席会议并讲话，山东省委副书记、政法委书记高新亭，山东省人民检察院检察长国家森出席会议并分别致辞。

## 七月

5日　纪念法官法、检察官法实施十周年座谈会在北京人民大会堂举行。中央政治局常委、中央政法委员会书记罗干，中央政治局委员、中央书记处书记、中央政法委员会副书记周永康，全国人大常委会副委员长顾秀莲，最高人民法院院长肖扬，最高人民检察院检察长贾春旺，全国政协副主席罗豪才出席座谈会，罗干、肖扬、贾春旺同志讲话，顾秀莲同志主持会议。法学专家代表、法官代表、检察官代表在座谈会上发言。中央政法委员会秘书长王胜俊、全国人大常委会法工委主任胡康生、司法部部长吴爱英、国务院法制办主任曹康泰、最高人民法院副院长曹建明、最高人民检察院副检察长张耕、中组部副部长沈跃跃、公安部副部长孟宏伟、人事部副部长侯建良及最高人民法院副院长沈德咏、万鄂湘、黄松有、苏泽林、奚晓明，中央纪委驻最高人民法院纪检组组长李玉成，最高人民法院审判委员会专职委员刘家琛、王秀红，最高人民检察院副检察长邱学强、胡克惠、赵虹、王振川、朱孝清、姜建初，中央纪委驻最高人民检察院纪检组组长叶青纯，最高人民检察院政治部主任张常韧出席座谈会。

19日　最高人民检察院印发《全国检察机关开展集中查办破坏社会主义市场经济秩序渎职犯

罪专项工作总体方案》。

21日至25日　最高人民检察院副检察长姜建初率中国检察代表团访问蒙古国。

25日　最高人民检察院召开全国检察机关反渎职侵权专项工作电视电话会议。最高人民检察院副检察长张耕、邱学强、胡克惠、王振川,政治部主任张常韧出席会议并为受表彰的先进集体、先进办案组和先进个人颁奖。张耕同志主持会议,王振川同志讲话,张常韧同志宣读《最高人民检察院关于表彰严肃查办侵犯人权犯罪专项活动先进集体、先进办案组和先进个人的决定》。北京市人民检察院领导及有关处室负责人,解放军军事检察院有关负责同志,北京市人民检察院第一、二分院检察长和分管检察长在北京主会场参加会议。各省、自治区、直辖市人民检察院,新疆生产建设兵团人民检察院领导及有关处室负责同志,直辖市分院检察长、分管检察长在各分会场参加会议。

26日　最高人民检察院召开全国检察机关"减刑假释保外就医"专项检查活动表彰暨"双加强、双保障"示范单位表彰电视电话会议。最高人民检察院副检察长张耕、赵虹,政治部主任张常韧在最高人民检察院主会场出席会议并为受表彰的单位和个人颁奖。张耕同志主持会议,赵虹同志讲话,张常韧同志宣读《关于表彰减刑、假释、保外就医专项检查活动先进集体和个人的决定》和《关于表彰加强监管执法加强法律监督保障刑事诉讼顺利进行保障在押人员合法权益创建活动示范单位的决定》。解放军军事检察院分管领导,最高人民检察院监所检察厅全体人员在主会场参加会议,各省、自治区、直辖市人民检察院,新疆生产建设兵团人民检察院领导及监所检察处全体人员在各分会场参加会议。

最高人民检察院召开集中开展查办破坏社会主义市场经济秩序渎职犯罪新闻发布会。最高人民检察院副检察长王振川出席发布会,向新闻记者通报全国检察机关开展集中查办破坏社会主义市场经济秩序渎职犯罪专项工作的情况,并回答了记者提问。

28日至30日　最高人民检察院在内蒙古自治区呼和浩特市召开全国检察长座谈会。最高人民检察院检察长贾春旺,副检察长张耕、邱学强、胡克惠、赵虹、王振川、朱孝清、姜建初,中央纪委驻最高人民检察院纪检组组长叶青纯,最高人民检察院政治部主任张常韧、检察委员会专职委员戴玉忠出席会议,贾春旺同志在会议结束时作总结讲话。各省、自治区、直辖市人民检察院检察长,解放军军事检察院检察长,新疆生产建设兵团人民检察院检察长参加会议并分别发言。内蒙古自治区党委书记、人大常委会主任储波,自治区党委副书记、政府主席杨晶,自治区党委副书记陈光林,自治区党委常委、政法委书记罗啸天,自治区人大常委会副主任王凤岐在会议开幕时到会,储波同志致辞,罗啸天同志出席闭幕大会。

## 八月

1日　最高人民检察院作出《关于追授霍新泰同志"模范检察官"荣誉称号的决定》。

最高人民检察院作出《关于追授肖玲同志"模范检察官"荣誉称号的决定》。

最高人民检察院作出《关于追授陈西平同志"模范检察官"荣誉称号的决定》。

最高人民检察院作出《关于追授郑爱民同志"模范检察官"荣誉称号的决定》。

2日　最高人民检察院印发《贾春旺检察长在全国检察长座谈会上的讲话》。

10日至20日　中央纪委驻最高人民检察院纪检组组长叶青纯率中国检察代表团访问加纳、莫桑比克。

15日　最高人民检察院作出《关于授予蒋汉生同志"模范检察官"荣誉称号的决定》。

17日至9月1日　最高人民检察院检察长贾春旺率中国检察代表团访问爱尔兰、立陶宛并赴丹麦参加国际检察官联合会年会。

18日　最高人民检察院召开纪念抗战胜利六十周年座谈会。最高人民检察院副检察长张耕、邱学强、朱孝清出席会议,最高人民检察院政治部主任张常韧主持会议。最高人民检察院原副检察长江文、冯锦汶及在最高人民检察院工作过的老战士老同志参加座谈会。张耕、邱学强同志为老战士、老同志颁发了纪念章。

24日　最高人民检察院召开全国检察机关深入开展打击制假售假、侵犯知识产权犯罪专项立案监督和以纠正刑讯逼供为重点的专项侦查监督活动电视电话会议。最高人民检察院副检察长张耕、王振川、朱孝清出席会议,张耕同志讲话,朱孝清同志主持会议。最高人民检察院有关内设机构负责人在主会场出席会议。各省、自治区、直辖市人民检察院，新疆生产建设兵团人民检察院检察长、分管检察长和省会市、自治区首府市分管检察长，以及相关部门负责同志在各分会场参加会议。

26日至27日 最高人民检察院在河南省郑州市召开全国检察机关政治部主任会议。最高人民检察院政治部主任张常韧出席会议并讲话。河南省委常委、政法委书记张世军，河南省人民检察院检察长王尚宇出席会议。

30日 最高人民检察院在北京召开民事行政诉讼中检察权配置专家研讨会。最高人民检察院副检察长张耕、朱孝清、姜建初出席会议，张耕同志讲话，姜建初同志主持会议。

## 九月

5日 最高人民检察院在北京人民大会堂宴请参加第二十二届世界法律大会的国外及港澳地区贵宾。首席大检察官、最高人民检察院检察长贾春旺致辞，一级大检察官、最高人民检察院副检察长张耕主持宴请活动，二级大检察官、最高人民检察院副检察长邱学强、姜建初参加宴请。

8日至10日 最高人民检察院在吉林省长春市召开全国检察机关第六次反贪侦查工作会议。最高人民检察院检察长贾春旺、副检察长王振川出席会议并讲话。吉林省委书记王云坤，吉林省省长王珉，省委常委、省政法委书记聂文权，吉林省人民检察院检察长索维东在开幕时到会，王云坤同志致辞。各省、自治区、直辖市人民检察院，解放军军事检察院，新疆生产建设兵团人民检察院分管检察长、反贪局长，副省级城市分管检察长，最高人民检察院有关内设机构负责人出席会议。

9日 最高人民检察院召开全国检察机关监所检察部门查办职务犯罪案件工作电视电话会议，最高人民检察院副检察长赵虹出席会议并讲话。

12日 最高人民检察院印发《关于进一步深化检察改革的三年实施意见》。

15日至17日 最高人民检察院检察长贾春旺率中国检察代表团赴泰国出席第二届中国与东盟成员国总检察长会议。

15日 最高人民检察院在四川省成都市召开检察机关援藏工作座谈会。最高人民检察院检察长贾春旺向会议致信，最高人民检察院副检察长邱学强、胡克惠，政治部主任张常韧，四川省人民检察院检察长陈文清、西藏自治区人民检察院检察长张培中出席会议。会议开幕时，邱学强同志讲话，张培中同志介绍了西藏检察工作和受援助情况，四川省人大常委会副主任张宗源、西藏自治区党委副书记杨松到会并分别致辞。

19日 最高人民检察院召开检察机关死刑复核法律监督专家座谈会，最高人民检察院副检察长朱孝清主持会议。

22日 最高人民检察院印发《全国检察机关援藏工作座谈会纪要》。

28日 最高人民检察院召开全国检察机关深化"规范执法行为，促进执法公正"专项整改活动电视电话会议。最高人民检察院检察长贾春旺，副检察长邱学强、胡克惠、赵虹、王振川、朱孝清、姜建初，中央纪委驻最高人民检察院纪检组组长叶青纯，最高人民检察院政治部主任张常韧、检察委员会专职委员戴玉忠出席会议。贾春旺同志讲话，邱学强同志主持会议，山东、福建、吉林、河南省人民检察院负责同志在会议上发言。最高人民检察院各内设机构、直属事业单位负责人，北京市人民检察院领导、各内设机构负责人，北京市人民检察院第一分院、第二分院检察长，解放军军事检察院领导、有关内设机构负责人在北京主会场参加会议。各省、自治区、直辖市人民检察院领导、内设机构负责人，省会市(自治区首府市)人民检察院负责人，直辖市各检察分院负责人在各地分会场参加会议。

## 十月

12日至14日 最高人民检察院在安徽省合肥市召开全国检察机关落实党风廉政建设责任制座谈会。中央纪委驻最高人民检察院纪检组组长叶青纯出席座谈会并在会议开幕时讲话，安徽省委副书记、省纪委书记杨多良，省委常委、省政法委书记徐立全，省检察院检察长柯汉民开幕时到会，杨多良、柯汉民同志分别致辞。各省、自治区、直辖市人民检察院纪检组组长、监察处处长，解放军军事检察院分管检察长，新疆生产建设兵团人民检察院政治部主任、监察处处长，省会市(自治区首府市)、计划单列市人民检察院纪检组组长参加座谈会。

13日至15日 最高人民检察院在江西省九江市召开全国铁路运输检察工作会议。最高人民检察院副检察长姜建初出席会议并讲话，北京等14个省、自治区、直辖市人民检察院分管检察长，各铁路运输检察分院、各铁路运输检察院检察长参加会议。

20日 最高人民检察院印发《关于认真贯彻党的十六届五中全会精神的通知》。

23日 最高人民检察院印发《检察机关领导干部必须遵守的"六个严禁"规定》、《检察机关领导干部违反"六个严禁"处理办法(试行)》。

## 十一月

1日 最高人民检察院在北京召开检察机关建立行贿犯罪档案查询系统工作会议。最高人民检察院检察长贾春旺、副检察长王振川在会议开幕前接见会议代表并合影,王振川同志出席会议并讲话。中央纪委驻建设部纪检组组长姚兵在会议上发言,中国银行业监督管理委员会党组成员、纪委书记胡怀邦等有关部委相关负责同志应邀出席会议。各省、自治区、直辖市人民检察院分管检察长、职务犯罪预防处处长,解放军军事检察院分管检察长、职务犯罪检察厅厅长,新疆生产建设兵团人民检察院分管检察长、职务犯罪预防处处长参加会议。

最高人民检察院印发贾春旺检察长在十届全国人大常委会第十八次会议上所作的《关于检察机关开展法律监督工作情况的报告》。

18日 最高人民检察院作出《关于授予王书田同志"模范检察官"荣誉称号的决定》。

23日至25日 最高人民检察院副检察长邱学强率中国检察代表团赴俄罗斯出席上海合作组织成员国总检察长第四次会议。

## 十二月

9日至12日 最高人民检察院在广东省深圳市承办亚欧会议总检察长会议。中共中央政治局常委、全国人民代表大会常务委员会委员长吴邦国出席开幕式并作重要讲话。中共中央政治局委员、广东省委书记张德江,联合国秘书长代表、联合国毒品与犯罪署条法司司长金伯莉·普洛斯特女士,国际检察官联合会主席亨宁·福德先生在开幕式上致辞。最高人民检察院检察长贾春旺,亚洲预防犯罪基金会主席、国际检察官联合会第一副主席敷田稔先生,欧洲联盟委员会司法委员会主席麦克尔·肯尼迪先生,欧盟轮值国——大不列颠及北爱尔兰联合王国总检察长戈登·史密斯爵士在开幕式上发表演讲。开幕式前,吴邦国等领导同志接见了与会高官并合影。广东省委副书记、省长黄华华,深圳市委书记李鸿忠出席开幕式。最高人民检察院副检察长张耕、邱学强、赵虹、王振川、朱孝清、姜建初,中央纪委驻最高人民检察院纪检组组长叶青纯,最高人民检察院政治部主任张常韧、检察委员会专职委员戴玉忠,各省、自治区、直辖市人民检察院检察长,解放军军事检察院检察长,新疆生产建设兵团人民检察院检察长,亚欧会议其他成员国的总检察长、司法部长、副总检察长,联合国秘书长的代表和国际检察官联合会等国际组织的主席、副主席、秘书长等代表以及最高人民检察院有关内设机构负责人出席会议。会上,亚欧会议38个成员国的总检察长或司法代表共同签署了《亚欧会议总检察长会议宣言》。

19日至20日 最高人民检察院在河南省郑州市召开全国检察机关监所检察部门查办职务犯罪案件经验交流会,最高人民检察院副检察长赵虹出席会议并讲话。

(最高人民检察院办公厅 刘 喆)

# 第十一部分

# 统　计　资　料

# 全国检察机构统计表

截至2005年12月底　　　　单位:个

| 院　别 | | 机　构　数 |
|---|---|---|
| 合　计 | | 3626 |
| 最高人民检察院 | | 1 |
| 省级检察院(含中国人民解放军军事检察院和新疆生产建设兵团检察院) | | 33 |
| 分、州、盟、市级检察院 | 小　计 | 372 |
| | 分、州、盟、市检察院 | 346 |
| | 军事检察院分院 | 12 |
| | 铁路运输检察院分院 | 14 |
| 县级人民检察院 | 小　计 | 2974 |
| | 县(市、旗、区)检察院 | 2861 |
| | 军事检察院 | 54 |
| | 铁路运输检察院 | 59 |
| 派出检察院 | 小　计 | 246 |
| | 工矿区检察院 | 48 |
| | 农垦区检察院 | 64 |
| | 林区检察院 | 77 |
| | 监狱劳教场所检察院 | 12 |
| | 油田检察院 | 2 |
| | 开发区检察院 | 43 |

# 全国检察机关人员统计表

截至2005年12月底　　　　单位:人

| 职　务 | | 人　数 |
|---|---|---|
| 合　计 | | 214332 |
| 检察人员 | 小　计 | 199655 |
| | 检察长 | 3522 |
| | 副检察长 | 10412 |
| | 检委会委员 | 14364 |
| | 检察员 | 93017 |
| | 助理检察员 | 17877 |
| | 书记员 | 28615 |
| | 司法警察 | 13736 |
| | 其他干部 | 18112 |
| 工勤人员 | | 14677 |

(以上表由最高人民检察院政治部提供)

# 2005年全国检察机关直接立案侦查案件情况统计表

| 案件类别 | 受案 | 立案 | | | | 结案 | |
|---|---|---|---|---|---|---|---|
| | | 合计 | | 其中 | | 合计 | |
| | | | | 大案 | 要案 | | |
| | 件 | 件 | 人 | 件 | 人 | 件 | 人 |
| 合计 | 63053 | 35028 | 41447 | 18201 | 2799 | 32616 | 38457 |
| 贪污贿赂案件小计 | 48722 | 28322 | 33366 | 15785 | 2503 | 26492 | 31109 |
| 贪污 | 24382 | 11792 | 15005 | 6133 | 591 | 11077 | 14036 |
| 贿赂 | 16224 | 10446 | 11225 | 6042 | 1527 | 9701 | 10365 |
| 挪用公款 | 7013 | 5636 | 6480 | 3610 | 289 | 5268 | 6057 |
| 集体私分 | 847 | 406 | 604 | — | 91 | 402 | 590 |
| 巨额财产来源不明 | 212 | 24 | 25 | — | 5 | 19 | 21 |
| 其他 | 44 | 18 | 27 | — | — | 25 | 40 |
| 渎职案件小计 | 14331 | 6706 | 8081 | 2416 | 296 | 6124 | 7348 |
| 滥用职权 | 4125 | 1883 | 2161 | 707 | 133 | 1703 | 1932 |
| 玩忽职守 | 4353 | 2648 | 3022 | 1095 | 94 | 2432 | 2747 |
| 徇私舞弊 | 3274 | 955 | 1129 | 210 | 46 | 844 | 994 |
| 其他 | 2579 | 1220 | 1769 | 404 | 23 | 1145 | 1675 |

注:

①检察机关直接立案侦查案件,是指按照管辖的规定,由检察机关直接立案侦查的贪污贿赂犯罪、渎职犯罪、国家机关工作人员利用职权实施的侵犯公民人身权利和民主权利的犯罪以及经省级人民检察院决定立案侦查的国家机关工作人员利用职权实施的其他重大的犯罪案件。

②受案:指本年度新受理的案件。

③立案:指人民检察院对受理的报案、控告、举报或自首及自行发现的犯罪线索、犯罪嫌疑人进行初步调查后,认为存在职务犯罪事实和应追究刑事责任,并决定作为刑事案件进行侦查的诉讼活动,是追究犯罪的开始。该指标主要反映人民检察院依法将职务犯罪线索作为刑事案件进行侦查的诉讼活动。

④结案:指侦查程序的结束。

⑤大案:指贪污、贿赂案数额在五万元以上,挪用公款案数额在十万元以上,以及按照《人民检察院直接受理立案侦查的渎职侵权重特大案件标准(试行)》认定的案件。该指标主要反映人民检察院立案查办的职务犯罪案件中经济损失大、社会危害严重的案件。

⑥要案:指县、处级以上干部的犯罪案件。该指标主要反映国家工作人员中县、处级以上干部因职务犯罪被人民检察院依法立案侦查的情况。

# 2005年全国检察机关审查批准、决定逮捕犯罪嫌疑人和提起公诉被告人情况统计表

| 案件类别 | 批准、决定逮捕合计 | | 决定起诉合计 | |
|---|---|---|---|---|
| | 件 | 人 | 件 | 人 |
| 合　计 | 581448 | 876419 | 654871 | 981009 |
| 公安、安全、监狱机关侦查案件小计 | 566949 | 860372 | 630063 | 950804 |
| 危害国家安全案 | 185 | 296 | 185 | 349 |
| 危害公共安全案 | 49190 | 57923 | 75107 | 83800 |
| 破坏社会主义市场经济秩序案 | 13766 | 21193 | 14932 | 24950 |
| 侵犯公民人身、民主权利案 | 126161 | 166134 | 145416 | 188574 |
| 侵犯财产案 | 293275 | 469145 | 305852 | 492080 |
| 妨害社会管理秩序案 | 84163 | 145357 | 88354 | 160702 |
| 危害国防利益案 | 199 | 308 | 207 | 336 |
| 军人违反职责案 | 10 | 16 | 10 | 13 |
| 检察机关直接立案侦查案件小计 | 14499 | 16047 | 24808 | 30205 |
| 贪污贿赂案 | 13258 | 14611 | 21146 | 25530 |
| 渎职案 | 1241 | 1436 | 3662 | 4675 |

注：

①检察机关审查批准逮捕犯罪嫌疑人和向人民法院对被告人提起公诉是国家和法律赋予的一项重要职权。

②决定逮捕：指人民检察院对直接立案侦查的案件，认为需要逮捕犯罪嫌疑人时，依据法律作出的逮捕决定。该指标主要反映人民检察院对直接受理的案件行使决定逮捕权的情况。

③批准逮捕：指人民检察院对公安机关、国家安全机关、监狱管理机关提请逮捕的犯罪嫌疑人进行审查，根据事实，依法作出逮捕决定。该指标主要反映人民检察院对提请逮捕犯罪嫌疑人进行审查后依法作出批准逮捕决定的情况。

④决定起诉：指人民检察院对公安机关、国家安全机关、监狱管理机关和检察机关侦查部门等移送起诉的案件进行审查，根据事实，作出提起公诉的案件。该指标主要反映人民检察院对各种刑事案件向人民法院提起公诉的情况。

# 2005年全国检察机关出庭公诉情况统计表

单位：件

| 案件分类 | 适用简易程序 | 出庭公诉 | | | | | |
|---|---|---|---|---|---|---|---|
| | | 合　计 | 一　审 | 二　审 | | | 再　审 |
| | | | | 小　计 | 上诉案 | 抗诉案 | |
| 合　计 | 239723 | 373243 | 368246 | 4825 | 4424 | 401 | 172 |
| 贪污贿赂案件 | 2653 | 17613 | 17046 | 518 | 433 | 85 | 49 |
| 渎职案件 | 572 | 2454 | 2375 | 71 | 49 | 22 | 8 |
| 公安、安全案件 | 236498 | 353173 | 348822 | 4236 | 3942 | 294 | 115 |
| 军人违反职责案件 | — | 3 | 3 | — | — | — | — |

## 2005 年全国检察机关办理刑事案件抗诉情况统计表

| 案件分类 | 提出抗诉 | 撤回抗诉 | 合计 | 改判 | | 维持原判 | 指令再审 |
|---|---|---|---|---|---|---|---|
| | | | | 小计 | | | |
| | 件 | 件 | 件 | 件 | 人 | 件 | 件 |
| 合计 | 2978 | 759 | 1059 | 724 | 1056 | 572 | 251 |
| 二审小计 | 2611 | 659 | 929 | 627 | 924 | 533 | 191 |
| 贪污贿赂案件 | 538 | 137 | 208 | 112 | 136 | 115 | 46 |
| 渎职案件 | 113 | 11 | 45 | 23 | 30 | 33 | 6 |
| 公安、安全案件 | 1960 | 511 | 676 | 492 | 758 | 385 | 139 |
| 再审小计 | 367 | 100 | 130 | 97 | 132 | 39 | 60 |
| 贪污贿赂案件 | 81 | 29 | 28 | 23 | 26 | 10 | 14 |
| 渎职案件 | 32 | 4 | 5 | 7 | 7 | 4 | 3 |
| 公安、安全案件 | 254 | 67 | 97 | 67 | 99 | 25 | 43 |

## 2005 年全国检察机关办理民事、行政案件抗诉情况统计表

单位:件

| 案件分类 | 立案 | 提请抗诉 | 抗诉 | 撤回抗诉 | 抗诉案件再审情况 | | | | | |
|---|---|---|---|---|---|---|---|---|---|---|
| | | | | | 合计 | 改判 | 发回重审撤销案件 | 调解 | 维持原判 | 其他 |
| 合计 | 38436 | 14931 | 12757 | 41 | 8162 | 3935 | 229 | 1434 | 2257 | 307 |
| 民事案件 | 36568 | 14256 | 12321 | 41 | 7888 | 3869 | 222 | 1396 | 2106 | 295 |
| 行政案件 | 1868 | 675 | 436 | — | 274 | 66 | 7 | 38 | 151 | 12 |

# 2005年全国检察机关纠正违法情况统计表

| 项目 | 书面提出纠正 | | 已纠正 | |
|---|---|---|---|---|
| | 件次 | 人次 | 件次 | 人次 |
| 合计 | 33731 | 8896 | 29572 | 8668 |
| 立案监督小计 | 24021 | — | 21677 | — |
| 监督立案 | 20182 | — | 17940 | — |
| 监督撤案 | 3839 | — | 3737 | — |
| 侦查监督小计 | 7845 | — | 6712 | — |
| 审查批捕环节 | 4998 | — | 4692 | — |
| 审查起诉环节 | 2847 | — | 2020 | — |
| 刑事审判监督 | 1865 | — | 1183 | — |
| 刑罚执行监督小计 | — | 8896 | — | 8625 |
| 监管活动 | — | 6409 | — | 6285 |
| 超期羁押 | — | 271 | — | 248 |
| 减刑、假释、暂予监外执行 | — | 2216 | — | 2092 |

注:

(1)立案监督:指人民检察院对侦查机关刑事立案活动的监督。包括对应当立案而不立案的监督和不应当立案而立案的监督。

(2)监督立案:包括侦查机关接到要求说明不立案理由后主动立案和执行通知立案两种情形。

(3)监督撤案:指人民检察院对侦查机关不应当立案而立案的监督处理情况。

(4)监管活动:指对监狱等监管改造场所的管理活动进行的监督。

(5)减刑、假释、暂予监外执行:指人民检察院针对罪犯减刑、假释和暂予监外执行工作中出现的违法情况进行的监督。

# 2005年全国检察机关处理申诉案件情况统计表

单位:件次

| 案件类别 | 受理 | 立案复查 | 结案 | |
|---|---|---|---|---|
| | | | 合计 | 其中改变原决定 |
| 合计 | 8127 | 4217 | 4169 | 600 |
| 不服不批捕 | 519 | 320 | 315 | 34 |
| 不服不起诉 | 1551 | 1241 | 1189 | 159 |
| 不服撤案 | 132 | 78 | 82 | 19 |
| 不服原免予起诉 | 139 | 103 | 112 | 30 |
| 不服刑事判决 | 4504 | 1735 | 1727 | 102 |
| 其他 | 1282 | 740 | 744 | 256 |

注:

①受理:指检察机关接受申诉的情况。包括来信和来访。

②立案复查:指检察机关接受申诉后,经审查决定立案复查。

③结案:指立案复查后的结果。包括维持原决定、改变原决定、提出抗诉和建议复议。

# 2005年全国检察机关受理来信来访情况统计表

单位:件次

| 类　别 | 数　　量 |
|---|---|
| 合　计 | 517973 |
| 来　信 | 374821 |
| 来　访 | 129923 |
| 其　他 | 13229 |

注:

其他:指通过电话和网络进行控告申诉的案件。

(以上表由最高人民检察院办公厅提供)

# 第十二部分

# 名　　录

# 中华人民共和国首席大检察官、大检察官名单

**首席大检察官** 贾春旺

**一级大检察官** 张 耕 高来夫

**二级大检察官** 邱学强 胡克惠(女) 赵 虹 王振川 朱孝清 姜建初 戴玉忠 李宝金 侯 磊 陈大豪 邢宝玉 王振华 索维东 姜 伟 吴光裕 俞云波 周振华 陈云龙 柯汉民 倪英达 孙 谦 国家森 王尚宇 靳 军 何素斌(女) 张学军 郭永运 张德利 秦信联 陈文清 陈俊平 李春林 张培中 张文宣 蔡 宁 刘 晓 师梦雄 买买提·玉素甫 杨肇季 刘巍东

# 最高人民检察院检察长、副检察长名单

**检 察 长** 贾春旺

**副检察长** 张 耕 邱学强 胡克惠(女) 赵 虹 王振川 朱孝清 姜建初

# 中央纪委驻最高人民检察院纪检组组长名单

叶青纯

# 最高人民检察院政治部主任名单

张常韧

# 最高人民检察院检察委员会专职委员名单

戴玉忠

# 最高人民检察院检察委员会委员名单

贾春旺 张 耕 邱学强 胡克惠(女) 赵 虹 王振川 朱孝清 姜建初 戴玉忠 张仲芳 杨振江 张建南 王鸿翼 敬大力 童建明 王建明 叶 峰

# 最高人民检察院咨询委员名单

王 克 王尚罗 杨业勤 张品华 宋孝贤 李学斌 李志辉 王安新 李保唐 陈振东 叶惠伦

# 最高人民检察院各部门负责人名单

**办公厅**

**主 任** 童建明

**副主任** 夏道虎(正厅) 郑岚萍(女) 王光辉

**政治部**

**副主任** 尹晋华 王洪祥 王少峰

**干部部部长** 张建军

**宣传部部长** 郭兴旺(正厅)

**干部教育培训部部长** 胡卫列

**办公室主任** 张玉霖

**侦查监督厅**

**厅　长** 杨振江

**副厅长** 万　春(正厅) 黄海龙 元　明

**公诉厅**

**厅　长** 张仲芳

**副厅长** 彭　东(正厅) 王　军 聂建华

**反贪污贿赂总局**

**局　长** 王建明

**副局长** 徐进辉 马海滨 孙忠诚 王利民

**渎职侵权检察厅**

**厅　长** 陈连福

**副厅长** 宋寒松(正厅) 王教生 王伦轩

**监所检察厅**

**厅　长** 白泉民

**副厅长** 李忠诚 周　伟

**最高人民检察院驻司法部燕城监狱检察室主任** 徐海法(正厅)

**民事行政检察厅**

**厅　长** 王鸿翼

**副厅长** 潘　君(女,正厅) 文先保

**控告检察厅**

**厅　长** 王晓新

**副厅长** 王高生 孙立泉

**刑事申诉检察厅**

**厅　长** 王　晋

**副厅长** 尹伊君 鲜铁可

**铁路运输检察厅**

**厅长** 阎敏才

**副厅长** 石小申(正厅) 唐宝森(正厅)

**职务犯罪预防厅**

**厅　长** 敬大力

**副厅长** 郝银飞(女,正厅) 陈正云

**法律政策研究室**

**主　任** 戴玉忠(兼)

**副主任** 陈国庆(正厅) 穆红玉(女)

**监察局** (与中央纪委驻最高人民检察院纪检组合署办公)

**局　长** (中央纪委驻最高人民检察院纪检组副组长) 张建南

**中央纪委驻最高人民检察院纪检组副组长** 张振海

**监察局副局长** 许山松

**办公室主任** 张志杰

**案件检查审理室主任** 赵建平

**执法监察室主任** 段湘晖(女)

**外事局**

**局　长** 叶　峰

**副局长** 张新泽 高云涛

**计划财务装备局**

**局　长** 李文生

**副局长** 于洪滨 赵　扬(女)

**机关党委**

**书　记** 张常韧(兼)

**常务副书记** 林有海

**副书记兼纪委书记** 林建华(女)

**离退休干部局**

**局　长** 董智明

**副局长** 刘伟东(女) 朱广信(正厅)

**机关服务中心**

**主　任** 付志安

**副主任** 时振祥 武金钟 张守文

**国家检察官学院**

**名誉院长** 张思卿

**党委书记** 刘佑生

**院长、党委副书记** 石少侠

**副院长** 陈德毅 朱建华 单　民

**检察日报社**

**党委书记兼社长、总编辑** 张本才

**副社长、党委副书记** 王冀平(正厅)

**党委副书记兼纪委书记** 刘金胜

**副总编辑** 李雪慧 王守泉 王松苗 赵　信

**中国检察出版社**

**社　长** 袁其国

**副社长** 王庆新 阮丹生

**检察理论研究所**

**所　长** 张智辉

**副所长** 向泽选 谢鹏程

**检察技术信息研究中心**

**主　任** 吴松寿

**副主任** 王雪梅(女) 江一山 幸　生

# 最高人民检察院检察员名单

（按任命时间排列）

| | | | | | | | | |
|---|---|---|---|---|---|---|---|---|
| 杨振江 | 王鸿翼 | 戴玉忠 | 阎敏才 | 王晓新 | 王　路（女） | 唐宝森 | 赵建平 | 吴建平 |
| 石小申 | 仝保宇 | 尹晋华 | 赵汝琨 | 张惠民 | 付志安 | 杨　军 | 马丽莉（女） | 刘佑生 |
| 林有海 | 郝银飞（女） | 叶　峰 | 王庆新 | 夏道虎 | 童建明 | 彭　伟 | 王　京（女） | 王书臣 |
| 宋寒松 | 刘永胜 | 俞元华（女） | 路　飞 | 于国庆（女） | 郭素芬（女） | 卢平权（女） | 敬大力 | 邱学强 |
| 张建军 | 彭　东 | 张仲芳 | 王　晋 | 曹　康 | 徐海法 | 于　萍（女） | 王建明 | 张书文（女） |
| 刘小青（女） | 张志杰 | 宋志伟 | 石秀琴（女） | 王洪祥 | 陈国庆 | 王少峰 | 刘伟东（女） | 时振祥 |
| 林建华（女） | 李向京（女） | 聂建华 | 徐进辉 | 王高生 | 周苏民（女） | 张汝杰 | 郭瑞华（女） | 尚南征 |
| 黄海龙 | 王　军 | 林　瑾（女） | 刘宝瑞 | 王伦轩 | 尹伊君 | 陈健民 | 李忠诚 | 喻中升 |
| 骆满昌 | 魏　军 | 文先保 | 李建华（女） | 戴中瑾（女） | 崔霞章 | 王冰毅 | 刘雅清（女） | 刘旭红（女） |
| 张文仓 | 潘　君（女） | 郝　巍 | 魏夫俊 | 金其荣 | 于　千（女） | 穆红玉（女） | 李　健 | 陈玉栋 |
| 张　兵 | 王云河 | 刘吉恩 | 文盛堂 | 杨书文 | 孙　超（女） | 吴德昌 | 王向东 | 冯　慧 |
| 李景晗 | 谢　鸣 | 孙立泉 | 朱建华 | 段湘晖（女） | 缐　杰（女） | 黄　河 | 关福金 | 刘慧玲（女） |
| 董同会 | 鲁晓刚 | 陈正云 | 傅　侃（女） | 张雪昆 | 王卫东 | 韩耀元 | 赖红军（女） | 张玉霖 |
| 元　明 | 郑岚萍（女） | 黄卫平 | 陈　波 | 徐公义 | 马海滨 | 张建南 | 冯　进 | 陈连福 |
| 白泉民 | 王教生 | 李文生 | 张相军 | 王守安 | 霍亚鹏（女） | 张振海 | 孙忠诚 | 王景琦（女） |
| 赵　扬（女） | 鲜铁可 | 吕洪涛 | 王光辉 | 曾洪强 | 肖亚军 | 王利民 | 周常志 | 李庆发 |
| 高景峰 | 史卫忠 | 钱　舫 | 杨兴国 | 贾小刚 | 张　巍 | 罗庆东 | 张凤艳（女） | 许山松 |
| 曹　锋 | 陈雪芬（女） | 田　力 | 孙加瑞 | 任长义 | 张玉梅（女） | 万　春 | 顾义友 | 贺湘君（女） |
| 马相哲 | 张志远 | 韩　英（女） | 曲　璟（女） | 王国平 | 陈　东 | 杨　静 | 刘太宗 | 杜亚起 |
| 向泽选 | 王建平 | 刘　枫（女） | 杨虎德 | 张红霞（女） | 韩晓峰 | 张鹏宇 | 许道敏 | 杜爱平 |
| 张晓津 | 赵武安 | 刘　岳 | 张晓玉 | 王德光 | 肖正磊 | 白会民 | 李　峰 | 邱利军 |
| 李　晓 | 周　伟 | 钱立华 | 徐文珍（女） | | | | | |

# 最高人民检察院第四届特约检察员名单

| 党　派 | 姓　名 | 性　别 | 所在单位及职务 |
|---|---|---|---|
| 中国国民党革命委员会 | 林志远 | 女 | 北京市政协委员、民革中央委员、国家发展和改革委员会经济研究所研究员 |
| | 温崇真 | 女 | 民革中央经济委员会委员、北京市西城区民革金融银行主委、国家外汇管理局原总经济师 |
| 台湾民主自治同盟 | 蔡国斌 | 男 | 十届全国政协委员、北京市人大代表、台盟中央委员，中国医学科学院整形外科医院主任医师、教授 |
| 中国民主同盟 | 张克俭 | 男 | 十届全国政协委员、民盟中央委员、北京证券有限责任公司高级经济师 |
| | 黄景钧 | 男 | 十届全国政协委员、民盟中央法律委员会主任 |
| 中国民主建国会 | 曾广宇 | 男 | 北京市政协副秘书长、民建北京市委员会副主委、原中央财经大学金融证券研究所研究员 |

| | | | |
|---|---|---|---|
| | 高文杰 | 男 | 民建北京市委原常委、中国水利电力对外公司原副总经济师 |
| | 陈祖仁 | 男 | 中国人民大学投资经济系教授 |
| | 刘宪秋 | 男 | 北京市人大代表,中国蓝星(集团)总公司原副总经理、总工程师,中国膜工业协会秘书长 |
| 中国民主促进会 | 张　珩 | 男 | 北京市人大代表、民进中央委员、民进中央科技医卫委员会副主任,中国科学院力学所研究员、博士生导师 |
| | 郭正谊 | 男 | 中国科普研究所研究员 |
| 中国农工民主党 | 刘德洪 | 男 | 十届全国政协委员、农工党北京市交通支部委员、原交通部海事局副局长 |
| | 方绍明 | 男 | 农工党北京市委员会常委、北京市政协委员,首都医科大学宣武医院神经外科教授、主任医师 |
| 中国致公党 | 于长隆 | 男 | 十届全国政协委员、北京大学运动医学研究所所长 |
| | 郑胜利 | 男 | 北京市政协常委,北京大学知识产权学院秘书长、法制研究中心主任、教授 |
| 九三学社 | 贺　铿 | 男 | 十届全国人大代表、九三学社副主席 |
| 中华全国工商联合会 | 高　峰 | 男 | 中国民生银行监事会监事 |
| 无党派人士 | 李庆云 | 男 | 十届全国人大代表,北京大学经济学院教授、博士生导师 |

# 地方各级(专门)人民检察院检察长名单

## 北　京　市

**慕平**　男,汉族,1952年9月生,山东省蓬莱市人,1974年10月加入中国共产党,1969年1月参加工作,中央党校在职研究生学历,法学专业。现任北京市人民检察院党组书记、副检察长、代理检察长,一级高级检察官。

1969年1月至1974年10月任国家公安部"五七"干校工人;1974年10月至1980年6月任北京铁路分局丰台机务段工人、干部、丰台地区党委干事;1980年6月至1993年3月任北京市高级人民法院书记员、助理审判员、审判员、副庭长、庭长;1993年3月至1993年6月任北京市高中级人民法院党组成员;1993年6月至1995年10月任北京市高级人民法院党组成员、副院长(1994年9月至1995年7月在中央党校中青班学习);1995年10月至1996年9月任北京市高级人民法院副院长、北京市第一中级人民法院党组成员;1996年9月至1999年7月任北京市高级人民法院党组成员、副院长(1994年9月至1997年1月在中央党校研究生班法学专业在职学习);1999年7月至2000年7月任北京市委政法委副书记(正局级);2000年7月至2001年6月任北京市委政法委常务副书记;2001年6月至2002年9月任北京市委政法委常务副书记兼市委处理法轮功问题领导小组办公室副主任;2002年9月至2005年9月任北京市委政法委常务副书记兼市委处理法轮功问题领导小组办公室(北京市人民政府防范和处理邪教问题办公室)副主任;2003年1月至2005年9月任北京市人大常委会委员;2005年9月任北京市人民检察院党组书记、副检察长、代理检察长。

| | |
|---|---|
| **北京市人民检察院检察长** | **慕　平(代)** |
| **北京市人民检察院副检察长** | **赵　扬** |
| | **马剑光** |
| | **项　明** |
| | **王双进** |
| | **甄　贞(女)** |
| | **雍战胜** |
| **北京市人民检察院第一分院检察长** | **方　工** |

**北京市人民检察院第二分院检察长** 伦朝平
东城区人民检察院检察长 王立
西城区人民检察院检察长 高保京
崇文区人民检察院检察长 吴同平
宣武区人民检察院检察长 王忠华
朝阳区人民检察院检察长 王一俊
丰台区人民检察院检察长 蔡柏林
石景山区人民检察院检察长 刘瑞华
海淀区人民检察院检察长 孙力
门头沟区人民检察院检察长 孙亚军
房山区人民检察院检察长 申志法
通州区人民检察院检察长 东晓钟
顺义区人民检察院检察长 窦秀英(女)
昌平区人民检察院检察长 白金刚
大兴区人民检察院检察长 赵成
怀柔区人民检察院检察长 林友华
平谷区人民检察院检察长 曹新民
延庆县人民检察院检察长 许晓闽
密云县人民检察院检察长 李立
清河地区人民检察院检察长 孙存德
团河地区人民检察院检察长 焦法水
**北京市人民检察院铁路运输分院检察长** 朱晔
北京铁路运输检察院检察长 郑煜
天津铁路运输检察院检察长 崔英杰
太原铁路运输检察院检察长 张双喜
石家庄铁路运输检察院检察长 李子刚
大同铁路运输检察院检察长 徐樑(女)
临汾铁路运输检察院检察长 路勇志

## 天津市

**天津市人民检察院检察长** 李宝金
**天津市人民检察院副检察长** 高勇
王志民
张宝亮
**天津市人民检察院第一分院检察长** 李新民
**天津市人民检察院第二分院检察长** 马世民
和平区人民检察院检察长 李杰
河东区人民检察院检察长 刘绍川
河西区人民检察院检察长 刘工
南开区人民检察院检察长 高振江
河北区人民检察院检察长 崔贺队
红桥区人民检察院检察长 周金柱
塘沽区人民检察院检察长 冯云翔
汉沽区人民检察院检察长 赵祥麟
大港区人民检察院检察长 李德林
东丽区人民检察院检察长 周洪起
西青区人民检察院检察长 张福来
津南区人民检察院检察长 张广泉
北辰区人民检察院检察长 张铁英
武清区人民检察院检察长 孙学文
宝坻区人民检察院检察长 李维怀
蓟县人民检察院检察长 靳德军
宁河县人民检察院检察长 李洪增
静海县人民检察院检察长 王炳祥
天津经济技术开发区人民检察院检察长 张卫国

## 河北省

**河北省人民检察院检察长** 侯磊
**河北省人民检察院副检察长** 王其江
孟宪昌
陈晓颖
李建华
武树全
**石家庄市人民检察院检察长** 郑治国
长安区人民检察院检察长 李维
桥东区人民检察院检察长 梁瑞琴(女)
桥西区人民检察院检察长 李彦彪
新华区人民检察院检察长 李冰海
裕华区人民检察院检察长 杨光
井陉矿区人民检察院检察长 吴正育
辛集市人民检察院检察长 于爱斌
藁城市人民检察院检察长 肖瑞海
晋州市人民检察院检察长 王建中
新乐市人民检察院检察长 张青山
鹿泉市人民检察院检察长 王慧霞(女)
井陉县人民检察院检察长 杨贵辰
正定县人民检察院检察长 藏玉平
栾城县人民检察院检察长 陈东
行唐县人民检察院检察长 尹新民
灵寿县人民检察院检察长 李新成
高邑县人民检察院检察长 郝增录
深泽县人民检察院检察长 李芳栋
赞皇县人民检察院检察长 王国政

无极县人民检察院检察长　张合乡
平山县人民检察院检察长　李景龙
元氏县人民检察院检察长　逯云章
赵县人民检察院检察长　李建敏
石家庄市高新技术产业开发区人民检察院检察长　王世青
**张家口市人民检察院检察长　赵新元**
桥西区人民检察院检察长　张　亮
桥东区人民检察院检察长　郭　利
宣化区人民检察院检察长　贾　仓
下花园区人民检察院检察长　许福智
宣化县人民检察院检察长　王天富
张北县人民检察院检察长　王春生
康保县人民检察院检察长　王　财
沽源县人民检察院检察长　谢利军(女)
尚义县人民检察院检察长　孙洪亮
蔚县人民检察院检察长　李　江
阳原县人民检察院检察长　葛阿刚
怀安县人民检察院检察长　张晓英(女)
万全县人民检察院检察长　蒋燕鹏
怀来县人民检察院检察长　李践锋
涿鹿县人民检察院检察长　李　俊
涿鹿县赵家蓬区人民检察院检察长　(空缺)
赤城县人民检察院检察长　倪尚君
崇礼县人民检察院检察长　许正芳
**承德市人民检察院检察长　庞祥海**
双桥区人民检察院检察长　徐树龙(代)
双滦区人民检察院检察长　赵新民
鹰手营子矿区人民检察院检察长　董延杰(代)
承德县人民检察院检察长　陈若娟(女,代)
兴隆县人民检察院检察长　李胜利
平泉县人民检察院检察长　闫维奇
滦平县人民检察院检察长　许庆阳
隆化县人民检察院检察长　蔡金成(代)
丰宁满族自治县人民检察院检察长　白洪昌
宽城满族自治县人民检察院检察长　谭爱民
围场满族蒙古族自治县人民检察院检察长　陈焕新
安定里地区人民检察院检察长　张贵增
**秦皇岛市人民检察院检察长　郝建田**
海港区人民检察院检察长　薛向东
山海关区人民检察院检察长　刘延祥
北戴河区人民检察院检察长　栗风臣
昌黎县人民检察院检察长　陈　巍
抚宁县人民检察院检察长　郝一众
卢龙县人民检察院检察长　陈志平
青龙满族自治县人民检察院检察长　霍林国
秦皇岛市经济技术开发区人民检察院检察长　郝凤斌
**唐山市人民检察院检察长　周庆平**
路北区人民检察院检察长　于　池
路南区人民检察院检察长　王玉成
古冶区人民检察院检察长　魏宝成
开平区人民检察院检察长　周春林
丰润区人民检察院检察长　韩俊华
丰南区人民检察院检察长　张国华
遵化市人民检察院检察长　孙玉军
迁安市人民检察院检察长　张　跃
滦县人民检察院检察长　冯博元
滦南县人民检察院检察长　安成学
乐亭县人民检察院检察长　包频(女,代)
迁西县人民检察院检察长　刘　瑞
玉田县人民检察院检察长　杨　浩
唐海县人民检察院检察长　张庆来
汉沽管理区人民检察院检察长　伦慧津
芦台经济技术开发区人民检察院检察长　周金刚
**廊坊市人民检察院检察长　乔静辉**
安次区人民检察院检察长　仇海泉
广阳区人民检察院检察长　王金国
霸州市人民检察院检察长　刘　发
三河市人民检察院检察长　高秀峰
固安县人民检察院检察长　杜希杰
永清县人民检察院检察长　庞建军
香河县人民检察院检察长　祁福旺
大城县人民检察院检察长　王义学
文安县人民检察院检察长　李　曙
大厂回族自治县人民检察院检察长　杨秀廷
廊坊市经济技术开发区人民检察院检察长　张国征(女)
**保定市人民检察院检察长　蔡春和**
新市区人民检察院检察长　周　涛
北市区人民检察院检察长　孟庆波
南市区人民检察院检察长　杨建忠
定州市人民检察院检察长　曹建国
涿州市人民检察院检察长　谷文力
安国市人民检察院检察长　赵炳山

高碑店市人民检察院检察长 聂维新
满城县人民检察院检察长 赵福顺
清苑县人民检察院检察长 赵文征
易县人民检察院检察长 刘志刚
徐水县人民检察院检察长 高素英(女)
涞源县人民检察院检察长 杨福增
定兴县人民检察院检察长 李彦来
顺平县人民检察院检察长 韩建强
唐县人民检察院检察长 李春青
望都县人民检察院检察长 郭金锁
涞水县人民检察院检察长 王 宇
高阳县人民检察院检察长 张炜(女)
安新县人民检察院检察长 卢彦芬(女)
雄县人民检察院检察长 张 克
容城县人民检察院检察长 腾秋安
曲阳县人民检察院检察长 赵 军
阜平县人民检察院检察长 刘保山
博野县人民检察院检察长 戴军峰
蠡县人民检察院检察长 王忠惠
**沧州市人民检察院检察长 梁文平**
运河区人民检察院检察长 王朝旭
新华区人民检察院检察长 吴希云
泊头市人民检察院检察长 刘 勇
任丘市人民检察院检察长 郭新生
黄骅市人民检察院检察长 贾 全
黄骅市南大港农场人民检察院检察长 (空缺)
黄骅市中捷农场人民检察院检察长 王文泽
河间市人民检察院检察长 张瑞生
沧县人民检察院检察长 张义昌
青县人民检察院检察长 郝建波
东光县人民检察院检察长 王志杰
海兴县人民检察院检察长 刘金铎
盐山县人民检察院检察长 张云卿
肃宁县人民检察院检察长 王亚非
南皮县人民检察院检察长 刘连臣
吴桥县人民检察院检察长 赵俊杰
献县人民检察院检察长 樊树森
孟村回族自治县人民检察院检察长 马树彬
**衡水市人民检察院检察长 申占群**
桃城区人民检察院检察长 金荣海
冀州市人民检察院检察长 李文波
深州市人民检察院检察长 魏冠奇
枣强县人民检察院检察长 白贵千
武邑县人民检察院检察长 邢瑞祥
武强县人民检察院检察长 常彦杰
饶阳县人民检察院检察长 郝茹彬
安平县人民检察院检察长 耿兴行
故城县人民检察院检察长 郭 华
景县人民检察院检察长 陈文华
阜城县人民检察院检察长 田 林
**邢台市人民检察院检察长 张卷良**
桥东区人民检察院检察长 赵志军
桥西区人民检察院检察长 马建兴
南宫市人民检察院检察长 姚献军
沙河市人民检察院检察长 胡永奎
邢台县人民检察院检察长 赵玉辰
临城县人民检察院检察长 魏选民
内丘县人民检察院检察长 王德志
柏乡县人民检察院检察长 张雪彦
隆尧县人民检察院检察长 张掀坤
任县人民检察院检察长 左建水
南和县人民检察院检察长 李少军
宁晋县人民检察院检察长 谭景春
巨鹿县人民检察院检察长 曹振义
新河县人民检察院检察长 许世峰
广宗县人民检察院检察长 吕登文
平乡县人民检察院检察长 董广生
威县人民检察院检察长 彭鲁来
清河县人民检察院检察长 路恒福
临西县人民检察院检察长 徐孟臣
**邯郸市人民检察院检察长 刘 力**
丛台区人民检察院检察长 白新柱
邯山区人民检察院检察长 李秀连
复兴区人民检察院检察长 韩宝林
峰峰矿区人民检察院检察长 江景堂
武安市人民检察院检察长 贾会英
邯郸县人民检察院检察长 王炜辰
临漳县人民检察院检察长 王忠民
成安县人民检察院检察长 刘会样
大名县人民检察院检察长 李建军
涉县人民检察院检察长 郭宪中
磁县人民检察院检察长 余长江
肥乡县人民检察院检察长 侯 山
永年县人民检察院检察长 (空缺)
邱县人民检察院检察长 李清林
鸡泽县人民检察院检察长 蔡 玺

广平县人民检察院检察长 曹子星
馆陶县人民检察院检察长 王爱民
魏县人民检察院检察长 韩文周
曲周县人民检察院检察长 李东升

## 山西省

**山西省人民检察院检察长** **陈大豪**
**山西省人民检察院副检察长** **崔伟**
**郭建华**
**梁权**
**文晓平**
**荣彰**
**太原市人民检察院检察长** **赵安灵**
杏花岭区人民检察院检察长 何书生
小店区人民检察院检察长 郭鸿
迎泽区人民检察院检察长 杨俊杰
尖草坪区人民检察院检察长 王京江
万柏林区人民检察院检察长 李向前
晋源区人民检察院检察长 李根元
古交市人民检察院检察长 戚捷明
清徐县人民检察院检察长 常向东
阳曲县人民检察院检察长 王宏亮
娄烦县人民检察院检察长 田树平
西峪地区人民检察院检察长 王美
**大同市人民检察院检察长** **徐佑**
城区人民检察院检察长 张国忠
矿区人民检察院检察长 张月英(女)
南郊区人民检察院检察长 张国庆
新荣区人民检察院检察长 李永昌
阳高县人民检察院检察长 柳根宽
天镇县人民检察院检察长 韩广生
广灵县人民检察院检察长 李易恩
灵丘县人民检察院检察长 韩斌
浑源县人民检察院检察长 冯志勇
左云县人民检察院检察长 范振文
大同县人民检察院检察长 李焕兰(女)
**朔州市人民检察院检察长** **孙赞东**
朔城区人民检察院检察长 王占明
平鲁区人民检察院检察长 王划
山阴县人民检察院检察长 管福
应县人民检察院检察长 梁海萍(女)
右玉县人民检察院检察长 蒋子富
怀仁县人民检察院检察长 王吉贤
**阳泉市人民检察院检察长** **张仲马**
城区人民检察院检察长 张启
矿区人民检察院检察长 王永强
郊区人民检察院检察长 张建国
平定县人民检察院检察长 毕映福
盂县人民检察院检察长 李锦宪
荫营地区人民检察院检察长 叶晓利(兼)
**长治市人民检察院检察长** **王建中**
城区人民检察院检察长 张长兴
郊区人民检察院检察长 史堆山
潞城市人民检察院检察长 张晓林
长治县人民检察院检察长 杨国柱
襄垣县人民检察院检察长 郭建斌
屯留县人民检察院检察长 魏国敏
平顺县人民检察院检察长 赵九大
黎城县人民检察院检察长 杨振国
壶关县人民检察院检察长 史书义
长子县人民检察院检察长 李耀
武乡县人民检察院检察长 李皎明
沁县人民检察院检察长 李国善
沁源县人民检察院检察长 籍金生
**晋城市人民检察院检察长** **张润才**
城区人民检察院检察长 李怀斌
高平市人民检察院检察长 赵贵炉
泽州县人民检察院检察长 连雪堂
沁水县人民检察院检察长 闫锦绣
阳城县人民检察院检察长 赵仰政
陵川县人民检察院检察长 张政芳
晋普山地区人民检察院检察长 许风荣
**忻州市人民检察院检察长** **翟北安**
忻府区人民检察院检察长 陈云
原平市人民检察院检察长 高挨阳
定襄县人民检察院检察长 檀庆平
五台县人民检察院检察长 郑银兰(女)
代县人民检察院检察长 王俊栓
繁峙县人民检察院检察长 孙树青
宁武县人民检察院检察长 李秉玺
静乐县人民检察院检察长 荣兰柱
神池县人民检察院检察长 樊俊伟
五寨县人民检察院检察长 吕来喜
岢岚县人民检察院检察长 栗俊岫
河曲县人民检察院检察长 田喜荣

保德县人民检察院检察长 李书文
偏关县人民检察院检察长 雷万月
**晋中市人民检察院检察长 赵相成**
榆次区人民检察院检察长 张明武(代)
介休市人民检察院检察长 干晋左
榆社县人民检察院检察长 张群星(代)
左权县人民检察院检察长 焦文葵
和顺县人民检察院检察长 张瑞萍(女)
昔阳县人民检察院检察长 梁守义
寿阳县人民检察院检察长 孟 勇
太谷县人民检察院检察长 李新生
祁县人民检察院检察长 张如善
平遥县人民检察院检察长 李发恒
灵石县人民检察院检察长 李逢旺
**临汾市人民检察院检察长 严奴国**
尧都区人民检察院检察长 陈敖森
侯马市人民检察院检察长 翟永华
霍州市人民检察院检察长 冯克杰
曲沃县人民检察院检察长 张宁红
翼城县人民检察院检察长 张 俊
襄汾县人民检察院检察长 孙大文
洪洞县人民检察院检察长 王福勇
古县人民检察院检察长 杨建民
安泽县人民检察院检察长 赵鸿庆
浮山县人民检察院检察长 贾凤岐
吉县人民检察院检察长 马兴元
乡宁县人民检察院检察长 赵国良
蒲县人民检察院检察长 刘俊明
大宁县人民检察院检察长 李清秀
永和县人民检察院检察长 陈忠和
隰县人民检察院检察长 刘俊茂
汾西县人民检察院检察长 董新平
**运城市人民检察院检察长 王国宏**
盐湖区人民检察院检察长 董兆庆
永济市人民检察院检察长 卫建国
河津市人民检察院检察长 焦良梅(女)
芮城县人民检察院检察长 程建启
临猗县人民检察院检察长 朱文峰
万荣县人民检察院检察长 杨富管
新绛县人民检察院检察长 姚江华
稷山县人民检察院检察长 毛毓登
闻喜县人民检察院检察长 陈浩龙
夏县人民检察院检察长 张志坚
绛县人民检察院检察长 王文荣
平陆县人民检察院检察长 王战康
垣曲县人民检察院检察长 吕茂川
董村地区人民检察院检察长 张天胜
**吕梁市人民检察院检察长 胡克勤**
离石区人民检察院检察长 李兴旺
孝义市人民检察院检察长 白文兴
汾阳市人民检察院检察长 段中梁
文水县人民检察院检察长 史晋斌
中阳县人民检察院检察长 康天恩
兴县人民检察院检察长 王太明
临县人民检察院检察长 穆生富
方山县人民检察院检察长 薛晓云
柳林县人民检察院检察长 赵晓东
岚县人民检察院检察长 刘新平
交口县人民检察院检察长 高羊生
交城县人民检察院检察长 郝雪峰
石楼县人民检察院检察长 王贵勇

## 内蒙古自治区

**内蒙古自治区人民检察院检察长 邢宝玉**
**内蒙古自治区人民检察院副检察长 于 江**
**杨怀武**
**周忠清**
**张 敏(女)**
**李茂林**
**郑锦春**
**呼和浩特市人民检察院检察长 云布俊**
回民区人民检察院检察长 卜晓东
新城区人民检察院检察长 夏伟林
玉泉区人民检察院检察长 窦学智
赛罕区人民检察院检察长 安卫东
托克托县人民检察院检察长 布 和
武川县人民检察院检察长 赵仟钧
和林格尔县人民检察院检察长 穆振明
清水河县人民检察院检察长 包吉林
土默特左旗人民检察院检察长 吴 耀
**包头市人民检察院检察长 龚占永**
昆都仑区人民检察院检察长 李世云(女)
东河区人民检察院检察长 张庆祥
青山区人民检察院检察长 李锡保
石拐区人民检察院检察长 沈海秋

白云鄂博矿区人民检察院检察长 张天龙
九原区人民检察院检察长 白铁连(代)
固阳县人民检察院检察长 韩向成
土默特右旗人民检察院检察长 张忠明(代)
达尔罕茂明安联合旗人民检察院检察长 朝格苏力德
包头稀土高新技术产业开发区人民检察院检察长 钱亚洲
**乌海市人民检察院检察长 宝孟和**
海勃湾区人民检察院检察长 化金梅(女)
海南区人民检察院检察长 段继荣
乌达区人民检察院检察长 陈学农
**赤峰市人民检察院检察长 徐瑞祥**
红山区人民检察院检察长 于海才
元宝山区人民检察院检察长 才英杰(女)
松山区人民检察院检察长 潘喜龙
宁城县人民检察院检察长 宁兰生
林西县人民检察院检察长 张栋
阿鲁科尔沁旗人民检察院检察长 董德义(代)
巴林左旗人民检察院检察长 李金成
巴林右旗人民检察院检察长 吕鹏举
克什克腾旗人民检察院检察长 赵晓明
翁牛特旗人民检察院检察长 于长生
喀喇沁旗人民检察院检察长 尹玉臣
敖汉旗人民检察院检察长 屈伟
**通辽市人民检察院检察长 张继勋**
科尔沁区人民检察院检察长 李那顺
霍林郭勒市人民检察院检察长 何庆江
开鲁县人民检察院检察长 李守义
库伦旗人民检察院检察长 韩志武
奈曼旗人民检察院检察长 李永臣
扎鲁特旗人民检察院检察长 孙树军
科尔沁左翼中旗人民检察院检察长 于贵
科尔沁左翼后旗人民检察院检察长 刘文忠
**呼伦贝尔市人民检察院检察长 杨俊**
海拉尔区人民检察院检察长 宋立坤
满洲里市人民检察院检察长 李毅
扎兰屯市人民检察院检察长 尹成林
牙克石市人民检察院检察长 孟昌光
根河市人民检察院检察长 毛云恒
额尔古纳市人民检察院检察长 李景清
阿荣旗人民检察院检察长 沈余华
新巴尔虎右旗人民检察院检察长 白音巴拉
新巴尔虎左旗人民检察院检察长 包秀明
陈巴尔虎旗人民检察院检察长 础古兰
鄂伦春自治旗人民检察院检察长 王殿元
鄂温克族自治旗人民检察院检察长 陈广仁
莫力达瓦达斡尔族自治旗人民检察院检察长 田成君
满洲里市扎赉诺尔矿区人民检察院检察长 杨振良
陈巴尔虎旗宝日希勒矿区人民检察院检察长 吉力图
鄂伦春族自治旗大杨树地区人民检察院检察长 杜长业
鄂伦春族自治旗甘河地区人民检察院检察长 黄海峰
鄂温克族自治旗大雁矿区人民检察院检察长 王永生
**鄂尔多斯市人民检察院检察长 武国瑞**
东胜区人民检察院检察长 李少东
达拉特旗人民检察院检察长 乔占飞
准格尔旗人民检察院检察长 刘海峰
鄂托克前旗人民检察院检察长 张学凯
鄂托克旗人民检察院检察长 赵智明
杭锦旗人民检察院检察长 杨翀雁(女)
乌审旗人民检察院检察长 马韵波
伊金霍洛旗人民检察院检察长 周利强
**乌兰察布市人民检察院检察长 王根和**
集宁区人民检察院检察长 付有强
丰镇市人民检察院检察长 李春济
卓资县人民检察院检察长 姚煊
化德县人民检察院检察长 郑瑞明
商都县人民检察院检察长 王永新
兴和县人民检察院检察长 耿东风
凉城县人民检察院检察长 边荣
察哈尔右翼前旗人民检察院检察长 李生华
察哈尔右翼中旗人民检察院检察长 张亚平
察哈尔右翼后旗人民检察院检察长 杨明鉴
四子王旗人民检察院检察长 张战英
**巴彦淖尔市人民检察院检察长 赵如意**
临河区人民检察院检察长 王秀成
五原县人民检察院检察长 张永良
磴口县人民检察院检察长 刘治中
乌拉特前旗人民检察院检察长 李学兵
乌拉特中旗人民检察院检察长 乌日图

乌拉特后旗人民检察院检察长　奇平祥
杭锦后旗人民检察院检察长　秦瑞林
**内蒙古自治区人民检察院兴安盟分院检察长　王秀春**
乌兰浩特市人民检察院检察长　赵劲松
阿尔山市人民检察院检察长　郭玉发
突泉县人民检察院检察长　白志国
科尔沁右翼前旗人民检察院检察长　于永海
科尔沁右翼中旗人民检察院检察长　宝　仓
扎赉特旗人民检察院检察长　玛　喜
内蒙古自治区小黑河地区人民检察院检察长　白焕清
内蒙古自治区保安沼地区人民检察院检察长　董　贵
**内蒙古自治区人民检察院锡林郭勒盟分院检察长　杨树林**
锡林浩特市人民检察院检察长　邵海旭
二连浩特市人民检察院检察长　郝秀荣(女)
多伦县人民检察院检察长　郑海军
阿巴嘎旗人民检察院检察长　乌力吉木仁
苏尼特左旗人民检察院检察长　乌云毕力格
苏尼特右旗人民检察院检察长　塔　娜(女)
东乌珠穆沁旗人民检察院检察长　特古斯
西乌珠穆沁旗人民检察院检察长　呼木吉勒图
太仆寺旗人民检察院检察长　海立峰
镶黄旗人民检察院检察长　青格勒图
正镶白旗人民检察院检察长　贺希格巴雅尔
正蓝旗人民检察院检察长　金建国
**内蒙古自治区人民检察院阿拉善盟分院检察长　杜江涛**
阿拉善左旗人民检察院检察长　李翠萍(女)
阿拉善右旗人民检察院检察长　乌　勒
额济纳旗人民检察院检察长　潘学敏
**内蒙古自治区人民检察院呼和浩特铁路运输分院检察长　张富才**
呼和浩特铁路运输检察院检察长　徐树山
包头铁路运输检察院检察长　霍建军
集宁铁路运输检察院检察长　马炳和

## 辽　宁　省

**辽宁省人民检察院检察长　王振华**
**辽宁省人民检察院副检察长　周凤鸣**
**赵建伟**
**胡　玉(女)**
宋兴伟
**沈阳市人民检察院检察长　李　丰**
沈河区人民检察院检察长　王宇航
和平区人民检察院检察长　王　群
大东区人民检察院检察长　郑允岐
皇姑区人民检察院检察长　黄　伟(代)
铁西区人民检察院检察长　史启林
苏家屯区人民检察院检察长　周　伟
东陵区人民检察院检察长　张晓力
新城子区人民检察院检察长　胡成山(代)
于洪区人民检察院检察长　张万军
新民市人民检察院检察长　吕长金
辽中县人民检察院检察长　徐宏捷
康平县人民检察院检察长　张遂志
法库县人民检察院检察长　石兴华
沈阳经济技术开发区人民检察院检察长　孙永利
沈阳高新技术产业开发区人民检察院检察长　于忠海
城郊地区人民检察院检察长　李亚光
**朝阳市人民检察院检察长　李开升**
双塔区人民检察院检察长　迟连第
龙城区人民检察院检察长　王　莹(女)
北票市人民检察院检察长　康国忠
凌源市人民检察院检察长　崔　平(代)
朝阳县人民检察院检察长　陈彩丽(女)
建平县人民检察院检察长　戴雅江
喀喇沁左翼蒙古族自治县人民检察院检察长　穆德权(代)
城郊地区人民检察院检察长　董学富
**阜新市人民检察院检察长　张念茂**
海州区人民检察院检察长　邢凤柱(代)
新邱区人民检察院检察长　张　剑
太平区人民检察院检察长　张　翔
清河门区人民检察院检察长　刘凤彬(代)
细河区人民检察院检察长　杨　利(代)
彰武县人民检察院检察长　王志金(代)
阜新蒙古族自治县人民检察院检察长　张建新(代)
**铁岭市人民检察院检察长　徐志飞**
银州区人民检察院检察长　李广荣
清河区人民检察院检察长　李景惠

调兵山市人民检察院检察长 胡承彦
开原市人民检察院检察长 刘文才
铁岭县人民检察院检察长 刘铁军
西丰县人民检察院检察长 王亿祥
昌图县人民检察院检察长 赵险峰
**抚顺市人民检察院检察长 隋振林**
顺城区人民检察院检察长 李 良
新抚区人民检察院检察长 高长生
东洲区人民检察院检察长 谢连志
望花区人民检察院检察长 李 颜
抚顺县人民检察院检察长 任学庆
新宾满族自治县人民检察院检察长 许文光
清原满族自治县人民检察院检察长 方国弘
抚顺经济技术开发区人民检察院检察长 梁乃峰
抚顺市矿区人民检察院检察长 庄 平
城郊地区人民检察院检察长 刘永达
**本溪市人民检察院检察长 孔昭华**
平山区人民检察院检察长 张振生
溪湖区人民检察院检察长 秦晓杰(女,代)
明山区人民检察院检察长 逄立坤(女)
南芬区人民检察院检察长 魏政权
本溪满族自治县人民检察院检察长 苏仲毅
桓仁满族自治县人民检察院检察长 王建廷
**辽阳市人民检察院检察长 王明喜**
白塔区人民检察院检察长 李厚今
文圣区人民检察院检察长 伍崇伟
宏伟区人民检察院检察长 吴利强
弓长岭区人民检察院检察长 刘 伟
太子河区人民检察院检察长 尚纯恒
灯塔市人民检察院检察长 房德礼
辽阳县人民检察院检察长 曲夫安
城郊地区人民检察院检察长 兰艳平(女)
**鞍山市人民检察院检察长 史有功**
铁东区人民检察院检察长 赵余龙
铁西区人民检察院检察长 张文成
立山区人民检察院检察长 孙巨博(代)
千山区人民检察院检察长 徐忠刚(代)
海城市人民检察院检察长 王红日
台安县人民检察院检察长 孙 涌(女)
岫岩满族自治县人民检察院检察长 王殿军
**丹东市人民检察院检察长 刘振兴**
振兴区人民检察院检察长 于春良
元宝区人民检察院检察长 常云龙
振安区人民检察院检察长 孙敬明
凤城市人民检察院检察长 范亚敏
东港市人民检察院检察长 吕其才
宽甸满族自治县人民检察院检察长 王颖兰(女)
**大连市人民检察院检察长 娄玉华(女)**
西岗区人民检察院检察长 刘成波
中山区人民检察院检察长 王正斌
沙河口区人民检察院检察长 肖 鹏
甘井子区人民检察院检察长 王岩坡
旅顺口区人民检察院检察长 李兴昌
金州区人民检察院检察长 赵守才
普兰店人民检察院检察长 路林勋
瓦房店人民检察院检察长 张连文
庄河市人民检察院检察长 王 伟
长海县人民检察院检察长 郑家为
大连经济技术开发区人民检察院检察长 王家玺
城郊地区人民检察院检察长 孙乃杰
**营口市人民检察院检察长 梅树清**
站前区人民检察院检察长 王长余
西市区人民检察院检察长 董 军
鲅鱼圈区人民检察院检察长 邢洪亮
老边区人民检察院检察长 姜广勇
大石桥市人民检察院检察长 彭善维
盖州市人民检察院检察长 王雨林
城郊地区人民检察院检察长 王 鹏
**盘锦市人民检察院检察长 刘铁鹰**
兴隆台区人民检察院检察长 张 悦
双台子区人民检察院检察长 王树文
大洼县人民检察院检察长 翟德理
盘山县人民检察院检察长 王加歧
城郊地区人民检察院检察长 马常忠
**锦州市人民检察院检察长 韩春雁**
太和区人民检察院检察长 钟 波
古塔区人民检察院检察长 王世元(代)
凌河区人民检察院检察长 张海生(代)
凌海市人民检察院检察长 薛伟巍
北宁市人民检察院检察长 刘忠权
黑山县人民检察院检察长 李春巍
义县人民检察院检察长 刘 洋
天桥地区人民检察院检察长 陈伯廉
城郊地区人民检察院检察长 范 奇(女)
**葫芦岛市人民检察院检察长 王恩忠**
龙港区人民检察院检察长 陈之阳

连山区人民检察院检察长　张世宇
南票区人民检察院检察长　周洪生
兴城市人民检察院检察长　张学军
绥中县人民检察院检察长　姜功臣
建昌县人民检察院检察长　阎文刚
**辽宁省人民检察院沈阳铁路运输分院检察长　王恩祥**
沈阳铁路运输检察院检察长　张兆玉
大连铁路运输检察院检察长　马德宾
丹东铁路运输检察院检察长　徐　群
锦州铁路运输检察院检察长　唐铁军
长春铁路运输检察院检察长　郭德育
吉林铁路运输检察院检察长　张同有
通辽铁路运输检察院检察长　赵　军
通化铁路运输检察院检察长　陈玉生
图们铁路运输检察院检察长　张德承
白城铁路运输检察院检察长　张　锋
**辽宁省人民检察院辽河油田分院检察长　曲万胜**
辽河油田人民检察院检察长　张　悦

## 吉　林　省

**吉林省人民检察院检察长　索维东**
**吉林省人民检察院副检察长　张金锁**
**吕英儒**
**徐　明**
**陈凤超**
**长春市人民检察院检察长　穆立林**
朝阳区人民检察院检察长　徐安怀
南关区人民检察院检察长　平玉玺
宽城区人民检察院检察长　孙　飞
二道区人民检察院检察长　初连文
绿园区人民检察院检察长　张宏山
双阳区人民检察院检察长　李　驳
德惠市人民检察院检察长　赵　军
九台市人民检察院检察长　林晓光
榆树市人民检察院检察长　赵彦峰
农安县人民检察院检察长　刘志民
长春第一汽车制造厂厂区人民检察院检察长　李岫春
长春经济技术开发区人民检察院检察长　朱庆红
城郊地区人民检察院检察长　王茂义
**白城市人民检察院检察长　王绍哲**
洮北区人民检察院检察长　张瑞莹
大安市人民检察院检察长　冯万林
洮南市人民检察院检察长　马洪彬
镇赉县人民检察院检察长　谢青春
通榆县人民检察院检察长　张绍福
**松原市人民检察院检察长　张喜林**
宁江区人民检察院检察长　胡跟东
扶余县人民检察院检察长　谭继刚
长岭县人民检察院检察长　关国军
乾安县人民检察院检察长　丛向东
前郭尔罗斯蒙古族自治县人民检察院检察长　王　强
**吉林市人民检察院检察长　唐秀林**
船营区人民检察院检察长　贾圣光
龙潭区人民检察院检察长　王　扬
昌邑区人民检察院检察长　付　强(代)
丰满区人民检察院检察长　姜洪涛(代)
磐石市人民检察院检察长　刘守杰(代)
蛟河市人民检察院检察长　赫　赤(代)
桦甸市人民检察院检察长　崔伯军(代)
舒兰市人民检察院检察长　王跃臻
永吉县人民检察院检察长　王爱民
吉林市高新技术产业开发区人民检察院检察长　张庆衡
城西地区人民检察院检察长　刘　牧
**四平市人民检察院检察长　纪　峰**
铁西区人民检察院检察长　富　强
铁东区人民检察院检察长　霍金祥
双辽市人民检察院检察长　李继春
公主岭市人民检察院检察长　闫治仁
梨树县人民检察院检察长　张国平
伊通满族自治县人民检察院检察长　赵晓明
平东地区人民检察院检察长　尚文富
**辽源市人民检察院检察长　王文生**
龙山区人民检察院检察长　赵　瑛(女)
西安区人民检察院检察长　路　丹(代)
东丰县人民检察院检察长　华永利(代)
东辽县人民检察院检察长　郭静波(代)
**通化市人民检察院检察长　汪兆奎**
东昌区人民检察院检察长　宋瑞峥
二道江区人民检察院检察长　史福贵
梅河口市人民检察院检察长　刁仁利
集安市人民检察院检察长　张君清

通化县人民检察院检察长 许胜利
辉南县人民检察院检察长 张安德
柳河县人民检察院检察长 柴国立
**白山市人民检察院检察长 韩起祥**
八道江区人民检察院检察长 来立群
临江市人民检察院检察长 王孝光
江源县人民检察院检察长 侯德彦
抚松县人民检察院检察长 赵玉珠
靖宇县人民检察院检察长 高 峰
长白朝鲜族自治县人民检察院检察长 臧贻祥
**延边朝鲜族自治州人民检察院检察长 申万虎**
延吉市人民检察院检察长 金光哲
图们市人民检察院检察长 金龙振
敦化市人民检察院检察长 韩应福
珲春市人民检察院检察长 朱一林
龙井市人民检察院检察长 陈波
和龙市人民检察院检察长 金鹤哲
汪清县人民检察院检察长 许龙范
安图县人民检察院检察长 赵德海
**吉林省人民检察院延边林区分院检察长 张书华**
黄泥河林区人民检察院检察长 李树立
敦化林区人民检察院检察长 姜承军
大石头林区人民检察院检察长 杨会山
白河林区人民检察院检察长 杨志
和龙林区人民检察院检察长 王春令
八家子林区人民检察院检察长 全英一
汪清林区人民检察院检察长 袁相宏
大兴沟林区人民检察院检察长 徐仲山
天桥岭林区人民检察院检察长 朴虎彬
珲春林区人民检察院检察长 吕健波
**吉林省人民检察院白山林区分院检察长 韩起祥(兼)**
三岔子林区人民检察院检察长 辛连生
湾沟林区人民检察院检察长 李树庆
松江河林区人民检察院检察长 刘朝越
泉阳林区人民检察院检察长 韩庆藻
露水河林区人民检察院检察长 田得彬
临江林区人民检察院检察长 赵启民
**吉林省人民检察院吉林林区分院检察长 张忠杰**
红石林区人民检察院检察长 马熙金
白石山林区人民检察院检察长 刘光荣
吉林省四方坨子人民检察院检察长 张家林

## 黑龙江省

**黑龙江省人民检察院检察长 姜 伟**
**黑龙江省人民检察院副检察长 李贵显**
**王国栋**
**王 军**
**杨春雷**
**张中华**
**哈尔滨市人民检察院检察长 杜松岩**
松北区人民检察院检察长 贺锡峰
道里区人民检察院检察长 刘达生
南岗区人民检察院检察长 孟令明
道外区人民检察院检察长 刘世波
香坊区人民检察院检察长 陈国湛
动力区人民检察院检察长 邹作连
平房区人民检察院检察长 谢德利
呼兰区人民检察院检察长 史振兴
双城市人民检察院检察长 张英凯
尚志市人民检察院检察长 (空缺)
五常市人民检察院检察长 庄汝坤
阿城市人民检察院检察长 夏志光
依兰县人民检察院检察长 王志福
方正县人民检察院检察长 杨孝清
宾县人民检察院检察长 韩凤华
巴彦县人民检察院检察长 吕 清
木兰县人民检察院检察长 黄景泉
通河县人民检察院检察长 徐晓辉
延寿县人民检察院检察长 李 哲
滨江地区人民检察院检察长 王庆昆
**齐齐哈尔市人民检察院检察长 纪少全**
龙沙区人民检察院检察长 林海军
建华区人民检察院检察长 李秀菲
铁峰区人民检察院检察长 修洪文
昂昂溪区人民检察院检察长 杨世鹏
富拉尔基区人民检察院检察长 吕志文
碾子山区人民检察院检察长 杨新民
梅里斯达斡尔族区人民检察院检察长 吴廷显(代)
讷河市人民检察院检察长 王振齐
龙江县人民检察院检察长 李柏忠
依安县人民检察院检察长 程有峰
泰来县人民检察院检察长 王 晶

甘南县人民检察院检察长　齐　石
富裕县人民检察院检察长　任德清
克山县人民检察院检察长　彭济民
克东县人民检察院检察长　张洪山
拜泉县人民检察院检察长　李宇光
齐嫩地区人民检察院检察长　顾志祥
**黑河市人民检察院检察长　赵英华**
爱辉区人民检察院检察长　李铁军
北安市人民检察院检察长　于树仁(代)
五大连池市人民检察院检察长　张洪海
嫩江县人民检察院检察长　曲钧杰(代)
逊克县人民检察院检察长　李江宏(代)
孙吴县人民检察院检察长　王洪君(代)
黑北地区人民检察院检察长　曹　军
**大庆市人民检察院检察长　陈德鹏**
萨尔图区人民检察院检察长　李宝山
龙凤区人民检察院检察长　武　哲
让胡路区人民检察院检察长　牛耀灵
大同区人民检察院检察长　张洪利
红岗区人民检察院检察长　历忠国
肇州县人民检察院检察长　高　权
肇源县人民检察院检察长　刘振魁
林甸县人民检察院检察长　张宏宇(女)
杜尔伯特蒙古族自治县人民检察院检察长　周国庆
**伊春市人民检察院检察长　王汝轩**
伊春区人民检察院检察长　卢明生
南岔区人民检察院检察长　任凤忠
友好区人民检察院检察长　于　伟
西林区人民检察院检察长　华方君
翠峦区人民检察院检察长　汪吉胜
新青区人民检察院检察长　孟庆东
美溪区人民检察院检察长　车志双
金山屯区人民检察院检察长　黄国顺
五营区人民检察院检察长　祝　军
乌马河区人民检察院检察长　刘宝生
汤旺河区人民检察院检察长　张季林
带岭区人民检察院检察长　温利君
乌伊岭区人民检察院检察长　张铁峰
红星区人民检察院检察长　曹胜光
上甘岭区人民检察院检察长　滕有才
铁力市人民检察院检察长　李富平
嘉荫县人民检察院检察长　陈玉春
朗乡林区人民检察院检察长　李　绵
铁力林区人民检察院检察长　彭文权
桃山林区人民检察院检察长　李忠海
双丰林区人民检察院检察长　王慧一
**鹤岗市人民检察院检察长　郭世明**
兴山区人民检察院检察长　于广伟
向阳区人民检察院检察长　王秀华(女)
工农区人民检察院检察长　王桂艳(女)
南山区人民检察院检察长　肖红军
兴安区人民检察院检察长　于晓琳
东山区人民检察院检察长　张建飞
萝北县人民检察院检察长　张凤翔
绥滨县人民检察院检察长　李寿柏
**佳木斯市人民检察院检察长　李启凡**
前进区人民检察院检察长　赵殿波
永红区(郊区)人民检察院检察长　聂士才
向阳区人民检察院检察长　赵淑珍(女)
东风区人民检察院检察长　谷小平
同江市人民检察院检察长　王　发
富锦市人民检察院检察长　戴洪涛
桦南县人民检察院检察长　张伟民
桦川县人民检察院检察长　张大赛
汤原县人民检察院检察长　闫青春
抚远县人民检察院检察长　佟　冶
合江地区人民检察院检察长　郑佳滨
**双鸭山市人民检察院检察长　徐　军**
尖山区人民检察院检察长　钟瑞华(女)
岭东区人民检察院检察长　李爱胜(代)
四方台区人民检察院检察长　邢凯波(代)
宝山区人民检察院检察长　张　玉
集贤县人民检察院检察长　梁　政
友谊县人民检察院检察长　周承斌
宝清县人民检察院检察长　李树平(代)
饶河县人民检察院检察长　王振华
**七台河市人民检察院检察长　阎世斌**
桃山区人民检察院检察长　葛长富
新兴区人民检察院检察长　韩　文
茄子河区人民检察院检察长　周廷伟
勃利县人民检察院检察长　胡士邦
**鸡西市人民检察院检察长　傅鸿杰**
鸡冠区人民检察院检察长　邵学文
恒山区人民检察院检察长　刘　立
滴道区人民检察院检察长　张　杰

梨树区人民检察院检察长 李秀琴(女)
城子河区人民检察院检察长 刘邦仁
麻山区人民检察院检察长 汪海君
虎林市人民检察院检察长 赵余普
密山市人民检察院检察长 陈建儒
鸡东县人民检察院检察长 朱秀金
鸡台地区人民检察院检察长 (空缺)
**牡丹江市人民检察院检察长 邓 平**
爱民区人民检察院检察长 任文志
东安区人民检察院检察长 董景祥
阳明区人民检察院检察长 刘春彦
西安区人民检察院检察长 崔 珣(女)
穆棱市人民检察院检察长 王晓初
绥芬河市人民检察院检察长 赵福臣
海林市人民检察院检察长 吴德毅
宁安市人民检察院检察长 赵卓域(代)
东宁县人民检察院检察长 张坤明
林口县人民检察院检察长 陈克军
**绥化市人民检察院检察长 田永生**
北林区人民检察院检察长 高乃谦
安达市人民检察院检察长 尹兆民
肇东市人民检察院检察长 苏德钧
海伦市人民检察院检察长 李万林
望奎县人民检察院检察长 吕振元
兰西县人民检察院检察长 王双印
青冈县人民检察院检察长 张旭林
庆安县人民检察院检察长 杨富生
明水县人民检察院检察长 经贵超
绥棱县人民检察院检察长 赵德贵
**黑龙江省人民检察院大兴安岭分院检察长 谷连君**
呼玛县人民检察院检察长 宋钦永
塔河县人民检察院检察长 董宝双
漠河县人民检察院检察长 张述新
新林区人民检察院检察长 胡景学
松岭区人民检察院检察长 魏永章
加格达奇区人民检察院检察长 李桂兴
呼中区人民检察院检察长 赵德惠
十八站林区人民检察院检察长 李 平
图强林区人民检察院检察长 洪延伟
阿木尔林区人民检察院检察长 刘新生
**黑龙江省人民检察院林区分院检察长 胡传义**
亚布力林区人民检察院检察长 陈克方
沾河林区人民检察院检察长 李贵文
兴隆林区人民检察院检察长 李 凯
苇河林区人民检察院检察长 张克力
方正林区人民检察院检察长 孙润雨
山河屯林区人民检察院检察长 李永会
绥棱林区人民检察院检察长 史铁柱
清河林区人民检察院检察长 孙 信
通北林区人民检察院检察长 邹殿雅
海林林区人民检察院检察长 王化山
大海林林区人民检察院检察长 李世铭
穆棱林区人民检察院检察长 姜雪龙
绥阳林区人民检察院检察长 叶永福
东京城林区人民检察院检察长 胡相金
林口林区人民检察院检察长 周立博
柴河林区人民检察院检察长 刘先根
八面通林区人民检察院检察长 陆绍双
东方红林区人民检察院检察长 钟长山
迎春林区人民检察院检察长 赵 凡
桦南林区人民检察院检察长 刘元成
鹤立林区人民检察院检察长 隋晓东
双鸭山林区人民检察院检察长 刘维增
鹤北林区人民检察院检察长 蒋建国
**黑龙江省人民检察院农垦区分院检察长 赵天勇**
红兴隆农垦区人民检察院检察长 韩殿臣
宝泉岭农垦区人民检察院检察长 赵云中
建三江农垦区人民检察院检察长 施 卉
牡丹江农垦区人民检察院检察长 白义波
北安农垦区人民检察院检察长 乔鸿臣
九三农垦区人民检察院检察长 李桂祥
齐齐哈尔农垦区人民检察院检察长 钱玉珉
绥化农垦区人民检察院检察长 杨建华
**黑龙江省人民检察院铁路运输分院检察长 马 林**
哈尔滨铁路运输检察院检察长 于俊和
齐齐哈尔铁路运输检察院检察长 刘林阁
牡丹江铁路运输检察院检察长 牟玉清
佳木斯铁路运输检察院检察长 张 喆
海拉尔铁路运输检察院检察长 李培富

## 上 海 市

**上海市人民检察院检察长 吴光裕**
**上海市人民检察院副检察长 邹传纪**

俞云波
余啸波
郑鲁宁
柳小秋(女)
**上海市人民检察院第一分院检察长** 李培龙
**上海市人民检察院第二分院检察长** 叶 青
黄浦区人民检察院检察长 华关根
卢湾区人民检察院检察长 何 青
徐汇区人民检察院检察长 王润生
长宁区人民检察院检察长 戴国建
静安区人民检察院检察长 杨光炜
普陀区人民检察院检察长 周骏如
闸北区人民检察院检察长 曾 勉
虹口区人民检察院检察长 周福民
杨浦区人民检察院检察长 储国樑
闵行区人民检察院检察长 陈宝富
宝山区人民检察院检察长 张志平
嘉定区人民检察院检察长 陆建强
浦东新区人民检察院检察长 陈乃保
金山区人民检察院检察长 严明华
松江区人民检察院检察长 阮荣富
青浦区人民检察院检察长 裴钟彧(代)
南汇区人民检察院检察长 沈云章
奉贤区人民检察院检察长 潘祖全
崇明县人民检察院检察长 杨金祥
浦东新区张江地区人民检察院检察长 许岳平
军天湖农场区人民检察院检察长 谭宝亮
白茅岭农场区人民检察院检察长 (空缺)
四岔河农场区人民检察院检察长 邹光和(代)
川东农场区人民检察院检察长 (空缺)
青东农场区人民检察院检察长 贝永虎(代)
**上海市人民检察院铁路运输分院检察长** 苏华平
上海铁路运输检察院检察长 张德明
南京铁路运输检察院检察长 黄永铭
杭州铁路运输检察院检察长 石建国
蚌埠铁路运输检察院检察长 杨益群(女)

## 江 苏 省

**江苏省人民检察院检察长** 周振华
**江苏省人民检察院副检察长** 郑 鄂
吴汝信
张耀勤
陈贵希
邵建东
**南京市人民检察院检察长** 刘志伟
玄武区人民检察院检察长 王少华
白下区人民检察院检察长 姜旭光
秦淮区人民检察院检察长 任兆清
建邺区人民检察院检察长 邓建中
鼓楼区人民检察院检察长 王源源
下关区人民检察院检察长 陆晓敏
浦口区人民检察院检察长 郑 侃
六合区人民检察院检察长 桂初民
栖霞区人民检察院检察长 黄晓非
雨花台区人民检察院检察长 田跃初
江宁区人民检察院检察长 汤在勉(女)
溧水县人民检察院检察长 张三青
高淳县人民检察院检察长 刘继友
**徐州市人民检察院检察长** 徐华成
云龙区人民检察院检察长 祁树良
鼓楼区人民检察院检察长 路海通
九里区人民检察院检察长 卞玉琦
贾汪区人民检察院检察长 张成刚
泉山区人民检察院检察长 刘建国
邳州市人民检察院检察长 朱新南
新沂市人民检察院检察长 孙 晋
铜山县人民检察院检察长 张成学
睢宁县人民检察院检察长 袁金义
沛县人民检察院检察长 张金辉
丰县人民检察院检察长 张道思
**连云港市人民检察院检察长** 李开华
新浦区人民检察院检察长 王墩海
连云区人民检察院检察长 唐来库
海州区人民检察院检察长 沈学志
赣榆县人民检察院检察长 刘建斌
灌云县人民检察院检察长 袁惠堂
东海县人民检察院检察长 郑 坚
灌南县人民检察院检察长 李仲仪
**宿迁市人民检察院检察长** 鲍永生
宿城区人民检察院检察长 庄亚农
宿豫区人民检察院检察长 韩学艳(女)
沭阳县人民检察院检察长 周道航
泗阳县人民检察院检察长 仲淮滨
泗洪县人民检察院检察长 徐卫东

洪泽湖地区人民检察院检察长 李志强
**淮安市人民检察院检察长 林伟明**
清河区人民检察院检察长 黄学东
清浦区人民检察院检察长 杨小平
楚州区人民检察院检察长 徐春雷
淮阴区人民检察院检察长 刘 淮
金湖县人民检察院检察长 毛文博
盱眙县人民检察院检察长 张建龙
洪泽县人民检察院检察长 刘月进
涟水县人民检察院检察长 张洪海
**盐城市人民检察院检察长 戴元素**
亭湖区人民检察院检察长 程同桂
盐都区人民检察院检察长 吕志平
东台市人民检察院检察长 杨海滨
大丰市人民检察院检察长 刘必宁
射阳县人民检察院检察长 姚 图
阜宁县人民检察院检察长 李新华
滨海县人民检察院检察长 张永娣(女,代)
响水县人民检察院检察长 李 勤(女)
建湖县人民检察院检察长 庄严阳
大中地区人民检察院检察长 张春山
**扬州市人民检察院检察长 陈 勤**
维扬区人民检察院检察长 姚家驹
广陵区人民检察院检察长 陈 俊
邗江区人民检察院检察长 王亚民
仪征市人民检察院检察长 钱晓宝
江都市人民检察院检察长 丁志方
高邮市人民检察院检察长 谢应松
宝应县人民检察院检察长 王振亚
**泰州市人民检察院检察长 葛晓燕(女)**
海陵区人民检察院检察长 李作斌
高港区人民检察院检察长 卢斌祥
靖江市人民检察院检察长 何建明
泰兴市人民检察院检察长 包尔础
姜堰市人民检察院检察长 苍月岚
兴化市人民检察院检察长 陈书华
**南通市人民检察院检察长 许同禄**
崇川区人民检察院检察长 李 希(女)
港闸区人民检察院检察长 夏国志
海门市人民检察院检察长 朱惠良
启东市人民检察院检察长 毛 喆
通州市人民检察院检察长 吴 刚
如皋市人民检察院检察长 吴晓培
如东县人民检察院检察长 王剑光
海安县人民检察院检察长 宗剑峰
南通市经济技术开发区人民检察院检察长 李 宁
**镇江市人民检察院检察长 蒋伟亮**
京口区人民检察院检察长 殷建兵
润州区人民检察院检察长 方益民
丹徒区人民检察院检察长 叶志发
扬中市人民检察院检察长 景双彬
丹阳市人民检察院检察长 朱 毅
句容市人民检察院检察长 徐 翔
镇江市经济技术开发区人民检察院检察长 朱国忠
湾山地区人民检察院检察长 柳建华
**常州市人民检察院检察长 邵长生(代)**
钟楼区人民检察院检察长 冯维英(女)
天宁区人民检察院检察长 查迅宇
戚墅堰区人民检察院检察长 韩筱筠(女)
新北区人民检察院检察长 鞠汉明
武进区人民检察院检察长 虞玉炎(女)
金坛市人民检察院检察长 黄秋雄
溧阳市人民检察院检察长 金万新
社渚竹箦地区人民检察院检察长 蔡和方
**无锡市人民检察院检察长 袁金彪**
崇安区人民检察院检察长 丁正红
南长区人民检察院检察长 王玉珏
北塘区人民检察院检察长 黄金生
滨湖区人民检察院检察长 谢石飞
惠山区人民检察院检察长 王明明
锡山区人民检察院检察长 黄懿斌
江阴市人民检察院检察长 夏国荣
宜兴市人民检察院检察长 李 阳
无锡市开发区人民检察院检察长 陆剑凌
**苏州市人民检察院检察长 范 佐**
金阊区人民检察院检察长 戴树森
沧浪区人民检察院检察长 顾烈驹
平江区人民检察院检察长 范 群
虎丘区人民检察院检察长 郭振荣
吴中区人民检察院检察长 姜宗浒
相城区人民检察院检察长 薛国骏
吴江市人民检察院检察长 俞军民
昆山市人民检察院检察长 张 斌
太仓市人民检察院检察长 钱根源
常熟市人民检察院检察长 林步东

张家港市人民检察院检察长 陈兆祥
苏州工业园区人民检察院检察长 薛盘霖

## 浙 江 省

**浙江省人民检察院检察长 陈云龙**
**浙江省人民检察院副检察长 钱中贤**
**吴春莲(女)**
**何永星**
**庄建南**
**杭州市人民检察院检察长 刘晓刚**
拱墅区人民检察院检察长 邱关林
上城区人民检察院检察长 高万洋
下城区人民检察院检察长 陈合达
江干区人民检察院检察长 张世文
西湖区人民检察院检察长 郑惠明
滨江区人民检察院检察长 李森红(女)
余杭区人民检察院检察长 程曙明(代)
萧山区人民检察院检察长 方新建
临安市人民检察院检察长 吕金芳
富阳市人民检察院检察长 吴炳林
建德市人民检察院检察长 余国利
桐庐县人民检察院检察长 郭志平
淳安县人民检察院检察长 张 鸣
临平地区人民检察院检察长 程曙明(代)
**湖州市人民检察院检察长 孙厚祥**
吴兴区人民检察院检察长 李 伟
南浔区人民检察院检察长 刘突飞
长兴县人民检察院检察长 顾黎明
德清县人民检察院检察长 沈庆福
安吉县人民检察院检察长 沈 亮
长广矿区人民检察院检察长 许志新
**嘉兴市人民检察院检察长 王祺国**
南湖区人民检察院检察长 杜克强
秀洲区人民检察院检察长 黄 敏(女)
平湖市人民检察院检察长 赵陆鸣
海宁市人民检察院检察长 曾月桂
桐乡市人民检察院检察长 宋 跃
嘉善县人民检察院检察长 王 献
海盐县人民检察院检察长 严乐雄
**舟山市人民检察院检察长 顾雪飞**
定海区人民检察院检察长 陈 宏
普陀区人民检察院检察长 张继跃
岱山县人民检察院检察长 李为群(女)
嵊泗县人民检察院检察长 王良军
**宁波市人民检察院检察长 刘建国**
海曙区人民检察院检察长 陈 奋(女)
江东区人民检察院检察长 袁培芬(女)
江北区人民检察院检察长 毛江舟
北仑区人民检察院检察长 王国明
镇海区人民检察院检察长 吴巧森
鄞州区人民检察院检察长 熊建业
慈溪市人民检察院检察长 陈贺评
余姚市人民检察院检察长 张利兆
奉化市人民检察院检察长 吴武忠
宁海县人民检察院检察长 华志苗
象山县人民检察院检察长 杨 峰
宁波市大榭开发区人民检察院检察长 王耀飞
**绍兴市人民检察院检察长 杨献国**
越城区人民检察院检察长 潘 浩
诸暨市人民检察院检察长 陈秋平
上虞市人民检察院检察长 过孟超
嵊州市人民检察院检察长 苗 勇
绍兴县人民检察院检察长 裘 霞(女)
新昌县人民检察院检察长 袁国飞
**衢州市人民检察院检察长 金连山**
柯城区人民检察院检察长 陈一民
衢江区人民检察院检察长 夏海涛
江山市人民检察院检察长 陈国珠(女)
常山县人民检察院检察长 张建新
开化县人民检察院检察长 郑慧胜
龙游县人民检察院检察长 吴 江
**金华市人民检察院检察长 任 国**
婺城区人民检察院检察长 吴兰芳(女,代)
金东区人民检察院检察长 谭爱平
兰溪市人民检察院检察长 傅新民
永康市人民检察院检察长 翁跃强
义乌市人民检察院检察长 斯建民
东阳市人民检察院检察长 徐仲军
武义县人民检察院检察长 章宏军
浦江县人民检察院检察长 方旭东(代)
磐安县人民检察院检察长 汤向明
**台州市人民检察院检察长 黄秋生**
椒江区人民检察院检察长 孙文彬
黄岩区人民检察院检察长 郑舟生
路桥区人民检察院检察长 林向荣

临海市人民检察院检察长 潘谱盛
温岭市人民检察院检察长 陈祖增
三门县人民检察院检察长 杜　斌(代)
天台县人民检察院检察长 郑有赚
仙居县人民检察院检察长 黄钢亮
玉环县人民检察院检察长 戴　平
**温州市人民检察院检察长 李泽明**
鹿城区人民检察院检察长 孔　璋
龙湾区人民检察院检察长 胡志升
瓯海区人民检察院检察长 南宪伟
瑞安市人民检察院检察长 程兰生
乐清市人民检察院检察长 潘　波
永嘉县人民检察院检察长 陈寿国
文成县人民检察院检察长 江红鹰(女)
平阳县人民检察院检察长 陈士民
泰顺县人民检察院检察长 黄清钰
洞头县人民检察院检察长 董步高
苍南县人民检察院检察长 黄曙峰
苍南县龙港改革试验区人民检察院检察长 林型平
**丽水市人民检察院检察长 陈长华**
莲都区人民检察院检察长 张田波
龙泉市人民检察院检察长 姚建峰
缙云县人民检察院检察长 王小刚
青田县人民检察院检察长 徐荷生
云和县人民检察院检察长 应建民
遂昌县人民检察院检察长 叶锦伟
松阳县人民检察院检察长 金　珍(女)
庆元县人民检察院检察长 韦晓云(女)
景宁畲族自治县人民检察院检察长 潘志强

## 安徽省

**安徽省人民检察院检察长 柯汉民**
**安徽省人民检察院副检察长 陈怀安**
**徐文艾**
**鲍国友**
**合肥市人民检察院检察长 满铭安**
庐阳区人民检察院检察长 魏竹梅(女)
瑶海区人民检察院检察长 王树廷
蜀山区人民检察院检察长 苏仕球
包河区人民检察院检察长 李富林
长丰县人民检察院检察长 严忠习
肥东县人民检察院检察长 葛夙勤(女)
肥西县人民检察院检察长 沈朝晖
高新技术产业开发区人民检察院检察长 徐振家
合肥城郊地区人民检察院检察长 杜惠楷
**宿州市人民检察院检察长 吴庆香**
埇桥区人民检察院检察长 霍怀知(女)
砀山县人民检察院检察长 沈　雪(女)
萧县人民检察院检察长 徐孝春
灵璧县人民检察院检察长 黄　标
泗县人民检察院检察长 李存富
**淮北市人民检察院检察长 王友根**
相山区人民检察院检察长 王向阳
杜集区人民检察院检察长 崔兰军
烈山区人民检察院检察长 戚贤祥
濉溪县人民检察院检察长 杨永峰
**阜阳市人民检察院检察长 刘学清**
颍州区人民检察院检察长 石　磊
颍东区人民检察院检察长 丁　雷
颍泉区人民检察院检察长 汪　成
界首市人民检察院检察长 吴翠芳(女)
临泉县人民检察院检察长 李丰收
太和县人民检察院检察长 赵亚东
阜南县人民检察院检察长 朱岚清
颍上县人民检察院检察长 艾　民
**亳州市人民检察院检察长 时侠联**
谯城区人民检察院检察长 马建泉
涡阳县人民检察院检察长 纪侠玲(女)
蒙城县人民检察院检察长 皮桂山
利辛县人民检察院检察长 李从波
**蚌埠市人民检察院检察长 芈振环**
蚌山区人民检察院检察长 樊志刚
龙子湖区人民检察院检察长 樊冬训(女)
禹会区人民检察院检察长 孙本法
淮上区人民检察院检察长 王　伟
怀远县人民检察院检察长 张志刚
五河县人民检察院检察长 宋甦民
固镇县人民检察院检察长 宋　平
**淮南市人民检察院检察长 鲍同义**
田家庵区人民检察院检察长 孙黎明
大通区人民检察院检察长 余正清
谢家集区人民检察院检察长 吴长茂
八公山区人民检察院检察长 李化敏

潘集区人民检察院检察长 张 鸣
凤台县人民检察院检察长 朱 强
**滁州市人民检察院检察长 于 涛**
琅琊区人民检察院检察长 梅维胜
南谯区人民检察院检察长 王继荣
明光市人民检察院检察长 梁 燕
天长市人民检察院检察长 陈 瑛
来安县人民检察院检察长 韩建设
全椒县人民检察院检察长 李建国
定远县人民检察院检察长 薛健康
凤阳县人民检察院检察长 王宝金
**马鞍山市人民检察院检察长 魏邦贵**
雨山区人民检察院检察长 马宁泰
花山区人民检察院检察长 徐利俊(女)
金家庄区人民检察院检察长 童海保
当涂县人民检察院检察长 龙家胜
**芜湖市人民检察院检察长 谢效琨**
镜湖区人民检察院检察长 吴 敏
马塘区人民检察院检察长 汪筱瑞(女)
新芜区人民检察院检察长 戴光明
鸠江区人民检察院检察长 陈胜天
芜湖县人民检察院检察长 张先明
繁昌县人民检察院检察长 马贞茂
南陵县人民检察院检察长 崔 平
**铜陵市人民检察院检察长 张建军**
铜官山区人民检察院检察长 俞 斌
狮子山区人民检察院检察长 王湖平
郊区人民检察院检察长 夏乐安
铜陵县人民检察院检察长 查少平
**安庆市人民检察院检察长 杨积满**
迎江区人民检察院检察长 杨金高
大观区人民检察院检察长 柴 慎
宜秀区人民检察院检察长 章生根
桐城市人民检察院检察长 陶 元
怀宁县人民检察院检察长 张造林
枞阳县人民检察院检察长 李邦宪
潜山县人民检察院检察长 王亚生
太湖县人民检察院检察长 夏水龙
宿松县人民检察院检察长 张伍梅
望江县人民检察院检察长 王春生
岳西县人民检察院检察长 程希杰
安徽省九城坂人民检察院检察长 祝胜应
**黄山市人民检察院检察长 朱 俊**
屯溪区人民检察院检察长 张辉春
黄山区人民检察院检察长 汪亭祥
徽州区人民检察院检察长 郑 刚
歙县人民检察院检察长 谢昌民
休宁县人民检察院检察长 姚 勤
黟县人民检察院检察长 吕正尧
祁门县人民检察院检察长 汪光栋
**六安市人民检察院检察长 张宗华**
金安区人民检察院检察长 王德勇
裕安区人民检察院检察长 邵 蔚
寿县人民检察院检察长 张文波
霍邱县人民检察院检察长 甑长健
舒城县人民检察院检察长 陈晓东
金寨县人民检察院检察长 葛宜林
霍山县人民检察院检察长 王维法
**巢湖市人民检察院检察长 张 棉**
居巢区人民检察院检察长 胡 斌
庐江县人民检察院检察长 刘仁华
无为县人民检察院检察长 潘乔山
含山县人民检察院检察长 陈善华
和县人民检察院检察长 朱新生
安徽省白湖人民检察院检察长 曹建德
**池州市人民检察院检察长 丁芙蓉(女)**
贵池区人民检察院检察长 朱开明
东至县人民检察院检察长 陈芝永
石台县人民检察院检察长 查明水
青阳县人民检察院检察长 戴卫东
**宣城市人民检察院检察长 胡胜友**
宣州区人民检察院检察长 汪祥林
宁国市人民检察院检察长 王军民
郎溪县人民检察院检察长 冯兴吾
广德县人民检察院检察长 徐大鹏
泾县人民检察院检察长 丁绍明
旌德县人民检察院检察长 陈庆生
绩溪县人民检察院检察长 卞东胜
安徽省南湖人民检察院检察长 丁祖胜

## 福 建 省

**福建省人民检察院检察长 倪英达**
**福建省人民检察院副检察长 陈义兴**
何小敏
郑京水

顾卫兵
林贻影
李明蓉(女)
**福州市人民检察院检察长　陈　聪**
鼓楼区人民检察院检察长　张　捷
台江区人民检察院检察长　林　泉
仓山区人民检察院检察长　高扬捷
马尾区人民检察院检察长　林钟钦
晋安区人民检察院检察长　林　立
福清市人民检察院检察长　黄秀强
长乐县人民检察院检察长　刘学羽
闽侯县人民检察院检察长　叶爱国
连江县人民检察院检察长　林　荣
罗源县人民检察院检察长　柯华强
闽清县人民检察院检察长　林　航
永泰县人民检察院检察长　严孟灿
平潭县人民检察院检察长　陈秀云
鼓山地区人民检察院检察长　王文武
**南平市人民检察院检察长　陈岩生**
延平区人民检察院检察长　余学斌
邵武市人民检察院检察长　张延清
武夷山市人民检察院检察长　尹海毅
建瓯市人民检察院检察长　陈　旭
建阳市人民检察院检察长　李少峰
顺昌县人民检察院检察长　黄剑标
浦城县人民检察院检察长　武　镇
光泽县人民检察院检察长　陈　斌
松溪县人民检察院检察长　陈高才
政和县人民检察院检察长　危庆辉
**三明市人民检察院检察长　黄德安**
梅列区人民检察院检察长　刘惠闽
三元区人民检察院检察长　谢复兴
永安市人民检察院检察长　陈文盛
明溪县人民检察院检察长　罗鸣春
清流县人民检察院检察长　罗建平
宁化县人民检察院检察长　廖剑平
大田县人民检察院检察长　王闽燕
尤溪县人民检察院检察长　余海波
沙县人民检察院检察长　邱良植
将乐县人民检察院检察长　李剑平
泰宁县人民检察院检察长　揭立华
建宁县人民检察院检察长　陈国梁
**莆田市人民检察院检察长　吴超英**
城厢区人民检察院检察长　李光池
涵江区人民检察院检察长　徐国成
荔城区人民检察院检察长　林国栋
秀屿区人民检察院检察长　齐路平
仙游县人民检察院检察长　袁培明
**泉州市人民检察院检察长　徐汉宗**
鲤城区人民检察院检察长　苏耀群
丰泽区人民检察院检察长　黄文玲
洛江区人民检察院检察长　王英郎
泉港区人民检察院检察长　张温龙
石狮市人民检察院检察长　黄灿平
晋江市人民检察院检察长　陈国平
南安市人民检察院检察长　陈世炎
惠安县人民检察院检察长　陈建强
安溪县人民检察院检察长　蔡照耀
永春县人民检察院检察长　黄少华
德化县人民检察院检察长　陈建安
**厦门市人民检察院检察长　林永星**
思明区人民检察院检察长　戴修俊
海沧区人民检察院检察长　张国丰
湖里区人民检察院检察长　郭　彪
集美区人民检察院检察长　李志远
同安区人民检察院检察长　洪智勇
翔安区人民检察院检察长　张尚清
**漳州市人民检察院检察长　王鲁军(代)**
芗城区人民检察院检察长　沈延辉
龙文区人民检察院检察长　李绍山
龙海市人民检察院检察长　钟跃峰
云霄县人民检察院检察长　张亚明
漳浦县人民检察院检察长　陈少聪
诏安县人民检察院检察长　柯立伟
长泰县人民检察院检察长　林玫瑰(女)
东山县人民检察院检察长　吴文松
南靖县人民检察院检察长　陈鸿鹏
平和县人民检察院检察长　刘锦太
华安县人民检察院检察长　胡亚金
**龙岩市人民检察院检察长　陈承平**
新罗区人民检察院检察长　李加冰
漳平市人民检察院检察长　邹　非
长汀县人民检察院检察长　陈生发
永定县人民检察院检察长　邓亮元
上杭县人民检察院检察长　张剑亮
武平县人民检察院检察长　江　涛

连城县人民检察院检察长 王开勇
青草盂地区人民检察院检察长 陈日金
**宁德市人民检察院检察长 游美萍(女)**
蕉城区人民检察院检察长 高剑峰
福安市人民检察院检察长 史建生
福鼎市人民检察院检察长 张建国
寿宁县人民检察院检察长 黄振朝
霞浦县人民检察院检察长 张闽生
柘荣县人民检察院检察长 李启新
屏南县人民检察院检察长 毋寿明
古田县人民检察院检察长 田志强
周宁县人民检察院检察长 叶建飞

## 江 西 省

**江西省人民检察院检察长 孙 谦**
**江西省人民检察院副检察长 林 海**
**邓文定**
**李 智**
**方晓春**
**魏旋君(女)**
**张国轩**
**南昌市人民检察院检察长 沙闻麟**
东湖区人民检察院检察长 万水清
西湖区人民检察院检察长 邓修作
青云谱区人民检察院检察长 蔡建樵
湾里区人民检察院检察长 余声汉
青山湖区人民检察院检察长 郭云水
南昌县人民检察院检察长 张留春
新建县人民检察院检察长 刘献榜
安义县人民检察院检察长 詹太健
进贤县人民检察院检察长 易志华
长埸地区人民检察院检察长 刘 敏
**九江市人民检察院检察长 韩德胜**
浔阳区人民检察院检察长 张经建
庐山区人民检察院检察长 曹忠彭
瑞昌市人民检察院检察长 朱志强
九江县人民检察院检察长 伍建平
武宁县人民检察院检察长 王纪良(代)
修水县人民检察院检察长 李修江
永修县人民检察院检察长 黄家专
德安县人民检察院检察长 高茂木
星子县人民检察院检察长 王建民
都昌县人民检察院检察长 姜金河
湖口县人民检察院检察长 肖 军
彭泽县人民检察院检察长 范海鹏
九江市共青地区人民检察院检察长 江忠厚
**景德镇市人民检察院检察长 纪红华**
珠山区人民检察院检察长 计新明
昌江区人民检察院检察长 叶山华
乐平市人民检察院检察长 王其建
浮梁县人民检察院检察长 王四平
浮南地区人民检察院检察长 伍 强
**鹰潭市人民检察院检察长 罗晓泉**
月湖区人民检察院检察长 施兆荣
贵溪市人民检察院检察长 陈金茂
余江县人民检察院检察长 方 成
**新余市人民检察院检察长 谢 健**
渝水区人民检察院检察长 肖时龙
分宜县人民检察院检察长 肖显副
望城工矿区人民检察院检察长 杨润根
**萍乡市人民检察院检察长 邱 利**
安源区人民检察院检察长 王学良
湘东区人民检察院检察长 赵晓红
莲花县人民检察院检察长 韩进萍
上栗县人民检察院检察长 周连春
芦溪县人民检察院检察长 王习恒
**赣州市人民检察院检察长 薛晓卫**
章贡区人民检察院检察长 张 忠
瑞金市人民检察院检察长 伍承辉
南康市人民检察院检察长 吕端胜
赣县人民检察院检察长 刘指连
信丰县人民检察院检察长 肖征琦
大余县人民检察院检察长 李伟雄
上犹县人民检察院检察长 曾跃纲
崇义县人民检察院检察长 熊 程
安远县人民检察院检察长 叶 强
龙南县人民检察院检察长 雷贻辉
定南县人民检察院检察长 汪 清
全南县人民检察院检察长 王小荣
宁都县人民检察院检察长 练继祥
于都县人民检察院检察长 谭年荣
兴国县人民检察院检察长 李卫阳
会昌县人民检察院检察长 杜世助
寻乌县人民检察院检察长 赖黎明
石城县人民检察院检察长 方立春

**上饶市人民检察院检察长　张进军(代)**
信州区人民检察院检察长　赵志明
德兴市人民检察院检察长　胡　伟
上饶县人民检察院检察长　于靖南
广丰县人民检察院检察长　江健生
玉山县人民检察院检察长　汪建明
铅山县人民检察院检察长　王照林
横峰县人民检察院检察长　吴伯翔
弋阳县人民检察院检察长　查灶开
余干县人民检察院检察长　杨今才
鄱阳县人民检察院检察长　郑润生
万年县人民检察院检察长　章春明
婺源县人民检察院检察长　郑章根
珠湖地区人民检察院检察长　韩成善
**抚州市人民检察院检察长　赵恩洪**
临川区人民检察院检察长　胡京华
南城县人民检察院检察长　周华阶
黎川县人民检察院检察长　熊德建
南丰县人民检察院检察长　蔡伟明
崇仁县人民检察院检察长　陈恩茨(女)
乐安县人民检察院检察长　陶英华(女)
宜黄县人民检察院检察长　衷建军
金溪县人民检察院检察长　熊惠光
资溪县人民检察院检察长　雷　鸣
东乡县人民检察院检察长　高卫东
广昌县人民检察院检察长　李仲学
**宜春市人民检察院检察长　王漪清(女)**
袁州区人民检察院检察长　汤　萍(女)
丰城市人民检察院检察长　杨　健
樟树市人民检察院检察长　王小平
高安市人民检察院检察长　刘小平
奉新县人民检察院检察长　姜　彬
万载县人民检察院检察长　袁剑波
上高县人民检察院检察长　卢茂林
宜丰县人民检察院检察长　卢小林
靖安县人民检察院检察长　胡炯文
铜鼓县人民检察院检察长　王小龙
新华地区人民检察院检察长　周小林
**吉安市人民检察院检察长　李　煌**
吉州区人民检察院检察长　肖　键
青原区人民检察院检察长　王志军
井冈山市人民检察院检察长　肖敏耀
吉安县人民检察院检察长　郭宏泽
吉水县人民检察院检察长　成景春
峡江县人民检察院检察长　张银发
新干县人民检察院检察长　郭实根
永丰县人民检察院检察长　刘林如
泰和县人民检察院检察长　欧阳福泉
遂川县人民检察院检察长　李康康
万安县人民检察院检察长　蔡新茂
安福县人民检察院检察长　谢文蔚
永新县人民检察院检察长　肖耀明
**江西省人民检察院南昌铁路运输分院检察长　丁高保**
南昌铁路运输检察院检察长　胡建生
福州铁路运输检察院检察长　冯路平

## 山东省

**山东省人民检察院检察长　国家森**
**山东省人民检察院副检察长　马永胜**
**谢国忠**
**李少华(女)**
**马明生**
**郭鲁生**
**吕　涛**
**济南市人民检察院检察长　丁瑞云**
市中区人民检察院检察长　于联军
历下区人民检察院检察长　赵　强
槐荫区人民检察院检察长　吴庆海
天桥区人民检察院检察长　黄兰生
历城区人民检察院检察长　郭绪庭
长清区人民检察院检察长　范　芸(女)
章丘市人民检察院检察长　杨增胜
平阴县人民检察院检察长　纪　军
济阳县人民检察院检察长　张书珍(女)
商河县人民检察院检察长　王保新
济南市高新技术产业开发区人民检察院检察长　周少岩
城郊地区人民检察院检察长　宋新龙
**聊城市人民检察院检察长　王启让**
东昌府区人民检察院检察长　李怀景
临清市人民检察院检察长　赵培林
阳谷县人民检察院检察长　董兴凯
莘县人民检察院检察长　陶　勇
茌平县人民检察院检察长　邵景良

东阿县人民检察院检察长 胡朝勋
冠县人民检察院检察长 任道远
高唐县人民检察院检察长 任西田
**德州市人民检察院检察长 丁福祥**
德城区人民检察院检察长 张利智
乐陵市人民检察院检察长 刘崇利
禹城市人民检察院检察长 陈治中
陵县人民检察院检察长 李秀政
平原县人民检察院检察长 李寿山
夏津县人民检察院检察长 姚永志
武城县人民检察院检察长 梁志宝
齐河县人民检察院检察长 李景平
临邑县人民检察院检察长 石 青
宁津县人民检察院检察长 王宝庆
庆云县人民检察院检察长 侯世平
**东营市人民检察院检察长 马英川**
东营区人民检察院检察长 赵有明
河口区人民检察院检察长 魏玉民
垦利县人民检察院检察长 李怀仁
利津县人民检察院检察长 赵建民
广饶县人民检察院检察长 巴会东
**淄博市人民检察院检察长 马爱国**
张店区人民检察院检察长 阎文忠
淄川区人民检察院检察长 毛 军(女)
博山区人民检察院检察长 牟春雷
临淄区人民检察院检察长 韩 敏
周村区人民检察院检察长 翟淑深
桓台县人民检察院检察长 谭振民
高青县人民检察院检察长 刘恩全
沂源县人民检察院检察长 刘少毅
淄博高新技术产业开发区人民检察院检察长 韦良怡
城郊地区人民检察院检察长 刘洪海(兼)
**潍坊市人民检察院检察长 王卫东**
潍城区人民检察院检察长 刘来源
寒亭区人民检察院检察长 魏常禄
坊子区人民检察院检察长 孟庆才
奎文区人民检察院检察长 薛峥嵘
安丘市人民检察院检察长 马言圣
昌邑市人民检察院检察长 任光武
高密市人民检察院检察长 刘利宁
青州市人民检察院检察长 高大汉
诸城市人民检察院检察长 吕光明
寿光市人民检察院检察长 王春吉
临朐县人民检察院检察长 法云江
昌乐县人民检察院检察长 李树伟
城郊地区人民检察院检察长 梁 栩
**烟台市人民检察院检察长 潘锡海**
莱山区人民检察院检察长 王辉天
芝罘区人民检察院检察长 丛修胜
福山区人民检察院检察长 都新建
牟平区人民检察院检察长 刘明水
栖霞市人民检察院检察长 王 滨
海阳市人民检察院检察长 王俊萍(女)
龙口市人民检察院检察长 牟 海
莱阳市人民检察院检察长 孙德扬
莱州市人民检察院检察长 王宏伟
蓬莱市人民检察院检察长 李世国
招远市人民检察院检察长 连峻峰
长岛县人民检察院检察长 林兰剑
烟台市经济技术开发区人民检察院检察长 王培海
**威海市人民检察院检察长 邓洪爱**
环翠区人民检察院检察长 王 健
荣成市人民检察院检察长 耿建忠
乳山市人民检察院检察长 苏金森
文登市人民检察院检察长 任建波
**青岛市人民检察院检察长 姜永生**
市南区人民检察院检察长 李存基
市北区人民检察院检察长 王同庆
四方区人民检察院检察长 李克英
黄岛区人民检察院检察长 王金龙
崂山区人民检察院检察长 胡泉玉
城阳区人民检察院检察长 杨光辉
李沧区人民检察院检察长 王大展
胶州市人民检察院检察长 牟永和
即墨市人民检察院检察长 王大海
平度市人民检察院检察长 孙丽敏(女)
胶南市人民检察院检察长 栾成章
莱西市人民检察院检察长 王曙光
**日照市人民检察院检察长 李克英**
东港区人民检察院检察长 钟树芳
岚山区人民检察院检察长 杜 军
五莲县人民检察院检察长 申志刚
莒县人民检察院检察长 曹德利
日照市经济开发区人民检察院检察长

李建鸣(女)

**临沂市人民检察院检察长　李占国**

兰山区人民检察院检察长　凌自力

罗庄区人民检察院检察长　刘圣良

河东区人民检察院检察长　孙立卿

郯城县人民检察院检察长　贾卫国(代)

苍山县人民检察院检察长　张玉新

莒南县人民检察院检察长　张殿龙

沂水县人民检察院检察长　王卫东

蒙阴县人民检察院检察长　曹卫军

平邑县人民检察院检察长　徐映波

费县人民检察院检察长　张西军

沂南县人民检察院检察长　李大军(代)

临沭县人民检察院检察长　史效斌

**枣庄市人民检察院检察长　吕盛昌**

薛城区人民检察院检察长　陈　群

市中区人民检察院检察长　于洪江

峄城区人民检察院检察长　曹茂法

台儿庄区人民检察院检察长　杨亚洲

山亭区人民检察院检察长　董德良

滕州市人民检察院检察长　陈　东

**济宁市人民检察院检察长　马德仁**

市中区人民检察院检察长　王宜海

任城区人民检察院检察长　张鲁光

曲阜市人民检察院检察长　史存华

兖州市人民检察院检察长　苏成运

邹城市人民检察院检察长　王瑞华

微山县人民检察院检察长　刘汉瑞

鱼台县人民检察院检察长　张则伟(代)

金乡县人民检察院检察长　梁忠凯

嘉祥县人民检察院检察长　王聿连

汶上县人民检察院检察长　郝　峰

泗水县人民检察院检察长　刘宏武

梁山县人民检察院检察长　张义民

欢城地区人民检察院检察长　张笃敏

**泰安市人民检察院检察长　傅光仁**

泰山区人民检察院检察长　刘　民

岱岳区人民检察院检察长　张建同

新泰市人民检察院检察长　吴新村

肥城市人民检察院检察长　张怀顺

宁阳县人民检察院检察长　彭卫东

东平县人民检察院检察长　张文芹(女)

泰安高新技术产业开发区人民检察院检察长　刘学刚

**莱芜市人民检察院检察长　郝广谦**

莱城区人民检察院检察长　陈艺英(代)

钢城区人民检察院检察长　亓金玲

**滨州市人民检察院检察长　赵继明**

滨城区人民检察院检察长　李成友

惠民县人民检察院检察长　刘宝昌

阳信县人民检察院检察长　曲金挥

无棣县人民检察院检察长　李松水

沾化县人民检察院检察长　张龙方

博兴县人民检察院检察长　刘源吉

邹平县人民检察院检察长　贾恒武

**菏泽市人民检察院检察长　丁伟民**

牡丹区人民检察院检察长　王　乾

曹县人民检察院检察长　张景郁

定陶县人民检察院检察长　吴三军

成武县人民检察院检察长　陈天生

单县人民检察院检察长　张捍民

巨野县人民检察院检察长　杨依柱

郓城县人民检察院检察长　任孔全

鄄城县人民检察院检察长　王厚元

东明县人民检察院检察长　刘义成

**山东省人民检察院济南铁路运输分院检察长　安学森**

济南铁路运输检察院检察长　周传信

青岛铁路运输检察院检察长　卢太新

徐州铁路运输检察院检察长　韩　毅

## 河　南　省

**河南省人民检察院检察长　王尚宇**

**河南省人民检察院副检察长　王田海**

**李满圈**

**郝东亚**

**李晋华**

**贺恒扬**

**郑州市人民检察院检察长　李自民**

中原区人民检察院检察长　李伟杰

二七区人民检察院检察长　苏志广

管城回族区人民检察院检察长　张惠云(女)

金水区人民检察院检察长　李百建

上街区人民检察院检察长　程振胜

惠济区人民检察院检察长　康天果

新郑市人民检察院检察长　李　志
登封市人民检察院检察长　宁建海
新密市人民检察院检察长　司长宪
巩义市人民检察院检察长　耿　红（女）
荥阳市人民检察院检察长　苏长明
中牟县人民检察院检察长　梁　平
郑州高新技术产业开发区人民检察院检察长　王　伟
**三门峡市人民检察院检察长　陈孟虎**
湖滨区人民检察院检察长　栾明刚
义马市人民检察院检察长　宋海军
灵宝市人民检察院检察长　赵选民
渑池县人民检察院检察长　陈景奎
陕县人民检察院检察长　张江波
卢氏县人民检察院检察长　杨红岩
**洛阳市人民检察院检察长　牛学理**
西工区人民检察院检察长　徐鸿森
老城区人民检察院检察长　刘弘耀
廛河回族区人民检察院检察长　郑建刚
涧西区人民检察院检察长　沈振勇
吉利区人民检察院检察长　李学华
洛龙区人民检察院检察长　杨建中
偃师市人民检察院检察长　马治民
孟津县人民检察院检察长　刘志强
新安县人民检察院检察长　孙国杰
栾川县人民检察院检察长　张　伟
嵩县人民检察院检察长　宋胜杰
汝阳县人民检察院检察长　杨庚楼
宜阳县人民检察院检察长　乔耀强
洛宁县人民检察院检察长　牛宏伟
伊川县人民检察院检察长　孙小军
洛阳高新技术产业开发区人民检察院检察长　常龙西
**焦作市人民检察院检察长　种松志**
解放区人民检察院检察长　郭跃进
山阳区人民检察院检察长　聂永顺
中站区人民检察院检察长　林贵保
马村区人民检察院检察长　刘卫星
孟州市人民检察院检察长　张毓平
沁阳市人民检察院检察长　赵法中
修武县人民检察院检察长　郝长青
博爱县人民检察院检察长　陆晓流
武陟县人民检察院检察长　闫德金
温县人民检察院检察长　王良坡
**新乡市人民检察院检察长　李景彬**
卫滨区人民检察院检察长　谭海军
红旗区人民检察院检察长　邢吉顺
凤泉区人民检察院检察长　张　郁
牧野区人民检察院检察长　张宝生
卫辉市人民检察院检察长　陈善琳
辉县市人民检察院检察长　陈顺芝（女）
新乡县人民检察院检察长　刘新安
获嘉县人民检察院检察长　卫安钢
原阳县人民检察院检察长　李　俊
延津县人民检察院检察长　李新强
封丘县人民检察院检察长　布孝军
长垣县人民检察院检察长　蔡　利
**鹤壁市人民检察院检察长　胡保钢**
淇滨区人民检察院检察长　许怀林
山城区人民检察院检察长　刘可民
鹤山区人民检察院检察长　李向东
浚县人民检察院检察长　王文伟
淇县人民检察院检察长　耿书江
**安阳市人民检察院检察长　孙建国**
北关区人民检察院检察长　张廷安
文峰区人民检察院检察长　邓　泓
殷都区人民检察院检察长　王　保
龙安区人民检察院检察长　张　钧
林州市人民检察院检察长　王　跃
安阳县人民检察院检察长　朱耀民
汤阴县人民检察院检察长　张利民
滑县人民检察院检察长　赵　新
内黄县人民检察院检察长　刘河泉
**濮阳市人民检察院检察长　桑晓峰**
华龙区人民检察院检察长　许爱华
清丰县人民检察院检察长　邢庆宽
南乐县人民检察院检察长　张东升
范县人民检察院检察长　周国堂
台前县人民检察院检察长　曹提忠
濮阳县人民检察院检察长　李光辉
**开封市人民检察院检察长　赵新良**
鼓楼区人民检察院检察长　王　斌
龙亭区人民检察院检察长　李广岭
顺河回族区人民检察院检察长　刘　卫
禹王台区人民检察院检察长　李少斐
金明区人民检察院检察长　郭福庆

杞县人民检察院检察长　贾志平
通许县人民检察院检察长　曹　阳
尉氏县人民检察院检察长　王志德
开封县人民检察院检察长　马全兴
兰考县人民检察院检察长　孟　放
**商丘市人民检察院检察长　吴廷学**
梁园区人民检察院检察长　王永庆
睢阳区人民检察院检察长　袁克海
永城市人民检察院检察长　孙　涛
虞城县人民检察院检察长　吴　阳
民权县人民检察院检察长　顾保国
宁陵县人民检察院检察长　赵祖生
睢县人民检察院检察长　路　鸣
夏邑县人民检察院检察长　孙向阳
柘城县人民检察院检察长　闫富强
**许昌市人民检察院检察长　杨祖伟**
魏都区人民检察院检察长　王留根
禹州市人民检察院检察长　范仲瑾
长葛市人民检察院检察长　董文治
许昌县人民检察院检察长　刘天军
鄢陵县人民检察院检察长　杨喜民
襄城县人民检察院检察长　马明亮
**漯河市人民检察院检察长　黎　涛**
源汇区人民检察院检察长　张俊卿
郾城区人民检察院检察长　陈德山
召陵区人民检察院检察长　效广林
舞阳县人民检察院检察长　刘和敏
临颍县人民检察院检察长　王东显
**平顶山市人民检察院检察长　闫河川**
新华区人民检察院检察长　何　欣
卫东区人民检察院检察长　郭毅然
湛河区人民检察院检察长　库彦芳
石龙区人民检察院检察长　王宜民
舞钢市人民检察院检察长　马建斌
汝州市人民检察院检察长　王明文
宝丰县人民检察院检察长　任书铭
叶县人民检察院检察长　张鹏飞
鲁山县人民检察院检察长　马东光
郏县人民检察院检察长　卢凤欣
**南阳市人民检察院检察长　常　康**
卧龙区人民检察院检察长　姜建立
宛城区人民检察院检察长　张　科
邓州市人民检察院检察长　杜春江
南召县人民检察院检察长　胡殿信
方城县人民检察院检察长　龚岩林
西峡县人民检察院检察长　王伯钦
镇平县人民检察院检察长　刘海恩
内乡县人民检察院检察长　高光伟
淅川县人民检察院检察长　梁志敏
社旗县人民检察院检察长　曹建煜
唐河县人民检察院检察长　魏厚荣
新野县人民检察院检察长　李　乔
桐柏县人民检察院检察长　杜海宛
**信阳市人民检察院检察长　石　凯**
浉河区人民检察院检察长　张向东
平桥区人民检察院检察长　黄昌兴
息县人民检察院检察长　曾厚强
淮滨县人民检察院检察长　黄立鹏
潢川县人民检察院检察长　陟卡亚
光山县人民检察院检察长　武建平
固始县人民检察院检察长　邹　懿
商城县人民检察院检察长　徐晓明
罗山县人民检察院检察长　朱明义
新县人民检察院检察长　李树琴(女)
**周口市人民检察院检察长　李春长**
川汇区人民检察院检察长　王之坤
项城市人民检察院检察长　刘光辉
扶沟县人民检察院检察长　薄玉龙
西华县人民检察院检察长　郭金玉
商水县人民检察院检察长　郭　宏(女)
太康县人民检察院检察长　范东亚
鹿邑县人民检察院检察长　张乃林
郸城县人民检察院检察长　李世清
淮阳县人民检察院检察长　苏　凌
沈丘县人民检察院检察长　钱　诚
**驻马店市人民检察院检察长　张志超**
驿城区人民检察院检察长　刘　宇
确山县人民检察院检察长　张海成(代)
泌阳县人民检察院检察长　梁卫东
遂平县人民检察院检察长　苏管学(代)
西平县人民检察院检察长　林　虹(女)
上蔡县人民检察院检察长　郭东明
汝南县人民检察院检察长　聂旭光(代)
平舆县人民检察院检察长　崔　阳
新蔡县人民检察院检察长　李奎卿(代)
正阳县人民检察院检察长　史亚军

**河南省人民检察院济源分院检察长　余秀华(女)**
济源市人民检察院检察长　李宏民
**河南省人民检察院郑州铁路运输分院检察长　刘玉生**
郑州铁路运输检察院检察长　李宏广
西安铁路运输检察院检察长　苑顺亭
武汉铁路运输检察院检察长　颜传贵
洛阳铁路运输检察院检察长　杨保国
安康铁路运输检察院检察长　张增科
襄樊铁路运输检察院检察长　和玉章

## 湖　北　省

**湖北省人民检察院检察长　靳　军**
**湖北省人民检察院副检察长　徐汉明**
**陈亚林**
**孙应征**
**王铁民**
**武汉市人民检察院检察长　张河洁(女)**
江岸区人民检察院检察长　段友生
江汉区人民检察院检察长　林修荣
硚口区人民检察院检察长　李本焱
汉阳区人民检察院检察长　孙光骏
武昌区人民检察院检察长　王为民
青山区人民检察院检察长　杨先平
洪山区人民检察院检察长　李大矩
东西湖区人民检察院检察长　张汉杰
汉南区人民检察院检察长　张继生
蔡甸区人民检察院检察长　常家爽(代)
江夏区人民检察院检察长　杨耀杰(代)
黄陂区人民检察院检察长　江巧云(女)
新洲区人民检察院检察长　张振国
武汉市经济技术开发区人民检察院检察长　李宁培
武汉东湖新技术开发区人民检察院检察长　郇建强
**十堰市人民检察院检察长　白章龙**
张湾区人民检察院检察长　方小刚
茅箭区人民检察院检察长　郭少炜
丹江口市人民检察院检察长　余书金
郧县人民检察院检察长　余行全
竹山县人民检察院检察长　陆庆华
房县人民检察院检察长　伍兴海
郧西县人民检察院检察长　钟　平
竹溪县人民检察院检察长　吴跃辉
**襄樊市人民检察院检察长　张安福**
襄城区人民检察院检察长　权建立
樊城区人民检察院检察长　荣长德
襄阳区人民检察院检察长　叶先国
老河口市人民检察院检察长　杨先达
枣阳市人民检察院检察长　杨传军(代)
宜城市人民检察院检察长　金安军
南漳县人民检察院检察长　邹进康
谷城县人民检察院检察长　饶明达
保康县人民检察院检察长　(空缺)
襄樊市高新技术产业开发区人民检察院检察长　肖　劲
城郊地区人民检察院检察长　赵介富
**荆门市人民检察院检察长　赵　进**
东宝区人民检察院检察长　欧阳可能
掇刀区人民检察院检察长　钟荣英(女)
钟祥市人民检察院检察长　卢良恳
沙洋县人民检察院检察长　刘天尧
京山县人民检察院检察长　顾仕超
沙洋地区人民检察院检察长　刘尚君
**孝感市人民检察院检察长　朱国志**
孝南区人民检察院检察长　匡远群
应城市人民检察院检察长　余绍军
安陆市人民检察院检察长　吴晓敏
汉川市人民检察院检察长　程世明
孝昌县人民检察院检察长　许志耕
大悟县人民检察院检察长　胡　军
云梦县人民检察院检察长　梁志涛
**黄冈市人民检察院检察长　黄六洲**
黄州区人民检察院检察长　张正中
麻城市人民检察院检察长　詹光源
武穴市人民检察院检察长　肖　波
红安县人民检察院检察长　程克超
罗田县人民检察院检察长　李再波
英山县人民检察院检察长　喻艳如
浠水县人民检察院检察长　赵加新
蕲春县人民检察院检察长　皮怀宇
黄梅县人民检察院检察长　杨　戬
团风县人民检察院检察长　李汶山
**鄂州市人民检察院检察长　袁建军**
鄂城区人民检察院检察长　汪元金

梁子湖区人民检察院检察长 胡　宁
华容区人民检察院检察长 尹　红
**黄石市人民检察院检察长 郑　青(女)**
黄石港区人民检察院检察长 汪继新
西塞山区人民检察院检察长 刘金明
下陆区人民检察院检察长 刘先德
铁山区人民检察院检察长 郭西渠
大冶市人民检察院检察长 赵志龙
阳新县人民检察院检察长 肖　辉
**咸宁市人民检察院检察长 鲁尔英(女)**
咸安区人民检察院检察长 王辅英
赤壁市人民检察院检察长 孙大桥
嘉鱼县人民检察院检察长 胡松林
通城县人民检察院检察长 甘振雄
崇阳县人民检察院检察长 万　军
通山县人民检察院检察长 成才文
**荆州市人民检察院检察长 廖焱清**
沙市区人民检察院检察长 张家荣
荆州区人民检察院检察长 吴建宏
石首市人民检察院检察长 严忠明
洪湖市人民检察院检察长 周明洪
松滋市人民检察院检察长 唐登武
江陵县人民检察院检察长 杨华平
公安县人民检察院检察长 关爱平
监利县人民检察院检察长 鲁常山
江北地区人民检察院检察长 汤治斌(兼)
**宜昌市人民检察院检察长 李早湘**
西陵区人民检察院检察长 范启敬
伍家岗区人民检察院检察长 秦长友
点军区人民检察院检察长 陈开元
猇亭区人民检察院检察长 郑祥萍(女)
夷陵区人民检察院检察长 田安友
枝江市人民检察院检察长 李长红
宜都市人民检察院检察长 赵亚平
当阳市人民检察院检察长 胡继坤
远安县人民检察院检察长 汪文明
兴山县人民检察院检察长 吴银桥
秭归县人民检察院检察长 (空缺)
长阳土家族自治县人民检察院检察长 祝阳华
五峰土家族自治县人民检察院检察长 刘国庆
三峡坝区人民检察院检察长 李朝平
**随州市人民检察院检察长 严红兵**
曾都区人民检察院检察长 陈国平
广水市人民检察院检察长 陈耀勤
**湖北省人民检察院汉江分院检察长 赵铁民**
仙桃市人民检察院检察长 颜其顺
天门市人民检察院检察长 平良成
潜江市人民检察院检察长 郭义庚
神农架林区人民检察院检察长 王少奎
**恩施土家族苗族自治州人民检察院检察长 石荣春**
恩施市人民检察院检察长 罗　林
利川市人民检察院检察长 谭　明
建始县人民检察院检察长 房晓军
巴东县人民检察院检察长 刘全生
宣恩县人民检察院检察长 张宏新
咸丰县人民检察院检察长 朱志鸿
来凤县人民检察院检察长 税明泽
鹤峰县人民检察院检察长 曹光汉

## 湖　南　省

**湖南省人民检察院检察长 何素斌(女)**
**湖南省人民检察院副检察长 龚佳禾**
**吴立明**
**印士柏**
**周世雄**
**石时态**
**卢乐云**
**长沙市人民检察院检察长 罗宗祥**
岳麓区人民检察院检察长 罗洪改
芙蓉区人民检察院检察长 石森林
天心区人民检察院检察长 盛　磊
开福区人民检察院检察长 刘革强
雨花区人民检察院检察长 彭志敏
浏阳市人民检察院检察长 彭建华
长沙县人民检察院检察长 李宗戈
望城县人民检察院检察长 丁晓波
宁乡县人民检察院检察长 谭剑辉
**张家界市人民检察院检察长 李元邦**
永定区人民检察院检察长 向飞熊
武陵源区人民检察院检察长 龚光辉
慈利县人民检察院检察长 郁大成
桑植县人民检察院检察长 鲁礼平
**常德市人民检察院检察长 杜辉才**
武陵区人民检察院检察长 田建中

鼎城区人民检察院检察长 汪泽云
津市市人民检察院检察长 谢正平
安乡县人民检察院检察长 郭建国
汉寿县人民检察院检察长 靳湘辉
澧县人民检察院检察长 丁大勋
临澧县人民检察院检察长 欧阳志恒
桃源县人民检察院检察长 柳立武
石门县人民检察院检察长 黄道宜
白洋堤地区人民检察院检察长 汪建保
**益阳市人民检察院检察长 朱国祥**
赫山区人民检察院检察长 王惜辉
资阳区人民检察院检察长 李一中(女)
沅江市人民检察院检察长 易镇鑫
南县人民检察院检察长 徐震威
桃江县人民检察院检察长 徐要武
安化县人民检察院检察长 谈　固
**岳阳市人民检察院检察长 陈奇达**
岳阳楼区人民检察院检察长 彭新文
君山区人民检察院检察长 许乐平
云溪区人民检察院检察长 刘孟虎
汨罗市人民检察院检察长 徐迪辉
临湘市人民检察院检察长 杨　晖
岳阳县人民检察院检察长 傅仲秋
华容县人民检察院检察长 段德平
湘阴县人民检察院检察长 谭载星
平江县人民检察院检察长 李建军
**株洲市人民检察院检察长 陈立新**
天元区人民检察院检察长 周小刚
荷塘区人民检察院检察长 李家凯
芦淞区人民检察院检察长 刘新文
石峰区人民检察院检察长 李　大(代)
醴陵市人民检察院检察长 彭物明
株洲县人民检察院检察长 朱胜辉
攸县人民检察院检察长 谭益平
茶陵县人民检察院检察长 张　展
炎陵县人民检察院检察长 龙年喜
炎陵县林业检察院检察长 (空缺)
**湘潭市人民检察院检察长 常智余**
岳塘区人民检察院检察长 刘晓红
雨湖区人民检察院检察长 贺卫平
湘乡市人民检察院检察长 周　舟
韶山市人民检察院检察长 王建湘
湘潭县人民检察院检察长 钟立新
**衡阳市人民检察院检察长 李　平(代)**
雁峰区人民检察院检察长 王元生
珠晖区人民检察院检察长 刘中柱
石鼓区人民检察院检察长 邱光彩
蒸湘区人民检察院检察长 黄茂林(女)
南岳区人民检察院检察长 贺安凡
常宁市人民检察院检察长 董谢云
耒阳市人民检察院检察长 谭经根
衡阳县人民检察院检察长 左才轩
衡南县人民检察院检察长 曾志平
衡山县人民检察院检察长 王一平
衡东县人民检察院检察长 陈枚柏
祁东县人民检察院检察长 范崇德
上堡地区人民检察院检察长 谭颂荣
华新地区人民检察院检察长 李小平
**郴州市人民检察院检察长 许庆生**
北湖区人民检察院检察长 肖嗣运
苏仙区人民检察院检察长 黎甫阳
资兴市人民检察院检察长 陈华生
桂阳县人民检察院检察长 李辉美
永兴县人民检察院检察长 郭发古
宜章县人民检察院检察长 李太平
嘉禾县人民检察院检察长 廖晓晴(女)
临武县人民检察院检察长 曹治忠
汝城县人民检察院检察长 朱志雄
桂东县人民检察院检察长 许建辉
安仁县人民检察院检察长 曹三毛
**永州市人民检察院检察长 王蓟零**
冷水滩区人民检察院检察长 刘宁波
芝山区人民检察院检察长 滕购新
东安县人民检察院检察长 屈春苟
道县人民检察院检察长 熊学军
宁远县人民检察院检察长 刘繁荣
江永县人民检察院检察长 蒋大文
蓝山县人民检察院检察长 徐小明
新田县人民检察院检察长 黄仁甫
双牌县人民检察院检察长 刘　明
祁阳县人民检察院检察长 杨东万
江华瑶族自治县人民检察院检察长 朱跃陆
**邵阳市人民检察院检察长 周建达**
双清区人民检察院检察长 蒋恒西
大祥区人民检察院检察长 袁宁信
北塔区人民检察院检察长 龚文卿

武冈市人民检察院检察长 刘天元
邵东县人民检察院检察长 邓亮华
邵阳县人民检察院检察长 孙在启(代)
新邵县人民检察院检察长 姚柳荣
隆回县人民检察院检察长 唐章水
洞口县人民检察院检察长 廖勤俭
绥宁县人民检察院检察长 肖永健
新宁县人民检察院检察长 夏宇宏
城步苗族自治县人民检察院检察长 陈青云
城步苗族自治县林业检察院检察长 傅顺意
**怀化市人民检察院检察长 韩开学**
鹤城区人民检察院检察长 谭建菊(女)
洪江市人民检察院检察长 赵爱国
怀化市洪江人民检察院检察长 李泽龙
沅陵县人民检察院检察长 刘永荫
辰溪县人民检察院检察长 张立波
溆浦县人民检察院检察长 舒泽池
中方县人民检察院检察长 贺晓军
会同县人民检察院检察长 杨良万
麻阳苗族自治县人民检察院检察长 郭 文
新晃侗族自治县人民检察院检察长 江超(代)
芷江侗族自治县人民检察院检察长 黄 潮
靖州苗族侗族自治县人民检察院检察长 兰仲平
通道侗族自治县人民检察院检察长 杨 涛
**娄底市人民检察院检察长 张定良**
娄星区人民检察院检察长 周世光
冷水江市人民检察院检察长 张干军
涟源市人民检察院检察长 施健鑫
双峰县人民检察院检察长 郭石修
新化县人民检察院检察长 阳晓波
**湘西土家族苗族自治州人民检察院检察长 薛献斌**
吉首市人民检察院检察长 林胜平(女)
泸溪县人民检察院检察长 向云波
凤凰县人民检察院检察长 廖永忠
花垣县人民检察院检察长 杨明礼
保靖县人民检察院检察长 向明学
古丈县人民检察院检察长 李卫国
永顺县人民检察院检察长 石续发
龙山县人民检察院检察长 张清明

## 广 东 省

**广东省人民检察院检察长 张学军**
**广东省人民检察院副检察长 董平波**
**佟 蕴**
**王学成**
**梁德标**
**王福成**
**广州市人民检察院检察长 陈 武**
越秀区人民检察院检察长 何元秀
荔湾区人民检察院检察长 蔡世葵
海珠区人民检察院检察长 陈思民
天河区人民检察院检察长 张志强
白云区人民检察院检察长 黄兆鸣
黄埔区人民检察院检察长 李善炽
番禺区人民检察院检察长 林惠兰(女)
花都区人民检察院检察长 孟庆胜
南沙区人民检察院检察长 姚中兴
萝岗区人民检察院检察长 白建国
增城市人民检察院检察长 黎伟文
从化市人民检察院检察长 匡乃安
**清远市人民检察院检察长 陈盛华**
清城区人民检察院检察长 王建国
英德市人民检察院检察长 李灶阳
连州市人民检察院检察长 卢跃科
佛冈县人民检察院检察长 许銮周
阳山县人民检察院检察长 郑分义
清新县人民检察院检察长 叶以昌
连山壮族瑶族自治县人民检察院检察长 罗绍鉴
连南瑶族自治县人民检察院检察长 蔡志生
**韶关市人民检察院检察长 杨 剑**
浈江区人民检察院检察长 饶纲奎
武江区人民检察院检察长 傅庆华
曲江区人民检察院检察长 陈实盟
乐昌市人民检察院检察长 冯应昌
南雄市人民检察院检察长 栾怀持
始兴县人民检察院检察长 肖惠明
仁化县人民检察院检察长 高汉金
翁源县人民检察院检察长 曾 洪
新丰县人民检察院检察长 刘 坚
乳源瑶族自治县人民检察院检察长 傅泽熙
黄岗地区人民检察院检察长 潘维民

中山地区人民检察院检察长 沈国富
**河源市人民检察院检察长 刘祥福**
源城区人民检察院检察长 唐桂华
紫金县人民检察院检察长 李小明
龙川县人民检察院检察长 练裕民(代)
连平县人民检察院检察长 黄润强
和平县人民检察院检察长 骆德忠
东源县人民检察院检察长 黄锦海
**梅州市人民检察院检察长 陈林荣**
梅江区人民检察院检察长 李少怀
兴宁市人民检察院检察长 宋秦川
梅县人民检察院检察长 黄荣祥
大埔县人民检察院检察长 钟 坚
丰顺县人民检察院检察长 陈清波
五华县人民检察院检察长 梁振悦
平远县人民检察院检察长 蓝 海
蕉岭县人民检察院检察长 饶德威
**潮州市人民检察院检察长 张平坦**
湘桥区人民检察院检察长 谢照明
潮安县人民检察院检察长 石名烈
饶平县人民检察院检察长 庄鲁萍(女)
**汕头市人民检察院检察长 宋汉杰**
金平区人民检察院检察长 陈 民
濠江区人民检察院检察长 王维远
龙湖区人民检察院检察长 陈锡桐
潮阳区人民检察院检察长 李宏亮
潮南区人民检察院检察长 黄希凯
澄海区人民检察院检察长 李福光
南澳县人民检察院检察长 李向东
**揭阳市人民检察院检察长 罗 卫**
榕城区人民检察院检察长 詹新光
普宁市人民检察院检察长 李国强
揭东县人民检察院检察长 李御荣
揭西县人民检察院检察长 胡宝娣
惠来县人民检察院检察长 林楚峰
**汕尾市人民检察院检察长 尚 德**
城区人民检察院检察长 斐书荣
陆丰市人民检察院检察长 简娘锄
海丰县人民检察院检察长 刘 固
陆河县人民检察院检察长 蔡在扬
**惠州市人民检察院检察长 黄新林**
惠城区人民检察院检察长 李建新
惠阳区人民检察院检察长 梁平嘉
博罗县人民检察院检察长 刘小军
惠东县人民检察院检察长 黄淑娴(女)
龙门县人民检察院检察长 袁卫国
大亚湾经济技术开发区人民检察院检察长 曾伟标
**东莞市人民检察院检察长 林明枢**
市区人民检察院检察长 姚旭辉
**深圳市人民检察院检察长 白新潮**
福田区人民检察院检察长 王建中
罗湖区人民检察院检察长 黄云龙
南山区人民检察院检察长 王泽民
宝安区人民检察院检察长 叶 鹏(代)
龙岗区人民检察院检察长 江小礼
盐田区人民检察院检察长 邓琼南
**珠海市人民检察院检察长 金 波**
香洲区人民检察院检察长 林伟征
斗门区人民检察院检察长 王和平
金湾区人民检察院检察长 黄长盛
**中山市人民检察院检察长 关英彦**
市区人民检察院检察长 彭郑波
**江门市人民检察院检察长 黎兆元**
江海区人民检察院检察长 李炳源
蓬江区人民检察院检察长 赖其生
新会区人民检察院检察长 林跃新
恩平市人民检察院检察长 翁祥安
台山市人民检察院检察长 吴郁宁
开平市人民检察院检察长 罗锦达
鹤山市人民检察院检察长 方长江
**佛山市人民检察院检察长 廖东明**
禅城区人民检察院检察长 周伟泉
南海区人民检察院检察长 戴景田
顺德区人民检察院检察长 李国强
三水区人民检察院检察长 陈国生
高明区人民检察院检察长 区赞权
**肇庆市人民检察院检察长 吴群养**
端州区人民检察院检察长 黄奋强
鼎湖区人民检察院检察长 陈维轩
高要市人民检察院检察长 宋 明
四会市人民检察院检察长 肖永康
广宁县人民检察院检察长 何文强
怀集县人民检察院检察长 陈保民
封开县人民检察院检察长 苏 斌(代)
德庆县人民检察院检察长 黎更生
**云浮市人民检察院检察长 李庆协**

云城区人民检察院检察长 何为民
罗定市人民检察院检察长 梁锦裘(代)
云安县人民检察院检察长 董家辉
新兴县人民检察院检察长 焦 庆
郁南县人民检察院检察长 黎福华
**阳江市人民检察院检察长 王广珠**
江城区人民检察院检察长 陈书菊
阳春市人民检察院检察长 项颂标(代)
阳西县人民检察院检察长 冯尚博
阳东县人民检察院检察长 梁春风
**茂名市人民检察院检察长 刘先进**
茂南区人民检察院检察长 王 洪
茂港区人民检察院检察长 吴玲河
化州市人民检察院检察长 郑超民
信宜市人民检察院检察长 包建国
高州市人民检察院检察长 杨 敦
电白县人民检察院检察长 张立豪
**湛江市人民检察院检察长 王雁林**
赤坎区人民检察院检察长 容 鹤
霞山区人民检察院检察长 朱康均
坡头区人民检察院检察长 尤成盛
麻章区人民检察院检察长 陈兆明
吴川市人民检察院检察长 欧尚勇
廉江市人民检察院检察长 廖志胜
雷州市人民检察院检察长 陈靖宇
遂溪县人民检察院检察长 黄宜端
徐闻县人民检察院检察长 张 明
湛江市经济技术开发区人民检察院检察长 李向东
**广东省人民检察院广州铁路运输分院检察长 董亚平**
广州铁路运输检察院检察长 林兴无
衡阳铁路运输检察院检察长 兰建平
长沙铁路运输检察院检察长 申彦斐
怀化铁路运输检察院检察长 陈苏平
肇庆铁路运输检察院检察长 王 虹

## 广西壮族自治区

**广西壮族自治区人民检察院检察长 郭永运**
**广西壮族自治区人民检察院副检察长 石然龙**
**邓海华**
**陈普生**
**南宁市人民检察院检察长 朱名胜**
青秀区人民检察院检察长 周炳亮
兴宁区人民检察院检察长 雷梅芳(女)
江南区人民检察院检察长 兰志才
西乡塘区人民检察院检察长 白 勇
良庆区人民检察院检察长 黄 伟
邕宁区人民检察院检察长 陈国庆
武鸣县人民检察院检察长 杨远波
横县人民检察院检察长 陈志强
宾阳县人民检察院检察长 孙华生
上林县人民检察院检察长 贾健勇
隆安县人民检察院检察长 方 良
马山县人民检察院检察长 龙锦华
茅桥地区人民检察院检察长 雷善源
**桂林市人民检察院检察长 李全义**
象山区人民检察院检察长 邹定华
叠彩区人民检察院检察长 周鸿广
秀峰区人民检察院检察长 刘跃飞
七星区人民检察院检察长 廖明东
雁山区人民检察院检察长 李劲松
阳朔县人民检察院检察长 严 平
临桂县人民检察院检察长 蒋小勇
灵川县人民检察院检察长 罗 伟
全州县人民检察院检察长 李良西
兴安县人民检察院检察长 罗昌勤
永福县人民检察院检察长 杨卫东
灌阳县人民检察院检察长 陶建立
资源县人民检察院检察长 唐陆林
平乐县人民检察院检察长 秦荣科
荔浦县人民检察院检察长 唐福文
龙胜各族自治县人民检察院检察长 苏 奇
恭城瑶族自治县人民检察院检察长 蒋向东
城郊区人民检察院检察长 杨新初
**柳州市人民检察院检察长 刘文志**
城中区人民检察院检察长 钟少敖
鱼峰区人民检察院检察长 韦香飘
柳南区人民检察院检察长 梁聚武
柳北区人民检察院检察长 朱国宁
柳江县人民检察院检察长 阳永乐
柳城县人民检察院检察长 卢柳斌
鹿寨县人民检察院检察长 覃海宝
融安县人民检察院检察长 吴胜于
三江侗族自治县人民检察院检察长 赵文斌
融水苗族自治县人民检察院检察长 黎启晟

露塘地区人民检察院检察长　王春树
鹿寨地区人民检察院检察长　林福光
**梧州市人民检察院检察长　卢惠盛**
万秀区人民检察院检察长　赖定金
蝶山区人民检察院检察长　谢嘉宁（女）
长洲区人民检察院检察长　李小坚
岑溪县人民检察院检察长　黄炳雄
苍梧县人民检察院检察长　彭永雄
藤县人民检察院检察长　石世安
蒙山县人民检察院检察长　黄庆治
**贵港市人民检察院检察长　许其军**
港北区人民检察院检察长　（空缺）
港南区人民检察院检察长　张　坚
覃塘区人民检察院检察长　黄初明
桂平市人民检察院检察长　翁达华
平南县人民检察院检察长　韦似兰（女）
**玉林市人民检察院检察长　韦国权**
玉州区人民检察院检察长　咸冠南
北流市人民检察院检察长　（空缺）
兴业县人民检察院检察长　庞振钰
容县人民检察院检察长　覃广雄
陆川县人民检察院检察长　覃允亮
博白县人民检察院检察长　梁　毅
**钦州市人民检察院检察长　蒙永山**
钦南区人民检察院检察长　黄　毅
钦北区人民检察院检察长　张顺明
灵山县人民检察院检察长　罗汉佳
浦北县人民检察院检察长　黄其康
**北海市人民检察院检察长　马日梧**
海城区人民检察院检察长　宁子传
银海区人民检察院检察长　韩　健
铁山港区人民检察院检察长　梁　毅
合浦县人民检察院检察长　蔡崇德
**防城港市人民检察检察长　麦建祥**
港口区人民检察院检察长　苏振文
防城区人民检察院检察长　王小清
东兴市人民检察院检察长　卢建林
上思县人民检察院检察长　梁恪嘉（代）
**崇左市人民检察院检察长　邓如府**
江州区人民检察院检察长　韦新凌
凭祥市人民检察院检察长　曾保强
扶绥县人民检察院检察长　周永贤
大新县人民检察院检察长　李杏生
天等县人民检察院检察长　程宗记
宁明县人民检察院检察长　李小林
龙州县人民检察院检察长　邓一兵
**百色市人民检察院检察长　周　腾（代）**
右江区人民检察院检察长　黄建国
田阳县人民检察院检察长　黄　浓
田东县人民检察院检察长　李卫生
平果县人民检察院检察长　李荣想
德保县人民检察院检察长　赵庆丽（女）
靖西县人民检察院检察长　黄拨林
那坡县人民检察院检察长　李荣虎
凌云县人民检察院检察长　梁超到
乐业县人民检察院检察长　罗文法
西林县人民检察院检察长　韦景文
田林县人民检察院检察长　陆宁燕
隆林各族自治县人民检察院检察长　黄建芬
**河池市人民检察院检察长　杨　晟**
金城江区人民检察院检察长　杨西林
宜州市人民检察院检察长　梁　林
南丹县人民检察院检察长　黄春龙
天峨县人民检察院检察长　何智群
凤山县人民检察院检察长　李荣洲
东兰县人民检察院检察长　韦佩旭
巴马瑶族自治县人民检察院检察长　岑仕开
都安瑶族自治县人民检察院检察长　苏国飞
大化瑶族自治县人民检察院检察长　韩　青
罗城仫佬族自治县人民检察院检察长　李雄鹰
环江毛南族自治县人民检察院检察长　白道强
**来宾市人民检察院检察长　喻雪云**
兴宾区人民检察院检察长　梁贻勇
合山市人民检察院检察长　兰炳康
象州县人民检察院检察长　曾仪祥
武宣县人民检察院检察长　冯幸福
忻城县人民检察院检察长　肖隆波
金秀瑶族自治县人民检察院检察长　韦于欢
**贺州市人民检察院检察长　谢天成**
八步区人民检察院检察长　高崇富
昭平县人民检察院检察长　李　锋
钟山县人民检察院检察长　高　卫
富川瑶族自治县人民检察院检察长　陆喜麟
**广西壮族自治区人民检察院柳州铁路运输分院检察长　杨　军**
柳州铁路运输检察院检察长　黄泰基

南宁铁路运输检察院检察长　杨怀民

## 海　南　省

**海南省人民检察院检察长　张德利**
**海南省人民检察院副检察长　黄卫国**
**贾志鸿**
**海南省人民检察院海南分院检察长　宋泽江**
**海口市人民检察院检察长　张甲天**
龙华区人民检察院检察长　李润合
秀英区人民检察院检察长　倪家壮
琼山区人民检察院检察长　符显咏
美兰区人民检察院检察长　刘　璟
**三亚市人民检察院检察长　李　铭**
城郊人民检察院检察长　王　庄
**洋浦经济开发区人民检察院检察长　侯　伟**
洋浦经济开发区初级人民检察院检察长　刘黎明
文昌市人民检察院检察长　陈　卫
琼海市人民检察院检察长　卓传海
万宁市人民检察院检察长　王时启
五指山市人民检察院检察长　文　伟
东方市人民检察院检察长　王彦青
儋州市人民检察院检察长　符成学
临高县人民检察院检察长　卓怀远
澄迈县人民检察院检察长　林诗良
定安县人民检察院检察长　洪景春
屯昌县人民检察院检察长　王康光
昌江黎族自治县人民检察院检察长　谭宜文
白沙黎族自治县人民检察院检察长　覃业山
琼中黎族苗族自治县人民检察院检察长　郭　彪
陵水黎族自治县人民检察院检察长　戴　彦
保亭黎族苗族自治县人民检察院检察长　罗宗煌
乐东黎族自治县人民检察院检察长　黄正勋

## 重　庆　市

**余敏**　女,汉族,1953年11月生,重庆市人,中央党校研究生,法学专业,高级会计师。现任重庆市人民检察院党组书记、副检察长、代理检察长、一级高级检察官。十届全国人大代表。1969年11月至1972年4月四川省涪陵县龙潭区大顺公社知青;1972年4月至1979年3月任四川省重庆市南桐矿区财税局万盛税务所专管员、副股长;1979年3月至1990年3月任四川省重庆市南桐矿区财政局副股长、股长、副局长、局长(其间:1984年9月至1986年7月在四川广播电视大学党政管理干部基础专修科脱产学习);1990年3月至1993年2月任四川省重庆市南桐矿区人民政府副区长(其间:1991年9月至1992年4月在四川省委二党校第一期中青年干部培训班学习);1993年2月至1993年11月任中共四川省重庆市万盛区委副书记;1993年11月至1997年4月任四川省重庆市审计局副局长;1997年4月至1997年6月任四川省重庆市审计局局长、党组书记;1997年6月至2004年4月任重庆市审计局局长、党组书记(其间:1998年9月至2001年6月在重庆市委党校法学专业研究生班学习;2000年3月至2001年1月在中央党校第16期一年制中青年干部培训班学习;2000年3月至2003年1月在中央党校经济管理专业在职研究生班学习);2004年4月至2005年9月任重庆市国有资产监督管理委员会主任,2004年9月任国有资产监督管理委员会党委常务副书记;2005年9月任重庆市人民检察院党组书记、副检察长,2005年12月任代理检察长。

**重庆市人民检察院检察长　余　敏(女,代)**
**重庆市人民检察院副检察长　白雪飞**
**雷万亚(女)**
**彭安荣**
**于天敏**
**重庆市人民检察院第一分院检察长　余　捷**
**重庆市人民检察院第二分院检察长　王定顺**
**重庆市人民检察院第三分院检察长　冉孟辉**
**重庆市人民检察院第四分院检察长　葛森林**
渝中区人民检察院检察长　王　冲
大渡口区人民检察院检察长　杨美金
江北区人民检察院检察长　杨　平
沙坪坝区人民检察院检察长　夏　阳
九龙坡区人民检察院检察长　王仪双
南岸区人民检察院检察长　刘　昕
北碚区人民检察院检察长　刘　晴
万盛区人民检察院检察长　敖　川
双桥区人民检察院检察长　庹联虎
渝北区人民检察院检察长　杨洪梅(女)
巴南区人民检察院检察长　王弘剑
万州区人民检察院检察长　张新华

涪陵区人民检察院检察长　葛民生
黔江区人民检察院检察长　杨再方
长寿区人民检察院检察长　张明生
合川市人民检察院检察长　梁　田
永川市人民检察院检察长　张明友
江津市人民检察院检察长　丁方毅
南川市人民检察院检察长　冉隆声
綦江县人民检察院检察长　赵　凡
潼南县人民检察院检察长　王代清
铜梁县人民检察院检察长　陈　宏
大足县人民检察院检察长　周　军(代)
荣昌县人民检察院检察长　张泽洲
璧山县人民检察院检察长　谭诗海
垫江县人民检察院检察长　江克强
武隆县人民检察院检察长　况安全
丰都县人民检察院检察长　马培旬
城口县人民检察院检察长　李存国
梁平县人民检察院检察长　郭祖祥
开县人民检察院检察长　张亚林
巫溪县人民检察院检察长　邓正平
巫山县人民检察院检察长　张　恺
奉节县人民检察院检察长　邓发强
云阳县人民检察院检察长　李家全
忠县人民检察院检察长　古自力
石柱土家族自治县人民检察院检察长　何友义
彭水苗族土家族自治县人民检察院检察长　崔泽丁
酉阳土家族苗族自治县人民检察院检察长　刘洪礼
秀山土家族苗族自治县人民检察院检察长　田维武
永川新胜地区人民检察院检察长　陈佳兴

## 四　川　省

**四川省人民检察院检察长　陈文清**
**四川省人民检察院副检察长　刘　勤**
**夏黎阳**
**郭　彦**
**陈文华**
**成都市人民检察院检察长　李　建**
青羊区人民检察院检察长　王　建
锦江区人民检察院检察长　连小可
金牛区人民检察院检察长　刘庆华
武侯区人民检察院检察长　刘雄川
成华区人民检察院检察长　赵　华
龙泉驿区人民检察院检察长　李伟光
青白江区人民检察院检察长　孙　明
新都区人民检察院检察长　蒋　莉(女)
温江区人民检察院检察长　甘奇慧(女)
都江堰市人民检察院检察长　何　明
彭州市人民检察院检察长　潘　昆
邛崃市人民检察院检察长　苏　云
崇州市人民检察院检察长　盛文冶
金堂县人民检察院检察长　景逢钧
双流县人民检察院检察长　黄光柱
郫县人民检察院检察长　孙成建
大邑县人民检察院检察长　吴　勇
蒲江县人民检察院检察长　邓贵杰
新津县人民检察院检察长　姚广平
成都高新技术产业开发区人民检察院检察长　初和平
**广元市人民检察院检察长　许鹤岷**
市中区人民检察院检察长　蒲勤之
元坝区人民检察院检察长　李　辽
朝天区人民检察院检察长　白跃生
旺苍县人民检察院检察长　邹家荣
青川县人民检察院检察长　李　磊
剑阁县人民检察院检察长　王定珩
苍溪县人民检察院检察长　杜仕福
荣山地区人民检察院检察长　韩成环
嘉川地区人民检察院检察长　王丕越
**绵阳市人民检察院检察长　孙玉英(女)**
涪城区人民检察院检察长　李治平
游仙区人民检察院检察长　江　勇
江油市人民检察院检察长　李正勇
三台县人民检察院检察长　陈　安
盐亭县人民检察院检察长　杨德辉
安县人民检察院检察长　刘平安
梓潼县人民检察院检察长　欧振金
北川羌族自治县人民检察院检察长　张周凯
平武县人民检察院检察长　熊　斌
绵阳科学城人民检察院检察长　李兆森
绵阳高新技术开发区人民检察院检察长　赵开年
**德阳市人民检察院检察长　沈华伦**
旌阳区人民检察院检察长　刘　钢

什邡市人民检察院检察长 雷振宇
广汉市人民检察院检察长 段厚高
绵竹市人民检察院检察长 杨剑川
罗江县人民检察院检察长 余长清
中江县人民检察院检察长 郑存文
**南充市人民检察院检察长 周　力**
顺庆区人民检察院检察长 任　华
高坪区人民检察院检察长 贾成刚
嘉陵区人民检察院检察长 王朝富
阆中市人民检察院检察长 何晓荣
南部县人民检察院检察长 谭德武
营山县人民检察院检察长 张建荣
蓬安县人民检察院检察长 李　敏(女)
仪陇县人民检察院检察长 石耀忠
西充县人民检察院检察长 范和平
**广安市人民检察院检察长 刘红立**
广安区人民检察院检察长 姚余云
华蓥市人民检察院检察长 谭　敏
岳池县人民检察院检察长 万兴建
武胜县人民检察院检察长 王小飞
邻水县人民检察院检察长 成代林
**遂宁市人民检察院检察长 贾宪生**
船山区人民检察院检察长 米春燕(女)
安居区人民检察院检察长 胡邦勇
蓬溪县人民检察院检察长 代　奎
射洪县人民检察院检察长 罗　乐
大英县人民检察院检察长 王荣华
**内江市人民检察院检察长 陈世中**
市中区人民检察院检察长 董　建
东兴区人民检察院检察长 裴运华
威远县人民检察院检察长 杨　宇
资中县人民检察院检察长 吴先奎
隆昌县人民检察院检察长 张　杰
**乐山市人民检察院检察长 陆广平**
市中区人民检察院检察长 李豫川
沙湾区人民检察院检察长 方志成
五通桥区人民检察院检察长 张德金
金口河区人民检察院检察长 施海平
峨眉山市人民检察院检察长 陈乐庆
犍为县人民检察院检察长 杜进忠
井研县人民检察院检察长 王宜学
夹江县人民检察院检察长 王　平
沐川县人民检察院检察长 杨志强
峨边彝族自治县人民检察院检察长 冯　桥
马边彝族自治县人民检察院检察长 吕　健
**自贡市人民检察院检察长 国　建**
自流井区人民检察院检察长 张　伟
大安区人民检察院检察长 钟　建
贡井区人民检察院检察长 邓跃春
沿滩区人民检察院检察长 李　杨
荣县人民检察院检察长 王德利
富顺县人民检察院检察长 兰顺利
**泸州市人民检察院检察长 钟长鸣**
江阳区人民检察院检察长 肖桂林
纳溪区人民检察院检察长 喻继东
龙马潭区人民检察院检察长 黄一平
泸县人民检察院检察长 张明贵
合江县人民检察院检察长 谭　林
叙永县人民检察院检察长 吴　勇
古蔺县人民检察院检察长 陶　琦
**宜宾市人民检察院检察长 郭烈琦**
翠屏区人民检察院检察长 白　彦
宜宾县人民检察院检察长 屈锡文
南溪县人民检察院检察长 余　丽(女)
江安县人民检察院检察长 殷贤宗
长宁县人民检察院检察长 陈　旭
高县人民检察院检察长 李联聪
筠连县人民检察院检察长 荣相华
珙县人民检察院检察长 刘天银
兴文县人民检察院检察长 闵建伟
屏山县人民检察院检察长 周　青
芙蓉地区人民检察院检察长 李茂军
**攀枝花市人民检察院检察长 朱晚林**
东区人民检察院检察长 刘晓勇
西区人民检察院检察长 张天军
仁和区人民检察院检察长 冯子军
米易县人民检察院检察长 庄　严
盐边县人民检察院检察长 亢　锋
**巴中市人民检察院检察长 支卫平**
巴州区人民检察院检察长 熊　军
通江县人民检察院检察长 冯　平
南江县人民检察院检察长 罗义发
平昌县人民检察院检察长 耿福琴
**达州市人民检察院检察长 杨　辉**
通川区人民检察院检察长 邓兴定
万源市人民检察院检察长 蹇明海

达县人民检察院检察长　向可成
宣汉县人民检察院检察长　孙秋平
开江县人民检察院检察长　王　勇
大竹县人民检察院检察长　谭伦贵
渠县人民检察院检察长　唐劲松
**资阳市人民检察院检察长　罗枝元**
雁江区人民检察院检察长　秦　毅
简阳市人民检察院检察长　唐正雄
乐至县人民检察院检察长　梁桥友
安岳县人民检察院检察长　詹　鸿
**眉山市人民检察院检察长　王新棱**
东坡区人民检察院检察长　杨华国
仁寿县人民检察院检察长　申亚辉
彭山县人民检察院检察长　王怀轩
洪雅县人民检察院检察长　李知易
丹棱县人民检察院检察长　何卫刚
青神县人民检察院检察长　彭惠琴(女)
**雅安市人民检察院检察长　张燕飞**
雨城区人民检察院检察长　王晋康
名山县人民检察院检察长　邓　鹏
荥经县人民检察院检察长　万　敏
汉源县人民检察院检察长　雷福玺
石棉县人民检察院检察长　沈小洪
天全县人民检察院检察长　吴双文
芦山县人民检察院检察长　李永成
宝兴县人民检察院检察长　杨晓波
苗溪地区人民检察院检察长　黄开华
**阿坝藏族羌族自治州人民检察院检察长　牛培刚**
马尔康县人民检察院检察长　三朗罗尔基
汶川县人民检察院检察长　周全寿
理县人民检察院检察长　黄　凯
茂县人民检察院检察长　宁顺波
松潘县人民检察院检察长　罗尔基木
九寨沟县人民检察院检察长　李清贵
金川县人民检察院检察长　毛光文
小金县人民检察院检察长　杜松柏
黑水县人民检察院检察长　何兴元
壤塘县人民检察院检察长　周佃香(女)
阿坝县人民检察院检察长　王金泉
若尔盖县人民检察院检察长　赵正宇
红原县人民检察院检察长　王　西
**甘孜藏族自治州人民检察院检察长　郑继承**
康定县人民检察院检察长　王　华(女)
泸定县人民检察院检察长　吴新春(女)
丹巴县人民检察院检察长　艾建华
九龙县人民检察院检察长　彭晓辉
雅江县人民检察院检察长　曾文利
道孚县人民检察院检察长　杨小平
炉霍县人民检察院检察长　张长命
甘孜县人民检察院检察长　向国恩
新龙县人民检察院检察长　桂　荣
德格县人民检察院检察长　吴德裕
白玉县人民检察院检察长　泽　多
石渠县人民检察院检察长　呷沙罗布
色达县人民检察院检察长　杨　阳
理塘县人民检察院检察长　甲拥协绕
巴塘县人民检察院检察长　李成昆
乡城县人民检察院检察长　任　青
稻城县人民检察院检察长　杨康华
得荣县人民检察院检察长　向仁青
**凉山彝族自治州人民检察院检察长　邓显祥**
西昌市人民检察院检察长　胡昌临
盐源县人民检察院检察长　王和伟
德昌县人民检察院检察长　张晓文(女)
会理县人民检察院检察长　李东明
会东县人民检察院检察长　刘东宁
宁南县人民检察院检察长　邱发喜
普格县人民检察院检察长　解乃舍错
布拖县人民检察院检察长　沙永福
金阳县人民检察院检察长　马雄成
昭觉县人民检察院检察长　马明华
喜德县人民检察院检察长　杨开华
冕宁县人民检察院检察长　陈新建
越西县人民检察院检察长　沙马伟古
甘洛县人民检察院检察长　江　新
美姑县人民检察院检察长　陈映吉
雷波县人民检察院检察长　王天伦
木里藏族自治县人民检察院检察长　余文琦
安宁地区人民检察院检察长　王国友
**四川省人民检察院成都铁路运输分院检察长　孙青山**
成都铁路运输检察院检察长　李民宪
重庆铁路运输检察院检察长　汪世忠
贵阳铁路运输检察院检察长　刘振生
西昌铁路运输检察院检察长　吕　明

## 贵州省

**贵州省人民检察院检察长** **陈俊平**
**贵州省人民检察院副检察长** **刘伟**
**王伟**
**叶亚玲(女)**
**项护**
**杨发远**
**贵阳市人民检察院检察长** **张勇建**
乌当区人民检察院检察长 饶红焰
南明区人民检察院检察长 魏冀
云岩区人民检察院检察长 王春贵
花溪区人民检察院检察长 钱健民
白云区人民检察院检察长 赵毅
小河区人民检察院检察长 杨宏兵
清镇市人民检察院检察长 何鸣明
开阳县人民检察院检察长 黄林
修文县人民检察院检察长 毛鸿
息烽县人民检察院检察长 莫智
**六盘水市人民检察院检察长** **王兴建**
钟山区人民检察院检察长 黄群力
盘县人民检察院检察长 王勇(代)
六枝特区人民检察院检察长 孙志勇
水城县人民检察院检察长 韩贵安
**遵义市人民检察院检察长** **袁成武**
红花岗区人民检察院检察长 牛建民
汇川区检察人民检察院检察长 吴唸
赤水市人民检察院检察长 何四海
仁怀市人民检察院检察长 黄锌
遵义县人民检察院检察长 胡明德
桐梓县人民检察院检察长 王世万
绥阳县人民检察院检察长 念庆生
正安县人民检察院检察长 令狐建宏
凤冈县人民检察院检察长 罗议军
湄潭县人民检察院检察长 朱先坤
余庆县人民检察院检察长 汪明桂
习水县人民检察院检察长 田永阳
道真仡佬族苗族自治县人民检察院检察长 赵家铸
务川仡佬族苗族自治县人民检察院检察长 徐洁
**安顺市人民检察院检察长** **李宏亚**
西秀区人民检察院检察长 蔡黔兴
平坝县人民检察院检察长 黄泽忠
普定县人民检察院检察长 陈仲昌
关岭布依族苗族自治县人民检察院检察长 杨斌
镇宁布依族苗族自治县人民检察院检察长 伍隆升
紫云苗族布依族自治县人民检察院检察长 卢世华
**贵州省人民检察院毕节分院检察长** **徐坤**
毕节市人民检察院检察长 许观毅
大方县人民检察院检察长 陈明江
黔西县人民检察院检察长 张家文
金沙县人民检察院检察长 何志勇
织金县人民检察院检察长 章明轩
纳雍县人民检察院检察长 康朝猛
赫章县人民检察院检察长 段建京
威宁彝族回族苗族自治县人民检察院检察长 马新琼
**贵州省人民检察院铜仁分院检察长** **杨发远**
铜仁市人民检察院检察长 路明
江口县人民检察院检察长 杨彬
石阡县人民检察院检察长 陈继忠
思南县人民检察院检察长 田金明
德江县人民检察院检察长 陈鱼飞
玉屏侗族自治县人民检察院检察长 彭忠荣
印江土家族苗族自治县人民检察院检察长 文连伸
沿河土家族自治县人民检察院检察长 黎晓聪
松桃苗族自治县人民检察院检察长 徐福亮
万山特区人民检察院检察长 任玉华
**黔东南苗族侗族自治州人民检察院检察长** **莫远江**
凯里市人民检察院检察长 张跃强
黄平县人民检察院检察长 龙久顺
施秉县人民检察院检察长 徐锡南(代)
三穗县人民检察院检察长 姜贵云(代)
镇远县人民检察院检察长 李元祥
岑巩县人民检察院检察长 白朝贵
天柱县人民检察院检察长 黄强
锦屏县人民检察院检察长 向传奎(代)
剑河县人民检察院检察长 邓德禄(代)
台江县人民检察院检察长 杨俊(代)
黎平县人民检察院检察长 吴永吉
榕江县人民检察院检察长 杨通辉(代)
从江县人民检察院检察长 孔祥春
雷山县人民检察院检察长 袁黔锋

麻江县人民检察院检察长　杨美桃(女)
丹寨县人民检察院检察长　赵建军
**黔南布依族苗族自治州人民检察院检察长　吴仕伦**
都匀市人民检察院副检察长　张志强
福泉市人民检察院检察长　谭义勇
荔波县人民检察院检察长　韦明尧
贵定县人民检察院检察长　李学康
瓮安县人民检察院检察长　刘　青
独山县人民检察院检察长　舒建州
平塘县人民检察院检察长　班南山
罗甸县人民检察院检察长　何可炼
长顺县人民检察院检察长　曹童华
龙里县人民检察院检察长　罗　平
惠水县人民检察院检察长　李锻炼
三都水族自治县人民检察院检察长　丁爱民
**黔西南布依族苗族自治州人民检察院检察长　王礼祥**
兴义市人民检察院检察长　李泽会
兴仁县人民检察院检察长　刘贤铭
普安县人民检察院检察长　贺儒华
晴隆县人民检察院检察长　魏　慰
贞丰县人民检察院检察长　陈喜扩
望谟县人民检察院检察长　吕健平
册亨县人民检察院检察长　王夏林
安龙县人民检察院检察长　高文贵

## 云　南　省

**云南省人民检察院检察长　李春林**
**云南省人民检察院副检察长　乔汉荣**
**陈恩康**
**赵建生**
**祁眷昌**
**倪慧芳**
**昆明市人民检察院检察长　王汝能**
盘龙区人民检察院检察长　孙师泰
五华区人民检察院检察长　吕毅平
官渡区人民检察院检察长　朱彬彬(女)
西山区人民检察院检察长　景迎宾
东川区人民检察院检察长　汪一民
安宁市人民检察院检察长　毕文光
呈贡县人民检察院检察长　李庆华
晋宁县人民检察院检察长　郑学贵
富民县人民检察院检察长　杨黔昆
宜良县人民检察院检察长　王家寿
嵩明县人民检察院检察长　张　黎(代)
石林彝族自治县人民检察院检察长　柏安云
禄劝彝族苗族自治县人民检察院检察长　龚晓明
寻甸回族彝族自治县人民检察院检察长　杨瑞云
**曲靖市人民检察院检察长　张边卫**
麒麟区人民检察院检察长　太祥红
宣威市人民检察院检察长　刘建华
马龙县人民检察院检察长　陈春莹(女)
沾益县人民检察院检察长　龙光志
富源县人民检察院检察长　张　焱
罗平县人民检察院检察长　敖仕伟
师宗县人民检察院检察长　何丁才
陆良县人民检察院检察长　孙跃周
会泽县人民检察院检察长　张兴波
**玉溪市人民检察院检察长　李云河**
红塔区人民检察院检察长　杨燕晨
江川县人民检察院检察长　普光照
澄江县人民检察院检察长　褚绍明
通海县人民检察院检察长　方家明
华宁县人民检察院检察长　龚德武
易门县人民检察院检察长　曹立松
峨山彝族自治县人民检察院检察长　王　敏
新平彝族傣族自治县人民检察院检察长　尹贞宁
元江哈尼族彝族傣族自治县人民检察院检察长　王政云
**保山市人民检察院检察长　李若昆**
隆阳区人民检察院检察长　杨　捷
施甸县人民检察院检察长　李利强
腾冲县人民检察院检察长　杨幸勇
龙陵县人民检察院检察长　段兴寿
昌宁县人民检察院检察长　牛炳荣
**昭通市人民检察院检察长　施建邦(代)**
昭阳区人民检察院检察长　刘崇银
鲁甸县人民检察院检察长　熊　雁
巧家县人民检察院检察长　王永群
盐津县人民检察院检察长　毛孝华
大关县人民检察院检察长　常廷华
永善县人民检察院检察长　杨兴发
绥江县人民检察院检察长　朱　云
镇雄县人民检察院检察长　黄家翔

彝良县人民检察院检察长 张汉君
威信县人民检察院检察长 王晓芹(女)
水富县人民检察院检察长 蒙桂兰(女)
**丽江市人民检察院检察长 卢银富**
古城区人民检察院检察长 唐加荣
永胜县人民检察院检察长 李　旭
华坪县人民检察院检察长 陈光军
玉龙纳西族自治县人民检察院检察长 和金红
宁蒗彝族自治县人民检察院检察长 钱发明
**思茅市人民检察院检察长 李　波**
翠云区人民检察院检察长 王立杰
普洱哈尼族彝族自治县人民检察院检察长 胡金秀(女)
墨江哈尼族自治县人民检察院检察长 李志荣
景东彝族自治县人民检察院检察长 蒋　平
景谷傣族彝族自治县人民检察院检察长 龚　辉
镇沅彝族哈尼族拉祜族自治县人民检察院检察长 颜仕鹏
江城哈尼族彝族自治县人民检察院检察长 范艺星
孟连傣族拉祜族佤族自治县人民检察院检察长 杨思昆
澜沧拉祜族自治县人民检察院检察长 施自进
西盟佤族自治县人民检察院检察长 杨绍瑜
**临沧市人民检察院检察长 张德勋**
临翔区人民检察院检察长 杨荣忠
凤庆县人民检察院检察长 梁　红
云县人民检察院检察长 姚奎华
永德县人民检察院检察长 王志勇
镇康县人民检察院检察长 窦玉龙
双江拉祜族佤族布朗族傣族自治县人民检察院检察长 刘期义
耿马傣族佤族自治县人民检察院检察长 敬开策
沧源佤族自治县人民检察院检察长 唐国元
**德宏傣族景颇族自治州人民检察院检察长 李　宏**
潞西市人民检察院检察长 徐国旗
瑞丽市人民检察院检察长 孙学锦
梁河县人民检察院检察长 杨　刃
盈江县人民检察院检察长 尹以品
陇川县人民检察院检察长 赵振荣
**怒江傈僳族自治州人民检察院检察长 彭光明(代)**
泸水县人民检察院检察长 杨光龙
福贡县人民检察院检察长 杨德光
贡山独龙族怒族自治县人民检察院检察长 杨金灿
兰坪白族普米族自治县人民检察院检察长 胡　炜
**迪庆藏族自治州人民检察院检察长 赖玉华(女)**
香格里拉县人民检察院检察长 李继华
德钦县人民检察院检察长 彭利红
维西傈僳族自治县人民检察院检察长 和志友
**大理白族自治州人民检察院检察长 沈曙昆**
大理市人民检察院检察长 文润祥
祥云县人民检察院检察长 秦　江
宾川县人民检察院检察长 茶文高
弥渡县人民检察院检察长 王兴德
永平县人民检察院检察长 何玉兰(女)
云龙县人民检察院检察长 禹涌泉
洱源县人民检察院检察长 席德昌
剑川县人民检察院检察长 李圣熙
鹤庆县人民检察院检察长 尹志贵
漾濞彝族自治县人民检察院检察长 杨　泽
南涧彝族自治县人民检察院检察长 阮才兴
巍山彝族回族自治县人民检察院检察长 徐国才
**楚雄彝族自治州人民检察院检察长 韩跃先**
楚雄市人民检察院检察长 马云华
双柏县人民检察院检察长 李林波
牟定县人民检察院检察长 张宝奎
南华县人民检察院检察长 陈民军
姚安县人民检察院检察长 李昌荣
大姚县人民检察院检察长 张荣新
永仁县人民检察院检察长 王玉仙(女)
元谋县人民检察院检察长 陈　剑
武定县人民检察院检察长 周　康
禄丰县人民检察院检察长 杜　程
**红河哈尼族彝族自治州人民检察院检察长 李安平**
蒙自县人民检察院检察长 佴　石
个旧市人民检察院检察长 王跃华
开远市人民检察院检察长 张　华
绿春县人民检察院检察长 李　黎
建水县人民检察院检察长 张应辉
石屏县人民检察院检察长 刘　俊
弥勒县人民检察院检察长 张仕明
泸西县人民检察院检察长 耿云庆
元阳县人民检察院检察长 刘海兵
红河县人民检察院检察长 万买富
金平苗族瑶族傣族自治县人民检察院检察长 刘建国

河口瑶族自治县人民检察院检察长 徐 翔
屏边苗族自治县人民检察院检察长 江鸿林
**文山壮族苗族自治州人民检察院检察长 孙甸鹤**
文山县人民检察院检察长 吴太金
砚山县人民检察院检察长 段 伟
西畴县人民检察院检察长 付怀悯
麻栗坡县人民检察院检察长 张国文
马关县人民检察院检察长 王 克
丘北县人民检察院检察长 侯兴嵘
广南县人民检察院检察长 韦功发
富宁县人民检察院检察长 罗诗云
**西双版纳傣族自治州人民检察院检察长 杨汝云**
景洪市人民检察院检察长 罗庆江
勐海县人民检察院检察长 马 进
勐腊县人民检察院检察长 杨 辉
**云南省人民检察院昆明铁路运输分院检察长 王克勤**
昆明铁路运输检察院检察长 沈和新
开远铁路运输检察院检察长 邱进伟

## 西藏自治区

**西藏自治区人民检察院检察长 张培中**
**西藏自治区人民检察院副检察长 朗 杰**
**兰世全**
**宋康宁**
**边巴次仁**
**黄卫平**
**申文耀**
**李九西(女)**
**拉萨市人民检察院检察长 付远志**
城关区人民检察院检察长 赵 涛
林周县人民检察院检察长 卓 越
当雄县人民检察院检察长 尼玛次仁
尼木县人民检察院检察长 次旺欧珠
曲水县人民检察院检察长 谢延生
堆龙德庆县人民检察院检察长 洛桑曲央
达孜县人民检察院检察长 马永青
墨竹工卡县人民检察院检察长 唐 凌
**西藏自治区人民检察院那曲分院检察长 赤列克珠**
那曲县人民检察院检察长 赵忠余
嘉黎县人民检察院检察长 薛新凯
比如县人民检察院检察长 丹真多古
聂荣县人民检察院检察长 杨丽君(女)
安多县人民检察院检察长 达瓦次仁
申扎县人民检察院检察长 多 昂
索县人民检察院检察长 刘涛年
班戈县人民检察院检察长 嘎 玉
巴青县人民检察院检察长 南加多吉
尼玛县人民检察院检察长 王树林
**西藏自治区人民检察院昌都分院检察长 多 吉**
昌都县人民检察院检察长 周洪模
江达县人民检察院检察长 珠 热
贡觉县人民检察院检察长 何 庆
类乌齐县人民检察院检察长 格桑达瓦
丁青县人民检察院检察长 朱会生
察雅县人民检察院检察长 李建明
八宿县人民检察院检察长 泽 曲
左贡县人民检察院检察长 颜义勇
芒康县人民检察院检察长 杨 培
洛隆县人民检察院检察长 达 瓦
边坝县人民检察院检察长 贡 嘎
**西藏自治区人民检察院林芝分院检察长 仁青群措(女)**
林芝县人民检察院检察长 次仁罗布
工布江达县人民检察院检察长 次仁罗布
米林县人民检察院检察长 永 佳
墨脱县人民检察院检察长 巩雷斌
波密县人民检察院检察长 全 胜
察隅县人民检察院检察长 秦茂智
朗县人民检察院检察长 米 玛
**西藏自治区人民检察院山南分院检察长 董岳松**
乃东县人民检察院检察长 潘华川
扎囊县人民检察院检察长 次仁罗布
贡嘎县人民检察院检察长 那 多
桑日县人民检察院检察长 金 辉
琼结县人民检察院检察长 平 措
曲松县人民检察院检察长 张 军
措美县人民检察院检察长 元旦加措
洛扎县人民检察院检察长 杨 彦
加查县人民检察院检察长 索朗顿珠
隆子县人民检察院检察长 索朗扎西
错那县人民检察院检察长 群增次仁
浪卡子县人民检察院检察长 格 桑
**两藏自治区人民检察院日喀则分院检察长 (空缺)**

日喀则市人民检察院检察长　洛桑次仁
南木林县人民检察院检察长　高忠科
江孜县人民检察院检察长　蒋顺明
定日县人民检察院检察长　尼　琼(代)
萨迦县人民检察院检察长　苏万生
拉孜县人民检察院检察长　曾庆富
昂仁县人民检察院检察长　欧珠多吉
谢通门县人民检察院检察长　达瓦次仁
白朗县人民检察院检察长　蔺　伟
仁布县人民检察院检察长　次　旺
康马县人民检察院检察长　李鹏珠
定结县人民检察院检察长　严臣君
仲巴县人民检察院检察长　占　都
亚东县人民检察院检察长　巴　桑
吉隆县人民检察院副检察长　王红军
聂拉木县人民检察院检察长　蒋天权
萨嘎县人民检察院检察长　巴　桑
岗巴县人民检察院检察长　加　布
**西藏自治区人民检察院阿里分院检察长　次仁旺堆**
噶尔县人民检察院检察长　明玛旦增
普兰县人民检察院检察长　徐继文
札达县人民检察院检察长　次仁尼玛(代)
日土县人民检察院检察长　多吉欧珠
革吉县人民检察院检察长　卫　东
改则县人民检察院检察长　阿旺桑登
措勤县人民检察院检察长　巴　桑

## 陕　西　省

**陕西省人民检察院检察长　张文宣**
**陕西省人民检察院副检察长　寇　昉**
**崔明生**
**毛　海**
**程紫平**

**西安市人民检察院检察长　任高潮**
莲湖区人民检察院检察长　邢成军
新城区人民检察院检察长　张明安
碑林区人民检察院检察长　褚祝利
灞桥区人民检察院检察长　(空缺)
未央区人民检察院检察长　吴和平
雁塔区人民检察院检察长　闵建孝
阎良区人民检察院检察长　廖　平
临潼区人民检察院检察长　方满友
长安区人民检察院检察长　李亚军
蓝田县人民检察院检察长　同振魁
周至县人民检察院检察长　张继锋
户县人民检察院检察长　张团仁
高陵县人民检察院检察长　蒋玉堂
沙坡地区人民检察院检察长　杜继生
**延安市人民检察院检察长　陈建平**
宝塔区人民检察院检察长　张银祥
延长县人民检察院检察长　袁新昌
延川县人民检察院检察长　张庆功(代)
子长县人民检察院检察长　曹生江
安塞县人民检察院检察长　成文贵
志丹县人民检察院检察长　袁　鑫
吴旗县人民检察院检察长　杜安平
甘泉县人民检察院检察长　师清泉
富县人民检察院检察长　段潘娃
洛川县人民检察院检察长　白延平
宜川县人民检察院检察长　王建成
黄龙县人民检察院检察长　师成明
黄陵县人民检察院检察长　王武涛
**铜川市人民检察院检察长　杨天民**
耀州区人民检察院检察长　王保成
王益区人民检察院检察长　杜建成
印台区人民检察院检察长　傅国栋
宜君县人民检察院检察长　杨小平
崔家沟地区人民检察院检察长　靳宏儒
**渭南市人民检察院检察长　刘伟发**
临渭区人民检察院检察长　吕银旭
华阴市人民检察院检察长　焦小潼
韩城市人民检察院检察长　杨百堂
华县人民检察院检察长　刘　炜
潼关县人民检察院检察长　李　林
大荔县人民检察院检察长　张瑞生
蒲城县人民检察院检察长　杨俊贤
澄城县人民检察院检察长　雷　鸣
白水县人民检察院检察长　曹仲学
合阳县人民检察院检察长　胡建勤
富平县人民检察院检察长　杨复兴
**咸阳市人民检察院检察长　刘世民**
秦都区人民检察院检察长　周国胜
杨陵区人民检察院检察长　成永涛
渭城区人民检察院检察长　陈恩惠
兴平市人民检察院检察长　窦旭民

三原县人民检察院检察长　雒　强
泾阳县人民检察院检察长　芮克胜
乾县人民检察院检察长　白海民
礼泉县人民检察院检察长　王一凡
永寿县人民检察院检察长　惠　欣
彬县人民检察院检察长　田胜利
长武县人民检察院检察长　杜　虎
旬邑县人民检察院检察长　魏　涛
淳化县人民检察院检察长　张　辉
武功县人民检察院检察长　马　驰
**宝鸡市人民检察院检察长　史建泉**
渭滨区人民检察院检察长　杜玉存
金台区人民检察院检察长　强银宝
陈仓区人民检察院检察长　王　胜
凤翔县人民检察院检察长　张俊昆
岐山县人民检察院检察长　董江涛
扶风县人民检察院检察长　张维科
眉县人民检察院检察长　戚拴平
陇县人民检察院检察长　梁思勇
千阳县人民检察院检察长　贺昌林
麟游县人民检察院检察长　王　毅
凤县人民检察院检察长　张宝忠
太白县人民检察院检察长　赵根录
**汉中市人民检察院检察长　李　华（代）**
汉台区人民检察院检察长　杨习钢
南郑县人民检察院检察长　（空缺）
城固县人民检察院检察长　魏明华
洋县人民检察院检察长　宋建文
西乡县人民检察院检察长　王　岗（代）
勉县人民检察院检察长　解苏中
宁强县人民检察院检察长　李安宁
略阳县人民检察院检察长　郭仲林
镇巴县人民检察院检察长　邓传荣
留坝县人民检察院检察长　廖庆海
佛坪县人民检察院检察长　苏万林
**榆林市人民检察院检察长　何　宁**
榆阳区人民检察院检察长　姬世洲
神木县人民检察院检察长　曹生建
府谷县人民检察院检察长　曹曙翔
横山县人民检察院检察长　（空缺）
靖边县人民检察院检察长　王明朗
定边县人民检察院检察长　范治有
绥德县人民检察院检察长　折小利
米脂县人民检察院检察长　雷江声
佳县人民检察院检察长　刘惠生
吴堡县人民检察院检察长　霍慧军
清涧县人民检察院检察长　周懋前
子洲县人民检察院检察长　李和平
**安康市人民检察院检察长　黄　超**
汉滨区人民检察院检察长　李德才
汉阴县人民检察院检察长　王兴友
石泉县人民检察院检察长　李孝友
宁陕县人民检察院检察长　苗　斌
紫阳县人民检察院检察长　李吉虎
岚皋县人民检察院检察长　李晓群
平利县人民检察院检察长　徐仁敬
镇坪县人民检察院检察长　孙自清
旬阳县人民检察院检察长　杨纪元
白河县人民检察院检察长　姚　泓
**商洛市人民检察院检察长　常雁翔（代）**
商州区人民检察院检察长　张鹏波
洛南县人民检察院检察长　张建军
丹凤县人民检察院检察长　谢彦军
商南县人民检察院检察长　彭　旭
山阳县人民检察院检察长　李书志
镇安县人民检察院检察长　冀俊英
柞水县人民检察院检察长　叶成有

## 甘　肃　省

**甘肃省人民检察院检察长　蔡　宁**
**甘肃省人民检察院副检察长　张积恭**
**南明法**
**张　清**
**高继明**
**兰州市人民检察院检察长　王万华**
城关区人民检察院检察长　（空缺）
七里河区人民检察院检察长　赵银生
西固区人民检察院检察长　杨金德
安宁区人民检察院检察长　高彩云
红古区人民检察院检察长　钱积运
永登县人民检察院检察长　张春葆
皋兰县人民检察院检察长　金培平
榆中县人民检察院检察长　高　峰
大沙坪地区人民检察院检察长　巨积盈
**嘉峪关市人民检察院检察长　赵　林**

**金昌市人民检察院检察长　李东亮**
金川区人民检察院检察长　何建国
永昌县人民检察院检察长　马毓润
**白银市人民检察院检察长　侯新民**
白银区人民检察院检察长　曾永禄
平川区人民检察院检察长　张福海
靖远县人民检察院检察长　赵永奇
会宁县人民检察院检察长　郭金保
景泰县人民检察院检察长　郝德民
寺儿坪地区人民检察院检察长　范守甲
**天水市人民检察院检察长　刘建民**
秦州区人民检察院检察长　刘天红
麦积区人民检察院检察长　武给保
清水县人民检察院检察长　魏国柱
秦安县人民检察院检察长　王全社
甘谷县人民检察院检察长　宋继章
武山县人民检察院检察长　王　德
张家川回族自治县人民检察院检察长　李　杰
**武威市人民检察院检察长　孙兆麟**
凉州区人民检察院检察长　王　诚
民勤县人民检察院检察长　张爱星
古浪县人民检察院检察长　高启晓
天祝藏族自治县人民检察院检察长　李树清
**酒泉市人民检察院检察长　张登祥**
肃州区人民检察院检察长　史建力
玉门市人民检察院检察长　赵定生
敦煌市人民检察院检察长　李学功
金塔县人民检察院检察长　曹宪胜
安西县人民检察院检察长　生启军
肃北蒙古族自治县人民检察院检察长　幸　福
阿克塞哈萨克族自治县人民检察院检察长　贾尔恒
**张掖市人民检察院检察长　张秀兰(女)**
甘州区人民检察院检察长　吴继锋
民乐县人民检察院检察长　张学青
临泽县人民检察院检察长　姚煜道
高台县人民检察院检察长　李存爱
山丹县人民检察院检察长　丁　勇
肃南裕固族自治县人民检察院检察长　郎永生
**庆阳市人民检察院检察长　任剑炜**
西峰区人民检察院检察长　张正民
庆城县人民检察院检察长　岳相儒
环县人民检察院检察长　李平堂
华池县人民检察院检察长　陶建华
合水县人民检察院检察长　王如涛
正宁县人民检察院检察长　杨月平
宁县人民检察院检察长　鄂廷印
镇原县人民检察院检察长　王振琪
子午岭林区人民检察院检察长　李天兴
**平凉市人民检察院检察长　徐世英**
崆峒区人民检察院检察长　张志芳
泾川县人民检察院检察长　张学明
灵台县人民检察院检察长　张　杰
崇信县人民检察院检察长　席胜国
华亭县人民检察院检察长　侯和平
庄浪县人民检察院检察长　张庆平
静宁县人民检察院检察长　李居洲
**定西市人民检察院检察长　钟智录**
安定区人民检察院检察长　杨若平
通渭县人民检察院检察长　张晓文
临洮县人民检察院检察长　马武昌
漳县人民检察院检察长　文学斌
岷县人民检察院检察长　黄　建
渭源县人民检察院检察长　贺卫义
陇西县人民检察院检察长　蒋世雄
**陇南市人民检察院检察长　华　风**
武都区人民检察院检察长　王晓滨
成县人民检察院检察长　韩长俊
宕昌县人民检察院检察长　高　健
康县人民检察院检察长　张建民
文县人民检察院检察长　安成武
西和县人民检察院检察长　马　军
礼县人民检察院检察长　车　瑛
两当县人民检察院检察长　南海生
徽县人民检察院检察长　李明全
**临夏回族自治州人民检察院检察长　肖成荣**
临夏市人民检察院检察长　闫仲章
临夏县人民检察院检察长　马学智
康乐县人民检察院检察长　周通清
永靖县人民检察院检察长　李全辉
广河县人民检察院检察长　范家康
和政县人民检察院检察长　马忠贤
东乡族自治县人民检察院检察长　马明礼
积石山保安族东乡族撒拉族自治县人民检察院检察长　冶成华
**甘南藏族自治州人民检察院检察长　安　公**
合作市人民检察院检察长　马志远

临潭县人民检察院检察长　丹正才让
卓尼县人民检察院检察长　朱凤翔
舟曲县人民检察院检察长　丁建龙
迭部县人民检察院检察长　刘文云
玛曲县人民检察院检察长　李永平
碌曲县人民检察院检察长　王一平
夏河县人民检察院检察长　谢文斌
**甘肃省人民检察院兰州铁路运输分院检察长　张启锋**
兰州铁路运输检察院检察长　孙峻林
武威铁路运输检察院检察长　范庚年
西宁铁路运输检察院检察长　肖秀之
银川铁路运输检察院检察长　张万骥
**甘肃省人民检察院白龙江林区分院检察长　董冀海**
舟曲林区人民检察院检察长　陈育民
迭部林区人民检察院检察长　严永康
洮河林区人民检察院检察长　张树科
白水江林区人民检察院检察长　田宽良
**甘肃矿区人民检察院检察长　张水炭**

## 青　海　省

**青海省人民检察院检察长　刘　晓**
**青海省人民检察院副检察长　马德良**
**多　旦**
**李繁荣(女)**
**西宁市人民检察院检察长　仝德祥**
城中区人民检察院检察长　冯承建
城东区人民检察院检察长　尤祥民
城西区人民检察院检察长　赵一平
城北区人民检察院检察长　林西川
大通回族土族自治县人民检察院检察长　孙向东
湟源县人民检察院检察长　李　格
湟中县人民检察院检察长　展　涛
南滩地区人民检察院检察长　刘万里
**青海省人民检察院海东分院检察长　祁美德**
平安县人民检察院检察长　李诗渭
乐都县人民检察院检察长　马国仁
民和回族土族自治县人民检察院检察长　张晓鹏
互助土族自治县人民检察院检察长　王善林
化隆回族自治县人民检察院检察长　李多吉
循化撒拉族自治县人民检察院检察长　马忠国
**海北藏族自治州人民检察院检察长　尚洪斌(代)**
海晏县人民检察院检察长　王　华(女)
祁连县人民检察院检察长　郭显金
刚察县人民检察院检察长　金保山
门源回族自治县人民检察院检察长　马安邦
**海南藏族自治州人民检察院检察长　周秦宁(代)**
共和县人民检察院检察长　吕进祥
同德县人民检察院检察长　拉旦加
贵德县人民检察院检察长　张文合
兴海县人民检察院检察长　才项仁增
贵南县人民检察院检察长　吴　广
**黄南藏族自治州人民检察院检察长　周永国**
同仁县人民检察院检察长　郝林利
尖扎县人民检察院检察长　张晓东
泽库县人民检察院检察长　万玛尖措
河南蒙古族自治县人民检察院检察长　康尚武
**果洛藏族自治州人民检察院检察长　祁建新**
玛沁县人民检察院检察长　李　锋
班玛县人民检察院检察长　车德贤
甘德县人民检察院检察长　太　哇
达日县人民检察院检察长　先　则
久治县人民检察院检察长　苏朋毛
玛多县人民检察院检察长　恩　扎
**玉树藏族自治州人民检察院检察长　刘海光**
玉树县人民检察院检察长　周建林
杂多县人民检察院检察长　杨　延
称多县人民检察院检察长　周永文(代)
治多县人民检察院检察长　扎　尕
囊谦县人民检察院检察长　董　智
曲麻莱县人民检察院检察长　马福海
**海西蒙古族藏族自治州人民检察院检察长　余国龙**
德令哈市人民检察院检察长　王卫东
格尔木市人民检察院检察长　欧阳光玲
乌兰县人民检察院检察长　蔡胜保
都兰县人民检察院检察长　薛　冰
天峻县人民检察院检察长　李海龙
茫崖矿区人民检察院检察长　江天宇
冷湖矿区人民检察院检察长　刘永胜
大柴旦矿区人民检察院检察长　白海平

## 宁夏回族自治区

**宁夏回族自治区人民检察院检察长** **师梦雄**
**宁夏回族自治区人民检察院副检察长** **敬大力**
**吴有文**
**马学礼**
**银川市人民检察院检察长** **陈峰涛**
兴庆区人民检察院检察长 戴向辉
金凤区人民检察院检察长 周玉明
西夏区人民检察院检察长 蒋作霖
灵武市人民检察院检察长 单玉俊
永宁县人民检察院检察长 董克仁
贺兰县人民检察院检察长 闫凤贞(女)
上前城地区人民检察院检察长 王保国
**石嘴山市人民检察院检察长** **陈胜利**
大武口区人民检察院检察长 张学文
惠农区人民检察院检察长 石新军
平罗县人民检察院检察长 王兴华
**吴忠市人民检察院检察长** **田玉玺**
利通区人民检察院检察长 李　祥
青铜峡市人民检察院检察长 严立祥
盐池县人民检察院检察长 马征宇
同心县人民检察院检察长 金　勇
红寺堡开发区人民检察院检察长 樊百安
**固原市人民检察院检察长** **殷学儒**
原州区人民检察院检察长 白万均
西吉县人民检察院检察长 陈德山
隆德县人民检察院检察长 李国良
泾源县人民检察院检察长 马占明
彭阳县人民检察院检察长 王宝平
**中卫市人民检察院检察长** **高振宇**
城区人民检察院检察长 王学忠
中宁县人民检察院检察长 刘定远
海原县人民检察院检察长 马彦祥

## 新疆维吾尔自治区

**新疆维吾尔自治区人民检察院检察长**
**买买提·玉素甫**
**新疆维吾尔自治区人民检察院副检察长** **杨肇季**
**孙宝平**
**李　荣(女)**
**斯拉木别克·阿不德力汗**
**黄　河**
**乌鲁木齐市人民检察院检察长**
**买买提热依木·阿不都拉**
天山区人民检察院检察长 王永民
沙依巴克区人民检察院检察长 王彦涛
新市区人民检察院检察长 周　斌
水磨沟区人民检察院检察长 高方伟
头屯河区人民检察院检察长 戴长新
达坂城区人民检察院检察长 蒋国兴
东山区人民检察院检察长 李宝杰
乌鲁木齐县人民检察院检察长 张　远
乌鲁木齐八家户地区人民检察院检察长 赵新振
**克拉玛依市人民检察院检察长** **管峰云(女)**
克拉玛依区人民检察院检察长 宋庆德
独山子区人民检察院检察长 张　芳(女)
白碱滩区人民检察院检察长 李　宁
乌尔禾区人民检察院检察长 李　宁(兼)
石河子市人民检察院检察长 张持淮
**新疆维吾尔自治区人民检察院喀什分院检察长** **尼加提·卡德尔**
喀什市人民检察院检察长 艾尔肯·吾拉音
疏附县人民检察院检察长
阿不力米提·阿不都热西提
疏勒县人民检察院检察长
艾斯卡尔·吾拉音
英吉沙县人民检察院检察长 苏力旦·吾拉依木
泽普县人民检察院检察长 艾尔肯·艾沙
莎车县人民检察院检察长 克日木江·克比尔
叶城县人民检察院检察长 卡哈·胡达拜地
麦盖提县人民检察院检察长 吾守·祖农
岳普湖县人民检察院检察长 买买提·沙地克
伽师县人民检察院检察长 吾甫·吾斯曼
巴楚县人民检察院检察长 艾尔肯·尤努斯
塔什库尔干塔吉克自治县人民检察院检察长 夏迪曼·阿洪巴依
莎车牌楼地区人民检察院检察长 (空缺)
**新疆维吾尔自治区人民检察院阿克苏分院检察长** **努尔买买提·依不拉音**
阿克苏市人民检察院检察长 穆泰力甫·毛一丁
温宿县人民检察院检察长 阿不拉·马木提
库车县人民检察院检察长 阿扎提·热西丁
沙雅县人民检察院检察长 艾拜都拉·阿木提

新和县人民检察院检察长　马木提江·买木提明
拜城县人民检察院检察长　安尼瓦尔·坎吉
乌什县人民检察院检察长　莫合塔尔·牙生
阿瓦提县人民检察院检察长　阿木提·马木提
柯坪县人民检察院检察长　帕尔合提·艾买提
**新疆维吾尔自治区人民检察院和田分院检察长　托乎提·库尔班**
和田市人民检察院检察长　（空缺）
和田县人民检察院检察长　热夏提·塔依尔
墨玉县人民检察院检察长　迪力夏提·努尔买买提
皮山县人民检察院检察长　吐尔洪·米吉提
洛浦县人民检察院检察长　努尔买买提·加马力
策勒县人民检察院检察长　艾克拜·卡迪
于田县人民检察院检察长　艾斯卡尔·阿不都拉
民丰县人民检察院检察长　凯撒尔·吾热孜阿力
于田卡尔汗地区人民检察院检察长　刘念慈
**新疆维吾尔自治区人民检察院吐鲁番分院检察长　王大军**
吐鲁番市人民检察院检察长　买尔言木·尼亚孜（女）
鄯善县人民检察院检察长　陈　于
托克逊县人民检察院检察长　买买提·木提力甫
**新疆维吾尔自治区人民检察院哈密分院检察长　喻长松**
哈密市人民检察院检察长　刘建国
伊吾县人民检察院检察长　汤建伟
巴里坤哈萨克自治县人民检察院检察长　杨志新
**克孜勒苏柯尔克孜自治州人民检察院检察长　帕尔哈提·铁力米西**
阿图什市人民检察院检察长　玉素因·阿吉
阿克陶县人民检察院检察长　帕塔尔·阿不都拉
阿合奇县人民检察院检察长　木拉提·阿不力孜
乌恰县人民检察院检察长　艾尼·托兰
**博尔塔拉蒙古自治州人民检察院检察长　张延安**
博乐市人民检察院检察长　申学林
精河县人民检察院检察长　邢　杰
温泉县人民检察院检察长　代玉清
**昌吉回族自治州人民检察院检察长　刘　明**
昌吉市人民检察院检察长　王戈丽（女）
阜康市人民检察院检察长　田建华
米泉市人民检察院检察长　王彦侠
呼图壁县人民检察院检察长　张军威
玛纳斯县人民检察院检察长　陈　新
奇台县人民检察院检察长　赵连敏
吉木萨尔县人民检察院检察长　孟兆侠
木垒哈萨克自治县人民检察院检察长　马尔哈巴
**巴音郭楞蒙古自治州人民检察院检察长　张志德**
库尔勒市人民检察院检察长　李　毅
轮台县人民检察院检察长　朱　明
尉犁县人民检察院检察长　高晓营
若羌县人民检察院检察长　秦　平
且末县人民检察院检察长　赵德裕
和静县人民检察院检察长　张国强
和硕县人民检察院检察长　徐长征
博湖县人民检察院检察长　肖　青
焉耆回族自治县人民检察院检察长　杨志君
**伊犁哈萨克自治州人民检察院检察长　那吾尔孜拜·穆尔扎别克**
伊宁市人民检察院检察长　纪华云
奎屯市人民检察院检察长　李　忠
伊宁县人民检察院检察长　海米提·克力木
霍城县人民检察院检察长　李文泉
巩留县人民检察院检察长　买买提·阿吉
新源县人民检察院检察长　叶尔肯·波拉提巴依
昭苏县人民检察院检察长　王慎江
特克斯县人民检察院检察长　艾山·吐尔迪
尼勒克县人民检察院检察长　夏培克·扎卡尔亚
察布查尔锡伯自治县人民检察院检察长　徐　洪
**伊犁哈萨克自治州人民检察院塔城分院检察长　吾甫尔·肉孜阿洪**
塔城市人民检察院检察长　艾尼瓦尔·依布拉音
乌苏市人民检察院检察长　艾山江·卡德尔
额敏县人民检察院检察长　哈里乌拉·库尔兰阿力
沙湾县人民检察院检察长　霍建东
托里县人民检察院检察长　努尔兰·乔开
裕民县人民检察院检察长　王世堂
和布克赛尔蒙古自治县人民检察院检察长　托　卡（女）
**伊犁哈萨克自治州人民检察院阿勒泰分院检察长　托汗·胡马什**
阿勒泰市人民检察院检察长　江阿别克·格列格泰
布尔津县人民检察院检察长　金恩思·马木尔汗
富蕴县人民检察院检察长　阿合力别克·哈巴西
福海县人民检察院检察长　努尔兰·索尼坦尼亚
哈巴河县人民检察院检察长　叶克奔·库尔马汗
青河县人民检察院检察长　哈里木江·亚沙提

吉木乃县人民检察院检察长　胡安别克
**新疆生产建设兵团人民检察院检察长　肖明生**
**新疆生产建设兵团人民检察院农一师分院检察长　于　军**
阿拉尔垦区人民检察院检察长　刘新记
阿克苏垦区人民检察院检察长　文　平
沙井子垦区人民检察院检察长　朱　平
**新疆生产建设兵团人民检察院农二师分院检察长　殷　平**
焉耆垦区人民检察院检察长　孙海波
乌鲁克垦区人民检察院检察长　金　波
库尔勒垦区人民检察院检察长　魏新红(女)
**新疆生产建设兵团人民检察院农三师分院检察长　李新建**
图木舒克垦区人民检察院检察长　范吉民
喀什垦区人民检察院检察长　晁　东
**新疆生产建设兵团人民检察院农四师分院检察长　李维成**
昭苏垦区人民检察院检察长　付进娟(女)
伊宁垦区人民检察院检察长　赵　宁
霍城垦区人民检察院检察长　郭建忠
**新疆生产建设兵团人民检察院农五师分院检察长　岳予力**
博乐垦区人民检察院检察长　鲍国澜
塔斯海垦区人民检察院检察长　钱新茹
**新疆生产建设兵团人民检察院农六师分院检察长　柳德亮**
芳草湖垦区人民检察院检察长　李　明
奇台垦区人民检察院检察长　朱世平
五家渠垦区人民检察院检察长　田相伟
**新疆生产建设兵团人民检察院农七师分院检察长　张　毅**
车排子垦区人民检察院检察长　王建平
奎屯垦区人民检察院检察长　陈　浩
**新疆生产建设兵团人民检察院农八师分院检察长　史红旗**
下野地垦区人民检察院检察长　江迪生
莫索湾垦区人民检察院检察长　李戈戎
**新疆生产建设兵团人民检察院农九师分院检察长　邵庆云**
额敏垦区人民检察院检察长　李跃明
叶尔盖提垦区人民检察院检察长　秦建华
**新疆生产建设兵团人民检察院农十师分院检察长　马愿军**
巴里巴盖垦区人民检察院检察长　张培军
北屯垦区人民检察院检察长　覃　斌
哈密垦区人民检察院检察长　寿建工
**新疆维吾尔自治区人民检察院乌鲁木齐铁路运输分院检察长　艾克木·艾斯木吐拉**
乌鲁木齐铁路运输检察院检察长　王丽萍(女)
哈密铁路运输检察院检察长　杨　平
库尔勒铁路运输检察院检察长　韩若萍(女)

## 军事检察院

**中国人民解放军军事检察院检察长　高来夫**
**中国人民解放军军事检察院副检察长　刘巍东**
**中国人民解放军总直属队军事检察院检察长　王秉山**
**中国人民解放军总直属队第二军事检察院检察长　凌平义**
**海军军事检察院检察长　王炼锋**
海军直属军事检察院检察长　李学良
海军北海舰队军事检察院检察长　张　强
海军东海舰队军事检察院检察长　徐　进
海军南海舰队军事检察院检察长　曾招荣
**空军军事检察院检察长　刘潘之**
空军直属军事检察院检察长　朱海文
沈阳军区空军军事检察院检察长　王学忠
北京军区空军军事检察院检察长　宋　勇
兰州军区空军军事检察院检察长　张传鲁
济南军区空军军事检察院检察长　李建臣
南京军区空军军事检察院检察长　陈　健
广州军区空军军事检察院检察长　刘邦权
成都军区空军军事检察院检察长　季业庭
**沈阳军区军事检察院检察长　刘瑞祥**
沈阳军区直属军事检察院检察长　郑鹏坤
沈阳军区吉林军事检察院检察长　王仁云
沈阳军区黑龙江军事检察院检察长　罗　靖
**北京军区军事检察院检察长　林　军**
北京军区直属军事检察院检察长　黄昌龙
北京军区天津军事检察院检察长　张静波
北京军区河北军事检察院检察长　史雅杰
北京军区山西军事检察院检察长　王跃刚
北京军区内蒙古军事检察院检察长　包青男
**兰州军区军事检察院检察长　尚兆军**

兰州军区直属军事检察院检察长 张殿元
兰州军区新疆军事检察院检察长 徐卫勇
兰州军区新疆军事检察院南疆分院检察长 王 超
兰州军区陕西军事检察院检察长 吴社余
兰州军区青海军事检察院检察长 刁智辉
63600部队军事检察院检察长 钟 彬
63650部队军事检察院检察长 张文武
**济南军区军事检察院检察长 柳济生**
济南军区直属军事检察院检察长 鲍国平
济南军区河南军事检察院检察长 营建敏
**南京军区军事检察院检察长 刘晨华**
南京军区直属军事检察院检察长 顾振华
南京军区上海军事检察院检察长 谷开文
南京军区浙江军事检察院检察长 陈文军
南京军区安徽军事检察院检察长 苏定方
南京军区福建军事检察院检察长 林锦辉
**广州军区军事检察院检察长 彭火保**
广州军区直属军事检察院检察长 李才永
广州军区湖北军事检察院检察长 郭茂成
广州军区湖南军事检察院检察长 张恒洲
广州军区广西军事检察院检察长 李柏松
广州军区海南军事检察院检察长 杨年雷
驻香港部队军事检察院检察长 王秀会
**成都军区军事检察院检察长 柏延林**
成都军区直属军事检察院检察长 侯卫平
成都军区重庆军事检察院检察长 刘立斌
成都军区云南军事检察院检察长 汪 源
成都军区西藏军事检察院检察长 张晓明
**武警部队军事检察院检察长 雷明君**
武警部队沈阳军事检察院检察长 宫良学
武警部队北京军事检察院检察长 范宪斌
武警部队西安军事检察院检察长 张建鸿
武警部队济南军事检察院检察长 赵 刚
武警部队上海军事检察院检察长 率 虎
武警部队广州军事检察院检察长 袁铁军
武警部队成都军事检察院检察长 顾体军
武警部队乌鲁木齐军事检察院检察长 李永明
武警部队拉萨军事检察院检察长 蒋基平

（最高人民检察院政治部提供）

# 2005年最高人民检察院表彰的先进集体和先进个人名单

## “全国先进检察院”名单
## （200个）

**北京市**
海淀区人民检察院
朝阳区人民检察院
东城区人民检察院
**天津市**
河西区人民检察院
静海县人民检察院
**河北省**
石家庄市裕华区人民检察院
秦皇岛市海港区人民检察院
沧县人民检察院
唐山市路北区人民检察院
冀州市人民检察院
滦平县人民检察院
邯郸市复兴区人民检察院
定州市人民检察院
巨鹿县人民检察院
文安县人民检察院
**山西省**
长治市郊区人民检察院
高平市人民检察院
乡宁县人民检察院
河津市人民检察院
太原市万柏林区人民检察院
神池县人民检察院
**内蒙古自治区**
包头市昆都仑区人民检察院
根河市人民检察院
敖汉旗人民检察院

磴口县人民检察院
托克托县人民检察院
**辽宁省**
海城市人民检察院
大连市沙河口区人民检察院
沈阳市和平区人民检察院
大石桥市人民检察院
本溪满族自治县人民检察院
岫岩满族自治县人民检察院
桓仁满族自治县人民检察院
喀喇沁左翼蒙古族自治县人民检察院
**吉林省**
吉林市丰满区人民检察院
长春市二道区人民检察院
扶余县人民检察院
辽源市龙山区人民检察院
梅河口市人民检察院
敦化林区人民检察院
**黑龙江省**
东宁县人民检察院
大庆市红岗区人民检察院
尚志市人民检察院
甘南县人民检察院
桦南县人民检察院
鹤岗市向阳区人民检察院
望奎县人民检察院
嘉荫县人民检察院
北安市人民检察院
鸡西市恒山区人民检察院
集贤县人民检察院
**上海市**
浦东新区人民检察院
黄浦区人民检察院
静安区人民检察院
**江苏省**
张家港市人民检察院
江阴市人民检察院
通州市人民检察院
南京市江宁区人民检察院
靖江市人民检察院
丹阳市人民检察院
常州市天宁区人民检察院
沭阳县人民检察院
**浙江省**
宁波市鄞州区人民检察院
杭州市萧山区人民检察院
义乌市人民检察院
温州市鹿城区人民检察院
安吉县人民检察院
海盐县人民检察院
温岭市人民检察院
**安徽省**
马鞍山市金家庄区人民检察院
利辛县人民检察院
合肥市庐阳区人民检察院
芜湖县人民检察院
安庆市迎江区人民检察院
金寨县人民检察院
**福建省**
晋江市人民检察院
厦门市湖里区人民检察院
福州市鼓楼区人民检察院
漳浦县人民检察院
漳平市人民检察院
泰宁县人民检察院
**江西省**
九江市庐山区人民检察院
万载县人民检察院
南昌市西湖区人民检察院
余干县人民检察院
南康市人民检察院
抚州市临川区人民检察院
**山东省**
乳山市人民检察院
济南市天桥区人民检察院
淄博市临淄区人民检察院
东营市河口区人民检察院
莱阳市人民检察院
安丘市人民检察院
新泰市人民检察院
乐陵市人民检察院
聊城市东昌府区人民检察院
菏泽市牡丹区人民检察院
梁山县人民检察院
**河南省**
郑州市二七区人民检察院

郑州市金水区人民检察院
新安县人民检察院
偃师市人民检察院
滑县人民检察院
禹州市人民检察院
灵宝市人民检察院
浚县人民检察院
淮阳县人民检察院
南阳市宛城区人民检察院
固始县人民检察院

**湖北省**

枣阳市人民检察院
武汉市青山区人民检察院
枝江市人民检察院
潜江市人民检察院
赤壁市人民检察院
应城市人民检察院
松滋市人民检察院

**湖南省**

长沙市雨花区人民检察院
岳阳市岳阳楼区人民检察院
祁东县人民检察院
双峰县人民检察院
临武县人民检察院
沅江市人民检察院
湘潭市雨湖区人民检察院
凤凰县人民检察院

**广东省**

广州市海珠区人民检察院
广州市黄埔区人民检察院
广州市白云区人民检察院
深圳市宝安区人民检察院
深圳市龙岗区人民检察院
汕头市澄海区人民检察院
五华县人民检察院
江门市新会区人民检察院
佛山市顺德区人民检察院
清远市清城区人民检察院

**广西壮族自治区**

贵港市港北区人民检察院
南宁市新城区人民检察院
玉林市玉州区人民检察院
崇左市江州区人民检察院
桂林市象山区人民检察院
隆林各族自治县人民检察院
来宾市兴宾区人民检察院

**海南省**

屯昌县人民检察院
海口市龙华区人民检察院

**重庆市**

合川市人民检察院
江津市人民检察院
万州区人民检察院

**四川省**

什邡市人民检察院
攀枝花市东区人民检察院
会理县人民检察院
大竹县人民检察院
成都市武侯区人民检察院
宜宾县人民检察院
武胜县人民检察院
大英县人民检察院
泸州市纳溪区人民检察院
通江县人民检察院
名山县人民检察院

**贵州省**

贵阳市南明区人民检察院
水城县人民检察院
金沙县人民检察院
兴义市人民检察院
仁怀市人民检察院

**云南省**

昆明市五华区人民检察院
大理市人民检察院
易门县人民检察院
罗平县人民检察院
耿马傣族佤族自治县人民检察院
龙陵县人民检察院
镇雄县人民检察院
姚安县人民检察院

**西藏自治区**

朗县人民检察院
噶尔县人民检察院
拉萨市城关区人民检察院

**陕西省**

永寿县人民检察院

西安市雁塔区人民检察院
宝鸡市金台区人民检察院
澄城县人民检察院
黄龙县人民检察院
宁强县人民检察院
**甘肃省**
景泰县人民检察院
兰州市西固区人民检察院
华亭县人民检察院
庆阳市西峰区人民检察院
玉门市人民检察院
**青海省**
西宁市城西区人民检察院
化隆回族自治县人民检察院
**宁夏回族自治区**
银川市兴庆区人民检察院
中宁县人民检察院
**新疆维吾尔自治区**
乌鲁木齐市沙依巴克区人民检察院
沙湾县人民检察院
玛纳斯县人民检察院
岳普湖县人民检察院
哈密市人民检察院
**新疆生产建设兵团**
博乐垦区人民检察院
**军事检察院**
广州军区湖南军事检察院
武装警察部队上海军事检察院
**铁路运输检察院**
南宁铁路运输检察院
长沙铁路运输检察院
**监所派出检察院**
上海青东农场区人民检察院
内蒙古小黑河地区人民检察院

## 首届"全国十佳检察院"名单

福建省晋江市人民检察院
江苏省张家港市人民检察院
山东省乳山市人民检察院
广东省广州市海珠区人民检察院
北京市海淀区人民检察院
河北省石家庄市裕华区人民检察院
安徽省马鞍山市金家庄区人民检察院
湖南省长沙市雨花区人民检察院
河南省郑州市二七区人民检察院
云南省昆明市五华区人民检察院

## 首届"全国十佳检察院提名奖"名单(21个)

天津市河西区人民检察院
山西省长治市郊区人民检察院
内蒙古自治区包头市昆都仑区人民检察院
辽宁省海城市人民检察院
吉林省吉林市丰满区人民检察院
黑龙江省东宁县人民检察院
上海市浦东新区人民检察院
浙江省宁波市鄞州区人民检察院
江西省九江市庐山区人民检察院
湖北省武汉市青山区人民检察院
广西壮族自治区南宁铁路运输检察院
重庆市合川市人民检察院
四川省什邡市人民检察院
贵州省贵阳市南明区人民检察院
西藏自治区朗县人民检察院
陕西省永寿县人民检察院
甘肃省景泰县人民检察院
青海省大通回族土族自治县人民检察院
宁夏回族自治区银川市兴庆区人民检察院
新疆维吾尔自治区乌鲁木齐市沙依巴克区人民检察院
武装警察部队上海军事检察院

## "全国检察机关基层建设组织奖"名单(52个)

**省级人民检察院:**
北京市人民检察院
天津市人民检察院
吉林省人民检察院
浙江省人民检察院

福建省人民检察院
山东省人民检察院
湖北省人民检察院
湖南省人民检察院
广西壮族自治区人民检察院
四川省人民检察院
陕西省人民检察院

**地(市)级人民检察院:**

河北省衡水市人民检察院
河北省沧州市人民检察院
山西省晋城市人民检察院
内蒙古自治区赤峰市人民检察院
辽宁省鞍山市人民检察院
吉林省延边朝鲜族自治州人民检察院
黑龙江省大庆市人民检察院
黑龙江省佳木斯市人民检察院
江苏省无锡市人民检察院
江苏省苏州市人民检察院
浙江省宁波市人民检察院
安徽省马鞍山市人民检察院
安徽省安庆市人民检察院
福建省三明市人民检察院
江西省吉安市人民检察院
山东省青岛市人民检察院
山东省临沂市人民检察院
河南省郑州市人民检察院
河南省三门峡市人民检察院
湖北省武汉市人民检察院
湖北省宜昌市人民检察院
湖南省岳阳市人民检察院
广东省广州市人民检察院
广东省深圳市人民检察院
广西壮族自治区贵港市人民检察院
广西壮族自治区梧州市人民检察院
四川省成都市人民检察院
四川省泸州市人民检察院
四川省德阳市人民检察院
贵州省六盘水市人民检察院
云南省昆明市人民检察院
云南省昭通市人民检察院
西藏自治区人民检察院山南分院
陕西省汉中市人民检察院
青海省西宁市人民检察院
宁夏回族自治区固原市人民检察院
新疆维吾尔自治区人民检察院喀什分院
新疆生产建设兵团人民检察院农二师分院
北京军区军事检察院
兰州铁路运输检察分院
哈尔滨铁路运输检察分院

(本部分均由最高人民检察院政治部提供)

# 索　　引

## 使用说明

一、本索引采用内容分析索引法编制。除“大事记”外，年鉴中有实质检索意义的内容均予以标引，以便检索使用。

二、本索引基本上按汉语拼音音序排列。具体排列方法如下：以数字开头的标目，排在最前面；汉字标目则按首字的音序、音调依次排列。首字相同时则以第二个字排序，依此类推。

三、索引标目后的数字，表示检索内容所在的正文页码，数字后面的英文字母 a、b，表示正文中的栏别，合在一起指该页码及左右两个版面区域。年鉴中以表格形式反映的内容，则在索引标目后用括号注明（表）字，以区别于文字标目。

四、为反映索引款目间的逻辑关系，对于二级标目，采取在一级标目下缩二格的形式编排，之下再按汉语拼音的音序、音调排列。

## 0～9



## A

## B

## C

## D

## F

H

## J

## K



## L

M



N

## P



## Q

## R

## S

## X

## Y

# Z

（王彦祥　毋栋　编制）

# PROCURATORIAL YEARBOOK OF CHINA 2006

## Contents

## Part I Special Edition



## Part II Selection of Important Reports and Speeches of the Leaders of the Supreme People's Procuratorate of China

## Part III Work Reports of People's Procuratorates of Provinces, Autonomous Regions and Municipalities directly under the Central Government

## Part IV Overview of the Procuratorial Work National Prosecution Work

## Local and Military Procuratorial Work

## Part V Selection of Important Documents of the Supreme People's Procuratorate

# Part VI Selection of Judicial Interpretation of the Supreme People's Procuratorate



# Part VII Selection of Cases

## Part VIII International Communication and Cooperation

## Part IX Prosecutorial Theory, Newspapers and Periodicals, Publication, College, Association, Technological News

## Part X Important Matter



## Part XI Statistics Data



## Part XII Name Lists

(By Cai Fang)

**图书在版编目（CIP）数据**

中国检察年鉴.2006/最高人民检察院《中国检察年鉴》编辑部编.
—北京：中国检察出版社，2007.3
ISBN 978-7-80185-700-2

Ⅰ.中… Ⅱ.最… Ⅲ.检察机关-工作-中国-2006-年鉴
Ⅳ.D926.3-54

中国版本图书馆 CIP 数据核字(2007)第 011250 号

**中国检察年鉴(2006)**

最高人民检察院《中国检察年鉴》编辑部　编

| | |
|---|---|
| **出 版 人**： | 袁其国 |
| **出版发行**： | 中国检察出版社 |
| **社　　址**： | 北京市石景山区鲁谷西路 5 号（100040） |
| **网　　址**： | 中国检察出版社（www.zgjccbs.com） |
| **电子邮箱**： | zgjccbs@vip.sina.com |
| **电　　话**： | （010）68682164（编辑）　68650015（发行）　68650029（邮购） |
| **经　　销**： | 新华书店 |
| **印　　刷**： | 北京东海印刷有限公司 |
| **开　　本**： | 787mm×1092mm　16 开 |
| **印　　张**： | 41 印张　插页 10 |
| **字　　数**： | 1892 千字 |
| **版　　次**： | 2007 年 5 月第一版　2007 年 5 月第一次印刷 |
| **书　　号**： | ISBN 978-7-80185-700-2/D·1676 |
| **定　　价**： | 110.00 元 |